개정판

판례중심

형법각론

원형식 저

동방문화사

머 리 말

필자는 형법각론을 처음 접하는 초학자나 수험생이 난해한 형법이론을 정확하고 쉽게 이해할 수 있도록 설명하겠다는 점을 염두에 두고 집필하였다. 학문적으로 깊이가 있는 이론서를 쓴다는 생각보다는 실제로 발생하는 범죄사건을 이론적으로 흥미를 가지고 접근할 수 있도록 판례와 사례를 중심으로 대학에서 강의하듯이 기술하였다. 판례의 대상이 되는 사례가 경우에 따라서는 복잡하고 이해하기가 어려워서 이론을 사례와 병행해서 공부하는 것이 더 힘들고 비효율적이라고는 생각이 들 수도 있지만, 사례를 배제한 이론의 이해는 오히려 추상적이고 정확하지 않으며, 기억에 오래남지도 않는다. 논점마다 그와 관련된 판례나 사례의 사실관계를 함께 기억해 가면서 이론을 익히는 것이 더 효율적인 학습방법이다. 이 교재가 판례를 중심으로 한 사례가 많은 비중을 차지하듯이 이 책을 읽는 독자들도 이 교재에 소개되어 있는 사례를 분석하고 이해하는데 많은 시간을 투자하기 바란다.

본서는 두 학기 강의 분량에 맞추어 학습할 수 있도록 저술되었다. 교재의 분량을 줄이기 위하여 다양한 학설에 대한 설명을 간략히 하고, 그 부분을 각주로 처리하는 등의 노력에도 불구하고 판례가 큰 비중을 차지하다 보니 의도치 않게 분량이 많아졌다. 학생들에게 국내외의 다양한 학설을 모두 설명하는 것보다는 판례와 다수설에 집중하여 이를 정확하게 이해하는 것이 더 중요하다고 판단하였기 때문에 학설의 비중을 줄이고 사례와 판례의 설명에 더 많은 분량을 할애하였다.

본서가 출간되기까지 많은 도움을 주신 도서출판 동방문화사의 조형근 사장님과 직원 여러분에게 감사를 드리며, 교정과 각주의 보충 등 성가신 일을 맡아 성실하게 처리해 준 고려대학교 박사과정의 이덕로 석사와 항상 가까이서 마음의 평안과 도움을 주는 아내와 아들 준화에게도 고마움을 전한다.

2016년 8월
공주대학교 연구실에서 저자 씀

개정판 머리말

형법이 2020. 12. 8. 개정되어 2021. 12. 9.부터 시행되었는데, 개정형법에 내용상 변화는 없지만 여기에 사용된 용어나 문장표현에는 의미있는 변화가 있었다. 형법의 개정이유에 나타나 있듯이 이전의 형법에 사용된 법률용어 가운데 일본식 표현이나 어려운 한자어를 알기 쉬운 우리말로 변경하였고, 법률문장의 어순구조를 다시 배열하여 알기 쉬운 법률 문장으로 개정하였다. 예컨대 제87조(내란)에서 "참절"을 "대한민국 영토의 전부 또는 일부에서 국가권력을 배제"로, 제125조(폭행, 가혹행위)에서 "치사한 자"를 "사망에 이르게 한 자"로, 제330조(야간주거침입절도)에서 "간수하는"을 "관리하는" 등으로 변경하였다.

개정판에서는 개정형법에 맞추어 용어를 변경하였으며, 그 외에도 초판 발행 이후에 7회의 형법 개정이 있었는데, 각론과 관련된 부분은 다음과 같다: (1) 2018. 10. 16. 개정된 형법 제303조 제1항 중 "5년 이하의 징역"을 "7년 이하의 징역"으로, "1천500만원 이하의 벌금"을 "3천만원 이하의 벌금"으로 하고, 같은 조 제2항 중 "7년 이하의 징역"을 "10년 이하의 징역"으로 변경하였다.

(2) 2020. 5. 19. 개정된 형법에서 제305조 제2항을 신설하여 "13세 이상 16세 미만의 사람에 대하여 간음 또는 추행을 한 19세 이상의 자"도 제297조, 제297조의2, 제298조, 제301조 또는 제301조의2의 예에 의하여 처벌하도록 하였으며, 제305조의3 (예비, 음모)을 신설하여 제297조, 제297조의2, 제299조(준강간죄에 한정한다), 제301조(강간 등 상해죄에 한정한다) 및 제305조의 예비 또는 음모를 처벌하도록 하였다.

그 외에도 새로운 판례 가운데 이론상 중요한 것들을 개정판에 추가하였고, 외국학설 가운데 상당 부분을 삭제하여 교과서의 분량이 늘지 않도록 유의하였다.

2022년 06월
저자 씀

주요참고문헌

1. 국내문헌

김성돈, 형법각론, 제4판, 성균관대학교 출판부, 2016
김성천/김형준, 형법각론, 동현출판사, 2006
김일수/서보학, 새로 쓴 형법각론, 중판발행, 박영사, 2009
박상기, 형법각론, 제8판, 박영사, 2011
배종대, 형법각론, 제11전정판, 홍문사, 2020
오영근, 형법각론, 제2판, 박영사, 2009
원형식, 형법총론, 동방문화사, 2018
유기천, 형법학(각론강의 상), 일조각, 1982
유기천, 형법학(각론강의 하), 일조각, 1982
이회창, 주석형법 Ⅲ(각칙 Ⅰ), 한국사법행정학회, 1997(인용: 필자, 주석 Ⅲ)
임웅, 형법각론, 제6정판 1쇄 발행, 법문사, 2015
정성근/박광민, 형법각론, 전정 2판, 성균관대학교 출판부, 2015
정영석, 형법각론, 제4전정판, 법문사, 1978

2. 독일문헌

Arzt/Weber, Strafrecht, Besonderer Teil, LH 1(1988), LH 2(1983), LH 3(1986), LH 4(1980), LH 5(1982)
Haft, Fritjof, Strafrecht, Fallrepetitorium zum Allgemeinen und Besonderen Teil, 1982
Lackner, Strafgesetzbuch, Kommentar, 21. Aufl., 1995
Rudolphi/Horn/Günther/Samson, Systematischer Kommentar zum Strafgesetzbuch, 8. Aufl., 2001(SK/Bearbeiter)
Schönke/Schröder, Strafgesetzbuch, Kommentar, 26. Aufl., 2001
(Sch/Sch/Bearbeiter)

차 례

제1편 개인적 법익에 대한 죄

제1장 생명에 대한 죄

제1절 살인의 죄 ··· 3
   I. 서론 ··· 2
   II. 보통살인죄 ··· 3
   III. 가중적 구성요건 ·· 5
   IV. 감경적 구성요건 ·· 7
   V. 위계·위력에 의한 살인죄 ··· 11

제2절 낙태의 죄 ·· 12
   I. 서론 ··· 12
   II. 기본적 구성요건 ··· 13
   III. 가중적 구성요건 ·· 16
   IV. 결과적 가중범 ·· 19

제2장 신체에 대한 죄

   I. 서론 ··· 12
   II. 기본적 구성요건 ··· 13
   III. 가중적 구성요건 ·· 16
   IV. 결과적 가중범 ·· 19

제2장 신체에 대한 죄

제1절 의의 및 보호법익 ··· 20
제2절 상해와 폭행의 죄 ··· 20
   I. 상해의 죄 ··· 20
   II. 폭행의 죄 ·· 37

제3장 생명과 신체에 대한 죄

제1절 과실치사상의 죄 · 43
    I. 기본적 구성요건 · 43
    II. 가중적 구성요건(업무상 과실·중과실치사상죄) · 43

제2절 유기와 학대의 죄 · 46
    I. 서론 · 46
    II. 기본적 구성요건 · 47
    III. 가중적 구성요건 · 53
    IV. 감경적 구성요건 · 54
    V. 결과적 가중범 · 54

제4장 자유에 대한 죄

제1절 협박과 강요의 죄 · 55
    I. 의의 및 보호법익 · 55
    II. 협박의 죄 · 56
    III. 강요의 죄 · 61

제2절 체포와 감금의 죄 · 67
    I. 의의 및 보호법익 · 67
    II. 단순체포·감금죄 · 68
    III. 가중적 구성요건 · 70
    IV. 결과적 가중범 · 71

제3절 약취와 유인 및 인신매매의 죄 · 71
    I. 서론 · 71
    II. 기본적 구성요건 · 72
    III. 가중적 구성요건 및 결과적 가중범 · 77
    IV. 미수, 예비·음모 및 형의 감경 · 78

제4절 강간과 추행의 죄 · 78
    I. 서론 · 78
    II. 강간죄·강제추행죄 · 80
    III. 준강간죄·준강제추행죄 · 87

IV. 의제강간·강제추행죄 ··· 90
V. 가중적 구성요건 ·· 91
VI. 결과적 가중범 ·· 91
VII. 독립된 구성요건 ·· 92

제5장 명예와 신용·업무에 관한 죄

제1절 명예에 관한 죄 ·· 96
I. 서론 ·· 96
II. 명예훼손의 죄 ·· 97
III. 모욕죄 ··· 112

제2절 신용·업무와 경매에 대한 죄 ································ 114
I. 서론 ·· 114
II. 신용훼손죄 ·· 114
III. 업무방해죄 ·· 116
IV. 경매·입찰방해죄 ··· 127

제6장 사생활의 평온에 대한 죄

제1절 비밀침해의 죄 ·· 131
I. 서론 ·· 131
II. 비밀침해죄 ·· 131
III. 업무상 비밀누설죄(제317조) ···································· 136
IV. 통신·대화비밀침해죄 및 통신·대화비밀누설죄 ········ 138

제2절 주거침입의 죄 ·· 139
I. 서론 ·· 139
II. 단순주거침입죄 ·· 141
III. 퇴거불응죄 ·· 152
IV. 특수주거침입죄 ··· 153
V. 주거·신체수색죄 ·· 153

제7장 재산에 대한 죄

제1절 재산죄 일반론 ·· 154

  I. 의의 및 분류 ·· 154
  II. 개별 재산범죄의 구분 ··· 155
제2절 절도의 죄 ··· 156
  I. 서론 ··· 156
  II. 단순절도죄 ·· 157
  III. 가중적 구성요건 ·· 185
  IV. 자동차 등 불법사용죄 ··· 189
  V. 친족상도례 ·· 191
제3절 강도의 죄 ··· 196
  I. 서론 ··· 196
  II. 단순강도죄 ·· 197
  III. 준강도죄 ·· 205
  IV. 인질강도죄 ··· 211
  V. 가중적 구성요건 ··· 212
  VI. 결과적 가중범 및 결합범 ·· 214
  VII. 강도예비·음모죄 ··· 221
제4절 사기의 죄 ··· 222
  I. 서론 ··· 222
  II. 단순사기죄 ·· 224
  III. 수정적 구성요건 ·· 251
제5절 공갈죄 ·· 260
  I. 서론 ··· 260
  II. 성립요건 ·· 261
  III. 죄수 ·· 264
제6절 횡령과 배임의 죄 ·· 267
  I. 서론 ··· 267
  II. 횡령죄 ··· 269
  III. 점유이탈물횡령죄 ·· 285
  IV. 배임죄 ·· 286
제7절 장물의 죄 ··· 315
  I. 서론 ··· 315
  II. 장물죄 ··· 317

III. 업무상 과실·중과실 장물죄 ·· 326
    IV. 친족상도례 ··· 327
제8절 손괴의 죄 ··· 328
    I. 서론 ··· 328
    II. 손괴죄 ··· 329
    III. 공익건조물손괴죄 ·· 332
    IV. 가중적 구성요건 ·· 333
    V. 경계침범죄 ··· 334
제9절 권리행사를 방해하는 죄 ··· 336
    I. 의의 및 체계 ·· 336
    II. 권리행사방해죄 ·· 336
    III. 점유강취죄·준점유강취죄 ·· 340
    IV. 중권리행사방해죄 ··· 340
    V. 강제집행면탈죄 ·· 341

제2편 사회적 법익에 대한 죄

제1장 공공의 안전과 평온에 대한 죄

제1절 공안을 해하는 죄 ·· 348
    I. 서론 ··· 348
    II. 범죄단체조직죄 ·· 349
    III. 소요죄 ··· 354
    IV. 다중불해산죄 ··· 356
    V. 전시공수계약불이행죄 ·· 357
    VI. 공무원자격사칭죄 ··· 358
제2절 폭발물에 대한 죄 ·· 359
    I. 서론 ··· 359
    II. 폭발물사용죄 ··· 360
    III. 전시폭발물사용죄 ··· 362
    IV. 폭발물사용예비·음모·선동 ·· 362
    V. 전시폭발물제조·수입·수출·수수소지 ····························· 363

제3절 방화와 실화의 죄 · 363
- I. 서론 · 363
- II. 현주건조물등 방화죄 · 365
- III. 현주건조물등 방화치사상죄 · 370
- IV. 공용건조물등 방화죄 · 374
- V. 일반건조물등 방화죄 · 374
- VI. 일반물건방화죄 · 375
- VII. 연소죄 · 376
- VIII. 진화방해죄 · 376
- IX. 실화죄 · 378
- X. 폭발성물건파열죄, 폭발성물건파열치사상죄 · 381
- XI. 가스·전기등 방류죄, 가스·전기등 방류치사상죄 · 382
- XII. 가스·전기등 공급방해죄, 가스·전기등 공급방해치사상죄 · 382
- XIII. 미수, 예비·음모 · 383

제4절 일수와 수리에 관한 죄 · 384
- I. 서론 · 384
- II. 현주건조물등 일수죄, 현주건조물등 일수치사상죄 · 385
- III. 공용건조물등 일수죄 · 386
- IV. 일반건조물등 일수죄 · 386
- V. 과실일수죄 · 386
- VI. 방수방해죄 · 387
- VII. 미수, 예비·음모 · 387
- VIII. 수리방해죄 · 387

제5절 교통방해의 죄 · 388
- I. 서론 · 388
- II. 일반교통방해죄 · 389
- III. 기차·선박등 교통방해죄 · 391
- IV. 기차등 전복죄 · 392
- V. 교통방해치사상죄 · 393
- VI. 과실교통방해죄, 업무상과실·중과실교통방해죄 · 393
- VII. 미수, 예비·음모 · 394

제2장 공공의 신용에 대한 죄

제1절 통화에 관한 죄 ·· 395
    I. 서론 ·· 395
    II. 내국통화위조·변조죄 ·· 396
    III. 내국유통외국통화위조·변조죄 ·· 398
    IV. 외국통용외국통화위조·변조죄 ·· 400
    V. 위조·변조통화행사등죄 ·· 401
    VI. 위조·변조통화 취득죄 ·· 404
    VII. 위조통화취득후 지정행사죄 ··· 405
    VIII. 통화유사물제조등죄 ··· 406
    IX. 미수, 예비·음모 ··· 407

제2절 유가증권 · 우표와 인지에 관한 죄 ······································· 408
    I. 서론 ·· 408
    II. 유가증권위조·변조죄 ·· 409
    III. 기재의 위조·변조죄 ·· 419
    IV. 자격모용에 의한 유가증권작성죄 ····································· 421
    V. 허위유가증권작성등의 죄 ··· 424
    VI. 위조유가증권등의 행사등의 죄 ··· 426
    VII. 우표·인지에 관한 죄 ··· 427

제3절 문서에 관한 죄 ·· 429
    I. 서론 ·· 429
    II. 문서위조·변조죄 ·· 437
    III. 자격모용에 의한 문서작성죄 ··· 450
    IV. 허위문서작성죄 ··· 453
    V. 위조등 문서행사죄 ·· 469
    VI. 문서부정행사죄 ··· 472
    VII. 전자기록위작·변작·행사죄 ··· 479

제4절 인장에 관한 죄 ·· 483
    I. 서론 ·· 483
    II. 사인등 위조·부정사용·행사죄 ··· 483
    III. 공인등 위조·부정사용·행사죄 ·· 486

제3장 공중의 건강에 대한 죄

제1절 먹는 물에 관한 죄 ·· 490
    I. 서론 ·· 490
    II. 먹는 물의 사용방해죄 ·· 490
    III. 먹는 물 유해물혼입해죄 ·· 491
    IV. 수돗물의 사용방해죄 ·· 491
    V. 수돗물 유해물혼입해죄 ·· 491
    VI. 먹는 물 혼독치사상죄 ·· 492
    VII. 수도불통죄 ·· 492

제2절 아편에 관한 죄 ··· 493
    I. 서론 ·· 493
    II. 아편·몰핀의 제조·수입·판매·판매목적소지죄 ·· 494
    III. 아편흡식기의 제조·수입·판매·판매목적소지죄 ·· 494
    IV. 세관공무원의 아편등의 수입·수입허용죄 ·· 495
    V. 아편흡식·몰핀주사죄 및 동장소제공죄 ·· 495
    VI. 아편등소지죄 ·· 496

제4장 사회의 도덕에 대한 죄

제1절 성풍속에 관한 죄 ··· 497
    I. 서론 ·· 497
    II. 음행매개죄 ·· 497
    III. 음란물죄 ·· 499
    IV. 공연음란죄 ·· 507

제2절 도박과 복표에 관한 죄 ·· 509
    I. 도박죄 ·· 509
    II. 복표에 관한 죄 ·· 514

제3절 신앙에 관한 죄 ··· 514
    I. 서론 ·· 514
    II. 장례식등 방해죄 ·· 515
    III. 사체등 오욕죄 ·· 516

IV. 분묘발굴죄 ··· 516
V. 사체등 영득죄 ·· 517
VI. 변사체검시방해죄 ·· 519

제3편 국가적 법익에 대한 죄

제1장 국가의 존립과 권위에 대한 죄

제1절 내란의 죄 ··· 522
I. 내란죄 ··· 522
II. 내란목적살인죄 ·· 526
III. 내란예비·음모·선동·선전죄 ··· 526

제2절 외환의 죄 ··· 527
I. 의의 및 보호법익 ·· 527
II. 외환유치죄 ·· 528
III. 여적죄 ·· 528
IV. 이적죄 ·· 529
V. 간첩죄 ·· 530
VI. 예비·음모·선동·선전죄 ··· 533
VII. 전시군수계약불이행죄 ·· 534

제3절 국기에 관한 죄 ·· 534
I. 의의 ·· 534
II. 국기·국장모독죄 ··· 534
III. 국기·국장비방죄 ·· 535

제4절 국교에 관한 죄 ·· 535
I. 서론 ·· 535
II. 외국원수에 대한 폭행·협박·모욕·명예훼손죄 ············ 536
III. 외국사절에 대한 폭행·협박·모욕·명예훼손죄 ············ 536
IV. 외국국기·국장모독죄 ·· 537
V. 외국에 대한 사전죄 ·· 537
VI. 중립명령위반죄 ··· 538
VII. 외교상 기밀누설죄 ·· 538

제2장 국가의 기능에 관한 죄

제1절 공무원의 직무에 관한 죄 539
    I. 서론 539
    II. 직무위배죄 540
    III. 직권남용의 죄 551
    IV. 뇌물죄 556

제2절 공무방해에 관한 죄 579
    I. 서론 579
    II. 공무집행방해죄 579
    III. 수정적 구성요건 592
    IV. 특별공무집행방해죄 600
    V. 가중적 구성요건 616

제3절 도주와 범인은닉의 죄 619
    I. 서론 619
    II. 도주죄 620
    III. 도주원조죄 626
    IV. 범인은닉죄 628

제4절 위증과 증거인멸의 죄 637
    I. 서론 637
    II. 위증의 죄 638
    III. 증거인멸의 죄 652

제5절 무고죄 659
    I. 서론 659
    II. 무고죄 660

제 1 편
개인적 법익에 대한 죄

제1장 생명에 대한 죄
제2장 신체에 대한 죄
제3장 생명과 신체에 대한 죄
제4장 자유에 대한 죄
제5장 명예와 신용·업무에 대한 죄
제6장 사생활의 평온에 대한 죄
제7장 재산에 대한 죄

제1편 개인적 법익에 대한 죄

* 개인적 법익
  - 인격권: 생명, 신체, 자유, 명예, 신용, 사생활의 평온
  - 재산권

제1장 생명에 대한 죄

제1절 살인의 죄

I. 서론

1. 의의 및 보호법익

살인죄는 사람의 생명을 침해하는 범죄로서, 그 보호법익은 사람의 생명이다. 사람의 생명은 보호법익 가운데 최고의 위치에 있으므로 살인죄를 해석, 적용함에 있어서는 **절대적 생명보호의 원칙**이 적용된다. 즉 사람의 생명은 개인의 생존능력, 생존욕구, 연령, 건강상태, 사회적 지위와 관계없이 절대적인 보호를 받는다. 예컨대 생존의 의욕이 없는 사람의 부탁을 받고 살해한 경우에도 촉탁살인죄가 성립한다.

2. 체계

형법상의 처벌조항을 보면 살인죄, 상해죄, 절도죄 등과 같이 가벌적 불법[1]의 최소한의 내용만을 포함하는 범죄의 기본적 형태가 있다. 이를 **기본적 구성요건**이라고 한다. 그리고 기본적 구성요건 외에 불법가중사유나 책임가중사유를 추가로 포함하여 형벌이 가중되는 경우가 있는 데 이를 **가중적 구성요건**이라고 한다. 그리고 불법감경사유나 책임감경사유를 포함하고 있어 형벌이 감경되는 경우를 **감경적 구성요건**이라고 한다.

---

[1] 가벌적 불법(可罰的 不法)이란 한자풀이대로 설명하면 형벌의 부과가 가능한 정도의 불법, 즉 형벌의 근거가 되는 불법을 말한다. 예컨대 고의 손괴는 가벌적 불법으로서 손괴죄에 해당하지만, 과실 손괴는 가벌적 불법에 이르지 못하며 따라서 형법전에도 처벌규정이 없다.

* 살인죄의 체계

기본적 구성요건	가중적 구성요건		감경적 구성요건	
	불법가중	책임가중	불법감경	책임감경
보통살인죄		존속살해죄, 복수목적살인죄 (특가법 제5조의 9 제1항)	자살교사방조죄, 촉탁·승낙에 의한 살인죄	영아살해죄

II. 보통살인죄

제250조 제1항(보통살인) 사람을 살해한 자는 사형, 무기 또는 5년 이상의 징역에 처한다.

1. 구성요건

(1) 객관적 구성요건

① 주체: 자연인은 신분의 제한 없이 누구나 다 살인죄의 주체가 될 수 있으므로, 본죄는 일반범이다.

② 객체: 본죄의 객체는 타인, 즉 자기 이외의 사람이다. 따라서 자살은 본죄의 구성요건에 해당하지 않는다. 그리고 사람은 행위시에 생명이 있으면 족하므로 생존능력이 없는 신생아나 불치병으로 죽음이 임박한 자도 본죄의 객체가 된다(절대적 생명보호의 원칙). 사람의 개념과 관련하여 주로 문제되는 것은 사람이 시작되는 시점(시기)과 사람이 사망하는 시점(종기)이다.

사람의 시기에 대하여는 진통설(분만개시설: 형법상 통설·판례), 일부노출설(두부노출설: 일본의 통설·판례), 전부노출설(민법상 통설·판례) 등이 있다. 태아가 모체에서 노출되기 전이라도 분만중의 영아의 생명을 보호할 필요가 있으며 또한 우리형법은 분만중의 영아를 살해한 경우에 영아살해죄(제251조)로 처벌하고 있다는 점에서 진통설이 타당하다. 다만 제왕절개수술에 의하여 태아를 분만하는 경우에는 의사의 수술, 즉 자궁의 절개시를 사람의 시기로 본다.

[판례 1] 산부인과 의사 甲은 임산부 乙이 난산으로 인하여 정상적인 분만이 곤란함에도 불구하고 정상분만이 가능하다고 생각하여 수십 회에 걸쳐 산모의 배를 주물러 내리고 10여회 자궁수축제를 투여하였다. 그 결과 분만중인 태아는 질식사하였다. 甲의 죄책은?

산모에게 주기적 진통이 있었으므로 분만중인 태아는 형법상 사람에 해당한다. 따라서 甲에 대하여는 업무상 과실치사죄가 성립한다.[2]

사람의 종기에 대하여는 뇌사설[3], 폐사설(호흡종지설), 심장사설(맥박종지설)[4] 등이 있다. 호흡종지설은 호흡이 영구적으로(되살아날 수 없는 상태로) 정지한 때, 맥박종지설은 심장의 활동이 영구적으로 정지한 때 그리고 뇌사설은 뇌기능이 영구적으로 소멸된 때를 사망으로 본다. 이러한 학설의 대립은 주로 장기이식의 문제와 관련하여 나타난다. 일반적으로 뇌와 폐, 심장은 거의 동시에 사망한다. 그러나 사람이 교통사고 등으로 급작스럽게 사망하는 경우 먼저 뇌사상태에 이르고 2주 이내에 폐사, 심장사로 이어지는 경우가 있다. 이러한 경우 사람의 사망시점을 어떻게 정하는가에 따라서 장기이식이 살인죄의 구성요건에 해당하는지의 여부가 결정된다.

뇌사설에 의하면 뇌사자는 '사람'에 해당하지 않으므로 그의 장기를 적출하여 이식하는 행위는 살인죄의 구성요건에 해당하지 않는다.[5] 이에 대하여 심장사설에 의하면 장기이식은 살인죄의 구성요건에 해당하며, 다만 장기등 이식에 관한 법률(약칭: 장기이식법) 제22조 제3항에 의하여 뇌사자의 장기이식이 허용되는 경우에는 법령에 의한 정당행위(제20조)로서 위법성이 조각된다고 본다.

사람의 종기에 대하여는 ① 인간의 생명의 핵심은 뇌의 활동에 있으므로 뇌사상태에 이른 때에는 사람의 생명을 보호하기 위한 전제가 소멸되었다고 할 수 있고 ② 뇌사상태에 이르면 더 이상의 치료가 불가능하며, ③ 장기등 이식에 관한 법률 제22조 제3항은 뇌사자의 장기적출을 허용하고 있으며, 무단으로 뇌사자의 장기를 적출한 경우에도 살인죄가 아니라 동법 제44조 제1항 제9호에 의하여 살인죄보다 가볍게 처벌한다는 점에서 뇌사설이 타당하다.

③ 행위: 본죄의 행위는 살해이다. 살해란 생명을 자연적 사망에 앞서 단절시키는 행위를 말한다.

(2) 주관적 구성요건

주관적 구성요건은 사람의 살해에 대한 고의이다.

---

2) 대법원 1982. 10. 12 선고 81도2621 판결.
3) 뇌사설에는 뇌간사설, 대뇌사설, 전뇌사설 등이 있다. 뇌간은 호흡과 소화, 순환계 및 생식계 등 기본적인 생명기능을 관장하며, 대뇌는 정신작용을 관장한다. 장기등 이식에 관한 법률 제4조 제5호는 뇌사자를 "이 법에 따른 뇌사판정기준 및 뇌사판정절차에 따라 뇌 전체의 기능이 되살아날 수 없는 상태로 정지되었다고 판정된 사람"이라고 정의함으로써 전뇌사설을 채택하고 있다. 장기등 이식에 관한 법률이 뇌사설을 입법한 것은 아니라는 견해는 배종대, 각론, 30면.
4) 김성돈, 각론, 40면; 김일수/서보학, 각론, 23면.
5) 다만 그의 행위는 장기등 이식에 관한 법률 제44조 제1항 제9호 위반죄에 해당한다. 장기등 이식에 관한 법률 제44조(벌칙) ① 다음 각 호의 어느 하나에 해당하는 자는 무기징역 또는 2년 이상의 유기징역에 처한다.
9. 제22조제3항을 위반하여 뇌사자로부터 장기등을 적출한 자

2. 위법성

살인죄에 있어서 위법성조각사유는 다른 범죄에 비하여 제한적으로 적용된다. 즉 긴급피난이나 피해자의 승낙은 살인의 위법성을 조각하지 못한다. 그러나 정당행위나 정당방위에 의하여 살인의 위법성이 조각될 수는 있다. 살인의 위법성과 관련해서는 안락사가 문제된다.[6]

3. 책임

살인의 경우에는 긴급피난이 위법성조각사유에는 해당하지 않지만, 책임을 조각시키는 경우는 있다(면책적 긴급피난).[7]

III. 가중적 구성요건

1. 존속살해죄

> **제250조 제2항(존속살해)**: 자기 또는 배우자의 직계존속을 살해한 자는 사형, 무기 또는 7년 이상의 징역에 처한다.

(1) 의의

본죄는 자기 또는 배우자의 직계존속을 살해함으로써 성립하는 범죄다. 직계존속을 살해하는 경우에는 책임이 가중된다는 이유로 형을 가중한 가중적 구성요건이다.[8] 본죄는 신분관계로 인하여 형이 가중되는 부진정 신분범이다.

(2) 구성요건

(가) 객관적 구성요건

본죄의 객체는 자기 또는 배우자의 직계존속이다. 여기서 직계존속은 민법상의 개념이다. 따라서 ① 입양관계가 성립하면 직계존속이 되므로 양자가 양친을 살해한 때에는 본죄가 성립한다. 그리고 ② 타인의 양자로 입양된 자가 실부모를 살해한 경우에도 실부모와의 친자관계는 그대로 존속하므로 본죄가 성립한다고 보아야 한다.[9]

---

[6] 안락사에 관해서는 원형식, 총론, 157면 이하 참조.
[7] 면책적 긴급피난에 관해서는 원형식, 총론, 278면 이하 참조.
[8] 다수설: 예컨대 임웅, 각론, 30면. 이에 대하여 불법이 가중된 것이라고 보는 견해는 김성돈, 각론, 48면; 김일수/서보학, 각론, 27면.

또한 ③ 혼인 외 출생자가 생모를 살해한 때에는 본죄가 성립하나 ④ 사실상 부자관계라 하더라도 인지절차를 완료하지 않은 때에는 생부는 직계존속이 아니므로 그를 살해한 때에는 보통살인죄만이 성립한다. 그리고 친자관계는 가족관계등록부(구 호적)상의 기재 여하에 의하여 좌우되는 것은 아니다. 따라서 ⑤ 모(母)가 타인과 정교를 맺어 출생된 자가 호적에 친생자로 등재된 경우 호적상의 부자는 친자관계가 아니다.10) ⑥ 부부가 버려진 갓난아이를 주워다 기르면서 출생신고를 한 경우 친자관계가 성립하는가에 대하여 판례는 "당사자 간에 양친자관계를 창설하려는 명백한 의사가 있고 기타 입양의 성립요건이 모두 구비된 경우에 입양신고 대신 출생신고가 있다면 형식에 다소 잘못이 있더라도 입양의 효력에 영향이 없다"고 판시하였다.11) 따라서 부부가 버려진 아이를 호적에 친자로 입양하였더라도 양친자관계를 창설하려는 명백한 의사가 없었거나 입양의 성립요건을 결한 경우에는 출생신고를 하였더라도 직계존속이라고 할 수 없다.

[판례 2] 甲女는 문전에 버려진 생후 몇 시간밖에 되지 않은 영아 乙을 주워다 길러 호적에 친자로 입적하였다. 그런데 乙은 甲女를 살해하였다. 乙의 죄책은?

판례는 입양의 성립요건(예컨대 부부의 공동입양12), 법원의 허가를 얻은 후견인의 동의13) 등)이 모두 구비된 경우에 입양신고 대신 출생신고가 있었다면 형식에 다소 잘못이 있더라도 입양의 효력에 영향이 없다고 보고 있다.14) 그러나 사례에서는 입양의 성립요건이 구비되지 않은 것으로 보이므로 출생신고를 하였더라도 직계존속이라고 할 수 없다. 따라서 乙에 대하여는 보통살인죄만이 성립한다.

[판례 3] 甲女는 남편 乙男이 집을 떠나 객지로 다니면서 행상을 하는 사이에 식모살이를 하면서 丙男과 정교관계를 맺어 丁을 출산하였다. 丁은 호적부에 부부 甲女, 乙男 사이에 출생한 친생자로 등재되어 있다. 丁이 乙男을 상해한 경우 丁의 죄책은?

친자관계는 가족관계등록부(구 호적)상의 기재 여하에 의하여 좌우되는 것은 아니다. 丁은 그의 모가 타인인 丙男과 정교관계를 맺어 출생한 자이므로 丁과 乙男은 법률상 친자관계가 아니다. 따라서 丁에 대하여는 존속상해죄가 아니라 단순상해죄만이 성립한다.15)

배우자도 역시 민법상의 개념이며 따라서 사실혼관계에 있는 자의 직계존속은 본

---

9) 대법원 1967. 1. 31. 선고 66도1483 판결.
10) 대법원 1983. 6. 28. 선고 83도996 판결.
11) 대법원 1981. 1. 10. 선고 81도2466 판결.
12) 민법 제874조 제1항.
13) 민법 제871조 단서.
14) 대법원 1981. 1. 10. 선고 81도2466 판결.
15) 대법원 1983. 6. 28. 선고 83도996 판결.

죄의 객체가 아니다. 또한 배우자관계는 혼인관계의 소멸과 함께 종료되므로 배우자가 사망하거나[16] 이혼한 때에는 그 배우자였던 자의 직계존속은 본죄의 객체가 아니다.

(나) 주관적 구성요건

자기 또는 배우자의 직계존속을 살해한다는 인식(고의)이 있어야 한다. 이에 대한 인식이 결여된 경우에는 제15조의 "특별히 중한 죄가 되는 사실"을 인식하지 못한 경우에 해당하므로 보통살인죄가 성립한다.

2. 복수목적살인죄

> **특정범죄 가중처벌 등에 관한 법률 제5조의9(보복범죄의 가중처벌)**: ① 자기 또는 타인의 형사사건의 수사 또는 재판과 관련하여 고소·고발 등 수사단서의 제공, 진술, 증언 또는 자료제출에 대한 보복의 목적으로 「형법」 제250조제1항의 죄를 범한 사람은 사형, 무기 또는 10년 이상의 징역에 처한다. 고소·고발 등 수사단서의 제공, 진술, 증언 또는 자료제출을 하지 못하게 하거나 고소·고발을 취소하게 하거나 거짓으로 진술·증언·자료제출을 하게 할 목적인 경우에도 또한 같다.

본죄는 행위자의 책임가중을 근거로 한 가중적 구성요건이다.

IV. 감경적 구성요건

1. 영아살해죄

> **제251조(영아살해)**: 직계존속이 치욕을 은폐하기 위하거나 양육할 수 없음을 예상하거나 특히 참작할 만한 동기로 인하여 분만 중 또는 분만직후의 영아를 살해한 때에는 10년 이하의 징역에 처한다.

(1) 의의

본죄는 직계존속이 치욕을 은폐하기 위하거나 양육할 수 없음을 예상하거나 특히 참작할 만한 동기로 인하여 분만 중 또는 분만직후의 영아를 살해함으로써 성립하는 범죄다. 본죄를 보통살인죄보다 가볍게 처벌하는 이유는 영아의 생명이 다른

---

16) 민법 제775조 제2항에 의하면 "부부의 일방이 사망한 경우 생존 배우자가 재혼한 때"에 인척관계가 종료된다. 그러나 형법에서는 배우자가 사망하면 실질적인 혼인관계가 소멸되므로 생존배우자가 재혼하지 않더라도 사망한 배우자의 직계존속은 더 이상 제250조 제2항이 규정하는 '배우자의 직계존속'에는 해당하지 않는다.

사람의 생명보다 덜 중요하여 불법이 감경되었기 때문이 아니라 행위자의 주관적인 심리상태의 불안정으로 인하여 책임이 감경되었기 때문이다.

(2) 구성요건

(가) 객관적 구성요건

① 주체: 본죄의 주체는 '직계존속'이다. 여기서 직계존속은 법률상의 직계존속은 물론 사실상의 직계존속도 포함한다(다수설). 이러한 점에서 존속살해죄에서 직계존속이 법률상 개념으로서 사실상의 직계존속을 포함하지 않는 것과 차이가 있다. 다수설에 대하여 판례는 직계존속을 법률상의 직계존속에 국한한다.

> [판례 4] 甲男은 사실상 동거관계에 있는 乙女가 영아를 분만하자 그 아이를 살해하였다. 甲男의 죄책은?

다수설에 의하면 甲男은 영아의 사실상의 직계존속이므로 주관적 동기가 인정되는 경우 영아살해죄가 성립한다. 그러나 판례는 "그 남자와 영아와의 사이에 법률상 직계존속비속의 관계가 있다 할 수 없으므로 그 남자가 영아를 살해한 행위는 보통살인죄에 해당한다"[17]고 판시하였다.

직계존속에는 영아의 어머니(산모)는 물론 아버지나 조부모도 포함된다.[18] 이에 대하여 본죄의 형을 보통살인죄의 경우보다 감경하는 취지가 산모의 불안정한 심리상태로 인하여 책임이 감경된다는 데 있다고 보아 본죄의 주체를 산모에 국한하여 제한적으로 해석(목적론적 축소해석)하는 견해[19]가 있다. 입법론상으로는 타당하지만, 형벌감경사유를 법조문의 문구에 반하여 제한적으로 해석하는 것은 피고인에게 불리한 축소해석으로서 처벌범위를 확대시키는 결과가 되므로 유추해석금지의 원칙에 반한다.

② 객체: 객체는 분만 중 또는 분만직후의 영아이다. 영아란 젖먹이(유아)를 말하며, '분만 중 또는 분만 직후'란 주기적 진통이 시작된 시점부터 완전노출을 거쳐 분만으로 인한 비정상적인 심리상태(흥분상태)가 계속되는 시점까지를 말한다(통설).

③ 행위: 행위는 보통살인죄의 경우와 마찬가지로 살해이다.

(나) 주관적 구성요건

주관적 구성요건은 영아를 살해한다는 고의 외에 치욕을 은폐하기 위하거나 양

---

17) 대법원 1970. 3. 10. 선고 69도2285 판결.
18) 김성돈, 각론, 53면; 김일수/서보학, 각론, 33면; 오영근, 각론, 40면; 정성근/박광민, 각론, 56면.
19) 박상기, 각론, 24면; 배종대, 각론, 74면.

육할 수 없음을 예상하거나 기타 특히 참작할 만한 주관적 동기가 있어야 한다. 치욕을 은폐하기 위한 경우란 예컨대 강간으로 임신하여 출산하거나 미혼모가 출산한 경우를 말한다. 양육할 수 없음을 예상한 경우란 아이를 양육할 만한 경제능력이 없는 경우를 말한다. 기타 참작할 만한 동기란 예컨대 기형아를 출산하거나 아이가 생존능력이 없는 경우를 말한다.

2. 촉탁·승낙에 의한 살인죄(동의살인죄)

> **제252조(촉탁, 승낙에 의한 살인 등)** ① 사람의 촉탁이나 승낙을 받아 그를 살해한 자는 1년 이상 10년 이하의 징역에 처한다.

(1) 의의

제24조에 의하면 피해자의 승낙에 의하여 법익을 침해한 행위는 위법성이 조각된다. 그러나 본조는 살인에 대하여는 적용되지 않는다. 사람의 생명은 처분할 수 없는 법익으로서 생존의사의 유무와 관계없이 항상 보호되어야 하므로(절대적 생명보호의 원칙), 피해자의 촉탁 또는 승낙에 의하여 살인한 경우에도 위법성은 조각되지 않는다. 다만 생명침해에 대하여 본인의 동의가 있는 경우에는 불법이 감경되므로 동의살인죄는 보통살인죄보다 가볍게 처벌된다.

(2) 구성요건

촉탁이란 죽음을 결의한 자가 자신을 살해할 것을 요구하는 의사표시를 말한다. 이에 대하여 **승낙**은 살해를 결의한 자의 살해 제의에 대하여 피해자가 동의하는 의사표시를 말한다. 이러한 의사표시는 하자가 없어야 한다. 즉 의사표시가 진의에 의한 것이고 자유로운 의사결정에 의한 것이어야 한다. 따라서 비진의(非眞意) 의사표시, 착오에 의한 의사표시, 위계·위력에 의한 의사표시는 동의에 해당하지 않는다. 그리고 의사표시를 한 자가 의사결정능력(판단능력)이 있어야 한다. 따라서 책임무능력자의 의사표시도 동의에 해당하지 않는다.

3. 자살교사방조죄(자살관여죄)

> **제252조** ② 사람을 교사하거나 방조하여 자살하게 한 자도 제1항의 형에 처한다.

(1) 의의

자살은 구성요건해당성이 없으므로 처벌되지 않는다. 따라서 자살에 대한 교사, 방조도 공범의 제한적 종속성에 의하면 불가벌이다.[20] 그러나 형법은 자살에 관여하는 행위는 타인의 생명을 침해하는 행위로서 자살과는 성질을 달리하는 것이므로 촉탁·승낙에 의한 살인과 동일하게 처벌하고 있다. 따라서 본조는 공범규정의 특칙으로서 제31조(교사범)나 제32조(종범)는 적용되지 않는다.

(2) 구성요건

자살교사는 자살의사가 없는 자로 하여금 자살을 결의하게 하는 것이다. 이에 대하여 **자살방조**는 이미 자살을 결의한 자로 하여금 자살을 용이하게 하는 것을 말한다. 본죄가 성립하기 위해서는 자살이 본인의 **자유로운 의사결정**에 의한 것이어야 하며, 그 자에게 **의사결정능력**이 있어야 한다. 따라서 자살이 위계나 위력에 의한 경우에는 본죄가 성립하는 것이 아니라 위계·위력에 의한 살인죄(제253조)가 성립한다. 또한 자살의 의미를 이해할 능력이 없는 자로 하여금 자살하게 한 때에도 본죄가 성립하는 것이 아니라 살인죄의 간접정범이 성립한다.

> [판례 5] 甲女는 3세, 7세된 아들 乙, 丙에게 함께 죽자고 권유하여 물속에 따라 들어오게 하였다. 그 결과 乙, 丙은 익사하였으나 甲女는 구조되었다. 甲女의 죄책은?

승낙에 의한 살인이나 자살교사는 피해자가 자살의 의미를 이해할 수 있는 판단능력이 있을 것을 요한다. 사례에서 피해자는 이러한 능력이 없으므로 자살교사죄나 승낙에 의한 살인죄는 성립하지 않는다. 甲女는 구성요건해당성이 없는 도구를 이용하여 살해한 것이므로 간접정범에 의한 살인죄(제250조, 제34조)가 성립한다.[21]

(3) 동의살인죄와 자살관여죄의 구분

우리나라 형법은 촉탁·승낙에 의한 살인과 자살교사방조를 동일하게 처벌하고 있으므로 양자의 구별실익은 적다.[22] 이론상 동의살인죄는 살인의 정범, 자살관여죄는 살인의 공범에 준한다. 따라서 양자는 정범과 공범의 구분기준, 즉 행위지배에 의하여 구별하면 된다. 즉 자살자가 자살을 결의하여 자살하는 최후의 순간까지 자살여부를

---

20) 공범의 제한적 종속성에 의하면 자살교사방조는 별도로 처벌규정이 없는 이상은 불가벌이다. 실제로 이러한 처벌규정이 없는 독일에서는 촉탁살인죄(독일형법 제216조)만 처벌되며 자살교사방조는 불가벌이다.
21) 대법원 1987. 1. 20. 선고 86도2395 판결.
22) 이에 반하여 독일 형법은 촉탁살인만 처벌하고 자살교사방조는 처벌하지 않으므로 양자의 구별은 중요한 의미를 지닌다.

자유의사에 의하여 결정할 수 있었다면 행위자에게는 행위지배가 없으므로 행위자에 대하여는 자살관여죄가 성립하며, 이와는 반대로 자살자가 자살계획의 실행을 행위자에게 일임하여 자살의 최후순간에 자살여부를 자유의사에 의하여 결정할 여지가 없었다면 행위지배는 행위자에게 있으므로 동의살인죄가 성립한다. 결국 양자는 "최후의 행위기여 이후에 자살자에게 자유로운 의사결정이 있었는가"에 의하여 구별된다.

* 동의살인죄와 자살관여죄의 구분
┌ 동의살인: 정범 - 자살자의 자유로운 의사결정 X → 행위자의 행위지배 O
└ 자살관여: 공범 - 자살자의 자유로운 의사결정 O → 행위자의 행위지배 X

[예 1] 甲男은 부모의 결혼반대에 자살을 결심하고 乙女에게 동반자살을 제의하였다. 乙女가 이에 동의하자 甲男은 乙女와 함께 여관방에 투숙하여 준비한 독약을 乙女에게 건네주고 함께 이를 먹었다. 그 결과 甲男은 구조되었으나 乙女는 이미 사망하였다.
(1) 甲男의 죄책은?
(2) 만일 甲男이 사망하고 乙女가 살았다면 乙女의 죄책은?

(1) 두 사람이 합의에 의하여 공동자살을 기도한 경우로서 소위 합의동사에 관한 사례이다. 이 경우에도 앞에서 설명한 이론이 그대로 적용된다. 乙女는 자살의 최후순간 독약을 먹을 것인지를 결정할 수 있는 자유의사를 가지고 있었으므로 甲男에 대하여는 행위지배가 결여된다. 따라서 자살관여죄가 성립한다. 그리고 甲男은 자살의사가 없는 乙女로 하여금 자살을 결의하게 했으므로 자살교사죄가 성립한다.
(2) 乙女는 단지 甲男의 자살제의에 동의했을 뿐이지, 甲男의 자살을 교사하거나 방조하지는 않았으므로 아무런 범죄도 성립하지 않는다.

V. 위계·위력에 의한 살인죄

제253조(위계·위력에 의한 살인): 위계 또는 위력으로서 사람의 촉탁 또는 승낙을 받아 그를 살해하거나 자살을 결의하게 한 자는 제250조의 예에 의한다.

앞에서 설명한 바와 같이 촉탁, 승낙의 의사표시에 하자가 있는 경우에는 형법상 아무런 효력도 없다. 따라서 타인을 기망하여 착오를 일으키거나 타인의 착오를 이용하여(위계) 또는 타인의 자유의사를 억압하여(위력) 촉탁, 승낙을 받거나 자살을 교사한 경우에는 보통살인죄의 예에 의하여 처벌된다.

[예 2] 만일 위의 (예 1)에서 甲男이 자살의 의사도 없이 乙女에게 동반자살을 제의하자, 乙女는 그 제의에 동의하여 독약을 먹고 사망했다면 甲男의 죄책은?

甲男은 위계에 의하여 乙女의 자살을 결의하게 하였으므로 위계에 의한 살인죄(제253조)가 성립한다.

제2절 낙태의 죄

I. 서론

1. 의의 및 체계

낙태죄는 태아의 생명을 침해하는 범죄라는 점에서 살인죄와 함께 생명에 대한 죄에 속한다. 낙태의 개념은 본죄의 보호법익을 어느 정도 보호하는가에 따라서 다르다. 침해범설에 의하면 낙태는 임신중절에 의하여 태아를 살해하는 행위이다. 이에 대하여 위험범설(다수설)에 의하면 낙태는 태아를 모체 내에서 살해하는 행위는 물론, 태아를 자연분만기에 앞서서 인위적으로 모체 밖으로 배출하는 행위도 포함한다. 본서에서는 침해범설에 따라 낙태죄를 '임신중절에 의하여 태아를 살해함으로써 성립하는 범죄'로 이해하기로 한다(침해범설).

* 낙태죄의 체계

기본적 구성요건	가중적 구성요건	결과적 가중범
동의낙태죄 (제269조 제2항)		동의낙태치사상죄(제269조 제3항)
	업무상 동의낙태죄 (제270조 제1항)	업무상 동의낙태치사상죄 (제270조 제3항)
부동의낙태죄(제270조 제2항)		부동의낙태치사상죄(제270조 제3항)

2. 보호법익

본죄의 주된 보호법익은 태아의 생명이며 부차적인 보호법익으로는 임산부의 생명·신체와 의사결정의 자유가 있다. 태아의 생명을 어느 정도로 보호할 것인가에 대해서는 견해가 일치하지 않는다. **침해범설**에 의하면 낙태죄가 성립하기 위해서는 태아의 생명이 침해될 것을 요한다고 한다. 이에 대하여 **위험범설**(다수설)에 의하면 태아의 생명에 대한 침해발생의 위험(구체적 위험범설[23]) 또는 일반적인 위험(추상적 위험범설[24])만 있으면 족하다고 한다.[25] 생각건대 낙태죄는 태아의 생명을 침해하는

---

[23] 배종대, 각론, 152면.
[24] 다수설: 예컨대 김성돈, 각론, 101면; 김일수/서보학, 각론, 47면; 오영근, 각론, 102면; 임웅, 각

데 본질이 있으므로 생존능력이 있는 태아를 모체 외로 배출한 경우는 본죄에 해당하지 않는다고 보아야 한다. 따라서 침해범설이 타당하다.

II. 기본적 구성요건

1. 자기낙태죄(헌법불합치)26)

> **제269조 제1항(낙태)** 부녀가 약물 기타 방법으로 낙태한 때에는 1년 이하의 징역 또는 200만원 이하의 벌금에 처한다.(효력 상실)

헌법재판소는 자기낙태죄에 대한 헌법불합치 결정의 근거로서 "자기낙태죄 조항은 모자보건법이 정한 예외를 제외하고는 임신기간 전체를 통틀어 모든 낙태를 전면적·일률적으로 금지하고, 이를 위반할 경우 형벌을 부과함으로써 임신의 유지·출산을 강제하고 있으므로, 임신한 여성의 자기결정권을 제한한다"는 점을 든다.

2. 동의낙태죄

> **제269조 제2항(동의낙태)** 부녀의 촉탁 또는 승낙을 받아 낙태하게 한 자도 전1항의 형과 같다.

론, 106면.
25) * 위험범의 개념 및 종류

종류	구체적 위험범	추상적 위험범
개념	법익에 대한 실해발생의 위험이 현실로 야기된 경우에 구성요건이 충족되는 범죄	법익침해의 추상적 위험, 즉 일반적인 법익침해의 위험이 있는 경우 구성요건이 충족되는 범죄
고의	위험의 발생이 구성요건요소이므로 이에 대한 인식이 있어야 고의가 성립	위험의 발생이 구성요건요소가 아니므로 고의가 성립에 있어 이에 대한 인식은 불요
입증	위험은 구성요건요소이므로 입증을 요한다.	위험은 입법의 동기에 불과하며 구성요건요소는 아니므로 이에 대한 입증을 요하지 않는다.
예	자기소유 일반건조물방화죄(제166조 제2항) 일반물건방화죄(제167조 제1항) 자기소유 일반물건방화죄(제167조 제2항)	현주건조물방화죄(제164조) 공용건조물방화죄(제165조) 일반건조물방화죄(제166조)

26) 헌재 2019. 4. 11. 2017헌바127은 형법 제269조 제1항, 제270조 제1항 중 '의사'에 관한 부분은 모두 헌법에 합치되지 않으며, 위 조항들은 2020. 12. 31.을 시한으로 입법자가 개정할 때까지 계속 적용된다고 결정하였다. 따라서 이 조항들은 2021. 1. 1부터 효력을 상실하였다.

① 본죄의 주체는 제270조에 규정된 업무에 종사하는 자 이외의 비신분자를 말한다. 예컨대 무면허 의사나 간호원이 이에 해당한다. 행위는 부녀의 촉탁 또는 승낙, 즉 임산부의 동의에 의하여 낙태하는 것이다.

② 본죄의 객체는 태아이다. 태아는 수정란이 자궁에 착상한 때로부터 분만개시 전, 즉 주기적인 진통이 있기 전까지의 생명체를 말한다. '의학적으로 제왕절개 수술이 가능하였고 규범적으로 수술이 필요'하였더라도 규칙적인 진통이 시작되거나 제왕절개수술이 개시되지 않은 이상은 이 시점을 분만의 시기라고 볼 수 없다.

[판례 1] 조산사 甲은 임산부 乙女의 당뇨증상으로 인하여 태아 A가 거대아가 되어 저산소성 태아곤란증으로 사산의 위험이 매우 높았고 분만예정일을 14일이나 넘겨 의학적으로 자연분만이 부적절하여 제왕절개 수술이 유일한 출산방법이었음에도 불구하고 자연분만을 위하여 乙女를 대기실에 방치한 결과 A가 乙女의 자궁 내에서 분만전 저산소성 손상으로 인한 심폐정지로 사망하였다. 甲의 죄책은?

(1) A에 대한 업무상 과실치사죄

업무상 과실치사죄가 성립하기 위해서는 사망한 A가 사람에 해당하여야 한다. 대법원은 사람의 시기에 관하여 진통설(분만개시설)에 따라 "사람의 생명과 신체의 안전을 보호법익으로 하고 있는 형법의 해석으로는 규칙적인 진통을 동반하면서 분만이 개시된 때가 사람의 시기라고 봄이 타당하다"고 판단하였다. 검사는 A가 사망할 당시 '의학적으로 제왕절개 수술이 가능하였고 규범적으로 수술이 필요하였던 시기'였으므로 A가 사람에 해당한다고 주장하였다. 그러나 대법원은 이 기준이 "판단하는 사람 및 상황에 따라 다를 수 있어, 분만개시 시점 즉, 사람의 시기도 불명확하게 된다는 점에서 채용하기 어렵다"고 판단하였다. 대법원의 견해에 의하면 아직 주기적 진통이나 제왕절개수술이 개시되지 않았으므로 A는 형법상 아직 '사람'에 해당하지 않으며 따라서 조산사 甲에 대하여는 업무상 과실치사죄가 성립하지 않는다.

(2) 임산부 乙에 대한 업무상 과실치상죄

임산부를 수술하는 과정에서 발생하는 상해행위는 통상 피해자의 승낙에 의한 것으로서 위법성이 조각되므로 상해죄가 성립할 여지가 없다. 다만 이 사례에서 문제되는 것은 조산사 甲의 과실로 인하여 태아 A가 유산되었는데 이것이 임산부 乙女에 대한 업무상 과실치상죄에 해당하는가이다. 대법원은 다음과 같은 이유에서 이를 부정한다: "현행 형법이 사람에 대한 상해 및 과실치사상의 죄에 관한 규정과는 별도로 태아를 독립된 행위객체로 하는 낙태죄, 부동의 낙태죄, 낙태치상 및 낙태치사의 죄 등에 관한 규정을 두어 포태한 부녀의 자기낙태행위 및 제3자의 부동의 낙태행위, 낙태로 인하여 위 부녀에게 상해 또는 사망에 이르게 한 행위 등에 대하여 처벌하도록 한 점, 과실낙태행위 및 낙태미수행위에 대하여 따로 처벌규정을 두지 아니한 점 등에 비추어보면, 우리 형법은 태아를 임산부 신체의 일부로 보거나, 낙태행위가 임산부의 태아양육, 출산 기능의 침해라는 측면에서 낙태죄와는 별개로 임산부에 대한 상해죄를 구성하는 것으로 보지는 않는다고 해석된다. 따라서 태아를 사망에 이르게 하는 행위가 임산부 신체의 일부를 훼손하는 것이라거나 태아의 사망으로 인하여 그 태아를 양육, 출산하는 임산부의 생리적 기능이 침해되어 임산부에 대한 상해가 된다고 볼 수는 없다."27)

③ 행위: 본죄의 행위는 낙태이다. 낙태란 임신중절에 의하여 태아를 살해하는 행위를 말한다(침해범설). 이 견해에 의하면 낙태죄는 ㉠ 태아를 모체 내에서 살해하는 경우는 물론 ㉡ 태아에 대한 침해행위로 인하여 태아가 출산 후에 사망한 경우에도 성립한다. 왜냐하면 낙태죄와 살인죄의 구분은 침해행위시를 기준으로 하므로 행위의 객체는 사람이 아니라 태아이기 때문이다. 그러나 ㉢ 침해행위로 인하여 생존능력이 있는 아기가 출산되어 생존한 때에는 낙태미수로서 이에 대하여는 처벌규정이 없으므로 무죄가 된다.

④ 기수시기: 모체 내에서 살해한 때 또는 태아에 대한 침해행위로 인하여 출생 후 사망한 때이다(침해범설). 이에 대하여 위험범설은 태아를 모체 내에서 살해한 때 또는 태아가 모체 밖으로 배출된 때를 기수시기로 본다. 그러나 태아가 아직 사망하지도 않았는데 기수로 처벌하는 것은 처벌범위를 지나치게 확대한다는 점에서 타당하지 못하다.

* 침해범설과 위험범설의 비교

학설	낙태의 개념	인공출산에 의하여 배출된 태아가 생존능력이 있는 경우	기수시기
침해범설	임신중절에 의하여 태아를 살해하는 행위	낙태미수는 처벌규정이 없으므로 무죄	태아의 사망 시점
위험범설	모체 내에서 태아를 살해하거나 태아를 자연분만기에 앞서 인위적으로 배출하는 행위	추상적 위험범설은 낙태죄의 성립인정	태아의 사망 또는 배출 시점
		구체적 위험범설은 낙태죄의 성립 부정	

---

27) 대법원 2007. 6. 29. 선고 2005도3832 판결.

III. 가중적 구성요건

1. 업무상 동의낙태죄

> 제270조 제1항(업무상 낙태) 의사·한의사·조산원·약제사 또는 약종상이 부녀의 촉탁 또는 승낙을 받아 낙태하게 한 때에는 2년 이하의 징역에 처한다.('의사' 부분은 효력 상실)

(1) 의의

본죄는 동의낙태죄에 대하여 업무에 종사하는 자의 책임을 가중하여 처벌하는 가중적 구성요건이다. 또한 신분관계로 인하여 중하게 처벌되는 부진정 신분범이다.

동조 제1항에 열거된 업무자는 면허를 가진 자만을 의미한다. 무면허자에 대해서는 동의낙태죄가 성립한다.

(2) 위법성

(가) 모자보건법 제14조[28]

모자보건법 제14조는 의사에 의한 낙태에 대하여 적용되는 규정인데, 현재(2022년 6월 기준) 의사는 업무상 낙태죄의 주체가 아니므로 대체입법이 나오기 전까지 이 규정은 적용대상이 없는 조문이 되었다.

모자보건법 제14조의 요건을 갖춘 경우 의사에 의한 업무상 낙태는 형법 제20조의 "법령에 의한 행위"로서 위법성이 조각된다.

① 모자보건법 제14조 제1항의 각호에 규정되어 있는 적응사유(適應事由: Indikation)에 해당하여야 한다. 여기서 적응사유란 임신중절이 허용되는 법적 근거(해당사유)를 말한다.

- 우생학적 적응사유: 제1호, 제2호.

---

[28] 모자보건법 제14조 (인공임신중절수술의 허용한계) ① 의사는 다음 각 호의 어느 하나에 해당되는 경우에만 본인과 배우자(사실상의 혼인관계에 있는 사람을 포함한다. 이하 같다)의 동의를 받아 인공임신중절수술을 할 수 있다.
  1. 본인이나 배우자가 대통령령으로 정하는 우생학적 또는 유전학적 정신장애나 신체질환이 있는 경우
  2. 본인이나 배우자가 대통령령으로 정하는 전염성 질환이 있는 경우
  3. 강간 또는 준강간에 의하여 임신된 경우
  4. 법률상 혼인할 수 없는 혈족 또는 인척간에 임신된 경우
  5. 임신의 지속이 보건의학적 이유로 모체의 건강을 심각하게 해치고 있거나 해칠 우려가 있는 경우

- 윤리적 적응사유: 제3호, 제4호.

동조 제3호는 '강간 또는 준강간'에 의하여 임신된 경우에 국한하여 임신중절을 허용하므로, 그 이외에 미성년자간음죄, 업무상 위력 등에 의한 간음죄 등에 의하여 임신된 경우에는 임신중절이 허용되지 않는다.

- 의학적 적응사유: 제5호.

모자보건법 제14조는 위에서 설명한 3가지 적응사유만을 인정하고 있으므로 사회적 적응사유는 인정하되 않는다. 따라서 경제적 이유로 임신중절을 하는 것은 위법하다.

[판례 2-1] 의사 甲은 산모 乙을 검진한 결과 산모의 생명에 직접적인 위험이 없음에도 불구하고 산모 乙이 경제적 사정을 이유로 낙태해줄 것을 부탁하자 낙태시술을 하였다. 만일 의사 甲이 태아가 살아있는 것을 알고 있음에도 불구하고 그 태아를 모체 밖으로 배출시켜 버리게 하고, 그 결과 아이가 사망하였다면 甲의 죄책은?[29]

대법원은 임산부의 생명에 직접적인 위험이 없다는 이유로 모자보건법 제14조에 의한 위법성조각을 부정하고 업무상 촉탁낙태죄의 성립을 인정하였다.[30] 모자보건법 제14조는 사회적 적응사유를 인정하지 않으므로 경제적 사정을 이유로 낙태의 위법성이 조각되지는 않는다.

문제는 의사 甲에 대하여 살인죄가 성립하는가이다. 판례는 甲에 대하여 살인죄의 성립을 인정하지 않았다. 그러나 다수설(추상적 위험범설)에 의하면 태아를 인위적으로 모체로부터 분리·배출한 경우에는 태아가 사망하지 않더라도 낙태죄의 성립을 인정하므로 이 사례의 경우에 일단 업무상 촉탁낙태죄가 성립한다. 그리고 살아서 배출된 아이를 내다버려 사망케 한 행위는 살인에 해당한다. 따라서 다수설에 의하면 의사 甲에 대해서는 업무상 촉탁낙태죄와 살인죄의 실체적 경합범이 성립한다.

이에 대하여 침해범설에 의하면 태아는 살아서 배출되었으므로 낙태미수로서 불가벌이지만, 아이를 내다 버려 사망케 했으므로 살인죄가 성립한다.

[판례 2-2] 산부인과 의사 甲은 약물에 의한 유도분만의 방법으로 낙태시술을 하였으나 태아가 살아서 미숙아의 상태로 출생하자 그 미숙아에게 염화칼륨을 주입하여 사망케 하였다. 甲의 죄책은?

위의 [판례 2-1]와 유사한 사례이다. 甲에 대하여 낙태죄가 성립하는가에 관하여 대법원[31]은 위험범설에 따라서 "낙태죄는 태아를 자연분만기에 앞서서 인위적으로 모체 밖으로 배출하거나 모체 안에서 살해함으로써 성립하고, 그 결과 태아가 사망하였는지 여부는 낙태

---
29) 이 사례는 대법원 1985. 6. 11. 선고 84도1958 판결의 사실관계를 변형한 것임.
30) 대법원 1985. 6. 11. 선고 84도1958 판결.
31) 대법원 2005. 4. 15. 선고 2003도2780 판결.

죄의 성립에 영향이 없는 것"이라고 보아 甲에 대하여 업무상 촉탁낙태죄(제270조 제1항)의 성립을 인정하였다. 그리고 甲에 대하여 살인죄가 성립하는가에 관하여 대법원은 "살아서 출생한 미숙아가 정상적으로 생존할 확률이 적다고 하더라도 그 상태에 대한 확인이나 최소한의 의료행위도 없이 적극적으로 염화칼륨을 주입하여 미숙아를 사망에 이르게 한 피고인에게는 미숙아를 살해하려는 범의도 있었던 것으로 보아야 한다"고 함으로써 살인죄의 성립을 인정하였다. 따라서 甲에 대하여는 살인죄와 업무상촉탁낙태죄의 실체적 경합이 성립한다.

이에 대하여 침해범설에 의하면 甲에 대하여는 살인죄만 성립하며 낙태는 미수에 그쳤으므로 불가벌이다.

② 의사가 시술하여야 한다. 따라서 업무상 동의낙태죄에 대해서만 적용되며, 동의낙태죄에 대해서는 적용되지 않는다.

③ 본인과 배우자의 동의가 있어야 한다. 따라서 부동의낙태죄에 대해서는 적용되지 않는다. 여기서 배우자는 사실상의 혼인관계에 있는 자를 포함한다.[32]

④ 24주 이내에 행하여야 한다.[33]

(3) 긴급피난

모자보건법 제14조의 요건을 갖추지 못하였더라도 임신의 지속으로 인하여 산모의 생명이 위험에 처한 때에는 긴급피난에 해당하므로 낙태가 허용된다. 따라서 24주가 넘었거나 낙태시술을 한 자가 의사가 아니더라도 긴급피난에 의하여 위법성이 조각될 수 있다.

2. 부동의 낙태죄

> **제270조 제2항(부동의낙태)**: 부녀의 촉탁 또는 승낙 없이 낙태하게 한 자는 3년 이하의 징역에 처한다.

본죄는 태아의 생명뿐만이 아니라 임산부의 의사결정의 자유도 침해하였으므로 동의낙태죄보다 불법이 가중되어 중하게 처벌되는 가중적 구성요건이다.

---

32) 모자보건법 제14조.
33) 모자보건법 시행령 제15조.

IV. 결과적 가중범

> **제269조 제3항(동의낙태치사상)**: 제2항의 죄를 범하여 부녀를 상해에 이르게 한 때에는 3년 이하의 징역에 처한다. 사망에 이르게 한 때에는 7년 이하의 징역에 처한다.
>
> **제270조 제3항(부동의낙태치사상, 업무상 낙태치사상)**: 제1항 또는 제2항의 죄를 범하여 부녀를 상해에 이르게 한 때에는 5년 이하의 징역에 처한다. 사망에 이르게 한 때에는 10년 이하의 징역에 처한다.

낙태치사상죄는 낙태죄에 대한 결과적 가중범이다.[34] 일반적으로 결과적 가중범은 기본범죄가 기수이건 미수이건 불문하고 중한 결과가 발생하면 성립한다. 그러나 현행법상 낙태미수는 불가벌이므로 낙태치상죄는 낙태가 기수에 이른 경우에만 성립한다고 보아야 한다.[35] 따라서 낙태가 미수에 그치고 이로 인하여 부녀가 상해에 이른 때에는 업무상 과실치상죄만이 성립한다. 물론 낙태가 미수에 그친 단계에서 부녀가 사망하였다면 낙태도 기수에 이르게 되므로 낙태치사죄가 성립한다.

* 결과적 가중범

낙태미수 + 과실치상 = 과실치상죄
낙태미수 + 과실치사 = 낙태치사죄

---

[34] 다만 상해가 낙태에 전형적으로 수반되는 정도에 그친 경우에 상해는 불가벌적 수반행위로서 낙태죄에 흡수되므로 낙태치상죄가 성립하는 것이 아니라 낙태죄만 성립한다.
[35] 김성돈, 각론, 109면; 박상기, 각론, 82면; 오영근, 각론, 107면. 이에 대하여 낙태미수의 경우에도 낙태치상죄의 성립을 인정하는 반대견해에 대해서는 김일수/서보학, 각론, 57면; 배종대, 각론, 170면.

제 2장 신체에 대한 죄

제1절 의의 및 보호법익

　상해죄와 폭행죄는 사람의 신체를 침해하는 범죄이다. 형법은 상해죄와 폭행죄를 분리하여 별도로 규정하고 있다[1]. 상해죄는 사람의 건강을 보호법익으로 하는데 대하여 폭행죄는 신체의 건재(健在)를 보호법익으로 한다. 따라서 상해가 생리적 기능을 훼손하는 행위라면, 폭행은 신체의 안전을 해할 우려가 있는 유형력(물리력)의 행사라고 할 수 있다.

　범죄는 구성요건의 내용이 결과의 발생을 요하는가의 여부에 의하여 결과범(실질범)과 거동범(형식범)으로 분류할 수 있는데, 상해죄는 건강의 침해결과가 발생할 것을 요한다는 점에서 결과범에 해당한다. 이에 대하여 폭행죄는 실제로 신체의 안전이 침해될 것을 요하지 않으며 다만 유형력의 행사만 있으면 성립한다는 점에서 거동범에 해당한다.

* 상해와 폭행의 차이

	개념	보호법익	범죄의 종류
폭행	신체에 대한 유형력의 행사	신체의 건재(완전성)	거동범(형식범)
상해	생리적 기능훼손	신체적·정신적 건강	결과범(실질범)

제2절 상해와 폭행의 죄

I. 상해의 죄

1. 단순상해죄

> 제257조(단순상해): 사람의 신체를 상해한 자는 7년 이하의 징역에 처한다.

---

[1] 이에 대하여 독일 형법은 상해와 폭행을 구분하지 않고 양자를 모두 상해죄(Körperverletzung)로 처벌하고 있다. 따라서 독일 형법상 상해는 우리나라 형법상 상해와 폭행을 포함하는 개념이다.

(1) 구성요건

① 객체: 본죄의 객체는 사람의 신체이다. 따라서 태아에 대한 상해는 상해죄에 해당하지 않는다. 임신 중 약물복용으로 기형아가 출산된 경우 사람과 태아의 구분기준은 침해행위시나 결과발생시가 아니라 **침해행위의 작용시**, 즉 약물의 작용시를 기준으로 판단하므로 본죄는 성립되지 않는다.

[예 1] 독일의 그뤼넨탈(Grünenthal) 제약회사는 콘터간(Contergan)이라는 임신구토예방제를 생산, 판매하였다. 이를 복용한 임산부들은 2500명가량의 기형아를 출산하였다. 민사법원은 이 약의 성분인 탈리오도미드(Thaliodomid)가 태아의 신경조직의 손상과 기형을 야기한 것으로 판단하였다. 만일 이 약과 기형의 출산 간에 인과관계가 인정된다고 가정한다면[1] 이 약의 생산책임자의 죄책은?(Contergan 사건)

여기서 문제되는 것은 업무상 과실치상죄가 성립하는가 아니면 태아에 대한 과실치상으로서 불가벌인가 하는 것이다. 사람과 태아의 구분은 침해행위의 작용시를 기준으로 한다. 만일 이 약이 출산 후에 아기에 대하여 새로운 영향을 미쳤거나 태아 당시에 미쳤던 영향이 출산 후에도 계속되었다면 업무상 과실치상죄가 성립할 것이다. 그러나 사례의 경우 콘터간은 이미 태아에 대하여 작용하여 기형아가 출산된 것이므로 태아에 대한 과실치상으로서 불가벌이다.

그리고 살인죄에서와 마찬가지로 본죄의 객체인 사람은 자기 이외의 자이다. 따라서 자기 스스로를 상해하는 행위(자손행위)는 본죄의 구성요건해당성이 없다. 다만 병역법 제75조나 군형법 제41조 제1항에 해당하는 경우에는 처벌된다.

② 행위: 상해를 신체의 완전성에 대한 침해로 보는 견해(**신체의 완전성설**)[2]에 의하면 사람의 건강을 침해하는 행위는 물론 모발을 절단하는 행위도 상해에 해당한다고 한다. 이 견해는 상해와 폭행을 구분하지 않는 독일 형법에서는 타당하나 양자를 구분하는 우리 형법에서는 신체의 생리적 기능 내지는 건강을 침해하는 행위만이 상해라고 보아야 한다(**생리적 기능훼손설**).[3] 따라서 육체적·정신적 질병을 야기, 증대시키거나 신체에 상처를 입히는 행위만이 상해에 해당하며 모발을 절단하는 행위는 폭행에 해당한다. 생리적 기능의 침해 외에도 신체의 외모에 중대한 변화를 초래한 행위도 상해에 해당한다는 견해(**절충설**)[4]도 있으나, 건강을 침해하지 않는 이상은 폭행에 해당한다고 보아야 한다.

---

1) 그러나 민사소송에서와는 달리 실제 형사절차에서는 인과관계가 입증되지 않아 공소가 취소(독일 형사소송법 제143조)되었다.
2) 유기천, 각론 상, 47면.
3) 다수설: 김성돈, 각론, 64면; 김일수/서보학, 각론, 64면; 오영근, 각론, 54면.
4) 배종대, 각론, 86면 이하.

[판례 1] 甲은 강간도중 피해자 乙女의 어깨를 빨아서 동전크기의 반상출혈상을 입혔다. 강간치상죄가 성립하는가?

판례는 이 상처는 1주 정도면 자연치유되는 것으로서 인체의 생활기능에 장애를 주거나 건강상태를 불량하게 변경한 것은 아니므로 상해에는 해당하지 않는다고 보아 강간죄의 성립만을 인정하였다.5) 이 판례에 의하면 ① 치료를 받지 않더라도 '자연치유'되는 정도의 경미한 신체침해는 상해에 해당하지 않으며, ② 상해가 되기 위해서는 '생활기능에 장애'가 있거나 '건강상태를 불량하게 변경'할 것을 요한다고 한다. 이 판례만으로는 대법원이 생리적 기능훼손설과 절충설 가운데 어느 것을 채택하였는지 알 수는 없다. 다만 신체의 완전성설에 의하면 동전크기의 멍이 생기게 한 행위도 신체의 완전성을 침해한 것으로서 상해에 해당하는데, 판례는 이 경우 상해를 인정하지 않으므로6) 신체의 완전성설을 채택하지는 않았다고 볼 수 있다.

인사불성의 상태를 야기하는 행위가 상해인가 폭행인가에 대해서 논란의 여지가 있다. 일부 판례(아래의 판례 3-1) 가운데는 이를 폭행으로 본 경우가 있으나, 인사불성은 생리적 기능, 즉 뇌 기능의 일시적 장애로 인한 것이므로 상해에 해당한다고 보아야 한다.7)

판례는 폭행에 의해 실신케 한 경우 상해를 인정하면서도,8) 수면제나 마취제와 같은 약물을 사용하여 의식을 몽롱하게 한 행위를 폭행으로 보고 있다.9) 수면제나 마취제를 사용하여 의식을 몽롱하게 하거나 잃게 한 경우에도 생리적 기능의 침해가 인정되므로 상해에 해당한다고 보는 것이 타당하다.

[판례 2] 甲과 乙은 피해자 A를 불러내어 회칼로 죽여버리겠다고 말하며, 소주병을 깨어 찌를 듯한 태도를 보이면서 계속하여 협박하다가 손바닥으로 그의 얼굴과 목덜미를 수회 때렸으며, 이로 인하여 A는 극도의 공포감을 이기지 못하고 기절하였다가, 119 구급차 안에서야 겨우 정신을 차리고 인근 병원에까지 이송되었다. 甲과 乙의 죄책은?

판례는 외부적으로 어떤 상처가 발생하지 않았다고 하더라도 피해자가 협박과 폭행으로 인하여 실신을 하였다면 생리적 기능에 훼손을 입어 신체에 대한 상해가 있었다고 보아 상해죄의 성립을 인정하였다.10) 甲과 乙은 "2인 이상이 공동하여" A를 상해했으므로 폭처법 제2조 제2항에 의하여 가중처벌된다.

---

5) 대법원 1986. 7. 8. 선고 85도2042 판결.
6) 대법원 1996. 12. 23. 선고 96도2673 판결.
7) 임웅, 각론, 56면.
8) 대법원 1996. 12. 10. 선고 96도2529 판결.
9) 대법원 1984. 12. 11. 선고 84도2324 판결.
10) 대법원 1996. 12. 10. 선고 96도2529 판결.

[판례 3-1] 甲은 부산발 서울행 열차에서 乙女에게 중독성이 있는 약품명 미상의 약을 혼입한 오렌지 주스를 마시도록 권하자 乙女는 이를 마시고 잠이 들었다. 甲은 乙女 소유의 가방을 뒤져 50만원을 꺼내어 달아났다. 甲의 죄책은?

중독성있는 약물을 먹여 의식을 혼미하게 하고 이를 이용하여 재물을 강취한 행위는 일단 강도죄에 해당한다. 그리고 약을 먹여 의식을 잃게 한 행위가 상해에 해당하는가에 대하여 판례는 약물을 탄 오렌지 주스를 먹자마자 정신이 혼미해지고 그 후 기억을 잃었다는 사실만으로는 약물중독상해가 인정되지 않는다고 보아 강도죄의 성립만을 인정하였다.[11] 그러나 약물을 먹여 의식을 잃게 한 것만으로도 생리적 기능의 침해가 있다고 볼 수 있으므로 상해가 인정된다고 보는 것이 타당하다. 따라서 甲에 대해서는 강도상해죄(제337조)가 성립한다.

[판례 3-2] 甲은 인터넷 채팅사이트를 통해 성매매를 하려고 만난 피해자 乙(여, 26세)을 강간할 목적으로 졸피뎀과 트리아졸람이 섞인 커피를 주었다. 乙은 커피를 받아 마신 후 정신을 잃고 깊이 잠들었다가 약 3시간 뒤에 깨어났다. 그러나 甲은 성기가 발기되지 않아 미수에 그쳤다. 甲의 죄책은?

졸피뎀(Zolpidem)과 트리아졸람(Triazolam)은 중추신경계를 억제하여 깊은 수면을 유도하는 약물로서 환각, 우울증 악화, 기억상실 등의 부작용을 일으킬 수 있어 이를 오용하거나 남용할 경우 인체에 위해를 초래할 수 있는 향정신성의약품으로 지정되어 있다.

甲이 乙에게 졸피뎀과 트리아졸람이 섞인 커피를 마시게 하여 항거불능의 상태에 빠뜨린 행위는 강간죄 소정의 폭행에 해당한다. 다만 미수에 그쳤으므로 강간미수가 성립한다. 그리고 약물을 이용하여 乙로 하여금 의식을 잃게 한 행위는 상해에 해당한다. 강간상해나 치상죄는 강간이 미수에 그친 경우에도 성립하므로 甲에 대하여는 강간상해(제301조, 제297조)죄가 성립한다. 판례도 다음과 같은 이유에서 약물을 투약하여 피해자를 의식불명 상태에 이르게 한 행위가 상해에 해당한다고 보았다: "강간치상죄에서 상해는 피해자의 건강상태가 불량하게 변경되고 생리적 기능이나 생활기능에 장애가 초래되는 것을 말하는 것으로 육체적 기능뿐만 아니라 정신적 기능에 장애가 생기는 경우도 포함된다. …수면제 등 약물을 투약하여 피해자를 일시적으로 수면 또는 의식불명 상태에 이르게 한 경우에 약물로 인하여 피해자의 건강상태가 나쁘게 변경되고 생활기능에 장애가 초래되었다면 이는 상해에 해당한다. 피해자가 자연적으로 의식을 회복하거나 후유증이나 외부적으로 드러난 상처가 없더라도 마찬가지이다."[12]

상해는 주로 폭행과 같은 유형력의 행사에 의하여 가해지지만 사람을 공포, 경악케 하는 등 무형력의 행사에 의하더라도 수면장애, 식욕감퇴와 같은 정신적 장애를

---

11) 대법원 1984. 12. 11. 선고 84도2324 판결.
12) 대법원 2017. 7. 11. 선고 2015도3939 판결; 대법원 2017. 6. 29. 선고 2017도3196 판결.

야기한 경우에는 상해에 해당한다. 왜냐하면 생리적 기능에는 육체적 기능은 물론 정신적 기능도 포함되기 때문이다.

> [판례 4] 甲의 강간행위로 인하여 피해자 乙女는 불안, 불면, 악몽, 자책감, 우울감정, 대인관계 회피, 일상생활에 대한 무관심, 흥미상실 등의 증상을 보였고, 이와 같은 증세는 의학적으로는 통상적인 상황에서는 겪을 수 없는 극심한 위협적 사건에서 심리적인 충격을 경험한 후 일으키는 특수한 정신과적 증상인 외상 후 스트레스 장애에 해당한다. 이러한 정신과적 증상을 야기한 甲의 행위는 상해에 해당하는가?

판례는 "상해는 피해자의 신체의 완전성을 훼손하거나 생리적 기능에 장애를 초래하는 것으로, 반드시 외부적인 상처가 있어야만 하는 것이 아니고, 여기서의 생리적 기능에는 육체적 기능뿐만 아니라 정신적 기능도 포함된다"13)고 보았다. 따라서 甲의 행위는 상해에 해당한다.

③ 주관적 구성요건: 상해의 고의 없이 폭행을 가했는데 상해의 결과가 발생한 때에는 상해죄가 성립하는 것이 아니라 폭행치상죄가 성립한다. 이에 대하여 판례는 상해의 고의가 없는 경우에도 폭행의 고의가 있으면 상해죄가 성립한다고 한다.14) 폭행치사죄는 상해죄와 동일하게 처벌하므로(제262조) 결과에 있어서는 아무런 차이가 없다.

(2) 위법성

종래의 다수설15)과 판례16)는 의사의 신체침해행위(치료행위)는 제20조의 정당행위로서 위법성이 조각된다고 본다. 이에 대하여 의사의 치료행위를 피해자의 승낙 또는 추정적 승낙으로 보는 견해도 있다.17) 그러나 의사의 신체침해행위에 대한 형법적 평가는 그 유형에 따라 달리 하여야 한다.18)

의사의 신체침해행위에는 치료행위와 치료유사행위가 있다. 치료행위란 치료의 목적으로 의술의 법칙에 따라 행하여지는 의사의 신체침해행위를 말하며, 치료유사행위는 치료 이외의 목적으로 행하여지는 의사의 신체침해행위를 말한다. 치료행위

---

13) 대법원 1999. 2. 26. 선고 98도3732 판결.
14) 대법원 1983. 3. 22. 선고 83도231 판결.
15) 배종대, 각론, 88면.
16) 대법원 1974. 4. 23. 선고 74도714 판결; 대법원 1976. 6. 8. 선고 76도144 판결; 대법원 1978. 11. 14. 선고 78도2388 판결. 이에 대하여 의사의 자궁적출수술(비통상적 치료행위)이 피해자의 승낙에 의하여 위법성이 조각될 수 있다고 본 판례에 대해서는 대법원 1993. 7. 27. 선고 92도2345 판결 참조.
17) 박상기, 각론, 44면 이하; 오영근, 각론, 59면; 임웅, 각론, 57면; 정성근/박광민, 각론, 73면.
18) 김일수/서보학, 각론, 66면.

는 통상적 치료행위와 비통상적 치료행위로 구분된다. 통상적 치료행위는 당사자의 동의를 요하지 않으나, 비통상적 치료행위와 치료유사행위는 동의를 요한다. 통상적 치료행위의 경우 신체침해행위는 상해죄의 구성요건해당성이 부정되며, 비통상적 치료행위나 치료유사행위의 경우 신체침해행위는 상해죄의 구성요건에는 해당하지만 피해자의 승낙(제24조)에 의하여 위법성이 조각된다.

* 의사의 신체침해행위
┌ 치료행위 ┌ 통상적 치료행위 - 환자의 동의를 요하지 않음
│   └ 비통상적 치료행위 - 환자의 동의를 요함
└ 치료유사행위 - 환자의 동의를 요함

① **통상적 치료행위**란 환자의 고통이나 건강을 개선, 회복시키는 행위로서 이를 위해서 환자의 동의를 요하지는 않는다. 치료행위가 상해에 해당하는가는 이를 분리하여(예컨대 주사, 마취, 절개 등) 개별적으로 검토할 것이 아니라 '전반적·통일적으로 검토'하여야 한다. 따라서 치료행위가 성공한 경우 이는 건강을 침해한 것이 아니라 오히려 개선한 것으로서 상해에 해당하지 않으므로 구성요건해당성 자체가 부정된다. 실패한 치료행위의 경우에도 상해에 대한 고의가 없으므로 상해죄는 성립하지 않으며 다만 업무상 과실치상죄만이 문제된다. 만일 치료가 실패하였더라도 의술의 법칙에 따른 경우에는 주의의무위반이 없으므로 본죄의 구성요건해당성은 부정된다.

② **비통상적 치료행위**란 신체의 중요기관에 대한 침해(예: 한쪽 콩팥의 제거나 팔, 다리의 절단, 발치)나 생명에 대한 중대한 위험 또는 심한 고통이 수반되는 행위를 말한다. 이러한 침해행위는 수술의 성공여하를 불문하고 일단 상해의 구성요건에 해당하며, 다만 환자의 승낙이 있는 경우에는 제24조(피해자의 승낙)에 의하여 **위법성이 조각된다**.

③ 성형수술이나 불임수술 또는 혈액의 채취 등과 같이 치료 이외의 목적을 위한 의사의 신체침해행위를 **치료유사행위**라고 한다. 치료유사행위도 비통상적 치료행위와 마찬가지로 상해죄의 구성요건에는 해당하지만, 당사자의 승낙이 있는 경우에 제24조에 의하여 **위법성이 조각된다**.

비통상적 치료행위나 치료유사행위가 피해자의 승낙에 의하여 위법성이 조각되기 위해서는 **의사의 설명의무**[19]가 그 전제로서 요구된다. 만일 의사가 환자에 대하여

---

19) 판례(대법원 1999. 9. 3. 선고 99다10479 판결)에 의하면 설명의무란 "수술 등 침습을 가하는 과정 및 그 후에 나쁜 결과 발생의 개연성이 있는 의료행위를 하는 경우 또는 사망 등의 중대한 결과 발생이 예측되는 의료행위를 하는 경우에 있어서 진료계약상의 의무 내지 침습 등에 대한 승낙을 얻기 위한 전제로서 당해 환자나 그 법정대리인에게 질병의 증상, 치료방법의 내용 및 필요성, 발생이 예상되는 위험 등에 관하여 당시의 의료수준에 비추어 상당하다고 생

설명의무를 다하지 않은 상태에서 피해자의 승낙이 있었다면 이는 착오에 의한 승낙으로서 무효이므로 위법성은 조각되지 않는다.

[판례 5] 의사 甲은 자신의 시진과 촉진결과만을 과신한 나머지 초음파검사 등 정밀한 진단방법을 실시하지 않는 바람에 자궁외 임신을 한 乙의 병명을 자궁근종으로 오진하였다. 甲은 이에 근거하여 의학에 대한 전문지식이 없는 피해자 乙에게 자궁적출수술의 불가피성만을 강조하여 수술승낙을 받은 후, 자궁적출수술을 하였다. 의사 甲의 죄책은?

자궁적출수술은 비통상적 치료행위로서 중상해죄- 다수설에 의하면 상해죄 - 의 구성요건에 해당한다. 환자 乙의 수술승낙은 의사 甲이 오진으로 인하여 설명의무를 다하지 못한 상태에서 얻어낸 것이므로 무효이다. 따라서 위법성은 조각되지 않는다. 다만 甲은 오진으로 인하여 자궁적출수술이 피해자의 승낙에 의한 행위에 해당한다고 오인했으므로 위법성조각사유(피해자의 승낙)의 전제사실의 착오가 있었다. 따라서 甲의 행위는 업무상 과실치상죄에 해당한다. 판례도 진단상의 과오가 없었으면 당연히 설명받았을 자궁외 임신에 관한 내용을 설명받지 못한 피해자로부터 수술승낙을 받았다면 위 승낙은 부정확 또는 불충분한 설명을 근거로 이루어진 것으로서 수술의 위법성을 조각할 유효한 승낙이라고 볼 수 없다고 보아 甲에 대하여 업무상 과실치상죄의 성립을 인정하였다.[20]

[예 2] 스웨덴의 코펜하겐에서 있었던 사건이다. 엄마와 함께 병원에 삼촌을 문병 온 12세의 아이 A는 엄마가 병문안을 하는 동안에 안면이 있는 여자아이 B와 수술실 옆에 있는 대기실에서 놀고 있었다. 같은 시간에 의사 甲은 탈장수술을 위하여 비슷한 또래의 Allen이라는 아이를 기다리고 있었다. 甲이 A에게 Allen이냐고 묻자 A는 아니라고 답하였으나 甲은 A가 거짓말을 하는 것이라고 오인하고 그를 수술실로 데리고 갔다. A는 마취된 후 수술을 받았다. 의사 甲은 A가 약간의 탈장 증세는 있었지만 수술을 받을 정도는 아니었기 때문에 의아하게 생각하였다. 甲의 죄책은?[21]

의사의 신체침해행위는 구성요건해당성이 있으나 피해자의 승낙에 의하여 위법성이 조각된다는 견해에 의하면 甲은 피해자의 승낙이 있었다고 오인하였으므로 위법성조각사유의 객관적 조건에 대한 착오(오상피해자의 승낙)로서 고의에 의한 상해죄는 성립하지 않으나 업무상 과실치상죄가 성립하게 된다. 그러나 치료행위를 개별행위로 분리하여 검토하지 않고 전반적·통일적으로 검토하는 견해에 의하면 탈장수술은 통상적 치료행위로서 환자의 동의를 요하지 않는다. 사례의 경우 치료행위는 성공하였으므로 이는 건강을 침해한 상해행위가 아니며 따라서 업무상 과실치상죄도 성립하지 않는다.

각되는 사항을 설명하여 당해 환자가 그 필요성이나 위험성을 충분히 비교해 보고 그 의료행위를 받을 것인가의 여부를 선택할 수 있도록 할 의무"를 말한다.
20) 대법원 1993. 7. 27. 선고 92도2345 판결.
21) Süddeutsche Zeitung vom 17. 7. 1973, S. 22.

(3) 동시범의 특례

> 제263조(동시범의 특례): 독립행위가 경합하여 상해의 결과를 발생하게 한 경우에 있어서 원인된 행위가 판명되지 아니한 때에는 공동정범의 예에 의한다.
> 제19조(독립행위의 경합): 동시 또는 이시에 독립행위가 경합한 경우에 그 결과발생의 원인된 행위가 판명되지 아니한 때에는 각 행위를 미수범으로 처벌한다.

(가) 의의

① 동시범과 공동정범

동시범이란 2인 이상이 의사연락 없이 동일한 객체에 대하여 범행한 경우를 말한다. 동시범은 의사연락이 없이 각자 범행했다는 의미에서 **독립행위의 경합**(제19조)이라고도 한다. 동시범은 행위주체가 2인 이상이라는 점에서는 공동정범과 같지만 의사연락 없이 각자 범행한다는 점에서 의사연락 하에 공동으로 범행하는 공동정범과 차이가 있다. 공동정범은 각자가 구성요건의 일부만 실현해도 "각자를 정범으로 처벌"(제30조)하므로 누구의 행위에 의하여 결과가 발생했는지가 판명되지 않아도 발생된 결과 전체에 대하여 책임을 진다(일부실행·전부책임). 그러나 동시범의 경우에는 의사연락이 없이 행해졌기 때문에 결과발생의 원인된 행위가 판명되지 않은 경우 "의심스러운 때에는 피고인의 이익으로"의 원칙에 따라서 각자를 미수범으로 처벌한다(제19조).

② 동시범의 특례

그러나 제263조는 상해결과의 원인된 행위가 판명되지 않은 때에는 각자를 미수범으로 처벌하는 것이 아니라 "**공동정범의 예**"에 의하여 처벌한다고 규정하고 있다. 여기서 "공동정범의 예"에 의하여 처벌한다는 말은 각자가 발생된 결과 전체에 대하여 책임을 진다는 의미이므로 행위자는 모두 기수범으로 처벌된다. 이처럼 제263조가 상해죄의 경우에는 제19조에 대한 예외를 인정한다는 점에서 이 규정을 **동시범의 특례**라고 한다.

	개념	관련규정	법적 효과
공동정범	2인 이상이 의사연락 하에 공동하여 범행	제30조	각자가 구성요건의 일부만 실현하였더라도 범행 전체에 대한 죄책을 진다.
동시범	2인 이상이 의사연락 없이 동일한 객체에 대하여 범행	제19조	각자 자기 행위에 의하여 발생된 결과에 대하여만 죄책을 진다. 그러나 결과발생의 원인된 행위가 판명되지 않은 경우에는 각자를 미수범으로 처벌한다.
동시범의 특례	2인 이상이 의사연락 없이 개별적으로 동시에 상해의 결과를 발생	제263조	결과발생의 원인된 행위가 판명되지 않은 경우에 공동정범의 예에 의하여 각자를 기수범으로 처벌한다.

(나) 법적 성격

원칙적으로 범죄사실에 대한 거증책임은 무죄추정의 원칙(헌법 제27조 제4항) 내지는 "의심스러운 때에는 피고인의 이익으로"의 원칙에 따라 검사가 부담한다. 따라서 독립행위의 경합의 경우에 인과관계가 입증되지 않으면 각 피고인은 미수범으로 처벌된다. 그러나 상해의 경우에는 제263조에 의하면 인과관계가 입증되지 않는 경우 각자를 "공동정범의 예에 의하여 처벌"하므로 상해기수로 처벌하는 결과가 된다. 이는 인과관계의 부존재에 대하여 피고인이 거증책임을 부담하게 됨을 의미한다. 따라서 동시범의 특례는 인과관계의 거증책임을 검사에서 피고인으로 전환시킨 것이라고 할 수 있다.22) 이를 인정한 취지는 2인 이상이 집단으로 폭행하여 상해한 경우에 누구의 행위로 인해 결과가 발생한 것인가에 대한 입증의 곤란을 피하기 위한 정책적 이유에 있다.

(다) 적용요건

① 독립행위가 경합해야 한다. 독립행위의 경합이란 2개 이상의 행위가 의사의 연락 없이 같은 객체에 대하여 행하여지는 것이다. 독립행위가 동시 또는 이시(異時)에 행하여졌는가는 불문한다.23) 이에 대하여 독립행위가 동시 또는 근접한 시간에 행하여질 것을 요한다고 보는 견해가 있다.24) 그러나 제263조는 제16조의 특례규정으로서 제19조가 이시의 독립행위의 경합도 동시범으로 규정하고 있고, 제263조의 입법취지가 입증의 곤란을 피하기 위한 정책적 이유에 있으므로 입법취지에 비추어 이시의 독립행위의 경합을 적용대상에서 제외해야 할 이유가 없다.

독립행위 자체가 불분명한 경우에는 본조가 적용될 여지가 없다. 제263조는 두 사람 이상이 가해행위를 하여 상해의 결과가 발생했는데 그 상해가 누구의 가해행위로 인한 것인지가 분명치 않은 경우에 적용되는 것이므로 가해행위를 한 것 자체가 분명하지 않은 사람에 대하여는 적용되지 않는다.

---

22) 거증책임전환설(다수설). 그 외에도 동시범의 특례규정의 법적 성격에 대해서는 다음과 같은 견해가 있다.
 ① 법률추정설: 입증의 곤란을 구제하기 위하여 공동정범에 관한 법률상의 책임의 추정을 규정한 것이라고 보는 견해.
 ② 이원설: 소송법상으로는 거증책임의 전환으로서의 성질을 가지며 실체법상으로는 공동정범의 범위를 확장시키는 의제를 한 것이라는 견해(정성근/박광민, 각론, 81면).
 ③ 증거제출책임설: 제263조가 영미법상의 증거제출책임, 즉 피고인이 자신의 행위로 인해 결과가 발생하지 않았음을 증명하는 일응의 증거를 제출할 책임을 인정한 것이라는 견해(오영근, 각론, 75면).
23) 김일수/서보학, 각론, 75면; 배종대, 각론, 101면.
24) 박상기, 각론, 54면; 임웅, 각론, 68면; 정성근/박광민, 각론, 83면.

[판례 6] 甲, 乙이 서로 싸우자 A는 두 사람의 싸움을 말렸다. A는 甲이 술에 취하여 쓰러지려고 하자 그의 허리를 양팔로 부축하고 있었는데 별안간 乙이 이마로 A의 머리와 얼굴부위를 여러 차례 가격하였으며 甲도 양주먹으로 A의 얼굴부위를 수회 가격하였다. 이에 A가 그곳에서 약 2, 3미터 도망가려고 하는데 성명 미상자 丙이 다가와 양주먹으로 얼굴부위를 3, 4회 때리는 순간 甲, 乙, 丙 3명중 한 사람이 유리병으로 A의 코부분을 찍었다. 丙이 누구인지는 밝혀지지 않았다. 甲, 乙의 죄책은?

甲, 乙에 대하여 각자 폭행죄가 성립한다는 점에는 의심이 없다. 문제는 그들에 대하여 제263조가 적용되어 폭행치상죄가 성립하는가이다. 이 점에 대하여 판례는 상해죄에 있어서의 동시범은 두 사람 이상이 가해행위를 하여 상해의 결과를 가져온 경우에 그 상해가 어느 사람의 가해행위로 말미암은 것인지 분명치 않다면 가해자 모두를 공동정범으로 보자는 것이므로 가해행위를 한 것 자체가 분명하지 않은 사람에 대하여는 동시범으로 다스릴 수 없다고 본다.25) 그리고 甲, 乙 상호간에 의사연락이 있었다고 볼 수 없으므로 그들에 대하여 흉기에 의한 상해행위 부분까지 그 죄책을 물을 수는 없다. 따라서 甲, 乙에 대하여는 각자 폭행죄만 성립한다.

② 상해의 결과가 발생해야 한다.
③ 상해의 원인된 행위가 판명되지 않아야 한다. 결과발생의 원인된 행위가 판명된 경우에는 당연히 각자의 행위에 의하여 발생한 결과에 대하여만 책임을 진다.

(라) 적용범위

본조는 폭행과 상해의 죄에 관한 특례규정이므로 상해죄와 폭행치상죄에 국한하여 적용되며 강간치상죄26)나 강도치상죄에는 적용되지 않는다.

[판례 7] 甲男은 乙男에 의한 강간으로 인하여 항거불능의 상태에 있던 피해자 A女를 乙男이 없는 동안에 다시 강간하였다. A女는 강간으로 인하여 회음부 찰과상을 입게 되었는데, 그 상처가 甲男과 乙男 가운데 누구의 강간행위로 인하여 생긴 것인지가 판명되지 않았다. 甲男과 乙男의 죄책은?

甲男과 乙男은 강간을 공모하지 않았으므로 강간치상죄의 공동정범은 성립하지 않는다. 그리고 강간치상죄에 대하여는 상해죄의 동시범 처벌에 관한 특례를 인정한 제263조가 적용되지 않으므로 강간치상죄로 처벌할 수는 없다. 따라서 甲男과 乙男에 대해서는 강간죄만 성립한다.27)

---

25) 대법원 1984. 5. 15. 선고 84도488 판결.
26) 대법원 1984. 4. 24. 선고 84도372 판결
27) 서울고법 1990. 12. 6. 선고 90노3345 판결.

문제는 이 규정이 폭행 또는 상해로 인하여 피해자가 사망한 경우, 즉 폭행치사죄나 상해치사죄에 대하여도 적용되는가이다. 판례와 일부학설[28]은 이를 긍정한다. 그러나 제263조가 상해의 결과가 발생한 경우라고 규정하고 있는데 사망의 결과가 발생한 경우까지 포함한다고 해석하는 것은 유추해석금지의 원칙에 반한다.[29] 더구나 제263조는 헌법 제27조 제4항(무죄추정권)에 반하여 위헌의 가능성이 매우 높은 규정이므로 적용범위를 엄격히 제한하여 해석할 필요가 있다. 따라서 제263조는 상해죄와 폭행치상죄에 국한하여 적용되며, 폭행치사죄나 상해치사죄에 대하여는 적용되지 않는다고 보는 것이 타당하다.[30]

> [판례 8] 甲, 乙, 丙등은 뱃놀이를 하면서 술을 마셔 만취된 상태에서 술을 더 마시기 위하여 술집에 가게 되었다. 甲이 A의 앞을 지나면서 그의 발을 걸은 것이 발단이 되어 시비가 일어나자, 甲은 A의 멱살을 잡아 흔들다 뒤로 미는 바람에 A는 시멘트바닥에 넘어지면서 나무기둥에 뒷머리를 부딪쳤다. 이때 뒤따라 들어오던 乙은 그 장면을 보고 A에게 달려들어 삽으로 그의 얼굴을 가격하였다. A는 넘어지면서 뒷머리를 장독대 모서리에 부딪쳤다. 결국 그는 뇌저부경화동맥파열상으로 사망하였는데, 그 원인이 甲, 乙 가운데 누구의 행위로 인한 것인지는 판명되지 않았다. 甲, 乙의 죄책은?

원심은 두 사람을 상해치사죄의 공동정범으로 처벌하였다. 이에 대하여 대법원[31]은 "공동정범은 행위자 상호간에 범죄행위를 공동으로 한다는 공동가공의 의사를 가지고 범죄를 공동실행하는 경우에 성립하는 것으로서, 여기에서의 공동가공의 의사는 공동행위자 상호간에 있어야 하며 행위자 일방의 가공의사만으로는 공동정범 관계가 성립할 수 없다"는 이유로 상해치사죄의 공정정범의 성립을 부정하였다. 다만 "동시범의 특례를 규정한 형법 제263조가 상해치사죄에도 적용되는 관계상(당원 1981. 3. 10 선고 80도3321 판결 참조) 위 피해자의 사망이 피고인(A)의 범행에 인한 것인지, B의 범행에 인한 것인지가 판명되지 아니하는 때에 예외적으로 공동정범의 예에 의할 수 있을 것"이라고 판시하였다. 따라서 甲, 乙은 '공동정범의 예'에 의하여 상해치사죄로 처벌될 것이다.

그러나 다수설에 의하면 제263조의 동시범 특례규정은 폭행과 상해에 대하여만 적용되며 폭행치사나 상해치사에 대하여는 적용되지 않는다. 폭행치사에서 원인된 행위가 판명되지 않은 경우에는 제19조에 의한다. 사례에서 사망의 원인된 행위가 甲의 행위인지 乙의 행위인지 판명되지 않았으므로 제19조에 의하면 과실치사의 미수가 된다. 그러나 과실치사의 미수는 불가벌이므로 甲과 乙에 대하여는 결국 상해죄만 성립한다.

---

28) 예컨대 정성근/박광민, 각론, 82면.
29) 배종대, 각론, 102면; 임웅, 각론, 69면.
30) 다수설: 김일수/서보학, 각론, 77면; 배종대, 각론, 102면; 오영근, 각론, 77면.
31) 대법원 1985. 5. 14. 선고 84도2118 판결.

(마) 효과

공동정범의 예에 의한다는 말은 공동정범이 성립한다는 의미가 아니라, 각 행위자가 발생결과 전체(상해)에 대하여 책임을 진다는 의미이다. 즉 행위자는 상해죄 또는 폭행치상죄의 책임을 지게 된다.

2. 가중적 구성요건

(1) 존속상해죄

> 제257조 제2항(존속상해): 자기 또는 배우자의 직계존속에 대하여 제1항의 죄를 범한 때에는 10년 이하의 징역 또는 1천500만원의 벌금에 처한다.

배우자나 직계존속의 개념에 대해서는 존속살해죄에서 설명한 것과 같다.

(2) 특수상해죄

> 제258조의2(특수상해): ① 단체 또는 다중의 위력을 보이거나 위험한 물건을 휴대하여 제257조제1항 또는 제2항의 죄를 범한 때에는 1년 이상 10년 이하의 징역에 처한다.
> ② 단체 또는 다중의 위력을 보이거나 위험한 물건을 휴대하여 제258조의 죄를 범한 때에는 2년 이상 20년 이하의 징역에 처한다.
> ③ 제1항의 미수범은 처벌한다.

① "단체 또는 다중의 위력": 단체란 공동목적을 가진 다수인의 계속적·조직적인 결합체를 말한다. 이에 대하여 다중은 단체가 아닌 다수인의 집합체를 말한다. 구성원의 수에는 제한이 없으나 그 수에 있어서 사람의 의사를 제압할 수 있는 정도에 이르러야 한다. 위력이란 사람의 의사를 제압할 수 있는 정도의 세력을 말한다. 단체나 다중의 위력을 보이는 경우는 물론이고 실제로 존재하지도 않는 단체나 집단을 가장하여 위력을 보인 경우에도 본죄가 성립한다.

② "위험한 물건을 휴대하여": "위험한 물건"이란 흉기[32]를 포함하는 상위개념으로서 그 물건의 객관적 성질이나 사용방법에 따라서 사람을 살상할 수 있는 위험이 있는 물건을 의미한다. 예컨대 가위나 과도, 면도칼, 유리병, 삽, 전자충격기[33] 등과 같이 물리적으로 작용하는 물건이 이에 해당하나, 그 외에도 염산과 같은 화학약품이나

---

32) '흉기'(구 폭처법 제3조 제1항)란 사람의 살상이나 재물의 손괴를 목적으로 제작되어 이에 적합한 물건을 말한다. 예컨대 총이나 살상용 나이프 등이 이에 해당한다.
33) 대법원 2010도6384 판결.

동물도 사람을 살상하는데 사용될 수 있으므로 이에 해당한다. 다만 주먹이나 발은 신체의 일부로서 물건에 해당하지 않는다.

본죄는 '휴대하여'라고 규정하고 있으므로 물건은 동산에 한하며 건물기둥이나 벽, 커다란 바위 등은 이에 해당하지 않는다. 다만 여기서 "휴대하여"라는 말은 "소지뿐만 아니라 널리 이용한다는 뜻도 있으므로"34) 자동차를 이용하여 사람을 폭행한 경우에도 특수폭행죄(제261조)에 해당한다. 그리고 '휴대하여'란 범행에 사용하려는 의도로 소지하는 것을 말한다. 따라서 범행과 무관하게 우연히 흉기를 소지한 경우는 여기에 해당하지 않는다.35)

[판례 9] 甲은 이혼 분쟁 과정에서 자신의 아들을 승낙 없이 자동차에 태우고 떠나려고 하는 乙 등의 일행을 상대로 급하게 추격 또는 제지하는 과정에서 소형승용차(라노스)로 중형승용차(쏘나타)를 충격하였는데, 그 당시 두 차량 모두 정차하여 있다가 막 출발하는 상태로서 차량 속도가 빠르지 않았으며 상대방 차량의 손괴 정도나 乙 등의 일행이 입은 상해의 정도가 비교적 경미하였다. 甲의 죄책은?

대법원은 통상 자동차를 '위험한 물건'에 해당한다고 본다.36) 다만 이 사례에서는 "어떤 물건이 폭력행위 등 처벌에 관한 법률 제3조 제1항에 정한 '위험한 물건'에 해당하는지 여부는 구체적인 사안에서 사회통념에 비추어 그 물건을 사용하면 상대방이나 제3자가 생명 또는 신체에 위험을 느낄 수 있는지 여부에 따라 판단"37)하여야 하는데, 이 사건의 경우 자동차 운행으로 인하여 사회통념상 상대방이 생명 또는 신체에 위험을 느꼈다고 보기 어려우므로 (구) 폭력행위 등 처벌에 관한 법률 제3조 제1항 위반죄38)가 성립하지 않는다고 보았다.

(3) 상습상해죄

제264조(상습상해): 상습으로 제257조, 제258조, 제260조 또는 제261조의 죄를 범한 때에는 그 죄에 정한 형의 2분의1까지 가중한다.

상습이란 반복된 행위에 의하여 생긴 습벽을 말한다. 단순히 상해행위의 반복만으로 상습성이 인정되는 것은 아니며, 그 행위가 행위자의 습벽으로 인한 것이어야 한다. 범행이 단 1회이더라도 그것이 습벽의 발현이라고 볼 수 있는 경우에는 상습성이 인정되며, 과거에 전과가 있더라도 이를 이유로 당연히 상습성이 인정되는 것

---

34) 대법원 1984. 10. 23. 선고 84도2001 판결 참조.
35) 대법원 1990. 4. 24. 선고 90도401 판결.
36) 대법원 1997. 7. 30. 선고 97도597 판결.
37) 대법원 2009. 3. 26. 선고 2007도3520 판결.
38) 현행 형법 제258조의2(특수상해) 제1항.

이 아니라 그 범행이 습벽의 발현이라고 볼 수 있어야 한다.

(4) 폭처법 제2조 제2항

> 제2조(폭행 등): ① 삭제 <2016.1.6>
> ② 2명 이상이 공동하여 다음 각 호의 죄를 범한 사람은 「형법」 각 해당 조항에서 정한 형의 2분의 1까지 가중한다. <개정 2016.1.6>
> 1. 「형법」 제260조제1항(폭행), 제283조제1항(협박), 제319조(주거침입, 퇴거불응) 또는 제366조(재물손괴 등)의 죄
> 2. 「형법」 제260조제2항(존속폭행), 제276조제1항(체포, 감금), 제283조제2항(존속협박) 또는 제324조제1항(강요)의 죄
> 3. 「형법」 제257조제1항(상해)·제2항(존속상해), 제276조제2항(존속체포, 존속감금) 또는 제350조(공갈)의 죄

'2명 이상이 공동하여'(폭처법 제2조) 폭행, 상해를 하는 경우에는 신체에 대한 위험이 더욱 크다고 할 수 있으므로 불법이 가중되어 가중처벌되는 것이다. '2인 이상이 공동하여' 죄를 범하는 것을 **합동범**이라고 하는데, 여기서 합동은 **시간적·장소적 합동**을 의미한다. 따라서 2인 이상이 현장에서 공동하여 죄를 범해야 본죄가 성립한다.

3. 결과적 가중범

> 제258조 제1항(중상해): 사람의 신체를 상해하여 생명에 대한 위험을 발생하게 한 자는 1년 이상 10년 이하의 징역에 처한다.
>
> 동조 제2항(중상해): 신체의 상해로 인하여 불구 또는 불치나 난치의 질병에 이르게 한 자도 전항의 형과 같다.
>
> 동조 제3항(존속중상해): 자기 또는 배우자의 직계존속에 대하여 전2항의 죄를 범한 때에는 2년 이상 15년 이하의 유기징역에 처한다.
>
> 제259조 제1항(상해치사): 사람의 신체를 상해하여 사망에 이르게 한 자는 3년 이상의 유기징역에 처한다.
>
> 동조 제2항(존속상해치사): 자기 또는 배우자의 직계존속에 대하여 전항의 죄를 범한 때에는 무기 또는 5년 이상의 징역에 처한다.

(1) 의의 및 종류

결과적 가중범이란 고의에 의한 기본범죄에 의하여 중한 결과가 발생하여 형이 가중되는 범죄를 말한다. 결과적 가중범의 구조는 기본범죄 + 중한 결과로 되어 있다. 상해죄의 결과적 가중범으로는 중상해죄, 존속중상해죄, 상해치사죄, 존속상해치사죄 등이 있다.

* 결과적 가중범의 종류

중상해죄 = 상해죄 + 중한 결과
존속중상해죄 = 존속상해죄 + 중한 결과
상해치사죄 = 상해죄 + 과실치사
존속상해치사죄 = 존속상해죄 + 과실치사

중한 결과가 과실에 의하여 발생한 경우에만 성립되는 경우를 **진정결과적 가중범**이라고 하며 중한 결과가 과실은 물론 고의에 의하여 발생하더라도 성립되는 경우를 **부진정결과적 가중범**이라고 한다. 결과적 가중범은 원칙적으로 중한 결과가 과실에 의하여 발생한 경우에 성립하는 것이나 고의에 의하여 중한 결과를 발생시킨 경우가 과실에 의하여 발생시킨 경우보다 경하게 처벌되는 경우에는 형의 불균형을 피하기 위하여 예외적으로 고의에 의하여 중한 결과를 발생시킨 경우에도 부진정결과적 가중범의 성립을 인정한다.

[예 3-1] 진정 결과적 가중범

상해치사(제259조) = 상해 + 과실치사 → 3년 이상의 징역
상해 + 살인 → 사형, 무기, 5년 이상의 징역
상해에 의한 고의 살인이 과실치사보다 형이 중하므로 형의 불균형은 없다. 상해 + 고의 살인의 경우 상해치사죄의 성립을 인정할 필요가 없으므로 본죄는 진정결과적 가중범이다.

[예 3-2] 부진정 결과적 가중범

방화치사(제164조) = 방화 + 과실치사 → 사형, 무기, 7년 이상의 징역
방화 + 살인 → 상상적 경합인 경우 사형 무기, 5년 이상의 징역
방화에 의한 고의 살인이 과실치사보다 형이 경하여 불균형을 이루므로 이를 피하기 위해서는 고의에 의한 살인의 경우 부진정 결과적 가중범으로서 방화치사죄의 성립을 인정한다. 즉 방화 + 고의살인 = 방화치사 → 사형, 무기, 7년 이상의 징역

(2) 중상해죄

(가) 의의 및 성질

중상해는 사람의 신체를 상해하여 생명에 위험을 발생하게 하거나 불구 또는 불치나 난치의 질병에 이르게 함으로써 성립하는 범죄이다. 본죄는 중상해의 결과에 대하여 과실이 있는 경우뿐만이 아니라 고의가 있는 경우에도 성립하므로 부진정 결과적 가중범이라고 할 수 있다(통설).[39]

(나) 기본범죄

본죄는 결과적 가중범으로서 기본범죄는 고의에 의한 상해이다. 상해의 고의 없이 폭행의 고의로 중한 결과를 발생시킨 경우에는 중상해죄가 성립하는 것이 아니라 폭행치상죄가 성립한다. 다만 제262조에 의하면 폭행치상은 '상해죄의 예'에 의하여 처벌하므로, 폭행치상에 의하여 중한 결과가 발생한 때에는 '중상해죄의 예'에 의하여 처벌한다.[40]

(다) 중한 결과

① 생명에 대한 위험의 발생: 생명에 대한 구체적 위험, 즉 치명상을 말한다.

[판례 10] 甲은 乙에게 "A의 다리를 부러뜨려 1~2개월간 입원케 하라"고 말하여 교사하고, 乙로부터 순차 지시를 받은 丙으로 하여금 칼로 피해자의 우측가슴을 찔러 피해자에게 약 3주간의 치료를 요하는 우측흉부자상 등을 가하게 하였다. 甲의 죄책은?

乙과 丙의 행위가 중상해에 해당하는가에 대하여 대법원은 "1~2개월간 입원할 정도로 다리가 부러지는 상해 또는 3주간의 치료를 요하는 우측흉부자상은 그로 인하여 생명에 대한 위험을 발생하게 한 경우라거나 불구 또는 불치나 난치의 질병에 이르게 한 경우에 해당한다고 보기 어렵다"고 보았다. 따라서 甲에 대하여는 상해교사죄가 성립한다.[41]

② 불구: 불구란 신체의 중요부분의 절단 또는 기능상실을 말한다. 신체 내부의 장기의 상실이 불구에 해당하는가에 대하여는 이를 긍정하는 견해[42]와 외형적 조직상실에 국한된다는 견해[43]가 있다. 신체침해의 정도의 면에서 보면 장기상실이 외형적 조직상실보다 더 중대할 수도 있으므로 전자도 불구에 해당한다고 보아야 할 것이다.

---

39) 김성돈, 각론, 70면; 배종대, 각론, 92면; 임웅, 각론, 63면; 정성근/박광민, 각론, 75면.
40) 다수설: 예컨대 김일수/서보학, 각론, 71면; 정성근/박광민, 각론, 77면. 이에 대하여 중상해죄가 성립한다고 보는 반대견해는 유기천, 각론 상, 52면.
41) 대법원 2005. 12. 9. 선고 2005도7527 판결.
42) 김성돈, 각론, 71면; 배종대, 각론, 92면; 임웅, 각론, 62면.
43) 김일수/서보학, 각론, 70면.

[예 4] ┌ 긍정: 팔이나 다리의 절단, 혀의 절단, 실명, 청력상실, 장기상실
       └ 부정: 손가락의 절단, 치아의 상실

[판례 11] 甲男은 동거한 사실이 있는 乙女에게 자신을 탈영병이라고 헌병대에 신고한 이유와 다른 남자와 정을 통한 사실들을 추궁하다가 그녀에게 면도칼 1개를 주면서 "네가 네 코를 자르지 않을 때는 돌로서 죽인다"는 등 위협을 가했다. 자신의 생명에 위험을 느낀 乙女는 자신의 생명을 보존하기 위하여 위 면도칼로 콧등을 길이 2.5센티미터, 깊이 0.56센티미터 절단하였다. 甲男의 죄책은?

콧등을 절단한 것이 "불구"에 해당하는지가 문제된다. 이 점에 대하여 이에 대하여 대법원은 "안면부 불구가 되게 하였다"는 이유로 중상해죄가 성립한다"고 판단하였다.[44] 이 견해에 의하면 甲男은 乙女를 협박하여 스스로 자신을 상해하게 했으므로 중상해죄의 간접정범이 성립한다.

그러나 콧등이 고유한 기능을 지닌 신체중요부분에 해당하지는 않으므로 이를 절단한 것을 불구에 이르게 한 것이라고 볼 수 없다. 따라서 甲男에 대하여는 단순상해죄의 간접정범이 성립한다.

③ 불치 또는 난치의 질병: AIDS감염, 정신병, 마비 등과 같이 치료가 불가능하거나 치료가능성이 희박한 경우를 말한다. 상처의 흔적이 없어지지 않는 것은 여기에 해당하지 않는다.

[예 5] AIDS감염자 甲男이 감염사실을 감추고 애인 乙女와 1회의 성행위를 하였다. 그 결과 乙女는 AIDS를 감염되었다.
 (1) 甲男의 형사책임은?
 (2) 만일 피해자 乙女가 상대방의 감염사실을 알고도 예방조치를 하지 않고 성행위를 하여 감염되었다면 甲男의 죄책은?
 (3) 만일 위의 (예 5)에서 乙女가 AIDS에 감염되지 않았다면 甲男의 죄책은?

(1) AIDS는 불치 또는 난치의 질병이므로 AIDS를 감염시킨 甲男의 행위는 중상해죄에 해당한다. AIDS에 감염되어 발병하는 경우 치사율이 100%인 때에는 甲男에 대하여 살인미수죄가 성립하는지에 대하여 논란이 있었으나 우리나라의 경우 2017년 기준 사망률은 5.0%이므로[45] 甲男에 대하여 살인의 미필적 고의를 인정하기는 어렵다.

---

44) 대법원 1970. 9. 22. 선고 70도1638 판결.
45) 에이즈 감염자가 1회 성교하는 경우 상대방에게 감염될 확률은 1% 미만이며, 감염된 경우 발병될 확률은 50 - 70 %이다. 그리고 이전에는 발병하면 치사율이 100%였으나, 현재에는 WHO이 보고에 의하면 2017년 기준 전세계 평균 0.5%, 우리나라는 5.0%이다. 그러나 아직까지는 완치가 불가능한 질병으로 분류되고 있다. 보건복지부 보도자료(https://www.mohw.go.kr/

(2) 피해자 乙女는 감염의 위험을 인식하였으면서도 스스로 甲男과 성행위를 한 것이므로 자기위태화의 원리에 의하여 객관적 귀속이 부정되거나 피해자의 승낙에 의하여 위법성이 조각된다. 따라서 甲男에 대하여 중상해죄는 성립하지 않는다. 다만 그는 감염의 예방조치 없이 성행위를 하였으므로 그에 대하여는 후천성면역결핍증 예방법 제25조 제2호위반죄(에이즈전파매개행위죄)[46]가 성립한다.
(3) 중상해죄의 미수는 처벌규정이 없으므로 甲男에 대하여는 상해미수죄와 후천성면역결핍증 예방법 제25조 제2호 위반죄의 상상적 경합이 성립한다.

II. 폭행의 죄

1. 단순폭행죄

> 제260조 제1항(단순폭행): 사람의 신체에 대하여 폭행을 가한 자는 2년 이하의 징역에 처한다.

폭행이란 유형력의 행사를 말한다. 유형력이란 주먹으로 가격하거나 떠미는 행위와 같은 물리력으로서, 협박에 의하여 정신적인 공포심을 일으키는 무형력과 구분된다. 폭행의 개념은 여러 구성요건에서 사용되고 있는데, 그 정도나 대상에 따라 4가지 의미로 사용된다.

* 형법상 폭행의 개념

종류	개념	해당범죄
최광의	사람 또는 물건에 대한 유형력의 행사	소요죄(제115조), 다중불해산죄(제116조)
광의	사람에 대한 유형력의 행사(의사의 자유 침해)	공무집행방해죄(제136조), 강요죄(제324조)
협의	사람의 신체에 대한 유형력의 행사(신체의 안전침해)	폭행죄(제260조), 특수공무원폭행죄(제125조)

---

react/al/sal0301vw.jsp?PAR_MENU_ID=04&MENU_ID=0403CONT_SEQ=349571) 참조.
[46] 후천성면역결핍증 예방법 제19조(전파매개행위의 금지): 감염자는 다음 각호의 전파매개행위를 하여서는 아니된다.
  1. 대통령령이 정하는 감염의 예방조치 없이 행하는 성행위
  2. 혈액 또는 체액을 통하여 타인에게 전파할 수 있는 행위
  동법 제25조(벌칙): 다음 각호의 1에 해당하는 자는 3년 이하의 징역에 처한다.
  1. 제9조 제3항의 규정에 위반하여 혈액·수입혈액제제·장기·조직·정액 또는 매개체를 유통·판매하거나 사용한 자
  2. 제19조의 규정에 위반하여 전파매개행위를 한 자

최협의	상대방의 반항을 불가능하게 하거나 억압할 정도의 유형력의 행사	강도죄(제333조)
		강간죄(제297조)
	일반인으로 하여금 항거에 곤란을 느끼게 할 정도 내지는 임의성을 잃게 할 정도 또는 상대방의 의사에 반하는 유형력의 행사	강제추행죄(제298조)

폭행죄에서의 폭행은 사람의 신체에 대한 직접·간접의 유형력의 행사, 즉 협의의 폭행을 의미한다. 폭행은 사람의 신체에 대한 것이므로 사람이 타고 있는 차를 발로 찬다거나 돌을 던지는 행위는 광의의 폭행에는 해당하나 본죄에 해당하지는 않는다. 협의의 폭행에 해당하는 행위에는 뺨을 때리는 행위, 손이나 옷을 잡아당기거나 떠미는 행위, 모발이나 수염을 자르는 행위, 얼굴에 침을 뱉는 행위 등이 있다.

또한 폭행은 유형력의 행사이므로 단순한 협박이나 욕설, 위협적인 몸동작과 같은 무형력의 행사는 이에 해당하지 않는다. 따라서 계속해서 전화를 하거나 심한 욕설·폭언을 수 차 반복하는 행위[47]는 신체에 대한 간접적인 유형력의 행사가 없으므로 폭행에 해당하지 않는다. 계속해서 전화를 하는 행위가 폭행에 해당한다는 견해[48]가 있으나, 본죄의 보호법익은 신체의 안전이므로 전화를 하는 행위가 신체의 안전을 해할 정도, 예컨대 고성을 질러 수화자의 청각기관에 고통을 가하는 정도에 이르지 않는 이상은 폭행에 해당하지 않는다고 보아야 한다.[49]

[판례 12] 甲男은 녹원다방 종업원 숙소에 찾아와 종업원 乙女가 자신을 만나주지 않는다는 이유로 시정된 탁구장문과 주방문을 부수고 주방으로 들어가 방문을 열어주지 않으면 모두 죽여 버린다고 폭언하면서 시정된 방문을 수회 발로 차는 등의 행위를 하였다. 甲男의 죄책은?

원심은 甲男에 대하여 폭행죄의 성립을 인정하였다. 이에 대하여 대법원은 단순히 방문을 발로 몇 번 찼다고 하여 그것이 피해자들의 신체에 대한 유형력의 행사로는 볼 수 없다는 이유로 폭행죄의 성립을 부정하였다.[50] 다만 甲男에 대하여는 재물손괴죄 및 단순협박죄가 성립한다.

---

47) 이 경우 폭행의 성립을 인정한 판례가 있으나(대법원 1956. 12. 7. 선고 4289형상280 판결), 근래의 판례(대법원 1991. 1. 29. 선고 90도2153 판결)는 "욕설을 한 것만을 가지고 당연히 폭행을 한 것이라고 할 수는 없다"고 본다.
48) 김일수/서보학, 각론, 81면 이하.
49) 대법원 2003. 1. 10. 선고 2000도5716 판결.
50) 대법원 1984. 2. 14. 선고 83도3186 판결.

[판례 13] 甲女는 1996. 4. 일자불상경 乙女의 집으로 전화를 하여 乙女에게 "트롯트 가요앨범진행을 가로챘다, 일본노래를 표절했다, 사회에 매장시키겠다."라고 수회에 걸쳐 폭언을 하고 그 무렵부터 1997. 12.경까지 위와 같은 방법으로 일주일에 4 내지 5일 정도, 하루에 수십 회 반복하여 乙女에게 "강도 같은 년, 표절가수다."라는 등의 폭언을 하면서 욕설을 하였으며, 1998. 3. 일자불상경 乙女의 바뀐 전화번호를 알아낸 후 乙女의 집으로 전화하여 "전화번호 다시 바꾸면 가만 두지 않겠다."라는 등으로 폭언을 하였고, 1999. 9. 2. 일시불상경 乙女의 집 자동응답전화기에 "또라이년, 병신 같은 년, 뒷구녕으로 다니면서 거짓말을 퍼뜨리고 있어, 사기꾼 같은 년, 강도년, 乙女, 이 또라이년"이라고 녹음하였다. 甲女의 죄책은?

원심은 甲女가 전화를 하여 "강도 같은 년, 표절가수다."라는 등의 폭언을 하면서 욕설을 한 행위 또는 그 전화녹음을 듣게 한 행위에 대하여 폭행죄의 성립을 인정하였다. 이에 대하여 대법원은 "유형력의 행사는 신체적 고통을 주는 물리력의 작용을 의미하므로 신체의 청각기관을 직접적으로 자극하는 음향도 경우에 따라서는 유형력에 포함"될 수 있으나, "거리상 멀리 떨어져 있는 사람에게 전화기를 이용하여 전화하면서 고성을 내거나 그 전화 대화를 녹음 후 듣게 하는 경우에는 특수한 방법으로 수화자의 청각기관을 자극하여 그 수화자로 하여금 고통스럽게 느끼게 할 정도의 음향을 이용하였다는 등의 특별한 사정이 없는 한 신체에 대한 유형력의 행사를 한 것으로 보기 어렵다"고 보았다. 이 견해에 의하면 "사람의 청각기관이 통상적으로 고통을 느끼게 되는 정도의 고음이나 성량에 의한 전화 대화였다는 특별한 사정"51)이 없다면 甲女의 전화대화는 폭행에 해당하지 않는다. 그리고 甲女가 乙女에게 "사회에 매장시키겠다", "전화번호 다시 바꾸면 가만 두지 않겠다." 라는 해악의 고지는 "구체적이어서 해악의 발생이 일응 가능한 것으로 생각될 수 있을 정도"로서, "일반적으로 보아 사람으로 하여금 공포심을 일으킬 수 있을 정도"에 해당하므로 협박죄를 구성한다.

폭행은 직접적인 유형력은 물론 간접적인 유형력도 포함한다. 사람의 신체에 대한 직접적인 접촉이 없더라도 간접적인 유형력의 행사에 의하여 신체의 안전을 해할 정도에 이른 경우에는 폭행에 해당한다. 예컨대 사람에게 돌을 던졌으나 명중하지 않은 경우, 가까이서 귀에 대고 고함을 지르는 행위, 삿대질, 고속도로 상에서 차를 몰고 가 다른 사람의 차 앞으로 끼어들어 급제동을 하는 행위 등이 이에 해당한다.

[판례 14] 甲男은 빚 독촉을 하다가 시비 중 멱살을 잡고 대드는 乙女의 손을 뿌리치고 乙女를 뒤로 밀어 넘어트려 아래로 뒹굴게 하였다. 이로 인하여 등에 업힌 딸 丙(생후 7개월)이 두개골절 등의 상해를 입어 사망하였다. 甲男의 죄책은?

---

51) 대법원 2003. 1. 10. 선고 2000도5716 판결.

일단 乙女에 대한 폭행죄가 성립한다. 문제는 乙女에 대한 폭행이 동시에 丙에 대한 폭행이 되는가이다. 만일 긍정한다면 폭행치사죄가 성립할 것이고 부정한다면 과실치사죄가 성립할 것이다. 대법원은 "어린애를 업은 사람을 넘어트린 행위는 그 어린애에 대해서도 역시 폭행이 된다"고 보아 폭행치사죄의 성립을 인정하였다. 폭행이 의미하는 사람의 신체에 대한 유형력의 행사는 신체에 대한 직접적이 접촉이 없더라도, 어린애를 업은 사람을 넘어뜨린 행위는 간접적으로는 그 아이에 대한 유형력의 행사라고 볼 수 있으므로 폭행에 해당한다. 따라서 甲男에 대해서는 폭행치사죄(제262조)가 성립한다. 그리고 乙女에 대한 폭행죄와 丙에 대한 폭행치사죄는 상상적 경합이 된다.52)

[판례 15] 甲은 직장동료 乙(53세)과 다투던 중 돼지고기를 손에 들고, 이를 乙의 얼굴에 들이대고 삿대질을 하며 따졌다. 당시 술에 취해있었던 乙은 뒷걸음질을 치다가 기계의 받침대에 발이 걸려 넘어지면서 시멘트바닥에 머리를 부딪쳐 두개골 골절로 사망하였다. 甲의 죄책은?

폭행치사죄의 성립이 문제된다. 이 사례에서 삿대질은 신체에 대한 접촉은 없었으나 간접적인 유형력의 행사로서 신체의 안전을 해할 우려가 있으므로 폭행에 해당한다. 문제는 乙이 넘어지면서 두개골 골절로 사망하는 것이 예견가능한가이다. 이 점에 대하여 원심은 피해자 乙이 술에 취해있었고 고령이었으므로 고기뭉치를 얼굴에 들이대며 삿대질을 할 경우 乙이 이를 피하려다가 뒤로 넘어져 상해를 입거나 사망하리라는 것은 일반인의 경험칙에 비추어 예견가능하다고 보아 폭행치사죄의 성립을 인정하였다. 이에 대하여 대법원은 삿대질로 인하여 피해자가 넘어지는 것은 예견가능하나, 그 정도로 넘어지면서 머리를 다쳐 사망하는 것은 "이례적인 일이어서 통상적으로 일반인이 예견하기 어려운 결과"라고 보아 폭행치사죄의 성립을 부정하였다53). 따라서 甲에 대해서는 폭행죄만 성립한다.

2. 가중적 구성요건

(1) 존속폭행죄

제260조 제2항(존속폭행): 자기 또는 배우자의 직계존속에 대하여 제1항의 죄를 범한 때에는 5년 이하의 징역 또는 700만원 이하의 벌금에 처한다.

(2) 특수폭행죄

제261조(특수폭행): 단체 또는 다중의 위력을 보이거나 위험한 물건을 휴대하여 제260조 제1항 또는 제2항의 죄를 범한 때에는 5년 이하의 징역 또는 1천만원이하의 벌금에 처한다.

---

52) 대법원 1972. 11. 28. 선고 72도2201 판결.
53) 대법원 1990. 9. 25. 선고 90도1596 판결.

"단체 또는 다중의 위력을 보이거나 위험한 물건을 휴대하여"의 의미는 특수상해죄에서 설명한 것이 그대로 타당하다.

[판례 16] 운전자 甲은 고속도로 상에서 승용차로 乙이 타고 가는 승용차 뒤를 바짝 따라붙어 운전을 방해하고, 자신의 차를 乙의 차 앞으로 몰고 가 급제동을 하여 乙로 하여금 충돌을 피하기 위하여 급제동하거나 차로를 변경을 하게하고, 乙이 고속도로를 빠져나가려고 하자 진로를 가로막아 빠져나가지 못하게 하였다. 甲의 죄책은?

甲이 자신의 차를 몰아 乙의 승용차 앞에서 급제동을 한 것은 乙의 신체에 대한 간접적인 유형력의 행사로서 그의 신체의 안전을 해할 정도에 이르렀으므로 폭행에 해당한다. 그리고 판례는 甲은 위험한 물건인 자동차를 이용하여 피해자 乙을 폭행하였으므로 특수폭행죄(구 폭처법 제3조 제1항, 형법 제261조)에 해당한다고 보았다.54) 그러나 그 외에도 甲은 乙로 하여금 급제동하거나 차로를 변경하게 하였으며, 고속도로를 빠져나가지 못하게 함으로써 권리행사를 방해했으므로 강요죄에 해당한다. 강요죄에 대해서도 폭처법이 적용되므로 甲의 행위는 구 폭처법 제3조 제1항55)의 강요죄에 해당한다. 그리고 강요죄는 폭행죄에 대하여 특별관계(결합범)에 있으므로 폭행죄는 별도로 성립하지 않는다.

(3) 상습폭행죄

상습폭행죄에 대해서는 상습상해죄에 대한 설명이 그대로 타당하다.

3. 폭행치사상죄

제262조(폭행치사상) 제260조와 제261조의 죄를 지어 사람을 사망이나 상해에 이르게 한 경우에는 제257조부터 제259조까지의 예에 따른다.

* 결과적 가중범의 종류
폭행 + 과실치상 = 폭행치상죄 = 상해죄의 예에 의하여 처벌
존속폭행 + 과실치상 = 존속폭행치상죄 = 존속상해죄의 예에 의하여 처벌
폭행 + 과실치사 = 폭행치사 = 상해치사죄의 예에 의하여 처벌
존속폭행 + 과실치사 = 존속폭행치사 = 존속상해치사의 예에 의하여 처벌
폭행 + 중상해의 결과 = 중상해죄의 예에 의하여 처벌
존속폭행 + 중상해의 결과 = 존속중상해죄의 예에 의하여 처벌

---

54) 대법원 2001. 2. 23. 선고 2001도271 판결.
55) 현행 형법 제260조 제2항.

4. 반의사불벌죄

> **제260조 제3항**: 제1항 및 제2항의 죄는 피해자의 명시한 의사에 반하여 공소를 제기할 수 없다.
>
> **폭처법 제2조 제4항**: 제2항 및 제3항의 경우에는 형법 제260조 제3항 및 제283조 제3항을 적용하지 아니한다.

폭행죄와 존속폭행죄는 반의사불벌죄이다. 그러나 특수폭행죄(제261조)나 상습폭행죄(제264조)에 대해서는 제260조 제3항이 적용되지 않으므로 반의사불벌죄가 아니다.[56] 그리고 후술하는 폭처법 제2조 제2항 및 제3항의 경우에도 제260조 제3항이 적용되지 않으므로 반의사불벌죄가 아니다.

---

56) 대법원 1965. 1. 26. 선고 64도687 판결.

제3장 생명과 신체에 대한 죄

제1절 과실치사상의 죄

I. 기본적 구성요건

(1) 과실치상죄

> **제266조 제1항(과실치상)**: 과실로 인하여 사람의 신체를 상해에 이르게 한 자는 500만원 이하의 벌금, 구류 또는 과료에 처한다.
> **동조 제2항**: 제1항의 죄는 피해자의 명시한 의사에 반하여 공소를 제기할 수 없다.

과실치상죄는 과실로 사람의 신체를 상해에 이르게 함으로써 성립하는 범죄이다. 고의로 폭행을 가한 경우에는 상해에 대하여 고의가 없더라도 과실치상죄가 성립하는 것이 아니라, 폭행치상죄가 성립한다.

┌ 과실치상 = 과실폭행 + 과실치상
└ 폭행치상 = 고의폭행 + 과실치상

(2) 과실치사죄

과실치사죄는 과실로 사람을 사망에 이르게 함으로써 성립하는 범죄이다. 고의로 폭행이나 상해를 가한 경우에는 사망에 대하여 고의가 없더라도 과실치사죄가 성립하는 것이 아니라, 폭행치사죄나 상해치사죄가 성립한다.

┌ 과실치사죄 = 과실폭행 또는 과실치상 + 과실치사
├ 폭행치사죄 = 고의폭행 + 과실치사 = 상해치사죄의 예에 의하여 처벌
└ 상해치사죄 = 고의상해 + 과실치사

II. 가중적 구성요건(업무상 과실·중과실치사상죄)

> **제268조(업무상과실 · 중과실 치사상)** 업무상과실 또는 중대한 과실로 사람을 사망이나 상해에 이르게 한 자는 5년 이하의 금고 또는 2천만원 이하의 벌금에 처한다.

(1) 업무상 과실치사상죄

본죄는 업무자라는 신분관계 또는 중과실로 인하여 책임이 가중되는 가중적 구성요건이다(다수설). 업무자(예: 의사, 약사, 건축가, 운전자)는 일반인보다 풍부한 지식·경험을 바탕으로 고도의 주의능력과 예견가능성을 가지고 있으므로 그만큼 주의의무위반에 대한 책임비난이 높아져 가중처벌되는 것이다.

업무란 "사회생활상의 지위에 기하여 계속적·반복적으로 행하는 사무"를 말한다.

① **사회생활상의 지위**: 직업이나 영업은 물론 사회적 활동을 모두 포함하는 넓은 개념이다. 다만 자녀의 양육, 주부의 가사, 취미생활과 같은 자연적 생활현상은 업무에 해당하지 않는다.

② **계속성·반복성**: 사무가 반복하여 행하여지거나 반복할 의사로 행하여 져야 한다. 따라서 단 1회를 행하여도 반복의 의사가 있는 때에는 업무에 해당한다. 예컨대 자동차를 구입한 첫날 운전 중 또는 의사가 개업 첫날 사고를 낸 경우에도 이는 업무에 해당한다.

③ **사무**: 여기서 사무는 성질상 사람의 생명·신체에 위해를 줄 수 있는 위험성이 있는 것이어야 한다. 과실범에 있어서의 업무나 행위요소로서의 업무는 위법이든 적법이든, 법률상 면허가 있든 없든 불문한다. 예컨대 무면허 운전도 업무에 해당한다. 그러나 주차장에서 운전연습중에 사고를 낸 경우는 계속·반복의 의사를 결하므로 업무에 해당하지 않는다.

(2) 중과실치사상죄

중과실이란 주의의무위반의 정도가 현저한 경우, 즉 약간의 주의만 기울였더라도 결과발생의 회피가 가능하였다고 판단되는 경우를 말한다.

> [판례 1-1] 甲은 84세 여자 노인 乙과 11세의 여자 아이 丙을 상대로 안수기도를 함에 있어서 그들을 바닥에 반드시 눕혀 놓고 기도를 한 후 "마귀야 물러가라", "왜 안 나가느냐"는 등 큰 소리를 치면서 한 손 또는 두 손으로 그들의 배와 가슴 부분을 세게 때리고 누르는 등의 행위를, 乙에게는 약 20분간, 丙에게는 약 30분간 반복하여 그들을 사망케 하였다. 甲의 죄책은?

판례는 "고령의 여자 노인이나 나이 어린 연약한 여자아이들은 약간의 물리력을 가하더라도 골절이나 타박상을 당하기 쉽고, 더욱이 배나 가슴 등에 그와 같은 상처가 생기면 치명적 결과가 올 수 있다는 것은 피고인 정도의 연령이나 경험 지식을 가진 사람으로서는 약간의 주의만 하더라도 쉽게 예견할 수 있음에도 그러한 결과에 대하여 주의를 다하지 않아 사람을 죽음으로까지 이르게 한 행위는 중대한 과실"이라고 보았다.[1] 따라서 판례에 의하면 甲에 대하여는 중과실치사죄(제268조)가 성립한다. 그러나 甲은 고의로 乙과 丙을 폭행하여 사망케 하였으므로 아래의 (판례 1-2)에서 보는 바와 같이 폭행치사죄가 성립할 여지가 있다.

[판례 1-2] 교회의 목사 甲은 1993. 6. 4.부터 같은 달 7일까지 매일 한차례 피해자 乙에 대하여 안수기도를 하던 중 같은 달 6일 22:00경부터 다음날 03:00경까지 약 5시간동안 및 같은 달 7일 22:00경부터 다음날 00:10경까지 약 2시간동안 주먹과 손바닥으로 피해자의 가슴과 배를 반복하여 누르거나 때려 폭행하고, 그로 인하여 피해자 乙이 사망하였다. 甲의 죄책은?

甲의 행위는 "사람의 신체에 대한 유형력의 행사로서 폭행의 개념에 속하는 행위라고 할 것이고, 비록 그것이 안수기도의 방법으로 행하여졌다고 하더라도 그것이 신체에 대하여 유형력을 행사한다는 인식과 의사가 있으면 폭행에 대한 인식과 의사 즉 고의가 있는 것"이므로 폭행죄의 구성요건에 해당한다. 그리고 피해자의 가슴과 배를 주먹과 손바닥으로 세게 내리치는 등의 행위는 신체에 대한 강력한 가해행위로서 그것이 필요불가결한 치료행위의 일종이라고 인정될만한 자료도 전혀 발견되지 않는 이 사건에서 이를 치료행위라고 취급하여 피해자 측의 승낙이 있었다거나 사회상규상 용인되는 정당행위라고 취급할 수는 없다". 따라서 甲의 행위의 위법성은 조각되지 않는다. 그리고 甲이 "비록 그것을 적법한 행위라고 오인했다고 하더라도 … 그 오인에 정당성을 발견할 수 없으므로" 책임이 조각되지도 않는다. 따라서 甲의 행위는 폭행죄에 해당한다. 그리고 이로 인하여 피해자 乙이 사망하였으므로 甲에 대하여는 폭행치사죄(제262조)가 성립한다.2)

[판례 2-1] 甲은 담뱃불을 붙이고 난 성냥불이 꺼진 것을 확인하지 않고 플라스틱 휴지통에 성냥불을 던져서 불이 났다. 甲의 죄책은?

대법원은 "성냥불로 담배를 붙인 다음 그 성냥불이 꺼진 것을 확인하지 아니한 채 휴지가 들어 있는 플라스틱 휴지통에 던진 것을 중대한 과실이 있는 경우에 해당"한다고 보아 중실화죄(제171조)를 인정하였다.3)

[판례 2-2] 甲은 자신이 근무하는 사무실에서 연탄난로를 피웠다. 동 사무실은 목조가옥이고, 연탄난로 주위에 목조소파 등이 비치되어 난로가 가열될 경우 인화되어 화재가 발생할 수 있음을 예견할 수 있었음에도 불구하고 난로의 공기구멍을 활짝열어 놓은채 외출을 하였다. 이로 인하여 연탄난로가 과열되어 자신의 사무실은 물론 인접한 乙, 丙의 건조물을 연소하여서 소훼하였다. 甲의 죄책은?

대법원은 甲이 "난로의 공기조절구멍을 열어 놓아 과열이 된 경우에도 난로에서 50㎝ 떨어져 있던 소파에 인화될 가능성이 인정되어야만 피고인에게 실화책임을 물을 수 있을

---

1) 대법원 1997. 4. 22. 선고 97도538 판결.
2) 대법원 1994. 8. 23. 선고 94도1484 판결; 대법원 2008. 8. 21. 선고 2008도2695 판결.
3) 대법원 1993. 7. 27. 선고 93도135 판결.

것"인데 이 사안에서는 그와 같은 "인화가능성이 있음이 경험칙상 명백하다고 보기 어렵다"는 이유로 중과실 실화의 성립을 부인하였다.[4]

제2절 유기와 학대의 죄

I. 서론

1. 의의 및 체계

유기죄는 나이가 많거나 어림(노유), 질병 기타 사정으로 인하여 부조를 요하는 자를 보호할 의무 있는 자가 유기함으로써 성립하는 범죄이다. 학대죄는 자기의 보호 또는 감독을 받는 사람을 학대함으로써 성립하는 범죄이다. 그리고 아동혹사죄는 자기의 보호 또는 감독을 받는 16세 미만의 자를 생명 또는 신체에 위험한 업무에 사용할 영업자 또는 종업원에게 인도함으로써 성립하는 범죄이다.

2. 보호법익

유기죄의 보호법익은 생명과 신체의 안전이다. 보호의 정도에 대해서는 구체적 위험범으로 보는 견해와 추상적 위험범으로 보는 견해가 있다. 구체적 위험범으로 보는 견해에 의하면 유기죄가 성립하기 위해서는 생명이나 신체에 대한 구체적 위험이 있어야 한다고 한다. 그러나 제271조 제3항, 제4항은 유기로 인하여 사람의 생명에 대한 구체적 위험을 발생케 한 경우에는 중유기죄로서 형을 가중하고 있으므로 단순유기죄는 추상적 위험범으로 보고, 중유기죄만 구체적 위험범으로 보아야 한다(통설). 따라서 유기로 인하여 실제로 피유기자의 생명이나 신체에 대한 위험이 없었던 경우에도 단순유기죄는 성립한다. 다만 행위자가 아기를 남의 집 문 앞에 놓고서 누군가가 구조할 때까지 숨어서 지켜 본 경우에는 본죄가 성립하지 않는다. 왜냐하면 유기는 요부조자를 보호 없는 상태에 두는 것을 말하는데, 이 사례의 경우에는 유기행위 자체가 없기 때문이다.

학대죄의 보호법익은 학대의 개념을 어떻게 이해하는가에 따라 다르다. 학대를 육체적 고통을 주는 행위로 보는 견해에 의하면 보호법익은 생명·신체의 안전이라고 한다. 그러나 학대는 육체적 고통은 물론 정신적 고통을 가하는 경우도 포함하므로 인격권이라고 보아야 한다. 법익보호의 정도는 추상적 위험범이다.

---

[4] 대법원 1991. 11. 12. 선고 91도1942 판결.

아동혹사죄의 보호법익은 아동의 복지권이다. 그리고 법익보호의 정도는 추상적 위험범이다.

II. 기본적 구성요건

1. 유기죄

> 제271조(유기, 존속유기) ① 나이가 많거나 어림, 질병 그 밖의 사정으로 도움이 필요한 사람을 법률상 또는 계약상 보호할 의무가 있는 자가 유기한 경우에는 3년 이하의 징역 또는 500만원 이하의 벌금에 처한다.

① 주체: 본죄의 주체는 "법률상 또는 계약상 의무 있는 자", 즉 보호의무자이다. 보호의무의 근거가 되는 법률로는 예컨대 경찰관 직무집행법 제4조(경찰의 보호조치의무), 도로교통법 제50조(사고운전자의 구호의무), 제826조(부부간의 의무), 민법 제913조(친권자의 보호의무), 민법 제974조(친족관계에 의한 부양의무) 등이 있다. 그리고 계약은 명시적 계약은 물론 묵시적 계약도 포함된다. 따라서 동거하는 피고용인이 질병으로 부조를 요하는 경우 또는 입양절차를 거치지 않고 유아를 양자로 받은 경우에도 보호의무가 발생한다.

[판례 3-1] 경찰관 甲은 乙이 술에 만취되어 향토예비군 4명에게 떠메어 운반되어, 지서 나무의자에 눕혀 놓았을 때 숨을 가쁘게 내뿜고 자신의 수족과 의사도 자제할 수 없는 상태에 있었음에도 불구하고 약3시간 동안 아무런 응급보호조치를 취하지 않았다. 乙은 지서로 운반되기 전에 丙에 의하여 머리부분을 구두발로 채여 좌측 뇌에 상처를 입은 후 지서의 나무의자 위에서 신음하다가 뇌출혈로 사망하였다. 甲의 죄책은?

甲은 경찰관으로서 국민의 생명, 신체의 안전을 보호하기 위한 응급의 조치를 강구하여야 할 직무를 가진 자이므로(경찰관 직무집행법 제1조, 제4조) 법률상 보호의무자이다. 그리고 乙의 숨소리, 용색 등 신체를 살펴보아 찬물을 먹이는 등 간단한 응급조치를 취하거나 가족에게 통지를 하여야 하고, 나아가 위험한 상태에 있을 때에는 병원으로 옮겨 진료를 받도록 하는 등의 구호를 하여야 함에도 불구하고 피해자가 사망할 때까지 근 3시간 동안 응급 보호 조치를 취하지 않았으므로 유기가 인정된다. 甲은 乙이 부조를 요하는 자였다는 것을 충분히 인식하였으므로 고의가 인정된다. 따라서 甲에 대해서는 유기죄가 성립한다.[5] 만일 피해자 乙의 사망에 대하여 과실이 있었다면 유기치사죄가 성립할 수 있으나 판례가 유기죄의 성립만을 인정한 것으로 미루어 사망에 대한 예견가능성은 없었던 것으로 보인다.

---

5) 대법원 1972. 6. 27. 선고 72도863 판결.

[판례 3-2] "형법 제271조 제1항에서 말하는 법률상 보호의무 가운데는 민법 제826조 제1항에 근거한 부부간의 부양의무도 포함되며, 나아가 법률상 부부는 아니지만 사실혼 관계에 있는 경우에도 위 민법 규정의 취지 및 유기죄의 보호법익에 비추어 위와 같은 법률상 보호의무의 존재를 긍정하여야 하지만, 사실혼에 해당하여 법률혼에 준하는 보호를 받기 위하여는 단순한 동거 또는 간헐적인 정교관계를 맺고 있다는 사정만으로는 부족하고, 그 당사자 사이에 주관적으로 혼인의 의사가 있고 객관적으로도 사회관념상 가족질서적인 면에서 부부공동생활을 인정할 만한 혼인생활의 실체가 존재하여야 한다."[6]

제271조는 보호의무의 발생근거를 법률과 계약에 국한하여 규정하고 있다. 그 이외에도 선행행위, 사무관리, 조리에 의한 보호의무를 인정할 것인가에 대하여 견해가 일치하지 않는다. 부정설(판례 및 현재의 다수설)은 사무관리, 관습, 조리를 근거로 보호의무를 인정하게 되면 행위자에게 불리한 형벌확장이 되어 유추해석금지의 원칙에 반한다는 이유로 보호의무의 근거를 법률과 계약에 국한한다.[7] 이에 대하여 긍정설(종래의 통설)은 보호의무의 근거를 선행행위, 사무관리, 조리에까지 확대하여 부진정부작위범의 보증인의무와 같은 것으로 보고 있다.[8] 긍정설이 타당하다. 왜냐하면 제271조의 "법률"에는 제18조(부작위범)도 포함되므로 유기죄에 있어서 보호의무는 부진정부작위범의 보증인의무와 일치하기 때문이다. 유기죄에서 조리를 근거로 보호의무를 인정하더라도 부작위범에서 조리에 의한 보증인의무는 제한적으로만 인정되므로 형벌이 부당하게 확장될 우려는 없다.

[판례 4] 甲, 乙은 영하15도의 겨울에 술에 취하여 함께 이웃마을로 가던 중 실족하여 2m아래 개울로 떨어졌다. 乙은 후두부타박상을 입어 움직이기 어려운 상태였으나 甲은 혼자 귀가하여 버렸다. 乙은 4, 5시간 후에 심장마비로 사망하였다. 甲의 죄책은?[9]

유기치사죄의 성립이 문제된다. 원심은 甲에 대하여 사회상규에 근거한 구조의무가 있다고 보아 유기치사죄의 성립을 인정하였다. 이에 대하여 대법원은 현행형법은 법률상 또는 계약상 구조의무 있는 자만을 유기죄의 주체로 하고 있으므로 명문상 사회상규상의 보호책임을 인정할 수 없다는 이유로 본죄의 성립을 부정하였다. 이에 대하여 종래의 통설은 제271조의 "법률"에는 제18조도 포함된다는 이유로 조리(사회상규)에 의한 보호의무를 인정한다. 그러나 이 견해에 의하더라도 사례의 경우 유기죄는 성립하지 않는다. 왜냐하면 부진정부작위범에 있어서 조리에 의한 보증인의무는 긴밀한 생활관계(예컨대 가족공동체,

---

6) 대법원 2008. 2. 14. 선고 2007도3952 판결.
7) 예컨대 대법원 1977. 1. 11. 선고 76도3419 판결; 김성돈, 각론, 113면; 김일수/서보학, 각론, 110면; 배종대, 각론, 176면; 오영근, 각론, 115면 이하.
8) 예컨대 임웅, 각론, 122면.
9) 대법원 1977. 1. 11. 선고 76도3419 판결.

사실혼의 동거관계, 위험공동체)에 국한하여 제한적으로 인정되므로 술에 취하여 함께 마을로 갔다는 사정만으로는 조리에 의한 보증인의무를 인정할 수 없기 때문이다.

[판례 5] 甲男은 1979. 8. 3. 17:40경 강간미수행위로서 乙女에게 상해를 입히고, 이로 인하여 乙女가 실신하자 그대로 방치하고 가버렸다. 乙女는 17시 40분부터 다음날 새벽 6시 40분 A에 의하여 구조될 때까지 13시간가량 방치되었다. 甲男의 죄책은?[10]

甲男은 강간미수에 의하여 乙女에게 상해를 가했으므로 강간치상죄가 성립한다. 문제는 甲男이 실신한 乙女를 13시간가량 방치한 행위가 중유기죄(제271조 제3항)에 해당하는가이다. 본죄가 성립하기 위해서는 甲男이 乙女를 구조해야 할 법률상 또는 계약상 의무가 있어야 한다. 유기죄의 "법률상 의무"에서 법률에는 형법 제18조가 포함되며, 동조는 "위험발생의 원인을 야기한 자"에 대하여 선행행위로 인한 작위의무를 인정하고 있으므로, 甲男은 乙女를 구조해야 할 법률상 의무가 있다. 따라서 甲男의 행위는 일단 유기죄의 구성요건에 해당한다. 甲男이 乙女를 13시간가량 방치함으로써 생명에 대한 위험이 발생하였다면 중유기죄가 성립할 것이나, 판례가 이 점에 대하여 언급이 없는 것으로 미루어 乙女의 생명에 대한 위험은 없었던 것으로 보인다.

다음으로 문제되는 것은 유기죄와 강간치상죄가 포괄적으로 단일의 강간치상죄만을 구성하는가이다. 이 점에 대하여 대법원은 "강간치상의 범행을 저지른 자가 그 범행으로 인하여 실신상태에 있는 피해자를 구호하지 아니하고 방치하였다고 하더라도 그 행위는 포괄적으로 단일의 강간치상죄만을 구성한다"고 보고 있다.[11] 유기죄는 불가벌적 수반행위로서 강간치상죄에 흡수되므로(법조경합), 甲男에 대해서는 강간치상죄만 성립하고 별도로 유기죄는 성립하지 않는다.

② 객체: 본죄의 객체는 나이가 많거나 어림·질병 그 밖의 사정으로 인하여 도움이 필요한 사람, 즉 요부조자(要扶助者)이다. 이는 다른 사람의 조력 없이 자기의 생명이나 신체에 대한 위험을 스스로 극복할 수 없는 사람을 말한다. 그 밖의 사정에 해당하는 경우로는 예컨대 불구자, 분만중의 부녀가 있다.

③ 행위: 본죄의 행위는 유기이다. 유기란 요부조자를 보호 없는 상태에 두는 행위를 말한다. 여기에는 요부조자를 보호받는 상태에서 보호 없는 상태로 옮기는 협의의 유기(적극적 유기 또는 이치: 移置)와 요부조자를 보호 없는 상태로 방치하는 광의의 유기(소극적 유기 또는 치거: 置去)가 있다.

---

10) 대법원 1984. 6. 24. 선고 80도726 판결.
11) 판례는 "포괄적으로"라는 표현을 사용하고 있지만 양죄를 포괄일죄로 본 것이 아니라 법조경합으로 본 것으로 사료된다. 왜냐하면 포괄일죄는 원칙적으로 수개의 행위가 동일한 구성요건에 해당하는 경우에 인정되므로, 강간치상죄와 유기죄가 포괄일죄가 될 수는 없기 때문이다.

[판례 6] 甲은 자신의 11살 된 딸 乙이 간염에 걸려 장내출혈의 증세를 보여 의사 丙이 수술을 하자고 권하였으나 수혈을 동반하는 수술은 '여호와의 증인'의 교리에 어긋난다는 이유로 반대하였다. 그 결과 甲의 딸은 장내출혈로 사망하였다. 甲의 죄책은?

甲이 딸의 수혈을 거부한 행위는 요부조자를 보호 없는 상태에 둔 것이므로 유기(광의의 유기)에 해당한다. 甲이 종교적 신념을 이유로 수혈을 거부하여 요부조자를 사망케 한 행위(양심범)는 정당행위(제20조)에 해당하지 않으므로 위법하다. 왜냐하면 개인의 양심과 실정법이 충돌하는 경우에는 실정법이 우선하여야 법질서가 유지될 수 있기 때문이다. 그리고 甲이 자신의 행위가 정당하다고 오인하였더라도 이는 법률의 착오에 해당하지 않는다. 형법상 책임은 법적 책임이지 도의적, 윤리적 책임이 아니므로 책임비난의 척도는 법질서의 사회윤리적 가치평가이다. 만일 행위자가 법규범이 도덕규범에 반한다고 생각했더라도 법규범은 여전히 구속력을 갖는다. 따라서 양심범이 자신의 윤리적, 종교적, 정치적 세계관에 입각하여 자신의 위법행위가 정당하며 이러한 행위를 할 의무가 있다고 확신하는 경우에도 그에 대한 책임비난이 가능하다. 결국 甲이 수혈을 거부한 행위는 유기죄에 해당한다.

甲은 수혈을 거부하여 乙을 사망케 했으므로 乙의 사망에 대하여 고의가 있다면 살인죄가 성립할 것이며 과실만이 인정된다면 유기치사죄가 성립할 것이다. 판례는 甲에 대하여 유기치사죄가 성립한다고 보았다.[12] 그러나 甲은 乙의 사망에 대하여 감수가 있었으므로 미필적 고의에 의한 살인죄의 성립을 인정하여야 한다는 견해가 있다.[13] 이 견해에 의하면 유기죄는 불가벌적 사전행위로서 살인죄에 대하여 보충관계(법조경합)에 있으므로 살인죄만 성립한다.

④ 고의: 고의가 성립하기 위해서는 보호의무의 근거가 되는 사실과 유기에 대한 인식이 있어야 한다. 본죄는 추상적 위험범으로서 생명이나 신체에 대한 위험의 발생은 구성요건의 요소가 아니므로, 고의의 성립을 위하여 이에 대한 인식을 요하지는 않는다. 그리고 고의의 성립을 위하여 보호의무의 내용이나 범위에 대한 인식을 요하지 않는다. 만일 이에 대한 인식이 결여된 경우에는 법률의 착오(제16조)만이 문제될 뿐이다.

[판례 7] 甲男은 乙女와 호텔 7층에 투숙하여 乙女에게 성관계를 요구하였다. 乙女는 그 순간을 모면하기 위하여 창문으로 뛰어내리는 바람에 중상을 입었다. 甲男은 乙女가 창문으로 뛰어내린 사실을 몰라 아무런 구조조치도 취하지 않고 방치하여 생명에 대한 위험을 발생케 하였다. 甲男의 죄책은?

---

12) 대법원 1980. 9. 24. 선고 79도1387 판결.
13) 최우찬, 유기치사죄와 부작위에 의한 살인죄 및 양심범과의 관계, 형사판례연구 1, 95면 이하.

甲男은 폭행이나 협박에 의하여 乙女를 강간하려고 한 것이 아니므로 강간미수죄는 성립하지 않는다. 다만 甲男은 乙女가 7층에서 뛰어내려 중상을 입었음에도 불구하고 그대로 방치하여 생명에 대한 위험을 발생케 했으므로 중유기죄의 성립이 문제된다. 본죄가 성립하기 위해서는 우선 甲男에게 乙女를 구조해야 할 보호의무가 있어야 한다. 甲男은 乙女에게 성관계를 요구하여 乙女가 이를 피하기 위해서 7층에서 뛰어내렸으므로 제18조의 선행행위로 인한 작위의무에 근거하여 乙女를 보호해야 할 법률상 의무가 있다.14) 따라서 乙女가 7층에서 뛰어내려 부조를 요한다는 사실을 알았다면 중유기죄가 성립할 것이다. 그러나 이 사례에서 甲男은 乙女가 창문으로 뛰어내린 사실을 몰랐으므로 그에게는 유기에 대한 고의가 없었으며, 따라서 본죄는 성립하지 않는다.15)

유기죄에 있어서 사실의 착오와 법률의 착오의 구분은 부작위범에서 설명한 것이 그대로 타당하다.

* 유기죄와 부작위범에 있어서 착오
┌ 보호의무의 근거가 되는 사실에 대한 착오 - 보증인적 지위에 대한 착오 - 사실의 착오
└ 보호의무의 내용이나 범위에 대한 착오 - 작위의무에 대한 착오 - 법률의 착오

> [예 1] 甲女는 눈이 내리던 날 아파트 앞의 화단에 乙男이 술에 취하여 쓰러져 있은 것을 방치하여, 乙男이 동사하였다. 乙男은 甲女의 남편이다.
> (1) 만일 甲女가 당시에 쓰러져 있던 사람이 자신의 남편이라는 것을 몰랐다면 甲女의 죄책은?
> (2) 甲女는 乙男이 자신의 남편인 것은 알았으나 곧 이혼할 사이이므로 구조의무가 없다고 생각하여 방치하였다면 甲女의 죄책은?

(1) 보증인적 지위에 대한 착오로서 사실의 착오에 해당하므로 유기죄는 성립하지 않는다. 다만 주의의무위반이 인정된다면 과실치사죄가 성립할 수 있다.
(2) 보증인지위에 대한 인식은 있었으므로 유기에 대한 고의는 성립한다. 甲女는 乙男을 구조해야 할 의무가 없다고 착오한 것은 법률의 착오에 해당한다. 그러나 착오에 정당한 이유가 없으므로 책임은 조각되지 않는다. 따라서 유기죄가 성립한다. 그리고 만일 乙男의 사망에 대한 미필적 고의가 있었다면 부작위에 의한 살인죄가 성립한다. 다만 유기죄는 불가벌적 사전행위로서 살인죄에 대하여 보충관계에 있으므로(법조경합) 살인죄만 성립한다. 만일 甲女에게 乙男의 사망에 대한 고의가 없었다면 유기치사죄가 성립할 것이다.

---

14) 이에 대하여 사실혼이나 애인관계에 있는 사람끼리는 묵시적 계약관계에 근거한 보호의무가 인정된다는 견해도 있다(배종대, 각론, 178면).
15) 대법원 1988. 8. 9. 선고 86도225 판결.

2. 학대죄

> **제273조 제1항(학대)**: 자기의 보호 또는 감독을 받는 사람을 학대한 자는 2년 이하의 징역 또는 500만원 이하의 벌금에 처한다.

① **주체**: 타인을 보호 또는 감독하는 자이다. 본죄의 주체는 법률, 계약은 물론 사무관리, 조리, 관습에 의한 보호의무자도 포함한다(통설).[16]

② **객체**: 자기의 보호 또는 감독을 받는 자이다. 다만 만18세 미만의 아동에 대한 금지행위(아동복지법 제17조)에 대해서는 동법 제40조가 우선하여 적용된다.[17]

③ **행위**: 행위는 학대이다. 학대란 육체적·정신적 고통을 가하는 처우를 말한다(다수설). 육체적 고통을 가하는 학대(유형적 학대)로는 폭행, 불결한 음식을 제공하는 행위, 잠을 재우지 않는 행위 등이 있다. 그리고 정신적 고통을 가하는 학대(무형적 학대)에는 폭언, 구박, 어린아이를 어두운 곳에 혼자 있도록 하는 행위, 성추행 등이 있다. 다만 무형적 학대가 본죄에 해당하기 위해서는 학대행위가 유기에 준할 정도에 이를 것을 요한다.[18]

폭행, 협박, 상해, 성추행 등도 학대에 해당하지만 별도의 범죄가 성립하므로 학대죄는 여기에 흡수(불가벌적 수반행위)된다.[19]

---

16) 예컨대 김성돈, 각론, 118면; 정성근/ 박광민, 각론, 130면; 오영근, 각론, 120면; 임웅, 각론, 126면. 이에 대하여 유기죄의 경우와 마찬가지로 본죄의 주체도 법률상 또는 계약상 의무 있는 자에 국한하는 반대견해는 김성천/김형준, 각론, 162면.
17) 아동복지법 제17조(금지행위) 누구든지 다음 각 호의 어느 하나에 해당하는 행위를 하여서는 아니 된다.
  1. 아동을 매매하는 행위
  2. 아동에게 음란한 행위를 시키거나 이를 매개하는 행위 또는 아동에게 성적 수치심을 주는 성희롱 등의 성적 학대행위
  3. 아동의 신체에 손상을 주거나 신체의 건강 및 발달을 해치는 신체적 학대행위
  4. 삭제 <2014.1.28>
  5. 아동의 정신건강 및 발달에 해를 끼치는 정서적 학대행위 (이하생략)
  제71조(벌칙) ① 제17조를 위반한 자는 다음 각 호의 구분에 따라 처벌한다.
  1. 제1호(「아동·청소년의 성보호에 관한 법률」 제12조에 따른 매매는 제외한다)에 해당하는 행위를 한 자는 10년 이하의 징역에 처한다.
  1의 2. 제2호에 해당하는 행위를 한 자는 10년 이하의 징역 또는 5천만원 이하의 벌금에 처한다.
  2. 제3호부터 제8호까지의 규정에 해당하는 행위를 한 자는 5년 이하의 징역 또는 3천만원 이하의 벌금에 처한다.   (이하생략)
18) 대법원 2000. 4. 25. 선고 2000도223 판결.
19) 협박죄는 3년 이하의 징역에 해당하는 범죄임에 반하여 학대죄는 2년 이하의 징역에 해당하는 범죄로서 폭행죄나 협박죄보다 죄질이 경미하다.

[판례 8] 甲男은 자신의 딸 乙女(만18세)에게 포르노 테이프를 보여주다가 성관계를 하자고 요구하였다. 乙女는 싫기는 하였지만 하는 수 없이 관계를 가졌다. 甲男의 죄책은?

甲男이 자신의 보호를 받는 딸 乙女에게 요구하여 성관계를 가진 것이 학대에 해당하는가가 문제된다. 대법원은 "형법 제273조 제1항에서 말하는 '학대'라 함은 육체적으로 고통을 주거나 정신적으로 차별대우를 하는 행위를 가리키고, 이러한 학대행위는 형법의 규정체제상 학대와 유기의 죄가 같은 장에 위치하고 있는 점 등에 비추어 단순히 상대방의 인격에 대한 반인륜적 침해만으로는 부족하고 적어도 유기에 준할 정도에 이르러야 한다"고 보아 "피해자와 성 관계를 가진 행위를 가리켜 위와 같은 의미의 학대행위에 해당한다고 보기는 어렵다"고 판시하였다.20) 다수설에 의하더라도 乙女를 강요하여 성관계를 가진 행위가 육체적·정신적 건강을 위태롭게 할 정도에 이르렀다고 볼 수는 없으므로 甲男의 행위는 학대에 해당하지 않는다. 만일 甲男이 미성년자인 乙女의 자유의사를 제압할 정도의 위력으로써 간음하였다면 미성년자간음죄(제302조)가 성립할 수가 있다.

3. 아동혹사죄

> **제274조(아동혹사)**: 자기의 보호 또는 감독을 받는 16세 미만의 자를 그 생명 또는 신체에 위험한 사업에 사용할 업무자 또는 그 종업원에게 인도한 자는 5년 이하의 징역에 처한다. 그 인도를 받은 자도 같다.

본죄에서 업무는 생명 또는 신체에 위험한 업무에 국한한다. 따라서 18세 미만자를 도덕상 또는 보건상 유해·위험한 사업에 사용하는 것을 금지한 근로기준법 제63조에서 말하는 업무보다 제한적으로 해석해야 한다.21)

III. 가중적 구성요건

> **제271조 (존속유기)** ② 자기 또는 배우자의 직계존속에 대하여 제1항의 죄를 지은 경우에는 10년 이하의 징역 또는 1천500만원 이하의 벌금에 처한다.
>
> **제273조 제2항(존속학대)**: 자기 또는 배우자의 직계존속에 대하여 전항의 죄를 범한 때에는 5년 이하의 징역 또는 700만원 이하의 벌금에 처한다.

---

20) 대법원 2000. 4. 25. 선고 2000도223 판결.
21) 통설: 예컨대 배종대, 각론, 184면; 임웅, 각론, 129면.

IV. 감경적 구성요건

> **제272조(영아유기)**: 직계존속이 치욕을 은폐하기 위하거나 양육할 수 없음을 예상하거나 특히 참작할 만한 동기로 인하여 영아를 유기한 때에는 2년 이하의 징역 또는 300만원 이하의 벌금에 처한다.

영아유기죄에서 영아의 개념은 영아살해죄에서 말하는 영아보다 넓은 개념이다. 후자는 분만 중 또는 분만 직후의 영아만을 의미하지만 전자는 이에 국한하지 않고 널리 유아(乳兒)를 의미한다.

V. 결과적 가중범

1. 중유기죄, 존속중유기죄

> **제271조(중유기)** ③ 제1항의 죄를 지어 사람의 생명에 위험을 발생하게 한 경우에는 7년 이하의 징역에 처한다.
> **제271조(존속중유기)** ④ 제2항의 죄를 지어 사람의 생명에 위험을 발생하게 한 경우에는 2년 이상의 유기징역에 처한다.

본죄는 생명에 대한 위험을 과실로 발생하게 한 경우뿐만이 아니라 고의에 의한 경우에도 성립하므로 부진정결과적 가중범이다.

2. 유기 등 치사상죄, 존속유기 등 치사상죄

> **제275조 제1항(유기 등 치사상)**: 제271조 내지 제273조의 죄를 범하여 사람을 상해에 이르게 한 때에는 7년 이하의 징역에 처한다. 사망에 이르게 한 때에는 3년 이상의 유기징역에 처한다.
> **동조 제2항(존속유기 등 치사상)**: 자기 또는 배우자의 직계존속에 대하여 제271조 또는 제273조의 죄를 범하여 상해에 이르게 한 때에는 3년 이상의 유기징역에 처한다. 사망에 이르게 한 때에는 무기 또는 5년 이상의 징역에 처한다.

제4장 자유에 대한 죄

 개인의 자유를 침해하는 범죄는 침해당하는 자유의 종류에 따라 크게 3가지로 분류할 수 있다.

* 자유에 대한 죄의 종류
  - 협박죄, 강요죄: 의사의 자유
  - 체포·감금죄, 약취·유인죄: 신체적 활동의 자유(장소선택의 자유)
  - 강간과 추행의 죄: 성적 자기결정의 자유

제1절 협박과 강요의 죄

I. 의의 및 보호법익

 협박죄는 사람을 협박함으로써 성립하는 범죄이다. 여기서 협박이란 해악의 고지를 통하여 상대의 공포심을 야기하는 행위를 말한다. 본죄의 보호법익은 의사결정의 자유이다. 그리고 보호의 정도는 침해범이다(다수설). 따라서 상대방이 현실로 공포심을 느낌으로써 의사의 자유가 침해되어야 본죄가 성립한다. 협박죄를 위험범으로 보는 견해[1]는 본죄가 성립하기 위해서는 해악의 고지만 있으면 족하며, 상대방이 공포심을 느낄 것을 요하지 않는다고 한다. 그러나 상대방이 공포심을 느끼지 않아 의사의 자유가 침해되지 않은 경우에는 미수범으로 처벌(제286조)되므로 본죄는 침해범으로 보는 것이 타당하다.

 강요죄는 제37장의 권리행사를 방해하는 죄에 규정되어 있다. 여기서 권리행사는 재산상의 권리행사를 말하는데, 본죄는 재산상의 권리행사방해뿐만 아니라 인격적인 권리침해도 포함하므로 제37장에 규정하는 것은 적절하지 않다. 따라서 강학(講學)상으로는 본죄를 협박죄와 함께 자유에 대한 죄로서 취급하고 있다.

 강요죄는 폭행 또는 협박으로써 사람의 권리행사를 방해하거나 의무 없는 일을 하게 함으로써 성립한다. 본죄의 보호법익은 의사결정의 자유와 의사활동의 자유이다. 보호의 정도는 협박죄와 마찬가지로 침해범이다.

---

[1] 판례(대법원 2007.9.28. 선고 2007도606 전원합의체 판결) 및 소수설(정영석, 각론, 260면).

* 협박죄와 강요죄의 보호법익
┌ 협박죄: 의사결정의 자유
└ 강요죄: 의사결정의 자유 + 의사활동의 자유

II. 협박의 죄

1. 단순협박죄

제283조 제1항(단순협박): 사람을 협박한 자는 3년 이하의 징역에 처한다.

① 주체: 일반범
② 객체: 객체는 사람이다. 다만 본죄는 침해범이므로 여기서 말하는 사람은 해악의 고지에 의하여 공포심을 느낄 수 있는 정도의 정신능력을 가진 자에 국한된다. 따라서 영아, 명정자(酩酊者), 정신이상자 등은 본죄의 객체가 될 수 없다.
③ 행위: 협박이란 해악의 고지를 말한다. 형법상 협박은 의사자유의 침해의 정도에 따라 광의, 협의, 최협의 등 세 가지로 나뉜다.

　　* 형법상 협박의 개념

종류	개념	예
광의의 협박	일반인에게 공포심을 야기시킬 수 있는 정도 상대방이 실제로 공포심을 느꼈는가는 불문이다.	다중불해산죄, 소요죄, 특수도주죄, 직무강요죄, 공무집행방해죄
협의의 협박	상대방이 공포심을 느낄 수 있는 정도 상대방이 실제로 공포심을 느낄 것을 요하며, 실제로 공포심을 느끼지 않은 경우에는 미수만이 성립한다(판례는 반대의견).	협박죄, 강요죄, 공갈죄
최협의의 협박	상대방의 반항을 억압할 정도	강도죄
	상대방의 반항을 억압하거나 현저히 곤란하게 할 정도	강간죄
	일반인으로 하여금 항거에 곤란을 느끼게 할 정도 내지는 임의성을 잃게 할 정도	강제추행죄

협박죄에서 행위는 협의의 협박, 즉 ㉠ 해악의 고지를 통하여 ㉡ 상대의 공포심을 야기하는 행위를 말한다.

㉠ 해악의 고지: 해악의 내용은 상대방이 공포심을 느낄 수 있는 정도면 족하다. 실제로 행위자에게 해악을 실현할 능력이나 실현의사가 있는지는 불문하며, 다만 상대방으로 하여금 이를 믿게 함으로써 공포심을 일으킬 정도면 협박에 해당한다. 그

러나 실현가능성이나 실현의사가 없음이 명백한 경우는 협박에 해당하지 않는다. 예컨대 길흉화복이나 천재지변과 같이 행위자의 지배력을 초월하여 자연적으로 발생하는 것을 고지하는 것은 단순한 경고에 불과하며 실현가능성이 없음이 명백하므로 협박에는 해당하지 않는다. 또한 단순한 폭언이나 욕설도 해악을 실현할 의사가 없음이 명백하므로 해악의 고지에 해당하지 않는다.

┌ 경고: 행위자의 지배력을 초월하여 해악의 실현가능성이 배제
└ 폭언: 해악의 실현의사가 없음이 명백

[판례 1] 甲은 친구 乙과 언쟁을 하다가 乙로부터 모욕적인 말을 듣자 화가 나서 "입을 찢어 버릴라!"라고 소리쳤다. 협박죄가 성립하는가?

가해의 의사가 없음이 주위사정에 비추어 객관적으로 명백하므로 단순한 폭언 내지는 욕설에 불과하며 협박에는 해당하지 않는다.2) 따라서 甲에 대해서는 아무런 범죄도 성립하지 않는다.

[판례 2] 甲女는 자신의 동거남과 성관계를 가진 바 있던 乙女에게 "사람을 사서 쥐도 새도 모르게 파묻어버리겠다. 너까짓 것 쉽게 죽일 수 있다"라고 말하였다. 甲女의 죄책은?

대법원은 "행위자의 언동이 단순한 감정적인 욕설 내지 일시적 분노의 표시에 불과하여 주위사정에 비추어 가해의 의사가 없음이 객관적으로 명백한 때에는 협박행위 내지 협박의 의사를 인정할 수 없다"고 보고, 이어서 甲女가 피해자 乙女에게 "사람을 사서 쥐도 새도 모르게 파묻어버리겠다. 너까짓 것 쉽게 죽일 수 있다"라고 한 말은 언성을 높이면서 말다툼으로 흥분한 나머지 단순히 감정적인 욕설 내지 일시적 분노의 표시를 한 것에 불과하고 해악을 고지한다는 인식을 갖고 한 것이라고 보기 어렵다고 보았다.3) 따라서 甲女에 대하여 협박죄는 성립하지 않는다.

[예 1] 甲男은 나이트클럽에서 일하다가 그곳에 놀러 온 乙女를 만나 사귀면서 애인관계로 발전하여 乙女와 결혼까지 원했으나 乙女가 헤어지려고 하자, 자신의 왼손을 도마 위에 올려놓고 흉기로 손가락을 자를 듯한 모습을 보이더니 급기야 "배를 가르고 창자를 꺼내 보여 준다"고 말하면서 흉기로 자신의 배에 대고 긋는 시늉을 했다. 甲男의 죄책은?

행위자가 단순히 자살 또는 자해하겠다고 고지한 것만으로는 피해자가 공포심을 느꼈더라도 피해자의 법익에 대한 침해를 고지했다고 할 수는 없으므로 협박에 해당하지 않는다. 그러나 甲男이 흉기로 손가락을 자르거나 배를 갈라 자해하려는 시늉을 하면서 자신의 요구를 거절하지 못하게 하는 행동은 여성인 피해자에게 공포심을 일으켜 의사결정이나 행동의 자유를 침해할 수 있는 행위이다. 이는 피해자에게 해악의 고지를 한 것으로서 협박

---

2) 대법원 1986. 7. 22. 선고 86도1140 판결.
3) 대법원 2006. 8. 25. 선고 2006도546 판결.

에 하므로 甲男에 대하여는 협박죄가 성립한다.

ⓒ **공포심의 야기**: 본죄는 침해범이므로 상대방이 공포심을 전혀 느끼지 않은 경우에는 본죄의 미수가 된다. 이에 대하여 대법원은 "일반적으로 사람으로 하여금 공포심을 일으키게 하기에 충분한" 정도면 족하다고 함으로써 본죄를 위험범으로 본다.

[판례 3] A는 대학설립 추진을 빙자하여 대학부지 내 택지 및 상가지역 분양 명목으로 B로부터 받은 돈을 변제하지 못하여 독촉을 받고 있는 상황에서, 경찰서 정보보안과 소속 경찰공무원인 甲이 A에게 전화를 걸어 "나는 경찰서 정보과에 근무하는 형사다. B가 집안 동생인데 돈을 언제까지 해 줄 것이냐. 빨리 안 해주면 상부에 보고하여 문제를 삼겠다."라고 말하였다. 그런데 법정에서 A는 '甲의 말을 듣고도 전혀 두렵지 않았다'고 증언하였다. 甲의 죄책은?

이 사안에서 논점은 협박죄가 침해범인가 아니면 위험범인가이다. 침해범설에 의하면 협박죄가 성립하기 위하여 피해자 A가 실제로 공포심을 느낄 것을 요하는 반면, 위험범설에 의하면 공포심을 일으킬 수 있을 정도면 족하고 피해자가 실제로 공포심을 느낄 것까지 요하지는 않는다고 한다.

1. 대법원의 견해

이 점에 대하여 대법원은 "일반적으로 사람으로 하여금 공포심을 일으키게 하기에 충분한 것이어야 할 것이지만, 상대방이 그에 의하여 현실적으로 공포심을 일으킬 것까지 요구되는 것은 아니며, 그와 같은 정도의 해악을 고지함으로써 상대방이 그 의미를 인식한 이상, 상대방이 현실적으로 공포심을 일으켰는지 여부와 관계없이 그로써 구성요건은 충족되어 협박죄의 기수에 이르는 것으로 해석하여야 할 것이다"라고 판시하였다. 이는 대법원이 협박죄를 위험범으로 본 것이다.

그 근거로서 대법원은 다음과 같은 이유를 든다 : "지극히 주관적이고 복합적이며 종종 무의식의 영역에까지 걸쳐 있는 상대방의 정서적 반응을 객관적으로 심리·판단하는 것이 현실적으로 불가능에 가깝고, 상대방이 과거 자신의 정서적 반응이나 감정상태를 회고하여 표현한다 하여도 공포심을 일으켰는지 여부의 의미나 판단 기준이 사람마다 다르며 그 정도를 측정할 객관적 척도도 존재하지 아니하는 점 등에 비추어 보면, 상대방이 현실적으로 공포심을 일으켰는지 여부에 따라 기수 여부가 결정되는 것으로 해석하는 것은 적절치 아니하기 때문이다."

대법원은 이 사례에서 甲의 죄책에 관하여 "피고인이 정보과 소속 경찰관의 지위에 있음을 내세우면서 빨리 변제하지 않으면 상부에 보고하여 문제를 삼겠다고 이야기한 것은, 객관적으로 보아 사람으로 하여금 공포심을 일으키게 하기에 충분한 정도의 해악의 고지에 해당한다고 볼 것이므로, 피해자가 그 취지를 인식하였음이 명백한 이상 현실적으로 피해자가 공포심을 일으켰는지 여부와 무관하게 협박죄의 기수에 이르렀다"고 판단하였다.[4] 그러나 협박행위로 인하여 상대방이 현실적으로 공포심을 일으켰다는 점은 증명이 가능하며, 증명이 어려운 경우에는 "의심스러울 때는 피고인의 이익으로"라는 원칙에 따라 협박죄의 미수범으로 처벌하는 것이 타당하다(반대의견).

④ 고의: 협박, 즉 해악을 고지하여 상대방의 공포심을 야기한다는 인식과 의사가 있어야 한다. 그러나 행위자가 실제로 해악을 실현하겠다는 의사까지 있어야 하는 것은 아니다.[5]

⑤ 위법성: 본죄의 위법성에 대하여는 후술하는 강요죄의 위법성에 대한 설명이 그대로 타당하다. 판례는 다소 위협적인 말을 하였더라도 정당한 권리행사로서 사회통념상 용인될 정도의 것이면 협박에 해당하지 않는다고 본다. 즉 협박행위(수단)가 정당한 권리행사를 위한 목적에서 행하여졌고, 그 수단이 목적에 비추어 사회상규상 허용될 수 있는 정도인 경우에는 위법성이 조각된다.

[판례 4-1] 乙은 丙을 대리하여 동인 소유의 여관을 甲에게 매도하고 甲으로부터 계약금과 잔대금 일부를 수령하였는데 그 후 丙이 많은 부채로 도피해 버리고 그의 채권자들이 채무변제를 요구하면서 위 여관을 점거하여 甲에게 여관을 명도하기가 어렵게 되자 甲은 乙에게 여관을 명도해주던가 명도소송비용을 내놓지 않으면 고소하여 구속시키겠다고 말하였다. 甲의 죄책은?

판례는 甲이 乙에게 그 여관의 명도 또는 명도소송비용을 요구한 것은 "매수인으로서 정당한 권리행사라 할 것이며 위와 같이 다소 위협적인 말을 하였다고 하여도 이는 사회통념상 용인될 정도의 것으로서 협박으로 볼 수 없다"[6]고 보았다.

[판례 4-2] E 신문 취재부장 甲은 乙로부터 "법무사 A가 할머니 B로부터 상가와 주택을 증여받았는데, 조세포탈의 의혹이 있고, A가 B로부터 재산을 증여받은 후 B를 방치하여 가족들이 이의를 제기하고 있다"라는 말을 듣게 되자, 이를 취재하기 위하여 A가 운영하는 법무사 사무실에서 A에게 "당신은 남의 재산 80억 원 상당을 불법으로 먹어버리고 B를 방치할 수 있느냐, B의 재산을 불법으로 편취하고, 증여세를 포탈한 점에 대해 독자들의 알권리를 위해 취재에 응해 달라"라고 말하면서 인터뷰(서면질의) 협조요청서와 서면질의 내용을 책상 위에 올려놓고 "취재에 응하지 않으면 내가 조사한 B 재산의 불법편취, 증여세 탈세 등에 관한 내용을 그대로 다음 주 신문, 방송에 보도하겠다"라고 말하였다. 甲의 죄책은?

---

4) 대법원 2007. 9. 28. 선고 2007도606 전원합의체 판결.
5) 대법원 1991. 5. 10. 선고 90도2102 판결.
6) 대법원 1984. 6. 16. 선고 84도648 판결.

신문기자 甲이 A에게 취재에 응해줄 것을 요구하고 이에 응하지 아니할 경우 자신이 조사한 바대로 보도하겠다고 한 것은 해악의 고지에 해당하므로 협박죄의 구성요건에 해당한다. 그러나 "신문은 헌법상 보장되는 언론자유의 하나로서 정보원에 대하여 자유로이 접근할 권리와 그 취재한 정보를 자유로이 공표할 자유를 가지므로(신문 등의 진흥에 관한 법률 제3조 제2항 참조), 그 종사자인 신문기자가 기사 작성을 위한 자료를 수집하기 위해 취재활동을 하면서 취재원에게 취재에 응해줄 것을 요청하고 취재한 내용을 관계 법령에 저촉되지 않는 범위 내에서 보도하는 것은 신문기자로서의 일상적인 업무 범위 내에 속하는 것으로서, 특별한 사정이 없는 한, 사회통념상 용인되는 행위"이므로 협박의 위법성은 조각된다.[7]

2. 가중적 구성요건

> **제283조 제2항(존속협박)**: 자기 또는 배우자의 직계존속에 대하여 제1항의 죄를 범한 때에는 5년 이하의 징역 또는 700만원 이하의 벌금에 처한다.
>
> **제284조(특수협박)**: 단체 또는 다중의 위력을 보이거나 위험한 물건을 휴대하여 전조 제1항, 제2항 의 죄를 범한 때에는 7년 이하의 징역 또는 1천만원이하의 벌금에 처한다.
>
> **제285조(상습협박)**: 상습으로 제283조 제1항, 제2항 또는 전조의 죄를 범한 때에는 그 죄에 정한 형의 2분의1까지 가중한다.
>
> **폭력행위 등 처벌에 관한 법률 제2조** ② 2명 이상이 공동하여 다음 각 호의 죄를 범한 사람은 「형법」 각 해당 조항에서 정한 형의 2분의 1까지 가중한다. <개정 2016.1.6>
> 1. 「형법」 제260조제1항(폭행), 제283조제1항(협박), 제319조(주거침입, 퇴거불응) 또는 제366조(재물손괴 등)의 죄

3. 반의사불벌죄

> **제283조 제3항**: 제1항 및 제2항의 죄는 피해자의 명시한 의사에 반하여 공소를 제기할 수 없다.
>
> **폭처법 제2조 제4항**: 제2항 및 제3항의 경우에는 형법 제260조 제3항 및 제283조 제3항을 적용하지 아니한다.

협박죄와 존속협박죄는 반의사불벌죄이다. 그러나 특수협박죄(제284조)나 상습협박죄(제285조)에 대해서는 제283조 제3항이 적용되지 않으므로 반의사불벌죄가 아니

---

7) 대법원 2011.7.14. 선고 2011도639 판결.

다. 그리고 폭처법 제2조 제2항 및 제3항의 경우에도 제283조 제3항이 적용되지 않으므로 반의사불벌죄가 아니다.

III. 강요의 죄

1. 단순강요죄

제324조(단순강요) ① 폭행 또는 협박으로 사람의 권리행사를 방해하거나 의무 없는 일을 하게 한 자는 5년 이하의 징역 또는 3천만원 이하의 벌금에 처한다.

(1) 구성요건

① 주체: 본죄는 일반범이므로 주체에는 제한이 없다. 다만 공무원이 직권을 남용하여 권리행사를 방해하거나 의무 없는 일을 하게 한 때에는 직권남용죄(제123조)가 성립하므로 강요죄는 성립하지 않는다.
② 객체: 협박죄의 객체와 같다.
③ 행위: 폭행 또는 협박을 수단으로 권리행사를 방해하거나 의무 없는 일을 하게 하는 것이다. 협박은 협의의 협박이다.

[판례 5-1] 직장에서 상사가 범죄행위를 저지른 부하직원에게 징계절차에 앞서 자진하여 사직할 것을 단순히 권유한 행위가 강요죄에 해당하는가?

"강요죄 … 에서의 협박은 객관적으로 사람의 의사결정의 자유를 제한하거나 의사실행의 자유를 방해할 정도로 겁을 먹게 할 만한 해악을 고지하는 것"을 말하는데, 직장상사는 이러한 정도의 해악을 고지하지 않았으므로 그의 행위는 강요죄에서 말하는 협박에 해당한다고 볼 수 없다.[8]

그리고 폭행은 **광의의 폭행**, 즉 사람에 대한 유형력의 행사를 말한다. 따라서 사람의 신체에 대한 유형력의 행사는 물론 물건에 대한 유형력의 행사라고 하더라도 간접적으로 사람에게 가해짐으로써 의사의 자유가 침해된 경우(심리적 폭력)에는 광의의 폭행에 해당한다.

┌ 협의의 폭행: 신체에 대한 간접적인 유형력 행사가 신체의 안전을 해할 정도에 이른 경우
└ 광의의 폭행: 물건에 대한 유형력의 행사가 간접적으로는 사람에 대한 것으로서 의사의 자유를 침해한 경우 - 심리적 강제효과(심리적 폭행)

---

8) 대법원 2008. 11. 27. 선고 2008도7018 판결.

[예 2] 맹인을 안내하는 개를 붙잡거나, 불구자가 타고 가는 휠체어를 발로 차거나 임차인으로부터 집을 명도받기 위하여 수도, 전기 또는 가스의 공급을 단절시키거나 문을 폐쇄하거나, 사람이 타고 있는 차의 타이어에 구멍을 내어 바람을 빠지게 하는 행위 등은 물건에 대한 유형력의 행사를 통하여 간접적으로 사람의 의사의 자유를 침해하였으므로 광의의 폭행에 해당한다.

강요행위의 유형에는 **권리행사방해적 강요와 이행적 강요가 있다**.[9] 전자는 타인의 권리를 행사하지 못하게 하는 것을 말한다. 예컨대 여권을 강제 회수하여 피해자가 해외여행을 할 권리를 침해한 행위[10], 상수도시설의 통용문을 폐쇄하여 임차인으로 하여금 이를 사용할 권리를 침해한 행위[11] 등이 이에 해당한다. 그리고 후자는 의무 없는 일을 행하게 하는 것, 즉 법률상 의무가 없는 자에게 작위, 부작위, 수인(受忍)을 강요하는 것을 말한다. 예컨대 법률상 의무 없는 진술서를 작성케 함으로써 사람의 자유권 행사를 방해한 행위[12], 신문에 사죄광고를 내라고 부당하게 요구한 행위, 군대에서 상관이 병사들에 대해 수시로 폭력을 행사하여 신체에 위해를 느끼고 겁을 먹은 상태에 있던 병사들에게 머리박아(속칭 '원산폭격')를 시킨 행위[13] 등이 이에 해당한다.

[판례 5-2] 甲은 자기 소유의 차량을 乙 소유 주택 대문 바로 앞부분에 주차하는 방법으로 乙이 차량을 주택 내부의 주차장에 출입시키지 못하게 하였다. 甲의 죄책은?

甲의 행위가 권리행사방해적 강요에 해당하는지가 문제된다. 자동차를 주차하여 타인의 자유의사를 침해한다면 강요죄에서 말하는 폭행에 해당할 수 있다. 다만 판례는 甲의 "행위로 乙에게 주택 외부에 있던 乙 차량을 주택 내부의 주차장에 출입시키지 못하는 불편이 발생하였으나, 乙은 차량을 용법에 따라 정상적으로 사용할 수 있었던 점"[14]을 이유로 강요죄의 성립을 부정하였다.

강요죄는 침해범이므로 상대방이 공포심을 느끼지 않아 현실적으로 의사의 자유가 침해되지 않은 경우 또는 공포심을 느꼈지만 행위자의 요구에 응하지 않은 경우에는 강요미수죄(제324조의 5)만이 성립한다.

---

9) 김일수/서보학, 각론, 127면 이하.
10) 대법원 1993. 7. 27. 선고 93도901 판결.
11) 대법원 1967. 3. 21. 65도72 판결.
12) 대법원 1974. 5. 14. 73도2578 판결.
13) 대법원 2006. 4. 27. 선고 2003도4151 판결.
14) 대법원 2021. 11. 25. 선고 2018도1346 판결.

④ 인과관계: 수단(폭행 또는 협박)과 결과(권리행사방해 또는 의무 없는 일의 이행) 사이에 인과관계가 있어야 한다. 폭행 또는 협박은 있었으나 권리행사가 방해되지 않거나, 이와 무관하게 권리행사가 방해된 때에는 강요미수죄(제324조의 5)가 성립한다.

[예 3] 甲은 乙을 협박하여 신문에 공개사과 하도록 부당한 요구를 하였다. 乙은 공개사과 내용을 신문에 게재하였으나, 이는 甲의 협박으로 인한 것이 아니라 乙의 상관의 권유에 의한 것이었다. 甲의 죄책은?

乙은 甲의 협박에 의하여 공개사과를 한 것이 아니므로 甲의 협박과 乙의 공개사과 사이에는 인과관계가 없다. 따라서 강요미수죄가 성립한다.

(2) 위법성

협박이나 강요행위는 불법의 정도가 경미한 경우가 적지 않기 때문에 협박죄나 강요죄의 구성요건해당성이 당연히 위법성을 징표하지는 못한다. 따라서 폭행이나 강요의 위법성은 위법성조각사유가 없다고 당연히 인정되는 것이 아니라 적극적으로 검토하여 확인되는 경우에만 인정된다. 강요행위는 상대방의 의사의 자유를 침해함으로써 일정한 행위를 강요하려는 목적을 달성하기 위하여 폭행이나 협박의 수단을 사용하는 것이므로 위법성은 목적과 수단의 관계를 고려하여 비난가능성이 인정되는 경우에만 인정된다. 이를 목적과 수단의 관계의 비난가능성이라고 한다. 여기서 비난가능성이란 목적달성을 위한 수단이 권리남용으로서 사회상규에 반하여 허용되지 않는 것을 말한다. 강요행위가 적법하기 위해서는 ① 목적의 정당성(billigenswerter Zweck), ② 수단의 상당성(rechtes Mittel), ③ 목적과 수단의 내적 연관성(Konnex) 등의 3가지 요건을 모두 갖추어야 하며, 그 가운데 하나만 결여되어도 비난가능성이 있으므로 위법성이 인정된다.

① 목적의 정당성: 이는 수단이 정당한 권리행사를 위한 목적에서 행사된 경우에 인정된다. 따라서 목적의 정당성은 행위자가 피해자에 대하여 청구권이 있는가에 의하여 결정된다. 수단 자체가 적법하더라도 행위자가 피강요자의 행위를 요구할 수 있는 권한, 즉 청구권이 없는 경우에는 목적의 정당성이 부정되므로 비난가능성이 인정된다.

[판례 6] 채권자 甲은 채무자 乙이 돈을 갚지 않고 해외로 도피하려는 기미가 보이자 乙을 찾아가 "여권을 내놓지 않으면 신상에 좋지 않다"고 위협하여 이를 건네받은 후 보관하고 있다가 돈을 돌려받은 후에 돌려주었다. 甲의 죄책은?

甲이 乙을 협박하여 빌려준 돈을 돌려받은 행위는 공갈죄에 해당하지 않는다. 왜냐하면 본죄가 성립하기 위해서는 불법영득의사가 있어야 하는데 甲은 채권자로서 乙에 대하여 청구권이 있으므로 불법영득의사가 부정되기 때문이다.

甲이 乙을 협박하여 여권을 교부하도록 강요한 행위가 위법한지가 문제된다. 甲은 乙에 대하여 여권의 교부를 요구할 권리가 없으므로 목적의 비난가능성이 인정된다. 甲이 협박을 통하여 여권을 빼앗은 것이 결국은 자신의 청구권을 실현하기 위한 것으로서 설령 목적의 정당성이 인정된다고 하더라도, 법적 수단에 의하여 청구권의 실현이 가능함에도 불구하고 폭행이나 협박을 통하여 자력으로 이를 실현한 경우에는 강요의 위법성은 조각되지 않는다(수단의 비난가능성). 따라서 甲의 강요행위는 위법하다. 판례도 피해자의 해외여행을 할 권리는 사실상 침해되었다고 볼 것이므로 강요죄의 기수가 성립한다고 보았다15).

[예 4] 문구점의 주인 甲은 자신의 가게에서 물건을 훔치다 적발된 학생의 아버지 乙에게 자녀교육을 잘못시킨 것에 대한 사죄의 의미로 5만원을 요구하면서 이를 지불하지 않으면 학교와 경찰서에 신고하겠다고 말했다. 乙은 자신의 자식에 대한 처벌을 피하기 위해서 하는 수 없이 요구하는 금액을 지불하였다. 甲의 죄책은?

형사고소는 정당한 권리행사이므로 고소를 하겠다고 고지하는 것은 적법하므로 수단의 상당성은 인정된다. 그러나 甲은 乙에게 사죄의 의미로 5만원을 요구할 권리는 없으므로 목적은 정당한 것이 아니다. 따라서 甲에 대하여는 강요죄가 성립한다. 또한 甲은 불법영득의 의사를 가지고 乙을 협박하여 재물을 교부받았으므로 공갈죄가 성립한다. 공갈죄는 강요죄에 대하여 특별관계(법조경합)에 있으므로 공갈죄만 성립한다.

② 수단의 상당성: 이는 수단이 목적에 비추어 사회상규상 허용되는 것을 말한다. 수단의 상당성은 주로 수단이 정당한 권리행사에 해당하는가에 의하여 결정된다. 수단이 범죄행위 기타 법질서에 반하는 경우에는 상당성이 없으므로 비난가능성이 인정된다. 자신의 권리를 실현하기 위한 목적에서 폭행 또는 협박의 수단을 사용한 경우에도 수단이 목적에 비추어 사회상규에 반하는 경우에는 위법성이 조각되지 않는다.

[예 5] 甲은 자신의 물건을 횡령한 乙에게 만일 그 재물을 반환하지 않으면 그를 형사고소를 하겠다고 고지하였다. 乙은 형사고소가 두려워 물건을 돌려주었다.
(1) 만일 甲이 실제로 고소할 의사가 없었다면 그의 죄책은?
(2) 위의 예에서 甲이 乙을 폭행하여 재물을 반환받았다면 그의 죄책은?

(1) 종래의 다수설은 진실로 고소할 의사가 없었던 경우에는 협박죄가 성립한다고 한다. 그러나 고소권 행사의 고지는 정당한 권리의 행사이므로 고소의사의 유무는 위법성의

---

15) 대법원 1993. 7. 27. 선고 93도901 판결.

판단의 기준이 되지 못한다. 따라서 수단의 상당성이 인정되므로 甲의 행위는 위법성이 조각된다.
(2) 甲은 자신의 정당한 권리를 실현하기 위하여 폭행을 가하였지만 이는 정당한 권리행사라고 할 수 없으므로 수단의 비난가능성이 인정된다. 따라서 甲에 대해서는 강요죄가 성립한다.

③ 목적과 수단의 내적 연관성: 설령 폭행이나 협박이 행위자의 정당한 권리행사로서 정당한 목적을 달성하기 위한 것이더라도 목적과 수단 사이에 아무런 내적 연관성이 없는 경우에는 비난가능성이 인정된다.

[예 6] 채무자 甲이 채권자 乙을 폭행하여 상해를 가하자, 乙은 만일 甲이 치료비를 변상하고 동시에 채무를 변제하지 않으면 그를 형사고소하겠다고 고지하였다. 乙의 죄책은?

甲은 乙에게 치료비를 변상하고 자신의 채무乙이 치료비를 요구한 것은 정당한 수단을 통하여 허용된 목적을 달성한 것이므로 강요죄에 해당하지 않는다. 그러나 채무의 이행을 강요한 행위는 강요죄에 해당할 여지가 있다. 乙은 甲에 대하여 채무의 변제를 요구할 수 있는 권리가 있으므로 목적의 정당성이 있으며 또한 폭행의 피해자로서 甲을 형사고소하는 것은 정당한 권리의 행사이므로 형사고소의 고지, 즉 수단의 적법성도 인정된다. 그러나 乙이 폭행을 이유로 고소하는 것(수단)과 채무이행의 강제(목적)와는 아무런 내적 관련이 없으며 따라서 채무의 이행을 강요하기 위한 수단으로서 형사고소를 고지하는 행위는 위법하다. 따라서 乙에 대하여는 강요죄가 성립한다. 그리고 乙에게는 불법영득의사가 없으므로 공갈죄는 성립하지 않는다.

2. 가중적 구성요건

제324조(특수강요) ② 단체 또는 다중의 위력을 보이거나 위험한 물건을 휴대하여 제1항의 죄를 범한 자는 10년 이하의 징역 또는 5천만원 이하의 벌금에 처한다.

제324조의 2(인질강요) 사람을 체포, 감금, 약취 또는 유인하여 이를 인질로 삼아 제3자에 대하여 권리 행사를 방해하거나 의무 없는 일을 하게 한 자는 3년 이상의 유기 징역에 처한다.

인질강요죄는 사람을 체포, 감금, 약취 또는 유인하여 이를 인질로 삼아 제3자에 대하여 권리 행사를 방해하거나 의무 없는 일을 하게 함으로써 성립하는 범죄이다. 본죄에서 "인질로 삼아"라는 말은 체포, 감금, 약취 또는 유인된 자의 안전을 염려하는 제3자의 우려를 이용하는 것을 말한다. 강요의 상대방은 '제3자'이므로 인질에 대한 강요행위의 경우에는 본죄가 성립하는 것이 아니라 체포·감금죄와 단순강요죄의 실체적 경합이 성립한다.

3. 결과적 가중범 및 결합범

> **제324조의 3(인질상해·치상)**: 제324조의2의 죄를 범한 자가 인질을 상해하거나 상해에 이르게 한 때에는 무기 또는 5년 이상의 징역에 처한다.
>
> **제324조의 4(인질살해·치사)**: 제324조의2의 죄를 범한 자가 인질을 살해한 때에는 사형 또는 무기징역에 처한다. 사망에 이르게 한 때에는 무기 또는 10년 이상의 징역 에 처한다.
>
> **제326조(중권리행사방해)**: 제324조 또는 제325조의 죄를 범하여 사람의 생명에 대한 위험을 발생하게 한 자는 10년 이하의 징역에 처한다.

중한 결과에 대하여 과실이 있는 경우, 즉 중권리행사방해죄(중강요죄)와 인질치사상죄는 결과적 가중범이다. 특히 중권리행사방해죄에서 중한 결과(사람의 생명에 대한 위험의 발생)는 중상해죄와 마찬가지로 과실은 물론 고의에 의하여 발생한 경우에도 성립하므로 부진정결과적 가중범이다.

중한 결과에 대하여 고의가 있는 경우, 즉 인질상해·살해죄는 인질강요죄와 상해·살인죄의 결합범이다.

4. 미수범

> **제324조의 5(미수범)**: 제324조 내지 제324조의 4의 미수범은 처벌한다.

본조는 "제324조 내지 제324조의 4의 미수범은 처벌한다"라고 규정함으로써 인질상해·치상죄(제324조의 3)와 인질살해·치사죄(제324조의 4)에 대하여도 미수의 성립이 가능한 것처럼 규정되어 있다. 그러나 과실로 인하여 중한 결과가 발생한 경우에는 미수가 성립할 여지가 없으므로 결과적 가중범, 즉 인질치사상죄의 미수는 성립할 수 없다. 다만 중한 결과에 대해서 고의가 있는 결합범, 즉 인질상해죄와 인질살해죄에서 중한 결과가 발생하지 않은 경우에만 미수의 성립이 가능하다고 보아야 한다.16) 결국 제324조의5는 결합범에 대하여만 적용되며, 결과적 가중범에 대하여는 적용되지 않는 것으로 축소해석하여야 한다.

이에 대하여 중한 결과에 대하여 고의 또는 과실이 있는가의 여하를 불문하고 기본범죄가 미수에 그친 경우에는 결과적 가중범의 미수가 성립한다는 견해가 있다.17) 이 견해에 의하면 인질강요가 미수에 그친 경우에는 이로 인하여 상해의 결과

---

16) 김성돈, 각론, 137면; 김일수/서보학, 각론, 133면; 정성근/박광민, 각론, 162면.
17) 임웅, 각론, 157면.

가 발생하더라도 인질상해·치상죄의 미수가 성립한다고 한다. 그러나 결과적 가중범의 일반이론에 비추어 볼 때 기본범죄가 미수에 그쳤더라도 중한 결과가 발생한 때에는 결과적 가중범의 기수가 성립한다고 보는 것이 타당하다.

5. 형의 감경

> 제324조의 6(형의 감경): 제324조의2 또는 제324조의3의 죄를 범한 자 및 그 죄의 미수범이 인질을 안전한 장소로 풀어준 때에는 그 형을 감경할 수 있다.

인질강요 또는 인질상해·치상의 미수범이 인질을 안전한 장소로 풀어준 때에는 형을 감경할 수 있다(임의적 감경사유). 범죄가 기수에 이르렀음에도 불구하고 형의 감경을 인정한 것은 인질의 생명을 구하기 위한 정책적 배려에 근거한 것이다. 본조는 ① 자의성을 요하지 않으며, ② 범죄가 기수에 이른 경우에도 적용되고, ③ 임의적 감경사유라는 점에서 중지범(제26조)과 차이가 있다.

* 제26조와 제324조의 6의 차이점

중지범 (제26조)	기수범에 대해서는 적용 되지 않음	자의성을 요함	필요적 감면사유
해방감경규정 (제324조의 6)	기수범에 대해서도 적용	자의성을 요하지 않음	임의적 감경사유

제2절 체포와 감금의 죄

I. 의의 및 보호법익

체포와 감금의 죄는 사람을 체포 또는 감금하여 신체활동의 자유, 특히 장소선택의 자유를 침해하는 범죄이다. 보호법익은 신체활동의 가능성, 즉 잠재적 이전의 자유이다. 따라서 체포, 감금당시에 피해자가 현실적으로 이전하려고 한 경우는 물론이고, 피해자가 이전할 수 있는 잠재적 가능성만 있었던 경우에도 보호법익에 대한 침해가 인정된다.

[예 1] 甲은 수면 중인 乙의 방문을 밖에서 잠갔다가 그가 깨기 전에 다시 열어주었다. 그에 대하여 감금죄가 성립하는가?

피해자가 자신이 감금된 사실을 몰랐으므로 현실적으로 신체활동의 자유가 침해되지는 않았지만, 만일 그가 중간에 잠에서 깨어나 밖으로 나가려고 할 수도 있으므로 신체활동의 가능성, 즉 잠재적 이전의 자유가 침해되었다. 따라서 甲에 대해서는 감금죄가 성립한다.

II. 단순체포·감금죄

> 제276조 제1항(단순체포·감금): 사람을 체포 또는 감금한 자는 5년 이하의 징역 또는 700만원 이하의 벌금에 처한다.

1. 구성요건

① 주체: 본죄는 일반범이므로 주체에는 제한이 없다. 다만 재판, 검찰, 경찰 기타 인신구속에 관한 직무를 행하는 자나 이를 보조하는 자가 그 직권을 남용하여 사람을 체포 또는 감금한 때에는 불법체포·감금죄(제124조)가 성립한다.

② 객체: 본죄의 보호법익은 잠재적 이전의 자유이므로 모든 자연인이 본죄의 객체가 되는 것이 아니라 잠재적 이전의 가능성이 있는 자, 즉 의사능력이 있는 자만이 본죄의 객체가 된다. 따라서 그러한 가능성이 없는 유아는 본죄의 객체에서는 제외된다. 다만 유아는 약취의 객체가 될 수 있다. 그러나 정신병자, 명정자, 수면 중인 자 등은 현실적인 행동의 의사는 없더라도 잠재적 행동의 의사를 가질 수는 있으므로 본죄의 객체가 된다. 요컨대 본죄의 객체는 의사능력이 없는 자와 유아 이외의 모든 자연인이라고 할 수 있다.

③ 행위: 체포 또는 감금이다. 체포란 사람의 신체에 대하여 직접적인 구속을 가하여 행동의 자유를 침해하는 것을 말한다. 이에 대하여 감금은 행동의 자유를 박탈하는 것이 아니라 사람을 일정한 장소 밖으로 나가지 못하게 하여 행동의 자유를 장소적으로 제한하는 것이다. 탈출이 불가능한 경우는 물론 사실상 곤란한 경우도 포함한다. 따라서 탈출하는데 생명, 신체에 대한 위험이 수반되거나 수치심 때문에 밖으로 나가지 못하는 경우도 감금에 해당한다.

[예 2] 운전자가 승객을 원하는 곳에서 내려주지 않고 질주하는 경우, 목욕하고 있는 부녀의 옷을 가져가는 경우

본죄의 기수시기는 객관적으로 피해자의 잠재적 행동의 자유가 침해된 때이다. 따라서 피해자가 감금의 사실을 인식하지 못한 경우에도 감금의 사실만 있으면 기수가 된다.[18] 이에 대하여 이전의 자유가 현실적으로 침해되어야 기수가 된다는 견해

에 의하면 피해자가 감금사실을 인식하지 못한 경우에는 감금미수죄만이 성립한다고 한다.[19] 그러나 본죄의 보호법익을 잠재적 이전의 자유로 보는 이상은 이러한 경우에도 기수의 성립을 인정하는 것이 타당하다.

그리고 본죄는 계속범이므로 기수가 되기 위하는 어느 정도의 시간적 계속성을 요한다. 따라서 일시적으로 체포, 감금한 때에는 미수죄(제280조)만 성립한다.

2. 위법성

체포·감금죄에 대해서는 제20조~제23조에 규정되어있는 위법성조각사유가 그대로 적용된다. 다만 제24조와 관련하여 피해자의 동의가 있는 경우에 구성요건해당성이 부정되는가 아니면 위법성이 조각되는가에 대하여 견해가 일치하지 않는다. 본죄의 구성요건이 피해자의 의사에 반하는 때에만 실현될 수 있도록 규정되어 있으므로 피해자의 동의가 있는 때에는 이는 양해로서 이미 구성요건해당성을 조각한다.[20] 따라서 제24조의 피해자의 승낙에 의하여 위법성이 조각될 여지는 없다.

[예 3] 버스운전사가 다음 정거장까지 운전하는 경우 승객은 중간에 내릴 수 없다. 버스운전사에 대하여 감금죄가 성립하는가?

감금이란 당사자의 의사에 반하여 행동의 자유를 침해하는 행위를 말한다. 따라서 당사자의 동의하에 신체의 자유를 제한하는 행위는 감금 자체가 아니다. 즉 감금죄에 있어서 동의는 양해로서 감금죄의 구성요건해당성을 조각한다.

[예 4] 승객이 다음 정거장에서 세워달라고 요구했는데 버스 운전사가 이를 듣지 못하고 그대로 지나친 경우 운전사의 죄책은?

운전사는 피해자의 의사에 반하여 신체활동의 자유를 장소적으로 제한했으므로 감금죄의 구성요건에 해당한다. 그러나 고의가 없으므로 감금죄는 성립하지 않으며, 감금죄의 경우 과실범 처벌규정은 없으므로 불가벌이다.

---

18) 박상기, 각론, 121면; 오영근, 각론, 129면.
19) 김일수/서보학, 각론, 138면; 배종대, 각론, 215면; 임웅, 각론, 134면 이하.
20) 오영근, 각론, 128면. 이에 대하여 위법성이 조각된다는 견해에 대해서는 배종대, 각론, 216면; 임웅, 각론, 135면 참조.

III. 가중적 구성요건

1. 존속체포·감금죄

> **제276조 제2항(존속체포·감금)**: 자기 또는 배우자의 직계존속에 대하여 제1항의 죄를 범한 때에는 10년 이하의 징역 또는 1천500만원 이하의 벌금에 처한다.

2. 중체포·감금죄

> **제277조 제1항(중체포·감금)**: 사람을 체포 또는 감금하여 가혹한 행위를 가한 자는 7년 이하의 징역에 처한다.
>
> **동조 제2항(존속중체포·감금)**: 자기 또는 배우자의 직계존속에 대하여 전항의 죄를 범한 때에는 2년 이상의 유기징역에 처한다.

본죄는 결과적 가중범인 중상해죄나 중유기죄와는 달리, 체포·감금행위와 가혹행위가 결합된 결합범이다. 여기서 가혹한 행위란 사람에게 육체적·정신적 고통을 가하는 행위를 말한다. 폭행 또는 협박을 가하거나 음식을 제공하지 않거나 잠을 재우지 않는 행위, 수치심을 주는 행위 등이 이에 해당한다. 사람에게 육체적·정신적 고통을 가하는 행위라는 점에서 학대죄의 학대와 같지만, 반드시 육체적·정신적 건강을 위태롭게 할 정도에 이를 것을 요하지는 않는다는 점에서 학대보다는 넓은 개념이다. 예컨대 수치심을 주는 행위는 가혹한 행위에 해당하지만 학대에는 해당하지 않는다.

3. 특수체포·감금죄

> **제278조(특수체포, 특수감금)**: 단체 또는 다중의 위력을 보이거나 위험한 물건을 휴대하여 전2조의 죄를 범한 때에는 그 죄에 정한 형의 2분의1까지 가중한다.

4. 상습체포·감금죄

> **제279조(상습체포·감금)**: 상습으로 제276조 또는 제277조의 죄를 범한 때에는 전조의 예에 의한다.

5. 합동범

> **폭력행위 등 처벌에 관한 법률 제2조** ② 2명 이상이 공동하여 다음 각 호의 죄를 범한 사람은 「형법」 각 해당 조항에서 정한 형의 2분의 1까지 가중한다. <개정 2016.1.6>
> 2. 「형법」 제260조제2항(존속폭행), 제276조제1항(체포, 감금), 제283조제2항(존속협박) 또는 제324조제1항(강요)의 죄

IV. 결과적 가중범

> **제281조 제1항(체포·감금 등 치사상)**: 제276조 내지 제280조의 죄를 범하여 사람을 상해에 이르게 한 때에는 1년 이상의 유기징역에 처한다. 사망에 이르게 한 때에는 3년 이상의 유기징역에 처한다.
>
> **동조 제2항(존속체포·감금 등 치사상)**: 자기 또는 배우자의 직계존속에 대하여 제276조 내지 제280조의 죄를 범하여 상해에 이르게 한 때에는 2년 이상의 유기징역에 처한다. 사망에 이르게 한 때에는 무기 또는 5년 이상의 징역에 처한다.

본죄는 진정결과적 가중범으로서 사상의 결과에 대하여 과실이 있는 경우에만 성립한다. 고의가 있는 경우에는 본죄가 성립하는 것이 아니라, 체포·감금죄와 살인죄의 경합범이 성립한다.

본죄는 체포·감금에 의하여 사상의 결과가 발생한 경우는 물론, 중체포·감금죄의 가혹행위에 의하여 발생한 경우에도 성립한다. 왜냐하면 제281조는 "제276조 내지 제280조의 죄를 범하여"라고 규정하여 기본범죄에 중체포·감금죄(제277조)도 포함시키고 있기 때문이다.

제3절 약취와 유인 및 인신매매의 죄

I. 서론

1. 의의

(1) 의의

본죄는 사람을 인취(약취 또는 유인)하여 자기 또는 제3자의 실력적 지배하에 둠으로써 개인의 신체적 활동의 자유를 침해하는 범죄이다. 신체적 활동의 자유를 침해

한다는 점에서는 체포·감금죄와 같지만, 체포·감금죄는 신체적 활동의 자유가 장소적으로 제한되는데 비하여 본죄는 반드시 장소적 제한을 요하지는 않는다는 점에서 차이가 있다. 예컨대 피인취자를 장소적 제한을 가하지 않고 감시만 함으로써 도망가지 못하도록 한 경우 체포·감금에는 해당하지 않지만 약취·유인에는 해당한다.

2. 보호법익

약취·유인 및 인신매매의 죄의 보호법익은 피인취된 자의 자유권이다. 그리고 미성년자 약취·유인죄의 경우에는 피인취된 미성년자의 자유권이 주된 보호법익이고 보호자의 감독권은 부차적인 보호법익이다(다수설). 이에 대하여 미성년자의 자유권만을 보호법익으로 보는 견해가 있으나[21] 피인취된 미성년자의 보호자의 감독권도 보호할 필요가 있으므로 다수설이 타당하다. 따라서 미성년자가 가출하여 스스로 제3자의 실력적 지배하에 들어간 경우에도 보호자의 동의가 없었다면 부차적인 보호법익(보호자의 감독권)의 침해가 있으므로 미성년자 유인죄가 성립할 수 있다.[22]

3. 세계주의

> **제296조의2(세계주의):** 제287조부터 제292조까지 및 제294조는 대한민국 영역 밖에서 죄를 범한 외국인에게도 적용한다.

약취, 유인과 인신매매죄는 인류에 대한 공통적인 범죄로서 대한민국 영역 밖에서 본죄를 범한 외국인에게도 우리나라 형법이 적용될 수 있도록 세계주의를 도입하였다.[23]

II. 기본적 구성요건

1. 미성년자 약취·유인죄

> **제287조(미성년자 약취·유인):** 미성년자를 약취 또는 유인한 사람은 10년 이하의 징역에 처한다.
> **특정범죄 가중처벌 등에 관한 법률 제5조의2(약취·유인죄의 가중처벌)** ① 13세 미만의 미성년자에 대하여 「형법」 제287조의 죄를 범한 사람은 그 약취 또는 유인의 목적에 따

---

21) 정영석, 각론, 264면.
22) 배종대, 각론, 222면; 오영근, 각론, 141면 이하.
23) 세계주의에 대하여는 원형식, 총론, 39면 이하.

> 라 다음 각 호와 같이 가중처벌한다.
> 1. 약취 또는 유인한 미성년자의 부모나 그 밖에 그 미성년자의 안전을 염려하는 사람의 우려를 이용하여 재물이나 재산상의 이익을 취득할 목적인 경우에는 무기 또는 5년 이상의 징역에 처한다.
> 2. 약취 또는 유인한 미성년자를 살해할 목적인 경우에는 사형, 무기 또는 7년 이상의 징역에 처한다.
> ② 13세 미만의 미성년자에 대하여 「형법」 제287조의 죄를 범한 사람이 다음 각 호의 어느 하나에 해당하는 행위를 한 경우에는 다음 각 호와 같이 가중처벌한다.
> 1. 약취 또는 유인한 미성년자의 부모나 그 밖에 그 미성년자의 안전을 염려하는 사람의 우려를 이용하여 재물이나 재산상의 이익을 취득하거나 이를 요구한 경우에는 무기 또는 10년 이상의 징역에 처한다.
> 2. 약취 또는 유인한 미성년자를 살해한 경우에는 사형 또는 무기징역에 처한다.
> 3. 약취 또는 유인한 미성년자를 폭행·상해·감금 또는 유기(유기)하거나 그 미성년자에게 가혹한 행위를 한 경우에는 무기 또는 5년 이상의 징역에 처한다.
> 4. 제3호의 죄를 범하여 미성년자를 사망에 이르게 한 경우에는 사형, 무기 또는 7년 이상의 징역에 처한다.

(1) 객관적 구성요건

① 객체: 객체는 미성년자, 즉 만19세 미만의 사람이다. 미성년자가 혼인한 경우에는 민법상 성년의제규정(민법 제826조의 2)에 의하여 성년자로 보고 있지만, 이 규정은 혼인생활의 독립성을 위하여 법률상 행위능력을 인정하는 제도이므로 형법에는 적용되지 않는다. 따라서 미성년자가 혼인을 하였더라도 본죄의 객체가 된다.[24]

② 행위: 행위는 약취 또는 유인이다. 이는 사람을 현재의 상태에서 자기 또는 제3자의 실력적 지배하에 옮기는 것이다. 미성년자를 장소적으로 이전시키는 경우는 물론, 장소적 이전 없이 기존의 자유로운 생활관계 또는 부모와의 보호관계로부터 이탈시켜 실력적 지배하에 두는 경우도 포함된다.[25] 미성년자를 단순히 가출하게 하였을 뿐, 자기의 실력적 지배하에 두지 않은 경우는 약취·유인에 해당하지 않는다. 그리고 실력적 지배는 미성년자의 행동의 자유를 장소적으로 제한하는 경우는 물론, 그러한 제한이 없이 자기의 감시 하에 두어 귀환을 저지하는 경우에도 인정된다. 예컨대 폭행, 협박, 기망 등의 방법으로 보호자의 실력적 지배를 배제하고 피인취자를 자기의 실력적 지배하에 두는 경우도 약취에 해당한다.

---

24) 다수설: 예컨대 김일수/서보학, 각론, 145면; 박상기, 각론, 128면; 배종대, 각론, 224면; 오영근, 각론, 144면; 임웅, 각론, 161면.
25) 대법원 2008.01.17. 선고 2007도8485 판결.

약취는 폭행 또는 협박을 수단으로 한다는 점에서 기망 또는 유혹을 수단으로 하는 유인과 구별된다. 여기서 폭행이나 협박은 미성년자를 실력적 지배하에 둘 수 있는 정도이면 족하며 상대방의 반항을 억압할 정도임을 요하지는 않는다. 따라서 심신상실상태에 있는 자 또는 유아를 데려가는 것도 유형력의 행사로서 본죄의 폭행에 해당한다.

[판례 1] 甲은 범행 당일 14:30경 아파트 현관문을 열고 집안으로 들어서는 미성년자인 피해자 A를 발견하고 위 피해자에게 달려들어 옆구리에 칼을 들이대고 뒤따라 집안으로 침입한 후 집안을 뒤져 현금이 발견되지 않자, 위 피해자를 인질로 삼아 그의 부모로부터 현금을 취득하기로 마음먹고 위 피해자를 결박시킨 다음 두 시간 남짓 부모의 귀가를 기다렸다. 그 후 19:00경 피해자의 모 B女가 위 아파트 안으로 들어오자, 거실에서 앉아 포박된 A의 옆구리에 부엌칼을 들이대면서 "아들을 살리려면 이리와서 앉아"라고 위협하여 이에 놀란 B女가 황급히 밖으로 도망치자, 수회 전화를 걸어 "아들을 살리려면 돈 300만 원을 지금 마련해서 올라와라, 만약 경찰에 신고하면 아들을 죽이겠다"고 하는 등 수차례 협박하여 19:58경 B女로부터 아파트 현관 입구에서 금품 50만 원을 전달받았다. 甲의 죄책은?

甲의 행위가 인질강도죄(제336조)와 특정범죄가중처벌 등에 관한 법률 제5조의2 제2항 제1호 위반죄 가운데 어디에 해당하는지가 문제된다. 형법 제336조의 인질강도죄는 사람을 체포·감금·약취·유인하여 이를 인질로 삼아 재물 또는 재산상의 이익을 취득한 경우에 성립하는 것이며, 특정범죄가중처벌 등에 관한 법률 제5조의2 제2항 제1호는 형법 제287조에서 규정한 미성년자를 약취·유인한 자가 그 미성년자의 안전을 염려하는 자의 우려를 이용하여 재물이나 재산상의 이익을 취득하거나 이를 요구한 때에 가중 처벌하도록 규정하고 있다. 만일 甲이 A를 결박하여 인질로 삼은 행위가 형법 제287조에서 규정한 미성년자 약취에 해당한다면 특가법 제5조의2 제2항 제1호 위반죄가 성립하지만, 이에 해당하지 않고 체포·감금에 불과하다면 본죄는 성립하지 않고 다만 인질강도죄(형법 제336조)만 성립할 것이다. 이 점에 관하여 대법원은 "미성년자와 그 부모에게 폭행·협박을 가하여 일시적으로 부모와의 보호관계가 사실상 침해·배제되었더라도, 미성년자가 기존의 생활관계로부터 완전히 이탈되었다거나 새로운 생활관계가 형성되었다고 볼 수 없고 범인의 의도도 위와 같은 생활관계의 이탈이 아니라 단지 금품 강취를 위한 반항 억압에 있었으므로, 형법 제287조의 미성년자약취죄가 성립하지 않는다"고 판시하였다.26) 따라서 甲에 대하여 특가법 제5조의2 제2항 제1호 위반죄는 성립하지 않으며, 다만 인질강도죄(형법 제336조)만 성립한다.

③ 피해자의 양해: 본죄의 구성요건은 피해자의 의사에 반하는 때에만 실현될 수

---

26) 대법원 2008.01.17. 선고 2007도8485 판결.

있도록 규정되어 있으므로 피해자의 동의가 있는 때에는 이는 양해로서 이미 구성요건해당성을 조각한다. 본죄의 보호법익은 미성년자의 자유권과 보호자의 감독권이므로 미성년자와 보호감독자의 동의가 있는 경우에만 구성요건해당성이 조각된다. 따라서 미성년자나 보호자 가운데 일방의 동의만 있는 경우에는 본죄가 그대로 성립한다. 그리고 폭행, 협박, 기망 등에 의한 동의는 하자있는 의사표시로서 구성요건해당성을 조각하지 못한다.

[판례 2] 甲女(15세)는 乙의 교리설교를 듣고 가출하여 한국복음전도회에 스스로 입관하였다. 甲女는 乙의 지배 하에서 그들의 교리에서 말하는 소위 "주의 일"(껌팔이 등 행상)을 하였다. 乙의 죄책은?

대법원은 甲女가 乙의 "교리설교에 의하여 하자 있는 의사로 가출하게 된 것이고, 동 피해자의 보호 감독권자의 보호관계로부터 이탈시키고 피고인들의 지배 하"에 두었으므로 乙에 대해서는 미성년자 유인죄가 성립한다고 판시하였다.[27] 甲女가 스스로 乙의 사실적 지배하에 들어간 것은 이전의 교리설교 등의 유혹으로 인한 것이므로 甲女의 동의는 하자있는 의사표시로서 미성년자유인죄의 구성요건해당성을 조각하지 못한다. 뿐만 아니라 甲女의 부모의 동의가 없었으므로 부차적인 보호법익, 즉 보호자의 감독권이 침해되었으므로 甲女의 동의는 설령 하자가 없다고 하더라도 미성년자유인죄의 성립에 영향을 미치지 못한다.

(2) 주관적 구성요건

고의가 성립하기 위해서는 객관적 구성요건요소에 대한 인식이 있어야 한다. 따라서 피인취자가 미성년자인지 몰랐던 경우에는 본죄는 성립하지 않는다. 물론 제288조 이하에 규정된 목적(예: 다방에 팔아넘길 목적으로 유인)이 있는 경우에는 제288조가 우선적으로 적용된다.

주관적 구성요건은 고의로 족하며 약취, 유인의 동기나 목적은 불문한다. 만일 부모로부터 재물이나 재산상의 이득을 취득할 목적이나 살해할 목적에서 약취·유인한 경우에는 특가법 제5조의2 제1항 1호, 2호가 특별법으로서 우선적으로 적용된다.

2. 추행 등 목적 약취·유인죄

제288조(추행 등 목적 약취, 유인 등): ① 추행, 간음, 결혼 또는 영리의 목적으로 사람을 약취 또는 유인한 사람은 1년 이상 10년 이하의 징역에 처한다.
② 노동력 착취, 성매매와 성적 착취, 장기적출을 목적으로 사람을 약취 또는 유인한 사람

---

27) 대법원 1982. 4. 27, 선고 82도186 판결.

은 2년 이상 15년 이하의 징역에 처한다.
③ 국외에 이송할 목적으로 사람을 약취 또는 유인하거나 약취 또는 유인된 사람을 국외에 이송한 사람도 제2항과 동일한 형으로 처벌한다.

형법 제288조는 약취·유인의 목적에 따라 법정형을 달리 규정하고 있다. 즉 추행, 간음, 결혼 또는 영리의 목적(동조 제1항)보다는 노동력 착취, 성매매와 성적 착취, 장기적출을 목적(동조 제2항)이나 국외에 이송할 목적(동조 제3항)으로 약취·유인한 자를 무겁게 처벌하도록 규정하고 있다. 그리고 약취 또는 유인된 사람을 국외에 이송한 사람도 제288조 제2항의 약취유인죄와 동일한 형으로 처벌한다(동조 제3항).

3. 인신매매죄

제289조(인신매매): ① 사람을 매매한 사람은 7년 이하의 징역에 처한다.
② 추행, 간음, 결혼 또는 영리의 목적으로 사람을 매매한 사람은 1년 이상 10년 이하의 징역에 처한다.
③ 노동력 착취, 성매매와 성적 착취, 장기적출을 목적으로 사람을 매매한 사람은 2년 이상 15년 이하의 징역에 처한다.
④ 국외에 이송할 목적으로 사람을 매매하거나 매매된 사람을 국외로 이송한 사람도 제3항과 동일한 형으로 처벌한다.

① 객체: 본죄의 객체는 사람이다. 2013년 개정 전의 형법 제289조(부녀매매죄)의 객체는 부녀에 국한되었으나 현행 형법 제289조(인신매매죄)의 객체는 남녀, 성년·미성년, 미혼·기혼을 불문한다.

② 행위: 매매란 대가를 받고 사람에 대한 실력지배를 상대방에게 넘겨주는 것을 말한다. 실력지배에 대한 이전이 없이 매매계약만을 체결한 것은 미수에 해당한다. 매매가 성립하기 위해서는 매도인이 매매당시 사람에 대한 실력지배가 있을 것을 요한다. 따라서 피해자가 '법질서에 보호를 요청할 수 있는 판단능력'이 없을 정도에 이를 것까지 요하지는 않지만, '법질서에 보호를 호소하기를 단념할 정도의 상태'에 있을 것을 요한다.

[판례 3] 甲 등 4인은 공장에서 일하는 乙女(18세)를 디스코클럽에서 만나 "스키장에 놀러가자"고 유인하여 강간한 후에 윤락가 포주인 丙에게 80만원을 받고 넘겼으며, 丙은 그 후에 다시 윤락업주 丁에게 80만원을 받고 넘겼다. 甲 등 4인과 丙, 丁의 죄책은?

甲 등 4인에 대하여는 특수강간죄(성폭력범죄의 처벌 등에 관한 특례법 제4조 제1항), 영리목적 유인죄(제288조 제1항), 부녀매매죄(제288조 제2항)[28])가 성립한다.

그리고 丙과 丁에 대하여 부녀매매죄가 성립하는가에 대하여 원심은 乙女가 18세에 달하여 법질서의 보호를 요청할 수 있는 정도의 능력이 있으므로 부녀매매죄의 객체가 될 수 없다고 판단하였다. 이러한 원심의 견해는 법질서에 보호를 요청할 수 있는 판단능력 내지는 인격적 자각이 있는 부녀는 본죄의 객체인 부녀에 해당하지 않으며, 친권자 기타 보호감독자 이외의 제3자는 행위의 주체가 될 수 없다는 종전의 대법원 판결[29]을 근거로 한 것이다.

그러나 대법원은 "본죄의 성립 여부는 그 주체 및 객체에 중점을 두고 볼 것이 아니라 매매의 일방이 어떤 경위로 취득한 부녀자에 대한 실력적 지배를 대가를 받고 그 상대방에게 넘긴다고 하는 행위에 중점을 두고 판단하여야 하므로 매도인이 매매당시 부녀자를 실력으로 지배하고 있었는가 여부, 즉 계속된 협박이나 명시적 혹은 묵시적인 폭행의 위협 등의 험악한 분위기로 인하여 보통의 부녀자라면 법질서에 보호를 호소하기를 단념할 정도의 상태에서 그 신체에 대한 인계인수가 이루어졌는가의 여부에 달려 있다고 하여야 할 것이다"[30]라고 판시함으로써 종전의 견해를 변경하였다. 따라서 丙, 丁에 대하여도 인신매매죄(구 부녀매매죄)가 성립한다.

③ 주관적 구성요건: 단순 인신매매죄(제288조 제1항)의 주관적 구성요건은 고의이다. 이에 대하여 동조 제2항은 단순 인신매매죄의 가중적 구성요건으로서 추행 등을 목적으로 하는 목적범이다.

III. 가중적 구성요건 및 결과적 가중범

제290조(약취, 유인, 매매, 이송 등 상해·치상) ① 제287조부터 제289조까지의 죄를 범하여 약취, 유인, 매매 또는 이송된 사람을 상해한 때에는 3년 이상 25년 이하의 징역에 처한다.
② 제287조부터 제289조까지의 죄를 범하여 약취, 유인, 매매 또는 이송된 사람을 상해에 이르게 한 때에는 2년 이상 20년 이하의 징역에 처한다.
제291조(약취, 유인, 매매, 이송 등 살인·치사) ① 제287조부터 제289조까지의 죄를 범하여 약취, 유인, 매매 또는 이송된 사람을 살해한 때에는 사형, 무기 또는 7년 이상의 징역에 처한다.
② 제287조부터 제289조까지의 죄를 범하여 약취, 유인, 매매 또는 이송된 사람을 사망에 이르게 한 때에는 무기 또는 5년 이상의 징역에 처한다.

---

28) 2013년 개정된 형법에서는 부녀매매죄(제288조 제2항)가 삭제되고 그 대신에 인신매매죄(제289조)가 신설되었다. 이 판례에서는 부녀매매죄를 인신매매죄로 대체하여 읽으면 된다.
29) 대법원 1959. 3. 13. 선고 4292형상7 판결; 대법원 1971. 3. 9. 선고 71도27 판결.
30) 대법원 1992. 1. 21. 선고 91도1402 판결.

특정범죄 가중처벌 등에 관한 법률 제5조의2(약취·유인죄의 가중처벌)는 미성년자 약취유인죄의 가중적 구성요건이며, 제289조 제2항과 동조 제3항의 추행 등 목적 인신매매죄는 단순인신매매죄(동조 제1항)의 가중적 구성요건이다. 그리고 약취·유인·매매·이송 등 상해죄(제290조 제1항)와 약취·유인·매매·이송 등 살인죄(제291조 제1항)는 고의범 + 고의범 형태의 결합범으로서 결과적 가중범이 아니라 가중적 구성요건이다. 이에 대하여 약취·유인·매매·이송 등 치상죄(제290조 제2항)와 약취·유인·매매·이송 등 치사죄(제291조 제2항)는 고의범 + 과실범 형태의 결과적 가중범이다.

IV. 미수, 예비·음모 및 형의 감경

> **제294조(미수범)**: 제287조부터 제289조까지, 제290조제1항, 제291조제1항과 제292조제1항의 미수범은 처벌한다.
>
> **제295조의2(형의 감경)**: 제287조부터 제290조까지, 제292조와 제294조의 죄를 범한 사람이 약취, 유인, 매매 또는 이송된 사람을 안전한 장소로 풀어준 때에는 그 형을 감경할 수 있다.

행위자가 피인취자를 안전한 장소로 풀어 준 때에는 형을 감경할 수 있다(임의적 감경사유). 이 조문은 행위자로 하여금 피인취자의 석방을 유도함으로써 그들을 보호하려는 정책적 목적에서 규정된 것이다. 중지미수와의 차이점은 인질강요죄의 형의 감경(제326조의6)에서 설명한 것과 같다.[31]

> **제296조(예비, 음모)**: 제287조부터 제289조까지, 제290조제1항, 제291조제1항과 제292조제1항의 죄를 범할 목적으로 예비 또는 음모한 사람은 3년 이하의 징역에 처한다.

제4절 강간과 추행의 죄

I. 서론

1. 의의 및 보호법익

강간과 추행의 죄는 개인의 성적 자기결정(의사결정)의 자유를 침해하는 범죄이다. 보호법익은 성적 자유, 특히 성행위로부터의 소극적 자유이다. 보호의 정도는 침

---

[31] 제1편 제4장 제1절 III 5 참조.

해범이다. 그리고 피구금자간음죄(제303조 제2항)의 보호법익은 성적 자기결정의 자유 이외에 부차적인 보호법익으로서 감호자의 청렴성에 대한 일반인의 신뢰가 있다.

본죄는 개인적 법익에 대한 죄로서 건전한 성풍속(사회적 법익)에 대한 죄인 공연음란죄와는 성격상 차이가 있다.

2. 체계

강간과 추행의 죄의 기본적 구성요건은 강제추행죄이다. 강간죄와 유사강간죄는 부녀를 간음함으로써 성적 자유를 현저하게 침해했기 때문에 불법이 가중되어 중하게 처벌되는 가중적 구성요건이다.[32]

* 강간과 추행의 죄의 체계

기본적구성요건	가중적구성요건	결과적가중범	결합범	독립된 구성요건
강제추행죄 (제298조)	강간죄(제297조) 유사강간죄(제297조의 2)	강간 등 치상죄(제301조) 강간 등 치사죄(제301조의 2)	강간 등 상해죄(제301조) 강간 등 살인죄(제301조의 2)	미성년자·심신미약자에 대한 간음·추행죄(제302조) 업무상 위력 등에 의한 간음죄(제303조)
준강제추행죄 (제299조)	준강간죄 (제299조)			
의제강제추행죄 (제305조)	의제강간죄 (제305조)			

① 유사강간죄(제297조의 2)는 강제추행죄의 가중적 구성요건인 동시에 강간죄의 감경적 구성요건이다.

② 특별형법상의 처벌규정

성폭력범죄의 처벌 등에 관한 특례법은 ① 흉기 기타 위험한 물건을 휴대하거나 2인 이상이 합동하거나(제4조: 특수강간·강제추행죄), ② 친족관계(4촌 이내의 혈족과 2촌 이내의 인척)에 있는 자가 강간·강제추행·준강간·준강제추행의 죄를 범한 경우(제5조: 친족관계에 의한 강간·강제추행죄) 또는 ③ 13세 미만의 미성년자에 대하여 강간·강제추행·준강간·준강제추행의 죄를 범한 경우에는 가중처벌하고 있다(제7조 제1항 - 제4항). 그리고 ④ 위계 또는 위력으로서 13세 미만의 미성년자를 간음, 추행한 경우에도 미성년자에 대한 강간·강제추행의 예에 의하여 처벌한다(제7조 제5항). 그 외에도

---

32) 유사강간죄의 법정형은 강간죄의 법정형에 비하여 상대적으로 경미하므로 우리형법은 전자를 후자의 감경적 구성요건으로 규정하였다고 이해할 수 있다. 이에 대하여 독일형법 제177조 제2항 제1호는 강간죄의 행위를 '간음 또는 유사성행위'라고 규정하고 있으므로 양자의 법정형이 동일하다.

이 법률은 업무상 위력 등에 의한 추행죄(제10조), 공중밀집장소에서의 추행죄(제11조), 성적 목적을 위한 공공장소 침입행위(제12조), 통신매체이용음란죄(제13조), 카메라등이용촬영죄(제14조) 등에 대하여 처벌규정을 두고 있다. 이 범죄들은 모두 친고죄가 아니므로 피해자의 고소가 없어도 처벌이 가능하다.

아동·청소년의 성보호에 관한 법률은 아동·청소년(만19세 미만의 남녀)에 대한 강간·강제추행·준강간·준강제추행의 죄를 범한 경우에는 가중처벌하고 있다(제7조). 그리고 19세 이상의 사람이 13세 이상 16세 미만인 아동·청소년의 궁박한 상태를 이용하여 해당 아동·청소년을 간음, 추행한 때에도 가중처벌된다(제8조의2). 그 외에도 이 법률은 위계 또는 위력으로써 아동·청소년을 간음하거나 청소년에 대하여 추행을 한 자(제7조 제5항)를 아동·청소년에 대한 강간·강제추행죄의 예에 의하여 처벌하고 있으며, 소위 원조교제, 즉 청소년의 성을 사는 행위를 한 자(제13조)도 처벌하고 있다.

II. 강간죄·강제추행죄

1. 단순강간죄

> **제297조(강간)** 폭행 또는 협박으로 사람을 강간한 자는 3년 이상의 유기징역에 처한다.
> **제300조(미수범)** 제297조, 제297조의2, 제298조 및 제299조의 미수범은 처벌한다.
> **제305조의3(예비, 음모)** 제297조, 제297조의2, 제299조(준강간죄에 한정한다), 제301조(강간 등 상해죄에 한정한다) 및 제305조의 죄를 범할 목적으로 예비 또는 음모한 사람은 3년 이하의 징역에 처한다.

(1) 의의

강간죄는 폭행 또는 협박에 의하여 부녀를 간음함으로써 성립하는 범죄로서, 부녀의 성적 자유를 현저하게 침해하였기 때문에 기본적 구성요건인 강제추행죄보다 불법이 가중되어 중하게 처벌되는 가중적 구성요건이다.

(2) 성립요건

① 주체: 본죄는 신분범이나 자수범이 아니다. 따라서 주체에 아무런 제한이 없으며 부녀도 본죄의 주체가 될 수 있다.

② 객체: 본죄의 객체는 사람이다. 따라서 여성은 물론 남성도 본죄의 객체가 될 수 있다. 2013년 개정 전의 형법은 강간죄의 객체가 부녀에 국한되었으나 현행법에 의하면 남성도 본죄의 객체에 포함된다. 여성으로 성전환 수술을 받은 자가 부녀에

해당하는가와 관계없이 본죄의 객체가 된다.

처가 본죄의 객체가 되는가에 대하여는 견해가 일치하지 않는다. 종래의 다수설은 부부 성관계의 특수성과 법정형(3년 이상의 징역)을 고려할 때 처는 강간죄의 객체가 되지 않는다고 본다.33) 이에 대하여 강간죄의 보호법익을 성적 의사결정권이라고 넓게 이해함으로써 처도 강간죄의 객체가 된다는 견해34)도 있다. 종전의 판례35)는 처에 대한 강간죄의 성립을 원칙적으로 부정하되, 다만 이미 혼인관계가 파탄되어 더 이상 실질적인 부부관계가 존속하지 않는 경우에는 법률상의 처도 본죄의 객체가 될 수 있다고 보았다. 그러나 지금은 그러한 입장을 변경하여 '혼인관계가 파탄된 경우뿐만 아니라 혼인관계가 실질적으로 유지되고 있는 경우'에도 '그 폭행 또는 협박의 내용과 정도가 아내의 성적 자기결정권을 본질적으로 침해하는 정도'에 이른 경우에는 강간죄의 성립이 가능하다고 본다.

[판례 2-1] 甲男과 乙女는 법률상 부부인데, 乙女는 다른 여자인 丙女와 동거하고 있는 甲男을 간통죄36)로 고소함과 동시에 이혼소송을 제기하였으나, 甲男으로 하여금 丙女를 보내고 서로 새 출발을 하기로 협의를 한 후 고소를 취하하였다. 그러나 甲男은 고소취하가 있은 지 이틀 후에 폭력으로 乙女의 반항을 억압하고 강제로 간음하였다. 甲男의 죄책은?

종전의 판례에 의하면 처는 원칙적으로 강간의 객체가 되지 않지만, 실질적으로 부부관계가 존속하지 않는 경우에는 법률상의 처도 본죄의 객체가 될 수 있다고 보았다.37) 따라서 대법원은 간음사건이 일어나기 이틀 전에 乙女는 甲男과 새출발을 하기로 협의를 한 후 고소를 취하하였으므로 甲男과 乙女의 사이에 "실질적으로 부부관계도 없고 따라서 서로 정교승낙이나 정교권 포기의 의사표시를 철회한 상태에 있었다고 단정하기는 어려울 것"이므로 강간죄는 성립하지 않는다고 판단하였다.38) 그러나 2013년 변경된 판례의 견해에 의하면 혼인관계가 실질적으로 유지되고 있다는 이유만으로 강간죄의 성립이 부정되지 않는다. 만일 이 사례에서 '그 폭행 또는 협박의 내용과 정도가 아내의 성적 자기결정권을 본질적으로 침해하는 정도'에 이른 경우에는 강간죄가 성립할 수도 있다.

---

33) 강간죄의 성립을 부정하는 견해 내에서도 폭행이나 협박에 의하여 처와 성관계를 가짐으로써 처의 의사의 자유를 침해하였으므로 강요죄가 성립한다는 견해와(김일수/서보학, 각론, 160면), 부부간에는 법률상 성생활의 의무가 있으므로 강요죄가 성립하지 않는다고 보고, 다만 그 수단으로 행해진 폭행, 협박에 대해서만 폭행죄나 협박죄가 성립한다고 보는 견해가 있다(임웅, 각론, 188면; 황산덕, 각론, 214면).
34) 오영근, 각론, 171면.
35) 대법원 1970. 3. 10. 선고 70도29 판결; 대법원 2009. 2. 12. 선고 2008도8601 판결.
36) 간통죄는 헌법재판소의 위헌결정(헌재 2015.02.26선고 2009헌바17)에 의하여 폐지되었다.
37) 예컨대 대법원 2009. 2. 12. 선고, 2008도8601 판결.
38) 대법원 1970. 3. 10. 선고, 70도29 판결.

[판례 2-2] 약 10년간 법률상 부부로 살아온 甲男과 乙女는 이미 오래 전부터 불화로 부부싸움을 자주 해오고 각방을 써오던 상황에서 甲男은 乙女에게 흉기를 휘둘러 상해를 가한 후 가위 등을 이용하여 피해자의 음모를 깎고 강제로 성관계를 하였다. 甲男의 죄책은?(부부강간사건)

종전의 판례에 의하면 이 부부사이에 실질적인 부부관계가 파탄되었다고 할 수는 없으므로 강간죄의 성립이 부정될 가능성이 크다. 그러나 대법원은 종전의 입장을 변경하여 혼인관계가 실질적으로 유지되고 있는 경우'에도 '그 폭행 또는 협박의 내용과 정도가 아내의 성적 자기결정권을 본질적으로 침해하는 정도'에 이른 경우에는 강간죄의 성립이 가능하다고 본다.[39] 甲男은 흉기를 사용하여 강간죄를 범하였으므로 특수강간죄(성폭력범죄의 처벌 등에 관한 특례법 제4조 제1항)에 해당한다.

③ 행위: 본죄의 행위는 폭행, 협박에 의한 간음이다. 여기서 폭행, 협박은 최협의의 폭행, 협박으로서 상대방의 반항을 불가능하게 하는 경우는 물론 현저하게 곤란하게 하는 경우도 포함한다. 피해자의 의사에 반하는 유형력의 행사가 있었더라도, 반항을 현저하게 곤란하게 할 정도에 이르지 못한 경우는 강간에 해당하지 않는다.

[판례 3] 甲女는 근무처 기숙사로 가던 중 동료 직원인 乙男과 우연히 만나 생맥주집에서 머물다가 같이 나왔다. 甲女는 乙男이 그의 친구인 A의 기숙사에 같이 가자고 제의하자 그를 따라 기숙사 방안에 함께 들어갔다. A가 그 방에서 나간 후 乙男은 갑자기 甲女를 강제로 방바닥에 눕히고 몸으로 짓누르며 내의를 벗기었다. 甲女는 거부의 의사표시를 했음에도 불구하고 乙男은 이를 무시하고 간음하였다. 그리고 甲女는 乙男과 함께 기숙사에서 나와 도보로 이, 삼십분 정도의 거리에 있는 乙男의 자취방으로 갔다. 乙男은 그 곳에서 같이 밤을 보내면서 여러 차례 甲女를 간음하려 하였으나 그때마다 甲女의 거부로 그 뜻을 이루지 못하였다. 乙男의 죄책은?

강간죄에서 폭행·협박은 "반항을 현저히 곤란하게 할 정도"일 것을 요한다. 판례도 이 사건에 대한 판결에서 "피고인은 다만 피해자의 의사에 반하는 정도의 유형력을 행사하여 피해자를 간음하려 하였음에 불과하고, 그 유형력의 행사가 피해자의 반항을 현저히 곤란케 할 정도에까지 이른 것은 아니"라는 이유로 강간죄의 성립을 부정하였다.[40]
폭행 또는 협박이 피해자의 반항을 현저히 곤란하게 할 정도이었는지 여부에 대하여 판례는 "유형력을 행사한 당해 폭행 및 협박의 내용과 정도는 물론이고, 유형력을 행사하게 된 경위, 피해자와의 관계, 성교당시의 정황 등 제반 사정을 종합하여 판단"한다.[41] 이 사건에서 판례는 폭행이 피해자의 반항을 억압할 정도에 이르지 못했다는 근거로서 (1) 범행장소

---

39) 대법원 2013.5.16. 선고 2012도14788,2012전도252 전원합의체 판결.
40) 대법원 1990. 12. 11. 선고 90도2224 판결.
41) 대법원 1992. 4. 14. 선고 92도259 판결; 대법원 2001. 2. 23. 선고 2000도5395 판결.

가 다수의 사람이 기숙하는 곳으로서 甲女가 얼마간의 반항을 하여도 주위에서 곧 알아차릴 수 있는 상황이었기 때문에 몸부림을 치고 저항하는 것만으로 乙男으로부터 벗어날 수 있었고, (2) 그 방 밖에서 연탄불을 갈고 있던 A도 피해자의 거부의 의사표시나 다투는 소리 이외에는 별다른 저항이나 고함을 알아차리지 못하였다는 점, (3) 그 곳에서 나온 이후에도 피해자 자신의 기숙사나 집으로 돌아가지 아니한 채 뚜렷한 이유나 별다른 저항 없이 도보로 이, 삼십분 정도의 거리에 있는 피고인의 자취방으로 또다시 따라 갔다는 점 등을 들고 있다.

간음은 남성의 성기를 여성의 성기에 삽입케 하는 것을 말한다. 본죄는 부녀의 성적 자유를 보호하기 위한 것이므로 삽입의 순간에 기수에 이르며(삽입설), 행위자가 성욕의 만족이 있어야 하는 것은 아니다. 실행의 착수시기는 폭행 또는 협박을 개시한 때이다.

[판례 4] 甲男은 자기 사촌여동생 乙女를 강간할 목적으로 乙女의 방에 침입하여 자고 있는 피해자의 가슴과 엉덩이를 만지면서 간음하려고 하였다. 그 순간 乙女가 잠에서 깨어 "야"하고 고함치는 바람에 甲男은 도주하였다. 甲男의 죄책은?

몸을 만지는 것은 폭행에 해당하지 않으므로 아직 실행의 착수가 없었다. 따라서 강간미수는 성립하지 않는다.[42] 다음으로 문제되는 것은 甲男이 수면상태에 있는 乙女를 간음할 목적으로 몸을 만지는 행위가 준강간죄의 미수에 해당하는가이다. 준강간죄의 실행의 착수가 있기 위해서는 "간음의 수단이라고 할 수 있는 행위"[43]가 있을 것을 요하는데, 甲男이 乙女의 몸을 만진 것만으로는 아직 실행의 착수가 있다고 할 수 없다. 따라서 甲男에 대하여 준강간죄의 미수도 성립하지 않는다.
다만 甲男이 수면상태에 있는 乙女의 몸을 만진 행위는 항거불능의 상태를 이용하여 추행한 것이므로 준강제추행죄(제299조)에 해당할 수 있다. 강제추행죄에서 폭행은 상대방의 의사에 반하는 유형력의 행사로도 족하므로 甲男이 피해자의 가슴과 엉덩이를 만진 행위는 폭행에 해당한다. 甲男은 타인의 주거에 침입하여 준강제추행의 죄를 범하였으므로 주거침입강제추행죄(성폭력범죄의 처벌 등에 관한 특례법 제3조 제1항 및 형법 제219조)가 성립한다.

[판례 5] 甲男은 새벽 4시경 乙女를 간음할 목적으로 乙女의 방문 앞에 가서 문을 열어주지 않으면 부수고 들어갈 듯한 기세로 방문을 두드리고 乙女가 위험을 느끼고 창문에 걸터앉아 가까이 오면 뛰어 내리겠다고 하는데도 베란다를 통하여 창문으로 침입하려고 시도하였다. 甲男의 죄책은?

---

42) 대법원 1990. 5. 25. 선고 90도607 판결.
43) 대법원 2000. 1. 14. 선고 99도5187 판결.

대법원은 甲男이 베란다를 통하여 창문으로 침입하려고 시도한 행위가 폭행에 착수하였다고 보아 강간미수의 성립을 인정하였다.44) 실행의 착수에 관하여 주관적 객관설에 의하면 구성요건의 일부를 아직 실행하지 않았더라도 어떤 행위가 본질적인 중간행위의 개입 없이도 구성요건의 실행으로 이어질 수 있다면 실행의 착수에 해당한다. 따라서 甲男이 베란다를 통하여 창문으로 침입하려고 시도한 행위가 중간행위(예컨대 잠겨있는 베란다문을 열거나 부수는 행위)의 개입 없이 곧바로 폭행으로 이어질 수 있는 상황이었다면 강간의 실행의 착수가 있다고 볼 수 있으므로 강간미수죄가 성립할 수도 있다.

④ 피해자의 양해: 본죄는 피해자의 성적 자유를 침해하는 죄이므로 당사자의 동의가 있는 때에는 양해로서 구성요건해당성이 조각된다. 따라서 실행의 착수 이후에 동의가 있는 때에는 미수만이 성립한다. 그러나 기수에 이른 후에는 피해자가 저항하지 않거나 동의가 있었더라도 본죄의 성립에는 영향이 없다.

(3) 고소

2012년 개정 이전의 형법은 강간과 추행의 죄를 친고죄로 규정함으로써 고소권자의 고소가 있어야만 공소를 제기할 수 있었다(구형법 제306조). 그러나 2012년 개정된 형법은 친고죄에 관한 제306조를 삭제하였으므로 형법 제32장 강간과 추행의 죄는 더 이상 친고죄가 아니다.

2. 유사강간죄

> **제297조의2(유사강간)**: 폭행 또는 협박으로 사람에 대하여 구강, 항문 등 신체(성기는 제외한다)의 내부에 성기를 넣거나 성기, 항문에 손가락 등 신체(성기는 제외한다)의 일부 또는 도구를 넣는 행위를 한 사람은 2년 이상의 유기징역에 처한다.

본죄는 폭행 또는 협박으로 유사성행위를 함으로써 성립하는 범죄이다. 여기서 유사성행위(ähnliche sexuelle Handlung)란 "사람에 대하여 구강, 항문 등 신체(성기는 제외한다)의 내부에 성기를 넣거나 성기, 항문에 손가락 등 신체(성기는 제외한다)의 일부 또는 도구를 넣는 행위"를 말한다. 따라서 구강에 손가락을 넣는 행위는 추행에 해당할 여지는 있지만 유사성행위에는 해당하지 않는다. 그리고 신체의 내부에 신체의 일부 등을 '넣는 행위' 이외의 행위는 설령 피해자에게 성적 수치심을 중대하게 야기하더라도 유사성행위에는 해당하지 않는다.45)

---

44) 대법원 1991. 4. 9. 선고 91도288 판결.
45) 이에 대하여 독일형법 제177조 제2항 제1호는 "피해자에 대하여 상당히 수치스러운 유사성행위"라고만 규정되어 있어서 그 개념이 불명확하다. 이 규정에 의하면 신체의 내부에 신체의

3. 단순강제추행죄

> **제298조**: 폭행 또는 협박으로 사람에 대하여 추행한 자는 10년 이하의 징역 또는 1천500만원 이하의 벌금에 처한다.

(1) 의의

강제추행죄는 폭행 또는 협박으로 사람을 추행함으로써 성립하는 범죄이다. 본죄는 강간과 추행의 죄의 구성요건 체계에서 기본적 구성요건이다.

(2) 성립요건

① 객체: 강제추행죄의 객체는 강간죄의 객체와 마찬가지로 남녀를 불문한다.
② 행위: 본죄의 행위는 폭행이나 협박을 수단으로 추행하는 것이다.
㉠ 폭행, 협박: 본죄에서 폭행이나 협박은 일반인으로 하여금 저항에 곤란을 느끼게 하거나 상대방의 의사의 임의성을 잃게 할 정도면 족하다.[46] 따라서 상대방의 의사에 반하는 유형력의 행사만 있어도 본죄는 성립할 수 있다.[47] 갑자기 키스를 하거나 가슴을 만지는 행위와 같이 폭행행위 자체가 추행행위라고 인정되는 소위 기습추행의 경우에도 본죄가 성립할 수 있다. 예컨대 피해자의 의사에 반하여 그 어깨를 주무르는 행위, 교사가 여중생의 얼굴에 자신의 얼굴을 들이밀면서 비비는 행위나 여중생의 귀를 쓸어 만지는 행위 등이 기습추행에 해당한다.[48] 이에 대하여 본죄의 폭행을 강간죄에서 말하는 폭행과 마찬가지로 상대방의 반항을 불가능하게 하거나 현저하게 곤란하게 하는 정도의 것으로 보는 견해가 있다.[49] 강간죄에서 강간은 상대방의 반항을 억압함으로써 행해지지만, 강제추행죄에서 추행은 반드시 상대방의 반항을 억압할 것을 요하지는 않으므로 상대방의 의사의 임의성을 잃게 할 정도면 족하다고 보아야 한다.

그러나 추행행위가 폭행이나 협박을 수단으로 하지 않은 경우에는 본죄는 성립하지 않는다. 예컨대 공개된 장소에서 바지를 벗어 자신의 성기를 피해자에게 보여준 행위는 일반인에게 성적 수치심이나 혐오감을 일으키게 하는 추행행위에 해당하지만 폭행 또는 협박을 수단으로 한 것은 아니므로 강제추행죄에는 해당하지 않는다.[50]

일부 등을 '넣는 행위' 이외의 행위도 성적 수치심을 중대하게 야기하는 경우에는 유사성행위에 해당할 여지가 있다(Sch/Sch/Lenckner/Perron, StGB, § 177, Rn. 20).
46) 임웅, 각론, 199면.
47) 대법원 1983. 6. 28. 선고 83도399 판결.
48) 대법원 2020. 3. 26. 선고 2019도15994 판결.
49) 김일수/서보학, 각론, 167면; 오영근, 각론, 179면 이하.

[판례 6-1] 甲男은 평소 짝사랑하던 乙女와 단둘이 있게 된 것을 기회로 그녀를 힘껏 껴안으면서 두 차례 키스하였다. 甲男의 죄책은?

판례는 강제추행죄에 있어서 폭행은 상대방의 반항을 억압할 것을 요하지 않으며 단지 상대방의 의사에 반하는 유형력의 행사만 있으면 족하다고 본다. 그리고 강제추행은 먼저 상대방에 대하여 폭행 또는 협박을 가하여 그 항거를 곤란하게 한 뒤에 추행행위를 하는 경우는 물론, 사례에서와 같이 폭행행위 자체가 추행행위라고 인정되는 경우도 포함한다.[51] 따라서 甲男에 대하여는 강제추행죄가 성립한다.

[판례 6-2] 甲男은 엘리베이터 안에서 乙女를 칼로 위협하는 등의 방법으로 꼼짝하지 못하도록 하여 자신의 실력적인 지배하에 둔 다음 자위행위 모습을 보여주었다. 甲男의 죄책은?

대법원은 甲男이 "엘리베이터라는 폐쇄된 공간에서 피해자들을 칼로 위협하는 등으로 꼼짝하지 못하도록 자신의 실력적인 지배하에 둔 다음 피해자들에게 성적 수치심과 혐오감을 일으키는 자신의 자위행위 모습을 보여 주고 피해자들로 하여금 이를 외면하거나 피할 수 없게 한 행위는 강제추행죄의 추행에 해당한다"고 보았다.[52] 단순히 공개된 장소에서 피해자에게 자신의 성기를 보여준 행위는 폭행이나 협박을 수단으로 이루어진 것은 아니므로 강제추행죄에는 해당하지 않지만, 이 사례에서 甲男은 협박을 수단으로 피해자로 하여금 강제로 자위하는 모습을 보게 한 것이므로 그의 행위는 강제추행에 해당한다. 甲男이 흉기를 지닌 채 강제추행을 한 행위는 특수강제추행죄(성폭력범죄의 처벌 등에 관한 특례법 제3조 제2항)[53]에 해당한다.

추행행위가 폭행이나 협박을 수단으로 하지 않은 경우 본죄는 성립하지 않지만, 업무·고용 기타관계로 인하여 자기의 보호 또는 감독을 받는 사람에 대하여 위계 또는 위력으로써 추행한 경우에는 업무상 위력 등에 의한 추행죄(성폭력범죄의 처벌 등에 관한 특례법 제10조)[54]가 성립할 수 있다. 여기서 '위계'란 기망이나 유혹의 방법으로

---

50) 대법원 2012.07.26. 선고 2011도8805 판결. 다만 甲의 행위는 공연음란죄(제245조)와 경범죄처벌법 제3조 제1항 제33호(과다노출)에 해당한다.
51) 대법원 1983. 6. 28. 선고 83도399 판결; 대법원 1992. 2. 28. 선고 91도3182 판결.
52) 대법원 2010.02.25. 선고 2009도13716 판결.
53) 성폭력범죄의 처벌 등에 관한 특례법 제3조 ① 흉기나 그 밖의 위험한 물건을 지닌 채 또는 2명 이상이 합동하여 「형법」 제297조(강간)의 죄를 범한 사람은 무기징역 또는 5년 이상의 징역에 처한다.
② 제1항의 방법으로 「형법」 제298조(강제추행)의 죄를 범한 사람은 3년 이상의 유기징역에 처한다.
54) 성폭력범죄의 처벌 등에 관한 특례법 제10조(업무상 위력 등에 의한 추행) ① 업무, 고용이나 그 밖의 관계로 인하여 자기의 보호, 감독을 받는 사람에 대하여 위계 또는 위력으로 추행한 사람은 2년 이하의 징역 또는 500만원 이하의 벌금에 처한다.

상대방을 착오에 빠지게 하여, 정상적인 판단을 하지 못하게 하는 것을 말한다. 그리고 '위력'이란 사람의 자유의사를 제압할 수 있는 정도의 힘(지위나 권세)을 말한다.

ⓒ 추행: 일반인으로 하여금 성적 수치심이나 혐오감정을 일으키는 행위를 말한다. 예컨대 상대방의 유방이나 성기를 만지는 행위, 강제키스, 옷을 벗겨 나체가 되게 하는 행위, 피해자와 춤을 추면서 순간적으로 피해자의 유방을 만진 행위[55], '피해자로 하여금 목 뒤로 팔을 감아 돌림으로써 얼굴이나 상체가 밀착되어 서로 포옹하는 것과 같은 신체접촉이 있게 되는 이른바 러브샷의 방법으로 술을 마시게 한 행위'[56] 등이 이에 해당한다. 다만 법익침해의 정도에 있어서 어느 정도의 현저성(중요성)이 있어야 한다.[57] 따라서 상대방의 손을 잡거나 어깨에 손을 올리는 행위는 본죄의 추행에 해당하지 않는다.

③ 주관적 구성요건: 미필적 고의로 족하다. 고의 외에 성욕의 자극 또는 만족을 위한 주관적 경향이나 목적(성적 추행의 행위경향)이 있어야 한다는 견해[58]가 있으나 본죄의 보호법익은 사람의 성적 자유이므로 행위자의 주관적 동기나 목적과 관계없이 폭행 또는 협박에 의하여 성적 수치심이나 혐오감을 일으킨다는 사실에 대한 고의만 있으면 주관적 구성요건은 성립한다.[59]

III. 준강간죄·준강제추행죄

> **제299조(준강간, 준강제추행)**: 사람의 심신상실 또는 항거불능의 상태를 이용하여 간음 또는 추행을 한 자는 제297조, 제297조의2 및 제298조의 예에 의한다.

1. 의의 및 보호법익

본죄는 사람의 심신상실 또는 항거불능의 상태를 이용하여 간음 또는 추행함으로써 성립하는 범죄이다. 폭행이나 협박을 수단으로 한 것이 아니라 상대의 심신상실 또는 항거불능의 상태를 이용하여 간음 또는 추행을 한 경우 강간죄 또는 강제추행죄에 준하여 처벌하는 것이다.

본죄의 보호법익은 성적 자기결정의 자유이다. 성범죄의 보호법익인 성적 자기결정의 자유는 현실적 자유뿐만이 아니라 잠재적 자유도 포함하므로[60] 심신상실 또는

---

55) 대법원 2002. 4. 26. 선고 2001도2417 판결.
56) 대법원 2008.03.13. 선고 2007도10050 판결.
57) 임웅, 각론, 201면.
58) 김일수/서보학, 각론, 166면; 임웅, 각론, 201면.
59) 다수설: 김성돈, 각론, 180면; 오영근, 각론, 180면.

항거불능의 상태에 있는 자를 간음 또는 추행하는 경우에도 보호법익에 대한 침해가 인정된다. 이에 대하여 본죄의 객체는 성적 자유를 가지지 못하므로, 본죄는 성적 자유를 가지지 못한 사람을 성욕의 객체나 도구가 되지 않도록 보호하는 데 그 취지가 있다고 보는 견해[61]가 있다.

2. 성립요건

① 주체: 강간죄나 강제추행죄와 마찬가지로 본죄는 신분범이나 자수범이 아니므로 주체에는 제한이 없다. 다만 본죄의 불법은 간음 또는 추행을 스스로 실행하는데 있으므로 본죄는 자수범이라고 보는 견해가 있다. 이 견해에 의하면 본죄는 스스로 간음 또는 추행한 자만이 정범이 될 수 있으며, 간접정범에 의하여 본죄를 범할 수는 없다고 한다. 그러나 본죄는 정신이상자를 이용하여 범하는 것이 가능하므로 자수범이 아니다.[62]

② 객체: 본죄의 객체는 사람이므로 남녀를 불문한다.

③ 행위: 상대방의 심신상실 또는 항거불능의 상태를 이용하여 간음 또는 추행하는 것이다.

㉠ 심신상실: 제10조 제1항의 심신상실과 같은 의미이다. 즉 생물학적 요인으로 인하여 판단능력, 특히 성적 자기결정의 능력이 없는 자를 말한다. 이에 대하여 수면 중의 사람 또는 일시 의식을 잃은 사람도 심신상실의 상태에 있다고 보는 견해가 있다. 그러나 이러한 경우는 항거불능에 해당한다고 볼 수 있으므로, 본죄의 심신상실과 제10조 제1항의 그것 사이에 개념상 차이를 인정할 실익은 없다.[63]

본죄의 심신상실에는 제10조 제2항의 심신미약은 포함되지 않는다.[64] 다만 심신미약자에 대하여는 아래에서 설명하는 바와 같이 성폭력범죄의 처벌 등에 관한 특례법 제6조가 적용된다.[65]

㉡ 항거불능: 육체적·심리적으로 항거가 불가능한 상태를 말한다. 예컨대 수면,[66]

---

60) 다수설: 예컨대 김일수/서보학, 각론, 168면.
61) 정성근/박광민, 각론, 198면.
62) 다수설: 김일수/서보학, 각론, 168면; 오영근, 각론, 182면 이하; 임웅, 각론, 203면; 정성근/박광민, 각론, 198면0.
63) 김일수/서보학, 각론, 169면; 오영근, 각론, 183면.
64) 다수설: 김성돈, 각론, 181면 이하; 김일수/서보학, 각론, 169면; 임웅, 각론, 204면; 오영근, 각론, 183면.
65) 본절 VII. 1 참조.
66) 대법원은 수면상태를 항거불능의 상태(대법원 1978. 1. 10. 선고 77도3678 판결; 대법원 2000. 1. 14. 선고 99도5187 판결) 또는 심신상실상태(대법원 1976. 12. 14. 선고 76도3673 판결; 대법원 2000. 2. 25. 선고 98도4355 판결)로 본다.

일시적인 의식상실, 결박되어 있는 경우 등이 육체적인 항거불능의 상태에 해당한다. 그리고 의사가 자기를 신뢰한 환자를 치료를 가장하여 추행한 경우가 심리적인 항거불능의 상태를 이용한 경우에 해당한다.[67]

[판례 7-1] 甲男은 乙女가 잠을 자는 사이에 乙女의 바지와 팬티를 발목까지 벗기고 웃옷을 가슴 위까지 올린 다음, 甲男의 바지를 아래로 내린 상태에서 乙女의 가슴, 엉덩이, 음부 등을 만지고 甲男이 성기를 乙女의 음부에 삽입하려고 하였으나 乙女가 몸을 뒤척이고 비트는 등 잠에서 깨어 거부하는 듯한 기색을 보이자 더 이상 간음행위에 나아가는 것을 포기하였다. 甲男의 죄책은?

판례는 "잠을 자고 있는 피해자의 옷을 벗기고 자신의 바지를 내린 상태에서 피해자의 음부 등을 만지는 행위를 한 시점에서 피해자의 항거불능의 상태를 이용하여 간음을 할 의도를 가지고 간음의 수단이라고 할 수 있는 행동을 시작한 것으로서 준강간죄의 실행에 착수하였다고 보아야 할 것"[68]이라고 보고, 그 후 甲男이 위와 같은 행위를 하는 바람에 피해자가 잠에서 깨어나, 甲男이 성기를 삽입하려고 할 때에는 객관적으로 항거불능의 상태에 있지 아니하였다고 하더라도 준강간미수죄의 성립에 지장이 없다고 보았다.

[판례 7-2] 甲男은 2017. 4. 17. 22:30경 자신의 집에서 甲男의 처, 피해자 乙女와 함께 술을 마시다가 다음 날 01:00경 甲男의 처가 먼저 잠이 들고 02:00경 乙女도 안방으로 들어갔다. 甲男은 乙女를 따라 들어간 뒤, 누워 있는 乙女의 가슴을 만지고 팬티 속으로 손을 넣어 음부를 만지다가, 몸을 비틀고 소리를 내어 상황을 벗어나려는 乙女의 입을 막고 바지와 팬티를 벗긴 후 1회 간음하였다. 甲男은 乙女가 심신상실 또는 항거불능의 상태에 있다고 인식하고 그러한 상태를 이용하여 간음할 의사로 피해자를 간음하려고 하였으나 피해자가 실제로는 심신상실 또는 항거불능의 상태에 있지 않았다. 甲男의 죄책은?

만일 甲男이 피해자가 소리를 내지 못하게 입을 막은 행위가 피해자의 항거를 현저하게 곤란하게 할 정도의 폭력에 해당한다면 강간죄가 성립할 것이다. 이 점에 대하여 원심법원은 항거를 불가능하게 하거나 현저히 곤란하게 할 정도의 폭행 또는 협박은 없었다고 보아 본죄의 성립을 부정하였다. 다만 피해자가 항거불능의 상태에 있다고 오인하고 그러한 상태를 이용하여 간음하려고 한 행위가 준강간죄의 불능미수에 해당하는지가 문제된다. 준강간죄의 불능미수가 성립하기 위해서는 주관적 요건으로서 피해자가 항거불능의 상태에 있었다는 점에 대한 고의가 있을 것과 객관적 요건으로서 실행의 수단이나 대상의 착오로 처음부터 구성요건적 결과의 발생이 불가능하지만, 그 행위의 위험성이 있었을 것을 요한다. 대법원[69]은 다음과 같은 이유에서 본죄의 성립을 인정하였다:

주관적 요건: "준강간의 고의는 피해자가 심신상실 또는 항거불능의 상태에 있다는 것

---

67) 김일수/서보학, 각론, 169면 이하; 오영근, 각론, 184면. 반대견해: 임웅, 각론, 204면 이하.
68) 대법원 2000. 1. 14. 선고 99도5187 판결.
69) 대법원 2019. 3. 28. 선고 2018도16002 전원합의체 판결.

과 그러한 상태를 이용하여 간음한다는 구성요건적 결과 발생의 가능성을 인식하고 그러한 위험을 용인하는 내심의 의사"가 있으면 인정된다. 대법원은 甲男에 대하여 미필적 고의가 인정된다고 보았다.

객관적 요건: "피고인이 피해자가 심신상실 또는 항거불능의 상태에 있다고 인식하고 그러한 상태를 이용하여 간음할 의사를 가지고 간음하였으나, 실행의 착수 당시부터 피해자가 실제로는 심신상실 또는 항거불능의 상태에 있지 않았다면, 실행의 수단 또는 대상의 착오로 준강간죄의 기수에 이를 가능성이 처음부터 없다고 볼 수 있다. 이 경우 피고인이 행위 당시에 인식한 사정을 놓고 일반인이 객관적으로 판단하여 보았을 때 정신적·신체적 사정으로 인하여 성적인 자기방어를 할 수 없는 사람의 성적 자기결정권을 침해하여 준강간의 결과가 발생할 위험성이 있었다면 불능미수가 성립한다."

[판례 8] 목사 甲은 乙女에게 아들의 병을 낫게 하려면 몸속에 들어있는 귀신을 쫓아내야 하는데 그 귀신은 처녀귀신이어서 창피를 주어야 나가니 옷을 벗으라고 하였고, 乙女는 처음에는 창피한 생각이 들어 못 벗겠다고 하다가 평소 설교를 통해 들은 대로 목사인 甲에게 순종하고, 아들의 병을 고치겠다는 생각으로 옷을 벗게 되었다. 甲의 죄책은?

원심법원은 "피해자들은 당해 성적 행위를 인식하고 이를 승낙 내지 용인하였다고 할 것이며, 그와 같은 의사결정을 함에 있어 강제추행죄에서 말하는 폭행·협박과 동일한 정도로 피해자의 자유의사가 침해되었다거나 위 피해자들이 당해 행위를 승낙하거나 용인하는 이외의 행위를 기대하기 어렵다고 볼 수 없다"고 보아 준강제추행죄의 성립을 부정하였다. 대법원도 "그 교육 정도, 혼인생활 등에 비추어 모두 정상적인 판단능력을 가진 성인 여자들일 뿐만 아니라, 통상적으로는 피고인의 안수, 안찰기도시 그 대상자가 정신이 혼미해져 의지대로 행동할 수 없게 되는 것은 아닌 사실까지도 인정"되므로 항거가 현저히 곤란한 상태였다고 보기 어렵다고 보았다.[70]

ⓒ 이용: 이용이란 상대방의 심신장애나 항거불능의 상태로 인하여 간음이나 추행이 용이하게 되고 행위자가 이를 인식한 경우를 말한다.

IV. 의제강간·강제추행죄

제305조(미성년자에 대한 간음, 추행) ① 13세 미만의 사람에 대하여 간음 또는 추행을 한 자는 제297조, 제297조의2, 제298조, 제301조 또는 제301조의2의 예에 의한다.
② 13세 이상 16세 미만의 사람에 대하여 간음 또는 추행을 한 19세 이상의 자는 제297조, 제297조의2, 제298조, 제301조 또는 제301조의2의 예에 의한다.

---

70) 대법원 2000. 5. 26. 선고 98도3257 판결.

본죄는 피해자의 동의가 있었는가와 관계없이 13세 미만의 자를 간음·추행한 때에는 강간·강제추행죄에 준하여 처벌된다. 그리고 동조 제2항은 미성년자 의제강간 연령기준을 13세에서 16세로 상향하였다. 다만 이 경우에는 행위주체를 19세 이상의 자로 제한하였다.

본죄의 보호법익은 13세 미만(동조 제1항) 또는 13세 이상 16세 미만(동조 제2항)의 미성년자의 건전한 성적 발육이다. 본죄는 성적 동의능력이 없는 자가 성욕의 도구가 되는 일이 없도록 보호하는 데에 그 취지가 있다. 본죄는 피해자의 동의와 관계없이 성립하므로 폭행, 협박 등의 수단을 사용할 것을 요하지 않는다.

"형법 제297조와 제298조의 '예에 의한다'는 의미는 미성년자의제강간·강제추행죄의 처벌에 있어 그 법정형 뿐만 아니라 미수범에 관하여도 강간죄와 강제추행죄의 예에 따른다는 취지로 해석된다"[71]

만일 13세 미만의 사람에 대하여 강간·강제추행죄나 준강간·강제추행죄를 범한 경우 또는 위계·위력으로써 간음·추행한 경우에는 가중처벌된다(성폭력범죄의 처벌 등에 관한 특례법 제7조).

V. 가중적 구성요건

가중적 구성요건에 대해서는 특별형법상의 처벌규정에서 설명하였다.[72]

VI. 결과적 가중범

제301조(강간등 상해·치상): 제297조, 제297조의2 및 제298조부터 제300조까지의 죄를 범한 자가 사람을 상해하거나 상해에 이르게 한 때에는 무기 또는 5년 이상의 징역에 처한다.

제301조의2(강간등 살인·치사): 제297조, 제297조의2 및 제298조부터 제300조까지의 죄를 범한 자가 사람을 살해한 때에는 사형 또는 무기징역에 처한다. 사망에 이르게 한 때에는 무기 또는 10년 이상의 징역에 처한다.

본죄는 강간·유사강간과 추행의 죄(기본범죄)를 범한 자가 중한 결과를 발생시킨 경우에 성립한다. 결과적 가중범에 있어서 기본범죄는 미수, 기수를 불문한다.

중한 결과에 대하여 고의가 있는 경우, 예컨대 강간살인(상해)죄는 강간죄와 살인(상해)죄의 결합범이다. 그리고 중한 결과에 대하여 과실이 있는 경우, 예컨대 강간치사(치상)죄는 결과적 가중범이다. 따라서 강간치사상죄가 성립하기 위해서는 중한

---

71) 대법원 2007. 3. 15. 선고 2006도9453 판결.
72) 본절 I 2 참조.

결과에 대하여 예견가능성이 있어야 한다.

VII. 독립된 구성요건

1-1. 미성년자·심신미약자간음추행죄

> 제302조: 미성년자 또는 심신미약자에 대하여 위계 또는 위력으로써 간음 또는 추행을 한 자는 5년 이하의 징역에 처한다.

① 객체: 미성년자는 만19세 미만의 자를 말한다. 성인의제규정(민법 제826조의 2)에 의하면 혼인한 자는 성년으로 보게 되므로 본죄의 객체에 해당하지 않는다.[73] 심신미약자란 정신기능의 장애로 인하여 판단능력, 특히 성적 자기결정의 능력이 부족한 자를 말한다.

② 행위: 위계란 기망이나 유혹의 방법으로 상대방을 착오에 빠지게 하여, 정상적인 판단을 하지 못하게 하는 것을 말한다. 위력이란 사람의 자유의사를 제압할 수 있는 정도의 힘(지위나 권세)을 말한다. 그 정도를 넘어서 폭행이나 협박으로 상대방의 반항을 현저하게 곤란하게 한 경우에는 본죄가 성립하는 것이 아니라 강간죄가 성립한다.

[판례 9] 甲男은 2018. 3. 11. 01:35경부터 같은 날 03:50경까지 사이에 광명시 소재 '○○호텔' △△△호실에서 피해자 A女(만16세)에게 필로폰을 제공하여, 약물로 인해 사물을 변별하거나 의사를 결정할 능력이 미약한 상태에 빠진 피해자가 제대로 저항하거나 거부하지 못한다는 사정을 이용하여 A女를 추행하기로 마음먹었다. 甲男은 A女의 묵시적 동의 하에 필로폰을 투약하고 호텔 화장실에서 샤워를 하고 있던 피해자에게 다가가 피해자에게 자신의 성기를 입으로 빨게 하고, 피해자의 항문에 성기를 넣기 위해 피해자를 뒤로 돌아 엎드리게 한 다음, 피해자의 항문에 손가락을 넣고, 샤워기 호스의 헤드를 분리하여 그 호스를 피해자의 항문에 꽂아 넣은 후 물을 주입하였다. A女는 성매매 및 필로폰 투약에 동의하였으며, 모텔에서 나온 후 甲男으로부터 30만 원을 지급받았다. 甲男이 A女가 미성년자라는 사실을 인식하지 못한 경우 그의 죄책은?

A女는 필로폰 투약으로 인하여 심신미약의 상태였으므로 甲男의 행위가 '심신미약자에 대하여 위력으로써 추행'(제302조)한 경우에 해당하는지가 문제된다. 원심법원은 피해자에게 이루어진 행위에 대하여 피해자의 동의가 있다는 이유로 심신미약자강제추행죄의 성립을 부정하였다. 이에 대하여 대법원[74]은 甲男의 행위는 피해자의 성적 자유 또는 성적 자기결

---

73) 이에 대하여 미성년자 약취·유인죄의 경우에는 성인의제규정이 적용되지 않는다. 따라서 혼인한 미성년자를 약취·유인한 때에는 본죄가 성립한다.
74) 대법원 2019. 6. 13. 선고 2019도3341 판결.

정권을 침해하였다는 이유로 본죄의 성립을 긍정하였다:
"피해자가 사전에 성매매에 동의하였다 하더라도 피해자는 여전히 그 동의를 번복할 자유가 있을 뿐만 아니라 자신이 예상하지 않았던 성적 접촉이나 성적 행위에 대해서는 이를 거부할 자유를 가지는 것이다."
"피고인의 행위는 그 경위 및 태양, 피해자의 연령 등에 비추어 볼 때 피해자와 같은 처지에 있는 일반적·평균적 사람이 예견하기 어려운 가학적인 행위로서 성적 수치심이나 혐오감을 일으키는 데에서 더 나아가 성적 학대라고 볼 수 있다. 피해자가 성매매에 합의하였다 하더라도 이와 같은 행위가 있을 것으로 예상하였다거나 또는 이에 대하여 사전 동의를 하였다고 보기 어렵다. 또한 피해자가 필로폰 투약에 동의하였다 하여 이를 들어 피해자에게 어떠한 성적 행위를 하여도 좋다는 승인을 하였다고 볼 수도 없다."

필로폰 투약이나 성매매에 대하여 피해자의 동의가 있었더라도 평균적인 일반인이 예견하기 어려운 가학적인 행위까지 동의하였다고 볼 수 없으며, 이러한 성적 학대가 이루어질 당시에는 피해자가 심신미약으로 인하여 이를 거부할 수 없는 상태였다. 이러한 이유에서대법원은 피해자의 성적 자기결정권이 침해되었다고 보았다.

1-2. 장애인에 대한 간음·추행죄

성폭력범죄의 처벌 등에 관한 특례법 제6조(장애인에 대한 강간·강제추행 등) ① 신체적인 또는 정신적인 장애가 있는 사람에 대하여 「형법」 제297조(강간)의 죄를 범한 사람은 무기징역 또는 7년 이상의 징역에 처한다.
② 신체적인 또는 정신적인 장애가 있는 사람에 대하여 폭행이나 협박으로 다음 각 호의 어느 하나에 해당하는 행위를 한 사람은 5년 이상의 유기징역에 처한다.
1. 구강·항문 등 신체(성기는 제외한다)의 내부에 성기를 넣는 행위
2. 성기·항문에 손가락 등 신체(성기는 제외한다)의 일부나 도구를 넣는 행위
③ 신체적인 또는 정신적인 장애가 있는 사람에 대하여 「형법」 제298조(강제추행)의 죄를 범한 사람은 3년 이상의 유기징역 또는 3천만원 이상 5천만원 이하의 벌금에 처한다. <개정 2020.5.19>
④ 신체적인 또는 정신적인 장애로 항거불능 또는 항거곤란 상태에 있음을 이용하여 사람을 간음하거나 추행한 사람은 제1항부터 제3항까지의 예에 따라 처벌한다.
⑤ 위계 또는 위력으로써 신체적인 또는 정신적인 장애가 있는 사람을 간음한 사람은 5년 이상의 유기징역에 처한다.
⑥ 위계 또는 위력으로써 신체적인 또는 정신적인 장애가 있는 사람을 추행한 사람은 1년 이상의 유기징역 또는 1천만원 이상 3천만원 이하의 벌금에 처한다.

심신미약자가 정신상의 장애로 인하여 항거불능의 상태에 있음을 이용하여 간음 또는 추행한 때에는 형법 제302조보다 성폭력범죄의 처벌 등에 관한 특례법 제6조 제4항이 우선적으로 적용된다. 여기서 '항거불능'이란 심리적 또는 물리적으로 반항이 불가능하거나 현저하게 곤란한 상태를 말한다.

> [판례 9] "피고인이 별다른 강제력을 행사하지 않고서 지적 능력이 4~8세에 불과한 정신지체 장애여성을 간음하였고 장애여성도 이에 대하여 별다른 저항행위를 하지 아니한 사안에서, 피해자가 정신장애를 주된 원인으로 항거불능상태에 있음을 이용하여 간음행위를 한 것으로서 성폭력범죄의 처벌 및 피해자보호 등에 관한 법률 제8조[75])의 '항거불능인 상태'에 해당한다."[76]

2. 업무상 위력 등에 의한 간음죄

> **제303조 제1항(피보호·감독자간음)**: 업무, 고용 기타 관계로 인하여 자기의 보호 또는 감독을 받는 사람에 대하여 위계 또는 위력으로써 간음한 자는 7년 이하의 징역 또는 3천만원 이하의 벌금에 처한다.
>
> **동조 제2항(피구금자간음)**: 법률에 의하여 구금된 사람을 감호하는 자가 그 사람을 간음한 때에는 10년 이하의 징역에 처한다.

(1) 피보호·감독자간음죄

피보호·감독자간음죄의 객체는 업무, 고용 기타 관계로 인하여 자기의 보호 또는 감독을 받는 사람이다. 여기서 "기타 관계"란 업무나 고용 이외의 관계로 인하여 사실상의 보호 또는 감독을 받는 상황을 말한다.

> [판례 10] 甲男은 미장원 여주인의 남편으로서 매일같이 미장원에 수시로 출입하면서 그의 처를 도와주고 있었으며, 미장원의 종업원 乙女는 甲男을 "주인아저씨"라고 부르면서 그의 직접 간접의 지시에 따르고 있었다. 어느 날 甲男은 미장원 주인 남자로서 그 종업원인 乙女에게 저녁을 사준다는 구실로 데리고 나와서 식사 후에 乙女의 숙소로 보내준다고 하면서 상경 후 아직 서울지리에 생소한 乙女에게 집으로 가는 버스라고 속여 버스를 같이 타고 다니는 등 고의로 야간통행금지에 임박한 시간까지 지연시켜서 부득이 부근 여관에 투숙하도록 유인하였다. 甲男은 여관방에서 "내 말을 듣지 않으면 죽인다"고 협박하고 목을 조르고 손과 복부를 눌러 위력으로 乙女를 간음하였다. 甲男의 죄책은?

---

75) 현행 성폭력범죄의 처벌 등에 관한 특례법 제6조에 해당한다.
76) 대법원 2007. 7. 27. 선고 2005도2994 판결.

판례는 甲男의 폭행이나 협박이 乙女의 반항을 현저하게 곤란하게 한 정도에는 이르지 못했으므로 강간죄의 성립을 부정하였다. 그러나 甲男이 행한 간음은 피해자 乙女의 동의에 의한 것이 아니므로 피보호·감독부녀간음죄(제303조 제1항)가 성립할 여지가 남아있다. 여기서 문제는 乙女가 고용 기타 관계로 인하여 甲男의 보호 또는 감독을 받는 부녀에 해당하는가이다. 이 점에 대하여 대법원은 "비록 피고인이 직접 피해자를 동 미장원의 종업원으로 고용한 것은 아니라 하더라도 자기의 처가 경영하는 미장원에 매일같이 출입하면서 미장원 일을 돕고 있었다면 동 미장원 종업원은 피고인을 주인으로 대접하고 또 그렇게 대접하는 것이 우리의 일반사회실정"이라는 점을 들어 "피고인은 피해자에 대하여 사실상 자기의 보호 또는 감독을 받는 상황에 있는 부녀의 경우에 해당"한다고 보아 본죄의 성립을 인정하였다. 요컨대 乙女는 甲男이 직접 고용한 자가 아니더라도 사실상 자기의 보호, 감독을 받는 상황에 있으므로 "기타 관계로 인하여 보호, 감독을 받는 부녀"에 해당한다. 따라서 甲男에 대해서는 피보호·감독부녀간음죄가 성립한다.77)

(2) 피구금자간음죄

① **의의**: 본죄는 법률에 의하여 구금된 사람(피구금자)를 감호하는 자가 스스로 간음함으로써 성립하는 범죄이다. 본죄는 자수범이므로 간접정범에 의하여 행해질 수는 없다.

② **보호법익**: 주된 보호법익은 피구금자의 성적 의결정의 자유이며, 부차적인 보호법익은 감호자의 청렴성에 대한 일반인의 신뢰이다.

③ **성립요건**: 본죄의 주체는 법률에 의하여 구금된 사람을 감호하는 자이며(진정신분범), 객체는 법률에 의하여 구금된 사람이다. 형사소송법에 의하여 체포·구속된 피의자·피고인 또는 수형자인 사람이 이에 해당한다.

행위는 간음이며 위계나 위력의 수단을 사용할 것을 요하지 않는다. 따라서 상대방의 동의가 있더라도 본죄의 성립에는 영향이 없다. 왜냐하면 구금된 사람은 심리적 열약감 때문에 이미 감호자에 대하여 성적 자유의사가 제한되어 있기 때문이다.

---

77) 대법원 1976. 2. 10. 선고 74도1519 판결.

제5장 명예와 신용·업무에 관한 죄

사람은 사회적 존재로서 생활을 하면서 사회로부터 일정한 평가를 받기 마련이며 이러한 평가는 사회생활을 영위함에 있어서 매우 중대한 영향을 미친다. 따라서 형법은 명예와 신용·업무에 대한 죄의 규정을 통하여 사람의 사회적 가치를 보호하고 있다. 다만 명예에 관한 죄는 사회생활에서 갖는 인격적 가치를 보호하기 위한 것인 반면 신용·업무에 대한 죄는 사회적 가치 가운데서도 특히 경제생활에서 갖는 가치를 보호하기 위한 것이다.

* 인격에 대한 범죄
  ┌ 육체적 인격체에 대한 범죄: 살인죄, 상해죄, 폭행죄
  └ 정신적 인격체에 대한 범죄 ┌ 자유: 협박죄, 강요죄, 체포·감금죄, 강간죄 등
                              └ 사회적 가치 ┌ 사회생활에서 갖는 인격적 가치: 명예에 관한 죄
                                            │   (명예훼손죄, 모욕죄)
                                            └ 경제생활에서 갖는 경제적 가치: 신용·업무에 관한 죄
                                                (신용훼손죄, 업무방해죄)

제1절 명예에 관한 죄

I. 서론

1. 의의 및 체계

명예에 관한 죄는 공연히 사실을 적시하여 사람의 명예를 훼손하거나 사람을 모욕하는 것을 내용으로 하는 범죄이다. 명예훼손과 모욕은 외적 명예, 즉 사람의 인격에 대한 사회적 평가를 저하시킨다는 점에서는 같다. 다만 전자는 구체적 사실의 적시를 수단으로 하는데 대하여 후자는 추상적 가치평가, 즉 경멸의 의사표시를 수단으로 한다는 점에서 차이가 있다.

본죄의 기본적 구성요건은 단순명예훼손죄(제307조 제1항)와 모욕죄(제311조)이다. 단순명예훼손죄에 대한 가중적 구성요건으로는 허위사실적시명예훼손죄(제307조 제2항)와 출판물 등에 의한 명예훼손죄(제309조)가 있다. 사자의 명예훼손죄(제308조)는 단순명예훼손죄에 대하여는 독립된 구성요건이며, 허위사실적시명예훼손죄에 대하여는 감경적 구성요건이 된다.[1] 그리고 명예훼손죄는 사실의 적시를 요한다는 점에서 이를 요하지 않는 모욕죄에 대하여 특별관계에 있다. 따라서 사실을 적시하고

모욕하여 명예를 훼손한 때에는 명예훼손죄만 성립한다.

2. 보호법익

본죄의 보호법익은 외적 명예, 즉 인격적 가치에 대한 사회적 평가이다.

* 명예의 개념
  - 외적 명예: 인격적 가치에 대한 사회적 평가
  - 내적 명예: 인격의 내부적 가치 자체, 즉 자기나 타인의 평가와는 독립하여 내재하는 인격의 가치
  - 명예감정: 자신의 인격적 가치에 대한 주관적 가치평가(주관적 명예)

보호의 정도는 추상적 위험범이다. 즉 본죄는 사실을 적시함으로써 성립하며 명예가 실제로 침해되었음을 요하지는 않는다.

II. 명예훼손의 죄

1. 단순명예훼손죄(사실적시 명예훼손죄)

> 제307조 1항: 공연히 사실을 적시하여 사람의 명예를 훼손한 자는 2년 이하의 징역이나 금고 또는 500만원 이하의 벌금에 처한다.
>
> 제312조 제2항: 제307조와 제309조의 죄는 피해자의 명시한 의사에 반하여 공소를 제기할 수 없다.

(1) 구성요건

① 객체: 본죄의 객체는 사람의 명예이다. 명예의 주체로서의 사람에는 자연인은 물론 법인도 포함된다(통설). 그리고 자연인에는 유아나 정신이상자와 같은 책임무능력자도 포함된다. 다만 사자의 명예에 대한 침해에 대하여는 별도의 구성요건이 있으므로 사자는 본죄에서 말하는 명예의 주체에는 해당하지 않는다.

법인이 명예의 주체라는 점에 대하여는 이론이 없다. 법인격이 없는 단체라 하더라도 법적으로 승인된 사회적·경제적 기능을 담당하고 통일된 의사를 형성(의결기구)할 수 있다면 명예의 주체가 된다. 예컨대 정당, 교회, 종친회, 병원 등이 이에 해당한다.

그러나 단순한 친목단체나 사교단체, 가족과 같은 집단은 통일된 의사의 주체로

---

1) 김일수/서보학, 각론, 187면; 오영근, 각론, 201면.

서 사회적으로 활동하는 단체가 아니므로 명예의 주체가 되지 못한다. 정부 또는 국가기관도 명예의 주체가 될 수 없다.2) 그러나 그 단체를 지칭함(집합명칭 또는 집단표시)으로 인하여 구성원 개개인을 특정할 수 있을 정도에 이른 경우에는 그 구성원인 자연인에 대한 명예훼손죄가 성립한다.3) 이를 **집합명칭에 의한 명예훼손**이라고 하는데, 그 유형으로는 ① 집합명칭에 의하여 특정 집단의 모든 구성원의 명예가 훼손된 경우와 ② 특정집단의 구성원의 일부를 지적함으로 인하여 구성원 모두가 혐의를 받는 경우가 있다.

> [예 1-1] A법원의 판사, B경찰서의 경찰관 또는 우리나라의 국회의원이라는 명칭을 사용하여 명예를 훼손한 경우 집합명칭(집단명칭)에 의하여 특정 집단의 모든 구성원의 명예가 훼손되었으므로 명예훼손죄가 성립한다.
>
> 그리고 "A당 국회의원 2명이 간첩이다",4) "현직 장관 가운데 1명이 콜걸의 고객이다"5)라고 적시한 경우에도 특정집단의 구성원의 일부를 지적함으로 인하여 구성원 모두가 혐의를 받게 되므로 명예훼손죄가 성립한다.
>
> [예 1-2] 이에 대하여 경찰, 군인, 의사, 교수 또는 서울시민 또는 경기도민6)이라는 일반명칭을 사용하여 명예를 훼손한 경우에는 명예훼손죄가 성립하지 않는다. 왜냐하면 이러한 일반명칭만으로는 구성원 개개인을 특정할 수 없기 때문이다.

> [판례 1] 피고인이 작성하여 배포한 보도자료에는 피해자의 이름을 직접적으로 적시하고 있지는 않으나, 3.19 동지회 소속 교사들이 학생들을 선동하여 무단하교를 하게 하였다고 적시하고 있는 사실, 이 사건 고등학교의 교사는 총 66명으로서 그 중 약 37명이 3.19 동지회 소속 교사들인 사실, 위 학교의 학생이나 학부모, 교육청 관계자들은 3.19 동지회 소속 교사들이 누구인지 알고 있는 사실을 인정한 다음, 그렇다면 3.19 동지회는 그 집단의 규모가 비교적 작고 그 구성원이 특정되어 있으므로 피고인이 3.19 동지회 소속 교사들에 대한 허위의 사실을 적시함으로써 3.19 동지회 소속 교사들 모두에 대한 명예가 훼손되었다고 할 것이고 …7)

② 행위: 공연히 사실을 적시하여 사람의 명예를 훼손하는 것이다.
㉠ 공연성: 불특정 또는 다수인이 직접적으로 인식할 수 있는 상태를 말한다. 따라서 인식할 수 있는 자가 소수인이라도 불특정이거나, 특정인이라도 다수인 경우에

---

2) 대법원 2018. 11. 29. 선고 2016도14678 판결.
3) 대법원 2018. 11. 29. 선고 2016도14678 판결.
4) BGHSt 14, 48.
5) BGHSt 19, 235.
6) 대법원 1960. 11. 26. 선고 4293형상244 판결; 대법원 2000. 10. 10. 선고 판결
7) 대법원 2000. 10. 10. 선고 99도5407 판결.

는 공연성이 인정되지만, 특정 소수인인 경우에는 공연성이 부정된다.

판례는 특정 소수인에게 사실을 적시하였더라도 그 말을 들은 사람이 불특정 또는 다수인에게 그 말을 전파할 가능성이 있는 때에는 공연성을 인정한다.[8] 이를 전파가능성의 이론이라고 한다. 판례는 전파가능성이 있는가에 대하여 "말을 들은 사람이 피해자와 가족, 친족 기타 특별한 관계에 있어 비밀을 지킬 것이 기대"되는가에 의하여 판단한다. 즉 말을 들은 사람이 비밀을 지킬 것이 기대되는 경우에는 전파가능성이 없으므로 공연성이 부정된다.

[판례 2-1] 甲은 행정서사 사무실에서 행정서사 A, 직원 B, B의 처 C가 있는 자리에서 이들과 같은 교회에 다니는 乙의 명예를 훼손하였다. 甲의 죄책은?

판례는 A, B, C는 피해자와 같은 교회에 다니는 교인일 뿐 피해자에 관한 소문을 비밀로 지켜줄 만한 특별한 신분관계는 없었으므로 甲이 그들에게 적시한 사실은 그들을 통하여 불특정 또는 다수인에게 전파될 가능성이 있다고 보아 본죄의 성립을 인정하였다.[9]

[판례 2-2] 이혼소송 계속 중인 甲女는 자신의 남편 乙의 친구인 대학교수 丙에게 사실관계를 알리는 내용의 편지를 보내는 기회에 乙에게 보내는 서신도 함께 동봉하였는데, 乙에게 보내는 그 서신에 乙의 명예를 훼손하는 문구가 기재되어 있었다. 甲女의 죄책은?

원심은 전파가능성이 충분히 인정된다고 보았으나, 대법원은 乙과 丙의 관계에 비추어 보아 甲女가 적시한 사실이 불특정 또는 다수인에게 전파될 가능성이 없다는 이유로 명예훼손죄의 성립을 부정하였다.[10]

[판례 3] 甲은 주간신문 충청리뷰의 기자 乙과의 전화인터뷰에서 사자인 丙에 관하여 그의 명예를 훼손하는 내용의 허위사실을 이야기하였지만, 기자 乙은 이러한 甲의 진술을 기사화하여 보도하지는 않았다. 甲의 죄책은?

판례는 "통상 기자가 아닌 보통 사람에게 사실을 적시할 경우에는 그 자체로서 적시된 사실이 외부에 공표되는 것이므로 그 때부터 곧 전파가능성을 따져 공연성 여부를 판단하여야 할 것이지만, 그와는 달리 기자를 통해 사실을 적시하는 경우에는 기사화되어 보도되어야만 적시된 사실이 외부에 공표된다고 보아야 할 것이므로 기자가 취재를 한 상태에서 아직 기사화하여 보도하지 아니한 경우에는 전파가능성이 없다고 할 것이어서 공연성이 없다"[11]는 이유로 甲에 대하여 사자명예훼손죄의 성립을 부정하였다. 그러나 전파성의 이론에 의하면 甲이 적시한 사실이 기사화되지 않았더라도 기자 乙의 말에 의한 전파가능성

---

8) 대법원 2020. 11. 19. 선고 2020도5813 전원합의체 판결.
9) 대법원 1985. 4. 23. 선고 85도431 판결.
10) 대법원 2000. 2. 11. 선고 99도4579 판결.
11) 대법원 2000. 5. 16. 선고 99도5622 판결.

이 인정된다면 본죄가 성립한다고 보아야 할 것이다.

이 이론에 의하면 범죄의 성립여부가 상대방의 전파의사에 의하여 좌우되는 결과가 되어 불합리하고, 공연성의 개념이 불명확해지며 그 범위가 지나치게 확대되어 유추해석금지의 원칙에 반한다. 따라서 특정 소수인에게 사실을 적시한 때에는 설령 불특정 또는 다수인에게 간접적으로 전파될 가능성이 있다하더라도 공연성은 없다고 보는 것이 타당하다(다수설).

판례는 명예훼손죄의 "주관적 요소로서 명예훼손죄의 고의가 성립하기 위해서는 공연성에 대한 미필적 고의가 필요하므로 전파가능성에 대한 인식이 있음은 물론 나아가 그 위험을 용인하는 내심의 의사가 있어야 한다"고 한다.[12]

ⓒ 사실의 적시: 여기서 사실은 사람의 사회적 평가를 저하시키는 데 적합한 정도의 구체적 사실을 말한다. 여기서 사실이란 진위여부에 대한 입증이 가능한 사실로서 주로 과거 또는 현재의 사실을 말한다. 따라서 장래의 사실의 적시나 욕설은 추상적 가치판단으로서 모욕죄에는 해당하지만, 본죄에서 말하는 사실의 적시에는 해당하지 않는다. 다만 장래의 일을 적시하더라도 그 것이 과거 또는 현재의 사실을 기초로 하거나 이에 대한 주장을 포함하는 때에는 진위여부에 대한 입증이 가능하므로 사실의 적시에 해당한다.

[판례 4] 방송국 프로듀서 甲, 乙 등이 특정 프로그램 방송보도를 통하여 '미국산 쇠고기 수입을 위한 제2차 한미 전문가 기술협의'(이른바 '한미 쇠고기 수입 협상')의 협상단 대표와 주무부처 장관이 미국산 쇠고기 실태를 제대로 파악하지 못하였다는 취지의 주장을 하였다. 甲, 乙 등의 죄책은?

방송보도의 내용이 사실적시인지 가치평가인지가 문제된다. 이 점에 대하여 대법원[13]은 "정부 협상단의 미국산 쇠고기 실태 파악 관련 방송보도에 관하여, 정부가 미국 도축시스템의 실태 중 아무 것도 본 적이 없다는 구체적 사실을 적시한 것이 아니라, 미국산 쇠고기 수입위생조건 협상에 필요한 만큼 미국 도축시스템의 실태를 제대로 알지 못하였다는 주관적 평가를 내린 것"이므로 명예훼손죄에서 말하는 '사실의 적시'에 해당하지 않는다고 판단하였다.

[판례 5] 甲은 경북도청 감사관 사무실에서 경찰 乙, 丙에 대한 직무유기 등의 진정사건이 혐의가 인정되지 않아 내사종결 처리되었음에도 불구하고 경산시청 공무원 丁 등 6명이 듣고 있는 가운데 "사건을 조사한 경산경찰서 경찰관인 乙, 丙이 내일부로 대구지방검찰청에서 구속영장이 떨어진다."고 소리쳤다. 甲의 죄책은?

---

12) 대법원 2018. 6. 15. 선고 2018도4200 판결; 대법원 2020. 1. 30. 선고 2016도21547 판결.
13) 대법원 2011. 9. 2. 선고 2010도17237 판결.

원심은 甲이 장래의 사실을 적시한 것은 乙, 丙에 대한 구속영장이 떨어질 것을 바라거나 이를 예견하고 자신의 의견을 진술한 것일 뿐이거나 乙, 丙이 형사처벌을 받을 가능성이 있는 사람이라는 가치판단을 나타낸 것이므로 사실의 적시가 될 수 없다고 판단하여 명예훼손죄의 성립을 부정하였다.

이에 대하여 대법원은 "장래의 일을 적시하더라도 그것이 과거 또는 현재의 사실을 기초로 하거나 이에 대한 주장을 포함하는 경우에는 명예훼손죄가 성립한다"고 전제하고, 甲이 사실을 적시한 것은 乙, 丙에 대한 사건이 수사 중이라거나 검사가 구속영장을 청구하였다는 현재의 사실을 기초로 하거나 이에 대한 주장을 포함하므로 이는 사실의 적시에 해당하여 명예훼손죄가 성립한다고 보았다.[14] 따라서 甲에 대하여는 乙, 丙에 대한 허위사실적시명예훼손죄(제307조 제2항)의 상상적 경합이 성립한다.

그리고 적시된 사실은 반드시 숨겨진 사실에 한하지 않으며, 이미 사회의 일부에 잘 알려진 사실도 포함한다.

> [판례 6] 미술작가 甲은 화랑대표 乙과 5년간 전속계약을 체결하였으나 3년 후 전속계약에 불만이 있어 해지통고를 하고 다른 화랑에서 개인전을 개최하려다가 乙의 전속계약상 권리주장으로 무산되었다. 甲은 모신문사 문화부에 찾아가 기자 丙에게 "1990년경 동경아트엑스포에서 1억 5천만원의 작품판매대금이 생겼으나 3천만원을 받았을 뿐이고 乙이 부당하게 내 작품을 편취했다"는 내용의 허위사실을 설명하고 보도자료를 교부하여 丙으로 하여금 허위기사를 게재하게 하였다. 그런데 이 사건 기사내용은 이전에 이미 다른 일간 신문에도 보도되어 세인의 관심의 대상이 된 것을 다시 기사화 한 것이었다. 甲의 죄책은?

甲은 乙을 비방할 목적으로 기자 丙에게 허위사실을 설명하고 보도자료를 교부하여 그 내용이 진실한 것이라고 오신한 신문기자로 하여금 신문에 허위기사를 게재하도록 하였다. 즉 甲은 기자 丙을 고의 없는 도구로 이용하여 출판물에 의한 허위사실적시명예훼손죄(제309조 제2항)를 범하였으므로 본죄의 간접정범에 해당한다.

판례도 타인을 비방할 목적으로 허위사실인 기사의 재료를 신문기자에게 제공한 경우에 이 기사를 신문지상에 게재하는가의 여부는 오로지 당해 신문의 편집인의 권한에 속한다고 할 것이나, 이를 편집인이 신문지상에 게재한 이상 이 기사의 게재는 기사재료를 제공한 자의 행위에 기인한 것이므로, 이 가사를 제공한 자는 형법 제309조 제2항 소정의 출판물에 의한 명예훼손죄의 죄책을 면할 수 없다고 한다.

그리고 이미 다른 신문에 보도된 내용을 다시 기사화한 경우에도 본죄가 성립하는가에 대하여 판례는 "명예훼손죄가 성립하기 위해서는 반드시 숨겨진 사실을 적발하는 행위만에 한하지 아니하고 이미 사회의 일부에 잘 알려진 사실이라고 하더라도 이를 적시하여 사람의 사회적 평가를 저하시킬 만한 행위를 한 때에는 명예훼손죄를 구성한다"고 판시하였다.[15]

---

14) 대법원 2003. 5. 13. 선고 2002도7420 판결.

적시란 사실을 외부세계에 알리는 일체의 행위를 말하며, 언어에 의하건 문서나 유인물에 의하건 방법에는 아무런 제한이 없다.

ⓒ **명예훼손**: 본죄는 추상적 위험범이다. 따라서 사실을 적시함으로써 불특정 또는 다수인이 인식할 수 있는 상태에 이르면 기수가 되며, 상대방이 이를 인지하여 실제로 명예가 침해되었음을 요하지는 않는다.

[예 2] 甲은 乙의 명예를 훼손 내용의 벽보를 마을의 기차역 대합실에 게시하였으나 乙은 이를 발견하고 즉시 이를 떼어버렸다. 그 당시 대합실에는 사람이 없었기 때문에 아무도 그 벽보를 본 사람은 없었다. 甲의 죄책은?

명예훼손죄는 추상적 위험범이므로 사실을 적시함으로써 불특정 또는 다수인이 인식할 수 있는 상태에 이르면 기수가 되며, 상대방이 이를 인지하여 실제로 명예가 침해되었음을 요하지는 않는다. 따라서 甲이 게시한 벽보를 본 사람은 아무도 없었지만 불특정 또는 다수인이 인식할 수 있는 상태에 있었으므로 명예훼손죄가 성립한다.

③ **주관적 구성요건**: 사람의 사회적 평가를 저하시키는 데 적합한 사실을 적시한다는 고의가 있어야 한다. 여기서 고의는 미필적 고의로 족하며, 명예를 훼손할 목적까지 요하지는 않는다.

(2) 위법성(제310조)

제310조: 제307조 제1항의 행위가 진실한 사실로서 오로지 공공의 이익에 관한 때에는 처벌하지 아니한다.

(가) 의의

명예훼손죄에 대해서 적용되는 위법성조각사유로는 총칙에 규정된 위법성조각사유(제20조~제24조) 이외에도 명예훼손죄에만 적용되는 특수한 위법성조각사유(제310조)가 있다. 형법은 개인의 명예를 보호하기 위하여 적시된 사실의 진위여부를 불문하고 본죄의 성립을 인정하고 있지만, 진실한 사실을 적시한 경우에도 예외 없이 본죄가 성립한다면 이는 헌법이 보장하고 있는 언론의 자유(헌법 제21조)를 부당하게 제한하는 결과가 된다. 따라서 제310조는 공공의 이익을 위하여 진실한 사실을 적시한 때에는 위법성을 조각한다고 규정함으로써 개인의 명예와 언론의 자유 사이의 충돌을 적절히 조절하고 있다.

---

15) 대법원 1994. 4. 12. 선고 93도3535 판결.

(나) 요건

① **진실성**: 적시된 사실이 진실한 사실이어야 한다. 따라서 단순명예훼손죄 외에 허위사실적시 명예훼손죄, 사자의 명예훼손죄, 출판물 등에 의한 허위사실적시 명예훼손죄에 대하여는 적용의 여지가 없다.

'진실성'은 적시된 사실이 중요부분에 있어서 진실과 합치되면 족하다. 따라서 세부에 있어서 진실과 약간의 차이가 있거나 다소 과장된 표현이 있더라도 전체로 보아 진실과 합치되면 족하다. 그리고 진실성의 입증과 관련하여 판례는 "적시된 사실이 진실한 것이라는 증명이 없더라도 행위자가 그 사실을 진실한 것으로 믿었고 또 그렇게 믿을만한 상당한 이유"가 있으면 족하다고 한다.

② **공익성**: 사실의 적시가 "오로지 공공의 이익에 관한 것"이어야 한다. 따라서 객관적으로는 적시된 사실이 공공의 이익에 관한 것이어야 한다. 여기서 공공의 이익이란 국가, 사회, 일반인의 공동이익은 물론 특정한 사회집단이나 그 구성원 전체의 이익도 포함한다. 본조는 사실의 적시가 '오로지' 공공의 이익에 관한 것이어야 한다고 규정하고 있다. 그러나 이는 공공의 이익이 사실적시의 유일한 동기여야 한다는 의미가 아니라 주된 동기여야 한다는 의미로 넓게 해석하여야 한다.

[판례 7] 甲은 운수회사의 노동조합장에 취임하여 회계감사를 한 결과 전임 노동조합장인 乙의 재임 중의 업무처리내용 가운데 근거자료가 불명확한 부분을 발견하였다. 회계감사를 한 조합의 임원들이 甲에게 회계감사의 결과를 공개할 것을 강력히 요청하였고 甲 자신도 그 사실을 노동조합원들에게 알려 향후 조합장 선거시 乙을 경쟁대상에서 배제할 목적으로, 회사 내 배차실 벽에 모조지 전지를 사용하여 "체육복에 관하여, 1벌당 10,000원이면 구입할 수 있는 것을 터무니없이 비싼 가격인 18,000원에 구입하였다"라는 등의 감사결과 내용을 대자보를 작성, 부착하여 다른 조합원들로 하여금 열람하게 하였다. 甲의 죄책은?

甲의 행위는 단순명예훼손죄의 구성요건에 해당한다. 그의 행위가 제310조에 의하여 위법성이 조각되기 위해서는 적시사실의 진실성과 사실적시의 공익성이 있어야 한다.

(1) 진실성에 대하여 대법원은 "적시된 사실이 진실한 것이라는 증명이 없더라도 행위자가 그 사실을 진실한 것으로 믿었고 또 그렇게 믿을만한 상당한 이유가 있는 경우에는 위법성이 없다"고 본다. 대법원은 이 사례에서 "일부 중요한 부분은 진실한 사실임이 증명될 수 있는 정도로 자료가 확보되어 있어, 피고인이 위 대자보에 기재된 내용을 진실이라고 믿게 되었던 것이므로, 피고인이 그와 같이 믿은 데에는 그럴만한 상당한 이유가 있었다"고 판단하였다.[16]

(2) 공익성: 대자보에 기재된 사실은 전임조합장 乙이 임기 중 조합의 자금을 정상적으로

---

16) 대법원 1993. 6. 22. 선고 92도3160 판결.

지출하였는지의 여부에 관한 것으로서 조합원들의 이익을 위한 것이므로 공공의 이익에 관한 것이라고 할 수 있다. 왜냐하면 공공의 이익은 특정한 사회집단이나 그 구성원 전체의 이익도 포함하기 때문이다. 그리고 사실의 적시가 공공의 이익을 위한 목적에서 행해졌는가에 대하여 대법원은 "행위자의 주요한 목적이 공공의 이익을 위한 것이라면 부수적으로 다른 사익적인 동기가 내포되어 있었다고 하더라도 형법 제310조의 적용을 배제할 수는 없다"고 본다. 대법원은 이 사례에서 "피고인이 조합장으로서 위 대자보를 부착하게 된 목적이 주로 위와 같은 사실들을 조합원들에게 알리기 위한 것인 이상 공공의 이익을 위한 것이라고 볼 수 있을 것이다"라고 판단하였다.

③ **주관적 정당화요소**: 행위자는 주관적으로 ㉠ 적시사실의 진실성을 인식하고, ㉡ 사실적시가 공공의 이익을 위한 목적에서 행해져야 한다. 행위자가 적시사실이 허위라고 생각한 경우에는 설령 적시사실이 진실로 밝혀지더라도 위법성은 조각되지 않는다.

사람을 비방할 목적에서 사실을 적시한 경우에는 적시사실이 진실이라고 하더라도 공공의 이익을 위한 것이 아니므로 본죄가 성립한다. 따라서 본조는 사람을 비방할 목적이 있어야 성립하는 출판물 등에 의한 명예훼손이나 정보통신망을 통한 명예훼손(정보통신망 이용촉진 및 정보보호 등에 관한 법률 제70조)에 대하여는 적용되지 않는다.[17]

> [판례 8-1] 여성인권단체인 사단법인 A의 공동대표인 甲과 乙은 인터넷 홈페이지의 여성인권란에 B 국립대학의 교수 丙에 의한 제자 성추행사건에 관하여 글을 이 사건에 대한 공소제기가 있기도 전에 게재하였다. 만일 게재된 글의 내용이 진실이라면 甲과 乙의 죄책은?

甲과 乙이 丙을 비방할 목적으로 인터넷 홈페이지에 강제추행사실을 적시한 것이라면 정보통신망을 통한 명예훼손죄((구)정보통신망 이용촉진 및 정보보호 등에 관한 법률 제61조 제1항)[18]가 성립할 것이며, 공공의 이익을 위하여 적시한 것이라면 형법 제310조에 의하여 위법성이 조각될 것이다.

우선 甲과 乙이 丙을 비방할 목적이 있었는지가 문제된다. 대법원[19]은 "'비방할 목적'이란 가해의 의사 내지 목적을 요하는 것으로서 공공의 이익을 위한 것과는 행위자의 주관적

---

17) 대법원 2006. 8. 24. 선고 2006도648 판결: "정보통신망을 통한 명예훼손이나 허위사실적시 명예훼손 행위에는 위법성 조각에 관한 형법 제310조가 적용될 수 없다."
18) 현행 정보통신망 이용촉진 및 정보보호 등에 관한 법률 제70조 ① 사람을 비방할 목적으로 정보통신망을 통하여 공공연하게 사실을 드러내어 다른 사람의 명예를 훼손한 자는 3년 이하의 징역 또는 3천만원 이하의 벌금에 처한다.<개정 2014.5.28>
19) 대법원 1998. 10. 9. 선고 97도158 판결; 2003. 12. 26. 선고 2003도6036 판결 등.

의도의 방향에 있어 서로 상반되는 관계에 있다고 할 것이므로, 적시한 사실이 공공의 이익에 관한 것인 경우에는 특별한 사정이 없는 한 비방할 목적은 부인된다"고 한다. 대법원[20]은 다음과 같은 이유에서 甲과 乙이 적시한 사실이 공공의 이익에 관한 것이라고 판단하였다.

"여기서 문제가 되는 명예훼손적 표현은 국립대학교의 교수가 자신의 연구실 내에서 제자인 여학생을 성추행을 하였다는 내용으로서 공인의 공적 활동과 밀접한 관련이 있는 내용인 사실, 이와 같이 학내에서 발생한 성폭력 문제는 국민이 알아야 할 공공성, 사회성을 갖춘 공적 관심사안으로서 사회의 여론형성에 기여하는 측면이 강하고 순수한 사적인 영역에 속하는 것이라 할 수 없으며 …"

"비록 성범죄에 관한 내용이어서 명예의 훼손정도가 심각하다는 점까지를 감안한다 할지라도 인터넷 홈페이지 또는 소식지에 위와 같은 내용을 게재한 행위는 학내 성폭력 사건의 철저한 진상조사와 처벌 그리고 학내 성폭력의 근절을 위한 대책마련을 촉구하기 위한 목적으로 공공의 이익을 위하여 한 것으로 봄이 상당하고, 달리 비방의 목적이 있다고 단정할 수는 없다."

甲과 乙은 비방의 목적이 없으므로 정보통신망 이용촉진 및 정보보호 등에 관한 법률 제70조 제1항에 규정된 소위 사이버명예훼손죄의 구성요건에 해당하지 않는다. 다만 그의 행위는 단순명예훼손죄(제307조 제1항)의 구성요건에 해당하지만 진실성과 공익성이 인정되므로 위법성이 조각된다(제310조).

[판례 8-2] 사이버대학교 법학과 학생인 甲이 법학과 학생들만 회원으로 가입한 네이버밴드에 총학생회장 출마자격에 관하여 조언을 구한다는 글을 게시되자 이에 대한 댓글 형식으로 직전 연도 총학생회장 선거에 입후보하였다가 중도 사퇴한 A의 실명을 거론하며 '○○○이라는 학우가 학생회비도 내지 않고 총학생회장 선거에 출마하려 했다가 상대방 후보를 비방하고 이래저래 학과를 분열시키고 개인적인 감정을 표한 사례가 있다.'고 언급한 다음 '그러한 부분은 지양했으면 한다.'는 의견을 덧붙임으로써 A의 명예를 훼손하였다. 甲이 게시한 댓글의 주요 내용은 객관적 사실에 부합하는 경우 甲의 죄책은?

甲이 네이버밴드에 댓글을 올린 행위가 정보통신망 이용촉진 및 정보보호 등에 관한 법률 제70조 제1항의 명예훼손죄에 해당하는지가 문제된다. 본죄가 성립하기 위해서는 A를 '비방할 목적'이 있어야 한다. 앞에서 언급했듯이 대법원은 적시한 사실이 공공의 이익에 관한 것인 경우에는 '비방할 목적'을 부정한다. 적시한 사실이 공공의 이익에 관한 것인가에 관하여 대법원[21]은 甲의 "댓글은 총학생회장 입후보와 관련한 사이버대학교 법학과 학생들의 관심과 이익에 관한 사항이고, 피고인은 총학생회장에 입후보하려는 법학과 학생들

---

20) 대법원 2005. 4. 29. 선고 2003도2137 판결.
21) 대법원 2020. 3. 2. 선고 2018도15868 판결(사이버대학교 총학생회장 입후보자격 관련 댓글 게시 명예훼손 사건).

에게 의사결정에 도움이 되는 의견을 제공하고자 댓글을 작성"한 것이라는 이유로 이를 긍정하였다. 따라서 甲의 행위는 비방의 목적이 없으므로 정보통신망 이용촉진 및 정보보호 등에 관한 법률 제70조 제1항에 규정된 소위 사이버명예훼손죄의 구성요건에 해당하지 않는다. 다만 그의 행위는 단순명예훼손죄(제307조 제1항)의 구성요건에 해당하지만 진실성과 공익성이 인정되므로 위법성이 조각된다(제310조).

(다) 효과

① **실체법적 효과**: 제310조에서 "처벌하지 아니한다"는 의미는 위법성이 조각되어 범죄가 성립하지 않는다는 의미이다(위법성조각사유설: 판례 및 통설).22)

[판례 8-3] 위의 [판례 8-1]의 사례에서 대법원은 제310조의 효력에 관하여 "공연히 사실을 적시하여 사람의 명예를 훼손하였다고 하더라도, 그 사실이 공공의 이익에 관한 것으로서 공공의 이익을 위할 목적으로 그 사실을 적시한 경우에는, 그 사실이 진실한 것임이 증명되면 위법성이 조각되어 그 행위를 처벌하지 아니하는 것인바, 위와 같은 형법의 규정은 인격권으로서의 개인의 명예의 보호와 헌법 제21조에 의한 정당한 표현의 자유의 보장이라는 상충되는 두 법익의 조화를 꾀한 것"이라고 판시함으로써 위법성조각사유설을 취하고 있다.

② **소송법적 효과**: 종래의 통설은 본조를 거증책임의 전환에 관한 규정으로 보았다. 즉 사실의 진실성과 공익성에 대한 거증책임은 피고인이 부담하며 따라서 이에 대한 증명이 불충분한 경우에는 위법성이 조각되지 않는다고 한다.23) 결국 진실성과 공익성에 대한 증명이 불충분한 경우 불이익은 피고인에게 돌아가는 결과가 된다. 그러나 무죄추정의 원칙(의심스러운 때에는 피고인의 이익으로의 원칙)에 의하면 형벌권의 존부와 범위에 관한 사실의 거증책임은 검사에게 있으며 본조는 위법성조각사유로서 형벌권의 존부에 관한 사실이므로 진실성과 공익성의 부존재에 대한 거증책임은 검사가 부담한다고 보는 것이 합당하다. 따라서 진실성과 공익성의 부존재에 대하여 입증이 되지 않은 경우에는 "의심스러운 때에는 피고인의 이익으로의 원칙"에 따라 위법성이 조각된다고 보아야 한다.24)

이와 관련하여 판례는 "피고인이 그 적시사실이 진실이라고 확신하였다 하더라도 그와 같이 건전한 상식에 비추어 상당하다고 인정될 정도의 객관적 상황이 있음

---

22) 위법성조각사유설 외에도 처벌조각사유설(독일의 통설)이 있다. 그러나 우리나라 형법 제310조는 본조의 성격에 대하여 "위법성의 조각"이라고 명시적으로 규정하고 있으므로 논란의 여지가 없다.
23) 예컨대 유기천, 각론 상, 140면; 정영석, 각론, 289면 참조.
24) 현재의 다수설: 배종대, 각론, 290면 이하; 오영근, 각론, 219면; 임웅, 각론, 230면.

에 대한 증거가 없는 이상 위법성이 조각된다고 할 수 없다"25)고 하거나 "적시된 사실이 진실한 것이라는 증명이 없더라도 행위자가 그 사실을 진실한 것으로 믿었고 또 그렇게 믿을만한 상당한 이유가 있는 경우에는 위법성이 없다"고 한다. 판례는 거증책임이 피고인에게 있다고 보는 점에서 종래의 통설과 견해를 같이하지만, 피고인에게 진실성에 대한 거증책임을 지우는 것이 아니라 진실이라고 믿을만한 상당한 이유에 대한 거증책임을 부과함으로써 피고인의 거증책임을 다소 완화시키고 있다.

(3) 위법성조각사유의 전제사실에 관한 착오

허위의 사실을 진실한 것으로 오인하여 공공의 이익을 위한 의사로 사실을 적시한 경우 진실성에 대한 오인은 위법성조각사유의 전제사실에 대한 착오로서 불법고의가 조각되거나(구성요건착오유추적용설), 고의책임이 조각되므로(법률효과제한적 책임설) 명예훼손죄는 성립하지 않으며,26) 명예훼손죄의 경우에는 과실범 처벌규정이 없으므로 불가벌이 된다.27) 이로 인하여 처벌의 공백이 생기지만 이는 민사상 불법행위로 인한 손해배상의 문제로 취급하여야 할 것이다.28) 허위의 사실을 진실이라고 믿고 공공의 이익을 위하여 사실을 적시한 자에 대하여는 민사상 손해배상의 책임을 물으면 족하며 형벌까지 부과할 필요는 없을 것으로 보인다.

이에 대하여 판례는 앞에서 설명한 바와 같이 "적시된 사실이 진실한 것이라는 증명이 없더라도 행위자가 그 사실을 진실한 것으로 믿었고 또 그렇게 믿을만한 상당한 이유가 있는 경우에는 위법성이 없다"고 한다.29) 즉 적시된 사실이 진실이라고 착오하더라도 그러한 착오에 상당한 이유가 없는 때에는 위법성이 조각되지 않는다고 한다.

일부견해는 행위자가 허위의 사실을 진실이라고 경솔하게 오신한 경우에도 불가

---

25) 대법원 1962. 5. 17. 선고 4294형상12 판결. 같은 취지: 대법원 1994. 8. 26. 선고 94도237 판결; 대법원 1993. 6. 22. 선고 92도3160 판결.
26) 이에 대하여 엄격책임설은 위법성조각사유의 전제사실의 착오를 법률의 착오로 이해하므로, 착오에 정당한 이유가 있으면 책임이 조각된다고 한다(예컨대 정성근/박광민, 각론, 222면).
27) 배종대, 각론, 291면.
28) 피해자는 과실에 의한 명예훼손의 경우에도 행위자에 대하여 민사상 불법행위로 인한 손해배상의 책임을 물을 수 있다. 예컨대 신문기자가 적시사실의 진실성을 담보하기 위하여 필요한 취재를 다하여야 하는 주의의무를 태만히 하여 적시사실이 진실이라고 오인하였다면 손해배상의 책임이 인정된다(대법원 2002. 5. 10. 선고 2000다50123 판결).
처벌의 공백을 피하기 위한 입법론으로는 행위자가 적시한 사실이 진실이라고 오인한 경우에 행위자를 처벌하기 위해서는 적시사실의 진실성에 대한 입증을 처벌조각사유로 규정하는 방법(처벌조각사유설: 독일형법 제186조)이 있다. 이러한 경우에는 행위자가 적시사실의 진실성에 대하여 오인하였더라도 위법성조각사유의 전제사실의 착오는 문제되지 않으며, 행위자는 진실성을 입증하지 못하는 이상 형벌은 조각되지 않으므로 처벌이 가능하다.
29) 예컨대 대법원 1962. 5. 17. 선고 4294형상12 판결 참조.

벌이 되는 것은 부당하므로, 이러한 "처벌의 부당한 공백"을 메우기 위해서는 제310조의 주관적 성립요건(특별한 주관적 정당화요소)으로서 "성실한 검토의무"가 요구된다고 한다.30) 행위자가 성실한 검토의무를 준수하였음에도 불구하고 적시사실이 진실한 것으로 착오하였다면 착오에 상당한 이유가 있다고 인정할 수 있으므로 이 견해는 판례의 견해와 결론에서 일치한다.

> [예 4] 甲은 그의 친구 乙로부터 국회의원 후보 丙이 일제시대에 공무원생활을 하면서 동네의 주민들을 괴롭히는 등 악행을 일삼았다는 말을 듣고 그러한 자는 국회의원의 자격이 없다고 판단하여 이를 사실을 주민들에게 알렸다. 그러나 이는 진실이 아니라고 판명되었다. 甲의 죄책은?

甲이 주민들에게 허위사실을 알려 丙의 명예를 훼손했으므로 허위사실적시명예훼손죄(제307조 제2항)의 객관적 구성요건에 해당한다. 그러나 甲은 자신이 적시한 사실이 진실이라고 오인했으므로 - 그에게 적시사실이 허위일지도 모른다는 미필적 고의가 인정되지 않는 이상은 - 가중적 구성요건의 착오로서 단순명예훼손죄의 구성요건에만 해당한다(제15조 제1항). 책임과 관련하여 甲은 진실성에 대하여 착오하였으므로 위법성조각사유의 전제사실의 착오가 문제된다. 제한적 책임설에 의하면 불법고의 또는 고의책임이 조각되므로 甲에 대해서는 단순명예훼손죄도 성립하지 않는다.31)

다만 판례는 "적시된 사실이 진실이라고 확신하였더라도 그것이 건전한 상식에 비추어 상당하다고 인정될 정도의 객관적 상황이 있다는 증거가 없는 이상 위법성이 조각된다고 볼 수 없다"고 보므로 甲에 대하여 단순명예훼손죄의 성립을 인정할 것이다. 그리고 '성실한 검토의무'를 제310조의 특별한 주관적 정당화요소로 파악하는 견해에 의하더라도 甲은 경솔하게 친구의 말만 듣고 적시사실이 진실한 것으로 오신하였으므로 위법성은 조각되지 않으며, 따라서 단순명예훼손죄가 성립한다.

2. 가중명예훼손죄(허위사실적시 명예훼손죄)

> 제307조 제2항: 공연히 허위의 사실을 적시하여 사람의 명예를 훼손한 자는 5년 이하의 징역, 10년 이하의 자격정지 또는 1천만원 이하의 벌금에 처한다.

---

30) 임웅, 각론, 231면.
31) 이에 대하여 처벌조각사유설에 의하면 적시사실의 진실성은 고의의 대상이 아니므로 甲의 착오는 범죄의 성립에 영향을 미치지 못한다. 따라서 甲에 대하여는 단순명예훼손죄가 성립한다. 엄격책임설에 의하여도 결론은 같다. 甲의 착오는 법률의 착오로서 착오에 정당한 이유가 있는 경우에만 책임이 조각된다. 그러나 甲은 자신의 친구의 말만 믿고 사실의 진위를 확인하지 않았으므로 착오에 정당한 이유가 없다. 따라서 이 견해에 의하면 甲에 대하여는 단순명예훼손죄가 성립한다.

고의가 성립하기 위해서는 적시사실이 허위라는 것을 인식하여야 한다. 여기에 대한 인식이 확정적 고의를 요하는가[32] 아니면 미필적 고의로 족한가[33])에 대하여는 견해가 일치하지 않는다. 확정적 고의를 요한다는 문구가 구성요건에 특별히 규정[34]되어 있지 않은 이상은 고의에 관한 일반이론에 의하여야 할 것이다. 따라서 허위사실에 대하여 미필적 고의만 있는 경우에도 허위사실에 대한 인식이 있는 것으로 보아 허위사실적시 명예훼손죄가 성립한다고 보아야 한다.

① 진실인 사실을 허위로 오인한 경우: 허위사실의 적시가 없으므로 단순명예훼손죄만 성립한다.

② 허위의 사실을 진실로 오인한 경우: 허위사실적시명예훼손죄의 객관적 구성요건에 해당하지만, 적시사실이 허위라는 사실에 대한 인식이 없으므로 가중적 구성요건의 착오에 해당한다. 이 경우 '중한 죄로 벌하지 아니'하므로(제15조 제1항) 단순명예훼손죄만이 성립한다.

③ 진위여부를 몰랐던 경우: 이 경우 허위사실에 대하여 미필적 고의가 인정되면 허위사실적시 명예훼손죄가 성립하며, 인식 있는 과실만 있었다면 단순명예훼손죄가 성립한다.

3. 사자명예훼손죄

제308조: 공연히 허위의 사실을 적시하여 사자의 명예를 훼손한 자는 2년 이하의 징역이나 금고 또는 500만원 이하의 벌금에 처한다.

제312조 제1항: 제308조와 제311조의 죄는 고소가 있어야 공소를 제기할 수 있다.

사자의 명예훼손죄의 보호법익에 대해서는 사자의 유족의 명예라고 하는 견해와 유족이 사자에 대하여 갖는 추모감정이라는 견해가 있으나, 통설은 역사적 존재로서의 사자 자신의 명예로 보고 있다. 사자의 유족이 없는 경우에도 본죄는 성립하므로 본죄의 보호법익을 사자의 유족의 명예나 유족이 사자에 대해 갖는 추모의 감정이라고 보기는 어렵다. 사람은 사망 후에도 인격적 가치는 역사적 존재로서 그대로 남는

---

32) 김일수/서보학, 각론, 196면은 허위사실에 대하여 확실성 정도의 인식을 요하는 지정고의가 있어야 한다고 한다. 이 견해에 의하면 허위사실에 대하여 미필적 고의만 있는 경우에는 단순명예훼손죄만이 성립한다.
33) 판례(대법원 2005. 4. 29. 2003도2137)는 "주관적 요건으로서 허위의 점에 대한 인식은 미필적 고의만으로도 충분하다"고 한다.
34) 독일 형법 제187조의 경우에는 허위사실의 적시에 관하여 '확정적 인식을 가지고'(wider besseres Wissen)라는 문구가 있으므로 허위사실에 대하여 미필적 고의로는 족하지 않으며, 확정적 고의가 있을 것을 요한다.

것이므로 이를 보호법익으로 보는 통설이 타당하다. 다만 사자의 경우에는 명예훼손으로 인하여 사회생활에 지장이 초래되는 것은 아니므로 허위사실적시의 경우에만 처벌하고 있다.

본죄는 허위의 사실을 적시하여 사자의 명예를 훼손함으로써 성립하는 범죄이다. 따라서 적시한 사실이 진실인 경우에는 본죄가 성립하지 않는다.

고의가 성립하기 위해서는 허위의 사실을 적시하여 사자의 명예를 훼손한다는 것을 인식하여야 한다.35) 허위사실에 대한 인식은 허위사실적시 명예훼손죄의 경우와 마찬가지로 미필적 고의로 족하며, 반드시 확정적 고의가 있을 것까지 요하지는 않는다.36)

① 진실한 사실을 허위라고 오인한 경우: 객관적 구성요건해당성이 없으므로 본죄는 성립하지 않는다.

② 허위사실을 진실이라고 오인한 경우: 객관적 구성요건해당성은 있으나 고의가 없으므로 본죄는 성립하지 않는다.

③ 사람을 사자로 오인하고 허위사실을 적시한 경우: 허위사실적시 명예훼손죄는 사자명예훼손죄에 대하여 가중적 구성요건이므로 가중적 구성요건의 착오로서 제15조 제1항에 의하여 사자명예훼손죄로 처벌된다.

④ 사자를 사람으로 오인하고 허위사실을 적시한 경우: 일단 객관적으로 사람의 명예를 훼손하지 않았으므로 허위사실적시 명예훼손죄의 객관적 구성요건에 해당하지 않는다. 다만 '대는 소를 포함한다'는 법의 일반원칙에 따라 생존자에 대한 고의는 사자에 대한 고의를 포함하므로 사자명예훼손죄가 성립한다.37)

⑤ 사람을 사자로 오인하거나 사자를 사람으로 오인하고 사실을 적시한 경우: 사실을 적시한 경우에는 사자의 명예훼손죄는 성립할 여지가 없으며, 다만 단순명예훼손죄의 성부만이 문제된다. 그러나 사람을 사자로 오인한 경우에는 고의가 부정되며, 사자를 사람으로 오인한 경우에는 객관적 구성요건해당성이 없으므로 본죄도 성립하지 않는다. 따라서 이 경우에는 아무런 범죄도 성립하지 않는다.

---

35) 적시한 사실이 허위라는 점에 대한 고의와 관련하여 확정적 고의를 요하며, 미필적 고의로는 족하지 않다는 견해가 있다.
36) 이에 대하여 허위사실에 대하여 확정적 고의가 있을 것을 요한다는 견해는 배종대, 각론, 292면; 정성근/박광민, 각론, 224면.
37) 임웅, 각론, 237면도 죄질부합설에 의하여 사자명예훼손죄가 성립한다고 본다.

4. 출판물 등에 의한 명예훼손죄

제309조 제1항: 사람을 비방할 목적으로 신문, 잡지 또는 라디오 기타 출판물에 의하여 제307조 제1항의 죄를 범한 자는 3년 이하의 징역이나 금고 또는 700만원 이하의 벌금에 처한다.

동조 제2항: 전항의 방법으로 제307조 제2항의 죄를 범한 자는 7년 이하의 징역, 1년 이하의 자격정지 또는 1천500만원 이하의 벌금에 처한다.

출판물명예훼손죄와 사이버명예훼손죄는 비방을 목적으로 한다는 점과 전파가능성이 높은 대중매체를 수단으로 하여 법익침해의 위험성이 커진다는 점에서 불법가중을 이유로 형이 가중되는 가중적 구성요건이다.

① **객관적 구성요건**: 본죄는 "신문잡지 또는 라디오 기타 출판물" 등의 방법에 의하여 사람의 명예를 훼손함으로써 성립한다. "기타 출판물"이란 등록인쇄된 제본인쇄물이나 제작물과 같은 정도의 효용과 기능(높은 전파성과 신뢰성 및 장기간의 보존가능성)을 가진 인쇄물을 말한다. 예컨대 그 장수가 2장에 불과하며 제본방법도 조잡한 것으로 보이는 최고서 사본 3000부를 전자복사한 것은 기타 출판물에 해당하지 않는다.[38]

[판례 8] 甲은 자신의 처 乙女가 그의 학대와 도박으로 인한 재산탕진을 견디지 못하고 가출하게 되자 乙女가 정신질환을 앓은 바도 없고 정신이상이 없음에도 불구하고 그녀를 비방할 목적으로 백지위에 사람을 찾음이라는 제목 하에 乙女의 인적사항, 인상, 말씨 등을 사인펜으로 기재하고 "위 사람은 정신분열증 환자로서 무단가출하였으니 연락해 달라"는 취지의 내용을 기재한 광고문 10여장을 작성한 후 여러 사람에게 우송하였다. 甲의 죄책은?

만일 甲이 작성한 광고문이 "기타 출판물"에 해당한다면 출판물에 의한 허위사실적시 명예훼손죄에 해당할 것이다. 여기서 "기타 출판물이란 등록인쇄된 제본인쇄물이나 제작물과 같은 정도의 효용과 기능을 가진 것이어야 한다. 사인펜으로 작성한 10여장의 광고문은 전파성과 신뢰성 및 보존가능성의 면에서 인쇄물과 같은 정도의 효용이나 기능을 지니지 못하므로 "기타 인쇄물"에 해당하지 않는다.[39] 따라서 甲의 행위는 출판물 등에 의한 명예훼손죄에는 해당하지 않으며, 다만 허위사실적시 명예훼손죄에 해당한다.

② **주관적 구성요건**: 본죄는 목적범이므로 일반적·주관적 불법요소인 고의 외에 특별한 주관적 불법요소로서 '비방의 목적'이 있어야 한다.

---

[38] 대법원 1997. 8. 29. 선고 97도133 판결.
[39] 대법원 1986. 3. 2. 선고 85도1143 판결.

5. 정보통신망을 통한 명예훼손죄(소위 사이버명예훼손죄)

정보통신망 이용촉진 및 정보보호 등에 관한 법률 제70조(벌칙): ① 사람을 비방할 목적으로 정보통신망을 통하여 공공연하게 사실을 드러내어 다른 사람의 명예를 훼손한 자는 3년 이하의 징역이나 금고 또는 3천만원 이하의 벌금에 처한다.
② 사람을 비방할 목적으로 정보통신망을 통하여 공공연하게 거짓의 사실을 드러내어 다른 사람의 명예를 훼손한 자는 7년 이하의 징역, 10년 이하의 자격정지 또는 5천만원 이하의 벌금에 처한다.
③ 제1항과 제2항의 죄는 피해자가 구체적으로 밝힌 의사에 반하여 공소를 제기할 수 없다.

[예 5] 대학교 2학년에 재학 중인 남학생 甲은 4년 동안 사귀어온 애인 乙女가 변심을 하여 헤어지게 되자 홧김에 乙女가 자신과 성관계를 가진 사실을 타인명의의 이-메일을 이용하여 자신과 乙女의 친구들에게 보냈다. 甲의 죄책은?

甲은 乙女를 비방할 목적으로 이-메일을 통하여 사실을 적시하여 乙女의 명예를 훼손했으므로 정보통신망 이용촉진 및 정보보호 등에 관한 법률 제70조 위반죄(소위 사이버명예훼손죄)가 성립한다.

III. 모욕죄

제311조: 공연히 사람을 모욕한 자는 1년 이하의 징역이나 금고 또는 200만원 이하의 벌금에 처한다.
제312조 제1항: 제308조와 제311조의 죄는 고소가 있어야 공소를 제기할 수 있다.

1. 구성요건

모욕이란 경멸의 의사표시를 말한다. 추상적 가치판단이라는 점에서 구체적 사실을 적시하는 명예훼손과 차이가 있다. 모욕은 언어나 서면은 물론 거동을 수단으로 한 경우도 가능하다. 다만 거동이 경멸의 의사표시와 같은 설명가치를 지녀야 한다.

	개념	보호법익	제310조(위법성조각사유)	소송조건
명예훼손죄	구체적 사실의 적시	외적 명예	제307조 1항에 대하여만 적용	반의사불벌죄
모욕죄	경멸의 의사표시 (추상적 가치판단)	외적 명예 (다수설)	적용되지 않음	사자에 대한 명예훼손죄와 마찬가지로 친고죄
양죄의 관계	양죄는 법조경합의 관계(특별관계)에 있으므로 하나의 행위에 의하여 사실을 적시하고 동시에 모욕한 때에는 명예훼손죄만 성립하며 모욕죄는 성립하지 않는다. 또한 명예훼손행위가 제310에 의하여 위법성이 조각되는 경우 별도로 모욕죄가 성립하지는 않는다.			

[판례 9] 甲은 사람이 많이 다니는 상가에서 乙女와 다투던 중에 "야, 이 개같은 잡년아, 시집을 열두 번을 간 년아, 자식도 못 낳는 창녀같은 년"이라고 소리쳤다. 甲의 죄책은?

甲의 발언은 乙女의 사회적 평가를 저하시킬 만한 구체적 사실의 적시라기보다는, 乙女의 도덕성에 대한 추상적 판단 내지는 경멸적인 감정표현을 과장되게 표현한 욕설에 지나지 않는다. 따라서 명예훼손죄에는 해당하지 않는다. 다만 甲은 공연히 乙女에 대하여 경멸의 의사표시를 했으므로 모욕죄가 성립한다.[40]

2. 위법성

모욕죄에 대해서는 제310조가 적용되지 않는다. 왜냐하면 모욕은 진실한 사실의 적시가 아니며, 공익성도 없기 때문이다. 다만 정치, 학문, 예술 분야의 비평에 어느 정도 경멸의 의사표현이 포함된 경우에는 모욕죄는 성립하지 않는다. 왜냐하면 비평은 명예훼손죄의 구성요건에 해당하지만 제310조에 의하여 위법성이 조각되며, 모욕죄는 명예훼손죄와 법조경합의 관계(특별관계)에 있으므로 별개의 범죄를 구성하지는 않기 때문이다.[41]

3. 친고죄

모욕죄는 사자명예훼손죄와 마찬가지로 친고죄이다(제312조 제1항). 그 이외의 명예훼손죄는 모두 반의사불벌죄이다(동조 제2항).

---

40) 대법원 1985. 10. 22. 선고 85도1629 판결.
41) 김일수/서보학, 각론, 208면.

제2절 신용·업무와 경매에 대한 죄

I. 서론

신용·업무와 경매에 대한 죄로는 신용훼손죄(제313조), 업무방해죄(제314조), 경매·입찰방해죄(제315조)등이 있다. 앞에서 설명한 바와 같이 명예에 관한 죄가 사람의 사회생활에서 갖는 인격적 가치를 보호하기 위한 것이라면, 신용·업무에 대한 죄는 사회생활에서 갖는 경제적 가치를 보호하기 위한 것이다. 본죄가 재산죄인가 아니면 인격적 법익에 대한 죄인가에 대하여 논란이 있으나 다수설은 인격적 법익에 대한 죄인 동시에 재산죄의 성격도 지닌다고 보고 있다.[42]

II. 신용훼손죄

> 제313조: 허위의 사실을 유포하거나 기타 위계로서 신용을 훼손한 자는 5년 이하의 징역 또는 1천500만원 이하의 벌금에 처한다.

1. 의의 및 보호법익

본죄는 허위의 사실을 유포하거나 기타 위계로써 사람의 신용을 훼손함으로써 성립하는 범죄이다. 여기서 신용이란 사람의 경제활동에 대한 사회적 평가, 즉 지불능력이나 지불의사에 대한 사회적 신뢰를 말한다. 명예가 사람의 인격적 측면에 대한 사회적 평가라면 신용은 인격 가운데서도 특히 경제적 측면에 대한 사회적 평가라고 할 수 있다. 이러한 의미에서 신용훼손죄는 허위사실적시명예훼손죄에 대하여 특별관계에 있다고 할 수 있다. 따라서 허위사실을 적시하여 사람의 명예와 신용을 동시에 훼손한 경우에는 신용훼손죄만 성립한다.[43]

본죄의 보호법익은 사람의 신용이다.

2. 성립요건

① 객체: 사람의 신용이다. 신용의 주체는 명예의 주체와 마찬가지로 자연인에 한하지 않으며, 법인이나 법인격 없는 단체도 포함한다.

---

42) 김일수/서보학, 각론, 209면; 오영근, 각론, 232면;임웅, 각론, 244면.
43) 배종대, 각론, 301면; 임웅, 각론, 246면. 이에 대하여 양죄의 상상적 경합범이 성립한다고 보는 견해는 정성근/박광민, 각론, 234면.

② 행위: 허위사실을 유포하거나 기타 위계로서 신용을 훼손하는 것이다.

㉠ 허위사실의 유포: 이는 허위사실을 불특정 또는 다수인에게 전파하는 것이다. 신용훼손죄는 명예훼손죄와는 달리 공연성을 요하지 않으며 따라서 특정인에게 허위사실을 고지하더라도 이것이 순차적으로 불특정 또는 다수인에게 전파될 가능성이 있는 경우에는 유포에 해당한다. 유포는 전파성의 원리를 포함한다는 점에서 명예훼손죄에서 말하는 '사실의 적시'보다 넓은 개념이다.

허위사실이란 객관적 진실과 부합하지 않는 과거 또는 현재의 사실을 유포하는 것이다. 미래의 사실을 적시하는 것은 단순한 의견진술이나 가치판단에 불과하므로 사실의 적시에 해당하지 않는다. 다만 미래의 사실도 증거에 의한 입증이 가능한 때에는 사실의 적시에 해당한다.

[판례 1] 甲女는 8년 전부터 남편 없이 세 자녀를 데리고 계를 조직, 운영하면서 생계를 꾸려 왔으나 계원들의 계불입상황이 원활하지 못하여 乙女로부터 다액의 채무를 부담하게 되자 자기소유의 아파트와 가재도구 일체를 乙女에게 담보로 제공하였다. 乙女는 계주인 甲女의 계운영권 일체를 인수받아 운영하기로 마음먹고 계원이 모인 자리에서 "甲女는 집도 없고 남편도 없는 과부이며, 계주로서 계불입금을 모아서 도망가더라도 어느 한 사람 책임지고 도와줄 사람 없는 알몸이니 甲女에게 불입금을 주지 말고 나에게 달라. 나는 1억원 상당의 집이 있고, 남편도 공무원이므로 안심하고 계불입금을 주면 책임지고 계를 잘 운영하겠다"라고 말하였다. 乙女의 죄책은?

乙女의 행위가 신용훼손죄에 해당하는가에 대하여 검토한다. "甲女는 집도 없고 남편도 없는 과부이며..."라는 부분은 허위사실이 아니다. 그리고 "계주로서 계불입금을 모아서 도망가더라도 어느 한 사람 책임지고 도와줄 사람 없는 알몸이니..."라는 부분은 甲女에 대한 개인적 의견이나 평가를 진술한 것에 불과하므로 허위사실의 유포라고 볼 수 없다. 따라서 신용훼손죄는 성립하지 않는다.[44] 다만 乙女는 공연히 "甲女는 집도 없고 남편도 없는 과부"라는 사실을 적시하여 甲女의 명예를 훼손했으므로 단순명예훼손죄(제307조 제1항)가 성립한다.

㉡ 위계: 사람의 착오나 부지를 이용하는 일체의 행위를 말한다. 공연성을 요하지는 않는다.

㉢ 신용의 훼손: 신용훼손이란 사람의 지불능력이나 지불의사에 대한 사회적 신뢰를 저하시킬 만한 행위를 말한다. 본죄는 위험범이므로 실제로 신용훼손의 결과가 발생할 것은 요하지 않으며 허위사실을 유포하거나 위계가 있으면 기수가 된다.

---

44) 대법원 1983. 2. 8. 선고 82도2486 판결.

3. 죄수

본죄는 사람의 사회적 가치 가운데서도 특히 경제적 가치를 침해하는 범죄이므로 명예훼손죄에 대하여 법조경합(특별관계)에 있다. 따라서 허위사실을 유포하여 명예와 신용을 훼손한 때에는 본죄만이 성립한다. 그러나 진실한 사실을 유포한 때에는 신용훼손죄는 성립하지 않으므로 단순명예훼손죄가 성립한다. 출판물에 의한 허위사실적시 명예훼손죄는 특수한 불법내용(비방목적, 출판물의 높은 전파성)으로 인하여 신용훼손죄와 상상적 경합관계에 있다고 보아야 한다. 따라서 출판물 등에 의하여 허위사실을 적시하여 사람의 명예와 신용을 훼손한 때에는 신용훼손죄와 출판물 등에 의한 허위사실적시 명예훼손죄의 상상적 경합이 성립한다.

III. 업무방해죄

> **제314조 제1항**: 제313조의 방법 또는 위력으로서 사람의 업무를 방해한 자는 5년 이하의 징역 또는 1천500만원 이하의 벌금에 처한다.

1. 의의 및 보호법익

본죄는 허위의 사실을 유포하거나 위계 또는 위력으로서 사람의 업무를 방해함으로써 성립하는 범죄이다. 본죄는 사람의 인격적 활동을 보호하는 범죄이지만, 그 가운데서도 특히 경제적 활동의 자유를 보호하는 범죄라는 점에서 재산범의 성격도 가지고 있다.

본죄의 보호법익은 사람의 업무다. 그리고 보호의 정도는 추상적 위험범이다. 따라서 본죄의 성립을 위하여 현실적으로 업무가 방해될 것까지 요하지는 않으며, 업무가 방해될 위험만 있으면 족하다.

2. 성립요건

(1) 구성요건

① 객체: 본죄의 객체는 사람의 업무이다. 여기서 업무란 사회생활상의 지위에 기하여 계속적·반복적으로 행하는 사무를 말한다. 따라서 일회적인 사무는 본죄의 보호법익인 업무에 해당하지 않는다. 다만 행위 자체는 일회성을 갖는 것이더라도 그 자체가 어느 정도 계속하여 행해지는 것이거나 혹은 그것이 직업 또는 사회생활상의 지위에서 계속적으로 행하여 온 본래의 업무수행과 밀접불가분의 관계에서 이루어지

는 것은 업무에 해당한다.

[판례 2-1] 甲은 乙소유의 공장건물을 임차하여 비닐가공공장을 하다가 이사를 하게 되었다. 임대차계약상의 문제로 甲과 감정이 좋지 않았던 乙은 공장 안에 있던 甲소유의 물건들을 옮기지 못하게 방해하여 공장에 그대로 두게 하고, 후에 그 물건들을 매각하거나 반환을 거부하였다. 乙의 죄책은?

공장을 이전하는 업무는 비닐가공업무를 준비하기 위한 일시적인 사무로서 계속성을 지닌 업무라고 할 수 없으므로 이를 방해한 행위는 업무방해죄에 해당하지 않는다.[45] 다만 임대인 乙은 공장 내의 물건들을 옮기지 못하게 하였으므로 사무관리 또는 조리상 임차인을 위하여 물건을 보관하는 지위에 있다고 할 수 있다. 乙은 타인의 재물을 보관하는 자로서 이를 매각하거나 반환을 거부하였으므로 횡령죄가 성립한다.

[판례 2-2] A주식회사는 서울에 소재하는 공장을 안산에 소재하는 신축공장으로 이전하는 업무를 추진하면서, 그 업무의 일환으로 공장의 일부 장비를 반출, 이전하려다가 회사노조원들의 실력행사로 인하여 장비의 반출에 실패하는 바람에 위 장비의 이전설치와 병행하여 추진되던 안산공장의 완공 및 정상가동 등 위 공장이전과 관련한 회사의 제반 업무가 약 1개월 내지 1개월 보름가량 지연되어 그로 말미암아 적지 않은 영업상 손실을 입게 되었다. 회사 노조원들의 죄책은?

회사 공장의 이전이 업무에 해당하는가에 대하여 대법원은 "피해 회사의 위 공장이전과 관련한 공소사실 기재 제반 사무는 업무방해죄의 보호대상이 되지 못하는 단순히 일회적 혹은 일시적인 성격의 행위가 아니라 그 자체로서 상당기간의 계속성을 지닌데다가 회사의 목적 사업에서 연유하는 경영권 행사의 연장선상에서 본래의 업무수행의 일환으로서 그와 밀접불가분의 관계에 있는 업무라고 봄이 상당하다"[46]라고 함으로써 회사노조원들에 대하여 업무방해죄의 성립을 인정하였다.

또한 부수적인 업무라도 주된 업무와 밀접불가분의 관계에 있으면서 계속적으로 수행되어지는 것도 업무에 해당된다.

[판례 3] 甲 등 10여명의 공장 종업원들은 회사의 공장 정문을 봉쇄하고 출입자를 통제하여 규찰을 보며 공장 관리직 사원들과 함께 밖으로 나가려는 이사(理事)를 밖으로 나가지 못하게 하였다. 甲 등 10여명의 죄책은?

대법원은 "주간에 있어서의 공장 조업이 끝났다고 하더라도 공장을 가동하여 섬유제품을 생산, 가공, 판매하는 회사 본래의 주된 영업활동을 원활하게 수행하기 위하여 위 회사는

---

45) 대법원 1985. 4. 9. 선고 84도300 판결.
46) 대법원 2005. 4. 15. 선고 2004도8701 판결.

공장건물 및 기자재 관리나 당직근무자 등을 통한 공장출입자에 대한 통제를 야간에도 계속해야 함은 물론 전체 회사 직원들의 출퇴근이 제대로 이루어질 수 있도록 공장 정문의 정상적인 개폐 등에도 만전을 기하여야 하는 것이며, 이러한 업무는 위 회사의 주된 업무와 밀접불가분의 관계에 있으면서 계속적으로 수행되어지는 회사의 부수적 업무라 할 것이므로 이는 업무방해죄에서 보호의 대상으로 삼고 있는 업무에 해당된다"47)라고 함으로써 甲 등에 대하여 업무방해죄의 성립을 인정하였다.

본죄의 업무는 보호법익으로서의 업무48)로서 법률상 보호의 가치가 있는 정당한 업무를 말한다. 그 업무가 반드시 적법하여야 하는 것은 아니나, 사실상 평온하게 이루어져 사람의 사회적 활동의 기반을 이루고 있어야 한다.49)

[판례 4] 甲은 임대인 乙의 승낙 없이 임차인 丙으로부터 乙소유의 건물 지하실을 전차하여 음식점 영업을 하여 왔다. 乙은 甲이 자신의 승낙 없이 영업을 하였다는 이유로 나가라고 수차례 요구하다가 甲이 말을 듣지 않고 영업을 계속하자 지하층의 열쇠를 새로 만들어 잠그고 건물관리인으로 하여금 그 곳에 설치되어 있는 甲소유의 의자, 탁자 등을 들어내게 하였다. 乙의 죄책은?

甲은 임대인의 승낙 없이 전차하였으나 불법침탈 등의 방법에 의하여 점유를 개시한 것은 아니며 그 동안 평온하게 음식점을 영업하면서 점유를 계속한 것이므로 법률상 보호의 가치가 있는 업무라고 할 수 있다. 따라서 乙에 대하여는 위력에 의한 업무방해죄가 성립한다.50)

[판례 5] 임대인 甲은 '본 임대차계약의 종료일 또는 계약해지통보 1주일 이내에도 임차인이 임차인의 소유물 및 재산을 반출하지 않은 경우에는 임대인은 임차인의 물건을 임대인 임의대로 철거 폐기처분 할 수 있으며, 임차인은 개인적으로나 법적으로나 하등의 이의를 제기하지 않는다'는 임대차계약 조항에 따라 간판업자를 동원하여 임차인 乙의 점포의 간판을 철거하고 출입문을 봉쇄하였다. 甲의 죄책은?

대법원은 "강제집행은 국가가 독점하고 있는 사법권의 한 작용을 이루고 채권자는 국가에 대하여 강제집행권의 발동을 신청할 수 있는 지위에 있을 뿐이므로, 법률이 정한 집행기관에 강제집행을 신청하지 않고 채권자가 임의로 강제집행을 하기로 하는 계약은 사회질서에 반하는 것으로 민법 제103조에 의하여 무효라고 할 것이다"라는 이유로 그 임대차계약 조항은 무효라고 보았다. 따라서 甲이 점포의 간판을 철거하고 출입문을 봉쇄한 행위는 위력에 의한 업무방해죄에 해당한다.51)

---

47) 대법원 1992. 2. 11. 선고 91도1834 판결.
48) 따라서 업무상 과실치사상죄의 경우와 같이 법익에 위해를 가할 위험성이 있는 업무와 다르다.
49) 대법원 2007. 8. 23. 선고 2006도3687 판결.
50) 대법원 1986. 12. 23. 선고 86도1372 판결.
51) 대법원 2005. 3. 10. 선고 2004도341 판결.

그러나 어떤 사무나 활동 자체가 위법의 정도가 중하여 사회생활상 도저히 용인될 수 없는 정도로 반사회성을 띠는 경우에는 법률상 보호의 가치가 있는 정당한 업무에 해당한다고 볼 수 없다.52)

[판례 6-1] 甲은 의료인이 아닌 乙이 A의원을 개설하여 운영하자 폭행, 협박 등의 방법으로 그 의원의 운영을 방해하였다. 甲의 죄책은?

대법원은 "의료인이나 의료법인이 아닌 자가 의료기관을 개설하여 운영하는 행위는 거기에 따를 수 있는 국민보건상의 위험성에 비추어 사회통념상으로 도저히 용인될 수 없다고 할 것이다. 따라서 의료인이나 의료법인이 아닌 자가 의료기관을 개설하여 운영하는 행위는 그 위법의 정도가 중하여 사회생활상 도저히 용인될 수 없는 정도로 반사회성을 띠고 있으므로 업무방해죄의 보호대상이 되는 '업무'에 해당하지 않는다"53)라고 판시하였다. 따라서 甲에 대하여 업무방해죄는 성립하지 않으며, 다만 협박죄나 폭행죄의 성립만이 가능하다.

[판례 6-2] 폭력조직 간부 甲은 조직원들과 공모하여 乙이 운영하는 성매매업소 앞에 속칭 '병풍'을 치거나 차량을 주차해 놓는 등의 행위를 함으로써 영업을 방해하였다. 甲에 대하여 업무방해죄가 성립하는가?

형법상 업무방해죄의 보호대상이 되는 '업무'란 직업 또는 계속적으로 종사하는 사무나 사업으로서 타인의 위법한 침해로부터 형법상 보호할 가치가 있는 것이어야 하므로, 어떤 사무나 활동 자체가 위법의 정도가 중하여 사회생활상 도저히 용인될 수 없는 정도로 반사회성을 띠는 경우에는 업무방해죄 보호대상이 되는 '업무'에 해당한다고 볼 수 없다.
성매매알선 등 행위는 성매매알선 등 행위의 처벌에 관한 법률 제4조에 의하여 원천적으로 금지된 행위로서 형사처벌의 대상이 되는 중대한 범죄행위일 뿐 아니라 정의관념상 용인될 수 없는 정도로 반사회성을 띠는 경우에 해당하므로, 업무방해죄의 보호대상이 되는 업무라고 볼 수 없다. 따라서 甲에 대하여는 업무방해죄는 성립하지 않는다.54)

그리고 본죄의 업무에는 공무도 포함하는 것으로 해석하여야 한다.55) 따라서 ㉠ 폭행·협박에 이르지 않는 정도의 위력에 의하여 공무집행을 방해하거나, ㉡ 정보처리에 장애를 야기하여 공무집행을 방해한 경우 공무집행방해죄는 성립하지 않지만56)

---

52) 대법원 2001. 11. 30. 선고 2001도2015 판결; 2002. 8. 23. 선고 2001도5592 판결.
53) 대법원 2001. 11. 30. 선고 2001도2015 판결.
54) 대법원 2011.10.13. 선고 2011도7081 판결.
55) 적극설: 임웅, 각론, 251면. 이에 대하여 본죄의 업무에는 공무가 포함되지 않는다는 견해(소극설: 오영근, 각론, 239면 이하)와 비공무원에 의한 공무수행이나 비권력적 공무수행 또는 위력에 의한 공무집행방해의 경우에만 공무도 업무에 포함된다고 보는 견해(절충설: 김일수/서보학, 각론, 215면; 정성근/박광민, 각론, 238면)가 있다.

업무방해죄는 성립할 수 있다.

공무집행방해죄는 업무방해죄에 대하여 특별관계에 있으므로 공무집행방해죄가 성립하는 경우에는 업무방해죄는 별도로 성립하지 않는다.

② 행위: 본죄의 행위는 허위사실의 유포, 위계 또는 위력으로써 업무를 방해하는 것이다.

㉠ 허위사실의 유포와 위계: 신용훼손죄에서 설명한 바와 같다.

[판례 7] 교수 甲은 출제교수로부터 대학원 신입생 전형시험문제를 제출받아 乙, 丙에게 그 시험문제를 알려 주었으며, 乙, 丙은 답안쪽지를 작성하여 이를 답안지에 그대로 베껴 써서 그 정을 모르는 시험감독관에게 제출하였다. 乙, 丙의 죄책은?

乙, 丙은 위계에 의하여 입시감독업무를 방해하였으므로 업무방해죄에 해당한다.[57] 만일 그 대학이 공립이나 국립이라면 위계에 의한 공무집행방해죄가 성립한다.

㉡ 위력: 폭행, 협박 또는 사람의 의사의 자유를 침해할 정도의 세력(정치적, 경제적, 사회적 지위나 권세)을 말하며, 위력에 의해 현실적으로 피해자의 자유의사가 제압되는 것을 요하지는 않는다.[58]

[판례 8] 건물주가 임차인의 점포 문을 폐쇄하거나,[59] 점포에 대하여 정당한 권한 없이 단전조치를 한 경우,[60] 회의 진행을 못하도록 하기 위하여 마이크를 빼앗고 피해자를 비방하면서 걸려 있는 현수막을 제거하고 회의장에 들어가려는 사람들로 하여금 회의에 참석하지 못하게 한 경우[61] 등이 위력에 의한 업무방해에 해당한다.

㉢ 업무방해: 본죄는 추상적 위험범이다. 따라서 업무를 방해한다는 말은 업무방해의 결과가 실제로 발생할 것까지 요하지는 않으며, 업무방해의 결과를 초래할 위험이 발생하면 족하다.[62] 그러나 결과발생의 위험이 없는 경우에는 본죄는 성립하지 않는다.

---

56) 왜냐하면 공무집행방해죄(제136조, 제137조)는 폭행, 협박 또는 위계를 수단으로 하는 경우에만 성립하기 때문이다. '허위사실을 유포한 경우도 위계에 해당하므로 공무집행방해죄가 성립한다.
57) 대법원 1991. 11. 12. 선고 91도2211 판결.
58) 대법원 1995. 10. 12. 선고 95도1589 판결.
59) 대법원 1986. 12. 23. 선고 86도1372 판결.
60) 대법원 1983. 11. 8. 선고 83도1798 판결.
61) 대법원 1991. 2. 12. 선고 90도2501 판결.
62) 다수설. 이에 대하여 구체적 위험이 있을 것을 요한다고 보는 견해는 배종대, 각론, 310면.

[판례 9-1] A 주식회사 임원인 甲은 자동차 판매수수료율과 관련하여 대리점 사업자들과 A 회사 사이에 의견대립이 고조되자, 대리점 사업자 乙이 일정액의 사용료를 지급하고 판매정보 교환 등에 이용해 오던 A 회사의 내부전산망인 큐빅넷(Cubic-Net)전산시스템 전체 및 고객관리전산시스템(SPMS) 중 자유게시판에 대한 접속권한을 차단하였다. 대리점 사업자들은 이 전산시스템을 통하여 회사로부터 대리점에 전달되는 판매관련 중요 업무지침이나 판매조건에 관한 정보 등을 입수하고, 전자메일이나 전자게시판 등의 기능을 활용하여 다른 대리점 사업자들과 판매에 관한 정보를 교환하는 등의 업무연락을 해왔다. 甲의 죄책은?

업무방해죄에서 말하는 '위력'은 폭행, 협박 또는 사람의 의사의 자유를 침해할 정도의 세력을 말하는데, 여기서 폭행은 광의의 폭행으로서 사람의 신체에 대한 유형력의 행사(협의의 폭행)는 물론 물건에 대한 유형력의 행사라고 하더라도 간접적으로 사람에게 가해짐으로써 의사의 자유가 침해된 경우(심리적 폭행)도 포함한다. 따라서 甲이 대리점 사업자들의 전산시스템사용 및 접속권한 차단한 행위는 위력에 해당한다.

甲이 업무를 방해하였는가에 관하여 대법원은 "접속차단으로써 피해자의 자동차판매와 관련된 부수적 업무가 방해받은 이상 주된 업무인 자동차판매업무의 경영도 어느 정도 방해되었거나 방해받을 위험이 발생하였다"는 이유로 이를 긍정하였다.

甲에게 업무방해의 고의가 있는가에 관하여 대법원은 "고의 또한 반드시 업무방해의 목적이나 계획적인 업무방해의 의도가 있어야만 하는 것은 아니고, 자신의 행위로 인하여 타인의 업무가 방해될 가능성 또는 위험에 대한 인식이나 예견으로 충분하며, 그 인식이나 예견은 확정적인 것은 물론 불확정적인 것이라도 이른바 미필적 고의로 인정된다"고 보았다.[63]

[판례 9-2] 대부업체 직원인 甲은 자신이 근무하는 회사의 사무실에서 간판업에 종사하는 乙이 대출받은 200만 원에 대한 이자 10여 만 원을 2003. 9. 2.에 지급하여야 하여야 함에도 불구하고 지급하지 못하였다. 이에 甲의 주도로 그 회사의 직원들은 乙의 휴대전화기에 2003. 9. 8.부터 같은 해 10. 25.까지 460여 회에 걸쳐, 즉 매일 평균 10통 가량, 어떤 날은 심지어 90여 통에 이르는 전화 공세를 하였다. 甲의 죄책은?

대법원은 다음의 이유에서 甲에 대하여 위력에 의한 업무방해죄의 성립을 인정하였다: "업무방해죄에 있어서의 '위력'이란 사람의 자유의사를 제압·혼란케 할 만한 일체의 세력을 말하고, 유형적이든 무형적이든 묻지 아니하며, 폭행·협박은 물론 사회적, 경제적, 정치적 지위와 권세에 의한 압박 등을 포함한다고 할 것이고, 위력에 의해 현실적으로 피해자의 자유의사가 제압되는 것을 요하는 것은 아니며 … 업무방해죄의 성립에 있어서는 업무방해의 결과가 실제로 발생함을 요하는 것이 아니고 업무방해의 결과를 초래할 위험이 발생하는 것이면 족하다."

---

63) 대법원 2012.05.24. 선고 2009도4141 판결.

"무차별적인 전화공세를 하는 식의 채권추심행위는 사회통념상의 허용한도를 벗어나 경제적 약자인 乙의 자유의사를 제압하기에 족한 위력에 해당한다고 할 것이고, 또한 기록에 의하면 위 乙은 소규모 간판업을 경영하는 자로서 업무상 휴대폰의 사용이 긴요하다고 할 수 있는데 대부분의 전화가 그 휴대폰에 집중된 이상 이로 인하여 동인의 간판업 업무가 방해되는 결과를 초래할 위험이 발생하였다고 인정하기에 충분하다."[64]

[판례 10] 甲은 조경포지농장을 운영하는 A 주식회사가 조경수 운반 등 농장 출입을 위하여 사용해 온 현황도로 위에 돌과 흙을 이용하여 높이 1.8m, 폭 6m의 축대를 쌓아 A 주식회사의 조경수 운반차량의 통행을 방해하였다. 그런데 이 도로부분의 북쪽 바로 위 지점에 대체도로가 개설되어 있어서, 위 대체도로로도 조경수 운반차량 등의 통행이 가능하였다. 甲의 죄책은?

대법원은 "업무방해죄의 성립에 있어서는 업무방해의 결과가 실제로 발생함을 요하는 것은 아니고 업무방해의 결과를 초래할 위험이 발생하면 충분하다 할 것이나, 결과발생의 염려가 없는 경우에는 본 죄가 성립하지 않는다"는 기존의 입장[65]을 근거로 A 주식회사의 "조경수 운반업무 등이 방해되는 결과발생의 염려가 없었다"는 이유로 업무방해죄의 성립을 부정하였다.[66]

(2) 위법성

쟁의행위가 업무방해죄의 구성요건에 해당하더라도 법령[67]에 의한 행위로서 위법성이 조각될 수 있다. 쟁의행위로서 파업이 업무방해죄를 구성하는가에 관하여 종전의 판례는 "노동관계 법령에 따른 정당한 쟁의행위로서 위법성이 조각되는 경우가 아닌 한 업무방해죄를 구성한다"[68]고 보았다. 그러나 대법원은 2011년 판결에서 종전의 견해를 변경하여 쟁의행위로서 파업이 언제나 업무방해죄에 해당하는 것은 아니며, "사용자의 사업계속에 관한 자유의사가 제압·혼란될 수 있다고 평가할 수 있는 경우"에 비로소 집단적 노무제공의 거부가 위력에 해당하여 업무방해죄가 성립한다고 보았다.[69]

---

64) 대법원 2005. 5. 27. 선고 2004도8447 판결.
65) 대법원 2005. 10. 27. 선고 2005도5432 판결.
66) 대법원 2007. 4. 27. 선고 2006도9028 판결.
67) 노동조합 및 노동관계조정법 제4조(정당행위): 형법 제20조의 규정은 노동조합이 단체교섭·쟁의행위 기타의 행위로서 제1조의 목적을 달성하기 위하여 한 정당한 행위에 대하여 적용된다. 다만, 어떠한 경우에도 폭력이나 파괴행위는 정당한 행위로 해석되어서는 아니 된다.
68) 대법원 1991. 4. 23. 선고 90도2771 판결, 대법원 1991. 11. 8. 선고 91도326 판결, 대법원 2004. 5. 27. 선고 2004도689 판결, 대법원 2006. 5. 12. 선고 2002도3450 판결, 대법원 2006. 5. 25. 선고 2002도5577 판결.
69) 대법원 2011.3.17. 선고 2007도482 전원합의체 판결.

[판례 11] 중앙노동위원회 위원장은 전국철도노동조합과 한국철도공사 간의 단체교섭이 2006. 2. 28. 최종적으로 결렬되자 같은 날 21:00부로 직권중재회부결정을 하였음에도 불구하고, 甲을 비롯한 전국철도노동조합 집행부는 2006. 2. 7.자 결의에 따라 예정대로 파업에 돌입하여 이를 지속할 것을 지시하였으며, 이에 전국철도노동조합 조합원들은 서울철도차량정비창 등 전국 641개 사업장에 출근하지 아니한 채 업무를 거부하여 한국철도공사의 케이티엑스(KTX) 열차와, 새마을호 열차의 운행이 중단되도록 함으로써, 한국철도공사로 하여금 영업수익 손실과 대체인력 보상금 등 총 135억 원 상당의 손해를 입게 하였다. 甲의 죄책은?(파업으로 인한 업무방해 사건)

[참조조문]
구 노동조합및노동관계조정법 제62조(중재의 개시) 노동위원회는 다음 각호의 1에 해당하는 때에는 중재를 행한다. (중간생략)
  3. 제71조제2항의 규정에 의한 필수공익사업에 있어서 노동위원회 위원장이 특별조정위원회의 권고에 의하여 중재에 회부한다는 결정을 한 때(현행삭제)
제63조(중재시의 쟁의행위의 금지) 노동쟁의가 중재에 회부된 때에는 그 날부터 15일간은 쟁의행위를 할 수 없다.

위법성에 관하여 종전의 판례는 "노동관계 법령에 따른 정당한 쟁의행위로서 위법성이 조각되는 경우가 아닌 한 업무방해죄를 구성한다"[70]고 보았다. 이 견해에 의한다면 노동쟁의가 중재에 회부된 때에는 그 날부터 15일간은 쟁의행위를 할 수 없으므로(노동조합 및 노동관계조정법 제63조), 전국철도노동조합 집행부가 파업을 강행한 행위는 위법이므로 업무방해의 위법성은 조각되지 않는다.

대법원은 이 사건에 대한 판결에서 다음과 같이 기존의 입장을 변경하였다: "쟁의행위로서 파업이 언제나 업무방해죄에 해당하는 것으로 볼 것은 아니고, 전후 사정과 경위 등에 비추어 사용자가 예측할 수 없는 시기에 전격적으로 이루어져 사용자의 사업운영에 심대한 혼란 내지 막대한 손해를 초래하는 등으로 사용자의 사업계속에 관한 자유의사가 제압·혼란될 수 있다고 평가할 수 있는 경우에 비로소 집단적 노무제공의 거부가 위력에 해당하여 업무방해죄가 성립한다."

다만 대법원은 변경된 견해에 의하더라도 "한국철도공사로서는, 전국철도노동조합이 필수공익사업장으로 파업이 허용되지 아니하는 이 사건 사업장에서 구 노동조합 및 노동관계조정법(2006. 12. 30. 법률 제8158호로 개정되기 이전의 것, 이하 '구 노조법'이라 한다)상 직권중재회부 시 쟁의행위 금지규정 등을 위반하면서까지 이 사건 파업을 강행하리라고는 예측할 수 없었다"는 이유로 위력에 의한 업무방해죄의 성립을 인정하였다.[71]

---
70) 대법원 1991. 4. 23. 선고 90도2771 판결, 대법원 1991. 11. 8. 선고 91도326 판결, 대법원 2004. 5. 27. 선고 2004도689 판결, 대법원 2006. 5. 12. 선고 2002도3450 판결, 대법원 2006. 5. 25. 선고 2002도5577 판결.
71) 대법원 2011.3.17. 선고 2007도482 전원합의체 판결.

본죄의 위법성은 정당행위(제20조), 피해자의 승낙, 추정적 승낙 등에 의하여도 조각될 수 있다.

> [판례 12] A는 S 호텔 내 주점의 임대인 甲과 임대차기간을 2003. 1. 6.부터 2005. 1. 5.까지로, 월차임을 300만 원으로 정하여 임대차계약을 체결한 후 '카멜롯의 전설' 유흥주점을 운영하여 왔으며, B는 임대차기간을 2002. 7. 1.부터 2004. 6. 30.까지로, 월차임을 1,000만 원으로 각 정하여 甲과 임대차계약을 체결한 후 '아방궁' 유흥주점을 운영하여 왔다.
> A는 2003. 9.경부터 월차임의 지급을, B는 2003. 8.경부터 월차임의 지급을 각 연체하였는데, 단전·단수조치가 이루어질 당시 '카멜롯의 전설'의 경우에는 약 7,000만원의 보증금이 남아 있었으나, '아방궁'의 경우에는 보증금이 모두 연체차임 등으로 공제되어 소멸하였다. 그러자 甲은 임차인이 차임을 2개월 이상 연체하면 임대인이 임대차계약을 해지하고 단전·단수조치를 할 수 있다는 임대차계약서상의 규정에 근거하여 2004. 2. 17.경 위 각 임대차계약을 해지하고, ① 2004. 3. 17. 21:00경 '카멜롯의 전설'에 대하여 그리고 ② 같은 해 8. 16. 17:30경 '아방궁'에 대하여 단전·단수조치를 취하였다. 甲의 죄책은?

단전, 단수는 임차인의 자유의사를 침해하는 행위로서 위력에 해당한다. 따라서 甲의 행위는 위력에 의한 업무방해죄의 구성요건에 해당한다. 다만 그의 행위가 '차임을 2개월 이상 연체하면 임대인이 임대차계약을 해지하고 단전·단수조치를 할 수 있다'는 임대차계약서상의 규정에 근거하여 이루어진 경우 사회상규에 반하지 않는 행위(제20조)에 해당하여 위법성이 조각되는지가 문제된다.

대법원은 "호텔 내 주점의 임대인이 임차인의 차임 연체를 이유로 계약서상 규정에 따라 위 주점에 대하여 단전·단수조치를 취한 경우, 약정 기간이 만료되었고 임대차보증금도 차임연체 등으로 공제되어 이미 남아있지 않은 상태에서 미리 예고한 후 단전·단수조치를 하였다면 형법 제20조의 정당행위에 해당하지만, 약정 기간이 만료되지 않았고 임대차보증금도 상당한 액수가 남아있는 상태에서 계약해지의 의사표시와 경고만을 한 후 단전·단수조치를 하였다면 정당행위로 볼 수 없다"72)고 보았다.

따라서 ① '카멜롯의 전설'에 대한 단전·단수조치(2004. 3. 17)는 약정 임대차기간 만료일(2005. 1. 5.) 전에 이루어 졌으며, 그 당시 약 7,000만원 정도의 보증금이 아직 남아 있었으므로 甲의 행위를 정당행위로 볼 수 없다.

그러나 ② '아방궁'에 대한 단전·단수조치는 위 주점에 대한 약정 임대차기간 만료일(2004. 6. 30.)이 경과한 후이며, 보증금 1억 원도 모두 연체차임 등으로 공제되어 소멸하였으므로 甲의 행위는 형법 제20조의 정당행위에 해당한다. 따라서 甲의 '카멜롯의 전설'에 대한 단전·단수조치만이 업무방해죄에 해당한다.

---

72) 대법원 2007. 9. 20. 선고 2006도9157 판결.

3. 컴퓨터 등 장애 업무방해죄(컴퓨터관련 특수업무방해죄)

> 제314조 2항: 컴퓨터 등 정보처리장치 또는 전자기록 등 특수매체기록을 손괴하거나 정보처리장치에 허위의 정보 또는 부정한 명령을 입력하거나 기타방법으로 정보처리에 장애를 발생하게 하여 사람의 업무를 방해한 자도 제1항의 형과 같다.

(1) 의의 및 보호법익

본죄는 컴퓨터 등 정보처리장치 또는 전자기록 등 특수매체기록을 손괴하거나 정보처리장치에 허위의 정보 또는 부정한 명령을 입력하거나 기타 방법으로 정보처리에 장애를 발생케 하여 사람의 업무를 방해함으로써 성립하는 범죄이다.

본죄의 보호법익은 업무방해죄의 경우와 마찬가지로 사람의 업무(원활한 정보처리에 의한 경제적·행정적 이익)이다. 보호의 정도는 추상적 위험범이다. 본죄는 정보처리에 장애가 발생 하는 결과를 요하지만, 법익에 대하여 침해의 위험만 있으면 족하며 실제로 법익이 침해될 것을 요하지는 않는다는 점에서 추상적 위험범이다.

(2) 성립요건

① 객체: 본죄의 객체는 정보처리장치 또는 특수매체기록이다.

㉠ 정보처리장치: 자동적으로 계산이나 정보를 처리하는 전자장치로서, 일반적으로 컴퓨터시스템이라고 한다. 이는 중앙처리장치(CPU), 주기억장치(ROM + RAM), 보조기억장치(하드 디스크 + 디스크 드라이브), 부속장치(입출력장치: 자판 + 마우스 + 스캐너 + 모니터 + 스피커 + 프린터) 등으로 구성되어 있다.[73]

㉡ 특수매체기록: 정보처리장치에 사용되는 전자기록(컴퓨터 디스켓)이나 광학기록(CD, DVD)을 말한다. 여기서 기록이란 기록매체에 정보가 보존되어 있는 것을 말하며 기록매체물(공디스켓) 자체를 말하는 것은 아니다. 또한 기록이라고 하기 위해서는 어느 정도 영속성이 있어야 하므로 CPU나 RAM에서 처리중인 정보는 기록에 포함되지 않는다.

② 행위: 본죄의 행위는 ㉠ 컴퓨터 등 정보처리장치 또는 전자기록 등 특수매체기록을 손괴하거나 ㉡ 정보처리장치에 허위의 정보 또는 부정한 명령을 입력하거나

---

73) CPU: Central Processing Unit
 ROM: Read Only Memory - 내용을 읽고 저장하는 기억장치 - 컴퓨터에 본래 저장되어 있는 정보
 RAM: Random Access Memory - 내용을 읽고 쓰는 기억장치로서 워드프로세서로 작업한 내용을 일시저장하는 장치이다. 전원이 차단되면 내용은 상실된다.
 보조기억장치 - 작업한 내용을 저장하는 장치(하드 디스크와 디스크 드라이브)

ⓒ 기타 방법으로 정보처리에 장애를 발생케 하여 업무를 방해하는 것이다.

  ㉠ 정보처리장치나 특수매체기록의 손괴: 예컨대 컴퓨터설비를 손괴하거나 디스켓에 기록된 정보를 삭제하는 행위 등이 이에 해당한다.

  ㉡ 허위정보 또는 부정명령의 입력: 허위정보란 진실에 반하는 내용의 정보를 말한다. 예컨대 은행에 입금을 하지 않고도 입금한 것으로 입력하거나 학교성적의 전산기록을 조작하는 것이 여기에 해당한다. 부정한 명령이란 사무처리과정에서 주어서는 안 되는 명령을 말한다. 예컨대 전자기록을 삭제, 변경시키는 프로그램의 실행, 전자기록이 삭제 또는 변경되는 바이러스의 입력 등이 이에 해당한다.

[판례 13] 甲은 2000. 12.경부터 A 대학의 정보지원센터에서 컴퓨터시스템의 각종 서버를 관리하는 책임자로 근무하다가 2004. 2. 10.경 위 대학의 교학처로 전보발령을 받은 자인바, 2004. 2. 12. 09:32경 위 대학 정보지원센터 사무실에서 홈페이지 관리자에 관한 정보를 변경할 정당한 권한이 없음에도 그곳에 있는 컴퓨터를 이용하여 웹서버의 홈페이지 관리자 계정에 접속하여 그 관리자 아이디와 패스워드(비밀번호) 변경에 관한 명령을 입력한 후 그 변경에 관한 사실을 대학 측에 알려 주지도 않았다. 甲의 죄책은?

원심은 "홈페이지 관리자의 비밀번호 등을 변경한 후 이를 대학측에 알려 주지 아니한 것만으로는 정보처리장치의 작동에 직접 영향을 주어 그 사용목적에 부합하는 기능을 하지 못하게 하거나 사용목적과 다른 기능을 하게 함으로써 정보처리에 현실적 장애를 발생하게 하였다고 볼 수 없으므로" 컴퓨터 등 장애 업무방해죄는 성립하지 않는다고 판단하였다. 이에 대하여 대법원[74]은 "정보처리장치를 관리 운영할 권한이 없는 자가 그 정보처리장치에 입력되어 있던 관리자의 아이디와 비밀번호를 무단으로 변경하는 행위는 정보처리장치에 부정한 명령을 입력하여 정당한 아이디와 비밀번호로 정보처리장치에 접속할 수 없게 만드는 행위로서 정보처리에 장애를 현실적으로 발생시킬 뿐 아니라 이로 인하여 업무방해의 위험을 초래할 수 있으므로" 컴퓨터 등 장애 업무방해죄가 성립한다고 보았다. 이처럼 대법원은 정보처리장치에 부정한 명령을 입력하여 정보처리에 현실적 장애를 발생시키는 행위는 "웹서버를 관리 운영할 정당한 권한이 있는 동안 입력하여 두었던 홈페이지 관리자의 아이디와 비밀번호를 단지 후임자 등에게 알려 주지 아니한 행위"와는 달리 컴퓨터 등 장애 업무방해죄에 해당한다고 본다. 따라서 甲에 대해서는 컴퓨터 등 장애 업무방해죄(제314조 제2항)가 성립한다.

  ㉢ 기타 방법으로 정보처리에 장애를 발생하게 하는 행위: 앞에서 설명한 두 가지 이외의 방법으로 컴퓨터의 작동에 직접 영향을 미치는 행위를 말한다. 예컨대 컴퓨터의 전원을 단절하여 처리중인 자료를 일실케 하거나 통신회선을 절단하는 행위 등이 여기에 해당한다.

---

74) 대법원 2006. 3. 10. 선고 2005도382 판결.

㉣ 업무방해: 본죄는 추상적 위험범으로서 실제로 업무방해의 결과가 발생할 것을 요하지는 않으며 다만 위의 행위만 있으면 기수가 된다.

[예 1] 13일의 금요일에 작용하는 바이러스를 입력시킨 경우 기수가 성립하며, 당일이 되어 업무방해의 결과가 발생하여야 기수가 되는 것은 아니다.

IV. 경매·입찰방해죄

제315조: 위계 또는 위력 기타 방법으로 경매 또는 입찰의 공정을 해한 자는 2년 이하의 징역 또는 700만원 이하의 벌금에 처한다.

(1) 의의 및 보호법익

본죄는 위계 또는 위력 기타 방법으로 경매 또는 입찰의 공정을 해함으로써 성립하는 범죄이다. 본죄의 보호법익은 경매 또는 입찰의 공정이다. 보호의 정도는 추상적 위험범이다. 따라서 경매나 입찰의 공정을 해하는 행위가 있으면 기수에 이르며, 실제로 경매나 입찰의 공정이 해하여진 결과가 발생할 것을 요하지는 않는다.

(2) 성립요건

행위는 위계 또는 위력 기타 방법으로 경매 또는 입찰의 공정을 해하는 것이다.
① 위계 또는 위력의 의미는 업무방해죄에서 설명한 것과 같다. 따라서 폭행, 협박의 정도에 이르지 않더라도 사람의 의사의 자유를 침해할 정도의 위력을 사용한 경우에는 본죄가 성립한다.

[판례 14] 甲, 乙, 丙은 입찰장소의 주변을 에워싸고 사람들의 출입을 막는 등 위력을 사용하여 A와 B를 제외한 나머지 사람들은 입찰에 참석하지 못하게 하였다. 甲, 乙, 丙의 죄책은?

"입찰방해죄는 위계 또는 위력 기타의 방법으로 입찰의 공정을 해하는 경우에 성립하는 것으로서, 입찰의 공정을 해할 행위를 하면 그것으로 족한 것이지 현실적으로 입찰의 공정을 해한 결과가 발생할 필요는 없는 것인바(대법원 1988. 3. 8. 선고 87도2646 판결 참조), 위력의 사용이 소론과 같이 폭행·협박의 정도에 이르러야만 되는 것도 아니다."라는 이유로 甲, 乙, 丙에 대하여 입찰방해죄의 성립을 인정하였다.[75]

---

75) 대법원 1993. 2. 23. 선고 92도3395 판결.

② 경매란 매도인이 다수인으로부터 구두로 청약을 받고 그 가운데 최고가격의 청약자에게 승낙함으로써 성립하는 매매를 말한다. 그리고 입찰은 경쟁계약에 있어서 경쟁에 참가한 다수인에 대하여 문서로 계약의 내용을 표시하게 하여 가장 유리한 청약자를 상대방으로 하여 계약을 성립시키는 것을 말한다.

③ '**공정을 해한다**'는 것은 공정한 자유경쟁이 방해될 우려 있는 상태, 즉 공정한 자유경쟁을 통하여 적정한 가격이 형성되는 것에 부당한 영향을 주는 상태를 발생시키는 것을 말한다. 여기서 '**적정한 가격**'이란 객관적으로 산정되는 공정한 가격을 말하는 것이 아니라, 자유경쟁에 의한 경매·입찰의 구체적 진행과정에서 형성되는 경쟁가격을 말한다.76) 따라서 낙찰가격이 사정가격보다 높거나, 입찰가격에 있어 입찰실시자의 이익을 해하지 않은 경우에도 경쟁입찰의 방법을 해한 경우에는 입찰의 공정을 해한 것이라고 할 수 있으므로 위계에 의한 입찰방해죄가 성립한다.

[판례 15] 사진관을 운영하는 甲은 乙, 丙과 공모하여, C 대학의 1984 학년도 졸업앨범제작 입찰에 자신으로 하여금 낙찰을 받게 할 목적으로, 사진관을 운영하는 A와 B 등을 가장 경쟁자로 내세워 입찰에 필요한 서류 등을 제출한 후, 甲은 자기명의로 응찰하고, 乙은 A 명의로, 丙은 B 명의로 각 응찰하여 자신으로 하여금 응찰가 4,275만원에 낙찰받게 하였다. 甲의 죄책은?

대법원은 "입찰방해죄는 위태범으로서 결과의 불공정이 현실적으로 나타나는 것을 요하는 것이 아니며 그 행위에는 가격을 결정하는데 있어서 뿐 아니라 적법하고 공정한 경쟁방법을 해하는 행위도 포함되므로 그 행위가 설사 유찰방지를 위한 수단에 불과하여 입찰가격에 있어 입찰실시자의 이익을 해하거나 입찰자에게 부당한 이익을 얻게 하는 것이 아니었다 하더라도 실질적으로는 단독입찰을 하면서 경쟁입찰인것 같이 가장하였다면 그 입찰가격으로서 낙찰하게 한 점에서 경쟁입찰의 방법을 해한 것이 되어 입찰의 공정을 해한 것이 되었다"77)라고 판시하여 甲에 대하여 위계에 의한 입찰방해죄의 성립을 인정하였다.

[판례 16] 甲과 乙은 공모하여 그들만이 참가한 공영개발사업단의 바다모래개발사업자선정 일반경쟁입찰에서 甲이 낙찰받도록 하기 위하여 乙은 입찰단가를 금 3,900원으로 응찰하고, 甲은 그 보다 낮은 단가로 응찰하기로 상의한 뒤, 乙은 금 3,900원에, 甲은 금 3,630원으로 각 응찰하여 甲이 낙찰받았다. 甲의 죄책은?

---

76) 경쟁가격설: 판례(대법원 1971. 4. 30. 선고 71도519 판결; 대법원 1988. 3. 8. 선고 87도2646 판결; 1994. 11. 8. 선고 94도2142 판결) 및 다수설(예컨대 김성돈, 각론, 239면; 배종대, 각론, 317면; 임웅, 각론, 256면). 이에 대하여 시장가격설(김일수/서보학, 각론, 225면; 정성근/박광민, 각론, 248면; 오영근, 각론, 253면)에 의하면 '공정한 가격'은 평균적인 시장가격을 기준으로 정하여야 한다고 한다.
77) 대법원 1988. 3. 8. 선고 87도2646 판결.

실제의 낙찰단가가 낙찰예정단가보다 낮아 입찰시행자에게 유리하게 결정된 경우에도 입찰방해죄가 성립하는지가 문제된다. 이 문제에 관하여 대법원은 "가장경쟁자를 조작하거나 입찰의 경쟁에 참가하는 자가 서로 통모하여 그 중의 특정한 자를 낙찰자로 하기 위하여 기타의 자는 일정한 가격 이하 또는 이상으로 입찰하지 않을 것을 협정하는 소위 담합행위를 한 경우에는 담합자 상호간에 금품의 수수와 상관없이 입찰의 공정을 해할 위험성이 있다 할 것이고, 담합자 상호간에 담합의 대가에 관한 다툼이 있었고, 실제의 낙찰단가가 낙찰예정단가보다 낮아 입찰시행자에게 유리하게 결정되었다고 하여 그러한 위험성이 없었다거나 입찰방해죄가 미수에 그친 것이라고 할 수는 없다"[78]고 함으로써 甲에 대하여 위계에 의한 입찰방해죄의 성립을 인정하였다.

담합행위가 본죄에 해당하는가가 문제된다. 담합이란 경매 또는 입찰의 경쟁에 참가하는 자가 상호 통모하여 특정한 자를 경락자 또는 낙찰자로 하기 위하여 기타의 자가 일정한 가격 이상 또는 그 이하로 호가(呼價)하거나 또는 입찰하지 않을 것을 협정하는 것을 말한다.

담합행위가 공정한 가격을 해하거나 부정한 이익을 얻을 목적으로 행하여진 경우는 물론, 경쟁입찰의 방법을 해한 경우[79]에도 본죄가 성립한다. 그러나 담합의 목적이 주문자의 예정가격 내에서 적정한 가격을 유지하면서 무모한 출혈경쟁을 방지하기 위한 것이고, 낙찰가격도 공정한 가격의 범위 내인 때에는 경매나 입찰의 공정을 해하였다고 볼 수 없으므로 본죄는 성립하지 않는다.

> [판례 17] "입찰에 있어서 주문자의 예정가격내에서 무모한 경쟁을 방지하기 위하여 담합한 경우 담합자끼리 금품의 수수가 있었다 하더라도 입찰자체의 공정을 해하였다고 볼 수 없다."[80]
> 대법원은 이 경우 담합의 목적이 공정한 가격을 해하거나 주문자의 이익을 해하여 부정한 이익을 얻으려는 것이 아니고 다만 무모한 경쟁을 방지하기 위한 것이므로 입찰의 공정을 해한 것이라고 볼 수 없어 본죄의 성립을 부정한 것이다.

본죄는 추상적 위험범이므로 경매나 입찰의 공정을 해하는 행위, 즉 담합이 있으면 기수에 이르며, 실제로 경매나 입찰의 공정이 해하여진 결과가 발생할 것을 요하지는 않는다. 그러나 담합이 있고 그에 따른 담합금이 수수되었다 하더라도 입찰시행자의 이익을 해함이 없이 자유로운 경쟁을 한 것과 동일한 결과로 되는 경우에는 입찰의 공정을 해할 위험성이 없으므로 본죄는 성립하지 않는다.

---

78) 대법원 1994. 5. 24. 선고 94도600 판결.
79) 위의 (판례 19) 참조.
80) 대법원 1969. 7. 22. 선고 65도1166 판결.

[판례 18] A 회사의 전무인 甲은 입찰에 참가한 5개 회사 중에서 C 회사와만 입찰가격을 담합하였으며, B, D 회사는 甲의 담합제의를 받아들이지 않아 그들과의 담합은 이루어지지 않았다. 그 결과 B, D 회사는 각자 낙찰할 목적으로 각각 적정가격으로 생각되는 금액으로 투찰하여 그들의 투찰가격은 모두 입찰예정가격을 넘었으며, 甲 역시 B 회사 등으로부터 확답을 못 얻어 불안한 나머지 당초 예정한 것보다 훨씬 높은 가격으로 응찰하였다. 그런데 C 회사 등은 B 회사의 들러리로 입찰에 참가한 것이며, 甲은 이러한 사정을 모르고 있었다. 甲의 죄책은?

대법원은 "담합이 있고 그에 따른 담합금이 수수되었다 하더라도 입찰시행자의 이익을 해함이 없이 자유로운 경쟁을 한 것과 동일한 결과로 되는 경우에는 입찰의 공정을 해할 위험성은 없다"고 전제하고, 甲은 C 회사 등은 B 회사의 들러리로 입찰에 참가하게 된 사정을 몰랐고, 실질적 입찰참가자인 B, D 회사가 甲의 담합제의를 받아들이지 않은 이상 "그들을 형식적으로 입찰에 참가하게 하여 피고인의 실질적인 단독입찰을 경쟁입찰로 가장한 것이라고 볼 수 없고 결국은 자유경쟁을 한 것과 동일한 결과로 되어" 그들을 형식적으로 입찰에 참가하게 하여 피고인의 실질적인 단독입찰을 경쟁입찰로 가장한 것이라고 볼 수 없고 결국은 자유경쟁을 한 것과 동일한 결과로 되어 입찰방해죄가 성립한다고 볼 수 없다고 보았다.[81] 요컨대 입찰자 일부와 담합이 있었으나 타입찰자와는 담합이 이루어지지 않는 경우 입찰방해죄는 성립하지 않는다.

---

81) 대법원 1983. 1. 18. 선고 81도824 판결.

제 6 장 사생활의 평온에 대한 죄

　인간은 사회적 존재로서 공동체 속에서 타인과 관계를 갖으며 더불어 살아가는 동시에 개별적 존재로서 자기만의 고유한 영역을 갖고 아무런 간섭 없이 평온하게 살아간다. 사회적 존재로서의 인간의 가치를 보호하는 것이 명예훼손죄라면 개별적 존재로서의 인간의 정신적, 장소적 평온을 보호하는 것이 사생활의 평온에 대한 죄라고 할 수 있다. 인간의 사생활의 비밀, 즉 프라이버시(Privacy)가 보장받지 못한다면 인간의 인격적 발전과 행복추구는 불가능할 것이다. 따라서 헌법은 주거의 자유(헌법 제16조), 사생활의 비밀과 자유(헌법 제17조), 통신의 비밀과 자유(헌법 제18조)를 국민의 기본권으로 규정하고 있으며, 형법은 비밀침해의 죄와 주거침입의 죄를 규정하여 이러한 기본권을 보호하고 있다. 비밀침해의 죄는 사생활의 평온 가운데 정신적 평온을 보호하기 위한 것이며 주거침입의 죄는 장소적 평온을 보호하기 위한 것이다.

* 사생활의 평온에 대한 죄
  - 정신적 평온
    - 비밀침해죄(제316조)
    - 업무상 비밀누설죄(제317조)
    - 통신·대화비밀침해, 누설죄(통신비밀보호법 제16조)
  - 장소적 평온: 주거침입죄(제319조)

제1절 비밀침해의 죄

I. 서론

　비밀침해의 죄는 개인의 사생활의 비밀을 침해하는 것을 내용으로 하는 범죄다. 비밀침해의 죄에는 형법각칙 제35장에 규정되어 있는 비밀침해죄(제316조)와 업무상 비밀누설죄(제317조) 그리고 통신비밀보호법에 규정되어 있는 통신·대화비밀침해, 누설죄(통신비밀보호법 제16조) 등이 있다.

II. 비밀침해죄

> 제316조 제1항: 봉함 기타 비밀장치한 사람의 편지, 문서 또는 도화를 개봉한 자는 3년 이하의 징역이나 금고 또는 500만원 이하의 벌금에 처한다.

> **동조 제2항**: 봉함 기타 비밀장치한 사람의 편지, 문서, 도화 또는 전자기록 등 특수매체기록을 기술적 수단을 이용하여 그 내용을 알아낸 자도 제1항의 형과 같다.
>
> **제318조**: 본장의 죄는 고소가 있어야 공소를 제기할 수 있다.
>
> **정보통신망 이용촉진 및 정보보호 등에 관한 법률 제71조(벌칙)**: 다음 각 호의 어느 하나에 해당하는 자는 5년 이하의 징역 또는 5천만원 이하의 벌금에 처한다. (중간생략)
> 11. 제49조를 위반하여 타인의 정보를 훼손하거나 타인의 비밀을 침해·도용 또는 누설한 자
>
> **제49조(비밀 등의 보호)**: 누구든지 정보통신망에 의하여 처리·보관 또는 전송되는 타인의 정보를 훼손하거나 타인의 비밀을 침해·도용 또는 누설하여서는 아니 된다.
>
> **정보통신망 이용촉진 및 정보보호 등에 관한 법률 제72조(벌칙)**: ① 다음 각 호의 어느 하나에 해당하는 자는 3년 이하의 징역 또는 3천만원 이하의 벌금에 처한다.
> 1. 제48조제1항을 위반하여 정보통신망에 침입한 자
> (이하생략)
>
> **제48조(정보통신망 침해행위 등의 금지)**: ① 누구든지 정당한 접근권한 없이 또는 허용된 접근권한을 넘어 정보통신망에 침입하여서는 아니 된다.

1. 의의 및 보호법익

본죄는 봉함 기타 비밀장치한 사람의 편지, 문서 또는 도화를 개봉하거나 봉함 기타 비밀장치한 사람의 편지, 도화 또는 전자기록 등 특수매체기록을 기술적 수단을 이용하여 그 내용을 알아내는 것을 내용으로 하는 범죄이다.

본죄의 보호법익은 개인의 비밀이다. 비밀의 주체에 대하여는 ① 자연인에 국한한다는 견해,[1] ② 자연인은 물론 법인, 법인격 없는 단체도 포함한다는 견해,[2] ③ 국가나 공공단체까지도 포함한다는 견해[3] 등이 있다. 본죄는 개인사이의 편지교환뿐만이 아니라 기업간 또는 국가기관간의 편지교류도 보호해야 하므로 비밀의 주체는 자연인, 법인, 법인격 없는 단체는 물론 국가나 공공단체까지도 포함한다고 보아야 한다. 따라서 국가기관 사이에 교류된 봉함된 편지를 개봉한 때에도 본죄가 성립할 여지가 있다.[4]

---

1) 오영근, 각론, 258면; 임웅, 각론, 260면.
2) 배종대, 각론, 321면 이하; 정성근/박광민, 각론, 252면 이하.
3) 김일수/서보학, 각론, 230면은 국가 또는 공공단체의 비밀도 개인이 보관하는 것이면 본죄의 보호대상이 된다고 한다.
4) 물론 공무원이 그 직무에 관하여 봉함한 편지를 개봉한 자에 대하여는 공무상 비밀침해죄(제140조 제2항)가 우선적으로 성립한다.

제316조 제1항의 죄는 개봉만으로 성립하므로 추상적 위험범이다. 이에 대하여 동조 제2항의 죄는 기술적 수단을 이용하여 내용을 알아내야 성립하므로 침해범이다.

2. 성립요건

(1) 구성요건

① 객체: 본죄의 객체는 봉함 기타 비밀장치한 사람의 편지, 문서, 도화 또는 전자기록 등 특수매체기록 등이다.

㉠ 편지, 문서, 도화 또는 전자기록 등 특수매체기록: '편지'는 특정인이 다른 특정인에게 의사를 전달하는 문서를 말한다. 우편물[5]은 물론 인편으로 전달하는 문서도 편지에 해당한다. 그리고 아직 발송하지 않은 문서도 편지에 해당한다. '문서'는 문자 기타 발음부호에 의하여 작성자의 의사를 표시한 것으로서 편지 이외의 것을 말한다. '도화'는 그림에 의하여 제작자의 의사를 표시한 것이다. 사진도 사람의 의사가 표시된 때에는 도화에 해당한다.[6] '전자기록 등 특수매체기록'에서 전자기록이란 전기적·자기적 방식으로 저장한 기록을 말하는데, 컴퓨터 하드디스크, 디스켓, USB등의 기록이 여기에 해당한다. 전자기록 이외의 특수매체기록으로는 CD-ROM이나 DVD와 같은 광학기록, 녹화필름, 녹음테이프, 마이크로필름 등이 있다.

㉡ 봉함 기타 비밀장치: '봉함'이란 봉투를 풀로 붙인 경우와 같이 외포(外包)를 개봉하지 않으면 내용을 알 수 없거나 곤란하게 하는 것을 말한다. 우편엽서와 같이 봉함 기타 비밀장치가 없는 편지는 본죄의 객체에 해당하지 않는다. '기타 비밀장치'란 봉함 이외의 방법으로 내용을 알 수 없거나 곤란하게 하는 장치이다. 예컨대 내용물을 끈으로 매어두거나 책상서랍[7]이나 서류가방에 넣고 자물쇠로 잠그는 경우가 여기에 해당한다. 특수매체기록의 경우 비밀장치는 컴퓨터의 시동을 막기 위하여 이를 자물쇠로 잠그는 경우뿐만이 아니라 정보의 호출을 막기 위한 장치, 예컨대 비밀번호, 전자카드, 지문감식, 음성감식 또는 홍체감식 등과 같은 장치를 말한다.

② 행위: 본죄의 행위는 '개봉' 또는 '기술적 수단을 이용하여 그 내용을 알아내는 것'이다. '개봉'이란 봉함 기타 비밀장치를 열거나 파손하여 편지, 문서 또는 도화의 내용을 알 수 있는 상태에 두는 것을 말한다. 그 내용을 인식할 것을 요하지는 않으므로, 일단 개봉을 하면 본죄는 기수가 된다. '기술적 수단'이란 개봉하지 않고 특

---

[5] 우편물을 개봉(검열)한 때에는 비밀침해죄가 성립하는 것이 아니라 특별법인 통신비밀보호법 제16조 제1항 제1호위반죄가 성립한다.
[6] 김일수/서보학, 각론, 227면. 이에 대하여 사람의 의사가 표현되지 않아도 된다는 견해는 임웅, 각론, 261면; 오영근, 각론, 259면 이하.
[7] 대법원 2008. 11. 27. 선고 2008도9071 판결.

별한 기술적 방법을 이용하여 그 내용을 알아내는 것을 말한다. 예컨대 투시기와 같은 특별한 조명도구를 이용하거나 육안으로는 볼 수 없도록 특수잉크로 작성된 서류를 약물에 적셔서 그 내용을 알아내는 경우 또는 특수매체기록의 경우에 타인이 설치한 컴퓨터의 보안장치를 푸는 행위, 즉 소위 컴퓨터 해킹(hacking)을 통하여 내용을 알아내는 행위가 여기에 해당한다. 그러나 단순히 서류를 햇빛이나 전등과 같은 불빛에 비추거나 봉투를 물에 적시어 내용을 알아내는 방법은 특별한 기술적 도구를 이용한 것이 아니므로 여기에 해당하지 않는다.8) 기술적 수단을 이용한 경우에는 내용을 알아낼 것을 요하므로 내용을 알아내지 못한 경우에는 미수로서 불가벌이다. 따라서 보안장치를 푼 행위(해킹) 자체는 본죄에 해당하지 않는다. 다만 해킹을 통하여 정보통신망에 침입한 행위는 행위자가 내용을 알았는가와 관계없이 그 자체만으로 처벌된다(정보통신망 이용촉진 및 정보보호 등에 관한 법률 제72조 제1항 제1호, 제48조 제1항).

만일 PC통신이나 인터넷과 같은 정보통신망에 의하여 처리, 보관, 전송되는 타인의 정보를 훼손하거나 비밀을 침해, 도용, 누설하는 경우에는 정보통신망 이용촉진 및 정보보호 등에 관한 법률 제49조 위반죄가 성립한다. 예컨대 전송중인 E-mail을 가로채서 읽는 행위, 해킹에 의한 비밀침해, 전자문서의 손괴 등이 여기에 해당한다.

> [판례 1] 甲은 A 주식회사의 연구실 과장, 乙은 같은 회사의 대표이사인데, 甲은 2002. 5. 20.경부터 같은 해 5. 24.경까지 사이에 정당한 권한 없이 피해자 B의 이메일계정에 침입하여 그 곳에 보관되어 있던 이메일 내용을 프린터로 출력하여 乙에게 보여주었고, 乙은 B의 이메일 인쇄물을 C, D에게 보여주었다. 그런데 그 이메일 내용은 A 주식회사가 미국에 현지지사를 만들기 위하여 乙이 작성한 사업계획서로서 A 주식회사의 영업비밀에 속하는 사항이다. 甲, 乙의 죄책은?

만일 甲이 乙에게 보여준 이메일의 내용이 '타인의 비밀'에 해당한다면 甲과 乙은 정보통신망에 의하여 보관되는 B의 비밀을 침해, 누설한 것이므로 (구) 정보통신망 이용촉진 및 정보보호 등에 관한 법률 제62조 제6호,9) 제49조 위반죄가 성립할 것이다.

원심은 "제49조에서 말하는 '타인의 비밀'이란 일반적으로 알려져 있지 않은 사실로서 이를 타인에게 알리지 아니함으로써 본인에게 일정한 이익이 있는 것을 의미하는 것이 아니라 개인의 사생활의 비밀 내지 평온을 의미한다고 볼 것이므로, 그 비밀이 어떠한 내용인지, 비밀을 누설한 목적이 무엇인지에 상관없이 정보통신망에 의하여 처리, 보관 또는 전송되는 타인의 비밀을 누설하기만 하면 위 규정 위반이 되고, …"라고 보아 이메일의 내용이 피해자 B가 아닌 A 주식회사의 영업비밀에 속하는 사항이더라도 B의 허락 없이 甲이

---

8) Sch/Sch/Lenckner, StGB, § 202, Rn. 10.
9) 현행 정보통신망 이용촉진 및 정보보호 등에 관한 법률 제71조 제11호.

위 이메일 내용을 출력하여 乙에게 보고하고, 乙이 C, D 등에게 이를 보여준 행위는 법 제62조 제6호, 제49조 위반죄를 구성한다고 판단하였다.

이에 대하여 대법원은 "법 제49조에서 말하는 타인의 비밀이란 일반적으로 알려져 있지 않은 사실로서 이를 다른 사람에게 알리지 않는 것이 본인에게 이익이 있는 것을 의미한다고 제한적으로 해석함이 상당하다"[10]고 보았다. 따라서 사업계획서는 A 주식회사의 비밀에 속하는 것이지, 제49조에서 말하는 '타인'의 비밀에는 해당하지 않으므로 甲, 乙의 행위는 (구) 정보통신망 이용촉진 및 정보보호 등에 관한 법률 제62조 제6호, 제49조[11] 위반죄에 해당하지 않는다. 다만 甲은 정당한 접근권한 없이 정보통신망에 침입하였으므로 (구) 정보통신망 이용촉진 및 정보보호 등에 관한 법률 제63조 제1호, 제48조 제1항[12] 위반죄가 성립한다.

③ 고의: 본죄의 주관적 구성요건은 고의이다. 고의가 성립하기 위해서는 봉함 기타 비밀장치한 타인의 편지 등을 개봉하거나 기술적 수단을 이용하여 그 내용을 알아낸다는 인식이 있어야 한다. 행위자가 타인에게서 온 편지를 자신에게 온 것으로 오인하여 개봉한 경우에는 사실의 착오로서 고의가 부정되므로 아무런 범죄도 성립하지 않는다.

(2) 위법성

비밀침해는 피해자의 의사에 반하여 봉함된 편지 등을 개봉하거나 기술적 수단을 이용하여 내용을 알아내는 행위를 의미하므로 피해자의 동의(양해)가 있는 때에는 본죄의 구성요건해당성이 배제된다.[13]

본죄의 위법성조각사유로는 주로 정당행위(제20조)와 추정적 승낙이 문제된다. **법령에 의한 정당행위**로는 예컨대 수형자의 서신검열(행형법 제18조의2), 우편물의 검열(통신비밀보호법 제3조)이 있다. 친권자가 친권의 행사로서 미성년자인 자녀의 편지를 개봉하는 것도 민법 제913조에 의한 정당행위로서 위법성이 조각된다. 그러나 성년인 자녀[14]나 배우자의 편지를 개봉하는 것은 법령에 의한 정당행위에 해당하지 않는다. 다만 이러한 경우에는 **추정적 승낙**에 의하여 위법성이 조각될 여지는 있다.

---

10) 대법원 2006.3.24. 선고 2005도7309 판결.
11) 현행 법 제71조 제11호.
12) 현행 법 제72조 제1항 제1호.
13) 김일수/서보학, 각론, 233면; 오영근, 각론, 261면 이하; 임웅, 각론, 262면.
14) 부모가 성인인 자녀의 편지를 개봉한 경우 위법성은 조각되지 않지만, 본죄는 친고죄로서 자기 또는 배우지의 직계존속을 고소하지 못하므로(형소법 제224조) 그 부모는 처벌되지 않는다.

3. 친고죄

본죄는 친고죄이다(제318조). 고소권자는 피해자이므로(형소법 제223조), 본죄의 고소권자가 누구인가는 본죄의 피해자를 누구로 보는가에 달려있다. 편지의 비밀은 편지의 발송여부를 불문하고 발송인과 수신인 모두에게 이해관계가 있는 것이므로 발송인과 수신인 모두가 고소권자라고 보아야 한다.[15]

III. 업무상 비밀누설죄(제317조)

> **제317조 제1항**: 의사, 한의사, 치과의사, 약제사, 약종상, 조산사, 변호사, 변리사, 공인회계사, 공증인, 대서업자나 그 직무상 보조자 또는 차등의 직에 있던 자가 그 업무처리 중 지득한 타인의 비밀을 누설한 때에는 3년 이하의 징역이나 금고, 10년 이하의 자격정지 또는 700만원 이하의 벌금에 처한다.
>
> **동조 제2항**: 종교의 직에 있는 자 또는 있던 자가 그 직무상 지득한 사람의 비밀을 누설한 때에도 전항의 형과 같다.
>
> **제318조**: 본장의 죄는 고소가 있어야 공소를 제기할 수 있다.

1. 의의 및 보호법익

본죄는 제317조에 열거되어 있는 자가 그 업무처리 중 지득한 타인의 비밀을 누설함으로써 성립하는 범죄이다.

본죄의 주된 보호법익은 개인의 비밀[16]이다. 그리고 부차적 보호법익은 일정한 직업에 종사하는 자가 업무처리 중에 알게 된 비밀을 누설하지 않을 것이라는 것에 대한 일반인의 신뢰이다.[17] 법익보호의 정도에 관하여는 추상적 위험범으로 보는 견해[18]와 구체적 위험범으로 보는 견해[19]가 있다.

비밀의 주체에 대하여는 ① 자연인에 국한하는 견해,[20] ② 자연인은 물론 법인,

---

15) 다수설: 김일수/서보학, 각론, 235면. 이에 대하여 독일의 다수설(예컨대 Sch/Sch/Lenckner, StGB, § 205, Rn. 3)은 편지가 도착하기 전에는 발송인, 도착 후에는 수신인만이 고소권자라고 한다.
16) 비밀가운데 영업비밀을 취득·사용하거나 제3자에게 누설한 때에는 부정경쟁방지 및 영업비밀 보호에 관한 법률 제18조에 의하여 처벌된다. 그리고 산업기술의 유출이나 침해행위는 산업기술의 유출방지 및 보호에 관한 법률 제36조, 제14조에 의하여 처벌된다.
17) 김일수/서보학, 각론, 235면; 오영근, 각론, 263면 이하; 임웅, 각론, 266면.
18) 김성돈, 각론, 246면; 오영근, 각론, 264면; 임웅, 각론, 266면; 정성근/박광민, 각론, 257면.
19) 김일수/서보학, 각론, 235면; 배종대, 각론, 329면.

법인격 없는 단체 등도 포함한다는 견해,[21] ③ 자연인, 법인, 법인격 없는 단체는 물론 국가나 공공단체까지도 포함한다는 견해[22] 등이 있다. 다수설은 본죄의 비밀은 개인의 비밀에 국한되므로 자연인, 법인, 법인격 없는 단체만이 비밀의 주체이며, 국가 또는 공공단체는 비밀의 주체가 아니라고 한다. 그러나 비밀침해죄와 마찬가지로 본죄에서도 국가 또는 공공단체도 비밀의 주체에 해당한다고 보아야 한다. 따라서 ③설이 타당하다.

2. 성립요건

(1) 구성요건

① 주체: 본죄의 주체는 의사, 한의사, 치과의사, 약제사, 약종상, 조산사, 변호사, 변리사, 공인회계사, 공증인, 대서업자(법무사, 행정서사)나 그 직무상 보조자(간호사, 법률사무소 사무장), 종교의 직에 있는 자 또는 그 직에 있던 자 등이다.[23] 공무원은 본죄의 주체가 아니지만 공무원 또는 공무원이었던 자가 법령에 의한 직무상 비밀을 누설한 때에는 공무상 비밀누설죄(제127조)가 성립한다.

② 객체: 본죄의 객체는 업무처리 중 지득한 타인의 비밀이다. 비밀이란 특정인 또는 제한된 범위의 사람에게만 알려져 있는 사실로서 타인에게 알려지지 않는 것이 본인에게 이익이 되는 사실을 말한다. 어떤 사실이 비밀인가에 대하여는 ① 본인이 비밀로 하기를 원하는 사실이라는 주관설, ② 객관적으로 비밀로 보호해야 할 가치가 있는 사실이라는 객관설, ③ 본인이 비밀로 하기를 원하고 객관적으로도 보호할 이익이 있는 사실이라는 절충설(통설)[24] 등이 있다. 본죄의 성립범위가 지나치게 확대되는 것을 막기 위해서는 비밀유지의 의사와 비밀유지의 이익이 모두 인정되는 경우에만 비밀에 해당한다고 보아야 하므로 절충설이 타당하다.

비밀은 업무처리 중 또는 직무상 지득한(알게 된) 것이어야 한다. 업무처리 중 알게 된 비밀이 아닌 것은 본죄의 객체에 해당하지 않는다.

③ 행위: 행위는 누설이다. 누설이란 비밀을 모르는 자에게 이를 고지하는 일체의

---

20) 오영근, 각론, 265면 이하.
21) 예컨대 김일수/서보학, 각론, 237면; 배종대, 각론, 330면.
22) 유기천, 각론 상, 154면.
23) 세무사, 부동산중개업자는 본죄의 주체가 아니지만, 그들의 비밀누설행위는 각자 세무사법 제22조 제1항 제2호, 부동산중개사법 제29조 제2항 및 제49조 제1항 제9호에 의하여 처벌된다. 법무사법 제27조는 법무사의 비밀누설금지를 규정하고 있으나 여기에 위반한 행위에 대한 처벌은 규정하고 있지 않다. 그러나 법무사는 대서업자에 해당하므로 업무상 비밀누설행위는 형법 제317조에 의하여 처벌된다.
24) 김일수/서보학, 각론, 237면; 오영근, 각론, 265면; 임웅, 각론, 268면.

행위를 말한다. 본죄는 위험범이므로 상대방이 비밀을 인식할 수 있는 상태에 있으면 족하며, 상대방이 실제로 비밀을 인식할 것까지 요하지는 않는다.

(2) 위법성

① 정당행위: 법령에 의한 행위로서 위법성이 조각되는 경우로는 의사가 전염병환자를 관할보건소장에게 신고하는 행위(감염병의 예방 및 관리에 관한 법률 제11조 제1항), 의사가 감염자를 관할보건소장에게 신고하는 행위(후천성면역결핍증 예방법 제5조) 등이 있다.

증언거부권이 없는 증인이 증언을 통하여 비밀을 누설한 행위도 법령(형소법 제146조, 제161조)에 의한 행위로서 위법성이 조각된다. 증언거부권이 있는 증인이 그 권리를 행사하지 않고 증언을 하여 비밀을 누설한 때에도 위법성이 조각되는가에 대하여 ① 증언거부권이 있는 경우에는 묵비의무가 증언의무보다 우위에 있으므로 묵비의무를 위배한 경우에는 위법성이 조각되지 않는다는 견해,[25] ② 증언거부권을 행사하지 않으면 묵비의무가 없으므로 증언을 하더라도 위법성이 조각된다는 견해[26], ③ 실체적 진실발견이라는 소송상의 이익이 개인의 비밀보호라는 이익보다 우위에 있으므로 긴급피난으로서 위법성이 조각되지만 매우 경미한 사건에서는 후자가 전자보다 우위에 있으므로 위법성이 조각되지 않는다는 견해[27] 등이 있다. 증언거부권은 증인의 권리이지 묵비의무는 아니므로 증언거부권을 포기하고 증언을 하더라도 정당행위로서 위법성이 조각된다고 보는 ②의 견해가 타당하다.

변호사가 변호권의 범위 내에서 업무처리 중에 지득한 타인의 비밀을 적시하는 행위는 업무로 인한 행위로서 위법성이 조각된다.

② 긴급피난: 예컨대 의사가 자신이 치료하고 있는 간질병가 운전을 하려는 사실을 알고 사고를 막기 위하여 관계관청에 신고한 경우에는 업무상비밀누설은 긴급피난에 해당하므로 위법성이 조각된다.

IV. 통신·대화비밀침해죄 및 통신·대화비밀누설죄

> **통신비밀보호법 제16조 제1항**: 다음 각호의 1에 해당하는 자는 10년 이하의 징역과 5년 이하의 자격정지에 처한다.
> 1. 제3조의 규정에 위반하여 우편물의 검열 또는 전기통신의 감청을 하거나 공개되지 아

---

25) 김일수/서보학, 각론, 240면.
26) 배종대, 각론, 332면; 오영근, 각론, 268면.
27) 임웅, 각론, 269면.

니한 타인간의 대화를 녹음 또는 청취한 자
2. 제1호의 규정에 의하여 지득한 통신 또는 대화의 내용을 공개하거나 누설한 자

동법 제3조(통신 및 대화비밀의 보호) 제1항: 누구든지 이 법과 형사소송법 또는 군사법원법의 규정에 의하지 아니하고는 우편물의 검열·전기통신의 감청 또는 통신사실확인자료의 제공을 하거나 공개되지 아니한 타인간의 대화를 녹음 또는 청취하지 못한다.

통신·대화비밀침해죄(통신비밀보호법 제16조 제1항 제1호)는 우편물의 검열 또는 전기통신의 감청을 하거나 공개되지 아니한 타인간의 대화[28]를 녹음 또는 청취[29]하는 것을 내용으로 하는 범죄이다. 타인의 우편물을 개봉한 경우에는 통신비밀침해죄가 성립하므로 비밀침해죄(제316조 제1항)는 성립하지 않는다.

통신·대화비밀누설죄(통신비밀보호법 제16조 제1항 제2호)는 우편물의 검열 또는 전기통신의 감청, 공개되지 아니한 타인간의 대화의 녹음 또는 청취 등에 의하여 지득한 내용을 공개, 누설하는 것을 내용으로 하는 범죄이다.

우편물이나 전기통신 이외에 정보통신망에 의하여 처리·보관 또는 전송되는 타인의 정보를 훼손하는 행위나 타인의 비밀을 침해·도용 또는 누설하는 행위의 처벌에 대하여는 정보통신망 이용촉진 및 정보보호 등에 관한 법률 제71조 제11호가 규정하고 있다. 동법은 그 외에도 정보통신망에 침입하는 소위 해킹 자체도 처벌하고 있다(동법 제72조 제1항 제1호).

제2절 주거침입의 죄

I. 서론

1. 의의 및 체계

주거침입의 죄는 사람의 주거와 같은 일정한 장소의 평온을 침해하는 범죄이다. 비밀침해죄가 사생활의 평온 가운데 정신적 평온을 보호하기 위한 것이라면 주거침입의 죄는 장소적 평온을 보호하기 위한 것이다.

---

28) 본죄의 객체는 타인간의 대화(제3자 녹음)이므로 대화자가 다른 대화자 몰래 녹음(당사자 녹음)한 행위는 본죄에 해당하지 않는다.
29) 동법 제14조 제1항은 "누구든지 공개되지 아니한 타인간의 대화를 녹음하거나 전자장치 또는 기계적 수단을 이용하여 청취할 수 없다"고 규정하고 있으므로 본죄에서 '청취'도 전자장치 또는 기계적 수단을 이용한 경우에 제한하여 해석하여야 한다. 따라서 그러한 수단 없이 타인의 대화를 몰래 엿듣는 행위는 본죄에 해당하지 않는다(임웅, 각론, 265면 참조).

주거침입의 죄의 기본적 구성요건은 주거침입죄(제319조 제1항)와 퇴거불응죄(제319조 제2항)이며, 가중적 구성요건으로는 특수주거침입·퇴거불응죄(제320조)와 폭처법상의 주거침입죄(폭처법 제2조 제2항 제1호)가 있다. 그리고 독립된 구성요건으로서 신체·주거수색죄(제321조)가 있다.

2. 보호법익

본죄의 보호법익 보호법익에 대하여는 사실상 평온설과 주거권설이 있다. 주거권설은 본죄의 보호법익을 주거권이라고 한다. 주거권이란 일정한 보호영역의 사용에 대한 처분권을 말한다. 처분권의 주된 내용으로는 보호영역 내에 타인의 출입을 금지, 허용하거나 출입한 자를 배제할 수 있는 권리가 있다. 이 견해에 의하면 본죄에서 '침입'은 '주거권의 침해, 즉 '거주자의 의사에 반하여 주거에 들어가는 행위'를 말한다(의사침해설).

사실상 평온설에 의하면 본죄의 보호법익은 거주자의 사실상의 평온이라고 한다.[30] 이 견해에 의하면 본죄에서 '침입'은 주거의 사실상 평온을 해하는 방법으로 들어가는 행위를 말한다(평온침해설). 따라서 주거에 현존하는 주거자의 승낙을 얻어 들어간 행위는 주거의 평온을 해치는 모습이 아니므로 침입에 해당하지 않는다.

사실상의 평온설의 입장에 있으면서도 '침입'을 거주자의 의사(현실적 또는 추정적 의사)에 반하여 주거에 들어가는 것'으로 보는 견해(의사침해설)도 있다.[31] 이 견해는 결론에서 주거권설과 차이가 없다. 의사침해는 자유의사라고 하는 처분권의 침해를 의미하므로 의사침해설은 주거권설과 부합하며, 사실상 평온설과는 어울리지 않는다. 사실상 평온설은 평온침해설과 어울린다.[32]

사실상의 평온은 주거권의 내용을 이루는 것이며, 사실상의 평온을 침해한 행위가 주거침입에 해당하는가는 그로 인하여 주거권이 침해되었는가의 여부에 의하여 결정하는 것이 타당하므로 본죄의 보호법익은 주거권이라고 보는 견해가 옳다.[33]

---

30) 다수설: 김일수/서보학, 각론, 242면; 배종대, 각론, 335면; 오영근, 각론, 272면.
31) 변경전 판례
32) 사실상 평온설은 침해의 의미에 관하여 평온침해설이나 의사침해설을 채택하는 견해로 나뉘므로 본서에서는 전자를 순수한 사실상 평온설, 후자를 의사침해적 사실상 평온설이라고 부르기로 한다.
33) 이에 대하여 임웅 교수는 주거내지 건조물의 종류를 구분하여 그 보호법익도 달라진다고 한다(임웅, 각론, 272면 이하 참조).

II. 단순주거침입죄

제319조 제1항(주거침입): 사람의 주거, 관리하는 건조물, 선박이나 항공기 또는 점유하는 방실에 침입한 자는 3년 이하의 징역 또는 500만원 이하의 벌금에 처한다.

1. 의의

본죄는 사람의 주거, 관리하는 건조물, 선박이나 항공기 또는 점유하는 방실에 침입함으로써 성립하는 범죄이다.

2. 성립요건

① 객체: 본죄의 객체는 사람의 주거, 관리하는 건조물, 선박이나 항공기 또는 점유하는 방실이다. 사람의 주거란 사람이 침식 등 일상생활을 영위하기 위하여 점거하는 장소를 말한다. 주거는 반드시 건조물과 같은 부동산일 것을 요하지 않으며 텐트나 주거용차량도 일상생활을 영위하기 위한 장소로 사용되고 있는 경우에는 이에 해당한다. 그리고 주거에 사용하는 건조물은 물론 그에 부속된 현관, 계단, 복도, 지하실 및 그 위요지(圍繞地)[34]도 주거에 포함된다. 다가구용 단독주택이나 공동주택 내부에 있는 엘리베이터, 공용 계단과 복도 등 공용 부분도 '주거'에 해당한다.[35]

[판례 1-1] 이미 수일 전에 2차례에 걸쳐 甲女를 강간하였던 乙男은 대문을 몰래 열고 들어와 담장과 피해자가 거주하던 방 사이의 좁은 통로에서 창문을 통하여 방안을 엿보았다. 乙男의 죄책은?

판례는 "주거침입죄는 사실상의 주거의 평온을 보호법익으로 하는 것으로 거주자가 누리는 사실상의 주거의 평온을 해할 수 있는 정도에 이르렀다면 범죄구성요건을 충족하는 것이라고 보아야 하고(대법원 1995. 9. 15. 선고 94도2561 판결), 주거침입죄에 있어서 주거라 함은 단순히 가옥 자체만을 말하는 것이 아니라 그 위요지를 포함"하므로 乙男에 대하여는 주거침입죄가 성립한다고 보았다.[36]

[판례 1-2] 甲男은 강간할 목적으로 피해자 乙女를 따라 피해자가 거주하는 아파트 내부의 엘리베이터에 탄 다음 그 안에서 폭행을 가하여 반항을 억압한 후 계단으로 끌고 가 피해자를 강간하고 상해를 입혔다. 甲男의 죄책은?

---

34) 위요지란 그 건조물을 둘러싸고 있는 정원 등을 말한다.
35) 대법원 2009. 8. 20. 선고 2009도3452 판결; 대법원 2009. 9. 10. 선고 2009도4335 판결; 대법원 2022. 1. 27. 선고 2021도15507 판결.
36) 대법원 2001. 4. 24. 선고 2001도1092 판결.

주거침입의 죄를 범한 자가 강간의 죄를 범한 행위는 (구) 성폭력범죄의 처벌 및 피해자보호 등에 관한 법률 제5조 제1항[37]의 죄에 해당한다. 엘리베이터가 주거에 해당하는지에 대하여 대법원은 다음과 같은 이유에서 이를 긍정한다: "다가구용 단독주택이나 다세대주택·연립주택·아파트 등 공동주택 안에서 공용으로 사용하는 엘리베이터, 계단과 복도는 주거로 사용하는 각 가구 또는 세대의 전용 부분에 필수적으로 부속하는 부분으로서 그 거주자들에 의하여 일상생활에서 감시·관리가 예정되어 있고 사실상의 주거의 평온을 보호할 필요성이 있는 부분이므로, 다가구용 단독주택이나 다세대주택·연립주택·아파트 등 공동주택의 내부에 있는 엘리베이터, 공용 계단과 복도는 특별한 사정이 없는 한 주거침입죄의 객체인 '사람의 주거'에 해당"한다.[38] 따라서 **甲男**이 아파트 내부의 엘리베이터에 침입하여 피해자를 강간(동법 제5조 제1항)하고 피해자를 상해한 행위는 강간치상죄(동법 제9조 제1항)[39]에 해당한다.

관리하는 건조물에서 관리란 사람이 사실상 지배, 운영하는 것을 말한다. 따라서 사람의 침입을 방지하기 위한 인적(경비원, 관리인) 또는 물적 설비(문에 자물쇠, 못질)를 갖추고 있어야 한다. 그리고 건조물이란 사람의 주거 이외의 일체의 건물(공가, 별장, 공장, 창고, 극장)과 부속물 및 그 위요지를 말한다.

건조물은 주위벽 또는 기둥과 지붕 또는 천정으로 구성된 구조물로서 사람이 기거하거나 출입할 수 있는 장소를 말한다. 건조물은 반드시 영구적인 구조물일 것을 요하지는 않으나,[40] 부동산에 한하므로 토지에 정착하고 있어야 한다. 그리고 건조물의 위요지가 되기 위해서는 건조물에 인접한 그 주변 토지로서 관리자가 외부와의 경계에 문과 담 등을 설치하여 그 토지가 건조물의 이용을 위하여 제공되었다는 것이 명확히 드러나야 한다.[41]

> [판례 2] 파업참가 근로자 甲 등은 경비원의 통제를 피하여 담을 넘는 등의 방법으로 건물신축 공사현장에 무단으로 들어간 뒤 타워크레인 1대에 3명 내지 5명 정도씩 조를 편성하여 몰려 올라가 이를 점거하고 이틀 이상 농성하였으며, 이로 인하여 건축공사 현장에서 크레인과 연관된 시공작업은 모두 정지되었다. 그런데 그 공사현장의 외곽에는 담장(펜스)을 설치하고 경비를 두어 외부에서의 공사현장에로의 출입을 통제하고 있었고, 그 공사현장에는 컨테이너 박스 등으로 가설된 현장사무실 또는 경비실이 설치되어 있었으나 甲 등은 그 현장사무실 또는 경비실 자체에는 들어가지 않았다. 그리고 공사현장 내에서는 건축

---

[37] 현행 성폭력범죄의 처벌 등에 관한 특례법 제3조 제1항.
[38] 대법원 2009.9.10. 선고 2009도4335 판결.
[39] 현행 성폭력범죄의 처벌 등에 관한 특례법 제8조 제1항.
[40] 대법원 1989. 2. 28. 선고 88도2430 판결.
[41] 대법원 2004. 6. 10. 선고 2003도6133 판결.

중인 건축물의 일부 층에 대한 골조공사가 진행되고 있었는데 당시 위 건축 중인 건축물은 아직 벽, 기둥, 지붕, 천정 등을 완전히 갖추지 못하여 일반인의 관점에서 볼 때 사람이 기거하거나 출입하기에 적합할 정도로 완성되지 아니한 상태였다. 甲 등의 죄책은?

甲 등이 공사현장을 점거하여 시공회사의 건물신축 업무를 방해한 행위는 업무방해죄에 해당한다.

문제는 甲 등에 대하여 건조물침입죄가 성립하는가이다. ① 타워크레인을 점거한 행위가 건조물침입죄에 해당하는가에 관하여 대법원은 "주거침입죄에 있어서 침입행위의 객체인 건조물은 주위벽 또는 기둥과 지붕 또는 천정으로 구성된 구조물로서 사람이 기거하거나 출입할 수 있는 장소"를 말하는데, 甲 등이 침입한 타워트레인은 작업을 위하여 토지에 고정되어 있는 건설기계의 일종으로서 0.5평이 채 안 되는 운전실과 철제 난간들이 설치되어 있을 뿐, 따로 기둥이나 벽이 있는 공간이 난 방실은 있지 않으므로 건조물에 해당하지 않는다고 보았다.42)

그리고 ② 담을 넘어 건물신축 공사현장에 무단으로 들어간 행위가 건조물침입죄에 해당하는가에 관하여 대법원은 주거침입죄의 객체인 건조믈은 "단순히 건조물 그 자체만을 말하는 것이 아니고 요지를 포함한다고 할 것이나 요지가 되기 위하여는 건조물에 인접한 그 주변 토지로서 관리자가 외부와의 경계에 문과 담 등을 설치하여 그 토지가 건조물의 이용을 위하여 제공되었다는 것이 명확히 드러나야 한다"고 전제하고, "공사현장은 그 안에 있는 현장사무실 또는 경비실의 이용을 위하여 제공된 토지가 아니고, 위 각 공사현장 내의 건축 중인 건물은 아직 주거침입죄의 객체인 건조물에 해당할 정도로 완성되지 못하였으므로" 그 공사현장은 현장사무실이나 건축 중인 건물의 위요지에 해당하지 않는다고 보았다.43) 따라서 甲 등에 대하여 건조물침입죄는 성립하지 않는다.

선박, 항공기는 최소한 주거에 사용될 수 있는 정도의 크기이어야 한다. 따라서 소형보트나 경비행기는 본죄의 객체에 해당하지 않는다.

점유하는 방실은 건물 내에서 사실상 지배, 관리하는 구획된 장소(사무실, 여관방, 호텔방)나 건조물에 해당하지 않는 축조물(건축공사장의 임시가건물이나 컨테이너박스)을 말한다.

[판례 3] 甲男은 여자화장실에 들어간 乙女를 발견하고 강간할 의도로 乙女가 있던 여자화장실에 들어가 용변칸에 노크하여 남편으로 오인한 피해자가 용변칸의 문을 열자 그 안으로 침입하였다. 乙女는 자신을 강간하려는 甲男과 몸싸움을 벌이는 과정에서 상해를 입었다. 甲男의 죄책은?

---

42) 이에 대하여 소위 '골리앗 크레인'(약 10평 정도의 크기)은 점유하는 방실에 해당한다(대법원 1991. 6. 11. 선고 91도753 판결).
43) 대법원 2005. 10. 7. 선고 2005도5351 판결.

주거침입의 죄를 범한 자가 강간치상의 죄를 범한 경우에는 성폭력범죄의 처벌 등에 관한 특례법 제9조, 제3조 제1항 위반죄가 성립한다. 甲男에 대하여 본죄가 성립하기 위해서는 甲男이 용변칸에 들어간 행위가 주거침입죄에 해당하여야 한다.

화장실의 용변칸도 사용자가 점유하여 이용하고 있는 이상은 점유하는 방실에 해당한다고 보아야 한다.

乙女가 甲男을 남편으로 오인하여 용변칸 문을 열어준 경우에도 주거침입죄가 성립하는가에 대하여 대법원은 "타인의 주거에 거주자의 의사에 반하여 들어가는 경우는 주거침입죄가 성립하며 이 때 거주자의 의사라 함은 명시적인 경우뿐만 아니라 묵시적인 경우도 포함되고 주변사정에 따라서는 거주자의 반대의사가 추정될 수도 있는 것인데(대법원 1993. 3. 23. 선고 92도455 판결 참조), 앞서 본 바에 의하면, 피해자는 피고인의 노크 소리를 듣고 피해자의 남편으로 오인하고 용변칸 문을 연 것이고, 피고인은 피해자를 강간할 의도로 용변칸에 들어간 것으로 봄이 상당한바, 그렇다면 피고인이 용변칸으로 들어오는 것을 피해자가 명시적 또는 묵시적으로 승낙하였다고는 볼 수 없다"라고 함으로써 주거침입죄의 성립을 인정하였다.44)

乙女가 입은 상해의 결과는 甲男이 乙女를 강간하기 위하여 행사한 폭행 또는 그에 수반되는 행위로 인하여 발생한 것이므로 甲男의 행위는 강간치상에 해당한다. 결국 甲男은 주거침입의 죄를 범한 상태에서 강간치상죄를 범하였으므로 성폭력범죄의 처벌 등에 관한 특례법 제9조, 제3조 제1항 위반죄로 처벌된다.

② 행위: 본죄의 행위는 침입이다. **침입**이란 주거권자의 의사에 반하여 보호영역에 들어가는 것이다. 여기서 주거권자란 주거의 출입과 체재여부를 결정할 권한이 있는 자를 말한다. 즉 주거에 거주함으로써 그 영역에 대하여 프라이버시의 이익을 가진 자가 주거권자가 된다. 이와 관련하여 문제되는 경우는 다음과 같다.

㉠ 주거의 소유자가 이를 임대한 때에는 임차인이 주거권자가 된다. 주거권은 임대차기간이 만료하더라도 임차인이 퇴거하기 전까지는 계속된다. 따라서 임대차계약 기간이 종료되었더라도 소유주가 무단침입한 때에는 본죄가 성립한다.45)

[판례 4] 임대인 甲은 임차인 乙에게 임대차계약의 해지를 통고하였으나 6개월이 경과하여도 乙은 집을 비워주지 않았다. 甲은 乙이 집을 비운사이에 집의 대문의 자물쇠를 바꾼 후 乙이 들어오지 못하도록 이를 잠가놓았다. 그러나 乙은 열쇠수리공을 불러 자물쇠를 열고 집으로 들어갔다. 甲, 乙의 죄책은?

甲의 죄책: 甲이 열쇠를 잠근 행위는 물건에 대한 폭력(Sachgewalt)으로서 乙에 대한 간접적인 폭력이므로 제324조의 폭력에 해당한다. 甲이 폭력에 의하여 乙로 하여금 주거에 출

---

44) 대법원 2003. 5. 30. 선고 2003도1256 판결.
45) 대법원 1989. 9. 12. 선고 89도889 판결.

입하지 못하도록 방해하고 이사를 강요한 행위는 강요죄의 구성요건에 해당한다. 甲은 乙에 대하여 이사를 요구할 권리가 있으므로 그가 추구한 목적은 정당하다. 그러나 이를 달성하기 위한 수단으로서의 폭력은 사회상규에 반하므로 위법성은 조각되지 않는다. 따라서 甲에 대하여는 강요죄가 성립한다.

乙의 죄책: 주거권은 임대차기간이 만료하더라도 임차인이 퇴거하기 전까지는 계속되므로 乙에 대하여 주거침입죄는 성립하지 않는다. 대법원도 "피고인이 일단 적법하게 임차하여 이의 점유를 시작하였다면 그 후 임대차가 해지되고 사법상 불법점유로 볼 것이라 할지라도 적법한 절차에 따라 그 점유를 풀지 않는 한 그의 점유에 있다"고 보아 임차인에 대하여 주거침입죄의 성립을 부정하였다.46)

ⓒ 여관이나 호텔의 방실의 주거권자는 투숙객이지만, 호텔 소유주도 제3자에 대해서는 주거권자가 된다. 투숙객의 주거권이 호텔 소유자의 그것과 충돌하는 경우에 누구의 권리가 우선하는가는 권리행사의 제한 기준(헌법 제10조)이 되는 수인의무(受忍義務)에 따라 판단하면 된다.

[예 1-1] 호텔 투숙객 甲은 유부녀 乙女를 자기의 방으로 불러들였다. 이 사실을 안 호텔 지배인 丙은 乙女에게 퇴거를 요구하였다. 그러나 乙女는 이에 반발하면서 응하지 않았다. 乙女의 죄책은?

甲이 丙과와 계약을 체결할 때에는 묵시적으로 호텔측이 원치 않는(출입을 수인할 수 없는) 사람의 출입을 금한다는 것을 전제로 한 것이라고 볼 수 있다. 따라서 만일 乙女의 출입이 丙의 수인의무를 초과한 것이라면 丙의 퇴거요구에 불응하는 경우 퇴거불응죄(제319조 제2항)가 성립할 것이다. 그러나 乙女의 출입이 비윤리적이라는 것만으로는 호텔 운영자의 수인의무를 넘어선 것이라고 할 수 없다. 따라서 乙女에 대하여 본죄는 성립하지 않는다.

[예 1-2] 창녀 甲은 호텔방을 계약한 후에 밤늦게 손님들을 호텔방까지 데려와 술판을 벌이며 놀았다. 이러한 사실을 안 호텔 지배인 乙은 손님 丙, 丁 등의 퇴거를 요구하였으나 손님들은 이에 불응하였다. 丙, 丁 등의 죄책은?

위의 (예 1-1)의 경우와는 달리 호텔 지배인 乙은 그 손님들의 출입을 수인할 의무가 없으므로 그의 퇴거요구에 응하지 않은 丙, 丁 등에 대해서는 퇴거불응죄(제319조 제2항)가 성립한다.

ⓒ 하나의 주거에 수인이 거주하는 때에는 각자가 주거권자가 된다(예: 하숙방, 자취방, 부부의 주거). 따라서 공동거주자 일방이 공동생활관계에서 이탈하거나 주거

---

46) 대법원 1973. 6. 26. 선고 73도460 판결.

등에 대한 사실상의 지배·관리를 상실한 경우 등 특별한 사정이 없는 한 그가 공동생활의 장소에 자유로이 출입하고 이를 이용하는 것을 금지할 수 없다. 만일 공동거주자가 그 출입을 금지한 다른 공동거주자의 의사에 반하여 출입문의 잠금장치를 손괴하는 등 다소간의 물리력을 행사하여 그 주거에 출입하더라도 주거침입죄는 성립하지 않는다.[47]

하나의 건조물에 여러 세대가 주거하는 경우에도 공동사용부분에 대하여는 각자가 주거권을 갖는다. 여기서 문제되는 것은 주거권자 일방의 동의만 있으면 다른 주거권자의 의사에 반하더라도 본죄가 성립하는가이다. 순수한 사실상 평온설은 '사실상 평온상태를 해할 수 있는 행위태양'이 있었는가를 기준으로 본죄의 성립여부를 판단한다. 이에 대하여 주거권설은 주거권자 일방의 동의가 있더라도 다른 주거권자의 수인의무의 범위를 초과하여 권리를 침해하는 경우에는 본죄가 성립할 수 있다고 본다.[48]

[판례 5-1] 甲男은 乙女와 간통하기 위하여 그녀의 남편이 부재중에 乙女의 동의하에 주거에 들어갔다. 甲男의 죄책은?

공동생활자 가운데 한 사람의 동의만 받고 주거에 출입한 경우에 주거침입죄가 성립하는가에 대하여 순수한 사실상 평온설(판례 5-2)은 주거의 사실상 평온은 침해되지 않았으므로 주거침입죄가 성립하지 않는다고 본다. 이에 대하여 의사침해설적 사실상 평온설(판례 5-1[49])은 " 복수의 주거권자가 있는 경우 한 사람의 승낙이 다른 거주자의 의사에 직접·간접으로 반하는 경우에는 그에 의한 주거에의 출입은 그 의사에 반한 사람의 주거의 평온 즉 주거의 지배·관리의 평온을 해치는 결과가 되므로" 주거침입죄가 성립한다고 한다. 주거권설도 의사침해설적 사실상 평온설과 같은 결론이다. 이 견해에 의하면 다른 주거권자인 남편의 권리가 침해되었으며 이는 수인의무를 넘어선 것이므로 乙女의 동의만 받고 주거에 들어간 甲男에 대하여는 주거침입죄가 성립한다. 생각건대 주거권자인 乙女의 동의가 있더라도 간통의 목적으로 甲男의 출입을 허용한 것은 다른 주거권자인 남편의 수인의무의 한계를 초과한 것이므로 주거권의 침해가 있다고 보아야 한다. 따라서 甲男에 대하여는 주거침입죄가 성립한다.

[판례 5-2] 甲男 내연녀인 乙女를 만나고자 2019년 7월과 8월 사이 3차례에 걸쳐 乙女의 남편이 없는 틈을 타 乙女의 집을 방문하였다. 甲男의 죄책은?[50]

---

47) 대법원 2021. 9. 9. 선고 2020도6085 전원합의체 판결.
48) 의사침해설적 사실상 평온설에 의하여도 주권권설의 결론과 같다.
49) 대법원 1984. 6. 26. 선고 83도685 판결.
50) 대법원 2021. 9. 9. 선고 2020도12630 전원합의체판결.

1심법원은 기존의 대법원 견해에 따라 甲男에 대하여 주거침입죄의 성립을 인정하였으나 2심법원[51]은 甲男이 주거에 들어갈 당시 乙女로부터 승낙을 받았기 때문에 甲男은 위 주거의 사실상 평온상태를 해할 수 있는 행위태양으로 들어간 것이 아니므로 주거에 침입한 것으로 볼 수 없다는 이유로 본죄의 성립을 부정하였다. 대법원도 주거침입죄를 인정한 기존의 판례를 변경하여 주거침입죄의 성립을 인정하였다. 대법원은 "외부인이 공동거주자의 일부가 부재중에 주거 내에 현재하는 거주자의 현실적인 승낙을 받아 통상적인 출입방법에 따라 공동주거에 들어간 경우에는 그것이 부재중인 다른 거주자의 추정적 의사에 반하더라도 주거침입죄는 성립하지 않는다"고 판시하였다. 대법원은 그 근거로서 "주거침입죄의 보호법익은 '사실상 주거의 평온'으로, 거주자가 주거에서 누리는 사실적 지배·권리관계가 평온하게 유지되는 상태이고 주거침입죄의 구성요건적 행위인 '침입'은 거주자가 주거에서 누리는 사실상의 평온상태를 해치는 행위태양으로 주거에 들어가는 것으로, 침입에 해당하는지 여부는 출입 당시 '객관적·외형적으로 드러난 행위태양'을 기준으로 판단함이 원칙"이라는 점을 든다. 따라서 "甲男의 출입 목적이 피해자의 아내와 혼외 성관계를 가지는 것이어서 甲男의 출입이 부재중인 남편의 의사에 반하는 것으로 추정되더라도 그러한 사정만으로 주거침입죄에서 정한 침입행위에 해당하지 않는다"고 한다.

이에 대하여 주거권설에 의하면 乙女의 남편은 자신의 아내와 혼외 성관계를 가지는 것을 목적으로 하는 甲男의 출입을 수인할 의무가 없으므로 乙女가 甲男의 출입을 허용하였더라도 자신의 공동주거권이 침해당했다는 점에는 변함이 없으므로 주거침입죄가 성립한다고 보아야 한다.

> [예2] 甲은 집주인 乙의 가옥을 임차하여 이사 온 이후로 수시로 친구들을 불러다 노래방기기를 켜놓고 밤새워 파티를 벌이며 놀았다. 이웃주민 丙은 집주인 乙에게 이러한 사실을 하소연하였다. 乙은 대문 앞에서 甲의 친구 丁 등 3인의 출입을 금하였으나 그들은 이를 무시하고 마당과 현관을 통하여 방으로 들어갔다.
> (1) 丁 등 3인의 죄책은?
> (2) 만일 (1)에서 甲이 乙의 가옥의 방 하나를 임차한 것이라면?

(1) 甲은 그 주택에 대한 유일한 주거권자이므로 그의 동의가 있는 한은 주거침입죄는 성립하지 않는다.
(2) 하나의 건조물에 여러 세대가 주거하는 경우 공동사용부분(마당과 현관)에 대하여는 甲, 乙 각자가 주거권을 갖는다. 다만 주거권자 일방의 동의가 있었다 하더라도 다른 주거권자의 권리를 침해하는 경우에는 다른 주거거권자의 동의나 추정적 동의가 없는 한은 본죄가 성립할 수 있다. 사례에서 甲의 주거권행사는 다른 주거권자인 乙의 수인의무의 범위를 넘어선 것이므로 丁 등 3인에 대하여는 주거침입죄가 성립한다.

---

[51] 울산지방법원 2020. 8. 30. 선고 2020노147 판결.

㉣ 주거권자는 주거권을 타인(예: 가정부, 이웃집)에게 위탁할 수 있다. 다만 수탁자의 동의 하에 주거에 들어갔더라도 그것이 위탁된 주거권의 범위를 넘어선 때에는 본죄가 성립한다.

③ **주거권자의 동의**: 침입이란 주거권자의 의사에 반하여 보호영역에 들어가는 것이므로 주거권자의 동의가 있는 때에는 침입에 해당하지 않는다. 따라서 동의는 구성요건해당성을 조각하는 양해에 해당한다.52) 이와 관련하여 문제되는 것은 다음과 같다.

㉠ 하자있는 동의: 양해는 자연적 의사능력을 가진 자이면 누구나 할 수 있으며, 의사의 자유에 대한 침해가 없는 이상은 유효하다. 따라서 **폭행이나 협박 등의 강제에 의한 양해는 무효이다**. 문제는 **기망이나 착오에 의한 양해**가 있는 경우에도 주거침입죄가 성립하는가이다. 부정설은 출입 자체에 대한 동의가 있는 이상은 주거권자의 현실적 의사의 자유는 침해되지 않았으므로 동의는 유효하며 따라서 주거침입죄는 성립하지 않는다고 한다.53) 이에 대하여 긍정설은 주거권자의 형식적 동의가 있더라도 이는 주거권자의 진의에 반하므로 무효이며 따라서 주거침입죄가 성립한다고 한다.54)

양해의 의사표시는 승낙과는 달리 기망이나 착오로 인하여 하자가 있더라도 유효하므로 부정설이 타당하다. 따라서 행위자가 범죄목적으로 주거권자를 기망하여 양해를 받고 주거에 출입한 경우에도 **주거권자의 명시적인 양해가 있는 이상은** 의사의 자유는 침해되지 않았으므로 주거침입죄는 성립하지 않는다.

㉡ 묵시적 동의가 있는 경우: 동의는 명시적인 경우뿐만이 아니라 묵시적인 경우도 포함한다.55) 묵시적 동의는 주거권자에게 의사를 물었다면 동의했을 것이라고 추정되는 경우에 인정된다. 따라서 주거권자의 반대의사가 추정되는 경우에는 인정되지 않으므로, 범죄목적으로 주거에 들어간 경우에는 주거침입죄가 성립한다.56)

> [판례 6] 甲은 乙과 절친한 이웃으로서 평소 그의 주거에 무상출입하곤 하였다. 어느 날 甲은 乙의 집이 비어있음을 알고 물건을 훔치러 들어갔다. 甲의 죄책은?

甲은 절도의 목적으로 乙의 주거에 들어간 것이므로 평소 그의 주거에 무상출입하였더라도 주거권자 乙의 묵시적 동의를 전혀 기대할 수 없다. 따라서 甲에 대해서는 주거침입죄가 성립한다.57)

---

52) 임웅, 276면.
53) 김일수/서보학, 각론, 248면; 임웅, 각론, 276면.
54) 대법원 1997. 3. 28. 선고 95도2674 판결; 배종대, 각론, 342면; 오영근, 각론, 272면.
55) 대법원 1993. 3. 23. 선고 92도455 판결.
56) 김성돈, 각론, 256면; 배종대, 각론, 341면.
57) 대법원 1983. 7. 12. 선고 83도1394 판결.

[판례 7] 甲은 같은 동네에 사는 고모의 아들인 乙의 집에 잠시 들어가 있는 동안에 乙에게 돈을 갚기 위하여 찾아온 丙의 돈을 절취하였다. 甲의 죄책은?

甲은 처음부터 불법의 목적으로 乙의 집에 들어간 것이 아니므로 甲의 출입에 대한 주거권자의 묵시적 동의는 인정되며 따라서 주거침입죄는 성립하지 않는다.58)

ⓒ 일반적 허가가 있는 경우: 개별적인 자격을 문제 삼지 않고 일반인의 출입이 허용된 공공장소, 예컨대 백화점, 관공서, 은행, 호텔, 음식점 등은 일반적 허가가 있다고 할 수 있다. 이러한 장소에 불법을 행할 목적으로 들어간 경우에는 출입 자체는 허용되었다고 볼 수 있으므로 본죄의 성립을 부정하는 것이 타당하다59). 다만 출입방법 자체가 주거권자의 추정적 의사(일반적 허가)에 반하는 경우에는 본죄가 성립한다. 예컨대 담벽을 넘고 창문을 통해 들어가거나,60) 강도의 목적으로 복면을 하고 흉기를 들고 은행에 들어가서나, 다중이 고함이나 소란을 피우면서 집단적으로 난입하는 경우61) 등이 이에 해당한다.

ⓓ 2022년 변경 전 판례는 동의가 명시적인가, 묵시적인가 또는 일반적 허가가 있었는가의 여부와 관계없이 범죄나 불법행위를 목적으로 주거에 들어간 경우에는 주거침입죄의 성립을 인정하였다(예컨대 판례 9-1). 그러나 2022년 변경된 판례는 행위자가 범죄 등을 목적으로 일반인의 출입이 허용된 음식점에 출입하였더라도 출입 당시 "객관적·외형적으로 드러난 행위 태양에 비추어 사실상의 평온상태를 해치는 방법"으로 들어갔다고 평가할 수 없다면 침입행위에 해당하지 않는다고 본다(예컨대 판례 9-12).

[판례 8] 대학생 甲은 육군간부후보생 시험에 응시한 乙로부터 대가를 받고 시험장에 입장하여 답안지에 수험번호와 이름을 바꾸어 씀으로서 대리시험을 치렀다. 甲의 죄책은?

甲이 대리시험을 보는 행위는 위계에 의한 공무집행방해죄에 해당한다. 문제는 그에 대하여 주거침입죄가 성립하는가이다. 대법원은 "대리응시자들의 시험장의 입장은 시험관리자의 승낙 또는 그 추정된 의사에 반한 불법침입"이므로 甲에 대하여는 주거침입죄가 성립한다고 보았다.62)

[판례 9-1] 甲은 기관장들의 조찬모임에서의 대화내용을 도청하기 위한 도청용 송신기를 설치할 목적으로 손님을 가장하여 이 음식점에 들어갔다. 甲의 죄책은?

---

58) 대법원 1984. 2. 14. 선고 83도2897 판결.
59) 이에 대하여 대법원(대법원 1997. 3. 28. 선고 95도2674 판결)은 본죄의 성립을 인정한다.
60) 대법원 1990. 3. 13. 선고 90도173 판결.
61) 대법원 1983. 3. 8. 선고 83도1363 판결.
62) 대법원 1967. 12. 19. 선고 67도1281 판결. 이 판결은 2022년 변경된 판례에 반하지 않으므로 그대로 유지되었다.

대법원은 "일반인의 출입이 허용된 음식점이라 하더라도, 영업주의 명시적 또는 추정적 의사에 반하여 들어간 것이라면 주거침입죄가 성립된다 할 것이다. 그런데 … 영업자인 피해자가 출입을 허용하지 않았을 것으로 보는 것이 경험칙에 부합한다 할 것이므로, 피고인들은 모두 주거침입죄의 죄책을 면할 수 없다(대법원 1978. 10. 10. 선고 75도2665 판결 참조)"고 보아 甲에 대하여 주거침입죄의 성립을 인정하였다.63)

[판례 9-2] A 회사의 임원 甲은 A 회사의 환경오염으로 인해 민원이 발생하면서 기자들이 찾아오자, 기자들에게 향응을 제공하고 기자들이 부당한 요구를 하는 장면 등을 녹음·녹화하여 만일의 상황을 대비하기로 하였다. 甲은 B가 운영하는 음식점의 방실에서 인터넷 언론사의 소속 기자 C를 만나 식사를 하기에 앞서 기자 C와의 대화 내용과 장면을 녹음·녹화하기 위한 장치를 설치하기 위해 위 각 음식점의 영업주로부터 승낙을 받아 위 각 음식점의 방실에 미리 들어간 다음 녹음·녹화장치를 설치하였다. 그런데 임원 甲은 음식점의 영업주 B로부터 음식점의 방실에 녹음·녹화장치를 설치하는 것에 대하여는 승낙을 받지 않았다.64) 甲의 죄책은?

이 판례도 침입 장소가 일반인의 출입이 허용된 음식점이라는 점과 음식점의 영업주의 추정적 의사에 반하여 그 장소에 출입하였다는 점에서 [판례 9-1]과 같다. 따라서 기존의 판례에 의하면 임원 甲에 대하여는 주거침입죄가 성립할 것이다. 그러나 2022년 판례는 다음의 이유에서 본죄의 성립을 부정함으로써 기존의 입장을 변경하였다: "일반인의 출입이 허용된 음식점에 영업주의 승낙을 받아 통상적인 출입방법으로 들어갔다면 특별한 사정이 없는 한 주거침입죄에서 규정하는 침입행위에 해당하지 않는다. 설령 행위자가 범죄 등을 목적으로 음식점에 출입하였거나 영업주가 행위자의 실제 출입 목적을 알았더라면 출입을 승낙하지 않았을 것이라는 사정이 인정되더라도 그러한 사정만으로는 출입 당시 객관적·외형적으로 드러난 행위 태양에 비추어 사실상의 평온상태를 해치는 방법으로 음식점에 들어갔다고 평가할 수 없으므로 침입행위에 해당하지 않는다."

④ **부작위에 의한 주거침입**: 주거침입은 부작위에 의하여도 가능하다(부진정부작위범). 예컨대 적법하게 주거에 들어온 자가 퇴거시간이 지나서도 그대로 머무르는 경우가 이에 해당한다. 또한 불법침입을 방지하여야 할 보증의무 있는 자가 이를 그대로 방치한 경우에는 부작위에 의한 방조에 해당한다.

[예 3] 호텔에 투숙중인 법대생 甲은 乙의 외출 중에 그의 방실을 자신의 방으로 오인하여 그곳에 들어갔다. 그는 샤워를 하고 침대에 누운 후에야 자기가 방을 잘못 찾았다는 사실을 깨달았다. 甲은 생각하기를 자신은 주거침입에 대한 고의가 없었으므로 주거침입죄는 성립하지 않으며 乙의 퇴거요구도 없었으므로 퇴거불응죄도 성립하지 않는다고 생각

---

63) 대법원 1997. 3. 28. 선고 95도2674 판결. 이 판결은 2022년 변경된 판례에 의하여 폐기되었다.
64) 대법원 2022. 3. 24. 선고 2017도18272 전원합의체 판결.

하였다. 그의 생각은 타당한가?

甲이 자신의 착오를 깨달은 이후에는 퇴거하여야 할 의무(선행행위로 인한 작위의무)가 있으므로 계속하여 퇴거하지 않은 것은 부작위에 의한 주거침입에 해당한다.

⑤ 실행의 착수: 주거침입의 미수는 구성요건의 일부가 실현된 경우, 즉 신체의 일부가 주거에 들어간 경우는 물론이고, 구성요건의 실현에 직접적으로 개시한 행위가 있는 때, 즉 중간행위의 개입 없이도 구성요건의 실현에 이를 수 있는 경우에도 성립한다(개별적 객관설). 예컨대 주거에 침입하기 위하여 출입문의 자물쇠를 열려고 한 행위는 아직 주거침입에 직접적으로 개시한 행위가 아니므로 주거침입예비에 불과하여 불가벌이다. 왜냐하면 주거침입을 위해서는 잠긴 자물쇠를 열어야 하는 중간행위가 남아있기 때문이다. 그러나 자물쇠를 열었다면 주거침입을 위하여 더 이상의 중간행위는 요구되지 않으므로 아직 문고리를 당겨 출입문을 열지 않았더라도 미수에 해당한다. 이에 대하여 대법원은 출입문을 열려고 시도한 행위도 주거침입의 실행의 착수에 해당한다고 본다.

[판례 10] 甲은 2006년 1월2일 새벽 2시경 다세대주택 건물에 들어가 乙이 거주하는 101호의 출입문을 열고 그 안에 침입해 재물을 절취하려고 했으나 문이 잠겨 있어 뜻을 이루지 못했다. 甲은 이후에도 이 건물 2층과 3층까지 각 세대의 출입문을 열어 보고 잠겨 있지 않은 집을 골라 훔치려 했으나 건물에 입주해 있던 7세대의 문이 모두 잠겨 있는 바람에 뜻을 이루지 못했다. 甲의 죄책은?

甲이 잠겨 있지 않은 집을 고르기 위하여 문을 열어 보는 행위가 주거침입의 실행의 착수에 해당한다면 甲에 대하여는 야간주거침입절도미수죄가 성립할 것이다.
이 점에 대하여 원심은 "피고인이 잠긴 출입문을 부수거나 도구를 이용해 강제로 열려는 의사가 전혀 없이, 단지 이집 저집 기웃거리며 손으로 출입문을 당겨보아 잠겨있는지 확인한 것이라면 범행대상을 물색한 야간주거침입죄의 예비단계에 불과하다"는 이유로 야간주거침입절도미수의 성립을 부정하였다.
이에 대하여 대법원은 "주거침입죄의 실행의 착수는 주거자, 관리자, 점유자 등의 의사에 반해 주거나 관리하는 건조물 등에 들어가는 행위, 즉 범죄구성요건의 일부를 실현하는 행위까지 요구하는 것은 아니고, 범죄구성요건의 실현에 이르는 현실적 위험성을 포함하는 행위를 개시하는 것으로 족하다"고 전제하고, "피고인이 출입문이 열려 있으면 안으로 들어가겠다는 의사 아래 출입문을 당겨보는 행위는 바로 주거의 사실상의 평온을 침해할 객관적인 위험성을 포함하는 행위를 한 것으로 볼 수 있어 그것으로 주거침입의 실행에 착수가 있었고, 단지 출입문이 잠겨 있었다는 외부적 장애요소로 인해 뜻을 이루지 못한데 불과하다"고 함으로써 야간주거침입절도미수죄의 성립을 인정하였다.[65]

---

65) 대법원 2006. 9. 14. 선고 2006도2824 판결.

그러나 주거침입의 실행의 착수가 있기 위해서는 잠겨있는 문을 열거나, 문이 잠겨있지 않은 집을 발견한 때라고 보아야 한다. 잠겨 있지 않은 집을 고르기 위하여 문을 열어 보는 행위만으로는 아직 주거침입에 직접적으로 개시하였다고 볼 수 없다. 따라서 甲의 행위는 야간주거침입절도예비에 불과하여 불가벌이라고 보는 것이 타당하다.

⑥ 기수시기: 본죄의 기수가 성립하기 위해서는 신체의 전부가 들어가야 하며 일부만이 들어간 때에는 미수(제322조)가 성립한다(통설). 이에 대하여 판례는 신체의 일부가 주거에 들어간 때에도 사실상의 주거의 평온을 해하는 정도에 이른 때에는 기수에 이른 것이라고 본다.

[판례 11] 甲은 새벽 12시 경에 乙女를 강간할 목적으로 집의 담벽에 발을 딛고 창문을 열고 얼굴을 안으로 들이밀었다. 甲의 죄책은?

甲의 신체의 일부만 乙女의 주거에 침입한 경우에도 주거침입죄가 기수에 이르는가의 여부가 문제된다. 판례는 주거침입죄는 사실상의 주거의 평온을 보호법익으로 하는 것이므로 행위자의 신체의 전부가 타인의 주거 안으로 들어가야 성립하는 것이 아니라 신체의 일부만 타인의 주거안으로 들어갔더라도 사실상의 주거의 평온을 해할 수 있는 정도에 이르렀다면 기수가 성립한다고 보아 甲에 대하여 주거침입죄의 기수를 인정하였다.66) 그러나 침입이란 신체의 전부가 주거에 들어가야 하며 일부만이 들어간 경우에 대하여는 미수죄가 별도로 규정되어 있으므로 사실상의 평온의 침해여부를 불문하고 미수의 성립을 인정하는 것이 타당하다.

III. 퇴거불응죄

제319조 제2항(퇴거불응): 전항의 장소에서 퇴거요구를 받고 응하지 아니한 자도 전항의 형과 같다.

퇴거불응죄는 적법하게 주거에 들어간 자가 주거권자의 퇴거요구를 받고도 나가지 않는 경우에 성립한다. 본죄는 퇴거요구가 있어야 성립하는 진정부작위범이라는 점에서 부작위에 의한 주거침입죄(부진정부작위범)와 구별된다.

[판례 12] 임대인이 임대차기간이 종료되어 명도요구를 하는데 이에 응하지 않은 경우에 퇴거불응죄가 성립하는가?

주거권자는 임차인이므로 퇴거불응죄는 성립하지 않는다. 대법원도 "일단 적법하게 임차하여 이의 점유를 시작하였다면 그 후 임대차가 해지되고 사법상 불법점유로 볼 것이라

---

66) 대법원 1995. 9. 15. 선고 94도2561 판결.

할지라도 적법한 절차에 따라 그 점유를 풀지 않는 한 그의 점유에 있다"고 본다.67)

IV. 특수주거침입죄

> 제320조: 단체 또는 다중의 위력을 보이거나 위험한 물건을 휴대하여 전조의 죄를 범한 때에는 5년 이하의 징역에 처한다.

① 2인 이상이 공동하여, ② 단체나 다중의 위력으로써 또는 단체나 집단을 가장하여 위력을 보임으로써 또는 ③ 흉기 기타 위험한 물건을 휴대하여 주거침입·퇴거불응죄를 범한 경우에는 폭력행위등처벌에관한법률 제2조 또는 제3조가 우선적으로 적용된다.

V. 주거·신체수색죄

> 제321조: 사람의 신체, 주거, 관리하는 건조물, 자동차, 선박이나 항공기 또는 점유하는 방실을 수색한 자는 3년 이하의 징역에 처한다.

① 객체: 본죄의 객체에는 주거침입죄에 규정된 것 이외에도 신체와 자동차가 포함된다. 본죄에서 말하는 선박이나 항공기는 - 주거침입죄의 경우와는 달리 - 주거에 사용될 수 있는 정도의 크기일 것을 요하지는 않는다고 보아야 한다.
② 행위: 행위는 수색이다. 수색이란 사람 또는 물건을 발견하기 위하여 사람의 신체 또는 일정한 장소를 조사하는 행위를 말한다.
주거에 침입하여 수색한 때에는 통설에 의하면 본죄와 주거침입죄의 경합범이 성립한다고 한다.68) 그러나 계속범과 위법상태의 계속 중에 행한 범죄가 목적과 수단의 관계에 있는 경우에는 양죄는 상상적 경합의 관계에 있다.69) 따라서 수색의 목적으로 주거에 침입하여 주거를 수색한 경우에는 주거침입죄와 주거수색죄는 상상적 경합의 관계에 있다고 보아야 한다. 다만 타인의 주거에 침입한 후에 수색을 결의한 때에는 수색의 목적으로 주거에 침입한 것이 아니므로 주거수색죄와 주거침입죄의 경합범이 성립한다. 절도나 강도의 목적으로 수색한 행위는 불가벌적 수반행위로서 절도죄나 강도죄에 흡수된다.70)

---

67) 대법원 1973. 6. 26. 선고 73도460 판결.
68) 예컨대 김일수/서보학, 각론, 256면.
69) 제1편 제4장 제4절 II의 각주 13) 참조.
70) 김일수/서보학, 각론, 256면 이하.

제7장 재산에 대한 죄

제1절 재산죄 일반론

I. 의의 및 분류

재산죄 또는 재산범이란 재산을 보호법익으로 하는 범죄를 말한다. 재산죄를 객체에 따라 구분하면 재물죄와 이득죄가 있다. 재물죄는 재물을 객체로 하며 절도, 횡령, 장물, 손괴죄가 이에 해당한다. 이에 대하여 컴퓨터사용사기죄와 배임죄는 이득죄이다. 그리고 강도, 사기, 공갈죄는 객체가 재물 또는 재산상의 이익이므로 재물죄인 동시에 이득죄이다. 그리고 소유권 이외의 물권이나 채권을 객체로 하는 재산범으로서 권리행사방해죄가 있다.

* 객체에 따른 재산범의 분류
```
┌ 소유권 - 절도죄, 횡령죄, 손괴죄, 장물죄(재물죄)
├ 전체로서의 재산권 - 강도죄, 사기죄, 공갈죄(재물죄 + 이득죄), 배임죄(이득죄)
└ 소유권 이외의 물권 또는 채권 - 권리행사방해죄
```

현행 형법은 재산범을 범죄의사에 따라 영득죄와 손괴죄로 구분한다. 영득죄란 타인의 재물을 자기의 것으로 영득하려는 의사(불법영득의사)를 가지고 행하는 범죄를 말한다. 여기서 영득이란 권리자를 (영구적으로) 배제하고 그 재물을 자기의 소유물과 같이 영구적 또는 일시적으로 사용하는 것을 말한다. 이에 대하여 손괴죄는 영득의사 없이 단지 재물의 효용성만을 침해하려는 의사를 가지고 행하는 범죄를 말한다.

그리고 영득죄는 침해방법에 따라 탈취죄와 편취죄로 분류된다. 탈취죄는 상대방의 의사에 반하여 재산을 취득하는 범죄를 말한다. 절도죄, 강도죄, 횡령죄 등이 이에 해당한다. 이에 대하여 편취죄는 상대방의 하자있는 의사에 기하여 재산을 취득하는 범죄를 말한다. 사기죄, 공갈죄 등이 이에 해당한다.

* 범죄의사 및 침해방법에 따른 재산범의 분류
```
┌ 영득죄 ┌ 탈취죄-타인의 의사에 반하여 재물을 취득: 절도죄, 강도죄, 횡령죄
│        └ 편취죄-타인의 하자있는 의사표시(착오, 협박)에 의하여 재산을 취득: 사기죄, 공갈죄
└ 손괴죄
```

II. 개별 재산범죄의 구분

재산범죄 간의 구분은 일차적으로 객체의 소유와 점유가 누구에게 있는가에 따라 판단하고, 소유와 점유의 주체가 같은 범죄의 경우에는 침해방법에 따라 구분하는 것이 편리하다. 예컨대 절도죄의 객체는 타인소유의 재물인데 대하여, 권리행사방해죄의 객체는 자기소유의 재물이므로 양죄는 객체에 대한 소유권이 누구에게 있는가에 따라 구분할 수 있다. 절도죄와 횡령죄의 객체는 모두 타인소유라는 점에서는 같지만 절도죄의 객체는 타인점유이고 횡령죄의 객체는 자기점유이므로 양죄는 객체에 대한 점유가 누구에게 있는가에 따라 구분할 수 있다. 그리고 절도죄와 사기죄의 객체는 모두 타인소유이고 타인점유이므로 객체에 따라서 구분할 수 없으므로 이 경우에는 침해방법에 따라서 구분하면 된다. 강도죄와 공갈죄의 구분도 마찬가지이다. 침해방법이 탈취인 경우에는 강도, 상대방의 하자있는 의사에 근거한 경우(편취)에는 공갈에 해당한다.

* 재산범죄 사이의 구분

	주체	객체	행위
절도죄(제329조) 강도죄(제333조)	일반범	타인의 재물 (타인소유 + 타인점유)	절취 강취
권리행사방해죄 (제323조)	일반범	타인의 점유 또는 권리의 목적이 된 자기의 물건 (자기소유 + 타인점유)	취거, 은닉, 손괴
사기죄(제347조) 공갈죄(제350조)	일반범	재물(타인소유 + 타인점유), 재산상 이익	사람을 기망하여 재물을 교부받거나 재산상 이익을 취득
횡령죄 (제355조 제1항)	타인의 재물을 보관하는 자	재물 (타인소유 + 자기점유)	횡령 또는 반환거부
배임죄 (제355조 제2항)	타인의 사무를 처리하는 자	재산상 이득	임무에 위반하는 행위로서 재산상 이익을 취득

[예 1] 甲은 乙의 시계점에 시계수리를 맡긴 후 수리가 끝나자, 후일 수리비를 내지 않고 乙이 모르는 사이에 그 시계를 가지고 나왔다. 甲의 죄책은?

甲에 대하여 절도죄와 권리행사방해죄 가운데 어디에 해당하는지가 문제된다. 甲이 수리를 맡긴 시계는 자기소유이지만 유치권자인 乙의 점유 하에 있으므로 그의 행위는 권리행사방해죄에 해당한다.

[예 2] 甲은 친구 乙로부터 자전거를 빌려 타고 다니다가 돌려줄 때가 되자 乙에게 자전거를 잃어버렸다고 거짓말을 하였다. 乙이 아무런 변상도 요구하지 않자 甲은 그 자전거를 丙에게 팔았다. 甲의 죄책은?

甲의 행위가 사기죄와 횡령죄 가운데 어디에 해당하는지가 문제된다. 그 자전거의 소유는 타인(乙) 소유이고, 점유는 자기(甲) 점유이므로 甲 행위는 횡령죄에 해당한다.

[예 3-1] 甲은 골목길에서 행인 乙에게 칼을 들이대고 지갑을 내놓지 않으면 죽이겠다고 협박하였다. 乙은 겁이 나서 甲에게 지갑을 건네주었다. 甲의 죄책은?

甲에 대하여 강도죄와 공갈죄 가운데 어디에 해당하는지가 문제된다. 지갑은 타인 소유이고 타인 점유이다. 강도죄와 공갈죄의 객체는 타인소유 + 타인점유로서 재물에 대한 소유권과 점유의 주체가 같으므로 이러한 경우에는 침해방법, 즉 탈취인가 편취인가에 따라서 양죄를 구분하면 된다. 외관상으로는 甲이 乙로부터 재물을 건네받은 것(편취)처럼 보이지만 그는 칼로 협박을 하여 乙의 반항을 억압하였으므로 재물을 탈취한 것이다. 따라서 그의 행위는 특수강도죄(제334조 제2항)에 해당한다.

[예 3-2] 만일 위의 (예 3-1)에서 甲이 칼로 협박하지 않고 지갑을 내놓지 않으면 乙의 범행사실을 경찰에 신고하겠다고 협박하였다면 甲의 죄책은?

甲은 乙의 하자있는 의사에 의하여 재물을 교부받은 것이므로 그의 행위는 편취에 해당한다. 따라서 甲에 대하여는 공갈죄가 성립한다.

제2절 절도의 죄

I. 서론

1. 의의 및 체계

절도죄는 타인의 재물을 침해하는 범죄이다. 절도죄는 객체가 재물이라는 점에서 재물죄이며, 점유자의 의사에 반하여 재물을 취득하는 탈취죄이다.

절도죄의 객체는 타인 소유 및 타인 점유의 재물이라는 점에서 자기가 점유하는 타인소유의 재물을 영득하는 횡령죄와 구분되며, 타인이 점유하는 자기소유의 물건을 침해하는 권리행사방해죄와도 구분된다. 그리고 절도죄는 타인의 의사에 반하여 재물을 절취하는 탈취죄라는 점에서 타인의 하자있는 의사에 기한 처분행위를 통하여 재물을 교부받는 편취죄, 즉 사기죄나 공갈죄와 구분된다.

절도의 죄의 기본적 구성요건은 단순절도죄(제329조)이다. 가중적 구성요건으로서 야간주거침입절도죄(제330조), 특수절도죄(제331조), 상습절도죄(제332조) 등이 있으며, 독립된 구성요건으로는 자동차등 불법사용죄(제331조의 2)가 있다. 그리고 상습으로 또는 2인 이상이 공동하여 단순절도죄, 야간주거침입절도죄(제330조), 특수절도죄를 범한 경우는 특정범죄가중처벌등에관한법률(특가법 제5조의 4)에 의하여 가중처벌된다.

* 절도의 죄의 체계

기본적 구성요건	가중적 구성요건	독립된 구성요건
단순절도죄(제329조)	야간주거침입절도죄(제330조), 특수절도죄(제331조), 상습절도죄(제332조)	자동차등 불법사용죄(제331조의 2)

2. 보호법익

절도죄의 보호법익은 소유권이다.[1] 이에 대하여 본죄의 주된 보호법익은 소유권이고, 점유는 부차적인 보호법익이라고 하는 견해도 있다.[2] 물론 절도죄가 점유의 침해를 통하여 행하여지는 것은 사실이나 이는 행위의 객체이지 보호법익은 아니다. 그리고 점유의 보호에 대하여는 권리행사방해죄가 별도로 있으므로 점유는 절도죄의 보호법익이 아니다. 따라서 甲 소유의 재물을 乙이 절취하고 이를 다시 丙이 절취한 한 경우 丙에 대하여 절도죄가 성립하는 이유는 丙이 乙의 점유를 침해했기 때문이 아니라 甲의 소유권을 재차 침해했기 때문이다.

법익의 보호의 정도와 관련하여 절도죄는 침해범이다. 이에 대하여 행위자는 절취한 물건의 소유자가 될 수 없으므로 피해자는 소유권을 상실하지 않으며 따라서 본죄는 위험범이라고 하는 견해가 있다. 그러나 소유권은 반드시 타인에게 이전되어야 침해되는 것은 아니며 점유의 배제로 인하여 소유물의 사용, 수익, 처분이 방해되었다면 소유권은 침해당한 것이라고 볼 수 있다.

II. 단순절도죄

제329조: 타인의 재물을 절취한 자는 6년 이하의 징역 또는 1천만원 이하의 벌금에 처한다.

---

1) 김일수/서보학, 각론, 272면; 박상기, 각론, 250면; 배종대, 각론, 352면.
2) 임웅, 각론, 296면; 정성근, 박광민, 각론, 292면 이하.

1. 성립요건

절도죄의 객관적 구성요건은 "타인의 재물을 절취한 자"이며, 주관적 구성요건으로는 객관적 구성요건요소에 대한 인식, 즉 고의와 초과주관적 불법요소로서 불법영득의사가 있다.

(1) 객관적 구성요건

(가) 객체

절도죄의 객체는 타인의 재물이다.

① **재물**: 절도죄에서 재물이란 유체물로서 동산에 국한된다. 따라서 권리나 부동산은 본죄의 객체가 될 수 없다.3) 이에 대하여 다수설은 부동산도 본죄의 객체가 될 수 있다고 한다. 절취는 '피해자의 의사에 반하여 점유를 이전'하는 행위로서 재물이 장소적으로 이전될 것을 요하는데, 부동산은 성격상 장소의 이전이 불가능하므로 절취의 객체가 될 수 없다. 부동산의 절취여부가 문제되는 경우로는 타인의 토지의 경계를 침범하여 건물을 건축하거나, 타인의 건물에 침입하여 권리자를 배제하고 이를 점거하는 경우를 생각할 수 있는데, 전자는 경계침범죄(제370조)에 해당하며, 후자는 주거침입죄에 해당할 뿐이며 이를 절취라고 할 수는 없다.

[판례 1] 甲은 자기소유의 토지에 인접한 乙 소유의 토지 8평을 침범하여 점포를 건축하였다. 甲의 죄책은?

부동산은 절취의 객체가 될 수 없으므로 타인의 토지를 침범하여 점포를 지은 행위가 토지에 대한 절취에 해당하지 않는다. 다만 甲은 자기소유의 토지와 乙 소유의 토지의 경계를 인식불가능하게 하였으므로 경계침범죄(제370조)에 해당한다.4)

[판례 2] 甲은 乙의 토지에 그의 허락도 없이 감나무를 심었다. 甲이 감나무에서 감을 수확해 간 경우 그의 죄책은?

감나무는 부동산으로서 절도죄의 객체가 될 수 없지만, 감을 수확한 경우 그 감은 동산으로서 절도죄의 객체가 된다. 문제는 그 감의 소유가 누구에게 있는가이다. 이 점에 대하여 대법원은 "토지상에 권원 없이 식재한 수목의 소유권은 토지소유자에게 귀속하고 권원에 의하여 식재한 경우에는 그 소유권이 식재한 자에게 있으므로, 권원 없이 식재한 감나무에서 감을 수확한 것은 절도죄에 해당한다"고 판시하였다.5)

---

3) 광주고법 4292.9.16. 선고 4292형공544 형사제2부 판결.
4) 대법원 1968. 9. 17. 선고 68도967 판결.
5) 대법원 1998. 4. 24. 선고 97도3425 판결.

[예 1] 은행의 컴퓨터 프로그래머 甲이 은행에 입금된 돈의 일정액수가 자동으로 자신의 구좌에 입금되도록 조작한 경우 甲의 죄책은?

이 경우 절도죄는 성립하지 않는다. 왜냐하면 입금된 돈은 유체물이 아니므로 재물에 해당하지 않기 때문이다. 다만 甲은 컴퓨터에 부정한 명령을 입력하여 정보처리를 하게 함으로써 재산상의 이익을 취득하였으므로 컴퓨터사용사기죄(제347조의 2)가 성립한다.

절도죄의 객체로서의 재물은 경제적 가치를 가질 것을 요하지는 않는다. 경제적 가치가 없는 물건도 주관적, 소극적 가치가 있는 것은 재물에 해당한다. 왜냐하면 절도죄는 소유권을 보호하기 위한 죄로서 재물에 대한 형식적, 법적 지위를 보호하는 것이기 때문이다. 예컨대 부모나 애인의 사진은 객관적인 금전적 가치는 없으나 점유자가 주관적인 가치를 가지고 있으므로 재물로서 절도죄의 객체가 된다. 판례는 재물은 경제적 가치를 가질 것을 요한다고 보되, 경제적 가치의 개념을 넓게 해석하여 재물이 객관적인 금전적 교환가치를 갖지 않더라도 주관적 가치나 소극적 가치를 갖는 경우에는 경제적 가치를 인정하여 절도죄가 성립한다고 보고 있다.6)

[판례 3] 甲은 乙의 집에 들어가 잠시 그와 아는 체하며 이야기를 나누다가 그 곳에 있던 세 조각이 난 약속어음을 가지고 나와서 이를 붙인 후에 사용했다, 그 어음은 乙이 발행한 것으로서 회수한 후에 찢어버린 것이었다. 甲의 죄책은?

(1) 절도죄: 찢어버린 약속어음이 재물에 해당하는가의 문제이다. 판례는 어음의 발행자인 乙이 회수한 약속어음을 찢어버림으로써 폐지로 되어 쓸모가 없는 것처럼 보이더라도 乙은 그것이 타인에 의하여 조합되어 하나의 새로운 어음으로 이용되지 않는 것에 대하여 소극적인 경제적 가치를 갖는 것이므로 재물에 해당한다고 보아 절도죄의 성립을 인정하였다.7)
(2) 주거침입죄: 甲이 乙의 집에서 잠시 대화를 나눈 것을 주거침입에 대한 묵시적 승낙으로 볼 수 있는가에 대하여 판례는 범죄의 목적으로 타인의 주거에 침입한 이상 주거침입죄가 성립한다고 보았다. 묵시적 동의는 주거권자의 반대의사가 추정되는 경우에는 인정되지 않으므로, 범죄목적으로 주거에 들어간 경우에는 주거침입죄가 성립한다.8)
(3) 유가증권위조 및 동행사죄: 찢어서 폐지로 된 타인 발행명의의 약속어음을 조합하여 어음의 외형을 갖춘 경우에는 새로운 약속어음을 작성한 것으로서 행사의 목적이 있는 이상 유가증권위조죄(제214조)가 성립하며, 이를 사용했으므로 동행사죄(제217조)가 성립한다.

---

6) 대법원 1976. 1. 27. 선고 74도3442 판결.
7) 대법원 1976. 1. 27. 선고 74도3442 판결.
8) 제1편 제7장 제2절 II 2 ③ ⓛ 참조.

재물은 유체물에 국한되므로 동력은 재물에 해당하지 않는다(유체성설).9) 유체물이란 일정한 공간을 차지하고 있는 대상물을 말한다. 따라서 고체는 물론 물과 같은 액체나 가스, 증기와 같은 기체도 이에 해당한다. 그러나 음향, 전기, 빛, 열 등은 무체물로서 재물에 해당하지 않는다. 다만 제346조는 "본장의 죄에 있어서 관리할 수 있는 동력은 재물로 간주한다"고 규정하고 있으므로, 관리가능한 동력도 "본 장의 죄", 즉 제38장 절도와 강도의 죄의 경우에는 재물로 간주하여 예외적으로 본죄의 객체가 된다. 그리고 권리행사방해죄와 장물죄를 제외한 모든 재산범의 경우에는 제346조를 준용한다는 준용규정을 두고 있다. 따라서 관리가능한 동력은 권리행사방해죄나 장물죄의 객체가 될 수 없다.10)

이에 대하여 관리가능성설은 재물을 유체물에 국한하지 않고 무체물이라도 관리가능한 경우에는 재물에 해당한다고 한다.11) 유체성설이 제346조를 예외규정으로 보는데 대하여, 이 견해는 본조를 주의규정(당연규정)으로 본다. 현행형법은 장물죄에 대하여 제346조를 준용한다는 규정을 두고 있지 않은데, 재물의 개념을 관리가능한 동력까지 포함하는 것으로 해석함으로써 마치 준용규정을 둔 것과 같은 결론을 이끌어 내려는 시도는 유추해석으로써 죄형법정주의에 반한다.

[예 2] 전력절도범 甲이 공장장 乙에게 절취한 전력을 판매한 경우 乙의 죄책은?

절도죄의 객체인 재물은 유체물에 국한된다(유체성설). 전력을 재물로 간주하는 제346조는 예외규정으로서 절도와 강도의 죄, 횡령과 배임의 죄(제361조), 사기와 공갈의 죄(354조), 손괴의 죄(제371조)에만 적용되며, 장물죄의 경우에는 제346조를 준용한다는 규정이 없다. 따라서 전력은 장물죄의 객체에 해당하지 않으므로 乙에 대하여 장물취득죄는 성립하지 않는다. 이에 대하여 관리가능성설에 의하면 제346조는 주의규정으로서 장물죄의 경우에도 관리가능한 동력은 재물에 해당한다고 보므로, 乙에 대하여 장물취득죄가 성립한다고 본다.

[판례 4] 甲은 乙로부터 임대계약 종료를 원인으로 한 명도요구를 받고 2006. 9. 3.경 이 사건 식당 건물에서 퇴거하기는 하였으나, 이 사건 식당 건물 외벽 쪽에 설치하여 사용하던 대형냉장고는 그 전원이 연결되어 있는 상태로 두다가, 乙이 甲의 퇴거 직후 명도상황을 점검하면서 위 대형냉장고가 전원이 연결된 상태로 존치되어 있는 것을 확인하고 甲에게 그 철거를 요구하였으며, 이에 따라 甲이 2006. 10.경 위 대형냉장고를 철거하였는데, 그 기간 동안 전기사용료가 22,965원가량이었다. 甲의 죄책은?

---

9) 소수설: 김일수/서보학, 각론, 274면; 배종대, 각론, 346면.
10) 박상기, 각론, 240면 이하.
11) 다수설: 오영근, 각론, 344면; 임웅, 각론, 267면 이하.

전기는 관리가능한 동력으로서 절도죄의 객체가 된다(제346조). 본죄의 객체는 타인의 점유하에 있을 것을 요하는데, 甲이 사용한 전기가 누구의 점유하에 있는지가 문제된다. 원심법원은 절도죄의 성립을 인정하였으나 대법원은 다음과 같은 이유에서 절도죄의 성립을 부정하였다: "비록 피고인이 이 사건 식당 건물에서 퇴거하기는 하였으나, 위 대형냉장고의 전원을 연결한 채 그대로 둔 이상 그 부분에 대한 점유·관리는 그대로 보유하고 있었다고 보아야 하며, 피고인이 위 대형냉장고를 통하여 전기를 계속 사용하였다고 하더라도 이는 당초부터 자기의 점유·관리하에 있던 전기를 사용한 것에 불과하고, 타인의 점유·관리하에 있던 전기를 사용한 것이라고 할 수는 없고, 피고인에게 절도의 범의가 있었다고도 할 수 없으므로 피고인을 절도죄로 의율할 수는 없다고 할 것이다."12)

[판례 5] 甲은 자기의 친구 乙의 가게에 찾아가서 그 가게 안에 있는 방에 들어가 잠깐 쉬겠다고 말한 후, 방에서 1시간가량 국제전화를 하였다. 甲의 죄책은?

甲의 행위가 절도죄에 해당하는가에 대하여만 검토하기로 한다. 본죄가 성립하기 위해서는 전화통화가 관리가능한 동력에 해당해야 한다. 이 점에 대하여 대법원은 "타인의 전화기를 무단으로 사용하여 전화통화를 하는 행위는 전기통신사업자가 그가 갖추고 있는 통신선로, 전화교환기 등 전기통신설비를 이용하고 전기의 성질을 과학적으로 응용한 기술을 사용하여 전화가입자에게 음향의 송수신이 가능하도록 하여 줌으로써 상대방과의 통신을 매개하여 주는 역무(役務), 즉 전기통신사업자에 의하여 가능하게 된 전화기의 음향송수신기능을 부당하게 이용하는 것으로, 이러한 내용의 역무는 무형적인 이익에 불과하고 물리적 관리의 대상이 될 수 없어 재물이 아니라고 할 것이므로 절도죄의 객체가 되지 아니한다"13)고 판시하였다. 전화사용은 음향송수신기능을 이용하는 것으로서 동력에는 해당하지 않으므로 절도죄의 객체가 되지 않는다. 따라서 무단으로 전화통화를 하는 것은 절도죄에 해당하지 않는다.14)

② 타인 소유: 절도죄의 객체는 타인의 재물이어야 한다. 이는 타인 소유의 재물, 즉 행위자의 단독소유 또는 무주물 이외의 재물을 말한다. 타인의 단독소유는 물론 공동소유의 재물도 타인의 재물에 해당한다. 예컨대 甲, 乙 공동소유의 화물차를 甲이 일방적으로 매각한 경우 화물차는 甲, 乙 공동소유로서 타인의 재물에 해당하므로 甲에 대하여는 절도죄가 성립한다. 자기소유의 물건, 즉 행위자의 단독소유에 속하는 물건에 대해서는 절도죄는 성립하지 않으며, 다만 권리행사방해죄의 성립만이 가능하다.

---

12) 대법원 2008.07.10. 선고 2008도3252 판결.
13) 대법원 1998. 6. 23. 선고 98도700 판결.
14) 이 사안의 경우에 사기죄도 성립하지 않는다는 판례는 대법원 1999. 6. 25. 선고 98도3891 판결 참조.

[판례 6] 甲은 매그너스 승용차가 피해자 A가 구입한 것으로 A의 실질적인 소유이고, 다만 장애인에 대한 면세 혜택의 적용을 받기 위해 甲의 어머니인 乙의 명의를 빌려 등록한 것에 불과한 것임에도 불구하고, 乙로부터 위 승용차를 가져가 매도할 것을 허락받고 열쇠공을 통해 A가 주차해 둔 위 승용차의 문을 연 후 그대로 위 승용차를 운전하여 갔다. 그리고 그 승용차를 자동차매매상사에 가지고 가 그 직원 B에게 그 승용차가 乙의 소유라는 말을 하는 등 자신이 적법하게 처분할 권한이 있는 것처럼 행세하여 이를 매도하였다. 甲, 乙의 죄책은?

(1) 절도죄

이 자동차가 명의인 乙의 소유라면 甲이 승용차를 가지고 간 행위는 피해자의 동의에 의한 행위로서 절도죄에 해당하지 않지만, 실질적인 소유자 A의 소유라면 피해자의 의사에 반하여 자동차를 처분하였으므로 절도죄에 해당한다. 자동차가 누구의 소유인가에 대하여 대법원은 "자동차나 중기(또는 건설기계)의 소유권의 득실변경은 등록을 함으로써 그 효력이 생기고 그와 같은 등록이 없는 한 대외적 관계에서는 물론 당사자의 대내적 관계에 있어서도 그 소유권을 취득할 수 없는 것이 원칙이지만, 당사자 사이에 그 소유권을 그 등록 명의자 아닌 자가 보유하기로 약정하였다는 등의 특별한 사정이 있는 경우에는 그 내부관계에 있어서는 그 등록 명의자 아닌 자가 소유권을 보유하게 된다"고 한다. 이 견해에 의하면 사례의 경우 이 승용차는 A가 구입한 것으로서 그가 자동차의 실질적인 소유자이고, 다만 장애인에 대한 면세 혜택 등의 적용을 받기 위해 甲의 어머니인 乙의 명의를 빌려 등록한 것이므로 양자는 명의신탁관계에 있을 뿐이다. 따라서 甲이 乙로부터 위 승용차를 가져가 매도할 것을 허락받고 A 몰래 가져갔다면, '甲과 乙의 공모·가공에 의한 절도죄의 공모공동정범'이 성립된다.15)

(2) 사기죄

甲이 자동차매매상사 직원 B에게 자신이 적법하게 처분할 권한이 있는 것처럼 행세하여 이를 매도한 행위가 사기죄에 해당하는지가 문제된다. 여기서 사기죄의 성립여부는 피해자(자동차매매상사)에 대하여 재산상손해가 발생하였는지의 여부, 즉 자동차매매상사가 승용차에 대한 소유권을 유효하게 취득하였는가의 여부에 달려있다. 이 점에 대하여 대법원은 "부동산의 명의수탁자가 부동산을 제3자에게 매도하고 매매를 원인으로 한 소유권이전등기까지 마쳐 준 경우, 명의신탁의 법리상 대외적으로 수탁자에게 그 부동산의 처분권한이 있는 것임이 분명하고, 제3자로서도 자기 명의의 소유권이전등기가 마쳐진 이상 무슨 실질적인 재산상의 손해가 있을 리 없으므로 그 명의신탁 사실과 관련하여 신의칙상 고지의무가 있다거나 기망행위가 있었다고 볼 수도 없어서 그 제3자에 대한 사기죄가 성립될 여지가 없고, 나아가 그 처분시 매도인(명의수탁자)의 소유라는 말을 하였다고 하더라도 역시 사기죄가 성립되지 않으며, 이는 자동차의 명의수탁자가 처분한 경우에도 마찬

---

15) 대법원 2007. 1. 11. 선고 2006도4498 판결. 같은 취지: 대법원 2012.4.26. 선고 2010도11771 판결; 대법원 2013.2.28. 선고 2012도15303 판결.

가지"라고 판단하였다. 따라서 甲이 승용차를 처분하면서 이 승용차가 명의신탁된 것임을 고지하지 않고, 乙의 소유라는 말을 하는 등으로 자신이 대외적으로 적법하게 처분할 권한이 있는 것처럼 행세하여 매도하였다고 하더라도 그 매수인(자동차매매상사)에게 재산상의 손해가 없으므로 사기죄는 성립되지 않는다.

사체도 유체물로서 동산인 이상 재물에 해당하지만 소유의 객체가 될 수는 없으므로 타인의 재물에는 해당하지 않는다. 따라서 이를 영득한 행위는 절도죄에는 해당하지 않는다. 그러나 이는 사회의 종교적 감정을 침해하는 범죄로서 사체영득죄(제161조)에 해당하므로 절도죄보다 무겁게 처벌된다. 그리고 사체라 하더라도 해부용 사체와 같이 유해로서의 성질을 잃은 경우에는 소유의 객체가 되므로 이를 절취한 경우에는 사체영득죄는 성립하지 않으며, 다만 타인의 재물로서 절도죄의 객체가 된다.

금제품이 절도의 객체가 되는가에 대하여는 적극설,[16] 소극설,[17] 절충설[18]의 대립이 있다. 금제품에는 소유 및 점유가 금지된 물건(예컨대 위조통화나 아편흡식기)과 단순히 점유만이 금지되어 있는 물건(예컨대 불법무기)이 있는데, 전자는 타인의 재물에 해당하지 않으므로 절도죄의 객체가 될 수 없지만[19], 후자는 소유권의 객체로서 타인의 재물에 해당하므로 절도의 객체가 된다고 보는 견해(다수설)가 타당하다.

③ **타인점유** : 절도죄의 객체는 타인점유의 재물이어야 한다. 따라서 타인점유 이외의 재물에 대하여는 절도죄는 성립하지 않는다. 다만 자기점유의 재물에 대해서는 횡령죄가 성립하며 점유이탈물에 대해서는 점유이탈물횡령죄의 성립만이 가능하다. 그러면 '점유'와 '타인'의 의미에 대해서 살펴보기로 한다.

㉠ **'점유'의 개념**: 형법상 점유란 재물에 대한 사실상의 지배를 말한다.[20] 이는 사회통념에 비추어 객관적으로 재물을 사실상 지배하고(객관적 요소) 주관적으로는 재물을 점유의사를 가지고 지배(주관적 요소)하여야 인정된다.

---

16) 김일수/서보학, 각론, 279면; 김성천/김형준, 각론, 403면; 박상기, 각론, 242면 이하; 오영근, 각론, 355면; 임웅, 각론, 307면.
17) 서일교, 각론, 134면.
18) 다수설: 예컨대 배종대, 각론, 359면.
19) 다만 행사할 목적으로 위조통화를 절취하였다면 위조통화취득죄(제208조)가 성립하며, 절취한 아편흡식기를 판매할 목적으로 소지하였다면 아편흡식기소지죄(제199조)가 성립할 수는 있다.
20) 형법상의 점유(Gewahrsam)는 민법상의 점유(Besitz)보다 현실적인 개념이다. 예컨대 민법상 인정되는 간접점유(민법 제197조 제1항)나 상속에 의한 점유의 이전(민법 제193조)은 형법에서는 인정되지 않는다. 또한 점유보조자(민법 제195조)가 민법상으로는 점유를 갖지 못하지만 형법상으로는 점유자가 될 수 있다. 후술하는 바와 같이 판례(대법원 1982. 3. 9. 선고 81도3396 판결; 1986. 8. 19. 선고 86도1093 판결)도 점유보조자가 점유주의 위탁을 받아 재물을 사실상 지배하에 두고 보관하는 경우에는 점유보조자의 단독점유를 인정한다.

* 점유개념의 요소
  ┌ 객관적 요소: 재물에 대한 사실상의 지배
  ├ 주관적 요소: 지배의사
  └ 사회적규범적 요소: 사회통념

점유개념의 객관적 요소는 재물에 대한 사실상의 지배이다. 사실상의 지배는 사람과 재물사이에 밀접한 시간적·장소적 관계가 있어야 한다.

점유개념의 주관적 요소는 재물에 대한 지배의사(점유의사)이다. 이는 재물을 자기의 의사에 따라 처리하려는 의사를 말한다. 점유의사는 순수한 사실상의 의사이며, 일반적 지배의사이다. 그리고 예견된 취득의사(antizipierter Erlangungswille)나 잠재적 지배의사로도 족하다. 그 의미에 대해서 차례대로 살펴보기로 한다.

점유의사는 순수한 사실상의 의사이다. 따라서 법적 처분권이나 행위능력을 요하지 않으므로 어린아이나 정신이상자도 지배의사를 갖는다. 다만 지배의사를 궁극적으로 포기하거나 사망한 경우에는 지배의사가 부정된다. 따라서 사자가 생전에 점유하였던 재물을 취거한 경우에는 절도죄가 성립하는 것이 아니라 점유이탈물횡령죄가 성립한다.[21]

[판례 7-1] 甲은 乙을 살해한 후 사망한 乙의 곁에서 4시간 30분가량 있다가 예금통장을 우연히 발견하고 이를 가지고 나왔다. 같은 날 甲은 은행에 가서 乙 명의의 예금청구서에 乙의 이름을 기재하여 창구에 제출하였으나 은행직원이 이를 의심하여 검거되었다. 甲의 죄책은?

(1) 살인죄
만일 甲이 처음부터 통장을 절취할 목적으로 乙을 살해하였다면 강도살인죄가 성립한다. 그러나 사례에서 甲은 살해 후 영득의사를 가진 것이므로 일단 보통살인죄가 성립한다.

(2) 점유이탈물횡령죄
문제는 예금통장을 가져간 행위가 절도와 점유이탈물횡령 가운데 어디에 해당하는가이다. 판례는 乙이 생전에 가진 점유는 사망 후에도 계속된다고 보아 통장에 대한 절도죄의 성립을 인정하였다.[22] 그러나 사자는 점유의사를 가질 수 없으므로 통장은 이미 사망한 乙의 점유 하에 있다고 볼 수 없다. 또한 상속에 의한 점유는 형법상의 점유에 해당하지 않으므로 상속인의 점유도 인정되지 않는다. 결국 예금통장은 누구의 점유에도 속하지 않으므로 甲에 대하여는 점유이탈물횡령죄가 성립한다.

(3) 사문서위조죄 및 동행사죄
판례는 사자명의의 문서를 작성한 경우에도 그 문서의 작성일자가 명의자의 생존중의 날

---

21) 김일수/서보학, 각론, 282면; 오영근, 각론, 307면.
22) 대법원 1993.9.28. 선고 93도2143 판결.

짜로 된 경우에는 일반인으로 하여금 사망자가 생존 중에 작성한 것으로 오신케 할 우려가 있으므로 사문서위조죄가 성립한다고 한다.23) 사례에서 甲은 乙의 사망 이후에 乙 명의의 예금청구서를 위조하였으나 그의 사망일자인 동시에 생존일자이기도 한 날을 작성일자로 하여 위조하였으므로 본죄가 성립한다. 또한 이를 은행직원에게 제출하였으므로 위조사문서행사죄가 성립한다.

(4) 사기미수죄

甲은 자신이 乙인양 예금청구서를 작성하여 은행직원에게 제출함으로써 은행직원을 기망하였다. 이는 사기죄의 실행의 착수에 해당한다. 위조사문서행사죄와 사기죄의 관계에 대하여 판례는 양자를 실체적 경합관계로 본다.24) 그러나 위조문서의 행사는 기망행위의 내용을 이루는 것이므로 양자는 상상적 경합관계에 있다고 보아야 한다.

[판례 7-2] 절도죄는 재물에 대한 타인의 사실상의 지배를 침해함으로써 성립하는 것으로, 침해행위 당시 그 재물에 대하여 타인의 사실상의 지배가 있었는지 여부는 재물의 종류와 형상 등 객관적 상태와 더불어 소유자 등 지배주체와의 연계 관계 등을 종합하여 사회통념에 비추어 결정할 것이다. 기록에 의하면, 피고인이 피해자의 주거에 침입할 당시 피해자는 이미 사망한 상태였고 피고인은 그 사망과는 관련이 없으며 정확한 사망시기도 밝혀지지 않아 피고인이 위 주거에 있던 재물을 가지고 나올 때까지 사망 이후 얼마나 시간이 경과되었는지도 분명하지가 않다. 이러한 사정으로 볼 때, 원심이 사자의 점유를 인정한 종전 판례들은 이 사건에 적용될 수 없다고 하여 주거침입절도 후 준강제추행 미수의 점을 무죄라고 판단한 것은 정당한 것으로 수긍이 된다.25)

점유의사는 일반적 지배의사이다. 따라서 특정한 재물에 대한 구체적 지배의사가 없더라도 점유의사가 일정한 지배영역에 미치는 경우에는 그 범위 내에 있는 물건에 대하여는 지배의사가 인정된다. 예컨대 자기 집안에 있는 물건을 집주인이 일일이 기억하지 못하더라도 그 집안에 있는 물건에 대하여는 일반적 지배의사를 근거로 한 점유가 인정된다. 따라서 집주인이 집안에서 물건을 잃어버리거나 집안 어딘가에 놓고 기억을 못하더라도 그 물건에 대한 점유를 상실하지는 않는다.

점유의사는 예견된 취득의사로 족하다.26) 따라서 자신의 지배영역에 들어올 것이 예견되는 모든 물건에 대하여는 관리자가 자신의 지배영역에 들어왔다는 사실을 인식하지 못하였더라도 지배의사가 인정된다.

---

23) 대법원의 이러한 입장은 대법원 2005. 2. 24. 선고 2002도18 전원합의체 판결에 의하여 변경되었다. 이 판례에 의하면 "문서의 작성일자 전에 이미 사망하였다고 하더라도 그러한 문서 역시 공공의 신용을 해할 위험성이 있으므로 문서위조죄가 성립한다"고 한다. 이 견해에 의하여도 甲에 대하여는 사문서위조죄가 성립한다.
24) 대법원 1991. 9. 10. 선고 91도1722 판결.
25) 대법원 2013. 7. 11. 선고 2013도5355 판결.
26) Sch/Sch/Eser § 242 Rn. 30.

[예 3] 편지함에 있는 우편물은 그 함에 투입되는 순간부터 주인에게 점유가 있으며,[27] 그물에 걸린 물고기도 그물주인의 점유에 속한다. 그리고 타인에게 빌려준 자동차를 빌려 간 사람이 약속대로 집 앞에 주차해 놓고 간 경우에는 자동차의 주인이 이러한 사실을 알지 못하더라도 점유의사는 인정된다.[28] 매일 새벽마다 문 앞에 놓고 가는 우유나 신문도 마찬가지이다. 그러나 누군가가 마당에 던지고 간 물건에 대하여는 예견된 취득의사가 없으므로 집주인이 이를 발견하고 지배하려는 의사를 가진 때에 비로소 점유가 인정된다.

[판례 8-1] 고속버스의 승객 甲은 목적지에 도착하여 다른 승객 乙이 두고 내린 물건을 운전사가 발견하기도 전에 몰래 가지고 내렸다. 甲의 죄책은?

만일 물건에 대한 점유가 고속버스 운전사에게 있다면 절도죄가 성립할 것이며, 어느 누구의 점유에도 속하지 않는다면 유실물로서 점유이탈물횡령죄가 성립할 것이다. 이 점에 대하여 대법원은 "고속버스의 운전사는 고속버스의 관수자(管守者)로서 차내에 있는 승객의 물건을 점유하는 것이 아니고, 승객이 잊고 내린 유실물은 이를 교부받을 권능을 가질 뿐이므로(유실물법 제10조 참조), 그 유실물을 현실적으로 발견하지 아니하는 한 이에 대한 점유를 개시하였다고 할 수 없고, 그 사이에 다른 승객이 유실물을 발견하고 이를 가져갔다면 이는 절도에 해당하지 아니하고 점유이탈물을 횡령한 경우에 해당한다"[29]고 판시하였다. 이 판례에서 대법원은 운전사가 현실적으로 재물을 발견하지 않는 한 점유의사를 인정하지 않는 것으로 보인다. 그러나 점유의사는 예견된 취득의사로 족하므로, 승객 乙이 재물에 대한 점유를 상실하여 재물이 운전사의 지배영역에 들어온 이상은 그가 이러한 사실을 인식하지 못하고 있더라도 예견된 점유의사가 있으므로 점유의사가 있다고 보아야 한다. 따라서 甲에 대해서는 절도죄의 성립을 인정하는 것이 타당하다.[30]

[판례 8-2] 甲은 乙이 경영하는 당구장의 종업원으로 종사하던 중 당구장의 당구대 밑에서 어떤 사람이 잃어버린 금반지를 주워서 손가락에 끼고 다니다가 그 소유자가 나타나지 않고 용돈이 궁하여 전당포에 전당잡혔다. 甲의 죄책은?

손님이 잃어버린 반지에 대하여 당구장 주인 乙은 일반적 지배의사를 가지고 있으므로 그 반지는 乙의 점유 하에 있다. 甲은 타인이 점유하는 반지를 취거하였으므로 그의 행위는 절도죄에 해당한다. 판례도 "어떤 물건을 잃어버린 장소가 당구장과 같이 타인의 관리 아래 있을 때에는 그 물건은 일응 그 관리자의 점유에 속한다 할 것이고 이를 그 관리자 아닌 제3자가 취거하는 것은 유실물횡령이 아니라 절도죄에 해당한다"고 보았다.[31]

---

27) 이러한 경우에 일반적 점유의사도 인정된다.
28) BGH GA 62, 78.
29) 대법원 1993. 3. 16. 선고 92도3170 판결.
30) 하태훈, 형법상의 점유개념, 형사판례연구(3), 170면 이하.
31) 대법원 1988.4. 25. 선고 88도409 판결.

점유의사는 잠재적 지배의사로 족하다. 따라서 수면 중이거나 명정상태의 자는 재물에 대하여 현실적 지배의사가 없더라도 깨어난 후에는 계속하여 점유의사를 갖게 되므로 잠재적 지배의사를 갖는다.

형법상 점유는 사회통념에 의하여 결정되는데, 이를 점유개념의 사회적·규범적 요소라고 한다. 따라서 점유는 반드시 재물을 몸에 지니고 있을 것을 요하지 않으며, 물건을 집안에 두고 경우, 차를 건물 주차장에 주차한 경우, 집에 돌아오는 습성이 있는 가축이 집을 나간 경우에도 점유가 인정된다. 점유자가 물건을 잘못 두고 온 경우에도 그 소재를 알고 다시 찾을 수 있는 경우에는 점유를 상실하지 않는다. 그리고 점유자가 점유를 상실했더라도 다른 사람의 지배범위에 두고 온 경우에는 새로운 점유가 개시되므로 여전히 타인의 재물에 해당한다. 그러나 점유자가 재물에 대한 점유를 상실하여 어느 누구의 점유에도 속하지 않는 경우 그 재물은 유실물로서 절도죄의 객체가 되지 못하며, 다만 점유이탈물횡령죄의 객체가 된다.

[판례 9] 강간범 甲은 피해자가 도피하면서 현장에 두고 간 손가방에서 돈을 꺼내가졌다. 甲의 죄책은?

甲은 강도의 실행에 착수한 후에 강간한 것이 아니므로 강도강간죄는 성립하지 않는다. 그리고 강도죄가 성립하기 위해서는 재물의 강취와 폭행·협박이 목적·수단의 관계에 있을 것을 요하는데, 甲은 강취를 목적으로 폭행·협박한 것이 아니므로 강도죄는 성립하지 않는다. 다만 피해자가 두고 간 손가방이 여전히 피해자의 점유 하에 있다면 절도죄가 성립할 것이며, 피해자의 점유를 이탈한 것이라면 점유이탈물횡령죄가 성립할 것이다. 이 점에 대하여 대법원은 "손가방은 소유자가 버리거나 유실한 물건이 아니라 강간을 당한 피해자가 도피하면서 현장에 놓아두고 간 것에 불과하여 사회통념상 피해자의 지배하에 있는 물건"이라고 봄으로서 절도죄의 성립을 인정하였다.[32] 따라서 甲에 대해서는 강간죄와 절도죄의 경합범이 성립한다.

그리고 음식점에서 사용하는 식기에 대해서는 주인만 점유를 가지며, 가정부가 집을 지키는 경우에도 재물에 대한 점유는 여전히 주인에게만 있다.

ⓒ '타인'점유의 의미: 절도죄의 객체는 타인점유의 재물이어야 한다. 여기서 타인점유의 재물이란 행위자의 단독점유 또는 점유이탈물 이외의 재물을 말한다. 따라서 타인의 단독점유는 물론 공동점유의 재물도 타인점유의 재물에 해당한다.

점유의 타인성과 관련하여 문제되는 것은 행위자가 재물을 타인과 공동으로 지배하는 경우이다. 여기에는 2가지 종류가 있다:

---

32) 대법원 1984. 2. 28. 선고 84도38 판결.

대등관계(배분관계)의 공동점유: 예컨대 동업자나 부부의 점유와 같이 대등한 관계에 있는 수인이 재물을 공동으로 지배하는 것을 말한다. 이러한 경우는 타인점유에 해당하므로 공동점유자 가운데 1인이 점유를 침해하면 절도죄가 성립한다.

[판례 10] 동업자와 동업자금으로 포크레인을 구입한 자가 동업자의 허락도 없이 다른 자로 하여금 운전하여 가도록 한 경우 절도죄가 성립한다.[33]

상하관계의 공동점유: 예컨대 대리점 지배인과 카운터 종업원의 매장현금에 대한 지배와 같이 상위점유자(점유주)와 하위점유자(점유보조자)가 재물을 공동으로 지배하는 것을 말한다. 이러한 경우 상위점유자는 하위점유자에 대하여 단독점유자의 지위에 있게 된다. 따라서 상위점유자인 지배인이 매장현금을 영득한 경우 현금은 자기점유의 재물이므로 횡령죄가 성립한다. 그러나 하위점유자는 상위점유자와의 관계에서 독립적인 점유자로 인정되지 않는다. 따라서 종업원이 매장현금을 영득한 경우 현금은 타인점유의 재물이므로 절도죄가 성립할 수 있다. 다만 점유보조자가 점유주의 위탁을 받아 재물을 독립적으로 점유하고 있다고 볼 수 있는 경우에는 단독점유가 인정된다. 이러한 경우 점유보조자가 재물을 영득하였다면 절도죄가 성립하는 것이 아니라 횡령죄가 성립한다.

[판례 11] 동사무소의 서기보 甲은 사환 乙에게 현금 1만4천원과 2만8천원을 인출할 수 있도록 甲의 도장이 날인 된 예금청구서 그리고 농협의 예금통장을 주면서 위 돈을 시청금고에 입금하도록 지시하였다. 그러나 乙은 현금과 농협에서 찾은 돈을 가지고 도망가 버렸다. 乙의 죄책은?

원심은 "(1) 피고인은 동회의 의사결정에 직접 또는 간접으로나마 관여할 수 없는 단순한 육체노동에 종사하는 사환으로서 동회라는 기관의 기계적인 보조자에 불과하고 (2) 동회 직원으로부터 대전시청금고에 입금하라는 지시를 받고 현금을 교부 받아도 피고인은 이를 악지하는데 그치고 그 돈의 점유는 여전히 동장이나 담당직원에게 있는 것이고, 피고인의 점유 하에 있다고는 볼 수 없고, (3) 가사 피고인에게 점유가 있다하더라도 동장이나 담당직원의 주된 점유와 양립될 수 있는 종된 점유에 불과하므로, 피고인의 소위는 절도죄에 해당할지언정 횡령죄는 구성할 수 없다"고 함으로써 횡령죄의 성립을 부정하였다.
이에 대하여 **대법원**은 "횡령죄에서 말하는 보관이라 함은 민법상의 점유의 개념과는 달라 재물의 현실적인 보관, 즉 사실상의 지배를 가지고 있으면 족한 것으로서 점유보조자도 재물에 대한 사실상의 지배를 가지고 있는 이상 보관자라고 할 것인 바, 이 사건에 있어서 피고인이 비록 동회의 사환에 불과하다 하더라도 동 직원으로부터 교부 받은 현금과 예금

---

33) 대법원 1990. 9. 11. 선고 90도1021 판결.

에서 찾은 돈은 피고인의 사실상 지배하에 있었던 것으로서 피고인은 타인의 재물을 보관하는 자에 해당한다"고 보아 횡령죄의 성립을 인정하였다.34)

생각건대 乙은 점유보조자에 불과하지만 점유주 甲의 위탁을 받아 재물을 독립적으로 점유하고 있다고 볼 수 있으므로 현금을 단독으로 점유하고 있었다고 인정된다. 따라서 乙이 입금을 의뢰받은 현금을 영득한 행위는 횡령죄에 해당한다고 보아야 할 것이다.

위탁받은 재물이 수탁자의 단독점유인가 아니면 위탁자와 수탁자의 공동점유인가의 구분이 명확하지 않은 경우가 있다. 사회통념상 수탁자가 재물을 독자적으로 사실상 지배하는 경우 단독점유가 인정된다. 이와 관련하여 문제되는 경우는 다음과 같다.

- **종업원**: 상점에 있는 물건이나 돈에 대해서는 상점주인과 종업원의 공동점유가 인정되는 것이 아니라 상점주인의 단독점유가 인정된다. 왜냐하면 주인과 가정부의 관계와 같이 종업원은 주인의 점유에 대하여 순수한 보조기능을 하는데 불과하기 때문이다. 다만 종업원이 주인의 위임에 의하여 일정한 범위에서 자기의 책임 하에 상점을 운영하는 경우에는 주인과 종업원 사이에 상하관계에 의한 공동점유가 인정된다. 그리고 주인의 특별한 위임에 의하여 종업원이 단독으로 재물이나 돈을 사실상 지배하고 있었다면 종업원의 단독점유가 인정될 수도 있다.

[판례 12] 점포의 주인 甲은 종업원 乙에게 금고 열쇠와 오토바이 열쇠를 맡기고 금고 안의 돈은 배달될 가스대금으로 지급할 것을 지시한 후 외출하였는데, 乙은 혼자서 점포를 지키다가 금고 안에서 현금을 꺼내어 오토바이를 타고 도주하였다. 乙의 죄책은?

乙은 "점원으로서는 평소는 점포 주인인 위 피해자의 점유를 보조하는 자에 지나지 않으나 위 범행 당시는 위 피해자의 위탁을 받아 금고 안의 현금과 오토바이를 사실상 지배하에 두고 보관한 것"이므로 그의 행위는 자기의 보관 하에 있는 타인의 재물을 영득한 것으로서 횡령죄에 해당한다.35)

- **출납직원**: 은행, 역, 백화점 등에서 금전을 관리하는 출납직원이 다른 사람의 협조나 감독 없이 독자적으로 돈을 인출할 수 있는 경우에는 단독점유가 인정된다.
- **운반자**: 운반자가 위탁자로부터 재물의 운반을 위탁받은 경우에 위탁자의 감독과 통제가 가능하다면 그 재물은 위탁자와 수탁자의 공동점유에 속한다. 그러나 운반자가 그러한 감독이나 통제 없이 독자적으로 점유, 보관하고 있다면 그 재물은 운반자의 단독점유에 속한다.

---
34) 대법원 1968. 10. 29. 선고 68도1222 판결.
35) 대법원 1982. 3. 9. 선고 81도3396 판결.

[판례 13] 화물자동차운전수 甲은 화물을 운송도중 이를 乙에게 처분하였다. 甲의 죄책은?

운전수 甲은 위탁자의 감독이나 통제 없이 독자적으로 화물을 점유, 보관하였으므로 그 재물은 운반자의 단독점유에 속한다. 따라서 甲이 화물을 처분한 행위는 업무상횡령죄(제356조)에 해당한다.[36]

[판례 14] 甲, 乙 열차사무소 급하수로서 합동하여 그들이 승무한 화차 내에서 동 화차에 적재한 운송인인 철도청의 수탁화물 중 이삿짐 포장을 풀고 그 속에 묶어 넣어둔 탁상용시계1개 외 의류 등 9점을 빼내어 탈취하였다. 甲, 乙의 죄책은?

대법원은 "이 운송중의 화물을 교통부의 기관에 의하여 점유, 보관되는 것이라 해석되고, 피고인들의 점유 보관 하에 있는 것이라 볼 수 없는 바이어서 원판결이 피고인들의 본건 범행을 소론 업무상 횡령으로 보지 아니하고, 특수절도로 보았음은 정당하다"고 판시하였다.[37] 화물차에 운송 중인 재물은 위탁자의 감독과 통제가 가능하므로 위탁자와 급하수 甲, 乙의 공동점유 하에 있다고 볼 수 있다. 따라서 甲, 乙이 운송중인 수화물을 탈취한 행위는 특수절도죄(제331조)에 해당한다.

[판례 15] 甲은 시장 점포에서 물건을 매수하여 묶어서 그곳에 맡겨 놓은 후 그곳에서 약 50미터 떨어져 동 점포를 살펴볼 수 없는 딴 가게로 가서 지게 짐꾼인 乙을 불러 그로 하여금 단독으로 위 점포에 가서 맡긴 물건을 운반해 줄 것을 의뢰하였다. 乙은 동 점포에 가서 맡긴 물건을 찾아 甲에게 운반해 주지 않고 용달차에 싣고 가서 처분하였다. 乙의 죄책은?

대법원은 "피해자로부터 피고인 단독으로 판시점포에 가서 그 물건을 운반해 올 것을 의뢰받은 것이라면 피고인의 그 운반을 위한 위 물건의 소지관계는 피해자의 위탁에 의한 보관관계에 있다고 할 것이므로 이를 영득한 행위를 횡령죄로 의율한 것은 정당"하다고 함으로써 횡령죄의 성립을 인정하였다.[38] 이 사례에서 乙은 (판례 13)의 경우와 마찬가지로 위탁자 甲의 감독이나 통제 없이 독자적으로 화물을 점유, 보관하였으므로 그 재물은 乙의 단독점유에 속한다. 따라서 乙이 운반을 위탁받은 물건을 처분한 행위는 횡령죄(제355조)에 해당한다.

- 시정된 용기나 봉함된 포장물의 수탁자: 시정(잠금장치)된 용기의 내용물이 누구의 점유에 속하는가는 용기의 이동가능성을 고려하여 판단하여야 한다. 만일 용기가 부동산에 부착되어 있거나 크기나 무게 때문에 이동이 곤란한 경우에는 열쇠소지자의

---

[36] 대법원 1957. 9. 20. 선고 4290형상281 판결.
[37] 대법원 1969. 7. 8. 선고 69도798 판결.
[38] 대법원 1982. 11. 23. 선고 82도2394 판결.

점유에 속한다. 따라서 수탁자만 열쇠를 소지한 경우에는 단독점유에 속하므로 내용물을 영득한 경우 횡령죄가 성립하지만, 위탁자만 열쇠를 소지하였거나 위탁자와 수탁자가 모두 열쇠를 소지한 경우에는 타인점유에 해당하므로 내용물을 영득한 경우 절도죄가 성립한다. 그리고 시정된 용기가 이동가능한 경우에는 그 용기와 내용물은 수탁자의 단독점유에 속한다.

봉함된 포장물도 시정된 용기에 준해서 판단하면 된다. 봉함된 포장물은 크기와 무게에 비추어 이동이 가능하므로 수탁자의 점유에 속한다고 볼 수 있다. 이에 대하여 판례는 포장물 전체에 대해서는 수탁자가 점유를 가지지만 그 내용물에 대해서는 위탁자가 점유를 갖는다고 본다.39) 이 견해에 의하면 수탁자가 포장물 전체를 영득하면 자기점유의 재물을 영득했으므로 횡령죄가 성립하는데 대하여, 내용물만 영득하면 타인점유의 재물을 영득했으므로 횡령죄보다도 법정형이 무거운 절도죄가 성립한다는 결과가 되어 타당하지 못하다.

[판례 16] 甲은 보관계약에 따라 보관 중인 포장된 가마니 속의 정부미를 빼내어 갔다. 甲의 죄책은?

쌀가마니는 봉함된 포장물로서 크기와 무게에 비추어 이동이 가능하므로 수탁자인 甲의 점유에 속한다. 따라서 甲이 정부미를 빼내어 간 행위는 업무상횡령죄에 해당한다. 이에 대하여 판례는 "가마니 속의 정부 소유미의 점유는 정부에 있다 할 것이므로 이를 발취한 보관자의 행위는 절도죄에 해당"한다고 보았다.40)

(나) 행위: 절도죄의 행위는 절취이다. 절취란 타인이 점유하고 있는 재물을 점유자의 의사에 반하여 그 점유를 배제하고 자기 또는 제3자의 점유로 옮기는 것을 말한다. 간략히 말하면 절취는 점유자의 의사에 반하는 점유의 이전이다.

* 절취 = 점유자의 의사에 반하여 + 점유의 배제 + 새로운 점유의 취득

① 점유자의 의사에 반할 것: 점유자의 동의에 의하여 점유의 이전이 이루어진 경우는 절취에 해당하지 않는다. 즉 절도죄에 있어서 동의는 구성요건해당성을 조각하는 양해에 해당한다. 여기서 동의는 조건부로도 가능하다. 따라서 자동판매기에 동전을 넣고 물건을 가져간 경우 이는 절도에 해당하지 않는다. 그러나 가짜 동전을 넣고 물건을 가져갔다면 권리자의 동의가 있었다고 할 수 없으므로 절취에 해당한다.41) 왜냐하면 권리자는 진짜 동전을 넣은 경우를 조건으로 하여 양해를 하였기 때

---

39) 대법원 1956. 1. 27. 선고 4288형상375 판결.
40) 대법원 1956. 1. 27. 선고 4288형상375 판결.
41) 다만 이러한 경우에는 후술하는 바와 같이 절도죄가 성립하는 것이 아니라 편의시설 부정이

문이다. 타인의 현금인출카드를 사용하여 현금을 인출한 경우에도 마찬가지다. 현금지급기의 관리자는 정당한 카드소지인이 비밀번호를 입력한 경우에만 현금을 지급하겠다는 조건하에 현금인출에 동의한 것이므로 길거리에서 주운 카드로 현금을 인출한 경우에도 현금에 대한 절도죄가 성립한다.[42]

그리고 양해의 의사표시에 하자가 있는 경우에도 점유자의 자유의사가 침해되지 않은 이상은 양해의 효력에 영향이 없다. 따라서 행위자가 점유자를 기망함으로써 그의 착오에 근거하여 재물을 교부받은 경우에도 양해에 의한 행위로서 절도죄의 구성요건해당성은 조각되며, 다만 행위자는 상대방을 기망하여 재물을 교부받았으므로 사기죄가 성립한다. 그러나 행위자가 재물을 절취할 목적으로 점유자를 기망하여 그로 하여금 일시적으로 재물에 대한 점유를 이전하게 한 후에 점유를 배제하는 행위를 통하여 점유를 취득한 경우에는 사기죄가 아니라 절도죄가 성립한다. 사기죄와 절도죄 가운데 어떤 범죄가 성립하는가는 점유의 이전시점을 기준으로 판단하는데, 점유자가 재물을 일시적으로, 즉 다시 반환받을 의사로 건네 준 것만으로는 아직 점유가 이전되었다고 할 수 없으므로 사기죄는 성립하지 않는다. 재물에 대한 종국적인 점유이전은 행위자가 재물을 반환하지 않을 목적으로 점유를 배제하는 행위를 한 때에 이루어지는데, 이때의 점유이전은 점유자의 의사에 반하여 이루어졌으므로 절도죄가 성립한다. 이처럼 기망을 수단으로 재물을 절취하는 행위를 책략절도라고 한다.

* 책략절도와 사기죄의 구분

┌ 사기죄: 종국적 점유이전의사 → 피해자의 의사(양해)에 근거하여 점유이전 → 처분효과의 직접성
└ 책략절도: 잠정적 점유이전의사 → 아직 점유이전이 없으므로 재물은 피해자의 점유 → 도주
　　　　　→ 피해자의 의사에 반하여 점유이전 → 절도죄 성립

[판례 17-1] 甲은 乙이 경영하는 금은방에서 마치 귀금속을 구입할 것처럼 가장하여 乙로부터 순금목걸이 등을 건네받은 다음 화장실에 갔다 오겠다는 핑계를 대고 도주하였다. 甲의 죄책은?

乙이 甲에게 목걸이를 일시적으로 건네준 것은 종국적인 점유이전의사에 의한 것이 아니므로 목걸이에 대한 점유는 아직 乙에게 있다. 목걸이에 대한 종국적인 점유이전은 甲이 도주한 때에 이루어 졌다. 이 시점에서 이루어진 점유이전은 피해자 乙의 의사에 반하므로 절도죄(책략절도)가 성립한다. 대법원도 "순금목걸이 등은 도주하기 전까지는 아직 피해자의 점유 하에 있었다"는 이유로 절도죄의 성립을 인정하였다.[43] 사례에서 甲은 乙을 기망하여 목걸이를 교부받았지만 사기죄는 성립하지 않는다.[44]

───────────────
용죄(제348조의 2)가 성립한다.
42) 대법원 1995. 7. 28. 선고 95도997 판결 참조.
43) 대법원 1994. 8. 12. 선고 94도1487 판결.

[판례 17-2] 甲은 자전거를 살 의사도 없이 가게주인 乙에게 시운전을 하겠다고 거짓말을 하여 교부받은 자전거를 타고 시운전을 하는 척 하다가 그대로 도망갔다. 甲의 죄책은?

甲의 행위가 사기죄와 절도죄 가운데 어디에 해당하는가는 손해발생의 시점, 즉 언제 자전거에 대한 점유가 甲에게 이전되었는가에 달려있다. 만일 乙이 甲에게 시운전을 해보라고 자전거를 건네준 때에 점유가 이전된 것이라면 처분효과의 직접성이 인정되므로 사기죄가 성립할 것이다. 그러나 자전거를 건네준 경우에도 그 저전거에 대한 점유는 여전히 乙에게 있었으며 甲이 이를 타고 도망한 때에 비로소 점유가 이전되었다고 본다면 처분효과의 직접성이 부정되므로 사기죄는 성립하지 않으며 다만 절도죄가 성립할 것이다. 대법원이 甲에 대하여 사기죄의 성립을 인정45)한 것은 자전거에 대한 점유의 이전시점을 자전거를 건네준 때로 보았기 때문이다.

양해는 수인과 구별된다. 수인(受忍)은 자유의사가 침해된 상태에서 상대방의 행위를 참아내는 것을 말한다. 점유자가 점유의 이전을 수인한 경우에는 피해자의 의사에 반하여 점유가 이전된 것이므로 절도죄가 성립한다. 요컨대 절도죄와 사기죄는 점유자의 자유의사가 침해되었는가에 의하여 구분된다. 즉 자유의사에 근거한 처분행위가 있었다면 사기죄가 성립하고 외관상 처분행위로 보인다 하더라도 자유의사가 침해된 상태에서 수인만이 있었다면 절도죄가 성립한다.

[예 4-1] 甲이 점유자 乙에게 소유자 丙의 심부름으로 자전거를 가지러 왔다고 거짓말을 하자 乙은 그에게 자전거를 건네주었다. 甲의 죄책은?

절도죄는 점유자의 의사에 반하여 점유를 배제하고 새로운 점유를 취득함으로서 성립하는 범죄이다. 따라서 점유자의 양해에 의하여 점유를 취득한 경우에는 구성요건해당성이 부정되어 본죄가 성립하지 않는다. 양해는 의사표시에 하자가 있는 경우, 즉 착오에 의한 경우에도 유효하게 성립한다. 따라서 甲이 乙을 기망하여 자전거를 취득한 행위는 절도죄에 해당하지 않는다. 그러나 甲은 乙을 기망하여 자전거를 교부받았으므로 사기죄가 성립한다.

[예 4-2] 甲이 점유자 乙에게 자신이 경찰인데 자전거를 증거물로서 압수하겠다고 거짓말을 하자 乙이 그 자전거를 내어준 경우 甲의 죄책은?

양해의 의사표시는 하자가 있어도 유효하게 성립하지만 자유의사가 침해된 상태에서 재물을 교부하였다면 그 양해는 구성요건조각의 효력이 없다. 사례에서 乙은 자유의사에 의하여 자전거를 교부한 것이 아니라 자전거를 증거로 제출하는데 대하여 수인만이 있었을 뿐이다. 따라서 甲에 대해서는 절도죄가 성립한다.

---

44) 그 이유에 대해서는 김일수/서보학, 각론, 431면; 임웅, 각론, 317면 이하 참조.
45) 대법원 1968. 5. 21. 선고 68도480 판결.

② **점유의 배제**: 이는 기존의 점유자의 재물에 대한 사실상의 지배를 제거하는 것을 말한다.

③ **새로운 점유의 취득**: 이는 기존의 점유자로부터 자기 또는 제3자에게로 점유가 이전되는 것을 말한다. 새로운 점유의 취득이 있으면 절도는 기수에 이른다(통설: 취득설). 그 이전에 재물을 물색하거나 접촉한 행위는 미수에 해당하며, 이미 피해자의 지배범위를 벗어나 재물을 다른 장소로 이전한 때는 종료에 해당한다.

* **점유이전의 과정**

범죄결의(예비) → 물색(미수) → 접촉 → 취득(기수) → 이전(종료) → 은닉

[예 5] 슈퍼마켓에서 술 한 병을 절취하는 경우 어느 시점에서 절도미수와 기수가 성립하는가?

절도범이 바닥에 지퍼가 달린 가방을 준비(예비) → 슈퍼마켓에 들어 간다 → 술 한 병을 꺼내 든다(미수) → 주위를 살핀 후 가방에 넣는다(기수) → 카운터를 지나 건물 밖으로 나간다(종료).

그러나 슈퍼마켓에서 절취하려는 물건을 장바구니나 카트에 넣은 경우는 아직 미수에 해당하며, 종업원 몰래 계산대를 통과하여야 기수가 된다.

언제 새로운 점유를 취득했는가는 사회통념에 의하여 판단한다. 새로운 점유의 취득을 인정하기 위해서는 행위자가 별다른 장애 없이 재물에 대한 사실상의 지배를 행사할 수 있을 정도에 이를 것을 요한다. 따라서 크기와 무게에 비추어 쉽게 운반할 수 있는 재물은 손으로 쥐거나 주머니 또는 가방에 넣은 때가 점유를 취득한 시점이다. 그러나 피아노나 냉장고와 같이 쉽게 운반할 수 없는 물건은 차에 실은 때 또는 피해자의 지배범위를 벗어난 때가 점유의 취득시점이다.

[판례 18] 무면허자인 甲은 자동차를 절취할 생각으로 자동차의 조수석문을 열고 들어가 시동을 걸려고 시도하는 등 차 안의 기기를 이것저것 만지다가 핸드브레이크를 풀게 되었는데 그 장소가 내리막길인 관계로 시동이 걸리지 않은 상태에서 약 10미터 전진하다가 가로수를 들이받는 바람에 멈추게 되었다. 甲의 죄책은?

자동차절도의 경우에는 자동차의 운전이 있는 때, 즉 자동차의 시동을 걸고 기어를 작동시킨 때에 절도죄의 기수가 성립한다. 왜냐하면 사이드 브레이크를 아직 풀지 않았거나 출발을 시작하지 않았더라도, 행위자가 시동을 걸고 기어를 작동시키면 이미 별다른 장애 없이 자동차에 대한 사실상의 지배를 행사할 수 있을 정도에 이르렀다고 할 수 있기 때문이다.[46] 사례에서 甲은 아직 자동차에 시동을 걸지 않았으므로 절도기수는 성립하지 않으

---

46) 이에 대하여 자동차를 출발하기 시작한 때에 기수가 성립한다는 견해가 있다(임웅, 각론, 321면).

며,47) 다만 자동차에 대한 절도미수죄만 성립한다.

(2) 주관적 구성요건

절도죄의 주관적 구성요건은 고의 이외에 불법영득의사가 있어야 한다(통설: 필요설).

* 주관적 구성요건 = 고의 + 불법영득의사

(가) 고의

절도죄의 고의는 점유자의 의사에 반하여 타인의 재물을 절취한다는 인식과 의사이다. 영득은 객관적 구성요건요소가 아니므로 고의의 대상이 아니다.

[예 6] 甲은 지하철에서 우산을 의자에 기대어 놓았는데, 급히 내리는 바람에 옆 좌석에 앉아 있던 乙이 놓아둔 우산을 자기의 것으로 잘못알고 바꾸어 가져갔다. 甲의 죄책은?

甲의 행위는 절도죄의 객관적 구성요건에 해당한다. 그러나 甲은 타인소유의 우산을 자기 소유의 것으로 착오하여 가져간 것이므로 타인의 재물을 절취한다는 고의가 없다. 따라서 절도죄는 성립하지 않는다.

[판례 19] 甲은 고물행상인으로서 새벽에 고물을 수집하기 위하여 다니는데, 두부상자가 쓰레기통 옆에 놓여있고 그 위에 쓰레기로 보이는 신문지등이 덮여 있어서 버린 것으로 알고 그 종이와 상자를 자신의 리어카에 싣고 왔다. 그런데 그 두부상자는 乙이 슈퍼마켓에 두부를 담아 납품하고 난 빈상자로서 슈퍼마켓 주인이 회수해 가도록 신문지를 덮어 새벽에 슈퍼마켓 옆에 있는 쓰레기통 옆에 놓아 둔 것이었다. 甲의 죄책은?

甲에 대하여 절도죄가 성립하기 위해서는 두부상자가 타인소유 및 타인점유의 재물일 것을 요한다. 그 두부상자는 두부납품업자인 乙의 소유이며, 점유는 슈퍼마켓의 주인에게 있다. 따라서 甲이 점유자의 의사에 반하여 두부상자를 가지고 간 행위는 절도죄의 객관적 구성요건에 해당한다. 그러나 甲은 그 두부상자가 다른 사람이 버린 것으로서 무주물이라고 착오하였으므로 타인의 재물을 절취한다는 인식, 즉 고의가 없다. 따라서 甲에 대하여 절도죄는 성립하지 않는다. 판례도 "절도의 범의는 타인의 점유하에 있는 타인소유물을 그 의사에 반하여 자기 또는 제3자의 점유하에 이전하는 데에 대한 인식을 말하므로, 타인이 그 소유권을 포기하고 버린 물건으로 오인하여 이를 취득하였다면 이와 같이 오인하는 데에 정당한 이유가 인정되는 한 절도의 범의를 인정하기 어렵다"고 함으로써 절도의 고의를 부정하였다.48)

---

47) 대법원 1994. 9. 9. 선고 94도1522 판결.
48) 대법원 1989. 1. 17. 선고 88도971 판결.

(나) 불법영득의사

① **의의 및 필요성**: 불법영득의사는 위법하게 타인의 소유권을 침해한다는 의사를 말한다. 즉 불법영득의사란 권리자를 배제하고 타인의 재물을 자기의 소유물과 같이 이용·처분할 의사를 말한다. 절도죄는 소유권을 보호법익으로 하는 범죄이므로 점유를 침해한다는 절취의사(고의) 이외에 소유권을 침해한다는 의사(영득의사)가 있어야 한다(필요설: 판례 및 통설).[49] 따라서 영득의사 없이 단순한 손괴의사로 타인의 재물을 절취하여 손괴한 경우에는 손괴죄만 성립하며 절도죄는 성립하지 않는다. 또한 타인의 재물을 영득의사 없이 일시적으로 사용할 의사로 절취하는 사용절도는 절도죄에 해당하지 않는다.

② **불법영득의사의 체계적 지위**: 앞에서 설명한 바와 같이 영득은 고의의 대상이 아니므로 불법영득의사는 고의에 포함되지는 않는다(다수설).[50] 대다수의 범죄에 있어서 주관적 구성요건요소는 고의이다. 그러나 절도죄와 같은 영득죄에 있어서 불법영득의사는 고의 이외에 추가로 요구되는 주관적 구성요건요소이다. 이를 초과주관적 구성요건요소(초과주관적 불법요소)라고 한다.

③ **불법영득의사의 내용**: 불법영득의사의 내용을 이해하기 위해서 먼저 ㉠ 영득의 개념과 ㉡ 영득"의사"에 대해서 살펴보고 이어서 ㉢ 영득의 대상과 ㉣ 영득의 위법성에 대하여 살펴보기로 한다.

㉠ **영득의 개념**: 영득은 민법상의 소유권 취득과는 구분된다. 타인의 재물을 절취한 자는 그 재물에 대한 소유권을 취득할 수는 없으며 다만 영득만이 가능하다. 영득이란 소유권을 취득하는 것이 아니라 소유자와 유사한 지위, 즉 외관상의 소유자 지위(quasi-Eigentümerstellung)를 취득하는 것을 말한다. 다시 말하면 영득이란 권리자를 배제하고, 타인의 재물을 자기의 소유물과 같이 이용·처분하는 것이다.[51]

㉡ **영득의사**: 영득의 요소에 상응하여 영득의사도 권리자를 배제하려는 의사(배제의사: 소극적 요소)와 타인의 재물을 자기의 소유물과 같이 이용·처분하려는 의사(이용의사: 적극적 요소)를 내용으로 한다.

---

49) 이에 대하여 절도죄의 성립에 불법영득의사가 필요하지 않다고 견해(불요설: 정영석, 각론, 330면)가 있다.
50) 이에 대하여 불법영득의사가 고의의 내용일 뿐이라는 견해가 있다. 예컨대 배종대, 각론, 377면 이하; 오영근, 각론, 319면 이하.
51) 절도죄에 있어서 영득은 객관적 구성요건 요소가 아니므로 본죄의 성립을 위하여 영득의사만 있으면 족하며 실제로 이를 영득할 것을 요하지 않는다. 이에 대하여 횡령죄에 있어서 영득은 객관적 구성요건요소이므로 실제로 영득이 있어야 본죄가 성립한다.

영득	개념	영득의사
소극적 요소	소유권자를 영구적으로 배제	미필적 고의로 족하다
적극적 요소	외관상 소유권자의 지위를 일시적으로 취득	목적이 있어야 한다

- 소극적 요소: 이는 권리자를 영구적으로 배제하려는 의사를 말하며 일시적으로 배제하려는 의사는 영득의사에 해당하지 않는다. 따라서 타인의 재물을 일시적으로 사용하고 다시 반환하려는 의사 하에 이를 절취하는 사용절도는 소유자를 영구히 배제하려는 소극적 요소가 없으므로 절도죄에 해당하지 않는다. 다만 권리자가 절취당한 물건을 대신하기 위하여 새로운 대체물을 마련해야할 정도로 재물에 대한 점유의 배제가 장기화된 경우에는 배제의사가 인정된다. 그리고 배제의사는 미필적 인식만으로도 족하다.

[예 7-1] 甲이 乙의 여행가방을 절취하여 여행을 다녀온 후 이를 기차역 대합실에다 놓고 온 경우 甲의 죄책은?

만일 甲이 혹시 직원이 이 가방을 발견하고 주인을 찾아 줄지도 모른다고 생각했지만 다른 사람이 가져가도 하는 수 없다고 생각했다면 소유자를 영구히 배제한다는 미필적 고의가 인정되므로 절도죄가 성립한다.

[예 7-2] 만일 (예 7-1)에서 甲이 乙의 가방에 그의 성명과 주소를 적어서 유실물 센터에 가져다 줬다면 甲의 죄책은?

甲에게는 권리자를 영구적으로 배제한다는 의사가 없으므로 영득의사는 부정된다. 따라서 절도죄는 성립하지 않는다.

[예 7-3] 만일 (예 7-1)에서 甲이 여행가방을 여름에 절취하여 피서를 다녀온 후에 다음해 가을에 돌려 준 경우 甲의 죄책은?

재물을 사용하고 다시 반환하려는 의사를 가지고 절취한 경우에는 불법영득의사가 없지만, 권리자가 절취당한 물건을 대신하기 위하여 새로운 대체물을 마련해야할 정도로 그의 재물에 대한 점유가 장기적으로 배제된 경우에는 불법영득의사가 인정된다.

[판례 20-1] 甲은 乙이 길가에 세워 둔 오토바이를 그 승낙 없이 타고 가서 용무를 마친 약 1시간 30분 후 본래 있던 곳에서 약 7,8미터 되는 장소에 방치하였다. 甲의 죄책은?

甲은 오토바이를 아무데나 방치하고 가서 주인 乙이 되찾지 못할지도 모른다고 생각하였으므로 권리자의 배제에 대하여 미필적 인식이 있었다고 할 수 있다. 따라서 甲에 대하여 배제의사는 인정된다. 그리고 이용의사는 일시적 의사로도 족하므로 甲에 대하여 이용의사도 인정된다. 대법원도 "절도죄의 성립에 필요한 불법영득의 의사는 영구적으로 그 물건의 경제적 이익을 보유할 의사가 필요치 아니하여도 소유권 또는 이에 준하는 본권을 침해하는 의사 즉, 목적물의 물질을 영득할 의사나 물질의 가치만을 영득할 의사라도 영득의 의사가 있다"고 보아 甲에 대하여 불법영득의사를 인정하였다.[52]

[판례 20-2] 만일 (판례 20-1)에서 甲이 그 오토바이를 원래 주차된 곳에 갖다 놓고 갔다면 그의 죄책은?

판례는 "타인의 재물을 점유자의 승낙 없이 무단사용하는 경우에 있어서 그 사용으로 물건 자체가 가지는 경제적 가치가 상당한 정도로 소모되거나 또는 사용 후 본래의 장소가 아닌 다른 곳에 버리거나 곧 반환하지 아니하고 장시간 점유하고 있는 것과 같은 때에는 그 소유권 또는 본권을 침해할 의사가 있다고 보아 불법영득의 의사를 인정할 수 있을 것이나 그렇지 아니하고 그 사용으로 인한 가치의 소모가 무시할 정도로 경미하고 또 사용 후 곧 반환한 것과 같은 때에는 그 소유권 또는 본권을 침해할 의사가 있다고 할 수 없어 불법영득의 의사를 인정할 수 없다고 봄이 상당하다"고 한다. 甲은 오토바이를 사용한 후 곧 제자리에 반환하였으므로 불법영득의사는 부정된다.[53] 따라서 甲에 대하여 절도죄는 성립하지 않으며, 다만 그는 권리자의 동의 없이 타인의 오토바이를 일시 사용하였으므로 원동기장치자전차 부정사용죄(제331조의 2)가 성립한다.

[판례 21] 甲은 해변에서 소유자 乙의 승낙 없이 배를 타고 나가 용무를 마친 후에 부두에 방치하였다. 甲의 죄책은?

대법원은 甲에게 불법영득의사가 있다고 보아 절도죄의 성립을 인정하였다.[54] 甲은 권리자를 영구적으로 배제한다는 점에 대하여 미필적 인식이 있으므로 배제의사가 인정되며, 일시적 이용의사도 있었으므로 불법영득의사가 있었다고 볼 수 있다. 따라서 甲에 대해서는 절도죄가 성립한다.

- 적극적 요소: 이는 소유권자와 유사한 지위를 취득하려는 의사(이용의사)를 말한다. 이는 재물을 일시적으로 이용하려는 의사만으로도 족하다. 그러나 일시적 이용의사 조차도 없는 경우에는 절도죄는 성립하지 않는다. 따라서 손괴의 목적으로 재물을 가로채서 손괴한 경우에는 일시적 이용의사가 없으므로 절도죄는 성립하지 않으며 손괴죄만이 성립한다. 그러나 문서를 절취해서 읽어본 후에 태워버린 경우에는 소유권자와 유사한 지위를 취득하여 일시적으로 이용하였으므로 절도죄가 성립하며 손괴는 불가벌적 사후행위로서 절도죄에 흡수된다.

---

52) 대법원 1981. 10. 13. 선고 81도2394 판결.
53) 대법원 1992. 4. 24. 선고 92도118 판결.
54) 대법원 1961. 6. 28. 선고 61도179 판결.

[판례 22] 채권자가 채무자의 의사에 반하여 그 소유물건의 점유를 자기채권 담보의 목적으로 침탈한 경우에 절도죄가 성립하는가?

대법원은 "불법영득의 의사는 영구적으로 그 물건의 경제적 이익을 보유할 의사가 필요치 아니하여도 소유권 또는 이에 준하는 본권을 침해하는 의사, 즉 목적물의 물질을 영득할 의사나 물질의 가치만을 영득할 의사이어도 영득의 의사가 있다할 것이라 함이 본원판례의 견해(대법원 1965. 2. 24. 선고 64도795 판결 참조)인바 타인의 의사에 반하여 그 소유물건의 점유를 침탈한 사람이 그 목적물을 영구적으로 자기소유로 할 의사가 아니고 그 소유자에 대한 채권담보의 의사만을 가지고 있었다하더라도 타인의 소유자로서의 점유를 배제하고 그 소유권의 지니고 있는 담보가치를 취득하기 위하여 그 물건의 점유를 침해한 이상 절도죄의 불법영득의 의사가 있다할 것이다"라고 함으로써 절도죄의 성립을 인정한다.[55] 그러나 채권자가 처음부터 채무자로부터 탈취한 물건을 소유하려는 의사가 있었거나 다른 방법으로 환가하려는 의사가 있었다면 배제의사가 인정되지만, 채무자가 채무를 이행할 때까지 보관하고 이행하면 반환할 의사로 채무자 소유의 물건을 탈취한 때에는 소유자를 계속적으로 배제하려는 의사가 없으므로 영득의사는 인정되지 않는다고 보아야 한다.[56]

[판례 23] 甲은 직장예비군중대 총기함에서 총기 2정을 꺼내어 4-5미터 떨어져 있는 자신의 소속 중대 총기함에 그 총기를 옮겨놓았다. 甲의 죄책은?

불법영득의사에 있어서 이용의사는 소유권자와 유사한 지위를 취득하려는 의사, 즉 재물을 자기의 소유물과 같이 이용·처분할 의사를 말한다. 甲은 총기를 자신의 소속 중대 총기함에 옮겨 놓은 것에 불과하므로 이를 자신의 소유물과 같이 이용하려는 의사는 없었다고 보아야 한다. 따라서 甲에 대해서는 절도죄는 성립하지 않는다. 대법원도 "절도죄에 있어서 영구적으로 그 물건의 경제적 이익을 보유할 의사가 있음이 구성요건이 되는 것은 아니라고 하더라도 단순한 점유의 침해 만으로서는 절도죄가 성립될 수 없고 소유권 또는 이에 준하는 본권을 침해하는 의사 즉 그 재물에 대한 영득의 의사가 있어야만 절도죄가 성립하는 것"이라는 이유로 甲에 대하여 불법영득의사를 부정하였다.[57]

이용의사는 배제의사와는 달리 미필적 고의만으로는 족하지 않으며, 의도까지 있을 것을 요한다. 여기서 의도란 일정한 목적을 달성하고자 하는 의사를 말한다.

영득의 적극적 요소와 관련하여 문제되는 것은 행위자가 제3자를 위하여 절취한 경우에도 불법영득의사가 인정되는가이다. 타인을 위하여 절취한 경우에는 적극적 요소를 결하므로 불법영득의사는 부정된다.[58] 따라서 절도죄는 성립하지 않으며 다

---

55) 대법원 1973. 2. 26. 선고 73도51 판결.
56) 주광희, 불법영득의 의사, 재판자료 제50집, 187면 참조.
57) 대법원 1977. 6. 7. 선고 77도1038 판결.
58) 이에 대하여 제3자를 위한 영득의사도 불법영득의사에 해당한다고 보는 견해가 있다(김일수/

만 절도방조죄의 성립이 가능하다.

[예 8-1] 甲은 자기의 하수인 乙을 시켜서 丙의 서류를 절취하도록 하였다. 甲, 乙의 죄책은?

乙의 죄책: 乙은 불법영득의사의 적극적 요소, 즉 소유자와 유사한 지위를 취득하려는 의사가 없었으므로 절도죄는 성립하지 않는다. 다만 그는 정범인 甲의 절도를 용이하게 하였으므로 절도방조죄가 성립한다.

甲의 죄책: 甲은 절도로 처벌되지 않는 자 乙(목적 없는 도구)를 이용하여 절도를 행하였으므로 절도죄의 간접정범으로 처벌된다.

[예 8-2] 이혼녀 甲은 경제적으로 형편이 어렵게 되자 전남편 乙의 집에 찾아가 乙의 가정부 丙에게 자신의 사정을 이야기하였다. 이를 측은히 여긴 丙은 甲의 전남편의 금고를 열어 돈을 꺼내 甲에게 주었다. 甲, 丙의 죄책은?

(1) 丙의 죄책
丙에게 영득의 적극적 요소, 즉 이용의사가 있었는지가 문제된다. 丙는 경제적 이익을 위하여 절취한 것이 아니라 甲에 대한 동정심에서 이를 행하였다. 그러나 그 돈에 대한 소유권이 없이는 이를 甲에게 줄 수는 없으므로 丙은 돈에 대하여 소유자와 유사한 지위를 취득, 이용한 것이라고 할 수 있다. 따라서 丙에 대하여는 불법영득의사가 인정되므로 절도죄가 성립한다.

(2) 甲의 죄책
甲은 丙이 절취한 장물을 취득하였으므로 그녀에 대해서는 장물취득죄가 성립한다.

- 경제적 용법에 따라 사용하려는 의사: 영득의사는 배제의사와 이용의사만 있으면 성립하며, 재물을 경제적 용법에 따라 사용하려는 의사가 있을 것까지 요하지는 않는다.[59] 왜냐하면 절도죄와 같은 소유권범죄에 있어서 재물이 경제적 가치를 가질 것을 요하지는 않기 때문이다.

* 영득의사의 요소
⎡ 소극적 요소: (영구적) 배제의사
⎣ 적극적 요소: (일시적) 사용의사

ⓒ 영득의 객체: 영득의 객체는 물체 자체(물체설) 또는 그 물체에 화체(化體)되어

서보학, 각론, 301면; 임웅, 각론, 331면).
59) 판례는 불법영득의사를 "권리자를 배제하고 타인의 물건을 자기의 소유물과 같이 그 경제적 용법에 따라 이용하고 처분할 의사"라고 정의한다.

있는 가치(가치설)이다(절충설). 물체설은 영득의 객체를 물건 자체로 본다. 이 견해에 의하면 예금통장을 절취하여 현금을 모두 인출한 후에 통장을 주인에게 돌려주는 경우 물건 자체와 관련하여 소유자를 영구히 배제하지 않았으므로 절도죄가 성립하지 않는다는 결과가 된다. 이러한 문제점을 해결하기 위하여 가치설은 재물에 화체되어 있는 경제적 가치를 영득의 객체로 보았다. 이 견해에 의하면 예금통장사건의 경우 절도죄의 성립을 인정할 수 있지만, 경제적 가치가 없는 물건을 절취한 경우에 절도죄의 성립이 부정되는 결과가 되어 타당하지 못하다. 절도죄는 소유권을 침해하는 범죄이지 재물의 경제적 가치를 침해하는 범죄가 아니다. 따라서 경제적 가치가 없는 재물을 절취하는 경우에도 물건 자체를 영득의 객체로 보아 절도죄의 성립을 인정하는 것이 타당하다. 따라서 영득의 객체는 물건 자체 또는 그 물체에 화체되어 있는 가치로 보는 절충설이 타당하다. 다만 영득의 객체를 가치로 보는 경우 재물죄인 절도죄가 이득죄로 변질되어 절도죄와 여타의 이득죄의 한계가 불명확하게 될 우려가 있다. 따라서 여기서 말하는 가치는 물건과 개념적으로 결합되어 있는 가치(기능가치: lucrum ex re)에 국한되며, 물건의 사용을 통하여 취득한 이익(lucrum ex negotio cum re)은 영득의 객체로서의 가치에 해당하지 않는다고 보아야 한다.

[예 9] ① 음악가 甲이 乙의 바이올린을 절취하여 무대에서 연주한 후 주인 乙에게 되돌려준 경우에 甲은 절취한 바이올린의 사용을 통하여 재산상의 이익을 취득하였으나 바이올린의 기능가치는 침해되지 않았으므로 절도죄는 성립하지 않는다. ② 사진작가 甲이 중요한 장면을 찍기 위하여 동료 乙의 카메라를 가로채어 이를 이용하여 현장을 촬영한 경우에도 마찬가지이다. 甲은 乙의 카메라를 이용하여 막대한 이득을 취하였으나 카메라의 기능가치는 침해되지 않았으므로 본죄는 성립하지 않는다. ③ 이에 반하여 연극표를 절취하여 연극을 관람한 후에 출입확인도장이 찍힌 표를 반환하는 경우 그 표의 기능가치가 이미 소멸되었으므로 이 경우에는 절도죄가 성립한다.

[예 10] 자동차 사용절도범이 새 자동차를 사용하여 중고가 된 후에 이를 주인에게 돌려준 경우에 영득의사가 인정되는가?

영득의 객체에 관한 문제다. 영득의 객체가 물체, 즉 자동차 자체라고 하는 견해에 의하면 (물체설) 절도범은 자동차를 주인에게 돌려줬으므로 본죄가 성립하지 않을 것이며, 영득의 객체가 가치라고 하는 견해에 의하면(가치설) 새차를 중고차로 만들어 놨으므로 절도죄가 성립할 것이다.[60]

---

60) Haft, Strafrecht, Fallrepetitorium zum Allgemeinen und Besonderen Teil, 1982, 198.

[판례 24-1] 甲은 자신이 종업원으로 일하던 만화가게에서, 가게의 주인 乙이 자리를 비운 틈을 타서 乙이 계산대 뒤의 창문에 두고 간 핸드백에서 乙 소유의 엘지 신용카드 1장을 꺼내어 그 곳에서 약 50m 떨어진 신한은행 출장소에 설치된 현금자동지급기에서 위 신용카드를 이용하여 50만원을 현금서비스 받고, 다시 乙의 핸드백 안에 신용카드를 넣어 두었다. 甲의 죄책은?[61]

1. 신용카드에 대한 절도죄

甲은 신용카드를 사용한 후에 반환할 의사로 절취한 것이므로 물체로서의 신용카드에 대한 불법영득의사가 없다. 문제는 甲이 현금자동지급기에서 그 신용카드를 이용하여 50만원을 현금서비스 받은 것이 신용카드의 기능가치를 침해한 것인가이다. 만일 이를 긍정한다면 甲에 대하여 불법영득의사를 인정할 수 있을 것이다. 이 점에 관하여 대법원은 "신용카드업자가 발행한 신용카드는 이를 소지함으로써 신용구매가 가능하고 금융의 편의를 받을 수 있다는 점에서 경제적 가치가 있다 하더라도, 그 자체에 경제적 가치가 화체되어 있거나 특정의 재산권을 표창하는 유가증권이라고 볼 수 없고, 단지 신용카드회원이 그 제시를 통하여 신용카드회원이라는 사실을 증명하거나 현금자동지급기 등에 주입하는 등의 방법으로 신용카드업자로부터 서비스를 받을 수 있는 증표로서의 가치를 갖는 것이어서(여신전문금융업법 제2조 제3호, 제13조 제1항 제1호 참조), 이를 사용하여 현금자동지급기에서 현금을 인출하였다 하더라도 신용카드 자체가 가지는 경제적 가치가 인출된 예금액만큼 소모되었다고 할 수 없으므로, 이를 일시 사용하고 곧 반환한 경우에는 불법영득의 의사가 없다고 보아야 할 것이다"라고 판시하였다. 따라서 甲에 대하여 신용카드에 대한 절도죄는 성립하지 않는다.

2. 현금에 대한 절도죄

甲이 신용카드를 사용하여 현금자동지급기에서 현금 50만 원을 인출한 행위는 절도죄에 해당한다.

3. 여신전문금융업법 제70조 제1항 제3호 위반죄

여신전문금융업법 제70조 제1항 제3호는 분실 또는 도난된 신용카드를 사용한 자를 처벌하도록 규정하고 있다. 甲이 신용카드를 절취하여 사용한 경우에도 본죄가 성립하는가에 대하여 원심은 도난된 신용카드를 부정사용하였다고 볼 수 없다는 이유로 본죄의 성립을 부정하였다. 그러나 대법원은 "여기서 분실 또는 도난된 신용카드라 함은 소유자 또는 점유자의 의사에 기하지 않고 그의 점유를 이탈하거나 그의 의사에 반하여 점유가 배제된 신용카드를 가리키는 것으로서, 소유자 또는 점유자의 점유를 이탈한 신용카드를 취득하거나 그 점유를 배제하는 행위를 한 자가 반드시 유죄의 처벌을 받을 것을 요하지 아니한다"고 전제하고, 이어서 "피고인은 피해자의 의사에 반하여 이 사건 신용카드에 대한 피해자의 점유를 배제하고 이를 사용하여 현금자동지급기에서 현금을 인출하였으므로, 피고인

---

[61] 대법원 1999. 7. 9. 선고 99도857 판결.

이 사용한 이 사건 신용카드는 여신전문금융업법 제70조 제1항 제3호 소정의 분실 또는 도난된 신용카드에 해당한다"고 보았다. 따라서 甲에 대해서는 여신전문금융업법 제70조 제1항 제3호 위반죄가 성립한다.

[판례 24-2] 만일 위의 사례에서 甲이 乙 소유의 예금통장을 무단사용하여 예금을 인출한 후 바로 예금통장을 반환하였다면 甲의 죄책은?

만일 예금액의 인출로 인하여 예금통장의 기능적 가치가 침해되었다면 불법영득의사가 인정된다. 이 점에 대하여 대법원은 "예금통장은 예금채권을 표창하는 유가증권이 아니고 그 자체에 예금액 상당의 경제적 가치가 화체되어 있는 것도 아니지만, 이를 소지함으로써 예금채권의 행사자격을 증명할 수 있는 자격증권으로서 예금계약사실 뿐 아니라 예금액에 대한 증명기능이 있고 이러한 증명기능은 예금통장 자체가 가지는 경제적 가치라고 보아야 하므로, 예금통장을 사용하여 예금을 인출하게 되면 그 인출된 예금액에 대하여는 예금통장 자체의 예금액 증명기능이 상실되고 이에 따라 그 상실된 기능에 상응한 경제적 가치도 소모된다"고 보았다. 따라서 甲에 대하여는 "예금통장 자체가 가지는 예금액 증명기능의 경제적 가치에 대한 불법영득의 의사를 인정할 수 있으므로 절도죄가 성립한다"고 판단하였다.[62]

㉣ 영득의 위법성: 영득의 위법성은 영득행위가 법질서에 반하는 경우에 인정된다. 따라서 행위자가 절취한 재물에 대하여 청구권이 있었던 때에는 영득의 위법성이 없으므로 절도죄는 성립하지 않는다.

[예 11] 술집주인 甲은 이전에 외상술을 마신 乙이 코트를 옷걸이에 걸어놓자 몰래 코트에서 지갑을 꺼내어 외상값을 빼낸 후에 다시 그 지갑을 코트에 넣어 두었다. 甲의 죄책은?

금전채권은 종류채권의 일종으로서 채무자의 특정이 있어야 비로소 특정채권이 된다. 채무자 乙의 특정이 없는 이상은 채권자 甲은 아직 자신이 乙의 지갑에서 꺼낸 금전에 대하여 청구권을 가지지 못한다. 따라서 그의 영득행위는 위법하므로 절도죄가 성립한다.

[예 12] 甲은 매춘부 乙에게 화대로서 3만원을 지불하고 성관계를 가졌으나, 그 돈을 다시 절취하였다. 甲의 죄책은?[63]

절도죄는 타인소유의 재물을 절취하는 것이므로 본죄가 성립하기 위해서는 甲이 지불한 돈이 乙의 소유이어야 한다. 이 점에 관하여 독일의 카쎌지방법원(LG Kassel)은 그 돈이 甲의 소유라고 보았다. 이 견해에 의하면 甲은 자기소유의 돈을 취거한 것에 불과하므로 절도죄는 성립하지 않는다.[64]

---

62) 대법원 2010.5.27. 선고 2009도9008 판결.
63) BGHSt 6, 377의 사례를 변형한 것임.

이에 대하여 독일의 연방대법원은 물권행위의 무인성을 이유로 돈에 대한 소유권은 乙에게 있다고 보았다.[65] 즉 甲, 乙사이의 계약은 반사회질서의 법률행위로서 무효이나(우리나라 민법 제103조) 계약의 이행행위, 즉 물권행위의 효력에는 영향이 없으므로 소유권은 乙에게 그대로 이전된다는 것이다. 따라서 甲의 행위는 절도죄의 객관적 구성요건에 해당한다.

다음으로 甲에 대하여 영득의 불법성을 인정하기 위해서는 甲이 그 금전에 대한 청구권이 없어야 한다. 甲과 乙사이에 체결한 계약은 민법 제103조에 의하여 무효이지만 甲이 화대로 금전을 지불한 것은 불법원인급여(민법 제746조 본문)로서 그 금전에 대하여 반환청구를 할 수 없다. 따라서 甲에 대하여는 불법영득의사가 인정되므로 절도죄가 성립한다.

[판례 25] 甲은 乙과 묘목매매계약을 체결하면서 잔대금 지급전 언제라도 묘목을 이식 인도받을 수 있기로 특약을 하였는데, 그 특약에 따라 1982. 2. 16부터 같은 해 3. 16까지 인부를 동원하여 묘목의 이식작업을 완료하였다. 그런데 乙은 이식작업의 진행 도중에 甲에게 계약해제를 통고하였다. 甲의 죄책은?

乙이 계약해제를 통고하기 전에 묘목을 이식한 것은 점유자의 동의 하에 이루어진 것으로서 절취에 해당하지 않으므로 절도죄의 객관적 구성요건해당성이 없다. 문제는 계약해제 통고 이후에 묘목을 이식한 것이 절도죄에 해당하는가이다. 이 점에 대하여 대법원은 "상대방이 계약의 이행에 착수한 이후에는 계약당사자 일방은 계약금의 포기 또는 배액상환으로써 계약을 해제할 수 없는 것이므로 매수인이 묘목매매계약의 잔대금 지급전에라도 매수묘목을 이식 인도받을 수 있도록 한 특약에 따라 묘목의 이식작업에 착수하였다면 그 이후 매도인의 계약해제는 효력이 없고 따라서 매수인이 위 계약통고 후 묘목을 이식한 행위에는 타인의 재물을 절취한다는 의사가 있다고 볼 수 없다"고 함으로써 절도죄의 성립을 부정하였다.[66]

대법원은 '타인의 재물을 절취한다는 의사', 즉 절도의 고의를 부정하였다. 그러나 乙의 계약해제통고가 무효이더라도 그 묘목의 소유는 乙에게 있으므로 甲은 점유자 乙의 의사에 반하여 타인소유의 재물을 절취한다는 인식은 있었으며 따라서 절도의 고의는 인정된다고 보아야 한다. 다만 乙의 계약해제통고는 무효이므로 甲은 乙에 대하여 묘목이식에 대한 청구권이 있다. 따라서 영득의 위법성이 부정되어 불법영득의사가 없으므로 甲에 대하여 절도죄는 성립하지 않는다.

---

64) 우리나라 판례(예컨대 대법원 1977.5.24. 선고 75다1394 판결)는 물권행위의 독자성과 무인성을 인정하지 않으므로 이 견해에 의하면 甲에 대하여는 독일의 카셀지방법원의 판결과 마찬가지로 절도죄가 성립하지 않는다.
65) BGHSt 6, 379.
66) 대법원 1983. 6. 28. 선고 83도1132 판결.

III. 가중적 구성요건

1. 야간주거침입절도죄

> **제330조(야간주거침입절도)** 야간에 사람의 주거, 관리하는 건조물, 선박, 항공기 또는 점유하는 방실에 침입하여 타인의 재물을 절취한 자는 10년 이하의 징역에 처한다.

(1) 의의 및 보호법익

본죄는 야간에 사람의 주거, 관리하는 건조물이나 선박 또는 점유하는 방실에 침입하여 타인의 재물을 절취함으로써 성립하는 범죄이다.

본죄의 보호법익은 야간의 주거의 평온과 재산이다. 따라서 본죄의 성격은 주거침입죄(제319조)와 절도죄의 결합범이다.

(2) 성립요건

야간이란 일몰 후부터 일출 전 까지를 의미한다(천문학적 해석).[67] '야간'이라는 요건은 주거침입과 절취행위 가운데 전자에 대하여 요구되는 것이다. 왜냐하면 본죄는 야간의 주거침입죄와 절도죄의 결합범이기 때문이다. 따라서 주거침입이 야간에 이루어 진 경우에는 절취행위가 주간에 이루어지건 야간에 이루어지건 관계없이 본죄가 성립한다. 예컨대 야간에 주거에 침입하여 낮이 되기를 기다렸다가 주간에 재물을 절취한 경우에도 본죄가 성립한다. 주간에 주거에 침입하여 숨어 있다가 야간에 절취행위를 한 경우에도 주거침입의 상태가 야간까지 계속된 상황에서 절취를 한 것이 되므로 본죄가 성립한다. 결국 본죄는 주간에 주거에 침입하여 주간에 절취행위를 한 경우에만 부정된다. 이 경우에는 주거침입죄와 절도죄의 실체적 경합범이 성립한다. 이에 대하여 판례는 '주간에' 사람의 주거 등에 침입하여 '야간에' 타인의 재물을 절취한 경우 야간주거침입절도죄는 성립하지 않는다고 한다.[68] 그 논거는 아래와 같다.

> **[판례 26]** 형법은 제329조에서 절도죄를 규정하고 곧바로 제330조에서 야간주거침입절도죄를 규정하고 있을 뿐, 야간절도죄에 관하여는 처벌규정을 별도로 두고 있지 아니하다. 이러한 형법 제330조의 규정형식과 그 구성요건의 문언에 비추어 보면, 형법은 야간에 이루어지는 주거침입행위의 위험성에 주목하여 그러한 행위를 수반한 절도를 야간주거침입절도죄로 중하게 처벌하고 있는 것으로 보아야 한다. 따라서 주거침입이 주간에 이루어진

---

67) 대법원 1969. 1. 28. 선고 68도1741 판결; 1967. 8. 29. 선고 67도944 판결.
68) 대법원 2011.04.14. 선고 2011도300 판결.

경우에는 야간주거침입절도죄가 성립하지 않는다고 해석함이 상당하다.
　이와 달리 만일 주거침입의 시점과는 무관하게 절취행위가 야간에 이루어지면 야간주거침입절도죄가 성립한다고 해석하거나, 주거침입 또는 절취 중 어느 것이라도 야간에 이루어지면 야간주거침입절도죄가 성립한다고 해석한다면, 이는 이 사건과 같이 주간에 주거에 침입하여 야간에 재물을 절취한 경우에도 야간주거침입절도죄의 성립을 인정하여 결국 야간절도를 주간절도보다 엄하게 처벌하는 결과가 되는바, 앞서 본 바와 같이 현행법상 야간절도라는 이유만으로 주간절도보다 가중하여 처벌하는 규정은 없을 뿐만 아니라, 재산범죄 일반에 관하여 야간에 범죄가 행하여졌다고 하여 가중처벌하는 규정이 존재하지 아니한다. 또한 절도행위가 야간에 이루어졌다고 하여 절도행위 자체만으로 주간절도에 비하여 피해자의 심리적 불안감이나 피해 증대 등의 위험성이 커진다고 보기도 어렵다. 나아가, 예컨대 일몰 전에 주거에 침입하였으나 시간을 지체하는 등의 이유로 절취행위가 일몰 후에 이루어진 경우 야간주거침입절도죄로 가중처벌하는 것은 주거침입이 일몰 후에 이루어진 경우와 그 행위의 위험성을 비교하여 볼 때 가혹하다 할 것이다.[69]

2. 특수절도죄

제331조(특수절도) ① 야간에 문이나 담 그 밖의 건조물의 일부를 손괴하고 제330조의 장소에 침입하여 타인의 재물을 절취한 자는 1년 이상 10년 이하의 징역에 처한다.
② 흉기를 휴대하거나 2명 이상이 합동하여 타인의 재물을 절취한 자도 제1항의 형에 처한다.

(1) 의의 및 유형

본죄는 ① 야간에 건조물의 일부를 손괴하고 주거 등에 침입하거나 ② 흉기를 휴대하거나 ③ 2인 이상이 합동하여 타인의 재물을 절취함으로써 성립하는 범죄다. 제331조 제1항의 특수절도죄는 범행의 강폭성으로 인하여, 동조 제2항의 특수절도죄는 위험성이 증대하여 불법이 가중되는 가중적 구성요건이다.

(2) 제331조 제1항의 특수절도죄

본죄는 야간에 건주물의 일부를 손괴하고 주거에 침입하여 재물을 절취함으로써 성립하는 범죄이다. 따라서 주간에 건조물의 일부를 손괴하고 주거에 침입하여 재물을 절취한 경우에는 본죄가 성립하는 것이 아니라[70] 손괴죄와 절도죄의 경합범이

---

[69] 대법원 2011.04.14. 선고 2011도300 판결.
[70] 대법원 1971. 2. 23. 선고 70도2699 판결.

성립한다. 그리고 문의 자물쇠나 방문고리를 뜯고 주거에 침입한 경우에는 본죄가 성립하지만, 문의 자물쇠를 열쇠로 열고 침입한 경우에는 본죄가 성립하는 것이 아니라 단순절도죄만 성립한다.

(3) 제331조 제2항의 특수절도죄

제331조 제2항은 흉기휴대절도와 합동절도에 대하여 규정하고 있다.

(가) 흉기휴대절도

'흉기'는 통상 사람의 살상이나 재물의 손괴를 목적으로 제작된 물건을 말한다. 그러나 본죄에서 흉기는 그 외에도 살상이나 손괴에 이용될 수 있는 물건을 의미하는 것으로 넓게 해석하여야 한다.[71] 따라서 야구방망이, 병, 작은 칼 등의 도구는 물론 염산, 마취제와 같은 액체나 약품도 살상이나 손괴에 이용될 수 있는 경우에는 흉기에 해당한다. 그러나 장난감 권총이나 장난감 칼은 흉기에 해당하지 않는다. 왜냐하면 이 물건들은 살상이나 상해를 목적으로 제작된 것이 아니며, 본죄를 가중처벌하는 이유가 흉기의 객관적 위험성 때문인데 장난감 권총은 그러한 위험성이 없기 때문이다.

'휴대'란 흉기를 몸 가까이에 소지하는 것을 말한다. 이를 사용할 것을 요하지는 않으며, 만일 이를 사용한 경우에는 강도죄가 성립한다. 행위자가 흉기를 소지하였더라도 이를 인식하지 못한 경우에는 고의가 없으므로 본죄는 성립하지 않으며, 다만 단순절도죄만이 성립한다.

(나) 합동절도

2인 이상이 합동하여 범하는 범죄를 합동범이라고 하는데, 형법은 합동절도를 제331조 2항에서 특수절도의 한 형태로서 가중처벌하고 있다. 가중처벌의 이유는 2인 이상이 합동하여 절도하는 경우 위험성이 증대하여 불법이 가중되기 때문이다.

본죄에서 합동이란 시간적·장소적 합동을 의미한다(통설 및 판례: 현장설).[72] 따라서 2인 이상이 공범관계에 있다 하더라도 현장에서 공동으로 범행을 하지 않은 경우에는 합동에 해당하지 않는다.

---

71) 임웅, 각론, 341면 이하.
72) 합동범의 본질에 대하여는 현장설 이외에도 공모공동정범설과 가중적 공동정범설이 있다.
┌ 공모공동정범설: 합동범의 경우에 한하여 공모공동정범의 성립을 인정한다. 이 견해에 의하면
│   합동범은 공동정범과 공모공동정범을 포함하는 개념이다.
└ 가중적 공동정범설: 합동범의 본질은 공동정범이며 다만 집단범죄에 대한 형사정책적 이유에서
                형을 가중한 것이라고 한다. 이 견해에 의하면 반드시 2인 이상이 현장에서
                공동하여 범죄를 범할 것을 요하지는 않는다고 한다.

[판례 27] 甲女는 수원의 어느 회사 연구소를 지나가다 마당에 있는 높이 1m 50㎝, 폭 1m 정도의 영산홍을 우연히 보고 마음에 들어 주인 A를 찾아가 이 나무를 팔라고 부탁하였으나 거절당했다. 집으로 돌아온 甲女는 그 영산홍을 훔치기로 작심하고 대낮에 연구소를 찾아가 어렵게 나무를 캤으나 그 나무가 너무 무거워 차까지 옮길 수가 없자 남편 乙男을 불러내었다. 甲女는 乙男과 함께 그 나무를 차 트렁크에 실으려던 순간 주인 A에게 발각됐다. 甲女와 乙男의 죄책은?

원심은 甲女와 乙男이 합동하여 영산홍을 절취하였다고 판단하여 특수절도죄를 인정하였다. 이에 대하여 대법원은 甲女가 "입목을 절취하기 위하여 이를 캐낸 때에는 그 시점에서 이미 소유자의 입목에 대한 점유가 침해되어 범인의 사실적 지배하에 놓이게 됨으로써 범인이 그 점유를 취득하게 되는 것이므로, 이때 절도죄는 기수에 이르렀다"고 판단하였다.[73] 따라서 乙男이 영산홍을 甲女와 함께 승용차까지 운반한 행위가 "합동하여 영산홍 절취행위를 하였다고 볼 수는 없다"고 판단하였다. 따라서 甲女와 乙男에 대하여 특수절도죄는 성립하지 않는다. 다만 甲女에 대하여는 단순절도죄만 성립하며, 乙男에 대하여는 절도방조죄[74]와 장물운반죄[75]의 상상적 경합범이 성립한다.

[예 13-1] 甲, 乙이 공동으로 범죄계획을 수립하고 乙이 그 계획에 따라서 혼자 절취를 한 경우 甲, 乙의 죄책은?

현장설에 의하면 甲과 乙은 시간적·장소적으로 합동하여 절도를 범하지 않았으므로 합동절도는 성립하지 않으며, 다만 단순절도죄의 공동정범이 성립한다. 이에 대하여 공모공동정범설이나 가중적 공동정범설에 의하면 합동절도가 성립한다.

[예 13-2] 3인조 절도범 가운데 두목 甲이 범행계획을 수립하고 乙, 丙이 절취를 한 경우 甲, 乙, 丙의 죄책은?

乙, 丙에 대하여는 합동절도죄가 성립한다. 문제는 甲에 대하여도 본죄의 공동정범이 성립하는가이다. 다수설은 합동범은 공동정범에 대한 특별규정이므로 시간적·장소적으로 합동한 자만이 정범이 될 수 있다고 본다.[76] 이 견해에 의하면 甲은 합동절도의 정범이 될 수 없으므로 甲에 대하여는 단순절도죄의 공동정범과 특수절도죄의 교사 또는 방조[77]의 상상적 경합이 성립한다. 과거의 판례도 이와 같은 입장에 있었으나,[78] 대법원은 기존의 입장

---

73) 대법원 2008. 10. 23. 선고 2008도6080 판결.
74) 절도범이 기수에 이르더라도 아직 종료되지 않았으므로 방조범의 성립이 가능하다.
75) 장물운반죄는 운반의 시작과 동시에 기수가 되므로(김일수/서보학, 각론, 518면), 아직 운반이 종료되지 않았더라도 장물운반이 미수에 그치는 것은 아니다.
76) 배종대, 각론, 399면; 임웅, 각론, 343면; 정성근/박광민, 각론, 325면.
77) 다수설 가운데 일부견해(배종대, 각론, 399면)는 특수교사방조(제34조 제2항)의 성립을 인정한다.
78) 대법원 1976. 7. 27. 선고 75도2720 판결.

을 변경하여 합동절도의 공모공동정범의 성립을 인정하였다.79) 합동범에 대하여도 공동정범의 성립이 가능하므로 공모공동정범을 긍정하는 이상은 대법원의 견해가 타당하다.

3. 상습절도죄

> 제332조: 상습으로 제329조 내지 제331조의2의 죄를 범한 자는 그 죄에 정한 형의 2분의 1까지 가중한다.

본죄는 상습으로80) 절도죄, 야간주거침입절도죄, 특수절도죄 또는 자동차 등 불법사용죄를 범한 경우에 성립하는 범죄이다.

IV. 자동차 등 불법사용죄

> 제331조의2(자동차등 불법사용) 권리자의 동의없이 타인의 자동차, 선박, 항공기 또는 원동기장치자전차를 일시 사용한 자는 3년 이하의 징역, 500만원 이하의 벌금, 구류 또는 과료에 처한다.

① 의의 및 보호법익: 본죄는 자동차나 선박, 항공기, 원동기장치자전차를 불법으로 사용한 경우에 성립하는 범죄이다. 본죄의 행위는 사용절도로서 불법영득의사의 소극적 요소, 즉 소유자를 영구히 배제한다는 의사가 결여되므로 절도죄에는 해당하지 않는다.81)

본죄의 보호법익에 대해서는 소유권설82)과 사용권설83)이 있다. 소유권설에 의하면 소유자가 사용권자의 동의 없이 무단으로 자기소유의 자동차를 사용하는 경우에 본죄는 성립하지 않는다고 한다. 그러나 본죄는 타인의 소유권을 배제하려는 의사 없이 자동차 등을 불법으로 사용하는 행위를 처벌하려는 것이므로 본죄의 보호법익은 사용권으로 보아야 한다. 따라서 소유자가 사용권자의 동의 없이 무단으로 자기소유의 자동차를 사용하는 경우에 본죄가 성립한다고 보아야 한다.

② 객체: 본죄의 객체는 타인의 자동차, 선박, 항공기, 원동기장치자전차 등으로서, 원동기가 장치되어 동력에 의하여 움직이는 교통수단에 한한다. 따라서 원동기장치

---

79) 대법원 1998. 5. 21. 선고 98도321 판결.
80) '상습'의 개념에 대하여는 제1편 제2장 제1절 II 2 (2) 참조.
81) 절도죄와 자동차 등 불법사용죄의 구분에 대하여는 제1편 제7장 제2절 II 1 (2) (나) ③ ⓒ 참조.
82) 배종대, 각론, 401면.
83) 김성돈, 각론, 297면; 김일수/서보학, 각론, 313면; 오영근, 각론, 451면; 임웅, 각론, 346면; 정성근/박광민, 각론, 330면.

가 없는 자전거는 본죄의 객체에 해당하지 않는다. 그러나 원동기장치자전차는 반드시 2륜자전차에 국한되지 않으며, 자동차 이외의 3륜차도 여기에 해당한다.[84]

본죄의 객체에서 '타인'의 개념에 대하여 소유권설은 '타인소유'라는 의미로 이해하나, 사용권설에 의하면 '타인의 사용권 하에 있는'이라는 의미로 이해한다.

③ **행위**: 본죄의 행위는 권리자의 동의 없이 자동차 등을 일시 사용하는 것이다. 여기서 사용은 통행수단으로 이용을 개시하는 것을 말한다. 따라서 단순히 시동을 걸거나 자동차의 라디오를 들은 것만으로는 사용에 해당하지 않는다. 그리고 일단 권리자의 동의를 받고 사용을 시작한 이상은 그 동의의 범위를 넘어서 이용한 경우, 예컨대 처음에 빌린 목적 이외의 용도로 이용하거나 다른 사람에게 빌려준 경우에도 본죄는 성립하지 않는다.

'권리자의 동의 없이'는 객관적 구성요건요소다. 여기서 '권리자'란 사용권자를 말한다. 사용권자는 통상 자동차의 소유자이지만 소유자로부터 사용권을 인수한 경우에는 그 자가 사용권자가 된다. 권리자의 동의가 있는 경우에는 위법성이 조각되는 것이 아니라 그 이전에 구성요건해당성이 조각된다. 즉 본죄에서 동의는 양해에 해당한다.

④ **고의**: '권리자의 동의 없이' 자동차를 사용하는 것에 대한 인식이 결여된 경우에는 고의가 없으므로 본죄는 성립하지 않는다.

> [예 14] 甲은 평소에 알고 지내던 乙로부터 물건을 사러가기 위하여 차를 빌렸다. 운전도중 甲은 乙이 자동차의 사용권한이 없는 자라는 사실을 깨닫게 되었다. 그럼에도 불구하고 그는 운전을 계속하여 일을 마치고 돌아왔다. 甲의 죄책은?

甲은 자신이 권리자의 동의 하에 차를 사용하였다고 오인하였으므로 그 부분에 대하여는 구성요건적 착오로서 고의가 부정되므로 본죄가 성립하지 않으나 乙이 권리자가 아니라는 사실을 깨달은 이후의 불법사용에 대하여는 고의가 있으므로 본죄가 성립한다.

⑤ **절도죄와의 관계**: 소유권설에 의하면 본죄는 절도죄가 성립하지 않는 경우에만, 즉 불법영득의사 없이 소유권을 침해할 때에만 예외적으로 성립하는 범죄로 이해하므로 본죄는 절도죄에 대하여 보충관계에 있다고 본다. 그러나 사용권설에 의하면 본죄는 소유자에 대하여도 성립이 가능하므로 절도죄에 대하여 보충관계에 있다고 볼 수 없으며, 단순절도죄에 대해 독자적인 성격을 지닌 독자적 범죄의 일종으로 보

---

[84] 도로교통법 제2조 제19호는 '원동기장치자전거'를 이륜자동차 가운데 배기량 125cc 이하의 이륜자동차 또는 배기량 50cc 미만(전기를 동력으로 하는 경우에는 정격출력 0.59킬로와트 미만)의 원동기를 단 차라고 정의하고 있다. 그러나 자동차등불법사용죄에서 말하는 '원동기장치자전차'에는 3륜차도 포함하는 것으로 해석한다(배종대, 각론, 402면).

아야 할 것이다.85)

V. 친족상도례

> **제328조(친족간의 범행과 고소)**: ① 직계혈족, 배우자, 동거친족, 동거가족 또는 그 배우자간의 제323조의 죄는 그 형을 면제한다.
> ② 제1항 이외의 친족간에 제323조의 죄를 범한 때에는 고소가 있어야 공소를 제기할 수 있다.
> ③ 전 2항의 신분관계가 없는 공범에 대하여는 전 이항을 적용하지 아니한다.
>
> **제344조(친족간의 범행)**: 제328조의 규정은 제329조 내지 제332조의 죄 또는 미수범에 준용한다.

1. 의의 및 적용범위

형법은 강도죄와 손괴죄를 제외한 모든 재산범죄의 경우에 친족간의 범죄는 형을 면제하거나 고소가 있어야 공소를 제기할 수 있는 특례를 규정하고 있다. 이를 친족상도례라고 한다. 이러한 특례를 규정한 취지는 친족 내부의 문제는 국가의 형벌에 의한 간섭 없이 스스로 해결하는 것이 바람직하다는 정책적 고려에 근거한 것이다.

제328조는 권리행사방해죄(제323조)에 적용되는 외에도 절도의 죄(제344조 + 제329조 내지 제332조), 사기와 공갈의 죄(제354조 + 제347조 내지 제353조), 횡령과 배임의 죄(제361조 + 제355조 내지 제360조) 그리고 장물에 관한 죄(제365조 + 제362조 내지 제364조)에 준용된다. 따라서 친족상도례는 강도의 죄와 손괴의 죄 이외의 모든 재산범죄에 준용된다. 이 규정은 '폭력행위 등 처벌에 관한 법률이나 특정경제범죄 가중처벌 등에 관한 법률과 같은 특별형법에 의하여 가중처벌되는 경우에도 적용된다.86) 예컨대 흉기 기타 위험한 물건을 휴대하고 공갈죄를 범하여 '폭력행위 등 처벌에 관한 법률' 제3조 제1항에 의해 가중처벌되는 경우에도 친족상도례 규정이 적용된다.

2. 법적 성질 및 효과

제328조 1항의 경우 신분관계는 인적 처벌조각사유이다. 따라서 이 경우에 법원

---

85) 김일수/서보학, 각론, 313면.
86) 대법원 2010.07.29. 선고 2010도5795 판결; 대법원 2010.02.11. 선고 2009도12627 판결.

은 피고인에 대하여 형면제 판결(형소법 제322조)을 선고한다. 그리고 장물죄에서 장물범과 본범 간에 제328조 제1항의 친족관계가 있는 경우는 형의 필요적 감면사유이다(제365조 2항).

제328조 2항의 경우는 친고죄이다. 친고죄에서 고소는 소송조건이므로 고소가 있어야 공소의 제기가 가능하며, 고소가 없음에도 불구하고 검사가 공소를 제기한 경우에는 법원은 공소기각의 판결(형소법 제327조 5호)을 선고한다.

3. 친족의 범위

(1) 친족의 개념

친족의 범위는 민법에 의해 정해진다.[87] 따라서 배우자는 법률상의 배우자만을 의미하며, 사실혼의 관계에 있는 배우자(내연의 처)는 친족에 해당하지 않는다. 제328조 제1항에서 '동거친족'이란 동일한 주거에서 생활을 공동으로 하는 친족을 말하므로, 일시적으로 체류하고 있는 친족이나 범행당시 가출한 친족은 여기에 해당하지 않는다. 그리고 이 규정에서 '그 배우자'는 동거가족의 배우자만을 의미하는 것이 아니라, 직계혈족, 동거친족, 동거가족 모두의 배우자를 의미한다.[88] 예컨대 사위가 장인을 기망하여 재물을 교부받은 경우 사위는 피해자인 장인의 딸의 남편, 즉 직계혈족의 배우자이므로 친족상도례가 적용된다.

친족관계는 행위시에 존재하여야 한다. 따라서 행위시에는 친족관계가 있었으나 후에 그 관계가 없어진 경우에도 친족상도례는 적용된다. 그러나 범행시에는 친족관계가 없었으나 후에 그 관계가 생긴 경우에는 친족상도례가 적용되지 않는다.

[판례 28] 甲은 피고인이 백화점 내 점포에 입점시켜 주겠다고 속여 피해자 乙로부터 입점비 명목으로 돈을 편취하였다. 그런데 甲의 딸과 피해자 乙의 아들이 혼인하여 甲과 乙은 사돈지간이다. 친족상도례가 적용되는가?

"친족상도례가 적용되는 친족의 범위는 민법의 규정에 의하여야 하는데, 민법 제767조는 배우자, 혈족 및 인척을 친족으로 한다고 규정하고 있고, 민법 제769조는 혈족의 배우자, 배우자의 혈족, 배우자의 혈족의 배우자만을 인척으로 규정하고 있다. 따라서 구 민법(1990. 1. 13. 법률 제4199호로 개정되기 전의 것) 제769조에서 인척으로 규정하였던 '혈족의 배우자의 혈족' 乙은 인척에 해당하지 않는다. 따라서 사기죄의 피고인과 피해자가 사돈지간이라고 하더라도 이를 민법상 친족으로 볼 수 없"으므로 친족상도례는 적용되는 않는다.[89]

---

87) 대법원 1980. 4. 22. 선고 80도485 판결.
88) 대법원 2011.05.13. 선고 2011도1765 판결.
89) 대법원 2011.04.28. 선고 2011도2170 판결.

[판례 29] 혼인 외 출생 자 甲은 자신의 생부인 乙의 재물을 절취하였다. 만일 甲이 범행 후 재판상 인지의 확정판결을 받았다면 甲의 죄책은?

대법원은 "형법 제344조, 제328조 제1항 소정의 친족간의 범행에 관한 규정이 적용되기 위한 친족관계는 원칙적으로 범행 당시에 존재하여야 하는 것이지만, 부가 혼인 외의 출생자를 인지하는 경우에 있어서는 민법 제860조에 의하여 그 자의 출생시에 소급하여 인지의 효력이 생기는 것이며, 이와 같은 인지의 소급효는 친족상도례에 관한 규정의 적용에도 미친다고 보아야 할 것이므로, 인지가 범행 후에 이루어진 경우라고 하더라도 그 소급효에 따라 형성되는 친족관계를 기초로 하여 친족상도례의 규정이 적용된다"고 본다.[90] 따라서 법원은 甲에 대하여는 형면제의 선고를 하여야 한다.

절도죄의 경우에 친족상도례는 재물이 친족의 소유인 경우에만 적용된다. 따라서 재물이 친족과 친족 아닌 자의 공동소유인 경우에는 친족상도례가 적용되지 않는다. 행위자가 절취한 재물이 친족의 소유인 이상은 친족 아닌 자가 이를 점유하고 있더라도 친족상도례는 적용된다. 즉 친족관계는 행위자와 소유자 사이에만 존재하면 족하다.[91] 이에 대하여 판례[92]와 다수설[93]은 절도죄의 보호법익이 소유권과 점유라는 견해를 근거로 친족관계가 행위자와 소유자 및 점유자 사이에 모두 존재하여야 한다고 한다. 이 견해에 의하면 행위자가 친족 아닌 자가 점유하고 있는 친족 소유의 재물을 절취한 경우에는 친족상도례가 적용되지 않는다고 한다. 그러나 앞에서 설명한 바와 같이 절도죄의 보호법익은 소유권이므로 절취한 재물이 친족의 소유인 이상은 이를 친족 아닌 자가 점유하고 있더라도 친족상도례가 적용된다고 보아야 할 것이다.

[판례 30] 甲은 자신의 생질(甲의 누이의 아들)인 乙이 경영하는 금은 세공공장에서 乙이 丙으로부터 가공의뢰를 받아 보관 중이던 丙 소유의 다이아몬드 6개를 절취하였다. 만일 乙이 甲을 고소하지 않은 경우 甲의 죄책은?

원심은 "친족간의 범행에 관한 규정은 피해물건의 소유자와 범인과의 관계에 관하여 규정한 것이 아니라 절도죄의 직접의 피해자인 피해물건의 점유자와 범인과의 관계에 관하여 규정한 것이므로 결국 본건 절도죄는 친족간의 범행에 관한 규정의 적용이 있는 것"이라고 한다. 이 견해에 의하면 甲과 乙 사이에는 제328조 제2항 소정의 친족관계가 있으므로 乙의 고소가 없으면 공소를 제기 할 수 없다. 공소를 제기한 경우에는 제344조 및 제328조 제 2 항에서 요구하는 고소 없이 제기된 공소에 해당하므로 법원은 공소기각의 판결을 하여야 한다.

---

90) 대법원 1997. 1. 24. 선고 96도1731 판결.
91) 김일수/서보학, 각론, 268면; 배종대, 각론, 409면.
92) 대법원 1980. 11. 11. 선고 80도131 판결.
93) 박상기, 각론, 275면; 오영근, 각론, 355면; 정성근/박광민, 각론, 290면.

이에 대하여 대법원은 "절도죄는 재물의 점유를 침탈하므로 인하여 성립하는 범죄이므로 재물의 점유자가 절도죄의 피해자가 되는 것이나 절도죄는 점유자의 점유를 침탈함으로 인하여 그 재물의 소유자를 해하게 되는 것이므로 재물의 소유자도 절도죄의 피해자로 보아야 할 것이다. 그러니 형법 제344조에 의하여 준용되는 형법 제328조 제2항 소정의 친족간의 범행에 관한 조문은 범인과 피해물건의 소유자 및 점유자 쌍방간에 같은 조문 소정의 친족관계가 있는 경우에만 적용되는 것이고, 단지 절도범인과 피해물건의 소유자간에만 친족관계가 있거나 절도범인과 피해물건의 점유자간에만 친족관계가 있는 경우에는 그 적용이 없는 것이라고 보는 것이 타당"하다고 한다.[94] 이 견해에 의하면 사례에서 甲은 피해물건의 점유자인 乙에 대한 관계에서만 친족관계가 있을 뿐이고 본건 피해물건의 소유자인 丙과의 사이에서는 친족관계가 없으므로 제328조 제2항은 적용되지 않는다. 따라서 甲에 대하여 乙의 고소가 없더라도 공소의 제기가 가능하다.

친족관계가 행위자와 소유자 사이에만 존재하면 족하다는 견해에 의하더라도 甲과 소유자 丙 사이에는 아무런 친족관계도 없으므로 乙의 고소가 없더라도 공소의 제기가 가능하다.

사기죄(삼각사기)의 경우에 행위자와 피해자 사이에 친족관계가 있으면 족하며 행위자와 피기망자 사이에 친족관계가 있을 것을 요하지는 않는다.

[판례 31] 손자 甲은 할아버지 乙 소유의 농업협동조합 예금통장을 절취하여 이를 현금자동지급기에 넣고 조작하는 방법으로 예금 잔고를 자신의 거래 은행 계좌로 이체하였다. 甲의 죄책은?

甲은 乙 소유의 예금통장을 현금자동지급기에 넣고 조작하여 예금 잔고를 자신의 거래 은행 계좌로 이체한 행위는 권한 없이 정보처리장치에 정보를 입력하여 재산상의 이익을 취득한 행위로써 컴퓨터등 사용사기죄(제347조의2)에 해당한다. 문제는 甲에 대하여 친족상도례가 적용되는가이다. 만일 할아버지 乙이 사기죄의 피해자라면 제328조 제1항 소정의 친족간의 범행으로서 형이 면제될 것이다(제354조 및 제328조 제1항). 이 점에 대하여 대법원은 '농업협동조합이 컴퓨터 등 사용사기 범행 부분의 피해자'이며 할아버지 乙은 피해자가 아니므로 친족상도례는 적용되지 않는다고 보았다.[95]

[판례 32] 甲은 자신의 삼촌 A로부터 B에게 전달해 달라는 부탁과 함께 금 2,000,000원을 교부받은 C로부터 B에게 전달해 주겠다며 위 금원을 받아 보관하던 중 이를 임의로 사용하였다. 삼촌 A가 甲을 고소하지 않은 경우에 법원은 어떤 재판을 하여야 하는가?

甲이 A 소유의 금원을 위탁자 C로부터 보관하고 있다가 이를 소비한 행위는 횡령죄에 해당한다. 삼촌 A는 금원의 소유자로서 제328조 제2항 소정의 친족에 해당하지만 금원의 점

---

94) 대법원 1980. 11. 11. 선고 80도131 판결.
95) 대법원 2007. 3. 15. 선고 2006도2704 판결.

유자 C와는 친족관계에 있지 않은데, 이 경우에도 친족상도례가 적용되는지가 문제된다. 이 점에 대하여 대법원은 친족상도례는 "범인과 피해물건의 소유자 및 위탁자 쌍방 사이에 같은 조문 소정의 친족관계가 있는 경우에만 적용"되는데, 甲은 소유자 A와만 친족관계에 있으며, 위탁자 C는 친족이 아니므로 친족상도례는 적용이 없다고 판단하였다.96) 따라서 법원은 삼촌 A의 고소가 있었는가와 관계없이 甲에 대하여 실체재판을 하게 된다.

4. 친족상도례와 착오

제328조 제1항의 친족관계는 인적 처벌조각사유이므로 객관적으로만 존재하면 족하며 이에 대한 인식을 요하지 않는다. 따라서 아들이 아버지 소유의 재물을 아버지 친구의 소유라고 착오하여 절취한 경우에는 친족상도례가 적용되지만, 행위자가 친족 아닌 자의 소유의 재물을 자신의 아버지 소유의 재물로 오인하고 절취한 경우에 친족상도례는 적용되지 않는다.

5. 친족상도례와 공범

인적 처벌조각사유로서의 친족관계는 소극적 신분으로서 제33조 단서가 적용되므로 신분관계가 없는 공범에 대하여는 친족상도례가 적용되지 않는다(제328조 제3항). 비신분자가 신분자와 공동정범 또는 공범관계에 있는 경우 신분자는 형벌이 조각되어 처벌되지 않으나 비신분자는 처벌된다.

[예 15] 甲은 자신의 친구 乙을 교사하여 그로 하여금 甲의 아버지 丙의 재물을 절취하도록 하였다. 甲, 乙의 죄책은?

乙은 丙과 아무런 친족관계에 있지 않으므로 친족상도례는 적용되지 않는다(제328조 제3항). 따라서 乙은 절도죄로 처벌된다. 이에 대하여 甲은 피해자 丙과 제328조 제1항의 신분관계에 있으므로 형이 면제된다.

제328조 제2항의 신분관계의 경우에도 친족에 대한 고소의 취하는 신분관계가 없는 다른 공범자에 대하여는 영향을 미치지 않는다. 또한 공범 모두가 친족관계에 있는 경우 공범 1인에 대한 고소 또는 고소취하의 효력은 다른 공범에 대하여도 영향을 미친다(형소법 제233조: 주관적 고소불가분의 원칙).

[예 16-1] 甲은 자신의 친구 乙을 교사하여 그로 하여금 甲의 삼촌 丙의 재물을 절취하도록 하였다. 만일 丙이 甲, 乙을 고소하지 않았다면 甲, 乙의 죄책은?

---

96) 대법원 2008.7.24. 선고 2008도3438 판결.

甲은 피해자 丙과 제328조 제2항의 친족관계에 있으므로 친족상도례가 적용된다. 사례에서 피해자 丙의 고소가 없으므로 甲에 대하여는 공소를 제기할 수 없다.

친족상도례는 신분관계가 없는 공범에 대하여는 적용되지 않으므로 乙의 절도죄는 친고죄가 아니다. 따라서 乙은 丙의 고소 유무와 관계없이 절도죄로 처벌된다.

[예 16-2] 만일 (예 16-1)에서 甲, 乙 형제인데 丙이 甲에 대해서만 고소를 하고 乙에 대해서는 고소를 하지 않았다면 甲, 乙의 죄책은?

친고죄의 공범 1인에 대한 고소의 효력은 다른 공범자에 대하여도 효력이 있으므로(형소법 제233조) 甲에 대한 고소의 효력은 공범 乙에 대해서도 미친다. 따라서 甲, 乙 모두 처벌이 가능하다.

[예 16-3] 만일 위의 (예 16-2)에서 丙이 처음에는 甲, 乙 모두에 대하여 고소를 하였다가 후에 乙에 대하여만 고소를 취하하였다면 甲, 乙의 죄책은?

친고죄의 공범 1인에 대한 고소 취소의 효력은 다른 공범자에 대하여도 효력이 있으므로(형소법 제233조) 乙에 대한 고소 취소의 효력은 甲에 대해서도 미친다. 따라서 甲, 乙 모두에 대하여 공소를 제기할 수 없으며 이미 제공소를 제기한 경우에는 법원은 판결로 공소기각의 선고를 하여야 한다(형소법 제327조 5호).

제3절 강도의 죄

I. 서론

1. 의의 및 보호법익

강도죄는 폭행 또는 협박으로 타인의 재물을 강취하거나 기타 재산상의 이익을 취득하거나 제3자로 하여금 이를 취득하게 함으로써 성립하는 범죄이다. 범행수단이 폭행 또는 협박이라는 점에서 공갈죄와 같지만, 강도죄는 상대방의 의사에 반하여 재물을 강취하는 탈취죄인데 대하여, 공갈죄는 상대방의 하자있는 의사에 의하여 재물을 교부받는 편취죄라는 점에서 양자는 구분된다.

강도죄는 재물 또는 재산상의 이익을 객체로 하므로 보호법익은 재산이며, 폭행 또는 협박을 수단으로 하므로 신체의 안전 또는 의사의 자유도 보호법익이 된다.

2. 체계

① 강도의 죄의 기본적 구성요건: 단순강도죄(제333조)이다.

② 가중적 구성요건: 특수강도죄(제334조), 해상강도죄(제340조), 상습강도죄(제341조) 결과적 가중범: 강도치상죄(제337조)와 강도살인죄(제338조)
③ 결합범의 형식에 의한 가중적 구성요건: 야간주거침입특수강도죄(제334조 제1항), 강도상해죄(제337조), 강도살인죄(제338조), 강도강간죄(제339조)
④ 독립된 구성요건: 준강도죄(제335조)와 인질강도죄(제336조)

II. 단순강도죄

> 제333조: 폭행 또는 협박으로 타인의 재물을 강취하거나 기타 재산상의 이익을 취득하거나 제3자로 하여금 이를 취득하게 한 자는 3년 이상의 유기징역에 처한다.

1. 성립요건

(1) 객체: 본죄의 객체는 재물 또는 재산상의 이익이다. 따라서 본죄는 재물죄이며 이득죄이다. 객체가 재물인 경우를 재물강도죄, 재산상의 이익인 경우를 이득강도죄라고 한다. 재물의 개념은 절도죄의 경우와 같다. 따라서 부동산은 재물에 해당하지 않는다. 다만 부동산은 재산상의 이익에 해당하므로 본죄의 객체가 된다.[97]

재산상 이익은 재물 이외에 재산적 가치가 있는 이익을 말한다. 재산적 가치가 없는 이익은 본죄의 객체에 해당하지 않는다. 재산상의 이익은 적극적이건 소극적이건 불문한다. 즉 재산상의 이익을 제공받은 경우뿐만이 아니라 채무의 면제를 받거나 채무변제의 유예를 받는 것도 재산상의 이익에 해당한다.

> [예 1] 甲은 정차되어 있는 택시의 운전기사 乙을 흉기로 협박하여 자기가 원하는 목적지까지 운전하게 하였다.
> (1) 甲의 죄책은?
> (2) 만일 (1)에서 乙이 승용차의 운전자였다면 甲의 죄책은?
> (3) 만일 (1)에서 甲이 택시를 타고 가던 도중에 자신이 택시비가 없는 것을 알고 목적지에 다다르자 칼로 운전기사 乙을 "움직이지 말라. 움직이면 죽이겠다"고 협박하고 도망하였다면 甲의 죄책은?
> (4) 만일 (3)에서 甲이 乙을 협박하지 않고 목적지에 도착하자 택시비를 내지 않고 도망을 쳤는데 乙이 택시비를 받기위해 추적하자 그를 폭행하여 쓰러뜨리고 도주하였다면?

---

97) 김일수/서보학, 각론, 318면; 임웅, 각론, 354면.

(1) 택시기사의 운전은 대가를 지급받을 수 있는 노무로서 경제적 이익에 해당하므로 강도죄의 객체인 재산상의 이익이 된다. 따라서 甲은 흉기로 乙을 협박하여 재산상의 이익을 취득하였으므로 그에 대해서는 특수강도죄(제334조 제2항)가 성립한다.
(2) 乙이 승용차를 운전한 것은 대가를 지급받을 수 없는 노무의 제공이므로 경제적 이익에 해당하지 않는다. 따라서 甲이 乙을 협박하여 운전을 하게 한 행위는 강도죄에는 해당하지 않는다. 다만 甲이 흉기를 휴대하여 乙을 협박한 행위는 협박죄(폭력행위등처벌에관한법률 제3조 제1항, 형법 제283조 제1항)에 해당하며, 乙을 협박하여 운전을 하게 한 행위는 강요죄(제324조)에 해당한다.
(3) 칼로 위협한 행위는 생명에 대한 해악의 고지로서 협의의 협박에 해당하며 상대방의 의사를 억압하기에 충분하다. 甲은 협박으로 택시기사 乙로 하여금 택시비를 청구하지 못하도록 함으로써 채무를 면제받았으므로 재산상의 이익을 취득한 것이다. 따라서 甲에 대하여는 특수강도죄가 성립한다.
(4) 甲은 乙을 폭행하여 채무를 면탈함으로써 재산상의 이득을 취득하였으므로 강도죄가 성립한다. 甲은 절도가 아니므로 준강도죄(제335)는 성립하지 않는다.

　재산의 개념에 대해서는 법률적 재산설, 경제적 재산설,[98] 법률적·경제적 재산설(절충설)[99] 등이 있다.
- **법률적 재산설**: 이 견해는 재산을 법률상 재산권으로 본다. 그 재산권이 경제적 가치가 있는가는 불문한다. 그러나 법률상 허용되지 않는 불법재산이나 권리로서 인정되지 않는 사실상 이익 또는 기대권은 경제적 가치가 있더라도 재산에 해당하지 않는다고 본다.
- **경제적 재산설**: 이 견해는 재산을 경제적 이익으로 본다. 그 이익이 적법한 것인가 또는 권리인가의 여부는 불문한다. 불법이익이나 사실상 이익도 경제적 가치가 있는 이상은 재산에 해당한다고 본다.
- **법률적·경제적 재산설**: 이 견해는 법질서의 보호를 받는 경제적 이익만을 재산으로 본다. 따라서 권리가 아닌 사실상 이익도 경제적 가치가 있는 이상은 재산에 해당하나, 불법재산은 재산개념에서 배제된다.

　법률적 재산설은 경제적 가치가 없는 권리를 재산으로 파악하고, 노동력과 같이 경제적 가치가 있는 사실상의 이익을 재산개념에서 배제시킨다는 점에서 타당하다고 할 수 없으며, 이러한 이유에서 이 학설은 더 이상 주장되지 않고 있다. 그리고 경제적 재산설은 민법에서 보호하지 않는 이익을 형법에서 보호하는 결과가 되어 법질서 통일의 원칙과 형법의 보충적 성격에 부합하지 못한다는 문제가 있다. 법률적·경제적 재산설이 다른 법률에 의하여 보호의 가치가 없는 이익은 형법에서도 보호하지 않는

---

98) 대법원 1994. 2. 22. 선고 93도428 판결; 1997. 2. 25. 선고 96도3411 판결; 임웅, 각론, 355면.
99) 다수설: 김성천/김형준, 각론, 454면; 김일수/서보학, 각론, 319면; 배종대, 각론, 414면.

다는 법질서통일의 원칙에 부합한다는 점에서 타당하다.

[판례 1-1] 甲은 자신과 룸살롱을 동업한 적이 있는 乙을 전화로 불러 오게 한 다음 가슴에 품고 있던 식칼을 피해자의 목에 들이대고 룸살롱을 경영하면서 손해를 보았으니 甲의 채권자인 A에게 금 20,000,000원을 지급한다는 내용의 지불각서를 쓰라고 협박하다가 A가 망설인다는 이유로 위 칼로 A의 오른쪽 어깨를 1회 찔러 항거를 불능케 하고 그로 하여금 위와 같은 취지의 지불각서 1매를 쓰게 하였다. 甲의 죄책은?

대법원은 "피해자에게 반항을 억압할 정도의 폭행, 협박을 가하여 채무를 부담하게 하거나 채권의 포기나 채무면제의 의사표시를 하게 한 경우와 같이 피해자의 자유의사가 결여된 상태 하에서 처분행위의 외형을 지니는 행동에 의한 이득도 재산상의 이익에 포함되는 것이고, 이 경우 피해자의 의사표시는 사법상 무효이거나 적어도 강박을 이유로 취소가 가능하겠지만 강제이득죄는 권리의무관계가 외형상으로라도 불법적으로 변동되는 것을 막고자 함에 있는 것으로서 항거불능이나 반항을 억압할 정도의 폭행 협박을 그 요건으로 하는 강도죄의 성질상 그 권리의무관계의 외형상 변동의 사법상 효력의 유무는 그 범죄의 성립에 영향이 없고, 법률상 정당하게 그 이행을 청구할 수 있는 것이 아니라도 강도죄에 있어서의 재산상의 이익에 해당하는 것이며, 따라서 이와 같은 재산상의 이익은 반드시 사법상 유효한 재산상의 이득만을 의미하는 것이 아니고 외견상 재산상의 이득을 얻을 것이라고 인정할 수 있는 사실관계만 있으면 되는 것이다"100)라는 기존의 입장에 따라서 "피해자가 피고인에게 위 지불각서를 작성 교부한 것이 피고인에 대한 채무를 인수한다는 의사표시를 한 것으로 볼 수 있는 것인지, 이에 의하여 권리의무관계의 외형적인 불법적 변동이나 피고인의 재산상의 이익의 취득이 있었다고 볼 수 있을 것인지 여부를 판단"하여 긍정된다면 강도상해죄가 성립할 수 있다고 보았다.

[판례 1-2] 甲은 A女가 경영하는 주점에서 乙을 폭행, 협박하여 그가 소지하고 있던 신용카드 1장을 받아서 그 곳에 있던 신용카드 매출전표발급기를 이용하여 신용카드 매출전표 1장(금액 300,000원)을 만들어 乙에게 들이대고, 맥주병을 들고 때릴 듯이 위협하며 "너 죽을래"라고 말하고, 다시 가위를 乙의 귓가에 바짝 들이대면서 "서명하지 않으면 귀를 잘라 버리겠다"고 말하여 乙을 항거불능하게 한 다음 그로 하여금 위 매출전표에 서명하게 하였다. 甲의 죄책은?

甲이 乙로 하여금 매출전표에 서명을 하게 한 다음 이를 교부받은 것이 강도죄의 객체인 재산상의 이익에 해당하는지가 문제된다. 만일 긍정한다면 甲은 흉기를 휴대하여 乙을 협박으로 재산상의 이익을 취득한 것이므로 그에 대하여는 특수강도죄(제334조 제2항)가 성립할 것이다. 대법원은 "형법 제333조 후단의 강도죄(이른바 강제이득죄)의 요건이 되는 재산상의 이익이란 재물 이외의 재산상의 이익을 말하는 것으로서, 그 재산상의 이익은 반

---

100) 대법원 1994. 2. 22. 선고 93도428 판결.

드시 사법상 유효한 재산상의 이득만을 의미하는 것이 아니고 외견상 재산상의 이득을 얻을 것이라고 인정할 수 있는 사실관계만 있으면 여기에 해당된다"고 전제하고, 甲이 乙로 하여금 "매출전표에 서명을 하게 한 다음 이를 교부받아 소지함으로써 이미 외관상 각 매출전표를 제출하여 신용카드회사들로부터 그 금액을 지급받을 수 있는 상태"가 되었으므로 甲은 재산상의 이익을 취득한 것이라고 보았다.101) 따라서 甲에 대해서는 특수강도죄가 성립한다.

대법원은 경제적 재산설에 따라서 사실상 이익도 재산상의 이익에 해당한다고 보았다. 법률적·경제적 재산설도 사실상 이익이 경제적 가치가 있고 피해자의 불법재산이 아닌 이상은 재산상의 이익에 해당한다고 보므로 이 사례의 경우에 경제적 재산설과 같은 결론에 이른다.

* 형법상 재산개념

	재산개념	내용
법률적 재산설	재산권	① 권리의 경제적 가치는 불문 ② 권리가 아닌 경제적 이익은 재산개념에서 배제 ③ 불법재산은 재산개념에서 배제
경제적 재산설	경제적 이익	① 경제적 가치가 없는 권리는 재산개념에서 배제 ② 권리가 아닌 사실상 이익도 경제적 가치가 있으면 재산에 해당 ③ 불법재산도 재산개념에 포함
법률적·경제적 재산설	법질서의 보호를 받는 경제적 이익	① 경제적 가치가 없는 권리는 재산개념에서 배제 ② 권리가 아닌 사실상 이익도 경제적 가치가 있으면 재산에 해당 ③ 불법재산은 재산개념에서 배제

(2) 행위: 본죄의 행위는 폭행 또는 협박으로 타인의 재물을 강취하거나 기타 재산상의 이익을 취득하거나 제3자로 하여금 이를 취득하게 하는 것이다.

① 폭행 또는 협박: 강도죄에서 말하는 폭행이나 협박은 최협의, 즉 상대방의 의사를 억압하여 반항을 불가능하게 할 정도일 것을 요한다. 강도죄는 절도죄와 마찬가지로 상대방의 의사에 반하여 재물을 취득한다는 점에서 탈취죄라고 할 수 있다.

[판례 2] 甲은 15세의 乙에게 길이 21센티미터의 칼을 들이대고 협박을 하여 100원을 교부받았고, 같은 날 노상에서 같은 또래의 丙, 丁, 戊에게 같은 방법으로 협박을 하여 그들로부터 합계 375원을 교부받았다. 甲의 죄책은?

---

101) 대법원 1997. 2. 25. 선고 96도3411 판결.

甲이 흉기로 乙 등을 협박하여 재물을 교부받은 행위가 특수강도죄와 공갈죄 가운데 어디에 해당하는지가 문제된다. 만일 甲의 협박이 피해자의 반항을 불가능하게 할 정도에 이르렀다면 재물을 강취한 것이므로 강도죄가 성립할 것이며, 그러한 정도에 이르지 않은 경우에는 피해자의 하자있는 의사에 의하여 재물을 교부받은 것이므로 공갈죄가 성립할 것이다.

판례는 甲이 일, 이백원 정도의 잔돈만을 소지하고 있는 15, 6세 정도의 소년에 대하여만 범행한 점, 피해자가 甲에게 "내돈을 돌려주어"라고 甲에게 요구했는가 하면 甲이 피해자에게 시계를 벗어달라고 했으나 시계는 안주었다는 점 등으로 보아 甲의 협박의 정도가 피해자의 반항을 억압함에 족한 협박이라고는 볼 수 없다고 보았다.[102] 따라서 甲에 대하여 특수강도죄(제334조 제2항)는 성립하지 않는다. 다만 甲은 흉기로 乙 등의 피해자를 협박하여 재물을 교부받은 것이므로 공갈죄(폭력행위등처벌에관한법률 제3조 제1항, 형법 제350조)로 처벌된다. 甲은 4인의 피해자를 협박하여 그들로부터 각각 재물을 교부받은 것이므로 4개의 공갈죄의 경합범이 성립한다.

폭행의 경우 유형력의 행사가 사람에 대한 것이면 족하며 반드시 신체에 대하여 행사될 것을 요하지는 않는다. 따라서 물건에 대한 유형력의 행사가 간접적으로 사람에 대한 것인 경우에는 최협의의 폭행에 해당할 수도 있다.

> [판례 3] 甲과 乙은 날치기를 할 목적으로 甲은 승용차를 운전하고, 乙은 그 승용차에 승차하여 범행 대상을 물색하던 중, 마침 그 곳을 지나가는 피해자 A女에게 접근한 후 乙이 창문으로 손을 내밀어 A女 소유의 손가방 1개를 낚아채려고 하였다. 이에 A女가 가방을 꽉 붙잡고 반항하자 乙은 반항을 억압할 목적으로 A女가 붙잡고 있는 손가방을 붙잡은 채 甲이 위 승용차를 운전하여 가버림으로써 A女로 하여금 손가락에 골절상을 입게 하였다.
> (1) 甲, 乙의 죄책은?
> (2) 만일 (1)의 경우에 乙이 A女의 반항을 억압할 목적으로 손가방을 잡아당긴 것이 아니라 乙이 A女의 손가방을 낚아챘는데, 그 과정에서 A女가 골절상을 입은 것이었다면 甲, 乙의 죄책은?

(1) 乙이 운전 중인 승용차에 승차한 채 A女의 핸드백을 붙잡고 그대로 가버림으로써 A녀의 손가방을 탈취한 행위가 폭행에 해당하는지가 문제된다. 강도죄에서 말하는 최협의의 폭행은 상대방의 반항을 불가능하게 할 정도의 유형력의 행사로서, 사람에 대한 것이면 족하며 반드시 신체에 대하여 행사될 것을 요하지는 않는다. 乙이 운전 중인 승용차에 승차한 상태에서 손가방을 붙잡은 행위는 A녀의 반항을 억압할 정도의 유형력의 행사이므로 강도죄에서 말하는 폭행에 해당한다. 甲과 乙이 합동하여 A女를 폭행하여 손가방을 강취한 행위는 특수강도죄(제334조 제2항)의 구성요건에 해당하며, 그 폭행으로 인하여

---

102) 대법원 1976. 8.25. 선고 76도1932 판결.

상해를 입힌 행위는 강도치상죄(제337조)에 해당한다. 대법원도 "날치기와 같이 강력적으로 재물을 절취하는 행위는 때로는 피해자를 전도시키거나 부상케 하는 경우가 있고, 구체적인 상황에 따라서는 이를 강도로 인정하여야 할 때가 있다"고 한다.103)

(2) 대법원은 "날치기와 같이 강력적으로 재물을 절취하는 행위는 때로는 피해자를 전도시키거나 부상케 하는 경우가 있고, … 그와 같은 결과가 피해자의 반항억압을 목적으로 함이 없이 점유탈취의 과정에서 우연히 가해진 경우라면 이는 절도에 불과한 것으로 보아야 할 것"이라고 한다.104) 이 견해에 의하면 甲, 乙이 합동하여 A女의 손가방을 가로챈 행위는 특수절도죄(제331조 제2항)에 해당하며, A女에게 골절상을 입힌 행위는 폭행치상죄에 해당한다. 그리고 특수절도죄와 폭행치상죄는 상상적 경합의 관계에 있다.

② **재물의 강취 또는 재산상 이익의 취득**: 강취란 폭행 또는 협박으로 상대방의 의사에 반하여 타인의 재물을 자기 또는 제3자의 점유로 이전하는 것이다. 흉기로 협박을 하여 피해자가 지갑을 꺼내 준 경우에도 외관상으로는 교부한 것으로 보이지만 이는 피해자의 의사에 반하여 점유가 이전된 것이므로 탈취에 해당한다.

강도죄는 폭행 또는 협박으로 재물을 강취한 경우뿐만이 아니라 재산상의 이익을 취득한 때에도 성립한다. 재산상의 이익을 취득하는 경우에도 피해자의 처분행위가 있을 것을 요하지 않는다.105) 외관상 피해자의 처분행위가 있더라도 이는 피해자의 의사가 억압된 상태에서 이루어진 것으로서 법률상 처분행위라고 볼 수 없다. 예컨대 위의 (예 1)의 (4)에서 택시기사 乙이 택시비를 청구하지 못한 것은 처분행위에 해당한다고 볼 수 없다. 또한 채무자가 채무면탈의 목적으로 채권자를 살해한 경우에도 채권자의 처분행위는 없었지만 강도죄의 성립에는 지장이 없다.

③ **목적·수단의 관계 및 인과관계**: 강도죄가 성립하기 위해서는 재물강취(재산상의 이익의 취득)와 폭행·협박이 목적·수단의 관계에 있어야 한다. 목적·수단의 관계란 폭행·협박 등의 수단이 재물강취의 목적으로 행하여져야 한다는 의미이다. 따라서 행위자가 강도의 고의 없이 다른 목적으로 폭행·협박하여 상대방이 항거불능이 된 후에 재물강취의 고의가 생겨 재물을 강취한 경우에는 강도죄는 성립하지 않는다.106) 그러나 재물강취 이외의 다른 목적으로 폭행·협박을 하던 중에 재물강취의 고의가 생겨 폭행·협박을 계속하여 재물을 강취한 경우에는 강도죄가 성립한다. 요컨대 목적·수단의 관계가 인정되기 위해서는 폭행·협박이 재물강취 당시에도 계속되어야 한다.

---

103) 대법원 2003. 7. 25. 선고 2003도2316 판결.
104) 대법원 2003. 7. 25. 선고 2003도2316 판결.
105) 판례(대법원 1964. 9. 8. 선고 64도310 판결) 및 통설(김일수/서보학, 각론, 325; 박상기, 각론, 279면; 배종대, 각론, 420면;).
106) 제1편 제7장 제2절 II의 (예 13) 참조.

다만 강도 이외의 목적으로 행한 폭행이 종료되었더라도 행위자가 '묵시적 협박'을 통하여 재물을 강취한 경우에는 강도죄의 성립이 가능하다.107) 묵시적 협박이란 행위자의 위협적인 행동이 그 당시의 구체적인 상황 하에서 반항을 하면 다시 폭행을 하겠다는 의미를 지니는 경우를 말한다. 이에 대하여 판례는 폭행이나 협박으로 인한 항거불능상태(의사억압상태)가 재물을 강취할 때에도 계속된 때에는 강도죄가 성립한다고 한다.108)

[판례 4] 甲男은 乙女를 폭행하여 강간한 후에 강도의 범의를 일으켜 재물을 강취하였다. 재물을 강취할 당시에 乙女는 강간으로 인하여 항거불능의 상태에 있었다. 甲男의 죄책은?

대법원은 "강도강간죄는 강도가 강간하는 것을 그 요건으로 하므로 부녀를 강간한자가 강간행위 후에 강도의 범의를 일으켜 재물을 강취하는 경우에는 강간죄와 강도죄의 경합범이 성립"한다고 보았다.109) 대법원은 乙女가 강간으로 항거불능상태에 있음을 이용하여, 즉 '의사억압상태가 계속'된 상태에서 재물을 강취한 것이므로 강도죄가 성립한다고 보았다. 그러나 甲男에 대하여 강도죄가 성립하는가에 대하여는 논란의 여지가 있다. 강도죄가 성립하기 위해서는 폭행이 재물강취의 목적으로 행하여질 것을 요하는데, 甲男은 乙女를 강간의 목적으로 폭행한 것이지 강도의 목적으로 폭행한 것은 아니므로 강도죄는 성립하지 않는다고 보아야 한다.110) 甲男이 강간 후에 강도의 고의를 가지고 위협적인 행위를 통하여 피해자로 하여금 반항을 하면 다시 폭행하겠다는 태도를 보인 경우에는 '묵시적 협박'에 의하여 재물을 강취한 것이므로 강도죄가 성립할 수 있다. 그러나 단순히 강간목적으로 행한 폭행으로 인하여 야기된 항거불능의 상태를 이용하여 재물을 탈취한 것만으로는 폭행이 재물강취의 목적으로 행하여진 것이라고 볼 수 없다. 따라서 甲男에 대하여는 절도죄가 성립한다고 보아야 한다. 그리고 강간죄와 절도죄는 실체적 경합관계에 있다.

강도죄가 성립하기 위해서는 목적·수단의 관계 이외에도 폭행·협박과 재물강취(재산상 이익의 취득) 사이에 인과관계가 있어야 한다. 인과관계는 폭행·협박으로 인하여 상대방의 의사를 억압한 상태에서 재물을 강취한 경우에 인정된다. 따라서 상대방의 의사를 억압할 정도의 폭행·협박을 하였으나 상대방이 공포심을 느끼지 않고 다른 이유에서 재물을 교부하였다면 인과관계가 없으므로 강도미수죄만이 성립한다.

④ 미수시기: 강도죄가 성립하기 위해서는 폭행·협박 등의 수단이 재물강취의 목적으로 행해져야 할 것을 요하므로 강도죄의 실행의 착수시기도 폭행·협박을 직접적으

---

107) BGH NStZ 1982, 381; BGHSt 41, 124; Wessels/Hillenkamp, BT-2, S. 170.
108) 대법원 1977. 9. 28. 선고 77도1350 판결.
109) 대법원 1977. 9. 28. 선고 77도1350 판결; 대법원 1995. 3. 28. 선고 95도91 판결.
110) 다수설: 예컨대 김일수/서보학, 각론, 324면; 배종대, 각론, 418면.

로 개시한 때라고 보아야 한다. 따라서 재물을 절취하다가 주인에게 발각되어 폭행·협박이 필요하면 그때 하겠다는 의사로 재물의 절취를 개시한 경우에는 절도미수이지 강도미수는 아니다.

(3) 주관적 구성요건: 강도죄의 주관적 구성요건이 성립하기 위해서는 고의 이외에도 재물강취의 경우에는 불법영득의 의사가, 재산상 이익의 취득의 경우에는 불법이득의 의사가 있어야 한다.

2. 죄수

행위자가 한 사람의 관리 하에 있는 수인 소유의 재물을 강취한 경우에는 단순일죄가 성립한다.[111]

[판례 5] 甲, 乙은 A의 집에 침입하여 A 및 그의 처 B를 폭행·협박하여 금품을 강취하였다. 甲, 乙의 죄책은?

甲, 乙이 합동하여 재물을 강취한 행위는 특수강도죄(제334조 제2항)에 해당한다. 원심은 甲, 乙의 행위가 각 피해자 별로 특수강도죄를 구성하며, 각 특수강도죄 사이에 상상적 경합관계가 있는 것으로 보았다. 이에 대하여 대법원은 "강도가 시간적으로 접착된 상황에서 가족을 이루는 수인에게 폭행·협박을 가하여 집안에 있는 재물을 탈취한 경우 그 재물은 가족의 공동점유 아래 있는 것으로서, 이를 탈취하는 행위는 그 소유자가 누구인지에 불구하고 단일한 강도죄의 죄책을 지는 것으로 봄이 상당하다"고 함으로써 특수강도죄 일죄만이 성립하는 것으로 보았다.[112]

그러나 수인을 각각 폭행·협박하여 그들로부터 재물을 강취한 경우에는 피해자의 수에 상응하여 수개의 강도죄의 실체적 경합범이 성립하며, 하나의 행위로 수인을 폭행·협박하여 그들로부터 각각 재물을 강취한 경우에는 피해자의 수에 상응하여 수개의 강도죄의 상상적 경합범이 성립한다.

[판례 6-1] 甲, 乙은 1989. 12. 9. 03:10경 여관에 투숙객을 가장하고 들어가, "조용히 하라"고 하면서 숙박할 방을 안내하려던 여관의 종업원 A의 옆구리와 허벅지를 칼로 찔러 상해를 가하고 201호실로 끌고 들어가는 등 폭행·협박을 하고 있던 중, 마침 다른 방에서 나오던 여관의 주인 B도 같은 방에 밀어 넣은 후, B로부터 현금과 금반지를 강취하고, 1층 안내실에서 A소유의 현금을 꺼내갔다. 甲, 乙의 죄책은?

---

111) 대법원 1979. 10. 10. 선고 79도2093 판결.
112) 대법원 1996. 7. 30. 선고 96도1285 판결.

대법원은 "강도가 동일한 장소에서 동일한 방법으로 시간적으로 접착된 상황에서 수인의 재물을 강취하였다고 하더라도, 수인의 피해자들에게 폭행 또는 협박을 가하여 그들로부터 그들이 각기 점유관리하고 있는 재물을 각각 강취하였다면, 피해자들의 수에 따라 수개의 강도죄를 구성하는 것이라고 보아야 할 것이다. 다만 강도범인이 피해자들의 반항을 억압하는 수단인 폭행·협박행위가 사실상 공통으로 이루어졌기 때문에, 법률상 1개의 행위로 평가되어 상상적 경합"[113)이 된다고 전제하고, 甲, 乙이 피해자 A, B를 폭행·협박한 행위는 법률상 1개의 행위로 평가된다고 보아 A에 대한 강도상해죄와 B에 대한 특수강도죄의 상상적 경합을 인정하였다.

[판례 6-2] 甲, 乙은 1989. 12. 3. 03:00경 여관에 들어가 1층 안내실에 있던 여관의 관리인 C의 목에 칼을 들이대고 "조용히 하라"고 하면서 그의 왼쪽 발가락을 칼로 1회 찔러 상해를 가하고, 그로부터 현금과 손목시계 및 여관방실들의 열쇠를 강취한 다음, 다시 2층으로 올라가서 201호실의 문을 위 열쇠로 열고 들어가 투숙객들로부터 금품을 강취하고, 이어서 같은 방법으로 202호실과 207호실의 투숙객들로부터 각각 금품을 강취하였다. 甲, 乙의 죄책은?

대법원은 "강도가 서로 다른 시기에 다른 장소에서 수인의 피해자들에게 각기 폭행 또는 협박을 하여 각 그 피해자들의 재물을 강취하고, 그 피해자들 중 1인을 상해한 경우에는, ⋯ 각기 별도로 강도죄와 강도상해죄가 성립하는 것"[114)이라고 전제하고, 甲, 乙의 각 행위는 비록 시간적으로 접착된 상황에서 동일한 방법으로 이루어지기는 하였으나, 포괄하여 1개의 강도상해죄만을 구성하는 것이 아니라 실체적 경합범의 관계에 있는 것"이라고 보았다. 따라서 甲, 乙에 대해서는 강도상해죄와 특수강도죄의 실체적 경합범이 성립한다.

III. 준강도죄

제335조(준강도) 절도가 재물의 탈환에 항거하거나 체포를 면탈하거나 범죄의 흔적을 인멸할 목적으로 폭행 또는 협박한 때에는 제333조 및 제334조의 예에 따른다.

1. 의의

준강도죄는 절도가 재물의 탈환을 항거하거나 체포를 면탈하거나 범죄의 흔적(죄적)을 인멸할 목적으로 폭행 또는 협박을 가함으로써 성립하는 범죄이다. 절도가 기수에 이른 후에 폭행 또는 협박을 한다는 의미에서 사후강도죄라고도 한다. 강도죄와 준강도죄는 재물절취와 폭행·협박 사이에 시간적 순서상 전후의 차이가 있을 뿐

---
113) 대법원 1991. 6. 25. 선고 91도643 판결.
114) 대법원 1991. 6. 25. 선고 91도643 판결.

이며, 그 불법내용의 면에서 보면 준강도죄는 강도죄에 준하는 것으로 평가할 수 있다. 따라서 형법은 준강도죄를 강도죄의 예에 의하여 처벌한다고 규정하고 있다.

2. 성립요건

(1) 주체: 본죄의 주체는 절도이다. 여기서 절도는 기수범은 물론 미수범도 포함한다.[115] 다만 본죄가 기수에 이르기 위해서는 절도가 기수에 이를 것을 요하며, 절도가 미수에 그친 경우에는 준강도죄의 미수가 성립한다. 그러나 절도예비·음모는 불가벌이므로 본죄의 주체가 되지 않는다.

준강도죄의 주체인 절도는 정범에 국한된다. 절도죄의 교사범이나 방조범은 본죄의 공범은 될 수 있어도 정범은 될 수 없으므로 본죄의 주체가 아니다.

강도가 본죄의 주체가 되는가에 대하여는 견해가 일치하지 않는다. 재물에 대한 강도에는 절도가 포함되므로 강도도 본죄의 주체가 된다고 본다(긍정설).[116]

(2) 객체: 객체는 재물이다. 재산상의 이익은 본죄의 객체가 아니다.

(3) 행위: 행위는 폭행 또는 협박이다. 여기서 말하는 폭행·협박은 강도죄의 경우와 마찬가지로 최협의, 즉 상대방의 반항을 억압할 정도일 것을 요한다. 왜냐하면 폭행·협박이 이 정도에 이르지 못한 경우에는 불법내용의 면에서 강도죄에 준한다고 평가할 수가 없기 때문이다.

> [판례 7] 甲과 乙은 절도 범행을 공모하고, 甲은 피해자 A가 신문지에 싸서 들고 가는 현금 500만원을 빼앗아 달아나려다가 체포를 면탈할 목적으로 자기의 멱살을 잡은 A의 얼굴을 주먹으로 때리고 뒤로 밀어 넘어뜨려 상해를 입게 하였다. 甲, 乙의 죄책은?

대법원[117]은 준강도죄에서 말하는 "폭행은 피해자의 반항을 억압하기 위한 수단으로써 일반적, 객관적으로 가능하다고 인정되는 정도라고 볼 수 있으므로 강도죄에서 말하는 폭행에 해당한다"고 보고, 甲에 대하여 준강도치상죄의 성립을 인정하였다.

그리고 공범자 甲의 폭행치상행위는 절도 범행을 공모한 乙도 충분히 예견할 수 있었던 행위 및 결과였다는 이유로 乙에 대하여도 준강도치상죄의 성립을 인정하였다.

> [판례 8-1] 절도 甲은 범행이 발각되어 도망하는데, 피해자 乙이 추적해와 甲의 저고리 어깨와 등 부분을 붙잡자, 甲은 도망하려고 잡은 손을 뿌리치는 바람에 乙은 밀려 넘어지면서 상처를 입었다. 甲의 죄책은?

---

115) 다수설: 김일수/서보학, 각론, 331면; 오영근, 각론, 370면.
116) 배종대, 각론, 435면.
117) 대법원 1985. 11. 12. 선고 85도2115 판결.

대법원은 "형법 제335조의 준강도죄의 구성요건인 폭행은 같은 법 제333조의 폭행의 정도와의 균형상 상대방의 반항(항쟁)을 억압할 정도, 즉 반항을 억압하는 수단으로서 일반적, 객관적으로 가능하다고 인정하는 정도면 족하다"고 보고, 甲이 "옷을 잡히자 체포를 면하려고 충동적으로 저항을 시도하여 잡은 손을 뿌리친 것으로 보이는바 이러한 정도의 폭행은 피해자의 체포력을 억압함에 족한 정도에 이르지 않은 것으로 봄이 상당"하다는 이유로 준강도죄는 성립하지 않는다고 보았다.118) 따라서 甲에 대해서는 절도죄와 폭행치상죄의 경합범이 성립한다.

[판례 8-2] 만일 (판례 8-1)에서 甲이 체포를 면탈할 목적으로 자신을 검거하려던 乙에게 소지 중인 과도를 꺼내어 찌를 듯이 위협하였다면 甲의 죄책은?

대법원은 "형법 제335조 소정의 준강도죄의 성립에 필요한 수단으로서의 폭행이나 협박의 정도는 상대방의 반항을 억압하는 수단으로서 일반적 객관적으로 가능하다고 인정되는 정도의 것이면 되는 것이고 반드시 현실적으로 반항을 억압하였음을 필요로 하는 것은 아니라고 할 것"이라고 전제하고, 甲이 과도를 꺼내어 찌를 듯이 위협한 협박은 준강도죄의 성립에 필요한 수단인 협박으로서 족한 것이라고 보아 甲에 대하여 준강도죄가 성립한다고 보았다.119)

준강도죄에서 폭행·협박은 '절도의 기회'에 행하여야 한다. 여기서 '절도의 기회'란 절취와 폭행·협박 사이에 '시간적 장소적 근접성'이 있어야 한다는 의미이다. 시간적 근접성이 인정되기 위해서는 폭행·협박이 절도의 실행에 착수한 이후부터 절도의 종료 전 사이에 행해져야 한다. 따라서 절도가 기수에 이르렀더라도 종료되기 전에 폭행·협박한 경우에는 시간적 근접성이 인정된다. 그러나 절도가 이미 종료된 이후에 폭행·협박한 경우에는 시간적 근접성이 부정되므로 준강도죄는 성립하지 않는다. 장소적 근접성은 폭행·협박이 절도현장이나 그 부근에서 행하여지는 경우에 인정된다. 다만 절도현장에서 발각되어 추격당한 경우에는 폭행·협박이 범행현장에서 거리가 떨어진 장소에서 행하여지더라도 장소적 근접성이 인정된다.

[판례 9] 甲은 창고에 보관하여둔 찹쌀 등 곡물을 절취할 목적으로 위 창고의 시정 장치를 절단기로 자르고 문을 열려던 중 곡물의 소유자인 乙로부터 신고를 받고 달려온 방범대원 丙에게 발각되어 丙이 약 70미터 추격 끝에 甲을 붙잡게 되자 체포를 면하기 위하여 丙에게 폭행을 가하여 상해를 입혔다. 甲의 죄책은?

---

118) 대법원 1985. 5. 14. 선고 85도619 판결.
119) 대법원 1981. 3. 24. 선고 81도409 판결.

甲의 폭행과 재물절취 사이에 시간적·장소적 근접성이 있는가에 대하여 대법원은 "피고인의 위 폭행행위는 절취미수행위와 시간상 및 거리상 매우 근접하여 절취미수행위의 실행중 또는 실행직후에 행하여진 것"[120]이라고 함으로써 이를 긍정하였다. 甲의 절취행위는 미수에 그쳤으므로 甲에 대하여는 준강도미수가 성립한다. 그러나 준강도가 미수에 그쳤더라도 피해자에게 상해를 가한 경우에는 강도상해죄가 성립한다. 甲은 乙을 폭행하여 상해를 입혔으므로 그에 대하여는 강도상해죄(제337조)가 성립한다.

[판례 10-1] 甲은 피해자 乙의 집에서 절도범행을 마친지 10분가량 지나 乙의 집에서 200m 가량 떨어진 버스정류장이 있는 곳에서 甲을 절도범인이라고 의심하고 뒤쫓아 온 乙에게 붙잡혀 그의 집으로 돌아왔을 때 체포를 면하기 위하여 乙을 폭행하였다. 甲의 죄책은?

대법원은 "준강도는 절도범인이 절도의 기회에 재물탈환, 항거 등의 목적으로 폭행 또는 협박을 가함으로써 성립되는 것이므로, 그 폭행 또는 협박은 절도의 실행에 착수하여 그 실행중이거나 그 실행 직후 또는 실행의 범의를 포기한 직후로서 사회통념상 범죄행위가 완료되지 아니하였다고 인정될 만한 단계에서 행하여짐을 요한다"고 전제하고, 甲이 乙에게 붙잡혀 그의 집으로 돌아왔을 때 비로소 乙을 폭행한 것은 "사회통념상 절도범행이 이미 완료된 이후라 할 것이므로 준강도죄가 성립할 수 없다"고 판시하였다.[121] 따라서 甲에 대하여는 절도죄와 폭행죄의 경합범이 성립한다.

[예 10-2] 만일 (판례 10-1)에서 甲이 피해자 乙의 집에서 발각되어 계속 추격당하다가 범행현장으로부터 200미터 떨어진 곳에서 체포를 면하기 위하여 乙을 폭행한 것이라면 甲의 죄책은?

이 경우에는 절도가 기수에 이르렀지만 아직 피해자의 지배범위를 벗어나지 못했으므로 종료(완료)되지는 않았으므로 시간적·장소적 근접성이 인정된다. 따라서 甲은 "절도의 기회 계속 중에 폭행을 가한 것"[122]이므로 그에 대하여는 준강도죄가 성립한다.

(4) 미수

준강도죄의 기수와 미수의 구별기준을 절취행위와 폭행·협박 가운데 어느 것을 기준으로 할 것인가에 대하여는 견해가 일치하지 않는다. 준강도죄는 강도의 예에 의하여 처벌되는 범죄이므로 기수와 미수의 구별은 강도죄와 마찬가지로 절취행위의 기수미수의 여부에 따라 결정하여야 할 것이다.[123] 따라서 폭행·협박이 미수에 그쳤더

---

120) 대법원 1987. 10. 26. 선고 87도1662 판결.
121) 대법원 1999. 2. 26. 선고 98도3321 판결.
122) 대법원 1984. 9. 11. 선고 84도1398 판결.
123) 절취행위표준설: 대법원 2004. 11. 18. 선고 2004도5074 판결; 김성돈, 각론, 322면; 김일수/서보학, 각론, 336면; 정성근/박광민, 각론, 350면. 이에 대하여 폭행·협박을 기준으로 구별하는

라도 절취행위가 기수에 이른 경우에는 준강도기수가 성립한다. 그러나 폭행·협박이 기수에 이르렀더라도 절취행위가 미수에 그친 경우에는 준강도죄미수가 성립한다.

[판례 11] 甲은 乙과 합동하여 양주를 절취할 목적으로 5층 건물 중 2층에 있는 A가 운영하는 주점에 이르러, 乙은 1층과 2층 계단 사이에서 甲과 무전기로 연락을 취하면서 망을 보고, 甲은 위 주점의 잠금장치를 뜯고 침입하여 위 주점 내 진열장에 있던 양주 45병을 미리 준비한 바구니에 담고 있던 중, 계단에서 서성거리고 있던 乙을 수상히 여기고 A가 주점으로 돌아오자, 甲은 양주를 그대로 둔 채 출입문을 열고 나오다가 A가 甲을 붙잡자 甲은 체포를 면탈할 목적으로 자신의 목을 잡고 있던 A의 오른손을 깨무는 등 폭행하고 도주하였다. 甲의 죄책은?

대법원은 "피해자에 대한 폭행·협박을 수단으로 하여 재물을 탈취하고자 하였으나 그 목적을 이루지 못한 자가 강도미수죄로 처벌되는 것과 마찬가지로, 절도미수범인이 폭행·협박을 가한 경우에도 강도미수에 준하여 처벌하는 것이 합리적이라 할 것이다. 만일 강도죄에 있어서는 재물을 강취하여야 기수가 됨에도 불구하고 준강도의 경우에는 폭행·협박을 기준으로 기수와 미수를 결정하게 되면 재물을 절취하지 못한 채 폭행·협박만 가한 경우에도 준강도죄의 기수로 처벌받게 됨으로써 강도미수죄와의 불균형이 초래된다. 위와 같은 준강도죄의 입법 취지, 강도죄와의 균형 등을 종합적으로 고려해 보면, 준강도죄의 기수 여부는 절도행위의 기수 여부를 기준으로 하여 판단하여야 한다고 봄이 상당하다"124)라고 함으로써 종래의 대법원 견해인 폭행·협박표준설을 변경하고 절취행위표준설을 채택하였다. 甲은 절도의 실행에 착수하였으나 기수에 이르기 전에 체포를 면하기 위하여 A를 폭행하였으므로 그에 대하여는 준강도미수죄가 성립한다.

(4) 주관적 구성요건: 본죄의 주관적 구성요건이 성립하기 위해서는 고의 이외에 일정한 목적이 있어야 한다. 여기서 일정한 목적이란 ① 재물의 탈환의 항거, ② 체포의 면탈, ③ 범죄의 흔적의 인멸 등을 말한다. 절도의 실행에 착수한 자가 주인에게 발각되자 재물을 강취할 목적으로 폭행·협박한 경우에는 준강도죄가 아니라 강도죄가 성립한다.

3. 공범

절도의 공동정범 가운데 한 사람이 폭행을 가하여 준강도죄를 범한 경우에 다른

폭행·협박표준설(대법원의 종래 견해: 대법원 1964. 11. 20. 선고 64도504 판결; 배종대, 각론, 441면)과 폭행·협박과 절취행위가 모두 기수인 경우에만 준강도죄의 기수를 인정하고, 양자 가운데 어느 하나라도 미수인 경우에는 준강도죄의 미수가 성립한다고 보는 종합설(오영근, 각론, 375; 임웅, 각론, 366면)
124) 대법원 2004. 11. 18. 선고 2004도5074 판결.

공범자에 대하여도 본죄가 성립하는지가 문제된다. 판례는 다른 공범자가 폭행과 같은 초과행위를 예견하는 것이 가능한 경우에는 준강도죄가 성립한다고 본다. 그러나 공동정범은 공동의사의 범위 안에서만 성립하는데, 폭행에 대하여 공동의사가 없는 다른 공범자에게 폭행에 대한 예견가능성이 있다는 이유만으로 준강도죄의 성립을 인정할 수는 없다고 보아야 한다.125)

[판례 12] 甲, 乙, 丙은 절도를 공모하고 A가 경영하는 서점에 이르러 甲은 망을 보고 乙은 미리 준비한 절단기로 서점 셔터 문 자물쇠를 절단하고 서점 내에 들어가 현금 등을 절취한 후 주민의 신고를 받고 경찰관 B가 절취현장에 출동하자 乙이 약 50미터가량 도주하다가 乙은 우연히 그 곳을 지나다가 뒤쫓아 온 피해자 A에게 체포를 면탈할 목적으로 소지하고 있던 면도칼로 얼굴을 1회 그어 그에게 상해를 입혔다. 甲의 죄책은?

대법원은 "2인 이상이 합동하여 절도를 한 경우 범인 중의 1인이 체포를 면탈할 목적으로 폭행을 하여 상해를 가한 때에는 나머지 범인도 이를 예기하지 못한 것으로 볼 수 없으면 강도상해죄의 죄책을 면할 수 없다"고 보고, 甲이 범행이 발각되어 함께 도망가던 乙이 추격하는 A에게 체포를 면탈할 목적으로 상해를 입힐 것을 전혀 예기치 못한 것으로는 볼 수 없다는 이유로 준강도치상죄(제337조, 제335조)가 성립한다고 보았다.126)

[판례 13] 甲과 乙은 절도를 공모한 후에 자신들이 물색한 범행장소가 빈 가게라고 생각하고 甲이 담배창구를 통하여 가게에 들어가 물건을 절취하고 乙은 밖에서 망을 보았다. 그러던 중 예기치 않았던 인기척 소리가 나자 乙은 도주해버렸다. 그 이후에 甲이 창구에 몸이 걸려 빠져 나오지 못하게 되어 피해자 A에게 붙들리자 체포를 면탈할 목적으로 A에게 폭행을 가하여 상해를 입혔다. 甲, 乙의 죄책은?

甲이 재물을 절취한 후에 체포를 면탈할 목적으로 A를 폭행하여 상해를 입힌 행위는 준강도상해죄에 해당한다. 문제는 절도의 공동정범인 乙에 대하여도 준강도죄가 성립하는가이다. 판례의 견해에 의하면 乙에 대하여 준강도상해죄가 성립하기 위해서는 甲의 상해행위에 대한 예견가능성이 있어야 한다. 이 점에 대하여 대법원은 乙은 그동안 상당한 거리를 도주하였을 것으로 추정되는 상황 하에서는 甲의 폭행행위를 전연 예기할 수 없었다는 이유로 준강도상해죄의 성립을 부정하였다.127) 따라서 甲에 대하여는 준강도상해죄가 성립하고 乙에 대하여는 특수절도죄(제331조 제2항)가 성립한다.

---

125) 김일수/서보학, 각론, 337면; 배종대, 각론, 443면 이하; 임웅, 각론, 367면.
126) 대법원 1988. 2. 9. 선고 87도2460 판결. 판례는 강도상해죄가 성립한다고 표현하였으나, 이는 강도치상죄를 의미하는 것이다.
127) 대법원 1984. 2. 28. 선고 83도3321 판결.

4. 죄수

앞에서 설명한 바와 같이 강도도 준강도의 주체가 된다. 따라서 강도가 강취한 재물의 탈환에 항거할 목적으로 폭행 또는 협박을 가한 행위도 준강도죄에 해당한다.[128] 다만 이 경우 준강도는 불가벌적 사후행위로서 강도죄에 흡수되므로 강도죄만 성립한다.[129] 그러나 강도가 재물을 강취할 때에는 흉기를 휴대하지 않았으나, 재물의 탈환에 항거할 목적으로 폭행 또는 협박을 가할 당시에는 흉기를 휴대하였다면 준강도에 의한 특수강도죄(특수강도의 준강도죄)가 성립한다.[130]

[판례 14] "절도범인이 체포를 면탈할 목적으로 경찰관에게 폭행·협박을 가한 때에는 준강도죄와 공무집행방해죄를 구성하고 양죄는 상상적 경합관계에 있으나, 강도범인이 체포를 면탈할 목적으로 경찰관에게 폭행을 가한 때에는 강도죄와 공무집행방해죄는 실체적 경합관계에 있고 상상적 경합관계에 있는 것이 아니다."[131]

IV. 인질강도죄

제336조: 사람을 체포, 감금, 약취 또는 유인하여 이를 인질로 삼아 재물 또는 재산상의 이익을 취득하거나 제3자로 하여금 이를 취득하게 한 자는 3년 이상의 유기징역에 처한다.
특정범죄 가중처벌 등에 관한 법률 제5조의2 ② 13세 미만의 미성년자에 대하여 「형법」 제287조의 죄를 범한 사람이 다음 각 호의 어느 하나에 해당하는 행위를 한 경우에는 다음 각 호와 같이 가중처벌한다. <개정 2016.1.6>
1. 약취 또는 유인한 미성년자의 부모나 그 밖에 그 미성년자의 안전을 염려하는 사람의 우려를 이용하여 재물이나 재산상의 이익을 취득하거나 이를 요구한 경우에는 무기 또는 10년 이상의 징역에 처한다.

인질강도죄는 사람을 체포, 감금, 약취 또는 유인하여 이를 인질로 삼아 재물 또는 재산상의 이익을 취득하거나 제3자로 하여금 이를 취득하게 함으로써 성립하는 범죄이다. 본죄는 체포감금죄 또는 약취유인죄와 공갈죄의 결합범이다.

---

128) 이에 대하여 강도는 본죄의 주체가 아니라는 견해(김일수/서보학, 각론, 332면; 임웅, 각론, 362면)에 의하면 강도죄와 폭행·협박죄의 경합범이 성립한다.
129) Günther, SK, § 252, Rn. 29; Wessels/Hillenkamp, BT-2, S. 198. 이에 대하여 강도죄와 준강도죄의 경합범이 성립한다는 견해는 배종대, 422면.
130) 대법원 1973. 11. 13. 선고 73도1553 판결. 이에 대하여 강도는 본죄의 주체가 아니라는 견해에 의하면 단순강도죄와 특수협박죄(폭처법 제3조 제1항, 형법 제283조 제1항)의 경합범이 성립한다.
131) 대법원 1992. 7. 28. 선고 92도917 판결.

본죄의 객체는 사람이다. 다만 객체가 미성년자인 경우에는 특가법 제5조의2 제2항 제1호에 의하여 가중처벌된다.

본죄의 구성요건에서 "인질로 삼아"라는 말은 인질강요죄에서 설명한 것과 마찬가지로 체포, 감금, 약취 또는 유인된 자의 안전을 염려하는 제3자의 우려를 이용하는 것을 말한다.

V. 가중적 구성요건

1. 특수강도죄

> **제334조 제1항**: 야간에 사람의 주거, 관리하는 건조물, 선박이나 항공기 또는 점유하는 방실에 침입하여 제333조의 죄를 범한 자는 무기 또는 5년 이상의 징역에 처한다.
>
> **동조 제2항**: 흉기를 휴대하거나 2인 이상이 합동하여 전조의 죄를 범한 자도 전항의 형과 같다.

본죄는 ① 야간에 사람의 주거, 관리하는 건조물, 선박이나 항공기 또는 점유하는 방실에 침입하거나 ② 흉기를 휴대하거나 ③ 2인 이상이 합동하여 타인의 재물을 절취함으로써 성립하는 범죄다. 제334조 제1항의 특수강도죄는 야간주거침입절도죄와 행위상황이 같으며, 제334조 제2항의 특수강도죄는 제331조 제2항의 특수절도죄의 행위상황과 같다.

야간주거침입절도죄의 경우에 실행의 착수시기는 주거에 침입한 때이다. 그러나 제1항의 특수강도죄의 실행의 착수시기는 폭행·협박을 개시한 때로 보아야 한다.[132] 왜냐하면 주거에 침입한 때에 이미 특수강도의 실행의 착수가 있다고 본다면 행위자가 절도와 강도 가운데 어느 고의로 주거에 침입했는가라는 주관적 의도에 따라 야간주거침입절도와 특수강도가 구별되는 결과가 되어 부당하다.[133]

> [판례 15] 甲은 야간에 타인의 재물을 강취하기로 마음먹고 흉기인 칼을 휴대한 채 시정되어 있지 않은 피해자 A의 집 현관문을 열고 마루까지 침입하여 동정을 살피던 중 마침 혼자서 집을 보던 A의 손녀 B(14세)가 화장실에서 용변을 보고 나오는 것을 발견하고 갑자기 욕정을 일으켜 칼을 A의 목에 들이대고 방안으로 끌고 들어가 밀어 넘어뜨려 반항을 억압한 다음 강제로 1회 간음하여 동 피해자를 강간하였다. 甲의 죄책은?

---

132) 다수설: 김일수/서보학, 각론, 330면; 배종대, 각론, 424면; 임웅, 각론, 360면. 이에 대하여 본죄의 실행의 착수시기를 주거에 침입한 때로 보는 견해는 김성천/김형준, 각론, 409면.
133) 김일수/서보학, 각론, 330면.

만일 甲이 재물을 강취하기로 마음먹고 주거에 침입한 행위가 특수강도의 실행의 착수에 해당한다면 甲에 대하여는 특수강도강간죄가 성립할 것이며, 아직 특수강도의 예비단계에 불과하다면 특수강도 예비죄(제343조)와 강간죄(성폭력범죄의처벌및피해자보호등에관한법률 제6조)의 경합범이 성립할 것이다. 대법원은 "형법 제334조 제1, 2항 소정의 특수강도의 실행의 착수는 어디까지나 강도의 실행행위, 즉 사람의 반항을 억압할 수 있는 정도의 폭행 또는 협박에 나아갈 때에 있다 할 것이고, 위와 같이 야간에 흉기를 휴대한 채 타인의 주거에 침입하여 집안의 동정을 살피는 것만으로는 동 법조에서 말하는 특수강도의 실행에 착수한 것이라고 할 수 없으므로"134) 특수강도강간죄는 성립하지 않는다고 보았다. 이러한 결론은 특수강도죄의 실행의 착수시기를 폭행·협박을 개시한 때로 보는 견해에 의한 것이다.

> [판례 16] 甲은 乙의 집 담을 넘어 들어가 부엌에서 식칼을 들고 방안에 들어가는 순간 비상벨이 울려 도주함으로써 뜻을 이루지 못했다. 甲의 죄책은?

대법원은 甲이 "야간에 주거에 침입한 이상 특수강도죄의 실행에 착수한 것으로서 그 미수범으로서 처단되어야 할 것"이라고 한다.135) 이러한 결론은 특수강도죄의 실행의 착수시기를 주거에 침입한 때로 보는 견해에 의한 것으로서 (판례 15)에서 취한 견해와 차이가 있다.

2. 해상강도죄

> **제340조제1항(해상강도죄)**: 다중의 위력으로 해상에서 선박을 강취하거나 선박 내에 침입하여 타인의 재물을 강취한 자는 무기 또는 7년 이상의 징역에 처한다.
>
> **동조 제2항(해상강도상해·치상죄)**: 제1항의 죄를 범한 자가 사람을 상해하거나 상해에 이르게 한 때에는 무기 또는 10년 이상의 징역에 처한다.
>
> **동조 제3항(해상강도살인·치사·강간죄)**: 제1항의 죄를 범한 자가 사람을 살해 또는 사망에 이르게 하거나 부녀를 강간한 때에는 사형 또는 무기징역에 처한다.

본죄는 다중의 위력으로 해상에서 선박을 강취하거나 선박 내에 침입 하여 타인의 재물을 강취함으로써 성립한다. 다중의 위력을 수단으로 한다는 점에서 폭행·협박을 수단으로 하는 강도죄와 차이가 있다.136)

---

134) 대법원 1991. 11. 22. 선고 91도2296 판결.
135) 대법원 1992. 7. 28. 선고 92도917 판결.
136) '다중의 위력'의 개념은 제1편 제2장 제2절 I 2 (2) ②에서 설명한 것과 같다.

3. 상습강도죄

> **제341조**: 상습으로 제333조, 제334조, 제336조 또는 전조 제1항의 죄를 범한 자는 무기 또는 10년 이상의 징역에 처한다.

본죄는 상습으로 강도죄, 특수강도죄, 인질강도죄 또는 해상강도죄를 범함으로써 성립하는 범죄이다. 본죄는 특정범죄 가중처벌 등에 관한 법률 제5조의4 제2항에 의하여 가중처벌된다.

> [판례 17] "형법은 제341조에서 강도, 특수강도, 약취강도, 해상강도의 각 죄에 관해서는 상습범가중규정을 두고 있으나, 강도상해, 강도살인, 강도강간 등의 각 죄에 관해서는 상습범가중규정을 두고 있지 않으므로 강도상해죄가 상습강도죄의 확정판결 전에 범한 것이라 하더라도 상습강도죄와 강도상해(강도살인, 강도강간) 죄는 포괄적 일죄의 관계에 있기보다는 실체적 경합관계에 있다고 해석함이 마땅하다 할 것이므로 특수강도의 상습범에 대한 가중죄인 특정범죄가중처벌등에 관한 법률 위반죄의 기판력은 강도상해죄에 미치지 않는다."[137]

VI. 결과적 가중범 및 결합범

1. 강도상해·치상죄

> **제337조**: 강도가 사람을 상해하거나 상해에 이르게 한 때에는 무기 또는 7년 이상의 징역에 처한다.
>
> **제342조**: 제329조 내지 제341조의 미수범은 처벌한다.

(1) 의의

강도상해죄는 강도가 사람을 상해함으로써 성립하는 범죄이다. 본죄가 성립하기 위해서는 상해의 결과에 대하여 고의가 있을 것을 요한다. 이러한 의미에서 본죄는 강도죄와 상해죄의 결합범이라고 할 수 있다.

강도치상죄는 강도가 사람을 상해에 이르게 함으로써 성립하는 범죄이다. 본죄는 상해의 결과에 대하여 과실이 있을 것을 요한다. 이러한 의미에서 본죄는 강도죄의 결과적 가중범이다.

---

137) 대법원 1982. 10. 12. 선고 82도1764 판결.

(2) 성립요건

① **주체**: 강도상해·치상죄의 주체는 강도다. 강도는 미수이건 기수이건 불문한다. 강도가 미수에 그쳤더라도 사람을 상해하거나 상해에 이르게 한 때에는 본죄가 성립한다.

② **행위**: 본죄의 행위는 사람을 상해하거나 상해에 이르게 하는 것이다. 여기서 상해란 상해에 대하여 고의가 있는 경우를 말하며 '상해에 이르게 하는 것'이란 상해의 결과에 대하여 과실이 있는 것, 즉 과실치상을 말한다.

상해 또는 치상의 결과는 강도의 수단인 폭행으로 인하여 발생한 경우는 물론이고, 강도의 기회에 범인의 행위로 인하여 발생한 경우에도 본죄가 성립한다. 그러나 피해자의 부상이 행위자의 가해행위의 결과로 평가할 수 없는 경우, 예컨대 피해자의 적극적 체포행위의 과정에서 스스로의 행위의 결과로 상처를 입은 경우에는 본죄는 성립하지 않는다.

[판례 18] 甲은 택시에 타고 가다가 운전수 乙을 협박하여 요금지급을 면할 목적으로 소지한 과도를 운전수인 乙의 목 뒤 부분에 겨누고 협박하자 이에 놀란 乙이 택시를 급우회전하면서 그 충격으로 甲이 겨누고 있던 과도에 피해자의 어깨부분이 찔려 상처를 입었다. 甲의 죄책은?

대법원은 "강도치상죄에 있어서의 상해는 강도의 기회에 범인의 행위로 인하여 발생한 것이면 족한 것"[138]이라는 이유로 甲에 대하여 강도치상죄를 인정하였다. 乙이 급우회전하는 바람에 그 충격으로 상해를 입었는데, 乙이 입은 상처는 그의 적극적 체포행위의 과정에서 스스로의 행위의 결과라기보다는 甲이 목 뒤 부분에 과도를 들이대자 놀라서 급우회전하는 바람에 발생한 결과이므로 甲의 가해행위의 결과로 평가할 수 있다.

[판례 19] 피해자 A는 강도장소에서 도주하는 강도 甲을 500미터 떨어진 길가까지 추격하다가 마침 길가에 엎드렸다 벽돌을 집어 들고 일어서는 순간 위 甲 뒤에서 덮쳐 오른손으로 목을 잡고, 왼손으로 앞부분을 잡는 순간 손에 잡고 있던 벽돌에 끼어있는 철사에 찔려 부상을 입었으며, 피해자 B는 마침 도망하려고 그 집 3층에서 2층으로 내려오는 강도 乙의 뒤에서 양팔로 그의 목을 감싸 잡고 내려오다 같이 넘어져 부상을 입었다. 甲, 乙의 죄책은?

대법원은 "피고인들의 가해행위는 인정되지 아니하고 도리어 피해자들의 부상은 그들의 적극적 체포행위의 과정에서 스스로의 행위의 결과로 입은 상처임이 엿보임에도 그것을 피고인들의 가해행위의 결과로 평가하여 강도상해죄에 의율한 원심의 조치는 필경 증거의 판단을 그르쳐 사실을 오단하였거나 증거 없이 사실을 인정하여 판결의 결과에 영향을 미

---

138) 대법원 1985. 1. 15. 선고 84도2397 판결.

친 위법을 범하였다"139)고 함으로써 강도상해죄는 성립하지 않는다고 보았다. 따라서 甲, 乙에 대하여는 강도죄만 성립한다.

③ 미수범: 제342조는 "제329조 내지 제341조의 미수범은 처벌한다"라고 규정하고 있으므로 강도상해·치상죄(제337조)와 강도살인·치사죄(제338조)도 본조의 적용대상에 포함된다. 강도상해죄나 강도살인죄와 같은 결합범은 고의범이므로 미수범이 처벌된다는 점에 대하여 의문이 없다. 강도상해죄나 강도살인죄는 강도가 기수이건 미수이건 불문하므로 본죄의 미수는 상해가 미수인 경우를 말한다.

그러나 강도치상죄나 강도치사죄와 같은 결과적 가중범에서 중한 결과는 과실에 의한 것인데, 과실의 미수란 있을 수 없으므로 강도치사상죄에 대하여는 본조가 적용되지 않는다고 해석하여야 한다. 따라서 강도미수범이 과실로 사람을 상해에 이르게 한 경우에는 강도치상죄의 미수가 성립하는 것이 아니라 강도미수죄와 과실치상죄의 경합범이 성립한다.140)

(3) 공범

① **결과적 가중범과 공동정범**: 기본범죄의 공동정범 가운데 한 사람이 중한 결과를 실현한 경우에 다른 공범자의 죄책은 결과적 가중범에 관한 규정(제15조 제2항)에 따라서 판단한다. 즉 다른 공범자에게 중한 결과에 대한 인식가능성이 있었다면 결과적 가중범이 성립하며, 예견가능성이 없었다면 기본범죄만 성립한다. 따라서 강도의 공동정범 가운데 한 사람이 강도의 기회에 피해자를 과실로 상해 또는 사망에 이르게 한 경우에 다른 공범자가 이를 예견하는 것이 가능하였다면 다른 공범자에 대하여도 강도치사상죄가 성립한다.141)

② **결합범과 공동정범**: 강도상해죄나 강도살인죄와 같은 결합범의 경우에 강도의 공동정범 가운데 한 사람이 사람을 고의로 상해 또는 살해한 경우에 다른 공범자의 죄책은 공동정범에 관한 일반이론에 따라서 판단한다. 즉 공동정범은 공동의사의 범위 안에서만 성립하므로 다른 공범자에 대하여 강도상해·살인죄가 성립하기 위해서는 그에게도 강도에 대해서는 물론이고, 상해·살인에 대하여도 고의가 있을 것을 요한다. 만일 그에게 상해·살인에 대하여 공동의사가 없는 경우에는 강도상해·살인죄는 성립하지 않으며, 다만 그에게 상해·살인에 대한 예견가능성이 있었다면 강도치상죄 또는 강도치사죄가 성립한다. 종전의 대법원 판례는 강도의 범죄자가 살인의 결과를

---

139) 대법원 1985. 7. 9. 선고 85도1109 판결.
140) 결합범과 결과적 가중범의 미수에 대하여는 원형식, 총론, 313면 이하.
141) 이 경우에 결과적 가중범의 공동정범이 성립하는가에 대해서는 원형식, 총론, 315면 이하 참조.

예견할 수 있었는가의 기준에 따라 강도살인죄의 성립여부를 판단하였다(판례 20). 그러나 그 후에 대법원은 강도살인죄가 성립하기 위해서는 살해행위에 대하여도 고의가 있어야 하며, 고의가 없는 경우에는 강도치사죄가 성립한다고 판시함으로써, 살해행위에 대한 예견가능성만으로는 강도살인죄가 성립하지 않는다는 점을 분명히 하였다(판례 21).

[판례 20] 甲, 乙, 丙, 丁은 회사 사무실에 들어가 금품을 강취하기로 약속하고 사전에 금품강취범행을 모의하고, 전원이 범행현장에 임하여 각자 범죄의 실행을 분담하였으며 그 과정에 甲을 제외한 나머지 3명이 모두 과도 또는 쇠파이프 등을 휴대하였다. 그런데 쇠파이프를 휴대한 乙이 피해자 A를 감시하다가 그를 강타하여 살해하였다. 甲, 乙, 丙, 丁의 죄책은?

乙은 강도의 기회에 피해자 A를 살해하였으므로 그에 대하여는 강도살인죄가 성립한다. 문제는 甲, 丙, 丁에 대하여 강도살인죄가 성립하는가이다. 만일 甲, 丙, 丁에게 살인에 대하여 공동의사가 있었다면 강도살인죄가 성립할 것이며, 그러한 공동의사가 없었고 다만 乙이 피해자를 살해하는 것을 예견할 수 있었다면 강도치상죄가 성립할 것이다.

대법원은 "수인이 합동하여 강도를 한 경우 범인중의 일인이 강취하는 과정에서 간수자를 강타하여 사망케 한 경우에는 나머지 범인도 이를 예기하지 못한 것으로 볼 수 없는 경우에는 강도살인죄의 죄책을 면할 수 없다(당원 1982. 7. 13. 선고 82도1352 판결 참조)"[142]고 함으로써 甲, 丙, 丁에 대하여도 강도살인죄가 성립한다고 보았다.[143]

[판례 21] "강도살인죄는 고의범이므로 강도살인죄의 공동정범이 성립하기 위하여는 강도의 점 뿐 아니라 살인의 점에 관한 고의의 공동이 필요하다 … 강도의 공범자 중 1인이 강도의 기회에 피해자에게 폭행 또는 상해를 가하여 살해한 경우, 다른 공모자가 살인의 공모를 하지 아니하였다고 하여도 그 살인행위나 치사의 결과를 예견할 수 없었던 경우가 아니면 강도치사죄의 죄책을 면할 수 없다 … 강도살인죄는 고의범이고 강도치사죄는 이른바 결과적가중범으로서 살인의 고의까지 요하는 것이 아니므로, 수인이 합동하여 강도를 한 경우 그 중 1인이 사람을 살해하는 행위를 하였다면 그 범인은 강도살인죄의 기수 또는 미수의 죄책을 지는 것이고 다른 공범자도 살해행위에 관한 고의의 공동이 있었으면 그 또한 강도살인죄의 기수 또는 미수의 죄책을 지는 것이 당연하다 하겠으나, 고의의 공동이 없었으면 피해자가 사망한 경우에는 강도치사의 … 죄책만 진다고 보아야 할 것이다."[144]

---

142) 대법원 1984. 2. 28. 선고 83도3162 판결.
143) 대법원 1984. 2. 28. 선고 83도3162 판결.
144) 판례(대법원 1991. 11. 12. 선고 91도2156 판결) 및 다수설(예컨대 배종대, 각론, 429면).

2. 강도살인·치사죄

제338조: 강도가 사람을 살해한 때에는 사형 또는 무기징역에 처한다. 사망에 이르게 한 때에는 무기 또는 10년 이상의 징역에 처한다.

강도살인죄와 강도치사죄에 대하여는 강도상해죄와 강도치상죄에 대한 설명이 그대로 적용된다. 다만 강도살인죄와 관련하여 문제되는 것은 ① 채무면탈을 목적으로 사람을 살해한 경우에도 본죄가 성립하는가와 ② 강도의 고의로 사람을 살해한 후에 재물을 탈취한 경우에 누구의 점유를 침해한 것인가이다.

① 강도살인죄는 강도가 사람을 살해한 경우에도 성립하지만, 강도의 실행에 착수한 후에 사람을 살해하고 재물을 탈취하거나 재산상의 이익을 취득한 경우에도 성립한다. 따라서 채무면탈의 목적으로 사람을 살해한 경우에도 강도의 실행에 착수한 후에 사람을 살해하고 재산상의 이익을 취득하였다면 본죄가 성립한다.

[판례 22] 만일 위의 (예 1)의 (3)에서 택시강도 甲이 운전기사 乙을 살해하였다면 甲의 죄책은?

甲은 택시비를 면탈할 목적으로 강도의 실행에 착수하여 乙을 살해한 것이므로 그에 대하여는 강도살인죄가 성립한다.[145]

[판례 23] 채무자 甲은 채권자 乙과 채무 변제기의 유예 여부 등을 놓고 언쟁을 벌이다가 순간적으로 乙을 살해하고, 마침 바닥에 떨어져 있던 망치로 乙의 뒷머리 부분을 수회 때리는 등의 방법으로 乙를 살해하였다. 甲은 살해 직후 乙이 운전하고 온 차량의 적재함에 乙의 시체를 싣고 보니 마침 그 상의 조끼에 지갑이 있는 것을 발견하고, 장차 시체가 발견될 때 乙의 신원이 밝혀지는 게 두려워 이를 숨기기 위하여 지갑을 꺼내 그 차량의 사물함에 통째로 넣어두었다가, 그로부터 15시간가량 지난 후인 그 다음날 10:00경 범행현장에 다시 왔을 때 지갑 속에 들어 있던 돈과 乙의 바지주머니에 별도로 들어 있던 10만원 가량의 돈을 꺼냈다. 甲의 죄책은?[146]

1. 채무면탈의 목적으로 乙을 살해한 행위

甲이 채무를 면탈하기 위하여 乙을 살해한 행위에 대하여 대법원은 "강도살인죄가 성립하려면 먼저 강도죄의 성립이 인정되어야 하고, 강도죄가 성립하려면 불법영득(또는 불법이득)의 의사가 있어야 하며, 형법 제333조 후단 소정의 이른바 강제이득죄의 성립요건인 '재산상 이익의 취득'을 인정하기 위하여는 재산상 이익이 사실상 피해자에 대하여 불이익하

---

145) 대법원 1985. 10. 22. 선고 85도1527 판결.
146) 대법원 2004. 6. 24. 선고 2004도1098 판결.

게 범인 또는 제3자 앞으로 이전되었다고 볼 만한 상태가 이루어져야 하는데, 채무의 존재가 명백할 뿐만 아니라 채권자의 상속인이 존재하고 그 상속인에게 채권의 존재를 확인할 방법이 확보되어 있는 경우에는 비록 그 채무를 면탈할 의사로 채권자를 살해하더라도 일시적으로 채권자측의 추급을 면한 것에 불과하여 재산상 이익의 지배가 채권자 측으로부터 범인 앞으로 이전되었다고 보기는 어려우므로, 이러한 경우에는 강도살인죄가 성립할 수 없다"고 보았다. 요컨대 판례에 의하면 甲은 채무면탈을 목적으로 乙을 살해하였으나 재산상의 이익을 취득하지 못하였으므로 강도살인죄는 성립하지 않는다.147) 따라서 그에 대하여는 살인죄만 성립한다.

  2. 乙 소유의 지갑 1개와 현금 10만원을 꺼내어 간 행위

그리고 대법원은 甲이 乙의 지갑과 10만원을 탈취한 행위에 대하여 "강도살인죄는 강도범인이 강도의 기회에 살인행위를 함으로써 성립하는 것이므로, 강도범행의 실행중이거나 그 실행 직후 또는 실행의 범의를 포기한 직후로서 사회통념상 범죄행위가 완료되지 아니하였다고 볼 수 있는 단계에서 살인이 행하여짐을 요건으로 하는데, 피고인이 피해자 소유의 돈과 신용카드에 대하여 불법영득의 의사를 갖게 된 것은 살해 후 상당한 시간이 지난 후로서 살인의 범죄행위가 이미 완료된 후의 일로 보이므로, 살해 후 상당한 시간이 지난 후에 별도의 범의에 터잡아 이루어진 재물 취거행위를 그보다 앞선 살인행위와 합쳐서 강도살인죄로 처단할 수는 없다"고 보았다. 요컨대 판례에 의하면 甲이 乙의 지갑과 10만원을 탈취한 행위는 이미 살인이 완료된 이후에 상당한 시간이 지난 후에 이루어진 것이므로 강도살인죄는 성립하지 않는다.

다만 판례148)는 피해자가 생전에 가진 점유는 사망 후에도 계속된다고 보므로 甲이 이미 사망한 乙의 지갑과 현금 10만원을 취거한 행위는 절도죄에 해당한다. 그러나 사자는 점유의사를 가질 수 없다는 견해149)에 의하면 甲은 현금과 지갑을 강취하려는 고의 없이 乙을 살해한 후에 불법영득의사를 가지고 이를 취거한 것이며, 취거당시 현금과 지갑은 누구의 점유에도 속하지 않으므로 甲에 대하여는 점유이탈물횡령죄가 성립한다. 그리고 살인죄와 점유이탈물횡령죄는 실체적 경합관계에 있다.

  ② 앞에서 설명한 바와 같이 강도의 고의로 사람을 살해한 후에 재물을 탈취한 경우에도 강도살인죄가 성립한다. 다만 이 경우 누구의 점유를 침해한 것인가에 대하여는 견해가 일치하지 않는다. 행위자가 강도의 고의로 피해자를 살해할 당시에 피해자의 점유를 침해한 것이므로 이 경우에는 피해자가 생전에 가지고 있던 점유를 침해한 것이라고 보아야 할 것이다.150)

---

147) 대법원 2010. 9. 30. 선고 2010도7405 판결 참조.
148) 대법원 1993. 9. 28. 선고 93도2143 판결.
149) 김일수/서보학, 각론, 281면 이하; 오영근, 각론, 306면 이하.
150) 다수설: 김일수/서보학, 각론, 344면; 임웅, 각론. 이에 대하여 피해자의 사후에도 점유가 계속

3. 강도강간죄

> **제339조**: 강도가 사람을 강간한 때에는 무기 또는 10년 이상의 징역에 처한다.

(1) 의의

본죄는 강도가 사람을 강간함으로써 성립하는 범죄이다. 강도죄와 강간죄의 결합범이다.

(2) 성립요건

① 주체: 본죄의 주체는 강도이다. 여기서 강도는 기수이건 미수이건 불문한다. 강간의 실행에 착수한 자가 강간의 종료 전에 강도를 하고 강간을 종료한 경우에도 강도가 강간한 것이므로 본죄가 성립한다. 그러나 강간을 종료한 후에 강도한 경우에는 강도강간이 성립하는 것이 아니라 강간죄와 강도죄의 경합범이 성립한다.

[판례 24] "형법 제339조의 강도강간죄는 일종의 신분범과 같아 강도범이 재물을 강취하는 기회에 부녀를 강간하는 것을 그 요건으로 하고 있는 것이다. 본건 공소사실에서 볼 수 있는 바와 같이 부녀를 강간한 자가 강간행위 후에 강도의 범의를 일으켜 그 부녀가 강간의 범행으로 항거불능상태에 있음을 이용하여 재물을 강취하는 경우에는 강간죄와 강도죄의 경합범이 성립될 수 있을 뿐 강도강간죄로서 의율될 수는 없다 할 것이다."[151]

② 행위: 행위는 사람을 강간하는 것이다. 강간의 피해자와 강도의 피해자가 동일인일 것을 요하지 않는다. 예컨대 행위자가 피해자 甲男으로부터 금품을 강취하고 이어서 피해자 乙女를 강간하였다면 강도강간죄가 성립한다.[152]

강간은 강도의 기회에 행하여 져야 한다. 여기서 '강도의 기회'란 강도의 실행에 착수한 이후부터 강도의 종료 전 까지를 말한다. 따라서 강도가 실행에 착수하였으나 아직 강도행위를 완료하기 전에 강간을 한 경우에도 본죄가 성립한다.[153]

(3) 죄수

강도가 사람을 강간하고 강간으로 인하여 상해에 이르게 한 경우에는 강도강간죄와 강간치상죄의 상상적 경합이 성립한다.[154] 그러나 강도로 인하여 피해자를 상

된다고 보는 견해는 배종대, 각론, 431면; 황산덕, 각론, 249면.
151) 대법원 1977. 9. 28. 선고 77도1350 판결.
152) 대법원 1991. 11. 12. 선고 91도2241 판결.
153) 대법원 1984. 10. 10. 선고 84도1880 판결.

해에 이르게 하고 피해자를 강간한 때에는 강도상해죄와 강도강간죄의 상상적 경합이 성립한다.

> [판례 25] "강도가 재물강취의 뜻을 재물의 부재로 이루지 못한 채 미수에 그쳤으나 그 자리에서 항거불능상태에 빠진 피해자를 간음할 것을 결의하고 실행에 착수했으나 역시 미수에 그쳤더라도 반항을 억압하기 위한 폭행으로 피해자에게 상해를 입힌 경우에는 강도강간미수죄와 강도치상죄가 성립되고 이는 일개의 행위가 2개의 죄명에 해당되어 상상적 경합관계가 성립된다고 보아야 한다."155)

강도가 사람을 강간하고 상해의 고의가 생겨 상해한 때에는 강도강간죄와 강도상해죄의 상상적 경합이 성립한다는 견해와156) 실체적 경합이 성립한다는 견해가 있다.157) 실체적 경합을 인정하는 견해에 의하면 강도강간의 수단인 폭행·협박과 상해행위는 별개의 행위로 보아야 한다는 점을 근거로 든다. 그러나 강도강간행위와 강도상해행위는 강도행위에 의하여 부분적 동일성(단일성)158)이 인정되므로 양죄는 상상적 경합이 된다고 보는 견해가 타당하다.

4. 해상강도죄

> 제340조(해상강도) ① 다중의 위력으로 해상에서 선박을 강취하거나 선박내에 침입하여 타인의 재물을 강취한 자는 무기 또는 7년 이상의 징역에 처한다.
> ② 제1항의 죄를 범한 자가 사람을 상해하거나 상해에 이르게 한때에는 무기 또는 10년 이상의 징역에 처한다.
> ③ 제1항의 죄를 범한 자가 사람을 살해 또는 사망에 이르게 하거나 강간한 때에는 사형 또는 무기징역에 처한다.

VII. 강도예비·음모죄

> 제343조: 강도할 목적으로 예비 또는 음모한 자는 7년 이하의 징역에 처한다.

---

154) 김일수/서보학, 각론, 348면; 배종대, 각론, 432면.
155) 대법원 1988. 6. 28. 선고 88도820 판결.
156) 배종대, 각론, 432면.
157) 김성천/김형준, 각론, 480면; 김일수/서보학, 각론, 348면; 박상기, 각론, 299면; 임웅, 각론, 377면 이하; 정성근/박광민, 각론, 359면.
158) 행위의 동일성과 단일성에 관하여는 원형식, 총론, 507면 이하 참조.

강도예비·음모는 강도죄를 범할 목적으로 실행을 준비하거나 모의하는 것을 말한다. 예컨대 강도에 사용할 흉기를 준비하는 행위, 범행대상을 물색하는 행위, 강도의 목적으로 주거에 침입하는 행위 등이 여기에 해당한다.

[판례 26] 甲은 乙이 승용차를 이용하여 강도를 하려 함에 있어 위 승용차를 운전해 달라는 부탁을 받고, 위 승용차에 乙을 태우고 승용차를 운전하면서 강도대상을 물색하다가 마침 검문 중이던 경찰에 체포되었다. 甲의 죄책은?

대법원은 "본범자와 공동하여 장물을 운반한 경우에 본범자는 장물죄에 해당하지 않으나 그 외의 자의 행위는 장물운반죄를 구성하므로, 피고인이 본범이 절취한 차량이라는 정을 알면서도 본범 등으로부터 그들이 위 차량을 이용하여 강도를 하려 함에 있어 차량을 운전해 달라는 부탁을 받고 위 차량을 운전해 준 경우, 피고인은 강도예비와 아울러 장물운반의 고의를 가지고 위와 같은 행위를 하였다고 봄이 상당하다"고 보았다. 따라서 판례에 의하면 甲에 대해서는 장물운반죄와 강도예비죄의 상상적 경합이 성립한다.[159]

甲이 강도를 목적으로 자동차를 운전한 것이 아니라 강도의 목적이 있는 乙의 부탁을 받고 그를 도와주기 위하여 자동차를 운전한 경우에도 강도예비죄가 성립하는가에 대하여는 논란의 여지가 있다. 판례는 타인의 실행행위를 준비하기 위한 행위, 즉 타인예비의 경우에도 예비죄의 성립을 인정하였으나 다수설은 자신의 실행행위를 준비하기 위한 행위, 즉 자기예비의 경우에만 예비죄의 성립을 인정하며, 타인예비의 경우에는 예비죄가 성립하지 않는다고 본다.[160] 다수설에 의하면 甲에 대하여는 장물운반죄만 성립하며, 강도예비죄는 성립하지 않는다.

제4절 사기의 죄

I. 서론

1. 의의 및 구조

① 의의: 사기죄는 사람을 기망하여 재물의 교부를 받거나 재산상의 이익을 취득할 것을 내용으로 하는 범죄이다. 따라서 본죄는 재물죄이며 이득죄이다. 객체가 재물인 경우를 재물사기죄(사기취재죄), 재산상의 이익인 경우를 이득사기죄(사기이득죄)라고 한다.

사기죄의 객체는 타인소유 및 타인점유의 재물이라는 점에서 타인소유 및 자기점유의 재물을 객체로 하는 횡령죄와 구분된다. 또한 사기죄는 편취죄로서 상대방의

---
159) 대법원 1999. 3. 26. 선고 98도3030 판결.
160) 박상기, 총론, 335면; 임웅, 총론, 346면.

하자있는 의사에 의하여 재물을 취득한다는 점에는 상대방이 의사에 반하여 재물을 탈취하는 절도죄와 구분된다.

② **구조**: 사기의 기본형태는 甲이 乙을 기망하여 재산상의 이익을 취득하고 乙은 이로 인하여 재산상의 손실을 입게 되는 경우이다. 그러나 기망자와 재산상의 이득을 취한 자가 동일인이 아닌 경우도 있다(제347조 제2항). 기망자와 재산상의 이득을 취한 자가 동일인인 경우를 자기를 위한 사기죄라고 하고, 동일인이 아닌 경우, 즉 제3자로 하여금 재산상 이익을 취득하게 한 경우를 타인을 위한 사기죄라고 한다. 또한 피기망자와 재산상의 손실을 입은 자가 일치하지 않는 경우도 있다. 예컨대 아래의 그림에서 甲이 丙의 대리인 乙을 기망하여 丙이 재산상의 손해를 입는 경우가 이에 해당한다. 이를 특히 삼각사기라고 한다. 그렇다면 사기죄의 경우 등장인물은 최대한 4명 까지 될 수 있다.

* 사기죄의 구조

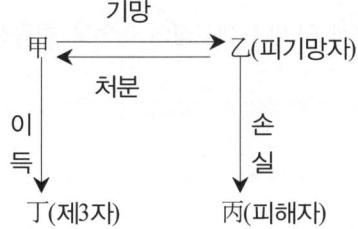

2. 보호법익

사기죄의 보호법익은 전체로서의 재산, 즉 재물에 대한 소유권과 재산상의 이익의 총체이다.161) 이에 대하여 본죄의 주된 보호법익은 전체로서의 재산이고 부차적인 보호법익은 거래의 진실성 내지는 신의성실이라고 하는 견해가 있다.162) 그러나 사기죄에 있어서 거래의 진실성은 재산침해의 방법이지 보호법익은 아니다. 사기죄의 처벌을 통해 거래의 진실성이 보호되는 것은 반사적 효과에 불과하다.

법익의 보호의 정도는 침해범이다. 따라서 행위자가 재물을 교부받거나 재산상의 이익을 취득하여야 기수에 이른다.

---

161) 다수설: 김성돈, 각론, 338면; 김일수/서보학, 각론, 282면.
162) 배종대, 각론, 449면; 임웅, 각론, 383면.

3. 체계

* 사기의 죄의 체계

기본적 구성요건	수정적 구성요건	가중적 구성요건
단순사기죄(제347조)	컴퓨터사용사기죄(제347조의 2) 준사기죄(제348조) 편의시설부정이용죄(제348조의 2)	상습사기(제351조) 특정경제범죄가중처벌법 제3조
부당이득죄(제349조)		

* 특정경제범죄가중처벌법 제3조는 이득액이 5억원 이상인 경우를 가중처벌하고 있다.

II. 단순사기죄

제347조: ① 사람을 기망하여 재물의 교부를 받거나 재산상의 이익을 취득한 자는 10년 이하의 징역 또는 2,000만원 이하의 벌금에 처한다.
② 전항의 방법으로 제삼자로 하여금 재물의 교부를 받게 하거나 재산상의 이익을 취득하게 한 때에도 전항의 형과 같다.

1. 성립요건

(1) 객관적 구성요건

(가) 객체

본죄의 객체는 재물 또는 재산상의 이익이다. 재물의 개념은 절도죄에서 설명한 바와 같다. 다만 본죄에서 재물은 동산 외에 부동산도 포함된다는 점에 대하여 견해가 일치한다. 왜냐하면 절도죄에서 행위는 절취인데 이는 타인의 점유를 배제하고 새로운 점유를 취득하는 것이므로 부동산은 객체가 될 수 없으나 사기죄의 경우에는 현실적인 점유의 이전이 없더라도 소유권이전등기가 경료되면 부동산의 소유권을 취득하게 되므로 부동산을 교부받는 것(편취)이 가능하기 때문이다.

재산상의 이익이란 재물 이외의 재산상의 이익을 말한다. 재산의 개념에 대하여는 강도죄에서 설명한 바와 같이[163] 적극적 이익이건 소극적 이익이건 불문한다. 다만 법질서의 보호를 받지 못하는 불법재산은 재산에 해당하지 않는다(법률적·경제적 재산개념).

---

163) 제1편 제7장 제3절 II 1 (1) 참조.

[판례 1] 甲은 법원을 기망하여 부재자재산관리인으로 선임되어 부재자의 재산을 관리하고, 이에 법원은 관리인 甲에 대하여 그 부재자의 재산으로 상당한 보수를 지급하였다. 甲의 행위는 사기죄에 해당하는가?

부재자재산관리인으로 선임된 것이나 보수를 지급받은 것이 재산상 이익에 해당하는가의 문제이다. 대법원은 "법원이 부재자의 재산관리인을 선임한 경우 부재자의 재산관리인은 부재자의 재산에 관하여 그 관리를 위하여 일정한 권한을 가지게 되는 것이지마는, 그 권한을 어디까지나 부재자의 이익으로 그 재산을 민법의 규정에 따라 관리함에 필요한 처분을 할 수 있게 하기 위함을 그 본질로 하는 것이고, 그 관리인에게 이익을 주는 것을 그 내용으로 하는 것이 아니라 할 것"이라는 이유로 관리인으로 선임된 사실이 재산상 이익에 해당하지 않는다고 보았다. 그리고 이어서 "법원이 그 관리인에 대하여 그 부재자의 재산으로 상당한 보수를 지급하는 경우에도 그 재산관리권에 필연적으로 부수하는 것이 아니라 그 재산을 관리함에 있어 관리인이 제공한 노력에 대하여 법원의 결정에 의하여 지급될 수 있는 것에 지나지 아니하고 이 사실로서는 그 관리인이 그 관리권에 의하여 이익을 얻는다고는 볼 수 없으며 …"라는 이유로 관리인이 법원으로부터 받은 보수도 재산상의 이익에 해당하지 않는다고 보았다.164) 따라서 甲에 대하여 사기죄는 성립하지 않는다.

[판례 2] 채무자 甲은 채권자 乙에게 지급하여야 할 약속어음 만기일이 되자, 지급의사와 능력이 없음에도 불구하고 채무의 변제기를 늦출 목적에서 乙에게 어음을 발행하여 지급기일을 연장 받았다. 甲의 죄책은?

대법원은 "사기죄에 있어서 채무이행을 연기 받는 것도 재산상의 이익이 되므로(대법원 1986. 10. 14. 선고 86도1501 판결 참조) 채무자가 채권자에 대하여 소정기일까지 지급할 의사와 능력이 없음에도 종전 채무의 변제기를 늦출 목적에서 어음을 발행 교부한 경우 사기죄가 된다"고 보았다.165) 사기죄에서 재산상 이익은 적극적 이익은 물론, 소극적 이익도 포함하므로 채무유예를 받은 것도 재산상의 이익에 해당한다. 따라서 甲에 대해서는 사기죄가 성립한다.

[판례 3] 甲은 대가를 지급하기로 약속하고 주점 여종업원 乙女와 성관계를 가진 후에 절취한 신용카드로 그 대금을 결제하였다. 甲의 죄책은?

甲은 절취한 신용카드로 그 대금을 결제함으로써 화대를 지불할 의사도 없이 乙女와 성행위를 하였다. 성행위가 사기죄의 객체인 재산상 이익에 해당한다면 사기죄가 성립할 것이다. 이 점에 대하여 원심은 **법률적·경제적 재산개념**에 따라 "정조는 재산권의 객체가 될 수 없을 뿐만 아니라 이른바, 화대란 정조 제공의 대가로 지급받는 금품으로서 이는 선량

---

164) 대법원 1973. 9. 25. 선고 73도1080 판결.
165) 대법원 1997. 7. 25. 선고 97도1095 판결.

한 풍속에 반하여 법률상 보호받을 수 없는 경제적 이익이므로, 피고인이 기망의 방법으로 그 지급을 면하였다 하더라도 사기죄가 성립하지 아니한다"고 보았다.166)

이에 대하여 대법원은 **경제적 재산개념**에 따라 "일반적으로 부녀와의 성행위 자체는 경제적으로 평가할 수 없고, 부녀가 상대방으로부터 금품이나 재산상 이익을 받을 것을 약속하고 성행위를 하는 약속 자체는 선량한 풍속 기타 사회질서에 위반한 사항을 내용으로 하는 법률행위로서 무효이나, 사기죄의 객체가 되는 재산상의 이익이 반드시 사법(私法)상 보호되는 경제적 이익만을 의미하지 아니하고, 부녀가 금품 등을 받을 것을 전제로 성행위를 하는 경우 그 행위의 대가는 사기죄의 객체인 경제적 이익에 해당하므로, 부녀를 기망하여 성행위 대가의 지급을 면하는 경우 사기죄가 성립한다"고 보았다.167)

성행위는 통상 경제적 이익에 해당하지 않지만 금품 등을 받은 것을 전제로 한 경우에는 경제적 이익에 해당할 수 있다. 그러나 사법상 보호되지 않는 이익을 형법이 보호하는 것은 법질서통일의 원칙에 반하므로 법률적·경제적 재산개념에 따라서 사기죄의 객체로서의 재산상의 이익에는 해당하지 않는다고 보아야 할 것이다. 따라서 甲에 대하여 사기죄는 성립하지 않는다.

甲이 절취한 신용카드를 부정사용하여 대금을 결재한 행위는 신용카드부정사용죄(여신전문금융업법 제70조 제1항 3호)에 해당한다.

(나) 행위

제347조를 보면 사기죄의 구성요건은 "사람을 기망하여 재물의 교부를 받거나 재산상의 이익을 취득"하는 것으로 규정되어 있다. 그러나 여기에는 행위자의 행위만이 규정되어 있으며 사기죄가 성립하기 위한 중간과정이 생략되어 있다. 그 과정을 보면 ① 행위자의 기망행위 → ② 피기망자의 착오 → ③ 처분행위 → ④ 재물을 교부받거나 재산상의 이익을 취득 → ⑤ 전체 재산상의 손해발생168) 등의 순으로 진행된다. 사기죄가 성립하기 위해서는 위에서 열거한 다섯 가지 요건을 모두 갖추어야 한다. 이 순서에 따라 사기죄의 성립요건을 차례대로 살펴보기로 한다.

① 기망행위

㉠ 의의: '기망행위'란 거래상의 신의칙에 반하는 행위로서 사람으로 하여금 착오를 일으키게 하는 행위를 말한다. 기망행위가 성립하기 위해서는 허위사실의 주장을 통하여 사람을 착오에 빠지게 할 것을 요한다. 여기서 사실이란 객관적으로 증명이 가능한 사실을 말한다. 개인의 의견이나 지식의 진술과 같은 주관적 가치판단은 기망행위에 해당하지 않는다. 사실주장과 가치판단의 구분이 명확하지는 않으나 주장

---

166) 고등군사법원 2001. 5. 22. 선고 2001노76 판결.
167) 대법원 2001. 10. 23. 선고 2001도2991 판결.
168) 사기죄가 성립하기 위하여 '전체 재산상의 손해발생'이 있을 것을 요하는가에 대하여는 견해가 일치하지 않는다. 이점에 대하여는 아래의 ④에서 설명한다.

내용의 진위가 객관적으로 입증이 가능한가의 여부에 의하여 판단한다. 과거와 현재에 관한 사실의 주장은 객관적으로 입증이 가능하므로 기망에 해당하지만, 미래 관한 사실의 주장은 통상 단순한 개인적 의견으로서 가치판단에 불과하므로 기망에 해당하지 않는다. 그러나 미래에 관한 사실이라도 객관적으로 진위여부의 입증이 가능한 경우에는 기망에 해당한다.

과장광고나 허위광고가 기망행위에 해당하는지가 문제된다. 일반 상거래의 관행과 신의칙에 비추어 시인될 수 있는 정도의 추상적인 가치평가는 과장광고로서 기망에 해당하지 않는다. 그러나 그 정도를 넘어서 진위여부를 입증할 수 있는 구체적 사실을 허위로 주장하는 것은 허위광고로서 기망에 해당한다고 보아야 한다.

[판례 4] (1) 식육식당을 경영하는 甲은 음식점에서 한우만을 취급한다고 광고하고 수입 쇠갈비를 국산품인 한우갈비로 위장하여 손님들에게 조리·판매하였다.[169]
(2) 乙은 오리, 하명, 누에, 동충하초, 녹용 등 여러가지 재료를 혼합하여 제조·가공한 '녹동달오리골드'라는 제품이 당뇨병, 관절염, 신경통 등의 성인병 치료에 특별한 효능이 있는 좋은 약이라는 허위의 강의식 선전·광고행위를 하여 고가에 판매하였다.[170]
甲, 乙의 죄책은?

대법원은 甲, 乙에 대하여 "일반적으로 상품의 선전·광고에 있어 다소의 과장, 허위가 수반되는 것은 그것이 일반 상거래의 관행과 신의칙에 비추어 시인될 수 있는 한 기망성이 결여된다고 하겠으나 거래에 있어서 중요한 사항에 관하여 구체적 사실을 거래상의 신의성실의 의무에 비추어 비난받을 정도의 방법으로 허위로 고지한 경우에는 과장, 허위광고의 한계를 넘어 사기죄의 기망행위에 해당한다"는 이유로 사기죄의 성립을 인정하였다.

[판례 5] A 백화점의 숙녀의류부장 甲은 백화점 입점업체들과 공모하여 판매전술의 일환으로 종전에 출하한 일이 없던 신상품에 대하여 첫 출하 시부터 할인가격을 표시하여 바로 세일에 들어가는 이른바 변칙세일을 하였다.
(1) 甲의 죄책은?
(2) 옷을 구입한 고객들은 그 옷을 정상적인 가격으로 구입한 것이므로 사실상 재산상 손해를 입지 않았는데 이러한 경우에도 사기죄가 성립하는가?

(1) 대법원은 "변칙세일은 진실규명이 가능한 구체적 사실인 가격조건에 관하여 기망이 이루어진 경우로서 그 사술의 정도가 사회적으로 용인될 수 있는 상술의 정도를 넘은 것이어서 사기죄의 기망행위를 구성한다"고 보아 甲에 대하여 사기죄의 성립을 인정하였다.[171]

---

169) 대법원 1997. 9. 9. 선고 97도1561 판결.
170) 대법원 2004. 1. 15. 선고 2001도1429 판결.
171) 대법원 1992. 9. 14. 선고 91도2994 판결.

(2) 이 점에 관하여 대법원은 "사기죄의 본질은 기망에 의한 재물이나 재산상 이익의 취득에 있고, 상대방에게 현실적으로 재산상 손해가 발생함을 그 요건으로 하지 아니하는 바 …"라고 함으로써 사기죄의 성립에 재산상의 손해가 발생할 것을 요하지 않는다고 본다.

앞에서 설명한 바와 같이 기망행위의 대상은 가치평가가 아니라 사실이다. 여기서 말하는 사실은 외적 사실이건 내적 사실이건 불문한다. 외적 사실이란 객관적 사실을 말하며, 내적 사실이란 고의, 의도와 같은 심리적 사실을 말한다.

[예 1] 甲이 지불의사가 전혀 없이 1달 후에 갚겠다고 약속하고 금전을 차용하는 경우 그는 지불의사라고 하는 허위의 내적 사실을 주장하였으므로 그의 행위는 기망에 해당한다. 1달 후에 갚겠다고 하는 것은 미래에 관한 사실의 주장이 아니라 현재의 지불의사에 관한 사실주장이다.

[예 2] 만일 甲이 앞으로 사업이 잘 될 것 같아 사업자금을 차용하였는데, 사업이 실패하여 채무를 기일 내에 변제하지 못하였다면, 지불의사가 있었으므로 허위의 내적 사실의 주장도 없었고 사업이 잘 될 것 같다는 주장은 미래에 관한 가치판단에 불과하므로 외적 사실의 주장에도 해당하지 않는다. 따라서 甲의 행위는 기망에 해당하지 않는다.

ⓛ 기망의 방법

* 기망의 방법
┌ 작위 ┌ 명시적 기망행위
│   └ 묵시적 기망행위
└ 부작위에 의한 기망행위

명시적 기망행위란 언어나 문서에 의한 기망행위를 말하며, 묵시적 기망행위란 설명가치를 지닌 행동에 의한 기망행위를 말한다. 여기서 '설명가치를 지닌 행동'이란 그 행동이 구체적 상황 하에서 일정한 의사표시로서의 의미(설명가치)를 지니는 경우를 말한다. 그러나 행동에 의한 의사표시가 모두 묵시적 의사표시가 되는 것은 아니다. 행동이 설명가치를 지닌 것이 아니라 행동 자체가 의사표시인 경우, 예컨대 수화는 묵시적 의사표시가 아니라 명시적 의사표시에 해당한다.

[예 3] 甲은 돈이 없음에도 불구하고 식당에 들어가 설렁탕 한 그릇을 주문하여 먹었다(무전취식). 甲의 죄책은?

음식점에서 음식을 주문하는 행위 속에는 지불의사와 지불능력이 있다는 설명가치가 내포되어 있다. 행위자가 명시적으로 지불의사와 능력이 있다는 의사표시는 하지 않았으나 당시의 상황을 보면 음식을 주문하는 행위 속에는 이에 대한 의사표시가 내포되어 있다(객관적으로 인식이 가능하다). 따라서 甲이 설렁탕을 주문한 행위는 묵시적 기망행위에 해당하여 사기죄가 성립한다.

[예 4] 甲은 슈퍼마켓에서 5만원의 상품을 구입하면서 2만원의 상품에 붙어 있는 가격표를 떼어내어 자신이 구입하려는 상품에 붙어 있는 가격표와 교환하여 부착한 후에 계산대에서 2만원만 지불하였다. 甲의 죄책은?

甲이 자신이 구입하려는 상품을 점원에게 제시하고 2만원을 지불한 행위 속에는 가격표의 가격과 물건의 가격이 일치한다는 설명가치가 내포되어 있다. 甲의 행위는 묵시적 기망에 해당한다. 따라서 甲에 대하여는 사기죄가 성립한다.

[판례 6] 甲은 이미 과다한 부채의 누적 등으로 신용카드사용으로 인한 대출금채무를 변제할 의사나 능력이 없는 상황에 처하였음에도 불구하고 신용카드를 사용하여 물품을 구입하거나 현금서비스를 받았다. 甲의 죄책은?

대법원은 "신용카드사용으로 인한 신용카드업자의 금전채권을 발생케 하는 행위는 카드회원이 신용카드업자에 대하여 대금을 성실히 변제할 것을 전제로 하는 것이므로, 카드회원이 일시적인 자금 궁색 등의 이유로 그 채무를 일시적으로 이행하지 못하게 되는 상황이 아니라 이미 과다한 부채의 누적 등으로 신용카드사용으로 인한 대출금 채무를 변제할 의사나 능력이 없는 상황에 처하였음에도 불구하고 신용카드를 사용하였다면 사기죄에 있어서 기망행위 내지 편취의 범의를 인정할 수 있다"[172]고 함으로써 甲에 대하여 사기죄의 성립을 인하였다. 甲이 지불능력이 없음에도 불구하고 신용카드를 사용하여 물품을 구입한 행위는 내적 사실에 관한 묵시적 기망행위에 해당한다.

[판례 7] 甲은 할인매장에서 구입한 물건을 들고 다시 같은 매장 안으로 들어갈 경우 이중계산을 방지하기 위해 붙이는 계산완료스티커를 할인매장 측에서 회수하지 않는다는 점에 착안해 범행을 계획했다. 이에 甲은 구입한 물건과 동종의 물건에 스티커를 붙여 환불을 받기로 마음먹고, 대형할인매장에서 시가 13만원 상당의 해머드릴을 계산하고 계산완료스티커를 부착해 매장 밖으로 나왔다. 그런 다음 해머드릴에 부착된 계산완료스티커만을 떼어낸 뒤 다시 매장 안으로 들어가 직원들의 감시가 소홀한 틈을 타 똑같은 해머드릴에 계산완료스티커를 붙인 후 계산대 직원에게 정상적으로 구입한 물건인 것처럼 가장해 매장을 빠져나왔다. 甲은 자신의 승용차를 이용해 전국의 대형 할인매장을 돌며 같은 방법으로 모두 60회에 걸쳐 해머드릴, 전기밥솥 등의 물건을 훔쳐 빼돌렸다.
(1) 甲의 죄책은?

---

172) 대법원 2005. 8. 19. 선고 2004도6859 판결.

(2) 甲이 범죄에 사용한 자동차를 몰수할 수 있는가?

제48조(몰수의 대상과 추징) ① 범인이외의 자의 소유에 속하지 아니하거나 범죄후 범인이외의 자가 정을 알면서 취득한 다음 기재의 물건은 전부 또는 일부를 몰수할 수 있다.
1. 범죄행위에 제공하였거나 제공하려고 한 물건.
2. 범죄행위로 인하여 생하였거나 이로 인하여 취득한 물건.

(1) 甲이 해머드릴을 자신이 구입한 것처럼 가장해 매장을 빠져나온 행위가 절도죄와 사기죄 가운데 어느 것에 해당하는 지가 문제된다. 절도죄는 탈취죄이고 사기죄는 편취죄이므로 피해자의 의사에 반하여 재물에 대한 점유를 취득한 것이라면 절도죄가 성립할 것이며, 피해자의 하자있는 의사에 의하여 재물을 교부받은 것이라면 사기죄가 성립할 것이다. 甲이 해머드릴을 자신이 구입한 것처럼 가장한 행위는 묵시적 기망행위에 해당한다. 그러나 그 이전에 甲이 해머드릴에 계산완료스티커를 붙인 후 매장의 카트에 그 물건을 실었을 때 이미 점유가 이전되었다고 볼 수 있다. 여기서 점유의 이전은 피해자의 의사에 반하여 이루어진 것이므로 절도죄가 성립한다.173) 甲이 계산대 직원을 기망하여 매장을 빠져나온 행위는 불가벌적 사후행위로서 별도의 범죄를 구성하지 않는다.

(2) 대법원은 "형법174)에서 '범죄행위에 제공한 물건'이라 함은, 가령 살인행위에 사용한 흉기 등 범죄의 실행행위 자체에 사용한 물건에만 한정되는 것이 아니라, 범죄행위의 착수 전 또는 종료 후의 행위에 사용한 물건이라도 그것이 범죄행위의 수행에 실질적으로 기여했다고 인정되면 범죄행위에 제공된 물건에 포함된다"고 보고, 이어서 "피고인은 할인매장을 1회 방문해 범행을 저지를 때마다 1~6개 품목의 수십만원 어치 상품을 훔쳐 자신의 승용차에 싣고 갔고, 훔친 물품의 부피도 전기밥솥이나 DVD플레이어 등과 같이 상당한 크기여서 대중교통수단을 타고 운반하기에 곤란한 수준이었으므로, 피고인의 승용차는 단순히 범행장소에 도착하는 데 사용한 교통수단을 넘어 훔친 장물의 운반에 사용한 자동차 즉 범죄행위에 제공한 물건으로 몰수한 것은 위법하지 않다"고 판시했다.

부작위에 의한 기망행위는 이미 착오에 빠져있는 피해자에게 사실을 고지하지 않는 것을 말한다. 묵시적 기망행위와 부작위에 의한 기망행위의 구분이 명확하지 않은 경우가 있으나, 행위자의 행위로 인하여 피해자가 착오에 빠지는 경우에는 전자에 해당하고, 피해자가 이미 착오에 빠져 있는 데 이를 고지하지 않는 경우는 후자에 해당한다.

---

173) 대법원 2006. 9. 14. 선고 2006도4075 판결.
174) 형법 제48조 제1항 제1호.

[판례 8] 甲은 자기 소유의 토지를 매수인 乙에게 매도함에 있어서 그 토지에 채무담보를 위한 가등기와 근저당권설정등기가 경료되어 있다는 사실을 숨기고 乙에게 매도하였다. 甲의 죄책은?

대법원은 甲의 죄책에 대하여 "토지를 매도함에 있어서 채무담보를 위한 가등기와 근저당권설정등기가 경료되어 있는 사실을 숨기고 이를 고지하지 아니하여 매수인이 이를 알지 못한 탓으로 그 토지를 매수하였다면 이는 사기죄를 구성"한다고 함으로써 부작위에 의한 사기죄를 인정하였다.[175]

이 사례에서 채무담보를 위한 가등기와 근저당권설정등기가 경료되어 있는 사실을 고지하지 않은 것은 부작위이지만, 그 토지를 매도한 행위에는 그 토지에 가등기나 저당권이 설정되어 있지 않다는 설명가치가 포함되어 있으므로 묵시적 기망행위, 즉 작위에 의한 기망행위에 해당한다. 여기서 부작위는 작위에 대하여 보충관계에 있으므로 작위에 의한 사기죄가 성립한다고 보아야 한다.

* 부작위에 의한 사기죄의 성립요건

부작위에 의한 사기죄가 성립하기 위해서는 사기죄가 성립하기 위한 일반적 요건 이외에 추가로 보증인지위(작위의무)가 있어야 한다.[176] 본죄에서 작위의무란 고지의무(설명의무), 즉 상대방에게 진실을 알림으로써 그로 하여금 착오의 발생 또는 지속을 방지해야 할 의무를 말한다. 작위의무의 발생근거로는 법령, 계약, 선행행위, 조리 등이 있다. 다만 이러한 고지의무에 위배한 것만으로 당연히 부작위에 의한 사기죄가 성립하는 것은 아니다. 본죄가 성립하기 위해서는 행위자와 피해자 사이에 '특별한 신임관계'가 있어야 한다.[177] 여기서 '특별한 신임관계'란 단순히 진실을 밝히기 위한 도의적 의무가 아니라 상대방이 착오로 인하여 재산상 손해를 발생시키는 처분행위를 하지 않도록 하여야 할 의무의 근거가 되는 신뢰관계를 말한다.[178] 사기죄를 처벌하는 이유는 단순히 상대방으로 하여금 착오를 일으켰기 때문이 아니라 착오로 인하여 재산상의 손해를 발생시켰기 때문이다. 따라서 부작위에 의한 사기죄가 성립하기 위한 작위의무도 상대방을 착오로 인한 재산상의 손해로부터 보호해야 할 특별한 신뢰관계에 근거한 것이어야 한다.

고지의무의 발생근거가 되는 법령으로는 예컨대 상법 제651조(보험계약자의 고지

---

175) 대법원 1981. 8. 20. 선고 81도1638 판결.
176) 부진정부작위범이 성립하기 위해서는 작위의무 이외에도 '행위정형의 동가치성'이 있어야 한다. 다만 부작위에 의한 사기죄에서 고지의무를 '특별한 신뢰관계'가 있는 경우에만 인정하는 견해에 의하면 적절한 선에서 본죄의 성립을 제한할 수 있으므로 행위정형의 동가치성에 의하여 추가로 본죄의 성립을 제한하여야 할 실익은 없을 것으로 보인다(Haft, BT-1, S. 92).
177) 김일수/서보학, 각론, 412면.
178) 김일수/서보학, 각론, 412면; Sch/Sch/Cramer § 263 Rn. 19, 22.

의무)가 있다. 그러나 증인이 진실을 진술하여야 할 의무(민사소송법 제321조, 형사소송법 제157조)는 법원에 대하여 진실을 진술하여야 할 고지의무이지 증인과 피해자 사이의 특별한 신임관계에 근거한 의무는 아니므로 부작위에 의한 사기죄에서 말하는 고지의무에는 해당하지 않는다.179)

계약에 의한 고지의무도 법령에 의한 고지의무와 마찬가지로 계약 당사자 사이에 '특별한 신임관계'가 있을 것을 요하며, 계약 자체만으로는 고지의무가 발생하지 않는다.

[예 5] 고가의 보석을 보험에 든 甲은 어느 날 도둑이 들었는데, 보석이 보이지 않자 이를 절취당한 것으로 생각하고 보험회사에 신고하여 보험금을 탔다. 얼마 후 甲은 우연히 그 보석을 책상 서랍에서 발견하였다. 그러나 그는 보험회사에 아무런 말도 하지 않았다. 甲의 죄책은?

甲은 보험회사에 사실을 설명하여야할 계약상의 의무가 있으므로 이를 행하지 않은 것은 부작위에 의한 기망에 해당한다. 보험회사는 이로 인하여 반환청구권을 행사하지 않았다. 청구권을 행사하지 않는 것도 재산상의 처분행위에 해당한다. 따라서 甲에 대하여는 부작위에 의한 사기죄가 성립한다.

[판례 9] 甲은 자신이 거래하는 은행이 착오로 자신의 계좌로 돈을 송금하였는데, 이를 고지하지 않고 소비하였다. 甲의 죄책은?

고객 甲은 은행과 계약관계에 있지만 그 고객은 은행이 착오로 인하여 재산상 손해를 발생시키는 처분행위를 하지 않도록 하여야 할 '특별한 신뢰관계에 근거한 의무'는 없으므로 은행에 대하여 그러한 사실을 고지하지 않더라도 부작위에 의한 사기죄는 성립하지 않는다. 다만 대법원은 "자신 명의의 계좌에 착오로 송금된 돈을 다른 계좌로 이체하는 등 임의로 사용한 경우, 횡령죄가 성립한다"고 본다.180)

[판례 10] 매도인 甲과 매수인 乙은 아파트를 9,000만원에 매매하기로 계약을 체결하고, 乙은 甲에게 계약금 1천만원을 지불하였다. 후에 乙은 잔금 9,000만원을 수표로 지불하면서 착오로 1,000만원권 자기앞수표 1장을 甲에게 덧붙여 교부하였다. 甲은 나중에 1,000만원을 더 받았다는 사실을 알았음에도 불구하고 이러한 사실을 乙에게 말하지 않았다. 甲의 죄책은?

매수인이 착오에 빠져 지급해야 할 금액을 초과하여 교부한 돈을 수령한 행위가 부작위에 의한 사기죄를 구성하는가의 문제이다.

대법원은 "피해자가 피고인에게 매매잔금을 지급함에 있어 착오에 빠져 지급해야 할 금액

---

179) Sch/Sch/Cramer § 263 Rn. 21.
180) 대법원 2005. 10. 28. 선고 2005도5975 판결.

을 초과하는 돈을 교부하는 경우, 피고인이 사실대로 고지하였다면 피해자가 그와 같이 초과하여 교부하지 아니하였을 것임은 경험칙상 명백하므로, 피고인이 매매잔금을 교부받기 전 또는 교부받던 중에 그 사실을 알게 되었을 경우에는 특별한 사정이 없는 한 피고인으로서는 피해자에게 사실대로 고지하여 피해자의 그 착오를 제거하여야 할 신의칙상 의무를 지므로 그 의무를 이행하지 아니하고 피해자가 건네주는 돈을 그대로 수령한 경우에는 사기죄에 해당될 것이지만, 그 사실을 미리 알지 못하고 매매잔금을 건네주고 받는 행위를 끝마친 후에야 비로소 알게 되었을 경우에는 주고받는 행위는 이미 종료되어 버린 후이므로 피해자의 착오 상태를 제거하기 위하여 그 사실을 고지하여야 할 법률상 의무의 불이행은 더 이상 그 초과된 금액 편취의 수단으로서의 의미는 없으므로, 교부하는 돈을 그대로 받은 그 행위는 점유이탈물횡령죄가 될 수 있음은 별론으로 하고 사기죄를 구성할 수는 없다고 할 것이다"[181]라고 판시하였다.

甲은 금액을 초과하는 돈을 교부받았다는 사실을 교부받기 전 또는 교부받던 중에 알았던 것이 아니라 교부받은 후에 알게 된 것이므로 고지의무가 없다. 따라서 부작위에 의한 사기죄는 성립하지 않는다. 다만 甲에 대해서는 점유이탈물횡령죄가 성립한다.

고의 또는 과실행위로 인하여 상대방의 착오가 유발된 경우에는 선행행위에 의한 작위의무가 발생한다.

[예 6] Rembrandt의 작품을 모사하는 화가 甲은 Rembrandt의 작품을 싸인까지 모사하여 이를 벽에 걸어 두었는데, 이를 본 그림 애호가 乙은 모사품을 진품으로 오인하여 5천만원에 팔라고 제의하였다. 甲은 乙이 자신의 모사품을 진품으로 착오하였다는 사실을 알았으면서도 乙의 제의를 수락, 매각하였다.
 (1) 甲의 죄책은?
 (2) 만일 甲이 진품만을 취급하는 화랑의 주인인데 乙이 그의 화랑에 있는 그림은 당연히 진품으로 알고 그림을 샀다면?
 (3) 만일 (2)에서 乙이 진품이냐고 묻자 甲이 고개를 끄떡였다면?

(1) 甲은 모사품에 싸인 까지 하여 乙의 착오를 과실로 야기하였으므로 乙에게 사실을 고지할 의무(선행행위로 인한 작위의무)가 있다. 따라서 甲이 사실을 고지하지 않고 계약을 체결한 것은 부작위에 의한 기망에 해당한다. 따라서 甲에 대해서는 사기죄가 성립한다.
(2) 그림을 상점에 진열한 행동에는 그 그림이 진품이라는 설명가치가 내포되어 있다. 따라서 이는 묵시적 기망행위로서 작위에 해당한다. 따라서 甲에 대해서는 사기죄가 성립한다.
(3) 고개를 끄떡이는 행동 자체는 긍정의 의사표시이며 따라서 이는 명시적 기망행위에 해

---
181) 대법원 2004. 5. 27. 선고 2003도4531 판결.

당한다. 따라서 甲에 대해서는 사기죄가 성립한다.

일반적 작위의무 외에도 학설과 판례는 조리(신의성실의 원칙)에 근거한 고지의무를 인정한다. 다만 조리에 의한 고지의무가 인정되기 위해서는 ① 불고지한 사항이 상대방에게 중요한 의미를 지녀야 하며(중요성요소), ② 진실을 고지하지 않는 것이 신의성실의 원칙에 반한다고 할 만한 특별한 사정이 있어야 한다. 여기서 '특별한 사정'은 예컨대 불고지가 상대방에게 현저한 손해를 야기하거나(손해요소), 상대방이 거래에 관하여 무경험이어서 오판을 할 위험이 있는 경우(무경험요소)를 말한다.[182]

[예 7] 중고차 상인 甲이 외관상 문제가 없어 보이는 중고차를 회사원 乙에게 무사고차량과 같은 가격으로 팔면서 그 것이 사고차량이었다는 사실을 말하지 않았다.
(1) 甲의 죄책은?
(2) 만일 (1)에서 甲이 그 차를 사고차량의 가격으로 판매하였다면 甲의 죄책은?
(3) 만일 (2)에서 乙이 사고차량이라는 사실을 당연히 알고 있다고 생각하여 고지하지 않았다면 甲의 죄책은?

(1) 甲이 乙에게 사고차량을 무사고차량과 같은 가격으로 판매한 행위에는 그 차가 무사고라는 설명가치가 내포되어 있으므로 묵시적 기망행위에 해당한다. 따라서 甲에 대해서는 작위에 의한 사기죄가 성립한다.[183]
(2) 甲이 사고차량이라는 사실을 고지하지 않은 것이 부작위에 의한 기망행위에 해당하는지가 문제된다. 고지의무가 인정되기 위한 요소(중요성요소, 손해요소, 무경험요소)를 모두 갖추었다고 볼 수 있으므로 甲에 대해서는 부작위에 의한 사기죄가 성립한다.
(3) 보증인 지위에 대한 착오는 사실의 착오로서 고의가 부정되므로 甲에 대하여 본죄는 성립하지 않는다.

② 피기망자의 착오

착오란 인식과 현실의 불일치를 말한다. 존재하는 사실이 존재하지 않는다고 오인한 소극적 착오나 이와는 반대로 존재하지 않는 사실을 존재한다고 오인한 적극적 착오가 이에 해당한다. 착오는 반드시 법률행위의 중요부분에 관한 것임을 요하지 않으며, 동기의 착오로도 족하다. 예컨대 용도를 속이고 돈을 빌리는 소위 차용사기(용도사기)의 경우에도 기망행위와 처분행위(차용금의 대여행위) 사이에 인과관계가 인정되는 이상은 사기죄가 성립한다.

기망행위와 착오 사이에 인과관계가 있어야 한다. 기망행위가 있었으나 상대방이

---

182) Wessels, BT-2, S. 120.
183) BGH NJW 67, 1222; Haft, BT-I, S. 90.

착오에 빠지지 않거나, 기망행위와 착오 사이에 인과관계가 없는 경우, 즉 기망행위와 관계없이 다른 이유로 인하여 착오에 빠진 경우에는 사기미수만이 성립한다.

[예 8] 70세의 노인 甲은 역 앞을 지나는 행인 乙에게 "지금 돈을 잃어버려서 고향에 갈 수가 없으니 차비 좀 달라"고 부탁하자 乙은 그의 말이 거짓인줄은 알고 있었으나 그를 측은히 여겨 돈을 주었다. 甲의 죄책은?

甲의 기망행위와 乙의 재산상 처분행위는 있었으나 그 처분행위는 기망에 의한 착오로 인한 것이 아니므로 인과관계가 부정된다. 따라서 甲에 대해서는 사기미수만이 성립한다.

기망은 인간의 이성에 대한 영향력의 행사가 있을 것을 요하므로 아무런 이성의 작용이 없는 순수한 무지(ignorantia facti)는 착오에 해당하지 않는다.

[예 9] 甲은 표를 구입하지 않고 영화관에 몰래 잠입하여 영화를 관람하였다.
(1) 甲의 죄책은?
(2) 만일 甲이 날짜가 지난 표를 제시하였는데 직원이 이를 알아차리지 못하고 입장하게 하였다면?

(1) 甲의 행위는 개표구 직원의 이성에 아무런 작용도 없었으므로 이는 순수한 무지로서 기망에 해당하지 않는다. 따라서 그에 대하여 사기죄는 성립하지 않는다. 다만 甲은 관리하는 건조물에 침입하였으므로 건조물침입죄가 성립한다.
(2) 甲의 행우에는 그 표가 유효한 것이라는 설명가치가 포함되어 있으므로 그의 행위는 묵시적 기망에 해당한다. 따라서 그에 대하여는 사기죄가 성립한다.

[판례 11] 타인의 일반전화를 무단으로 사용한 경우에 한국전기통신공사에 대한 사기죄가 성립하는가?

"사기죄가 성립하기 위하여는 기망행위와 이에 기한 피해자의 처분행위가 있어야 할 것인바, 타인의 일반전화를 무단으로 이용하여 전화통화를 하는 행위는 전기통신사업자인 한국전기통신공사가 일반전화 가입자인 타인에게 통신을 매개하여 주는 역무를 부당하게 이용하는 것에 불과하여 한국전기통신공사에 대한 기망행위에 해당한다고 볼 수 없을 뿐만 아니라, 이에 따라 제공되는 역무도 일반전화 가입자와 한국전기통신공사 사이에 체결된 서비스이용계약에 따라 제공되는 것으로서 한국전기통신공사가 착오에 빠져 처분행위를 한 것이라고 볼 수 없으므로, 결국 위와 같은 행위는 형법 제347조의 사기죄를 구성하지 아니한다 할 것이고, 이는 형법이 제348조의2를 신설하여 부정한 방법으로 대가를 지급하지 아니하고 공중전화를 이용하여 재산상 이익을 취득한 자를 처벌하는 규정을 별도로 둔 취지에 비추어 보아도 분명하다."[184] 요컨대 대법원은 사기죄가 성립하지 않는 이유로서 '기망행위에 해당한다고 볼 수 없다'는 점과 '착오에 의한 처분행위'가 없기 때문이라는 점을 들고 있다. '착오에 의한 처분행위' 이전에 행위자의 기망행위, 즉 인간의 이성에 대한 영향력의 행사 자체가 없었기 때문에 착오나 처분행위도 있을 여지가 없다. 따라서 이 사례에서는 기망행위 자체가 없으므로 사기죄는 성립하지 않는다.

③ 피기망자의 처분행위

피기망자의 처분행위는 구성요건에는 기술되어 있지 않지만(미기술적 구성요건요소) 본죄가 성립하기 위해서는 피기망자가 착오로 인하여 처분행위를 하여야 한다. 처분행위란 직접적으로 재산상의 손해를 초래하는 행위를 말한다. 처분행위는 작위는 물론 부작위에 의해서도 가능하다. 예컨대 채권자가 채무자의 기망에 의하여 자신의 채권이 소멸되었다고 착오하여 채무자에게 청구권을 행사하지 않는 경우가 여기에 해당한다.

[판례 12] 甲은 접속 후 매 30초당 정보이용료 1,000원이 부과되는 060 회선을 임차하여 휴대폰 사용자들인 피해자들에게 음악편지도착 등의 문자메세지를 무작위로 보내어 마치 아는 사람으로부터 음악 및 음성메세지가 도착한 것으로 오인하게 하여 통화버튼을 눌러 접속하게 한 후 정보이용료가 부과되게 하였다. 甲의 죄책은?

甲은 피해자들로 하여금 메시지가 도착한 것으로 오인하게 함으로써 피해자들을 기망하였으며, 피해자들은 통화버튼을 눌러 접속하는 행위를 함으로써 재산상의 손해를 발생케 하는 처분행위를 하였다. 따라서 甲에 대하여는 사기죄가 성립한다.[185]

[판례 13] 출판사 직원 甲은 책의 저자 乙로 하여금 실제 출판부수를 오신케 할 의도로 출판부수의 1/3 정도만 기재한 출고현황표를 피해자에게 송부함으로써 乙로 하여금 위 출고현황표에 기재된 부수가 실제 출판부수에 해당한다고 믿게 한 다음 실제 출판부수의 1/3 정도에 해당하는 인세만을 지급하고 그 차액을 지급하지 않았다. 甲의 죄책은?

처분행위는 작위는 물론 부작위에 의해서도 가능하다. 피기망자 乙이 甲의 기망행위에 의하여 그 청구권의 존재 자체를 알지 못하는 착오에 빠진 결과 이를 행사하지 못한 것은 '부작위에 의한 처분행위'에 해당하므로 甲에 대하여는 사기죄가 성립한다.[186]

처분행위가 성립하기 위해서는 피기망자에게 처분의사가 있을 것을 요하는가에 대하여는 견해가 일치하지 않는다.[187] 이익사기죄의 경우에는 처분의사를 요하지 않

---

184) 대법원 1999. 6. 25. 선고 98도3891 판결.
185) 대법원 2004. 10. 15. 선고 2004도4705 판결.
186) 대법원 2007. 7. 12. 선고 2005도9221 판결.
187) 여기에 관한 학설로는 처분의사가 있을 것을 요한다는 적극설(대법원1987. 10. 26. 선고 87도 1042 판결; 오영근, 각론, 468면), 객관적으로 손해를 초래할 수 있는 행위이면 족하며 처분의 사가 있을 것을 요하지는 않는다는 소극설, 이익사기죄의 경우에는 처분의사를 요하지 않지

지만 재물사기죄의 경우에는 처분의사를 요한다고 보는 견해(이원설)가 타당하다.

이익사기죄의 경우에 처분의사를 요구하면 처벌의 공백(아래의 판례 14 및 15))이 발생하므로 처분의사를 요하지 않는다고 보아야한다. 따라서 피해자의 부작위에 의한 처분행위, 즉 착오에 의하여 청구권을 행사하지 않는 경우에도 사기죄의 성립을 인정할 수 있다. 이 경우에도 처분의사를 요한다고 보는 견해에 의하면 피해자가 행위자의 기망에 의하여 청구권이 있다는 사실을 인식조차 하지 못하고 청구권을 행사하지 않은 경우에 사기죄의 성립이 부정되어 처벌의 공백이 발생하므로 타당하지 못하다.

[예 10] 기차역의 매표원 甲은 기차출발시간이 임박하여 급히 서둘러 표를 구입하는 여행객들에게 거스름돈을 500원씩 덜 건네주었다. 여행객들은 서둘러 기차를 타느라고 미처 거스름돈을 확인하지 않고 그대로 기차에 승차했다. 甲의 죄책은?

甲이 승객에게 거스름돈을 500원 적게 건네준 행위에는 거스름돈이 올바로 계산된 것이라는 설명가치가 포함되어 있으므로 그의 행위는 묵시적 기망행위에 해당한다. 승객들은 거스름돈이 부족하다는 사실과 자신에게 500원에 대한 청구권이 있다는 사실을 인식하지 못하여 청구권을 행사하지 않았다. 여행자들의 청구권은 법적으로는 존속하지만 거스름돈을 받는 자리에서 바로 행사하지 않으면 사실상 실현되기는 어려우므로 경제적 가치가 없다고 보아야 할 것이다. 따라서 여행객이 청구권을 행사하지 않은 처분행위는 직접적으로 재산상의 손해를 발생케 하였다고 할 수 있다.[188]

재물사기죄의 경우에 처분의사를 요구하지 않으면 책략절도와의 구분이 불명확해지므로 처분의사를 요한다고 보아야 한다.[189] 사기죄는 편취죄로서 행위자의 자유의사에 근거한 처분행위가 있다는 점에서 점유자의 의사에 반하여 재물을 탈취하는 절도죄와 구분된다. 만일 재물사기죄의 경우에도 처분의사를 요하지 않는다고 본다면 사기죄와 절도죄의 구분이 불명확해진다.

[예 10] 회사원 甲은 사장 F의 지시에 따라 회사원에게 지급할 월급을 은행에서 인출하여 나왔는데, 형사를 사칭한 乙이 그에게 접근하여 위조한 경찰신분증을 보여주면서 F에게 조세포탈의 혐의가 있어서 그 돈을 압수하겠으니 제출하라고 요구하였다. 乙이 먼저 F에게 물어보고 제출하겠다고 거절하자, 甲은 경찰서에 가서 모든 것을 설명하겠으니 경찰

만 재물사기죄의 경우에는 처분의사를 요한다고 보는 이원설(김일수/서보학, 각론, 431면 이하) 등이 있다. 그리고 적극설 내에서는 처분결과, 즉 손해의 발생에 대한 인식까지 요하는 견해(변경전 판례: 대법원 2001. 7. 13. 선고 2001도1289 판결)와 처분행위에 대한 인식으로 족하며, 처분행위에 따른 결과까지 인식할 것은 요하지 않는다는 견해가 있다(변경된 판례: 대법원 2017. 2. 16. 선고 2016도13362 전원합의체 판결).

188) RGSt 76, 82; Wessels, BT-2, S. 123.
189) 임웅, 각론, 394면 이하.

서로 가자고 요구하여 그와 함께 경찰서로 동행하였다. 甲은 乙과 함께 경찰서로 들어가 서장실 앞까지 와서 돈을 건네주고 그 앞에 있는 의자에 앉아 기다리다가 부르면 들어오라고 요구하자 甲은 乙의 요구대로 돈을 건네주고 의자에 앉아서 기다렸다. 그 사이에 乙은 돈을 가지고 비상구를 통해 달아났다. 乙의 죄책은?

乙의 행위가 사기죄와 절도죄 가운데 어디에 해당하는지가 문제된다. 양자의 구분은 피해자에게 자유의사에 근거한 처분행위가 있었는가의 여부에 의한다. 이 사례에서 乙이 甲에게 돈을 건데 준 행위가 자유의사에 의하여 이루어진 것이라면 甲에 대하여 사기죄가 성립할 것이다. 그러나 자유의사가 배제된 상태에서, 즉 피해자의 의사에 반하여 점유가 이전된 것이라면 절도죄가 성립할 것이다. 이 사례에서 甲은 경찰을 사칭한 자의 기망에 속아 자신이 경찰의 요구를 거절하는 것은 허용되지 않으며 또한 소용도 없다고 착오하여 乙에게 돈을 건네준 것이므로 그에게 자유의사에 근거한 처분행위는 없었다. 따라서 乙은 甲의 의사에 반하여 재물을 탈취한 것이므로 절도죄가 성립한다.190)

[판례 14] 甲은 乙로부터 전 3,379㎡를 대금 9,500만 원에 매수하기로 계약을 체결한 후 계약금 및 중도금으로 4,500만 원을 지급하고 나머지 잔금을 지급하지 않은 상태에서 사실은 乙로부터 부동산매도용인감증명서 및 등기의무자본인확인서면을 교부받더라도 이를 이용하여 위 부동산에 대한 형질변경 및 건축허가를 받는 데에 사용하지 아니하고 乙의 의사에 반하여 위 부동산을 자신의 명의로 소유권이전등기를 하는 데에 사용할 생각임에도 불구하고, 乙에게 "형질변경 및 건축허가를 받는 데에 부동산매도용인감증명서 및 확인서면이 반드시 필요하니 이를 나에게 건네주면 위 용도로만 사용하겠다"라고 거짓말하여, 이에 속은 乙로부터 즉석에서 부동산매도용인감증명서 및 등기의무자본인확인서면을 교부받은 후 이를 이용하여 위 부동산을 자신의 명의로 소유권이전등기를 경료하였다. 甲의 죄책은?

대법원은 "피고인이 피해자에게 부동산매도용인감증명 및 등기의무자본인확인서면의 진실한 용도를 속이고 그 서류들을 교부받아 피고인 등 명의로 위 부동산에 관한 소유권이전등기를 경료하였다 하여도 피해자의 위 부동산에 관한 처분행위가 있었다고 할 수 없을 것"이라는 이유로 사기죄의 성립을 부정하였다.191)

乙은 甲에게 소유권이전등기를 경료하려는 의사 없이 부동산매도용인감증명서 및 등기의

---

190) BGHSt 18, 221; Wessels, BT-2, S. 141. 이 사안과 같이 피해자가 압수행위를 묵인한 경우에 자의에 의한 재물점유의 이전이 있었기 때문에 사기죄가 성립한다는 반대견해(김일수/서보학, 각론, 418면)가 있다.
191) 대법원 2001. 7. 13. 선고 2001도1289 판결. 같은 취지에서 "진실한 용도를 속이고 피해자로부터 그 인감도장을 교부받아 이 사건 부동산에 관한 소유권이전등기절차에 필요한 관계서류를 작성하여 그 명의로 소유권이전등기를 마쳤다 하여도 피해자의 처분행위가 있었다고 할 수 없다"는 이유로 사기죄의 성립을 부정한 판례에 관하여는 대법원 1990. 2. 27. 선고 89도335 판결 참조.

무자본인확인서면을 건네 준 것이므로, 즉 처분결과를 인식하지 못하였으므로 부동산에 대한 처분의사는 없었다.192) 따라서 사기죄는 성립하지 않으며, 다만 甲이 등기소의 공무원에게 허위사실을 신고하여 위 부동산에 대하여 근저당설정등기를 완료한 행위는 공정증서원본부실기재죄에 해당한다. 그러나 이익사기죄의 성립에 처분의사를 요하지 않는다는 견해에 의하면 사기죄가 성립한다.

이러한 판례의 견해는 아래의 [판례 15]에 의하여 변경되었다. 변경된 판례에 의하면 피기망자는 처분결과, 즉 소유권이전등기가 경료된다는 사실은 인식하지 못했지만, 자신의 행위에 대한 인식, 즉 서류를 교부한다는 사실에 대한 인식은 있었으므로 처분의사가 인정되며 따라서 사기죄가 성립한다고 볼 것이다.

[판례 15] 甲은 토지거래허가 등에 필요한 서류라고 속여서 토지의 매도인인 피해자 乙로 하여금 근저당권설정계약서 등에 서명·날인하게 하고, 피해자의 인감증명서를 교부받은 다음, 이를 이용하여 위 피해자 소유의 위 각 토지에 관하여 피고인을 채무자로 하여 채권최고액 합계 10억 5,000만 원인 근저당권을 丙에게 설정하여 주고, 7억 원을 차용하였다. 甲의 죄책은?

대법원은 이전에는 처분의사는 처분결과에 대한 인식을 요한다고 보았으나 이 판례에서 기존의 입장을 다음과 같이 변경하였다: "비록 피기망자가 처분행위의 의미나 내용을 인식하지 못하였더라도, 피기망자의 작위 또는 부작위가 직접 재산상 손해를 초래하는 재산적 처분행위로 평가되고, 이러한 작위 또는 부작위를 피기망자가 인식하고 한 것이라면 처분행위에 상응하는 처분의사는 인정된다. 다시 말하면 피기망자가 자신의 작위 또는 부작위에 따른 결과까지 인식하여야 처분의사를 인정할 수 있는 것은 아니다." 이 사례에서 피기망자는 자신의 행위, 즉 근저당권설정계약서 등에 서명·날인한다는 사실은 인식하였으므로 처분의사가 인정되며, 처분결과, 즉 근저당권설정에 대한 인식이 없다는 사실은 처분의사의 성립에 지장이 없다. 따라서 甲에 대하여는 사기죄가 성립한다.193)

이러한 견해는 이익사기죄의 성립에 처분의사를 요하지 않는다는 견해와 결론에서 차이가 없다.

기망행위로 인한 착오와 처분행위 사이에는 인과관계가 있어야 한다. 즉 처분행위는 착오로 인한 것이어야 하며, 만일 착오가 없었더라도 다른 이유로 처분행위를 하였을 것이라고 인정되면 사기죄는 성립하지 않는다.

[판례 16-1] 甲은 경매방해 등 죄로 징역 1년 6월의 실형을 선고받고 대법원에 상고 중에 있었는데, 乙에게 사실은 대법관에게 로비자금으로 쓸 의사가 없음에도 "대법원에는

---

192) 같은 취지: 대법원1987. 10. 26. 선고 87도1042 판결.
193) 대법원 2017. 2. 16. 선고 2016도13362 전원합의체 판결.

판사가 많기 때문에 로비자금이 많이 필요하고 상고기각되더라도 착수금만 제외하고 나머지 돈은 다 돌려받을 수 있으니 1억 5천만 원만 빌려 달라"고 거짓말을 하였다. 자신 소유의 호텔이 경매에 처하는 등의 어려운 상황에 처해 있었던 乙은 만약 대법원에서 무죄가 나오지 않으면 甲은 형의 집행을 받기 위하여 교도소에 수감되어야 하는데, 그렇게 되면 甲이 그 동안 추진하여 호텔의 매매계약이 성사되지 않을 것을 염려하여 액면금 1억 5천만 원인 약속어음 1매를 교부하였다. 甲의 죄책은?

대법원은 "사기죄의 실행행위로서의 기망은 반드시 법률행위의 중요 부분에 관한 허위표시임을 요하지 아니하고, 상대방을 착오에 빠지게 하여 행위자가 희망하는 재산적 처분행위를 하도록 하기 위한 판단의 기초가 되는 사실에 관한 것이면 충분하므로 용도를 속이고 돈을 빌린 경우에 만일 진정한 용도를 고지하였더라면 상대방이 빌려 주지 않았을 것이라는 관계에 있는 때에는 사기죄의 실행행위인 기망은 있는 것으로 보아야 할 것이다"라고 판시하고 이어서 "피고인(甲)은 피해자(乙)의 이러한 상태를 이용하여 소송비용 등을 빌미로 자신의 사업자금에 사용하기 위하여 피해자로부터 위 금원을 차용한 것으로 보여지는 바, 사정이 위와 같다면 피고인은 용도를 속이고 돈을 빌린 것으로 보여지고 만약 진정한 용도를 고지하였으면 당시 자신 소유의 호텔이 경매에 처하는 등의 어려운 상황에 처해 있었던 피해자가 피고인에게 금 1억 5천만 원이나 되는 약속어음을 선뜻 빌려 주지 않았을 것으로 추단되므로 피고인의 이러한 행위는 사기죄에 있어서 기망에 해당한다"고 보아 甲에 대하여 사기죄의 성립을 인정하였다.194)

[판례 16-2] 甲은 乙에게 대림철강으로부터 철근 400톤을 월부로 구입하는데 교제비가 필요하니 빌려달라고 거짓말을 하였다. 乙은 철근 구입이 실현되지 않을 때에는 고율의 달러이자를 붙여 받기로 하고 甲에게 도합 40만원을 대여하였다. 甲의 죄책은?

사기죄가 성립하기 위해서는 甲의 기망행위와 乙의 처분행위 사이에 인과관계가 있어야 한다. 그러나 甲이 돈의 용도에 대하여 기망을 하지 않았더라도 乙은 어차피 다른 이유로 돈을 빌려주었을 것이므로 기망으로 인한 착오와 처분행위 사이에 인과관계가 부정된다. 따라서 甲에 대하여 사기죄가 성립하지 않는다.

대법원도 "피고인(甲)이 말한 차용금 용도의 목적이 실현 안 되더라도 어차피 금원을 대여하기로 합의하여 이를 교부한 이상, 피고인이 말한 위 차용금 용도가 거짓이었다고 하여도 이 기망행위와 위 피해자(乙)의 재산적 처분행위와 사이에는 상당인과관계가 있다고 보기 어렵고, 위와 같이 위 금원이 차용금에 불과하다면 피고인이 당초부터 변제할 의사와 능력이 없이 차용한 것이라고 인정되지 않는 한 사기죄를 구성한다고 볼 수 없을 것"195)이라고 판시하였다.

---

194) 대법원 1995. 9. 15. 선고 95도707 판결.
195) 대법원 1984. 1. 17. 선고 83도2818 판결.

착오로 인한 처분행위는 직접적으로 재산상의 손해를 발생시켜야 한다(처분효과의 직접성). 따라서 처분행위와 재산상의 손해발생 사이에 추가적 행위가 개입한 경우에는 본죄가 성립하지 않는다.196)

* 삼각사기와 절도죄의 간접정범의 구분

피기망자와 처분행위자는 동일인이어야 하지만, 피기망자와 피해자는 동일인이 아니어도 사기죄가 성립할 수 있다(삼각사기). 다만 처분행위자는 피해자의 재산을 처분할 수 있는 '사실상 지위'에 있어야 한다(지위설).197) 이를 위해서는 처분행위자가 피해자와 사실상의 근접관계에 있어야 한다. 이는 처분행위자가 피해자의 영역 내에 있는가 아니면 선의의 국외자인가에 의하여 판단한다. 피기망자가 피해자의 재물을 기망자에게 교부하였더라도 피해자의 재물을 처분할 사실상의 지위에 있지 아니한 때에는 사기죄가 성립하지 않으며, 다만 간접정범에 의한 절도죄가 성립한다.

[예 11] 甲은 乙의 집에 찾아가서 乙의 부인 丙에게 자기가 乙 사장의 회사직원인데 乙의 심부름으로 서류가방을 가지러 왔다고 거짓말을 하자 丙은 아무런 의심 없이 서류가방을 건네주었다. 甲의 죄책은?

서류가방에 대한 공동점유자인 부인 丙은 하자있는 의사에 의하여 이를 건네주었으므로 (양해) 간접정범에 의한 절도죄는 성립하지 않는다. 그러나 丙은 乙의 재산을 사실상 처분할 수 있는 지위에 있는 자로서 기망에 의하여 서류가방을 교부하였으므로 사기죄가 성립한다. 만일 법적 권한설에 의한다면 丙은 乙의 재산을 처분할 법적 권한은 없으므로 사기죄는 성립하지 않는다.

[예 12] 甲은 乙의 집 앞에 있는 乙 소유의 가방을 절취하기 위하여 택시기사 丙에게 자기의 가방이니 가져다 달라고 부탁하자 丙은 그 가방을 가져와 트렁크에 실었다. 甲의 죄책은?

丙은 乙의 재산을 처분할 지위에 있지 않으므로 사기죄가 성립하지 않고 다만 간접정범에 의한 절도죄만 성립한다.

[판례 17] 甲은 1990.12.말경 자신이 경영하던 ○○철망에서 그 거래처인 A 주식회사에 대한 채무연체액이 금 25,486,000원에 이르러 더 이상 철망을 공급받지 못하고 있음에도 불구하고, 乙이 丙을 통하여 피해자 丁으로부터 그녀 소유인 이 사건 토지를 타인에게 담보로 제공하여 4천만 원을 마련해 주기로 하는 부탁을 받고 그 처분권한과 함께 피해자의 인감증명서와 인감도장 등을 받아 가지고 있음을 알고 위 乙에게 이 사건 토지를 회사에 담보로 제

---

196) 예컨대 제7장 제2절 (판례 17-1) 참조.
197) 반대견해: 계약관계설(배종대, 각론, 475면)과 법적 권한설. 판례(대법원 1991.1.11. 선고 90도2180 판결; 1989.7.11. 선고 89도346 판결; 1994. 10. 11. 선고 94도1575판결)는 지위설의 입장을 취하고 있다.

공하여 동업을 하면 1월 내에 4천만 원을 뽑을 수 있다는 등으로 기망하여 동인으로 하여금 1991.1.25. 이 사건 토지에 관하여 채권자를 소외 회사, 채무자를 피고인, 채권최고액을 금 4천만 원으로 하는 근저당권설정계약을 체결하게 하고 같은 해 1.29. 그 근저당권설정등기를 경료하게 하여 그 담보액 상당의 재산상 이익을 편취하였다. 甲의 죄책은?

피기망자는 피해자의 인감증명서와 인감도장 등을 보관하고 있는 乙이고 피해자는 토지소유자 丁이므로 삼각사기가 문제된다. 원심법원은 乙이 丁을 위하여 "이 사건 토지를 처분하거나 담보를 설정할 어떠한 권한이나 지위"를 가지고 있지 않으므로 사기죄는 성립하지 않는다고 보았다. 이는 법적 권한설에 따른 것으로 보인다.

이에 대하여 대법원은 "피해자를 위하여 재산을 처분할 수 있는 권능이나 지위라 함은 반드시 사법상의 위임이나 대리권의 범위와 일치하여야 하는 것은 아니고 피해자의 의사에 기하여 재산을 처분할 수 있는 서류 등이 교부된 경우에는 피기망자의 처분행위가 설사 피해자의 진정한 의도와 어긋나는 경우라고 할지라도 위와 같은 권능을 갖거나 그 지위에 있는 것"이라는 이유로 사기죄가 성립한다고 보았다.[198] 이 견해는 지위설의 입장이다.

* 소송사기

소송사기도 삼각사기의 일종이다. 소송사기란 허위의 사실을 주장하거나 허위의 증거를 제출함으로써 법원을 기망하여 자기에게 유리한 판결을 받아내어 패소한 자로부터 재물의 교부를 받거나 재상상의 이득을 취하는 것을 내용으로 하는 범죄이다. 여기서도 피기망자는 법원이고 피해자는 패소한 자이므로 삼각사기라고 할 수 있다. 본죄가 성립여부를 검토함에 있어서 다음의 요건에 유의하여야 한다.

㉠ 법원의 판결은 삼각사기에서 피기망자의 처분행위에 해당하므로 소송사기가 성립하기 위해서는 그 판결의 효력발생이 요구된다. 따라서 판결의 효력이 당사자들 사이에만 미치고 제3자인 재물소유자에 대하여는 미치지 않는 경우, 판결이 당연무효인 경우에는 소송사기가 성립하지 않는다.

[판례 18] 판결의 효력이 당사자들 사이에만 미치고 재물소유자에 대하여는 미치지 않는 경우

甲은 (1) 乙과 공모하여 원래 乙의 망 조부 A의 소유였으나 현재는 B가 소유경작하는 부동산에 대하여 그 등기부가 6.25때 멸실된 후 회복등기가 되어 있지 않음을 기화로 서울지방법원 의정부지원에 乙을 상대로 甲이 위 각 토지의 2/10지분을 매수하였음을 원인으로 한 지분이전등기 청구소송을 제기하고 乙은 고의로 재판기일에 불출석함으로써 그 청구가 진실한 것으로 오신한 법원으로 하여금 의제자백에 의한 승소판결을 선고하게 하였다. 그리고 (2) 포천등기소에 위 판결에 기하여 위 토지에 대한 乙 명의의 소유권보존등기와 甲 명의의 지분이전등기를 신청하여 그 정을 모르는 등기공무원으로 하여금 등기부에 신청내용대로의

---

198) 대법원 1994. 10. 11. 선고 94도1575 판결.

불실의 기재를 하게하고 그 등기부를 등기소에 비치게 하였다. 甲의 죄책은?199)

(1) 법원을 기망하여 승소판결을 받은 행위
甲이 법원을 기망하여 승소판결을 받은 행위가 소송사기에 해당하는지가 문제된다. 이 점에 대하여 대법원은 "甲이 乙과 공모하여 乙을 상대로 제소하고 乙은 일부러 변론기일에 불출석함으로써 의제자백의 판결을 받은 것이라면 위 판결에 기한 지분이전등기는 소송상대방인 乙의 의사에 부합한 것으로서 동인으로부터 위 부동산을 편취한 것이라고 볼 수는 없을 것이다"라고 함으로써 사기죄의 성립을 부정하였다. 대법원은 판결의 효력이 甲과 乙 당사자 사이에만 미치고 제3자인 부동산소유자 B에 대하여는 미치지 않으므로 甲과 乙이 B의 부동산을 편취한 것이 아니라고 본 것이다.

(2) 등기공무원으로 하여금 등기부에 부실의 사실을 기재하게 한 행위
① 공정증서원본부실기재 및 동행사죄
甲이 등기공무원에게 허위사실을 신고하여 그로 하여금 등기부에 부실의 사실을 기재하게 한 행위는 공정증서원본부실기재죄의 객관적 구성요건에 해당한다. 만일 甲이 그 부동산의 소유자가 乙이 아니라는 사실을 알았다면 그에 대하여는 공정증서원본부실기재죄가 성립한다. 그리고 그 등기부를 등기소에 비치게 한 행위는 동행사죄에 해당한다. 그리고 양 죄는 실체적 경합관계에 있다.

② 사기죄
甲, 乙이 등기공무원을 기망하여 乙 명의의 소유권보존등기를 경료한 행위는 삼각사기에 해당하지 않는다. 삼각사기가 성립하기 위해서는 피기망자가 피해자의 재산을 사실상 처분할 수 있는 지위에 있을 것을 요하는데, 등기공무원은 이러한 지위에 있지 못하므로 그가 등기부에 부실의 사실을 기재한 행위는 사기죄에서 말하는 처분행위에 해당하지 않는다.

[판례 19] 타인 명의의 소유권보존등기 및 이전등기의 말소등기 소송을 제기한 경우
甲은 서울민사지방법원에 원고 乙 명의로 A 등 6인을 상대로 동인들 명의의 소유권보존등기 및 이전등기가 마쳐진 부동산에 대하여 위 부동산은 乙의 소유라는 이유로 위 각 등기의 말소를 구하는 허위내용의 소장을 제출함으로써 법원을 기망하여 위 부동산을 편취하려고 하였으나 A 등 6인이 응소하자 승소가망이 없다고 생각하여 그 소를 취하하였다. 甲의 죄책은?200)

소송사기가 성립하기 위해서는 행위자가 피기망자의 처분행위, 즉 법원의 승소판결에 의하여 재물을 교부받거나 재산상의 이익을 취득할 것을 요한다. 소유권보존등기의 말소를 구하는 소송을 제기한 것이 사기의 실행의 착수에 해당하는가에 대하여 대법원은 "乙이 승소한다고 가정하더라도 등기명의인들의 등기가 말소될 뿐이고 이로써 원고 乙이 위 부동산에

---

199) 대법원 1983.10.25. 선고 83도1566 판결.
200) 대법원 1983.10.25. 선고 83도1566 판결.

대하여 어떠한 권리를 회복 또는 취득하거나 의무를 면하는 것은 아니므로 법원을 기망하여 재물이나 재산상 이익을 편취한 것이라고 볼 수 없을 것"이므로 "말소등기 청구소송의 제기만으로는 사기의 실행에 착수한 것이라고 할 수 없음이 명백하다"고 판단하였다.

그러나 이러한 대법원의 견해는 그 후에 변경되었다. 대법원의 변경된 판례[201]에 의하면 보존등기 말소를 명하는 내용의 승소판결이 확정되면 행위자는 "이에 터 잡아 언제든지 단독으로 상대방의 소유권보존등기를 말소시킨 후 위 판결을 부동산등기법 제130조 제2호 소정의 소유권을 증명하는 판결로 하여 자기 앞으로의 소유권보존등기를 신청하여 그 등기를 마칠 수 있게 되므로, 이는 법원을 기망하여 유리한 판결을 얻음으로써 '대상 토지의 소유권에 대한 방해를 제거하고 그 소유명의를 얻을 수 있는 지위'라는 재산상 이익을 취득한 것"이라고 판시하였다. 따라서 이 변경된 견해에 의하면 보존등기 말소를 명하는 내용의 승소판결이 확정된 때가 사기의 기수시점이며, 말소등기 청구소송을 제기한 시점이 사기의 실행에 착수한 때이다. 따라서 변경된 판례에 의하면 甲에 대하여는 사기미수죄가 성립한다.

[판례 20] **사자를 상대로 제소한 경우**
사자나 그 상속인에 대하여는 판결의 효력이 미치지 않으므로 소송사기는 성립하지 않는다.[202]

[판례 21] **화해의 신청(화해조서의 작성)**
미등기토지를 편취할 목적으로 허위의 매매를 원인으로 하는 소유권이전등기절차이행의 소를 제기하여 소송진행 중 쌍방 소송대리인들이 화해한 것처럼 가장하여 재판부로 하여금 소송상 화해조서를 작성작성케 한 경우, 화해조서의 효력은 소송당사간에만 미치고 제3자인 토지소유자에게는 효력이 없으므로 소송사기에 해당하지 않는다.[203]

[판례 22] **가압류·가처분의 신청**
강제집행의 보전절차에 지나지 않으며 청구의 의사를 표시한 것으로 볼 수 없다.[204]

[판례 23-1] **지급명령신청**
기한 미도래의 채권을 소송에 의하여 청구함에 있어서 기한의 이익이 상실되었다는 허위의 증거를 조작하는 등의 적극적인 사술을 사용하지 아니한 채 단지 즉지 지급을 구하는 취지의 지급명령신청은 법원을 기망하여 부당한 이득을 편취하려는 기망행위에 해당하지 아니한다.[205]

---

201) 대법원 2006.4.7. 선고 2005도9858 전원합의체 판결.
202) 대법원 1986. 10. 28. 선고 84도2386 판결; 대법원 1987. 12. 22. 선고 87도852 판결.
203) 대법원 1987. 8. 18. 선고 87도1153 판결.
204) 대법원 1982. 10. 26. 선고 82도1529 판결.

[판례 23-2] 허위의 채권으로 지급명령을 신청한 경우

피고인이 타인명의로 제3자를 상대로 법원을 기망하여 지급명령과 가집행선고부 지급명령을 발부받고 이를 채무명의로 하여 채무자의 제3채무자에 대한 정기예금 원리금 채권에 대하여 채권압류 및 전부명령을 하게하고 송달시켜 위 채권을 전부(轉付)받아 편취한 경우에는 그로서 사기죄는 기수에 이르렀다 할 것이고 …206)

지급명령은 독촉절차이나 채무자가 이의신청을 하면 소를 제기한 것으로 간주되고, 이의 신청이 없거나 각하되면 집행력을 갖게 되므로(민소법 제444조, 제445조) 이로 인하여 채무자가 재산상의 손해를 입은 때에는 본죄가 성립한다. 따라서 허위의 채권으로 지급명령을 신청하여 가집행선고부지급명령에 의하여 채권압류 및 전부명령을 받은 때에는 사기죄의 기수가 성립한다.

ⓒ 허위사실의 주장에 대한 인식이 있어야 한다. 따라서 단순히 사실을 잘못 인식했거나 법률적인 평가를 잘못하여 채권이 존재한다고 오인하여 제소한 때에는 본죄는 성립하지 않는다.207) 만일 이 경우에도 소송사기가 성립한다고 본다면 민사소송에서 패소한 원고의 상당수가 소송사기죄로 처벌될 우려가 있기 때문이다.

ⓒ 미수 및 기수: 실행의 착수시기는 제소한 때, 즉 법원에 소장을 제출한 때이다. 그리고 소송사기의 기수시기는 승소판결이 확정된 때이다. 승소판결을 받고 확정판결에 의하여 소유권이전등기를 경료한 경우에는 사기죄와 공정증서원본부실기재죄(제228조) 및 동행사죄의 실체적 경합이 성립한다.208)

④ 전체 재산상의 손해발생

피해자가 처분행위로 인하여 재산상 손해가 발생하였더라도 상당한 대가를 지급받아 전체 재산상에 손해가 없는 경우에도 사기죄가 성립하는가에 대하여 판례와 학설의 견해가 일치하지 않는다. 다수설은 사기죄가 성립하기 위해서는 전체 재산상의 손해가 발생할 것을 요한다고 한다.209) 이에 대하여 판례는 처분행위로 인하여 재산상 손해가 발생하면 사기죄가 성립하며 상당한 대가가 지불되어 전체 재산상 손해가 없더라도 사기죄의 성립에는 지장이 없다고 보며,210) 재산상 손해액수도 피해자로부터 교부된 재물의 가치로부터 그 대가를 공제한 차액이 아니라 '교부받은 재물 전

---

205) 대법원 1982. 7. 27. 선고 82도1160 판결.
206) 대법원 1977. 1. 11. 선고 76도3700 판결.
207) 대법원 2004. 3. 12. 선고 2003도333 판결. 같은 취지의 판례로는 대법원1995. 4. 21. 선고 95도357 판결; 1992. 2. 25. 선고 91도2666 판결; 1982. 9. 28. 선고 81도2526 판결 등이 있다.
208) 대법원 1983. 4. 26. 선고 83도188 판결.
209) 다수설: 김일수/서보학, 각론, 432면; 배종대, 각론, 479면. 이에 대하여 사기죄의 성립을 위하여 현실적인 손해가 발생할 것을 요하지 않는다는 견해는 오영근, 각론, 408면.
210) 대법원 1982. 6. 22. 선고 82도777 판결.

부'라고 한다.211) 사기죄는 재산범의 성질을 갖고 있으므로 전체 재산상의 손해발생을 요건으로 하는 보는 다수설이 타당하다.

[판례 24] 甲은 자기소유의 부동산(대지와 지상건물)을 매매함에 있어 그 대지가 자연 녹지지역 내에 있는 토지임에도 주거지역이라고 乙을 기망하여 매매계약을 체결하고 계약금, 중도금으로 700만원을 교부받았다. 그 당시 부동산의 매매가격은 그 당시의 거래실정에 비추어 정당한 가격이었다. 甲의 죄책은?

대법원은 "사기죄는 타인을 기망하여 그로인한 하자있는 의사에 기하여 재물의 교부를 받거나 재산상의 이익을 취득함으로써 성립되는 범죄로서 그 본질은 기망행위에 의한 재물이나 재산상 이익의 취득에 있는 것이고 상대방에게 현실적으로 재산상 손해가 발생함을 요건으로 하지 아니하는 것이므로 기망수단을 써서 상대방을 착오에 빠뜨리고 재물의 교부를 받아 편취하면 그 재물의 가치에 상당한 대가를 제공하여 피기망자에게 재산상의 손해를 주지 아니하였다 해도 사기죄의 성립에는 영향이 없는 것이다"라고 함으로써 사기죄의 성립을 인정하였다.212)

[판례 25] 의사면허가 없는 甲은 면허를 가진 의사라고 병원경영주 乙을 기망하여 내과과장으로 취업한 후 위 병원에서 11개월간 근무하면서 많은 환자들을 진료하는 등의 기술과 노동을 제공하고, 그 월급으로 합계 금 29,700,000원을 받았다. 甲의 죄책은?

대법원은 "사기죄에 있어서는 기망으로 인한 재물교부가 있으면 그 자체로써 피해자의 재산침해가 되어 이로써 곧 사기죄가 성립하는 것이고, 상당한 대가가 지불되었다거나 피해자에게 전체 재산상의 손해가 없다 하여도 사기죄의 성립에는 영향이 없다"고 한다. 따라서 甲이 그 취업기간 동안에 내과전문의에 상당하는 의료기술을 가지고 진료행위를 하였고 이로 인하여 병원을 경영하는 乙이 많은 의료수가를 받게 되어 전체 재산상 손해가 없더라도 사기죄가 성립한다고 보았다.213)

재산상의 손해는 전체 재산가치의 감소를 말한다. 현실적으로 재산감소가 있는 경우는 물론 재산상태의 악화, 즉 재산가치에 대한 구체적 위험도 이에 해당한다.

[예 13-1] 甲은 乙의 오토바이를 절취하여, 그 오토바이가 자기의 것인 양 속이고 丙에게 매각하였다. 甲의 죄책은?

오토바이는 도품으로서 丙은 소유권을 선의취득하지 못하므로 재산상의 손해가 발생하였다. 따라서 丙에 대하여는 절도죄와 사기죄의 경합범이 성립한다.

---

211) 대법원 1995. 3. 24. 선고 95도203 판결.
212) 대법원 1985. 11. 26. 선고 85도490 판결.
213) 대법원 1982. 6. 22. 선고 82도777 판결.

[예 13-2] 만일 위의 (예 13-1)에서 그 오토바이가 횡령물이라면 甲의 죄책은?

丙은 그 오토바이를 선의취득할 수 있다. 그러나 이전의 소유자 乙은 丙이 악의였다고 주장하여 소유물반환을 요구할 가능성이 있다. 이는 재산에 대한 구체적 위험으로서 현실적인 재산감소는 아니더라도 재산상의 손해에 해당한다. 따라서 甲에 대하여는 사기죄가 성립한다.[214]

(2) 주관적 구성요건

본죄의 주관적 구성요건은 고의 및 불법이득의 의사이다. 고의는 객관적 구성요건요소, 즉 기망행위, 피기망자의 착오, 착오로 인한 처분행위, 손해의 발생 등에 대한 인식이 있어야 하며 미필적 고의로 족하다. 이익의 취득은 객관적 구성요건요소가 아니므로 이에 대한 인식은 고의에 속하지 않는다. 다만 이익의 취득에 대한 의사는 후술하는 불법이득의사에 속한다.

불법이득의 의사란 행위자가 자기 또는 제3자에게 불법한 재산상의 이익을 취득하게 하려는 의사를 말한다. 여기서 행위자가 취득한 이익과 피해자의 손해 사이에는 자료동일성(직접적 관계)이 있어야 한다. 즉 행위자가 취득한 이익이 피해자의 처분행위로 인한 손해를 통하여 직접적으로 취득한 것이어야 한다. 그러나 이익과 손실이 동일한 물건이거나 동가치일 것을 요하지는 않는다.

[예 14] 甲은 이웃집 개가 매일 밤마다 시끄럽게 짖어대자 수의사 乙에게 개를 죽이면 사례금을 주겠다고 제의했다. 수의사 乙은 개주인 丙에게 개가 광견병에 걸려 매우 위험하므로 안락사를 시켜야 한다고 권하였다. 丙은 乙의 말을 믿고 이에 동의하였으며 乙은 개를 안락사시켰다. 乙의 죄책은?

乙에 대하여 손괴죄 외에 사기죄가 성립하는가에 대하여 살펴보자. 乙은 丙을 기망하여 개를 죽임으로써 甲으로부터 재물(사례금)을 취득하였다. 그러나 乙이 받은 사례금은 피기망자 丙의 재산상의 손실로 인하여 직접적으로 취득한 것이 아니라 개를 죽인 대가로 취득한 것이므로 자료동일성이 없다. 따라서 사기죄는 성립하지 않는다.

[예 15] 냉장고 외판사원 甲은 판매수익을 얻기 위하여 乙을 기망하여 냉장고 매매계약을 체결하였다. 그리고 乙은 기망에 의하여 체결한 계약을 회사에 실적을 올린 것으로 보고하여 회사 A로부터 수수료를 취득하였다. 甲의 죄책은?

(1) 먼저 甲과 乙의 관계에서 사기죄(자기를 위한 사기)가 성립하는가를 살펴보기로 한다.
   甲이 취득한 재산상의 이익(수수료)은 乙의 처분행위로 인한 손해를 통하여 직접적으로 취득한 것이 아니므로 사기죄는 성립하지 않는다.

---

214) BGHSt 15, 83.

(2) 甲과 회사 A의 관계에서 사기죄(자기를 위한 사기)가 성립하는가를 살펴보기로 한다. 甲은 기망에 의하여 계약을 체결한 사실을 숨기고 회사를 기망하여 수수료를 받았으며, 피해자 乙의 손실과 행위자 甲의 이익간의 자료동일성은 인정되므로 사기죄는 성립한다.

(3) 甲, 乙, 회사 A의 관계에서 사기죄(타인을 위한 사기)가 성립하는가를 살펴보기로 한다. 甲은 乙을 기망하여 회사 A로 하여금 재산상의 이익을 취득케 하였으며, 피해자 乙의 손해로 인하여 회사 A가 이익을 직접적으로 취득하였으므로 자료동일성은 인정되며 따라서 사기죄는 성립한다. 乙에 대한 사기죄와 회사 A에 대한 사기죄는 상상적 경합의 관계에 있다.[215]

그리고 이익의 취득은 불법이어야 한다. 즉 행위자가 피해자에 대하여 청구권이 없어야 한다. 따라서 행위자가 피해자에 대하여 재물의 교부 또는 재산상의 이익을 취득할 권리가 있는 때에는 불법이득의사가 결여되므로 사기죄는 성립하지 않는다. 즉 기망행위가 권리행사를 위한 수단으로 행해진 경우에는 사기죄는 성립하지 않는다. 이에 대하여 판례는 기망행위가 사회통념상 권리행사의 수단으로서 용인할 수 있는 정도를 넘는 경우에는 그 행위 전체가 위법한 것이 되어 사기죄가 성립한다고 한다.[216] 예컨대 차용증을 분실하여 채권을 입증하기가 곤란하자 허위로 차용증을 위조하여 이를 법원에 증거로 제출하여 승소판결을 받은 경우 차용증 위조가 권리의 행사를 위한 것이라 하더라도 사회통념상 권리행사의 수단으로서 용인할 수 있는 정도를 넘어선 권리남용으로서 위법하다고 할 것이다.

[판례 26] 甲은 자신에 대한 乙의 금 30,000원의 채무를 보증한 사실이 있는 丙으로부터 그 보증채무의 변제를 받기 위하여 자신이 위조한 丙의 위임장을 공증인에게 제시 행사함으로써 그 위조의 정을 모르는 공증인으로 하여금 丙의 보증채무인 대부원금 및 그에 대한 연체이자와 공정증서 작성비용 등을 합산한 계금 52,000원에 대하여 동인명의의 그 채권에 관한 공정증서를 작성케 한 후 그 공정증서를 법원에 제출하여 법원으로부터 그 증서에 의한 丙 소유의 전화가입권의 압류 및 양도명령을 받게 되었다. 甲의 죄책은?

원심법원은 '甲의 행위는 丙으로부터 전기보증채권의 만족을 위한 권리의 행사에 해당되는 것이었다고 할 것이니만큼, 그 권리행사의 수단인 전시 위임장의 위조와 동행사에 관한 행위는 범죄가 된다 할지라도 재물취득자체는 범죄를 구성하지 않는다'는 이유로 사문서위조 및 동행사죄의 성립은 인정하였으나, 사기죄의 성립은 부정하였다.

이에 대하여 대법원은 "기망행위를 수단으로 한 권리행사의 경우라 할지라도 그 권리행사에

---

215) Arzt/Weber, BT, LH 3, S. 171.
216) 대법원 1969. 12. 23. 선고 69도1544 판결; 대법원 1982. 9. 14. 선고 82도1679 판결; 대법원 1982. 5. 25. 선고 82도483 판결.

속하는 행위와 그 수단에 속하는 기망행위를 전체적으로 관찰하여 그와 같은 기망행위를 사회통념상 권리행사의 수단으로서 용인할 수 있는 것이었다면 그중 권리행사 자체에 속하는 행위만은 범죄를 구성하지 않는 정당행위였다고 할 수 있을 것이나, 그 정도를 넘는다면(사회관념상 그러한 수단에 의한 권리행사를 용인할 수 없다고 평가되는 경우)그 행위 전체가 위법한 것이 되며 따라서 권리행사에 속하는 행위로 사기죄를 구성한다"고 보았다.217)

[판례 27] 丙은 1980. 7. 1 甲에게 기존채무의 변제를 위하여 액면 금 3,000,000원을 지급기일 1980. 10. 20로 된 약속어음 1매를 발행교부하고, 위 약속어음이 지급기일에 지급되지 않을 경우에는 丙이 乙로부터 임차한 점포 1동에 대한 임차보증금 3,000,000원의 반환채권을 양도하기로 약정하였다. 그러나 丙은 그 해 9. 25경 위 점포를 비우고 나가면서 丙과 甲 사이의 약정사실을 알고 있는 乙에게 보증금문제는 甲과 알아서 처리하겠다고 거짓말을 하여 乙로부터 그간 밀린 월세를 공제한 나머지 보증금 2,300,000원을 찾아갔다. 丙의 죄책은?

대법원은 "임대인은 임차인으로부터 그 보증금반환채권의 양도통지를 받지 않은 이상 그 보증금은 임차인에게 반환할 의무가 있는 것이므로 피고인이 공소외 (甲)에게 약속어음을 발행하면서 지급기일에 지급되지 않은 경우에는 공소외 (乙)에 대해 가지는 임대보증금 반환채권을 공소외 (甲)에게 양도하기로 약정한 바 있다 하더라도 그 양도의 효력이 생기고 그 양도통지가 있기 전에는 임차인인 피고인에게 보증금을 반환하면 유효한 변제가 됨은 물론이고, 설사 공소외 (乙)이 위 약정사실을 알고 있었고 피고인이 공소외 (甲)과 알아서 처리하겠다는 취지의 거짓말을 한바 있다 하더라도 공소외 (乙)로서는 그 적법한 양도통지가 있기 전까지는 피고인에 대하여 직접 위 보증금을 수령한 소위를 들어서 기망 수단을 사용하여 공소외 (乙)을 착오에 빠뜨린 결과 위 보증금을 편취한 것이라고는 할 수 없으므로 사기죄를 구성하지 않는다"고 보았다.218) 판례는 丙의 기망행위를 "사회통념상 권리행사의 수단으로서 용인할 수 있는 것"으로 보았다.

2. 실행의 착수시기와 기수시기

실행의 착수시기는 기망행위를 한 때이다. 소송사기의 경우 실행의 착수시기는 소를 제기한 때이다. 기수시기는 피해자에게 재산상의 손해가 발생한 때이다. 행위자가 재산상 이익을 취득할 것까지 요하지는 않으며,219) 다만 불법하게 재산상의 이익을 취득하겠다는 의사(불법이득의사)만 있으면 족하다. 이에 대하여 판례는 사기죄의 성립을 위하여 재산상의 손해가 발생할 것은 요하지 않지만 재산상의 이익을 취득할 것을 요한다고 한다.

---

217) 대법원 1969. 12. 23. 선고 69도1544 판결.
218) 대법원 1982. 11. 23. 선고 82도2428 판결.
219) 다수설: 예컨대 임웅, 각론, 397면 이하.

[판례 28] 甲은 A 주식회사의 대표이사로서 B 단자회사로부터 신규로 금원의 융자를 받거나 이미 받은 융자금의 변제기를 연장받음에 있어 C 은행에게 甲이 허위로 작성한 A 주식회사의 무효의 주권을 담보로 제공하고 채권자인 위 단자회사에 대한 채무에 관하여 지급보증채무를 부담하겠다는 의사표시가 기재된 C 은행 발행의 지급보증서를 교부받았다. 甲의 죄책은?

대법원은 "피고인이 교부받은 본건 지급보증서는 지급보증인이 특정채무자의 특정채권자에 대한 특정채무의 보증인으로서의 채무를 부담하겠다는 청약의 의사표시를 기재한 서면으로서 그 보증서가 상대방 채권자에게 제공되어 채권자가 그 청약을 승낙함으로써 비로소 피해자인 지급보증인은 보증채무를 부담하게 되고 이와 동시에 피고인은 기도한대로 금원의 융자 또는 융자금의 변제기연장을 받을 수 있는 재산상의 이익을 취득한 것으로 된다 할 것이고, 더욱이 본건 지급보증서는 유가증권도 아니고 또 일반거래의 대상이 될 수도 없는 것이라 할 것이니 피고인이 지급보증서라는 서면의 취득만하고 이를 채권자에게 교부하기 전 단계에서는 채권자로부터 금원의 융자 또는 융자금의 변제기 연장을 받을 수 있는 재산상의 이익을 취득한 것이라고는 할 수 없고 더 나아가 그 보증서가 채권자에게 제공되어 보증채무가 성립됨으로써 비로소 위와 같은 재산상의 이익을 취득한 것이 되어 이득사기죄로서 완성된다 할 것이므로 피고인이 본건 피해자은행으로부터 지급보증서를 교부만 받아 이를 채권자에게 교부하지 아니한 단계라면 재산상의 이득에 대한 본건 사기죄에 있어서는 그것의 취득만으로서 범죄가 완성되었다 할 수 없다"고 판시하였다.220)

3. 불법원인급여와 사기죄

사람을 기망하여 불법원인급여를 하게 한 경우에 사기죄가 성립하는가에 대하여 견해가 일치하지 않는다. 다수설(긍정설)은 이 경우에도 피해자에게 재산상의 손해가 발생한 것이 명백하고, 피해자에게 민법상 반환청구권이 있는가는 본죄의 성립요건이 될 수 없으므로 사기죄가 성립한다고 한다. 판례도 "민법 제746조의 불법원인급여에 해당하여 급여자가 수익자에 대한 반환청구권을 행사할 수 없다고 하더라도 수익자가 기망을 통하여 급여자로 하여금 불법원인급여 해당하는 재물을 제공하도록 하였다면 사기죄가 성립한다"고 한다.221) 이에 대하여 소수설(부정설)은 법률적·경제적 재산개념을 근거로 사기죄의 성립을 부정한다. 즉 급여자는 불법원인급여물에 대하여 반환청구권이 없으므로 재산상 손해가 발생하지 않으며 따라서 사기죄는 성립하지 않는다고 한다.222) 그러나 급여자에게 불법원인급여물에 대하여 반환청구권이

---

220) 대법원 1982. 4. 13. 선고 80도2667 판결.
221) 대법원 2004. 5. 14. 선고 2004도677 판결; 대법원 2006.11.23. 선고 2006도6795 판결.
222) 김일수/서보학, 각론, 434면.

없더라도, 처분행위로 인하여 재산상의 손해가 발생하였다는 점에는 변함이 없으므로 법률적·경제적 재산개념에 의하여도 사기죄는 성립한다고 보아야 할 것이다.

> [예 16] 甲은 乙이 공무원 丙에게 뇌물을 제공하려는 사실을 알고 자기가 丙과 친분이 있으니 전해주겠다고 속여 이를 취득하였다. 丙의 죄책은?

불법원인급여로 인하여 乙에게는 민법상 반환청구권이 없는데(민법 제746조), 이를 취득한 경우에도 사기죄가 성립하는가이다. 이 경우에도 乙에게는 재산상의 손실이 있으며 반환청구권의 여부는 사기죄의 성립요건이 아니므로 본죄가 성립한다.

> [예 17] 윤락녀 甲은 정교의 의사도 없이 고객 乙로부터 선불을 받았다.
> (1) 甲의 죄책은?
> (2) 만일 乙도 지불의사가 없어 위조지폐를 줬다면?

(1) 乙은 甲의 기망으로 인하여 무효인 계약을 체결하였다. 이는 계약체결의 사기로서 손해의 산정은 甲의 청구권과 乙의 청구권의 정산에 의한다. 甲은 이행의 의사가 없었으므로 乙의 청구권은 재산상의 가치가 없다. 이에 대하여 乙은 지불의사가 있었으므로 甲의 청구권은 재산상의 가치가 있다고 할 수 있다. 따라서 乙에게 재산상의 손해가 발생하였으므로 甲에 대하여는 사기죄가 성립한다.
(2) 甲, 乙 모두 이행의사가 없었으므로 상호 가지고 있는 청구권은 재산상의 가치가 없다. 따라서 甲, 乙에 대하여 사기죄는 성립하지 않으며 다만 사기미수죄가 성립한다.

4. 이중매매, 이중저당

이중매매나 이중저당은 甲이 乙에게 부동산을 매도하거나 저당권을 설정하는 계약을 체결하고 乙에게 등기를 경료하기 전에 丙과 다시 매매계약이나 저당권설정계약을 체결하여 소유권이전등기나 저당권설정등기를 경료해주는 것을 말한다. 이 경우 丙에 대하여 사기죄가 성립하는가하는 것이다. 甲은 丙에게 계약체결사실을 감추었으나 이것이 거래관계에서 요구되는 신의칙에 반한다고 할 수 없으므로 기망행위 자체가 없다. 또한 丙은 유효하게 소유권을 취득하였으므로(물권변동에 있어서 형식주의) 재산상의 손실은 없다. 따라서 甲에 대하여 사기죄는 성립하지 않는다.

III. 수정적 구성요건

사기죄의 수정적 구성요건으로는 컴퓨터 사용사기죄(347조의 2), 준사기죄(348조), 편의시설부정이용죄(348조의 2)등이 있으며, 부당이득죄(제349)도 사기죄는 아니지만 타인의 궁박한 상태를 이용하여 재산상의 이익을 취득한다는 점에서 준사기죄와 유사하므로 사기죄와 함께 규정하고 있다.

1. 컴퓨터 사용사기죄

> 제347조의 2: 컴퓨터 등 정보처리장치에 허위의 정보 또는 부정한 명령을 입력하거나 권한 없이 정보를 입력·변경하여 정보처리를 하게 함으로써 재산상의 이익을 취득하거나 제3자로 하여금 취득하게 한 자는 10년 이하의 징역 또는 2천만원이하의 벌금에 처한다.

(1) 의의 및 입법취지

컴퓨터에 허위정보 또는 부정명령을 입력하거나 권한 없이 정보를 입력·변경하여 예금구좌에 예금액이 증액되도록 조작하는 행위는 사기죄나 절도죄로 처벌이 불가능하다. 사기죄는 사람을 기망하여 착오에 빠지게 하고 이로 인한 재산상의 처분행위가 있어야 성립하는 데, 컴퓨터에 허위정보를 입력하여 정보를 처리케 하는 것은 기망에 해당하지 않으므로 사기죄는 성립하지 않는다. 또한 단순히 구좌의 예금액이 증액된 것은 재물이 아니므로 절도죄나 횡령죄에도 해당하지 않는다. 이러한 신종범죄에 대처하기 위하여 개정형법은 컴퓨터 사용사기죄를 신설하였다.

컴퓨터에 허위정보 또는 부정명령을 입력하거나 권한 없이 정보를 입력·변경하는 것은 사기죄의 기망에 상응하며, 이로 인하여 컴퓨터가 정보를 처리하는 것은 착오에 의한 재산상의 처분행위에 상응한다고 볼 수 있으므로 형법은 본죄를 사기죄의 일종으로 규정하고 있다.

(2) 객관적 구성요건

① **객체**: 본죄의 객체는 재산상의 이익이며(이득죄), 재물은 본죄의 객체에 해당하지 않는다.

② **행위**: 컴퓨터 등 정보처리장치에 허위의 정보 또는 부정한 명령을 입력하거나 권한 없이 정보를 입력·변경하여 정보처리를 하게 함으로써 재산상의 이익을 취득하는 것이다.

- 컴퓨터 등 정보처리장치: 자동적으로 계산이나 데이터를 처리할 수 있는 전자장치를 말한다. 흔히 사용하는 PC는 물론 은행의 온라인시스템과 연결된 전자계산기나 현금자동인출기도 이에 해당한다.

- 허위정보 또는 부정명령의 입력: 허위정보의 입력이란 예컨대 은행의 온라인시스템에서 창구단말기를 사용하여 허위의 입금데이터를 입력하거나 범용단말기를 이용하여 원장파일상의 예금잔고를 증액시키는 것을 말한다. 그리고 부정명령의 입력이

란 프로그램의 조작을 말한다.

[예 18] 은행에서 이자계산을 소수점 2자리까지 계산하는 것을 이용하여 은행의 컴퓨터 프로그래머가 소수점 3자리 이하의 금액이 자기의 계좌에 예치되도록 프로그램을 조작하여 2억5천만원을 취득한 경우

[예 19] 은행의 컴퓨터 프로그래머가 10달러 이하의 서비스요금에는 10센트가 그리고 10달러 이상의 요금에는 1달러가 추가되어 자신의 계좌에 예치되도록 프로그램을 만들어 정보처리장치에 입력시켜 놓은 경우

- 권한 없는 정보의 입력·변경: 타인의 진정한 정보를 권한 없는 자가 부정사용하는 것을 말한다. 예컨대 절취한 신용카드의 비밀번호를 사용하여 예금액을 자기의 계좌로 이체한 행위,[223] 타인의 명의를 모용하여 발급받은 신용카드의 번호와 그 비밀번호를 이용하여 ARS 전화서비스나 인터넷 등을 통하여 신용대출을 받는 방법으로 재산상 이익을 취득하는 행위[224] 등이 '권한 없이 정보를 이용'하여 재산상 이익을 취득한 경우에 해당한다. 그러나 타인의 현금카드를 부정사용하여 지급기에서 현금을 자동인출한 행위는 '권한 없이 정보를 이용'한 행위에는 해당하지만 본죄의 객체는 재산상 이익에 한정되어 있으므로 컴퓨터사용사기죄에는 해당하지 않는다.[225]

[판례 29-1] 甲은 乙의 국민카드를 절취하여 우리은행의 현금지급기에 넣어 乙의 국민은행 통장에 입금되어 있는 500만 원을 甲 명의의 우리은행 통장으로 이체시켜 인출하였다. 甲의 죄책은?

甲이 乙의 신용카드를 이용하여 현금지급기에서 계좌이체를 한 행위는 컴퓨터 등 정보처리장치에 권한 없이 정보를 입력하여 정보처리를 하게 하여 재산상의 이익을 취득한 것이므로 컴퓨터등사용사기죄가 성립한다. 그러나 甲이 위 계좌이체 후 현금지급기에서 현금을 인출한 행위는 자신의 신용카드나 현금카드를 이용한 것이어서 이러한 현금인출이 현금지급기 관리자의 의사에 반한다고 볼 수 없으므로 절도죄에 해당하지 않는다.[226]

[판례 29-2] 甲은 자신이 세 들어 살던 피해자 乙의 집 안방에 다락을 통하여 침입하고 그곳 장롱 서랍 속에 있던 乙의 딸 丙 소유의 삼성위너스카드 1매를 절취하고, 현금자동인출기에서 위 절취한 신용카드를 사용하여 현금서비스 금 50만 원을 인출하였다. 甲의 죄책은?

---

223) 대법원 2008. 6. 12. 선고 2008도2440 판결.
224) 대법원 2006. 7. 27. 선고 2006도3126 판결.
225) 대법원 2002. 7. 17. 선고 2002도2134 판결; 대법원 2003. 5. 13. 선고 2003도1178 판결.
226) 대법원 2008. 6. 12. 선고 2008도2440 판결.

(1) 신용카드부정사용죄

甲이 丙 명의의 신용카드를 부정사용하여 현금자동인출기에서 현금을 인출한 행위는 신용카드부정사용죄(여신전문금융업법 제70조 제1항 3호)에 해당한다.

(2) 절도죄

甲이 그 현금을 취득함으로써 현금자동인출기 관리자의 의사에 반하여 그의 지배를 배제하고 그 현금을 자기의 지배하에 옮겨 놓는 행위는 절도죄를 구성한다. 그리고 양죄는 그 보호법익이나 행위태양이 전혀 달라 실체적 경합관계에 있다.[227]

(3) 컴퓨터사용사기죄

"우리 형법은 재산범죄의 객체가 재물인지 재산상의 이익인지에 따라 이를 재물죄와 이득죄로 명시하여 규정하고 있는데, 형법 제347조가 일반 사기죄를 재물죄 겸 이득죄로 규정한 것과 달리 형법 제347조의2는 컴퓨터등사용사기죄의 객체를 재물이 아닌 재산상의 이익으로만 한정하여 규정하고 있으므로, 절취한 타인의 신용카드로 현금자동지급기에서 현금을 인출하는 행위가 재물에 관한 범죄임이 분명한 이상 이를 위 컴퓨터등사용사기죄로 처벌할 수는 없다고 할 것이고, 입법자의 의도가 이와 달리 이를 위 죄로 처벌하고자 하는 데 있었다거나 유사한 사례와 비교하여 처벌상의 불균형이 발생할 우려가 있다는 이유만으로 그와 달리 볼 수는 없다."[228]

> [판례 30] 甲은 이혼한 아내 乙 명의로 신용카드를 발급받아 그 카드의 번호와 그 비밀번호를 이용하여 ARS 전화서비스나 인터넷 등을 통하여 신용대출을 받았으며, 그 카드를 사용하여 현금자동지급기에서 현금대출을 받았다가 1,700여만원 가량을 변제하지 못하였다. 甲의 죄책은?

원심법원은 "타인의 명의를 모용하여 신용카드를 발급받는 경우에는 신용카드회사는 타인의 명의를 모용한 자에게 기망당하여 그 모용자에게 카드사용권한을 준 것이고, 따라서 그에 기초하여 모용자가 신용카드를 사용하는 구체적·개별적인 행위(ARS를 통한 신용대출과 현금자동지급기를 이용한 현금서비스 포함)는 포괄적으로 신용카드회사에 대한 사기죄를 구성"한다고 판시하였다.

이에 대하여 대법원은 "피고인이 타인의 명의를 모용하여 신용카드를 발급받은 경우, 비록 카드회사가 피고인으로부터 기망을 당한 나머지 피고인에게 피모용자 명의로 발급된 신용카드를 교부하고, 사실상 피고인이 지정한 비밀번호를 입력하여 현금자동지급기에 의한 현금대출(현금서비스)을 받을 수 있도록 하였다 할지라도, 카드회사의 내심의 의사는 물론 표시된 의사도 어디까지나 카드명의인인 피모용자에게 이를 허용하는 데 있을 뿐, 피고인에게 이를 허용한 것은 아니라는 점에서 피고인이 타인의 명의를 모용하여 발급받은 신용카드를 사용하여 현금자동지급기에서 현금대출을 받는 행위는 카드회사에 의하여 미리 포괄

---

227) 대법원 1995. 7. 28. 선고 95도997 판결.
228) 대법원 2003. 5. 13. 선고 2003도1178 판결.

적으로 허용된 행위가 아니라, 현금자동지급기의 관리자의 의사에 반하여 그의 지배를 배제한 채 그 현금을 자기의 지배하에 옮겨 놓는 행위로서 절도죄에 해당한다"고 판시하였다. 그리고 "타인의 명의를 모용하여 발급받은 신용카드의 번호와 그 비밀번호를 이용하여 ARS 전화서비스나 인터넷 등을 통하여 신용대출을 받는 방법으로 재산상 이익을 취득하는 행위는 … 컴퓨터등 정보처리장치에 권한 없이 정보를 입력하여 정보처리를 하게 함으로써 재산상 이익을 취득하는 행위로서 컴퓨터등사용사기죄에 해당한다"고 판시하였다. 따라서 甲에 대하여는 현금에 대한 절도죄와 신용대출 받은 금원에 대한 컴퓨터등사용사기죄의 실체적 경합이 성립한다.229)

[판례 31] 甲은 피씨방에 게임을 하러 온 乙로부터 그 소유의 농협현금카드로 20,000원을 인출해 오라는 부탁과 함께 현금카드를 건네받게 되자 이를 기화로, 농협에 설치되어 있는 현금자동인출기에 위 현금카드를 넣고 권한 없이 인출금액을 50,000원으로 입력하여 그 금액을 인출한 후 그 중 20,000원만 피해자에게 건네주었다. 甲의 죄책은?

(1) 절도죄
원심법원은 "절도죄에 있어서 절취란 재물의 점유자의 의사에 반하여 그 점유자의 지배를 배제하고 자신의 지배로 옮겨놓는 행위를 의미한다. 그런데 현금카드를 절취한 때와 같이 현금카드 자체를 사용할 권한이 없는 경우와 달리 피고인이 예금명의인인 공소외인으로부터 그 현금카드를 사용할 권한을 일단 부여받은 이상 이를 기화로 그 위임 범위를 벗어나 추가로 금원을 인출하였다고 하더라도 현금자동지급기 관리자로서는 예금명의인의 계산으로 인출자에게 적법하게 현금을 지급할 수밖에 없다. 따라서 이러한 경우 현금자동지급기 관리자에게 예금명의인과 그로부터 현금 인출을 위임받은 자 사이의 내부적인 위임관계까지 관여하여 그 위임받은 범위를 초과하는 금액에 대하여는 그 인출행위를 승낙하지 않겠다는 의사까지 있다고 보기는 어렵다. 그러므로 위 현금인출 행위가 현금자동지급기 관리자의 의사에 반하여 그가 점유하고 있는 현금을 절취한 경우에 해당한다고 볼 수 없다"고 판단하였다. 대법원도 절도죄가 성립하지 않는다는 점은 인정하였으나, 컴퓨터 등 사용사기죄의 성부에 대하여는 원심법원과 대법원의 견해가 일치하지 않는다.

(2) 컴퓨터 등 사용사기죄
원심법원은 "형법 제347조의2는 컴퓨터 등 사용사기죄의 객체를 재물이 아닌 재산상의 이익으로만 한정하여 규정하고 있으므로 타인의 신용카드로 현금자동지급기에서 현금을 인출하는 행위가 재물에 관한 범죄임이 분명한 이상 이를 위 컴퓨터 등 사용사기죄로 처벌할 수는 없다"고 판단하였다.
이에 대하여 **대법원**은 "예금주인 현금카드 소유자로부터 일정한 금액의 현금을 인출해 오라는 부탁을 받으면서 이와 함께 현금카드를 건네받은 것을 기화로 그 위임을 받은 금액을 초과하여 현금을 인출하는 방법으로 그 차액 상당을 위법하게 이득할 의사로 현금자동

---
229) 대법원 2006. 7. 27. 선고 2006도3126 판결.

지급기에 그 초과된 금액이 인출되도록 입력하여 그 초과된 금액의 현금을 인출한 경우에는 그 인출된 현금에 대한 점유를 취득함으로써 이 때에 그 인출한 현금 총액 중 인출을 위임받은 금액을 넘는 부분의 비율에 상당하는 재산상 이익을 취득한 것으로 볼 수 있으므로 이러한 행위는 그 차액 상당액에 관하여 형법 제347조의2(컴퓨터등사용사기)에 규정된 '컴퓨터등 정보처리장치에 권한 없이 정보를 입력하여 정보처리를 하게 함으로써 재산상의 이익을 취득'하는 행위로서 컴퓨터 등 사용사기죄에 해당된다"고 판시하였다.230)

'정보처리를 하게 함'이란 컴퓨터가 허위정보, 부정명령 또는 권한 없이 정보를 입력·변경함에 따라 계산이나 정보처리를 한다는 의미이다. 이는 사기죄에서 피기망자의 재산상의 처분행위에 상응한다. 따라서 정보처리에 의하여 직접적으로 재산처분의 결과를 초래하여야 하고, 사람의 처분행위가 개재됨으로써 '재산상 이익 취득'이 이루어진 때에는 본죄는 성립하지 않는다.231)

본죄는 사기죄에서와 마찬가지로 재산상의 손해가 발생하면 성립하며 재산상의 이익을 취득할 것까지 요하지는 않는다는 점에 유의하여야 한다. 재산상의 이익의 취득은 불법영득의사의 내용에 속한다.

[판례 32] 甲은 절취한 乙 소유의 휴대전화기를 사용하여 전화통화를 하거나 무선인터넷 서비스 등을 제공받았다. 甲의 죄책은?

甲에 대하여 컴퓨터등사용사기죄가 성립하는지에 대하여 검토한다. 甲이 휴대전화기의 버튼을 누른 행위가 '권한 없는 정보의 입력'에 해당하는가 그리고 무선인터넷서비스 등을 제공받은 것이 '정보를 처리하게 한' 것인지가 문제된다. '권한 없는 정보의 입력'란 타인의 진정한 정보를 권한 없는 자가 그 타인의 승낙 없이 사용하는 것을 의미한다. 그리고 '정보를 처리하게 한다'는 것은 정보 혹은 명령의 입력 등에 따라 진실에 반하거나 정당하지 아니한 기록을 만드는 것 또는 정당하지 아니한 사무 처리를 하게 하는 것을 의미한다.

대법원은 "휴대전화의 경우 그 사용시마다 사용자가 정당한 사용권자인지에 관한 정보를 입력하는 절차가 없고, 이동통신회사가 서비스를 제공하는 과정에서 휴대전화를 통하여 입력된 신호에 대하여 신원확인절차를 거치지는 않는 점 등에 비추어 보면 휴대전화의 통화 또는 인터넷접속 버튼을 누르는 경우 기계적 또는 전자적 작동과 정에 따라 그대로 일정한 서비스가 제공되는 것이므로, 휴대전화기의 통화버튼이나 인터넷접속버튼을 누르는 것만으로 사용자에 의한 정보 혹은 명령의 입력이 행하여졌다고 보기 어렵고, 따라서 휴대전화 또는 이동통신회사에 의하여 그 입력된 정보 혹은 명령에 따른 정보처리가 이루어진 것으로 보기도 어렵다"는 이유로 컴퓨터등사용사기죄는 성립하지 않는다고 판단하였다.232)

---

230) 대법원 2006. 3. 24. 선고 2005도3516 판결.
231) 대법원 2014.3.13. 선고 2013도16099 판결.
232) 대법원 2010. 9. 9. 선고 2008도128 판결.

(2) 주관적 구성요건

컴퓨터 사용사기죄의 주관적 구성요건은 사기죄와 마찬가지로 고의 및 불법이득의사이다.

2. 준사기죄

> **제348조(준사기)** ① 미성년자의 사리분별력 부족 또는 사람의 심신장애를 이용하여 재물을 교부받거나 재산상 이익을 취득한 자는 10년 이하의 징역 또는 2천만원 이하의 벌금에 처한다.
> ② 제1항의 방법으로 제3자로 하여금 재물을 교부받게 하거나 재산상 이익을 취득하게 한 경우에도 제1항의 형에 처한다.

준사기죄는 미성년자의 사리분별력 부족(지려천박) 또는 사람의 심신장애를 이용하여 재물의 교부를 받거나 재산상의 이익을 취득하는 것을 내용으로 하는 범죄이다. 행위자의 기망행위나 피해자의 착오는 없었지만 미성년자의 사리분별력 부족이나 사람의 심신장애를 이용한 행위가 사기죄의 기망행위에 준한다고 할 수 있으므로 이를 이용한 행위자를 준사기죄로 처벌하는 것이다.

여기서 '사리분별력 부족"(지려천박)이란 재산상 거래에 관하여 독립하여 사리를 판단할 수 없는 상태를 말한다. 예컨대 초등학생이 집에 있는 고려청자를 들고 나와 장난감가게에서 자동차와 교환하였다면 그 가게주인은 미성년자의 사리분별력 부족을 이용하여 재물을 교부받은 것이므로 준사기죄가 성립한다. 그리고 '심신장애'는 재산상의 거래에 있어서 사리판단능력이 없는 것을 의미한다.

3. 편의시설부정이용죄

> **제348조의2** 부정한 방법으로 대가를 지급하지 아니하고 자동판매기, 공중전화 기타 유료자동설비를 이용하여 재물 또는 재산상의 이익을 취득한 자는 3년 이하의 징역, 500만원 이하의 벌금, 구류 또는 과료에 처한다.

(1) 성립요건

본죄에서 행위의 객체는 자동판매기, 공중전화 기타 자동유료설비이다. 기타 유료자동설비란 자동판매기나 공중전화와 마찬가지로 금전과 같은 대가의 투입에 응하여 편익을 제공하는 설비를 말한다. 예컨대 자동보관함, 전철역의 자동개찰구가 여기에 해당한다. 가정집의 전화는 금전과 같은 대가의 지급에 의하여 편익을 제공하는

것이 아니므로 자동유료설비가 아니다.233)

유료자동설비를 '부정한 방법으로 이용'(부정이용행위)한다는 말은 예컨대 위조통화를 사용하거나 잔고를 개변한 전화카드나 정액승차권을 사용하여 대가를 지급하지 않고 유료자동설비를 이용하는 것을 말한다. 다만 부정이용행위에서 '이용'이란 통상의 이용방법, 즉 자동설비의 작용을 통한 이용을 말한다. 따라서 자동판매기를 손괴하여 물건을 취거하는 것은 본죄에 해당하는 것이 아니라 절도죄를 구성한다. 또한 자동개찰구에 승차권을 투입하지 않고 뛰어 넘거나 틈새로 빠져나가는 행위도 부정이용행위가 아니므로 본죄에 해당하지 않는다.

(2) 절도죄 및 컴퓨터 사용사기죄와의 관계

본죄는 유료자동설비라는 표지가 추가된 것이므로 절도죄나 컴퓨터 사용사기죄에 대하여 특별관계에 있다. 본죄를 규정한 취지는 유료자동설비를 부정이용하는 행위가 통상의 절도죄나 컴퓨터 사용사기죄보다 죄질이 경미하여 가볍게 처벌하려는 데에 있으므로 따라서 양자가 경합하는 경우에 편의시설부정이용죄만이 성립한다고 보아야 한다.

> [예 20] 자판기에 가짜 동전을 사용하여 물건을 꺼낸 경우 절도죄에 편의시설부정이용죄의 구성요건이 모두 충족되지만, 후자는 전자에 대하여 특별관계에 있으므로 절도죄만 성립한다.

> [예 21] 지하철 정액권의 자기스트라이프에 부정한 명령을 입력하여 사용금액을 초과하여 이용하는 경우 컴퓨터 사용사기죄와 편의시설부정이용죄의 구성요건이 모두 충족되지만, 후자는 전자에 대하여 특별관계에 있으므로 편의시설부정이용죄만 성립한다.234)

4. 부당이득죄

> **제349조(부당이득)** ① 사람의 곤궁하고 절박한 상태를 이용하여 현저하게 부당한 이익을 취득한 자는 3년 이하의 징역 또는 1천만원 이하의 벌금에 처한다.
> ② 제1항의 방법으로 제3자로 하여금 부당한 이익을 취득하게 한 경우에도 제1항의 형에 처한다.

---

233) 독일 형법(§ 265a StGB)에는 별도의 처벌규정이 있으나 우리 형법은 처벌규정을 두고 있지 않다.
234) 예컨대 김일수/서보학, 각론, 464면 이하; 임웅, 각론, 437면 참조. 이에 대하여 컴퓨터 사용사기죄가 성립한다고 보는 견해는 정성근/박광민, 각론, 406면 참조.

본죄는 사람의 곤궁하고 절박(궁박)한 상태를 이용하여 현저하게 부당한 이익을 취득함으로써 성립하는 범죄이다. 여기서 곤궁은 난처한 상태를, 절박은 매우 급한 상황을 말한다. '곤궁하고 절박한 상태'는 재산상의 손실과 같은 경제적 상태는 물론, 생명이나 명예에 대한 신체적, 정신적 상태도 포함한다. 판례는 피해자가 궁박한 상태에 있었는지 여부 및 급부와 반대급부 사이에 현저히 부당한 불균형이 존재하는지 여부에 대하여 다음과 같은 기준을 제시하고 있다: "거래당사자의 신분과 상호 간의 관계, 피해자가 처한 상황의 절박성의 정도, 계약의 체결을 둘러싼 협상과정 및 거래를 통한 피해자의 이익, 피해자가 그 거래를 통해 추구하고자 한 목적을 달성하기 위한 다른 적절한 대안의 존재 여부, 피고인에게 피해자와 거래하여야 할 신의칙상 의무가 있는지 여부 등 여러 상황을 종합하여 구체적으로 판단하되, 특히 우리 헌법이 규정하고 있는 자유시장경제질서와 여기에서 파생되는 사적 계약자유의 원칙을 고려하여 그 범죄의 성립을 인정함에 있어서는 신중을 요한다."

[판례 33] 甲은 1991. 4. 무렵 대지 40㎡ 및 그 지상건물(이하 '이 사건 부동산'이라 한다)을 매수하여 5년간 거주하다가 인근으로 이사한 이후에도 계속하여 이를 소유·관리하여 왔다. 회사 A는 2005. 1.경 이 사건 부동산을 포함하는 사업부지에서 아파트 건축사업을 추진하기 시작하였는데, 이 사건 부동산을 비롯하여 몇 건의 부동산에 대한 계약을 체결하지 못하여 주택건설 사업계획승인신청이 지연되고 이로 인하여 월 6억 원 정도의 금융비용이 발생하게 되었다. 甲은 이 사건 부동산을 매도하라는 회사 A의 제안을 계속하여 거부하다가 시가 4,400만원짜리 토지를 18억600만원(인근의 다른 토지들에 비하여 40배가 넘는 가격)에 회사 A에 이 사건 부동산을 매도하였다. 甲의 죄책은?

원심법원은 "일반적으로 재개발사업의 지연으로 거액의 금융비용이 발생하여 피해자 회사가 사업부지의 매수 지연으로 추가되는 상당한 금융비용으로 금전적인 어려움을 겪게 될 것은 쉽게 예측할 수 있었을 것으로 보이는 점, 피고인들과 피해자 회사와의 매매교섭 무렵에는 이미 이 사건 사업이 상당부분 진척되어 피해자 회사로서는 피고인들의 요구에 따른 매매계약을 체결할 수밖에 없었을 것으로 보이는 점 … 등을 종합하여 보면", 甲은 회사 A의 궁박을 이용하여 현저하게 부당한 이득을 얻었다고 인정되므로 부당이득죄가 성립한다고 판단하였다.235)

이에 대하여 **대법원**은 부당이득죄가 성립하기 위해서는 "피고인이 피해자의 개발사업 등이 추진되는 상황을 미리 알고 그 사업부지 내의 부동산을 매수한 경우이거나 피해자에게 협조할 듯한 태도를 취하여 사업을 추진하도록 한 후에 협조를 거부하는 경우 등과 같이 피해자가 궁박한 상태에 빠지게 된 데에 피고인이 적극적으로 원인을 제공하였거나 상당한 책임을 부담하는 정도에 이르러야 한다. 이러한 정도에 이르지 아니하고, 단지 개발사업 등

---

235) 서울남부지방법원 2008.9.10. 선고 2008노219 판결.

이 추진되기 오래 전부터 사업부지 내의 부동산을 소유하여 온 피고인이 이를 매도하라는 피해자의 제안을 거부하다가 수용하는 과정에서 큰 이득을 취하였다는 사정만으로 함부로 부당이득죄의 성립을 인정하여서는 아니된다"고 판시하였다. 그리고 甲은 "이 사건 주택건축사업이 추진되기 오래 전부터 이 사건 부동산을 소유하여 오다가 이 사건 부동산을 매도하라는 피해자 회사의 제안을 거부하다가 수용하는 과정에서 큰 이득을 취하였을 뿐, 달리 피해자가 궁박한 상태에 빠지게 된 데에 피고인이 적극적으로 원인을 제공하였다거나 상당한 책임을 부담하는 정도에 이르렀다고 볼 증거가 없으므로 …"라는 이유로 甲에 대하여는 부당이득죄가 성립하지 않는다고 판시하였다.236)

제5절 공갈죄

> 제350조(공갈) ① 사람을 공갈하여 재물의 교부를 받거나 재산상의 이익을 취득한 자는 10년 이하의 징역 또는 2천만원 이하의 벌금에 처한다.
> ② 전항의 방법으로 제삼자로 하여금 재물의 교부를 받게 하거나 재산상의 이익을 취득하게 한 때에도 전항의 형과 같다.
> 제350조의2(특수공갈) 단체 또는 다중의 위력을 보이거나 위험한 물건을 휴대하여 제350조의 죄를 범한 자는 1년 이상 15년 이하의 징역에 처한다.

I. 서론

1. 의의

공갈죄는 하자있는 의사에 의한 재산상의 처분행위를 통하여 재산을 취득한다는 점에서 사기죄와 동일하다. 다만 전자는 폭행이나 협박을 수단으로 하고 후자는 기망을 수단으로 한다는 점에 차이가 있을 뿐이다. 따라서 양죄는 모두 편취죄이다. 그리고 공갈죄는 폭행이나 협박을 수단으로 한다는 점에서는 강도죄와 차이가 없다. 다만 공갈죄에서는 피해자가 폭행이나 협박에 의하여 스스로 하자있는 의사에 기하여 재산상의 처분행위를 하는 반면에 강도죄에서는 폭행이나 협박으로 인하여 피해자의 자유의사가 억압된 상태에서 재산을 강취당한다는 점에서 차이가 있다. 즉 전자는 편취죄인데 반하여 후자는 탈취죄이다. 요컨대 양자는 폭행, 협박의 정도가 피해자의 반항을 억압할 정도에 이르렀는가에 의하여 구분된다.

---

236) 대법원 2009.1.15. 선고 2008도8577 판결.

2. 보호법익

본죄의 객체는 사기죄와 마찬가지로 재물 또는 재산상의 이익이므로 보호법익은 전체로서의 재산이다.

II. 성립요건

1. 객체

본죄의 객체는 타인의 재물 또는 재산상의 이익이다. 그 의미는 사기죄에서 설명한 것과 같다.

> [판례 1] 甲男은 가짜 기자행세를 하면서 살롱객실에서 나체쇼를 한 피해자 乙女를 고발할 것처럼 데리고 나와 여관으로 유인한 다음, 겁에 질려있는 그녀의 상태를 이용하여 동침하면서 1회 성교하였다. 그러나 그녀의 정조대가에 상당하는 화대는 제공하지 않았다. 甲男의 죄책은?

원심은 창녀나 乙女와 같은 주점접대부의 정조는 금전화될 수 있고 따라서 이들과의 정교는 경제적 이익이라고 볼 수 있으므로 공갈수단을 사용하여 창녀나 접대부와 정교를 맺고 그 매음대가의 지급을 면한 이상, 공갈죄가 성립한다고 보았다. 이에 대하여 대법원은 乙女가 주점접대부라고 할지라도 甲男과 매음을 전제로 정교를 맺은 것이 아닌 이상 매음대가의 지급을 면하였다고 볼 여지가 없으므로 공갈죄는 성립하지 않는다고 보았다.237)
판례는 매음을 전제로 한 정교를 공갈죄의 객체인 재산상의 이익으로 본다. 이는 재산은 경제적 이익이며, 그 이익이 적법한 것인가의 여부는 불문한다는 경제적 재산개념에 따른 것이다. 그러나 법률적·경제적 재산개념에 의하면 법질서의 보호를 받지 못하는 불법재산은 재산에 해당하지 않으므로 매음을 전제로 한 정교는 경제적 이익에는 해당할 수 있지만 불법한 이익으로서 재산범죄의 객체인 재산상의 이익에는 해당하지 않는다. 따라서 이 견해에 의하면 甲男에 대하여 공갈죄는 성립하지 않는다. 결론에서는 대법원과 일치하지만 이론구성에서는 차이가 있다. 대법원은 이 사례에서 문제된 정교가 매음을 전제로 한 것이 아니어서 경제적 이익에 해당하지 않으므로 '재산상 이익'이 아니라고 본 것이다. 이에 대하여, 법률적·경제적 재산개념에 의하면 문제된 정교가 매음을 전제로 한 것으로서 경제적 이익에 해당한다고 하더라도 이는 불법이익으로서 공갈죄의 객체인 '재산상 이익'에는 해당하지 않는다고 본 것이다.
다만 甲男은 乙女를 협박하여 성행위를 강요하였는데, 강제추행죄에서 협박은 '일반인으로 하여금 저항에 곤란을 느끼게 하거나 상대방의 의사의 임의성을 잃게 할 정도'면 족하므로 그에 대하여는 강제추행죄가 성립할 수 있다.

---

237) 대법원 1983.2.8. 선고 82도2714 판결.

2. 행위

제350조를 보면 공갈죄의 구성요건은 "사람을 공갈하여 재물의 교부를 받거나 재산상의 이익을 취득"하는 것으로 규정되어 있다. 그러나 여기에는 행위자의 행위만이 규정되어 있으며 공갈죄가 성립하기 위한 중간과정이 생략되어 있다. 그 과정을 보면 ① 행위자의 공갈행위 → ② 피해자의 외포심야기 → ③ 처분행위 → ④ 재물을 교부받거나 재산상의 이익을 취득 → ⑤ 재산상의 손해발생 등의 순으로 진행된다. 공갈죄가 성립하기 위해서는 다섯 가지 요건을 모두 갖추어야 한다. ③ - ⑤까지의 요건은 사기죄에서 설명한 것과 같다. 이하에서는 공갈의 의미에 대하여만 살펴보기로 한다.

'공갈'이란 타인에게 폭행 또는 협박을 가하여 외포심(畏怖心), 즉 두려움을 일으키는 행위를 말한다. 여기서 폭행은 강요죄에서의 폭행과 마찬가지로 광의의 폭행, 사람에 대한 유형력의 행사이다. 그리고 협박도 협박죄나 강요죄에서의 협박과 마찬가지로 협의의 협박, 즉 상대방에게 외포심을 야기시킬 수 있는 정도의 해악의 고지에 의하여 외포심을 야기하는 것을 말한다.

폭행이나 협박의 정도는 객관적으로 관찰하여 상대방의 의사의 자유를 제한하는 정도로 족하며, 만일 의사의 자유를 억압할 정도, 즉 상대방의 반항을 억압할 정도에 이른 경우(최협의의 폭행, 협박)에는 공갈죄가 성립하는 것이 아니라 강도죄가 성립한다.

공갈과 재산상의 처분행위 사이에는 인과관계가 있어야 한다. 만일 인과관계가 없는 경우에는 설령 재산상의 처분행위가 있더라도 공갈미수만 성립한다.

[예 1] **부랑자 甲은 권투선수 乙에게 시계를 내놓지 않으면 폭행하겠다고 협박하자 乙은 측은한 생각이 들어 동정심에서 甲에게 만원짜리 지폐 한 장을 주고 갔다. 甲의 죄책은?**

甲의 협박과 乙의 처분행위 사이에는 인과관계가 없으므로 공갈죄는 성립하지 않으며, 다만 공갈미수죄만 성립한다.

3. 주관적 구성요건

공갈죄의 주관적 구성요건은 사기죄와 마찬가지로 고의 및 불법이득의사이다. 불법이득의사와 관련하여 권리행사를 위한 수단으로 공갈행위를 한 경우에도 공갈죄가 성립하는지가 문제된다.[238] 판례는 행위자에게 정당한 권리가 있더라도 사회통념상 허용되는 범위를 넘어 협박을 수단으로 상대방을 외포시켜 재물의 교부받거나 재산

---

[238] 이 점에 대하여는 공갈죄설(대법원 1996. 9. 24 선고 96도2151 판결; 대법원 1991. 12. 13. 선고 91도2127 판결; 오영근, 각론, 455면), 강요죄나 폭행죄·협박죄설(김일수/서보학, 각론, 477면; 임웅, 각론, 447면) 등이 있다.

상의 이익을 취득한 경우에는 공갈죄가 성립한다고 한다.239) 그러나 행위자가 피해자에 대하여 청구권이 있는 경우에 그 이익의 취득은 위법하지 않으므로 불법이득의사가 부정되며 따라서 공갈죄는 성립하지 않는다고 보는 견해가 타당하다. 다만 목적과 수단의 비난가능성이 있는 때에는 강요죄가 성립할 것이다.

[예 2] 甲은 乙을 폭행, 상해하였다. 乙은 치료비 명목으로 합의금을 요구하면서 만일 이에 응하지 않으면 상해죄로 고소하겠다고 고지하였다.
(1) 甲의 죄책은?
(2) 만일 甲이 부자집 아들이라는 사실을 안 乙은 형사고소하겠다고 협박하면서 거액을 요구하였다면?

(1) 甲의 고소는 정당한 권리행사이며(수단의 상당성) 또한 乙에 대하여 손해배상청구권이 있으므로(목적의 정당성) 甲의 이익취득행위는 적법하다. 따라서 甲에 대하여는 불법이득의 의사가 없으므로 공갈죄는 성립하지 않는다.
(2) 손해배상액수 이외의 초과부분에 대하여는 청구권이 없으므로 설령 甲의 형사고소가 정당한 권리행사라 하여도 목적의 비난가능성이 인정되므로 공갈죄가 성립한다.

[판례 2] 甲은 乙을 상대로 목재대금청구소송을 계속 중 乙에게 만일 목재대금을 지급하지 않으면 乙의 양도소득세포탈사실을 관계기관에 고발하겠다고 말하자 겁을 먹은 乙은 목재대금을 지급하겠다고 약속하였다. 甲의 죄책은?

甲이 乙에 대하여 대금청구권이 있으므로 영득의 위법성이 부정된다. 따라서 공갈미수는 성립하지 않는다. 대법원도 甲의 행위가 사회상규에 반하지 않으므로 공갈미수는 성립하지 않는다고 한다.240) 그러나 그에 대하여는 강요죄가 성립할 가능성이 있다. 甲이 乙의 조세포탈사실을 고발하는 것은 정당하므로 수단의 비난가능성이 없으며, 그는 乙에 대하여 대금청구권이 있으므로 목적의 비난가능성도 부정된다. 그러나 목적과 수단 간의 내적 관련성이 없으므로 목적과 수단의 비난가능성은 그대로 인정되며 따라서 그에 대하여는 강요죄가 성립한다.

[판례 3] 토건회사를 경영하는 甲, 乙은 재단법인 대지공원묘원으로부터 그 공원묘역조성사업 중 단지조성공사를 시행하기로 하는 도급계약을 체결하고 이에 따라 그 공사를 시행하던 중 공사부실로 하자가 발생되자 대지공원묘원측은 이를 이유로 그 하자보수시까지 기성고 잔액의 지급을 거절하였으며 甲, 乙은 일방적으로 공사를 중단하였다. 그리고 甲, 乙은 임의로 결가계산한 기성고 잔액과 외곽도로공사 포기로 인한 일실수익 상당 손해금 등 합계 1억 9천만원의 지급결제를 요구하면서, 재단법인의 탈세혐의사실을 국세청에 고

---

239) 대법원 1991. 12. 13. 선고 91도2127 판결; 대법원 2006. 5. 12. 선고 2005도9595 판결.
240) 대법원 1990. 11. 23. 선고 90도1864 판결.

발하겠다고 협박하였으며 회사 사무실을 장시간 무단점거하고 회사원들에게 폭행을 가하여 결국 재단법인으로 부터 기성고 공사대금 명목으로 금 8천만원원을 교부받았다. 甲, 乙의 죄책은?

대법원은 설령 甲, 乙이 지급결제를 요구할 권리가 있다고 하더라도 "권리행사에 빙자하여 위 회사측에 대하여 회사비리를 관계기관에 고발하겠다는 내용의 협박 내지 회사 사무실의 장시간 무단점거 및 회사직원들에 대한 폭행 등의 위법 수단을 써서 기성고 공사대금 명목으로 금 80,000,000원을 교부 받은 소위는 사회통념상 허용되는 범위를 넘는 것으로서 이는 공갈죄에 해당한다"[241]고 판단하였다.

III. 죄수

1. 사기죄와의 관계

사기와 공갈 두 가지 수단을 동시에 이용하여 재산을 취득한 경우 사기죄와 공갈죄 가운데 어느 범죄가 성립하는가는 기망과 협박 가운데 어느 수단이 피해자의 재산상의 처분행위에 영향력을 행사하였는가에 의하여 결정한다.

[예 3] 경찰관을 사칭하여 도품을 교부하게 한 경우 주된 수단은 공갈이며 기망은 다만 부차적인 수단에 불과하므로 공갈죄가 성립한다.

2. 수뢰죄와의 관계

공무원이 상대방을 협박하여 재물을 교부받은 경우에 공갈죄와 수뢰죄 가운데 어느 범죄가 성립하는가는 그 공무원에게 직무집행의 의사가 있었는가에 따라 결정된다. 만일 그 공무원이 직무집행의 의사 없이 타인을 공갈하여 재물을 교부받은 경우에는 설령 피해자에게 뇌물제공의 의사가 있었다 하더라도 수뢰죄는 성립하지 않으며 다만 공갈죄만 성립한다. 뇌물죄는 쌍벌죄이므로 피해자에 대하여도 뇌물공여죄는 성립하지 않는다. 그러나 공무원에게 직무집행의 의사가 있었던 경우에는 공갈죄와 수뢰죄의 상상적 경합이 인정된다. 피해자에 대하여는 뇌물공여죄가 성립한다.

[판례 4] 세무공무원 甲은 A 주식회사에 대한 세무조사를 하는 과정에서 A 주식회사가 제출한 손금항목의 계산서 중 T 종합건설주식회사 명의의 계산서가 위장거래에 기해 가공계상된 것이라고 판단하고도 이를 묵인하여 손금항목에 대한 세부조사를 하지 않는 조건으로 A 주식회사의 대표이사인 乙로부터 3억원을 교부받았다. 甲은 만일 乙이 요구한

---

[241] 대법원 1991.12.13. 선고 91도2127 판결.

돈을 주지 않으면 손금항목에 대한 세부조사를 할 것인데, 만일 탈루된 세금을 추징할 경우 추징할 세금이 모두 50억원에 이를 것이라고 알려 주었다. 甲이 甲, 乙의 죄책은?

1. 甲에게 직무집행의 의사가 없었던 경우

甲이 乙에게 '만일 탈루된 세금을 추징할 경우 추징할 세금이 모두 50억원에 이를 것'이라고 고지한 행위는 협박에 해당하므로 공갈죄의 구성요건에 해당한다. 이처럼 공무원이 직무집행과 관련하여 상대방을 협박하여 돈을 받은 경우에 공갈죄와 수뢰죄 가운데 어느 것이 성립하는가는 그 공무원에게 직무집행의 의사가 있었는가에 따라 달라진다. 대법원은 이점에 대하여 만일 공무원 甲이 "직무집행의 의사 없이 또는 직무처리와 대가적 관계없이 타인을 공갈하여 재물을 교부하게 한 경우에는 공갈죄만이 성립하고, 이러한 경우 재물의 교부자가 공무원의 해악의 고지로 인하여 외포의 결과 금품을 제공한 것이라면 그는 공갈죄의 피해자가 될 것이고 뇌물공여죄는 성립될 수 없다"고 보았다.

2. 甲에게 직무집행의 의사가 있었던 경우

사례에서는 세무공무원 甲이 손금항목에 대한 세부조사를 하지 않는 조건으로 돈을 받은 것이므로 집무집행의 의사가 있었던 것으로 보여진다. 세무공무원 甲은 직무처리에 대한 대가관계로서 금품을 제공받은 행위는 수뢰죄에 해당하며, 동시에 乙에게 해악을 고지하여 금품을 교부받은 행위는 공갈죄에 해당한다. 그리고 양죄는 상상적 경합의 관계에 있다. 그리고 乙은 공무원의 직무행위를 매수하려는 의사에서 금품을 제공한 것이므로 그에 대하여는 뇌물공여죄가 성립한다.[242]

3. 공갈죄, 강도죄와의 관계

행위자가 피해자를 협박하여 갈취한 신용카드를 이용하여 현금지급기에서 현금을 인출한 경우에 카드에 대한 공갈죄만 성립하며, 현금을 인출한 행위는 절도죄를 구성하지 않는다. 왜냐하면 행위자는 피해자로부터 하자있는 의사에 근거하여 카드를 교부받은 것이므로 그 의사표시를 취소하지 않는 이상은 그 카드를 유효하게 사용할 수 있기 때문이다. 그러나 행위자가 피해자로부터 강취한 카드를 사용하여 현금을 인출한 경우에는 카드에 대한 강도죄와는 별도로 현금에 대한 절도죄가 성립한다. 왜냐하면 이 경우에는 피해자가 카드사용에 대한 승낙의 의사표시를 하지 않았으므로 행위자는 현금지급기 관리자의 의사에 반하여 현금을 인출하였기 때문이다.

(판례 5-1) 甲은 M 우체국이 관리하는 현금자동지급기에 A로부터 갈취한 국민은행 현금카드를 집어넣고, A를 협박하여 알아낸 비밀번호를 입력하여 현금 420만 원을 인출하였다. 甲의 죄책은?

---

242) 대법원 1994.12.22. 선고 94도2528 판결.

甲이 A로부터 현금카드를 갈취한 행위는 공갈죄에 해당한다. 문제는 갈취한 현금카드를 이용하여 현금을 인출한 행위가 불가벌적 사후행위인가 아니면 별도로 절도죄를 구성하는가이다. 이 점에 대하여 대법원은 현금을 인출한 행위는 불가벌적 사후행위로서 공갈죄에 흡수되며, 별도로 절도죄를 구성하지는 않는다고 판단하였다. 그 이유는 다음과 같다: "예금주인 현금카드 소유자를 협박하여 그 카드를 갈취한 다음 피해자의 승낙에 의하여 현금카드를 사용할 권한을 부여받아 이를 이용하여 현금자동지급기에서 현금을 인출한 행위는 모두 피해자의 예금을 갈취하고자 하는 피고인의 단일하고 계속된 범의 아래에서 이루어진 일련의 행위로서 포괄하여 하나의 공갈죄를 구성한다고 볼 것이므로, 현금자동지급기에서 피해자의 예금을 인출한 행위를 현금카드 갈취행위와 분리하여 따로 절도죄로 처단할 수는 없는 것이다(대법원 1996. 9. 20. 선고 95도1728 판결 등 참조). 왜냐하면 위 예금인출 행위는 하자 있는 의사표시이기는 하지만 피해자의 승낙에 기한 것이고, 피해자가 그 승낙의 의사표시를 취소하기까지는 현금카드를 적법, 유효하게 사용할 수 있으므로, 은행으로서도 피해자의 지급정지 신청이 없는 한 그의 의사에 따라 그의 계산으로 적법하게 예금을 지급할 수밖에 없는 것이기 때문이다."243)

[판례 5-2] 乙은 H 새마을금고가 관리하는 현금자동지급기에 B로부터 강취한 농협 현금카드를 집어넣고, B를 협박하여 알아낸 비밀번호를 입력하여 현금 163만 원을 인출하였다. 乙의 죄책은?

乙이 B로부터 현금카드를 강취한 행위는 강도죄에 해당한다. 문제는 강취한 현금카드를 이용하여 현금을 인출한 행위가 불가벌적 사후행위인가 아니면 별도로 절도죄를 구성하는가이다. 이 점에 대하여 대법원은 갈취한 현금카드의 경우와는 달리 강취한 현금카드를 이용하여 현금을 인출한 행위는 강도죄에 흡수되는 것이 아니라 강도죄와는 별도로 절도죄를 구성한다고 판단하였다. 그 이유는 다음과 같다: "강도죄는 공갈죄와는 달리 피해자의 반항을 억압할 정도로 강력한 정도의 폭행·협박을 수단으로 재물을 탈취하여야 성립하는 것이므로, 피해자로부터 현금카드를 강취하였다고 인정되는 경우에는 피해자로부터 현금카드의 사용에 관한 승낙의 의사표시가 있었다고 볼 여지가 없다. 따라서 강취한 현금카드를 사용하여 현금자동지급기에서 예금을 인출한 행위는 피해자의 승낙에 기한 것이라고 할 수 없으므로, 현금자동지급기 관리자의 의사에 반하여 그의 지배를 배제하고 그 현금을 자기의 지배하에 옮겨 놓는 것이 되어서 강도죄와는 별도로 절도죄를 구성한다."244)

---

243) 대법원 2007.5.10. 선고 2007도1375 판결.
244) 대법원 2007.5.10. 선고 2007도1375 판결.

제6절 횡령과 배임의 죄

I. 서론

1. 의의 및 보호법익

횡령죄는 타인의 재물을 보관하는 자가 그 재물을 영득하거나 반환을 거부함으로써 성립하는 범죄이다. 그리고 배임죄는 타인의 사무를 처리하는 자가 그 임무에 위배하는 행위로 재산상의 이익을 취득하거나 제3자로 하여금 취득케 하여 본인에게 손해를 가함으로써 성립하는 범죄이다.

횡령죄의 보호법익이 재물에 대한 소유권인데 반하여, 배임죄의 보호법익은 전체로서의 재산이다. 따라서 학설은 횡령죄와 배임죄의 관계를 특별법과 일반법의 관계로 파악하고 있다.

2. 횡령죄와 배임죄의 본질

횡령이란 자기가 보관하는 물건을 불법하게 영득하는 행위이다. 따라서 일시사용이나 손괴, 은닉의 목적으로 재물을 처분하는 행위는 불법영득의사를 결하므로 횡령죄를 구성하지 않는다(영득행위설).[245] 이에 대하여 횡령죄의 본질은 재물의 위탁에 의한 신임관계를 깨뜨리는 데 있다고 보아 횡령을 위탁된 재물에 대한 권한을 초월하는 행위라고 하는 견해(월권행위설)[246]가 있다. 이에 의하면 횡령죄의 성립에는 불법영득의사를 요하지 않으며 따라서 일시사용이나 손괴의 목적으로 재물을 처분하는 행위도 신임관계를 침해한 이상 본죄를 구성한다고 한다. 횡령죄가 신임관계를 침해하는 범죄로서의 성격을 갖는 것은 사실이나 신임관계 자체가 본죄의 보호법익은 아니며 따라서 신임관계의 침해행위가 당연히 본죄에 해당한다고 할 수는 없다. 횡령죄의 보호법익은 소유권이므로 본죄의 성립을 위해서는 불법영득의사를 요한다고 보는 영득행위설이 타당하다. 영득행위설과 월권행위설을 결합하여 횡령은 '신임관계를 위반하여 타인의 물건을 불법으로 영득하는 것'이라는 견해(절충설)가 있다.[247] 영득행위설이나 절충설 모두 횡령죄가 성립하기 위해서는 신임관계의 위반과 불법영

---

245) 판례(예컨대 대법원 1972.12.12. 선고 71도2353 판결; 대법원 1983.9.13. 선고 82도75 판결; 대법원 1994.9.9. 선고 94도619 판결; 대법원 2006.4.27. 선고 2003도135 판결; 대법원 2010.05.27. 선고, 2010도3399 판결.) 및 다수설(예컨대 김성돈, 각론, 397면; 김일수/서보학, 각론, 351면; 임웅, 각론, 454면).
246) 정성근/박광민, 각론, 425면.
247) 배종대, 각론, 525면.

득의사가 있어야 한다는 점에서 일치하므로 양 학설은 실질적으로 차이는 없는 것으로 보인다.

* 영득행위설과 월권행위설
┌ 영득행위설: 불법영득의사 필요 - 손괴목적 횡령 - 횡령죄 불성립, 손괴죄만 성립
└ 월권행위설: 불법영득의사 불요 - 손괴목적 횡령 - 횡령죄 성립, 손괴죄는 불가벌적 사후행위

　　배임죄에는 일반적으로 세 사람, 즉 행위자, 피해자(재산보유자), 제3자 등이 관련된다. 행위자와 재산보유자는 내적 신임관계에 있다. 여기서 행위자는 재산보유자의 재산상의 사무를 처리하는 자로서 본인을 위하여 재산상의 사무처리의무(재산보호의무)를 부담한다. 그리고 행위자와 제3자는 외적 관계에 있다. 여기서 행위자는 본인의 재산상의 사무를 처리하는 자로서 제3자에 대하여 재산상의 처분행위를 한다. 배임행위는 재산보유자와의 대내적 관계에서 대내적 신임관계의 침해의 형태로 나타나며, 제3자와의 대외관계에서는 재산적 처분권의 남용의 형태로 나타난다. 배임죄의 본질에 대하여 권한남용설은 대외관계에서 재산적 처분권의 남용에 있다고 한다. 이 견해에 의하면 본죄의 주체는 타인의 재산을 처분할 수 있는 법적 권한, 즉 대리권이 있는 자에 국한되며, 배임행위도 법률행위에 국한된다. 이에 대하여 배신설은 배임죄의 본질이 대내적 신임관계의 침해에 있다고 본다(통설 및 판례). 이 견해에 의하면 주체는 대리권이 있는 자에 국한되지 않으며, 배임행위도 법률행위에 국한되지 않는다.

* 배신설과 권한남용설
┌ 배신설: 행위주체는 법적 또는 사실적 신임관계가 있는 자 - 배임행위는 법률행위 또는 사실행위
└ 권한남용설: 행위주체는 법적 신임관계가 있는 자(대리권자)에 국한 - 배임행위는 법률행위에 국한

　　결국 횡령죄나 배임죄는 모두 신임관계에 위반하여 타인의 재산을 침해하는 범죄라는 점에서는 같다. 다만 횡령죄는 자기가 보관하는 타인의 재물을 영득하는 것을 내용으로 하는 범죄인데 대하여 배임죄는 타인의 사무를 처리하는 자가 재산상의 이익을 취득하는 범죄라는 점에서만 차이가 있다. 즉 횡령죄의 객체는 재물이며, 배임죄의 객체는 재산상의 이익이라는 점에서만 차이가 있으며, 이러한 의미에서 횡령죄와 배임죄는 일반법과 특별법의 관계에 있다.

[예 1] 기차역 매표소 직원 甲은 친구 乙에게 무료로 기차표를 주었다.
(1) 甲의 죄책은?
(2) 만일 甲이 차표가격을 할인하여 주었다면?

(1) 甲은 업무상 자기가 보관하는 타인의 재물을 乙에게 무료로 줌으로써 이를 영득하였으므로 업무상횡령죄가 성립한다. 또한 乙로부터 차표가격을 받지 않았으므로 배임죄의 구성요건도 충족하였다. 그러나 횡령죄는 배임죄에 대하여 특별관계에 있으므로 배임죄의 적용은 배제된다. 따라서 횡령죄만 성립한다.
(2) 甲이 차표가격을 할인하여 준 행위는 기차표에 대하여 소유자를 배제하고 소유자로서 이를 이용하려고 한 것이 아니므로 영득의사의 표현이라고 할 수 없다. 따라서 횡령죄는 성립하지 않는다. 다만 매표업무를 담당하는 자로서 할인을 할 권한이 없음에도 불구하고 업무상 의무에 반하여 할인하여 줌으로써 본인에게 손해를 가하였으므로 업무상 배임죄가 성립한다.

3. 구성요건의 체계

* 횡령죄 및 배임죄의 구성요건의 체계

기본적 구성요건	가중적 구성요건
횡령죄(제355조 제1항)	업무상 횡령죄(제356조)
점유이탈물 횡령죄(제360조)	
배임죄(제355조 제2항)	업무상 배임죄(제356조)
배임수재죄(제357조 제1항) 배임증재죄(제357조 제2항)	

II. 횡령죄

제355조 제1항(단순횡령) 타인의 재물을 보관하는 자가 그 재물을 횡령하거나 그 반환을 거부한 때에는 5년 이하의 징역 또는 1천500만원 이하의 벌금에 처한다.
제356조(업무상 횡령) 업무상의 임무에 위배하여 제355조의 죄를 범한 자는 10년 이하의 징역 또는 3,000만원 이하의 벌금에 처한다.

1. 성립요건

(1) 객관적 구성요건

(가) 주체

횡령죄의 주체는 타인의 재물을 보관하는 자이다. 여기서 보관이란 위탁관계에 의한 재물의 점유를 말한다. 횡령죄에서의 보관은 절도죄에서의 점유와 다소 차이가 있다. 절도죄에서 점유는 행위의 객체로서의 의미를 갖는데 반해 횡령죄에서의 점유는 신분요소로서의 성격을 갖는다. 따라서 횡령죄에서 행위주체인 보관자는 타인의 재물을 관리하는 자로서 여기서 관리는 사실상의 지배는 물론 법률상의 지배도 포함하므로 재물에 대한 사실상의 지배를 의미하는 절도죄의 점유보다 범위가 넓다. 반면에 횡령죄의 주체로서 보관자는 위탁관계를 전제로 하므로 절도죄의 점유보다 범위가 좁다.

* 절도죄와 횡령죄에 있어서 점유의 차이점

절도	점유	행위객체	사실상 지배	위탁관계 불문
횡령	보관	신분요소	사실상의 지배 또는 법률상의 지배	위탁관계 전제

① 위탁관계에 의한 점유

> [판례 1] 甲은 乙소유의 공장건물을 임차하여 비닐가공공장을 하다가 이사를 하게 되었다. 임대차계약상의 문제로 甲과 감정이 좋지 않았던 乙은 공장 안에 있던 甲소유의 물건들을 옮기지 못하게 방해하여 공장에 그대로 두게 하고, 후에 그 물건들을 매각하거나 반환을 거부하였다. 乙의 죄책은?

甲에 대하여 업무방해죄가 성립하지 않는다는 점에 대하여는 이미 설명하였으므로 임대인 乙에 대하여 횡령죄가 성립하는지에 대하여만 검토하기로 한다. 횡령죄가 성립하기 위해서는 乙이 甲의 재물을 보관하는 자의 지위에 있어야 하는데, 甲의 위탁행위가 없는 경우에도 위탁관계에 의한 점유를 인정할 수 있는지가 문제된다. 이 점에 대하여 대법원은 乙이 공장 내의 물건들을 옮기지 못하게 하였으므로 "사무관리 또는 조리상 임차인을 위하여 물건을 보관하는 지위"에 있다고 보았다. 즉 대법원은 위탁관계에 의한 보관을 소유자의 위탁행위가 있는 경우에 국한하지 않고, 조리나 사무관리에 의한 위탁관계가 있는 경우에도 인정한다. 따라서 乙은 타인의 재물을 보관하는 자로서 이를 매각하거나 반환을 거부하였으므로 횡령죄가 성립한다.[248]

---

248) 대법원 1985. 4 .9. 선고 84도300 판결.

[판례 2-1] 甲은 자신이 거래하는 은행이 착오로 자신의 계좌로 돈을 송금하였는데, 이를 고지하지 않고 소비하였다. 甲의 죄책은?

대법원은 "자신 명의의 계좌에 착오로 송금된 돈을 다른 계좌로 이체하는 등 임의로 사용한 경우, 횡령죄가 성립한다"고 본다.[249] 이러한 견해는 위의 (판례 1)에서 본 바와 같이 조리나 사무관리를 근거로 통장명의인에게 은행에 의하여 잘못 송금한 돈을 보관하는 지위에 있다고 본 것이다.

[판례 2-2] 甲, 乙은 공모하여, 甲 명의로 개설된 예금계좌의 접근매체를 보이스피싱 조직원 丙에게 양도하였다. 그리고 사기피해자 丁이 丙에게 속아 위 계좌로 송금한 사기피해금 중 일부를 별도의 접근매체를 이용하여 임의로 인출하였다. 甲의 죄책은?

전기통신금융사기 이용계좌(소위 대포통장)의 명의인 甲이 자기명의의 통장에 입금된 피해금을 보관하는 자의 지위에 있다면 횡령죄가 성립할 수 있다. 대법원은 통장명의인이 사기의 공범이 아닌 이상은 송금착오에 관한 법리가 사기피해금의 송금에 대하여도 적용될 수 있다고 본다.

판례에 의하면 대포통장의 명의인 甲은 송금착오의 경우와 마찬가지로 사기피해자 丁의 재물을 보관하는 자로서 이를 인출하거나 반환을 거부하면 피해자에 대하여 횡령죄가 성립한다. 그러나 甲이 사기의 공범이라면 자신이 가담한 범행의 결과 피해금을 보관하게 된 것일 뿐이어서 피해자와 사이에 위탁관계가 없으므로 횡령죄의 주체가 되지 않는다. 판례는 자신의 통장에 입금된 피해금을 인출하는 것은 사기죄의 불가벌적 사후행위로서 사기죄에 흡수된다고 한다.[250]

㉠ **상하관계의 공동점유**: 상위점유자에 대하여는 횡령죄, 하위점유자에 대하여는 절도죄가 성립한다. 그러나 하위점유자에게도 독립적인 처분권한이 주어져 있다면 보관자의 지위에 있다고 보아 횡령죄의 성립을 인정할 수 있다.

㉡ **공동소유자 1인의 점유**: 보관자에 대하여는 횡령죄가, 다른 공동소유자에 대하여는 절도죄의 성립이 가능하다.

㉢ **봉함물이나 시정된 용기의 점유**: 이것이 부동산에 부착되어 있거나 움직일 수 없는 정도의 크기인 경우에는 열쇠소지자가 점유자라고 보아야 한다. 따라서 열쇠와 함께 봉함물을 위탁받은 자가 이를 영득한 경우에는 횡령죄가 성립하나, 열쇠는 위탁자가 가지고 있는 경우에는 절도죄가 성립한다고 보아야 한다. 그러나 봉함물이 움직일 수 있는 정도의 크기인 경우에는 원칙적으로 수탁자의 점유 하에 있다. 따라서 수탁자가 이를 영득한 때에는 내용물을 영득하였건 포장물 전체를 영득하였건 불

---
[249] 대법원 2005. 10. 28. 선고 2005도5975 판결.
[250] 대법원 2018. 7. 19. 선고 2017도17494 전원합의체 판결.

문하고 횡령죄가 성립한다. 다만 판례는 포장물 전체에 대하여는 수탁자가 점유를 가지므로 횡령죄가 성립하며, 내용물에 대하여는 위탁자가 점유자이므로 절도죄가 성립한다고 한다.

[예 2] 은행의 보관함을 관리하고 있는 은행원 甲은 자신의 상사직원 乙이 소지하고 있는 은행보관함의 열쇠를 서랍에서 꺼내어 보관함의 물건을 절취하였다.
(1) 甲의 죄책은?
(2) 만일 甲, 乙이 각자 열쇠를 소지하고 있다면?

(1) 보관함의 내용물에 대한 점유는 열쇠소지자에 속한다. 따라서 甲이 보관함을 관리하고 있더라도 내용물에 대하여는 절도죄가 성립한다.
(2) 보관함의 내용물은 甲, 乙의 공동점유에 속하므로 이를 영득한 경우에도 절도죄가 성립한다.

② 법률상 점유
㉠ **부동산의 점유**: 절도죄의 행위인 절취는 타인의 점유를 배제하고 새로운 점유를 취득하는 것이므로 부동산은 행위의 객체가 될 수 없다. 이에 대하여 횡령은 자기가 보관하는 물건을 영득하는 행위이므로 부동산도 횡령의 객체가 된다. 부동산의 경우 횡령의 주체인 보관자는 원칙적으로 부동산을 법률상 지배하는 자, 즉 부동산을 외견상 유효하게 처분할 수 있는 자이다. 예컨대 미성년자 소유의 부동산을 관리하는 법정대리인이나 후견인, 미등기부동산을 위탁관계에 의하여 사실상 지배하고 있는 자 등이 이에 해당한다. 그러나 부동산 등기서류만을 보관하고 있는 자는 그 부동산의 보관자라고 할 수 없으며 다만 타인의 사무를 처리하는 자로서 배임죄의 주체가 될 수 있다.

[판례 3] 甲은 원래 문중 소유로서 자신의 조부 乙(망인) 외 4인의 공동소유 명의로 등기되어 있던 토지에 관하여 위 문중으로부터 경작관리를 위임받아 점유해 오던 중 허위의 보증서와 확인서를 발급받는 방법으로 부동산소유권이전등기에관한특별조치법에 의하여 임의로 甲 단독명의의 소유권이전등기를 경료하였다. 그런데 그 토지의 일부가 수로로 편입되자 농지개량조합으로부터 그에 대한 보상금 10만원을 수령하여 임의소비하였다. 甲의 죄책은?

甲에 대하여 횡령죄가 성립하기 위해서는 甲이 문중 소유의 토지를 보관하는 자의 지위에 있을 것을 요한다. 이 점에 관하여 원심법원은 "피고인 단독명의로 경료된 위 소유권이전등기는 원인무효의 등기이므로 피고인은 위 토지의 보관자라고 할 수 없으며 …"라는 이유로 甲이 위 토지의 수용에 따른 보상금을 수령하여 보관하고 있었다 하더라도 '타인의 재물을 보관하는 자'가 아니며 따라서 횡령죄는 성립하지 않는다고 판단하였다.

이에 대하여 대법원은 횡령죄의 성부를 乙의 지분과 乙외 4인 지분으로 나누어 검토하고 있다. 즉 乙외 4인 지분에 대하여는 원심법원의 판단과 마찬가지로 횡령죄가 성립하지 않으며, 다만 甲이 농지개량조합을 기망하여 4인 지분의 보상금을 수령한 행위는 사기죄를 구성한다. 이에 대하여 乙의 명의수탁자의 지위는 乙의 사망으로 인하여 상속인 甲이 승계한 것이므로 甲은 乙 명의로 명의신탁되어 있던 토지나 그 토지에 대한 보상금을 보관하는 자의 지위에 있으며 따라서 甲이 보상금을 임의로 소비한 행위는 횡령죄에 해당한다.251)

[판례 4] 甲은 피해자 乙 소유의 미등기건물을 관리를 위임받아 거주하여 오던 중 이를 담보로 하여 돈을 차용할 것을 마음먹고, 등기소에 위 건물이 甲의 소유라는 취지를 기재한 건물소유권보존등기신청서와 채권최고액 금 4천5백만원의 근저당권설정등기신청서를 작성, 제출하여, 그 정을 모르는 등기공무원으로 하여금 건물등기부에 같은 내용의 소유권보존등기와 근저당권설정등기를 각 마치게 하였다. 甲의 죄책은?252)

판례에 의하면 "부동산의 보관은 원칙으로 등기부상의 소유명의인에 대하여 인정되지만 등기부상의 명의인이 아니라도 소유자의 위임에 의거해서 실제로 타인의 부동산을 관리, 지배하면 그 부동산의 보관자"이다. 따라서 이 사건의 경우와 같은 미등기의 건물에 대하여는 위탁관계에 의하여 현실로 부동산을 관리, 지배하는 甲이 보관자라고 할 수 있다. 그리고 횡령이란 영득의사의 외부적 표현(표현설) 또는 영득의사의 실현(실현설)을 말하므로 횡령죄는 불법영득의사가 외부에 인식될 수 있는 객관적 행위가 있을 때 성립한다. 甲이 관리를 위임받아 보관하고 있는 미등기건물에 대하여 자신의 명의로 보존등기와 근저당권설정등기를 마친 행위는 객관적으로 불법영득의사를 외부에 발현, 실현시키는 행위로서 횡령죄에 해당한다.

ⓒ 은행예금 또는 유가증권의 점유: 타인의 돈을 위탁받아 예금한 자나 유가증권(창고증권, 화물상환증, 선하증권)의 소지인은 재물에 대한 법률적 지배를 하고 있는 자로서 이를 처분한 때에는 횡령죄가 성립한다.

[판례 5] 사단법인 골프장협회 전무이사 甲은 협회거래은행인 제일은행 세운지점에 예치 보관 중이던 공금 1천만원을 협회회장의 승인을 받아 인출하여 같은 은행의 甲의 개인구좌에 입금시킨 후, 위 돈을 수시로 인출하여 자신의 딸 결혼비용 등 개인적인 용도에 소비하였다. 甲의 죄책은?253)

대법원은 甲이 위 금원을 위 협회의 예금구좌로부터 피고인 개인구좌로 옮긴 것 자체는 위 협회회장의 승인을 받았기 때문에 횡령행위가 되지 않는다고 하더라도, 자기명의로 예

---

251) 대법원 1987. 2. 10. 선고 86도1607 판결.
252) 대법원 1993. 3. 9. 선고 92도2999 판결.
253) 대법원 1984. 2. 14. 선고 83도3207 판결.

금하여 보관중인 타인의 금원을 인출하여 소비한 행위는 횡령죄에 해당한다고 보았다. 甲은 은행예금에 대하여 법률적 지배를 하는 자로서 타인의 재물을 보관하는 자에 해당하므로 횡령죄의 주체가 된다.

[판례 6] 甲은 망 乙로부터 금전의 보관을 위탁받아 甲 명의의 신탁예금을 개설하여 거기에 보관을 위탁받은 금전을 입금하였다. 乙이 사망하자 乙의 상속인 丙은 甲에게 금전의 반환을 요구하였으나 甲은 반환을 거부하고 그 금전을 인출하여 소비하였다 甲의 죄책은?

대법원은 "횡령죄에 있어서 보관이라 함은 재물이 사실상 지배하에 있는 경우뿐만 아니라 법률상의 지배·처분이 가능한 상태를 모두 가리키는 것으로 타인의 금전을 위탁받아 보관하는 자는 보관방법으로 이를 은행 등의 금융기관에 예치한 경우에도 보관자의 지위를 갖는 것이다"라고 함으로써 甲이 횡령죄의 주체인 보관자에 해당한다고 보았다. 그리고 甲이 위탁받은 금전의 소유권에 관하여 "타인의 금전을 위탁받아 보관하는 자가 보관방법으로 금융기관에 자신의 명의로 예치한 경우, 금융실명거래및비밀보장에관한법률이 시행된 이후 금융기관으로서는 특별한 사정이 없는 한 실명확인을 한 예금명의자만을 예금주로 인정할 수밖에 없으므로 수탁자 명의의 예금에 입금된 금전은 수탁자만이 법률상 지배·처분할 수 있을 뿐이고 위탁자로서는 위 예금의 예금주가 자신이라고 주장할 수는 없으나, 그렇다고 하여 보관을 위탁받은 위 금전이 수탁자 소유로 된다거나 위탁자가 위 금전의 반환을 구할 수 없는 것은 아니므로 …"라고 함으로써 수탁자 甲의 소유가 아니라고 보았다. 따라서 "수탁자가 이를 함부로 인출하여 소비하거나 또는 위탁자로부터 반환요구를 받았음에도 이를 영득할 의사로 반환을 거부하는 경우에는 횡령죄가 성립한다."[254]

③ 객체

횡령죄의 객체는 타인의 재물이다. 이는 절도죄의 객체와 마찬가지로 행위자의 단독소유 또는 무주물 이외의 재물, 즉 타인소유, 공동소유의 재물을 말한다.

[판례 7] A 건설회사의 1인주주 甲은 건설회사에서 시공하는 공사를 하도급건설업체들로 하여금 하도급받아 시공하도록 하면서 그 공사대금을 과다계상하였다가 과다계상분을 돌려받는 등의 방법으로 비자금을 조성한 다음 이를 개인적인 용도로 사용하였다. 그런데 甲은 A 건설회사에 대하여 가수금채권을 가지고 있다. 甲의 죄책은?

주식회사의 주식이 사실상 1인 주주에 귀속하는 소위 1인 회사에 있어서도 법률상 권리, 의무의 주체로써의 법인격을 갖춘 주식회사와 이윤귀속의 주체로써의 주주는 별개의 인격으로서 동일시할 수 없으므로, 궁극적으로 그 손해가 주주인 甲의 손해가 된다고 하더라도 1인주주 甲은 타인의 재물을 보관하는 자로서 업무상 횡령죄의 주체가 된다. 그리고 1인주주인 甲이 A 건설회사에 대하여 채권을 가지고 있는 경우에도 배임죄가 성립하는가에 대하여 대법원은 "업무상 보관중인 회사의 금전을 횡령하여 범죄가 성립한 이상 회사에 대

---

[254] 대법원 2000. 8. 18. 선고 2000도1856 판결.

하여 별도의 가수금채권을 가지고 있다는 사정만으로 금전을 사용할 당시 이미 성립한 업무상 횡령죄에 무슨 영향이 있는 것은 아니다"255)라고 판단하였다.

본죄가 성립하는가 아니면 배임죄가 성립하는가는 객체가 타인의 재물인가 아니면 재산상의 이익인가에의 여부에 의하여 결정된다. 이와 관련하여 문제되는 경우는 다음과 같다:

㉠ 대체물: 쌀, 기름, 금전과 같이 다른 물건과 대체할 수 있는 물건을 대체물이라고 한다. 대체물의 수탁자가 이를 소비하거나 매각한 경우에 대체물이 위탁자의 소유에 속한다면 횡령죄가 성립할 것이며 위탁과 동시에 수탁자의 소유가 된다면 배임죄가 성립할 것이다.

위탁받은 금전은 소비임치(민법 제702조)가 원칙이므로 그 금전의 소유권은 수치인에게 있다. 따라서 수치인이 이를 임의로 소비한 경우에 횡령죄는 성립하지 않으며, 다만 배임죄의 성립이 가능하다. 그러나 봉함금이나 공탁금과 같이 특정물로서 위탁된 금전은 위탁자소유이므로 수탁자가 이를 처분한 때에는 횡령죄가 성립한다.256) 용도와 목적을 정하여 위탁한 금전의 소유권도 여전히 위탁자에게 있으므로 수탁자가 이를 처분한 때에는 횡령죄가 성립한다.257) 위탁판매에 의하여 취득한 대금도 목적과 용도가 특정된 위탁금으로서의 성질을 가지므로 위탁자 소유이다. 따라서 수탁자가 이를 임의로 사용한 경우에는 횡령죄가 성립한다.258)

이에 대하여 반대견해는 금전은 고도의 유통성과 대체성을 갖으며 따라서 위탁과 함께 소유권이 이전되므로 용도와 목적을 정하여 위탁한 금전을 다른 용도로 사용한 경우에는 횡령죄가 성립하는 것이 아니라 배임죄가 성립한다고 한다.259)

[판례 8] 甲은 乙이 계주가 되어 조직한 낙찰계의 계원으로서 1회부터 14회 때까지 빠짐 없이 계불입금을 성실하게 납입하여 오다가 제15회 계모임에 참석하여 낙찰을 받았고, 계주인 乙은 계원들로부터 계금을 전부 징수하였음에도 불구하고 甲에게 계금을 지급하지 않았다. 乙의 죄책은?

---

255) 대법원 2007. 6. 1. 선고 2005도5772 판결.
256) 통설: 예컨대 김일수/서보학, 각론, 362면; 임웅, 각론, 478면.
257) 대법원 1995. 11. 24. 선고 95도1923 판결; 대법원 2003. 6. 24. 선고 2003도1741 판결; 대법원 2004. 3. 12. 선고 2004도134 판결; 대법원 2009.6.11. 선고 2009도2461 판결; 대법원 2005. 11. 10. 선고 2005도3627 판결; 김일수/서보학, 각론, 363면.
258) 판례(대법원 1995. 11. 24. 선고 95도1923 판결; 대법원 1996. 6. 14. 선고 96도106 판결; 대법원 2004. 4. 9. 선고 2004도671 판결; 대법원 2009.6.11. 선고 2009도2461 판결) 및 다수설(예컨대 김일수/서보학, 363면 이하; 임웅, 각론, 478면 이하)
259) 배종대, 각론, 536면; 오영근, 각론, 474면.

계불입금은 계주인 乙에게 소유권이 귀속되므로 乙은 '타인의 재물을 보관하는 자'의 지위에 있지 않다. 따라서 횡령죄의 주체가 될 수 없다.

대법원은 "계주가 계원들로부터 월불입금을 모두 징수하였음에도 불구하고 그 임무에 위배하여 정당한 사유 없이 이를 지정된 계원에게 지급하지 아니하였다면 다른 특별한 사정이 없는 한 그 지정된 계원에 대한 관계에 있어서 배임죄를 구성한다"고 본다. 따라서 乙에 대하여는 배임죄가 성립한다.260)

[예 3] 甲은 乙에게 1억원을 주면서 아파트를 매입해 달라고 부탁하였다. 乙은 이를 사업에 투자하였다가 실패하였다. 乙의 죄책은?

금원 1억원은 용도가 특정되어 있으므로 위탁자 甲의 소유에 속한다. 乙은 타인소유의 금원을 보관하는 자로서 이를 영득하였으므로 횡령죄가 성립한다.

ⓛ 부동산의 이중매매: 이중매매란 소유자 甲이 매수인 乙과 부동산매매계약을 체결하고 소유권이전등기를 경료하기 전에 이를 타인에게 매각, 이전등기를 해준 경우를 말한다. 물권변동에 대하여 형식주의를 취하고 있는 현행 민법에서는 소유권은 여전히 매도인에게 있으므로 횡령죄는 성립하지 않는다. 다만 판례에 의하면 매수인 乙이 계약금과 중도금을 지불한 경우에는 배임죄가 성립한다. 이 점에 대하여는 후술한다.

ⓒ 명의신탁: '명의신탁'이란 대내적으로는 신탁자(실소유자)가 부동산에 관한 소유권을 보유하면서, 등기부상에는 수탁자명의로 소유권이전등기를 하는 것을 말한다. 실권리자명의 등기의무에 위배한 경우에 부동산실명법은 명의신탁자(동법 제7조 제1항)와 명의수탁자(동법 7조 제2항)를 처벌한다고 규정하고 있다.

수탁자가 명의신탁받은 부동산을 위탁자의 의사에 반하여 처분하는 경우 횡령죄가 성립하는지가 문제된다. 수탁자에 대하여 횡령죄가 성립하기 위해서는 수탁자가 '타인의 재물을 보관하는 자'이어야 한다. 본죄가 성립하기 위해서는 명의신탁받은 부동산이 타인의 소유이어야 하고, 수탁자가 부동산 실소유자와 위탁관계에 있어야 한다. 명의신탁의 유형에 따라 명의신탁받은 부동산의 소유자가 다르므로 먼저 이 점에 대하여 살펴보기로 한다. 첫째 중간생략등기형 명의신탁(3자간 명의신탁)이란 신탁자가 부동산을 소유자(매도인)로부터 매수하되 수탁자와 맺은 명의신탁약정에 따라 매도인(명의신탁자)으로부터 바로 명의수탁자에게 중간생략의 소유권이전등기를 마친 경우를 말한다. 부동산실명법에 의하면 명의신탁은 불법261)이며, 소위 '매도인 선

---

260) 대법원 1995. 9. 29. 선고 95도1176 판결.
261) 부동산 실권리자명의 등기에 관한 법률 제3조(실권리자명의 등기의무 등) ① 누구든지 부동산에 관한 물권을 명의신탁약정에 따라 명의수탁자의 명의로 등기하여서는 아니 된다.

의의 계약명의신탁' 이외의 명의신탁의 경우 명의수탁자 명의의 소유권이전등기는 무효이다. 따라서 3자간 명의신탁의 경우 부동산 소유자는 원소유자인 매도인이다. 따라서 명의수탁자는 명의신탁자에 대하여 타인의 재물을 보관하는 자가 아니므로 명의수탁자에 대하여 횡령죄는 성립하지 않는다.

둘째 양자간 명의신탁(2자간 명의신탁)이란 부동산 소유자(명의신탁자)가 명의신탁약정을 하고 수탁자에게 등기를 이전하는 것을 말한다. 이 경우에도 소유권이전등기는 무효이므로 부동산 소유자는 명의신탁인이다. 따라서 명의수탁자가 명의신탁 받은 부동산은 타인의 부동산이지만, 이를 보관하는 자의 지위에 있지 않다. 왜냐하면 명의신탁자와 명의수탁자가 체결한 명의신탁약정은 부동산실명법에 반하여 범죄를 구성하는 불법적인 관계로서 이를 형법상 보호할 만한 가치 있는 신임에 의한 것이 아니므로[262] 횡령죄에서 말하는 신임관계는 존재하지 않는다. 따라서 3자간 명의신탁의 경우와 마찬가지로 명의수탁자에 대하여 횡령죄는 성립하지 않는다.

셋째 계약명의신탁이란 신탁자와 수탁자가 명의신탁약정을 맺고, 그에 따라 수탁자가 매매계약의 당사자가 되어 매도인과 매매계약을 체결하고 자신의 명의로 소유권이전등기를 하는 것을 말한다. 소위 '매도인 선의의 계약명의신탁', 즉 매도인이 명의신탁약정이 있다는 사실을 모르는 경우 명의신탁약정은 무효이지만 부동산실명법에 의하면 소유권이전등기는 그대로 유효하므로(동법 제4조 제2항 단서)[263] 그 부동산에 대한 소유권은 수탁자에게 있다. 따라서 수탁자는 신탁자에 대하여 타인의 부동산을 보관하는 자가 아니므로 이를 제3자에게 임의로 처분하더라도 횡령죄는 성립하지 않는다.[264] 이에 대하여 '매도인 악의의 계약명의신탁', 즉 매도인이 명의신탁약정이 있다는 사실을 알고 있었던 경우에는 3자간 명의신탁이나 2자간 명의신탁과 마찬가지로 소유권이전등기는 무효이므로(동법 제4조 제2항 단서의 반대해석) 부동산의 소유자는 그대로 원소유자인 매도인이 보유한다. 따라서 3자간 명의신탁과 마찬가지로 명의수탁자는 명의신탁자에 대하여 타인의 재물을 보관하는 자가 아니므로 명의수탁자에 대하여 횡령죄는 성립하지 않는다.[265]

---

262) 대법원 2021. 2. 18. 선고 2016도18761 전원합의체 판결.
263) 부동산 실권리자명의 등기에 관한 법률 제4조(명의신탁약정의 효력) ① 명의신탁약정은 무효로 한다.
  ② 명의신탁약정에 따른 등기로 이루어진 부동산에 관한 물권변동은 무효로 한다. 다만, 부동산에 관한 물권을 취득하기 위한 계약에서 명의수탁자가 어느 한쪽 당사자가 되고 상대방 당사자는 명의신탁약정이 있다는 사실을 알지 못한 경우에는 그러하지 아니하다.
  ③ 제1항 및 제2항의 무효는 제3자에게 대항하지 못한다.
264) 대법원 2004. 4. 27. 선고 2003도6994 판결은 횡령죄와 배임죄의 성립을 모두 부정한다..
265) 대법원 2012.12.13. 선고 2010도10515 판결. 매도인 악의의 계약명의신탁'에서 배임죄의 성립을 부정한 판례는 대법원 2004.04.27. 선고 2003도6994 판결 참조.

다만 명의신탁이 예외적으로 허용된 된 경우[266] 수탁자는 부동산의 보관자로서 횡령죄의 주체가 된다. 예컨대 종중으로부터 토지를 명의신탁받아 보관 중이던 피고인 을이 개인 채무 변제에 사용할 돈을 차용하기 위해 위 토지에 근저당권을 설정한 경우에는 횡령죄가 성립한다.[267]

기존의 판례는 수탁자가 타인의 재물을 보관하는 자로서 부동산을 임의로 처분한 경우에는 횡령죄가 성립한다고 보았다(아래의 판례 11-1). 그러나 2006년 판결(아래의 판례 11-2)은 기존의 입장을 변경하여 명의수탁자는 '타인의 재물을 보관하는 자'에 해당하지 않는다고 판단함으로써 본죄의 성립을 부정하였다. 그 주된 근거는 명의신탁은 "부동산실명법에 반하여 범죄를 구성하는 불법적인 관계"로서 형법상 보호할 만한 가치가 없다는 점을 든다.

[판례 11-1] 3자간 명의신탁(변경 전 판례)

甲은 乙과의 명의신탁약정에 따라 乙이 A로부터 매수한 공주시 반포면 소재 전(田) 1,491㎡를 甲 앞으로 직접 소유권이전등기를 하여 보관하던 중, 乙로부터 위 전의 소유명의를 돌려달라는 요구를 받고 이를 거부하였다. 甲의 죄책은?

3자간 명의신탁약정에 따라 자신의 명의로 신탁된 부동산을 수탁자가 임의로 처분한 경우에 수탁자의 죄책이 문제된다. 대법원은 수탁자 甲의 죄책에 대하여 "부동산실권리자명의등기에관한법률 소정의 유예기간 경과에 의하여 위 명의신탁약정과 그에 의한 등기가 무효로 됨으로써 이 사건 부동산은 매도인 소유로 복귀하고, 명의신탁자인 乙은 위 매매계약에 기한 소유권이전등기청구권을 보전하기 위하여 매도인을 대위하여 甲에게 무효인 그 명의의 등기의 말소를 구할 수 있다 할 것이므로 이 사건 부동산에 대하여 보관자의 지위에 있는 甲이 토지보상금을 임의로 소비하거나 乙이 매도인을 대위하여 이 사건 부동산의 반환을 요구하는 데 대하여 이를 거부한 것은 횡령죄에 해당"한다고 판단하였다.[268]

[판례 11-2] 3자간 명의신탁(변경된 판례)

피해자 A는 서산시 (주소 생략) 답 9,292㎡(이하 '이 사건 부동산'이라 한다) 중 49분의 15 지분(이하 '피해자 지분'이라 한다)을 그 소유자인 매도인 B로부터 매수한 후 피해자와 피고인 甲이 맺은 명의신탁약정에 따라 매도인 B로부터 바로 명의수탁자인 피고인 甲에게 중간생략의 소유권이전등기를 마쳤다. 명의수탁자인 피고인 甲이 돈을 차용하면서 이 사건 부동산 중 피해자 지분에 관하여 임의로 제3자인 C에게 근저당권설정등기를 마쳐주거나 D 농업협동조합 명의의 기존 근저당권의 채권최고액을 증액하는 내용의 근저당권변

---

[266] 부동산 실권리자명의 등기에 관한 법률 제8조(종중, 배우자 및 종교단체에 대한 특례).
[267] 대법원 2013. 2. 21. 선고 2010도10500 전원합의체 판결.
[268] 대법원 2001. 11. 27. 선고 2000도3463 판결. 이 판례는 2006년 판례(아래의 판례 11-2)에 의하여 폐기되었다.

경등기를 마쳤다. 甲의 죄책은?

대법원은 3자간 명의신탁약정에 따라 자신의 명의로 신탁된 부동산을 수탁자가 임의로 처분한 경우에 수탁자에 대해 횡령죄의 성립을 인정하던 기존의 입장(위의 판례 11-1)을 변경하고, 다음과 같은 이유에서 횡령죄의 성립을 부정하였다.

(1) "부동산 실권리자명의 등기에 관한 법률(이하 '부동산실명법'이라 한다) 제4조 제2항 본문에 의하여 명의수탁자 명의의 소유권이전등기는 무효이고, 신탁부동산의 소유권은 매도인이 그대로 보유하게 된다. 따라서 명의수탁자 甲은 신탁부동산의 소유자도 아닌 명의신탁자 A에 대한 관계에서 '타인의 재물을 보관하는 자'의 지위에 있다고 볼 수는 없다."

(2) "명의신탁자와 명의수탁자 사이에 존재한다고 주장될 수 있는 사실상의 위탁관계라는 것도 부동산실명법에 반하여 범죄를 구성하는 불법적인 관계에 지나지 아니할 뿐 이를 형법상 보호할 만한 가치 있는 신임에 의한 것이라고 할 수 없다."[269]

이 판례는 중간생략등기형 명의신탁[270]에서 명의수탁자가 신탁부동산의 임의 처분한 경우에 관한 것인데, 대법원은 2자간 명의신탁[271]에서 명의수탁자가 신탁부동산을 임의로 처분한 경우에도 횡령죄의 성립을 부정한다.[272]

[판례 11-3] 매도인 선의의 계약명의신탁

A 주식회사의 총괄이사인 甲은 그 대표이사 乙과의 명의신탁약정에 따라 매도인 분양자 B와 자신명의로 아파트에 관한 분양권매수 계약을 체결하고 그 분양권을 취득하여 보관하던 중, A 주식회사를 퇴사하게 되었음에도 불구하고 위 분양권 관련 서류를 반환하지 않고 오히려 사신명의로 소유권이전등기를 경료하였다. 만일 매도인 B가 甲과 乙 사이의 명의신탁약정에 관하여 알고 있었다면 甲의 죄책은?

'매도인 선의의 계약명의신탁'에 따라 자신의 명의로 부동산 소유권이전등기를 한 수탁자가 그 부동산을 처분한 경우에 횡령죄나 배임죄가 성립하는지가 문제된다.

(1) 업무상 횡령죄

판례에 의하면 '매도인 선의의 계약명의신탁'의 경우 신탁자와 수탁자 사이의 명의신탁 약정은 무효이므로, 결국 수탁자는 전소유자인 매도인뿐만 아니라 신탁자에 대한 관계에서도 유효하게 당해 부동산의 소유권을 취득한 것으로 보아야 할 것이고, 따라서 그 수탁자는 타인의 재물을 보관하는 자라고 볼 수 없다."[273] 따라서 甲에 대하여 업무상 횡령죄는

---

269) 대법원 2016.05.19. 선고 2014도6992 전원합의체 판결.
270) 중간생략등기형 명의신탁(3자간 명의신탁)이란 신탁자가 부동산을 소유자(매도인)로부터 매수하되 수탁자와 맺은 명의신탁약정에 따라 매도인으로부터 바로 수탁자에게 중간생략의 소유권이전등기를 마친 경우를 말한다.
271) 양자간 명의신탁(2자간 명의신탁)이란 부동산 소유자가 명의신탁약정을 하고 수탁자에게 등기를 이전하는 것을 말한다.
272) 대법원 2021. 2. 18. 선고 2016도18761 전원합의체 판결.

성립하지 않는다.
(2) 업무상 배임죄
대법원은 다음과 같은 이유에서 배임죄의 성립도 부정한다: '매도인 선의의 계약명의신탁'에 있어서 "신탁자와 수탁자 간의 명의신탁약정이 무효인 이상, 특별한 사정이 없는 한 신탁자와 수탁자 간에 명의신탁약정과 함께 이루어진 부동산 매입의 위임 약정 역시 무효라고 볼 것이어서 수탁자를 신탁자와의 신임관계에 기하여 신탁자를 위하여 신탁 부동산을 관리하면서 신탁자의 허락 없이는 이를 처분하여서는 아니되는 의무를 부담하는 등으로 신탁자의 재산을 보전·관리하는 지위에 있는 자에 해당한다고 볼 수 없어 수탁자는 타인의 사무를 처리하는 자의 지위에 있지 아니하다."274) 따라서 甲에 대하여 업무상 배임죄는 성립하지 않는다.

ⓒ **유보부소유권**
할부판매의 경우 할부금을 완납하기 전까지는 물건에 대한 소유권이 매도인에게 유보된 경우에는(소유권유보부약관) 매수인이 목적물을 인도받아 이를 보관하던 중 대금완납 전에 이를 매각하면 횡령죄가 성립한다.275) 만일 매도인이 이를 취거하면 매수인이 점유하는 자기소유의 물건을 취거한 것이므로 권리행사방해죄(제323조)가 성립한다.

④ 행위
본죄의 행위는 횡령 또는 반환거부이다. 반환거부도 횡령행위의 일종이다.
㉠ 학설: 횡령의 개념에 대해서는 '객관적으로 인식할 수 있는 방법으로 영득의 의사를 표현하는 행위', 즉 '영득의사의 외부적 표현'이라고 하는 표현설276)과 '영득의사의 실현'이라고 하는 실현설277)이 있다. 표현설에 의하면 영득의사가 외부적으로 표현되어 객관적으로 인식할 수 있으면, 영득의사가 아직 실현되지 않더라도 횡령기수가 된다고 한다. 예컨대 단순히 매매의 의사를 표시하는 청약이나 매매계약을 체결하는 행위만으로도 횡령기수가 된다고 한다. 따라서 타인의 부동산을 보관하는 자가 영득의사를 가지고 매매계약을 체결하면 기수에 이르며 실제로 매수인에게 소유권이전등기까지 경료할 것을 요하지는 않는다고 한다. 이에 대하여 실현설에 의하면 영득의사가 실현된 때, 예컨대 동산매매에서는 물건을 인도한 때, 부동산매매에서는 소유권이전등기를 경료한 때에 횡령이 기수에 이르며, 단순히 계약을 체결한 행위는 횡령미수가 된다.

---

273) 대법원 2000. 3. 24. 선고 98도4347 판결.
274) 대법원 2004. 4. 27. 선고 2003도6994 판결.
275) 김일수/서보학, 각론, 366면.
276) 김일수/서보학, 각론, 375면; 임웅, 각론, 482면.
277) 배종대, 각론, 537면; 정성근/박광민, 각론, 440면.

[판례 12] 甲은 피해자 A와의 사이에 수출용 포리에스텔 죠오셋트 임직 계약을 체결하고 그 원료인 원사 1,950키로그람을 피해 A자로부터 공급받아 보관중 임의로 조오셋트가 아닌 시판용 이태리 깔깔이를 제직하여 타에 판매할 의사로 위 원사 전부를 연사(撚絲)하여 이중 약 1,500키로그람은 이태리 깔깔이로 제직하였다. 甲의 죄책은?

"일단 연사하면 원사의 형질을 상실하여 원상회복이 불가능한 사실을 인정할 수 있다. 위와 같이 피고인이 자기의 점유하에 있는 피해자 소유의 원사에 대하여 불법영득의 의사로 연사의 가공행위를 한 이상 그 불법영득의 의사가 객관적으로 외부에 표현된 것이라고 보겠으므로 이로써 횡령죄는 기수가 된다."278)
대법원은 횡령을 "불법영득의 의사가 객관적으로 외부에 표현된 것"이라고 정의하고 있다. 이는 표현설의 입장이다. 그러나 이 사례의 경우 실현설에 의하더라도 원사를 연사하여 계약내용과 다른 제품을 생산하였다면 영득의사가 실현된 것이므로 횡령죄 는 기수에 이른다. 따라서 이 사례에서는 표현설과 실현설 가운데 어느 견해에 의하더라도 결론은 같다.

표현설에 의하면 횡령미수(제359조)로 처벌되어야 할 사안이 기수로 처벌되어 기수범의 성립범위가 지나치게 확대된다. 절도죄에서도 영득의사를 가지고 재물을 절취해야, 즉 점유가 종국적으로 이전이 되어야 절도기수가 된다. 마찬가지로 횡령죄에서도 영득의사를 가지고 영득의사를 실현하는 행위가 이루어져야 횡령기수가 된다고 보는 것이 절도죄와의 균형상 타당하다. 절취행위가 미수에 이른 경우에 영득의사는 외부에 표현되었지만 이를 이유로 기수를 인정할 수가 없듯이 횡령죄에서도 영득의사가 외부에 표현되었다는 이유만으로 기수를 인정하는 것은 타당하지 않다.

㉡ 판례: 판례는 횡령을 '불법영득 의사의 표현'이라고 정의함으로써 표현설의 입장을 취한 것으로 보인다. 대법원 판례가 명의수탁자가 명의신탁된 부동산에 근저당권을 설정하는 경우에 근저당권설정등기를 마치는 때에 횡령죄의 기수가 된다고 한다는 입장279)은 오히려 실현설의 결론과 일치한다. 만일 표현설에 의한다면 명의수탁자가 명의신탁된 부동산을 매도하기로 매매계약을 체결한 때 또는 계약금을 수령한 때280) 횡령기수가 된다고 보아야 한다.

[판례 13] "횡령죄는 다른 사람의 재물에 관한 소유권 등 본권을 그 보호법익으로 하고 본권이 침해될 위험성이 있으면 그 침해의 결과가 발생되지 아니하더라도 성립하는 이른

---

278) 대법원 1981. 5. 26. 선고 81도673 판결.
279) 예컨대 대법원 2013. 2. 21. 선고 2010도10500 전원합의체 판결.
280) 이에 대하여 일부판례(대구고법 1974.10.17. 선고 74노43 판결)는 표현설의 입장에 따라서 횡령이란 "재물에 대한 불법영득의 의사의 비약적 표동이 있는 것"이므로, 명의수탁자가 명의신탁된 부동산을 매도하기로 매매계약을 체결하고, 계약금을 수령한 때에 이미 횡령기수가 된다고 한다.

> 바 위태범이므로, 다른 사람의 재물을 보관하는 사람이 그 사람의 동의 없이 함부로 이를 담보로 제공하는 행위는 불법영득의 의사를 표현하는 횡령행위로서 사법상 그 담보제공행위가 무효이거나 그 재물에 대한 소유권이 침해되는 결과가 발생하는지 여부에 관계없이 횡령죄를 구성한다"281)

이 판례가 "불법영득의 의사를 표현하는 횡령행위"라는 문구를 사용한 점을 보면 표현설을 채택한 것으로 보이지만, 실질적으로 실현설을 배척한 것인가에 대하여는 의문이 있다. 수탁자가 부동산을 담보로 제공한 행위가 사법상 무효이더라도 횡령죄의 성립을 인정한다는 결론은 표현설 뿐만 아니라 실현설에 의하더라도 같다. 영득이란 소유권을 법적으로 유효하게 취득하는 것이 아니라 소유자와 유사한 지위를 취득하여 이를 자기의 물건과 같이 이용·처분하는 것이다. 따라서 횡령행위가 사법상 무효라서 피해자가 법적으로 소유권을 상실하지 않았더라도 행위자가 목적물을 소유자인양 이용·처분하려는 의사를 실현하는 행위가 있다면 실현설에 의하더라도 횡령죄가 성립한다.

(나) 주관적 구성요건

횡령죄의 주관적 구성요건은 고의와 불법영득의사이다. 여기서 고의는 객관적 구성요건 요소, 즉 행위자가 타인의 재물을 보관한다는 사실과 이를 횡령한다는 사실에 대한 인식·의사를 말한다. 불법영득의사란 자기 또는 제3자의 이익을 위하여 위탁의 취지에 반하여 재물을 자기의 소유인 것 같이 이용·처분하려는 의사를 말한다. 불법영득의사에서 말하는 영득의사는 '영득의사의의 실현'에 대한 고의와 결국 같으므로 여기에 포함된다.282) 그러나 영득의 위법성은 고의의 내용이 아니므로 횡령죄의 초과주관적 구성요건요소로서 불법영득의사를 요한다는 견해283)가 타당하다. 불법영득의사가 부정되는 예로는 보관자가 소유자의 이익을 위하여 목적물을 처분한 경우 또는 단순한 예산의 항목유용284) 등을 들 수 있다. 그러나 용도가 엄격하게 제한되어 있는 자금을 그 용도 외의 목적으로 사용한 경우에는 불법영득의사가 인정된다.285)

---

281) 대법원 2002. 11. 13. 선고 2002도2219 판결.
282) 임웅, 각론, 484면; 정성근/박광민, 각론, 445면.
283) 김일수/서보학, 각론, 379면 이하.
284) 대법원 1995.2.10. 선고 94도2911 판결; 대법원 2002. 11. 26. 선고 2002도5130 판결.
285) 대법원 1992.10.27. 선고 92도1915 판결; 대법원 1997. 4. 22. 선고 96도8 판결; 대법원 2004. 12. 24. 선고 2003도4570 판결.

2. 관련문제

(1) 불법원인급여와 횡령죄

민법 제103조에 의하면 선량한 풍속 기타 사회질서에 반하는 법률행위는 무효이다. 예컨대 도박에서 패하여 그 노름빚을 변제하기로 한 계약, 밀수나 뇌물공여를 위한 대금의 출자, 범행의 대가로 금원을 지급하기로 한 계약 등은 무효가 된다. 이러한 계약을 이행하지 않더라도 채무불이행이 되지는 않는다. 따라서 무효인 계약의 이행을 통하여 급부를 받은 자는 법률상 원인 없이 이득을 얻은 것이므로 부당이득을 취한 결과가 된다. 부당이득을 취한 경우 급부자는 민법 제741조에 의해 부당이득반환청구권을 갖는 것이 원칙이다. 그러나 그 급부가 불법원인을 위하여 행하여진 경우, 즉 급부의 내용자체가 불법이거나(도박에서 건 돈의 급부), 불법한 급부의 대가이거나(범죄행위에 대한 대가로서의 금전의 급여), 또는 불법행위를 조건으로 하는 급여(범죄행위를 할 것을 조건으로 하는 금전의 급여)의 경우에는 불법원인급여로서 민법 제746조에 의하면 반환을 청구할 수 없다. 예컨대 甲이 도박에 패하여 乙에게 노름빚을 변제하기로 계약을 체결한 경우 그 계약은 민법 제103조에 의하여 무효가 되므로 甲은 乙에게 빚을 갚을 의무가 없다. 그러나 甲이 일단 그 빚을 변제한 경우에는 乙은 무효인 계약의 이행으로 부당이득을 취한 결과가 됐지만, 이는 불법원인급여로서 甲은 반환청구를 할 수 없다. 이는 사회적 타당성이 없는 법률행위를 한 자에 대하여는 국가가 보호를 하지 않는다는 취지에서 규정한 것이다.

그렇다면 위탁관계가 불법하여 위탁자가 보관자에 대하여 반환을 청구할 수 없는 경우에도 보관자가 이를 횡령한 때에 횡령죄가 성립하는가가 문제된다. 이 문제는 불법원인급여물의 소유권이 누구에게 귀속되는가에 달려있다. 소수설은 횡령죄의 성립을 인정한다. 그러나 위탁자는 불법원인급여로 인하여 반환을 청구할 수 없으며 그 소유권은 수탁자에게 귀속되므로 횡령죄는 성립할 수 없다(판례 및 다수설). 민법상 반환의무가 없는 수탁자에 대하여 횡령죄의 성립을 인정하여 반환을 강제하는 것은 민법이 허용한 것을 형법이 금지하는 결과가 되므로 법질서 통일의 원칙에 반한다.

> [판례 13] 중계동 새마을연립주택조합의 조합장 甲은 도봉구청 도시정비국장에게 공여한다는 명목으로 조합 乙로부터 교부받은 금 1백만원 중 금 50만원을 자신의 생활비 등에 소비하고, 도봉구청녹지과 직원들에게 공여한다는 명목으로 역시 조합으로부터 교부받은 금 50만원 중 금 23만원을 생활비 등에 소비하였다.[286]
> (1) 甲에 대하여 횡령죄가 성립되는가?

---

286) 대법원 1988. 9. 20. 선고 86도628 판결.

(2) 만일 甲이 처음부터 돈을 착복할 목적으로 조합에 대하여 뇌물로 제공하겠다고 속여서 대금조로 50만원을 받아서 이를 임의로 소비하였다면 甲의 죄책은?

(1) 횡령죄는 자기가 보관하는 타인의 재물을 횡령하거나 반환을 거부함으로써 성립된다. 횡령죄의 객체는 자기점유 + 타인소유의 재물이다. 횡령죄가 성립되기 위해서는 甲이 교부받은 금원(불법원인기탁물)이 甲 이외의 자, 즉 조합의 소유이어야 한다. 소유권의 귀속은 민법에 의하여 결정되므로 이에 대하여 살펴보면 조합이 甲에게 급여한 금원은 공무원에게 뇌물로 전달하여 달라고 교부한 불법원인급여로서 민법 제746조에 의해 반환청구를 할 수 없으며, 민사대법원판례에 의하면 그 금원의 소유권은 수탁자인 甲에게 귀속된다.[287] 따라서 甲은 자기소유의 금원을 소비한 것이므로 횡령죄는 성립되지 않는다. 다만 증뇌목적으로 금품을 교부받았으므로 증뇌물전달죄(제133조 제2항)가 성립한다.

(2) 甲은 조합을 기망하였고, 조합은 그 착오에 기하여 대금을 甲에게 지급하여 甲이 이를 취득하였으므로 사기죄의 구성요건은 충족되었다. 이 경우에도 조합은 불법원인급여를 한 것이므로 사기죄의 성립이 부정되는가가 문제된다. 사기죄는 기망행위에 의한 처분행위로 피해자에게 재산상의 손해가 발생하면 성립하며, 피해자가 불법원인기탁으로 인하여 반환청구권이 없다고 하는 사정은 본죄의 성립에 영향이 없다. 사례에서 피해자인 조합에게 재산상의 손해가 발생하였으므로 사기죄가 성립한다. 일부 견해에 의하면 타인을 기망하여 불법원인급여를 하게 한 경우에는 불법의 원인이 수익자에게만 있는 것이므로 민법 제746조 단서에 의해 급여자인 조합은 甲에 대하여 반환청구를 할 수 있다고 할 것이므로, 그 대금의 소유권은 조합에 속한다고 한다. 이 견해에 의하더라도 사기죄는 성립된다.

(2) 공범

횡령죄의 주체는 타인의 재물을 보관하는 자에 국한되므로 진정신분범이다. 따라서 신분없는 공범에 대하여는 제33조 본문이 적용된다. 보관자는 정범으로, 비보관자는 공동정범 또는 공범으로 처벌된다. 이에 대하여 업무상 횡령죄의 업무상 보관자의 신분은 가감적 신분으로서 제33조 단서가 적용된다. 따라서 보관자는 제33조 단서에 의하여 업무상 횡령죄로, 비신분자는 제33조 본문에 의하여 단순 횡령죄의 공동정범 또는 공범으로 처벌된다.

이에 대하여 판례는 진정신분범이건 부진정신분범이건 불문하고 제33조 본문을 적용한다. 다만 부진정신분범의 경우 비신분자에 대하여는 제33조 단서를 적용한다. 따라서 업무상 보관자의 신분이 없는 자가 업무상 보관자와 공모하여 재물을 횡령한 경우에 비신분자에 대하여서는 형법 제33조 본문에 따라서 업무상 횡령죄의 성립을 인정하되, 동조 단서를 적용하여 단순횡령죄(제355조 제1항)에 정한 형으로 처단한다.[288]

---

[287] 대법원 1979. 11. 13. 선고 79다483 판결.

[판례 14] 면장 甲은 면의 예산과는 별도로 면민들로부터 모금하여 그 개인명으로 단위 농협에 예금하여 보관하고 있던 체육대회성금을 면의 총무계장 乙과 공모하여 영득하였다. 甲, 乙의 죄책은?

甲은 업무상 주민들이 모금한 돈을 보관하다가 이를 영득하였으므로 그에 대하여는 업무상 횡령죄가 성립한다. 업무상 보관자의 신분이 없는 총무계장 乙이 업무상 보관자 甲의 범행에 가담한 경우에 어떠한 범죄가 성립하는지가 문제된다. 판례에 의하면 업무상 보관자의 신분이 없는 총무계장 乙에 대하여는 형법 제33조 본문에 의하여 업무상 횡령죄가 성립하지만, 형법 제33조 단서에 의하여 단순횡령죄(제355조 제2항)에 따라 처단하여야 한다.[289]

III. 점유이탈물횡령죄

제360조 제1항: 유실물, 표류물 또는 타인의 점유를 이탈한 재물을 횡령한 자는 1년 이하의 징역이나 300만원 이하의 벌금 또는 과료에 처한다.
제2항: 매장물을 횡령한 자도 전항의 형과 같다.

1. 서론

본죄는 점유이탈물을 횡령함으로써 성립하는 범죄로서, 위탁에 의한 신임관계를 위배하는 것을 내용으로 하는 횡령죄와는 별개의 독립된 범죄이다.[290]

2. 성립요건

본죄의 객체는 '타인의 점유를 이탈한 재물', 즉 타인소유의 점유이탈물이다. 어느 누구의 소유에도 속하지 않는 무주물은 본죄의 객체가 아니다. 유실물, 표류물, 매장물 등은 점유이탈물을 예시한 것이다. 재물이 '타인의 점유를 이탈'하면, 그 것이 어느 누구의 점유에도 속하지 않건, 우연히 행위자의 점유 하에 들어오건 점유이탈물에 해당한다. 따라서 매도인이 매수인으로부터 매수인이 매매잔금을 지급함에 있어 착오에 빠져 매도인에게 지급해야 할 금액을 초과하여 교부한 경우 그 금액은 점유이탈물에 해당한다. 따라서 매수인이 그 돈을 수령한 후에 초과지급된 사실을 알면서도 이를 반환하지 않으면 점유이탈물횡령죄가 성립한다.[291]

---

288) 대법원 1961.10.15. 선고 4294형상396 판결.
289) 대법원 1989.10.10. 선고 87도1901 판결.
290) 다수설: 김일수/서보학, 각론, 389면; 임웅, 각론, 491면.
291) 대법원 2004. 5. 27. 선고 2003도4531 판결.

본죄의 행위는 횡령이다. 이는 횡령죄에서 설명한 것과 같다.

IV. 배임죄

> **제355조 2항(단순배임)**: 타인의 사무를 처리하는 자가 그 임무에 위배하는 행위로서 재산상의 이익을 취득하거나 제3자로 하여금 이를 취득하게 하여 본인에게 손해를 가한 때에도 전항의 형과 같다.
>
> **제356조(업무상 배임)**: 업무상의 임무에 위배하여 제355조의 죄를 범한 자는 10년 이하의 징역 또는 3,000만원 이하의 벌금에 처한다.

1. 성립요건

(1) 주체

본죄의 주체는 '타인의 사무를 처리하는 자', 즉 타인의 재산상의 사무를 처리하여야 할 대내적 신임관계에 있는 자(사무처리자), 즉 "신임관계에 기초를 두고 ① 타인의 재산관리에 관한 사무를 대행하거나 ② 타인 재산의 보전행위에 협력하는 자의 경우"292)를 말한다.

(가) 신임관계

본죄의 주체는 대외적 관계에서 반드시 대리권과 같은 법적 권한이 있을 것을 요하지 않으며,293) 다만 본인과의 대내관계에서 그의 사무를 신의성실의 원칙에 따라 처리해야 할 신임관계만 있으면 족하다(배신설). 따라서 사무처리의 근거가 되는 신임관계는 법적인 것에 국한되지 않고 사실상의 것도 포함한다. 법적 신임관계가 인정되는 경우로는 법령(친권자, 후견인, 회사의 대표자)과 법률행위(계약, 고용, 위임, 임치)가 있다. 그리고 사무처리의 근거가 되는 법률행위(계약)가 무효인 경우에도 양당사자가 이를 존속하는 것으로 인정하는 경우에는 사실상의 신임관계가 있다. 예컨대 사무처리자는 대리권이 소멸하거나 그 직위에서 해임된 이후에도 사무인계를 하기 전까지는 사실상의 신임관계가 있으므로 타인의 사무를 처리하는 자에 해당한다.

[판례 15] 甲은 주택조합 정산위원회의 정산위원장으로 활동하다가 총회의 불신임결의에 의하여 해임되고 후임 정산위원장이 선출되었는데도 그 총회결의를 인정할 수 없다고 하

---

292) 대법원 2004. 6. 17. 선고 2003도7645 전원합의체 판결.
293) 대법원 1999. 6. 22. 선고 99도1095 판결; 대법원 1999. 9. 17. 선고 97도3219 판결.

면서 후임자에게 업무와 직인을 인계하지 아니하고 있었는데, 그러던 중 정산위원회를 상대로 하여 乙이 대여금청구소송을, 丙이 토지소유권이전등기청구소송을 각 제기하였고, 그 소장부본 및 변론기일소환장을 甲이 자택에서 각 송달받았는바, 乙, 丙의 청구 내용의 당부에 의문이 있었으므로 甲 이에 대하여 응소하였어야 함에도 스스로 응소하지 아니함으로써 조합으로 하여금 의제자백에 의한 패소 확정판결을 받게 하였다. 甲의 죄책은?

배임죄는 타인의 사무를 처리하는 자가 그 임무에 위배하는 행위로써 재산상 이익을 취득하거나 제3자로 하여금 이를 취득하게 하여 본인에게 손해를 가함으로써 성립하는바, 배임죄의 주체로서 타인의 사무를 처리하는 자라 함은 타인과의 대내관계에 있어서 신의성실의 원칙에 비추어 그 사무를 처리할 신임관계가 존재한다고 인정되는 자를 의미하고 반드시 제3자에 대한 대외관계에서 그 사무에 관한 권한이 존재할 것을 요하지 않으며, 또 그 사무가 포괄적 위탁사무일 것을 요하는 것도 아니고, 사무처리의 근거, 즉 신임관계의 발생근거는 법령의 규정, 법률행위, 관습 또는 사무관리에 의하여도 발생할 수 있으므로, 법적인 권한이 소멸된 후에 사무를 처리하거나 그 사무처리자가 그 직에서 해임된 후 사무인계 전에 사무를 처리한 경우도 배임죄에 있어서의 사무를 처리하는 경우에 해당한다.[294]
甲은 해임이 되었으므로 주택조합의 사무를 처리할 법적 권한은 없지만 아직 후임자에게 업무를 인계하지 않았으므로 사실상 신임관계에 있는 자로서 타인의 사무를 처리하는 자에 해당한다. 따라서 그가 응소를 하지 않아 조합으로 하여금 패소 확정판결을 받게 한 행위는 업무상 배임죄에 해당한다.

그러나 사무처리의 근거가 되는 법률행위가 선량한 풍속이나 사회질서(민법 제103조)에 반하여 무효인 경우에는 법률상 보호의 가치가 있는 신임관계가 발생하지 않으므로 이에 위배되더라도 배임죄는 성립하지 않는다.

[판례 16] 甲은 법률상 처가 있음에도 5년 연상의 여자인 乙과 내연의 관계를 맺어 동거해 오던 중 乙이 甲의 내연의 관계를 유지하는데 대한 대가를 요구하자 자기 소유의 임야를 乙에게 증여를 하기로 하고, 편의상 매매형식을 빌어 매도증서를 작성한 후 이를 공증을 한 다음, 소유권이전등기는 3년에 경료해 주기로 약정하였으나 그 약정을 이행하지 않았다. 甲의 죄책은?

대법원은 "법률상의 처가 있는 피고인이 피해자와의 불륜의 관계를 지속하는 대가로서 제공하는 위 증여계약은 선량한 풍속과 사회의 질서에 반하는 것으로서 무효라 할 것이니, 피고인에게 위 증여로 인한 임야소유권이전등기의무가 인정되지 아니하는 이상 피고인이 타인의 사무를 처리하는 자에 해당한다고 볼 수 없어 형법상 배임죄를 구성할 수 없다"고 판시하였다.[295]

---

294) 대법원 1999. 6. 22. 선고 99도1095 판결.
295) 대법원 1986. 9. 9. 선고 86도1382 판결.

배신설에 의하면 배임죄의 성립범위가 지나치게 확대될 우려가 있다. 따라서 학설은 '타인의 사무를 처리하는 자'의 의미를 엄격히 해석함으로써 그 범위를 다음과 같이 제한하고 있다.

(나) 재산상의 사무

본죄의 사무는 재산상의 사무에 국한한다.[296] 따라서 의사가 환자에 대한 치료의무에 위배하거나, 형사사건을 수임한 변호사가 소송의뢰인에 대한 변호임무에 위배하여 재산상의 손해를 가하더라도 환자나 변호사의 임무는 재산상의 사무가 아니므로 배임죄는 성립하지 않는다.

[판례 17] 골프시설의 운영자 甲은 일반회원들을 위한 회원의 날을 없애고, 일반회원들 중에서 주말예약에 대하여 우선권이 있는 특별회원을 모집함으로써 일반회원들의 주말예약권을 사실상 제한하거나 박탈하는 결과가 되었다. 甲의 죄책은?

일반회원들의 골프회원권이라는 재산에 대한 관리는 '재산상의 사무' 내지는 '재산적인 이해관계를 가지는 사무'에 해당한다. 그러나 이 사무가 '타인의 사무'에 해당한다고 보기는 어렵다. 이 점에 대하여 대법원은 "골프시설의 운영자 甲은 일반회원들에 대한 회원가입계약에 따른 민사상의 채무를 불이행한 것에 불과하고, 골프시설의 운영자가 일반회원들의 골프회원권이라는 재산관리에 관한 사무를 대행하거나 그 재산의 보전행위에 협력하는 지위에 있다고 할 수는 없으므로 배임죄의 주체인 타인의 사무를 처리하는 자에 해당하지 아니한다"[297]는 이유로 업무상 배임죄의 성립을 부정하였다.

(다) 타인의 사무

본죄의 사무는 타인의 사무이어야 하며 자기의 사무를 처리하는 자는 배임죄의 주체가 되지 않는다. 본죄의 주체는 ① 타인의 재산관리에 관한 사무를 대행하거나 ② 타인의 재산보전에 협력하는 자이다. 따라서 단순한 채무불이행은 배임죄에 해당하지 않는다. 예컨대 甲, 乙 양당사자가 매매계약을 체결했는데, 甲의 채무불이행으로 乙에게 손해를 가한 경우, 임차인 甲이 임대인에게 임차료를 지급하지 않은 경우 배임죄는 성립하지 않는다.

이중매매에서 매도인 甲이 제1매수인과 부동산매매계약을 체결하면서 계약금을 받고 제2매수인에게 그 부동산을 매도하고 소유권이전등기를 경료한 경우 甲에 대하여 배임죄는 성립하지 않는다. 그러나 매매계약을 체결하고 계약금과 중도금까지 받은 경우에 소유권이전등기의무는 '타인 재산의 보전행위에 협력'하여야 할 의무로서

---

296) 다수설: 예컨대 김일수/서보학, 각론, 484면.
297) 대법원 2003. 9. 26. 선고 2003도763 판결.

'타인의 사무'에 해당한다고 보는 것이 판례와 다수설298)의 입장이다. 매도인이 계약금만 받은 경우에 그가 제1매수인에 대하여 부담하는 등기협력의무는 '자기의 사무'로서 이를 위배하더라도 배임죄는 성립하지 않는다. 왜냐하면 매도인은 계약금만 받은 상태에서는 제1매수인에게 계약금의 배액을 지급하고 매매계약을 해제할 수 있기 때문이다. 그러나 매도인이 제1매수인에게 계약금과 중도금까지 받은 상태에서 이를 제2매수인에게 매도한 경우에는 배임죄가 성립한다. 왜냐하면 중도금까지 받은 상태에서는 매도인은 계약금의 배액을 지불하더라도 일방적으로 계약을 해제할 수는 없기 때문에, 이러한 경우에 등기협력의무는 성질상 제1매수인의 재산을 보전하는데 협력하여야 할 의무, 즉 '타인의 사무'로서의 성격을 갖게 되기 때문이다.

판례는 그 외에도 담보권자가 정산의무를 이행하지 않은 경우, 담보권자가 담보목적물을 부당하게 염가로 처분한 경우에도 그 의무는 자기의 사무에 불과하므로 배임죄는 성립하지 않는다299)고 본다.

> [판례 18] 甲은 乙에게 돈 1,300만원을 변제할 것을 약정하면서 그 담보로 甲 소유의 부동산을 다른 사람에 매도하거나 담보설정하지 않겠다는 내용의 지불증을 작성한 후 이를 공증까지 한 바 있는데도 이에 위배하여 A에게 근저당설정등기를 경료하여 주었다. 甲의 죄책은?

배임죄가 성립하기 위해서는 甲이 '타인의 사무를 처리하는 자의 신분'이 있어야 한다. 이 점에 대하여 대법원은 "타인의 사무처리로 인정되려면, 타인의 재산관리에 관한 사무의 전부 또는 일부를 타인을 위하여 대행하는 경우와 타인의 재산보전행위에 협력하는 경우라야만 되는 것이고, 단순히 타인에 대하여 채무를 부담함에 불과한 경우에는 본인의 사무로 인정될지언정, 타인의 사무처리에 해당한다 할 수는 없다."고 전제하고, 이를 근거로 甲이 "자기소유의 부동산을 추후 매도하거나 타에 담보제공하지 않겠다는 내용에 불과하여 그런 약정에 따른 임무는 단순한 민사상의 채무를 부담하는 경우에 해당할 뿐, 이로 인하여 피고인이 배임죄에서 말하는 타인의 사무를 처리하는 자에 해당한다고는 할 수 없다"는 이유로 배임죄의 성립을 부정하였다.300)

> [판례 19] 甲은 乙과 동업으로 소나무를 벌채하여 판매하는 사업을 한 바 있는데 그 당시 乙이 소나무 거래처를 소개하여 준 사실이 있어 이에 대한 사례로서 甲 소유의 느티나무들을 乙에게 증여하기로 구두로 약정하였다. 그런데 甲은 그 느티나무들이 심어져 있던 밭주인으로부터 느티나무를 딴 곳으로 옮기라는 요구를 받고 이를 이식하는 과정에서 상품가치가 없다고 판단하여 그 나무를 乙에게 증여하지 않고 베어버렸다. 甲의 죄책은?

---

298) 김일수/서보학, 각론, 491면; 임웅, 각론, 503면.
299) 대법원 1989. 10. 24. 선고 87도126 판결; 대법원 1997. 12. 23. 선고 97도2430 판결.
300) 대법원 1984. 12. 26. 선고 84도2127 판결.

대법원은 두 가지 이유에서 배임죄의 성립을 부정하였다. 첫째로 "서면에 의하지 아니한 증여계약이 행하여진 경우 당사자는 그 증여가 이행되기 전까지는 언제든지 이를 해제할 수 있으므로 증여자가 구두의 증여계약에 따라 수증자에 대하여 증여 목적물의 소유권을 이전하여 줄 의무를 부담한다고 하더라도 그 증여자는 수증자의 사무를 처리하는 자의 지위에 있다고 할 수 없다"는 점이다. 둘째로 "배임죄는 타인의 사무를 처리하는 자가 배임행위로 재산상의 이익을 취득하고 본인에게 손해를 가한 때에 성립하는 것"인데, 甲은 나무를 베어냄으로써 어떠한 재산상의 이익도 얻지 못하였다는 점이다.[301]

(라) 주된 의무

타인의 사무를 처리하여야 하는 의무는 신뢰관계의 전형적·본질적 내용을 이루는 것으로서 주된 의무이어야 하며, 부수적 의무는 이에 해당하지 않는다. 따라서 매매나 임대차 계약상의 의무는 타인(채권자)을 위한 급여라기보다는 타인에 대한 급여에 불과하므로 채무자가 이를 이행하지 않았다고 해서 배임죄가 성립하지는 않는다.

주된 의무와 부수적 의무의 구분이 명확하지 않은 경우에는 의무의 중요성과 독립성을 종합적으로 고려하여 판단한다. 따라서 본인의 지시에 따라 단순히 기계적 사무에 종사하는 자는 사무처리자에 해당하지 않는다. 그러나 반드시 고유의 권한으로서 사무를 처리하는 자에 한하지 않으며, 그 자의 보조기관으로서 직접 또는 간접으로 그 처리에 관한 사무를 담당하는 자도 본죄의 주체가 된다.[302]

> [판례 20] 甲은 A 주식회사의 대표이사 회장이자 A 주식회사 및 B 주식회사 등이 속해 있는 C 그룹의 회장이고, 乙은 A 주식회사의 이사 겸 부회장으로 C 그룹의 기획조정실장인데, 甲, 乙은 이미 자본금 300억 원이 모두 잠식됨으로써 그 발행주식의 실질가치가 영(零)원으로 평가되고 있는 등 그 재무구조가 상당히 불량한 상태에 있는 회사인 B 주식회사의 재정상태를 잘 알고 있으면서도 B 주식회사의 신주를 인수할 의무가 있지도 않은 A 주식회사의 자금으로 B 주식회사가 발행하는 신주를 액면가격으로 인수하였다. 그들은 B 주식회사가 재정경제원 장관의 증자명령을 이행하지 아니한다면 B 주식회사가 속해 있는 C 그룹 전체의 명예가 손상되어 그 결과 C 그룹의 계열사인 A 주식회사의 영업에도 지장이 있게 될 가능성이 있으므로 A 주식회사도 위한다는 의사에서 B 주식회사가 발행하는 신주를 액면가격으로 인수한 것이다. 甲, 乙의 죄책은?

(1) 甲의 죄책

A 주식회사의 대표이사 甲이 B 주식회사의 신주를 인수할 의무가 있지도 않은 A 주식회사의 자금으로 B 주식회사가 발행하는 신주를 액면가격으로 인수함으로써 B주식회사로

---

301) 대법원 2005. 12. 9. 선고 2005도5962 판결.
302) 대법원 1999. 7. 23. 선고 99도1911 판결; 2000. 4. 11. 선고 99도334 판결; 2004. 6. 24. 선고 2004도520 판결.

하여금 재상상의 이익을 취득하게 하고, A 주식회사에 재산상의 손해를 가한행위는 업무상 배임죄의 객관적 구성요건에 해당한다. 문제는 甲의 이러한 행위는 C 그룹의 회장으로서 계열사인 A, B 주식회사가 속해있는 C 그룹의 명예가 손상되면 A 주식회사의 영업에도 지장이 있게 될 가능성이 있으므로 A 주식회사도 위한다는 의사에서 행한 것인데, 이러한 경우에도 회사 A에 손해를 가한다는 고의가 있는가이다. 이 점에 대하여 대법원은 "계열그룹 전체의 회생을 위한다는 목적에서 이루어진 행위로서 그 행위의 결과가 일부 본인을 위한 측면이 있다 하더라도 본인의 이익을 위한다는 의사는 부수적일 뿐이고 이득 또는 가해의 의사가 주된 것임이 판명되면 배임죄의 고의를 부정할 수 없다"는 이유로 甲에 대하여 업무상 배임죄의 성립을 인정하였다.

(2) 乙의 죄책

다음으로 문제되는 것은 A 주식회사의 이사인 乙에 대하여도 '타인의 사무를 처리하는 자'로서의 지위를 인정할 것인가이다. 이 점에 대하여 대법원은 "타인의 사무를 처리하는 자란 고유의 권한으로서 그 처리를 하는 자에 한하지 않고 그 자의 보조기관으로서 직접 또는 간접으로 그 처리에 관한 사무를 담당하는 자도 포함한다"는 기존의 입장을 근거로 "乙은 A 주식회사의 이사 겸 부회장이자 C 그룹의 기획조정실장으로서, A 주식회사의 이사회에 참여할 권한이 있고, 또 일정 범위 내의 의사를 결정할 권한도 있다는 전제하에 乙을 A 주식회사의 사무를 처리하는 자의 지위에 있다고 판단"하였다. 따라서 乙에 대하여도 업무상 배임죄가 성립한다.[303]

(2) 행위

(가) 배임행위

배임죄의 행위는 ① 임무에 위반하는 행위(배임행위)로써 ② 재산상의 이익의 취득하고 ③ 본인에게 손해를 가하는 행위이다. 배임행위는 작위는 물론 부작위에 의한 경우도 가능하다.

> [판례 21] 은행장 甲은 기업 A에 대하여 거액을 대출하였다. 甲의 후임자 乙은 기업 A가 재정악화로 부도위기에 처해있다는 사실 알고 있었음에도 불구하고 대출금에 대한 회수조치를 취하지 않았다. 얼마 후 기업 A는 도산하였다.
> (1) 만일 기업 A가 재산상태가 좋지 않아 부도의 위험이 있었음에도 불구하고 대출하여 준 것이라면 甲의 죄책은?
> (2) 후임자 乙의 죄책은?
> (3) 만일 乙이 취임할 당시 기업 A는 이미 재정능력을 상실하여 상환의 가능성이 없었다면?

(1) 은행장의 대출업무 가운데 부실기업에 대한 대출을 방지함으로써 은행의 재산을 보호

---

303) 대법원 2004. 6. 24. 선고 2004도520 판결.

하여야 할 의무는 그의 주된 의무에 속한다. 은행장 甲이 이러한 업무상의 의무에 반하여 대출을 하였다면 이는 업무상 배임에 해당한다.

(2) 후임자 乙은 은행의 대출금회수업무를 처리하는 자로서 기업 A가 도산위기에 있으면 회수조치를 취하여야 함에도 불구하고 이를 행하지 않아 본인(은행)에 대하여 재산상의 손해를 가하였으므로 부작위에 의한 업무상 배임죄가 성립한다.

(3) 부작위범이 성립하기 위해서는 작위의 가능성이 있어야 한다. 乙에 대하여는 작위의 가능성, 즉 대출금상환의 가능성이 없으므로 부작위에 의한 업무상 배임죄는 성립하지 않는다.304)

본인의 동의: 사무처리에 대하여 본인의 동의가 있는 때에는 임무에 위반한 행위가 아니므로 배임죄의 구성요건 자체가 성립되지 않는다. 즉 당사자의 동의는 구성요건을 조각하는 양해에 해당한다.

모험거래: 수탁자가 주식매매와 같이 장래의 이익달성 여부가 불확실한 투기적 성격이 있는 거래행위를 모험거래라고 한다. 모험거래가 배임행위에 해당하는가에 대하여 살펴보자. 일단 위탁자가 거래방법과 범위를 구체적으로 지정하였고 수탁자가 그 범위를 일탈하지 않은 경우에는 당사자의 동의가 있는 경우에 해당하므로 배임죄의 구성요건해당성이 배제된다. 그리고 위탁자의 구체적인 지정이 없이 일반적인 위임이 있는 경우에 모험거래의 허용여부는 당사자의 추정적 의사에 의하여 판단하는 수밖에 없다. 따라서 그 거래가 통상의 거래관행을 벗어나지 않은 경우, 즉 모험거래를 통한 이익의 가능성이 손해의 가능성보다 높은 경우에는 임무위반이 아니며 따라서 배임행위의 성립을 부정하는 것이 타당하다.

(나) 재산상의 이익의 취득

판례는 배임행위로 본인에게 재산상의 손해를 가하였더라도 재산상의 이익을 취득한 사실이 없으면 배임죄의 성립을 부정한다. 그리고 재산상의 이익은 재산상의 손해를 통하여 직접적으로 취득한 것이어야 한다(직접적 관계).

[판례 22] 甲은 乙과 공동구입한 택시를 법정폐차 시한 전에 乙과의 사전 승낙도 없이 임의로 폐차시켰다. 甲의 죄책은?

공동구입한 택시를 법정폐차 시한 전에 임의로 폐차케 한 경우 그 폐차조치만으로써는 피해자 乙에게 장차 얻을 수 있었을 수익금상실의 손해는 발생하였을지언정 甲이 乙의 몫에 해당하는 재산상의 이익을 취득하였다고 볼 수는 없으므로 배임죄는 성립하지 않는다.305)

---

304) 대법원 1983. 3. 8. 선고 82도2873 판결.
305) 대법원 1982. 2. 23. 선고 81도2601 판결.

다만 甲은 공동소유의 택시, 즉 타인의 재물을 폐차시켰으므로 그에 대하여는 손괴죄가 성립할 수 있다.

(다) 재산상의 손해

배임죄에서 재산상의 손해의 발생여부는 사기죄에서 설명한 것과 마찬가지로 전체계산의 원칙과 객관적·개별적 기준에 의한다. 따라서 재산상의 손실을 야기한 임무위배행위가 동시에 그 손실을 보상할 만한 재산상의 이익을 준 경우에는 전체적 재산가치의 감소가 없으므로 재산상 손해도 없다고 보아야 한다.306)

[판례 23-1] 공무원 甲은 국유지인 전 3,523평이 은닉신고된 토지로서 특정인에게 수의계약에 의하여 대부 또는 매각할 수 없고, 일반경쟁입찰에 의하여 매각하여야 함에도 불구하고 乙에게 수의계약으로 200,000원에 매각 처분하였다. 甲의 죄책은?

원심법원은 "甲이 국유지를 그 임무에 위배하여 乙에게 수의계약으로 매각 처분함으로써 그로 하여금 위 부동산을 취득케 하고 국가로 하여금 위 부동산을 상실케 하여 재산상 손해를 가한 것"이라는 이유로 업무상 배임죄의 성립을 인정하였다. 이에 대하여 대법원은 "배임죄에 있어서 본인에게 손해를 가한다 함은 총체적으로 보아 본인의 재산상태에 손해를 가하는 경우를 말하는 것"이므로 수의계약에 의한 매각대금인 200,000원이 정당한 객관적 시가가 못되고 일반경쟁입찰의 방식으로 매각할 경우의 예상대금보다 저렴한 금액인 경우에만 국가에 손해가 발생한 것"이라고 판단하였다.307)

재산상의 손해란 현실적인 손해뿐만이 아니라 재산상 실해발생의 위험을 초래한 경우도 포함된다.308) 그리고 재산상 손해의 유무에 대한 판단은 법률적 판단에 의하는 것이 아니라 경제적 관점에서 하여야 한다. 따라서 법률적 판단에 의하여 배임행위가 법률상 무효라 하더라도 경제적 관점에서 본인에게 손해를 가한 때에는 배임죄에서 말하는 '재산상의 손해'에 해당한다. 그러나 배임행위가 법률상 무효이기 때문에 본인의 재산상태가 경제적 관점에서도 악화되지 않았다면 본인에게 재산상의 손해를 가한 것이라고 할 수 없으므로 배임죄는 성립하지 않는다.309)

[판례 23-2] A 주식회사의 대표이사 甲은 회사 소유의 재산을 처분하려면 그 회사의 이사회의 승인과 주주총회결의를 거쳐 처분하여야 함에도 불구하고 이사들 몰래 아파트부지

---

306) 대법원 1981. 6. 23. 선고 80도2934 판결; 2005. 4. 15. 선고 2004도7053 판결; 2007. 6. 15. 선고 2005도4338 판결.
307) 대법원 1981. 6. 23. 선고 80도2934 판결.
308) 대법원 2009. 7. 23. 선고 2007도541 판결.
309) 대법원 1987. 11. 10. 선고 87도993 판결.

와 건물과 건축중인 아파트건물을 39억원에 B 주식회사에 매각하기로 매매계약을 체결하고 B 주식회사명의로 소유권이전등기를 경료하여 주었다. 甲의 죄책은?

원심법원은 "주주총회의 특별결의를 거치지 아니한 이상 위 매매계약 및 이에 따른 소유권이전등기는 당연무효"이므로 주식회사 A는 위 아파트부지 및 건물에 대한 소유권 내지 이전등기청구권을 취득할 수 없고 A 주식회사도 이에 대한 소유권을 상실하지 않았으므로 A 주식회사에게 재산상의 손해를 가한 것이라고 할 수 없다는 이유로 甲에 대하여 업무상 배임죄의 성립을 부정하였다.

이에 대하여 대법원은 "재산상 손해의 유무에 대한 판단은 본인의 전재산 상태와의 관계에서 법률적 판단에 의하지 아니하고 경제적 관점에서 파악하여야 하며, 따라서 법률적 판단에 의하여 당해 배임행위가 무효라 하더라도 경제적 관점에서 파악하여 배임행위로 인하여 본인에게 현실적인 손해를 가하였거나 재산상 실해발생의 위험을 초래한 경우에는 재산상의 손해를 가한 때에 해당되어 배임죄를 구성하는 것"이라고 판단하였다. 그리고 "주주총회의 특별결의를 거치지 아니한 이유로 위 매매계약 및 이에 따른 소유권이전등기는 법률상 당연무효라고 하더라도 경제적 관점에서 볼 때 적어도 위 아파트부지에 관한 소유권이전등기를 위 B 주식회사에게 넘겨준 이상 甲의 위 처분행위로 인하여 위 A 주식회사에게 현실적인 손해를 가하지 아니하였다거나 재산상 실해 발생의 위험을 초래하지 아니하였다고 볼 수는 없을 것"이라는 이유로 업무상배임죄의 성립을 인정하였다.310)

[판례 24-1] 새마을 금고 이사장 甲은 며칠 전에 개인용도로 금원을 차용한 일이 있는 乙에게 새마을금고의 이사장자격으로 이사회의 의결도 없이 지불각서를 해주는 등의 행위를 하였다. 그런데 구새마을금고법 제13조 제3항 제3호, 제16조 제1항, 제3항, 동법시행령 제22조 제1항, 제3항의 규정에 의하면 새마을금고의 이사장이 이사회의 의결없이 개인으로부터 자금을 차입하거나 채무를 부담하는 행위는 당연무효이다. 甲의 죄책은?

대법원은 "배임행위가 법률상 무효이기 때문에 본인의 재산상태가 사실상으로도 악화된 바가 없다면 현실적인 손해가 없음은 물론이고 실해가 발생할 위험도 없는 것이므로 본인에게 재산상의 손해를 가한 것이라고 할 수 없을 것"이라고 판단하였다. 그리고 이어서 새마을금고의 이사장 甲이 乙에게 금고 이사장명의로 채무를 부담하는 각서를 작성·교부한 행위는 당연무효이므로 乙은 위 각서상의 채권을 취득할 수 없고, 새마을 금고도 채무를 부담하지 않으므로 새마을 금고에 아무런 재산상의 손해도 발생하지 않았다 보아, 甲에 대하여 업무상 배임죄의 성립을 부정하였다.311)

[판례 24-2] 피해회사인 A 회사의 대표이사인 피고인 甲은 자신이 별도로 대표이사를 맡고 있던 B 회사의 ○○ 상호저축은행에 대한 대출금채무를 담보하기 위해 A 회사 명의로

---

310) 대법원 1992. 5. 26. 선고 91도2963 판결.
311) 대법원 1987. 11. 10. 선고 87도993 판결.

액면금 29억 9,000만 원의 약속어음을 발행하여 ○○ 상호저축은행에 교부하였다. 甲의 죄책은?

[판례 24-1]에서와 같이 회사의 대표이사가 임무에 위배하여 재산상 처분행위를 하였는데 그 처분행위가 법률상 무효인 때에는 통상 회사에 대하여 재산상 손해가 발생할 여지가 없으므로 업무상 배임죄는 성립하지 않는다. 그러나 대표이사가 대표권을 남용하여 어음을 발행하는 행위는 원칙적으로 무효이지만, 만일 그 어음이 선의의 제3자에게 유통된다면 회사는 그 자에 대하여 대항하지 못하므로 어음채무를 부담하게 된다.312) 이와 관련하여 문제되는 부분은 어음이 선의의 제3자에게 유통될 가능성만으로도 '재산상 실해발생의 위험', 즉 재산상의 손해가 발생하였다고 평가할 수 있는지가 문제된다.

이 점에 대하여 원심법원313)은 기존의 대법원 판례314)에 따라 피고인 甲의 약속어음 발행행위가 대표권남용에 해당하여 피해회사인 A 회사에 대하여 무효인 경우 "발행 당시 이 사건 약속어음이 유통되지 아니할 것이라고 볼 만한 특별한 사정이 없었다"면 재산상 실해발생의 위험이 초래된 것이므로 배임죄 기수가 성립한다고 보았다(원칙적 적극).

이에 대하여 대법원315)은 "그 약속어음이 실제로 제3자에게 유통되었다는 등의 특별한 사정이 없는 한" 재산상 실해 발생의 위험이 초래되었다고 볼 수 없다고 함으로써 기존의 견해를 변경하였다(원칙적 소극). 다만 대법원은 이 경우에도 대표이사로서는 배임의 범의로 임무위배행위를 함으로써 실행에 착수한 것이므로 배임죄의 미수범이 된다고 판단하였다.

[판례 25] A 새마을금고 임원인 甲이 새마을금고의 여유자금 운용에 관한 규정을 위반하여 B 금융기관으로부터 원금 손실의 위험이 있는 금융상품을 매입함으로써 A 새마을금고에 액수 불상의 재산상 손해를 가하고 B 금융기관에 수수료 상당의 재산상 이익을 취득하게 하였다. 甲의 죄책은?

甲이 A 새마을금고의 여유자금 운용에 관한 규정을 위반하여 B 금융기관으로부터 금융상품을 매입한 것은 업무상 임무에 위반한 행위에 해당한다. 그리고 이로 인하여 A 새마을금고에 상당액의 재산상 손해를 가하였다. 그러나 판례는 B 금융기관이 취득한 수수료 상당의 이익은 A 새마을금고가 입은 재산상 손해와 '관련성 있는 재산상 이익'이 아니므로 업무상 배임죄는 성립하지 않는다고 본다.316) 여기서 '관련성 있는 재산상 이익'이라는 말은 B 금융기관이 취득한 수수료가 A 새마을금고가 입은 재산상 손해를 통하여 직접적으로 취득한 것이어야 한다(직접적 관련성)는 의미이다. 이 사례에서 수수료는 "금융상품을 매입하면서 금융기관으로부터 제공받은 용역에 대한 대가로 지급된 것"에 불과하므로 양

---

312) 어음법 제17조, 제77조 제1항 참조.
313) 서울고법 2014. 1. 10. 선고 2013노3282 판결.
314) 대법원 2012. 12. 27. 선고 2012도10822 판결; 대법원 2013. 2. 14. 선고 2011도10302 판결.
315) 대법원 2017. 7. 20. 선고 2014도1104 전원합의체 판결.
316) 대법원 2021. 11. 25. 선고 2016도3452 판결.

자 사이에 직접적 관계가 없어 본죄가 성립하지 않는 것이다.

(3) 주관적 구성요건

본죄의 주관적 구성요건은 고의와 불법이득의사317)이다. 고의는 객관적 구성요건 요소, 즉 행위자가 타인의 사무를 처리하는 자로서 임무에 위배하는 행위로서 자기 또는 제3자가 이익을 취득하고 본인에게 손해를 가한다는 인식이 있으면 성립한다. 본인에게 손해를 가한다는 인식은 미필적 고의로 족하며 가해의사 내지는 가해목적까지 있을 것을 요하지는 않는다.

본죄의 성립을 위해서는 고의 이외에 불법이득의사가 있어야 하므로, 행위자가 본인의 이익을 위하여 사무를 처리한 경우에는 설령 그로 인하여 본인에게 재산상 손해가 발생하였더라도 불법이득의사가 없으므로 배임죄는 성립하지 않는다.318) 그러나 행위자에게 본인의 이익을 위한다는 의사가 있어도 그 의사는 부수적일 뿐이고 자기 또는 제3자의 이득의사나 본인에 대한 가해의사가 주된 것인 때에는 이익취득의 의사가 인정된다.319)

> [판례 26] 대한증권 주식회사 시흥시지점의 사원 甲은 주식매매 업무에 종사하는 자인데, 위 회사와 매매거래 계좌설정 계약을 체결한 고객 乙이 주식매입 자금으로 입금한 금 4천5백만원을 그로부터 매입주문이 없었음에도 불구하고 미도파 주식회사의 주식 5,000주를 금 4천4백만원에 매수하였다. 그런데 그 주식의 시세가 하락하여 乙에게 금 4천4백만원 상당의 재산상 손해를 가하였다. 甲의 죄책은?

고객 乙은 대한증권 주식회사와 모험거래를 내용으로 하는 위탁계약을 체결한 것이 아니라 매매거래 계좌설정 계약을 체결한 것이므로 고객 乙이 매수주문을 하여야 매매거래에 관한 위탁이 이루어진다. 따라서 직원 甲은 "고객이 입금한 예탁금을 고객의 주문이 있는 경우에 한하여 그 거래의 결제의 용도로만 사용하여야 하고, 고객의 주문이 없이 무단 매매를 행하여 고객의 계좌에 손해를 가하지 아니하여야 할 의무"가 있다. 甲은 이러한 업무상의 의무에 위배하여 주식을 매입하였으므로 그의 행위는 업무상 배임죄의 객관적 구성요건에 해당한다.

대법원은 업무상 배임죄의 주관적 구성요건이 성립되기 위해서는 "배임행위의 결과 본인에게 재산상의 손해가 발생 또는 발생될 염려가 있다는 인식과 자기 또는 제3자가 재산상의

---

317) 본죄의 주관적 구성요건이 성립하기 위하여 고의 이외에 불법이득의사가 요구되는가에 대하여 다수설(김일수/서보학, 각론, 495면; 임웅, 각론, 510면)은 이를 긍정한다. 이에 대하여 이익취득의 의사는 고의에 포함되므로 별도로 불법이득의사를 요하지는 않는다는 견해는 정성근/박광민, 각론, 476면 참조.
318) 대법원 1992. 1. 17. 선고 91도1675 판결.
319) 대법원 1988. 11. 22. 선고 88도1523 판결.

이득을 얻는다는 인식이 있으면 족한 것이고, 본인에게 재산상의 손해를 가한다는 의사나 자기 또는 제3자에게 재산상의 이득을 얻게 하려는 목적은 요하지 아니한다"고 본다. 이 사례에서 甲은 주식의 시세의 하락으로 인하여 고객에게 손해가 발생될 염려가 있다는 인식이 미필적으로 있었으며, 그가 근무하는 증권회사는 미도파주식의 매입으로 인하여 금 2십 2만원의 수수료를 취득한다는 인식도 있었으므로 업무상 배임죄의 고의가 인정된다.[320]

2. 이중의 담보제공과 이중매매

(1) 이중의 담보제공

(가) 부동산의 이중저당

이중저당이란 甲이 乙로부터 돈을 차용하면서 1번저당권을 설정하기로 약정하고 등기경료전에 丙에게 다시 돈을 빌리면서 1번저당권설정등기를 경료하여 준 경우를 말한다. 변경 전 판례[321]는 甲은 乙의 1번저당권설정등기에 협력하여야 할 의무가 있으므로 乙의 사무를 처리하는 자로써 이러한 의무에 반하여 乙로 하여금 1번저당권을 취득할 기회를 상실케 한 행위는 배임죄에 해당한다고 보았다. 그러나 2020년 변경 된 판례에 의하면 "저당권을 설정할 의무는 계약에 따라 부담하게 된 채무자 자신의 의무"이지 타인의 사무가 아니므로 甲은 배임죄의 주체가 아니라고 본다.

[판례 27] 甲은 A로부터 18억 원을 차용하면서 담보로 자기 소유의 아파트에 A 명의의 4순위 근저당권을 설정해 주기로 약정하였음에도 제3자에게 채권최고액을 12억 원으로 하는 4순위 근저당권을 설정하여 줌으로써 12억 원 상당의 재산상 이익을 취득하고 A에게 같은 금액 상당의 손해를 가하였다. 甲의 죄책은?

甲이 이중저당을 통하여 5억 원 이상의 재산상 이익을 취득한 행위가 특정경제범죄 가중처벌 등에 관한 법률 제3조 위반(배임)에 해당하는지가 문제된다.
대법원[322]은 다음의 이유에서 배임죄의 성립을 부정하였다: "채무자가 금전채무를 담보하기 위한 저당권설정계약에 따라 채권자에게 그 소유의 부동산에 관하여 저당권을 설정할 의무를 부담하게 되었다고 하더라도, 이를 들어 채무자가 통상의 계약에서 이루어지는 이익대립관계를 넘어서 채권자와의 신임관계에 기초하여 채권자의 사무를 맡아 처리하는 것으로 볼 수 없다."
"채무자가 저당권설정계약에 따라 채권자에 대하여 부담하는 저당권을 설정할 의무는 계약에 따라 부담하게 된 채무자 자신의 의무이다. 채무자가 위와 같은 의무를 이행하는 것

---

320) 대법원 1995. 11. 21. 선고 94도1598 판결.
321) 예컨대 대법원 2008. 3. 27. 선고 2007도9328 판결; 대법원 2011. 11. 10. 선고 2011도11224 판결.
322) 대법원 2020. 6. 18. 선고 2019도14340 전원합의체 판결.

은 채무자 자신의 사무에 해당할 뿐이므로, 채무자를 채권자에 대한 관계에서 '타인의 사무를 처리하는 자'라고 할 수 없다. 따라서 채무자가 제3자에게 먼저 담보물에 관한 저당권을 설정하거나 담보물을 양도하는 등으로 담보가치를 감소 또는 상실시켜 채권자의 채권실현에 위험을 초래하더라도 배임죄가 성립한다고 할 수 없다."

대법원은 이러한 법리가 "채무자가 금전채무에 대한 담보로 부동산에 관하여 양도담보설정계약을 체결하고 이에 따라 채권자에게 소유권이전등기를 해 줄 의무가 있음에도 제3자에게 그 부동산을 처분한 경우에도 적용된다"고 보았다. 그리고 이중저당이 배임죄에 해당하지 않는다고 보는 것은 부동산 이중매매가 배임죄에 해당한다고 본 판결[323])에 반하지 않는다고 확인하였다.

(나) 동산의 이중양도담보

동산의 이중양도담보는 채무자가 제1양도담보권자에게 양도담보를 제공하고 점유개정의 방법으로 그 동산을 계속하여 점유하고 있다가 이를 다시 제2양도담보권자에게 양도담보로 제공한 경우를 말한다. 이 경우에도 부동산 이중저당과 마찬가지로 배임죄는 성립하지 않는다. 왜냐하면 ① 동산을 점유개정 방식으로 양도담보에 제공한 채무자가 담보목적물을 보관하여야 할 의무는 자신의 의무이지 타인을 위한 의무, 즉 양도담보권자의 재산관리에 관한 임무가 아니며,[324]) ② 제1양도담보권자는 민사판례[325])에 의하면 제2양도담보권자에 대하여 배타적으로 자기의 담보권을 주장할 수 있으므로 그에게 재산상의 손해가 발생하였다고 볼 수 없기 때문이다.[326]) 채무자가 제1양도담보권자에게 양도담보로 제공한 물건을 매각한 경우 채권자에게 재산상 손해가 발생하지만 ①에서 설명한 것과 같은 이유에서 배임죄는 성립하지 않는다.

[판례 28] A 주식회사를 운영하는 甲은 B 은행으로부터 1억 5,000만 원을 대출받으면서 위 대출금을 완납할 때까지 골재생산기기인 '크라샤4230'(이하 '이 사건 크러셔'라 한다)을 점유개정의 방식으로 양도담보로 제공하기로 하는 계약(이하 '이 사건 양도담보계약'이라 한다)을 체결하였다. 甲은 B 은행이 담보의 목적을 달성할 수 있도록 위 크러셔를 성실히 보관·관리하여야 할 의무가 있었음에도, 그러한 임무에 위배하여 위 크러셔를 다른 사람에게 매각하였다. 甲의 죄책은?

배임죄가 성립하기 위해서는 양도담보설정자 甲이 B 은행의 사무를 처리하는 자에 해당하여야 한다. 대법원은 '타인의 사무를 처리하는 자'라고 하기 위해서는 "당사자 관계의 전

---

323) 대법원 2018. 5. 17. 선고 2017도4027 전원합의체 판결.
324) 대법원 2020. 2. 20. 선고 2019도9756 전원합의체 판결.
325) 대법원 2000. 6. 23. 선고 99다65066 판결.
326) 대법원 1990. 2. 13. 선고 89도1931 판결; 대법원 2000. 6. 23. 선고 99다65066 판결; 대법원 2007. 2. 22. 선고 2006도6686 판결.

형적·본질적 내용이 통상의 계약에서의 이익대립관계를 넘어서 그들 사이의 신임관계에 기초하여 타인의 재산을 보호 또는 관리하는 데에 있어야 한다"고 한다. 즉 "위임 등과 같이 계약의 전형적·본질적인 급부의 내용이 상대방의 재산상 사무를 일정한 권한을 가지고 맡아 처리하는 경우에 해당"할 것을 요한다.

"양도담보설정계약에서 당사자 관계의 전형적·본질적인 내용은 채무자의 채무불이행 시 처분정산의 방식이든 귀속정산의 방식이든 담보권 실행을 통한 금전채권의 실현에 있다. 채무자 등이 채무담보목적으로 그 소유의 물건을 양도한 경우 반대의 특약이 없는 한 그 물건의 사용수익권은 양도담보설정자에게 있다. 동산을 점유개정 방식으로 양도담보에 제공한 채무자는 양도담보 설정 이후에도 여전히 남아 있는 자신의 권리에 기하여, 그리고 자신의 이익을 위하여 자신의 비용 부담하에 담보목적물을 계속하여 점유·사용하는 것이지, 채권자인 양도담보권자로부터 재산관리에 관한 임무를 부여받았기 때문이 아니다. 따라서 이러한 측면에서도 채무자가 양도담보권자의 재산을 보호·관리하는 사무를 위탁받아 처리하는 것이라고 할 수 없다."327)

甲이 담보물인 이 사건 크러셔를 성실히 보관·관리하여야 할 의무는 채무자 자신의 의무이지 타인을 위한 의무라고 할 수 있다. 따라서 甲에 대하여 횡령죄는 성립하지 않는다.

(2) 이중매매

(가) 부동산의 이중매매

이중매매란 매도인 甲이 乙(제1매수인)과 부동산매매계약을 체결하고 소유권이전등기를 경료하기 전에 丙(제2매수인)에게 다시 매각하면서 소유권이전등기를 경료한 경우를 말한다. 甲이 乙에게 등기를 경료한 후 丙과 다시 매매계약을 체결한 경우는 이중매매에 해당하지 않는다. 이중매매의 경우 배임죄의 성립이 문제된다. 우선 계약금만 수령한 경우에는 배임죄가 성립하지 않는다. 왜냐하면 계약금만 수령한 단계에서는 매도인은 언제든지 계약금의 배액을 지급하고 계약을 해제할 수 있으므로, 매도인은 아직 매수인의 소유권취득에 협력해야 할 등기협력의무가 없으며 따라서 타인의 사무를 처리하는 자라고 볼 수 없기 때문이다. 그러나 중도금까지 지급한 단계에서는 매도인이 일방적으로 계약을 해제할 수 없으며 신의칙상 매수인의 소유권취득에 협력하여야 할 등기협력의무가 있다. 甲이 이러한 의무에 위반하여 丙에게 소유권이전등기를 경료한 행위는 배임죄에 해당한다.328)

그리고 악의의 제2매수인에 대하여는 배임죄의 공범과 장물취득죄의 성립여부가

---

327) 대법원 2020. 2. 20. 선고 2019도9756 전원합의체 판결. 이 판결에 의하여 이전에 채무자에 대하여 배임죄가 성립한다고 본 판결(예컨대 대법원 1983.3.8. 선고 82도1829 판결)은 변경되었다.
328) 대법원 2018. 5. 17. 선고 2017도4027 전원합의체 판결; 대법원 2020. 5. 14. 선고 2019도16228 판결.

문제되는데, 우선 장물취득죄는 성립하지 않는다. 왜냐하면 매수인이 취득한 부동산은 재산범죄에 제공된 재물일 뿐이지 매도인이 재산범죄에 의하여 영득한 재물(장물)은 아니기 때문이다. 제2매수인에 대하여 배임죄의 공범이 성립하는가는 그가 그 부동산을 유효하게 취득하였는가에 의하여 결정된다. 만약 제2매수인이 매도인과 공모하거나 매도인을 교사하는 등 이중매매에 적극가담한 경우에는 배임죄의 공동정범이나 교사범이 성립한다.329) 그러나 제2매수인이 단순히 매도인의 매도제의를 수락한 것이라면 그가 이중매매의 사실을 알고 있었더라도 배임방조에 불과하므로 불가벌이 된다. 왜냐하면 이러한 경우 매도행위는 민법상 유효하며 따라서 제2매수인은 그 부동산에 대한 소유권을 취득하기 때문이다. 만일 제2매수인에 대하여 배임방조죄의 성립을 인정한다면330) 이는 민법상 적법한 행위를 형법이 금지하는 결과가 되어 법질서통일의 원칙이나 형법의 보충성에 반하므로 타당하지 않다.

> [판례 29-1] 甲이 제1차로 자기 소유의 부동산을 S 주택개발주식회사 대표 乙과 丙, 丁 등 3인에게 매도하고 계약금과 중도금 일부를 지급받았다가 위 공동매수인중 丙, 丁의 해제요청을 받고 위 乙에게 해제의 의사표시를 한 후 제2차로 위 부동산을 戊에게 매도하기로 계약을 체결하면서 계약금과 중도금을 지급받았다.
> (1) 甲의 죄책은?
> (2) 만일 甲이 戊로부터 계약금만 받고 아직 중도금을 지급받지 않았다면 甲의 죄책은?
> (3) 이중매매에서 배임죄의 기수시기는?
> (4) 만일 戊가 단순히 甲의 매도제의를 수락한 것이 아니라 처음부터 甲과 같이 짜고서 이 사건부동산을 매입하였다면 戊의 죄책은?

(1) 대법원은 甲이 "부동산을 제1차 매수인에게 매도하고 계약금과 중도금까지 수령한 이상 특단의 약정이 없으면 잔금수령과 동시에 매수인 명의로의 소유권이전등기에 협력할 임무가 있고 이 임무는 주로 위 매수인을 위하여 부담하는 임무라고 할 것이므로, 위 매매계약이 적법하게 해제되었다면 모르되 그렇지 않은 이상 피고인이 다시 제3자와 사이에 위 부동산에 대한 매매계약을 체결하고 계약금과 중도금까지 수령한 것은 위 제1차 매수인에 대한 소유권이전등기 협력임무의 위배와 밀접한 행위로서 배임죄의

---

329) 제2매수인은 민법상 원칙인 소위 '반사회적 무효론'에 의하면 그 부동산에 대한 소유권을 취득하지 못한다. 반사회적 무효론이란 이중매매에서 제2매수인이 매도인의 배임행위에 적극가담한 경우에 제2매도행위는 선량한 풍속 기타 사회질서에 위배하여 무효(민법 제103조)라는 이론을 말한다. 이 이론은 민사법 분야에서 통설(예컨대 김증한, "이중매매의 반사회성", 법정 제19권 제9호(1964), 7면 이하; 곽윤직, 민법총칙, 2002, 216면; 김증한/김학동, 물권법, 1997, 413면)과 판례(예컨대 대법원 1969. 11. 25. 선고, 66다1565 판결)의 입장이다.
330) 제2매수인에 대하여 배임방조죄의 성립을 긍정하는 견해는 김일수/서보학, 각론, 491면; 임웅, 각론, 513면 참조.

실행착수라고 보아야 할 것이다"라고 판시하였다. 공동매수인중 일부의 해제요청이 있다고 하여 매도인의 일방적인 해제의사 표시만으로 적법하게 해제의 효과가 발생한다고 볼 수는 없으므로 甲에 대하여는 배임행위가 인정된다.331) 다만 甲은 戊에게 아직 소유권이전등기를 경료하지는 않았으므로 배임미수죄가 성립한다.

(2) "부동산 이중양도에 있어서 매도인이 제2차 매수인으로부터 계약금만을 지급받고 중도금을 수령한 바 없다면 배임죄의 실행의 착수가 있었다고 볼 수 없다 할 것이므로"332) 甲에 대하여는 배임미수죄도 성립하지 않는다.

(3) 甲이 戊의 명의로 소유권이전등기를 경료하여야 배임죄가 기수에 이른다.333)

(4) 戊는 업무상 타인의 사무를 처리하는 신분자 甲의 배임행위에 공모함으로서 적극적으로 가담하였으므로 그에 대하여는 배임죄의 공동정범이 성립한다(제33조 단서). 다만 판례에 의하면 戊에 대하여도 업무상배임죄의 공동정범이 성립하고(제33조 본문), 다만 단순배임죄에 정한 형으로 처단한다(제33조 단서).334)

[판례 29-2] A 주식회사의 1인 주주이자 실질적인 대표이사인 甲은 상속세 납부자금을 마련하기 위하여 乙에게 A 주식회사의 주식 전부를 매매대금 150억원에 매도하기로 하는 주식매매계약을 체결한 후, 위 주식매매계약이 해제될 경우 甲이 부담하게 될 매매대금 반환채무를 담보하기 위하여 위 A 주식회사 소유의 부동산을 처분하기로 하였다. 甲은 이 사건 부동산에 관하여 가등기를 하여 달라는 乙의 요구를 받고 乙 명의로 소유권이전청구권 가등기를 마쳤다. 甲, 乙의 죄책은?

(1) 甲의 죄책

1인 회사의 주주 甲이 자신의 개인채무를 담보하기 위하여 회사 소유의 부동산에 대하여 근저당권설정등기를 마친 행위는 업무상배임죄에 해당한다.

(2) 乙의 죄책

乙은 배임행위를 교사하거나 또는 배임행위의 전 과정에 관여하는 등으로 배임행위에 적극가담하지는 않았지만, 가등기를 경료받음으로써 甲의 배임행위를 용이하게 하였다. 이 경우에 乙에 대하여 배임죄의 방조범이 성립하는지가 문제된다. 이 점에 대하여 대법원335)은 "거래상대방이 배임행위를 교사하거나 그 배임행위의 전 과정에 관여하는 등으로 배임행위에 적극 가담함으로써 그 실행행위자와의 계약이 반사회적 법률행위에 해당하여 무효로 되는 경우 배임죄의 교사범 또는 공동정범이 될 수 있음은 별론으로 하고, 관여의 정도가 거기에까지 이르지 아니하여 법질서 전체적인 관점에서 살펴볼 때 사회적 상당성을 갖

---

331) 대법원 1983. 10. 11. 선고 83도2057 판결.
332) 대법원 1983. 10. 11. 선고 83도2057 판결; 대법원 1984. 8. 21. 선고 84도691 판결; 대법원 2003. 3. 25. 선고 2002도7134 판결.
333) 대법원 2005. 10. 28. 선고 2005도5713 판결 참조.
334) 대법원 1999. 4. 27 선고 99도883 판결; 대법원 1997. 12. 26. 선고 97도2609 판결.
335) 대법원 2005. 10. 28. 선고 2005도4915 판결.

춘 경우에 있어서는 비록 정범의 행위가 배임행위에 해당한다는 점을 알고 거래에 임하였다는 사정이 있어 외견상 방조행위로 평가될 수 있는 행위가 있었다 할지라도 범죄를 구성할 정도의 위법성은 없다"고 판단하였다. 이러한 판단은 乙이 가등기를 경료받은 행위는 甲의 배임행위를 방조한 것으로 평가할 수 있지만, 법질서통일의 원칙의 관점에서 보면 그 행위는 민법상 유효하므로 형법에서도 적법한 것으로 평가하여야 한다는 의미로 이해할 수 있다.

(나) 동산의 이중매매

[판례 30-1] 甲은 자기 소유의 인쇄기를 공소외 1에게 135,000,000원에 양도하기로 하여 그로부터 1, 2차 계약금 및 중도금 명목으로 합계 43,610,082원 상당의 원단을 제공받아 이를 수령하였음에도 불구하고 그 인쇄기를 자신의 채권자인 공소외 2에게 기존 채무 84,000,000원의 변제에 갈음하여 양도함으로써 동액 상당의 재산상 이익을 취득하고 공소외 1에게 동액 상당의 손해를 입혔다. 甲의 죄책은?

대법원[336]은 동산의 이중매매의 경우 다음과 같은 이유에서 배임죄의 성립을 부정하였다: " '타인의 사무를 처리하는 자'라고 하려면 당사자 관계의 본질적 내용이 단순한 채권관계상의 의무를 넘어서 그들 간의 신임관계에 기초하여 타인의 재산을 보호 내지 관리하는 데 있어야 하고 …"
"피고인이 이 사건 동산매매계약에 따라 공소외 1에게 이 사건 인쇄기를 인도하여 줄 의무는 민사상의 채무에 불과할 뿐 타인의 사무라고 할 수 없으므로 위 인쇄기의 양도와 관련하여 피고인이 타인의 사무를 처리하는 자의 지위에 있다고 볼 수 없다."
'매매의 목적물이 동산일 경우, 매도인은 매수인에게 계약에 정한 바에 따라 그 목적물인 동산을 인도함으로써 계약의 이행을 완료하게 되고 그때 매수인은 매매목적물에 대한 권리를 취득하게 되는 것이므로, 매도인에게 자기의 사무인 동산인도채무 외에 별도로 매수인의 재산의 보호 내지 관리 행위에 협력할 의무가 있다고 할 수 없다. 동산매매계약에서의 매도인은 매수인에 대하여 그의 사무를 처리하는 지위에 있지 아니하므로, 매도인이 목적물을 매수인에게 인도하지 아니하고 이를 타에 처분하였다 하더라도 형법상 배임죄가 성립하는 것은 아니다."

[판례 30-2] 甲은 乙과의 주식양도계약에 따라 그에게 양도한 주식 3만 주에 대하여 확정일자 있는 증서에 의한 통지 또는 승낙을 갖추어 주어야 할 의무를 부담함에도 乙에게 위와 같은 제3자에 대한 대항요건을 갖추어 주지 아니한 채 제3자에게 위 주식을 양도하여 시가 미상 3만 주 상당의 재산상 이익을 취득하고, 피해자에게 동액 상당의 손해를 입혔다. 甲의 죄책은?

---

336) 대법원 2011. 1. 20. 선고 2008도10479 전원합의체 판결(동산 이중양도 사건).

원심법원은 甲에 대하여 배임죄가 성립한다고 보았다. 이에 대하여 대법원337)은 다음과 같은 이유에서 배임죄의 성립을 부정하였다:

"배임죄는 타인의 사무를 처리하는 자가 그 임무에 위배하는 행위로 재산상 이익을 취득하여 사무의 주체인 타인에게 손해를 가함으로써 성립하므로 범죄의 주체는 타인의 사무를 처리하는 지위에 있어야 한다. 여기에서 '타인의 사무'를 처리한다고 하려면 당사자 관계의 본질적 내용이 단순한 채권채무 관계를 넘어서 그들 간의 신임관계에 기초하여 타인의 재산을 보호 또는 관리하는 데 있어야 하고 …"

"양도인이 양수인으로 하여금 회사 이외의 제3자에게 대항할 수 있도록 확정일자 있는 증서에 의한 양도통지 또는 승낙을 갖추어 주어야 할 채무를 부담한다 하더라도 이는 자기의 사무라고 보아야 하고, 이를 양수인과의 신임관계에 기초하여 양수인의 사무를 맡아 처리하는 것으로 볼 수 없다. 그러므로 주권발행 전 주식에 대한 양도계약에서의 양도인은 양수인에 대하여 그의 사무를 처리하는 지위에 있지 아니하여, 양도인이 위와 같은 제3자에 대한 대항요건을 갖추어 주지 아니하고 이를 타에 처분하였다 하더라도 형법상 배임죄가 성립하는 것은 아니다."

"피고인이 피해자와의 주식양도계약에 따라 피해자에게 제3자에 대한 대항요건을 갖추어 주어야 할 의무는 민사상 자신의 채무이고 이를 타인의 사무라고 할 수 없으므로, 피고인이 '타인의 사무를 처리하는 자'의 지위에 있다고 볼 수 없다."

3. 비전형담보

(1) 비전형담보 법적 성격

양도담보나 가등기담보와 같은 비전형담보에서 담보설정자나 담보권자의 일방이 담보물을 처분한 경우에 형사책임이 문제된다. 주로 횡령죄나 배임죄 가운데 어느 것이 성립하는지가 문제되는데, 담보물이 자기가 보관하는 타인소유의 재물이라면 횡령죄가 성립할 것이고, 그 이외의 경우에는 배임죄의 성립만이 가능할 것이다. 목적물의 소유권이 누구에게 있는가는 비전형담보의 유형에 따라 차이가 있으므로 결국 형사책임의 문제는 비전형담보의 유형과 담보설정권자와 담보권자 가운데 누가 목적물을 처분하였는가에 따라서 판단하여야 한다. 판례는 부동산의 경우에는 비전형담보의 유형이나 담보물을 처분한 자가 누구인가를 고려하지 않고 주로 배임죄의 성립을 인정한다.338)

---

337) 대법원 2020. 6. 4. 선고 2015도6057 판결(주권발행 전 주식의 이중양도 사건).
338) 예컨대 대법원 2007. 1. 25. 선고 2005도7559 판결.

(2) 가등기담보

채권자는 담보목적부동산에 관하여 담보가등기를 마친 경우에는 채무자의 채무불이행시에 청산기간이 지나야 그 가등기에 따른 본등기를 청구할 수 있다(동법 제4조 제2항 후단). 본등기 경료 전까지는 담보물의 소유권은 여전히 채무자에게 있으므로 채무자가 이를 제3자에게 처분하는 경우에는 배임죄의 성립이 가능하다. 만일 채권자가 변제기 전에 담보물을 처분하는 경우에 횡령죄가 성립하지 않는다. 담보물이 채무자 소유이므로 '타인의 재물'에는 해당하지만 담보가등기를 마친 것만으로 타인의 재물을 '보관하는 자'라고 보기는 어렵다. 따라서 채권자에 대하여는 배임죄가 성립한다고 보아야 할 것이다. 판례도 이 경우에 배임죄가 성립한다고 본다.339)

[판례 31] 甲은 담보목적으로 자신의 명의로 가등기가 경료된 乙의 부 丙 소유의 부동산에 대하여 동 乙로부터 채무가 변제 공탁된 사실을 통고받고서도 甲 앞으로 본등기를 경료함과 동시에 丁 앞으로 가등기를 경료하여 주었다. 甲의 죄책은?

횡령죄가 성립하기 위해서는 담보목적물인 부동산이 타인소유일 것과 甲이 그 부동산을 보관하는 자이어야 한다. 위의 부동산이 丙 소유, 즉 타인의 재물이지만, 甲은 자신의 명의로 가등기만 경료된 상태이므로 그 부동산을 '보관하는 자'라고 보기는 어렵다. 따라서 횡령죄는 성립하지 않으며, 다만 배임죄의 성립이 가능하다. 대법원은 "담보목적의 가등기권자가 소유자측으로부터 채무변제공탁 사실을 통고받고서도 본등기 경료와 동시에 제3자 명의로 가등기한 경우 배임죄"가 성립한다고 판단하였다.340)

(3) 부동산양도담보

가등기담보법은 대물변제예약, 양도담보, 매도담보, 환매, 재매매의 특약 등 명칭 여하를 불문하고 그 실질이 채권의 담보를 목적으로 한 때에는 각종 비전형담보에 대하여 적용된다. 이 법에 의하면 채권자가 담보목적부동산에 관하여 이미 소유권이전등기를 마친 경우에도 소유권은 여전히 채무자에게 있으며, 채권자가 청산기간이 지난 후 청산금을 채무자등에게 지급하여야 비로소 담보목적부동산의 소유권을 취득하게 된다(동법 제4조 2항 전단)341). 따라서 채권자가 담보물을 보관 중 청산기간이

---

339) 대법원 1990. 8. 10. 선고 90도414 판결.
340) 대법원 1990. 8. 10. 선고 90도414 판결.
341) 가등기담보 등에 관한 법률 제4조(청산금의 지급과 소유권의 취득) ② 채권자는 담보목적부동산에 관하여 이미 소유권이전등기를 마친 경우에는 청산기간이 지난 후 청산금을 채무자등에게 지급한 때에 담보목적부동산의 소유권을 취득하며, 담보가등기를 마친 경우에는 청산기간이 지나야 그 가등기에 따른 본등기를 청구할 수 있다.
제3조(담보권 실행의 통지와 청산기간) ① 채권자가 담보계약에 따른 담보권을 실행하여 그 담보목적부동산의 소유권을 취득하기 위하여는 그 채권의 변제기 후에 제4조의 청산금의 평

경과하기도 전에 처분하면 매도담보이건 양도담보이건 불문하고 그에 대하여는 횡령죄가 성립한다. 이에 대하여 판례는 채권자에 대하여 배임죄가 성립한다고 본다.342)

[판례 32-1] 甲은 乙에 대한 차용금 채무를 담보하기 위하여 자기 소유의 아파트에 대하여 양도담보를 설정하였는데, 乙이 채무 변제기에 이르기 전에 임의로 이 아파트를 丙에게 매도한 후 그 소유권이전등기까지 마쳐 주었다. 乙의 죄책은?

대법원은 乙의 죄책에 대하여 "채권의 담보를 목적으로 부동산의 소유권이전등기를 경료받은 채권자는 채무자가 변제기일까지 그 채무를 변제하면 채무자에게 그 소유명의를 환원하여 주기 위하여 그 소유권이전등기를 이행할 의무가 있으므로 그 변제기일 이전에 그 임무에 위배하여 이를 제3자에게 처분하였다면 변제기일까지 채무자의 변제가 없었다 하더라도 배임죄가 성립"한다고 판단하였다.343)

약한 의미의 양도담보에서 그 담보물의 소유는 채무자에게 있으므로 아파트의 등기명의인인 채권자 甲은 타인의 재물을 보관하는 자로서 이를 丙에게 처분한 행위는 횡령죄에 해당한다. 물론 변제기일 이전에 아파트를 처분한 행위는 동시에 배임죄에 해당하지만 횡령죄는 배임죄에 대하여 특별관계에 있으므로 횡령죄만 성립한다고 보아야 한다.

(4) 정산의무의 불이행

양도담보권자는 담보목적물을 환가처분하는 경우에 원리금 등을 충당하고 나머지 금액은 채무자에게 정산할 의무를 진다. 채권자가 이러한 의무에 위배하여 청산금을 지급하지 않는 경우에 배임죄가 성립하는지가 문제된다. 판례344)는 채권자가 담보부동산을 처분한 후 정산의무를 이행하지 아니한 것만으로는 범죄행위가 되지 않는다고 함으로써 배임죄의 성립을 부정한다. 대법원은 그 논거로서 정산의무를 이행하는 사무는 곧 '자기의 사무처리에 속하는 것'이라는 점을 든다. 그렇다면 부동산매매에서 매도인의 등기의무는 '타인의 사무'에 해당한다고 보면서 정산의무는 '자기의 사무'에 불과하다고 보는 이유에 대하여 의문이 생긴다. 이 점에 대하여 대법원은 "매도인의 등기의무는 그로써 자기의 재산처분을 완성케 하는 것이어서 본래 매도인 자신의 사무에 속하는 것이지만 등기의무자인 매도인의 등기협력 없이는 매수인 앞으로의 소유권이전을 완성할 수 없기 때문에 이와 같은 등기협력의무로서의 성질을 중시하여 이점에서 그 등기의무를 주로 매수인의 소유권취득을 위해 부담하는

가액을 채무자등에게 통지하고, 그 통지가 채무자등에게 도달한 날부터 2개월(이하 "청산기간"이라 한다)이 지나야 한다.
342) 대법원 1987.4.28. 선고 87도265 판결; 1988.12.13. 선고 88도184 판결; 대법원 2007. 1. 25. 선고 2005도7559 판결.
343) 대법원 2007. 1. 25. 선고 2005도7559 판결.
344) 대법원 1985. 11. 26. 선고 85도1493 전원합의체판결; 대법원 1992. 7. 14. 선고 92도279 판결.

타인의 사무에 속한다고 보는 것"이지만, 정산의무는 매도인의 등기협력의무와 같은 협력의무로서의 성질이 없기 때문에 타인의 사무에 해당하지 않는다고 한다.

[판례 32-2] 甲은 서울 강남구 소재 대지 94평과 그 지상건물에 관하여 乙로부터 甲 자신 앞으로 소유권이전등기를 경료받았다. 그 등기는 甲이 강원도 명주군 소재 태륭탄광을 乙의 아들인 丙에게 대금 3,500만원에 매도하고 약정기일까지 지급받기로 한 잔대금 채권 1,700만원의 담보목적으로 경료한 것이었다. 그러나 甲은 약정기일까지 위 잔대금의 이행을 받지 못하자 위 담보부동산을 丁에게 처분하여 그 대금 3,500만원을 전액 수령하고서도 채권액 1,700만원등을 공제한 나머지 돈을 정산하여 피해자에게 반환하지 아니하였다. 甲의 죄책은?

원심판결은 "甲이 담보부동산을 처분하고 받은 대금 3,500만원 중에서 채권원리금과 담보권실행비용등에 충당한 나머지를 채무자에게 돌려 줄 의무를 부담하는 甲은 타인의 사무를 처리하는 자라 할 것이므로 이를 돌려주지 아니한 甲의 소위는 배임죄가 된다"고 판단하였다.

이에 대하여 대법원은 정산의무에 위배한 채권자에 대하여 배임죄의 성립을 인정하였던 기존의 입장345)을 변경하여, 채권자에 대하여는 배임죄가 성립하지 않는다고 판단하였다. 그 논거를 보면 다음과 같다: "담보권자가 변제기 경과후에 담보권을 실행하여 그 환가대금 또는 평가액을 채권원리금과 담보권 실행비용등의 변제에 충당하고 환가대금 또는 평가액의 나머지가 있어 이를 담보제공자에게 반환할 의무는 담보계약에 따라 부담하는 자신의 정산의무이므로 그 의무를 이행하는 사무는 곧 자기의 사무처리에 속하는 것이라 할 것이고, 이를 부동산매매에 있어서의 매도인의 등기의무와 같이 타인인 채무자의 사무처리에 속하는 것이라고 볼 수는 없다."

(5) 대물변제예약

[판례 33] 甲은 공소외인 A에게 차용금 3억 원을 변제하지 못할 경우 甲의 어머니 소유의 부동산에 대한 유증상속분을 대물변제하기로 약정하였고, 그 후 甲은 유증을 원인으로 위의 부동산에 관한 소유권이전등기를 마쳤음에도 이를 누나와 자형에게 매도함으로써 이 부동산의 실제 재산상 가치인 1억 8,500만 원 상당의 재산상 이익을 취득하고 공소외인 A에게 동액 상당의 손해를 입혔다. 甲의 죄책은?

채무자가 대물변제예약에 따라 부동산에 관한 소유권을 이전해 줄 의무를 위배하고 이를 제3자에게 매도한 경우 어떠한 범죄가 성립하는지가 문제된다. 원심법원은 기존의 대법원 판례346)가 대물변제예약 사안에서 배임죄의 성립을 인정한 것과 마찬가지로 甲에 대하여

---

345) 예컨대 대법원 1971. 3. 9. 선고 71도189 판결; 1975. 5. 13. 선고 74도3125 판결; 1983. 6. 28. 선고 82도1151 판결.
346) 예컨대 대법원 2000. 12. 8. 선고 2000도4293 판결.

배임죄가 성립한다고 보았다. 이에 대하여 대법원347)은 다음과 같은 이유에서 배임죄의 성립을 부정하였다:
"대물변제예약의 궁극적 목적은 차용금반환채무의 이행 확보에 있고, 채무자가 대물변제예약에 따라 부동산에 관한 소유권이전등기절차를 이행할 의무는 그 궁극적 목적을 달성하기 위해 채무자에게 요구되는 부수적 내용이어서 이를 가지고 배임죄에서 말하는 신임관계에 기초하여 채권자의 재산을 보호 또는 관리하여야 하는 '타인의 사무'에 해당한다고 볼 수는 없다. 그러므로 채권 담보를 위한 대물변제예약 사안에서 채무자가 대물로 변제하기로 한 부동산을 제3자에게 처분하였다고 하더라도 형법상 배임죄가 성립하는 것은 아니다."

(6) 동산양도담보

채무자가 금전채무를 담보하기 위하여 자기소유의 동산에 대하여 양도담보권을 설정한 경우에 판례는 특별한 사정이 없는 한 '약한 양도담보'가 설정된 것으로 본다. 따라서 채권자와 채무자간의 대내적 관계에서 그 담보물의 소유자는 채무자이므로 채무자가 목적물을 임의로 처분하면 횡령죄는 성립하지 않는다.348) 그리고 채무자는 채권자인 양도담보권자가 담보의 목적을 달성할 수 있도록 이를 보관할 의무는 위의 (판례 28)에서 설명한 바와 같이 자신의 사무에 불과하므로 배임죄도 성립하지 않는다.

만일 채권자가 담보목적물을 보관하고 있다가 처분하였다면, 그 목적물은 채무자, 즉 타인소유의 재물이므로 횡령죄가 성립한다.349)

[판례 34-1] 甲은 乙에 대한 채권을 담보받기 위하여 소유의 점포에 있는 포목 등 물건에 대하여 양도담보계약을 체결하면서, 乙이 위 동산의 점유를 계속하는 이른바 점유개정의 방법으로 인도받았다. 그 후에 甲과 乙 사이에 합의가 이루어져 甲은 위 물건을 丙의 집으로 운반하여 보관하고 있다가, 피담보채권의 변제기가 도래하기도 전에 그 물건들을 임의로 처분하였다. 甲의 죄책은?

위의 물건이 누구의 소유인가에 대하여 대법원은 "양도담보계약의 내용이 채무의 담보를 위하여 양도의 형식을 취하였을 뿐이고 그 실질은 채무의 담보와 담보권실행의 정산절차를 주된 내용으로 하는 것이라면 별단의 사정이 없는 한 그 동산의 소유권은 여전히 채무자에게 남아 있고(약한 의미의 양도담보), 채권자는 단지 양도담보물권을 취득하는 데 지나지 않는다"350)라고 함으로써 乙 소유로 보았다. 따라서 甲은 乙 소유, 즉 타인의 재물을

---

347) 대법원 2014. 8. 21. 선고 2014도3363 전원합의체 판결(대물변제예약 사안에서 배임죄 사건).
348) 대법원 2009. 2. 12. 선고 2008도10971 판결.
349) 대법원 1989. 4. 11. 선고 88도906 판결; 2007. 6. 14. 선고 2005도7880 판결. 같은 견해: 김일수/서보학, 각론, 367면.
350) 대법원 1989. 4. 11. 선고 88도906 판결.

보관하는 자로서 이를 乙의 의사에 반하여 이를 제3자에게 처분하였으므로 그에 대하여는 횡령죄가 성립한다.

[판례 34-2] 만일 위의 사례에서 乙이 그 물건을 점유개정의 방법으로 보관하고 있다가 이를 제3자에게 처분하였다면 乙의 죄책은?

[판례 34-1]에서와 마찬가지로 대법원은 "금전채무를 담보하기 위하여 채무자가 그 소유의 동산을 채권자에게 양도하되 점유개정에 의하여 채무자가 이를 계속 점유하기로 한 경우에는 특별한 사정이 없는 한 이른바, 약한 양도담보가 설정된 것"된 것으로 보므로 그 물건에 대한 소유권은 채무자 乙에게 있다. 따라서 乙이 그 담보물을 처분한 경우에 그에 대하여 횡령죄는 성립하지 않는다. 채무자에게 배임죄가 성립하는가에 관하여 이전의 판례는 긍정하였으나[351] 변경된 판례에 의하면 배임죄도 성립하지 않는다.

4. 죄수

타인의 위탁에 의하여 그 사무를 처리하는 자가 그 사무처리상 임무를 배반하여 본인에 대하여 기망행위를 하고 착오에 빠진 본인으로부터 재물을 교부받은 경우에는 사기죄와 업무상 배임죄의 상상적 경합이 성립한다.

[판례 35-1] 선장 甲과 조리장 乙은 물품을 구입한 양 허위보고를 하여 선주로부터 그 대금을 교부받았다. 甲, 乙의 죄책은?

甲, 乙이 선주를 기망하여 물품구입비를 교부받은 행위는 사기죄에 해당하며, 그들이 업무상 선주의 사무를 처리하는 자로서 그 임무에 위배하여 허위보고를 하여 물품구입비를 받은 행위는 업무상배임죄에 해당한다. 양죄의 관계에 관하여 대법원은 "사기죄가 성립되며 가사 배임죄의 구성요건이 충족되어도 별도로 배임죄를 구성하는 것이 아니라고"[352] 판단하였다. 타인의 사무를 처리하는 자가 본인을 기망하여 재물을 교부받는 경우 배임행위는 통상 사기에 수반되는 불가벌적 사후행위로서 사기죄에 흡수되는 것으로 본 것 같다. 그러나 이러한 견해는 아래의 판례에서 보는 바와 같이 후에 변경되었으며, 변경된 대법원의 견해에 의하면 사기죄와 업무상배임죄의 상상적 경합이 성립한다.

[판례 35-2] 신용협동조합의 전무 甲은 조합의 담당직원 乙을 기망하여 예금인출금 또는 대출금 명목으로 금원을 교부받았다. 甲의 죄책은?

甲이 乙을 기망하여 금원을 교부받은 행위는 사기죄에 해당한다. 그리고 甲이 신용협동조합의 전무로서 그 업무상의 의무에 위배하여 직원 乙을 기망하여 대출금을 교부받은 행위

---

351) 대법원 1983.3.8. 선고 82도1829 판결. 이 판결은 대법원 2020. 2. 20. 선고 2019도9756 전원합의체 판결에 의하여 변경되었다.
352) 대법원 1983.7.12. 선고 82도1910 판결.

는 업무상 배임죄에 해당한다. 문제는 양죄의 관계이다. 이 점에 대하여 기존의 판례는 사기죄의 성립만을 인정하였으나, 그 후에 변경된 판례는 양자의 상상적 경합을 인정하였다.[353] 대법원의 논거를 요약하면 다음과 같다: 사기죄의 관념에 임무위배 행위가 당연히 포함된다고 할 수 없으며, 업무상배임죄도 기망적 요소를 구성요건의 일부로 하는 것이 아니어서 양 죄는 그 구성요건을 달리하는 별개의 범죄이므로 업무상배임행위에 사기행위가 수반되어 사기죄와 업무상배임죄의 각 구성요건이 모두 구비된 때에는 양죄의 상상적 경합이 성립한다.

5. 배임수증죄

> **제357조(배임수증재)** ① 타인의 사무를 처리하는 자가 그 임무에 관하여 부정한 청탁을 받고 재물 또는 재산상의 이익을 취득하거나 제3자로 하여금 이를 취득하게 한 때에는 5년 이하의 징역 또는 1천만원 이하의 벌금에 처한다.
> ② 제1항의 재물 또는 재산상 이익을 공여한 자는 2년 이하의 징역 또는 500만원 이하의 벌금에 처한다.
> ③ 범인 또는 그 사정을 아는 제3자가 취득한 제1항의 재물은 몰수한다. 그 재물을 몰수하기 불가능하거나 재산상의 이익을 취득한 때에는 그 가액을 추징한다.

(1) 의의 및 보호법익

배임수증죄는 배임수재죄와 배임증재죄로 구분된다. 본죄는 타인의 사무를 처리하는 자에 대하여 성립하는 범죄로서 공무원의 뇌물죄에 상응하는 범죄이다. 배임수재죄는 수뢰죄에, 배임증재죄는 증뢰죄에 상응한다. 다만 본죄는 부정한 청탁을 받을 것을 요한다는 점에서 뇌물죄와 차이가 있다.

본죄의 보호법익은 '사무처리의 청렴성'이다.[354] 본죄의 성립을 위하여 본인에 대하여 '재산상 손해'를 가할 것을 요하지는 않으므로 '타인의 재산'은 본죄의 보호법익이 아니라고 보아야 한다.[355]

---

353) 대법원 2002. 7. 18. 선고 2002도669 전원합의체 판결.
354) 판례(대법원 1984.11.27. 선고 84도1906 판결; 1987.4.28. 선고 87도414 판결) 및 다수설(김성돈, 각론, 458면; 김일수/서보학, 각론, 499면 이하; 박상기, 각론, 668면 이하; 배종대, 각론, 586면; 임웅, 각론, 520면).
355) 이에 대하여 사무처리의 청렴성 외에 '타인의 재산'도 보호법익이라고 보는 견해는 오영근, 각론, 526면; 정성근/박광민, 각론, 483면 참조.

(2) 배임수재죄
(가) 성립요건
① 주체

본죄의 주체는 배임죄의 주체와 마찬가지로 '타인의 사무를 처리하는 자'이다. 따라서 '자기의 사무를 처리하는 자'는 본죄의 주체가 아니다. 배임죄의 주체에서 말하는 사무는 '재산상의 사무'에 국한하지만, 배임수재죄의 주체에서 말하는 사무는 반드시 재산상의 사무일 것을 요하지는 않는다.[356]

> [판례 36] 甲은 울산수산업협동조합의 조합장 선거에 관하여 총대로서 종합원들의 투표권을 위임받아 처리하던 자인데, 그 선거에 출마한 후보자들로부터 자신을 지지하여 달라는 취지의 부탁과 함께 금원을 교부받았다. 甲의 죄책은?

甲이 총회에서 조합장 선출을 위한 투표권을 행사하는 것이 타인, 즉 조합원들의 사무를 처리하는 것인가에 대하여 대법원은 "지역별 수산업협동조합의 총대는 조합의 의결기관인 총회의 구성원일 뿐 임원이나 기타 업무집행기관이 아니며 선출지역조합운의 지시나 간섭을 받지 않고 스스로의 권한으로 총회에서 임원선거에 참여하고 의결권을 행사하는 등 자주적으로 업무를 수행하는 것이므로 총회에서의 의결권 또는 선거권의 행사는 자기의 사무이고 이를 선출지역 조합원이나 조합의 사무라고 할 수 없는 것"이라고 판단하였다. 즉 총대인 甲이 투표권을 행사하는 것은 '자기의 사무'이지 '타인의 사무'는 아니므로 甲에 대하여 배임수재죄는 성립하지 않는다.[357]

> [판례 37] 甲은 춘천시에서 발주한 도시형폐기물종합처리시설 건설사업(이하 '이 사건 건설사업'이라고 한다)의 기본설계 적격심의 및 평가위원인데, 그 위원으로 위촉되기 전에 乙 등으로부터 경쟁 업체보다 동부건설 컨소시엄이 제출한 설계도면에 유리한 점수를 주어 동부건설 컨소시엄이 낙찰을 받을 수 있도록 해 달라는 취지의 청탁을 받고 재물을 취득하였다. 甲의 죄책은?

甲이 타인의 사무를 처리하는 자로서 임무에 관하여 부정한 청탁을 받았다고 하기 위해서는 청탁을 받을 당시에 타인의 사무를 처리하는 자로서의 지위에 있을 것을 요한다. "타인의 사무를 처리하는 자의 지위를 취득하기 전에 부정한 청탁을 받은 행위를 처벌하는 별도의 구성요건이 존재하지 않는 이상, 타인의 사무처리자의 지위를 취득하기 전에 부정한 청탁을 받은 경우에 배임수재죄로는 처벌할 수 없다고 보는 것이 죄형법정주의의 원칙에 부합한다." 이 사례에서 甲은 "청탁을 받을 당시에 춘천시가 발주한 이 사건 건설사업에 관한 사무를 처리하는 지위에 있었다고 인정되지 아니하는 이상 甲을 배임수재죄로 처벌할 수는 없다."[358]

---

356) 오영근, 각론, 525면; 임웅, 각론, 521면.
357) 대법원 1990. 2. 27. 선고 89도970 판결.

위의 (판례 37)에서 본 바와 같이 본죄가 성립하기 위해서는 행위자가 부정한 청탁을 받을 당시에는 타인의 사무를 처리할 지위에 있을 것을 요한다. 그러나 타인의 사무를 처리하는 자가 부정한 청탁을 받을 당시에는 수재와 관련된 임무를 담당하고 있었는데, 그 후 사무분담의 변경으로 그 직무를 담당하지 않게 된 상태에서 재물을 교부받은 경우에도 여전히 타인의 사무를 처리하는 지위에 있는 것이므로 배임수재죄가 성립할 수 있다.

[판례 38] 甲은 A주식회사 중앙지점의 지점장으로 동 지점의 지급보증사무 등 업무전반을 관장하다가 본점으로 전근된 이래 신용조사부장으로 근무하는 자이다. 甲은 A주식회사 중앙지점의 지점장으로 근무할 당시 B 주식회사의 대표이사인 乙의 청탁을 받고 약속어음에 대하여 한도외 지급보증을 해주었다. 그리고 甲은 전근한 뒤에 이러한 부정지급보증과 관련하여 乙로부터 금 117,000,000원을 수수하였다. 甲의 죄책은?

甲은 업무상 임무에 위배하여 약속어음에 대하여 한도외 지급보증을 함으로써 乙로 하여금 재산상 이익을 취득하게 하고, A주식회사로 하여금 실해발생의 위험을 초래케 하였으므로 그에 대하여는 업무상 배임죄가 성립한다.

甲이 수재당시에 수재와 관련된 임무를 담당하지 않고 있었는데, 이 경우에도 배임수재죄가 성립하는지가 문제된다. 이 점에 대하여 대법원은 배임수재죄는 "수재당시에도 수재와 관련된 임무를 현실적으로 담당하고 있음을 그 요건으로 하는 것은 아니라고 풀이되므로 타인의 사무를 처리하는 자가 그 임무에 관하여 부정한 청탁을 받은 이상 그 후 사무분담의 변경으로 동 직무를 담당하지 아니하게 된 상태에서 재물 등을 수수하게 되었다 하더라도 여전히 같은 타인의 사무를 처리하는 지위에 있고 그 재물 등의 수수가 그 부정한 청탁과 관련하여 이루어진 것이라면 배임수재죄는 성립한다"고 보았다. 따라서 甲에 대하여는 배임수재죄가 성립한다.

배임수재죄를 행한 자가 배임행위를 하여 배임죄를 범한 경우에 판례는 양죄의 경합범이 성립한다.359) 따라서 甲에 대하여는 배임수재죄와 업무상 배임죄의 경합범이 성립한다.

② 행위

본죄의 행위는 임무에 관하여 부정한 청탁을 받고 재물 또는 재산상의 이익을 취득하는 것이다. 본인에게 손해를 가할 것을 요하지는 않는다는 점에서 재산상의 손해를 가할 것을 요하는 배임죄와는 차이가 있다. 청탁에 따른 행위가 있을 것을 요하지 않는다는 점에서는 단순수뢰죄와 같다.

'임무'란 타인의 사무를 처리하는 자가 위탁받은 본래의 사무뿐만 아니라 그와 밀접한 관계가 있는 범위내의 사무도 포함된다.360)

---

358) 대법원 2010. 7. 22. 선고 2009도12878 판결.
359) 대법원 1984. 11. 27. 선고 84도1906 판결.

[판례 39] 한일은행 돈암동지점에서 섭외 및 예금담당 차장으로 종사하는 甲은 지점장 乙로부터 그 은행지점에 배정된 중소기업시설자금 3,000만원에 대한 대출 대상을 물색하라는 지시를 받아 A로부터 중소기업시설자금 대출건의 부탁을 받게 되면서 관계인들과 면담하였는데, 그 과정에서 이 대출건은 실에 있어 담보제공자인 B가 그의 사업자금에 필요하여 대출받는 것이기는 하나 B는 중소기업자금 대출적격자가 아니기 때문에 인쇄업자인 C의 명의를 빌어 대출 신청하게 된 사정을 알고 이를 묵인 선처하여 달라는 부정한 청탁을 받고 C의 인쇄기계시설 자금명목으로 금 3,000만원의 대출 절차를 밟도록 하여 주고 A로부터 위 부정청탁의 대가조로 금 150만원을 교부받았다. 甲의 죄책은?

대법원은 배임수재죄에서 '임무에 관하여'란 타인의 사무를 처리하는 자가 위탁받은 사무를 말하는 것인데, 이는 "그 위탁관계로 인한 본래의 사무뿐만 아니라 그와 밀접한 관계가 있는 범위내의 사무도 포함된다"고 본다. 따라서 이 사례에서 대출사무는 甲이 처리하는 사무는 아니지만 지점장 乙로부터 지시받은 대출대상자 물색사무와는 밀접한 관계에 있는 사무이므로 이를 甲이 위탁받은 사무라고 볼 수 있다.

甲은 "중소기업자금 대출 적격이 없는 자의 위장대출을 선처하여 달라는 청탁"을 받고 금 150만원을 받은 행위는 신의성실의 원칙에 반하는 부정한 청탁의 대가로 재물을 교부받은 것이므로 배임수재죄가 성립한다.361)

'부정한 청탁'이란 사회상규 또는 신의성실의 원칙에 반하는 것을 내용으로 하는 청탁을 말한다.362) 그 청탁은 명시적이건 묵시적이건 불문하며, 업무상 배임에 이르는 정도일 것을 요하지는 않는다. 그러나 청탁한 내용이 단순히 규정이 허용하는 범위 내에서 최대한의 선처를 바란다는 내용이라면 사회상규에 반하지 않으므로 부정한 청탁에 해당하지 않는다.363) 그러나 언론사 소속 기자에게 사실상 광고를 '언론보도인 것처럼 가장하여 보도하는 소위 '유료 기사'의 게재를 청탁하는 행위는 언론보도의 공정성 및 객관성에 대한 공공의 신뢰를 저버리는 것이므로 부정한 청탁에 해당한다.364)

'부정한 청탁'인지의 여부는 '청탁의 내용 및 이와 관련되어 교부받거나 공여한 재물의 액수·형식, 보호법익인 사무처리자의 청렴성 등을 종합적으로 고찰'365)하여 판단한다.

---

360) 대법원 1982. 2. 9. 선고 80도2130 판결; 2004. 2. 13. 선고 2003도2450 판결; 2006. 3. 24. 선고 2005도6433 판결; 2007. 6. 29. 선고 2007도3096 판결; 2010. 9. 9. 선고 2009도10681 판결.
361) 대법원 1982.2.9. 선고 80도2130 판결.
362) 대법원 1987.11.24. 선고 87도1560 판결.
363) 대법원 1982.9.28. 선고 82도1656 판결.
364) 대법원 2021. 9. 30. 선고 2019도17102 판결,
365) 대법원 2010.9.9. 선고 2009도10681 판결.

본죄가 성립하기 위해서는 행위자 또는 제3자가 '재물 또는 재산상 이익을 취득'할 것을 요한다. 단순히 요구 또는 약속한 행위는 본죄의 미수(제357조 제1항 및 제359조)가 된다. '재물 또는 재산상 이익의 취득'은 부정한 청탁과 대가성이 있어야 한다.366) 따라서 부정한 청탁이 있었더라도 그 청탁을 받아들이지 않고 그 청탁과는 관계없이 금품을 받은 경우에 배임수재죄는 성립하지 않는다.367)

본죄는 청탁에 따른 배임행위가 있을 것을 요하지 않는다. 배임수재죄를 행한 자가 배임행위를 하여 배임죄를 범하였다면 양죄의 경합범이 성립한다.368)

③ 주관적 구성요건

본죄의 주관적 구성요건은 임무에 관하여 부정한 청탁을 받고 재물 또는 재산상의 이익을 취득하는 것에 대한 고의로 족하며, 고의 이외에 불법영득의사까지 필요로 하지는 않는다.369) 이에 대하여 판례는 본죄의 주관적 구성요건으로서 불법영득의 의사를 요한다고 본다.370)

[판례 40] A 은행의 은행장 甲은 乙女로부터 부정한 청탁을 받고 100만원짜리 수표 150매를 교부받았다. 그 당시 甲은 乙女가 성격상 되돌려 받을 사람이 아니라고 판단되었고 그 자리에서 옥신각신 다툴 수도 없는 형편이어서 뒷날 그의 남편인 丙男 통하여 되돌려 주면 되겠다는 생각으로 교부받은 것이다. 甲은 A를 통하여 그 수표를 은행에 맡기면서 누가 자기에게 일시보관을 위해 맡긴 것인데 곧 찾아 갈 돈이니 맡아달라고 말하였다. 甲의 죄책은?

甲에 대하여 배임수재죄의 주관적 구성요건이 성립하는지가 문제된다. 이 점에 대하여 판례는 甲이 "그 돈을 반환한 경위에 있어서도 영득의 의사로 받았다가 되돌려 줄 수 밖에 없는 특단의 사정변경사실을 찾아볼 수 없고 자발적으로 반환"한 것이므로 그에게 "배임수재죄에 있어서의 영득의 의사가 있었다고 단정할 수 없다"고 판단하였다.371) 판례는 甲이 그 수표를 반환의 의사로 받은 것이기 때문에 그에게 영득의사가 없다고 본 것이다. 배임수재죄가 성립하기 위하여 불법영득의사가 있을 것이 요구되는가에 대하여는 견해가 일치하지 않지만 본죄의 성립을 위하여 고의로 족하며 불법영득의사는 필요하지 않다는 견해에 의하더라도 재물을 반환의사로 받았다면 재물을 취득할 의사, 즉 고의가 부정되므로 甲에 대하여 배임수재죄가 성립하지 않는다.

---

366) 김일수/ 서보학, 각론, 501면; 배종대, 각론, 589면; 임웅, 각론, 523면.
367) 대법원 1982.7.13. 선고 82도874 판결.
368) 판례(대법원 1984.11.27. 선고 84도1906 판결) 및 다수설(김일수/서보학, 각론, 503면; 배종대, 각론, 589면) 이에 대하여 양죄의 상상적 경합범이 성립한다는 견해는 임웅, 각론, 534면.
369) 임웅, 각론, 524면.
370) 대법원 1984. 3. 13. 선고 83도1986 판결.
371) 대법원 1984. 3. 13. 선고 83도1986 판결

(나) 몰수·추징

행위자 또는 제3자가 배임수재행위를 통하여 취득한 재물은 몰수한다(제357조 제3항 제1문). 그 재물을 몰수하기 불능하거나 재산상의 이익을 취득한 때에는 그 가액을 추징한다(동조 제3항 제2문). 배임수재자가 해당 금액을 제공자에게 반환하였다 하더라도 이를 추징할 수 있다.[372]

(3) 배임증재죄

배임증재죄는 타인의 사무를 처리하는 자에게 그 임무에 관하여 부정한 청탁을 하고 재물 또는 재산상 이익을 공여함으로써 성립한다. 본죄는 뇌물죄에서 증뢰죄가 수뢰죄와 필요적 공범의 관계에 있는 것과 마찬가지로 증뢰죄에 상응하는 배임증재죄는 통상 배임수재죄와 필요적 공범관계에 있다. 그러나 수재자와 증재자가 반드시 같이 처벌받아야 하는 것은 아니며, 증재자에게는 정당한 업무에 속하는 청탁이라도 수재자에게는 부정한 청탁이 될 수도 있는 것이다. 따라서 수재자가 유죄가 되었다 하더라도 증재자에게는 정당한 업무에 속하여 무죄가 될 수도 있다.[373]

> [판례 41] 甲은 한국방송공사 라디오국 프로듀서로 근무하면서 각종 프로그램의 제작연출 등 사무를 처리하고 있던 중 당시 제작하는 가요프로그램에 실을 수 있는 가요의 수는 제한되어 있음에도 특정 가수들 또는 그 매니저들로부터 위 프로그램에 위 가수들의 노래를 선곡하여 자주 방송함으로써 인기도가 올라갈 수 있도록 하여 달라는 청탁을 받고 그 사례금명목으로 31회에 걸쳐 합계금 7,900,000원을 교부받았다. 만일 가수들이나 그 매니저들이 뇌물을 공여한 한 행위가 그들에게는 정당한 업무에 속하는 청탁으로서 배임증재죄를 구성하지 않는다면 甲의 죄책은?

甲이 '부정한 청탁'을 받고 재물을 교부받은 것인가에 대하여 대법원은 "방송은 공적책임을 수행하고 그 내용의 공정성과 공공성을 유지하여야 하는 것이므로(방송법 제4조, 제5조 참조), 방송국에서 프로그램의 제작연출 등의 사무를 처리하는 甲으로서는 특정가수의 노래만을 편파적으로 선곡하여 계속 방송하여서는 아니되고 청취자들의 인기도, 호응도 등을 고려하여 여러 가수들의 노래를 공정성실하게 방송하여야 할 임무가 있음에도 위와 같이 피고인이 담당하는 제한된 방송프로그램에 특정가수의 노래만을 자주 방송하여 달라는 청탁은 사회상규나 신의성실의 원칙에 반하는 부정한 청탁"이라고 판단하였다. 따라서 甲에 대하여는 배임수재죄가 성립한다.

배임수재죄와 배임증재죄는 필요적 공범의 관계에 있는데, 증재자의 청탁이 정당한 업무에 속하여 배임증재죄가 성립하지 않는 경우에도 수재자 甲에 대하여 배임수재죄를 인정

---

[372] 대법원 1983. 8. 23. 선고 83도406 판결.
[373] 대법원 1979. 6. 12. 선고 79도708 판결; 1991. 1. 15. 선고 90도2257 판결.

할 수 있는지가 문제된다. 이 점에 대하여 대법원은 "증재자에게는 정당한 업무에 속하는 청탁이라도 수재자에게는 부정한 청탁이 될 수도 있는 것(당원 1979. 6. 12. 선고 79도708 판결 참조)" 반드시 수재자와 증재자가 같이 처벌받아야 하는 것은 아니라고 한다.374)

제7절 장물의 죄

I. 서론

1. 의의 및 성격

장물죄는 장물을 취득, 양도, 운반, 보관, 알선함을 내용으로 하는 범죄이다. 장물이란 재산범죄에 의하여 위법하게 직접적으로 취득한 재물을 말하는데, 재물을 취득하게 된 원인이 되는 재산범죄를 본범이라고 하며, 그 재물을 취득, 양도, 운반, 보관, 알선하는 범죄를 장물범이라고 한다.

장물죄의 본질에 대해서는 추구권설,375) 유지설(위법상태유지설),376) 결합설377) 등이 있다. 판례는 추구권설에 의한 것378)과 유지설에 의한 것379)이 있다. 추구권설은 본죄의 본질이 본범의 피해자가 점유를 상실한 재물을 추구할 권리, 즉 추구권(반환청구권)의 행사를 곤란하게 하는 데에 있다고 한다. 이에 대하여 유지설은 본범에 의하여 이루어진 위법한 재산상태를 장물범과 본범의 합의에 의하여 유지시킨다는 데에 장물범의 본질이 있다고 본다. 장물범은 본범의 피해자로 하여금 추구권의 행사를 곤란하게 함으로써 본범에 의하여 야기된 위법한 재산상태를 유지시킨다. 만일 본범이 재물에 대한 소유권을 취득하거나 제3자가 선의취득하여 피해자에게 재물에 대한 추구권이 없다면 본범에 의하여 야기된 재산상태는 위법하지 않으므로 이 재물은 장물에 해당하지 않는다. 결국 추구권설도 장물죄가 성립하기 위하여 위법한 재산상태를 요구한다는 점에서 유지설의 입장과 일치한다. 다만 유지설은 위법상태의 유지가 본범과 장물범의 합의에 의할 것을 요구한다는 점에서 추구권설과 차이가 있다.

불법원인급여물을 취득하거나 절도 등의 재산범죄에 의하여 장물을 취득한 경우

---

374) 대법원 1991. 1. 15. 선고 90도2257 판결.
375) 정영석, 각론, 394면; 황산덕, 각론, 332면.
376) 김성천/김형준, 각론, 547면.
377) 다수설: 김일수/서보학, 각론, 508면; 배종대, 각론, 593면 이하.
378) 대법원 1972. 2. 22. 선고 71도2296 판결.
379) 대법원 1987. 10. 13. 선고 87도1633 판결.

에도 장물죄가 성립하는가에 대하여 논란이 있다. ① 불법원인급여물을 취득한 경우에 추구권설에 의하면 피해자에게 반환청구권이 없으므로 장물죄는 성립하지 않으나, 유지설에 의하면 장물범과 본범 사이에 합의에 의하여 위법한 재산상태를 유지하면 족하므로 피해자의 반환청구권의유무와 관계없이 장물죄가 성립한다고 설명하는 견해가 있다. 그러나 이 경우에도 피해자에게 반환청구권이 없으면 본범은 불법원인급여물을 적법하게 취득하여 위법상태가 유지되지 못하므로 어느 견해에 의하더라도 장물죄는 성립하지 않는다. 예컨대 불법원인급여물을 보관하는 자가 이를 영득한 경우에 그 재물의 소유권은 보관자에게 있으므로 피해자는 반환청구권을 상실하며 횡령죄도 성립하지 않는다. 따라서 그 재물은 장물성을 상실한다. 그러나 불법원인급여물의 취득이 불법인 경우, 예컨대 기망 또는 공갈에 의하여 불법원인급여물을 취득한 경우에는 사기죄나 공갈죄가 성립380)하며, 피해자는 반환청구권을 가지게 되고 재산의 위법상태도 그대로 유지된다. 이러한 경우에는 그 재물은 장물성을 상실하지 않는다. 결국 불법원인급여물을 취득한 경우에 장물죄의 성립여부는 추구권설이나 유지설 어느 견해에 의하여도 같다고 할 수 있다. ② 절도 등의 재산범죄에 의하여 장물을 취득한 경우에 추구권설에 의하면 장물범으로 인하여 피해자의 추구권행사가 곤란해지므로 장물범이 성립한다. 이에 대하여 유지설에 의하면 위법상태가 본범과 장물범의의 합의에 의하여 유지된 것이 아니므로 장물죄는 성립하지 않는다. 장물범은 재산범죄로서 피해자의 재산권을 보호하기 위한 규정이므로 절도 등의 재산범죄에 의하여 장물을 취득한 경우에도 추구권설에 따라 본죄의 성립을 인정하는 것이 타당하다. ③ 장물양도죄는 본범과 합의가 없이 장물을 취득한 자가 이를 타인에게 양도한 경우에 성립하는 범죄로서 그 처벌근거는 피해자의 반환청구권을 곤란하게 한다는 점에 있다. 유지설은 이 규정의 처벌근거와 부합하지 않는다.

2. 보호법익

장물죄는 재산범으로서 보호법익은 재산권이다. 장물죄는 일반재산에 대하여 행하여지는 것이 아니라 본범에 의하여 영득된 재물에 대하여 행하여진다. 그럼에도 불구하고 장물죄의 보호법익을 소유권이 아닌 재산권으로 보는 이유는 권리행사방해죄의 주체인 소유권자로부터 재물을 영득한 자에 대하여도 장물죄가 성립하기 때문이다.

---

380) 제1편 제7장 제4절 II 3 참조.

II. 장물죄

제362조 제1항: 장물을 취득, 양도, 운반 또는 보관한 자는 7년 이하의 징역 또는 1천500만원 이하의 벌금에 처한다.
제2항: 전항의 행위를 알선한 자도 전항의 형과 같다.

1. 성립요건

(1) 객체

본죄의 객체는 장물이다. 장물이란 타인의 재산범죄에 의하여 위법하게 직접적으로 취득한 재물을 말한다. 따라서 장물은 ① 재물이어야 하며, ② 재물이 타인의 재산범죄에 의하여 영득한 것이어야 하며, ③ 재물이 위법한 재산상태 하에 있어야 하며, ④ 재물의 동일성이 유지되어야 한다. 이상의 요건을 차례대로 살펴보기로 한다.

① 재물이어야 한다.

따라서 재산상의 이익이나 권리 등은 본죄의 객체에 해당하지 않는다. 동력이 장물의 객체에 해당하는가에 대하여는 논란이 있으나 제346조는 장물죄에 대하여는 준용되지 않으므로 부정하는 것이 타당하다.

[판례 1] 甲은 권한 없이 S 주식회사의 아이디와 패스워드를 입력하여 인터넷뱅킹에 접속한 다음 위 회사의 예금계좌로부터 자신의 예금계좌로 합계 1억8천만원을 이체하는 내용의 정보를 입력하여 자신의 예금액을 증액시킨 다음 자신의 현금카드를 사용하여 현금자동지급기에서 6,000만 원을 인출하여 乙에게 교부하였다. 甲, 乙의 죄책은?

(1) 甲의 죄책
甲이 컴퓨터에 허위정보를 입력하여 1억8천만원의 재산상의 이익을 취득한 행위는 컴퓨터등사용사기죄에 해당한다. 그러나 甲이 현금을 인출한 행위는 "현금카드 사용권한 있는 자의 정당한 사용에 의한 것으로서 현금자동지급기 관리자의 의사에 반하거나 기망행위 및 그에 따른 처분행위도 없었으므로, 별도로 절도죄나 사기죄의 구성요건에 해당하지 않는다."

(2) 乙의 죄책
甲이 컴퓨터사용사기에 의하여 취득한 1억8천만원은 재산상 이익으로서 재물이 아니므로 장물이 될 수 없다. 인출한 현금이 장물에 해당하는지가 문제되는데, 이 점에 대하여 대법원은 "이 컴퓨터등사용사기죄에 의하여 취득한 예금채권은 재물이 아니라 재산상 이익이므로, 그가 자신의 예금구좌에서 6,000만 원을 인출하였더라도 장물을 금융기관에 예치하였다가 인출한 것으로 볼 수 없다"는 이유로 乙이 취득한 6,000만원은 장물에 해당하지 않는다고 판단하였다.381) 만일 현금을 인출한 행위 자체가 재산범죄를 구성한다면 그 현금은 재산범죄로 인하여 취득한 물건이므로 장물이 될 수 있지만 甲의 행위는 절도죄나 사기죄의 구성요건에 해당하지 않으며, 따라서 그 인출된 현금은 재산범죄에 의하여 취득한 재물이 아니므로 장물에 해당하지 않는다.

② 재물이 타인의 재산범죄에 의하여 영득한 것이어야 한다.

즉 본범은 재산범죄에 국한한다. 지금까지 설명한 재산범죄는 물론 권리행사방해죄에 의하여 취득한 재물도 본범이 될 수 있다. 또한 장물죄에 의하여 취득한 재물도 장물이 된다. 이를 특히 연쇄장물이라고 한다. 이에 대하여 수뢰죄에 의하여 수수한 뇌물, 도박죄에 의하여 취득한 금전, 사체영득죄에 의하여 취득한 사체, 문서위조죄 또는 통화위조죄에 의하여 취득한 재물 등은 장물에 해당하지 않는다. 다만 위조통화의 취득에 대하여는 별도의 처벌규정이 있다(제208조).

[판례 2] 입목을 벌채하고자 하는 자는 누구나 관계 당국으로부터의 허가를 받아야 하며 허가를 받지 아니하고 산림안에서 임목을 벌채한 경우에는 산림법 제118조 제1항 위반죄를 구성한다. 甲은 乙이 산림법 제118조에 위반하여 벌채한 임목을 운반하였다. 乙의 죄책은?

대법원은 "장물이라 함은 재산죄인 범죄행위에 의하여 영득된 물건을 말하는 것으로서 절도, 강도, 사기, 공갈, 횡령 등 영득죄에 의하여 취득된 물건이어야 하므로 구 산림법 제93조382) 소정의 절취한 임산물은 장물이 될 것이나 (구) 임산물단속에 관한 법률 위반죄383)에 의하여 생긴 임산물은 그것이 재산범죄적 행위에 의한 것이 아니기 때문에 장물이 될 수 없을 것 …"이라고 판시하였다.384) 따라서 甲이 벌채한 임목은 장물에 해당하지 않으므로 乙에 장물운반죄는 성립하지 않는다.

본범은 구성요건에 해당하는 위법행위이어야 하며 유책할 것은 요하지 않는다. 따라서 형사책임무능력자(예: 14세 미만의 자)가 절취한 재물도 장물에 해당한다. 장

---

381) 대법원 2004. 4. 16. 선고 2004도353 판결.
382) 현행 산림법 제116조 제1항(산림절도죄): 산림에서 그 산물(조림된 묘목을 포함한다)을 절취한 자는 7년 이하의 징역 또는 2천만원이하의 벌금에 처한다.
383) 현행 산림법 제118조 제1항(입목벌채의 죄 등): 다음 각호의 1에 해당하는 자는 5년 이하의 징역 또는 1천500만원 이하의 벌금에 처한다.
제4호: 제90조 제1항부터 제3항까지의 규정을 위반한 자
산림법 제90조 제1항(입목벌채 등의 허가와 신고): 산림 안에서 입목의 벌채, 임산물의 굴취·채취를 하고자 하는 자는 농림부령이 정하는 바에 따라 시장·군수 또는 지방산림관리청장의 허가를 받아야 한다. 다만, 농림부령이 정하는 경우에는 시장·군수 또는 지방산림관리청장에게 신고하여야 한다.
384) 대법원 1975. 9. 23. 선고 74도1804 판결.

물이 성립하기 위해서는 본범이 기수에 이르러야 한다. 본범이 미수상태에 있는 경우에는 장물을 취득하더라도 장물취득죄는 성립하지 않는다.

[예 1] 甲은 자신이 보관 중이던 乙 소유의 시계를 丙에게 매도하였다. 이러한 사정을 알고 있는 경우 丙의 죄책은?

丙에 대하여 횡령방조죄나 장물취득죄가 성립하는지에 대하여 검토한다. 이 점에 대하여는 횡령방조죄가 성립한다는 견해, 장물취득죄가 성립한다는 견해, 양죄의 경합범이 성립한다는 견해 등이 있다.

丙은 甲으로부터 시계를 매입함으로써 丙의 횡령을 가능하게 하였으므로 횡령방조죄가 성립한다(반대견해 있음). 문제는 장물취득죄의 성립여부이다. 본죄는 장물취득 이전에 본범인 횡령죄가 기수에 이를 것을 요한다. 甲이 매도의 의사표시를 한때 본죄가 기수에 이르렀다고 본다면(표현설) 장물취득죄의 성립이 가능하다. 판례도 아래의 [판례 3-2]에서 보는 바와 같이 장물취득죄가 성립한다고 본다. 그러나 재물의 취득과 동시에 횡령이 기수에 이른다고 보는 견해에 의하면(영득설) 丙은 횡령이 기수에 이른 후에 이를 취득한 것이 아니므로 장물취득죄는 성립하지 않는다.

[판례 3-1] 약품 회사대표인 甲은 위 회사약품의 재고약품을 A의 위 회사약품에 대한 채권확보책으로 A에게 양도담보로 제공한 후 위 재고약품 중 일부를 다시 乙에게 양도하였다. 乙의 죄책은?

甲이 乙에게 양도담보로 제공한 재고약품은 甲의 소유이므로 횡령죄는 성립하지 않는다. 다만 배임죄가 성립하는지가 문제되는데, 대법원은 이 사안에서 배임죄의 성립을 인정하였다.385) 그리고 甲이 乙에게 다시 양도한 재고약품은 甲의 "배임행위에 제공한 물건이지 배임행위로 인하여 영득한 물건자체는 아니므로 장물이라 볼 수 없다."386) 따라서 乙에 대하여 장물취득죄는 성립하지 않는다.

[판례 3-2] D 주식회사 대표이사 甲은 그 회사 소유의 5,000만원을 乙에게 주식매각 대금조로 교부하였으며, 乙은 그 정을 알면서도 이를 교부받았다. 乙의 죄책은?

甲의 행위는 업무상 횡령죄에 해당하는데, 그 횡령한 돈을 교부받은 乙의 행위가 장물취득죄에 해당하는지가 문제된다. 만일 甲의 횡령행위가 기수에 이른 후에 乙이 금원을 교부받은 것이라면 그 금원은 장물에 해당하지만, 甲이 교부한 금원을 乙이 교부받음으로써 비로

---

385) 대법원 1983. 11. 8. 선고 82도2119 판결.
386) 대법원 1983. 11. 8. 선고 82도2119 판결. 현재 판례(예컨대 대법원 2007.2.22. 선고 2006도6686 판결; 대법원 2020. 2. 20. 선고 2019도9756 전원합의체 판결)는 이중양도담보의 경우 배임죄는 성립하지 않는다고 본다(제7장 제6절 IV 2 (1) (나) 참조). 그러나 배임이 기수에 이르기 전에 취득한 재물은 "배임행위로 인하여 영득한 물건자체는 아니므로 장물이라 볼 수 없다."는 점은 그대로 타당하다.

소 횡령이 기수에 이른다고 본다면 그 금원은 횡령행위에 제공된 물건 자체이지 횡령행위로 인하여 영득한 물건은 아니므로 장물에 해당하지 않을 것이다. 이 점에 관하여 대법원은 '금원을 교부한 행위 자체가 횡령행위라고 하더라도 甲의 업무상 횡령죄가 기수에 달하는 것과 동시에 그 금원은 장물이 되는 것'이라고 판단하였다.[387] 따라서 乙에 대하여는 장물취득죄가 성립한다.

대법원은 (판례 3-1)에서 본범은 영득죄가 아니라 이득죄인 배임죄에 관한 것으로서 (판례 3-2)와는 사안을 달리하는 것이라고 보았다. 즉 (판례 3-1)에서 본범은 배임죄로서 乙이 배임에 제공된 물건을 양도받음으로써 비로소 배임죄가 기수에 이르게 되는 데 대하여, (판례 3-2)에서는 甲이 '금원을 교부한 행위 자체'만으로 횡령이 기수에 이른다고 본 것이다.

장물죄는 타인이 위법하게 영득한 재물에 대하여만 성립한다. 따라서 본범의 공범 가운데 공동정범에 대하여는 장물죄가 성립하지 않으며, 협의의 공범에 대하여만 장물죄가 성립할 수 있다.

[판례 4-1] 甲은 乙, 丙과 함께 특수강도를 공모하였으나 乙, 丙만이 특수강도를 실행하였고 甲은 乙, 丙 범행의 실행에 가담하지는 않았다. 甲이 乙, 丙이 강취해온 장물의 처분을 알선한 경우에 甲의 죄책은?

甲에 대하여는 특수강도의 공모공동정범이 성립하므로 그에 대하여 장물알선죄는 성립하지 않는다.[388]

[판례 4-2] 甲은 乙에게 대하여 乙이 보관중인 물건(동산)을 횡령하도록 교사하고, 그 횡령한 물건을 취득하였다. 甲의 죄책은?

甲에 대하여는 횡령교사죄와 장물취득죄가 경합범으로서 성립된다.[389]

③ 재물이 위법한 재산상태하에 있어야 한다.

장물죄가 성립하기 위해서는 위법한 재산상태가 유지되어야 한다. 그러나 추구권설에 의하면 본범과 장물범 사이에 합의가 있을 것을 요하지는 않는다. 본범이 장물범인 연쇄장물에서 선의의 제3자가 개입된 경우에도 장물죄가 성립하는가가 문제된다. 예컨대 본범 甲으로 부터 乙이 장물을 선의취득하였으며 乙로부터 악의의 丙이 이를 다시 취득한 경우에 丙에 대하여 장물죄가 성립하는가이다. 乙이 재물을 선의취득한 경우에는 피해자는 반환청구권을 행사할 수 없게 되어 위법한 재산상태가 단절되므로 장물죄의 성립은 부정된다. 다만 장물이 도품인 경우에는 선의취득이 불가

---

[387] 대법원 2004. 12. 9. 선고 2004도5904 판결.
[388] 대법원 1983. 2. 22. 선고 82도3103, 82감도666 판결.
[389] 대법원 1969. 6. 24. 선고 69도692 판결.

능하므로 乙이 취득한 재물의 위법성은 여전히 유지된다. 따라서 이를 취득한 丙에 대하여는 장물죄가 성립한다.

[예 2] 甲은 자기가 절취한 반지를 자기가 구입한 것이라고 속여 애인 乙女에게 생일기념으로 선물하였다. 乙女는 그 반지를 애인 甲이 모르는 사이에 丙에게 매각하였다.
(1) 만일 丙이 그 반지가 도품인 사실을 알고 있었다면 그의 죄책은?
(2) 만일 그 반지가 甲이 횡령한 물건이라면 丙의 죄책은?

(1) 도품에 대하여는 선의취득이 인정되지 않으므로 위법한 재산상태는 丙이 반지를 매입한 이후에도 계속된다. 따라서 丙에 대하여는 장물취득죄가 성립한다.390) 이러한 위법한 재산상태의 유지가 甲과 丙 사이의 합의에 의한 것이 아니라는 점은 장물죄의 성립에 지장이 없다.
(2) 반지가 장물이라는 사실을 모르는 乙女는 이를 선의취득하였으므로 위법한 재산상태는 단절되었다고 할 수 있다. 따라서 乙女로부터 이를 취득한 丙에 대하여는 그가 악의인가의 여부와 관계없이 장물취득죄는 성립하지 않는다.

본범에 의하여 취득된 재물의 소유권이 가공에 의하여 가공자에게 귀속된 경우에도(민법 제259조) 위법한 재산상태는 없어지며 따라서 가공물의 장물성은 부정된다. 위법한 재산상태는 본범과 장물범간의 합의에 의하여 유지될 것을 요하지 않으므로 장물을 절취, 강취, 편취한 때에도 장물죄는 성립한다.

[예 3] 甲은 기망에 의하여 乙의 재물을 편취하였다. 丙은 이러한 사실을 알고 있었음에도 불구하고 甲으로부터 그 재물을 매입하였다.
(1) 丙의 죄책은?
(2) 乙은 자신이 사기를 당하였다는 사실을 알고 있음에도 불구하고 3년이 지나도록 甲과의 계약을 취소하지 않았다. 만일 丙이 그 후에 甲으로부터 재물을 매입하였다면 장물취득죄가 성립하는가?

(1) 丙은 甲이 사기에 의하여 편취한 재물을 취득함으로써 위법한 재산상태를 유지하였으므로 장물취득죄가 성립한다.
(2) 장물죄가 성립하기 위해서는 본범에 의한 위법한 재산상태가 유지되어야 한다. 취소권은 추인할 수 있는 날로부터 3년의 제척기간 내에 행사하지 않으면 소멸된다(민법 제146조). 따라서 丙이 재물을 취득한 때에는 위법한 재산상태가 이미 종료되었으므로 丙에 대하여 장물취득죄는 성립하지 않는다.

---

390) 독일의 일부판례(OLG Düsseldorf, NJW 78, 713)도 장물죄의 성립을 인정한다.

[판례 5] 甲은 허가 없이 발굴된 문화재에 대하여 그 정을 알면서도 양도할 목적으로 예비하거나 양도되도록 알선할 목적으로 예비함으로써 (구) 문화재보호법 제109조 제2항, 제104조 제3항 및 제5항 위반죄391)(현행 매장문화재 보호 및 조사에 관한 법률 제31조)를 범하였다. 만일 허가 없이 문화재를 발굴한 본범의 공소시효가 양도할 당시에 이미 완성되었다면 甲의 죄책은?

본범의 공소시효가 이미 완성된 경우에도 본범에 의하여 취득된 재물이 장물에 해당하는지가 문제된다. 이 점에 대하여 대법원은 "허가 없이 발굴된 문화재는 영구하게 위 법조위반죄의 대상이 되는, 이른바 장물성을 보유한다고는 할 수 없고, 허가없이 발굴한 본범에 대하여 공소시효가 완성되어 국가과형권을 발동할 수가 없게 되고 따라서 그 위반물품에 대하여 몰수 또는 추징도 할 수 없는 단계에 이르렀을 때에는 그 위반물품에 대한 이른바 문화재보호법상의 장물성도 잃게 되는 것이라고 봄이 상당하므로 피고인들의 위 양도예비나 양도알선예비당시 이 사건 문화재를 허가없이 발굴한 본범에 대한 공소시효가 완성되었다면 이를 양도하거나 양도·알선할 목적으로 예비하였다 하더라도 이를 위 법조위반으로 처벌할 수 없다"고 판시하였다.392)

④ 재물의 동일성이 유지되어야 한다.

본범에 의하여 야기된 위법한 재산상태가 유지되었다고 하기 위해서는 행위자가 취득한 재물이 본범에 의하여 '직접적'으로 취득한 것이어야 한다. 즉 본범이 영득한 재물과 행위자가 영득한 재물 간에 '물질적 동일성'이 있어야 한다. 따라서 본범에 의하여 영득된 재물을 처분하여 취득한 금전이나 재물, 즉 대체장물은 물질적 동일성이 없으므로 장물이 아니며, 따라서 이를 취득한 자에 대하여 장물죄는 성립하지 않는다.

[예 4] 甲은 손목시계를 절취하여 이를 장물아비 乙에게 10만원에 매각하였다. 甲은 그 돈을 친구 丙과 5만원씩 나누어 가졌다.
(1) 丙이 악의인 경우 그의 죄책은?
(2) 만일 乙이 선의였다면?

(1) 손목시계와 10만원 간에는 물질적 동일성이 없으므로 5만원을 취득한 丙에 대하여 장

---

391) (구) 문화재보호법 제104조(도굴 등의 죄) ① 지정문화재나 가지정문화재의 보호물 또는 보호구역에서 허가 없이 매장문화재를 발굴한 자는 5년 이상의 유기징역에 처한다.
③ 제1항과 제2항을 위반하여 발굴되었거나 현상이 변경된 문화재를 그 정을 알고 유상이나 무상으로 양도, 양수, 취득, 운반, 보유 또는 보관한 자는 7년 이하의 징역이나 7천만원 이하의 벌금에 처한다.
⑤ 제3항의 행위를 알선한 자도 제3항의 형과 같다.
동법 제109조 ② 제101조부터 제104조까지, 제105조제1항, 제107조 및 제108조의 죄를 범할 목적으로 예비 또는 음모한 자는 2년 이하의 징역이나 2천만원 이하의 벌금에 처한다.
392) 대법원 1987. 10. 13. 선고 87도538 판결.

물죄는 성립하지 않는다.
(2) 甲에 대하여는 절도죄 외에 사기죄가 성립한다. 10만원은 사기죄에 의하여 직접적으로 취득한 재물로서 사기죄를 본범으로 하는 장물에 해당하므로, 이를 취득한 丙에 대하여는 장물죄가 성립한다.

[예 5] 甲은 50만원을 절취하여 보석상에서 선의의 乙로부터 목걸이를 구입하였다. 甲은 그 목걸이를 악의의 애인 丙女에게 선물하였다. 丙女의 죄책은?

목걸이는 대체장물로서 甲이 절취한 50만원과 물질적 동일성이 없으므로 장물에 해당하지 않는다. 문제는 甲이 절취한 돈으로 선의의 乙로부터 목걸이를 구입하였는데 이것이 사기죄를 구성하는가이다. 만일 사기죄가 성립한다면 사기죄가 본범이 되므로 사기에 의하여 취득한 목걸이는 장물에 해당하며 따라서 이를 취득한 악의의 丙女에 대하여는 장물죄가 성립할 것이다. 그러나 선의취득에 대한 도품, 유실물의 특례규정은 금전에 대하여는 적용되지 않으므로(민법 제250조 단서) 乙은 甲이 절취한 금전을 선의취득한다. 따라서 乙에 대하여 재산상의 손해는 발생하지 않았으므로 甲에 대하여 사기죄가 성립하지는 않는다. 따라서 목걸이를 취득한 丙女에 대하여 장물취득죄는 성립하지 않는다.

[판례 6] 甲은 乙이 절취한 옥사(玉絲)를 처분하여 얻어진 돈을 받았다. 甲의 죄책은?

대법원은 "장물이라함은 영득죄에 의하여 취득한 물건 그 자체를 말하는 것으로서 피해자에게 그 회복추구권이 없어진 경우에는 장물성을 잃게 된다"고 판시하였다. 따라서 乙이 절취한 옥사를 처분하여 얻은 돈은 장물에 해당하지 않으므로 甲에 대하여는 장물취득죄가 성립되지 않는다.393)

[판례 7] S 주식회사의 과장으로서 물품판매 및 수금 업무에 종사하던 甲은 자신이 감원대상이라는 것을 알고서 이에 반발하여, 거래처로부터 물품대금 명목으로 교부받아 보관 중이던 약속어음 8매 액면 합계 8억3천만원을 영득할 의사로, 이를 할인의뢰할 권한이 없음에도 그 권한이 있는 것처럼 가장하여 A에게 할인을 의뢰하면서 교부하여, 그로부터 그 할인금 명목으로 8억원을 자기앞수표와 현금으로 교부받아 P은행, B은행, S은행 예금계좌에 각각 예치하였다가 현금으로 인출하였다. 乙은 甲으로부터 그가 위와 같이 취득 보관 중이던 현금 중 금 1억5천만 원을 보관하여 달라는 부탁을 받고서 이를 교부받아 자신의 집에 보관하였다. 乙의 죄책은?

甲이 A로부터 할인금 명목으로 자기앞수표와 현금을 교부받은 행위는 횡령죄에 해당하므로 그 자기앞수표와 현금은 장물에 해당한다. 문제는 그 자기앞수표와 현금을 은행에 예치하였다가 다시 인출한 현금이 장물에 해당하는 가이다. 이 점에 대하여 대법원은 "장물이라 함은 재산범죄로 인하여 취득한 물건 그 자체를 말하고, 그 장물의 처분대가는 장물성

---

393) 대법원 1972. 2. 22. 선고 71도2296 판결.

을 상실하는 것이지만, 금전은 고도의 대체성을 가지고 있어 다른 종류의 통화와 쉽게 교환할 수 있고, 그 금전 자체는 별다른 의미가 없고 금액에 의하여 표시되는 금전적 가치가 거래상 의미를 가지고 유통되고 있는 점에 비추어 볼 때, 장물인 현금을 금융기관에 예금의 형태로 보관하였다가 이를 반환받기 위하여 동일한 액수의 현금을 인출한 경우에 예금계약의 성질상 인출된 현금은 당초의 현금과 물리적인 동일성은 상실되었지만 액수에 의하여 표시되는 금전적 가치에는 아무런 변동이 없으므로 장물로서의 성질은 그대로 유지"되며 "자기앞수표도 그 액면금을 즉시 지급받을 수 있는 등 현금에 대신하는 기능을 가지고 거래상 현금과 동일하게 취급되고 있는 점에서 금전의 경우와 동일하게 보아야 할 것"이라고 판시하였다. 따라서 乙이 장물인 자기앞수표와 현금을 甲이 예금계좌에 예치하였다가 현금으로 인출 것을 그 정을 알고서 보관한 행위는 장물보관죄에 해당한다.[394]

(2) 행위

본죄의 행위는 취득, 양도, 운반, 보관, 알선 등이다.

'취득'이란 재물에 대한 점유의 이전받음으로써 그 재물에 대한 사실상의 처분권의 획득하는 것이다.

[판례 8] 甲은 乙로부터 보수를 받는 조건으로 乙이 습득한 신용카드들로 물품을 구입하여 주기로 하고 위 신용카드들을 교부받았다. 甲의 죄책은?

대법원은 "장물취득죄에서 '취득'이라고 함은 점유를 이전받음으로써 그 장물에 대하여 사실상의 처분권을 획득하는 것을 의미하는 것이므로, 단순히 보수를 받고 본범을 위하여 장물을 일시 사용하거나 그와 같이 사용할 목적으로 장물을 건네받은 것만으로는 장물을 취득한 것으로 볼 수 없다"는 이유로 甲의 행위가 장물취득에 해당하지 않는다고 보았다.[395]

'양도'는 제3자에게 장물을 수여하는 것을 말한다. 장물을 취득한 자가 이를 양도한 경우 장물양도죄는 장물취득죄에 흡수되므로(불가벌적 사후행위) 별도로 성립하지 않는다. 따라서 본죄는 장물인 정을 모르고 취득한 자가 후에 장물인 정을 알면서도 이를 제3자에게 양도한 경우에만 성립한다.

'운반'이란 장물의 장소를 이전하는 것이다.

'보관'이란 장물을 위탁을 받아 자기의 점유 하에 두는 것을 말한다. 보관은 재물에 대한 사실상의 처분권이 없다는 점에서 취득과 구분된다. 장물인 정을 모르고 보관한 경우에는 당연히 본죄가 성립하지 않으며, 후에 장물인 정을 알았음에도 불구하고 계속하여 보관한 때에는 본죄가 성립한다.

---

394) 대법원 2000. 3. 10. 선고 98도2579 판결.
395) 대법원 2003. 5. 13. 선고 2003도1366 판결.

[판례 9-1] 甲은 乙이 절취한 수표들을 그 정을 모르고 교부받아 보관하던 중 그 수표들의 발행은행에 문의하여 그 수표들이 도난당한 장물인 정을 알게 되었으면서도 계속 보관하였다. 甲의 죄책은?

대법원은 "장물인 정을 모르고 보관하던 중 장물인 정을 알게 되었으면서도 계속 보관함으로써 피해자의 정당한 반환청구권 행사를 어렵게 하고 위법한 재산상태를 유지시키는 때에는 장물보관죄가 성립한다"고 판시하였다. 만일 반환이 불가능하여 반환하지 못하였던 것이라면 장물죄가 성립하지 않지만, 대법원은 甲에 대하여 '이 장물을 반환하는 것이 불가능하였던 것이라고 인정되지 않으므로' 장물보관죄가 성립한다고 보았다.[396]

[판례 9-2] 전당포영업자 甲은 乙이 편취한 5.89캐럿 에메랄드 반지 1개 시가 4,550만원 상당을 그것이 장물인 정을 모르고 동인에게 1,800만 원을 대출하여 주고 위 반지를 보관하던 중, 피해자 A로부터 甲의 전당포에 자신의 보석이 없느냐는 문의를 받은 시점부터는 위 보석이 장물일지도 모른다는 사실을 인식하고서도 이를 계속하여 보관하였다. 甲의 죄책은?

장물취득죄가 성립하는가에 대하여 대법원은 '장물취득죄는 취득 당시 장물인 정을 알면서 재물을 취득하여야 성립하는 것'이므로 장물취득죄는 성립하지 않는다고 판단하였다. 그리고 장물보관죄가 성립하는가에 관하여는 "장물인 정을 모르고 장물을 보관하였다가 그 후에 장물인 정을 알게 된 경우 그 정을 알고서도 이를 계속하여 보관하는 행위는 장물죄를 구성하는 것이나 이 경우에도 점유할 권한이 있는 때에는 이를 계속하여 보관하더라도 장물보관죄가 성립한다고 할 수 없다"는 입장을 근거로 이 사례의 경우에는 "전당포영업자인 피고인이 대여금채권의 담보로 보석들을 전당잡은 경우에는 이를 점유할 권한이 있는 때에 해당하여 장물보관죄가 성립할 여지 역시 없다"[397]고 판시하였다.

'알선'이란 장물의 취득, 양도, 운반, 보관을 매개, 주선하는 것을 말한다. 알선행위만 있으면 기수에 이르며, 알선에 의하여 계약이 체결되거나 점유의 이전이 있을 것까지 요하지는 않는다.[398]

(3) 주관적 구성요건

본죄의 주관적 구성요건은 고의, 즉 장물을 취득, 양도, 운반, 보관 또는 알선한다는 사실에 대한에 대한 인식과 의사이다. 이는 미필적 고의로도 족하다.[399] 그 외

---

[396] 대법원 1987. 10. 13. 선고 87도1633 판결.
[397] 대법원 2006. 10. 13. 선고 2004도6084 판결.
[398] 김일수/서보학, 각론, 521면 참조. 이에 대하여 알선행위에 의하여 계약이 성립되어야 한다는 견해(임웅, 각론, 544면; 정성근/박광민, 각론, 505면)와 알선에 의하여 장물에 대한 점유의 이전까지 있어야 한다는 견해(배종대, 각론, 605면)가 있다.

에 다른 재산범죄와 마찬가지로 장물죄의 경우에도 초과주관적 불법요소, 즉 불법영 득의사나 불법이득의사가 요구되는가에 대하여는 견해가 일치하지 않는다.400) 자신을 위한 영득의사 없이 장물을 취득하거나, 무상으로 장물을 양도, 운반, 보관, 알선한 경우에도 위법상태를 유지함으로써 피해자의 추구권을 곤란하게 한 이상은 장물죄의 성립을 인정하는 것이 타당한 것으로 보인다. 따라서 본죄의 성립을 위하여 초과주관적 불법요소는 필요하지 않다고 보는 견해가 타당하다.

III. 업무상 과실·중과실 장물죄

> 제364조: 업무상 과실 또는 중대한 과실로 인하여 제362조의 죄를 범한 자는 1년 이하의 금고 또는 500만원 이하의 벌금에 처한다.

재산죄의 경우 과실범은 벌하지 않으나 장물범의 경우에는 업무상과실과 중과실을 처벌하고 있다(제364조). 이는 고의의 입증이 곤란한 경우 과실로 처벌함으로써 입증곤란을 피하려는 정책적 고려와, 동시에 거래에 참여하는 업무자 또는 일반인의 주의의무를 강화하려는 입법자의 의도에 기인한 것으로 이해할 수 있다. 업무상 과실은 통상 업자가 "고객의 신분을 주민등록증에 의하여 확인하고 전당물대장에 품목, 수량 및 특징, 전당물주의 주소, 직업, 주민등록번호, 성명, 특징, 확인방법 등 필요한 사항을 모두 기재"401)하였다면 주의의무를 다하였다고 할 수 있다. 그러나 매도자의 신원확인절차를 거쳤더라도 "① 장물인지의 여부를 의심할 만한 특별한 사정이 있거나, ② 매수물품의 성질과 종류 및 매도자의 신원 등에 좀 더 세심한 주의를 기울였다면 그 물건이 장물임을 알 수 있었음에도 불구하고 이를 게을리 하여 장물인 정을 모르고 매수하여 취득한 경우에는 업무상과실장물취득죄가 성립"한다.402) 판례는 물건이 장물인지의 여부를 의심할 만한 특별한 사정이 있는지 여부나 그 물건이 장물임을 알 수 있었는지 여부는 "매도자의 인적사항과 신분, 물건의 성질과 종류 및 가격, 매도자와 그 물건의 객관적 관련성, 매도자의 언동 등 일체의 사정을 참작하여 판단"한다.

---

399) 대법원 1987.4.14. 선고 87도107 판결; 대법원 1995.1.20. 선고 94도1968 판결; 대법원 2004. 12. 9. 선고 2004도5904 판결.
400) ① 장물죄의 초과주관적 구성요건요소는 요구되지 않는다는 견해(임웅, 각론, 544면; 정성근/박광민, 각론, 507면), ② 불법이득의사가 요구된다는 견해(배종대, 각론, 606면), ③ 장물취득의 경우에는 불법영득의사가, 그 이외에 양도, 운반, 보관, 알선의 경우에는 불법이득의사가 요구된다는 견해(김일수/서보학, 각론, 523면) 등이 있다.
401) 대법원 1986. 8. 19. 선고 86도1174 판결.
402) 대법원 2003. 4. 25. 선고 2003도348 판결.

[판례 10-1] 甲은 乙이 절취한 시가 금 400,000원 상당의 금팔찌의 입질의뢰를 乙로부터 받고 丙女에게 전당포에 함께 가서 자기의 처 행세를 하여 줄 것을 부탁하여 동녀와 함께 전당포에 이르러 전당포 주인 丁에게 방을 얻으려고 하는데 보증금이 필요하니 자기의 처인 丙女 소유의 금팔찌를 전당잡고 금 300,000원을 차용하여 달라고 하자 丁은 동녀에게 그 신원을 확인하기 위하여 주민등록증의 제시를 요구하였으나 甲이 자기의 처는 주민등록증을 분실하였으니 대신에 자기 이름으로 전당잡아 달라고 말하면서 동인의 주민등록증을 제시하자 丁은 아무런 의심없이 이에 의하여 전당대장에 동인의 주소, 성명, 연령을 전당물표시란에 금팔찌 1냥이라고 기재한 후 위 팔찌를 입질받고 동인에게 금 300,000원을 대여하였다. 丁의 죄책은?

대법원은 丁이 "그 업무상 요구되는 상당한 주의의무를 다한 것이라고 볼 것이고 더 나아가 위 팔찌의 소유자라고 하는 丙女의 신원에 관한 사항이나 위 팔찌의 출처, 구입경위, 매각동기, 그 신분에 적합한 소지인지의 여부를 확인할 주의의무까지는 없다"고 보아 업무상과실 장물취득죄의 성립을 부정하였다.403)

[판례 10-2] 甲은 乙부터 그가 강취하여 온 중고 로렉스 손목시계 1개를 전당잡음에 있어 乙의 주소지가 전당포와는 멀리 떨어진 서울 동대문구 용두동이고 그의 나이는 20세에 불과하여 로렉스 손목시계를 소지하기에는 부적합한데도, 그의 직업, 물품의 특징 등을 물어 그 물품이 장물인지의 여부를 세심히 살피지 아니하고 단순히 주민등록증만 확인하고 이를 전당잡아 장물을 보관하였다. 甲의 죄책은?

대법원은 "전당포주가 물품을 전당잡고자 할 때는 전당물주의 주소, 성명, 직업, 연령과 그 물품의 출처, 특징 및 전당잡히려는 동기, 그 신분에 상응한 소지인 지의 여부 등을 알아보아야 할 업무상의 주의의무가 있다 할 것이고 이를 게을리하여 장물인 정을 모르고 전당잡은 경우에는 업무상과실장물취득의 죄책을 면할 수 없다"404)는 이유로 甲에 대하여 업무상과실장물취득죄의 성립을 인정하였다.

IV. 친족상도례

제365조 제1항: 전3조의 죄를 범한 자와 피해자간에 제328조제1항, 제2 항의 신분관계가 있는 때에는 동조의 규정을 준용한다.
동조 제2항: 전3조의 죄를 범한 자와 본범 간에 제328조 제1항의 신분관계가 있는 때에는 그 형을 감경 또는 면제한다. 단 신분관계가 없는 공범에 대하여는 예외로 한다.

앞에서 설명한 바와 같이 장물죄의 경우에도 피해자와 장물범 사이에는 친족상

---
403) 대법원 1985.2.26. 선고 83도1215 판결.
404) 대법원 1985.2.26. 선고 84도2732, 84감도429 판결.

도례가 그대로 적용된다. 다만 본범과 장물범 사이에 제328조 제1항의 신분관계가 있는 때에 그 신분관계는 형의 필요적 감면사유이다(제365조 제2항).

제8절 손괴의 죄

I. 서론

1 의의 및 체계

손괴죄는 타인의 재물, 문서 또는 전자기록 등 특수매체기록을 손괴 또는 은닉 기타 방법으로 그 효용을 해하는 것을 내용으로 하는 범죄이다. 본죄는 영득의사를 요하지 않는다는 점에서 영득죄와 구분된다.

* 손괴의 죄의 체계

기본적 구성요건	가중적 구성요건	결과적 가중범
재물손괴죄제(제366조)	특수손괴죄(제369조 제1항)	중손괴죄(제368조)
공익건조물손괴죄(제367조)	특수손괴죄(제369조 제2항)	
경계침범죄(제370조)		

객체가 공용물이거나 공용건조물인 경우에는 손괴죄가 성립하는 것이 아니라 공무방해에 관한 죄로서 공용물손괴죄(제141조 제1항)나 공용건조물손괴죄(제141조 제2항)가 성립한다.

2. 보호법익

재물손괴죄는 영득의사 없이 재물의 이용가능성만을 침해하는 범죄로서 소유권 범죄이다. 따라서 본죄의 보호법익은 소유권의 이용가치 내지는 기능으로서의 소유권이다. 이에 대하여 공익건조물손괴죄는 자기소유의 건조물에 대해서도 성립할 수 있으므로 소유권범죄는 아니다. 본죄의 보호법익은 공용건조물의 유지에 대한 일반의 이익이다.

경계침범죄의 보호법익은 토지경계의 명확성이다. 토지경계는 공적 증명수단으로서 공공의 법익과 관련이 있지만,[405] 형법은 토지경계의 명확성이 사적 권리의 보호

---

[405] 따라서 독일형법은 경계변경죄(제274조 제1항 3호)를 문서손괴죄(제274조 제1항 1호)와 함께 공공의 법익에 대한 죄로 규정하고 있다.

와 밀접한 관련이 있다는 점을 중시하여 재산죄로 규정하고 있다.

II. 손괴죄

> 제366조: 타인의 재물, 문서 또는 전자기록 등 특수매체기록을 손괴 또는 은닉 기타 방법으로 그 효용을 해한 자는 3년 이하의 징역 또는 700만원 이하의 벌금에 처한다.

1. 성립요건

(1) 객체

본죄의 객체는 타인의 재물, 문서 또는 전자기록 등 특수매체기록이다.

(가) 재물, 문서, 전자기록 등 특수매체기록

공용물건을 손괴한 경우에는 공용물건무효죄(제141조 제1항)가 성립하므로 공용물건은 본죄의 객체에 해당하지 않는다. 문서는 공문서이든 사문서이든 불문한다. 다만 공용문서를 손괴한 경우에는 공용서류무효죄(제141조 제1항)가 성립하므로 이는 본죄의 객체에 해당하지 않는다. 특수매체기록에 대해서는 컴퓨터 업무방해죄에서 설명한 것과 같다.

(나) 타인소유의 재물

타인의 재물이란 타인소유의 재물을 말하며, 점유는 타인점유이든 자기점유이든 불문한다. 자기소유의 물건을 손괴한 때에는 손괴죄는 성립하지 않으며, 다만 공무상 보관물무효죄(제142조)나 권리행사방해죄(제323조)의 성립이 가능하다.

> [판례 1-1] 甲은 자신의 답70평에 乙이 아무런 권원 없이 모판을 만들어 모를 심자 그 모판을 파헤쳤다. 그 모판을 파헤칠 때에 그 모판에서 성장하고 있었던 모는 길이가 4.5센치미터 가량 되었다. 甲의 죄책은?

손괴죄의 객체는 타인소유의 재물이다. 따라서 그 모판이 누구의 소유인가에 따라서 손괴죄의 성립여부가 결정된다. 이 점에 관하여 원심법원은 "본건 답 70평에 권원없는 乙이 모판을 만들어 심은 모는 독립한 물건으로서의 존재가치가 없어 거래의 대상이 되지 않으므로 부동산의 부합물로서 경작권자인 피고인의 소유라 할 것인데, 피고인이 위 모판을 파헤칠 때에 그 모판에서 성장하고 있었던 모는 길이가 4,5센치미터에 불과하여 이로써 독립한 물건으로 취급할 수 없었다 할 것이고, 피고인(甲)이 위 모판을 파헤쳤다고 하더라도 이를 가리켜 타인의 재물의 손괴하였다고는 볼 수 없다"라고 판시하였다. 이에 대하여 대법원은

"남의 땅에다 권한없이 경작한자라 할지라도 그가 재배한 농작물의 소유권은 그 경작자에게 있다"는 기존의 입장406)을 근거로 甲에 대하여 손괴죄의 성립을 인정하였다.407)

[판례 1-2] 토지임차인 甲은 임대인 乙 소유의 토지에 쪽파를 경작하여 매수인 丙에게 매도하였는데, 丙이 아직 인도해가지 않은 상태에서 임차인 甲은 일정기간까지 쪽파를 수확하지 않을 경우 임대인이 이를 임의로 처분하여도 이의를 제기하지 않기로 乙과 약정을 하였다. 乙은 그 기간까지 임차인이 수확하지 않자 쪽파를 뽑아버렸다. 乙의 죄책은?

쪽파와 같이 수확하지 않은 농작물은 명인방법을 갖춘 경우에 소유권을 취득하므로 쪽파의 소유권은 여전히 甲에게 속한다. 임대인 乙의 손괴행위는 소유자인 甲과의 임의처분의 약정에 근거하여, 즉 피해자의 승낙에 의한 것으로서 위법성이 조각되므로 재물손괴죄는 성립하지 않는다.408)

[판례 2] 임대인 甲은 임차인으로부터 전세금 2백만원을 받고 영수증을 작성 교부한 뒤에, 乙에게 전세금을 반환하겠다고 말하여 영수증을 교부받고 나서 전세금을 반환하기도 전에 이를 찢어 버렸다. 甲의 죄책은?

문서손괴죄의 객체는 타인소유의 문서이며 누가 점유하고 있는가는 범죄의 성립에 영향을 미치지 않는다. 甲이 乙로부터 교부받은 영수증은 乙 소유의 문서이므로 甲에 대하여는 문서손괴죄가 성립한다.409)

타인의 문서도 타인소유의 문서를 말하며, 작성명의인이 누구인가는 불문한다. 따라서 타인명의의 문서라도 자기소유인 때에는 이를 손괴하더라도 문서손괴죄가 성립하지 않지만, 자기명의의 문서라도 타인의 소유인 때에는 이를 손괴하면 문서손괴죄가 성립한다.

[판례 3] 약속어음의 수취인 甲이 빌린 돈의 지급담보를 위하여 은행에 약속어음을 보관시켰는데, 은행지점장 乙이 발행인 丙의 부탁을 받고 그 지급기일란의 일자를 지움으로써 그 효용을 해하였다. 乙의 죄책은?410)

---

406) 대법원 1968. 6. 4. 선고 68다613,614 판결; 대법원 1979. 8. 28. 선고 79다784 판결: "적법한 경작권 없이 타인의 토지를 경작하였더라도 그 경작한 입도가 성숙하여 독립한 물건으로서의 존재를 갖추었으면 그 입도의 소유권은 경작자에게 귀속한다". 왜냐하면 입도와 같은 농작물은 파종시부터 수확까지의 기간이 짧고, 경작자의 계속적인 관리가 필요하며, 이에 대한 점유의 귀속이 비교적 명백하기 때문이다. 그러나 "토지상에 권원 없이 식재한 수목의 소유권은 토지소유자에게 귀속"한다(대법원 1998. 4. 24. 선고 97도3425 판결).
407) 대법원 1969. 2. 18. 선고 68도906 판결.
408) 대법원 1996. 2. 23. 선고 95도2754 판결.
409) 대법원 1984. 12. 26. 선고 84도2290 판결.
410) 대법원 1982. 7. 27. 선고 82도223 판결.

乙은 甲 소유의 약속어음의 지급기일란의 일자를 지움으로써 그 효용을 해하였으므로 문서손괴죄가 성립한다. 작성명의인 丙의 동의는 본죄의 성립에 영향을 미치지 않는다.

(2) 행위

본죄의 행위는 손괴, 은닉 기타방법으로 재물의 효용을 해하는 것이다. '손괴'는 재물에 직접 유형력을 행사하여 효용을 해하는 행위이다. 물체에 영향을 미치지 않은 경우에는 재물의 효용이 침해되더라도 손괴에는 해당하지 않는다. 예컨대 새장 안의 새를 풀어 준 행위는 손괴에 해당하지 않는다. 다만 재물의 효용을 해하였으므로 "기타의 방법"에 해당한다. 손괴는 물체 자체가 소멸될 것을 요하지는 않으며, 물체의 상태변화만 있어도 족하다. 예컨대 자동차를 분해하거나 음료수에 침을 뱉는 행위가 여기에 해당한다.

여기서 '재물의 효용을 해한다'는 말은 "사실상으로나 감정상으로 그 재물을 본래의 사용목적에 공할 수 없게 하는 상태로 만드는 것을 말한다." 일시적으로 그 재물을 이용할 수 없는 상태로 만드는 것도 여기에 포함된다.[411] '은닉'은 재물의 소재를 불분명하게 하여 발견을 곤란 또는 불가능하게 하는 행위를 말한다. '기타 방법'이란 손괴와 은닉 이외의 방법으로 재물의 효용을 해하는 일체의 행위를 말한다. 예컨대 새장 안의 새를 풀어주는 행위, 보석을 바다에 던져버리는 행위, 식기에 방뇨를 하여 감정상 사용이 불가능하게 하는 행위 등이 여기에 해당한다.

[판례 4] 시내버스 운수회사로부터 해고당한 甲은 민주노동조합 회원들과 함께 위 회사에서 복직 등을 요구하는 집회를 개최하던 중 2006. 2. 16. 계란 30여 개, 같은 해 3. 2. 계란 10여 개를 위 회사 건물에 각 투척하여 50만 원 정도의 비용이 드는 청소가 필요한 상태가 되었으며, 같은 해 3. 10. 래커 스프레이를 이용하여 회사 건물 외벽과 1층 벽면, 식당 계단 천장 및 벽면에 '자본똥개, 원직복직, 결사투쟁' 등의 내용으로 낙서를 함으로써 이를 제거하는데 약 341만 원 상당이 들도록 하였다. 甲의 죄책은?

대법원은 "건조물의 벽면에 낙서를 하거나 게시물을 부착하는 행위 또는 오물을 투척하는 행위 등이 그 건조물의 효용을 해하는 것에 해당하는지 여부는, 당해 건조물의 용도와 기능, 그 행위가 건조물의 채광·통풍·조망 등에 미치는 영향과 건조물의 미관을 해치는 정도, 건조물 이용자들이 느끼는 불쾌감이나 저항감, 원상회복의 난이도와 거기에 드는 비용, 그 행위의 목적과 시간적 계속성, 행위 당시의 상황 등 제반 사정을 종합하여 사회통념에 따라 판단하여야 할 것이다"라고 판시하였다.

그리고 "계란을 투척하는 행위에 의하여 50만 원 정도의 비용이 드는 청소가 필요한 상태

---

[411] 대법원 1971. 11. 23. 선고 71도1576 판결; 1992. 7. 28. 선고 92도1345 판결; 1993. 12. 7. 선고 93도2701 판결; 2007. 6. 28. 선고 2007도2590 판결.

가 되었고 또 유리문이나 유리창 등 건물 내부에서 외부를 관망하는 역할을 수행하는 부분 중 일부가 불쾌감을 줄 정도로 더럽혀졌다는 점을 고려해 보더라도, 그 건물의 효용을 해하는 정도의 것에 해당하지 않는다"고 판단하였다.

그러나 래커 스프레이로 낙서한 행위에 대하여는 "건물의 미관을 해치는 정도와 건물 이용자들의 불쾌감 및 원상회복의 어려움 등에 비추어 위 건물의 효용을 해한 것에 해당한다"고 판단하였다.412) 따라서 甲에 대하여는 집단적 손괴죄(구 폭처법 제3조)413)가 성립한다.

[판례 5] 甲은 그의 종업원들을 시켜 乙이 甲과의 대지명도 청구의 판결에 의하여 명도받은 토지의 경계에 설치해 놓은 철조망과 경고판을 치워 버렸다. 甲의 죄책은?

대법원은 "재물손괴죄에 있어서 손괴라 함은 물질적인 파괴행위로 인하여 물건의 본래의 목적에 공할 수 없는 상태로 만드는 경우뿐만 아니라 일시 그 물건의 구체적 역할을 할 수 없는 상태로 하는 경우에도 효용을 해하는 경우에 해당한다"고 본다.414) 따라서 철조망과 경고판이 물질적으로는 손괴되지 않았더라도 이를 치움으로써 그 토지 경계에 설치된 울타리로서의 역할을 해한 것은 그 철조망과 경고판의 효용을 해한 것이므로 손괴죄가 성립한다. 만일 그 철조망과 경고판을 치움으로써 경계가 인식불능하게 되었다면 경계침범죄가 성립한다. 그리고 손괴죄와 경계침범죄는 상상적 경합의 관계에 있다.

III. 공익건조물손괴죄

제367조: 공익에 공하는 건조물을 파괴한 자는 10년 이하의 징역 또는 2천만원 이하의 벌금에 처한다.

본죄의 객체는 공익에 공하는 건조물이다. 따라서 그 건조물은 공공의 이익을 위한 목적이 있어야 하고 일반인이 쉽게 접근할 수 있어야 한다. 예컨대 국립·시립도서관이 여기에 해당한다. 그러나 일정한 범위의 사람에게만 이용이 제한되어 있는 건조물, 예컨대 법원도서관은 공용건조물이지 공익건조물이 아니다.

자기소유 또는 사인소유의 건조물도 공익에 공하여진 것이라면 본죄의 객체가 된다. 그러나 공무소에서 사용하는 공용건조물에 대해서는 공용건조물손괴죄(제141조 제2항)가 성립하므로 공익건조물손괴죄의 객체에 해당하지 않는다.

본죄의 행위는 파괴다. '파괴'는 건조물의 중요부분을 손괴하는 행위로서 건조물의 일부 또는 전부를 용도에 따라 사용할 수 없도록 하는 것을 말한다. 따라서 건조

---

412) 대법원 2007. 6. 28. 선고 2007도2590 판결.
413) 현행 형법 제369조(특수손괴) 제1항.
414) 대법원 1982. 7. 13. 선고 82도1057 판결.

물의 일부를 손괴했더라도, 이를 용도에 따라 사용하는데 지장이 없다면 본죄는 성립하지 않으며 다만 재물손괴죄가 성립한다.

IV. 가중적 구성요건

1. 중손괴죄

제368조 제1항: 전2조의 죄를 범하여 사람의 생명 또는 신체에 대하여 위험을 발생하게 한 때에는 1년 이상 10년 이하의 징역에 처한다.

제2항: 제366조 또는 제367조의 죄를 범하여 사람을 상해에 이르게 한 때에는 1년 이상의 유기징역에 처한다. 사망에 이르게 한 때에는 3년 이상의 유기징역에 처한다.

본죄는 재물손괴죄와 공익건조물손괴죄의 결과적 가중범이다. 동조 제1항에서 중한 결과는 사람의 생명·신체에 대한 구체적 위험의 발생이고, 제2항에서 중한 결과는 사람의 사상이다.

2. 특수손괴죄

제369조 제1항: 단체 또는 다중의 위력을 보이거나 위험한 물건을 휴대하여 제366조의 죄를 범한 때에는 5년 이하의 징역 또는 1천만원이하의 벌금에 처한다.

제2항: 제1항의 방법으로 제367조의 죄를 범한 때에는 1년 이상의 유기징역 또는 2천만원이하의 벌금에 처한다.

본죄는 재물손괴죄와 공익건조물손괴죄의 가중적 구성요건이다.

3. 합동범

폭력행위 등 처벌에 관한 법률(폭행 등): ② 2명 이상이 공동하여 다음 각 호의 죄를 범한 사람은 「형법」 각 해당 조항에서 정한 형의 2분의 1까지 가중한다. <개정 2016.1.6>
1. 「형법」 제260조제1항(폭행), 제283조제1항(협박), 제319조(주거침입, 퇴거불응) 또는 제366조(재물손괴 등)의 죄

V. 경계침범죄

> 제370조: 경계표를 손괴, 이동 또는 제거하거나 기타 방법으로 토지의 경계를 인식불능하게 한 자는 3년 이하의 징역 또는 500만원 이하의 벌금에 처한다.

경계침범죄는 경계표를 손괴, 이동, 제거 기타 방법으로 토지의 경계를 인식불능하게 하는 것을 말한다. 경계란 소유권 등의 권리의 장소적 한계를 나타내는 지표를 말한다. 실체법상의 권리관계와 부합하지 않더라도 사실상 존재하는 경계는 본죄의 객체가 된다. 따라서 현존하는 경계를 손괴하고 자신이 정당하다고 생각하는 경계를 만드는 행위도 본죄에 해당한다.

> [판례 6] 甲 소유의 가옥과 이에 인접한 乙 소유의 토지 사이에는 담벽이 있었는데, 이들은 그 담벽이 정당한 것으로 알고 지내오다가 지적도상의 경계에 의하면 甲의 가옥이 乙의 토지를 27평방미터 가량 침범했다는 사실이 문제가 되어 분쟁이 생겼다. 이에 甲은 기존의 담벽과 연결하여 블록담을 추가로 쌓았다. 甲도 자신의 가옥과 담벽이 乙의 토지를 침범하여 건립되어 있는 사실을 알고 있었다면 그의 죄책은?

제370조의 입법취지는 사회질서유지를 위하여 자력구제행동을 취하는 것을 막으려는데 있다. 따라서 법률상의 정당한 경계에 부합하지 않더라도 종래부터 일반적으로 승인되어 왔거나 이해관계인들의 명시적, 묵시적 합의에 의하여 정하여 진 것으로서 객관적으로 경계로 통용되어 왔다면 본죄에서 말하는 경계에 해당한다. 본죄의 객체는 지적도상의 경계선이 아니라 사실상 통용되어 온 경계이므로, 甲이 기존의 담벽을 기준으로 블록담을 쌓은 행위는 경계침범에 해당하지 않는다.415)

> [판례 7] 甲 소유의 토지는 논두렁으로 경계를 이루고 乙 소유의 토지와 맞붙어 있었는데 乙은 여러 차례 측량하여 본 후 종전경계가 자기 소유의 토지를 침범하였다는 이유로 그 소유지를 한계로 하는 선을 새로이 설정하고 거기에 임의로 말뚝을 박아 놓았다. 甲은 이에 승복치 않고 종전 경계인 논두렁 위에 블럭담을 축조하였다. 甲의 죄책은?

경계침범죄에서 말하는 '경계'는 객관적으로 경계로 통용되어온 사실상의 경계를 말하므로 기존의 경계에 블럭담을 쌓은 행위는 설령 그 경계가 실체법상의 권리관계와 일치하지 않는다고 하더라도 경계침범에는 해당하지 않는다.416) 따라서 甲은 기존의 경계에 블럭담을 축조한 것이므로 그에 대하여 경계침범죄는 성립하지 않는다.

---

415) 대법원 1992. 12 .8. 선고 92도1682 판결.
416) 대법원 1976. 5. 25. 선고 75도2564 판결.

[판례 8] 甲은 자기 소유의 토지와 乙 소유의 토지의 경계에 관하여 종래 통용되어 오던 사실상의 경계가 법률상의 정당한 경계인지 여부에 대하여 다툼이 있던 중에 종래 통용되어 오던 경계선 부근에 심어져 있던 조형소나무 등을 뽑아내고 그 부근을 굴착하였다. 甲의 죄책은?

이 사례에서 문제되는 것은 ① 종래 통용되어 오던 사실상의 경계가 법률상 정당한 경계인지 다툼이 있는 경우에도 경계침범죄에서 말하는 '경계'에 해당하는가, ② 수목·유수 등과 같은 자연물도 '경계'에 해당하는가이다. 대법원은 ①에 관하여 "비록 법률상의 정당한 경계에 부합되지 않는 경계라 하더라도 그것이 종래부터 일반적으로 승인되어 왔거나 이해관계인들의 명시적 또는 묵시적 합의에 의하여 정해진 것으로서 객관적으로 경계로 통용되어 왔다면 이는 본조에서 말하는 경계"에 해당하며 "그 사실상의 경계가 법률상 정당한 경계가 아니라는 점이 이미 판결로 확정되었다는 등 경계로서의 객관성을 상실하는 것으로 볼 만한 특단의 사정이 없는 한, 여전히 본조에서 말하는 경계에 해당되는 것"이라고 보았다. 그리고 ②의 점에 관하여는 "수목이나 유수 등과 같이 종래부터 자연적으로 존재하던 것이라도 경계표지로 승인된 것이면 여기의 경계표에 해당한다"고 보았다.417) 따라서 甲이 종래 통용되어 오던 사실상의 경계선 부근에 심어져 있던 조형소나무 등을 뽑아내고 그 부근을 굴착함으로써 그 경계를 불분명하게 한 행위는 경계침범죄에 해당한다.

행위는 경계표를 손괴, 이동, 제거하거나 기타 방법으로 경계를 인식불능케 하는 것이다. 그리고 '기타 방법'에는 경계로 되어 있는 도랑을 매립하거나 타인의 토지에 무단으로 주택을 건설418)하는 것을 말한다. 경계표를 손괴, 이동, 제거하는 행위가 있었더라도 이로 인하여 경계가 인식불능케 될 정도에 이르지 않았다면 본죄는 성립하지 않는다.

[판례 9] 甲은 옆집에 사는 乙의 집 사이에 경계가 되는 담벽을 50센티미터의 높이를 남겨둔 채, 새로이 지적공사의 측량대로 20센티미터 밖에 새로운 담장을 설치하였다. 甲의 죄책은?

50센티미터의 담벽이 법률상의 정당한 경계와 일치하지 않더라도 본죄의 경계에 해당한다. 그러나 약 50센티미터의 높이를 그대로 둔 채 새로이 지적공사의 측량대로 그 20센티미터 밖으로 새로운 담장을 설치한 것 경우에 기존의 경계는 그대로 남아 있고 토지경계를 인식하는 데는 아무런 영향이 없으므로 경계침범죄의 성립요건으로서의 '토지경계의 인식불가능성'이 부정된다.419)

---

417) 대법원 2007. 12. 28. 선고 2007도9181 판결.
418) 대법원 1968. 9. 17. 선고 68도967 판결.
419) 대법원 1991. 9. 10. 선고 91도856 판결.

제9절 권리행사를 방해하는 죄

I. 의의 및 체계

절도죄나 손괴죄는 타인소유의 재물에 대하여 성립되는 범죄임에 반하여, 본죄는 타인의 권리의 목적이 된 자기소유의 물건을 취거, 은닉, 손괴하여 권리행사를 방해함으로써 성립되는 범죄이다. 누가 객체의 소유권을 갖고 있는가에 의하여 절도죄 또는 권리행사방해죄의 성립여부가 결정된다. 즉 타인점유의 재물을 취거하는 경우 그 재물의 소유권이 타인에게 속하는 경우에는 절도죄가, 자기소유에 속하는 경우에는 권리행사방해죄가 성립된다.

[예 1] 할부업자가 할부판매한 물건을 취거, 손괴한 경우 목적물의 소유권은 할부업자에게 있으므로 할부업자에 대하여 절도나 손괴죄는 성립하지 않는다. 다만 할부업자는 타인이 점유하는 자기소유의 물건을 취거, 손괴하였으므로 그에 대하여는 권리행사방해죄가 성립한다.

* 권리행사를 방해하는 죄의 체계

기본적 구성요건	결과적 가중범
권리행사방해죄(제323조)	
점유강취죄, 준점유강취죄(제325조)	중권리행사방해죄(제326조)
강제집행면탈(제326조)	

II. 권리행사방해죄

제323조: 타인의 점유 또는 권리의 목적이 된 자기의 물건 또는 전자기록등 특수매체기록을 취거, 은닉 또는 손괴하여 타인의 권리행사를 방해한 자는 5년 이하의 징역 또는 700만원 이하의 벌금에 처한다.

1. 성립요건

(1) 구성요건

① 주체: 본죄의 주체는 타인의 제한물권 또는 채권의 목적물로 제공한 재물의 소유자이다(진정신분범). 따라서 제3자가 소유자를 위하여 목적물을 취거, 은닉, 손괴한 경우 본죄는 성립하지 않는다.

② **객체**: 본죄의 객체는 타인의 점유 또는 권리의 목적이 된 자기의 물건 또는 전자기록등 특수매체기록(자기소유 + 타인의 점유 또는 권리의 목적)이다. 타인의 점유란 타인의 단독점유는 물론 다른 소유자와의 공동점유도 이에 해당한다.

점유는 적법한 권원(본권)에 근거한 점유일 것을 요하므로 절도범의 점유는 여기서 말하는 점유에 해당하지 않는다. 그러나 '일단 적법한 권원에 기하여 점유를 개시하였으나 사후에 점유 권원을 상실한 경우의 점유, 점유 권원의 존부가 외관상 명백하지 아니하여 법정절차를 통하여 권원의 존부가 밝혀질 때까지의 점유, 권원에 기하여 점유를 개시한 것은 아니나 동시이행항변권 등으로 대항할 수 있는 점유 등과 같이 법정절차를 통한 분쟁 해결시까지 잠정적으로 보호할 가치 있는 점유'는 모두 본죄에서 말하는 점유에 해당한다.420)

'타인의 권리의 목적'에서 말하는 권리는 제한물권은 물론 채권도 포함한다. 다만 채권의 경우에는 목적물의 점유가 수반되지 않는 순수한 채권채무관계는 여기에 해당하지 않는다.

[판례 1] 건물의 임대인 甲은 임대차계약이 종료되었으나 아직 임차인 乙로 부터 건물을 명도받기 전에 乙이 거주하고 있는 방의 천정과 마룻바닥을 뜯어내었다. 甲의 죄책은?421)

본 건물은 甲의 소유이므로 손괴죄가 성립될 여지는 없다. 권리행사방해죄는 타인의 점유의 목적이 된 자기의 물건을 손괴하는 경우에 성립된다. 문제는 계약기간이 종료되어 乙이 甲에게 건물을 명도해야 할 사정이 있는 경우, 즉 乙의 점유가 불법점유인 경우에도 甲이 이를 손괴한 것이 권리행사방해죄에 해당하는가이다. 판례는 "일단 적법한 원유에 기하여 점유한 이상 후에 그 점유물을 소유자에게 명도하여야 할 사정이 발생하였다 할지라도 점유자가 임의로 명도를 하지 아니하고 계속 이를 점유하고 있다면 그 점유자는 의연히 동조 소정의 타인의 물건을 점유하는 자라 할 것"이라고 보았다. 따라서 甲에 대하여는 권리행사방해죄가 성립한다.422)

[예 2] 甲이 돈을 빌리고 乙의 전당포에 맡긴 시계를 몰래 가지고 나온 경우 또는 甲이 乙의 시계점에 수리를 맡긴 후 수리가 끝나자, 후일 이를 몰래 가지고 나온 경우 甲은 乙의 유치권 또는 질권의 목적이 된 자기소유의 물건을 취거한 것이므로 그에 대하여는 절도죄가 아니라 권리행사방해죄가 성립한다.

[판례 2] 채무자 甲은 법정화해를 통해서 채권자 乙에게 1967. 5. 14 이전까지 채권금 59만원을 변제하기로 하고 변제기까지 채권변제가 없는 것을 조건으로 하여 甲 소유의 특정

---

420) 대법원 2006. 3. 23. 선고 2005도4455 판결.
421) 이 사례는 대법원 1977.9.13. 선고 77도1672 판결의 사실관계를 변경한 것임.
422) 대법원 1977.9.13. 선고 77도1672 판결.

물건들을 양도하기로 약정하였다. 그러나 甲은 변제기가 도래하기 전에 그 물건들을 丙에게 매각하였다. 甲의 죄책은?

'정지조건부 대물변제의 예약권'[423])이 제323조 가 규정한 타인의 권리'에 해당하는지가 문제된다. 원심은 제한물권이나 점유를 수반하는 채권의 목적이 된 물건만이 권리행사방해죄의 객체가 되는 것으로 보고, 사례에서 채권자 乙은 물건의 점유를 수반하는 권리를 취득한 것이 아니므로 본죄는 성립되지 않는다고 판단하였다. 이에 대하여 대법원은 권리행사방해죄에 규정된 '타인의 권리의 목적이 된 자기의 물건'이라는 요건에서 '권리'에는 "반드시 제한물권이나 물건에 대하여 점유를 수반하는 채권만을 포함하는 것이 아니라, … 정지조건 있는 대물변제의 예약권을 가지는 경우도 포함된다"[424])고 판시하였다. 따라서 甲에 대하여는 권리행사방해죄가 성립한다.

[판례 3] 甲은 乙이 임야의 입목을 벌채하는 등의 공사를 완료하면 벌채한 원목을 인도한다는 계약을 체결하였다. 乙이 입목의 벌채를 완료하자 甲은 丙에게 그 원목을 매도하였다. 甲의 죄책은?

(1) 절도죄

절도죄가 성립하기 위해서는 그 원목이 乙의 소유이어야 한다. 민법상 소유권이 이전되기 위해서는 계약의 체결만으로는 부족하며 그 외에도 동산의 경우에는 물권행위 + 물건의 인도가 있어야 한다. 대법원은 "乙이 계약상의 의무를 모두 이행하였더라도 그것만으로 원목의 소유권이 바로 乙에게 귀속되는 것이 아니라 별도로 그 소유자인 甲이 乙에게 원목에 관한 소유권이전의 의사표시를 하고 이를 인도함으로써 비로소 그 소유권이전의 효력이 생기는 것이므로 甲이 乙에게 원목에 관한 소유권이전의 의사표시를 하고 이를 인도하지 아니한 채 이를 타인에게 매도한 행위는 자기소유 물건의 처분행위에 불과하며 절도죄를 구성하지 아니한다"고 판시하였다.

(2) 권리행사방해죄

권리행사방해죄는 "타인의 권리의 목적이 된 자기의 물건"에 대하여 성립되는 범죄이다. 사례의 경우 원목은 甲소유의 물건이다. 문제는 구성요건 중 '권리'의 범위이다. 원심은 "乙이 원목 인도청구권 등의 채권을 갖는다 하더라도 … 담보권을 갖는다고 볼 수 없으므로 이와 같은 권리가 있음을 전제로 하는 권리행사방해죄가 성립하지 아니한다"고 판시하여, 권리행사방해죄에서 말하는 '권리'의 범위를 담보물권에 국한하여 해석하고 있다. 이에 대하여 대법원은 "권리행사방해죄의 구성요건 중 타인의 '권리'란 반드시 제한물권만을 의미하는 것이 아니라 물건에 대하여 점유를 수반하지 아니하는 채권도 이에 포함된다고 해석"된

---

423) **정지조건**이라 함은 법률행위의 효력의 발생을 장래의 사실의 발생에 둔 조건을 말한다. 만약 기한에 변제를 하지 않으면 목적물의 소유권이 채권자에게 이전된다고 하는 경우를 정지조건부 대물변제의 예약이라고 한다. 이 경우 물건의 소유권은 변제기의 도래 전 까지는 여전히 채무자에게 있다.

424) 대법원 1968. 6. 18. 선고 68도616 판결

다고 판시하였다.425) 따라서 乙이 원목에 대한 인도청구권을 가지고 있었다면 그 원목은 타인의 권리의 목적이 된 자기의 물건에 해당하므로 권리행사방해죄가 성립할 수 있다.

권리행사방해죄의 객체는 자기소유의 물건이므로 타인소유의 물건에 대하여는 본죄는 성립하지 않는다.

[판례 4] 甲은 건물의 실소유자로서 실내건축 및 건물임대업체를 운영하는 자, 乙은 위 그 건물의 관리인으로서, 甲이 피해자 A에게 위 건물 1층 103호를 임대하면서 위 103호의 실내장식공사를 1,500만원에 하여 주기로 약정하고 그 공사를 진행하던 중, 甲은 피해자 A의 동생인 B와 위 실내장식공사 대금 문제로 다툰 일로 화가 나 그 건물의 관리인 乙에게 위 103호의 문에 자물쇠를 채우라고 지시하자, 乙은 위 103호에 자물쇠를 채워 A로 하여금 위 점포에 출입을 못하게 하였다. 그런데 그 건물은 甲이 C로부터 매수하면서 그의 처인 丙에게 등기명의를 중간생략등기형 명의신탁 또는 계약명의신탁의 방식으로 신탁해 놓은 것이다. 甲의 죄책은?

원심은 이 건물의 소유자는 甲의 처인 丙으로 되어 있으나 실제로는 甲이 위 건물의 실질적인 소유권을 행사하여 온 사실이 인정되므로 비록 甲이 위 건물의 등기상의 소유자는 아니라 할지라도 실소유자에 해당하여 위 건물은 권리행사방해죄에 있어서의 자기의 물건에 해당한다고 판단하였다.

이에 대하여 대법원은 배우자 명의로 부동산에 관한 물권을 등기한 경우에 조세포탈, 강제집행의 면탈 또는 법령상 제한의 회피를 목적으로 함으로써 그 명의신탁이 무효로 되는 경우는 물론이고 그러한 목적이 없어서 명의신탁이 유효한 경우(부동산 실권리자명의 등기에 관한 법률 제8조)에도 "임차인인 피해자 A에 대한 관계에서는 甲은 소유자가 될 수 없으므로, 어느 모로 보나 위 빌딩이 권리행사방해죄에서 말하는 '자기의 물건'이라 할 수 없는 것이다"라고 판시하였다.426) 따라서 甲에 대하여 권리행사방해죄는 성립하지 않는다. 그러나 甲이 103호에 자물쇠를 채워 A로 하여금 위 점포에 출입을 못하게 한 행위는 폭력에 의하여 A의 권리행사를 방해한 것이므로 강요죄(제323조)에 해당한다.

③ **행위**: 본죄의 행위는 재물을 취거, 은닉, 손괴하여 타인의 권리행사를 방해하는 것이다. '취거'란 점유자의 의사에 반하는 점유이전을 말한다. 절도죄에서 절취에 상응하는 개념이다. '은닉'이란 물건의 소재의 발견을 불가능 또는 현저히 곤란하게 하는 행위를 말한다. 그리고 '손괴'는 재물의 효용을 해하는 행위이다. 본죄의 행위에서 '타인의 권리행사를 방해'한다는 말은 타인의 권리행사가 실제로 방해되어야 한다는 의미가 아니라 권리행사를 방해할 위험이 있는 상태에 이르는 것을 말한다.

---

425) 대법원 1991. 4. 26. 선고 90도1958 판결.
426) 대법원 2005. 9. 9. 선고 2005도626 판결.

이러한 의미에서 본죄는 추상적 위험범이다.

④ 주관적 구성요건: 본죄는 영득죄가 아니다. 왜냐하면 영득은 타인의 소유권을 침해하는 것이므로 자기소유의 재물에 대하여는 영득이란 있을 수 없기 때문이다. 따라서 본죄의 주관적 구성요건은 고의로 족하며 불법영득의사는 필요하지 않다.

III. 점유강취죄·준점유강취죄

> 제325조(점유강취, 준점유강취) ① 폭행 또는 협박으로 타인의 점유에 속하는 자기의 물건을 강취한 자는 7년 이하의 징역 또는 10년 이하의 자격정지에 처한다.
> ② 타인의 점유에 속하는 자기의 물건을 취거하는 과정에서 그 물건의 탈환에 항거하거나 체포를 면탈하거나 범죄의 흔적을 인멸할 목적으로 폭행 또는 협박한 때에도 제1항의 형에 처한다.
> ③ 제1항과 제2항의 미수범은 처벌한다.

1. 점유강취죄

본죄는 폭행 또는 협박으로 타인의 점유에 속하는 자기의 물건을 강취함으로써 성립하는 범죄이다. 권리행사방해죄가 절도죄에 대응하는 범죄라면, 점유강취죄는 강도죄에 대응하는 범죄이다.

2. 준점유강취죄

본죄는 타인의 점유에 속하는 자기의 물건을 취거함에 당하여 그 탈환을 항거하거나 체포를 면탈하거나 죄적을 인멸할 목적으로 폭행 또는 협박함으로써 성립하는 범죄이다. 점유강취죄가 강도죄에 대응하는 범죄라면, 준점유강취죄는 준강도죄에 대응하는 범죄이다.

IV. 중권리행사방해죄

> 제326조: 제324조 또는 제325조의 죄를 범하여 사람의 생명에 대한 위험을 발생하게 한 자는 10년 이하의 징역에 처한다.

본죄는 점유강취죄 또는 준점유강취죄를 범하여 사람의 생명에 대한 위험을 발생하게 함으로써 성립하는 범죄이다. 본죄는 결과적 가중범이다. 점유강취죄 또는 준

점유강취죄를 범하여 사람이 사망한 때에는 중권리행사방해죄가 성립하는 것이 아니라 점유강취죄 또는 준점유강취죄와 폭행치사죄의 경합범이 성립한다.427)

V. 강제집행면탈죄

> 제327조: 강제집행을 면할 목적으로 재산을 은닉, 손괴, 허위양도 또는 허위의 채무를 부담하여 채권자를 해한 자는 3년 이하의 징역 또는 1천만원 이하의 벌금에 처한다.

1. 의의 및 보호법익

본죄는 강제집행을 면할 목적으로 재산을 은닉, 손괴, 허위양도 또는 허위의 채무를 부담하여 채권자를 해하는 것을 내용으로 하는 범죄이다. 본죄는 재산범의 일종으로서 형법 제37장 권리행사를 방해하는 죄에 규정되어 있으며, 채권자를 해하는 것이 구성요건요소로 규정되어 있다는 점 등에 비추어 보면 그 주된 법익은 '채권자의 정당한 권리행사 보호' 내지는 '채권자의 채권'이며, 그 외에 '강제집행의 기능보호'도 본죄의 부차적인 보호법익으로 볼 수 있다.428) 보호의 정도는 추상적 위험범이다. 따라서 본죄가 성립하기 위해서는 채권자를 해할 위험만 있으면 족하며, 실제로 채권자를 해하는 결과가 발생할 것을 요하지는 않는다.

2. 성립요건

① 주체: 제327조의 문구상 표현만을 보면 본죄는 일반범인 것으로 보인다. 그러나 '강제집행을 면할 목적으로'라는 부분을 보면 본죄의 주체는 채무자에 국한된다고 해석하여야 하며, 따라서 본죄는 진정신분범이다.429) 채무자 이외의 제3자는 채무자로 하여금 '채무를 면하게 할 목적'을 가질 뿐이므로 공범의 성립만이 가능하다. 본죄는 진정신분범이므로 제3자는 단독으로 본죄의 주체가 될 수 없으며, 다만 위계에 의한 공무집행방해죄(137조)의 성립이 가능할 뿐이다.

② 객체: 본죄의 객체에 관하여 제327조는 '재산'이라고만 규정하고 있지만, 이는 채권자가 강제집행의 대상으로 삼을 수 있는 재산이어야 하므로 '채무자의 재산'에 국한하는 것으로 해석하여야 한다.430) 여기서 재산에는 동산·부동산과 같은 재물은

---

427) 김일수, 각론, 539면. 이에 대하여 상상적 경합이 된다는 견해 임웅, 각론, 571면.
428) 대법원 1982.10.26. 선고 82도2157 판결; 임웅, 각론, 571면.
429) 소수설: 김일수/서보학, 각론, 540면; 임웅, 각론, 571면 이하. 이에 대하여 다수설(배종대, 각론, 630면; 정성근/박광민, 각론, 538면)은 본죄를 일반범으로 본다.

물론, 재산적 가치가 있어서 민사소송법에 의한 강제집행 또는 보전처분의 대상이 될 수 있는 권리, 예컨대 특허 내지 실용신안 등을 받을 수 있는 권리도 포함된다.431) 그리고 장래의 권리도 '채무자와 제3채무자 사이에 채무자의 장래청구권이 충분하게 표시되었거나 결정된 법률관계가 존재하는 경우에는 본죄의 객체인 재산에 해당한다.432)

> [판례 5] 甲은 (1) 전주시 완산구 삼천동 1(지번 생략) 대 828㎡(이하 '이 사건 대지'라 한다)의 소유자로서 그 지상에 건물(이하 '이 사건 건물'이라 한다)을 신축하였으나 당시 금융기관에 의하여 신용불량자로 등록된 상태였기 때문에 채권자들의 강제집행 회피 등의 목적으로 이 사건 건물에 관하여 1999. 9. 27. 甲의 처인 A 명의로 소유권보존등기를 마침과 아울러 같은 날 피고인이 이 사건 부동산의 소유명의자로 내세우기 위해 설립한 B 주식회사 앞으로 소유권이전등기를 마쳐두었다. (2) 이 사건 대지는 甲이 1998. 10. 7. 자신의 누나 C 명의로 소유권이전등기를 마쳤으나 그 전부터 진행되던 임의경매절차를 통하여 1999. 12. 6. D가 이를 매수하여 소유권을 취득하였는데, 甲은 2000. 5. 27. D로부터 B 주식회사 명의로 이 사건 대지를 매수하여 위 회사 앞으로 소유권이전등기를 마쳤다. 甲의 죄책은?

강제집행면탈죄(제327조)의 객체는 채무자의 재산 중에서 채권자가 민사집행법상 강제집행 또는 보전처분의 대상으로 삼을 수 있는 것이어야 한다. 따라서 甲에 대하여 강제집행면탈죄가 성립하기 위해서는 甲이 허위양도한 건물이나 대지가 甲의 소유일 것을 요한다.
(1) 건물의 허위양도가 본죄를 구성하는가에 관하여 대법원은 이 건물이 甲의 소유라고 보아 이를 긍정하였다. 즉 "甲이 이 사건 건물의 신축으로 그 소유권을 원시취득한 후 이루어진 A 명의의 소유권보존등기는 강제집행면탈을 목적으로 한 것이어서 부동산 실권리자명의 등기에 관한 법률 제8조 제2호의 특례가 적용될 수 없고, 따라서 위 소유권보존등기와 그 뒤 이루어진 소유권이전등기는 모두 명의신탁 약정에 의한 무효의 등기이므로, 이 사건 건물은 여전히 甲의 소유에 속한다. 따라서 甲이 채권자들의 강제집행을 면탈할 목적을 가지고 이 사건 건물을 허위양도한 행위는 강제집행면탈죄에 해당한다."
(2) 대지의 허위양도허위양도가 본죄를 구성하는가에 관하여 대법원은 이 대지는 甲의 소유가 아니라는 이유로 이를 부정하였다. 즉 "甲이 B 주식회사 명의로 이 사건 대지를 매수하여 그 앞으로 소유권이전등기를 마친 것은 명의신탁자인 甲과 명의수탁자인 B 주식회사 사이의 이른바 계약명의신탁 약정에 의한 것으로, 매도인 D가 그러한 약정이 있다는 사실을 알았는지 여부에 관계없이 명의신탁자인 피고인은 이 사건 대지의 소유권을 취득하지 못하는 것이고, 그 뒤 甲은 이 사건 대지에 관하여 또 다른 명의수탁자인 C 앞

---

430) 대법원 2009.5.14. 선고 2007도2168 판결.
431) 대법원 2001. 11. 27. 선고 2001도4759 판결; 대법원 2009.5.14. 선고 2007도2168 판결.
432) 대법원 2011.07.28. 선고 2011도6115 판결.

으로 소유명의를 이전하였을 뿐 甲 자신의 이름으로 소유권이전등기를 마친 바도 없으므로, 이 사건 대지는 甲에 대한 강제집행이나 보전처분의 대상이 될 수 없어 강제집행면탈죄의 객체가 될 수 없다."433)

[판례 6] 피해자 甲은 乙의 채권자로서 乙이 丙 소유 부동산 경매사건에서 지급받을 배당금 채권의 일부에 가압류를 해 두었는데, 乙 사망 후 피고인과 丙, 乙의 상속인 등이 공모하여 丙의 乙에 대한 채무가 완제된 것처럼 허위의 채무완제확인서를 작성하여 법원에 제출하는 등의 방법으로 매각허가결정된 丙 소유 부동산의 경매를 취소하였다. 乙의 죄책은?

乙의 상속인들이 丙 소유 부동산의 경매절차에서 배당받을 배당금지급채권은 강제집행면탈죄의 객체인 '재산'에 해당하고, 피고인 등이 丙의 乙에 대한 채권이 완제된 것처럼 가장하여 乙의 상속인 등을 상대로 청구이의의 소를 제기하고 그 판결에 기하여 강제집행정지 및 경매취소에 이르게 한 행위는 소유관계를 불명하게 하는 방법에 의한 '재산의 은닉'에 해당하므로 강제집행면탈죄가 성립한다.434)

③ 행위: 본죄의 행위는 '은닉, 손괴, 허위양도 또는 허위의 채무를 부담하여 채권자를 해하는 것'이다. '은닉'이란 강제집행을 실시하는 자로 하여금 채무자의 재산을 발견하는 것을 불가능 또는 곤란하게 만드는 것을 말한다. 재산의 소재를 불명케 하는 경우는 물론 그 소유관계를 불명하게 하는 경우435)도 은닉에 해당한다. '손괴'는 재산을 물질적으로 훼손하는 경우는 물론 그 재산의 재산적 가치를 감소시키는 일체의 행위를 말한다. '허위양도'란 실제로 양도의 진의가 없음에도 불구하고 표면상 양도의 형식을 취하여 재산의 소유명의를 변경시키는 것을 말한다. 그리고 '허위의 채무를 부담'한다는 말은 채무가 없음에도 불구하고 채무를 부담한 것으로 가장하는 것을 말한다.

'채권자를 해한다'는 말은 채권자에게 현실적인 손해를 입힌 경우는 물론, 채권자를 해할 위험이 있는 경우도 포함한다. 이러한 의미에서 본죄는 위험범이다. 대법원은 "현실적으로 강제집행을 받을 우려가 있는 상태에서 강제집행을 면탈할 목적으로 허위의 채무를 부담하는 등의 행위를 하는 경우에는 달리 특별한 사정이 없는 한 채권자를 해할 위험이 있다"436)고 본다. 따라서 허위양도한 부동산의 시가액보다 그 부동산에 의하여 담보된 채무액이 더 많다거나,437) 허위채무 등을 공제한 후 채무자

---

433) 대법원 2011.12.08. 선고 2010도4129 판결.
434) 대법원 2011.07.28. 선고 2011도6115 판결.
435) 대법원 2003. 10. 9. 선고 2003도3387 판결.
436) 대법원 1996. 1. 26. 선고 95도2526 판결.
437) 대법원 1999. 2. 12. 선고 98도2474 판결.

의 적극재산이 남는다고 예측되더라도438) 특별한 사정이 없는 한 '채권자를 해할 위험'은 인정된다. 그러나 강제집행을 면할 목적으로 재산을 허위양도하였다 하더라도 채무자에게 집행을 확보할 수 있는 충분한 재산이 있어서 채권자를 해할 위험이 없으면 본죄는 성립하지 않는다.439)

[판례 7] 채무자 甲은 채권자들이 자신의 재산에 대하여 강제집행을 실시할 기세를 보이자 강제집행을 면탈할 목적으로 甲 명의로 등록된 특허권과 실용신안권, 甲 명의로 특허출원 및 실용신안출원된 각 지적재산권을 양도할 진정한 의사도 없이 A 주식회사의 대표이사도 모르는 사이에 甲이 가지고 있던 A 주식회사의 법인 인감도장을 이용하여 위 각 지적재산권을 A 주식회사에 30,000,000원에 양도한다는 내용의 합의서, 양도증서를 형식적으로 작성하여 위 각 지적재산권을 양도하였다. 甲의 죄책은?

지적재산권이 강제집행면탈죄의 객체가 되는가에 대하여 대법원은 "강제집행면탈죄에 있어서 재산에는 동산·부동산뿐만 아니라 재산적 가치가 있어 민사소송법에 의한 강제집행 또는 보전처분이 가능한 특허 내지 실용신안 등을 받을 수 있는 권리도 포함된다"고 보았다. 甲은 자기명의의 지적 재산권을 A주식회사에 "실제로 양도의 진의가 없음에도 불구하고 표면상 양도의 형식을 취하여 재산의 소유명의를 변경"함으로써 재산을 허위양도하였다. 이로 인하여 채권자에게 현실적인 손해는 아직 바생하지 않았는데, 이 경우에도 '채권자를 해'하였다고 볼 수 있는지가 문제된다. 이 점에 대하여 대법원은 허위양도로 인하여 "채권자를 해할 위험이 있으면 강제집행면탈죄가 성립하고 반드시 현실적으로 채권자를 해하는 결과가 야기되어야만 강제집행면탈죄가 성립하는 것은 아니"라고 판단하였다.440)
본죄가 성립하기 위해서는 채권자가 '강제집행을 받을 객관적 상태'에 있을 것을 요한다. 이는 강제집행을 당할 '구체적인 염려가 있는 상태'를 말하므로 채권자가 실제로 이행청구의 소 또는 그 보전을 위한 가압류, 가처분신청을 제기한 경우뿐만 아니라 이를 제기할 태세를 보인 경우도 포함한다. 따라서 甲에 대하여는 강제집행면탈죄가 성립한다.

④ 강제집행을 받을 객관적 상태: 본죄가 성립하기 위해서는 주관적 구성요건요소로서 '강제집행을 면할 목적'이 있어야 한다. 여기에 상응하여 본죄의 객관적 요건으로서 채무자의 재산이 '강제집행을 받을 객관적 상태'441) 내지는 '강제집행을 당할 급박한 상태'442)에 있을 것이 요구된다. 여기서 '강제집행'은 민사소송법상의 강제집행 또는 보전처분(가압류·가처분)을 말한다. 그 외에 형사소송법상의 벌금몰수 등의 재판의

---

438) 대법원 2008. 4. 24. 선고 2007도4585 판결. 같은 취지: 대법원 1990.3.23. 선고 89도2506 판결.
439) 대법원 1968.3.26. 선고 67도1577.
440) 대법원 2001. 11. 27. 선고 2001도4759 판결.
441) 임웅, 각론, 573면; 정성근/박광민, 각론, 540면.
442) 대법원 1979. 9. 11. 선고 79도436 판결.

집행과 같이 채권자의 권리보호와 관계가 없는 경우는 여기에 해당하지 않는다.

강제집행을 받을 '객관적 상태'란 강제집행을 당할 '구체적인 염려가 있는 상태'[443]를 말한다. 예컨대 채권자가 이행청구의 소 또는 그 보전을 위한 가압류, 가처분신청을 제기한 경우 또는 이를 제기할 태세를 보인 경우를 말한다.[444]

⑤ **주관적 구성요건**: 본죄의 주관적 구성요건은 고의와 '강제집행을 면할 목적'이다. 본죄의 성립을 위하여 실제로 목적을 달성할 것을 요하지는 않는다.[445]

---

443) 대법원 1981. 6. 23. 선고 81도588 판결.
444) 대법원 1999. 2. 9. 선고 96도3141 판결.
445) 다수설: 예컨대 임웅, 각론, 576면. 이에 대하여 '채권자를 해하는 결과'를 객관적 처벌조건으로 보는 견해는 김일수/서보학, 각론, 544면 참조.

제2편
사회적 법익에 대한 죄

제1장 공공의 안전과 평온에 대한 죄
제2장 공공의 신용에 대한 죄
제3장 공중의 건강에 대한 죄
제4장 사회의 도덕에 대한 죄

제2편 사회적 법익에 대한 죄

* 사회적 법익
  - 공공의 안전과 평온
  - 공공의 신용
  - 공중의 건강
  - 사회의 도덕

제1장 공공의 안전과 평온에 대한 죄

제1절 공안을 해하는 죄

I. 서론

1. 의의

공안을 해하는 죄(제5장)란 사회공동체의 안전과 평온을 해하는 죄이다. 여기에 해당하는 범죄에는 범죄단체조직법(제114조), 소요죄(제115조), 다중불해산죄(제116조), 전시공수계약불이행죄(제117조), 공무원자격사칭죄(제118조) 등이 있다.

2. 보호법익

이 범죄는 국가적 법익에 대한 죄(제1장 - 제10장)와 함께 규정되어 있지만, 그 범죄의 성격상 국가적 법익에 대한 죄인가 아니면 사회적 법익에 대한 죄인가에 대하여는 견해가 일치하지 않는다. 국가적 법익에 대한 죄가 통치기구로서의 국가의 존립·기능을 해하는 죄라면, 사회적 법익에 대한 죄는 통치기구로서의 국가 이외의 사회공동체의 법익을 해하는 죄라고 할 수 있다. 따라서 전시공수계약불이행죄와 공무원자격사칭죄만이 국가적 법익에 대한 죄에 해당하며, 범죄단체조직법, 소요죄, 다중불해산죄 등은 국가의 존립·기능을 해하는 것이 아니라 사회공동체의 안전과 평온을 해하는 죄이므로 사회적 법익에 대한 죄에 해당한다고 보아야 한다(사회적 법익설).[1]

II. 범죄단체조직죄

> **제114조(범죄단체 등의 조직)**: 사형, 무기 또는 장기 4년 이상의 징역에 해당하는 범죄를 목적으로 하는 단체 또는 집단을 조직하거나 이에 가입 또는 그 구성원으로 활동한 사람은 그 목적한 죄에 정한 형으로 처벌한다. 다만, 형을 감경할 수 있다.
>
> **폭력행위 등 처벌에 관한 법률 제4조(단체등의 구성·활동)**: ① 이 법에 규정된 범죄를 목적으로 하는 단체 또는 집단을 구성하거나 그러한 단체 또는 집단에 가입하거나 그 구성원으로 활동한 사람은 다음 각 호의 구분에 따라 처벌한다.
> 1. 수괴: 사형, 무기 또는 10년 이상의 징역
> 2. 간부: 무기 또는 7년 이상의 징역
> 3. 수괴·간부 외의 사람: 2년 이상의 유기징역
>
> ② 제1항의 단체 또는 집단을 구성하거나 그러한 단체 또는 집단에 가입한 사람이 단체 또는 집단의 위력을 과시하거나 단체 또는 집단의 존속·유지를 위하여 다음 각 호의 어느 하나에 해당하는 죄를 범하였을 때에는 그 죄에 대한 형의 장기(장기) 및 단기(단기)의 2분의 1까지 가중한다.   (이하생략)

1. 의의 및 성격

(1) 의의

본죄는 사형, 무기 또는 장기 4년 이상의 징역에 해당하는 범죄를 목적으로 하는 단체 또는 집단을 조직하거나 이에 가입 또는 그 구성원으로 활동함으로써 성립하는 범죄이다. 범죄단체를 조직하거나 이에 가입하는 행위는 목적한 범죄의 실행에 착수하기 이전의 예비·음모의 단계에 불과하지만 그 목적한 죄에 정한 형으로 처단하는 취지는 조직범죄의 위험성을 조기에 제거하려는 데에 있다.

(2) 성격

본죄는 특정다수인의 의사가 같은 방향에서 같은 목표를 향하여 작용하는 범죄이므로 집단범(필요적 공범)에 해당한다. 그리고 범죄가 기수에 이르더라도 단체가 해산되거나 단체로부터 탈퇴하기 전까지는 위법상태가 계속되어 범죄가 종료되지 않으므로 계속범에 해당한다.[2] 이에 대하여 일부학설과 판례는 단체를 구성함으로써

---

[1] 김일수/서보학, 각론, 550면; 배종대, 각론, 638면. 이에 대하여 공안을 해하는 죄가 국가적 법익에 대한 죄에 해당한다고 보는 견해(국가적 법익설)에 대하여는 유기천, 275면 참조.
[2] 김일수/서보학, 각론, 552면; 배종대, 각론, 640면; 임웅, 총론, 585면.

즉시 성립하고 그와 동시에 완성되는 즉시범으로 본다.3) 어느 견해에 의하건 단체를 구성함으로써 범죄가 기수에 이른다는 점은 같다. 다만 본죄를 계속범으로 보는 견해에 의하면 공소시효의 기산점, 즉 범죄행위가 종료된 시점은 단체가 해산되거나 단체로부터 탈퇴한 때이다. 그러나 본죄를 즉시범으로 보는 판례의 견해에 의하면 공소시효의 기산점은 단체를 구성하거나 이에 가입한 때이다.4)

> [판례 1] 甲은 1983.8. 중순 폭력행위 등 처벌에 관한 법률에 규정된 범죄를 목적으로 한 단체, 즉 폭력범죄단체를 구성((구) 폭력행위 등 처벌에 관한 법률 제4조 제2호 위반)한 혐의로 1993.12.23. 공소가 제기되었다. 그런데 甲의 공범 乙은 1991.6.14.(당해사건의 제1심 판결 선고일) 이전에 이 사건과 같은 범죄사실(동법 제4조 제2호)로 공소제기가 된 후 1992.11.27. 대법원에서 상고기각됨으로써 유죄판결이 확정되었다. 법원은 甲에 대하여 어떠한 재판을 하여야 하는가? 단 공소시효는 10년(구형사소송법 제249조 제1항 제2호)으로 한다.

만일 甲이 행한 폭력행위 등 처벌에 관한 법률 제4조 위반죄의 공소시효가 완성되었다면 법원은 면소판결을 선고해야 하며(형소법 제326조 제3호), 공소시효가 아직 완성되지 않았다면 실체재판을 하여야 한다. 공소시효의 완성여부와 관련하여 문제되는 것은 공소시효의 기산점이다. 본죄를 계속범으로 보는 견해에 의하면 甲이 가입한 범죄단체가 해산되거나 甲이 그 단체로부터 탈퇴하지 않은 이상은 아직 범죄가 종료되지 않았으므로 공소시효는 진행되지 않는다. 따라서 법원은 甲에 대하여 실체재판을 하여야 한다.

이에 대하여 본죄를 즉시범으로 보는 견해에 의하면 범죄의 종료시점은 범죄단체를 구성한 시점인 1983.8. 중순이며, (구) 폭처법상 범죄단체구성죄는 무기징역에 해당하는 범죄(동법 제4조 제2호)로서 공소시효는 10년((구) 형소법 제249조)이므로 1993.8. 중순에 공소시효가 완성된다. 그런데 공범의 1인에 대한 시효의 정지는 다른 공범자에 대하여 효력이 미치고 당해 사건의 재판이 확정된 때로부터 다시 진행하므로(형소법 제253조) 乙이 공소제기가 된 시점인 1991.6.14.(당해사건의 제1심판결 선고일) 이전부터 대법원에서 상고기각됨으로써 유죄판결이 확정된 시점인 1992.11.27.까지 1년 5개월 이상의 기간 동안 공소시효의 진행이 정지된다. 이 기간을 범죄 성립시기인 1983.8. 중순부터 공소제기일인 1993.12.23.까지의 기간(약10년 4개월)에서 공제하면, 공소시효기간 10년이 아직 경과하지 않았다. 따라서 법원은 甲에 대하여 실체재판을 하여야 한다.5)

- 공소제기(1993.12.23.) − 범행 종료(1983.8. 중순) = 10년 4월 이상
- 판결확정(1992.11.27.) − 제1심판결 선고(1991.6.14.) = 1년 5월 이상
- 10년 4월(시효 진행) − 1년 5월(시효의 정지) = 8년 11월

---

3) 대법원 1992. 2. 25. 선고 91도3192 판결; 오영근, 각론, 600면;.
4) 대법원 1993. 6. 8. 선고 93도999 판결; 대법원 1995. 1. 20. 선고 94도2752 판결.
5) 대법원 1995. 1. 20. 선고 94도2752 판결.

> **(구) 폭력행위 등 처벌에 관한 법률(법률 제3279호, 시행 1980.12.18) 제4조(단체등의 조직)**: 본법에 규정된 범죄를 목적으로 한 단체 또는 집단을 구성한 자는 다음의 구별에 의하여 처벌한다.
> 1. 수괴는 사형, 무기 또는 10년이상의 징역에 처한다
> 2. 간부는 무기 또는 5년이상의 징역에 처한다
> 3. 가입한 자는 1년이상의 유기징역에 처한다
>
> **(구) 형사소송법 제249조(공소시효의 기간)**: ① 공소시효는 다음 기간의 경과로 완성한다.
> 1. 사형에 해당하는 범죄에는 15년
> 2. 무기징역 또는 무기금고에 해당하는 범죄에는 10년
> 3. 장기10년이상의 징역 또는 금고에 해당하는 범죄에는 7년
> 4. 장기10년미만의 징역 또는 금고에 해당하는 범죄에는 5년
> 5. 장기5년미만의 징역 또는 금고, 장기10년 이상의 자격정지
> (이하 생략)
>
> **제252조(시효의 기산점)**: ① 시효는 범죄행위의 종료한 때로부터 진행한다.
> ② 공범에는 최종행위의 종료한 때로부터 전공범에 대한 시효기간을 기산한다.
>
> **제253조(시효의 정지와 효력)**: ① 시효는 공소의 제기로 진행이 정지되고 공소기각 또는 관할위반의 재판이 확정된 때로부터 진행한다.
> ② 공범의 1인에 대한 전항의 시효정지는 다른 공범자에게 대하여 효력이 미치고 당해사건의 재판이 확정된 때로부터 진행한다.

2. 성립요건

(1) 객관적 구성요건

① 본죄에서 말하는 '범죄단체 등'은 사형, 무기 또는 장기 4년 이상의 징역에 해당하는 범죄를 목적으로 하는 단체 또는 집단에 국한된다. 따라서 경범죄처벌법에 규정된 경범은 여기에 해당하지 않는다.

본죄에서 '단체'란 공동목적을 가진 특정다수인의 조직적·계속적인 결합체를 말한다. 집단[6]은 계속성 또는 조직성(통솔체제)이 없다는 점에서 단체와 구분되지만 본

---

[6] 판례(대법원 1976. 12. 14. 선고 76도3267 판결)는 집단에 대하여 "범죄의 실행을 공동의 목적으로 한 다수, 자연인의 결합체를 의미한다고 할 것으로 이는 같은 법 소정의 단체와는 달라서 계속적일 필요는 없고, 위의 목적아래 다수자가 동시에 동일장소에서 집합되어 있고, 그 조직의 형태가 위 법조에서 정하고 있는 우두머리(수괴), 간부, 가입자를 구분할 수 있을 정도로 결합체를 이루고 있으면 충분"하다고 함으로써 집단은 조직성은 있지만 계속성이 없는 인적 결합체로 이해하고 있다. 이에 대하여 신동운, 판례백선 형법각론, 2009, 99면 이하는 "지휘통솔체제

죄에서 말하는 '범죄단체 등'에는 해당한다. 따라서 아직은 범죄단체에 이를 정도의 조직성을 갖추지 못했더라도 사형, 무기 또는 장기 4년 이상의 징역에 해당하는 범죄를 목적으로 하는 집단을 조직한 행위도 본죄에 해당한다.[7] 그러나 조직성과 계속성이 없는 다중은 '범죄단체 등'에 해당하지 않는다.

[판례 2-1] 甲 등 22인은 소매치기 범죄를 목적으로 모여 그 실행행위를 분담하기로 약정하였다. 甲 등 22인의 죄책은?

대법원은 "형법 제114조 제1항 소정의 '범죄를 목적으로 하는 단체'라 함은 특정다수인이 일정한 범죄를 수행한다는 공동목적 아래 이루어진 계속적인 결합체로서 단순한 다중의 집합과는 달리 단체를 주도하는 최소한의 통솔체제를 갖추고 있어야 함을 요하는 바, 피고인들이 각기 소매치기의 범죄를 목적으로 그 실행행위를 분담하기로 약정하였으나 위에서 본 계속적이고 통솔체제를 갖춘 단체를 조직하였거나 그와 같은 단체에 가입하였다고 볼 증거가 없다는 이유로 무죄를 선고한 조치는 정당하다"[8]고 판시함으로써 甲에 대하여 범죄단체조직죄의 성립을 부정하였다. 대법원은 22인의 특정다수인의 모임이 단체내부의 질서를 유지하는 통솔체제를 갖춘 계속적인 결합체에 이른 것으로 볼 수 없다고 보아 단체에 해당하지 않는다고 판단한 것이다.

[판례 2-2] 甲은 피해자들을 기망하여 중고차량을 불법으로 판매해 금원을 편취할 목적으로 2016. 6.경부터 2017. 6.경까지 인천 동구 송림동에 있는 외부사무실(이하 '이 사건 외부사무실'이라함) 등에서 범죄집단을 조직, 활동하였다. 甲은 '외부사무실'을 두고 乙, 丙 등의 신규 직원을 모집해 범행 수법을 가르쳤으며, 이들은 대표와 팀장, 출동조, 전화상담원 등으로 직책과 역할을 나눠 활동하였다. 甲과 乙, 丙 등의 죄책은?

이 사례에서 문제되는 것은 甲이 이 사건 외부사무실에서 조직한 인적 결합체가 형법 제114조의 '범죄집단'에 해당하는지 여부이다. '범죄단체'는 조직성과 계속성을 갖추어야 하는데 甲이 조직한 인적 결합체는 수직적인 지휘통솔체계를 갖추지는 못하였으므로 범죄단체에는 해당하지 않는다. 다만 대법원은 '범죄집단'은 이러한 통솔체계를 갖출 필요는 없고, "범죄의 계획과 실행을 용이하게 할 정도의 조직적 구조"를 갖추면 인정된다고 판단하였다.[9] 이 기준에 의하면 甲에 대하여는 범죄집단조직·활동죄가, 乙, 丙 에 대하여는 범죄집

는 없지만 공동의 목적 하에 모인 계속적 인적 결합체"라고 정의함으로써 집단은 계속성은 있지만 조직성이 없는 인적 결합체로 이해한다.
7) 형법 일부개정법률(법률 제11731호, 시행 2013.04.05)의 개정이유(대법원 홈페이지 참조.) http://glaw.scourt.go.kr/wsjo/lawod/sjo190.do?contId=2108083
8) 대법원 1981. 11. 24. 선고 81도2608 판결.
9) 대법원 2020. 8. 20. 선고 2019도16263 판결. '범죄집단'은 형법이 2013. 4. 5. 개정되면서 제114조에 추가되었는데, 이 판결은 그 이후에 처음으로 '범죄집단'의 요건을 분명히 하였다. 다만 그 이전에도 폭력행위 등 처벌에 관한 법률 제4조(단체 등의 구성·활동)는 범죄단체를 구성

단가입·활동죄(제113조)가 성립한다.

② '조직'은 특정다수인이 단체나 집단을 결성하는 것을 말하며, '가입'은 이미 조직된 단체 등에 가입하는 것을 말한다. 본죄는 단체 등을 조직하거나 여기에 가입함으로써 성립하며, 목적한 범죄를 실행하였는가는 본죄의 성립요건이 아니다.10) 범죄단체를 조직한 후에 목적한 범죄를 실행한 경우 본죄는 불가벌적 사전행위로서 실행한 범죄에 흡수되므로 실행한 범죄만이 성립한다.11) 다만 폭처법 제4조의 '폭력범죄단체'의 구성원이 동법 제4조 제2항 이하의 범죄를 범한 때에는 가중처벌된다.

'구성원으로 활동'한다는 말은 범죄단체의 구성원으로 가입하여 범죄단체의 존속 또는 목적달성 등을 위한 일체의 활동을 말한다.12) 범죄단체의 구성원들의 범행모의에 가담하여 그 실행행위를 분담하였더라도 그 단체의 구성원으로 가입하지 않았다면 본죄는 성립하지 않는다.

[판례 3] 폭력범죄단체의 구성원 甲의 친구인 乙은 甲을 따라 전주시 고동 소재 경기전 앞까지 나갔다가 폭력범죄단체의 구성원들의 살인 및 상해죄범행모의에 가담하여 그 실행행위를 분담하였다. 乙의 죄책은?

폭력을 목적으로 한 단체에 가입한 행위는 폭력범죄단체가입죄(폭력행위등 처벌에 관한 법률 제4조 제1항 제3호)에 해당한다. 乙은 범죄단체의 구성원들의 범행모의에 가담하여 그 실행행위를 분담하였지만 그 단체의 구성원으로 가입하지 않았으므로 본죄는 성립하지 않는다. 따라서 대법원은 "위 범죄모의에 가담하고 실행행위를 하였다 하더라도 그러한 살인 또는 상해죄 등의 공동정범의 죄책을 질뿐 이러한 사실만으로 … 폭력범죄단체가입죄의 죄책을 지울 수는 없다"고 판시하였다.13)

(2) 주관적 구성요건

주관적 구성요건이 성립하기 위해서는 범죄를 목적으로 하는 단체 등을 조직하

하거나 이에 가입하는 행위를 처벌한다고 규정하고 있었다. 여기서 대법원 1976. 12. 14. 선고 76도3267 판결은 범죄집단이 "수괴, 간부, 가입자를 구분할 수 있을 정도로 결합체"(본서의 주 6 참조)로 보았다는 점에서 이러한 조직성을 요하지 않는다고 본 2020년 판결과 차이가 있다.
10) 대법원 1975. 9. 23. 선고 75도2321 판결.
11) 오영근, 각론, 600면; 임웅, 각론, 586면. 이에 대하여 본죄와 실행한 범죄의 실체적 경합범이 성립한다고 보는 견해는 박상기, 각론, 455면; 백형구, 각론, 457면.
12) "구성원으로 활동한 자"는 범죄단체에 가입한 자로서 이미 처벌이 가능하므로 이 문구는 의미가 적다. 그 보다는 "단체 또는 집단을 위하여 활동한 자"라고 규정함으로써 구성원 이외의 자를 정범으로 처벌할 수 있도록 규정하는 것이 타당하다(독일 형법 제129조 제1항도 구성원 아닌 자가 범죄단체를 지원하는 활동을 구성원으로 가입하는 행위와 같이 처벌하고 있다).
13) 대법원 1983. 12. 13. 선고 83도2605 판결.

거나 이에 가입하는 것에 대한 고의가 있어야 한다. 이미 구성된 단체에 가입하는 경우에 그 단체가 범죄를 목적으로 한다는 사실을 인식하지 못한 때에는 고의가 없으므로 본죄는 성립하지 않는다.

III. 소요죄

> **제115조(소요)**: 다중이 집합하여 폭행, 협박 또는 손괴의 행위를 한 자는 1년 이상 10년 이하의 징역이나 금고 또는 1천500만원 이하의 벌금에 처한다.

1. 의의 및 보호법익

소요죄는 다중이 집합하여 폭행, 협박 또는 손괴의 행위를 함으로써 성립하는 범죄이다. 여기서 소요란 다중의 합동력에 의하여 폭행, 협박 또는 손괴 등의 행위를 행하는 것을 말한다.

본죄의 보호법익은 공공의 안전이며 보호의 정도는 추상적 위험범이다(추상적 위험범설).[14] 따라서 다중이 집합하여 폭행 등의 행위를 하면 본죄가 성립하며, 공공의 안전에 대한 구체적 위험이 발생할 것을 요하지 않는다.

2. 성립요건

(1) 객관적 구성요건

① 주체: 본죄의 주체는 다중의 구성원 개인이므로 본죄의 주체에는 아무런 제한이 없다.[15] "다중이 집합하여"에서 다중은 행위방법을 기술한 것이지 다중이 행위의 주체라는 의미는 아니다. 조직성이 없는 다수인의 일시적 집합에 불과한 다중은 범죄의 주체가 될 수 없다.

② 행위: 본죄의 행위는 다중이 집합하여 폭행, 협박 또는 손괴하는 것이다. 여기서 다중이란 다수인의 집합을 말한다. 조직성이나 계속성이 있을 것을 요하지는 않으며, 공동목적이 있는가의 여부도 불문한다. 다만 폭행, 협박 또는 손괴 등의 행위에 의하여 한 지방의 안전을 해할 수 있는 정도의 다수인일 것을 요한다.[16]

---

14) 다수설: 예컨대 김일수/서보학, 각론, 554면; 오영근, 각론, 601면; 임웅, 각론, 588면. 이에 대하여 본죄를 구체적 위험범으로 보는 견해는 배종대, 각론, 642면.
15) 김일수/서보학, 각론, 554면; 배종대, 각론, 642면; 임웅, 각론, 588면. 이에 대하여 본죄의 주체를 다중으로 보는 견해는 박상기, 각론, 456면.
16) 다수설: 예컨대 오영근, 각론, 601면; 임웅, 각론, 588면.

집합이란 다수인이 일정한 장소에 모여 집단을 이루는 것을 말한다.

본죄에서 폭행은 최광의의 폭행, 즉 사람 또는 물건에 대한 유형력의 행사이다. 그리고 협박은 광의의 협박, 즉 일반인에게 공포심을 야기시킬 수 있는 정도의 해악의 고지이다. 그리고 손괴는 재물에 유형력을 행사하여 효용을 해하는 일체의 행위를 말한다. 여기서 폭행·협박·손괴는 ㉠ 사람 또는 물건에 대한 적극적인 행위일 것을 요하므로, 소극적인 저항은 폭행에 해당하지 않으며, ㉡ 공공의 안전을 해할 정도이어야 하며, ㉢ 다중의 합동력에 의한 것이어야 한다. '다중의 합동력에 의한 것'이어야 한다는 말은 폭행 등의 행위가 다중의 구성원에 의하여 다중 이외의 사람이나 물건에 대하여 공동으로 행하여져야 함을 말한다. 다만 다중의 일부가 폭행 등의 행위를 하면 족하며, 다중 전원이 폭행 등의 행위를 할 것을 요하는 것은 아니다. 따라서 다중의 일부가 폭행 등의 행위를 하면 직접 행위를 하지 않은 구성원에 대하여도 본죄가 성립한다.

(2) 주관적 구성요건

본죄의 주관적 구성요건은 소요에 대한 고의, 즉 다중의 합동력에 의하여 폭행, 협박 또는 손괴를 한다는 공동의사이다. 공동의사는 다중의 합동력을 믿고 폭행 등을 한다는 군중심리만으로 족하며, 집합하기 전에 공모 또는 계획의 수립과 같은 사전의 의사연락이 있을 것을 요하지 않는다.

3. 공범규정의 적용

본죄는 집합범으로서 필요적 공범에 해당하므로 내부참가자, 즉 다중의 구성원에 대하여는 공범규정이 적용되지 않는다. 다중의 구성원으로서 가담한 자는 직접 폭행 등의 행위를 한 경우는 물론, 이를 교사 또는 방조한 경우에도 정범으로 처벌된다.

그러나 집단 외부에서 필요적 공범에 가담한 자에 대하여는 공범규정이 적용된다. 공범규정 가운데 교사·방조규정(제31조, 제32조)이 적용된다는 점에 대하여는 견해가 거의 일치하나, 공동정범의 규정(제30조)이 적용되는가에 대하여는 견해가 일치하지 않는다. 다수설은 집단범의 성격상 외부에서 가담한 자의 공동실행이란 있을 수 없으므로 공동정범의 규정은 적용되지 않는다고 한다.[17] 이 견해에 의하면 소요행위에 직접 참가하지 않은 경우에는 협의의 공범만이 성립하며 정범은 성립하지 않는다고 한다. 그러나 소요행위에 직접 참가하지 않았더라도 내부참가자와 사전에 공모하여 범죄계획을 수립하고 지시함으로써 범죄수행에 중요한 역할을 담당하였다면

---

17) 다수설: 배종대, 각론, 644면; 오영근, 각론, 603면; 임웅, 각론, 589면 이하.

기능적 행위지배가 인정되므로 공동정범이 성립한다고 볼 수 있다.[18] 따라서 외부에서 가담한 자에 대하여도 교사방조규정은 물론 공동정범의 규정도 적용된다고 보는 견해에 찬성한다.

4. 죄수

폭행·협박·손괴죄나 특수폭행·특수협박·특수손괴죄는 불가벌적 수반행위로서 소요죄에 흡수된다. 그리고 소요죄보다 법정형이 중한 살인죄·방화죄는 소요죄와 상상적 경합의 관계에 있다. 문제는 소요죄보다 법정형이 경한 공무집행방해죄나 주거침입죄가 소요죄와 흡수관계에 있는가[19] 아니면 상상적 경합의 관계에 있는가[20]이다. 공무집행방해죄나 주거침입죄는 소요죄에 통상 수반되는 행위로서 불가벌적 수반행위에 해당하므로 소요죄에 흡수된다고 볼 수 있다.

IV. 다중불해산죄

> **제116조(다중불해산)**: 폭행, 협박 또는 손괴의 행위를 할 목적으로 다중이 집합하여 그를 단속할 권한이 있는 공무원으로부터 3회 이상의 해산명령을 받고 해산하지 아니한 자는 2년 이하의 징역이나 금고 또는 300만원 이하의 벌금에 처한다.

1. 의의 및 성격

다중불해산죄는 폭행, 협박 또는 손괴의 행위를 할 목적으로 다중이 집합하여 그를 단속할 권한이 있는 공무원으로부터 3회 이상의 해산명령을 받고 해산하지 아니함으로써 성립하는 범죄이다.

다중불해산죄는 부작위에 의하여 명령규범에 위반함으로써 성립하므로 진정부작위범이다. 이 죄는 소요죄의 예비·미수단계를 독립된 구성요건으로 규정한 것이므로 소요죄에 대하여 보충관계(불가벌적 사전행위)에 있다. 따라서 이죄는 다중이 폭행 등의 행위를 실행하기 전 단계에서만 성립하며, 이미 폭행 등의 행위를 실행한 경우에는 소요죄가 성립한다.

---

[18] 김일수/서보학, 각론, 558면.
[19] 다수설: 김일수/서보학, 각론, 558면; 배종대, 각론, 644면; 임웅, 각론, 590면.
[20] 오영근, 각론, 604면.

2. 성립요건

① **주체**: 본죄의 주체는 소요죄의 주체에 대하여 설명한 것과 같다.

② **행위**: 본죄의 행위는 단속할 권한이 있는 공무원으로부터 3회 이상의 해산명령을 받고 해산하지 않는 것이다. 여기서 '단속할 권한이 있는 공무원'이란 법령을 근거로 해산명령권을 가진 공무원을 말한다. 예컨대 경찰관은 범죄행위를 예방하기 위하여 필요한 경고를 발하고 그 행위를 제지할 권한이 있으므로(경찰관 직무집행법 제6조)[21] 해산명령권이 있다.

본죄가 성립하기 위해서는 단속할 권한 있는 공무원으로부터 3회 이상의 해산명령을 받아야 한다. 여기서 3회의 해산명령은 해산에 필요한 시간적 간격을 두고 이루어져야하며, 시간적 간격을 두지 않고 계속하여 해산명령을 한 것은 1회의 해산명령에 해당한다. 본죄의 기수시기는 3회 이상의 해산명령 가운데 최종의 해산명령시를 기준한다. 따라서 4회째의 해산명령을 받고 해산한 때에는 아직 기수에 이른 것이 아니므로 불가벌이다.[22]

③ **주관적 구성요건**: 본죄가 성립하기 위해서는 폭행 등의 행위를 할 목적이 있어야 하며(목적범), 단속할 권한 있는 공무원으로부터 3회 이상의 해산명령을 받고 해산하지 않는 것에 대한 고의가 있어야 한다.

V. 전시공수계약불이행죄

> **제117조(전시공수계약불이행) 제1항**: 전쟁, 천재 기타 사변에 있어서 국가 또는 공공단체와 체결한 식량 기타 생활필수품의 공급계약을 정당한 이유 없이 이행하지 아니한 자는 3년 이하의 징역 또는 500만원 이하의 벌금에 처한다.
>
> **제2항**: 전항의 계약이행을 방해한 자도 전항의 형과 같다.
>
> **제3항**: 전2항의 경우에는 그 소정의 벌금을 병과할 수 있다.

본죄는 전쟁, 천재 기타 사변에 있어서 국가 또는 공공단체와 체결한 식량 기타 생활필수품의 공급계약을 정당한 이유 없이 이행하지 않거나 계약이행을 방해함으로써 성립하는 범죄이다. 본죄는 부작위(계약불이행)에 의하여 작위의무(계약이행의무)

---

21) 경찰관 직무집행법 제6조(범죄의 예방과 제지) ① 경찰관은 범죄행위가 목전에 행하여지려고 하고 있다고 인정될 때에는 이를 예방하기 위하여 관계인에게 필요한 경고를 발하고, 그 행위로 인하여 인명·신체에 위해를 미치거나 재산에 중대한 손해를 끼칠 우려가 있어 긴급을 요하는 경우에는 그 행위를 제지할 수 있다.

22) 다수설: 예컨대 김일수/서보학, 각론, 560면; 오영근, 각론, 606면; 임웅, 각론, 592면.

에 위배한 것이므로 진정부작위범이다.

여기서 '전쟁'(전시)은 상대국이나 교전단체에 대하여 선전포고를 하였거나 대적행위를 취한 때로부터 당해 상대국이나 교전단체에 대한 휴전협정이 성립된 때까지의 기간을 말한다(군형법 제2조 제6호). '사변'은 전시에 준하는 동란상태로서 전국 또는 지역별로 계엄이 선포된 기간을 말한다(동조 제7호). 그리고 '천재'는 홍수, 지진과 같은 자연재해를 말한다.

'정당한 이유 없이'는 구성요건요소가 아니라 위법성요소이며 '정당한 이유'는 위법성조각사유이다. 따라서 계약의 불이행에 정당한 이유가 있는 때, 즉 법령, 계약 기타 사회상규에 반하지 않는 때에는 위법성이 조각된다.[23]

VI. 공무원자격사칭죄

> **제118조(공무원자격의 사칭)**: 공무원의 자격을 사칭하여 그 직권을 행사한 자는 3년 이하의 징역 또는 700만원 이하의 벌금에 처한다.

본죄는 공무원의 자격을 사칭하여 그 직권을 행사함으로써 성립하는 범죄이다. 본죄가 성립하기 위해서는 공무원의 자격을 사칭하는 행위 외에도 그 직권을 행사하는 행위가 있어야 한다. 공무원의 직권을 행사하지 않고 자격만을 사칭한 경우에는 본죄가 성립하는 것이 아니라 경범죄처벌법 제1조 제8호(관명사칭)에 의하여 처벌된다.

'공무원의 자격을 사칭'한다는 말은 공무원의 자격이 없는 자가 공무원의 자격을 가진 것처럼 오신케 하는 일체의 행위를 말한다. 공무원이 다른 공무원의 자격을 사칭한 경우에도 본죄가 성립한다.

'그 직권을 행사'한다는 말은 사칭한 공무원의 직무범위에 속하는 권한을 행사함을 의미한다. 따라서 그 공무원의 직무범위에 속하지 않는 권한을 행사한 경우에는 본죄가 성립하지 않는다.[24]

---

23) 임웅, 각론, 593면. 이에 대하여 '정당한 이유'를 책임조각사유로 보는 견해(김일수/서보학, 각론, 561면 이하), 위법성 또는 책임조각사유로 보는 견해(배종대, 각론, 647면)가 있다. 그러나 '정당한'이란 적법성을 의미한다고 해석하여야 한다. 왜냐하면 제20조의 정당행위에서 '정당'이 적법성을 의미하며, 제21조에서 '부당한'이 위법성을 의미하기 때문이다. 채무불이행이 위법하지만 계약이행에 대한 기대가능성이 없어서 책임이 조각되는 경우에 '정당한 이유'가 있다고 할 수는 없다. 따라서 제117조에서 '정당한 이유'는 위법성조각사유로 이해하여야 할 것이다.
24) 대법원 1972. 12. 26. 선고 72도2552 판결; 대법원 1977. 12. 13선고 77도2750; 대법원 1981. 9. 8. 선고 81도1955 판결.

[판례 4] 甲은 A로부터 그의 채무자 B에 대한 금 100만원의 채권(차용금)의 추심을 부탁받고 행동대원 乙, 丙을 동원하여 B를 위협하여 금원을 갈취할 것을 결의하고, B를 찾아가 A에게 해 준 차용증을 보이면서 A와는 외사촌 간인데 대신 왔으니 돈을 갚으라고 요구하였다. 이에 B가 돈이 없다고 하자 甲은 나가서 이야기하자고 하여 B를 밖으로 데리고 나와 대기 중인 승용차에 태워 해밀턴호텔 커피숍으로 가면서, 남의 돈을 꾸어 썼으면 기일 내에 갚아야 할 것 아니냐면서 때리려고 하는 등 B를 협박하였으며, 甲은 합동수사반 진소령, 乙은 동 수사반 강대위, 丙은 치안본부 직원으로 사칭하고 "누구를 구속하여야 겠다", "잠복근무를 하여야 겠다"는 등 말을 하였다. 甲, 乙, 丙의 죄책은?

만일 B가 甲, 乙, 丙의 협박에 의하여 그들이 요구하는 금원을 교부하였다면 그들의 행위는 공갈죄(폭력행위등처벌에관한법률 제2조 제2항, 형법 제250조)에 해당한다. 문제는 치안본부 직원을 사칭하여 채권을 추심한 행위가 공무원자격사칭죄에 해당하는가이다. 이 점에 대하여 대법원은 "피고인들의 행위는 피고인이 위임 받은 채권을 용이하게 추심하는 방편으로 합동수사반원의 지위를 사칭, 협박의 수단으로 이용한 사실은 인정이 되나 다른 사정이 엿보이지 아니하는 이 사건에 있어 위 채권의 추심행위는 개인적인 업무이지 합동수사반의 수사업무의 범위에는 속한다고 볼 수 없고, 그 밖에 피고인들의 일련의 행위가 범죄수사를 위한 임의동행 등 수사권한을 행사한 것으로 볼 자료는 하나도 찾아볼 수 없다"[25]라고 판시하였다. 대법원은 甲 등이 공무원의 자격을 사칭하였으나 공무원의 직무범위에 속하는 권한을 행사하지 않았다는 이유로 공무원자격사칭죄의 성립을 부정하였다.[26]

제2절 폭발물에 대한 죄

I. 서론

1. 의의 및 체계

폭발물에 관한 죄는 폭발물을 사용하여 사람의 생명·신체 또는 재산을 해하거나 기타 공공의 안전을 문란하게 함으로써 성립하는 범죄이다. 폭발물에 관한 죄의 기본적 구성요건은 폭발물사용죄(제119조 제1항)이며, 전시폭발물사용죄(제119조 제2항)는 가중적 구성요건이다. 그리고 전시폭발물제조·수입·수출·수수·소지죄(제121조)는 전시폭발물사용죄의 예비단계를 별개의 범죄로 규정한 독립된 구성요건이다. 제121조 이외의 예비·음모·선동에 대하여는 제120조가 적용된다.

---

25) 대법원 1981. 9. 8. 선고 81도1955 판결.
26) 다만 甲, 乙, 丙의 행위는 경범죄처벌법 제3조 제1항 제7호(관명사칭)에 해당한다.

2. 보호법익

폭발물에 관한 죄는 사회적 법익에 대한 죄로서 이 죄의 보호법익은 공공의 안전과 평온이다.[27] 그리고 보호의 정도는 구체적 위험범이다.[28] 왜냐하면 이 죄가 성립하기 위해서는 사람의 생명·신체 또는 재산을 해하거나 기타 공공의 안전을 문란하게 하는 등의 구체적 위험이 발생해야 하기 때문이다.

II. 폭발물사용죄

> **제119조(폭발물사용)** ① 폭발물을 사용하여 사람의 생명, 신체 또는 재산을 해하거나 그 밖에 공공의 안전을 문란하게 한 자는 사형, 무기 또는 7년 이상의 징역에 처한다.
> ② 전쟁, 천재지변 그 밖의 사변에 있어서 제1항의 죄를 지은 자는 사형이나 무기징역에 처한다.
> ③ 제1항과 제2항의 미수범은 처벌한다.

1. 의의

본죄는 폭발물을 사용하여 사람의 생명·신체 또는 재산을 해하거나 기타 공공의 안전을 문란하게 함으로써 성립하는 범죄이다.

2. 성립요건

① **폭발물의 사용**: 폭발물이란 점화 등 일정한 자극을 가하면 급격한 팽창에 의하여 폭발작용을 하는 물체를 말한다. 본죄에서 의미하는 폭발물은 법적·규범적 개념이므로 그 파괴력이 사람의 생명·신체 또는 재산을 해하거나 그 밖에 공공의 안전을 문란하게 할 정도일 것을 요한다. 따라서 폭죽과 같은 오락용 폭약[29]이나 소총의 실탄은 폭발물에 해당하지 않는다. 그리고 화염병은 급격한 팽창력이 없으므로 폭발물이 아니다.[30] 핵에너지가 본죄의 폭발물에 해당하는가에 대하여는 견해가 일치하지

---

[27] 다수설: 김일수/서보학, 각론, 564면; 배종대, 각론, 648면; 오영근, 각론, 610면; 임웅, 각론, 596면. 이에 대하여 이 죄를 국가적 법익에 대한 죄로 보는 견해는 유기천, 각론(하), 286면.
[28] 다수설: 김일수/서보학, 각론, 564면; 배종대, 각론, 648면; 임웅, 각론, 596면. 이에 대하여 추상적 위험범이라고 해석하는 견해는 유기천, 각론(하), 287면.
[29] 오락용 폭약(장난감불꽃류)은 총포·도검·화약류 등의 안전관리에 관한 법률 제2조 제3항 제3호 아목 및 동법시행규칙 제4조가 규정하고 있는 '화약류'에 해당한다.
[30] 대법원 1968. 3. 5. 선고 66도1056 판결. 다만 화염병의 사용이나 제조소지 등에 대하여는 화염병사용등의처벌에관한법률 제3조와 제4조가 적용된다.

않는다. 원자폭탄과 같은 핵무기는 폭발물에 해당하지만 그 이외의 핵에너지는 폭파를 목적으로 제조된 것이 아니므로 폭발물에 해당하지 않는다고 보아야 한다.31)

② **공안의 문란**: 여기서 공안은 한 지방의 법질서의 평온 또는 공공의 안전과 평온을 의미한다. 그리고 문란은 공안을 어지럽히는 것을 말한다. 사람의 생명·신체 또는 재산을 해하는 것도 공안의 문란에 해당한다.

③ **고의**: 고의가 성립하기 위해서는 폭발물사용 및 공안의 문란에 대한 인식이 있어야 한다. 따라서 폭발물사용으로 인하여 사람이 사망하거나 상해를 입었더라도 그 결과에 대하여 고의가 없으면 본죄는 성립하지 않는다.

[판례 1] 甲은 단양탄광 덕산광구 제9갱의 갱도에 장애되는 큰 돌덩어리를 치우기 위하여 다이너마이트를 폭파하였는데, 그 폭파 당시에 발파경고를 소홀히 하는 등의 과실로 인하여 제8갱도 내에서 작업 중인 광부 4명이 파편으로 상해를 입었다. 甲의 죄책은?

대법원은 "형법 제119조를 적용하려면 사람의 생명, 신체 또는 재산을 해하거나 기타 공안을 문란하게 한다는 고의 있어야 한다고 해석되는 것임에도 불구하고, 위에서 설명한 바와 같이 원판결은 피고인이 본건 다이너마이트 폭파시 피해자들의 신체를 해한다는 고의 있었음을 인정하지 아니하면서 형법 제119조를 적용하였음은 법령적용에 위법이 있는 것"32)이라는 이유로 甲에 대하여 폭발물사용죄의 성립을 부정하였다. 다만 甲에 대하여는 폭발성물건파열치상죄(제172조 제2항) 또는 업무상과실치상죄(제268조)의 성립여부가 문제된다.

3. 죄수

폭발물을 사용하여 사람을 살해 또는 상해한 경우 살인 또는 상해는 불가벌적 수반행위로서 폭발물사용죄에 흡수되므로 폭발물사용죄만 성립한다(흡수관계).33) 폭발물을 사용하여 방화한 경우에도 방화죄는 폭발물사용죄에 흡수된다. 다만 살해의 목적으로 폭발물을 사용했는데 상해의 결과만 발생한 경우에는 본죄와 살인미수죄의 상상적 경합이 성립한다.

[판례 2] 광부 甲은 집에 보관되어 있던 광산용 다이너마이트로 乙을 살해할 목적으로 다이너마이트와 뇌관, 도화선을 연결하여 담배불로 도화선에 점화한 후 그 다이너마이트를 방에 누워 있는 乙의 좌측 옆구리 요 위에 놓고 양손으로 乙의 팔을 잡으면서 "너 죽

---

31) 김성천/김형준, 각론, 607면 이하; 김일수/서보학, 각론, 565면; 배종대, 각론, 649면. 다만 원자로를 파괴하여 사람의 생명·신체 또는 재산을 해하거나 기타 공공의 안전을 문란하게 한 행위에 대하여는 원자력법 제114조 위반죄가 성립한다.
32) 대법원 1969. 7. 8. 선고 69도832 판결.
33) 임웅, 각론, 600면; 서울고법 1973. 4. 20. 선고 73노179 판결. 이에 대하여 양죄의 상상적 경합으로 보는 견해는 김일수/서보학, 각론, 566면.

고 나 죽고 하자"고 할 때 당황한 乙이 이를 뿌리치면서 일어나 이불로 폭약을 덮어씌우는 순간 폭발하였다. 그로 인하여 乙은 상해를 입었다. 甲의 죄책은?

甲이 다이너마이트를 사용하여 乙에게 상해를 입힌 행위는 폭발물사용죄에 해당한다. 그리고 그가 乙을 살해할 목적으로 다이너마이트를 폭파하여 미수에 그친 행위는 살인미수죄에 해당한다. 만일 乙이 사망하였다면 살인죄는 폭발물사용죄에 흡수되어 폭발물사용죄만 성립하겠지만 이 사례에서는 乙에게 상해만 입혔으므로 폭발물사용죄와 살인미수죄는 상상적 경합관계에 있다.[34]

III. 전시폭발물사용죄

제119조 제2항: 전쟁, 천재 그 밖의 사변에 있어서 전항의 죄를 범한 자는 사형 또는 무기징역에 처한다.

동조 제3항: 전2항의 미수범은 처벌한다.

본죄는 전쟁, 천재 그 밖의 사변에 있어서 폭발물사용죄를 범하는 것을 내용으로 하는 범죄이다. '전쟁, 천재 그 밖의 사변'의 개념은 전시공수계약불이행죄에서 설명한 것과 같다.[35]

IV. 폭발물사용예비·음모·선동

제120조(예비, 음모, 선동) 제1항: 전조 제1항, 제2항의 죄를 범할 목적으로 예비 또는 음모한 자는 2년 이상의 유기징역에 처한다. 단 그 목적한 죄의 실행에 이르기 전에 자수한 때에는 그 형을 감경 또는 면제한다.

동조 제2항: 전조 제1항, 제2항의 죄를 범할 것을 선동한 자도 전항의 형과 같다.

폭발물사용예비·음모죄는 폭발물사용죄를 범할 목적으로 예비·음모함으로써 성립하는 범죄로서 목적범이다. 폭발물사용선동죄는 폭발물사용죄를 범하도록 선동함으로써 성립하는 범죄이다. 본죄는 폭발물사용예비·음모죄와는 달리 목적범이 아니다. 여기서 '선동'이란 타인으로 하여금 정당한 판단력을 잃게 하여 범죄실행을 결의케 하거나 범죄실행의 결의를 강화하는 행위를 말한다. 선동에 의하여 상대방이 현실적으로 범행을 결의하거나 실행에 착수할 것을 요하지 않는다는 점에서 교사와 구별된

---

[34] 서울고법 1972. 2. 1. 선고 71노901 판결.
[35] 제1장 제1절 V. 참조.

다. 만일 선동에 의하여 상대방이 실제로 범행을 결의하여 실행한 때에는 폭발물사용선동죄가 성립하는 것이 아니라 폭발물사용교사죄가 성립한다.

폭발물사용선동죄는 독립된 구성요건이므로 공범규정이 적용될 수 있으나 폭발물사용예비·음모죄는 미수범과 마찬가지로 기수범의 수정적 구성요건에 불과하므로 교사방조규정은 적용되지 않는다.36) 따라서 폭발물사용예비·음모죄에 대한 교사 또는 방조는 성립하지 않는다.

V. 전시폭발물제조·수입·수출·수수·소지

> 제121조(전시폭발물제조등): 전쟁 또는 사변에 있어서 정당한 이유 없이 폭발물을 제조, 수입, 수출, 수수 또는 소지한 자는 10년 이하의 징역에 처한다.

본죄는 전쟁 또는 사변에 있어서 정당한 이유 없이 폭발물을 제조, 수입, 수출, 수수 또는 소지함으로써 성립하는 범죄다. 여기서 "정당한 이유 없이"란 전시공수계약불이행죄에서 설명한 것과 마찬가지로37) '위법하게'라는 의미이다. 따라서 법률이나 국가기관의 허가에 근거한 행위는 위법성이 조각된다.

본죄는 전시폭발물사용죄의 예비단계를 별개의 범죄로 규정한 독립된 구성요건이다. 따라서 본죄에 대하여는 공동정범 또는 교사방조의 성립이 가능하다.

제3절 방화와 실화의 죄

I. 서론

1. 의의 및 체계

방화와 실화의 죄는 고의 또는 과실로 불을 놓아 건조물 기타 물건을 소훼(燒毁)하는 것을 내용으로 하는 범죄이다. 고의로 불을 놓는 것을 방화라고 하고, 과실로 불을 놓는 것을 실화라고 한다. 방화와 실화의 죄에는 (1) 방화죄와 (2) 실화죄 외에도 (3) 준방화죄(진화방해죄, 폭발성물건파열죄, 가스·전기 등 방류죄, 가스·전기 등 공급방해죄 등)가 있다.

---

36) 대법원 1976. 5. 25. 선고 75도1549 판결; 배종대, 각론, 652면. 이에 대하여 교사방조규정의 적용을 긍정하는 견해는 김일수/서보학, 각론, 567면.
37) 제1장 제1절 V. 참조

* 구성요건의 체계[38]

기본적 구성요건	가중적 구성요건		감경적 구성요건	
타인소유 일반건조물방화죄(제166조 제1항)	현주건조물방화죄(제164조)	결과적 가중범	자기소유 일반건조물방화죄(제166조 제2항)	결과적 가중범
		현주건조물방화치사상죄(제164조 제2항)		연소죄 (제168조)
	공용건조물방화죄(제165조)			
타인소유 일반물건방화죄(제167조 제1항)			자기소유 일반물건방화죄(제167조 제2항)	
실화죄(제170조)	업무상실화중실화죄(제171조)			

2. 보호법익

　방화죄는 공공위험죄[39]로서 본죄의 주된 보호법익은 공공의 안전이다. 그리고 본죄는 공공위험죄의 성격과 동시에 재산죄(손괴죄)의 성격도 지니고 있으므로 부차적으로 개인의 재산, 즉 소유권도 보호법익이 된다고 보아야한다(이중성격설).[40] 다만 현주건조물방화죄는 사람이 현존하는 건조물 등에 방화한 경우에 사람의 생명·신체에 대한 위험이 크다는 이유로 불법이 가중되어 무겁게 처벌되는 것이므로 본죄의 부차적인 보호법익에는 재산 이외에도 사람의 생명·신체의 안전이 포함된다. 이에 대하여 자기소유 일반건조물방화죄나 자기소유 일반물건방화죄의 보호법익은 공공의 안전이며, 재산은 본죄의 보호법익에 포함되지 않는다. 결국 방화죄의 부차적인 보호법익은 개별구성요건에 따라 달리 보아야 할 것이다.[41]

　법익에 대한 보호의 정도는 현주건조물방화죄, 공용건조물방화죄, 타인소유 일반건조물등방화죄의 경우에는 추상적 위험범이고, 자기소유 일반건조물방화죄, 타인소유 일반물건방화죄, 자기소유 일반물건방화죄의 경우에는 '공공의 위험의 발생'이 구성요건요소로 규정되어 있으므로 구체적 위험범이다.[42] 그리고 준방화죄 가운데 진화방해죄는 추상적 위험범이며, 폭발성물건파열죄, 가스·전기 등 방류죄, 가스·전기

---

38) 김일수/서보학, 각론, 575면.
39) 공공위험죄란 공공의 안전을 보호법익으로 하는 위험범을 말한다. 이에 대하여 개인적 법익을 보호법익으로 하는 범죄를 개인위험죄라고 한다.
40) 판례 및 다수설: 예컨대 대법원 1983. 1. 18. 선고 82도2341 판결; 배종대, 각론, 654면; 오영근, 각론, 616면; 임웅, 각론, 604면 이하.
41) 김일수/서보학, 각론, 576면.
42) 위험범에 대하여는 제1편 제1장 제2절 I 2 참조.

등 공급방해죄는 구체적 위험범이다.

II. 현주건조물등 방화죄

> **제164조(현주건조물 등 방화)** ① 불을 놓아 사람이 주거로 사용하거나 사람이 현존하는 건조물, 기차, 전차, 자동차, 선박, 항공기 또는 지하채굴시설을 불태운 자는 무기 또는 3년 이상의 징역에 처한다.

1. 의의

본죄는 불을 놓아 사람이 주거로 사용하거나 사람이 현존하는 건조물, 기차, 전차, 자동차, 선박, 항공기 또는 지하채굴시설(광갱)을 불태움으로써 성립하는 범죄이다. 방화죄에서 '방화'란 불을 놓아 건조물 등의 목적물을 불태우는 행위를 말한다.

본죄는 결과의 발생 없이 행위만 있으면 성립하는 거동범으로서 추상적 위험범에 해당하므로 공공의 안전에 대하여 구체적 위험결과가 발생할 것을 요하지 않는다. 따라서 절대적 무위험이 증명된 경우, 즉 사람의 생명과 신체에 대한 위험이 완전히 배제된 경우에도 본죄의 성립은 부정되지 않는다.

> [예 1-1] 甲은 乙이 투숙하고 있는 소형의 방갈로에 방화하였다. 그는 방화하기 전에 그 안에 아무도 없다는 사실을 확인하였고 방화 후에도 혹시 사람이 들어올 것에 대비해 주변에서 망을 보았다. 따라서 방화로 인하여 사람의 생명이나 신체에 대한 위험은 전혀 없었다. 甲의 죄책은?

방갈로는 현주건조물에 해당하므로 甲에 대하여는 현주건조물방화죄가 성립한다. 본죄는 추상적 위험범이므로 사람의 생명이나 신체에 대한 위험이 완전히 배제되었더라도 본죄의 성립에는 영향이 없다. 이에 대하여 행위자가 주관적으로 위험의 발생을 방지하기 위하여 요구되는 안전조치를 충분히 다하였고, 객관적으로도 위험이 절대적으로 배제된 경우에는 본죄의 성립을 부정하는 견해가 있다.[43] 이 견해에 의하면 甲에 대하여 본죄는 성립하지 않으며, 다만 일반건조물방화죄(제166조 제1항)가 성립한다.

> [예 1-2] 甲은 보험금을 받아서 새로 호텔을 지을 목적으로 화재보험에 가입되어 있는 3층의 호텔건물을 방화하였다. 甲은 방화하기 전에 호텔 안에 아무도 없다는 것을 확인하였다. 甲의 죄책은?

---

43) Sch/Sch/Heine, § 306a, Rn. 2.

추상적 위험범의 경우에는 위험이 절대적으로 배제되더라도 범죄가 성립한다고 보는 견해에 의하면 甲에 대하여 현주건조물방화죄가 성립한다. 그러나 행위자가 위험의 발생을 방지하기 위하여 요구되는 안전조치를 충분히 다하였고, 객관적으로도 위험이 절대적으로 배제된 경우에는 현주건조물방화죄의 성립을 부정하는 견해에 의하더라도 이 사례의 경우에는 본죄의 성립이 부정되지 않는다. 행위자가 주관적으로 주의의무를 다하였더라도 객관적으로 위험이 완전히 배제되지 않았다면 본죄의 성립은 부정되지 않는다. (예 1-1)에서와 같이 단층의 소형 건조물의 경우에는 그 안에 사람이 없다는 사실을 용이하게 파악할 수 있으므로 객관적으로 위험이 완전히 배제되었다고 볼 수 있으나 3층의 호텔과 같은 건조물의 경우에는 행위자가 아무리 주관적으로 주의의무를 다하더라도 객관적으로 위험이 완전히 배제되었다고 할 수 없다. 따라서 甲에 대해서는 현주건조물방화죄가 성립한다.[44]

2. 성립요건

① 객체: 본죄의 객체는 사람이 주거에 사용하거나 현존하는 건조물, 기차, 전차, 자동차, 선박, 항공기 또는 지하채굴시설이다.

"사람이 주거에 사용"한다는 말은 범인 이외의 자가 일상생활의 장소로 사실상 이용한다는 의미이다. 여기서 사람은 범인 이외의 자를 말한다. 범인이 혼자 거주하는 건조물에 방화한 경우에는 그 당시에 이미 그 건조물을 주거로 사용하지 않겠다는 의사가 객관적으로 명확히 표현되었다고 볼 수 있으므로 그 건조물은 더 이상 '주거에 사용'하는 건조물이 아니다.[45] 따라서 범인이 혼자살고 있는 단독주택에 방화한 때에는 본죄가 성립하는 것이 아니라 일반건조물방화죄가 성립한다. 주거는 일상생활의 장소를 말하며,[46] 반드시 기와침식(起臥寢食)에 사용되는 장소에 국한되지 않는다.[47]

사용은 건조물 등을 사실상 주거에 이용하는 것을 말한다. 그 건조물 등이 주거에 적합한가, 주거에 사용하는 것이 적법한가, 건조물의 소유자가 누구인가 또는 행위당시에 거주하는 사람이 현존하였는가의 여부는 불문한다. 계속적으로 사용하는 경우는 물론, 별장, 학교나 회사의 숙직실, 호텔의 객실 등과 같이 일시적으로 사용하는 경우도 본죄에서 말하는 사용에 해당한다.[48] 그리고 사용은 사실상 이용하는

---

44) BGHSt 26, 125.
45) Sch/Sch/Heine, § 306a, Rn. 5.
46) 김일수/서보학, 각론, 577면; 배종대, 각론, 638면. 이에 대하여 주거가 기와침식의 장소로 이용될 것을 요한다고 보는 견해는 오영근, 각론, 618면.
47) 본죄에서 말하는 주거는 주거침입죄의 주거와 차이가 있다. 즉 주거침입죄에서 주거는 관리하는 건조물이나 점유하는 방실과 구분하여 규정되어 있으므로 침식에 사용되는 장소일 것을 요하지만, 현주건조물방화죄에서 말하는 주거는 반드시 침식에 사용되는 장소에 국한되지 않고 주로 기거, 취침 등의 일상생활에 사용되는 장소이면 족하다(김일수/서보학, 각론, 577면).
48) 정성근/박광민, 각론, 571면.

것을 말하므로 주거목적으로 지은 건물이라도 아직 사용하지 않은 주택이나 예약한 투숙객이 없는 호텔은 본죄의 객체에 해당하지 않는다.

거주자가 사망한 후에 방화한 경우에는 설령 행위자가 거주자를 살해한 직후에 방화하였더라도 본죄는 성립하지 않는다.[49] 왜냐하면 거주자가 사망한 경우에는 그 건조물은 더 이상 '주거에 사용'하는 것이 아니기 때문이다. 따라서 이 경우에는 본죄는 성립하지 않으며, 일반건조물방화죄의 성립이 가능하다.

"사람이 현존하는"이라는 말은 건조물 등에 범인 이외의 사람이 존재하는 것을 의미한다. 범행당시 주거에 사용하지 않는 빈집에 사람이 있었다면 현존건조물에 해당한다. 건조물의 일부에 사람이 현존하는 때에도 전체에 대하여 본죄가 성립한다.

'건조물'은 토지에 정착하여 내부에 사람이 출입할 수 있는 공작물을 말한다. 규모나 재료의 여하는 불문하나 어느 정도 지속성을 가지고 토지에 정착한 것이어야 한다. 따라서 천막집, 방갈로, 임시초소, 가건물 등도 여기에 해당할 수 있으나, 등산용 텐트는 건조물이 아니라 일반물건에 해당한다. 축사와 같은 부속물도 건조물과 불가분한 일체를 이루는 때에는 건조물에 해당한다. 따라서 건조물의 일부분이 주거에 사용되는 때에도 전체에 대하여 본죄가 성립한다.

[판례 1] 甲은 乙이 거주하는 가옥의 일부로 되어 있는 우사(소 우리)에 방화하였다. 甲의 죄책은?

건조물의 일부분이 주거에 사용되는 때에는 전체에 대하여 본죄가 성립한다.[50] 사례에서 우사는 건조물의 일부로 되어 있으므로 우사에 대한 방화도 현주건조물방화죄에 해당한다.

본죄의 객체인 선박·항공기는 사람이 현존하면 족하며 크기는 불문한다. 따라서 소형보트나 경비행기도 본죄의 객체가 될 수 있다.[51] '지하채굴시설'이란 탄광과 같이 광물을 채취하기 위한 지하시설을 말한다.

② 행위: 본죄의 행위는 방화, 즉 불을 놓아 목적물을 불태우는(소훼, 燒毀)는 것이다. 여기서 '불태우는 것'이란 방화에 의하여 목적물이 훼손될 수 있는 상태에 있는 것을 말한다. 실제로 목적물이 훼손될 것을 요하지는 않으며, 다만 불이 목적물에 옮겨 붙어 독립하여 연소할 수 있는 상태에 있으면 족하다(독립연소설). 이러한 점에서 손괴죄에서 말하는 손괴와는 차이가 있다. 손괴는 재물의 효용을 해하는 행위로

---

49) 김일수/서보학, 각론, 577면; 오영근, 각론, 619면. 독일의 판례(BGHSt 23, 114 f.)도 같은 견해이다. 이에 대하여 현주건조물방화죄의 성립을 긍정하는 견해는 배종대, 각론, 657면.
50) 대법원 1976. 8. 29. 선고 67도925 판결.
51) 이에 대하여 주거침입죄의 객체인 선박·항공기는 주거에 사용될 수 있는 정도의 크기일 것을 요한다(제1편 제2장 제6절 II 2 ① 참조).

서 재물의 효용이 감소 또는 소멸될 것을 요하지만, 불태우는 행위는 방화에 의하여 목적물에 불이 옮겨 붙어 독립하여 연소할 수 있는 상태에 이르면 족하며 이로 인하여 재물의 효용이 감소할 것을 요하지는 않는다.

방화의 방법에는 제한이 없다. 목적물에 직접 불을 놓건 매개물을 이용하건 불문한다. 방화는 작위는 물론 부작위에 의하여도 가능하다. 다만 부작위에 의한 방화가 성립하기 위해서는 행위자에게 작위의무, 즉 소화의무가 있어야 한다.52)

미수의 성립시점은 개별적 객관설에 의하면 구성요건의 실현을 직접적으로 개시한 때이므로 방화죄의 착수시기는 건조물 등 목적물에 불을 놓는 행위를 직접적으로 개시한 때이다. 따라서 목적물에 발화 또는 점화한 경우는 물론 그 이전에 발화 또는 점화를 위한 행위를 직접적으로 개시한 때에도 방화미수가 성립한다.53) 따라서 매개물54)을 이용하여 방화하기 위하여 매개물에 점화하였으나 아직 목적물에 옮겨 붙지 않은 경우에도 실행의 착수는 인정된다. 그러나 아직 매개물에 점화하지 않았다면 예비(제175조)에 불과하며 미수는 성립하지 않는다.

> [판례 2-1] 甲은 처인 乙女와 부부싸움을 하다가 격분하여 "집을 불태워 버리고 같이 죽어 버리겠다"며 휘발유통을 들고 자신의 집 주위에 휘발유를 뿌리고, 甲의 행위를 말리던 이웃 주민 丙과 실랑이를 벌이다가 그의 몸에 휘발유를 쏟았다. 丙이 몸에 쏟아진 휘발유를 씻어내려고 수돗가로 가려고 돌아서는 순간, 甲이 라이터를 꺼내서 무작정 켜는 바람에 丙의 몸에 불이 붙어 그가 화상을 입었으나 다행히 주택 자체에 옮겨 붙지는 않았다. 甲의 죄책은?

현존건조물방화죄의 실행의 착수가 있었는가에 대하여 대법원은 "매개물을 통한 점화에 의하여 건조물을 소훼함을 내용으로 하는 형태의 방화죄의 경우에, 범인이 그 매개물에 불을 켜서 붙였거나 또는 범인의 행위로 인하여 매개물에 불이 붙게 됨으로써 연소작용이 계속될 수 있는 상태에 이르렀다면, 그것이 곧바로 진화되는 등의 사정으로 인하여 목적물인 건조물 자체에는 불이 옮겨 붙지 못하였다고 하더라도, 방화죄의 실행의 착수가 있었다고 보아야 할 것"이므로 "피고인이 방화의 의사로 뿌린 휘발유가 인화성이 강한 상태로 주택주변과 피해자의 몸에 적지 않게 살포되어 있는 사정을 알면서도 라이터를 켜 불꽃을 일으킴으로써 피해자의 몸에 불이 붙은 경우, 비록 외부적 사정에 의하여 불이 방화 목적물인 주택 자체에 옮겨 붙지는 아니하였다 하더라도 현존건조물방화죄의 실행의 착수가 있었다"고 판시하였다.55) 그리고 甲은 방화로 인하여 丙을 상해에 이르게 하였으므로 그에

---

52) 이러한 소화의무 없이 단순히 화재 등의 사고가 발생한 현장에서 정당한 이유 없이 관계공무원의 도움요청에 응하지 않은 자는 경범죄처벌법 제1조 제36호에 의하여 처벌된다.
53) 김일수/서보학, 각론, 579면.
54) 매개물은 목적물에 방화를 용이하게 하는 도화물질로서 통상 휘발유를 말한다.
55) 대법원 2002. 3. 26. 선고 2001도6641 판결.

대하여는 현존건조물방화치상죄가 성립한다.

[판례 2-2] 甲은 乙이 현존하는 선박에 침입하여 준비하였던 휘발유 1통을 그 선박의 갑판부에 살포하고 소지 중이던 라이터로 점화하려고 하였으나 점화는 하지 못하였다. 甲의 죄책은?

현존건조물등방화죄의 실행의 착수가 있었는가에 대하여 대법원은 "피고인이 아직 방화목적물 내지 그 도화물체에 점화하지 아니한 이상 방화죄의 착수로 논란하지 못할 것이다"라고 함으로써 현존건조물등방화미수의 성립을 부정하였다.[56] 다만 甲은 방화죄를 범할 목적으로 휘발유를 선박 갑판부에 살포하는 등의 물질적 준비행위를 하였으므로 현존건조물등방화예비죄로 처벌된다(제175조, 제164조 제1항).
[판례 2-1]과 [판례 2-2]는 목적물에 점화하지 않았다는 점에서는 같으나 [판례 2-1]의 경우에는 매개물에 점화하였으므로 구성요건의 실현, 즉 목적물의 점화를 직접적으로 개시하였다고 할 수 있는 반면, [판례 2-2]의 경우에는 목적물에 점화하기 위해서는 매개물(도화물질)에 점화하는 중간행위가 개입하여야 하므로 구성요건의 실현을 직접적으로 개시하였다고 할 수 없다. 따라서 [판례 2-1]의 경우에는 미수가 성립하는 반면, [판례 2-2]의 경우에는 미수가 성립하지 않고 예비만 성립하는 것이다.

본죄의 기수시기는 불이 목적물에 옮겨 붙어 독립하여 연소할 수 있는 상태에 이른 때이다(독립연소설).[57] 여기서 말하는 목적물은 건물의 구성부분, 예컨대 건물의 천정, 벽, 마루바닥, 창문 등과 같은 건축물 자체를 말하며, 건물을 훼손하지 않고도 분리가 가능한 공작물, 예컨대 가구, 책장, 양탄자 등은 여기에 해당하지 않는다.

[판례 3] 甲은 부모에게 용돈을 요구하였다가 거절당하자 홧김에 자기 집 헛간 지붕위에 올라가 거기다 라이타불로 불을 놓고, 이어서 몸채, 사랑채 지붕위에 차례로 올라가 거기에다 각각 불을 놓아 헛간지붕 60평방센치미터 가량, 몸채지붕 1평방미터 가량, 사랑채지붕 1평방미터 가량을 태웠다. 甲의 죄책은?

---

56) 대법원 1960. 7. 22. 선고 4293형상213 판결.
57) 대법원 1970. 3. 24. 선고 70도330 판결; . 그 외에도 방화죄의 기수시기에 관한 학설로는 목적물 본래의 효용을 상실할 정도에 이를 것을 요하는 효용상실설(백형구, 각론, 424면; 유기천, 각론 하, 25면), 효용이 상실될 것까지 요하지는 않지만 중요부분에 연소가 개시될 것을 요하는 중요부분연소개시설, 목적물의 중요부분이 손괴될 필요는 없지만, 손괴죄의 성립에 필요한 정도의 손괴가 있을 것을 요한다는 일부손괴설(오영근, 각론, 621면; 임웅, 각론, 610면; 정성근/박광민, 각론, 576면), 추상적 위험범의 경우에는 독립연소설에 의하고 구체적 위험범의 경우에는 중요부분연소개시설에 의하는 이분설(김일수/서보학, 각론, 581면; 배종대, 각론, 660면) 등이 있다.

대법원은 "방화죄는 화력이 매개물을 떠나 스스로 연소할 수 있는 상태에 이르렀을 때에 기수가 되고 반드시 목적물의 중요부분이 소실하여 그 본래의 효용을 상실한 때라야만 기수가 되는 것이 아니라고 할 것"[58]이라고 함으로써 甲에 대하여 현주건조물방화죄의 성립을 인정하였다. 이 사건에 대한 판결에서 대법원은 효용상실설을 배척하고 독립연소설을 취하였다.

③ **고의**: 본죄의 주관적 구성요건이 성립하기 위해서는 사람이 주거로 사용하거나 현존하는 건조물 등에 방화한다는 것에 대한 고의가 있어야 한다. 여기서 고의는 미필적 고의로 족하다.

④ **피해자의 승낙**: 거주자 또는 현존자의 승낙이 있으면 현주건조물등방화죄가 성립하는 것이 아니라 일반건조물방화죄(제166조)가 성립한다.[59] 다만 거주자 또는 현존자의 승낙이 있더라도 그 자가 주거 등에 현존하는 때에는 현주건조물등방화죄가 성립한다.[60]

현주건조물의 소유자의 승낙이 있더라도 현주건조물방화죄의 위법성은 조각되지 않는다. 왜냐하면 피해자의 승낙에 의하여 위법성이 조각되기 위해서는 처분권자의 승낙이 있어야 하는 데, 소유자는 본죄의 보호법익인 공공의 안전에 대한 처분권자가 아니기 때문이다.

III. 현주건조물등 방화치사상죄

> **제164조** ② 제1항의 죄를 지어 사람을 상해에 이르게 한 경우에는 무기 또는 5년 이상의 징역에 처한다. 사망에 이르게 한 경우에는 사형, 무기 또는 7년 이상의 징역에 처한다.

본죄는 현주건조물등 방화죄를 범하여 사람을 사상(死傷)에 이르게 함으로써 성립하는 결과적 가중범이다. 본죄의 피해자인 '사람'은 범인 이외의 자를 말한다.[61] 여기서 범인은 정범을 말하므로 공동정범은 여기에 포함되지 않지만 정범 이외의 가담자, 즉 교사범이나 방조범과 같은 공범은 포함된다. 다만 공범이 사상한 경우에도 자기위태화의 원리에 의하여 객관적 귀속이 부정되는 경우에는 본죄는 성립하지 않는다.

---

58) 대법원 1970. 3. 24. 선고 70도330 판결.
59) 김일수/서보학, 각론, 582면. 이에 대하여 피해자의 승낙이 있더라도 현주건조물등방화죄가 성립한다는 반대견해가 있다.
60) 김일수/서보학, 각론, 582면.
61) 배종대, 각론, 661면.

[예 2-1] 甲은 현주건조물에 방화를 하는데 乙이 화재현장까지 따라와 사상의 위험을 알면서도 이를 무릅쓰고 甲의 범행을 도와주다가 화상을 입었다. 甲의 죄책은?

현주건조물방화치상죄에서 피해자인 '사람'에는 정범 이외의 가담자, 즉 사례에서 방조범인 乙도 포함된다. 그러나 乙이 화상을 입은 것은 피해자 자신의 자유롭고 책임 있는 판단에 의한 자기위태화의 결과이므로 객관적 귀속이 부정된다.62) 따라서 甲에 대해서는 현주건조물방화치상죄는 성립하지 않으며, 다만 현주건조물방화죄만 성립한다.

[예 2-2] 만일 (예 2-1)에서 乙이 단지 망을 보다가 불이 급속히 번지는 바람에 화상을 입었다면 甲의 죄책은?

乙은 행위자 甲이 야기한 위험으로 인하여 화상을 입었으나 위험을 알면서도 이를 감수하고 스스로 그 위험에 들어간 것은 아니므로 객관적 귀속은 부정되지 않는다.63) 따라서 甲에 대해서는 현주건조물방화치상죄가 성립한다.

본죄가 성립하기 위해서는 중한 결과에 대하여 예견가능성이 있어야 한다. 사람이 화재로 인하여 소사(燒死)한 경우는 물론 연기로 인하여 질식사한 경우, 대피하려고 건물에서 뛰어내리다가 사망한 경우, 대피하다가 다른 사람에게 떠밀려 사망한 경우에도 예견가능성이 인정되므로 본죄가 성립한다.

[예 3-1] 甲은 사람이 현존하는 건조물에 방화하였는데, 당시 그 건물에서 숙직하고 있던 乙이 진화작업에 열중하다가 화상을 입었다. 甲의 죄책은?

대법원은 피해자가 진화작업에 열중하다가 화상을 입은 경우에 피해자의 화상은 "행위자 뿐만 아니라 일반경험상으로도 전연 예견할 수 없었던 결과"이므로 현주건조물방화죄만 성립하며, 다만 현주건조물방화치상죄는 성립하지 않는다고 보았다.64) 만일 피해자 乙의 상해가 예견가능하더라도 그 결과는 乙의 자유롭고 책임 있는 판단에 의한 자기위태화로 인한 것이므로 객관적 귀속이 부정된다(자기위태화의 원리). 따라서 결과발생이 예견가능한 경우에도 甲에 대해서는 현주건조물방화죄만 성립한다.

[예 3-2] 만일 (예 3-1)에서 소방관 丙이 화재를 진압하는 과정에서 건물의 일부가 화재로 인하여 무너져 내리는 바람에 상해를 입었다면 甲의 죄책은?

방화를 한 경우에 소방관이 화재진압 과정에서 사망하거나 상해를 입는 것은 예견가능하다. 그러나 이 경우에도 객관적 귀속이 가능한가에 대하여는 논란의 여지가 있다. 일부견해는 소방관과 같이 의무 있는 자가 진화작업을 하다가 사상의 결과가 발생한 경우에는

---

62) Sch/Sch/Heine, § 306a, Rn. 21.
63) Sch/Sch/Heine, § 306c, Rn. 2.
64) 대법원 1966. 6. 18. 선고 66도1 판결. 임웅, 각론, 615면도 같은 견해이다.

객관적 귀속이 가능하므로 현주건조물방화치사상죄가 성립한다고 본다. 그러나 업무수행과 연결된 전형적인 위험은 그 업무자(소방관)의 책임영역에 속하는 것이므로 그 전형적인 위험이 실현되어 결과가 발생한 경우에 행위자에게 객관적 귀속을 인정할 수는 없다. 따라서 이 경우에도 甲에 대해서는 현주건조물방화죄만 성립한다.[65]

[예 3-3] 만일 (예 3-2)에서 소방관 丙이 사망하였다면 甲의 죄책은?

화재를 진압하던 소방관이 사망한 경우에도 업무수행과 연결된 전형적인 위험이 실현된 것이라고 볼 수 있는가에 대하여는 논란의 여지가 있다. 이를 긍정하는 견해에 의하면 객관적 귀속이 부정되므로 현주건조물방화죄만 성립하며,[66] 이를 부정하는 견해에 의하면 객관적 귀속이 인정되므로 현주건조물방화치사죄가 성립한다.[67]

현주건조물방화치사죄는 사망의 결과에 대하여 과실이 있는 경우뿐만이 아니라 고의가 있는 경우에도 성립하는 부진정결과적 가중범이다.[68] 고의가 있는 경우에는 본죄와 중한 결과에 대한 고의범(살인죄 또는 상해죄)의 상상적 경합이 성립한다. 판례도 이 경우에 부진정결과적 가중범의 성립을 인정하지만 본죄에 살인죄가 흡수된다고 본다. 다만 존속살해죄나 강도살인죄와 본죄는 상상적 경합이 된다고 한다.

[판례 4] 甲은 乙을 살해하기로 결의하고, 바가지에 석유를 부어가지고 그의 집에 들어갔다. 乙은 집에 없고 그의 처 A와 딸 B, C, D만 있었는데 A, B가 잠에서 깨어 그를 알아보자 절구방망이로 A, B를 가격하여 실신시킨 후 석유를 뿌리고 방화하여 집을 전소케 하였다. 그리고 C, D가 탈출하려고 하자 방문을 지키고 서서 이를 저지하였다. 그 결과 실신한 A, B와 C, D는 사망하였다. 甲의 죄책은?

(1) A, B를 살해한 행위

현주건조물방화치사죄의 성립이 문제된다. 본죄는 부진정결과적 가중범으로서 중한 결과가 과실에 의하여 발생한 경우는 물론 고의에 의하여 발생한 경우에도 성립한다. 따라서 판례에 의하면 甲에 대하여는 현주건조물방화치사죄가 성립하며 A, B에 대한 살인죄는 이에 흡수된다. 양죄의 상상적 경합범으로 보는 견해에 의하더라도 중한 죄인 현주건조물방화치사죄에 정한 형으로 처벌되므로 결과에 있어서는 차이가 없다.

(2) C, D를 살해한 행위

C, D의 탈출을 저지함으로써 살해한 행위는 방화와는 다른 별개의 행위로서 양자를 하나의 자연적 행위로 파악할 수 없으므로 살인이 현주건조물방화치사죄에 흡수된다거나 이와

---

65) Roxin, AT I, § 11 B I, Rn. 113 f; Sch/Sch/Heine, § 306c, Rn. 7.
66) Roxin, AT I, § 11 B I, Rn. 113 f.
67) Sch/Sch/Heine, § 306c, Rn. 7.
68) 원형식, 총론, 309면. 현주건조물방화치상죄는 고의로 상해한 경우와 비교해도 형의 불균형이 없으므로 부진정결과적 가중범이 아니다.

상상적 경합관계에 있다고 할 수 없다. 따라서 C, D에 대한 살인죄는 현주건조물방화치사죄와 실체적 경합관계에 있다.69)

[판례 5] 甲은 집 안방에서 잠을 자고 있는 아버지 乙과 동생 丙을 살해하기 위하여 그 곳에 있던 두루마리 화장지를 말아 장롱 뒷면에 나 있는 구멍을 통하여 장롱 안으로 집어 넣은 다음, 평소 소지하고 다니던 1회용 라이터로 화장지에 불을 붙여 장롱으로 불이 번지자 그 곳을 빠져 나옴으로써 乙과 丙을 연기로 인하여 질식사하도록 하여 이들을 살해하였다. 甲의 죄책은?

대법원은 "형법 제164조 후단이 규정하는 현주건조물방화치사상죄는 그 전단이 규정하는 죄에 대한 일종의 가중처벌 규정으로서 과실이 있는 경우뿐만 아니라, 고의가 있는 경우에도 포함된다고 볼 것이므로 사람을 살해할 목적으로 현주건조물에 방화하여 사망에 이르게 한 경우에는 현주건조물방화치사죄로 의율하여야 하고 이와 더불어 살인죄와의 상상적 경합범으로 의율할 것은 아니며, 다만 존속살인죄와 현주건조물방화치사죄는 상상적 경합범 관계에 있으므로, 법정형이 중한 존속살인죄로 의율함이 타당하다"고 판시하였다.70) 이 사건은 형법 제250조가 개정(1995)되기 전에 발행하였는데, 개정 전 형법 제250조 제2항(존속살해)의 법정형은 '사형 또는 무기징역'이었다. 판례는 형의 불균형을 피하기 위하여 존속살인죄와 현주건조물방화치사죄의 상상적 경합을 인정하였다.71)

[판례 6] "피고인들이 피해자들의 재물을 강취한 후 그들을 살해할 목적으로 현주건조물에 방화하여 사망에 이르게 한 경우 피고인들의 위 행위는 강도살인죄와 현주건조물방화치사죄에 모두 해당하고 그 두 죄는 상상적 경합범관계에 있다."72)

---

69) 대법원 1983. 1. 18. 선고 82도2341 판결.
70) 대법원 1996. 4. 26. 선고 96도485 판결.
71) 현행 형법에 의하면 존속살해죄와 현주건조물방화치사 모두 법정형이 '사형, 무기 또는 7년 이상의 징역'으로서 동일하므로 형의 불균형은 발생하지 않는다. 이 경우에도 대법원이 존속살해죄와 현주건조물방화치사죄의 상상적 경합을 인정할지는 명확하지 않다. 다만 공무집행방해치상죄와 (구)폭력행위 등 처벌에 관한 법률 제3조 제1항의 법정형이 '3년 이상의 유기징역'으로 동일한 경우에 관하여 대법원 2008. 11. 27. 선고 2008도7311 판결은 "직무를 집행하는 공무원에 대하여 위험한 물건을 휴대하여 고의로 상해를 가한 경우에는 특수공무집행방해치상죄만 성립할 뿐, 이와는 별도로 폭력행위 등 처벌에 관한 법률 위반(집단·흉기 등 상해)죄를 구성한다고 볼 수 없다"고 함으로써 양죄의 상상적 경합을 인정하지 않고 부진정결과적가중범의 성립만을 인정하였다. 이 입장에 의한다면 위의 사례에서도 판례는 현주건조물방화치사의 성립만을 인정할 가능성이 크다.
72) 대법원 1998. 12. 8. 선고 98도3416 판결.

IV. 공용건조물등 방화죄

> **제165조(공용건조물 등 방화)** 불을 놓아 공용으로 사용하거나 공익을 위해 사용하는 건조물, 기차, 전차, 자동차, 선박, 항공기 또는 지하채굴시설을 불태운 자는 무기 또는 3년 이상의 징역에 처한다.

본죄는 불을 놓아 공용 또는 공익에 공하는 건조물, 기차, 전차, 자동차, 선박, 항공기 또는 지하채굴시설을 불태움으로써 성립하는 범죄다. '공용에 공한다'는 말은 국가 또는 공공단체의 이익을 위하여 사용된다는 의미이며, '공익에 공한다'는 말은 공중의 이익을 위하여 사용된다는 의미이다. 목적물이 공용 또는 공익에 공하는 것이더라도 사람이 주거로 사용하거나 사람이 현존하는 때에는 본죄가 성립하는 것이 아니라 현주건조물등 방화죄가 성립한다.

V. 일반건조물등 방화죄

> **제166조(일반건조물 등 방화)** ① 불을 놓아 제164조와 제165조에 기재한 외의 건조물, 기차, 전차, 자동차, 선박, 항공기 또는 지하채굴시설을 불태운 자는 2년 이상의 유기징역에 처한다.
> ② 자기 소유인 제1항의 물건을 불태워 공공의 위험을 발생하게 한 자는 7년 이하의 징역 또는 1천만원 이하의 벌금에 처한다.
>
> **제176조(타인의 권리대상이 된 자기의 물건)** 자기의 소유에 속하는 물건이라도 압류 기타 강제처분을 받거나 타인의 권리 또는 보험의 목적물이 된 때에는 본장의 규정의 적용에 있어서 타인의 물건으로 간주한다.

일반건조물방화죄는 불을 놓아 일반건조물 등을 불태움으로써 성립하는 범죄이다. '일반건조물'이란 현주건조물(제164조)과 공용건조물(제165조) 이외의 건조물을 말한다. 즉 본죄는 현주건조물등 방화죄나 공용건조물등 방화죄에 대하여 보충관계에 있으므로 이러한 범죄가 성립하지 않는 경우에만 보충적으로 적용된다.

일반건조물방화죄나 일반물건방화죄는 개인의 재산을 부차적인 보호법익으로 하므로 소유권자의 승낙은 불법을 감경한다. 따라서 소유자의 승낙에 의하여 일반건조물이나 일반물건에 방화한 때에는 자기소유 일반건조물방화죄 또는 자기소유 일반물건방화죄가 성립한다. 그리고 승낙자가 건조물의 소유자인 동시에 거주자인 때에는 자기소유 일반건조물방화죄(제166조 제2항)가 성립한다. 다만 소유자의 동의가 있거나 행위자가 소유권자라 하더라도 그 건조물이 압류 기타 강제처분을 받거나 타인의 권리 또는 보험의 목적물이 된 때에는 타인의 물건으로 간주하므로(제176조) 타인소유 일반건조물방화죄가 성립한다.

타인소유 일반건조물등 방화죄(제166조 제1항)는 추상적 위험범인 반면, 자기소유 일반건조물등 방화죄(제166조 제2항)는 방화로 인하여 공공의 위험이 발생할 것을 요하므로 구체적 위험범이다. 여기서 '공공의 위험'이란 불특정 또는 다수인의 생명, 신체, 재산 등에 대한 위험을 말한다. 따라서 불특정 소수인 또는 특정 다수인도 공공의 개념에 해당하나, 특정 소수인은 공공의 개념에 해당하지 않는다.[73]

공공의 위험에서 '위험'이란 구체적 위험, 즉 법익에 대한 침해결과의 발생가능성을 말한다. 구체적 위험은 객관적 사유예측(객관적 사후판단),[74] 즉 법관이 행위당시의 시점으로 되돌아가서 객관적으로(일반인의 지식경험에 따라) 판단한다.[75] 구체적 위험이 발생하였다고 하기 위해서는 행위자가 객체에 대하여 야기한 상황을 더 이상 지배할 수 없을 정도 또는 침해결과의 발생여부가 우연에 달려있을 정도에 이르러야 한다.[76] 따라서 통상의 방어조치만으로도 결과발생을 방지할 수 있었던 경우에는 아직 구체적 위험이 발생하였다고 할 수 없다.

자기소유 일반건조물방화죄는 구체적 위험범이므로 공공의 위험은 객관적 구성요건요소이다. 따라서 고의가 인정되기 위해서는 공공의 위험에 대한 고의(위험고의)가 있어야 한다.

VI. 일반물건방화죄

> **제167조(일반물건 방화)** ① 불을 놓아 제164조부터 제166조까지에 기재한 외의 물건을 불태워 공공의 위험을 발생하게 한 자는 1년 이상 10년 이하의 징역에 처한다.
> ② 제1항의 물건이 자기 소유인 경우에는 3년 이하의 징역 또는 700만원 이하의 벌금에 처한다.

본죄는 제164조 내지 제166조에 규정된 이외의 물건, 즉 일반물건을 불태워 공공의 위험을 발생케 함으로써 성립하는 구체적 위험범이다. 일반물건의 소유권이 자기에게 속하건 타인에게 속하건 불문하고 본죄는 구체적 위험범이다.

---

73) 통설.
74) 객관적 사후예측의 의미에 대하여는 원형식, 총론, 79면 참조.
75) 오영근, 각론, 627면; 임웅, 각론, 617면.
76) Roxin, AT I, § 11 B II, Rn. 125; Sch/Sch/Heine, vor 306 Rn. 5.

VII. 연소죄

제168조 제1항: 제166조 제2항 또는 전조 제2항의 죄를 범하여 제164조, 제165조 또는 제166조제1항에 기재한 물건에 연소한 때에는 1년 이상 10년 이하의 징역에 처한다.
동조 제2항: 전조 제2항의 죄를 범하여 전조 제1항에 기재한 물건에 연소한 때에는 5년 이하의 징역에 처한다.

연소죄는 자기소유 일반건조물이나 자기소유 일반물건에 대한 방화가 현주건조물, 공용건조물, 타인소유 일반건조물 또는 타인소유 일반물건에 연소함으로써 성립하는 범죄이다. 여기서 연소(延燒)란 행위자가 예견하지 않았던 목적물에 불이 옮겨 붙어 이를 불태우는 것을 말한다.

본죄는 진정결과적 가중범이다. 기본범죄는 자기소유 일반건조물방화죄 또는 자기소유 일반물건방화죄이다. 이 죄의 미수는 처벌되지 않으므로 연소죄가 성립하기 위해서는 기본범죄는 기수에 이를 것을 요한다.[77] 따라서 방화행위를 하였으나 공공의 위험이 발생하지 않은 때에는 연소죄는 성립하지 않는다. 본죄가 성립하기 위해서는 중한 결과(연소)에 대하여 과실이 있어야 한다. 행위자가 방화행위로 인하여 다른 목적물에 연소될 것이라는 것을 예견할 수 없었던 때에는 기본범죄만 성립하며 본죄는 성립하지 않는다.[78] 중한 결과에 대하여 고의가 있는 경우에는 연소죄가 성립하는 것이 아니라 현주건조물방화죄, 공용건조물방화죄, 타인소유 일반건조물방화죄 또는 타인소유 일반물건방화죄가 성립한다. 따라서 연소죄는 진정결과적 가중범이다.

VIII. 진화방해죄

제169조(진화방해): 화재에 있어서 진화용의 시설 또는 물건을 은닉 또는 손괴하거나 기타 방법으로 진화를 방해한 자는 10년 이하의 징역에 처한다.

1. 의의

진화방해죄는 화재에 있어서 진화용의 시설 또는 물건을 은닉 또는 손괴하거나

---

77) 배종대, 각론, 664면; 오영근, 각론, 629면 이하; 임웅, 각론, 620면. 이에 대하여 공공의 위험이 발생하지 않아 기본범죄가 미수에 이르더라도 중한 결과(연소)가 기본범죄의 불태우는 행위와 직접적인 연관성을 가지고 있으면 본죄의 성립이 가능하다고 보는 견해는 김일수/서보학, 각론, 588면.
78) 임웅, 각론, 620면.

기타 방법으로 진화를 방해함으로써 성립하는 범죄이다. 본죄의 행위는 방화가 아니므로 방화죄는 아니지만 진화방해는 방화에 준하는 성격을 지니므로 준방화죄에 해당한다.

2. 성립요건

① **행위상황**: 본죄의 행위는 일정한 행위상황, 즉 "화재에 있어서"(화재시) 행해질 것을 요한다. 여기서 "화재에 있어서"란 공공의 위험이 발생할 정도의 연소상태[79] 또는 공공의 안전에 대한 추상적 위험이 있을 정도의 연소상태[80]를 말한다.

② **객체**: 본죄의 객체는 진화용의 시설 또는 물건이다. '진화용'이란 소화활동에 사용할 목적으로 제작된 것을 말한다. 예컨대 소화기, 소화전, 소방차, 화재경보시설 등이 여기에 해당한다. 그러나 수도시설이나 수돗물과 같이 진화목적으로 제작된 것이 아닌 것은 일시적으로 소방을 위하여 사용되더라도 진화용 시설이나 물건에 해당하지 않는다. 진화용 시설이나 물건은 타인의 소유이건 행위자의 소유이건 불문한다.

③ **행위**: 본죄의 행위는 진화용의 시설 또는 물건을 은닉 또는 손괴하거나 기타의 방법으로 진화를 방해하는 것이다. 은닉은 시설이나 물건의 발견을 불가능 또는 곤란하게 하는 행위를 말한다. 손괴는 시설이나 물건을 물질적으로 훼손하여 그 효용을 해하는 행위를 말한다. 기타의 방법이란 손괴 또는 은닉 이외의 방법을 말한다. 예컨대 소방관을 폭행, 협박하거나 소방차가 화재현장에 접근하지 못하도록 진로를 방해하는 행위, 방화용 시설이나 물건을 물질적으로 훼손하지 않고 다른 방법으로 효용을 해하는 행위가 여기에 해당한다.

진화방해는 작위는 물론 부작위에 의하여도 가능하다. 부작위에 의한 진화방해는 진화의무 있는 자가 소화활동에 종사해야 할 보증의무에 위반하여 진화를 방해함으로써 성립한다.[81]

> [예 4] 소방공무원 甲은 화재신고를 받고도 고의로 화재발생보고를 하지 않아 소방관의 출동이 지연되었다. 甲의 죄책은?

소방공무원 甲은 진화활동에 종사해야 할 의무가 있는 자로서 그 의무에 위배하여 다른 소방공무원의 진화활동을 방해하였으므로 부작위에 의한 진화방해죄(제169조)가 성립한다. 그리고 그는 의식적으로 소방공무원으로서의 직무를 방임하였으므로 직무유기죄(제12

---

79) 김일수/서보학, 각론, 589면; 배종대, 각론, 665면.
80) 임웅, 각론, 621면.
81) 그러나 진화의무 없이 단순히 진화에 협력할 의무만을 부담하는 일반인이 협력의무를 이행하지 않은 경우에는 부작위에 의한 진화방해죄가 성립하는 것이 아니라, 경범죄처벌법 제3조 제1항 제29호 위반죄(공무원 원조불응)에 해당한다.

2조)에 해당한다. 양죄는 상상적 경합의 관계에 있다. 이에 대하여 진화방해죄가 성립하기 위해서는 진화방해가 화재현장에서 이루어 질 것을 요한다는 견해에 의하면 甲에 대해서는 본죄는 성립하지 않으므로 직무유기죄만 성립한다.[82]

부작위에 의한 진화방해는 부작위에 의한 방화와 구별되며, 그 구별은 작위의무와 행위정형을 고려하여 판단한다. 먼저 작위의무를 보면 전자의 행위주체는 진화활동에 종사해야 할 의무가 있는 자이며, 후자의 행위주체는 화재의 발생을 방지하거나 소화의무가 있는 자이다. 그리고 행위정형을 보면 전자는 화재시에 부작위에 의하여 타인의 진화활동을 방해하는 것이다. 이에 대하여 후자는 부작위가 화재전후 어느 시점에 있었건 불문하며,[83] 화재를 방지 또는 진화하는 것이 가능하였음에도 불구하고 부작위에 의하여 목적물을 불태우는 것이다.

본죄는 추상적 위험범이므로 손괴·은닉 기타 방법의 행위에 의하여 개개의 소화활동을 방해하면 성립하며, 소화활동 전체가 저지되거나 화재가 확대되는 등 진화방해의 결과가 현실로 발생할 것을 요하지는 않는다. 그러나 개개의 소화활동도 방해를 받지 않았다면 본죄는 성립하지 않으며, 다만 소방기본법 제50조 제4호[84] 위반죄가 성립할 수 있다.

IX. 실화죄

> **제170조(실화)** ① 과실로 제164조 또는 제165조에 기재한 물건 또는 타인 소유인 제166조에 기재한 물건을 불태운 자는 1천500만원 이하의 벌금에 처한다.
> ② 과실로 자기 소유인 제166조의 물건 또는 제167조에 기재한 물건을 불태워 공공의 위험을 발생하게 한 자도 제1항의 형에 처한다.
>
> **제171조(업무상 실화중실화죄)** 업무상 과실 또는 중대한 과실로 인하여 제170조의 죄를 범한 자는 3년 이하의 금고 또는 2천만원 이하의 벌금에 처한다.

---

82) 백형구, 각론, 436면.
83) 김일수/서보학, 각론, 591면. 이에 대하여 부작위에 의한 방화는 화재 전에만 성립이 가능하다고 보는 견해(유기천, 각론 하, 36면; 진계호, 각론, 637면)가 있다. 그러나 화재가 발생한 후에도 건조물의 관리자나 소유자가 아무런 위험 없이 소화할 수 있었음에도 불구하고 이를 그대로 방치하였다면 부작위에 의한 방화죄가 성립한다고 보아야 한다.
84) 소방기본법 제50조(벌칙) 다음 각 호의 어느 하나에 해당하는 사람은 5년 이하의 징역 또는 3천만원 이하의 벌금에 처한다.
  4. 제28조를 위반하여 정당한 사유 없이 소방용수시설을 사용하거나 소방용수시설의 효용을 해치거나 그 정당한 사용을 방해한 사람

1. 단순실화죄

본죄는 제164조, 제165조 또는 타인의 소유에 속하는 제166조의 물건을 소훼하거나, 자기의 소유인 제166조 또는 제167조의 물건을 불태워 공공의 위험을 발생하게 함으로써 성립하는 범죄이다. 제170조 제2항이 규정하고 있는 "제167조에 기재한 물건"은 자기소유의 물건은 물론 타인소유의 물건도 포함한다.[85] 만일 자기소유의 물건에 국한하여 해석한다면 과실로 타인소유의 물건을 불태운 경우에 불가벌이 된다. 이러한 처벌의 흠결을 보충하기 위해서는 "제167조에 기재한 물건"은 자기소유의 물건 또는 타인소유의 물건을 의미한다고 해석하여야 한다.

> [판례 7] 甲은 乙 소유의 사과나무 밭에서 바람이 세게 불어 그냥 담뱃불을 붙이기가 어려워지자 마른 풀을 모아 놓고 성냥불을 켜 담뱃불을 붙인 뒤, 그 불이 완전히 소화되었는지 여부를 확인하지 않은 채 자리를 이탈한 과실로, 남은 불씨가 주변에 있는 마른 풀과 잔디에 옮겨 붙고, 계속하여 乙 소유의 사과나무에 옮겨 붙어 사과나무 217주를 소훼하였다. 甲의 죄책은?

甲이 과실로 乙 소유의 사과나무를 소훼하여 공공의 위험을 발생하게 한 행위가 단순실화죄(제170조 제2항)에 해당하는가는 타인소유의 물건이 "제167조에 기재한 물건"에 해당하는가에 달려 있다. 이 점에 관하여 대법원은 "형법 제170조 제2항에서 말하는 '자기의 소유에 속하는 제166조 또는 제167조에 기재한 물건'이라 함은 '자기의 소유에 속하는 제166조에 기재한 물건 또는 자기의 소유에 속하든, 타인의 소유에 속하든 불문하고 제167조에 기재한 물건'을 의미하는 것이라고 해석하여야 할 것이며, 제170조 제1항과 제2항의 관계로 보아서도 제166조에 기재한 물건(일반건조물 등) 중 타인의 소유에 속하는 것에 관하여는 제1항에서 이미 규정하고 있기 때문에 제2항에서는 그중 자기의 소유에 속하는 것에 관하여 규정하고, 제167조에 기재한 물건에 관하여는 소유의 귀속을 불문하고 그 대상으로 삼아 규정하고 있는 것이라고 봄이 관련조문을 전체적, 종합적으로 해석하는 방법일 것이다. 이렇게 해석한다고 하더라도 그것이 법규정의 가능한 의미를 벗어나 법형성이나 법창조 행위에 이른 것이라고는 할 수 없어 죄형법정주의의 원칙상 금지되는 유추해석이나 확장해석에 해당한다고 볼 수는 없을 것이다"[86]라고 한다. 따라서 甲에 대해서는 단순실화죄(제170조 제2항)가 성립한다.

---

[85] 대법원 1994. 12. 20. 선고 94모32 판결; 김일수/서보학, 각론, 592면; 박상기, 각론, 481면; 배종대, 각론, 669면; 정성근/박광민, 각론, 591면. 이에 대하여 "제167조에 기재한 물건"이 자기소유의 물건에 국한된다고 보는 반대견해는 김영환, 형법해석의 한계-허용된 해석과 유추된 금지와의 상관관계, 형사판례연구 (4), 1996, 1면; 오영근, 각론, 632면 참조.

[86] 대법원 1994. 12. 20. 선고 94모32 판결.

2. 업무상 실화·중실화죄

본죄는 업무상 과실 또는 중대한 과실로 인하여 실화죄를 범함으로써 성립하는 범죄이다. 업무상 실화죄에서 말하는 업무는 직무로서 화기로부터의 안전을 배려해야 할 사회생활상의 지위를 의미한다.[87] 여기에는 직무상 화재의 원인이 된 화기를 직접 취급하는 경우는 물론, 화재의 발견·방지 등의 의무를 부담하는 경우도 포함된다.[88]

중실화죄에서 중대한 과실이란 행위자가 극히 작은 주의를 함으로써 결과발생을 예견할 수 있었는데도 부주의로 이를 예견하지 못하는 경우를 말한다. 중과실이 있었는가의 여부는 구체적인 경우에 사회통념에 의하여 판단한다.

[판례 8] 甲은 약 2.5평 넓이의 주방에 설치된 간이온돌용 새마을보일러에 연탄을 갈아 넣으면서 위 보일러로부터 5 내지 10센티미터쯤의 거리에 가연물질을 그대로 두고 신문지를 구겨서 보일러의 공기조절구를 살짝 막아놓은 채 그 자리를 떠났다. 이로 인하여 화재가 발생한 경우에 甲의 죄책은?

형법 제171조가 정하는 중실화는 행위자가 극히 작은 주의를 함으로써 결과발생을 예견할 수 있었는데도 부주의로 이를 예견하지 못하는 경우를 말한다. 甲은 연탄의 연소로 보일러가 가열됨으로써 그 열이 전도, 복사되어 그 주변의 가열접촉물에 인화될 것을 쉽게 예견할 수 있었음에도 불구하고 그 주의의무를 게을리 하여 이를 예견하지 못했으므로 그에 대하여는 중실화죄가 성립한다.[89]

[판례 9] 호텔오락실의 경영자 甲은 그 오락실 천정에 형광등을 설치하는 공사를 하면서 그 호텔의 전기보안담당자에게 아무런 통고를 하지 아니한 채 무자격전기기술자 乙로 하여금 전기공사를 하게 하였다. 시공자가 조인터박스를 설치하지 아니하고 형광등을 천정에 바짝 붙여 부착시키는 등 부실공사로 인하여 전선의 합선에 의한 방화가 발생하였다. 甲의 죄책은?

甲에 대하여 중실화죄가 성립하는지가 문제된다. 판례는 "전기에 관한 전문지식이 없는 오락실경영자로서는, 시공자가 조인터박스를 설치하지 아니하고 형광등을 천정에 바짝 붙여 부착시키는 등 부실하게 공사를 하였거나 또는 전기보안담당자가 전기공사사실을 통고받지 못하여 전기설비에 이상이 있는지 여부를 점검하지 못함으로써 위와 같은 부실공사가 그대로 방치되고 그로 인하여 전선의 합선에 의한 방화가 발생할 것 등을 쉽게 예견할 수 있었다고 보기는 어려우므로 위 오락실경영자에게 위와 같은 과실이 있었더라도 사회통념

---

[87] 대법원 1988. 10. 11. 선고 88도1273 판결.
[88] 대법원 1983. 5. 10. 선고 82도2279 판결.
[89] 대법원 1988. 8. 23. 선고 88도855 판결.

상 이를 화재발생에 관한 중대한 과실이라고 평가하기는 어렵다."고 보았다. 90) 따라서 甲에 대하여는 중실화죄는 성립하지 않으며, 단순실화죄의 성립만이 가능하다.

X. 폭발성물건파열죄, 폭발성물건파열치사상죄

제172조 제1항(폭발성물건파열): 보일러, 고압가스 기타 폭발성 있는 물건을 파열시켜 사람의 생명, 신체 또는 재산에 대하여 위험을 발생시킨 자는 1년 이상의 유기징역에 처한다.

1. 폭발성물건파열죄

① 의의: 폭발성물건파열죄는 보일러, 고압가스 기타 폭발성 있는 물건을 파열시켜 사람의 생명, 신체 또는 재산에 대하여 위험을 발생시킴으로써 성립하는 구체적 위험범이다.

② 객체: 본죄의 객체는 보일러, 고압가스 기타 폭발성 있는 물건이다. '폭발성 있는 물건'이란 급격히 파열하는 성격을 지닌 물건을 말한다. 보일러나 고압가스도 폭발성 있는 물건의 예시이다. 폭발물사용죄(제119조)에서 말하는 폭발물도 폭발성물건에 해당한다.91) 따라서 폭발물을 파열시켜 사람의 생명, 신체 또는 재산에 대하여 위험을 발생시킨 경우에는 폭발성물건파열죄가 성립한다. 실탄은 그 자체의 파열에 의하여 파괴력을 갖는 것은 아니므로 폭발성물건에 해당하지 않는다.

③ 행위: 본죄의 행위는 폭발성물건을 파열시켜 사람의 생명, 신체 또는 재산에 대하여 위험을 발생케 하는 것이다. '파열'이란 급격한 팽창력을 생기게 하는 것을 말한다. 본죄가 성립하기 위해서는 파열로 인하여 사람의 생명, 신체 또는 재산에 대하여 위험이 발생할 것을 요한다.92) 여기서 '사람'은 행위자 이외의 자를 말하며, 특정소수인도 포함한다. 따라서 본죄가 성립하기 위하여 공공의 위험, 즉 불특정 또는 다수인에 대한 위험을 발생시킬 것까지 요하지는 않는다.

④ 고의: 고의가 성립하기 위해서는 폭발성 있는 물건을 파열하여 사람의 생명, 신체 또는 재산에 대하여 위험을 발생케 한다는 인식이 있어야 한다. 위험발생에 대한 고의가 있으면 족하며, 침해결과에 대한 인식을 요하지는 않는다.

---

90) 대법원 1989. 10. 13. 선고 89도204 판결.
91) 폭발물은 폭발성물건 가운데 폭발성을 이용하려는 목적에서 제조된 것에 국한된다는 점에서 폭발성물건보다 좁은 개념이다.
92) 구체적 위험범 가운데 자기소유 일반건조물방화죄나 가스·전기등 공급방해죄는 공공의 위험이 발생할 것을 요하는 것과는 달리 폭발성물건파열죄나 가스·전기등 방류죄는 "사람의 생명, 신체 또는 재산에 대하여 위험"을 발생시킬 것을 요한다.

2. 폭발성물건파열치사상죄

> **제172조 제2항(폭발성물건파열치사상)**: 제1항의 죄를 범하여 사람을 상해에 이르게 한 때에는 무기 또는 3년 이상의 징역에 처한다. 사망에 이르게 한 때에는 무기 또는 5년 이상의 징역에 처한다.

본죄는 폭발성물건파열죄를 범하여 사람을 사망 또는 상해에 이르게 함으로써 성립하는 범죄이다. 폭발성물건파열치사죄는 진정결과적 가중범이지만, 폭발성물건파열치상죄는 상해에 대하여 고의가 있는 경우에도 성립하는 부진정결과적 가중범이다. 따라서 폭발성물건을 파열시켜 고의로 사람을 살해한 경우에는 폭발성물건파열치사죄가 성립하는 것이 아니라 폭발성물건파열죄와 살인죄의 상상적 경합이 성립하지만, 폭발성물건을 파열시켜 고의로 사람을 상해한 경우에는 폭발성물건파열치상죄와 상해죄의 상상적 경합이 성립한다.[93]

XI. 가스·전기등 방류죄, 가스·전기등 방류치사상죄

> **제172조의2 제1항(가스·전기등 방류)**: 가스, 전기, 증기 또는 방사선이나 방사성 물질을 방출, 유출 또는 살포시켜 사람의 생명, 신체 또는 재산에 대하여 위험을 발생시킨 자는 1년 이상 10년 이하의 징역에 처한다.
>
> **동조 제2항(가스·전기등 방류치사상)**: 제1항의 죄를 범하여 사람을 상해에 이르게 한 때에는 무기 또는 3년 이상의 징역에 처한다. 사망에 이르게 한 때에는 무기 또는 5년 이상의 징역에 처한다.

가스·전기등 방류죄는 폭발성물건파열죄와 마찬가지로 사람의 생명, 신체 또는 재산에 대하여 위험을 발생시킬 것을 요하는 구체적 위험범이다. 그리고 가스·전기등 방류치사죄는 진정결과적 가중범이며, 가스·전기등 방류치상죄는 상해에 대하여 고의가 있는 경우에도 성립하는 부진정결과적 가중범이다.

XII. 가스·전기등 공급방해죄, 가스·전기등 공급방해치사상죄

> **제173조 제1항(가스·전기등 공급방해)**: 가스, 전기 또는 증기의 공작물을 손괴 또는 제거하거나 기타 방법으로 가스, 전기 또는 증기의 공급이나 사용을 방해하여 공공의 위험을

---

[93] 박상기, 각론, 477면. 이에 대하여 폭발성물건파열치상죄만 성립하며, 상해죄는 본죄에 흡수된다는 견해는 임웅, 각론, 627면 이하.

발생하게 한 자는 1년 이상 10년 이하의 징역에 처한다.
동조 제2항: 공공용의 가스, 전기 또는 증기의 공작물을 손괴 또는 제거하거나 기타 방법으로 가스, 전기 또는 증기의 공급이나 사용을 방해한 자도 전항의 형과 같다.
동조 제3항: 제1항 또는 제2항의 죄를 범하여 사람을 상해에 이르게 한 때에는 2년 이상의 유기징역에 처한다. 사망에 이르게 한 때에는 무기 또는 3년 이상의 징역에 처한다.

가스·전기등 공급방해죄 가운데 제173조 제1항의 죄는 공공의 위험을 발생케 할 것을 요하는 구체적 위험범이며, 동조 제2항의 죄는 추상적 위험범이다. 그리고 가스·전기등 방류치사상죄의 경우와 마찬가지로 가스·전기등 공급방해치사죄는 진정결과적 가중범이며, 가스·전기등 공급방해치상죄는 상해에 대하여 고의가 있는 경우에도 성립하는 부진정결과적 가중범이다.

제173조의2 제1항(과실폭발성물건파열 등): 과실로 제172조 제1항, 제172조의2 제1항, 제173조 제1항과 제2항의 죄를 범한 자는 5년 이하의 금고 또는 1천500만원 이하의 벌금에 처한다.
동조 제2항(업무상 과실·중과실과실폭발성물건파열 등): 업무상 과실 또는 중대한 과실로 제1항의 죄를 범한 자는 7년 이하의 금고 또는 2천만원 이하의 벌금에 처한다.

과실폭발성물건파열 등의 죄는 과실로 폭발성물건파열죄, 가스·전기등 방류죄 또는 가스·전기등 공급방해죄를 범함으로써 성립하는 범죄이다. 업무상 과실·중과실과실폭발성물건파열 등의 죄는 과실폭발성물건파열 등의 죄의 가중적 구성요건이다.

XIII. 미수, 예비·음모

제174조(미수범): 제164조 제1항, 제165조, 제166조 제1항, 제172조 제1항, 제172조의2 제1항, 제173조 제1항과 제2항의 미수범은 처벌한다.
제175조(예비, 음모): 제164조 제1항 제165조, 제166조 제1항, 제172조 제1항, 제172조의2 제1항, 제173조 제1항과 제2항의 죄를 범할 목적으로 예비 또는 음모한 자는 5년 이하의 징역에 처한다. 단 그 목적한 죄의 실행에 이르기 전에 자수한 때에는 형을 감경 또는 면제한다.

방화의 죄 가운데 제164조 제1항, 제165조, 제166조 제1항, 제172조 제1항, 제172조의2 제1항, 제173조 제1항과 제2항의 미수나 예비·음모는 처벌된다. 그러나 일반물건방화죄(제167조)와 진화방화죄(제169조)의 미수에 대하여는 처벌규정이 없다.

제4절 일수와 수리에 관한 죄

I. 서론

1. 의의 및 체계

일수에 관한 죄는 수재를 일으켜 공공의 안전을 해하는 것을 내용으로 하는 공공위험죄이다. 본죄는 보호법익과 구성요건의 체계면에서 방화죄와 유사하다. 현주건조물방화죄, 일반건조물방화죄, 진화방해죄, 실화죄에 상응하여 각각 현주건조물일수죄, 일반건조물일수죄, 방수방해죄, 과실일수죄가 있다. 다만 일반물건방화죄. 연소죄, 업무상 실화중실화죄에 상응하는 범죄가 일수죄에는 없다.

* 구성요건의 체계

기본적 구성요건	가중적 구성요건		감경적 구성요건
타인소유 일반건조물일수죄(제179조 제1항)	현주건조물일수죄(제177조 제1항)	결과적 가중범	자기소유 일반건조물일수죄(제167조 제2항)
		현주건조물일수치사상죄(제177조 제2항)	
	공용건조물일수죄(제178조)		
방수방해죄(제180조)			
과실일수죄(제181조)			
수리방해죄(제184조)			

2. 보호법익

본죄의 주된 보호법익은 공공의 안전이며, 부차적인 보호법익은 재산이다. 일수죄의 보호법익과 보호의 정도도 방화죄의 경우와 유사하다. 현주건조물일수죄공용건조물일수죄, 타인소유 일반건조물일수죄, 방수방해죄, 수리방해죄 등은 추상적 위험범이며, 자기소유 일반건조물일수죄, 과실일수죄 등은 구체적 위험범이다.

II. 현주건조물등 일수죄, 현주건조물등 일수치사상죄

> **제177조 제1항(현주건조물 등에의 일수)**: 물을 넘겨 사람이 주거에 사용하거나 사람이 현존하는 건조물, 기차, 전차, 자동차, 선박, 항공기 또는 광갱을 침해한 자는 무기 또는 3년 이상의 징역에 처한다.
>
> **동조 제1항(현주건조물등 일수치사상)**: 제1항의 죄를 범하여 사람을 상해에 이르게 한 때에는 무기 또는 5년 이상의 징역에 처한다. 사망에 이르게 한 때에는 무기 또는 7년 이상의 징역에 처한다.

본죄의 객체는 현주건조물방화죄의 객체에서 설명한 것과 같다. 행위는 '물을 넘겨 목적물을 침해'하는 것이다. 여기서 물을 넘기는 것을 일수(溢水)라고 한다. '일수'란 제방 등에 의하여 제한되어 있는 물을 제방이나 수문을 파괴하는 방법 등에 의하여 해방시켜 경계 밖으로 넘치게 하는 것을 말한다. '침해'는 방화죄의 '소훼'에 상응하는 것이다. 따라서 목적물의 중요부분의 효용이 상실될 정도에 이르지 않더라도 목적물의 일부의 효용이 감소될 정도면 족하다.[94]

현주건조물등 일수치사상죄는 결과적 가중범이다. 현주건조물등 일수치상죄가 부진정결과적 가중범이라는 점에 대하여는 의문이 없으나, 현주건조물등 일수치사죄도 부진정결과적 가중범인가에 대하여는 논란이 있다. 형법개정을 통하여 본죄의 법정형에서 사형이 삭제되었지만 유기징역형(7년 이상)은 살인죄의 경우(5년 이상)보다 중하므로 현주건조물일수죄를 범하여 고의로 사람을 살해한 경우에 본죄의 성립을 부정한다면 형의 불균형이 발생할 여지는 여전히 남아있다. 이러한 형의 불균형을 피하기 위해서는 본죄는 고의로 사람을 살해한 경우에도 성립하는 부진정결과적 가중범으로 보아야 한다.[95] 따라서 현주건조물일수죄를 범하여 고의로 사람을 살해한 경우에는 현주건조물일수치사죄와 살인죄의 상상적 경합이 성립하므로 '가장 중한 죄에 정한 형'(제40조), 즉 '사형, 무기 또는 7년 이상의 징역'으로 처벌한다. 만일 본죄를 진정결과적 가중범으로 본다면 현주건조물일수죄와 살인죄의 상상적 경합이 성립하므로 '사형, 무기 또는 5년 이상의 징역'으로 처벌된다.

---

94) 박상기, 각론, 484면; 배종대, 각론, 673면; 오영근, 각론, 648면; 임웅, 각론, 634면; 정성근/박광민, 각론, 595면. 목적물의 중요부분의 효용이 상실될 정도에 이를 것을 요한다는 반대견해는 백형구, 각론, 444면; 유기천, 각론 하, 45면.
95) 본죄가 진정결과적 가중범이라는 견해는 김일수/서보학, 각론, 596면; 임웅, 각론, 635면.

III. 공용건조물등 일수죄

> **제178조(공용건조물등에의 일수)**: 물을 넘겨 공용 또는 공익에 공하는 건조물, 기차, 전차, 자동차, 선박, 항공기 또는 광갱을 침해한 자는 무기 또는 2년 이상의 징역에 처한다.

본죄의 객체는 공용건조물등 방화죄의 객체에 대한 설명과 같다.

IV. 일반건조물등 일수죄

> **제179조 제1항(일반건조물등에의 일수)**: 물을 넘겨 전2조에 기재한 이외의 건조물, 기차, 전차, 자동차, 선박, 항공기 또는 광갱 기타 타인의 재산을 침해한 자는 1년 이상 10년 이하의 징역에 처한다.
>
> **동조 제2항**: 자기의 소유에 속하는 전항의 물건을 침해하여 공공의 위험을 발생하게 한 때에는 3년 이하의 징역 또는 700만원 이하의 벌금에 처한다.
>
> **동조 제3항**: 제176조의 규정은 본조의 경우에 준용한다.

타인소유 일반건조물등 일수죄(제179조 제1항)는 추상적 위험범이며, 자기소유 일반건조물등 일수죄(동조 제2항)는 구체적 위험범이다. 자기소유의 건조물이라도 압류 기타 강제처분을 받거나 타인의 권리 또는 보험의 목적물이 된 때에는 타인소유로 간주하므로 타인소유 일반건조물등 일수죄가 성립한다(동조 제3항).

V. 과실일수죄

> **제181조(과실일수)**: 과실로 인하여 제177조 또는 제178조에 기재한 물건을 침해한 자 또는 제179조에 기재한 물건을 침해하여 공공의 위험을 발생하게 한 자는 1천만원 이하의 벌금에 처한다.

과실일수죄는 과실로 현주건조물등 일수죄 또는 공용건조물등 일수죄의 목적물을 침해하거나(추상적 위험범), 일반건조물등 일수죄의 목적물을 침해하여 공공의 위험을 발생하게 함(구체적 위험범)으로써 성립하는 범죄이다. 실화죄에서는 타인소유 일반건조물에 대한 실화죄는 추상적 위험범이고, 자기소유 일반건조물에 대한 실화죄는 구체적 위험범인데 대하여, 과실일수죄에서는 타인소유이건 자기소유이건 불문하고 일반건조물등에 대한 과실일수죄는 구체적 위험범이다.

VI. 방수방해죄

> **제180조(방수방해)**: 수재에 있어서 방수용의 시설 또는 물건을 손괴 또는 은닉하거나 기타 방법으로 방수를 방해한 자는 10년 이하의 징역에 처한다.

방수방해죄는 준일수죄로서 준방화죄인 진화방해죄에 상응하는 범죄이다. 본죄는 -진화방해죄와 마찬가지로 - 추상적 위험범이므로 손괴·은닉 기타 방법의 행위에 의하여 개개의 방수활동을 방해하면 성립하며, 방수활동 전체가 저지되거나 수재가 확대되는 등 방수방해의 결과가 현실로 발생할 것까지 요하지는 않는다.

VII. 미수, 예비·음모

> **제182조(미수범)**: 제177조 내지 제179조 제1항의 미수범은 처벌한다.
> **제183조(예비, 음모)**: 제177조 내지 제179조 제1항의 죄를 범할 목적으로 예비 또는 음모한 자는 3년 이하의 징역에 처한다.

현주건조물일수죄, 공용건조물일수죄, 타인소유 일반건조물일수죄의 미수나 예비·음모에 대하여는 처벌규정이 있으나, 방수방해죄나 수리방해죄의 미수는 처벌되지 않는다.

VIII. 수리방해죄

> **제184조(수리방해)** 둑을 무너뜨리거나 수문을 파괴하거나 그 밖의 방법으로 수리를 방해한 자는 5년 이하의 징역 또는 700만원 이하의 벌금에 처한다.

본죄는 제방을 무너뜨리거나(결궤, 決潰)하거나 수문을 파괴하거나 그 밖의 방법으로 수리를 방해함으로써 성립하는 범죄이다. 본죄의 보호법익은 수리권[96]이지 공공의 안전은 아니므로 공공위험범의 성질을 갖지는 않는다.[97] 보호의 정도는 추상적 위험범이다.

---

[96] 수리권이란 하천 등의 공수(公水)를 계속적·배타적으로 사용하는 권리를 말한다. 예컨대 허가(하천법 제33조)를 받아 하천의 유수(流水)를 사용하는 허가수리권(하천유수점용권), 농업용수 등의 목적으로 관행적으로 사용해 온 관행수리권, 공유하천용수권(민법 제231조) 등이 여기에 해당한다.
[97] 정영석, 각론, 129면.

'수리'(水利)란 관개용·목축용·발전이나 수차 등의 동력용·상수도의 원천용 등 널리 물이라는 천연자원을 사람의 생활에 유익하게 사용하는 것을 말한다.[98] 다만 교통방해죄(제185조)에서 수로나 수도불통죄(제195조)에서 음용수와 같이 다른 규정에 의하여 보호되는 물의 이용은 본죄의 수리에 해당하지 않는다.

'수리를 방해'한다는 말은 제방을 무너뜨리거나 수문을 파괴하거나 기타 방법 예컨대 저수시설, 유수로(流水路)나 송·인수시설 또는 이들에 부설된 여러 수리용 장치를 손괴·변경하거나 효용을 해침으로써 수리에 지장을 일으키는 행위를 말한다.[99] 본죄는 추상적 위험범이므로 수리를 방해할 추상적 위험만 있으면 족하며, 수리방해의 결과가 현실로 발생할 것을 요하지는 않는다.[100]

> [판례 1] 甲은 乙의 집(농촌주택)에서 배출되는 생활하수의 배수관(소형 PVC관)을 토사로 막아 하수가 내려가지 못하게 하였다. 甲의 죄책은?

甲에 대하여 수리방해죄가 성립하는 지가 문제된다. 이 점에 대하여 대법원은 "원천 내지 자원으로서의 물의 이용이 아니라, 하수나 폐수 등 이용이 끝난 물을 배수로를 통하여 내려 보내는 것은 여기서의 수리에 해당한다고 할 수 없고, 그러한 배수 또는 하수처리를 방해하는 행위는, 특히 그 배수가 수리용의 인수(引水)와 밀접하게 연결되어 있어서 그 배수의 방해가 직접 인수에까지 지장을 초래한다는 등의 특수한 경우가 아닌 한, 수리방해죄의 대상이 될 수 없다"고 한다.[101] 따라서 甲에 대해서 수리방해죄는 성립하지 않는다. 다만 甲은 배수관을 토사로 막음으로써 하수의 흐름에 방해될 행위를 하였으므로 경범죄처벌법 제1조 22호(수로유통방해)의 죄에 해당한다.

본죄의 보호법익은 타인의 수리권이므로 본죄가 성립하기 위해서는 피해자에게 수리권이 있을 것을 요한다. 수리권은 법령·계약 또는 관습 등에 의하여 인정된다.

제5절 교통방해의 죄

I. 서론

1. 의의 및 보호법익

교통방해의 죄는 교통설비(교통로, 교통시설)를 손괴 또는 불통하게 하는 등의 방

---

98) 대법원 2001. 6. 26. 선고 2001도404 판결.
99) 대법원 2001. 6. 26. 선고 2001도404 판결.
100) 김일수/서보학, 각론, 599면; 임웅, 각론, 640면; 정성근/박광민, 각론, 598면.
101) 대법원 2001. 6. 26. 선고 2001도404 판결.

법으로 교통을 방해함으로써 성립하는 범죄이다. 본죄는 공공위험죄로서 보호법익은 공공의 교통안전과 생명, 신체 또는 재산의 안전이다.[102] 보호의 정도는 추상적 위험범이다.

2. 체계

교통방해의 죄에서 기본적 구성요건은 일반교통방해죄(185조)이며, 기차·선박 등 교통방해죄(제186조), 기차등 전복죄(제187조)는 가중적 구성요건(가중교통방해죄)이다. 그리고 교통방해치사상죄는 일반교통방해죄와 가중교통방해죄의 결과적 가중범이다. 일반교통방해죄와 가중교통방해죄의 미수범과 과실범 그리고 가중교통방해죄의 예비·음모는 처벌된다.

II. 일반교통방해죄

> **제185조(일반교통방해)**: 육로, 수로 또는 교량을 손괴 또는 불통하게 하거나 기타 방법으로 교통을 방해한 자는 10년 이하의 징역 또는 1천500만원 이하의 벌금에 처한다.

① 객체: 본죄의 객체는 육로, 수로 또는 교량이다. '육로'는 사실상 일반공중의 왕래에 사용되는 육상의 통로를 말한다. 여기서 통로는 일반공중(불특정 또는 다수인)이 자유롭게 통행할 수 있는 공공성을 갖는 것이어야 한다. 그러나 도로의 관리자나 부지(敷地)의 소유자, 통행권리관계 또는 그 노면폭이나 통행인의 많고 적음은 불문하며,[103] 반드시 도로법상의 도로일 것을 요하지도 않는다.

> [판례 1] 甲은 지적고시에 의한 도시계획이 수립된 다음부터 자신이 농작물을 경작하던 농토를 통하여 부근일대의 큰 도로로 통행하려는 주민들이 늘어나자, 이를 막고 농작물을 재배하기 위하여 그동안 수차에 걸쳐 철조망 등을 설치하였는데 그때마다 주민들이 이를 부수고 통행을 하여 분쟁이 계속되었다. 甲의 죄책은?

대법원은 "이 사건 토지상에 정당한 도로개설이 되기 전까지 소유자가 농작물경작지로서 이용하려고 하였고, 부근 주민들은 큰 도로로 나아가는 간편한 통로로 이용하려고 하여 분쟁이 계속되었다면 이는 주민들이 자유롭게 통행할 수 있는 공공성이 있는 곳이라고 보기

---

102) 다수설: 김성돈, 각론, 555면; 김일수/서보학, 각론, 600면; 배종대, 각론, 676면; 정성근/박광민, 각론, 600면. 이에 대하여 본죄의 보호법익이 공공의 교통안전이라고 보는 견해는 김성천/김형준, 각론, 641면.
103) 대법원 1988. 4. 25. 선고 88도18 판결; 대법원 1994. 11. 4. 선고 94도2112 판결; 대법원 2007. 2. 22. 선고 2006도8750 판결.

어렵다"는 이유로 일반교통방해죄의 성립을 부정하였다.104)

[판례 2] 甲 소유의 대지와 이에 인접한 乙의 집 사이에 존재하던 폭 2m의 골목길은 乙, 丙 등 주민들이 공로로 통하는 유일한 통행로로서 오랫동안 이용하던 것이었는데, 甲이 그 대지에 건축물을 재축하면서 폭 50 내지 75cm 가량만 남겨두고 담장을 설치하여 乙 등 인근 7세대 주민들의 통행을 곤란하게 하였다. 甲의 죄책은?

대법원은 "형법 제185조 소정의 육로라 함은 사실상 일반공중의 왕래에 공용되는 육상의 통로를 널리 일컫는 것으로서 그 부지의 소유관계나 통행권리관계 또는 통행인의 많고 적음 등은 가리지 않는 것이므로(당원 1991. 12. 10. 선고 91도2550 판결; 1988.4.25. 선고 88도18 판결 등 참조), 사정이 위와 같다면 이 사건 골목길은 위 법조 소정의 육로에 해당한다"고 보았다.105) 따라서 甲이 담장을 설치하여 주민들의 통행을 현저히 곤란하게 한 행위는 일반교통방해죄에 해당한다.

[판례 3] 甲은 마을주민들과 상의하여 자신의 소유 토지상에 경운기나 리어카가 다닐 수 있도록 농로(農路)를 개설하였는데, 인근 임야에 분묘 용지조성을 위하여 포크레인이 그 도로를 통행하게 되어 그 차중과 차폭 등에 의하여 甲의 집 헛간, 화장실이 붕괴되고 주변의 나무가 상하는 등의 피해가 발생하게 되었다. 이에 甲은 중장비차의 통행을 금지한다는 팻말을 세웠음에도 계속하여 포크레인이 통행하여 피해가 심해지자 통행하는 차량의 폭을 제한하기 위하여 농로의 노변에 약 50개의 말뚝을 박은 후 위 말뚝에 철조망을 쳐서 포크레인이 다닐 수 없도록 하였다. 그 도로는 처음에는 사람만 다닐 수 있는 도로였으나 15년 전 그 마을주민들이 상의하여 경운기가 지나갈 수 있을 정도로 폭을 넓혔고, 그 후 1톤 포터 트럭과 작은 포크레인 정도가 다닐 수 있을 정도로 형성되었으며, 평소 마을 사람들은 이 도로를 이용하여 그 인근 임야에 있는 산소에 가면서 필요할 때는 1톤 포터 트럭과 포크레인 등을 운전하여 갔고 가스를 배달하는 차량이 왕래하기도 하였다. 甲의 죄책은?

대법원은 "도로가 농가의 영농을 위한 경운기나 리어카 등의 통행을 위한 농로로 개설되었다 하더라도 그 도로가 사실상 일반 공중의 왕래에 공용되는 도로로 된 이상 경운기나 리어카 등만 통행할 수 있는 것이 아니고 다른 차량도 통행할 수 있는 것이므로 이러한 차량의 통행을 방해한다면 이는 일반교통방해죄에 해당"하므로 甲이 "말뚝을 박고 그 말뚝에 철조망까지 쳐서 노폭을 현저하게 제한함으로써 경운기 이외의 다른 차량 등의 통행을 불가능하게 하였다면 피고인의 이러한 행위는 일반교통방해죄를 구성"한다고 보았다.106)

'수로'는 선박의 항해에 사용되는 하천, 운하, 해협 등을 말하며, 공해상의 해로도 여기에 포함된다.107) '교량'은 일반공중의 왕래에 사용되는 다리를 말한다. 여기

---

104) 대법원 1988. 5. 10. 선고 88도262 판결.
105) 대법원 1994. 11. 4. 선고 94도2112 판결.
106) 대법원 1995. 9. 15. 선고 95도1475 판결.

에는 수로에 가설되는 다리는 물론 육교도 포함된다.

② **행위**: 손괴 또는 불통하게 하거나 기타의 방법으로 교통을 방해하는 것이다. 손괴는 물질적 훼손을 말하며, 불통(不通)은 장애물을 사용하여 왕래를 방해하는 것을 말한다. 기타의 방법에는 손괴나 불통 이외에 허위의 표지를 세우거나, 폭력으로 교통을 차단하는 행위가 있다.[108] '교통을 방해'한다는 말은 교통을 불가능하게 하거나 현저히 곤란하게 할 정도의 상태를 발생케 하는 것을 말한다. 따라서 손괴나 불통 등의 행위는 교통을 방해할 정도일 것을 요한다. 본죄는 추상적 위험범이므로 실제로 교통방해의 결과가 발생할 것까지 요하지는 않는다.

III. 기차선박등 교통방해죄

> **제186조(기차, 선박등의 교통방해)**: 궤도, 등대 또는 표지를 손괴하거나 기타 방법으로 기차, 전차, 자동차, 선박 또는 항공기의 교통을 방해한 자는 1년 이상의 유기징역에 처한다.

본죄는 교통방해의 대상이 기차, 전차, 자동차, 선박 또는 항공기 등 중요한 교통기관에 제한되어 있다는 점에서 불법이 가중된 가중적 구성요건이다.

① **객체**: 행위의 객체는 궤도, 등대 또는 표지이다. 궤도는 일반교통에 사용하기 위하여 지상에 부설한 레일을 말한다. 보통의 철도와 같이 2개의 궤도로 되어 있는 것은 물론, 하나의 주행궤도를 사용하여 차량을 주행시키는 단궤철도(monorail)도 여기에 포함된다. 삭도[109](索道)는 궤도에 해당하지 않지만, 삭도를 손괴하여 케이블카의 교통을 방해한 행위는 '기타 방법'에 해당하므로 본죄가 성립할 수 있다.[110] 등대는 선박의 항해의 안전을 위하여 설치된 등화시설을 말한다. 그리고 표지는 교통신호나 통행방법을 나타내기 위하여 설치된 교통시설물을 말한다.

② **행위**: 본죄의 행위는 손괴하거나 기타 방법으로 기차, 전차, 자동차, 선박 또는 항공기의 교통을 방해하는 것이다. 손괴는 물질적 훼손을 말한다. 물질적 훼손 없이 효용을 상실케 하는 것은 기타 방법에 해당한다. 예컨대 궤도상에 장애물을 놓아두는 행위, 교통신호를 가리거나 신호등의 불을 끄는 행위, 허위의 교통표지판을 세우는 행위 등이 여기에 해당한다.

교통방해의 의미는 일반교통방해죄에서 설명한 것과 같다. 교통방해의 대상이 되

---

107) 다수설: 예컨대 김일수/서보학, 각론, 601면; 배종대, 각론, 678면; 임웅, 각론, 643면.
108) 김일수/서보학, 각론, 602면; 오영근, 각론, 658면. 반대견해: 백형구, 각론, 471면.
109) 삭도는 공중에 설치한 밧줄을 말하므로, 지상에 설치한 궤도와는 구분된다(궤도운송법 제2조).
110) 다수설: 예컨대 정성근/박광민, 각론, 606면. 이에 대하여 삭도를 운행하는 케이블카는 본죄에서 말하는 전차에서 제외된다고 보는 견해는 임웅, 각론, 645면.

는 교통기관은 기차·전차·자동차·선박·항공기 등이다. 기차는 증기기관차를 의미하지만, 디젤차(diesel car)나 가솔린차(gasolin car)도 기차의 대용기관으로서 여기에 포함되는 것으로 해석하여야 한다.111) 삭도를 운행하는 케이블카는 전차에 해당한다.

IV. 기차등 전복죄

> **제187조(기차등의 전복 등)**: 사람의 현존하는 기차, 전차, 자동차, 선박 또는 항공기를 전복, 매몰, 추락 또는 파괴한 자는 무기 또는 3년 이상의 징역에 처한다.

본죄는 행위의 객체가 사람이 현존하는 중요한 교통기관이라는 점과 행위태양이 공공의 안전을 현저하게 침해한다는 점에서 불법이 가중된 가중적 구성요건이다.

① **객체**: 본죄의 객체는 사람이 현존하는 기차, 전차, 자동차, 선박 또는 항공기이다. 여기서 '사람'은 행위자 이외의 자이며, 현존하는 사람의 수의 많고 적음은 불문한다. 현존의 시기는 반드시 결과발생시일 것을 요하지 않으며, 실행에 착수할 때에 사람이 현존하면 족하다.112)

> **[판례 4]** 甲은 보험금을 수령할 목적으로 고의로 508톤의 선박을 침몰시켰다. 만일 매몰의 결과발생시 甲이 선박에 있는 사람을 안전하게 대피시켰다면 그의 죄책은?

대법원은 "선박매몰죄의 고의가 성립하기 위하여는 행위시에 사람이 현존하는 것이라는 점에 대한 인식과 함께 이를 매몰한다는 결과발생에 대한 인식이 필요하며, 현존하는 사람을 사상에 이르게 한다는 등 공공의 위험에 대한 인식까지는 필요하지 않고, 사람의 현존하는 선박에 대해 매몰행위의 실행을 개시하고 그로 인하여 선박을 매몰시켰다면 매몰의 결과발생시 사람이 현존하지 않았거나 범인이 선박에 있는 사람을 안전하게 대피시켰다고 하더라도 선박매몰죄의 기수로 보아야 할 것이지 이를 미수로 볼 것은 아니다"113)라고 판시함으로써 甲에 대하여 선박매몰죄의 성립을 인정하였다.

본죄는 추상적 위험범이므로 설령 절대적 무위험이 증명되더라도 본죄의 성립에 지장이 없다. 이러한 이유에서 대법원은 매몰행위를 실행할 당시에 선박에 사람이 현존하면 족하며, 매몰의 결과발생시 사람이 현존하지 않았다는 사실이 입증하더라도 본죄가 성립한다고 보았다.

② **행위**: 행위는 전복, 매몰, 추락 또는 파괴이다. '전복'은 교통기관을 넘어뜨리는

---

111) 정영석, 각론, 134면.
112) 통설 및 판례: 예컨대 대법원 2000.6. 23. 선고 99도4688 판결; 김일수/서보학, 각론, 604면; 배종대, 각론, 680면 이하; 임웅, 각론, 646면; 정성근/박광민, 각론, 608면.
113) 대법원 2000. 6. 23. 선고 99도4688 판결.

것이다. 교통기관이 궤도에서 탈선되었더라도 넘어지지 않았다면 미수에 해당한다. '매몰'은 교통기관을 땅속에 묻히게 하거나 물속에 침몰시키는 것이다. '파괴'는 전복, 매몰, 추락 등과 같은 수준으로 인정할 수 있을 만큼 교통기관으로서의 기능·용법의 전부나 일부를 불가능하게 할 정도의 손괴를 말하며, 단순한 경미한 손괴는 포함되지 않는다.114)

V. 교통방해치사상죄

> **제188조(교통방해치사상)**: 제185조 내지 제187조의 죄를 범하여 사람을 상해에 이르게 한 때에는 무기 또는 3년 이상의 징역에 처한다. 사망에 이르게 한 때에는 무기 또는 5년 이상의 징역에 처한다.

교통방해치사죄는 진정결과적 가중범이며, 교통방해치상죄는 부진정결과적 가중범이다. 교통기관에 타고 있던 사람이 사상한 경우는 물론, 그 부근에 있었던 사람이 사상한 경우에도 예견가능성이 인정되는 이상 본죄가 성립한다.

VI. 과실교통방해죄, 업무상과실·중과실교통방해죄

> **제189조 (과실)**: 과실로 인하여 제185조 내지 제187조의 죄를 범한 자는 1천만원 이하의 벌금에 처한다.
> **동조 제2항(업무상과실·중과실)**: 업무상과실 또는 중대한 과실로 인하여 제185조 내지 제187조의 죄를 범한 자는 3년 이하의 금고 또는 2천만원 이하의 벌금에 처한다.

업무상과실교통방해죄에서 업무는 직접·간접으로 교통에 종사하는 사무를 말한다.

[판례 5] 성수대교의 시공을 맡은 교량 건설회사의 트러스 제작 책임자 甲은 트러스를 설계도대로 정밀하게 제작하도록 지휘·감독할 의무가 있음에도 불구하고 무리하게 트러스 제작 공기 단축을 독려하고 감독을 소홀히 하여 부실용접을 방치하였다. 교량공사 현장소장 乙은 자신에게 요구되는 통상의 주의를 기울였다면 트러스의 제작상의 잘못을 발견할 수 있었음에도 불구하고, 이를 교량가설에 사용토록 하는 등의 시공상의 잘못을 방치하였다. 교량건설에 대한 발주청인 서울특별시의 현장감독공무원 丙은 용접공의 자격확인, 방

---

114) 통설 및 판례: 김일수/서보학, 각론, 605면; 배종대, 각론, 681면; 임웅, 각론, 646면; 정성근/박광민, 각론, 608면; 대법원 2009.4.23, 2008도11921. 대법원 1970.10.23, 70도1611은 "왼쪽 앞 문부터 뒷문까지 외부철판이 약 1미터 끌려서 철판이 찌그러진 정도"의 손괴는 본죄에서 말하는 파괴에 해당하지 않는다고 보았다.

사선검사 등을 통한 용접공사, 가조립공사, 시공과정에서의 철저한 현장확인 등의 감독을 소홀히 하였다. 이러한 甲, 乙, 丙의 과실이 겹쳐져서 교각 사이의 트러스 연결 부분에 있는 수직재의 용접 부분이 떨어져 나갔고, 그것이 원인이 되어 트러스를 포함한 상판 일체가 한강으로 떨어지면서 때마침 그 곳을 지나던 자동차 6대도 한강으로 떨어져 수십 명이 사상하였다. 甲, 乙, 丙의 죄책은?

甲, 乙, 丙이 업무상과실로 인하여 교량을 손괴하여 자동차의 교통을 방해한 행위는 업무상과실일반교통방해죄(제189조 제2항, 제185조)에, 그 결과 자동차를 추락시킨 행위는 업무과실자동차추락죄(제189조 제2항, 제187조)에 해당하며, 사람을 사상케 한 행위는 업무상과실치사상죄에 해당한다. 이와 관련하여 문제되는 것은 甲 등이 업무상과실일반교통방해죄, 업무상과실자동차추락죄에서 말하는 '업무상 과실'의 주체가 되는가이다. 이 점에 대하여 대법원은 "구 형법 제189조 제2항에서 말하는 '업무상 과실'의 주체는 기차, 전차, 자동차, 선박, 항공기나 기타 일반의 '교통왕래에 관여하는 사무'에 직접·간접으로 종사하는 자이어야 할 것인바, 이 사건 성수대교는 차량 등의 통행이 주된 목적으로 하여 건설된 교량이므로, 그 건설 당시 제작, 시공을 담당한 피고인도 '교통왕래에 관여하는 사무'에 간접적으로 관련이 있는 자에 해당하는 것으로 보지 않을 수 없다"[115)]라고 함으로써 甲 등에 대하여 본죄의 성립을 인정하였다.

대법원은 甲, 乙, 丙 사이에는 "이 사건 업무상과실치사상등죄에 대하여 형법 제30조 소정의 공동정범의 관계가 성립된다"고 보았다. 그리고 이들 각 죄는 상상적 경합의 관계에 있다.

VII. 미수, 예비·음모

제190조(미수범): 제185조 내지 제187조의 미수범은 처벌한다.

제191조(예비, 음모): 제186조 또는 제187조의 죄를 범할 목적으로 예비 또는 음모한 자는 3년 이하의 징역에 처한다.

일반교통방해죄의 미수는 처벌되지만 예비·음모는 처벌되지 않는다. 그리고 기차·선박등 교통방해죄와 기차등 전복죄의 경우에는 미수와 예비·음모 모두 처벌된다.

---

115) 대법원 1997. 11. 28. 선고 97도1740 판결.

제2장 공공의 신용에 대한 죄

제1절 통화에 관한 죄

I. 서론

1. 의의 및 체계

통화에 관한 죄란 행사할 목적으로 통화를 위조·변조하거나, 위조·변조한 통화를 행사·수입·수출 또는 취득하거나, 통화유사물을 제조하는 것을 내용으로 하는 범죄이다.

* 통화에 관한 죄의 체계

기본적 구성요건	감경적 구성요건
내국통화위조·변조죄(제207조 제1항)	내국유통외국통화위조·변조죄(제207조 제2항)
	외국통용외국통화위조·변조죄(제207조 제3항)
위조·변조통화행사죄(제207조 제4항)	위조통화취득후지정행사죄(제210조)
위조통화취득죄(제208조)	
통화유사물제조등죄(제211조)	

형법 제5조 제4항은 통화에 관한 죄가 외국인의 국외범에 적용된다고 규정하고 있는데, 이는 우리나라 또는 우리나라 국민의 법익을 보호하기 위한 것(보호주의)이다. 그런데 제207조 제3항은 외국통용외국통화를 위조한 행위를 처벌하고 있으므로 결국 외국인이 외국에서 우리나라에서 유통되지 않는 외국통화를 위조한 행위도 처벌이 가능하다는 결과가 된다. 이러한 의미에서 통화에 관한 죄에서는 세계주의가 채택되었다고 하는 견해가 있다.[1]

2. 보호법익

본죄의 보호법익은 통화의 공신력, 통화에 대한 공공의 신용과 거래의 안전이다. 그 외에도 국가의 화폐주권(통화고권)이나 재산상태의 안전을 보충적인 보호법익으로 보는 견해가 있으나, 이는 통화범죄를 처벌함으로써 보호되는 반사적인 이익에

---

[1] 김일수/서보학, 각론, 677면; 배종대, 각론, 685면; 임웅, 각론, 650면. 이에 대하여 제207조 제3항은 외국인의 국외범에 대하여 적용되지 않는다고 보는 견해는 오영근, 각론, 689면 참조.

불과하다고 보는 것이 다수설이다.2) 보호의 정도는 추상적 위험범이다.

II. 내국통화위조·변조죄

> **제207조 제1항(내국통화위조·변조)**: 행사할 목적으로 통용하는 대한민국의 화폐, 지폐 또는 은행권을 위조 또는 변조한 자는 무기 또는 2년 이상의 징역에 처한다.

1. 의의

내국통화위조·변조죄는 행사할 목적으로 통용하는 대한민국의 화폐, 지폐 또는 은행권을 위조 또는 변조함으로써 성립하는 범죄이다. 본죄는 '행사할 목적'이 있어야 하므로 목적범이다.

2. 성립요건

(1) 객관적 구성요건

① 객체: 객체는 내국통화, 즉 "통용하는 대한민국의 화폐, 지폐, 은행권"이다. '통화'란 통화발행권자(국가 또는 국가에 의하여 발행권한이 부여된 기관)의 인증에 의하여 금액이 표시된 지불수단으로서 강제통용력이 부여된 것을 말한다. 통화의 종류로는 화폐, 지폐, 은행권이 있다. '화폐'는 경화(硬貨), 즉 금속화폐를 말한다.3) '지폐'는 정부 기타 발행권자가 발행하여, 그 신용에 의하여 교환의 매개가 되는 증권을 말한다. 예컨대 정부의 재정이 궁핍할 때 발행되는 정부지폐가 여기에 해당한다.4) 그리고 '은행권'은 지폐의 일종으로서 정부의 인허를 받은 특정은행이 발행한 교환의 매개가 되는 증권을 말한다. 우리나라에서 통화발행권자는 한국은행이며,5) 현재 한국은행에서 발행한 통화에는 주화와 한국은행권이 있다.6)

---

2) 다수설: 예컨대 김일수/서보학, 각론, 678면; 배종대, 각론, 684면; 임웅, 각론, 649면.
3) 비트코인은 가상화폐로서 물리적인 형태가 없으며, 강제통용력도 없으므로 화폐에 해당하지 않는다.
4) 지역화폐(공주페이 M, 세종시 여민전, 서울사랑상품권)는 강제통용력이 없으므로 통화로서의 지폐에는 해당하지 않는다.
5) 한국은행법 제47조.
6) 한국은행법 제48조, 제53조.

* 통화의 종류
  - 화폐: 금속화폐(경화) - 금화, 은화, 동화 등의 주화
  - 지폐: 국가 기타 발행권자에 의하여 발행하여, 그 신용에 의하여 교환의 매개가 되는 증권
  - 은행권: 정부의 인허를 받은 은행(한국은행)이 발행한 증권 - 한국은행권

'통용'이란 법률에 의하여 강제통용력이 인정된 것을 말한다. 따라서 강제통용력을 상실한 고화나 폐화는 통화가 아니다. 통용기간이 경과하였으나 사실상 유통되고 있는 구화가 통화에 해당하는 가에 대하여는 견해가 일치하지 않으나 강제통용력이 없으므로 통화가 아니라고 보아야 한다.[7] 기념주화는 유통보다는 수집의 목적으로 제작된 것이지만 강제통용력이 있는 이상은 통화에 해당한다.[8]

② 행위: 본죄의 행위는 "위조 또는 변조"이다. '위조'란 통화발행권이 없는 자가 진화(진정통화)로 오인할 정도의 외관을 갖춘 물건을 만드는 것을 말한다. 객관적으로 보아 일반인이 진화로 오신할 정도에 이르면 족하며, 반드시 진화와의 식별이 불가능할 정도에 이를 것을 요하지는 않는다. 그러나 진화로 오인할 정도에 이르지 못한 경우는 위조에는 해당하지 않으며, 다만 통화유사물제조죄(제211조)의 성립이 가능하다.

[판례 1] "한국은행권 10원짜리 주화의 표면에 하얀 약칠을 하여 100원짜리 주화와 유사한 색채를 갖도록 색채의 변경만을 한 경우 이는 일반인으로 하여금 진정한 통화로 오신케 할 정도의 새로운 화폐를 만들어 낸 것이라고 볼 수 없다."[9]

[판례 2] "이 사건 위조지폐인 한국은행 10,000원권과 같이 전자복사기로 복사하여 그 크기와 모양 및 앞뒤로 복사되어 있는 점은 진정한 통화와 유사하나 그 복사된 정도가 조잡하여 정밀하지 못하고 진정한 통화의 색채를 갖추지 못하고 흑백으로만 되어 있어 객관적으로 이를 진정한 것으로 오인할 염려가 전혀 없는 정도의 것인 경우"는 위조에 해당하지 않는다.[10]

진화가 존재하지 않더라도 통화의 발행이 예정되어 있는 경우에는 진화로 오인할 우려가 있으므로 위조에 해당한다.[11]

---

7) 다수설: 김성돈, 각론, 581면; 김일수/서보학, 각론, 679면; 배종대, 각론, 686면; 오영근, 각론, 691면; 임웅, 각론, 651면; 정성근/박광민, 각론, 676면.
8) 오영근, 각론, 692면. 이에 대하여 기념주화는 강제통용력이 없으므로 통화에 해당하지 않는다고 보는 견해는 김일수/서보학, 각론, 680면; 임웅, 각론, 652면.
9) 대법원 1979. 8. 28. 선고 79도639 판결.
10) 대법원 1985. 4. 23. 선고 85도570 판결.
11) 통설: 예컨대 김일수/서보학, 각론, 681면; 배종대, 각론, 687면; 임웅, 각론, 652면.

'변조'는 진정한 통화를 가공하여 가치를 변경하는 것을 말한다.12) 변조는 진화의 동일성을 유지하여야 하므로 이를 상실한 때에는 위조가 된다. 예컨대 진화를 가공하여 완전히 새로운 위화가 작성된 때에는 동일성을 상실한 것이므로 변조가 아니라 위조가 된다. 변조도 위조와 마찬가지로 일반인이 진화로 오신할 정도에 이르러야 한다.

[판례 3] 甲은 한국은행발행 500원짜리 주화와 일본국의 500¥짜리 주화는 그 재질 및 크기가 유사하여 한국은행발행 500원짜리 주화의 표면을 깎아내어 일본국의 500¥짜리 주화의 무게와 같도록 하면 이를 일본국의 자동판매기 등에 투입하여 일본국의 500¥짜리 주화처럼 사용할 수 있는 사실에 착안하여, 한국은행발행 500원짜리 주화의 앞면의 학 문양 부분을 선반으로 깎아내었다. 甲의 죄책은?

대법원은 "피고인들이 한국은행발행 500원짜리 주화의 표면 일부를 깎아내어 손상을 가하였지만 그 크기와 모양 및 대부분의 문양이 그대로 남아 있어, 이로써 기존의 500원짜리 주화의 명목가치나 실질가치가 변경되었다거나, 객관적으로 보아 일반인으로 하여금 일본국의 500¥짜리 주화로 오신케 할 정도의 새로운 화폐를 만들어 낸 것이라고 볼 수 없고…"13)라는 이유로 甲에 대하여 통화변조죄(제207조 제1항)는 성립하지 않는다고 보았다.

(2) 주관적 구성요건

본죄의 주관적 구성요건이 성립하기 위해서는 고의 이외에 초과주관적 구성요건요소로서 행사의 목적이 있어야 한다. '행사의 목적'이란 위조통화를 통용하게 하겠다는 목적을 말한다. 이러한 목적 없이 단순히 재미삼아 제작한 경우에는 행사의 목적이 없다고 보아야 한다.

III. 내국유통외국통화위조·변조죄

제207조 제2항(내국유통외국통화위조·변조): 행사할 목적으로 내국에서 유통하는 외국의 화폐, 지폐 또는 은행권을 위조 또는 변조한 자는 1년 이상의 유기징역에 처한다.

본죄의 객체는 "내국에서 유통하는 외국의 화폐, 지폐, 은행권"이다. '유통'이란 강제통용력이 없이 사실상 거래 대가의 지급수단이 되고 있는 상태를 가리킨다. 외국통화가 대한민국 전역에 걸쳐 사용되는 경우는 물론, 일부 지역에서만 사용되는 경우도 유통에 해당한다. 유통은 강제통용력이 없이 사실상 사용되는 것이라는 점에

---

12) 대법원 2004. 3. 26. 선고 2003도5640 판결.
13) 대법원 2002. 1. 11. 선고 2000도3950 판결.

서 통용과 구별된다.

본죄의 객체는 내국에서 유통하는 외국의 통화이면 족하며 본국에서 강제통용력을 가질 것은 요하지 않는다. 본국에서 더 이상 통용되지 않고, 내국에서도 유통되지 않는 외국화폐는 본죄의 객체가 되지 않는다.

[판례 4-1] 스위스 화폐의 진폐(眞幣)가 스위스 국내에서 1998년까지 일반 상거래를 할 수 있었고 현재 통용되지 않고 있으며 다만 스위스 은행에서 2020. 4. 30.까지 신권과의 교환이 가능하고, 한편 국내은행에서도 신권과 마찬가지로 환전이 되고 따라서 이태원 등 일부 지역에서 외국인 특히 관광객이 이를 일정한 환율로 계산하여 상품에 대한 지급수단으로 사용할 여지는 있는 경우 이를 내국유통외국통화라고 볼 수 있는가?

"스위스 화폐의 진폐가 국내은행에서 환전할 수 있다 하더라도 이는 지급수단이 아니라 은행이 매도가격과 매수가격의 차액 상당의 이득을 얻기 위하여 하는 외국환매매거래의 대상으로서 상품과 유사한 것에 불과하다 할 것이므로 이를 가리켜 국내에서 유통되고 있다고 보기는 어렵고, 이태원 등 관광지에서 지급수단으로 사용된다고 하더라도 이는 관광객과 상인 사이에 상인이 정한 일정한 환율로 계산하여 사용될 뿐 아니라 다시 타인에게 이전됨이 없이 은행에서 환전되는 것으로서 이러한 경우 역시 상인은 이 사건 스위스 화폐를 은행에서의 매수환율보다 낮은 가격에 매수하여 은행에 매도함에 따른 차익을 목적으로 이를 취득한 것으로서 지급수단이라기보다는 은행에서 환전하는 경우와 마찬가지로 외국환거래의 대상으로 봄이 상당하여, 이 사건 스위스 화폐의 진폐는 내국에서 '유통하는' 화폐라고 볼 수 없다."14)

[판례 4-2] 甲은 1995년 미국에서 진정하게 발행된 미화 1달러권 지폐 500매와 미화 2달러권 지폐 400매를 화폐수집가들이 골드라고 부르며 수집하는 희귀화폐인 것처럼 만들기 위하여 발행연도 1995.을 1928.으로 빨간색으로 고치고, 발행번호와 미국 재무부를 상징하는 문양 및 재무부장관의 사인 부분을 지운 후 빨간색으로 다시 가공하였다. 甲의 죄책은?

미화 1달러권 지폐나 2달러권 지폐는 내국에서 유통하는 외국의 통화이므로 이를 가공하는 행위가 내국유통외국통화변조죄(제207조 제2항)에 해당하는지가 문제된다. 변조는 진정한 통화를 가공하여 가치를 변경하는 것을 말하므로 동일성이 유지되어야 하며 가치가 변경될 것을 요한다. 따라서 발행연도만 변경한 甲의 행위는 변조에 해당하지 않는다. 대법원15)은 "진정한 통화에 대한 가공행위로 인하여 기존 통화의 명목가치나 실질가치가 변경되었다거나 객관적으로 보아 일반인으로 하여금 기존 통화와 다른 진정한 화폐로 오신하게 할 정도의 새로운 물건을 만들어 낸 것으로 볼 수 없다면 통화가 변조되었다고 볼 수

---

14) 대법원 2003. 1. 10. 선고 2002도3340 판결.
15) 대법원 2004. 3. 26. 선고 2003도5640 판결.

없다"고 판단하였다.

IV. 외국통용외국통화위조·변조죄

> **제207조 제3항(외국통용외국통화위조·변조)**: 행사할 목적으로 외국에서 통용하는 외국의 화폐, 지폐 또는 은행권을 위조 또는 변조한 자는 10년 이하의 징역에 처한다.

본죄의 객체는 외국에서 통용하는 외국통화이다. 따라서 자국에서 강제통용력이 없거나 강제통용력을 상실한 때에는 설령 일반인이 이를 외국에서 통용할 것이라고 오인할 가능성이 있더라도 본죄는 성립하지 않는다.

> [판례 5-1] 甲은 커피숍에서 미합중국 100만 달러 지폐 6장과 10만 달러 지폐 6장 등 합계 660만 달러(한화 약 73억 원 상당)가 위조지폐라는 정을 알면서도 乙로부터 교부받아 이를 취득하였다. 미합중국 100만 달러 지폐는 미국에서 발행된 적이 없이 단지 여러 종류의 관광용 기념상품으로 제조, 판매되고 있으나, 일반인의 관점에서 강제통용력을 가지는 것이라고 오인할 가능성이 있다. 그리고 미합중국 10만 달러 지폐는 1934.까지 미국에서 발행되어 은행 사이에서 유통되다가 그 이후에는 발행되지 않고 있으나 화폐수집가나 재벌들이 이를 보유하여 오고 있는 것이라고 한다. 甲의 죄책은?

甲에 대하여 위조외국통화취득죄(제208조, 제207조 제3항)가 성립하는지가 문제된다. 여기서 논점은 미합중국 100만 달러 지폐와 10만 달러 지폐가 본죄의 객체가 되는가이다. 이 점에 대하여 대법원은 "형법 제207조 제3항 … 에서 외국에서 통용한다고 함은 그 외국에서 강제통용력을 가지는 것을 의미하는 것이므로 외국에서 통용하지 아니하는 즉, 강제통용력을 가지지 아니하는 지폐는 그것이 비록 일반인의 관점에서 통용할 것이라고 오인할 가능성이 있다고 하더라도 위 형법 제207조 제3항에서 정한 외국에서 통용하는 외국의 지폐에 해당한다고 할 수 없다"고 판시하였다 그리고 그 논거로서 "만일 그와 달리 위 형법 제207조 제3항의 외국에서 통용하는 지폐에 일반인의 관점에서 통용할 것이라고 오인할 가능성이 있는 지폐까지 포함시키면 이는 위 처벌조항을 문언상의 가능한 의미의 범위를 넘어서까지 유추해석 내지 확장해석하여 적용하는 것이 되어 죄형법정주의의 원칙에 어긋나는 것으로 허용되지 않는다"는 점을 들었다.

이러한 해석에 의하면 미합중국 100만 달러 지폐는 미합중국에서 통용하는 지폐라 할 수 없으므로 甲에 대하여 본죄는 성립하지 않는다. 그리고 미합중국 10만 달러 지폐는 "미합중국에서 발행 당시에 강제통용력을 부여했던 것인지, 만일 강제통용력을 부여하였다면 그 이후 강제통용력을 폐지하는 조치가 있었는지 여부에 따라 미합중국에서 통용하는 지폐에 해당하는지 여부가 결정된다."[16]

---
16) 대법원 2004. 5. 14. 선고 2003도3487 판결.

[판례 5-2] A는 영국 중앙은행(BANK OF ENGLAND)에서 1971년에 발행한 5파운드화 권종을 스캐너 등을 사용하여 10만 파운드화로 위조하였는데, 이는 일반 모조지 위에 5파운드화 특유의 도안(앞면: 여왕의 초상화, 두 마리 말이 끄는 전차와 천사 등, 뒷면: 웰링턴 공작의 상반신, 전쟁 중에 싸우는 군인들)이 표시되어 있고 그 전면에 영국 중앙은행이 그 소지자에게 10만 파운드를 지급할 것을 약속하는 내용("BANK OF ENGLAND, I PROMISE TO PAY THE BEARER ON DEMAND THE SUM OF ONE HUNDRED THOUSAND POUNDS …")과 함께 위 은행 총재(CHIEF CASHIER)의 서명이 인쇄되어있다. 그러나 영국 중앙은행은 10만 파운드화 권종을 발행하거나 유통시킨 사실이 없고, 영국에서 강제통용력이 없음은 물론 국내에서 유통되지도 않았다. 甲이 이를 사용한 경우 그의 죄책은?

A의 행위가 내국유통외국통화위조죄(제207조 제2항)나 외국통용외국통화위조죄(제207조 제3항)에 해당하는지가 문제된다. A가 제작한 10만 파운드화는 외국에서 통용하는 외국의 화폐(제207조 제3항)나 국내에서 유통하는 외국의 화폐(제207조 제2항)에 해당하지 않는다. 따라서 甲이 이를 행사하더라도 위조통화행사죄(제207조 제4항)는 성립하지 않는다. 다만 대법원[17]은 "비록 위 10만 파운드화가 영국 지폐의 외관을 갖고 있다고 하더라도, 영국 중앙은행 "CHIEF CASHIER"의 의사의 표현으로서 그 내용이 법률상 또는 사회생활상 의미있는 사항에 관한 증거가 될 수 있는 것이므로, 형법상 문서에 관한 죄의 객체인 '문서 또는 도화'에 해당한다고 판단하였다. 따라서 甲이 이를 행사한 행위는 위조사문서행사죄(제234조, 제231조)에 해당한다.

본죄는 외국통화가 내국에서 유통하지 않는 경우에만 보충적으로 성립하므로, 내국유통외국통화위조·변조죄에 대하여 보충관계에 있다. 따라서 외국에서 통용하는 외국통화가 국내에서도 유통하는 때에는 내국유통외국통화위조·변조죄만 성립하며, 외국통용외국통화위조·변조죄는 별도로 성립하지 않는다.

V. 위조·변조통화행사등죄

제207조 제4항(위조·변조통화행사등): 위조 또는 변조한 전3항 기재의 통화를 행사하거나 행사할 목적으로 수입 또는 수출한 자는 그 위조 또는 변조의 각죄에 정한 형에 처한다.

1. 의의

본죄는 위조 또는 변조한 통화를 행사하거나 행사할 목적으로 수입 또는 수출함

---

17) 대법원 2013. 12. 12. 선고 2012도2249 판결.

으로써 성립하는 범죄이다.

2. 성립요건

① **객체**: 본죄의 객체는 위조 또는 변조한 "전3항 기재의 통화", 즉 내국통화, 내국유통외국통화, 외국통용외국통화 등이다.

② **행위**: 행위는 행사하거나 행사할 목적으로 수입 또는 수출하는 것이다. '행사'란 위조·변조한 통화를 진정한 통화로 유통시키는 것을 말한다. 여기서 '유통'은 통화가 행위자의 점유를 떠나 타인이 그 점유를 취득하거나 사실상 취득할 수 있는 상태[18)]에 이르면 인정된다. 따라서 위조통화(위화)로 물건을 구입하면서 가게주인에게 이를 교부하면 기수에 이르며, 그가 설령 곧바로 위화라는 사실을 인식하더라도 본죄의 성립에 지장이 없다. 그러나 상대방이 위화라는 사실을 알고 이를 받지 않았다면 본죄의 미수범이 성립한다. 자판기에 위조통화를 넣거나 도박판에서 위화를 도박자금으로 거는 행위도 행사에 해당한다. 그러나 행위자가 자신의 신용력을 과시하기 위하여 타인에게 위화를 보이는 경우에는 아직 상대방이 이를 취득하거나 사실상 취득할 수 있는 상태에 있는 것은 아니므로 행사에 해당하지 않는다.[19)]

> [예 1-1] 甲은 乙의 부탁을 받고 위조통화가 들어있는 가방을 2년가량 보관하고 있다가 꺼림칙한 생각이 들어 그 가방을 고속도로의 휴게소에 있는 쓰레기통에 버리고 나왔다. 甲에 대하여 위조통화행사죄가 성립하는가?

> 본죄에서 '행사'는 위조통화가 행위자의 점유를 떠나 타인이 이를 취득한 경우는 물론, 타인이 이를 사실상 취득할 수 있는 상태에 이른 경우도 포함한다. 甲은 위조통화가 들어있는 가방을 쓰레기통에 버림으로써 타인이 이를 발견하고 진정한 통화로 유통시킬 수 있는 위험을 야기하였으므로 그의 행위는 위조통화행사죄에 해당한다.[20)]

행사는 위조·변조한 통화에 대한 점유가 행위자로부터 타인, 즉 행위자 이외의 자의 점유로 이전될 것을 요하므로 공동정범 사이에 점유가 이전되는 것은 행사에 해당하지 않는다.[21)]

그리고 행사는 위조·변조된 통화를 '진정한 통화'로 유통시키는 것을 말한다. 위화임을 모르는 자에게 교부한 경우뿐만이 아니라[22)] 위화임을 알고 있는 자에게 이

---

18) 김일수/서보학, 각론, 687면.
19) 대법원2012. 3. 29. 선고 2011도7704 판결. 이에 대하여 위조유가증권행사죄(제217조)에서 '행사'는 이를 유통시키는 경우는 물론 이를 타인에게 제시한 경우도 포함한다.
20) BGHSt 35, 25 참조.
21) Sch/Sch/Stree/Sternberg-Lieben, § 146, Rn. 21.
22) 위화임을 모르는 자에게 위화를 주면서 물건을 사오라고 심부름을 시킨 경우는 고의 없는 도

를 교부한 경우도 피교부자가 이를 유통시킬 것이라는 것을 예상하고 교부하였다면 행사에 해당한다.[23]

[예 1-2] 만일 (예 1-1)에서 甲이 그 가방을 乙에게 돌려주었다면 甲의 죄책은?

위조통화행사죄에서 '행사'는 위조·변조된 통화를 '진정한 통화'로 유통시키는 것을 말하므로 통상 위화임을 모르는 자에게 교부한 경우에 인정되지만, 위화임을 알고 있는 자에게 이를 교부한 경우에도 피교부자가 이를 진정한 통화로 유통시킬 것이라는 것을 예상하고 교부하였다면 행사에 해당한다. 甲은 乙이 위화를 진정한 통화로 유통시킬 것이라는 사실을 예상하고도 이를 교부하였으므로 위조통화행사죄가 성립한다.[24]

본죄의 행위에서 '수입'은 위조·변조된 통화를 국외에서 국내로 반입하는 것을 말한다. 기수시기는 선박이나 항공기가 육지에 도착한 시점, 즉 양륙시이다.[25] '수출'은 위조·변조된 통화를 국내에서 국외로 반입하는 것을 말한다. 기수시기는 선박이나 항공기가 육지를 떠난 시점, 즉 이륙시이며 영해나 영공을 이탈할 것을 요하지 않는다.[26]

③ 주관적 구성요건: 행사죄는 목적범이 아니므로 주관적 구성요건이 성립하기 위해서는 위조·변조한 통화를 행사한다는 고의만 있으면 되며, 이는 미필적 고의로 족하다.

[예 2] 위의 (예 1-1)에서 甲에게 고의가 인정되는가?

'행사'에 대한 고의는 미필적 고의로 족하다.[27] 甲은 그가 버린 가방을 타인이 발견하고 이를 진정한 통화로 유통시킬 수 있다는 가능성을 인식하였으면서도 이를 묵인하였으므로 미필적 고의가 인정된다.

본죄의 고의는 위조통화를 취득할 당시에 위조임을 알고 있을 것을 요한다. 따라서 취득시에는 위조임을 모르고 취득하였다가 후에 이를 알고 행사한 경우에는 본죄가 성립하는 것이 아니라, 감경적 구성요건인 위조통화취득후 지정행사죄(제210조)가

구를 이용한 간접정범에 해당하므로 위화를 준 행위는 간접정범의 실행의 착수에 해당하며, 그 도구가 위화를 지불한 때에 기수가 성립한다(김일수/서보학, 각론, 687면; 임웅, 각론, 657면).
23) "위조통화임을 알고 있는 자에게 그 위조통화를 교부한 경우에 피교부자가 이를 유통시키리라는 것을 예상 내지 인식하면서 교부하였다면, 그 교부행위 자체가 통화에 대한 공공의 신용 또는 거래의 안전을 해할 위험이 있으므로 위조통화행사죄가 성립한다."(대법원 2003. 1. 10. 선고 2002도3340 판결).
24) BGHSt 35, 22 f.; Sch/Sch/Stree/Sternberg-Lieben, § 146, Rn. 22 참조.
25) 다수설: 예컨대 김일수/서보학, 각론, 687면 이하; 배종대, 각론, 690면; 정성근/박광민, 각론, 682면.
26) 다수설: 예컨대 김일수/서보학, 각론, 687면 이하; 배종대, 각론, 690면.
27) BGHSt 35, 26.

성립한다. 본죄는 목적범이 아니므로 행사할 목적 없이 이를 취득하였더라도 취득시에 위화임을 알았다면, 후에 행사할 목적이 생겨 이를 행사한 경우에는 위조통화행사죄가 성립한다.[28]

수입·수출죄는 행사죄와는 달리 목적범이므로 고의 이외에도 '행사할 목적'이 있어야 한다.

3. 죄수

① 통화위조죄와의 관계: 통화를 위조하고 이를 행사한 때에는 통화위조죄와 위조통화행사죄의 경합범이 성립한다.[29]

② 사기죄와의 관계: 위조통화를 행사하여 물건을 구입한 경우 본죄가 성립하는 외에 사기죄가 성립한다. 위조통화의 행사는 사기의 수단으로 행하여진 것이므로 양죄는 상상적 경합관계에 있다.[30]

VI. 위조·변조통화 취득죄

> **제208조(위조·변조통화취득)**: 행사할 목적으로 위조 또는 변조한 제207조 기재의 통화를 취득한 자는 5년 이하의 징역 또는 1천500만원 이하의 벌금에 처한다.

'취득'이란 위조·변조된 통화를 자기의 점유로 이전하는 일체의 행위를 말한다.[31] 여기서 '자기의 점유'란 행위자가 위조통화를 자유로이 처분하겠다는 의사를 가지고 점유하는 것을 말하므로, 이러한 처분의사 없이 단지 타인을 위하여 전달하겠다는 의사로 점유하는 경우(타주점유: Fremdbesitz)는 취득에 해당하지 않는다.[32]

---

28) 임웅, 각론, 658면.
29) 다수설: 예컨대 김성천/김형준, 각론, 656면; 박상기, 각론, 500면; 정성근/박광민, 각론, 683면; . 이에 대하여 통화위조죄와 위조통화행사죄의 상상적 경합이 된다고 보는 견해(배종대, 각론, 690면)와 통화위조죄 1죄만이 성립(법조경합 중 보충관계)한다고 보는 견해(김일수/서보학, 각론, 687면 이하; 임웅, 각론, 658면)이 있다.
30) 다수설: 예컨대 김일수/서보학, 각론, 689면; 박상기, 각론, 500면; 배종대, 각론, 690면; 임웅, 각론, 658면; 정성근/박광민, 각론, 683면. 이에 대하여 판례(대법원 1979. 7. 10. 선고 79도840 판결)는 양죄는 보호법익을 달리한다는 이유로 양죄의 실체적 경합을 인정한다. 양죄는 보호법익을 달리한다는 점은 타당하나, 1개의 행위에 의하여 서로 다른 2개의 법익이 침해된 것이므로 상상적 경합으로 보는 견해가 타당하다.
31) 김일수/서보학, 각론, 690면; 배종대, 각론, 691면; 임웅, 각론, 659면.
32) BGHSt 3, 156; 44, 62; Sch/Sch/Stree/Sternberg-Lieben, § 146, Rn. 15.

> [예 3] 甲은 위조통화를 구입하려고 하는 乙의 부탁을 받고 통화를 위조한 丙으로부터 위조지폐 10장을 견본으로 건네받아 몇 시간 후에 바로 乙에게 우편을 통하여 전달하여 주었다. 乙은 위조통화를 행사할 목적으로 취득하였다. 甲의 죄책은?

乙에 대하여는 위조통화취득죄가 성립한다.[33] 문제는 甲이 丙으로부터 위조통화를 건네받아 이를 乙에게 전달한 행위가 위조통화취득죄 및 동행사죄의 정범이 되는가 아니면 乙의 위조통화취득죄에 대한 방조범만이 성립하는가이다. 甲은 위조통화에 대한 처분의사가 없이 단지 丙의 부탁을 받고 이를 일시적으로 건네받아 전달하여준 것에 불과하므로 위조통화취득죄는 성립하지 않으며, 다만 乙의 위조통화취득죄에 대한 방조범만이 성립한다.[34] 그리고 甲은 방조범으로서 위조통화에 대한 처분권을 취득한 것은 아니므로 乙에게 위조통화를 전달한 행위도 위조통화행사죄를 구성하지는 않는다.[35]

취득이 유상인가 무상인가의 여부나 취득의 방법은 문제되지 않는다. 따라서 무상으로 취득하거나 범죄행위를 통하여 취득한 경우도 여기에 해당한다. 절도나 사기 등의 범죄행위를 통하여 위조통화를 취득한 경우에는 본죄만 성립하며 절도죄나 사기죄가 성립하지 않는다. 왜냐하면 위조통화는 소유가 금지된 금제품이므로 절도죄나 사기죄의 객체인 '타인의' 재물에 해당하지 않기 때문이다.[36] 위조통화를 보관하던 자가 이를 횡령한 경우에는 점유의 이전이 없으므로 횡령행위 자체가 '취득'에 해당하지는 않으며,[37] 위조통화는 소유가 금지된 금제품이므로 횡령죄는 성립하지 않는다.[38]

VII. 위조통화취득후 지정행사죄

> 제210조(위조통화 취득 후의 지정행사) 제207조에 기재한 통화를 취득한 후 그 사정을 알고 행사한 자는 2년 이하의 징역 또는 500만원 이하의 벌금에 처한다.

---

33) 여기서 乙은 丙으로부터 위조통화를 취득한 것이지, 甲으로부터 취득한 것은 아니다. 공범사이, 즉 甲과 乙 사이에서는 위조통화의 행사나 취득은 성립하지 않는다
34) BGHSt 44, 63.
35) Sch/Sch/Stree/Sternberg-Lieben, § 146, Rn. 27.
36) 제1편 제7장 제2절 II 1 (1) (가) ② 참조.
37) 다수설: 배종대, 각론, 691면; 오영근, 각론, 698면; 임웅, 각론, 659면; 정성근/박광민, 각론, 684면. 이에 대하여 행사의 목적이 있는 경우에는 횡령이 취득에 해당한다는 견해는 김일수/서보학, 각론, 690면. 횡령행위 자체가 취득에는 해당하지 않지만 행사할 목적으로 위조통화를 보관한 것이라면 보관행위가 취득에 해당할 수 있으며, 횡령행위를 통하여 위조통화를 행사하였다면 위조통화행사죄가 성립할 수는 있다.
38) 위조통화가 재산범죄의 객체가 된다고 보는 견해에 의하더라도 이는 불법원인급여물이므로 횡령죄는 성립하지 않는다.

본죄는 위조·변조한 통화임을 모르고 취득한 후에 그 정을 알고도 행사함으로써 성립하는 범죄이다. 처음부터 위화임을 알고 이를 행사할 목적으로 취득하여 행사한 경우에는 위조통화취득죄와 위조통화행사죄가 성립한다. 본죄에서 취득은 위조통화취득죄의 경우와 마찬가지로 유상인가 무상인가의 여부나 취득의 방법은 문제되지 않는다. 따라서 범죄행위를 통하여 취득한 경우도 여기에 해당한다.[39]

본죄는 위조통화행사죄의 감경적 구성요건이다. 위조통화임을 모르고 취득하였다고 후에 이를 알게 된 경우에 책임, 즉 위조통화를 행사하지 않을 것에 대한 기대가능성이 감소된다는 점을 고려하여 위조통화행사죄에 비해 가볍게 처벌되는 것이다.

> [예 4] 甲은 길에서 우연히 지폐를 주었는데, 그의 친구 乙이 이를 자세히 살펴본 결과 위조통화임을 알게 되었다. 甲은 두려운 마음이 생겨 이를 사용하지 않으려고 하였으나 乙이 甲을 위하여 대신 사용해 주겠다고 제의하자 이를 수락하였다. 乙은 편의점에 가서 직원 丙에게 위조통화를 지불하여 담배를 사고 거스름돈을 받아 이를 甲에게 주었다. 甲, 乙의 죄책은?

甲은 위조통화임을 모르고 이를 취득하여 담배를 샀으므로 위조통화취득후 지정행사죄와 사기죄의 상상적 경합이 성립한다.[40] 문제는 乙에 대하여 공동정범과 방조범 가운데 어느 것이 성립할 것인가이다. 위조통화취득후 지정행사죄에서 말하는 '취득'은 위조통화에 대한 고의나 자기를 위한 처분의사를 요하지 않으므로, 乙이 자신을 위한 처분의사 없이 甲을 위하여 행사한 경우에도 본죄의 성립에 영향이 없다.[41] 그리고 사기죄에서 불법이득의사는 제3자에게 이익을 취득하게 하려는 의사도 포함하므로 乙이 甲을 위하여 기망을 한 경우에도 사기죄 성립에 지장이 없다. 乙은 위조통화를 행사하여 丙을 기망함으로써 자신이 직접 위조통화취득후 지정행사죄와 사기죄의 구성요건을 실현하였으므로 정범에 해당한다. 요컨대 甲과 乙은 위조통화취득후 지정행사죄와 사기죄의 공동정범이 된다.

VIII. 통화유사물제조등죄

> 제211조 제1항(통화유사물제조 등): 판매할 목적으로 내국 또는 외국에서 통용하거나 유통하는 화폐, 지폐 또는 은행권에 유사한 물건을 제조, 수입 또는 수출한 자는 3년 이하의 징역 또는 700만원 이하의 벌금에 처한다.
> 동조 제2항(통화유사물판매): 전항의 물건을 판매한 자도 전항의 형과 같다.

---

39) 이에 대하여 본죄에서 '취득'은 적법한 취득에 국한하며, 절도, 사기 등의 재산범죄에 의하여 취득한 후에 위화임을 알고 행사한 경우에는 책임감경적 심정가치를 인정할 수 없으므로 위조통화행사죄가 성립한다고 보는 견해(김일수/서보학, 각론, 693면 이하)가 있다.
40) 판례(대법원 1979. 7. 10. 선고 79도840 판결)의 견해에 의하면 양죄의 실체적 경합범이 성립할 것이다.
41) Wessels, BT-1, S. 189.

① 의의: 본죄는 판매할 목적으로 내국 또는 외국에서 통용하거나 유통하는 화폐, 지폐 또는 은행권에 유사한 물건을 제조, 수입 또는 수출하거나, 이를 판매함으로써 성립하는 범죄이다. 통화유사물제조·수입·수출죄는 판매할 목적이 있을 것을 요하므로 목적범이며, 통화유사물판매죄는 이러한 목적이 있을 것을 요하지 않으므로 목적범이 아니다.

② 객체: 본죄의 객체는 통화유사물이다. '통화유사물'이란 통화와 유사한 외관을 갖추었으나, 일반인이 진화로 오인할 정도에는 이르지 않은 모조품을 말한다. 일반이이 진화로 오인할 정도의 외관을 갖춘 경우에는 위조통화가 된다.

③ 행위: '수입·수출'은 위조통화행사등죄에서 설명한 것과 같다. '판매'는 유상으로 양도하는 것을 말한다. 통화유사물을 무상으로 양도하는 행위는 - 위조통화를 무상으로 양도하는 경우에도 위조통화행사죄가 성립하는 것과는 달리 - 범죄를 구성하지 않는다. '판매'는 불특정다수인을 상대로 하건, 특정소수인을 상대로 하건 불문한다. 따라서 1인을 상대로 통화유사물을 판매한 경우에도 본죄가 성립한다.[42]

IX. 미수, 예비·음모

> **제212조(미수범)**: 제207조, 제208조와 전조의 미수범은 처벌한다.
>
> **제213조(예비, 음모)**: 제207조 제1항 내지 제3항의 죄를 범할 목적으로 예비 또는 음모한 자는 5년 이하의 징역에 처한다. 단 그 목적한 죄의 실행에 이르기 전에 자수한 때에는 그 형을 감경 또는 면제한다.

통화위조죄·위조통화취득죄의 미수범과 통화위조죄의 예비·음모는 처벌된다. 예비에 대한 방조가 처벌되는가에 대하여는 견해가 일치하지 않는다. 예비의 교사(교사미수)에 대하여는 처벌규정(제31조 제2항)있지만, 예비의 방조에 대하여는 처벌규정이 없으므로 부정설[43]이 타당하다.

실행의 착수에 이르기 전에 자수한 때에는 형의 필요적 감면사유가 된다.

---

42) 김일수/서보학, 각론, 695면; 오영근, 각론, 701면; 임웅, 662면.
43) 판례(대법원 1975.5. 25. 선고 75도1549 판결) 및 다수설(임웅, 각론, 663면; 정성근/박광민, 각론, 687면 이하). 이에 대하여 긍정설을 주장하는 견해는 김일수/서보학, 각론, 697면; 진계호, 각론, 544면. 예비죄의 법적 성질에 관하여 발현형식설을 주장하는 견해는 부정설을 취하며, 독립범죄설을 주장하는 견해는 주로 긍정설을 취한다. 그러나 독립범죄설을 취하면서도 예비의 방조는 불법의 정도가 매우 낮으므로 불가벌이라고 보는 견해(배종대, 각론, 692면)도 있다.

제2절 유가증권·우표와 인지에 관한 죄

I. 서론

1. 의의 및 보호법익

유가증권에 관한 죄는 행사할 목적으로 유가증권을 위조, 변조 또는 허위작성하거나 이를 행사, 수입, 수출함으로써 성립하는 범죄다. 유가증권은 그 증권에 의사가 표시되어 있다는 점에서 문서로서의 성격을 지니며, 동시에 경제거래에서 유통성을 갖는다는 점에서 통화로서의 성격을 지니고 있다. 형법은 이처럼 유가증권이 양면성을 지닌다는 점을 고려하여 통화에 관한 죄(각칙 제19장 제1절)와 문서에 관한 죄(제19장 제3절) 사이에 별도로 규정(제19장 제2절)하고 있다.44) 그리고 우표와 인지는 유가증권의 일종이므로 여기에 관한 죄도 유가증권에 관한 죄와 함께 규정하고 있다.

본죄의 보호법익은 유가증권에 대한 공공의 신용과 거래의 안전이며, 보호의 정도는 추상적 위험범이다.

2. 체계

유가증권·우표와 인지에 관한 죄에는 유가증권위조등죄(제214조, 제215조), 허위유가증권작성죄(제216조), 허위유가증권등의 행사죄(제217조) 그리고 우표와 인지에 관한 죄(제218조, 제219조, 제221조, 제222조) 등 4가지 유형이 있다.

```
 * 구성요건의 체계
 ┌ 유가증권위조등죄: 유가증권위조·변조죄(제214조 제1항),
 │                 기재의 위조·변조죄(동조 제2항),
 │                 자격모용 유가증권작성죄(제215조)
 ├ 허위유가증권작성죄(제216조)
 ├ 허위유가증권등의 행사죄(제217조)
 └ 우표와 인지에 관한 죄(제218조)
```

---

44) 독일 형법은 유가증권에 관한 죄를 통화에 관한 죄와 함께 규정하고 있는데, 이는 유가증권이 경제거래에서 대량성과 강력한 유통성을 갖는다는 점에서 통화로서의 성격이 강하다는 점을 고려한 것이다.

유가증권 가운데 수표에 대하여는 부정수표단속법이 규제하고 있다. 이 법은 형법의 특별법이므로 수표의 위조·변조 등의 행위에 대하여는 동법 제5조가 적용되며, 형법 제214조 제1항의 적용은 배제된다(특별관계). 다만 수표의 기재사항의 위조·변조에 대하여는 부정수표단속법에 처벌규정이 없으므로 형법 제214조 제2항이 적용된다.

II. 유가증권위조·변조죄

> **제214조 제1항(유가증권의 위조·변조)**: 행사할 목적으로 대한민국 또는 외국의 공채증서 기타 유가증권을 위조 또는 변조한 자는 10년 이하의 징역에 처한다.
>
> **부정수표단속법 제5조(위조, 변조자의 형사책임)**: 수표를 위조하거나 변조한 자는 1년 이상의 유기징역과 수표금액의 10배 이하의 벌금에 처한다.

1. 의의

본죄는 행사할 목적으로 대한민국 또는 외국의 공채증서 기타 유가증권을 위조 또는 변조함으로서 성립하는 범죄이다.

2. 성립요건

(1) 객체

본죄의 객체는 '대한민국 또는 외국의 공채증서 기타 유가증권'이다.

(가) 공채증서

공채증서란 국가 또는 지방자치단체에서 발행하는 국채(국채법 제2조 제2호) 또는 지방채(지방자치법 제124조, 지방공기업법 제19조)를 말한다. 공채증서는 국가 또는 지방자치단체의 채무에 대한 권리를 표시하기 위하여 발행하는 증권이므로 유가증권에 해당한다.

(나) 유가증권

① 개념

유가증권이란 재산권이 화체(化體)된 증권으로서 그 권리의 행사처분에 그 증권의 점유(소지)를 필요로 하는 것을 말한다. 유가증권에는 법률상 일정한 형식을 필요로 하는 법률상의 유가증권과 법률상의 형식을 필요로 하지 않는 사실상의 유가증권이 있다. 어음, 수표, 주식, 화물상환증, 선하증권, 창고증권 등이 전자에 해당하며,

승차권,45) 상품권, 복권, 영화관람권, 공중전화카드 등이 후자에 해당한다.

[판례 1] 甲은 폐공중전화카드의 자기기록 부분에 전자정보를 기록하여 사용가능한 공중전화카드를 만들었다. 甲의 죄책은?

이 사례에서 논점은 ① 공중전화카드가 유가증권인가 그리고 ② 폐공중전화카드의 자기기록 부분에 전자정보를 기록하여 사용가능한 공중전화카드를 만든 것이 위조와 변조 가운데 어디에 해당하는가이다.

① 공중전화카드는 그 앞면에 전체 통화가능 금액과 발행인이 문자로 기재되어 있고, 뒷면의 자기(磁氣)기록 부분에는 잔여 통화가능 금액에 관한 정보가 전자적 방법으로 기록되어 있다. 이 카드에는 잔여 통화가능 금액, 즉 재산권이 화체되어 있다. 그리고 공중전화기의 카드 투입구에 공중전화카드를 투입하여 사용하므로 권리행사를 위해서는 점유를 필요로 한다. 따라서 대법원46)은 이를 유가증권으로 보았다: "공중전화카드는 문자로 기재된 부분과 자기기록 부분이 일체로써 공중전화 서비스를 제공받을 수 있는 재산상의 권리를 화체하고 있고, 이를 카드식 공중전화기의 카드 투입구에 투입함으로써 그 권리를 행사하는 것으로 볼 수 있으므로, 공중전화카드는 형법 제214조의 유가증권에 해당한다고 봄이 상당하다."

② 이미 진정하게 성립된 유가증권의 내용에 동일성을 해하지 않는 범위에서 변경을 가하는 것은 변조에 해당하지만 동일성을 해한 경우에는 변조가 아니라 위조에 해당한다. 甲이 사용이 불가능한 공중전화카드를 사용가능하게 만든 행위는 위조에 해당한다. 따라서 甲에 대하여는 유가증권위조죄가 성립한다.

유가증권은 재산권이 화체되어 있는 증권이다. 따라서 매매계약서, 영수증, 차용증과 같은 증거증권47)은 재산권이 화체되어 있지는 않으므로 유가증권이 아니다. 신용카드도 그 제시를 통하여 신용카드회원이라는 사실을 증명하거나 현금자동지급기에 주입하여 신용카드업자로부터 서비스를 받을 수 있는 증표로서의 가치를 갖는 것이지, 그 자체에 재산권이 화체되어 있는 것은 아니므로 유가증권이 아니다.48)

---

45) 개찰후의 열차승차권에 대해서는 유가증권이라는 견해(김일수/서보학, 각론, 700면 이하; 오영근, 각론, 705면)와 유가증권이 아니라 증거증권에 불과하다는 견해(배종대, 각론, 695면)가 있다. 철도승차권은 개찰후에도 운송청구권이라는 재산권이 화체되어 있으므로 유가증권이라고 보아야 한다.
46) 대법원 1998. 2. 27. 선고 97도2483 판결. 이 판례에 대한 반대견해는 오영근, 유가증권위조 해석상의 문제점, 판례월보 342호(1993.3), 36면 이하.
47) 증거증권은 권리의무관계를 증명하는 증권을 말한다. 유가증권도 증거증권이지만 재산권이 화체되어 있다는 점에서 단순한 증거증권과 구별된다.
48) 판례(대법원 1999. 7. 9. 선고 99도857 판결) 및 다수설(김일수/서보학, 각론, 702면; 배종대, 각론, 696면 이하; 임웅, 각론, 667면). 이에 대하여 신용카드가 유가증권이라고 보는 견해는 박상기, 각론, 505면; 정성근/박광민, 각론, 691면.

[판례 2-1] 신용카드업자가 발행한 신용카드는 이를 소지함으로써 신용구매가 가능하고 금융의 편의를 받을 수 있다는 점에서 경제적 가치가 있다 하더라도, 그 자체에 경제적 가치가 화체되어 있거나 특정의 재산권을 표창하는 유가증권이라고 볼 수 없고, 단지 신용카드회원이 그 제시를 통하여 신용카드회원이라는 사실을 증명하거나 현금자동지급기 등에 주입하는 등의 방법으로 신용카드업자로부터 서비스를 받을 수 있는 증표로서의 가치를 갖는 것이어서, 이를 사용하여 현금자동지급기에서 현금을 인출하였다 하더라도 신용카드 자체가 가지는 경제적 가치가 인출된 예금액만큼 소모되었다고 할 수 없으므로, 이를 일시 사용하고 곧 반환한 경우에는 불법영득의 의사가 없다.[49]

[판례 2-2] 甲은 엘칸토 양화점에서 행사할 목적으로 친구인 한국외환은행 본점근무의 乙로부터 동인가입의 동 은행소비조합이 발급한 엘칸토(주)제품 대금 30,000원짜리 구두 2족을 구입할 수 있는 신용카드 1매를 차용함을 기화로 자신이 마치 乙 본인인 것으로 가장하고 동 신용카드 1매상의 금액란에 "30,000"원으로 되어 있는 것을 볼펜으로 지우고 그 위에 "47,200+39,000원"으로 고쳐 써서 위 양화점 근무의 종업원 丙에게 제시하여 구두 2족을 구입하였다. 이 신용카드는 한국외환은행 소비조합이 그 소속 조합원에게 그의 직번(일종의 구좌번호), 구입상품명 등을 기재하여 교부하고 조합원은 이를 사용할 때 연월일, 금액 등을 기입, 제시하여 엘칸토 양화점(위 소비조합과 할부판매약정을 한 상점)에서 상품을 신용구입하고 그 양화점을 통하여 위 은행 소비조합에 이를 제출시켜 3개월마다 정산하여 조합원으로부터 수금하는 방식을 취하는 것이다. 甲의 죄책은?

(1) 유가증권변조죄

한국외환은행이 甲에게 소비조합이 발급한 신용카드가 유가증권에 해당하는지에 대하여 대법원은 이 신용카드는 "위 카드에 의해서만 신용구매의 권리를 행사할 수 있는 점에 있어서 재산권이 증권에 화체되었다고 볼 수 있으니 유가증권"[50]에 해당한다고 한다. 대법원은 위의 (판례2-1)에서 신용카드는 재산권이 화체되어 있지 않으므로 유가증권이 아니지만, (판례 2-2)에서 신용카드는 그 카드 상에 금액과 구입상품명이 기재되어 있고 조합원은 여기에 기재되어 있는 금액의 상품을 신용구매할 수 있는 재산권이 화체되어 있으므로 유가증권이라고 본 것이다.

甲이 진정으로 성립된 유가증권의 금액란에 "30,000원"으로 되어 있는 것을 권한 없이 "47,200+39,000원"으로 고쳐 써서 내용에 변경을 가한 행위는 유가증권변조죄에 해당한다.

(2) 변조유가증권행사죄 및 사기죄

甲이 변조한 유가증권을 점원 丙에게 제출한 행위는 변조유가증권행사죄에 해당하며, 자신이 마치 乙 본인인 것으로 가장하여 이를 점원 丙제에게 제출하여 그로부터 구두2족을 교부받은 행위는 사기죄에 해당한다.

---

49) 대법원 1974. 12. 14. 선고 74도294 판결.
50) 대법원 1984. 11. 27. 선고 84도1862 판결.

(3) 결론

유가증권변조죄 및 동행사죄는 실체적 경합관계에 있으며, 동행사죄와 사기죄는 상상적 경합관계에 있다.

유가증권은 그 권리의 행사·처분에 그 증권의 점유를 필요로 한다. 따라서 보통의 예금증서(예: 정기예탁금증서),[51] 예금통장, 철도수하물상환증, 휴대물예치증 등과 같이 권리행사에 점유를 필요로 하지 않는 면책증권(자격증권)[52]은 유가증권이 아니다. 그러나 양도성예금증서(CD: Certificate of Deposit)[53]는 은행이 지급을 약속한 증서로서 약속어음과 비슷하므로 유가증권이다.[54]

② 사법상 무효인 유가증권

유가증권은 사법상 유효일 것을 요하지 않는다. 무효인 유가증권도 일반인이 유효한 유가증권이라고 오신할 만한 외관을 구비한 경우에는 유가증권에 해당한다. 따라서 발행일자가 기재되지 않은 수표[55]나 대표이사의 날인이 없는 주권[56]과 같이 필요적 기재사항을 결하여 사법상 무효인 경우에도 본죄의 객체가 될 수 있다. 그러나 발행인의 날인이 없는 가계수표나 약속어음은 일반인이 진정한 것으로 오신할 정도의 형식과 외관을 갖추지 못하였으므로 유가증권에 해당하지 않는다.[57]

> [판례 3-1] "대표이사의 날인이 없어 상법상 무효인 주권이라도 발행인인 대표이사의 기명을 비롯한 그 밖의 주권의 기명을 비롯한 그 밖의 주권의 기재요건을 모두 구비하고 회사의 사인까지 날인하였다면 일반인으로 하여금 일견 유효한 주권으로 오신시킬 정도의 외관을 갖추었으므로 형법 제214조 소정의 유가증권에 해당한다."[58]

---

51) "정기예탁금증서는 예탁금반환채권의 유통이나 행사를 목적으로 작성된 것이 아니고 채무자가 그 증서 소지인에게 변제하여 책임을 면할 목적으로 발행된 이른바 면책증권에 불과하여 위 증서의 점유가 예탁금반환채권을 행사함에 있어 그 조건이 된다고 볼 수 없는 것이라면 위 증권상에 표시된 권리가 그 증권에 화체되었다고 볼 수 없을 것이므로 위 증서는 형법 제216조, 제217조에서 규정된 유가증권에 해당하지 아니한다"(대법원 1984. 11. 27. 선고 84도2147 판결).
52) 면책증권은 증권의 소지인에게 변제를 하면 소지인이 비록 정당한 권리자가 아니더라도, 악의 또는 중대한 과실이 없는 한 채무를 면하는 효력을 가진 증권을 말한다. 권리자는 증권을 점유하지 않더라도 다른 방법으로 권리자임을 증명하면 권리를 행사할 수 있으므로 권리행사를 위하여 반드시 점유가 필요한 것은 아니다. 이러한 점에서 위에서 열거한 면책증권은 유가증권이 아니다.
53) 양도성예금증서는 은행이 정기예금에 대하여 발행하는 무기명의 예금증서로 예금자는 이를 금융시장에서 자유로이 유통시킬 수 있다.
54) 김일수/서보학, 각론, 702면; 배종대, 각론, 696면; 오영근, 각론, 705면; 임웅, 각론, 667면.
55) 대법원 1973. 6. 12. 선고 72도1796 판결.
56) 대법원 1974. 12. 14. 선고 74도294 판결.
57) 대법원 1985. 9. 10. 선고 85도1501 판결; 대법원 1992. 6. 23. 선고 92도976 판결.
58) 대법원 1974. 12. 14. 선고 74도294 판결.

[판례 3-2] 甲은 乙명의로 가계수표를 위조하였는데, 그 가계수표에는 발행인의 날인이 없다. 甲의 행위는 수표위조죄(부정수표단속법 제5조)에 해당하는가?

"피고인이 위조한 것이라는 가계수표가 발행인의 날인이 없는 것이라면 이는 일반인이 진정한 것으로 오신할 정도의 형식과 외관을 갖춘 수표라 할 수 없어 부정수표단속법 제5조 소정의 수표위조의 책임을 물을 수 없다."[59]

발행자의 날인이 없어 무효인 유가증권이 본죄의 객체가 되는가는 일률적으로 정하여지는 것이 아니라, 일반인이 진정한 것으로 오신할 정도의 형식과 외관을 갖추었는가에 따라 결정된다. 위의 두 판례의 경우 모두 발행자의 날인이 없는 유가증권이라는 점에서는 같으나, (판례 3-1)에서는 유가증권위조죄의 객체가 된다고 본 반면에 (판례 3-2)에서는 수표위조죄(부정수표단속법 제5조)의 객체가 될 수 없다고 보았다. 그 이유는 전자의 경우에는 발행인의 날인 이외의 모든 기재요건이 구비되어 있고 회사의 사인(社印)까지 갖추고 있으므로 일반인이 진정한 유가증권으로 것으로 오신할 정도의 외관을 갖추었지만, 후자의 경우에는 일반인이 진정한 수표로 오신할 정도의 외관을 갖추지 못했기 때문인 것으로 보인다.

③ 유가증권의 발행인

유가증권의 발행인은 개인, 국가, 공공단체인가를 불문한다. 외국에서 유통·발행된 유가증권도 본죄의 객체가 된다. 유가증권의 명의인은 실재하는 인물일 것을 요하지 않는다. 따라서 허무인명의 또는 사자명의의 유가증권이라도 일반인이 진정하게 작성된 유가증권이라고 오신할 만한 외관을 구비한 경우에는 본죄의 객체가 된다.[60]

[예 1] 甲은 이미 사망한 乙의 명의를 임의로 도용하여 乙 명의의 약속어음을 작성하였다. 甲의 죄책은?

판례는 허무인명의의 약속어음을 발행한 경우에 "적어도 그것이 행사할 목적으로 작성되었고 외형상 일반인으로 하여금 진정하게 작성된 유가증권이라고 오신케 할 수 있을 정도라면 그 위조죄가 성립된다"고 본다.[61] 이 견해는 사자명의를 임의로 도용하여 유가증권을 발행한 경우에도 그대로 타당하다. 따라서 甲에 대해서는 유가증권위조죄가 성립한다.

[판례 4] 甲은 이미 사망한 그의 망부 乙의 명칭을 사용하여 약속어음을 발행하였다. 그런데 甲은 위 망인의 생존시 그가 경영하는 제과업을 함께 운영하면서 위 망인의 지시에 따라 국민은행 용산지점에 위 망인명의로 개설된 당좌계정을 이용하여 거래상 위 망인명

---

59) 대법원 1985. 9. 10. 선고 85도1501 판결.
60) 통설 및 판례(김일수/서보학, 각론, 702면; 배종대, 각론, 697면; 오영근, 각론, 706면; 정성근/박광민, 각론, 693면; 대법원 1971. 7. 27. 선고 71도905 판결)
61) 대법원 1971. 7. 27. 선고 71도905 판결.

의의 약속어음을 발행하여 왔고, 그가 사망한 후에는 甲이 위 제과업을 이어받아 경영하면서 약 3년간 위 당좌계정을 그대로 둔 채 위 망인명의로 약속어음 등을 발행하였다. 甲이 발행한 약속어음은 이 사건 약속어음을 제외하고는 모두 각 그 지급기일 내에 결제되어 왔으며, 이 사건 피해자 乙도 피고인이 발행하는 어음상의 명칭을 甲의 별명으로 생각하였다. 甲의 죄책은?

이 사례의 경우는 사자 乙의 명의를 임의로 도용한 것이 아니라 거래상 자기를 표시하는 명칭으로 사용한 것이라는 점에서 위의 (예 1)과는 차이가 있다. 판례는 "어음에 기재되어야 할 어음행위자의 명칭은 반드시 어음행위자의 본명에 한하는 것은 아니고 상호, 별명 그 밖의 거래상 본인을 가리키는 것으로 인식되는 칭호라면 어느 것이나 다 가능하다고 볼 것이므로 비록 그 칭호가 타인의 명칭이라도 통상 그 명칭은 자기를 표시하는 것으로 거래상 사용하여 그것이 그 행위자를 지칭하는 것으로 인식되어 온 경우에는 그것을 어음상으로도 자기를 표시하는 칭호로 사용할 수 있다 할 것이므로 피고인이 그 망부의 사망 후 그의 명의를 거래상 자기를 표시하는 명칭으로 사용하여 온 경우에는 피고인에 의한 망부 명의의 어음발행은 피고인 자신의 어음행위라고 볼 것이고 이를 가리켜 타인의 명의를 모용하여 어음을 위조한 것이라고 할 수 없다"[62)고 함으로써 유가증권위조죄의 성립을 부정하였다.

④ 유가증권의 유통성

통화는 유통성이 있을 것을 요하지만, 유가증권은 이를 요하지 않는다.[63) 따라서 유통성이 없는 승차권,[64) 경마투표권도 유가증권에 해당한다.

(2) 행위

본죄의 행위는 위조 또는 변조이다. 여기서 위조·변조는 기본적 증권행위(발행행위)에 대한 것을 말하며, 배서·인수보증과 같은 부수적 증권행위의 기재사항을 위조·변조하는 기재의 위조·변조(제214조 제2항)와는 구분된다.

(가) 위조

위조란 작성권한 없는 자가 타인명의의 유가증권을 작성하는 것을 말한다. 따라서 대리권의 범위 안에서 유가증권을 작성하는 경우에는 본죄는 성립하지 않는다. 위조

---

62) 대법원 1982. 9. 28. 선고 82도296 판결.
63) 통설 및 판례(대법원 1984. 11. 27. 선고 84도1862 판결; 1995. 3. 14. 선고 95도20 판결; 배종대, 각론, 695면; 임웅, 각론, 666면).
64) 개찰 전의 철도승차권이 유가증권이라는 점에는 견해가 일치하지만 개찰 후의 철도승차권에 대하여는 이를 유가증권이 아니라 증거증권에 불과하다는 견해(배종대, 각론, 696면)와 개찰 후에도 운송청구권이라는 재산권을 표창하므로 유가증권이라는 견해(김일수/서보학, 각론, 700면 이하; 오영근, 각론, 705면)가 있다.

의 방법에는 제한이 없다. 예컨대 백지어음의 보충란에 보충권을 남용하여 금액을 부당하게 보충기재한 경우,65) 찢어서 폐지로 된 타인 발행명의의 약속어음을 조합하여 어음의 외형을 갖춘 경우,66) 타인이 위조한 백지의 약속어음을 구입하여 공란으로 되어있는 액면란에 액수를 기재하여 이를 완성한 경우67) 등이 위조에 해당한다.

[판례 5-1] 甲은 乙이 액면 금 35,290,000원으로 된 수표를 발행하면서 그 이자 상당액을 담보하기 위하여 금액란을 백지로 하여 교부한 수표의 금액란을 그 금원의 10배 상당인 금 352,900,000원으로 보충하였다. 甲의 죄책은?

대법원은 "금액란이 백지인 수표의 소지인이 보충권을 남용하여 그 금액을 부당보충하는 행위가 백지 보충권의 범위를 초월하여 발행인의 서명날인이 있는 기존의 수표용지를 이용한 새로운 수표를 발행하는 것에 해당하여 유가증권위조죄를 구성한다"고 보았다.68) 대법원은 이전의 판례에서도 백지 보충권의 범위를 초월하여 "약속어음의 액면금액란에 자의로 합의된 금액의 한도를 엄청나게 넘는 금액을 기입하는 것"은 유가증권위조에 해당한다고 보았다.69) 다만 아래의 (판례 5-2)에서 보는 바와 같이 보충권의 범위를 초월하였다는 이유만으로 일률적으로 본죄가 성립하는 것이 아니라 보충권일탈의 정도, 보충권행사의 원인 및 경위 등을 고려하여 본죄의 성립여부를 판단한다.

[판례 5-2] 甲은 자신이 신축하는 목욕탕 및 여관 건물의 설비공사에 관하여 수급인인 乙이 경영하는 회사의 귀책사유로 인하여 입게 될 모든 손해를 담보하기 위하여 백지어음을 교부받았는데, 이 백지어음은 乙이 甲에게 그 손해상당액을 액면금으로 보충하여 유통시킬 수 있는 보충권을 수여하여 발행, 교부한 것이다. 그런데 설비공사를 하면서 乙의 귀책사유로 누수하자가 발생하였으나 乙이 甲의 하자보수청구를 거절하자 甲은 스스로 하자보수공사를 하고, 누수하자 등으로 인한 손해배상액을 6,470만원으로 산정하여 백지어음에 액면금을 6,470만원으로 보충하여 이를 유통시키고, 丙으로부터 할인금명목의 금원을 교부받았다. 그런데 甲이 산정한 손해배상액 6,470만원에 대해서는 乙과 다툼이 있었으며, 실제로 甲이 산정하여 백지어음에 보충한 액면금은 실제로 입은 손해액의 상당범위를 넘는 것으로 밝혀졌다. 甲의 죄책은?

위의 (판례 5-1)에서 본 바와 같이 백지어음에 대한 보충권남용행위는 유가증권위조죄을 구성하며, 이를 정당하게 보충된 약속어음인 것처럼 상대방에게 제시하여 할인명목의 돈을 교부케 한 행위는 위조유가증권행사죄 및 사기죄를 구성한다.70) 문제는 이 사례의 경

---

65) 대법원 1972. 6.13. 선고 72도897 판결; 대법원 1999. 6. 11. 선고 99도1201 판결.
66) 대법원 1976. 1. 27. 선고 74도3442 판결.
67) 대법원 1982. 6. 22. 선고 82도677 판결.
68) 대법원 1999. 6. 11. 선고 99도1201 판결.
69) 대법원 1972. 6. 13. 선고 72도897 판결.
70) 이 경우 대법원은 유가증권위조죄와 동행사죄 그리고 사기죄는 실체적 경합에 있다고 본다.

우와 같이 보충권의 한도 자체가 불명확하여 여기에 대하여 당사자 사이에 다툼이 있고 보충권일탈의 정도도 중대하지 않은 경우에도 보충권남용으로서 유가증권위조죄가 성립하는가이다. 이 점에 대하여 대법원은 "그 보충권의 한도 자체가 처음부터 일정한 금액 등으로 특정되어 있지 아니하고 그 행사방법에 대하여도 특별한 정함이 없어서 다툼이 있는 경우에는 결과적으로 보충권의 행사가 그 범위를 일탈하게 되었다 하더라도 그 점만 가지고 바로 백지보충권의 남용 또는 그에 대한 범의가 있다고 단정할 수는 없다 할 것이고 그 보충권일탈의 정도, 보충권행사의 원인 및 경위 등에 관한 심리를 통하여 신중히 이를 인정하여야 할 것"이라고 한다.

대법원은 甲의 죄책에 대하여 "고소인(乙)에게도 이 사건 분쟁의 근본원인인 위 부실공사나 공사지연의 일부 귀책사유가 있었던 것이고 그로 말미암아 피고인(甲)이 실제로 상당액의 수리비용을 지출하는 등 손해를 입고 있었으며 당사자 사이에 그 책임의 존부나 범위에 관하여 다툼이 있는 중에 피고인은 나름대로의 근거를 내세워 고소인에게 그 하자보수의 이행 등을 독촉하다가 끝내 고소인이 이에 응하지 아니하자 이 사건 어음보충행위에 이르게 되었다면 고소인이 민사상 그 손해배상채무액에 대한 별도의 확정절차를 거쳐서 이 사건 어음금과의 정산을 볼 수 있는 것은 별론으로 하고 피고인이 위 어음을 보충한 것이 백지보충권남용에 해당되고 나아가 이에 대한 범의가 있었다고 단정하여 피고인에게 형사책임을 지우기는 어렵다"고 함으로써 유가증권위조 및 동행사죄와 사기죄의 성립을 인정한 원심을 파기하였다.[71]

(나) 변조

변조란 권한 없는 자가 이미 진정하게 성립된 타인명의의 유가증권의 내용에 동일성을 해하지 않는 범위에서 변경을 가하는 것을 말한다. 동일성을 해한 경우에는 변조가 아니라 위조에 해당한다. 예컨대 어음의 발행일자, 액면, 지급지의 주소 등을 변경하는 것이 변조에 해당한다. 그러나 유가증권의 용지에 필요적 사항[72]을 기재하

그러나 다수설은 유가증권위조죄와 동행사죄는 실체적 경합관계에 있으며, 동행사죄와 사기죄는 상상적 경합의 관계에 있다고 본다. 유가증권위조죄와 동행사죄의 관계에 대하여는 사문서위조죄와 동행사죄의 관계에 대한 설명이 그대로 타당하다.

71) 대법원 1989. 12. 12. 선고 89도1264 판결.
72) 환어음의 필요적 기재사항
  어음법 제1조(어음요건) 환어음에는 다음의 사항을 기재하여야 한다.
  1. 증권의 본문 중에 그 증권의 작성에 사용하는 국어로 환어음임을 표시하는 글자
  2. 조건 없이 일정한 금액을 지급할 것을 위탁하는 뜻
  3. 지급인의 명칭
  4. 만기
  5. 지급지
  6. 지급받을 자 또는 지급받을 자를 지시할 자의 명칭
  7. 발행일과 발행지

거나 이미 실효된 유가증권을 가공하는 것은 새로운 유가증권을 작성하는 것이므로 위조에 해당한다.

변조는 진정하게 성립된 타인명의의 유가증권에 변경을 가하는 것을 말한다. 따라서 권한 없는 자에 의하여 이미 변조된 부분을 다시 권한 없이 변경하거나[73] 자기명의의 유가증권에 변경을 가하는 것은 변조에 해당하지 않는다.[74] 다만 그 유가증권이 타인소유인 경우에는 손괴죄가 성립할 수 있다.

[판례 6] S 주식회사의 공동대표이사 甲, 乙은 자신이 발행한 주권 400매의 기재사항 가운데 주주란에 고무명판으로 압날·기명된 "A"를 면도칼로 지우고 그 위에 흑색싸인펜으로 "B"로 기재하고, 양도·양수인 기명·조인란(調印欄)에 B로부터 甲, 乙이 위 주권 400매를 공동배서받은 양 기재날인하여 행사하였다. 甲, 乙 죄책은?

대법원은 甲, 乙은 "대표자의 자격에서 그 대표권에 기하여 작성한 것이므로 ... 그 대표명의의 주권에 무단히 변경을 가한 후 이를 행사하였다고 하더라도 문서손괴죄 등에 해당됨은 별론으로 하고 유가증권변조죄 및 그 행사죄를 구성한다고 할 수 없다"고 보았다. 그리고 설령 甲, 乙이 대표권을 남용하여 주권의 기재사항을 변경하였더라도 "회사의 대표이사로서 주권작성에 관한 일반적인 권한을 가지고 있다고 할 것이므로 설사 동인들이 대표권을 남용하여 자기 또는 제3자의 이익을 도모할 목적으로 그들 대표 명의의 주권의 기재사항에 변경을 하였다 하여도 이는 본인인 위 회사와의 간에 있어서의 내부관계에 지나지 아니하고 주권발행에 관한 대외적 관계에서는 아무런 영향이 없다 하겠으므로 그 행위가 유가증권변조죄를 구성한다고 할 수 없다"고 보았다.[75]

변조는 이미 진정하게 성립된 타인명의의 유가증권의 내용을 권한 없는 자가 변경하는 것을 말하므로 자기명의의 유가증권에 변경을 가하는 것은 변조에 해당하지 않는다. 다만 그 주권이 타인소유라면 문서손괴죄가 성립할 수 있지만, 그 주권이 자기소유라면 손괴죄도 성립하지 않는다.

(3) 주관적 구성요건

본죄의 주관적 구성요건은 고의 및 '행사할 목적'이다. 여기서 행사 목적이란 위조·변조된 유가증권을 진정한 것으로 사용할 목적을 말한다. 이에 대하여 수표위조·변조에 의한 부정수표단속법 제5조 위반죄의 주관적 구성요건은 고의로 족하며 행사할 목적을 요하지 않는다.

---

8. 발행인의 기명날인 또는 서명
73) 대법원 2012. 9. 27. 선고 2010도15206 판결.
74) 대법원 1978. 11. 14. 선고 78도1904 판결.
75) 대법원 1980. 4. 22. 선고 79도3034 판결.

[판례 7-1] "유가증권위조·변조죄에 관한 형법 제214조 제1항은 '행사할 목적으로 대한민국 또는 외국의 공채증서 기타 유가증권을 위조 또는 변조한 자는 10년 이하의 징역에 처한다'라고 규정하고 있는 반면, 수표위조·변조죄에 관한 부정수표단속법 제5조는 '수표를 위조 또는 변조한 자는 1년 이상의 유기징역과 수표금액의 10배 이하의 벌금에 처한다'라고 규정하고 있는바, 이러한 부정수표단속법 제5조의 문언상 본조는 수표의 강한 유통성과 거래수단으로서의 중요성을 감안하여 유가증권 중 수표의 위·변조행위에 관하여는 범죄성립요건을 완화하여 초과주관적 구성요건인 '행사할 목적'을 요구하지 아니하는 한편 형법 제214조 제1항 위반에 해당하는 다른 유가증권위조·변조행위보다 그 형을 가중하여 처벌하려는 취지의 규정이라 해석해야 할 것이다."76)

[판례 7-2] 甲은 2002. 8. 27. 수원시 (주소 1 생략)에 있는 '○○○'라는 어음수표 할인 사채업 사무실에서 공소외인으로부터 견질용으로 받은 당좌수표 1장[중소기업은행 △△△ 지점 (수표번호 생략)]의 배서인란에 임의로 '수원시 (주소 2 생략), 2002. 5. 16. 공소외인'이라고 기재하였다. 甲의 죄책은?

형법 제214조는 기본적 증권행위에 관한 위조·변조(동조 제1항)와 부수적 증권행위에 관한 위조·변조(동조 제2항)를 구분하여 규정하고 있다. 이에 대하여 부정수표 단속법 제5조는 양자를 구분하지 않고 에서 기본적 증권행위와 부수적 증권행위를 나누어 규정하고 있지 않고 있다. 여기서 문제되는 점은 甲이 공소외인의 명의를 모용해서 수표의 배서를 위조한 경우에도 부정수표 단속법 제5조의 수표위조에 해당하는가이다.

원심법원은 이를 긍정하였으나 대법원77)은 다음과 같은 이유에서 이를 부정하였다:

"구 부정수표 단속법 제5조는 유가증권에 관한 형법 제214조 제1항 위반행위를 가중처벌하려는 규정이므로, 그 처벌범위가 지나치게 넓어지지 않도록 제한적으로 해석할 필요가 있다. 따라서 구 부정수표 단속법 제5조에서 처벌하는 행위는 수표의 발행에 관한 위조·변조를 말하고, 수표의 배서를 위조·변조한 경우에는 수표의 권리의무에 관한 기재를 위조·변조한 것으로서, 형법 제214조 제2항에 해당하는지 여부는 별론으로 하고 구 부정수표 단속법 제5조에는 해당하지 않는다."

(4) 죄수

유가증권위조·변조죄의 죄수는 유가증권수를 기준으로 결정한다. 따라서 2매의 유가증권을 위조한 때에는 2개의 유가증권위조죄가 성립한다. 다만 동일 일시와 장소에서 2매의 유가증권을 위조하였다면 2죄의 상상적 경합이 성립한다.78) 그러나 1매의 유가증권에 수개의 위조를 행한 때에는 포괄일죄가 성립한다. 유가증권을 위조

---

76) 대법원 2008. 2. 14. 선고 2007도10100 판결.
77) 대법원 2019. 11. 28. 선고 2019도12022 판결.
78) 배종대, 각론, 699면; 정성근/박광민, 각론, 676면.

하여 이를 행사한 경우에는 유가증권위조죄 및 동행사죄의 실체적 경합이 성립한다.79)

[판례 8] 甲은 乙 명의로 약속어음 2매를 위조하여 이를 마치 진정한 약속어음인 것처럼 속여 기왕의 물품대금 채무의 변제를 위하여 이를 채권자 丙에게 교부하였다. 甲의 죄책은?

甲에 대하여는 유가증권위조죄가 성립한다. 본죄의 죄수에 관하여 대법원은 "유가증권위조죄의 죄수는 원칙적으로 위조된 유가증권의 매수를 기준"으로 정하여야 하므로 약속어음 2매의 위조행위는 실체적 경합관계에 있다고 보았다. 만일 甲이 동일 일시와 장소에서 2매의 유가증권을 위조한 것이라면 양죄는 상상적 경합의 관계에 있다고 보아야 할 것이다. 甲이 위조어음을 丙에게 교부한 행위는 위조유가증권행사죄에 해당한다. 유가증권위조죄와 동행사죄는 실체적 경합관계에 있다.
그리고 甲에 대하여 사기죄가 성립하는가에 대하여 위조된 어음을 교부하였더라도 "어음이 결제되지 않는 한 물품대금 채무가 소멸되지 아니하므로 결국 사기죄는 성립되지 않는다"고 보았다.80)

III. 기재의 위조·변조죄

제214조 제2항(기재의 위조·변조): 행사할 목적으로 유가증권의 권리의무에 관한 기재를 위조 또는 변조한 자도 전항의 형과 같다.

제214조 제1항의 위조나 변조는 기본적 증권행위(발행행위)81)에 관한 것인데 대하여 기재의 위조, 변조는 부수적 증권행위(배서, 인수, 보증)의 기재사항을 위조(작성명의의 모용) 또는 변조(내용의 변경)하는 것을 말한다. 예컨대 타인명의로 어음에 배서하는 경우는 기재의 위조에 해당하며, 타인의 배서부분, 예컨대 배서일자나 수취일자에 변경을 가하는 행위는 기재의 변조에 해당한다. 유가증권의 발행인이 부수적 증권행위의 기재사항에 변경을 가한 행위도 기재의 변조에 해당한다.82)

---

79) 박상기, 각론, 508면. 이에 대하여 양죄의 상상적 경합이 성립한다는 견해는 배종대, 각론, 699면; 임웅, 각론, 670면은 유가증권위조죄는 위조유가증권행사죄에 대하여 보충관계에 있으므로 위조유가증권행사죄가 성립한다고 한다.
80) 대법원 1983. 4. 12. 선고 82도2938 판결.
81) 증권행위에는 기본적 증권행위와 부수적 증권행위가 있다. 기본적 증권행위는 증권의 발행행위 말하며, 부수적 증권행위는 기본적 증권행위가 진정하게 성립한 후에 후속적으로 권리관계를 변동시키는 행위를 말한다. 예컨대 배서(유가증권의 양도의 의사표시), 인수(지급인이 지급채무를 부담한다는 의사표시), 보증(제3자가 주채무자, 즉 약속어음의 발행인이나 환어음의 인수인의 책임을 대신 부담하는 행위) 등이 여기에 해당한다.
82) 대법원 2003. 1. 10. 선고 2001도6553 판결.

[판례 9] 甲은 A 주식회사에게 물품대금의 지급담보조로 자신이 발행한 약속어음 8매를 교부하였다가 그 대금을 지급하는 방법으로 위 어음들을 회수한 후, 어음에 남아있는 A 주식회사 명의 배서의 담보적 효력을 이용하기 위하여 이미 경과된 지급기일을 임의로 그 후의 날짜로 변경한 후 乙에게 이를 교부하였다. 甲의 죄책은?

"형법 제214조 제2항에 규정된 '유가증권의 권리의무에 관한 기재를 변조한다'는 것은 진정하게 성립된 타인 명의의 부수적 증권행위에 관한 유가증권의 기재내용에 작성권한이 없는 자가 변경을 가하는 것을 말하고, 어음발행인이라 하더라도 어음상에 권리의무를 가진 자가 있는 경우에는 이러한 자의 동의를 받지 아니하고 어음의 기재 내용에 변경을 가하였다면 이는 유가증권의 권리의무에 관한 기재를 변조한 것에 해당한다 할 것이다."[83]

[판례 10] 甲은 약속어음을 乙(제3배서인)로부터 백지식배서의 방식에 의하여 교부 양도받아 백지를 보충하지 아니하고 배서도 하지 아니한 채 丙(제4배서인)에게 교부, 양도하였다. 그런데 그 어음의 최후 소지인 丁이 만기에 지급을 위한 제시를 하였으나 지급이 거절되자, 丙이 丁의 소구권행사에 따라 소구의무를 이행하고 위 약속어음을 환수한 다음, 甲이 다시 丙에게 소구의무를 이행하고 위 약속어음을 환수하였다. 그리고 甲은 그 약속어음의 제3배서란과 제4배서란 사이에 보전지를 결합시키고 그 보전지의 배서란에 자신의 성명과 배서일자를 기재하고 날인하였다. 甲의 죄책은?

원심은 "백지식배서에 의하여 위 약속어음을 취득하였던 甲이 백지를 보충하지 아니하고 또 배서도 하지 아니한 채 丙에게 위 약속어음을 양도한 이상, 甲은 어음관계에서 이탈하게 되는 것이므로 甲이 마치 어음관계에서 이탈하지 아니한 배서인인 것처럼 제3배서란과 제4배서란 사이에 부전지를 붙이고 배서인란에 그의 주소와 성명을 기재하고 날인을 하였다면 이는 어음의 변조에 해당하는 것"이라는 이유로 甲에 대하여 형법 제214조 제2항 소정의 유가증권변조죄(기재의 변조)가 성립한다고 보았다.

이에 대하여 대법원은 "형법 제214조 제2항에 규정된 '유가증권의 권리의무에 관한 기재를 위조한다'는 것은 진정하게 성립된 유가증권에 작성권한이 없는 자가 타인의 명의를 모용하여 배서, 보증 등의 부수적 증권행위를 하는 것을 말하고, '유가증권의 권리의무에 관한 기재를 변조한다'는 것은 진정하게 성립된 타인 명의의 부수적 증권행위에 관한 유가증권의 기재내용에 작성권한이 없는 자가 변경을 가하는 것을 말하는 것인바, … 甲이 약속어음을 제3배서인으로부터 백지식배서의 방식에 의하여 교부 양도받아 백지를 보충하지 아니하고 배서도 하지 아니한 채 丙에게 교부 양도하였다가 만기에 어음금의 지급이 거절됨에 따라 양수인에게 소구의무를 이행하고 약속어음을 환수하여 약속어음의 정당한 소지인이 되었다면, 약속어음의 제3배서란과 제4배서란 사이에 보전지를 결합시키고 그 보전지의 배서란에 자신의 성명과 배서일자를 기재하고 날인하였다고 하더라도, 甲의 이

---

83) 대법원 2003. 1. 10. 선고 2001도6553 판결.

와 같은 행위는 타인의 명의를 모용하여 한 것이 아님은 물론, 타인명의의 유가증권의 기재내용에 변경을 가한 것도 아님이 명백하므로, 형법 제214조 제2항 소정의 유가증권위조, 변조죄에 해당하지 않는 것"이라고 보았다.[84]

대법원은 甲이 타인명의를 모용하여 배서기재를 하지는 않았으므로 기재의 위조에 해당하지 않으며, 타인명의의 배서부분을 변경한 것도 아니므로 기재의 변조에도 해당하지 않는다고 판단한 것이다. 다만 甲이 마치 어음관계에서 이탈하지 아니한 배서인인 것처럼 제3배서란과 제4배서란 사이에 부전지를 붙이고 배서인란에 그의 주소와 성명을 기재하고 날인을 한 행위는 작성권한 있는 자가 '유가증권에 허위사항을 기재'한 행위로서 허위유가증권작성등의 죄(제216조)를 구성하는지가 문제된다.

IV. 자격모용에 의한 유가증권작성죄

> 제215조(자격모용에 의한 유가증권의 작성): 행사할 목적으로 타인의 자격을 모용하여 유가증권을 작성하거나 유가증권의 권리 또는 의무에 관한 사항을 기재한 자는 10년 이하의 징역에 처한다.

'타인의 자격모용'이란 대리 또는 대표권 없는 자가 자격을 사칭하는 것을 말한다. 전임대표이사[85]나 직무집행정지가처분을 받은 대표이사[86]도 대표권 없는 자에 해당하므로 이들이 대표이사 명의의 유가증권을 작성하였다면 본죄가 성립한다.

> [판례 11-1] 전대표이사의 자격모용에 의한 유가증권 작성
> 甲은 A 주식회사의 대표이사로 재직하다가 이 회사의 대표이사가 乙로 변경되었음에도 불구하고 이전부터 사용하여 오던 甲 명의로 된 위 회사 대표이사의 명판을 이용하여 여전히 자신을 위 회사의 대표이사로 표시하여 약속어음을 발행, 행사하였다. 甲의 죄책은?

甲은 자신의 명의로 유가증권을 발행한 것이므로 유가증권위조죄는 성립할 여지가 없으며, 회사의 대표이사 자격을 모용한 것이므로 자격모용에 의한 유가증권작성죄의 성립여부가 문제된다.

대법원은 "회사의 대표이사가 타인으로 변경됨으로써 대표이사로서의 직무집행의 권한이 없게 된 甲이 그 권한 밖의 일인 A 회사 대표이사 명의의 약속어음을 작성, 행사하는 행위는 설사 소론과 같이 약속어음을 작성, 행사함에 있어 후임 대표이사의 승낙을 얻었다거나 A 회사의 실질적인 대표이사로서의 권한을 행사하는 甲이 은행과의 당좌계약을 변경하는 데에 시일이 걸려 잠정적으로 전임 대표이사인 그의 명판을 사용한 것이라 하더라도 이는

---

84) 대법원 1989. 12. 8. 선고 88도753 판결.
85) 대법원 1991. 2. 26. 선고 90도577 판결.
86) 대법원 1987. 8. 18. 선고 87도145 판결.

합법적인 대표이사로서의 권한행사라 할 수 없어 자격모용 유가증권작성 및 동행사죄에 해당"한다고 보았다.87)

> [판례 11-2] 전대표이사의 자격모용에 의한 지급각서 작성
> 甲은 A 주식회사 대표이사로 있을 때인 1973.8.30 이 회사 대표이사 명의로 액면금 1,000,000원 지급기일 1973.11.27 지급지 한국신탁은행으로 된 약속어음 1매를 발행하여 부도를 낸 후 같은 해 12.29 위 대표이사직을 사임하고 그 후임 대표이사로 乙이 취임함과 동시에 위 회사의 상호를 B 주식회사로 변경한 후인 1974.1.31 甲은 위 약속어음을 확인하여 준 한국주택은행 종로지점에서 "위 어음을 1974.2.10까지 동 지점에 결제하겠다"는 내용의 각서에 "A 주식회사 대표이사 甲"이라고 서명하고 자신의 사인을 압날하여 이를 작성하였다. 甲이 이 각서를 작성하게 된 경위는 甲이 위 회사의 대표이사 재직 시에 발행한 위 약속어음에 대한 지급각서로 이를 작성함에 위 약속어음의 발행명의인과 일치시키기 위하여 당시의 대표이사인 乙의 승낙을 받아 위와 같은 내용의 각서를 작성하게 된 것이다. 甲의 죄책은?

甲은 대표이사의 자격을 모용하여 지급각서을 작성하였으므로 자격모용에 의한 사문서작성죄가 문제된다.

원심법원은 甲이 A 주식회사의 대표이사의 자격을 모용한 것이라고 인정하고 乙이 당시 B 주식회사 대표이사로서 본건 각서를 위와 같은 자격으로 작성할 것을 승낙하였다 하더라도 그는 회사의 대표이사의 자격을 부여할 권한이 없으므로 甲은 그 명의인의 유효한 승낙을 얻어 진정한 문서를 작성하였다고 볼 수 없다고 판단함으로써 甲에 대하여 자격모용에 의한 사문서작성죄(제232조)의 성립을 인정하였다.

이에 대하여 **대법원**은 "본건 각서의 명의인은 A 주식회사이고 乙은 당시 위 회사(상호만 변경)의 대표이사직에 있었으므로 동인은 위 회사를 대표하여 회사명의 본건 각서와 같은 문서를 작성할 권한이 있다 할 것이고 … 甲이 위 회사명의의 본건 각서를 작성함에 있어서 그 작성할 권한 있는 자의 승낙을 받아 작성하였다면 이는 진정한 문서로서 타인의 자격을 모용하여 문서를 작성하였다고 볼 수 없을 것"이라고 판시함으로써 본죄의 성립을 부정하였다.88)

> [판례 11-3] 현 대표이사의 명의모용
> A 주식회사 대표이사 甲은 은행과의 당좌거래약정이 전 대표이사 乙 명의로 되어 있어 당좌거래명의를 변경함이 없이 그대로 전 대표이사 乙 명의를 사용하여 수표를 발행하였다. 甲의 죄책은?

---

87) 대법원 1991. 2. 26. 선고 90도577 판결.
88) 대법원 1975. 11. 25. 선고 75도2067 판결.

甲은 대표이사로서 乙 명의를 사용하여 수표를 발행한 것이므로 유가증권위조죄의 성립여부가 문제된다.

대법원은 "타인의 대리 또는 대표자격으로 문서를 작성하는 경우 그 대표자 또는 대리인은 자기를 위하여 작성하는 것이 아니고 본인을 위하여 작성하는 것으로서 그 문서는 본인의 문서이고 본인에 대하여서만 효력이 생기는 것이므로 회사의 대표이사직에 있는 자가 은행과의 당좌거래 약정이 되어 있는 종전 당좌거래명의를 변경함이 없이 그대로 전 대표이사 명의를 사용하여 회사의 수표를 발행하였다 하여도 유가증권위조죄가 성립되지 아니한다"고 판시하였다.[89]

[판례 11-1]과 [판례 11-2]는 모두 전대표이사가 현대표이사의 승낙을 받아 대표이사의 자격모용을 한 경우이다. 전자에서는 자격을 모용하여 유가증권을 작성하였고 후자에서는 사문서를 작성하였다는 점에 차이가 있다. 대법원은 전자에 대하여는 자격모용을 인정한 반면, 후자에 대하여는 피해자의 승낙을 이유로 자격모용을 부정하였다. 유가증권은 통화와 유사한 유통성을 가지고 있으므로 대표이사의 승낙이 있더라도 자격모용은 허용되지 않는다고 보아야 할 것이다. 이에 대하여 지불각서는 사문서로서 회사와 거래은행과의 관계에서만 의미가 있는 것이므로 전대표이사가 각서를 작성할 권한 있는 자, 즉 현대표이사의 승낙을 받아 자신을 대표이사로 표시하여 문서를 작성하였다면 이는 자격모용에 해당하지 않는다.

[판례 11-1]과 [판례 11-3]은 모두 행위자가 유가증권 발행인과 은행과의 당좌거래계약상의 명의인을 일치시키려는 과정에서 발생한 것이다. 다만 전자의 경우에는 전대표이사가 자격을 모용하였으므로 자격모용에 의한 유가증권작성죄가 문제되며, 후자의 경우에는 현대표이사가 전대표이사의 명의를 모용하여 유가증권을 작성한 것이므로 유가증권위조죄가 문제된다. 이러한 경우 대법원은 행위자가 유가증권을 발행할 권한이 있는가, 즉 행위자가 현재 대표이사의 자격을 가지고 있는가에 따라 범죄의 성립여부를 판단한다. 따라서 전자에서 甲은 합법적인 대표이사가 아니므로 자격모용 유가증권작성죄 및 동행사죄가 성립하며, 후자에서 甲은 현재 대표이사로서 유가증권을 작성할 권한이 있는 자이므로 그에 대하여 유가증권위조죄는 성립하지 않는다.

대리 또는 대표권 있는 자가 권한범위 외의 사항 또는 명백히 권한을 초월한 사항에 관하여 유가증권을 발행한 경우도 자격모용에 해당한다. 그러나 단순히 권한을 남용한 경우는 여기에 해당하지 않는다.

---

[89] 대법원 1975. 9. 23. 선고 74도1684 판결.

V. 허위유가증권작성등의 죄

> **제216조 (허위유가증권의 작성 등)**: 행사할 목적으로 허위의 유가증권을 작성하거나 유가증권에 허위사항을 기재한 자는 7년 이하의 징역 또는 3천만원 이하의 벌금에 처한다.

유가증권위조·변조죄가 유형위조라면, 허위유가증권작성죄는 무형위조에 해당한다. 여기서 '허위유가증권의 작성'이란 작성권한 있는 자가 작성명의를 모용하지 않고 허위내용을 기재하여 유가증권을 작성하는 것을 말한다.

> **[판례 12]** 甲은 유령회사의 대표라고 기재하고 자기명의의 인장을 찍어서 회사명의의 약속어음을 발행하였다. 甲의 죄책은?

甲은 타인의 명의를 모용한 것은 아니므로 유가증권위조죄(제214조 제1항)에 해당하지 않으며, 실재하지 않는 유령회사의 명의를 모용한 것이므로 자격모용에 의한 유가증권작성죄(제215조)도 성립하지 않는다. 다만 "실재하지 아니한 회사명의의 어음을 작성한 이상 허위유가증권작성죄가 성립한다."[90]

허위로 기재를 하더라도 그것이 권리의 실질관계와 부합하거나 권리관계에 아무런 영향을 미치지 않는 때에는 본죄는 성립하지 않는다. 예컨대 지급은행과 당좌거래사실이 없거나 거래정지를 당하였음에도 불구하고 수표를 발행하는 것은 본죄에 해당한다.[91] 그러나 당좌거래은행에 자금이 없음을 알면서 수표를 발행하는 것은 권리의 실질관계에 반하지 않으므로 본죄에 해당하지 않는다.[92]

> **[판례 13-1]** "주권발행 전에 주식을 양도받은 자에 대하여 주권을 발행한 경우에 그 주식양도가 주권발행 전에 이루어진 것이어서 상법 제335조[93])에 의하여 무효라 할지라도 권리의 실체관계에 부합되어 허위의 주권발행의 범의가 있다고 할 수 없다."[94]

> **[판례 13-2]** 甲은 작성권한자인 乙의 승낙을 받아 약속어음을 작성함에 있어서 발행인 乙 명의 아래 甲의 인장을 날인하여 약속어음을 발행한 뒤 이를 병원에 치료비조로 교부하였다. 甲의 죄책은?

---

90) 대법원 1970. 12. 29. 선고 70도2389 판결.
91) 대법원 1956. 6. 26. 선고 4289형상128 판결.
92) 대법원 1960. 1. 30. 선고 4293형상787 판결.
93) **상법** 제335조(주식의 양도성) ③ 주권발행전에 한 주식의 양도는 회사에 대하여 효력이 없다. 그러나 회사성립후 또는 신주의 납입기일후 6월이 경과한 때에는 그러하지 아니하다.
94) 대법원 1982. 6. 22. 선고 81도1935 판결.

甲이 작성명의인 乙의 승낙을 받아 유가증권을 작성한 행위는 위조에 해당하지 않는다. 다만 乙의 명의 아래 자신의 인장을 날인한 것이 허위작성에 해당하는 지가 문제된다. 이 점에 대하여 원심은 명의인인 乙의 승낙을 받은 이상 甲이 허위의 사실을 기입하였다고 할 수 없으므로 허위 유가증권작성죄는 성립하지 않는다고 보았다.95)

이에 대하여 대법원은 작성권한자인 乙의 승낙을 받아 이 사건 약속어음을 작성함에 있어서 발행인 乙 명의 아래 진실에 반하는 내용인 甲의 인장을 날인하여 일견 유효한 듯한 약속어음을 발행한 뒤 이를 치료비조로 교부하였다면 위 약속어음의 발행은 형법 제216조 전단 소정의 허위 유가증권작성죄 및 동 행사가 성립한다고 보았다.

그리고 무효인 유가증권이 본죄의 객체가 될 수 있는가에 대하여 대법원은 "형법 제19장 소정의 유가증권은 실체법상 유효한 유가증권만을 지칭하는 것이 아니고 절대적 요건 결여 등 사유로서 실체법상은 무효한 유가증권이라 할지라도 일반인으로 하여금 일견 유효한 유가증권이라고 오신케 할 수 있을 정도의 외관을 구유한 유가증권도 포함하는 것이라고 해석"하였다.96)

[판례 13-3] "은행을 통하여 지급이 이루어지는 약속어음의 발행인이 그 발행을 위하여 은행에 신고된 것이 아닌 발행인의 다른 인장을 날인하였다 하더라도 그것이 발행인의 인장인 이상 그 어음의 효력에는 아무런 영향이 없으므로 허위유가증권작성죄가 성립하지 아니한다."97)

[판례 13-2]에서 甲이 乙 명의로 유가증권을 작성하면서 乙의 인장이 아닌 자신의 인장을 날인한 것은 허위의 내용을 기재한 것으로서 권리관계에 영향을 미치지만, [판례 13-3]에서 甲이 은행에 신고된 인장이 아닌 자신의 다른 인장을 날인한 것은 권리관계에 아무런 영향이 없으므로98) 허위유가증권작성에 해당하지 않는다. 같은 취지에서 대법원은 약속어음 배서인의 주소를 허위로 기재한 경우에 대하여 배서인의 주소기재는 배서의 요건이 아니므로 그것이 배서인의 인적 동일성을 해하여 배서인이 누구인지를 알 수 없는 경우가 아닌 한 "약속어음상의 권리관계에 아무런 영향을 미치지 않는다"는 이유로 허위유가증권작성죄의 성립을 부정하였다.99)

'허위사항의 기재'란 작성권한 있는 자가 기존의 유가증권에 허위의 사항을 기재하는 것을 말한다. 진정하게 성립한 기존의 유가증권을 객체로 한다는 점에서 허위

---

95) 부산지방법원 1974. 7. 19. 선고 74노391 판결.
96) 대법원 1975. 6. 10. 선고 74도2594 판결.
97) 대법원 2000. 5. 30. 선고 2000도883 판결.
98) 은행과 당좌거래를 체결할 때 당좌거래에 사용된 인장은 인감신고를 한 것이어야 한다. 그러나 어음발행시 다른 인장을 사용하더라도 그 어음은 유효하다.
99) 대법원 1986. 6. 24. 선고 84도547 판결.

내용을 기재하여 유가증권을 작성하는 '허위유가증권의 작성'과 구분된다.

> [판례 14] "배서인의 주소를 허위로 기재하였다고 하더라도 그것이 배서인의 인적 동일성을 해하여 배서인이 누구인지를 알 수 없는 경우가 아닌 한 약속어음상의 권리관계에 아무런 영향을 미치지 않는다 할 것이고, 이처럼 약속어음상의 권리에 아무런 영향을 미치지 않는 사항은 그것을 약속어음상에 허위로 기재하더라도 형법 제216조 소정의 허위유가증권작성죄에 해당되지 않는다."100)

대법원은 배서인의 주소는 약속어음 기재사항이 아니며, 다만 배서인 자신을 특정시키기 위한 자료에 불과한 것이므로 이를 허위로 기재하더라도 약속어음상의 권리관계에 아무런 영향을 미치지 않는 이상은 허위유가증권작성죄가 성립하지 않는다고 보았다.

VI. 위조유가증권등의 행사등의 죄

> **제217조(위조유가증권등의 행사등)**: 위조, 변조, 작성 또는 허위기재한 전3조 기재의 유가증권을 행사하거나 행사할 목적으로 수입 또는 수출한 자는 10년 이하의 징역에 처한다.

여기서 '작성'은 자격모용에 의한 유가증권작성이나 허위유가증권작성을 말한다. 유가증권은 위조, 변조, 작성 또는 허위기재된 유가증권의 원본만을 말하며, 이를 복사한 사본은 본죄의 객체에 해당하지 않는다.101) 이에 대하여 문서는 원본을 복사한 문서도 문서에 관한 죄의 객체가 된다(제237조의2).

행사는 위조 등의 유가증권을 진정한 유가증권으로 사용하는 것을 말한다. 이를 유통시키는 경우는 물론 유가증권을 할인받거나 신용을 얻기 위하여 타인에게 제시하는 것도 행사에 해당한다. 위조유가증권임을 알고 있는 자에게 교부하였더라도 그가 이를 유통시킬 것임을 행위자가 인식하였다면 행사에 해당한다.102)

> [판례 16] 甲은 3회에 걸쳐 乙에게 위조약속어음 3매를 1매에 금 40,000원씩 받고 교부하였다. 甲의 죄책은?

대법원은 "위조유가증권행사죄의 처벌목적은 유가증권의 유통질서를 보호하고자 함에 있는 만큼 단순히 문서의 신용성을 보호하고자 하는 위조공·사문서행사죄의 경우와는 달리

---

100) 대법원 1986. 6. 24. 선고 84도547 판결.
101) 대법원 1998. 2. 13. 선고 97도2922 판결.
102) 이에 대하여 위조사문서행사죄(제234조)에서 행사는 상대방이 위조문서라는 사실을 모를 것을 요하며, 이를 알고 있는 자에게 교부한 행위는 행사에 해당하지 않는다.

교부자가 진정 또는 진실한 유가증권인 것처럼, 위조유가증권을 행사하였을 때뿐만 아니라 위조유가증권임을 알고 있는 자에게 교부하였더라도 피교부자가 이를 유통시킬 것임을 인식하고 교부하였다면 그 교부행위 그 자체가 유가증권의 유통질서를 해할 우려가 있어 처벌의 이유와 필요성이 충분히 있다고 할 것이므로 위조유가증권행사죄가 성립한다고 보아야 할 것이다"라고 판시함으로써 甲에 대하여 위조유가증권행사죄의 성립을 인정하였다.103)

본죄에서 행사는 - 위조통화행사죄에서 말하는 행사와 마찬가지로 - 위조 등의 유가증권에 대한 점유가 행위자로부터 타인, 즉 행위자 이외의 자의 점유로 이전되는 것을 말하므로 공동정범 사이에 점유가 이전되는 것은 행사에 해당하지 않는다.

[판례 17] 甲은 유가증권 위조를 공모한 乙에게 위조유가증권을 교부하였다. 甲에 대하여 유가증권위조죄 이외에 동행사죄가 성립하는가?

"위조유가증권의 교부자와 피교부자가 서로 유가증권위조를 공모하였거나 위조유가증권을 타에 행사하여 그 이익을 나누어 가질 것을 공모한 공범의 관계에 있다면, 그들 사이의 위조유가증권 교부행위는 그들 이외의 자에게 행사함으로써 범죄를 실현하기 위한 전 단계의 행위에 불과한 것으로서 위조유가증권은 아직 범인들의 수중에 있다고 볼 것이지 행사되었다고 볼 수는 없다고 할 것이다."104)

유가증권을 위조하여 이를 행사한 경우 유가증권위조죄와 동행사죄는 실체적 경합관계에 있다.105)

VII. 우표·인지에 관한 죄

1. 인지·우표의 위조·변조죄

제218조 제1항(인지·우표의 위조·변조): 행사할 목적으로 대한민국 또는 외국의 인지, 우표 기타 우편요금을 표시하는 증표를 위조 또는 변조한 자는 10년 이하의 징역에 처한다.

---

103) 대법원 1983. 6. 14. 선고 81도2492 판결.
104) 대법원 2003. 6. 27. 선고 2003도2372 판결; 대법원 2007. 1. 11. 선고 2006도7120 판결.
105) 박상기, 각론, 513면; 정성근/박광민, 각론, 703면. 이에 대하여 양죄의 상상적 경합이 성립한다는 견해는 배종대, 각론, 702면.

2. 위조·변조된 인지·우표의 행사·수입·수출죄

> **제218조 제2항(인지·우표의 위조·변조)**: 위조 또는 변조된 대한민국 또는 외국의 인지, 우표 기타 우편요금을 표시하는 증표를 행사하거나 행사할 목적으로 수입 또는 수출한 자도 제1항의 형과 같다.

3. 위조·변조된 인지·우표의 취득죄

> **제219조(위조인지·우표등의 취득)**: 행사할 목적으로 위조 또는 변조한 대한민국 또는 외국의 인지, 우표 기타 우편요금을 표시하는 증표를 취득한 자는 3년 이하의 징역 또는 1천만원 이하의 벌금에 처한다.

4. 인지·우표등 소인말소죄

> **제221조(소인말소)**: 행사할 목적으로 대한민국 또는 외국의 인지, 우표 기타 우편요금을 표시하는 증표의 소인 기타 사용의 표지를 말소한 자는 1년 이하의 징역 또는 300만원 이하의 벌금에 처한다.

여기서 우표의 소인은 우체국에서 찍는 일부인(日附印)으로서 우편물의 접수날짜를 표시하고 그 우표를 다시 사용하지 못하게 하기 위하여 찍는 것이다.

5. 인지·우표등 유사물제조죄

> **제222조(인지·우표유사물의 제조등)**:
> **제1항**: 판매할 목적으로 대한민국 또는 외국의 공채증서, 인지, 우표 기타 우편요금을 표시하는 증표와 유사한 물건을 제조, 수입 또는 수출한 자는 2년 이하의 징역 또는 500만원 이하의 벌금에 처한다.
> **제2항**: 전항의 물건을 판매한 자도 전항의 형과 같다.
>
> **제223조(미수범)**: 제214조 내지 제219조와 전조의 미수범은 처벌한다.
>
> **제224조(예비, 음모)**: 제214조, 제215조와 제218조 제1항의 죄를 범할 목적으로 예비 또는 음모한 자는 2년 이하의 징역에 처한다.

제3절 문서에 관한 죄

I. 서론

1. 의의 및 체계

문서는 의사를 표시하는 수단으로서 확실성 때문에 법적 거래에 있어서 증거방법으로서 중요한 기능을 담당하고 있다. 따라서 형법은 문서성립의 진정성과 내용의 진실성을 확보하기 위하여 문서에 관한 죄를 규정하고 있다. 문서에 관한 죄란 행사할 목적으로 문서를 위조, 변조하거나 허위문서를 작성하거나, 위조, 변조, 허위작성된 문서를 행사하거나 문서를 부정행사할 것을 내용으로 하는 범죄를 말한다.

종류	기본적 구성요건	가중적 구성요건
문서위조·변조죄	사문서위조·변조죄(제231조)	공문서위조·변조죄(제225조)
	자격모용에 의한 사문서작성죄(제232조)	자격모용에 의한 공문서작성죄(제226조)
허위문서작성죄	허위진단서작성죄(제233조)	허위공문서작성죄(제227조) 공정증서원본부실기재죄(제228조)
위조등 문서행사죄	위조등 사문서행사죄(제234조)	위조등 공문서행사죄(제229조)
문서부정행사죄	사문서부정행사죄(제236조)	공문서부정행사죄(제230조)

2. 보호법익

문서에 관한 죄의 보호법익은 문서(성립의 진정성 및 내용의 진실성)에 대한 사회적 신용과 거래의 안전이다. 본죄는 추상적 위험범이다.

3. 문서에 관한 죄의 본질

문서에 관한 죄는 문서의 성립의 진정을 침해하는 경우와 문서의 내용의 진실을 침해하는 경우로 분류할 수 있다. 성립의 진정이란 작성명의인[106]의 진정을 말한다. 작성권한 없는 자가 타인명의를 모용하여 문서를 작성하는 유형위조(형식위조)하는 경우에는 문서위조죄가 성립한다. 이러한 경우의 문서를 부진정문서라고 한다. 그리고 내용의 진실이란 문서의 내용이 진실한 것을 말한다. 문서에 허위내용을 기재하는 무형위조(내용위조)하는 경우에는 허위문서작성죄가 성립한다. 이러한 경우의 문

---

[106] 여기서 작성명의인이란 실제 작성자가 아니라 의사표시의 주체를 말한다.

서를 허위문서라고 한다.

　유형위조와 무형위조 가운데 어느 것을 처벌할 것인가에 대하여는 형식주의와 실질주의가 있다. 형식주의는 문서의 성립의 진정을 보호대상으로 하므로 유형위조를 처벌함을 원칙으로 한다. 이는 독일의 입법방식이다. 이에 대하여 실질주의는 문서의 내용의 진실을 보호대상으로 하므로 무형위조만을 처벌함을 원칙으로 한다. 이는 불란서의 입법방식이다. 우리나라는 사문서의 경우에는 형식주의를 채택하고 있으며, 공문서의 경우에는 형식주의와 실질주의를 모두 채택하고 있다. 즉 사문서의 경우에는 사문서위조죄만이 처벌되며 허위사문서작성죄는 처벌되지 않는다. 다만 진단서의 경우에만 예외적으로 허위진단서작성죄를 처벌하고 있다. 이에 대하여 공문서의 경우에는 공문서위조죄와 허위공문서작성죄를 모두 처벌하고 있다.

　* 문서에 관한 죄의 본질
┌ 형식주의 - 성립의 진정 - 문서위조(유형위조)를 처벌 - 독일의 입법태도
└ 실질주의 - 내용의 진실 - 허위문서작성(무형위조)을 처벌 - 프랑스의 입법태도

4. 문서의 개념

> **제237조의2(복사문서등)**: 이 장의 죄에 있어서 전자복사기, 모사전송기 기타 이와 유사한 기기를 사용하여 복사한 문서 또는 도화의 사본도 문서 또는 도화로 본다.

　문서란 문자나 부호에 의하여 의사나 관념을 표시한 물체를 말한다. 증명서, 계약서, 영수증과 같은 전형적인 문서를 보면 문서개념은 화체된 의사표시(계속적 기능), 법적 거래에 있어서 증명능력과 증명의사(증명적 기능), 명의인의 인식가능성(보장적 기능 또는 보증적 기능)등 3가지 요소로 이루어져 있음을 알 수 있다. 이를 문서의 개념요소라고 한다. 이 요소 가운데 하나라도 결여되면 문서에 관한 죄의 객체인 문서에 해당하지 않는다.

　* 문서개념 = 계속적 기능 +　증명적 기능 + 보장적 기능

　(1) 계속적 기능

> **전자문서 및 전자거래 기본법 제2조(정의)** 이 법에서 사용하는 용어의 뜻은 다음과 같다.
> 1. "전자문서"란 정보처리시스템에 의하여 전자적 형태로 작성, 송신·수신 또는 저장된 정보를 말한다.
> **동법 제43조(벌칙)** ① 다음 각 호의 어느 하나에 해당하는 자는 10년 이하의 징역 또는

> 1억원 이하의 벌금에 처한다.
> 1. 제31조의12제1항을 위반하여 공인전자문서센터에 보관된 전자문서나 그 밖의 관련 정보를 위조 또는 변조하거나 위조 또는 변조된 정보를 행사한 자

계속적 기능이란 사람의 의사가 물체에 표시(화체)되어 계속성을 갖는 것을 말한다.

① **의사표시**: 문서에는 의사가 표시되어 있어야 한다. 명의인의 동일성을 나타내는데 불과한 명함은 의사표시의 내용을 담고 있지는 않으므로 문서가 아니다. 또한 지문이나 기계적 기록과 같은 검증의 목적물도 외적 상황을 기록한 것에 불과하므로 문서가 아니다. 문제는 원본을 전자복사기로 복사한 것을 문서라고 볼 수 있는가이다. 문서는 의사가 표시된 물체 자체를 말하는 것인데, 이를 복사한 것은 문서의 개념요소 가운데 계속적 기능을 가지고 있지 않다. 그러나 제237조의2는 복사문서를 문서로 본다고 규정하고 있으므로 복사문서도 문서에 관한 죄의 객체에 해당한다고 보아야 한다.

[판례 1] 甲은 행사할 목적으로 乙이 골프장시설공사 도급권을 甲에게 위임하는 내용의 사실증명에 관한 乙 명의의 위임장 1매를 위조한 다음 이를 전자복사하여 그 사본을 진정하게 성립된 것처럼 피해자 丙에게 제시하여 행사하였다. 甲의 죄책은?

甲이 乙 명의의 위임장을 위조한 행위는 사문서위조죄에 해당한다. 문제는 위조한 사문서를 전자복사한 문서를 행사한 행위가 위조사문서행사죄를 구성하는가이다.
대법원[107]은 복사문서도 문서에 해당한다고 보아 위조사문서행사죄의 성립을 인정하였다: "문서위조 및 동행사죄의 보호법익은 문서자체의 가치가 아니고 문서에 대한 공공의 신용이므로 문서위조죄의 객체가 되는 문서는 반드시 원본에 한한다고 보아야 할 근거는 없고 문서의 사본이라 하더라도 원본과 동일한 의식내용을 보유하고 증명수단으로서 원본과 같은 사회적 기능과 신용을 가지는 것으로 인정된다면 이를 위 문서의 개념에 포함시키는 것이 상당하다 할 것이다. 그러므로 문서의 사본 중에서도 사진기나 복사기 등을 사용하여 기계적인 방법에 의하여 원본을 복사한 문서 이른바 복사문서는 사본이라 하더라도 필기의 방법 등에 의한 단순한 사본과는 달리 복사자의 의식이 개재할 여지가 없고, 그 내용에서부터 모양, 형태에 이르기까지 원본을 실제 그대로 재현하여 보여주므로 관계자로 하여금 그와 동일한 원본이 존재하고 있는 것으로 믿게 할 뿐만 아니라 그 내용에 있어서도 원본 그 자체를 대하는 것과 같은 감각적 인식을 가지게 하는 것이고, 나아가 오늘날 일상거래에서 복사문서가 원본에 대신하는 증명수단으로서의 기능이 증대되고 있는 실정에 비추어 볼 때 이에 대한 사회적 신용을 보호할 필요가 있다 할 것이므로 위와 같이 사진복사한 문서의 사본은 문서위조 및 동행사죄의 객체인 문서에 해당한다고 보아야 할 것이다."

---

107) 대법원 1989. 9. 12. 선고 87도506 판결.

[판례 2-1] 甲은 乙의 의사면허증(보건사회부장관 명의)의 乙 사진 위에 자신의 사진을 떨어지지 아니할 정도로 풀을 약간 칠해 붙여 이를 전자복사기에 넣어 면허증 사본을 복사한 다음 다시 甲의 사진을 뗀 다음 면허증 원본은 집에 둔 다음 위 복사한 면허증 사본을 乙 명의로 의료기관개설신고용으로 제출하고 이를 甲이 운영하던 병원벽에 위 복사본을 걸어놓았다. 甲의 죄책은?

위조한 문서를 전자복사하여 사본을 만드는 행위가 문서위조죄에 해당한다는 점에 대하여는 의문이 없지만, 사례의 경우와 같이 진정문서인 원본을 변경함이 없이 그 위에 사진을 떨어지지 않을 정도로만 풀로 붙이고 전자복사하여 면허증 사본을 만드는 경우 공문서변조죄가 성립하는지에 대하여는 논란의 여지가 있다. 이 점에 대하여 대법원은 "공문서변조죄는 변조한 공문서 자체를 진정한 것으로 행사할 목적아래 그 기재내용을 변개한 경우에 성립하는 것이므로 사본을 행사할 목적으로 면허증사진 위에 다른 사진을 떨어지지 않을 정도로 풀을 약간 칠해 붙여 이를 전자복사기에 넣어 면허증 사본을 복사한 행위는 면허증 원본을 행사할 목적이 없는 것이어서 공문서변조죄에 해당하지 않는다"고 보았다.108) 이 판례는 복사문서를 문서로 보는 대법원 판례109)나 형법 제237조의2가 있기 이전의 것이므로 현재 판례의 입장과 일치하지 않는다.

[판례 2-2] 甲은 타인의 주민등록증을 이용하여 주민등록증상 이름과 사진을 하얀 종이로 가린 후 복사기로 복사를 하고, 다시 컴퓨터를 이용하여 위조하고자 하는 당사자의 인적사항과 주소, 발급일자를 기재한 후 덮어쓰기를 하여 이를 다시 복사하는 방식으로 전혀 별개의 주민등록증사본을 창출시켰다. 甲의 죄책은?

대법원은 "형법 제237조의2에 따라 전자복사기, 모사전송기 기타 이와 유사한 기기를 사용하여 복사한 문서의 사본도 문서원본과 동일한 의미를 가지는 문서로서 이를 다시 복사한 문서의 재사본도 문서위조죄 및 동 행사죄의 객체인 문서에 해당한다 할 것이고, 진정한 문서의 사본을 전자복사기를 이용하여 복사하면서 일부 조작을 가하여 그 사본 내용과 전혀 다르게 만드는 행위는 공공의 신용을 해할 우려가 있는 별개의 문서사본을 창출하는 행위로서 문서위조행위에 해당한다(대법원 2000. 9. 5. 선고 2000도2855 판결 등 참조)"라고 전제하고, 甲에 대하여 공문서위조죄의 성립을 인정하였다.110)
이 판례에서 대법원은 위조문서를 그대로 복사한 경우뿐만이 아니라 진정문서를 복사하는 과정에서 조작을 가한 경우도 사진의 교체로 문서의 동일성이 상실되었으므로 문서위조로 보고 있다. 따라서 앞의 (판례 2-1)의 경우도 현재의 판례입장에 의한다면 사진의 교체로 문서의 동일성이 상실되었으므로 공문서위조죄111)가 성립할 수 있다. 그러나 인터넷을 통

---

108) 대법원 1986. 2. 25. 선고 85도2835 판결.
109) 대법원 1989. 9. 12. 선고 87도506 판결.
110) 대법원 2004. 10. 28. 선고 2004도5183 판결.
111) 주민등록증사진을 교체하는 경우 이전에는 공문서변조로 보았으나(대법원 1957. 4. 12. 선고

하여 출력한 등기사항전부증명서 하단의 열람 일시 부분을 수정 테이프로 지우고 복사한 경우와 같이 문서내용의 동일성을 해하지 않을 정도로 변경을 가하여 새로운 증명력을 작출케 하였다면 공문서변조죄가 성립한다.112)

② **고정된 물체**: 법적 거래에 있어서 문서로서 계속적 기능을 다하기 위해서는 의사표시가 물체에 고정되어 기재되어야 한다. 따라서 구두에 의한 의사표시, 모래나 칠판에 분필로 쓴 글 등은 문서에 해당하지 않는다.

③ **시각적 이해**: 의사표시는 시각적으로 이해할 수 있어야 한다. 따라서 녹음테이프, 음반, 컴퓨터디스켓 등은 문서가 아니다. 정보처리시스템에 의하여 전자적 형태로 작성된 '전자문서'113)나 문서를 스캐너로 이미지화한 파일114)도 문서에 관한 죄에서 말하는 문서에는 해당하지 않는다.

(2) 증명적 기능

문서에 기재된 의사표시는 법률관계나 중요한 사실의 증명에 적합하고(객관적 증명능력 또는 증명의 적합성) 또 증명하기 위한 것(주관적 증명의사)이어야 한다.

① **객관적 증명능력**: 무효임이 명백한 문서, 역사적 문서 등은 증명의 적합성이 없으므로 문서가 아니다.

[예 1] A는 타자기로 작성된 유언장에 B를 상속인으로 정하였다. 그의 사망 후에 이를 발견한 C는 유언장에 기재된 B의 이름을 지우고 자신의 이름을 기재하였다. 유언장은 형식상 무효로서 증거능력이 없으므로 문서에 해당하지 않는다.

[예 2] A는 드레피스사건(Dreyfusaffäre)에 대하여 책을 쓰면서 당시 프랑스의 참모총장이 형사법정에서 위증을 했다고 믿고 이를 입증하기 위해 1894년도의 편지를 조작하였다. 증명능력과 증명의사는 현실적 법률관계에 관한 것이어야 한다. 이 편지는 현실적 법률관계를 증명하기 위한 것이 아니므로 증거능력이 없다. 따라서 이 편지는 문서에 해당하지 않는다.

② **주관적 증명의사**: 작성당시부터 증명의사를 가지고 작성한 문서를 목적문서라고 하며, 작성 후에 증명의사가 발생한 문서를 우연문서라고 한다. 목적문서는 물론 우

4290형상52 판결) 지금은 공문서위조로 본다(대법원 1991. 9. 10. 선고 91도1610 판결). 마찬가지로 의사면허증의 사진을 교체하는 행위도 공문서위조로 보아야 할 것이다.
112) 대법원 2021. 2. 25. 선고 2018도19043 판결.
113) 전자문서를 위조 또는 변조하거나 위조 또는 변조된 정보를 행사한 행위에 대하여는 별도로 처벌규정이 있다(전자문서 및 전자거래 기본법 제43조 제1호).
114) 대법원 2007. 11. 29. 선고 2007도7480 판결; 대법원 2008. 10. 23. 선고 2008도5200 판결.

연문서의 경우에도 증명의사는 인정되므로 문서에 해당된다.

[예 3] 이혼소송에서 연애편지를 법원에 증거로 제출하는 경우에 이 연애편지는 처음 작성 당시에는 주관적 증명의사가 없었으나 후에 법원에 증거로 제출함으로써 증명의사가 발생하므로 문서(우연문서)에 해당한다.

증명의사는 확정적일 것을 요한다. 확정적 의사표시가 없는 초안, 비망록, 개인적 기록 등은 문서가 아니다. 그러나 가계약서나 가영수증과 같이 기한부 의사로 작성되었더라도 본계약서나 본영수증이 작성될 때까지는 확정적 의사표시가 있으므로 문서에 해당한다.

(3) 보장적 기능

보장적 기능이란 문서의 작성명의인이 특정되어 인식가능한 것을 말한다. 여기서 작성명의인이란 문서에 나타난 의사표시의 주체로서 그 의사표시의 내용을 보증하는 자를 말한다. 따라서 "정의로운 시민"과 같이 작성명의인이 누구인지 알 수 없는 익명의 의사표시는 문서가 아니다. 그러나 작성명의인의 서명·날인이 없더라도 작성명의인을 인식할 수 있을 정도로 특정되어 있으면 문서에 해당한다.[115]

[예 4] A는 고소장에 "김 아무개"라고 서명하여 경찰서에 제출했다. 고소장은 문서에 해당하는가?

"김 아무개"라는 익명은 아무 것도 서명하지 않은 것과 다를 바 없다. 명의인을 인식할 수 없으므로 이는 문서에 해당하지 않는다. 따라서 A에 대하여 사문서위조죄는 성립하지 않는다.

[예 5] 만일 고소장에 "김아무개"라는 익명과 주소를 기재하였는데, 그 주소에 실제로 김씨가 살고 있고 A도 실제로 그를 지칭한 것이라면?

이름은 기재하지 않았으나 성과 주소만 보아도 명의인의 인식이 가능하므로 문서에 해당한다. 따라서 A에 대하여는 사문서위조죄가 성립한다.

[판례 3-1] "일반인으로 하여금 공무원 또는 공무소의 권한내에서 작성된 문서라고 믿을 수 있는 형식과 외관을 구비한 문서를 작성하면 공문서위조죄가 성립되므로, 피고인이 국립경찰병원장 명의의 진단서에 직인과 계인[116]을 날인하고 환자의 성명과 병명 및 향후치료소견을 기재하였다면 비록 진단서 발행번호나 의사의 서명날인이 없더라도 이는 공문서

---

115) 대법원 2007. 5. 10. 선고 2007도1674 판결.
116) 계인(契印)이란 두장의 문서가 서로 연관이 있음을 증명하는 도장으로서 통상 계(契)자가 새겨져 있으며 두장의 문서 사이에 찍는다.

로서 형식과 외관을 구비하였으므로 공문서위조죄가 성립한다."[117)

[판례 3-2] 甲은 전자복사점에서 아무런 권한 없이 미리 입수하여 소지하고 있던 자동판매기 매매계약서 용지에다 타자기를 사용하여 공란을 보충하였다. 그는 계약일자란에 "1986. 12. 22" 매수자란에 "주식회사(진양) 노조위원장 심세균" 기계설치장소란에 "사내식당기계 2대"라고 타자하였다. 그런데 매수자란에는 주식회사 진양이나 그를 대표 또는 대리하는 사람의 날인이나 서명은 없었다. 甲의 죄책은?

대법원은 "사문서위조죄는 그 명의자가 작성한 진정한 사문서로 볼 수 있는 정도의 형식과 외관을 갖추어 일반인이 진정한 명의자의 사문서로 오신하기에 충분하면 성립되는 것이고 반드시 그 작성명의자의 서명이나 날인이 있어야하는 것은 아니라 할 것이나, 일반인이 진정한 명의자의 사문서로 오신하기에 충분한 것인지의 여부는 그 문서의 형식과 외관은 물론 그 문서의 종류, 내용, 일반거래에 있어서 그 문서가 가지는 기능 등 제반사정을 종합적으로 참작하여 판단하여야 할 것이다"라고 전제하고 이어서 "위 매매약서는 주식회사 진양의 노조위원장 심세균이 매수인으로서 작성한 진정한 매매계약서로 오신하기에 충분한 정도의 형식과 외관을 갖춘 완성된 문서라고 인정하기에 부족"하다는 이유로 사문서위조죄 및 동행사죄의 성립을 부정하였다.[118)

[판례 3-3] 건설시행업자 甲은 재개발사업 대상 토지 소유자인 공소외 1 외 11명이 일정한 기한 내에 매매계약을 체결할 것을 동의한다는 내용의 매매계약동의서를 컴퓨터 및 필기구를 이용하여 작성하였는데, 동의 당사자인 위 공소외 1 외 11명의 성명 및 주소만이 기재되었을 뿐 날인은 없었으며, 다른 토지소유자 7명의 매매동의를 얻어 날인까지 받은 매매계약동의서와 함께 제시되었다. 甲의 죄책은?

대법원은 다음과 같은 이유에서 사문서위조 및 동행사죄의 성립을 부정하였다: "위 12매의 문서들의 위와 같은 형식, 외관, 기재방식 및 날인이 되어 있는 7매의 다른 매매계약동의서와 함께 제시됨으로써 제시받은 당사자가 위 공소외 1 외 11명의 소유자들에 대하여는 확정적인 매매계약동의를 받지 못하였음을 쉽게 구별하여 확인할 수 있는 점, 위 공소외 1 외 11명에 대해서는 가격을 포함한 충분한 협의가 있어서 날인한다고 하면 바로 받으려고 미리 서식에 이름과 주소, 예상가격을 기재하여 휴대하고 있었다는 피고인의 주장이 설득력이 있는 점, 매매계약동의서가 당사자 사이에 장차 매매계약을 체결하는 것에 대한 합의가 있었음을 증명하는 서류로서 그 후 당사자들은 그에 따른 매매계약을 체결할 일정한 구속을 받게 된다는 기능을 갖는 점 등에 비추어 보면, 위 매매계약동의서는 공소외 1 외 11명이 작성한 진정한 문서로 오신하기에 충분한 정도의 형식과 외관을 갖춘 완성된 문서라고 인정하기에 부족하다."[119)

---

117) 대법원 1987. 9. 22. 선고 87도1443 판결.
118) 대법원 1988. 3. 22. 선고 88도3 판결.

사자, 허무인 또는 이미 소멸한 법인의 명의로 문서를 위조한 경우에도 문서위조 죄가 성립하는가가 문제된다. 이 점에 대하여 판례[120]와 다수설[121]은 공문서이건 사문서이건 구분 없이 '일반인으로 하여금 진정한 문서로 오신케 할 염려'가 있으면 문서죄의 객체가 된다고 본다.

[판례 4] 甲은 중국 중의사 및 침구사 시험에 응시할 사람을 모집한 후 그들을 중국에 데려가 응시원서의 제출을 대행하면서 응시생의 임상경력증명서가 필요하게 되자, 임상경력증명서 양식에 응시생의 이름과 생년월일 및 학습기간 등을 기재한 다음 의원직인란에 강남한의원이라고 기재하고 그 옆에 임의로 새긴 강남한의원의 직인을 날인하여 강남한의원 명의의 임상경력증명서를 위조하였다. 甲의 죄책은?

허무인명의의 문서가 사문서위조죄의 객체인 문서에 해당하는가의 문제이다. 이 점에 대하여 대법원은 종래의 입장[122]을 변경하여 다수설과 같은 입장을 취하였다. 즉 대법원은 "문서위조죄는 문서의 진정에 대한 공공의 신용을 그 보호법익으로 하는 것이므로 행사할 목적으로 작성된 문서가 일반인으로 하여금 당해 명의인의 권한 내에서 작성된 문서라고 믿게 할 수 있는 정도의 형식과 외관을 갖추고 있으면 문서위조죄가 성립하는 것이고, 위와 같은 요건을 구비한 이상 그 명의인이 실재하지 않는 허무인이거나 또는 문서의 작성일자 전에 이미 사망하였다고 하더라도 그러한 문서 역시 공공의 신용을 해할 위험성이 있으므로 문서위조죄가 성립한다고 봄이 상당하며, 이는 공문서뿐만 아니라 사문서의 경우에도 마찬가지라고 보아야 할 것이다"라고 판시하였다.[123]

[판례 5] 甲은 1998. 2. 13. 삼성종합건설 주식회사 명의의 입금표를 작성하였다. 그런데 삼성종합건설 주식회사는 1996. 1. 27. 기존에 존재하던 삼성물산 주식회사에 흡수합병되면서 소멸하였다. 甲의 죄책은?

이미 소멸한 법인 명의의 문서가 문서위조죄에서 말하는 문서에 해당하는가가 문제된다. 이점에 대하여 대법원은 "문서위조죄는 문서의 진정에 대한 공공의 신용을 그 보호법익으로 하는 것이므로 행사할 목적으로 작성된 문서가 일반인으로 하여금 당해 명의인의 권한

---

119) 대법원 2009.05.14. 선고 2009도5 판결.
120) 대법원 2005. 2. 24. 선고 2002도18 판결; 2005. 3. 25. 선고 2003도4943 판결.
121) 김일수/서보학, 각론, 729면; 박상기, 각론, 521면; 배종대, 각론, 710면; 임웅, 각론, 690면.
122) 이 판례변경이 있기 이전에 대법원은 사자나 허무인 명의의 문서가 문서죄의 객체가 되는가에 대하여 공문서와 사문서를 구별하여 판단하였다. 즉 공문서의 경우에는 실존하지 않는 공무소 또는 공무원 명의로 문서를 위조한 경우에 공문서위조죄가 성립한다(대법원 1968. 9. 17. 선고 68도981 판결)고 보는 반면, 사문서의 경우에는 문서의 명의인이 실재하지 않는 허무인이거나(대법원 1991. 1. 29. 선고 90도2542 판결) 또는 문서의 작성일자 전에 이미 사망한 경우에는(1970. 11. 30. 선고 70도2231 판결) 사문서위조죄가 성립하지 않는다고 보았다. 이러한 종래의 입장은 대법원 2005. 2. 24. 선고 2002도18 전원합의체판결에 의하여 변경되었다.
123) 대법원 2005. 2. 24. 선고 2002도18 판결.

내에서 작성된 문서라고 믿게 할 수 있는 정도의 형식과 외관을 갖추고 있으면 문서위조죄가 성립하는 것이고, 위와 같은 요건을 구비한 이상 그 명의인이 실재하지 않는 허무인이거나 또는 문서의 작성일자 전에 이미 사망하였다고 하더라도 그러한 문서 역시 공공의 신용을 해할 위험성이 있으므로 공문서와 사문서를 가리지 아니하고 문서위조죄가 성립한다고 봄이 상당하며 이러한 법리는 법률적, 사회적으로 자연인과 같이 활동하는 법인 또는 단체에도 그대로 적용된다고 할 것이다"[124)라고 판시하였다. 따라서 甲에 대하여는 사문서위조죄가 성립한다.

5. 문서의 종류

형법은 문서를 공문서와 사문서로 분류한다. 공문서란 공무원 또는 공무소가 직무와 관련하여 작성한 문서로서, 작성명의인이 공무소 또는 공무원인 것을 말하며, 사문서는 사인명의로 작성된 문서를 말한다. 공문서를 위조하면 공문서위조죄가, 사문서를 위조하면 사문서위조죄가 성립한다. 공문서는 사문서에 비하여 공신력이 높기 때문에 형법은 객체가 공문서인 경우를 사문서의 경우보다 무겁게 처벌하고 있다. 공문서와 사문서의 구분에 관하여는 아래의 II 2에서 설명하기로 한다.

II. 문서위조·변조죄

문서에 관한 죄의 행위유형에는 위조·변조, 허위문서작성, 위조등 문서행사, 문서부정행사, 전자기록위작·변작 등이 있다. 형법은 문서에 관한 죄의 객체를 공문서와 사문서로 분류하여 행위유형에 따라 규정하고 있다.

1. 사문서위조·변조죄

제231조(사문서등의 위조·변조): 행사할 목적으로 권리·의무 또는 사실증명에 관한 타인의 문서 또는 도화를 위조 또는 변조한 자는 5년 이하의 징역 또는 1천만원이하의 벌금에 처한다.

제235조(미수범): 제225조 내지 제234조의 미수범은 처벌한다.

제237조(자격정지의 병과): 제225조 내지 제227조의2 및 그 행사죄를 범하여 징역에 처할 경우에는 10년 이하의 자격정지를 병과할 수 있다.

---

124) 대법원 2005. 3. 25. 선고 2003도4943 판결.

(1) 객체

본죄의 객체는 사문서, 즉 '권리·의무 또는 사실증명에 관한 타인의 문서 또는 도화'이다. '권리·의무'에 관한 문서란 권리의 발생·변경·소멸에 관한 사항을 기재한 문서를 말한다. 예컨대 위임장, 계약서, 영수증 등이 여기에 해당한다. '사실증명에 관한 문서'란 법률관계 이외의 중요한 사실을 증명하는 문서를 말한다. 예컨대 추천서, 이력서, 사립학교의 성적증명서 등이 여기에 해당한다. 그러나 명함은 개인의 동일성을 표시하는 것이지 사실증명에 관한 것은 아니므로 문서가 아니다.

도화는 넓은 의미의 문서로서 본죄의 객체에 해당한다. '도화'란 문자 이외의 상형적 부호에 의하여 의사나 관념을 표현한 물체를 말한다. 예컨대 상해의 부위를 표시하기 위한 인체도가 여기에 해당한다. 지적도는 도화로서 공문서이다. 그러나 예술작품인 회화는 명함과 마찬가지로 의사표시의 내용을 담고 있지는 않으므로 문서죄의 객체인 도화에는 해당하지 않는다.

(2) 행위

본죄의 행위는 위조 또는 변조이다.

① 위조

위조란 권한 없이 타인명의를 모용하여 문서를 작성(부진정문서의 작성 = 유형위조)하는 것을 말한다. '권한 없이'란 문서를 작성할 정당한 권한이 없이라는 의미이다. 명의인의 사전승낙을 받거나 문서작성의 위임을 받고 그 취지에 따라 타인명의의 문서를 작성하는 것은 정당한 권한에 의한 것이므로 위조가 아니다. 그러나 명의인을 기망하여 문서를 작성케 하였다면 이는 기망자가 명의인을 이용하여 그의 의사에 반하는 문서를 작성케 한 것이므로 위조에 해당한다.[125]

문서작성의 위임을 받은 자가 그 위임범위를 초월하여 위탁자 명의의 문서를 작성한 경우(권한초월)도 위조에 해당한다.[126] 그러나 문서작성의 위임을 받은 자가 단순히 권한을 남용하여 위탁자 명의의 문서를 작성하는 것(권한남용)은 위조에 해당하지 않으며,[127] 다만 허위사문서작성에 불과하므로 문서에 관한 죄는 성립하지 않는다.

> [판례 6] 甲은 정기문중총회 회의록을 임의로 작성하고는 종중원들을 찾아다니면서 서명, 날인을 받았는데, 이 때 종중원들에게 이 사건 임야의 등기, 매도권한을 甲에게 일임하고

---

125) 대법원 2000. 6. 13. 선고 2000도778 판결.
126) 대법원 1984. 6. 12. 선고 83도2408 판결.
127) 대법원 1984. 7. 10. 선고 84도1146 판결.

매도금액 3분의 1을 문중에 반납하고 나머지를 甲에게 소송대행비용으로 준다는 위 회의록의 내용 등에 관하여 제대로 알려 주지 아니한 채, 단지 이 사건 임야에 관하여 문중 명의로 소유권이전등기를 하는 데 필요하다는 정도로만 얘기하면서 서명, 날인을 받았다. 甲의 죄책은?

원심: 원심은 "문서명의자인 종중원들이 자신의 의사에 기하여 직접 서명, 날인을 한 점이 인정되는 한 이 때 피고인의 묵비나 기망으로 그 총회록의 내용을 오해하였다 하여 위조가 되는 것은 아니며 …"라는 이유로 사문서위조죄의 성립을 부정하였다.

대법원: 대법원은 "명의인을 기망하여 문서를 작성케 하는 경우는 서명, 날인이 정당히 성립된 경우에도 기망자는 명의인을 이용하여 서명·날인자의 의사에 반하는 문서를 작성케 하는 것이므로 사문서위조죄가 성립한다"고 보았다.[128] 즉 甲은 착오에 빠진 종중원들을 이용하여 사문서를 위조하였으므로 간접정범에 의한 사문서위조죄가 성립한다.[129]

[판례 7] 甲은 자신의 명의로 충북 청원군에 신청한 골재채취장 주변에 있는 분묘 7기의 소유자들을 알 수 없고 토석채취허가동의서를 받기도 어렵게 되자, 이 분묘와 관계없는 인근의 다른 분묘 소유자들로부터 공란의 동의서 용지에 도장만 받은 다음 그 공란에 위 7기의 분묘소재지를 기재하는 방법으로 동의서를 작성하여 제출하기로 결의하고, 다른 곳의 토지에 분묘를 소유하고 있는 이 사건 피해자들에게 甲이 신청한 골재채취장과는 멀리 떨어져 있어 토석채취를 한다고 하여도 피해가 없으니 동의해 달라고 말하여 백지의 동의서 양식에 인감도장을 날인하게 한 다음, 그 동의서에 피해자들의 의사에 반하여 분묘소재지를 위 골재채취장 주변의 토지로 기재하였다. 甲의 죄책은?

甲이 작성한 피해자들 작성 명의의 각 동의서는 피해자들이 동의서의 양식에 인감도장을 날인하면서 그 공란을 기재하도록 승낙한 내용과 다른 것이고, 위 동의서의 공란을 기재하여 완성하도록 승낙한 취지에도 어긋나는 것이어서 피고인들은 피해자들이 승낙한 문서 아닌 문서를 작성한 셈이 되고, 피해자들의 의사에 반하여 판시와 같은 내용의 동의서를 작성한 것이 되어 사문서를 위조한 경우에 해당한다.[130]

[판례 8-1] 甲은 乙과의 동업계약에 따라 甲의 명의로 변경하기 위하여 乙의 인장이 날인된 백지의 건축주명의변경신청서를 받아 보관하고 있던 중 그 위임의 취지에 반하여 丙 앞으로 건축주 명의를 변경하는 건축주명의변경신청서를 작성하여 구청에 제출하였다. 甲의 죄책은(권한초월)?

미완성의 문서에 가공을 하여 이를 완성하는 것을 백지보충이라고 한다. 위임자의 취지에 반하여 백지보충을 하는 경우(백지위조)에 어떠한 범죄가 성립하는가에 대하여 대법원은

---

128) 대법원 2000. 6. 13. 선고 2000도778 판결.
129) 임웅, 각론, 697면.
130) 대법원 1992. 3. 31. 선고 91도2815 판결.

"타인으로부터 위탁된 권한을 초월하여 위탁자 명의의 문서를 작성하거나, 타인의 서명날인이 정당하게 성립한 때라 하더라도 그 서명·날인자의 의사에 반하는 문서를 작성하는 경우에는 사문서위조죄가 성립한다"[131)]는 이유로 甲에 대하여 사문서위조 및 동행사죄의 성립을 인정하였다.

[판례 8-2] 甲은 피해자 乙女에게 丙 소유의 답 790평을 매수토록 종용하면서 그 매수가격이 평당 47,000원씩 37,130,000원임에도 41,080,000원이라고 속여 그 차액을 편취할 심산으로 인쇄된 매매계약서 용지의 대금총액란에 "사천 일백팔만원" 매도인란에 "丙" 매수인란에 "乙"이라고 타자하고 보관 중이던 乙女의 목각인장을 압날하였다. 그리고 甲은 그 매매계약서를 乙女에게 교부하여 그녀로부터 41,080,000원을 교부받았다. 甲의 죄책은?(권한남용)?

甲은 피해자 乙女로부터 포괄적인 권한의 위임을 받고 丙과 매매계약을 체결하였다. 甲이 乙명의로 토지매매계약서를 작성하면서 실제매수가격보다 높은 가격을 기재한 행위자 사문서위조에 해당하는지가 문제된다. 이 점에 대하여 대법원은 "甲에게는 피해자 乙女 명의로 그 토지매매계약서를 작성할 적법한 권한이 있었다 할 것이므로 甲이 실제매수가격보다 높은 가격을 매매대금으로 기재한 위 乙女 명의의 매매계약서를 작성하였다 하더라도 그것은 작성권한 있는 자가 허위내용의 문서를 작성한 것이 될 뿐 사문서위조가 될 수는 없을 것이다"[132)]라고 보았다. 다만 그에 대하여는 사기죄가 성립한다.

[판례 8-3] 甲은 乙로부터 금 75,000,000원의 차용건의 위탁을 받아서 소정사항이 기재되지 아니한 대출신청서 및 영수증에 날인을 받은 다음 대출신청서 및 영수증에 금 150,000,000원과 주소 성명 년월일 등을 기입하여 乙 명의의 대출신청서 및 영수증을 작성하였다. 甲의 죄책은?(권한초월)

대법원은 "타인으로부터 위탁된 권한을 초월하여 위탁자 명의의문서를 작성하거나 타인의 서명날인이 정당하게 성립한 때라 하더라도 그 서명날인자의 의사에 반하는 문서를 작성하는 경우에는 사문서위조죄가 성립한다"고 판시하고, 이어서 "대출신청서 및 영수증에 위 위탁자인 乙이 스스로 날인하였다 할지라도 그는 어디까지나 금 75,000,000원에 한한 것이지 금 150,000,000원의 차용 및 영수를 하는 것이 아닌 만큼 모두에서 본바와 같이 여기에는 문서위조죄가 성립된다"고 보았다.[133)] 따라서 甲에 대해서는 사문서위조죄가 성립한다. 이 사례는 [판례 8-2]와는 달리 피해자 乙로부터 포괄적인 위임을 받은 것이 아니라 특정금액의 차용건을 위탁받은 것이라는 점에서 차이가 있다. 즉 甲은 자신에게 부여된 대리권을 단순히 권한을 남용한 것이 아니라 그 권한을 초월하여 문서를 작성한 것이므로 사문서위조에 해당한다.

---

131) 대법원 1984. 6. 12. 선고 83도2408 판결.
132) 대법원 1984. 7. 10. 선고 84도1146 판결.
133) 대법원 1982. 10. 12. 선고 82도2023 판결.

'타인명의의 모용'이란 타인명의를 사칭하여 문서작성자가 작성명의인인 것처럼 착오를 일으키게 하는 행위를 말한다. '위조'는 작성자와 명의인이 불일치하는 부진정문서를 작성(유형위조)하는 것이므로, 작성자와 명의인이 일치하는 이상은 내용이 허위이더라도 이는 '위조'가 아니라 허위문서작성(무형위조)에 해당한다.

'문서의 작성'은 새로운 문서를 만드는 경우는 물론, 기존의 문서를 이용하는 경우, 즉 ① 백지보충과 같이 미완성문서를 가공하여 완성시키는 경우,[134] ② 기존의 진정문서나 무효인 문서를 이용하여 이와는 별개의 새로운 증명력을 가지는 문서를 만드는 경우 등이 있다. 아래의 사례는 공문서에 관한 판례이지만 사문서에 대하여도 그대로 타당하다.

[판례 9] "피고인이 행사할 목적으로 타인의 주민등록증에 붙어있는 사진을 떼어내고 그 자리에 피고인의 사진을 붙였다면 이는 기존 공문서의 본질적 또는 중요 부분에 변경을 가하여 새로운 증명력을 가지는 별개의 공문서를 작성한 경우에 해당하므로 공문서위조죄를 구성한다."[135]

[판례 10] 면사무소의 직원 甲은 면장과 부면장이 부재중이라 관례에 따라 사후 결재를 받을 생각으로 유효기간이 경과한 입목반출허가증의 반출기간을 정정하였다. 甲의 죄책은?

대법원은 다음과 같은 이유에서 甲에 대하여 공문서위조죄의 성립을 인정하였다: "유효기간이 경과하여 무효가 된 공문서라고 할지라도 작성권한 자가 위 기간과 발행일자를 정정하여 새로운 공문서를 작성하였다면 그것은 법률상 유효한 새로운 공문서라고 할 것이고 가사 정정하여 새로운 공문서를 작성하기 전의 위 공문서의 기재조항 중에 정정한 경우에는 무효로 한다는 기재부분이 있다고 하더라도 이는 작성권한 자 아닌 자의 권한 없는 정정은 무효로 한다는 취지이지 작성권한 자의 정당한 정정까지를 뜻하는 것이 아니라고 할 것이므로(만일 작성권한 자의 정당한 정정까지를 뜻한다면 작성권한 자의 정당한 정정에 의한 작성으로 무효인 공문서가 탄생한다는 모순된 결론이 나온다) 작성권한자의 부하되는 업무담당자가 위와 같은 정정기재를 하고 정정기재부분에 함부로 작성권한자의 직인을 압날하여 공문서를 작성하였다면 형식과 외관에 의하여 효력이 있는 공문서를 위조한 경우에 해당한다."[136]

---

[134] 위의 대법원 1984. 6.12. 선고 83도2408 판결(판례 8-1) 참조.
[135] 대법원 1991. 9. 10. 선고 91도1610 판결. 운전면허증의 사진을 떼어내고 타인의 사진을 붙인 행위가 공문서변조에 해당한다는 판례(대법원 1957.4.12. 선고 4290형상52 판결)가 있으나, 지금은 운전면허증이 주민등록증과 마찬가지로 '동일인증명'의 기능을 가지므로 공문서위조에 해당한다고 보는 견해(서울고등법원 1973. 7. 31. 선고 73노737)가 타당하다.
[136] 대법원 1980. 11. 11. 선고 80도2126 판결.

② 변조

변조란 권한 없이 진정하게 성립된 타인명의의 진정문서를 동일성을 해하지 않는 범위에서 변경하는 것을 말한다. 자기명의의 문서에 변경을 가하는 것과 같이 권한 있는 자가 변경을 한 것은 변조가 아니다. 다만 공문서의 경우에는 공문서변개(제227조) 또는 공용서류무효(제141조)가, 사문서의 경우에는 문서손괴(제366조)가 성립할 수는 있다.

[판례 11] 甲은 乙의 위임을 받아 乙 소유의 임야를 매도함에 있어서 乙을 대리하여 丙과 매매계약을 체결하였으며 그 후 위 매매계약의 이행문제로 분쟁이 생기자 丙이 甲에게 위 매매계약서를 매도인 甲의 이름위에 위 乙의 대리인이라는 표시를 하여 달라고 요구하자 甲은 매매계약서중 '乙 대'라는 문구를 삽입하였다. 甲의 죄책은?

대법원은 甲이 매매계약서중 '乙 대'라고 문구를 삽입한 것은 "그 부동산의 처분권한을 위임받았으며 따라서 매매계약서 작성권한 있는 자가 한 변경행위이며 매매계약서가 작성권한 있는 자에 의하여 작성된 이상 그 후 계약관계가 분쟁이 있다 하더라도 매매계약서 작성자는 그 위임취지의 범위 내에서 변경 내지 수정할 수 있는 권한이 있다 할 것이고, 이 때 명의인의 승낙을 받지 아니하였다고 하여 사문서변조죄가 성립되는 것이 아님은 법리상 명백하다"137)라고 판시하였다. 또한 문서의 소유자 丙의 요구에 따라 변경한 것이므로 문서손괴죄도 성립하지 않는다.

문서변조죄의 객체는 진정문서에 국한되며 부진정문서는 증명능력이 없으므로 변조죄의 객체인 문서에 해당하지 않는다.138) 따라서 기존의 위조 또는 변조된 문서를 변경한 것은 문서변조죄에 해당하지 않는다(판례 12-1). 판례는 허위로 작성된 공문서도 공문서변조죄의 객체가 되지 않는다고 본다(판례 12-2). 변조는 문서내용에 변경이 있어야 하므로 이러한 변경이 없는 단순한 자구수정은 변조가 아니다(판례 12-3). 위조와 변조의 차이는 동일성이 침해되었는가에 있으므로 기존문서의 내용에 변경을 가함으로 인하여 문서의 동일성이 침해되었다면 변조가 아니라 위조가 된다.

[판례 12-1] "유가증권변조죄에서 '변조'는 진정하게 성립된 유가증권의 내용에 권한 없는 자가 유가증권의 동일성을 해하지 않는 한도에서 변경을 가하는 것을 의미하고, 이와 같이 권한 없는 자에 의해 변조된 부분은 진정하게 성립된 부분이라 할 수 없다. 따라서

---

137) 대법원 1986. 8. 19. 선고 86도544 판결.
138) 판례(대법원 1986. 11. 11. 선고 86도1984 판결; 대법원 2006.1.26. 선고 2005도4764 판결) 및 다수설(박상기, 각론, 526면; 배종대, 각론, 717면; 임웅, 각론, 698면). 부진정문서도 장래의 소송절차에서 위조사실의 입증에 사용될 수 있으므로 증명능력을 가질 수 있다는 견해(김일수/서보학, 각론, 727면)가 있으나, 이 견해도 부진정문서는 문서변조죄의 객체가 될 수 없다고 본다.

유가증권의 내용 중 권한 없는 자에 의하여 이미 변조된 부분을 다시 권한 없이 변경하였다고 하더라도 유가증권변조죄는 성립하지 않는다."139)

[판례 12-2] "공문서변조라 함은 권한 없이 이미 진정하게 성립된 공무원 또는 공무소명의 문서내용에 대하여 그 동일성을 해하지 아니할 정도로 변경을 가하는 것을 말한다 할 것인바, 본건에서의 폐품반납증은 이미 허위로 작성된 공문서이므로 형법 제225조 소정의 공문서변조죄의 객체가 되지 아니한다."140)

[판례 12-3] "피고인의 본명은 甲이나 일상거래상 乙로 통용되어 온 경우에 공소외인 작성의 乙 앞으로 된 영수증에 피고인이 '乙'이라는 기재 옆에 '甲'이라고 기입하였다고 하여도 이는 위 영수증의 내용에 영향을 미쳤다고 보여지지 아니하고, 따라서 새로운 증명력을 가한 것이 아니므로 사문서 변조죄를 구성하지 아니한다."141)

(3) 주관적 구성요건

본죄의 주관적 구성요건은 고의와 '행사할 목적'이다. 여기서 목적은 확정적 고의가 있을 것을 요하며, 미필적 고의만으로는 부족하다.

(4) 죄수

판례는 문서에 관한 죄의 죄수를 문서명의인의 수에 따라서 판단한다. 따라서 2인 이상의 작성명의인이 있는 연명문서를 위조한 경우에는 명의인의 수만큼의 문서위조죄의 상상적 경합이 성립한다고 한다.142) 그러나 문서에 관한 죄의 보호법익은 사회적 법익으로서 비전속적 법익에 해당하므로 문서의 작성명의인이 수인이더라도 하나의 법익만 침해되었다고 보아야 할 것이다. 따라서 연명문서를 위조한 경우에 작성명의인의 수와 관계없이 단일의 문서위조죄가 성립한다고 보는 견해143)가 타당하다.

[판례 13] 甲은 동의서 가운데 乙 명의부분과 丙 명의부분을 위조하였다.
(1) 甲의 죄책은?
(2) 만일 검사가 乙의 명의부분을 위조한 죄로만 공소를 제기하여 이 부분에 관하여 유죄의 확정판결을 받았는데, 그 후에 丙의 명의부분을 위조한 죄로 다시 공소를 제기하였다면 법원은 어떠한 재판을 하여야 하는가?

---

139) 대법원 2012.09.27. 선고 2010도15206 판결.
140) 대법원 1986. 11. 11. 선고 86도1984 판결.
141) 대법원 1981. 10. 27. 선고 81도2055 판결.
142) 대법원 1987. 7. 21. 선고 87도564 판결.
143) 배종대, 각론, 720면; 임웅, 각론, 700면.

(1) 대법원: "문서에 2인 이상의 작성명의인이 있을 때에는 각 명의자 마다 1개의 문서가 성립되므로 2인 이상의 연명으로 된 문서를 위조한 때에는 작성명의인의 수대로 수개의 문서위조죄가 성립하고 또 그 연명문서를 위조하는 행위는 자연적 관찰이나 사회통념상 하나의 행위라 할 것이어서 위 수개의 문서위조죄는 형법 제40조가 규정하는 상상적 경합범에 해당한다."144)

(2) 형사소송법상의 문제이다. 대법원의 견해에 의하면 乙의 명의부분에 관하여 유죄의 확정판결을 받은 이상 그 판결의 효력은 이와 상상적 경합관계에 있는 丙의 명의부분을 위조한 공소사실에도 미치므로 甲에 대하여 면소의 판결(형소법 제326조 제1호)을 선고하여야 한다. 연명문서를 위조한 경우에 작성명의인의 수와 관계없이 단일의 사문서위조죄만 성립한다는 견해에 의하더라도 마찬가지로 '확정판결이 있는 때'에 해당하므로 법원은 면소판결을 하여야 한다.

2. 공문서위조·변조죄

> **제225조(공문서등의 위조·변조)**: 행사할 목적으로 공무원 또는 공무소의 문서 또는 도화를 위조 또는 변조한 자는 10년 이하의 징역에 처한다.

① 주체: 본죄는 일반범이므로 주체에는 제한이 없다. 따라서 공무원이 권한 없이 공문서를 작성하거나 그 내용을 변경한 때에도 공문서위조죄나 공문서변조죄가 성립한다.

② 객체: 본죄의 객체는 공문서이다. 공문서란 공무원 또는 공무소가 직무와 관련하여 작성한 문서로서, 작성명의인이 공무소 또는 공무원인 것을 말한다. 공무원이나 공무소가 아닌 자가 계약 등에 의하여 공무와 관련되는 업무를 일부 대행하는 경우에는 형법 또는 기타 특별법에 의하여 공무원 등으로 의제되는 경우를 제외하고는 공무원 또는 공무소에 해당하지 않는다.145) 공무원이 작성한 문서라 하더라도 직무상 작성한 것이 아니면 공문서가 아니라 사문서이다. 예컨대 공무원 개인의 채무부담의 의견표시인 문서는 사문서이므로 이를 위조한 때에는 사문서위조죄가 성립한다.146)

공무원이 작성한 문서와 개인이 작성한 문서가 병존하는 경우(공문서와 사문서의 복합문서) 개인이 작성한 부분도 '공무원이 작성한 증명문구에 의하여 증명'되는 경우에는 공문서에 해당한다. 공무원이 아니더라도 법률상 공문서 작성주체로 인정된

---

144) 대법원 1987. 7. 21. 선고 87도564 판결.
145) 대법원 1996. 3. 26. 선고 95도3073 판결; 대법원 2016. 1. 14. 선고 2015도9133 판결; 대법원 2016. 3. 24. 선고 2015도15842 판결; 대법원 2020. 3. 12. 선고 2016도19170 판결.
146) 대법원 1984. 3. 27. 선고 83도2892 판결.

자가 작성한 문서는 공문서이다.147) 예컨대 공증인, 공증인가 합동법률사무소 또는 공증인가 법무법인이 작성한 사서증서 인증서나 공정증서는 공문서이다.

[판례 14-1] 甲은 乙명의로 발급받은 인감증명서의 사용용도란에 기재된 "가등기설정"을 지우고 그 상단에 "매매"로 고쳐 써서 이를 丙에게 교부하였다. 甲의 죄책은?

1통의 용지에 2개 이상의 서로 다른 문서가 병존하는 경우를 복합문서(병존문서)라고 한다. 인감증명서는 공무원이 작성한 문서와 개인이 작성한 문서가 병존하므로 공문서와 사문서의 복합문서라고 할 수 있다. 개인이 작성한 부분을 변조한 경우에 공문서변조죄와 사문서변조죄 가운데 어느 것이 성립하는지가 문제된다.

대법원은 "인감증명서의 유효기간은 부동산매도용인 경우에는 1월, 기타 용도인 경우에는 3월로 한다고 되어 있으므로 인감증명서의 사용용도는 인감신청인이 기재하는 것이나 그 기재한 용도에 따른 인감증명서가 발급되면 그 용도기재의 여하에 따라 인감증명서의 유효기간이 달라지는 것이므로 그 기재된 용도에 대하여도 증명의 효력이 미친다고 볼 것이므로 권한 없이 그 용도기재를 고쳐 썼다면 이는 공문서변조죄에 해당한다"148)고 보았다. 이 판결은 그 용도기재의 여하에 따라 인감증명서의 유효기간이 달라지도록 규정하고 있던 구 인감증명법시행령(1985. 6. 29. 대통령령 제11715호로 개정되기 전의 것)이 시행될 때의 사안에 관한 것이다. 현행 인감증명법에 의하면 아래의 (판례 14-2)에서와 같이 甲에 대하여 공문서변조죄는 성립하지 않는다.

[판례 14-2] 甲은 乙의 승낙 없이, 동장이 乙에게 발행한 인감증명서의 사용용도란에 기재된 토지사용승인용(70㎡)의 '70'을 지운 후 '135'로 기재하여 성남시 분당구청 공무원에게 제출하였다. 甲의 죄책은?

"인감증명법 제12조 제1항, 동법시행령 제13조 등 인감증명의 신청과 인감증명서의 발급에 관한 법령의 규정에 의하면, 인감의 증명을 신청함에 있어서 그 용도가 부동산매도용일 경우에는 부동산매수자란에 매수자의 성명(법인인 경우에는 법인명), 주소 및 주민등록번호를 기재하여 신청하여야 하지만 그 이외의 경우에는 신청 당시 사용용도란을 기재하여야 하는 것은 아니고, 필요한 경우에 신청인이 직접 기재하여 사용하도록 되어 있으며, 사용용도에 따른 인감증명서의 유효기간에 관한 종전의 규정도 삭제되어 유효기간의 차이도 없으므로 인감증명서의 사용용도란의 기재는 증명청인 동장이 작성한 증명문구에 의하여 증명되는 부분과는 아무런 관계가 없다고 할 것이다. 따라서 권한 없는 자가 임의로 인감증명서의 사용용도란의 기재를 고쳐 썼다고 하더라도 공무원 또는 공무소의 문서 내용에 대하여 변경을 가하여 새로운 증명력을 작출한 경우라고 볼 수 없으므로 공문서변조죄나 이를 전제로 하는 변조공문서행사죄가 성립되지는 않는다고 볼 것이다."149)

---

147) 김일수/서보학, 각론, 751면.
148) 대법원 1985. 9. 24. 선고 85도1490 판결.

[판례 15-1] 공증사무취급이 인가된 한일합동법률사무소의 사무원으로 종사하는 甲은 위 합동법률사무소 소속 변호사 乙의 참여하에 A의 유언에 대한 공정증서를 작성하기 위하여 그 초안을 작성하였는데, 허위의 유언내용의 초안을 작성하여 이미 작성된 초안과 대체한 후 이를 진정한 공정증서 초안인 것처럼 가장하여 그 정을 모르는 변호사 乙에게 제출함으로써 이를 그대로 믿은 乙로 하여금 해당요소에 서명·날인케 하였다. 甲의 죄책은?

甲에 대하여 허위공문서작성죄의 간접정범이나 공정증서원본부실기재죄가 성립하는지에 대하여 검토하기로 한다. 본죄가 성립하기 위해서는 A의 유언에 대한 공정증서가 공문서일 것을 요한다.

(1) A의 유언에 대한 공정증서는 공문서인가?

대법원은 "간이절차에 의한 민사분쟁사건처리특례법[150])에 의하여 합동법률사무소 명의로 작성된 공증에 관한 문서는 형법상의 공문서에 해당"한다고 보았다. 만일 A의 유언에 대한 공정증서가 한일합동법률사무소 명의로 작성된 공증에 관한 문서라면 이는 공문서에 해당한다.[151] 그러나 대법원은 이 문서가 "한일합동법률사무소 명의로 작성된 문서인지 또는 동 합동법률사무소에 소속하고 있는 변호사 乙의 명의로 작성이 되었는지, … 불분명"하다고 판단하였다. 만일 이 문서가 공문서가 아니라면 허위공문서작성죄의 간접정범은 성립할 여지가 없다. 이하에서는 이 문서가 공정증서라는 가정 하에 甲의 죄책을 검토하기로 한다.

(2) 허위공문서작성죄의 간접정범

허위공문서작성죄는 신분범으로서 공문서의 작성권자만이 본죄의 주체가 되며, 본죄의 간접정범도 정범적격을 요하므로 신분자의 경우에만 성립이 가능하다. 다만 판례는 작성권한 있는 공무원을 보좌하여 공문서의 기안을 담당하는 공무원이 허위공문서를 기안하여 그 사실을 모르는 상사의 서명날인을 받아 공문서를 완성하면 허위공문서작성죄의 간접정범(제227조, 34조 제1항)이 성립한다고 본다. 문서작성권자가 아닌 기안담당 공무원에 대하여 예외적으로 정범적격을 인정한 것으로 보인다. 대법원은 甲이 "동 합동법률사무소의 사무원

---

149) 대법원 2004. 8. 20. 선고 2004도2767 판결.
150) 이 법은 폐지되었으며 지금은 변호사법에 공증인가 법무법인(동법 제49조 제1항)이나 공증인가 합동법률사무소(부칙 제6조)에 관하여 규정되어 있다.
151) 공증인의 직무 가운데 '공정증서의 작성'과 '사서증서의 인증'을 구분하여야 한다(공증인법 제2조). 전자에서 공정증서(공증인법 제34조)는 '공증인이 촉탁인의 신청에 의하여 자신이 직접 청취한 진술, 그 목도한 사실, 기타 실험한 사실을 기재한 공증에 관한 문서'로서 공문서를 말한다(대법원 1994. 6. 28. 선고 94누2046 판결), 이에 대하여 후자(공증인법 제57조)는 당사자로 하여금 공증인의 면전에서 사서증서에 서명 또는 날인하게 하거나 사서증서의 서명 또는 날인을 본인이나 그 대리인으로 하여금 인증하게 한 후 그 사실을 증서에 기재함으로서 사서증서의 진정성립에 대한 증명력을 높여주려는 것을 말한다. 사서증서는 사문서이고, 공증인의 인증부분은 공문서이므로 사서증서인증서는 공문서와 사문서의 병존문서라고 할 수 있다. 공증인이 인증한 사서증서인증서는 서명날인의 진정성립에 관한 사실을 증명하는 것이므로 공정증서원본에 해당하지는 않는다(대법원 1975. 9. 9. 선고 75도331 판결).

이라고만 판시하였을 뿐, 피고인의 신분이 무엇인지도 명백히 하지 아니하고"라는 이유로, 즉 甲이 기안담당 직원인지가 분명하지 않다는 이유로 본죄의 성립을 부정하였다.152)

(3) 공정증서원본부실기재죄

공정증서원본부실기재죄(제228조)는 공무원에 대하여 허위신고를 하여 공정증서원본에 부실의 사실을 기재하게 한 경우에 성립하는 범죄로서 일반범이다. 따라서 甲이 공정증서의 기안을 담당하는 직원이 아니라도 공정증서원본부실기재죄의 성립이 가능하다.

> [판례 15-2] 지하수 개발업자 甲은 乙이 소유하고 있는 임야 30,000평에서 온천수가 나올 것으로 알고, 乙과 위 임야에 온천개발을 하는 데 필요한 공사비는 甲이 전액 부담하고 온천수가 나오면 위 임야의 절반을 甲이 가지기로 하는 계약을 체결하고, 공증인합동사무소에서 합의내용 제1조에 '甲은 시공에 필요한 비용의 전액을 부담한다. … 온천구 허가 취득비용 및 예상치 못했던 일체의 비용을 전액 부담한다'라고 기재한 온천수개발합의서를 작성하여 인증서를 각 교부받았다. 그러나 온천수가 나오지 않자, 위 인증합의서를 '온천구 시공 허가권 취득 비용 및 시공 외 필요한 일체의 비용은 乙이 전액 부담한다.'라는 내용으로 고쳤다. 그리고 甲은 창원지방법원 민사과에 乙을 피고로 하는 공사대금청구 소송을 제기하면서 소장에 위와 같이 변조한 인증서를 첨부하여 제출하였으나 소취하 간주되었다. 甲의 죄책은?

(1) 사문서변조죄 및 동행사죄

대법원은 "이 사건 온천수개발합의서에 대한 인증서는 공증인법 제34조에 정한 공정증서가 아니라 공증인법 제57조 제1항에 정한 사서증서의 인증에 해당함이 분명"하며, 사서증서 인증서 중 인증기재 부분은 공문서에 해당한다고 하겠으나, 위와 같은 내용의 인증이 있었다고 하여 사서증서의 기재 내용이 공문서인 인증기재 부분의 내용을 구성하는 것은 아니라고 할 것이므로, 이 사건과 같이 사서증서의 기재 내용을 일부 변조한 행위는 공문서변조죄가 아니라 사문서변조죄에 해당한다"고 판시하였다. 그리고 공사대금청구 소송을 제기하면서 소장에 위와 같이 변조한 인증서를 첨부하여 제출한 행위는 변조사문서행사죄에 해당한다. 따라서 甲에 대하여는 사문서변조죄 및 동행사죄가 성립한다.

(2) 사기미수죄

"甲은 피해자와 사이에 온천의 시공에 필요한 비용을 포함한 일체의 비용을 자신이 부담하기로 약정하였음에도 피해자를 상대로 공사대금청구의 소를 제기하면서 시공 외의 비용은 모두 피해자가 부담한다는 내용으로 변조된 인증합의서를 소장에 첨부 제출한 사실이 인정되는바, 甲의 행위는 증거를 조작함으로써 법원을 기망하여 재산상 이익을 얻으려는 소송사기의 실행에 착수한 행위로 보기에 충분하다."153) 따라서 甲에 대하여는 사기미수죄가 성립한다. 변조사문서행사죄와 사기미수는 판례에 의하면 실체적 경합관계에 있다.154)

---

152) 대법원 1977. 8. 23. 선고 74도2715 전원합의체 판결.
153) 대법원 2005. 3. 24. 선고 2003도2144 판결.
154) 대법원 1991.9.10. 선고 91도1722 판결.

③ 행위

본죄의 행위는 위조 또는 변조이다. 여기서 위조·변조는 사문서위조·변조죄에서 설명한 것과 같다. 공문서위조죄는 권한 없이 공문서를 작성한 경우에 설립하는 범죄인데 대하여, 허위공문서작성죄는 작성권자가 허위내용의 공문서를 작성하는 것이다. 따라서 양죄는 행위자가 공문서의 작성권자인가의 여부에 의하여 구분된다.

[판례 16] 호적계장 甲은 면장의 결재도 없이 자신이 관리하고 있던 乙의 호적부편제 중 그의 딸 丙女의 호적기재 출생란의 1972.를 삭선을 그어 지우고 그 상단에 1970.이라 써넣고 주민등록번호란도 701205- (이하생략)이라고 고쳐 쓰고 이어 사유란에 서기 1987년12월 2일 춘천지방법원 원주지원의 허가에 의하여 서기1988년 1월 2일 출생년 '서기 1972년'을 '서기1970년'으로 정정이라 기재하고 그 옆에 甲이 소지하고 있던 면장 丁의 실인을 찍은 후에 그 호적부가 정당하게 작성된 것처럼 그곳에 비치하였다. 甲의 죄책은?

甲의 행위가 허위공문서작성죄와 공문서위조죄 가운데 어디에 해당하는지가 문제된다. 대법원은 "형법 제227조가 규정한 허위공문서작성죄는 그 문서를 작성할 권한이 있는 공무원이 허위내용의 공문서를 작성한 경우에 성립하는 것이고 그 공무원을 보조하는 직무에 종사하는 공무원이 작성권한을 가진 공무원의 결재도 받지 아니하고 임의로 허위내용의 공문서를 작성권한자 명의로 작성한 때에는 공문서위조죄(형법 제225조)가 성립된다"고 보았다.155) 甲은 작성권자인 면장의 결재도 없이 임의로 호적부의 내용을 변경하였으므로 공문서위조죄가 성립한다. 그리고 甲이 허위로 작성한 호적부를 면사무소에 비치하여 이를 인식할 수 있는 상태에 둔 행위는 위조공문서행사죄에 해당한다.

[판례 17-1] 甲은 호적계장 乙과 공모하여 허위내용의 면장명의 인감증명서 1통을 작성하였다. 그런데 乙은 인감증명서의 작성권자인 면장의 결재도 받지 아니하고 면장 모르게 동면 호적계에 보관중인 면장 고무인과 직인을 인감증명서 용지에 압날하여 완성한 것이다. 甲, 乙의 죄책은?

(1) 乙의 죄책

"허위공문서작성죄의 주체는 그 문서를 작성할 권한이 있는 명의인인 공무원에 한하고 그 공무원의 문서작성을 보조하는 직무에 종사하는 공무원은 허위공문서작성죄의 주체가 되지 못하는 것인바, 이러한 보조직무에 종사하는 공무원이 허위공문서를 기안하여 허위인정을 모르는 작성권자에게 제출하고 그로 하여금 그 내용이 진실한 것으로 오신케 하여 서명 또는 기명·날인케 함으로써 공문서를 완성한 때에는 허위공문서작성죄의 간접정범이 될 것이나, 이러한 결재절차를 거치지 아니하고 임의로 작성권자의 기명인이나 직인 등을 부정사용하여 허위내용의 문서에 압날함으로써 공문서를 완성한 때에는 공문서위조죄가

---

155) 대법원 1990. 10. 12. 선고 90도1790 판결.

성립함은 모르되 허위공문서작성죄의 간접정범도 성립할 여지가 없는 것이다"라고 판시하였다.156)

이 견해에 의하면 일단 乙은 인감증명서의 작성권한 있는 명의인이 아니므로 허위공문서작성죄의 주체가 될 수 없다. 그리고 이 인감증명서는 작성명의인인 면장의 결재를 받아 작성된 것이 아니므로 허위공문서작성죄의 간접정범도 성립되지 않는다. 甲은 결재절차를 거치지 않고 임의로 작성권자의 고무인과 직인을 압날한 행위는 권한 없이 면장의 명의를 모용하여 공문서를 작성한 것이므로 공문서위조죄가 성립한다.

(2) 甲의 죄책

공문서위조죄는 허위공문서작성죄와는 달리 신분범이 아니므로 공무원이 아닌 甲도 본죄의 주체가 된다. 따라서 甲에 대하여는 공문서위조죄의 공모공동정범이 성립한다.

[판례 17-2] A 전투비행단은 부대 내 골프장 전동카트 설치와 관련하여 2009. 8. 17.경 설치 공사업체인 공소외 1 주식회사(이하 '공소외 1 회사'라 한다)와 합의서를 작성하였다. 전투비행단 체력단련장 관리사장으로 근무하는 甲은 2012. 5. 21.경 부대복지관리위원회 심의의결 없이 컴퓨터를 이용하여 이 사건 합의서 내용 중 시설투자비 '1,008,000,000원'을 '1,127,000,000원'으로 임의로 변경한 이 사건 수정합의서를 작성하여 출력한 다음, 이 사건 전투비행단장의 결재를 받지 않았는데도 결재를 받은 것처럼 단장 명의 직인 담당자를 기망하여 그로 하여금 이 사건 수정합의서에 날인하도록 한 다음 이를 공소외 1 회사 대표 공소외 2에게 마치 진정하게 작성된 문서인 것처럼 교부하였다. 甲의 죄책은?

공문서의 작성권한이 없는 甲이 "허위의 내용이 기재된 이 사건 수정합의서를 기안하여 작성권자인 이 사건 전투비행단장의 결재를 받지 않고 이를 모르는 단장 명의 직인 담당자로부터 단장의 직인을 날인받아 이 사건 수정합의서를 완성한 행위는 형법 제225조에서 정한 공문서위조죄에 해당"한다. 그리고 이 문서를 공소외 2에게 마치 진정하게 작성된 문서인 것처럼 교부한 형법 제229조에서 정한 위조공문서행사죄에 해당한다.157)

④ 주관적 구성요건

본죄의 주관적 구성요건은 고의와 '행사할 목적'이다.

[판례 18] 문서 본래의 용도에 사용할 목적이 아니라 수사기관에 제출할 목적으로 공문서를 위조한 경우에도 '행사할 목적'이 있다고 할 수 있는가?

"행사할 목적이란 변조된 공문서를 진정한 문서인 것처럼 사용할 목적, 즉 행사의 상대방이 누구이든지간에 그 상대방에게 문서의 진정에 대한 착오를 일으킬 목적이면 충분한 것이지 반드시 변조 전의 그 문서의 본래의 용도에 사용할 목적에 한정되는 것은 아니다."158)

---

156) 대법원 1981. 7. 28. 선고 81도898 판결.
157) 대법원 2017. 5. 17. 선고 2016도13912 판결.
158) 대법원 1995. 3. 24. 선고 94도1112 판결.

III. 자격모용에 의한 문서작성죄

1. 자격모용에 의한 사문서작성죄

> **제232조(자격모용에 의한 사문서의 작성)**: 행사할 목적으로 타인의 자격을 모용하여 권리·의무 또는 사실증명에 관한 문서 또는 도화를 작성한 자는 5년 이하의 징역 또는 1천만 원 이하의 벌금에 처한다.

자격모용에 의한 사문서작성죄는 타인의 자격을 모용하여 문서를 작성함으로써 성립하는 범죄이다. 자격모용이란 대리권이나 대표권 없는 자가 그 자격을 사칭하는 것을 말한다. 예컨대 甲이 대리권이 없음에도 불구하고 '乙의 대리인 甲'이라고 표시하여 문서를 작성하는 것이다. 대표자 또는 대리인의 자격을 표시하는 방법에는 특별한 제한이 없으며, 다만 자신을 위한 행위가 아니고 작성명의인을 위하여 법률행위를 한다는 것을 인식할 수 있을 정도의 표시가 있으면 족하다.159)

본죄는 행위자가 자기 이름을 표시하여 문서를 작성한다는 점에서 문서위조와 구분된다. 그러나 행위자는 대리권이 없으면서도 대리인이라고 표시하여 본인(乙)의 자격을 모용하며 문서를 작성하는 것이므로 문서위조죄와 마찬가지로 유형위조에 속한다고 할 수 있다. 만일 타인의 명의와 자격을 모두 모용하여 문서를 작성하였다면 문서위조죄가 성립한다. 대리권이 있더라도 그 권한을 초월하여 권한 이외의 사항에 관하여 문서를 작성한 때에는 본죄가 성립한다.160) 그러나 단순히 그 권한을 남용한 때에는 본죄는 성립하지 않으며, 단순히 허위사문서작성에 불과하여 불가벌이다.

> [판례 19] 甲은 매수인 A로부터 토지를 3억 5,000만 원에 매수할 대리권을 수여받고, 이에 따라 甲은 乙의 중개 하에 매수인을 대리하여 소유자인 문중과 사이에 이 사건 토지를 3억 5,000만 원에 매수하기로 하는 내용의 매매계약을 체결하였다. 다만, 실제로는 3억 원만 매도인에게 지급하고 나머지 5,000만 원은 甲이 중간에서 착복하기로 하였다. 그 매매계약서의 매수자 표시란에는 "매수인 A의 대리인 甲"이라고 기재되어 있다. 甲의 죄책은?

(1) 자격모용 사문서작성죄

甲이 A를 대리하여 토지를 매수하면서 권한을 남용하여 허위내용의 문서를 작성한 것이

---

159) 대법원 2017. 12. 22. 선고 2017도14560 판결.
160) 여기서 유의할 것은 권한초월의 경우에 위임을 받은 자가 위탁자 명의로 문서를 작성한 경우(대행방식 또는 기관방식), 즉 甲이 명의인을 '乙'이라고 표시한 경우에는 사문서위조죄가 성립한다. 그러나 위임을 받은 자가 대리인임을 표시하여 문서를 작성한 경우(대리방식), 즉 甲이 명의인을 '乙 대리인 甲'이라고 표시한 경우에는 명의모용은 하지 않았으므로 자격모용에 의한 사문서작성죄(제232조)가 성립한다.

자격모용에 의한 사문서작성죄가 성립하는지가 문제된다. 이 점에 대하여 대법원은 "부동산을 매수할 권한을 위임받은 대리인에게는 대리명의 또는 직접 본인명의로 부동산 매매계약서를 작성할 권한이 있고, 한편 매수인이 그 대리인에게 특정 금액에 부동산을 매수할 권한을 위임한 경우 특별한 사정이 없는 한 그 특정 금액은 물론, 그보다 낮은 금액에 부동산을 매수할 권한까지 대리인에게 위임한 것이라고 봄이 매수인의 추정적 의사에 부합한다고 할 것이므로, 甲이 자기 또는 제3자의 이익을 도모할 목적으로 위임받은 매매금액 범위 내에서 매매대금을 허위로 기재한 이 사건 매매계약서를 작성한 행위는 그 작성 권한을 남용한 경우로 볼 수 있을 뿐 자격모용 사문서작성죄를 구성한다고 볼 수는 없다"고 판시하였다.

(2) 사문서위조죄

사문서위조는 타인명의를 모용한 경우에 성립하며, 행위자가 자기명의를 사용하되 타인의 자격만을 모용한 경우에는 작격모용 사문서작성죄가 성립할 여지는 있지만 사문서위조죄는 성립하지 않는다. 대법원은 매매계약서의 매수자 표시란에는 "매수인 A의 대리인 甲"이라고 기재되어 있으므로 '매매계약서의 작성명의인은 A가 아니라 그의 대리인인 甲'이라고 할 것이므로 형법 제231조 소정의 사문서위조죄가 성립하지는 않는다고 보았다.[161]

[판례 20] 甲은 A 주식회사의 대표이사로서, 전처인 乙이 A 주식회사에 대하여 32억 원의 대여금채권을 가지고 있는 것처럼 허위로 꾸며 乙로 하여금 위 허위의 대여금채권에 기하여 A 주식회사 앞으로 공탁된 공탁금 2억원에 대한 출급청구권에 대하여 채권압류 및 추심명령[162]을 받게 함으로써, A 주식회사에 대한 채권자인 丙이 위 공탁금 출급청구권에 대한 채권압류 및 추심명령에 기하여 위 공탁금을 출급하는 것을 막고 나아가 각자의 채권액에 비례하여 안분배당을 받게 하기 위하여, 2005.1.3. 작성일자를 '1995. 12. 18.'로, 채무자를 'A 주식회사 대표이사 B'로 표시하여 마치 A 주식회사가 乙에 대하여 32억원의 채무를 부담하고 있는 것처럼 기재한 차용증을 작성하였다. 甲의 죄책은?

甲에 대하여 자격모용사문서작성죄가 성립하는지가 문제된다. ① A 주식회사의 대표이사 甲이 차용증을 작성하면서 작성명의인을 'A 주식회사 대표이사 B'로 표시한 부분과 ② 작성일자와 채무부담사실을 허위로 기재한 부분으로 나누어 살펴보기로 한다.

(1) 작성명의인을 'A 주식회사 대표이사 B'로 표시한 행위

대법원은 "주식회사의 대표이사가 그 대표자격을 표시하는 방식으로 작성된 문서에 표현된 의사 또는 관념이 귀속되는 주체는 대표이사 개인이 아닌 주식회사이므로 그 문서의 명의자는 주식회사라고 보아야 한다. 따라서 위와 같은 문서 작성행위가 위조에 해당하는지는 그 작성자가 주식회사 명의의 문서를 적법하게 작성할 권한이 있는지에 따라 판단하

---

161) 대법원 2007. 10. 11. 선고 2007도5838 판결.
162) '추심명령'이란 압류채권자에게 채무자가 제3채무자에 대하여 가지고 있는 금전채권을 대위절차(민법 제404조, 제405조)에 의하지 않고 채무자에 갈음하여 직접 추심할 수 있는 권리를 부여하는 집행법원의 결정을 말한다(민사집행법 제229조 제2항).

여야 하고, 문서에 대표이사로 표시되어 있는 사람으로부터 그 문서 작성에 관하여 위임 또는 승낙을 받았는지에 따라 판단할 것은 아니다."라고 판단하였다. 따라서 甲이 A 주식회사의 적법한 대표이사로서 A 주식회사 명의 문서를 작성하는 행위가 자격모용사문서작성에 해당하지 않는다고 보았다.

(2) 작성일자와 채무부담사실을 허위로 기재한 행위

대법원은 "원래 주식회사의 적법한 대표이사는 회사의 영업에 관하여 재판상 또는 재판외의 모든 행위를 할 권한이 있으므로, 대표이사가 직접 주식회사 명의 문서를 작성하는 행위는 자격모용사문서작성 또는 위조에 해당하지 않는 것이 원칙이다. 이는 그 문서의 내용이 진실에 반하는 허위이거나 대표권을 남용하여 자기 또는 제3자의 이익을 도모할 목적으로 작성된 경우에도 마찬가지이다"라고 판시하였다. 따라서 甲이 작성일자를 '1995. 12. 18.'로, 채무자를 ' A 주식회사 대표이사 B'로 표시하는 등 일부 허위 내용의 차용증을 작성하여 행사하였다 하더라도, 甲은 문서의 작성권자이므로 자격모용사문서작성죄는 성립하지 않는다고 보았다.163)

2. 자격모용에 의한 공문서작성죄

> 제226조(자격모용에 의한 공문서 등의 작성): 행사할 목적으로 공무원 또는 공무소의 자격을 모용하여 문서 또는 도화를 작성한 자는 10년 이하의 징역에 처한다.

본죄는 행사할 목적으로 공무원 또는 공무소의 자격을 모용하여 공문서를 작성함으로써 성립하는 범죄이다. '자격모용'은 자격모용에 의한 사문서작성죄에서 설명한 것과 같다. 즉 공문서의 작성권한 없는 자가 공무원의 자격을 모용하여 공문서를 작성하는 경우에는 자격모용공문서작성죄가 성립한다. 예컨대 식당의 주·부식 구입업무를 담당하는 공무원이 주·부식구입요구서의 과장결재란에 권한 없이 자신의 서명을 한 경우 자격만을 모용하였으므로 공문서위조죄는 성립하지 않으며, 자격모용공문서작성죄만 성립한다.164) 공무원의 자격과 명의를 모두 모용하는 경우에는 공문서위조죄가 성립한다.

[판례 21] 부산직할시 제1구청장 甲은 부산직할시 제2구청장으로 전보되었다는 내용의 인사발령을 전화로 통보받은 후에 제1구청장의 권한에 속하는 이 사건 건축허가에 관한 기안용지의 결재란에 서명을 하였다. 甲의 죄책은?

甲이 제2구청장으로 전보되었다는 내용의 인사발령을 통보받으면 전보명령은 효력을 발생하여 그 이후에는 제2구청장으로서의 권한만 있을 뿐 제1구청장으로서의 권한은 없으므로

---

163) 대법원 2008. 12. 24. 선고 2008도7836 판결.
164) 대법원 2008. 1. 17. 선고 2007도6987 판결.

"제1구청장의 권한에 속하는 이 사건 건축허가에 관한 기안용지의 결재란에 서명을 하였다면 이는 자격모용에 의한 공문서작성죄를 구성한다."165)

IV. 허위문서작성죄

1. 허위진단서등 작성죄

> 제233조(허위진단서등의 작성): 의사, 한의사, 치과의사 또는 조산사가 진단서, 검안서 또는 생사에 관한 증명서를 허위로 작성한 때에는 3년 이하의 징역이나 금고, 7년 이하의 자격정지 또는 3천만원 이하의 벌금에 처한다.

(1) 의의 및 보호법익

본죄는 의사, 한의사, 치과의사 또는 조산사가 진단서, 검안서 또는 생사에 관한 증명서를 허위로 작성함으로써 성립하는 범죄이다. 본죄는 문서를 작성할 권한이 있는 자가 진실에 반하는 문서를 작성하는 것이므로 무형위조이다. 형법은 공문서의 무형위조, 즉 허위공문서작성만을 처벌하고 사문서의 무형위조는 원칙적으로 처벌하지 않고 있다. 다만 진단서는 사문서이더라도 일정한 전문직에 종사하는 자들이 전문지식과 경험을 바탕으로 작성하는 문서로서 신빙도가 높다는 점을 고려하여 무형위조를 예외적으로 처벌하고 있다.

문서위조죄와 같은 유형위조의 보호법익이 문서의 '성립의 진정에 대한 공공의 신용'이라면, 무형위조인 본죄의 보호법익은 진단서 등의 '내용의 진실에 대한 공공의 신용'이라고 할 수 있다.

(2) 성립요건

① **주체**: 본죄의 주체는 의사, 한의사, 치과의사 또는 조산사이다. 본죄는 진정신분범(의무범)이므로 비신분자가 신분자를 도구로 이용하여 간접정범의 형태로 범할 수 없다. 그러나 신분자는 비신분자를 도구로 이용하여 간접정범의 형태로 본죄를 범할 수 있다.

② **객체**: 본죄의 객체는 진단서, 검안서 또는 생사에 관한 증명서(출생신고서, 사망진단서)이다. 그러나 '입퇴원 확인서'는 환자들의 입원 여부 및 입원기간의 증명이 주된 목적인 서류로서 의사의 전문적 지식에 의한 진찰을 요하지 않으므로 환자의 건강상태를 증명하기 위한 진단서에는 해당하지 않는다.166) 진단서 등이 사문서이건

---

165) 대법원 1993. 4. 27. 선고 92도2688 판결.
166) 대법원 2013. 12. 12. 선고 2012도3173 판결.

공문서이건 불문한다. 따라서 공무원의 신분을 지닌 의사가 본죄를 범한 경우에는 본죄와 허위공문서작성죄의 상상적 경합이 성립한다.167) 이에 대하여 판례는 본죄의 객체는 사문서에 국한된다고 보므로, 이 경우에 허위공문서작성죄만이 성립한다고 한다.

[판례 22] "형법이 제225조 내지 제230조에서 공문서에 관한 범죄를 규정하고, 이어 제231조 내지 제236조에서 사문서에 관한 범죄를 규정하고 있는 점 등에 비추어 볼 때 형법 제233조 소정의 허위진단서작성죄의 대상은 공무원이 아닌 의사가 사문서로서 진단서를 작성한 경우에 한정되고, 공무원인 의사가 공무소의 명의로 허위진단서를 작성한 경우에는 허위공문서작성죄만이 성립하고 허위진단서작성죄는 별도로 성립하지 않는다."168)

③ 행위: 본죄의 행위는 '허위작성'이다. 허위작성이란 작성권한 있는 자가 진실에 반하는 내용을 기재하는 것이다. 의사가 허위라고 생각하고 진단서를 작성하였더라도 그 내용이 객관적으로 진실한 이상은 허위작성이 아니므로 본죄는 성립하지 않는다.169)

④ 고의: 본죄는 문서위조변조죄나 허위공문서작성죄와는 달리 '행사할 목적'을 요하지 않으므로 목적범이 아니다. 따라서 주관적 구성요건은 고의만 있으면 성립한다. 본죄의 고의가 성립하기 위해서는 행위자가 진단서 등에 허위의 기재를 한다는 인식이 있어야 한다. 그 인식은 미필적 인식으로 족하다.170)

[판례 23-1] 의사 甲은 乙의 배위에 있는 선천적인 흑색모반(배내모반)을 17일의 가료를 요하는 좌상이라고 진단서를 작성하였다. 甲이 허위진단서를 작성하게 된 경위를 보면 乙은 그 모반을 운동선수에게 맞은 상처로 가장하고 중환자 행세로 甲의 병원에 부축을 받고 들어가 진찰을 받게 되었을 때 알콜로 환부를 닦을 때 아프다는 시늉으로 속였으며, 甲은 乙의 허위조작된 말과 행동을 경솔하게 그대로 믿은 나머지 대강한 진찰로서 환자의 호소하는 병세대로 진단을 내리고 그대로 진단서를 써준 것이다. 甲, 乙의 죄책은?

(1) 甲의 죄책
대법원은 "허위진단서작성죄는 의사가 사실에 관한 인식이나 판단의 결과를 표현함에 있어서 자기의 인식판단이 진단서에 기재된 내용과 불일치하는 것임을 인식하고서도 일부러 내용이 진실 아닌 기재를 하는 것을 말하는 것이므로 의사가 주관적으로 진찰을 소홀히 한다던가 착오를 일으켜 오진한 결과로 객관적으로 진실에 반한 진단서를 작성하였다면

---

167) 박상기, 각론, 536면; 임웅, 각론, 712면.
168) 대법원 2004. 4. 9. 선고 2003도7762 판결. 이에 대하여 원심(서울고법 2003. 11. 21. 선고 2003노1942 판결)은 양죄의 상상적 경합을 인정하였다.
169) 박상기, 각론, 537면; 임웅, 각론, 713면. 이에 대하여 본죄의 불능미수가 된다고 보는 견해(김일수/서보학, 각론, 761면; 오영근, 각론, 769면)가 있다.
170) 대법원 2017. 11. 9. 선고 2014도15129 판결.

허위진단서 작성에 대한 인식이 있다고 할 수 없으니 동 죄의 성립은 아니된다"고 판시하였다.[171]

(2) 乙의 죄책

乙은 甲을 기망하여 허위진단서를 작성케 하였으므로 허위공문서작성죄의 간접정범이 성립하는지가 문제된다. 본죄는 진정신분범이므로 비신분자인 乙에 대하여 허위진단서작성죄의 간접정범은 성립하지 않는다. 다만 乙은 甲을 기망하여 의사의 진단서작성업무를 방해하였으므로 위계에 의한 업무방해죄(제314조 제1항)가 성립한다.

> [판례 23-2] "피고인이 주관적으로 '甲'의 사인이 간암이 아니었음을 인식하고 있었음을 알 수 있으니 의학상 확실한 증거 없이 추측만으로 사인을 간암이라 하여 진단서를 작성하였다면 피고인에게 허위진단서를 작성한다는 범의가 없었다고 할 수 없다."[172]

2. 허위공문서작성죄

> **제227조(허위공문서작성등)**: 공무원이 행사할 목적으로 그 직무에 관하여 문서 또는 도화를 허위로 작성하거나 변개한 때에는 7년 이하의 징역 또는 2천만원 이하의 벌금에 처한다.

(1) 의의 및 보호법익

허위공문서작성죄는 공무원이 행사할 목적으로 그 직무에 관하여 문서 또는 도화를 허위로 작성하거나 변개함으로써 성립하는 범죄이다. 본죄는 허위진단서작성죄와 마찬가지로 무형위조이며, 진정신분범이다. 다만 본죄는 목적범이라는 점에서 허위진단서작성죄와 차이가 있다.

본죄의 보호법익은 공문서의 '내용의 진실'에 대한 공공의 신용이다.

(2) 성립요건

① 주체: 본죄의 주체는 직무상 문서를 작성할 권한이 있는 공무원이다. 여기서 '작성할 권한이 있는 공무원'이란 자신의 명의로 문서를 작성할 권한이 있는 공무원을 말한다. 공문서를 작성권한이 없는 공무원이 허위로 공문서를 작성한 경우에 허위공문서작성죄가 성립하는 것이 아니라 공문서위조죄가 성립한다. 상관을 보조하여 사실상 공문서를 기안하는 보조공무원이나 중간결재를 하는 공무원은 본죄의 주체가 아니며, 최종결재권자만이 본죄의 주체가 된다.

---

171) 대법원 1976. 2. 10. 선고 75도1888 판결.
172) 대법원 1970. 3. 10. 선고 70도53 판결.

[판례 24] "허위공문서작성죄의 주체는 그 문서를 작성할 직무권한이 있는 명의인인 공무원이라 할 것인바 관세청 심리분실 행정서기보는 사법경찰관 직무취급을 하는 권한이 없고 사법경찰리의 직무를 취급하는 자에 불과하므로 간접정범이 인정될 수 있는 특별사정이 없으면 허위공문서 작성의 주체가 될 수 없다."[173]

② 객체: 본죄의 객체는 공문서 또는 공도화이다.

허위공문서작성죄의 객체가 되는 문서는 작성명의인이 명시되어 있지 않더라도 문서의 형식, 내용 등 문서 자체에 의하여 누가 작성하였는지를 추지할 수 있을 정도의 것이면 된다.[174]

[판례 25] "피의자신문조서는 각 그 조서 말미에 작성자의 서명, 날인이 없으나, 위 각 피의자신문조서 첫머리에 작성 사법경찰리와 참여 사법경찰리의 직위와 성명을 적어 넣은 것이 있어 그 문서자체에 의하여 작성자를 추지할 수 있다는 이유로 위 각 피의자신문조서를 허위공문서작성죄의 객체가 되는 공문서로 볼 수 있다고 판단한 다음, 피고인의 이 사건 허위공문서작성죄와 동 행사죄를 유죄로 인정하고 있는바, 기록에 비추어 보면 원심의 이러한 인정과 판단은 옳다고 여겨지고 …"[175]

③ 행위: 본죄의 행위는 '허위작성' 또는 '변개'이다. 허위작성이란 작성권한의 범위에서 진실에 반하는 내용을 기재하는 것을 말한다.

[예 6] ① 문서작성자에게 전화로 원본과 상이 없다는 사실을 확인하였다거나 객관적으로 그 사본이 원본과 다른 점이 없다고 하더라도 실제로 원본과 대조함이 없이 '원본대조필'이라고 기재한 경우,[176] ② 가옥대장에 무허가건물을 허가받은 건물로 기재한 경우,[177] ③ 준공검사를 하지 않고 준공검사조서에 준공검사를 하였다고 기재한 경우,[178] ④ 인감증명서를 발행함에 있어 인감증명서의 인적사항과 인감 및 그 용도를 일치하게 기재하였어도 대리인에 의한 것을 본인의 신청에 의한 것으로 기재한 경우,[179] ⑤ 공증인이 사서증서 인증서를 작성함에 있어, 당사자가 공증인의 면전에서 사서증서에 서명 또는 날인을 하거나 당사자 본인이나 그 대리인으로 하여금 사서증서의 서명 또는 날인이 본인의 것임을 확인하게 한 바가 없음에도 불구하고 마치 그렇게 한 것처럼 인증서에 기재한 경우[180] 등이 이에 해당한다.

---

173) 대법원 1974. 1. 29. 선고 73도1854 판결.
174) 대법원 2019. 3. 14. 선고 2018도18646 판결,
175) 대법원 1995. 11. 10. 선고 95도2088 판결.
176) 대법원 1981. 9. 22. 선고 80도3180 판결.
177) 대법원 1983. 12. 13. 선고 83도1458 판결.
178) 대법원 1983. 12. 17. 선고 82도3063 판결.
179) 대법원 1985. 6. 25. 선고 85도758 판결.

판례181)는 공무원이 고의로 법령을 잘못 적용하여 공문서를 작성하였더라도 그 법령적용의 전제가 된 사실관계에 대한 내용이 진실하다면 허위공문서작성에 해당하지 않는다고 본다.

[판례 26] "위 건축허가서는 그 작성명의인인 군수가 위 원심 공동피고인 1의 건축허가신청에 대하여 이를 관계 법령에 따라 허가한다는 내용에 불과하고 위 건축허가신청서와 그 첨부서류에 기재된 내용(건축물의 건축계획)이 건축법의 규정에 적합하다는 사실을 확인하거나 증명하는 것은 아니라 할 것인바, 기록에 의하면 군수가 위 건축허가통보서에 결재하여 위 건축허가신청을 허가한 사실을 알 수 있어, 위 건축허가서에 표현된 허가의 의사표시 내용 자체에 어떠한 허위가 있다고 볼 수는 없으므로, 이러한 건축허가에 그 요건을 구비하지 못한 잘못이 있고, 이에 피고인들의 위법행위가 개입되었다 하더라도 그 위법행위에 대한 책임을 추궁하는 것은 별론으로 하고, 위 건축허가서를 작성한 행위를 허위공문서작성죄로 처벌할 수는 없다 할 것이다."182)

[판례 27-1] 甲은 활석광산을 A로부터 인수하여 광업권자변경에 따른 사업안변경인가를 받고자 하였으나 상공부 공업진흥청에서는 관할군수의 계속 작업허가 없이는 인가가 곤란하다는 이유로 인가신청서가 반려되었다. 甲은 계속 갱도굴진작업을 하여왔고 본격적으로 계발계획을 수립하여 현재 작업 중에 있다는 허위사실을 기재한 계속 작업허가신청서를 제출하였으며, 위 허가사무를 담당하고 있는 군청 농산과 산업행정계장 乙과 계원 丙은 전광업권자 A가 사업인가를 받은 이후 실지로 작업한 사실이 전혀 없어 계속 작업허가대상이 되지 않음을 알고 있음에도 불구하고 위 신청에 대하여 계속 작업을 허가하고자 한다는 내용으로 작업허가서를 기안작성한 후 농림과장과 군수의 결재를 받았다. 乙, 丙의 죄책은?

만일 작업허가서가 허위공문서에 해당한다면 乙, 丙은 작업허가서의 작성권한자인 군수를 보좌하여 허가서의 기안을 담당하는 자로서 군수 명의의 허가공문을 기안하여 그 정을 모르는 군수의 결재를 받음으로써 허위공문서를 작성한 것이므로 허위공문서작성죄의 간접정범이 성립할 것이다. 그러나 작업허가서가 허위공문서에 해당하는가에 대하여 대법원은 "군수명의 허가공문은 甲의 계속 작업허가신청에 대하여 단지 이를 허가하는 내용에 불과하고 계속 작업사실을 확인하거나 증명하는 내용이 아님이 분명하므로 허가하지 못할 것을 허가한 허물이 있음은 별론으로 하고 위 공문에 표현된 허가의 의사표시 내용자체에 어떠한 허위가 있다고 볼 수는 없는 것이다"라는 이유로 작업허가서는 허위공문서가 아니라고 보았다. 따라서 乙, 丙에 대하여 허위공문서작성죄의 간접정범은 성립하지 않는다.183)

---

180) 대법원 2007. 1. 25. 선고 2006도3844 판결.
181) 대법원 1983. 2. 8. 선고 82도2211 판결; 대법원 2000. 6. 27. 선고 2000도1858 판결.
182) 대법원 2000. 6. 27. 선고 2000도1858 판결.
183) 대법원 1983. 2. 8. 선고 82도2211 판결.

[판례 27-2] 군수 甲은 A 유한회사가 제출한 폐기물처리사업계획상의 폐기물매립예정지가 보존임야 및 농지 등으로서 농지법, 국토이용관리법, 산림법 등 관계 법규상 폐기물매립장 설치가 불가능할 뿐 아니라, 상수원 상류지역이어서 폐기물매립장 설치가 불가능하여 그 사업계획이 적합하지 아니함을 잘 알면서도, 농지법, 국토이용관리법, 산림법 등 관계 법규상으로는 적합하다는 내용으로 폐기물처리사업계획 적합(조건부) 통보서를 작성하였다. 甲의 죄책은?

"허위공문서작성죄란 공문서에 진실에 반하는 기재를 하는 때에 성립하는 범죄이므로, 고의로 법령을 잘못 적용하여 공문서를 작성하였다고 하더라도 그 법령적용의 전제가 된 사실관계에 대한 내용에 거짓이 없다면 허위공문서작성죄가 성립될 수 없다 할 것이나(대법원 2000. 6. 27. 선고 2000도1858 판결 등 참조), 폐기물관리법 제26조 제2항에 의한 폐기물처리사업계획 적합 통보서는 단순히 폐기물처리사업을 관계 법령에 따라 허가한다는 내용이 아니라, 폐기물처리업을 하려는 자가 폐기물관리법 제26조 제1항에 따라 제출한 폐기물처리사업계획이 폐기물관리법 및 관계 법령의 규정에 적합하다는 사실을 확인하거나 증명하는 것이라 할 것이므로, 그 폐기물처리사업계획이 관계 법령의 규정에 적합하지 아니함을 알면서 적합하다는 내용으로 통보서를 작성한 것이라면 그 통보서는 허위의 공문서라고 보지 아니할 수 없다 할 것이다."[184] 따라서 甲이 통보서를 작성한 행위는 허위공문서작성죄에 해당한다.

공무원이 사인(私人)의 신고내용이 허위임을 알면서도 그대로 기재한 경우에 허위공문서작성죄가 성립하는지가 문제된다. 토지대장이나 가옥대장의 경우와 같이 공무원이 신고내용에 대하여 실질적 심사권을 가지고 있는 경우에 본죄가 성립한다는 점에 대하여는 견해가 일치한다. 그러나 등기부나 가족관계등록부(구 호적)와 같이 공무원이 형식적 심사권만 가지고 있는 경우에 대하여는 견해가 일치하지 않는다. 공무원이 형식적 심사권만 가지고 있더라도 허위내용의 신고에 대하여는 기재를 거부할 수 있으므로 허위기재를 하였다면 본죄가 성립한다고 보아야 한다.[185]

변개란 작성권한 있는 공무원이 기존의 진정공문서를 허위로 고치는 것을 말한다. 변개는 작성권한 있는 공무원이 행한다는 점에서 허위작성과 유사하나 기존문서를 객체로 한다는 점에서 허위작성과 차이가 있다. 그리고 변개는 기존문서를 객체로 한다는 점에서는 변조와 유사하나, 작성권한 있는 자가 행한다는 점에서 변조와 차이가 있다.

---

184) 대법원 2003. 2. 11. 선고 2002도4293 판결.
185) 긍정설: 다수설(예컨대 김일수/서보학, 각론, 765면; 배종대, 각론, 730면; 임웅, 각론, 716면; 오영근, 각론, 754면) 및 판례(대법원 1977. 12. 27. 선고 77도2155 판결). 이에 대하여 부정설(정영석, 각론, 167면)은 공무원이 형식적 심사권만 가지고 있는 경우에는 일정한 형식을 구비한 신고가 있으면 직무상 문서를 작성해야 할 의무가 있다는 이유로 본죄의 성립을 부정한다.

④ **주관적 구성요건**: 주관적 구성요건은 문서위조·변조죄의 경우와 마찬가지로 고의와 행사목적이다.

(3) 허위공문서작성죄의 간접정범

작성권한 있는 공무원이 작성권한 없는 자를 이용하여 허위공문서를 작성하게 한 때에는 허위공문서작성죄의 간접정범이 성립한다. 그러나 작성권한 없는 자가 작성권한 있는 공무원을 도구로 이용하여 허위공문서를 작성케 한 경우에 허위공문서작성죄의 간접정범은 성립하지 않는다. 왜냐하면 본죄에서 공무원 신분은 정범적격으로서 이러한 신분을 결한 자는 교사, 방조와 같은 공범은 될 수 있어도 간접정범은 될 수 없기 때문이다(다수설).[186] 판례도 공무원이 아닌 자는 허위공문서작성죄의 간접정범이나 공문서위조죄의 간접정범으로 벌하지 않는다고 판시하고 있다.[187]

[판례 28] 징집해당자 甲은 징집을 면할 목적으로 도민증 용지에 징집해당자가 아닌 동생 乙의 성명과 생년월일을 쓴 후 그 사진란에 자신의 사진을 부쳐서 도민증발급신청을 하여 그 정을 모르는 도지사 A로부터 도민증을 발급 받았다. 甲의 죄책은?[188]

(1) 허위공문서작성죄의 간접정범

甲이 공무원 A의 착오를 이용하여 허위공문서를 작성케 한 행위가 허위공문서작성죄의 간접정범이 되는지가 문제된다. 이 점에 대하여 대법원은 다음과 같은 이유에서 본죄의 성립을 부정한다.

"형법은 소위 무형위조에 관하여서는 공문서에 관하여서만 이를 처벌하고 일반 사문서의 무형위조를 인정하지 아니할 뿐 아니라(다만 형법 제233조의 경우는 예외) 공문서의 무형위조에 관하여서도 동법 제227조 이외에 특히 공무원에 대하여 허위의 신고를 하고 공정증서 원본, 면허장, 감찰 또는 여권에 사실 아닌 기재를 하게 할 때에 한하여 동법 제228조의 경우의 처벌규정을 만들고 더구나 위 227조의 경우의 형벌보다 현저히 가볍게 벌하고 있음에 지나지 아니하는 점으로 보면 공무원이 아닌 자가 허위의 공문서작성죄의 간접정범이 되는 때에는 동법 제228조의 경우 이외에는 이를 처벌하지 아니하는 취지로 해석함이 상당하다."

(2) 위계에 의한 공무집행방해죄

다만 甲은 위계로서 도지사 A의 도민증발급업무를 방해했으므로 위계에 의한 공무집행방해죄가 성립한다.

---

186) 원형식, 총론, 519면 참조.
187) 대법원 1979. 7. 28. 선고 70도1044 판결; 1976. 8. 24. 선고 76도151 판결.
188) 대법원 1961. 12. 14. 선고 4292형상645 판결.

[판례 29] A 주식회사의 대표이사 甲은 제1시 종합건설본부에서 발주하는 연구단지 진입도로 확장공사에 입찰하여 적격심사 1순위자로 선정되었다. 그러나 위 건설본부에서 요구하는 공사실적이 부족하여 최종낙찰에 탈락될 위기에 처하자, 관공서 등에서 발급하는 공사실적증명서를 위조하여 위 건설본부에 제출할 목적으로 제2시 구청에서 A 주식회사가 위 구청에서 발주한 공원 내 지하주차장 공사의 기본 및 실시 설계 용역만을 수주하였음에도 불구하고 마치 보수공사 전체를 수주한 것처럼 실적증명서의 사업명을 '공원내 지하주차장 보수공사'라고 허위기재한 다음, 그 정을 모르는 위 구청의 담당직원 乙에게 제출하여 동인으로부터 위의 사실을 증명한다는 취지로 위 구청장의 직인을 날인받아 위 구청장 명의의 공사실적증명서 1장을 작성케 하였다. 甲의 죄책은?

[판례 28]의 경우에 판례는 허위공문서작성죄는 신분범이라는 이유로 비신분자에 대하여 본죄의 간접정범의 성립을 부정하였다. 이 사례에서도 같은 이유에서 허위공문서작성죄의 간접정범은 성립하지 않는다. 따라서 이 사건에서 행위자는 일반범인 공문서위조죄의 간접정범으로 기소되었다.

(1) 공문서위조죄의 간접정범

"어느 문서의 작성권한을 갖는 공무원이 그 문서의 기재 사항을 인식하고 그 문서를 작성할 의사로써 이에 서명·날인하였다면, 설령 그 서명·날인이 타인의 기망으로 착오에 빠진 결과 그 문서의 기재사항이 진실에 반함을 알지 못한 데 기인한다고 하여도, 그 문서의 성립은 진정하며 여기에 하등 작성명의를 모용한 사실이 있다고 할 수는 없으므로(대법원 1970. 7. 28. 선고 70도1044 판결 참조), 공무원 아닌 자가 관공서에 허위 내용의 증명원을 제출하여 그 내용이 허위인 정을 모르는 담당공무원으로부터 그 증명원 내용과 같은 증명서를 발급받은 경우 공문서위조죄의 간접정범으로 의율할 수는 없다 할 것이다."

"이 사건 허위공사실적증명서는 공무원 아닌 자가 공무원에게 허위사실을 기재한 증명원을 제출하여 그것을 알지 못한 공무원으로부터 증명서를 받아낸 경우로서, 그 내용이 허위이기는 하지만 그 작성행위는 작성권한이 있는 공무원에 의하여 이루어진 것이므로 공문서위조죄가 성립하지 아니하며, 이를 행사하더라도 위조공문서임을 전제로 하는 위조공문서행사죄는 성립하지 아니한다."[189]

(2) 위계에 의한 공무집행방해죄

다만 甲은 위계로서 공무원 A의 업무를 방해했으므로 위계에 의한 공무집행방해죄가 성립한다.

판례[190]와 일부학설[191]은 문서의 작성권한은 없지만 당해사무를 담당하는 공무원이 상사에게 허위보고를 하여 허위공문서를 작성케 한 경우에는 허위공문서작성죄

---

189) 대법원 2001. 3. 9. 선고 2000도938 판결.
190) 대법원 1990. 2. 27. 선고 89도1816 판결; 대법원 1992. 1. 17. 선고 91도2837 판결.
191) 배종대, 각론, 732면; 정성근/박광민, 각론, 657면.

의 간접정범의 성립한다고 한다. 이 견해는 기안을 담당하는 보조공무원은 작성명의인은 아니지만 사실상의 작성권한을 가지고 있으므로 본죄의 간접정범이 될 수 있다고 한다. 그러나 보조공무원이 사실상 공문서의 작성권한을 행사하고 있으나 이를 근거로 작성권한 없는 보조공무원을 본죄의 주체로 인정할 수는 없다. 형법은 허위공문서작성죄의 주체를 작성권한이 있는 공무원에 국한하고 있으며 다만 예외적으로 공정증서원본부실기재죄의 경우에 국한하여 작성권한이 없는 자를 본죄의 간접정범으로 처벌하고 있다. 따라서 기안을 담당하는 보조공무원이 상사에게 허위보고를 하여 허위공문서를 작성케 한 경우에는 별도의 처벌규정이 없는 이상은 허위공문서작성죄의 간접정범으로 처벌할 수 없다고 보는 견해192)가 타당하다.

[판례 30-1] 甲은 향토예비군훈련을 받은 사실이 없음에도 불구하고 소속 예비군 동대 방위병인 乙에게 예비군훈련을 받았다는 내용의 확인서를 발급하여 달라고 부탁하자, 乙은 작성권자인 예비군 동대장 丙에게 그 사실을 보고하여 그로부터 甲이 예비군훈련에 참가한 여부를 확인한 후 확인서를 발급하도록 지시를 받고서는 미리 예비군 동대장의 직인을 찍어 보관하고 있던 예비군훈련확인서용지에 甲의 인적사항, 훈련일자 등을 기재하여 甲에게 교부하였다. 甲, 乙의 죄책은?

(1) 乙의 죄책

판례는 "문서작성권한이 있는 공무원을 보조하는 지위에 있는 공무원이 허위의 신고나 보고를 하여 작성권한이 있는 공무원으로 하여금 허위의 문서를 작성하게 한 경우에는 허위공문서작성죄의 간접정범이 성립"한다고 본다. 따라서 확인서의 작성권자인 丙을 보조하는 乙이 상사인 丙의 부지를 이용하여 허위공문서를 작성케 한 행위는 허위공문서작성죄의 간접정범에 해당한다. 이에 대하여 보조공무원도 작성권한이 없는 이상은 본죄의 주체가 되지 못한다는 견해에 의하면 보조공무원 乙에 대하여 허위공문서작성죄의 간접정범은 성립하지 않는다. 다만 乙이 상사인 丙의 부지를 이용하여 확인서를 발급케 한 행위는 위계로써 공무원의 직무집행을 방해한 것이므로 위계에 의한 공무집행방해죄(제137조)에 해당한다.193)

(2) 甲의 죄책

대법원은 "공문서의 작성권한이 있는 공무원의 직무를 보좌하는 자가 그 직위를 이용하여 행사할 목적으로 허위의 내용이 기재된 문서초안을 그 정을 모르는 상사에게 제출하여 결제하도록 하는 등의 방법으로 작성권한이 있는 공무원으로 하여금 허위의 공문서를 작성하게 한 경우에는 간접정범이 성립되고 이와 공모한 자 역시 그 간접정범의 공범으로서의 죄책을 면할 수 없는 것이고(당원 1977.12.13. 선고 74도1990 판결, 1986.8.19. 선고 85도2728 판결 각 참조), 여기서 말하는 공범은 반드시 공무원의 신분이 있는 자로 한정되는 것은

---

192) 김일수/서보학, 각론, 769면; 오영근, 각론, 758면; 임웅, 각론, 720면 이하.
193) 김일수/서보학, 각론, 769면.

아니라고 할 것이다"[194]라고 판시하였다. 따라서 대법원의 견해에 의하면 甲에 대하여는 허위공문서작성죄의 간접정범의 공동정범이 성립한다.

이에 대하여 乙에 대하여 허위공문서작성죄의 간접정범은 성립하지 않으며 다만 위계에 의한 공무집행방해죄가 성립한다고 보는 견해에 의하면 甲에 대하여는 위계에 의한 공무집행방해죄의 공동정범이 성립할 것이다.

[판례 30-2] 도청 수산과 계장으로서 어업허가 신청업무를 담당하고 있던 甲은 A의 어업허가처리를 부탁받은 도청 수산과 직원 乙로부터 어선이 없고 선박증서만 있는 A의 선박에 대한 어업허가장이 발부되도록 처리하여 달라는 청탁을 받고 이를 승낙한 다음 어업허가담당자인 丙에게 어업허가시 필요한 선박실체확인 등 어업허가 실태조사를 하지 말고 어업허가 처리기안문을 작성하도록 지시하여 그로 하여금 어업허가 처리기안문을 작성하게 한 다음 甲 스스로 중간결재를 하고 그 정을 모르는 농수산국장으로부터 최종결재를 받아 도지사 명의의 허가장을 발급하게 하였다. 甲의 죄책은?

(1) 위계에 의한 공무집행방해죄(제137조)

"행정관청이 출원에 의한 인·허가처분을 함에 있어서는 그 출원사유가 사실과 부합하지 아니하는 경우가 있음을 전제로 하여 인·허가할 것인지 여부를 심사결정하는 것이므로, 행정관청이 사실을 충분히 확인하지 아니한 채 출원자가 제출한 허위의 출원사유나 허위의 소명자료를 가볍게 믿고 인가 또는 허가를 하였다면, 이는 행정관청의 불충분한 심사에 기인한 것으로서 출원자의 위계에 의한 것이었다고 할 수 없어 위계에 의한 공무집행방해죄를 구성하지 않는다."

그러나 "이 사건에 있어서와 같이 출원에 대한 심사업무를 담당하는 공무원이 출원인의 출원사유가 허위라는 사실을 알면서도 결재권자로 하여금 오인, 착각, 부지를 일으키게 하고 그 오인, 착각, 부지를 이용하여 인·허가처분에 대한 결재를 받아낸 경우라면, 출원자가 허위의 출원사유나 허위의 소명자료를 제출한 경우와는 달리 더 이상 출원에 대한 적정한 심사업무를 기대할 수 없게 되었다고 할 것이어서 위와 같은 행위는 위계로써 결재권자의 직무집행을 방해한 것이라고 하지 않을 수 없다."

(2) 직무유기죄(제122조)

甲이 행한 "직무위배의 위법상태가 위계에 의한 공무집행방해행위 속에 포함되어 있는 것이라고 보아야 할 것이므로, 이와 같은 경우에는 작위범인 위계에 의한 공무집행방해죄만이 성립하고 부작위범인 직무유기죄는 따로 성립하지 아니한다(대법원 1971. 8. 31. 선고 71도1176 판결, 1972. 5. 9. 선고 72도722 판결, 1996. 5. 10. 선고 96도51 판결 등 참조)."[195] 부작위범은 작위범보다 '가벼운 침해방법'으로서 보충관계에 있으므로[196] 작위범인 공무집행방해죄가 성립하면 부작위범인 직무유기죄의 적용은 배제된다.

---

194) 대법원 1992. 1. 17. 선고 91도2837 판결.
195) 대법원 1997. 2. 28. 선고 96도2825 판결.
196) 원형식, 총론, 322면.

(3) 허위공문서작성죄의 간접정범

판례에 의하면 "공문서의 작성권한이 있는 공무원의 직무를 보좌하는 자가 그 직위를 이용하여 행사할 목적으로 허위의 내용이 기재된 문서초안을 그 정을 모르는 상사에게 제출하여 결제하도록 하는 등의 방법으로 작성권한이 있는 공무원으로 하여금 허위의 공문서를 작성하게 한 경우에는 간접정범이 성립"[197]하므로 甲에 대하여 허위공문서작성죄의 간접정범이 성립하는지가 문제된다. 판례는 허위공문서작성죄가 위계에 의한 공무집행방해죄보다 더 중한 범죄임에도 불구하고 이 판례에서 허위공문서작성죄의 간접정범의 성립여부에 대하여는 검토하지 않았다. 이는 판례[198]가 공무원이 고의로 법령을 잘못 적용하여 공문서를 작성하였더라도 그 법령적용의 전제가 된 사실관계에 대한 내용이 진실하다면 허위공문서작성에 해당하지 않는다는 해석에 근거한 것으로 보인다. 예컨대 건축허가의 요건을 구비하지 못하였음에도 불구하고 공무원이 건축허가서를 작성한 경우 허위공문서작성가 성립하지 않는다는 판단[199]한 것과 마찬가지로 요건을 구비하지 못한 어업허가장의 발부도 허위공문서작성에 해당하지 않는다고 본 것으로 생각된다.

3. 공정증서원본등 부실기재죄

> **제228조(공정증서원본등의 부실기재): 제1항:** 공무원에 대하여 허위신고를 하여 공정증서 원본 또는 이와 동일한 전자기록등 특수매체기록에 부실의 사실을 기재 또는 기록 하게 한 자는 5년 이하의 징역 또는 1천만원 이하의 벌금에 처한다.
> **제2항:** 공무원에 대하여 허위신고를 하여 면허증, 허가증, 등록증 또는 여권에 부실의 사실을 기재하게 한 자는 3년 이하의 징역 또는 700만원 이하의 벌금에 처한다.

(1) 의의

공정증서원본부실기재죄란 공무원에 대하여 허위신고를 하여 공정증서원본 또는 이와 동일한 전자기록 등 특수매체기록에 부실(不實)[200]의 사실을 기재 또는 기재하게 하는 것을 내용으로 하는 범죄이다. 허위공문서작성죄는 진정신분범으로서 작성권한 없는 자는 본죄의 주체가 되지 않으므로 선의의 공무원에게 허위사실을 신고하여 허위 공문서를 작성케 한 경우에도 간접정범은 성립하지 않는다. 공정증서원본부실기재죄는 이러한 처벌의 공백을 보충하기 위하여 마련된 규정이다.

---

[197] 대법원 1992. 1. 17. 선고 91도2837 판결.
[198] 대법원 1983. 2. 8. 선고 82도2211 판결; 대법원 2000. 6. 27. 선고 2000도1858 판결.
[199] 대법원 2000. 6. 27. 선고 2000도1858 판결.
[200] 본죄에서 부실(不實)은 불실(不失)과 구분하여 사용하여야 한다.

(2) 성립요건

① 객체

본죄의 객체는 모든 공문서가 아니라 공정증서, 이와 동일한 전자기록 등 특수매체기록(제228조 제1항), 면허증, 허가증, 등록증, 여권(동조 제2항) 등에 국한된다.

  ◦ 공정증서란 재산상 또는 신분상의 권리·의무에 관한 사실을 증명하는 공문서를 말한다. 예컨대 부동산등기부, 화해조서, 가족관계등록부(구 호적부) 등이 여기에 해당한다. 그러나 인감대장,[201] 토지대장,[202] 건축물관리대장(구 가옥대장)[203] 등과 같이 권리·의무 이외의 사실을 증명하는 효력을 가진 문서는 공정증서에 해당하지 않는다. 공증인이 작성한 공정증서는 공정증서원본에 해당하지만, 공증인이 인증한 사서증서인증서는 서명날인의 진정성립에 관한 사실을 증명하는 것이므로 공정증서원본에 해당하지는 않는다.[204]

  ◦ '이와 동일한 전자기록 등 특수매체기록'이란 기존의 부동산등기부나 가족관계등록부를 전산자료화한 부동산등기파일이나 가족관계등록파일 등을 말한다.

  ◦ 면허증이란 의사면허증이나 자동차면허증과 같이 특정인에게 특정한 기능을 부여하기 위하여 공무원이 작성한 증서를 말한다. 시험합격증이나 교사자격증은 일정한 자격을 표시한 것에 불과하므로 면허증에 해당하지 않는다.

  ◦ 허가증이란 고물상·주류판매 등 각종의 영업허가증과 같이 공무소가 일정한 사람에 대하여 일정한 영업 등을 할 수 있도록 허가하는 것을 기재한 문서를 말한다.

  ◦ 등록증이란 일정한 자격을 취득한 자에게 그 활동에 상응하는 권능을 부여하기 위하여 공무원이 작성한 증서를 말한다. 변호사등록증이나 전문의등록증이 여기에 해당한다. 그러나 사업자등록증은 사업 사실의 등록을 증명하는 증서이지 일정한 자격을 갖추었음을 인정하는 것은 아니므로 본죄에서 말하는 등록증은 아니다. 주민등록증도 본죄에서 말하는 등록증이 아니다.[205]

  ◦ 여권이란 여행 허가증을 말한다. 여권발급신청을 함에 있어서 허위사실을 신고하여 여권을 부정발급 받은 경우 여권법 제24조위반죄와 여권부실기재죄(제228조 제2항)의 상상적 경합이 성립한다.

---

201) 대법원 1968. 11. 19. 선고 68도1231 판결; 대법원 1969. 3. 25. 선고 69도163 판결.
202) 대법원 1970. 12. 29. 선고 69도2059 판결; 대법원 1971. 1. 29. 선고 69도2238 판결; 대법원 1988. 5. 24. 선고 87도2696 판결.
203) 대법원 1971. 4. 20. 선고 71도359 판결.
204) 대법원 1975. 9. 9. 선고 75도331 판결.
205) 주민등록 또는 주민등록증에 관하여 거짓의 사실을 신고 또는 신청한 행위는 주민등록법 제37조 3의2에 의하여 처벌된다.

[판례 31-1] 공무원에 대하여 허위신고를 하여 사업자등록증에 부실의 사실을 기재하게 한 경우에 등록증부실기재죄가 성립하는가?

"형법 제228조 제2항의 등록증은 공무원이 작성한 모든 등록증을 말하는 것이 아니라 일정한 자격이나 요건을 갖춘 자에게 그 자격이나 요건에 상응한 활동을 할 수 있는 권능 등을 인정하기 위하여 공무원이 작성한 증서를 말한다고 할 것이며… 사업자등록증은 단순한 사업사실의 등록을 증명하는 증서에 불과하고 그에 의하여 사업을 할 수 있는 자격이나 요건을 갖추었음을 인정하는 것은 아니라고 할 것이어서 형법 제228조 제2항의 등록증에 해당하지 아니한다. 따라서 공무원에 대하여 허위신고를 하여 사업자등록증에 부실의 사실을 기재하게 한 경우에도 등록증부실기재죄가 성립하지 아니한다."[206]

[판례 31-2] 甲이 자동차운전면허증 재교부신청서의 사진란에 甲 본인의 사진이 아닌 다른 사람의 사진을 붙여 제출함으로써 담당공무원으로 하여금 자동차운전면허대장에 불실의 사실을 기재하게 한 경우 공정증서원본부실기재죄가 성립하는가?

자동차등록원부[207]가 부동산등기부와 마찬가지로 공정증서에 해당하지만, 자동차운전면허대장은 권리의무 이외의 사실을 증명하는 공문서이므로 공정증서원본에 해당하지 않는다. "자동차운전면허대장은 운전면허 행정사무집행의 편의를 위하여 범칙자, 교통사고유발자의 인적사항·면허번호 등을 기재하거나 운전면허증의 교부 및 재교부 등에 관한 사항을 기재하는 것에 불과하며, 그에 대한 기재를 통해 당해 운전면허 취득자에게 어떠한 권리의무를 부여하거나 변동 또는 상실시키는 효력을 발생하게 하는 것으로 볼 수는 없다. 이러한 사정을 앞서 본 법리에 비추어 살펴보면, 자동차운전면허대장은 사실증명에 관한 것에 불과하므로 형법 제228조 제1항에서 말하는 공정증서원본이라고 볼 수 없다."[208]

② 행위

본죄의 행위는 허위신고를 하여 부실의 사실을 기재하게 하는 것이다. 허위신고란 신고내용이 허위이거나 신고인이 자격을 사칭하는 경우를 말한다. 예컨대 소송사기의 경우와 같이 법원을 기망하여 확정판결을 받은 후 소유권이전등기를 경료한 경우[209]가 이에 해당한다.

[판례 32-1] 사위의 방법에 의하여 이혼심판을 받고 그 확정판결에 기하여 이혼신고를 한 경우에 공정증서원본부실기재죄가 성립하는가?

"이혼심판은 그 내용에 따라 일정한 법률관계를 발생 소멸 변경케 하는 소위 형성판결로

---

206) 대법원 2005. 7. 15. 선고 2003도6934 판결.
207) 자동차관리법 제6조.
208) 대법원 2010. 6. 10. 선고 2010도1125 판결.
209) 김일수/서보학, 각론, 775면; 대법원 1983. 4. 26 선고 83도188 판결.

서 이혼심판이 확정되면 혼인관계는 해소되고 이에 기한 이혼신고는 기왕에 발생한 법률관계에 관한 보고적 신고에 불과한 것이므로 … 피고인이 비록 사위의 방법에 의하여 이혼심판을 받았다 하더라도 그 확정판결이 재심청구에 의하여 취소되지 아니하는 이상 혼인해소의 효력에는 영향이 없다 할 것이므로 그 확정판결에 기한 이혼신고 및 이에 따른 호적부등재와 그 비치를 가리켜 공정증서원본불실기재 및 그 행사죄를 구성하는 것이라고는 볼 수 없다."210)

[판례 32-2] 대법원은 법원을 기망하여 확정판결을 받은 후 소유권이전등기를 경료한 경우에 공정증서원본불실기재죄가 성립한다고 보면서, 법원을 기망하여 확정판결을 받은 후 이혼신고를 한 경우에는 본죄가 성립하지 않는다고 보는 이유는 무엇인가?

이혼심판은 형성판결211)로서 이혼심판이 확정되면 혼인관계는 해소되고 이에 기한 이혼신고는 보고적 신고에 불과하므로 확정판결이 취소되지 않는 이상은 혼인해소는 그대로 유효하다. 따라서 그 확정판결에 기한 이혼신고는 부실기재가 아니다. 이에 대하여 소송사기에 의하여 확정판결을 받은 경우 그 판결은 소위 이행판결212)로서 그 자체로서 소유권이전의 효과가 발생하는 것은 아니므로 진실에 반하는 확정판결에 기해 소유권이전등기를 하였다면 이는 등기공무원에게 허위사실을 신고한 것이므로 공정증서원본불실기재죄가 성립한다.

'부실의 사실을 기재하게 하는 것'은 권리의무와 관계가 있는 중요한 점에 있어서 진실에 반하는 사실을 기재하게 하는 것을 말한다. 따라서 등기원인을 명의신탁 대신에 매매라고 기재한 경우213) 또는 중간생략등기의 경우처럼 기재절차에 흠이 있더라도 기재내용이 당사자의 의사나 실체권리관계와 일치하는 때에는 부실기재에 해당하지 않는다.214)

가장매매에 의한 소유권이전등기가 본죄에서 말하는 부실기재에 해당하는가에 대하여 판례는 처음에는 본죄가 성립한다고 보았으나,215) 후에 판례를 변경하여 '가장매매에 인한 소유권이전등기를 경료하여도 그 당사자 간에는 소유권이전등기를 경료시킬 의사는 있었던 것이므로'216) 공정증서원본불실기재죄는 성립하지 않는다고 보았다. 가장매매는 통정허위의사표시로서 무효이므로 이로 인한 소유권이전등기는

---

210) 대법원 1983. 8. 23. 선고 83도1430 판결.
211) 민사소송에서 법률관계를 변경 또는 소멸시키는 판결을 말한다.
212) 일정한 행위를 이행하라고 명령하는 판결을 말한다.
213) 대법원 1967. 7. 11. 선고 65도592 판결.
214) 대법원 1967. 11. 2. 선고 66도1682 판결; 대법원 1979. 7. 24. 선고 79도482 판결; 대법원 1980. 12. 9. 선고 80도1323 판결.
215) 대법원 1969. 2. 25. 선고 68도1787 판결.
216) 대법원 1972. 3. 28. 선고 71도2417 판결.

원인무효이지만 대법원은 이 경우에도 매매계약사실 자체는 인정되므로 부실기재가 아니라고 본 것이다.

[판례 33] "종중 소유의 부동산은 종중 총회의 결의를 얻어야 유효하게 처분할 수 있다 하더라도 거래 상대방으로서는 부동산등기부상에 표시된 종중 대표자를 신뢰하고 거래하는 것이 일반적이라는 점 등에 비추어 보면, 종중 대표자의 기재는 당해 부동산의 처분권한과 관련된 중요한 부분의 기재로서 이에 대한 공공의 신용을 보호할 필요가 있으므로 이를 허위로 등재한 경우에는 공정증서원본부실기재죄의 대상이 되는 부실의 기재에 해당한다."[217]

[판례 34] 甲은 귀속재산인 건물을 1952년경 대한민국으로부터 매수하였다가 1953년에 乙 주식회사에게 매도하고 乙 주식회사는 1957년에 丙에게 차례로 매도하였다. 그런데 丙은 위 부동산이 아직 대한민국으로부터 매수인들에게 소유권 이전등기가 경유되어 있지 아니하므로 대한민국이나 甲의 승낙 없이 丙 명의로 소유권 이전등기를 경유할 생각으로 甲 명의의 매매계약서(甲이 직접 위 건물을 丙에게 매도하는 취지)를 위조하고 이것을 증거로 하여 허위의 주소로 甲을 제소하여 의제자백으로 승소판결을 얻고, 1966년 정을 모르는 대서인을 시켜서 위의 판결로써 甲으로부터 직접 丙 명의로 소유권 이전등기를 경유하게 하였다. 丙의 죄책은?

비록 당사자들의 합의가 없이 경유된 이른바 소유권의 중간생략으로 인한 이전등기라 할지라도 그것이 민사실체법상의 권리관계에 부합되어 유효인 등기로서의 구실을 할 수 있는 한 형사상으로도 이러한 등기가 사실관계와 다른 이른바 부실의 등기라고 볼 수는 없다. 따라서 丙이 정당하게 취득한 건물소유권에 대한 소유권 이전등기를 경유함에 있어서 관계당사자들의 동의를 얻지 아니하고, 함부로 丙 앞으로 중간생략의 소유권 이전등기를 경유하였다면 이러한 丙 명의의 소유권 취득등기가 공정증서 원본부실기재죄에 해당한다고는 말할 수 없다.[218]

[판례 35-1] 부부 甲男과 乙女는 해외로 이주할 목적으로 이혼신고를 하였다. 그리고 해외이주허가신청서와 여권발급신청서에 독신이라고 기재하였다. 甲男과 乙女의 죄책은?

대법원은 甲男과 乙女가 "해외로 이주할 목적으로 이혼하기로 하였다 하더라도 일시적이나마 이혼할 의사가 있었다고 보여지므로 혼인 및 이혼의 효력발생여부에 있어서 형식주의를 취하는 이상 그들의 이혼신고는 유효하다"고 보았다. 결국 그들이 이혼신고를 한 것은 공정증서원본부실기재죄에 해당하지 않으며, 해외이주허가신청서와 여권발급신청서에 독신이라고 기재한 조치도 허위기재가 아니므로 여권법 제24조위반죄도 성립하지 않는다.[219]

---

217) 대법원 2006. 1. 13. 선고 2005도4790 판결.
218) 대법원 1967. 11. 2. 선고 66도1682 판결.
219) 대법원 1976. 9. 14. 선고 76도107 판결.

[판례 35-2] 甲은 乙을 미국인 丙과 위장결혼시켜 미국으로 이주하게 할 목적으로 주한 미대사관으로부터 발급받은 결혼증명서와 함께 동인들에 대한 혼인신고서를 그곳 국제결혼 담당직원에게 제출하여 동 직원으로 하여금 乙의 본적지 관할인 성동구청장에 위 서류를 우송하게 하여 그 무렵 그 정을 알지 못하는 성동구청 호적담당직원으로 하여금 공정증서원본인 호적부에 동인들이 마치 혼인한 것처럼 부실의 사실을 기재하게 하고 즉시 그곳에 이를 비치하게 하였다. 甲의 죄책은?

원심법원은 형식설의 입장에서 혼인신고 자체에 대한 의사의 합치가 있으면 그 혼인신고는 유효하다고 본 반면, 대법원은 실질설의 입장에서 '참다운 부부관계의 설정을 바라는 효과의사'가 있어야 그 혼인신고는 유효하다고 본다.220) 대법원은 "민법 제815조 제1호의 혼인무효사유인 '당사자간에 혼인의 합의가 없는 때'라 함은 당사자간에 사회관념상 부부라고 인정되는 정신적, 육체적 결합을 생기게 할 의사를 갖고 있지 않은 경우를 가리킨다고 해석할 것이고 따라서 비록 혼인의 계출 자체에 관하여 당사자 간에 의사의 합치가 있고 나아가 당사자 간에 일응 법률상의 부부라는 신분관계를 설정할 의사는 있었다고 인정되는 경우에도 그것이 단지 다른 목적을 달성하기 위한 방편에 불과한 것으로서 그들 간에 참다운 부부관계의 설정을 바라는 효과의사가 없는 경우에는 혼인은 그 효력이 없다"고 보았다. 따라서 이 사건에서 혼인신고는 허위신고에 해당하므로 甲에 대하여는 공정증서 원본부실기재죄가 성립한다.221)

대법원은 (판례 35-1)에서 실제로 이혼할 의사가 없이 이혼신고만 한 경우에 그 이혼신고는 유효하다고 본 반면에, (판례 35-2)에서는 혼인할 의사가 없는 경우 그 혼인은 무효라고 보고 있다. 그 이유는 위장이혼의 경우에 실제적 부부관계를 그대로 유지하면서 사실혼상태로 돌아가려는 의사도 유효한 혼인해소의 의사로 볼 수 있는 반면, 위장결혼의 경우에는 혼인의사, 즉 '당사자간에 사회관념상 부부라고 인정되는 정신적, 육체적 결합을 생기게 할 의사'가 없어 그 혼인은 무효이기 때문이다.

[판례 36-1] A 주식회사의 이사 甲은 이사회의 소집결의에 따라서 임시주주총회를 개최하여 이사회의 결의내용을 법인등기부에 기재하게 하였다. 그런데 그 임시주주총회는 당시 적법한 대표이사인 乙에 의하여 소집된 것이 아니었으며, 실질 주주 중 丙 등 3인은 위 주주총회 개최의 통지도 받지 아니하고 참석도 하지 아니하였다. 甲의 죄책은?

대법원222)은 "공정증서원본에 기재된 사항이 외관상 존재하는 사실이라 하더라도 이에 무효나 부존재에 해당되는 하자가 있다면 그 기재는 부실기재에 해당된다 할 것이나 그것이 객관적으로 존재하는 사실이고 이에 취소사유에 해당되는 하자가 있을 뿐인 경우에는 취소되기 전에 그 결의내용이 공정증서원본에 기재된 이상 그 기재가 공정증서원본불실기재죄

---

220) 대법원 2022. 4. 28. 선고 2020도12239 판결.
221) 대법원 1985. 9. 10. 선고 85도1481 판결.
222) 대법원 1993. 9. 10. 선고 93도698 판결; 대법원 2009. 2. 12. 선고 2008도10248 판결.

를 구성하지는 않는다"고 판시하였다. 따라서 甲에 대하여 공정증서원본부실기재죄가 성립하는가는 그 임시주주총회의 결의가 무효인가 아니면 취소사유에 해당하는가에 달려있다. 이점에 대하여 대법원은 "대표이사가 아닌 이사 甲이 이사회의 소집결의에 따라서 주주총회를 소집한 것이라면 위 주주총회에 있어서 소집 절차상의 하자는 주주총회결의의 취소사유에 불과하고 그것만으로 바로 주주총회 결의가 무효이거나 부존재가 되는 것이라고 볼 수는 없다"고 보았다. 따라서 甲에 대하여 공정증서원본부실기재죄는 성립하지 않는다.

[판례 36-2] A 주식회사의 1인 주주인 甲은 이 회사의 이사였던 망 乙이 이사직에서 사임한 바 없고, 생전에 甲에게 사임의 의사를 밝힌 적도 없는데 乙의 사망 후에 사망으로 인한 퇴임절차대신 사임에 의한 퇴임절차를 밟고, 乙의 의사에 기하지 아니한 사임서를 작성하고 이에 기하여 등기부에 이사사임을 기재케 하였다. 甲의 죄책은?

대법원은 "이른바 1인회사에 있어서 1인 주주의 의사는 바로 주주총회나 이사회의 의사와 같은 것이어서 가사 주주총회나 이사회의 결의나 그에 의한 임원변경등기가 불법하게 되었다 하더라도 그것이 1인 주주의 의사에 합치되는 이상 이를 가리켜 의사록을 위조하거나 불실의 등기를 한 것이라고는 볼 수 없다 하겠으나 한편 임원의 사임서나 이에 따른 이사사임등기는 위와 같은 주주총회나 이사회의 결의 또는 1인주주의 의사와는 무관하고 오로지 당해임원의 의사에 따라야 하는 것이므로 당해 임원의 의사에 기하지 아니한 사임서의 작성이나 이에 기한 등기부의 기재를 하였다면 이는 사문서 위조 및 공정증서원본불실기재의 죄책을 면할 수 없는 것이다"라고 판시하였다. 따라서 甲에 대하여는 사문서위조 및 동행사죄, 공정증서원본부실기재 및 동행사죄가 성립한다.[223]

V. 위조등 문서행사죄

1. 위조사문서등 행사죄

제234조(위조사문서등의 행사): 제231조 내지 제233조의 죄에 의하여 만들어진 문서, 도화 또는 전자기록등 특수매체기록을 행사한 자는 그 각 죄에 정한 형에 처한다.

본죄는 위조·변조 또는 자격모용에 의하여 작성된 문서를 진정한 것으로 사용하는 것을 내용으로 하는 범죄이다. 여기서 사용이란 문서를 인식할 수 있는 상태에 두는 것이며 실제로 문서를 보았을 것을 요하지는 않는다. 예컨대 상대에게 교부, 제시하는 것은 물론 이를 열람할 수 있는 상태로 두거나 우편으로 발송하여 도달케 하는 것도 이에 포함된다. 그러나 위조면허증을 소지하고 운전한 것만으로는 '행사'에 해당하지 않으며[224], 최소한 면허증을 경찰에게 제시하여야 기수가 된다.

---

223) 대법원 1992. 9. 14. 선고 92도1564 판결.

[판례 37-1] 甲은 인터넷 쇼핑사이트인 'G-마켓'에 들어가 휴대전화기 구입신청을 하면서 인터넷상에 게시된 케이. 티. 에프.(KTF) 신규 가입신청서 양식에 컴퓨터를 이용하여 공소외 1의 인적사항 및 그 계좌번호, 청구지 주소 등을 각 입력하고 이를 출력한 다음, 그 신청서 용지 하단 고객명란과 서명란에 '공소외 1'이라고 각 기재하였다. 그리고 그 가입신청서를 컴퓨터에 연결된 스캐너(scanner)로 읽어 들여 이미지화한 다음, 그 이미지 파일을 이메일로 공소외 2에게 전송하여 컴퓨터 화면상에서 보게 하였다. 甲의 죄책은?

甲이 공소외 1 명의를 모용하여 휴대전화 신규 가입신청서를 작성한 행위는 사문서위조에 해당한다. 문제는 그 가입신청서를 스캐너로 이미지한 파일을 이메일로 공소외 2에게 전송하여 컴퓨터 화면상에서 보게 한 행위가 위조사문서행사에 해당하는가이다. 대법원[225]은 위조한 문서를 스캐너로 읽어 들여 이미지화한 파일 자체는 '문서'에 해당하지 않지만 "자신이 이미 위조한 휴대전화 신규 가입신청서를 행사한 것에 해당하여 위조문서행사죄가 성립"한다고 보았다.

[판례 37-2] 甲은 사무실전세계약서 원본을 스캐너로 복사하여 컴퓨터 화면에 띄운 후 그 보증금액란을 공란으로 만든 다음 이를 프린터로 출력하여 검정색 볼펜으로 보증금액을 '삼천만 원(30,000,000원)'으로 변조하고, 이와 같이 변조된 사무실전세계약서를 팩스로 송부하였다. 甲의 죄책은?

만일 甲이 스캐너를 이용하여 원본과 다른 내용의 이미지 파일을 만들거나[226] 컴퓨터 모니터 화면상의 이미지 파일을 변경한 것이라면 사문서변조죄나 동행사죄는 성립하지 않는다. 그러나 甲은 전세계약서 원본의 이미지파일을 출력하고, 그 출력된 문서의 내용을 변경한 것이다. 이러한 행위가 사문서변조죄가 해당하는가에 관하여 대법원[227]은 甲이 '프린터로 출력된 문서'인 사무실전세계약서의 보증금액을 변조하고 이를 행사한 행위는 사문서변조 및 동행사죄에 해당한다고 보았다.

위조사문서를 그 사문서의 명의인에게 행사한 경우에도 그 명의인이 위조된 사실을 몰랐다면 위조된 문서를 진정한 것으로 사용한 것이라고 할 수 있으므로 위조사문서행사죄가 성립한다.[228] 그러나 그 문서가 위조·변조되었다는 정을 아는 공범자에게 제시, 교부하는 것은 행사에 해당하지 않는다. 왜냐하면 본죄에서 행사는 문서를 진정한 것으로 사용하는 것을 말하기 때문이다.

---

224) 대법원 1988. 4. 12. 선고 87도2709 판결.
225) 대법원 2008. 10. 23. 선고 2008도5200 판결.
226) [판례 41-2] 참조.
227) 대법원 2011. 11. 10. 선고 2011도10468 판결.
228) 대법원 2005. 1. 28. 선고 2004도4663 판결.

[판례 37-3] 공무원 甲은 乙로부터 1건당 금 100만원을 주겠다는 조건으로 가공인물 또는 철거대상지역에 실제로 거주하지 아니하는 사람 등을 철거대상 무허가 건물의 소유자인 것처럼 꾸며 철거보조금지급신청 및 서울특별시건립 공동주택입주신청에 필요한 철거확인원, 인감증명서, 주민등록표 등을 위조하여 乙에게 교부하였다. 甲에 대하여 위조공문서행사죄가 성립하는가?

공문서를 허위작성한 공무원 甲이 이를 공범관계에 있는 乙에게 교부한 행위는 행사에 해당하지 않는다. 왜냐하면 본죄에서 행사는 문서를 진정한 것으로 사용하는 것을 말하므로, 문서가 허위작성되었다는 정을 아는 공범자에게 제시, 교부하는 것은 행사에 해당하지 않기 때문이다.229)

제237조의 2는 "전자복사기, 모사전송기 기타 이와 유사한 기기를 이용하여 복사한 문서 또는 도화의 사본도 문서 또는 도화로 본다"고 규정하고 있으므로 위조된 문서를 기계적 방법으로 복사하여 이를 제시하는 것도 행사에 해당한다.230)

2. 위조등 공문서행사죄

제229조(위조등 공문서의 행사): 제225조 내지 제228조의 죄에 의하여 만들어진 문서, 도화, 전자기록등 특수매체기록, 공정증서원본, 면허증, 허가증, 등록증 또는 여권을 행사한 자는 그 각 죄에 정한 형에 처한다.

본죄에서 행사는 위조사문서등 행사죄에서 설명한 것과 같다.

[판례 38] 부실의 사실이 기재된 공정증서의 정본231)을 그 정을 모르는 법원 직원에게 교부한 행위가 부실기재공정증서원본행사죄에 해당하는가?

---

229) 대법원 1986. 2. 25. 선고 85도2798 판결.
230) 대법원 1994. 3. 22. 선고 94도4 판결.
231) 1. 원본(原本)은 최초로 작성된 문서로 법률상 일정한 장소에 보존을 요한다.
   2. 정본(正本)은 법률상 권한이 있는 자가 원본을 그대로 베껴서 작성한 문서로서 원본과 동일한 효력을 갖는다. 그 외에도 이와 구분되는 서류로는 다음의 것들이 있다:
   3. 사본(寫本): 원본을 베낀 문서. 특히 손으로 베낀 경우를 필사본이라고 한다. 등본이나 초본도 사본의 일종이다.
   4. 등본(謄本): 원본의 전부를 등사한 문서로서 원본과 동일하다는 것을 작성자가 증명한 것을 말한다.
   5. 초본(抄本): 원본의 일부분만 기재한 문서를 말한다.
   6. 부본(副本): 원본과 똑같이 만들어 참고로 보관하는 서류를 말한다. 복본(複本)과 같은 의미다.

"형법 제229조, 제228조 제1항의 규정과 형벌법규는 문언에 따라 엄격하게 해석하여야 하고 피고인에게 불리한 방향으로 지나치게 확장해석하거나 유추해석하여서는 아니되는 원칙에 비추어 볼 때, 위 각 조항에서 규정한 '공정증서원본'에는 공정증서의 정본이 포함된다고 볼 수 없으므로 불실의 사실이 기재된 공정증서의 정본을 그 정을 모르는 법원 직원에게 교부한 행위는 형법 제229조의 불실기재공정증서원본행사죄에 해당하지 아니한다."232)

3. 죄수

문서를 위조·변조하여 이를 행사한 경우 문서위조·변조죄와 동행사죄의 실체적 경합이 성립한다.233) 그리고 위조문서를 행사함으로써 상대방을 기망하여 재물을 교부받은 경우 사기죄와 위조문서행사죄의 관계에 대하여 판례는 양죄의 실체적 경합이 성립한다고 보고 있으나234) 상상적 경합으로 보는 것이 타당하다.

VI. 문서부정행사죄

1. 사문서부정행사죄

> **제236조(사문서의 부정행사)**: 권리·의무 또는 사실증명에 관한 타인의 문서 또는 도화를 부정행사한 자는 1년 이하의 징역이나 금고 또는 300만원 이하의 벌금에 처한다.

① 의의: 본죄는 권리의무 또는 사실증명에 관한 타인의 문서 또는 도화를 부정행사함으로써 성립하는 범죄이다.

② 객체: 본죄의 객체는 본죄는 권리의무 또는 사실증명에 관한 타인의 문서 또는 도화이다. 여기서 타인의 문서란 진정하게 성립된 문서를 말한다. 객체가 진정문서라는 점에서 부진정문서(위조·변조사문서)를 객체로 하는 위조·변조사문서행사죄와 구분된다.

> [판례 39] 甲은 절취한 乙의 케이티 카드(전화카드)를 자신의 것처럼 공중전화기에 넣고 사용하였다. 이 전화카드는 한국전기통신공사가 발행한 후불식 통신카드로서 이 카드를 이용하여 전화를 사용하면 그 요금이 미리 지정된 전화번호 요금이나 신용카드 대금에 합산되어 청구되는데, 전화카드를 신용카드 겸용 공중전화기에 넣으면 전화기가 기계적 방식으로 전화카드의 자기띠 부분에 기록된 사용자 정보와 비밀번호 등을 판독하여 작동이

---

232) 대법원 2002. 3. 26. 선고 2001도6503 판결.
233) 판례(대법원 1983. 7. 26. 선고 83도1378 판결; 대법원 1991. 9. 10. 선고 91도1722 판결) 및 다수설(박상기, 각론, 545면; 오영근, 각론, 772면; 정성근/박광민, 각론, 665면).
234) 대법원 1991. 9. 10. 선고 91도1722 판결.

되는 것이다. 甲의 죄책은?

대법원[235]은 "사용자에 관한 각종 정보가 전자기록되어 있는 자기띠가 카드번호와 카드발행자 등이 문자로 인쇄된 플라스틱 카드에 부착되어 있는 전화카드의 경우 그 자기띠 부분은 카드의 나머지 부분과 불가분적으로 결합되어 전체가 하나의 문서를 구성하므로, 전화카드를 공중전화기에 넣어 사용하는 경우 비록 전화기가 전화카드로부터 판독할 수 있는 부분은 자기띠 부분에 수록된 전자기록에 한정된다고 할지라도, 전화카드 전체가 하나의 문서로서 사용된 것으로 보아야 하고 그 자기띠 부분만 사용된 것으로 볼 수는 없다"고 판단하였다. 따라서 甲이 절취한 전화카드를 공중전화기에 넣어 사용한 행위는 사문서부정행사죄를 구성한다.

③ 행위: 행위는 부정행사다. 부정행사란 사용권한 없는 자가 사용권한 있는 것으로 가장하여 용도에 따라 사문서를 사용한 경우를 말한다. 따라서 사용권한 없는 자가 이를 용도 이외의 목적으로 사용한 경우에 본죄는 성립하지 않는다.

[예 7-1] 타인의 학생증을 길에서 주워 소지하고 다니다가, 술집에서 외상술을 마시고 학생증을 맡긴 경우에, 이는 사용권한 없는 자가 학생증을 용도 외의 목적으로 사용한 것이므로 본죄는 성립하지 않는다.

[판례 40-1] 甲은 乙女가 그녀의 아버지 A의 이름으로 금원을 차용하면서 아버지 A명의의 현금보관증을 담보로 제공하자 이를 건네받아 소지하게 되었다. 이 현금보관증은 A가 계주 B에 대하여 차후 계불입금 채무의 이행을 책임지겠다는 것을 담보하기 위하여 작성하여 B에게 준 것이었는데, 乙女가 계주 B로부터 환수하여 甲에게 제공한 것이다. 甲은 민사소송의 변론기일에 자신이 A 명의의 현금보관증을 소지하고 있는 사실을 증명함으로써 A가 乙女를 통하여 금전을 차용하였다는 자신의 주장을 뒷받침하기 위하여 A 명의의 현금보관증을 서증으로 제시하였다. 甲의 죄책은?

甲의 행위가 사문서부정행사죄에 해당하는지가 문제된다. 이 점에 대하여 대법원은 "피고인이 원심판시와 같이 판시 현금보관증이 피고인 수중에 있다는 사실자체를 증명키 위하여 증거로서 법원에 제출하는 행위는 사문서의 부정행사에 해당되지 아니한다"고 판시하였다.[236] 즉 A명의의 현금보관증은 A가 계주 B에 대하여 차후 계불입금 채무의 이행을 책임지겠다는 것을 담보하기 위한 용도로 작성된 것이므로 甲이 이를 민사소송에서 현금보관증이 자신의 수중에 있다는 사실자체를 증명하기 위하여 증거로 제출한 것은 문서 본래의 용도 이외의 목적으로 사용한 것이라고 할 수 없으므로 부정행사에 해당하지 않는다고 본 것이다.

---

235) 대법원 2002. 6. 25. 선고 2002도461 판결.
236) 대법원 1985. 5. 28. 선고 84도2999 판결.

문제는 사용권한 있는 자가 이를 본래의 용도 이외의 목적으로 부정하게 사용하는 경우도 부정행사에 해당하는가이다. 이 점에 대하여는 견해가 일치하지 않는데, 판례[237]는 이를 긍정한다. 그러나 사용권한 없는 자가 용도 외로 사용한 경우에도 본죄가 성립하지 않는다는 점에 견주어 보면 사용권한 있는 자가 이를 본래의 용도 이외의 목적으로 사용한 경우는 이보다 불법이 경하므로 부정행사에 해당하지 않는다고 보는 것이 형평에 맞는다.[238]

[예 7-2] 위의 (예 7-1)에서 학생증의 정당한 소지인이 이를 외상술값을 위한 담보로 제공하였다면 사용권자가 학생증을 본래의 용도 이외의 목적으로 사용한 것인데, 이 경우에도 사문서부정사용는 성립하지 않는다고 보아야 한다.

본죄는 '사용권한자와 용도가 특정되어 작성된 권리의무 또는 사실증명에 관한 타인의 사문서를 사용권한 없는 자가 사용권한이 있는 것처럼 가장하여 부정한 목적으로 행사'[239]한 경우에 성립한다. 따라서 사용권자가 특정되어 있지 않고 용도도 다양한 사문서를 사용한 경우에는 설령 작성명의인의 의사에 반하여 행사하였더라도 본죄는 성립하지 않는다.

[판례 40-2] 甲은 피해자 A, B가 운영하고 있던 주식회사의 법률자문 역할을 담당하던 중 A, C 간의 파산선고사건과 관련하여 재산목록을 작성하여 제출할 상황이 되자 '편의상 채권채무가 있는 것처럼 해 두자'는 취지로 제의하여 '금 5천만 원, 차용인 A, 연대보증인 B로 된 차용증 및 이행각서'를 작성하여 이를 소지하고 있음을 기화로 서울중앙지방법원에서 사실은 피해자 A, B에게 금원을 대여한 사실이 없음에도 불구하고, 위와 같이 소지하게 된 '차용증 및 이행각서'를 첨부하여 금 5천만 원 및 이에 대한 이자를 구하는 취지로 대여금청구소장을 제출하면서, '차용증 및 이행각서'를 마치 진정하게 성립한 문서인 것처럼 위 법원 직원에게 제출하였다. 甲의 죄책은?

甲이 허위내용의 '차용증 및 이행각서'를 첨부하여 금 5천만 원 및 이에 대한 이자를 구하는 취지로 대여금청구소장을 제출한 것은 소송사기의 실행에 착수한 것이므로 사기미수에 해당한다. 문제는 '차용증 및 이행각서'를 법원 직원에게 제출한 행위가 사문서부정행사죄에 해당하는가이다. 이 점에 대하여 대법원은 "이 사건 '차용증 및 이행각서'는 그 작성명의인들이 자유의사로 작성한 문서로 그 사용권한자가 특정되어 있다고 할 수 없고 또 그 용도도 다양하므로 … " 설령 甲이 그 작성명의인들의 의사에 반하여 '차용증 및 이행각서'를 법원에 제출하였다고 하더라도 그것이 사문서부정행사죄에 해당하지는 않는다고 판시하였다.[240]

---

237) 대법원 2007. 3. 30. 선고 2007도629 판결.
238) 김일수/서보학, 각론, 783면; 박상기, 각론, 547면.
239) 대법원 2007. 3. 30. 선고 2007도629 판결.

2. 공문서부정행사죄

> **제230조(공문서등의 부정행사)**: 공무원 또는 공무소의 문서 또는 도화를 부정행사한 자는 2년 이하의 징역이나 금고 또는 500만원 이하의 벌금에 처한다.

본죄에서 '부정행사'는 사문서부정행사죄에서 설명한 것과 다르지 않다. 즉 부정행사란 사용권한 없는 자가 용도에 따라 공문서를 사용한 경우를 말한다. 따라서 사용권한 없는 자가 이를 용도 이외의 목적으로 사용한 경우에 본죄는 성립하지 않는다.

부정행사의 객체인 공문서는 그 문서 자체를 말하므로 이를 촬영한 이미지파일을 휴대전화 화면 등을 통하여 보여주는 행위는 공문서부정행사죄에 해당하지 않는다.[241]

> [판례 41-1] 자동차 등의 운전자가 경찰공무원에게 다른 사람의 운전면허증 자체가 아니라 이를 촬영한 이미지파일을 휴대전화 화면 등을 통하여 보여주는 행위가 공문서부정행사죄에 해당하는가?

대법원[242]은 "운전자가 운전 중에 도로교통법 제92조 제2항에 따라 경찰공무원으로부터 운전면허증의 제시를 요구받은 경우 운전면허증의 특정된 용법에 따른 행사는 도로교통법 관계 법령에 따라 발급된 운전면허증 자체를 제시하는 것이라고 보아야 한다" 고 보았다. 따라서 甲이 다른 사람의 운전면허증을 촬영한 이미지파일을 경찰공무원에게 제시한 행위는 공문서부정행사죄를 구성하지 않는다.

> [판례 41-2] 甲은 사귀고 있던 A에게 자신의 나이와 성명을 속이는 용도로 행사할 목적으로, 컴퓨터로 '미애', '701226'을 작성하여 출력한 다음, 甲의 주민등록증 성명란 '길자'라는 글자 위에 위와 같이 출력한 '미애'라는 글자를, 주민등록번호란 '640209'라는 글자 위에 위와 같이 출력한 '701226'이라는 글자를 각 오려붙인 다음, 이를 컴퓨터 스캔 장치를 이용하여 스캔함으로써 이미지 파일을 생성하고, 이 파일을 A에게 이메일로 전송하였다. 甲의 죄책은?

甲이 생성한 이미지파일이 공문서에 해당한다면 그에 대하여 공문서위조죄가 성립한다. 이 점에 대하여 대법원[243]은 "컴퓨터 모니터 화면에 나타나는 이미지는 이미지 파일을 보기 위한 프로그램을 실행할 경우에 그때마다 전자적 반응을 일으켜 화면에 나타나는 것에 지나지 않아서 계속적으로 화면에 고정된 것으로는 볼 수 없으므로"라는 이유로 이미지파

---

240) 대법원 2007. 3. 30. 선고 2007도629 판결.
241) 대법원 2019. 12. 12. 선고 2018도2560 판결.
242) 대법원 2019. 12. 12. 선고 2018도2560 판결.
243) 대법원 2007. 11. 29. 선고 2007도7480 판결.

일은 문서에 해당하지 않는다고 보았다. 따라서 甲이 이 파일을 A에게 이메일로 전송하여 그로 하여금 컴퓨터 화면상에서 보게 하였다고 하더라도 위조공문서행사죄는 성립하지 않는다.

[판례 41-3]   [판례 37-1]에서   甲이 위조한 가입신청서를 스캐너(scanner)로 이미지화한 파일을 이메일로 전송한 행위에 대하여는 위조사문서 행사죄를 인정하였다. [판례 41-1]이나 [판례 41-2]와는 어떠한 차이가 있는가?

[판례 37-1]에서 위조문서 등 행사죄에서 행사의 방법에는 제한이 없다. 위조문서를 파일이나 팩스로 전송하는 경우도 행사에 해당하며, 반드시 위조문서를 직접 상대방에게 제시하여야 하는 것은 아니다. 그러나 [판례 41-1]에서 본 바와 같이 대법원은 문서부정행사죄에서 행사는 문서 자체를 사용한 경우에 국한하며, 이미지 파일을 화면을 통하여 보여주는 행위는 부정행사에 해당하지 않는다고 본다.

 [판례 37-1] 이나 [판례 41-2] 모두 이미지 파일을 이메일로 전송하였다는 점에서 일치하지만 [판례 37-1]에서는 이미 위조한 사문서를 이용하여 이미지 파일을 생성한 것과는 달리 [판례 41-2]에서는 원본을 이용하여 원본과 다른 내용의 이미지 파일을 생성하였다는 점에서 차이가 있다. 위조문서행사죄는 위조문서가 존재하여야 성립이 가능한데, 후자의 경우에는 이미지 파일만 있을 뿐 위조문서 자체는 존재하지 않으므로 동행사죄는 성립할 수 없다.

[판례 42] 甲은 호적이 없어 주민등록증을 발급받지 못하고 있다가 6.25사변중 행방불명된 乙의 명의로 주민등록증을 발급 받고자 그 정을 모르는 주민등록 담당공무원에게 자신이 乙인 양 허위의 신고를 하여 착오를 일으킨 위 공무원으로부터 자신의 사진이 부착되고 자신의 지문이 찍힌 乙 명의의 주민등록증을 발급받아 소지하고 있다가 검문경찰관에게 제시하였다. 甲의 죄책은?

대법원은 "甲은 문제된 주민등록증은 허위사실이 기재되어 발행되었다는 사실을 잘 알고 있는 것이므로 비록 그 문서가 형식상으로는 그 사용목적이 그에 부착된 사진상의 인물이 乙의 신원사항을 가진 사람임을 증명하는 용도로 작성되어 있기는 하나 주민등록증의 발행목적상 甲에게 위와 같은 허위사실을 증명하는 용도로 이를 사용할 수 있는 권한이 없다는 것을 충분히 인식하고 있었다고 인정"되므로 이를 부정한 목적을 위하여 행사하였다면 이는 공문서부정행사죄를 구성한다고 판시하였다.244)

[판례 43] 甲은 자동차 대여업체로부터 자동차를 빌림에 있어 그 담당직원 乙로부터 운전면허증의 제시를 요구 받아 A의 자동차운전면허증을 자신의 것인 양 제시하였다. 甲의 죄책은?

---

244) 대법원 1982. 9. 28. 선고 82도1297 판결.

대법원은 "원래 자동차운전면허증은 운전면허시험에 합격하여 자동차의 운전이 허락된 자임을 증명하는 공문서로서 운전중에 휴대하도록 되어 있고(도로교통법 제69조, 제77조), 기록에 의하면 자동차대여약관상 대여회사는 운전면허증 미소지자에게는 자동차 대여를 거절할 수 있도록 되어 있으므로, … 甲의 위와 같은 행위는 단순히 신분확인을 위한 것이라고는 할 수 없고, 이는 운전면허증을 사용권한이 없는 자가 사용권한이 있는 것처럼 가장하여 부정한 목적으로 사용한 것이기는 하나 운전면허증의 본래의 용도에 따른 사용행위라고 할 것이므로 각 공문서부정행사죄에 해당한다"고 판시하였다.[245]

[판례 44] 甲은 이동전화기 대리점 직원에게 기왕에 습득한 乙의 주민등록증을 내보이고 乙이 자신의 어머니인데 어머니의 허락을 받았다고 속여 동인의 이름으로 이동전화 가입신청을 하였다. 甲의 죄책은?

대법원은 '주민등록증은 … 국가기관·지방자치단체·공공단체·사회단체·기업체 등에서 그 업무를 수행함에 있어 대상자의 신분을 확인하기 위하여 사용할 수 있도록 한 것'인데, 甲이 乙의 주민등록증을 사용한 것은 타인의 주민등록증을 그 본래의 사용용도인 신분확인용으로 사용한 것이라고 볼 수 없으므로 공문서부정행사죄가 성립하지 않는다고 판시하였다.[246]

[판례 45] 甲은 폭력행위 등 처벌에 관한 법률위반죄의 피의자로서 그 신분을 확인하려는 경찰공무원에게 자신의 인적사항을 속이기 위하여 다른 사람의 운전면허증을 제시하였다. 甲의 죄책은?

甲이 경찰공무원으로부터 신분확인을 위하여 신분증명서의 제시를 요구받고 다른 사람의 운전면허증을 제시한 행위가 '그 사용목적에 따른 행사'인지가 문제된다. 이 점에 관하여 대법원은 운전면허증은 그 곳에 표시된 사람이 운전면허시험에 합격한 사람이라는 '자격증명'과 이를 지니고 있으면서 내보이는 사람이 바로 그 사람이라는 '동일인증명'의 기능을 동시에 가지고 있으므로 운전면허증을 신분확인을 위하여 제시한 것도 사용목적에 따라 행사한 것으로써 공문서부정행사에 해당한다고 본다.[247] 동일인증명도 운전면허증의 사용목적에 해당한다고 본 논거는 다음과 같다.

① 인감증명법상 인감신고인 본인 확인, 공직선거및선거부정방지법상 선거인 본인 확인, 부동산등기법상 등기의무자 본인 확인 등 여러 법령에 의한 신분 확인절차에서도 운전면허증은 신분증명서의 하나로 인정되고 있다.
② 금융기관과의 거래에 있어서도 운전면허증에 의한 실명확인이 인정되고 있는 등 현실적으로 운전면허증은 주민등록증과 대등한 신분증명서로 널리 사용되고 있다.

---

245) 대법원 1998. 8. 21. 선고 98도1701 판결.
246) 대법원 2003. 2. 26. 선고 2002도4935 판결.
247) 대법원 2001. 4. 19. 선고 2000도1985 전원합의체판결. 이 판결에 의하여 운전면허증의 제시 행위가 공문서부정행사죄에 해당하지 않는다고 보았던 기존의 판결들(대법원 1989. 3. 28. 선고 88도1593 판결; 대법원 2000. 2. 11. 선고 99도1237 판결)은 변경되었다.

사용권한 있는 자가 이를 본래의 용도 이외의 목적으로 부정하게 사용하는 경우에도 본죄가 성립하는가에 대하여 판례248)와 일부 학설249)은 이를 긍정한다. 그러나 사문서부정행사죄에서 설명한 바와 같이 사용권한 없는 자가 용도 외로 사용한 경우에도 본죄가 성립하지 않는데 사용권한 있는 자가 용도 외로 사용한 경우에 본죄가 성립한다고 보는 것은 균형이 맞지 않으므로 부정설250)이 타당하다.

본죄는 사용권자와 용도가 특정되어 작성된 공문서를 사용권한 없는 자가 행사한 경우에 성립한다. 사용권자가 특정되어 있지 않고 용도도 다양한 공문서(예컨대 인감증명서,251) 등기필증,252) 주민등록표등본,253) 신원증명서254))를 사용한 경우에는 설령 문서와 아무 관련 없는 사람이 문서상의 명의인인 양 가장하여 행사하였더라도 본죄는 성립하지 않는다고 보아야 한다. 왜냐하면 부정행사의 개념이 불명확하여 본죄의 성립범위가 지나치게 확대되어 죄형법정주의에 반할 위험이 있으므로 부정행사를 사용권자와 용도가 특정되어 작성된 공문서를 사용권한 없는 자가 행사한 경우에 국한하여 해석하여야 하기 때문이다.

[판례 46] 甲은 乙女가 남편 몰래 발급받아 온 동장 발행의 인감증명서 1매를 신원금고 사무실에서 丙에게 제시하였다. 이 인감증명서는 공증용으로 발행되어 어음공증을 위하여 사용되었다. 甲의 죄책은?

"형법 제230조의 공문서등 부정행사죄는 그 사용권한자와 용도가 특정되어 작성된 공문서 또는 공도화를 사용권한 없는 자가 그 사용권한 있는 것처럼 가장하여 부정한 목적으로 행사하거나 또는 그 권한 있는 자라도 그 정당한 용법에 반하여 부정하게 행사하는 경우에만 성립한다 할 것이고 인감증명서와 같이 사용권한자가 특정되어 있는 것도 아니고 그 용도도 다양한 공문서는 그 명의자 아닌 자가 그 명의자의 의사에 반하여 함부로 행사하더라도 문서 본래의 취지에 따른 용도에 합치된다면 위 죄는 성립되지 않는다."255)

---

248) 대법원 1999. 5. 1. 선고 99도206 판결: "공문서부정행사죄는 사용권한자와 용도가 특정되어 작성된 공문서 또는 공도화를 사용권한 없는 자가 사용권한이 있는 것처럼 가장하여 부정한 목적으로 행사하거나 또는 권한 있는 자라도 정당한 용법에 반하여 부정하게 행사하는 경우에 성립되는 것이다."
249) 임웅, 각론, 738면; 정성근/박광민, 각론, 672면.
250) 김일수/서보학, 786면; 박상기, 각론, 548면.
251) 대법원 1983. 6. 28. 선고 82도1985 판결.
252) 대법원 1981. 12. 8. 선고 81도1130 판결.
253) 대법원 1999. 5. 14. 선고 99도206 판결.
254) 대법원 1993. 5. 11. 선고 93도127 판결.
255) 대법원 1983. 6. 28. 선고 82도1985 판결.

VII. 전자기록위작·변작·행사죄

전자기록은 문서와 마찬가지로 정보를 기록하는 수단으로서 널리 이용되고 있지만 시각적으로 이해할 수가 없어 문서의 요건인 계속적 기능을 가지지 못하므로 문서에 해당하지 않는다. 따라서 전자기록을 위작·변작하는 행위는 문서에 관한 죄에 해당하지 않는다. 전자기록위작·변작죄는 이러한 처벌의 흠결을 보충하기 위하여 마련된 규정이다.

1. 사전자기록위작·변작·행사죄

> **제232조의2(사전자기록위작·변작)**: 사무처리를 그르치게 할 목적으로 권리·의무 또는 사실증명에 관한 타인의 전자기록 등 특수매체기록을 위작 또는 변작한 자는 5년 이하의 징역 또는 1천만원 이하의 벌금에 처한다.
>
> **제234조(위조사문서등의 행사)**: 제231조 내지 제233조의 죄에 의하여 만들어진 문서, 도화 또는 전자기록등 특수매체기록을 행사한 자는 그 각 죄에 정한 형에 처한다.

① 의의: 본죄는 사무처리를 그르치게 할 목적으로 권리·의무 또는 사실증명에 관한 타인의 전자기록 등 특수매체기록을 위작 또는 변작하거나 위작·변작된 전자기록을 행사함으로써 성립하는 범죄이다.

② 객체: 본죄의 객체는 권리·의무 또는 사실증명에 관한 타인의 전자기록 등 특수매체기록이다. 여기서 권리·의무에 관한 전자기록이란 권리·의무의 발생·변경·소멸에 관한 사항을 내용으로 하는 전자기록을 말하고, 사실증명에 관한 전자기록이라 함은 권리·의무에 관한 것 이외에 거래상 중요한 사실을 증명하는 내용의 전자기록을 말한다.256) 전자기록이란 저장매체에 전기적·자기적 방식으로 저장한 기록, 예컨대 집적회로(IC), 자기디스크 등에 저장된 기록을 말한다. 전자기록 외에도 레이저 기술을 이용하여 저장한 기록, 예컨대 CD, DVD에 저장된 기록도 특수매체기록에 해당한다.

[판례 47] 甲은 사무처리를 그르치게 할 목적으로 타인의 전자기록에 허구의 내용을 권한 없이 수정입력하였으나 원본파일의 변경까지 초래하지는 아니하였다. 그가 조작의 대상으로 삼은 전자기록은 컴퓨터에 연결된 모니터에 표시됨으로써 그 내용이 외부에 표출되는 것이기는 하지만, 단순히 모니터에 표시되는 화상형태로만 존재하는 것이 아니라 모니터에 표시되기 전에 작업자의 명령 처리를 위하여 임시기억장치인 램에 올라가 있었던

---

256) 대법원 2006. 12. 21. 선고 2006도6535 판결.

것이다. 甲의 죄책은?

"형법 제232조의2의 사전자기록위작·변작죄에서 말하는 권리의무 또는 사실증명에 관한 타인의 전자기록 등 특수매체기록이라 함은 일정한 저장매체에 전자방식이나 자기방식에 의하여 저장된 기록을 의미한다고 할 것인데, 비록 컴퓨터의 기억장치 중 하나인 램(RAM, Random Access Memory)이 임시기억장치 또는 임시저장매체이기는 하지만, 형법이 전자기록위·변작죄를 문서위·변조죄와 따로 처벌하고자 한 입법취지, 저장매체에 따라 생기는 그 매체와 저장된 전자기록 사이의 결합강도와 각 매체별 전자기록의 지속성의 상대적 차이, 전자기록의 계속성과 증명적 기능과의 관계, 본죄의 보호법익과 그 침해행위의 태양 및 가벌성 등에 비추어 볼 때, 위 램에 올려진 전자기록 역시 사전자기록위작·변작죄에서 말하는 전자기록 등 특수매체기록에 해당한다."[257] 따라서 甲이 사무처리를 그르치게 할 목적으로 타인의 전자기록에 허구의 내용을 권한 없이 수정입력한 행위는 사전자기록변작죄에 해당한다.

③ **행위**: 본죄의 행위는 위작, 변작 또는 행사이다. 권한 없이 또는 권한의 범위를 일탈하여 전자기록을 만드는 것을 위작, 기존의 전자기록을 변경하는 것을 변작이라고 한다. 작성권자가 허위내용의 기록을 만드는 것은 사전자기록위작죄에 해당하지 않는다.[258] 왜냐하면 사전자기록의 작성권자가 허위내용의 사전자기록을 만드는 행위가 권한의 범위를 일탈한 것이라고 볼 수 없기 때문이다. 따라서 허위사전자기록작성은 허위사문서작성과 마찬가지로 불가벌이다. 이에 대하여 판례는 "시스템의 설치·운영 주체로부터 각자의 직무 범위에서 개개의 단위정보의 입력 권한을 부여받은 사람이 그 권한을 남용하여 허위의 정보를 입력함으로써 시스템 설치·운영주체의 의사에 반하는 전자기록을 생성하는 경우도 사전자기록위작죄에 해당한다고 본다.[259] 행사란 위작·변작된 전자기록을 컴퓨터에 사용할 수 있는 상태에 두는 것을 말한다. 예컨대 위작된 현금카드를 은행의 자동현금지급기에 넣으면 현금을 인출하지 않았더라도 기수에 이른다.

④ **주관적 구성요건**: 본죄는 목적범으로써 고의 이외에 '사무를 그르치게 할 목적'이 있어야 한다. 여기서 사무는 전산시스템에 의한 사무를 의미한다. 따라서 전자기록을 위작하였더라도 전산시스템의 설치·운영주체의 사무를 그르칠 목적이 없는 경우에는 본죄는 성립하지 않는다.

---

257) 대법원 2003. 10. 9. 선고 2000도4993 판결.
258) 이에 대하여 권한있는 자가 허위의 전자기록을 만드는 행위도 사전자기록위작에 해당한다고 보는 견해는 김일수/서보학, 각론, 747면.
259) 대법원 2020. 8. 27. 선고 2019도11294 전원합의체 판결.

[판례 48] 甲은 부산 서구 동대신동 소재 새마을금고의 부장으로서 위 금고의 예금 및 입·출금 업무를 총괄하는 자인바, 2006. 8. 3. 위 금고 사무실에서 같은 달 2. 위 금고 상조복지회로부터 위 금고의 전 이사장인 A에게 지급된 상조금 2,323,400원이 위 금고의 A 명의 예금계좌로 입금되자 위 금고가 A에 대해 가지고 있던 대출금 및 손해배상 채권의 실현을 담보하기 위해 그 정을 모르는 위 금고 여직원으로 하여금 그곳에 설치된 컴퓨터를 이용하여 위 예금 관련 컴퓨터 프로그램에 접속하여 A 명의의 예금계좌 출금 화면에 위 계좌 비밀번호를 임의로 입력한 후 위 2,323,400원을 위 예금계좌로부터 위 금고의 가수금계정으로 계좌이체하는 내용을 입력하게 하였다. 甲의 죄책은?

대법원은 형법 제232조의2에서 "전자기록은 그 자체로서 객관적·고정적 의미를 가지면서 독립적으로 쓰이는 것이 아니라 개인 또는 법인이 전자적 방식에 의한 정보의 생성·처리·저장·출력을 목적으로 구축하여 설치·운영하는 시스템에서 쓰임으로써 예정된 증명적 기능을 수행하는 것이므로 '사무처리를 그르치게 할 목적'이란 위작 또는 변작된 전자기록이 사용됨으로써 위와 같은 시스템을 설치·운영하는 주체의 사무처리를 잘못되게 하는 것을 말한다"는 기존의 입장(대법원 2005. 6. 9. 선고 2004도6132 판결, 대법원 2008. 4. 24. 선고 2008도294 등 참조)을 근거로 사전자기록등변작 및 변작사전자기록등행사죄의 성립을 부정하였다. 즉 대법원은 "채무자의 계좌에 입금된 돈을 그에 대한 채권확보를 위해 필요한 경우 채무자의 동의 없이 일시 위 금고의 가수금계좌로 이체할 수 있다 할 것이고, 甲은 위 금고의 예금 및 입·출금 업무를 총괄하는 지위에 있는 사람으로서 … A에 대한 기존의 채권확보를 위해 이사장의 결재를 받는 등 내부적인 절차를 밟아 그의 예금계좌에 있는 돈을 위 금고의 가수금계좌로 이체한 것임을 알 수 있으므로, 甲의 행위는 위 금고의 업무에 부합하는 것으로서 그 사무처리를 그르치게 할 목적이 있었다고 볼 수는 없"다는 이유로 본죄의 성립을 부정하였다.260)

2. 공전자기록위작·변작·행사죄

제227조의2(공전자기록위작·변작): 사무처리를 그르치게 할 목적으로 공무원 또는 공무소의 전자기록 등 특수매체기록을 위작 또는 변작한 자는 10년 이하의 징역에 처한다.

제229조(위조등 공문서의 행사): 제225조 내지 제228조의 죄에 의하여 만들어진 문서, 도화, 전자기록등 특수매체기록, 공정증서원본, 면허증, 허가증, 등록증 또는 여권을 행사한 자는 그 각 죄에 정한 형에 처한다.

① 객체: 본죄의 객체는 공무원 또는 공무소의 전자기록 등 특수매체기록, 즉 공무원 또는 공무소의 직무수행상 만들어진 전자기록 등을 말한다. 예컨대 주민등록이

---

260) 대법원 2008.06.12. 선고 2008도938 판결.

나 등기부등본의 파일이 여기에 해당한다.

> [판례 49] 甲은 乙의 명의로 인터넷 전국부동산중개협회 홈페이지의 여론광장에 자신의 의견이나 주장을 밝혔다. 甲에 대하여 사전자기록위작죄가 성립하는가?

"형법 제232조의2는 사무처리를 그르치게 할 목적으로 권리·의무 또는 사실증명에 관한 타인의 전자기록 등 특수매체기록을 위작 또는 변작한 자를 처벌한다고 규정하고 있는바, 여기서 권리·의무에 관한 전자기록이라 함은 권리·의무의 발생·변경·소멸에 관한 사항을 내용으로 하는 전자기록을 말하고, 사실증명에 관한 전자기록이라 함은 권리·의무에 관한 전자기록 이외의 것으로서 거래상 중요한 사실을 증명하는 내용의 전자기록을 말한다."[261] 甲이 게재한 글에 乙의 권리나 의무를 발생·변경·소멸시키거나 거래상 중요한 사실을 증명하는 내용이 포함된 것으로 볼 수 없으므로 권리·의무 또는 사실증명에 관한 타인의 전자기록을 위작한 것으로 볼 수 없으므로 甲에 대하여 사전자기록위작죄는 성립하지 않는다.

② 행위: 본죄의 행위는 위작, 변작 또는 행사이며 그 의미는 사전자기록위작·변작죄에서 설명한 것과 같다. 다만 허위의 사전자기록작성이 위작에 해당하지 않는데 반하여, 공무원이 허위의 공전자기록을 만드는 것은 권한을 남용한 행위로서 위작에 해당한다[262]는 점에서 차이가 있다.

> [판례 50] A 경찰서 조사계 소속 경찰관 甲은 위 경찰서 조사계에서 사무처리를 그르칠 목적으로, 사실은 乙에 대한 고소사건을 처리하지 아니하였음에도 불구하고, 조사계 소속 일용직으로서 그 정을 모르는 丙을 통하여 경찰범죄정보시스템에 같은 사건을 같은 날 검찰에 송치한 것으로 허위사실을 입력하였다. 甲의 죄책은?

대법원은 "전자기록의 생성에 관여할 권한이 없는 사람이 전자기록을 작출하거나 전자기록의 생성에 필요한 단위 정보의 입력을 하는 경우는 물론 시스템의 설치·운영 주체로부터 각자의 직무 범위에서 개개의 단위정보의 입력 권한을 부여받은 사람이 그 권한을 남용하여 허위의 정보를 입력함으로써 시스템 설치·운영 주체의 의사에 반하는 전자기록을 생성하는 경우도 형법 제227조의2에서 말하는 전자기록의 '위작'에 포함된다"고 보아 甲에 대하여 공전자기록위작죄가 성립한다고 보았다.[263]

---

261) 대법원 2006. 12. 21. 선고 2006도6535 판결.
262) 통설.
263) 대법원 2005. 6. 9. 선고 2004도6132 판결. 같은 취지: 대법원 2013. 11. 28. 선고 2013도9003 판결.

제4절 인장에 관한 죄

I. 서론

① **의의**: 인장에 관한 죄는 행사할 목적으로 인장, 서명, 기명 또는 기호를 위조 또는 부정사용하거나, 위조 또는 부정사용한 인장 등을 행사하는 것을 내용으로 하는 범죄이다.

② **보호법익**: 인장에 관한 죄의 보호법익은 인장 등의 진정에 대한 공공의 신용과 거래의 안전이다. 인장 등은 일반적으로 문서와 결합하여 그 일부를 구성하지만, 단독으로도 특정인의 인격을 상징하고 그 동일성을 증명하는 것으로서 사회생활에서 중요한 기능을 갖는다. 따라서 형법은 본죄를 문서에 관한 죄와는 별도로 독립한 범죄로 규정하고 있다.

③ **문서나 유가증권에 관한 죄와의 관계**: 인장에 관한 죄는 주로 문서나 유가증권에 관한 죄의 전단계적 행위의 성질을 갖는다. 따라서 행위자에 대하여 문서나 유가증권에 관한 죄가 성립하면 본죄는 불가벌적 수반행위로서 흡수되어 별도로 성립하지 않는다. 본죄가 독립하여 성립하는 경우는 주로 문서에 관한 죄가 성립하지 않는 경우 또는 인장위조자와 문서위조자가 동일인이 아닌 경우 등이다.

II. 사인등 위조·부정사용·행사죄

제239조 제1항(사인 등의 위조): ① 행사할 목적으로 타인의 인장, 서명, 기명 또는 기호를 위조 또는 부정사용한 자는 3년 이하의 징역에 처한다.
동조 제2항(행사): 위조 또는 부정사용한 타인의 인장, 서명, 기명 또는 기호를 행사한 때에도 전항의 형과 같다.
제240조(미수범): 본장의 미수범은 처벌한다.

1. 사인등 위조·부정사용죄

① **객체**: 본죄의 객체는 타인의 인장, 서명, 기명 또는 기호이다.
인장이란 특정인의 인격과 그 동일성을 증명하기 위하여 사용하는 상징을 말한다. 이는 인과(印顆)와 인영(印影)을 포함하는 개념이다. 인과는 문자 기타 부호를 조각한 물체를 말하며, 인영은 인과를 문서 등의 물체에 찍은 영적을 말한다. 제239조는 인장의 부정사용(동조 제1항)과 인장의 행사(동조 제2항)를 구분하고 있는데, 전

자는 인과를 부정하게 사용하는 것이며, 후자는 위조한 인영을 진정한 것처럼 사용하는 것이다.

소인(消印)264)은 인장처럼 보이지만 특정인의 동일성 이외에도 일정한 사항의 증명을 내용으로 하는 것이므로 문서에 해당한다.265) 작품에 찍은 예술가의 낙관이 문서에 해당하는가에 대하여는 견해가 일치하지 않는데, 낙관은 예술가의 동일성을 표시한 것이지 그 자체가 그 이외의 사실을 증명하는 것은 아니므로 인장에 해당한다.266)

> [판례 1] 구청 세무계장 명의의 소인을 영수필 통지서에 날인하는 의미는, 은행 등 수납기관으로부터 그 수납기관에 세금이 정상적으로 입금되었다는 취지의 영수필 통지서가 송부되어 와서 이에 기하여 수납부 정리까지 마쳤으므로 이제 그 영수필 통지서는 보관하면 된다는 점을 확인함에 있다 할 것으로서, 이러한 의미는 "소인"이라고 새겨진 부분에 함축되어 있다고 볼 것이다. 소인이 가지는 의미가 위와 같은 것이라면 이는 하나의 문서로 보아야 할 것이고, 이를 가리켜 소론과 같이 단순한 표시 내지 기호에 불과하다 할 수는 없다.267)

◦ 서명은 특정인이 자기를 표시하는 문자로서 자서, 즉 자필로 서명한 것을 말한다. 자서 이외의 것을 기명이라고 한다.

◦ 기호는 물건에 압날(狎捺)하여 그 물건의 동일성을 증명하는 것이다. 물건의 동일성의 증명을 목적으로 한다는 점에서, 인격의 동일성을 증명하기 위하여 사용하는 인장과 구분된다.268)

② 행위: 본죄의 행위는 위조 또는 부정사용이다. 위조는 인장·서명 등을 권한 없이 작성·기재하는 행위를 말한다. 따라서 명의자로부터 명시적, 묵시적 승낙이나 위임을 받고 타인의 인장을 조각한 경우에 본죄는 성립하지 않는다.269) 일반인이 진정한 것으로 오신케 할 수 있을 정도면 족하며, 명의인이 실재하거나 진정한 인장에

---

264) 접수일부인(接受日附印)이라고도 하는데, 예컨대 "영수필 통지서의 하단에 찍는 소인은, 원형의 고무인이 3단으로 나뉘어 상단에는 "소인", 하단에는 "피고인 1"이라고 새겨져 있고, 가운데에는 일자란이 있어 그때그때 일자를 바꾸어 가면서 사용할 수 있도록 만들어진 것"(대법원 1995. 9. 5. 선고 95도1269 판결)을 말한다.
265) 이처럼 의사 또는 관념의 표시가 생략되거나 약식으로 되어 있어 문장형식을 갖추지 못한 문서를 '생략문서'라고 한다.
266) 다수설: 김일수/서보학, 각론, 790면; 배종대, 각론, 747면; 임웅, 각론, 744면; 정성근/박광민, 각론, 710면.
267) 대법원 1995. 9. 5. 선고 95도1269 판결; 대법원 1979. 10. 30. 선고 77도1879 판결.
268) 증명목적에 따라 구분하는 견해(다수설): 김일수/서보학, 791면; 박상기, 각론, 555면; 배종대, 각론, 748면; 임웅, 각론, 744면.
269) 대법원 2014. 9. 26. 선고 2014도9213 판결.

유사할 것까지 요하지는 않는다.270) 이에 대하여 판례는 사자명의의 인장위조는 본죄에 해당하지 않는다고 한다.271) 그러나 사자명의의 인장위조도 본죄의 보호법익인 인장의 진정에 대한 신용과 거래의 안전을 위태롭게 한다는 점에서 실재인의 인장위조와 크게 다르지 않으므로 본죄의 성립을 인정하는 견해가 타당하다.

부정사용이란 인장 등을 권한 없는 자가 사용하거나 권한 있는 자가 그 권한을 남용하여 사용하는 것을 말한다. 부정사용은 진정하게 만들어진 인장을 부정하게 사용하는 것이라는 점에서 부진정한 인장 자체를 만드는 위조와 구분된다.

③ 주관적 구성요건: 본죄는 목적범으로서 주관적 구성요건이 성립하기 위해서는 고의 이외에 '행사의 목적'이 있어야 한다.

[판례 2] 형법 제239조 제1항 소정의 인장위조죄는 그 명의인의 의사에 반하여 위법하게 행사할 목적이 인정되어야 하며, 타인의 인장을 조각할 당시에는 미처 그 명의인의 승낙을 얻지 아니하였다고 하더라도 인장을 조각하여 그 명의인의 승낙을 얻어 그 명의인의 문서를 작성하는 데 사용할 의도로 인장을 조각하였으나 그 명의인의 승낙을 얻지 못하여 이를 사용하지 아니하고 명의인에게 돌려 주었다면, 특별한 사정이 없는 한 행사의 목적이 있었다고 인정할 수 없다.272)

2. 위조·부정사용 사인등 행사죄

본죄에서 행사는 위조 또는 부정사용한 타인의 인장·서명 등을 진정한 것처럼 사용하는 것을 말한다. 여기서 사용은 타인이 인영을 열람할 수 있는 상태에 두는 것을 말하며, 인과를 타인에게 교부하는 것만으로는 행사에 해당하지 않는다.

예컨대 경매 등을 통해 피해자에게 위조된 사서명이 있는 이중섭의 위작 그림을 진품인 것처럼 제시한 경우 위조사서명행사죄가 성립한다.273)

[판례 3] 甲은 위조된 '학교법인 A 학원 이사장인' 이라는 직인 1개와 '계, A 학원' 이라는 계인1개를 그 위조된 정을 알면서 乙에게 교부하였다. 甲의 죄책은?

위조된 인과를 타인에게 교부한 행위가 위조인장행사에 해당하는지가 문제된다. 대법원은 "위조인장행사죄에 있어서 행사라 함은 위조된 인장을 진정한 인장인 것처럼 용법에 따라 사용하는 행위를 말한다 할 것이므로 위조된 인영을 타인에게 열람할 수 있는 상태에 두든지, 인과의 경우에는 날인하여 일반인이 열람할 수 있는 상태에 두면 그것으로 행사가

---

270) 박상기, 각론, 555면; 임웅, 각론, 745면; 정성근/박광민, 각론, 712면 이하.
271) 대법원 1984. 2. 28. 선고 82도2064 판결.
272) 대법원 1992. 10. 27. 선고 92도1578 판결.
273) 대법원 2017. 7. 18. 선고 2013도1843 판결.

되는 것이고, 위조된 인과 그 자체를 타인에게 교부하는 것만으로는 위조인장행사죄를 구성한다고는 할 수 없다"고 판시하였다.274)

[판례 4] 甲은 음주 및 무면허운전으로 경찰서에서 조사 받음에 있어 조카인 乙로 행세하며 조사를 받은 다음, 피의자신문조서에 위 乙의 이름을 기재하여, 그 정을 모르는 경찰관 A에게 교부하였다. 그런데 甲이 무인 및 간인을 하기 전에 그 경찰관 A가 십지지문 조회를 통하여 甲이 乙이 아니라는 사실이 발각되어 무인 및 간인을 하지는 못하였다. 甲의 죄책은?

甲은 피의자신문조서에 乙의 이름을 기재함으로써 타인의 서명을 진정한 것처럼 사용한 행위는 사서명위조죄에 해당한다. 문제는 甲이 피의자신문조서를 경찰관에게 제시하였으나 발각되어 서명무인을 하지 못한 경우에도 위조사서명행사죄가 성립하는가이다. 이 점에 대하여 대법원은 "어떤 문서에 권한 없는 자가 타인의 서명을 기재하는 경우에는 그 문서가 완성되기 전이라도 일반인으로서는 그 문서에 기재된 타인의 서명을 그 명의인의 진정한 서명으로 오신할 수도 있으므로, 일단 서명이 완성된 이상 문서가 완성되지 아니한 경우에도 서명의 위조죄는 성립할 수 있는 것이다"라고 판시하였다. 따라서 "甲이 乙의 서명을 기재하면 바로 그 서명은 경찰관 등이 열람할 수 있는 상태에 놓이게 되므로 위조사서명행사죄가 성립한다. 피의자신문조서가 완성되기 전에, 즉 甲의 무인, 간인이나 조사 경찰관 A의 서명날인 등이 완료되기 전에 그 서명이 위조된 사실이 발각된 사실은 사서명위조죄나 그 행사죄의 성립에 지장이 없다.275)

III. 공인등 위조·부정사용·행사죄

제238조 제1항(공인 등의 위조, 부정사용): 행사할 목적으로 공무원 또는 공무소의 인장, 서명, 기명 또는 기호를 위조 또는 부정사용한 자는 5년 이하의 징역에 처한다.
동조 제2항(행사): 위조 또는 부정사용한 공무원 또는 공무소의 인장, 서명, 기명 또는 기호를 행사한 자도 전항의 형과 같다.

본죄에서 부정사용은 사인등 부정사용죄에서 설명한 것과 마찬가지로 인장 등을 권한 없는 자가 사용하거나 권한 있는 자가 그 권한을 남용하여 사용하는 것을 말한다. 진정하게 만들어진 인장을 부정하게 사용하는 것이라는 점에서 부정사용한 타인의 인장·서명 등을 일반인이 열람할 수 있는 상태에 두는 행사와 구분된다.

---

274) 대법원 1984. 2. 28. 선고 84도90 판결.
275) 대법원 2005. 12. 23. 선고 2005도4478 판결.

[판례 5-1] 甲은 남원군청에 비치되어 있는 임산물 생산 확인용 철제극인을 인부 乙에게 주어 임야에서 허가량을 초과하여 벌채한 소나무 및 낙엽송 약 1,714주의 말구에 각 타기(打記)케 하고, 동 극인이 타기된 동 임목을 그곳에 적치한 후 반출케 하였다. 甲의 죄책은?

甲이 인부 乙을 이용하여 남원군청에 비치되어 있는 철제극인을 허가량을 초과하여 벌채한 벌목에 타기케 한 행위는 권한을 남용하여 공기호를 부정사용한 행위로서 공기호부정사용죄에 해당한다.

문제는 그 극인이 타기된 벌목을 그곳에 적치하거나 반출한 행위가 부정사용공기호행사죄에 해당하는가이다. 이 점에 대하여 대법원은 "형법 제238조 제2항에 규정된 부정사용된 공기호의 행사죄는 위조 변조문서의 행사와 같이 부정사용된 공기호를 이를 진정한 것으로 임의로 공범자 이외의 자에게 보이는 등 사용하는 행위를 말하는 것이니 이는 타인에 대한 외부적 행위라고 할 것이다"라고 판단하고, 이를 이유로 부정사용된 공기호 그 자체를 타인에게 제시하는 등 사실 없이 극인이 타기 된 소나무 등을 산판에 적치하였거나 반출한 것만으로는 공기호행사죄가 성립하지 않는다고 보았다.276)

[판례 5-2] 甲은 삼성렌트카 영업소로부터 빌린 뉴그랜져 승용차의 앞·뒤 번호판을 떼어낸 다음 이미 절취하여 가지고 있던 스텔라 승용차의 앞·뒤 번호판을 위 뉴그랜져 승용차에 부착하고 뉴그랜져 승용차를 운전하여 운행하였다. 甲의 죄책은?

(1) 절취한 자동차번호판을 승용차에 부착한 행위

甲이 절취한 자동차번호판을 승용차에 부착한 행위는 공기호부정사용죄(제238조 제1항)와 자동차등록번호판의 부정사용(자동차관리법 제78조, 제71조)277)에 해당한다.278) 후자는 전자에 대하여 특별관계에 있으므로 자동차등록번호판의 부정사용죄만 성립한다.

(2) 절취한 자동차번호판이 부착된 승용차를 운전한 행위

문제는 그 차를 운행한 행위가 부정사용공기호행사죄에 해당하는가이다. 이 점에 대하여 대법원은 "자동차등록번호판의 용법에 따른 사용행위인 행사라 함은 이를 자동차에 부착하여 운행함으로써 일반인으로 하여금 자동차의 동일성에 관한 오인을 불러일으킬 수 있는 상태, 즉 그것이 부착된 자동차를 운행함을 의미한다고 할 것이고 그 운행과는 별도로 부정사용한 자동차등록번호판을 타인에게 제시하는 등 행위가 있어야 그 행사죄가 성립한다고 볼 수 없다"고 보았다. 따라서 甲에 대하여는 자동차등록번호판부정사용죄(자동차관리법 제71조 및

---

276) 대법원 1981. 12. 22. 선고 80도1472 판결.
277) 자동차관리법 제78조(벌칙) 다음 각 호의 어느 하나에 해당하는 자는 10년 이하의 징역 또는 1억원 이하의 벌금에 처한다.
  2. 제71조제1항을 위반하여 자동차등록증 등을 위조·변조한 자 또는 부정사용한 자와 위조·변조 된 것을 매매, 매매 알선, 수수 또는 사용한 자
278) 대법원 2006. 9. 28. 선고 2006도5233 판결.

78조) 및 부정사용공기호행사죄(형법 제283조 제2항)가 성립한다.279)
대법원은 (판례 5-1)에서는 행사가 '타인에 대한 외부적 행위'이므로, 부정사용된 공기호 그 자체를 타인에게 제시하는 행위가 없으면 본죄의 성립을 부정한다. 이에 대하여 (판례 5-2)에서는 행사가 부정사용한 자동차등록번호판(공기호)이 부착된 자동차를 운행함을 의미하며, 그 운행과는 별도로 그 번호판을 타인에게 제시하는 등 행위가 있을 것을 요하지 않는다고 보았다.

[판례 6] 甲, 乙이 쏘나타 승용차를 절취하여 그 승용차의 번호판을 떼어낸 후 미리 절취하여 소지하고 있던 포텐샤 승용차의 번호판을 임의로 부착하여 운행한 경우 甲의 죄책은?

대법원280)은 甲, 乙이 합동하여 쏘나타 승용차를 절취한 행위는 특수절도죄(제331조 제2항)에, 자동차등록번호판을 떼어낸 행위는 자동차관리법 제81조 제1호, 제10조 제2항에, 포텐샤 승용차의 번호판을 쏘나타 승용차에 부착한 행위는 공기호부정사용죄(제238조 제1항)에, 번호판을 부정사용한 자동차를 운행한 행위는 부정사용공기호행사죄(제238조 제2항, 제1항)에 해당한다고 보았다. 그리고 "자동차를 절취한 후 자동차등록번호판을 떼어내는 행위는 새로운 법익의 침해로 보아야 하므로 위와 같은 번호판을 떼어내는 행위가 절도범행의 불가벌적 사후행위"가 되는 것은 아니라고 보았다. 따라서 앞에서 성립한 범죄들은 실체적 경합관계에 있다.

[판례 7] 甲은 A로부터 크레인 화물차량(이하 '이 사건 화물차량'이라고 한다)의 수리를 의뢰받고 甲 운영의 자동차공업사로 견인하여 오던 중 이 사건 화물차량의 등록번호판을 분실하였다. A는 이 사건 화물차량이 프레임이 부러져 이동은 불가능하지만 고정된 장소에서 크레인 용도로는 사용이 가능하므로 창고에서 지게차 대용으로 고정해 놓고 쓰기로 하였다. A는 이러한 경우에도 등록번호판이 있어야 한다고 판단하여 甲에게 등록번호판을 찾아서 다시 부착하여 달라고 요구하였다. 甲은 분실한 등록번호판을 찾지 못하자 자신이 운영하는 공업사 내에 보관 중이던 다른 차량의 등록번호판을 떼어 내 그 위에 흰색 페인트를 칠한 다음 검은색 페인트로 이 사건 화물차량의 차량번호를 기재한 다음 이 사건 화물차량의 뒷부분에 부착하였다. 甲의 죄책은?

甲이 다른 차량의 등록번호판을 떼어 낸 행위는 자동차관리법 제81조, 제10조 제2항에 해당한다. 문제는 甲이 다른 차량의 등록번호판 위에 흰색 페인트를 칠한 다음 검은색 페인트로 이 사건 화물차량의 차량번호를 기재한 행위가 공기호위조죄에 해당하는가이다.
1. 위조
대법원281)은 검은 페인트로 차량번호를 기재한 행위가 "정교한 수준에 이르지 못하였더라

---
279) 대법원 1997. 7. 8. 선고 96도3319 판결.
280) 대법원 2007. 9. 6. 선고 2007도4739 판결.

도 실제 자동차등록번호판과 모양, 크기, 글자의 배열 등이 유사하여 일반인으로 하여금 진정한 번호판으로 오신하게 할 염려"가 있으므로 위조에 해당한다고 판단하였다.
2. 행사할 목적
대법원은 甲이 "위조한 자동차등록번호판을 이 사건 화물차량에 부착하여 이 사건 화물차량을 甲이 운영하는 작업장에서 다른 장소로 이동시키거나 이 사건 화물차량의 실제 소유자인 A가 이를 인수받아 그 용법에 따라 사용"하는 것을 전제로 자동차등록번호판을 위조한 경우에도 행사할 목적이 인정된다고 보았다. 대법원은 크레인이 화물을 들어 올려 운반하는 기능을 하므로 이를 고정시켜 놓고 지게차 대용으로 사용하는 것도 그 용법에 따라 사용하는 것이므로 화물차량의 운행이 불가능한 상태에 있었더라도 행사할 목적을 인정한 것으로 보인다.
3. 甲이 위조한 등록번호판을 이 사건 화물차량의 뒷부분에 부착한 행위는 위조공기호행사죄(제238조 제2항, 제1항)에 해당한다.

---

281) 대법원 2016. 4. 29. 선고 2015도1413 판결.

제3장 공중의 건강에 대한 죄

제1절 먹는 물에 관한 죄

I. 서론

① **의의**: 먹는 물에 관한 죄는 먹는 물로 사용되는 물 또는 그 수원에 오물 또는 독물 기타 유해물을 혼입하거나, 먹는 물을 공급하는 수도 기타 시설을 손괴 기타 방법으로 불통하게 하게하여, 공중의 먹는 물의 이용과 그 안정을 위태롭게 하는 것을 내용으로 하는 범죄이다.

② **보호법익**: 보호법익은 공중의 건강이며 보호의 정도는 추상적 위험범이다. 따라서 본죄의 성립을 위하여 실제로 공중의 건강이 침해될 것을 요하지 않는다.

II. 먹는 물의 사용방해죄

> **제192조(먹는 물의 사용방해)** ① 일상생활에서 먹는 물로 사용되는 물에 오물을 넣어 먹는 물로 쓰지 못하게 한 자는 1년 이하의 징역 또는 500만원 이하의 벌금에 처한다.

① **객체**: 본죄의 객체는 일상에서 먹는 물로 사용(일상음용에 공)하는 물이다. '먹는 물로 사용되는 물'이란 사람이 먹기에 적합한 정도의 물을 말한다. 먹는 물로 사용되지 않고 공업용 등 다른 용도로 사용되더라도 먹기에 적합한 이상 정수에 해당한다.

'일상생활에서 먹는 물로 사용'한다는 말은 불특정 또는 다수인이 계속적·반복적으로 사용한다는 의미이다. 여기서 다수인은 특정소수인만 아니면 족하다. 따라서 일가족이 먹는 물로 사용하는 물도 본죄의 객체가 될 수 있다. 그러나 본죄는 공공위험범이므로 범죄의 성격상 특정인이 마시기 위하여 잔에 부은 먹는 물 본죄의 객체가 되지 않는다. 본죄의 보호법익은 사회적 법익이므로 먹는 물의 소유자가 행위자인 경우에도 본죄가 성립할 수 있다.

② **행위**: 본죄의 행위는 오물을 혼입하여 먹는 물로 쓰지(음용하지) 못하게 하는 것이다. 여기서 오물은 제192조 제2항에 규정된 유해물 이외의 물질을 말한다. 음용하지 못하게 된 이유는 물리적이든 심리적이든 불문한다. 먹는 물로 사용하는 것이 생리적으로 가능하더라도 불쾌감으로 인하여 먹는 물로 사용할 수 없다면 본죄가 성립한다.

III. 먹는 물 유해물혼입해죄

> **제192조** ② 제1항의 먹는 물에 독물이나 그 밖에 건강을 해하는 물질을 넣은 사람은 10년 이하의 징역에 처한다.

본죄는 먹는 물의 사용방해죄의 가중적 구성요건이다. 유해물을 넣는 행위가 단순히 오물을 혼입하는 행위보다 공중의 건강에 대한 위험성이 크므로 가중처벌되는 것이다. '독물'이란 소량으로도 화학적 작용에 의하여 인간의 건강을 해하는 물질(예컨대 청산가리)을 말한다. '기타 건강을 해할 물건'이란 독물 이외의 유해물(예컨대 세균)을 말한다.

IV. 수돗물의 사용방해죄

> **제193조(수돗물의 사용방해)** ① 수도를 통해 공중이 먹는 물로 사용하는 물 또는 그 수원(水源)에 오물을 넣어 먹는 물로 쓰지 못하게 한 자는 1년 이상 10년 이하의 징역에 처한다.

본죄는 먹는 물의 사용방해죄의 가중적 구성요건이다. 수돗물에 오물을 혼입하는 경우 위험성의 범위가 먹는 물의 사용방해죄의 경우보다 넓으므로 가중처벌되는 것이다.

본죄의 객체는 '수도를 통해 공중이 먹는 물로 사용하는 물 또는 그 수원'이다. 먹는 물의 사용방해죄의 객체가 '일상생활에서 먹는 물로 사용되는 물'이라는 점에서 본죄의 객체와 차이가 있다. '공중'이란 불특정 또는 다수인을 말한다. 여기서 다수인은 '상당한 다수인'일 것을 요한다. 따라서 일가족만 사용하는 전용수도는 여기에 해당하지 않는다. 이에 대하여 '일상생활에서 먹는 물'에서 말하는 다수인은 '어느 정도 다수 사람'을 의미한다는 점에서 차이가 있다.

'수원'은 공중에게 공급하기 위한 수도에 들어오기 전의 물을 말한다. 예컨대 저수지의 물이나 저수장에 흘러 들어가는 수류가 여기에 해당한다.

V. 수돗물 유해물혼입해죄

> **제193조** ② 제1항의 먹는 물 또는 수원에 독물 그 밖에 건강을 해하는 물질을 넣은 자는 2년 이상의 유기징역에 처한다.

본죄는 수돗물 사용방해죄의 가중적 구성요건이다. 먹는 물 유해물혼입죄가 먹는 물의 사용방해죄의 가중적 구성요건인 것과 같다.

VI. 먹는 물 혼독치사상죄

> 제194조(먹는 물 혼독치사상) 제192조제2항 또는 제193조제2항의 죄를 지어 사람을 상해에 이르게 한 경우에는 무기 또는 3년 이상의 징역에 처한다. 사망에 이르게 한 경우에는 무기 또는 5년 이상의 징역에 처한다.

본죄는 먹는 물 유해물혼입죄와 수돗물 유해물혼입죄의 결과적 가중범이다. 먹는 물 혼독치사죄는 진정결과적 가중범이지만, 먹는 물 혼독치상죄는 부진정결과적 가중범이다.[1] 따라서 사망에 대하여 고의가 있는 경우에는 먹는 물 혼독치사죄가 성립하는 것이 아니라 살인죄와 먹는 물 유해물혼입죄가 성립한다. 이에 대하여 상해에 고의가 있는 경우에는 먹는 물 혼독치상죄가 성립한다.

VII. 수도불통죄

> 제195조(수도불통) 공중이 먹는 물을 공급하는 수도 그 밖의 시설을 손괴하거나 그 밖의 방법으로 불통하게 한 자는 1년 이상 10년 이하의 징역에 처한다.

본죄는 공중의 먹는 물을 공급하는 수도 그 밖의 시설을 손괴 기타 방법으로 불통하게 함으로써 성립하는 범죄이다. 본죄는 먹는 물의 사용을 방해한다는 점에서 먹는 물 사용방해죄와 같지만, 전자는 수도 기타 시설을 손괴 등의 방법으로 불통하게 하는 것인데 대하여, 후자는 먹는 물이나 수원에 오물이나 유해물을 혼입하는 것이라는 점에서 객체와 행위태양을 달리한다. 따라서 양죄는 서로 독립된 범죄로 보아야 한다.[2]

① **객체**: 본죄의 객체는 '공중이 먹는 물을 공급하는 수도 그 밖의 시설'이다. 공설수도이든 사설수도이든 불문한다.[3] '그 밖의 시설'은 공중이 먹는 물을 공급하는 시설로서 수도 이외의 것(예컨대 우물)을 말한다.

---

1) 부진정결과적 가중범에 대하여는 원형식, 총론, 309면 참조.
2) 김일수/서보학, 각론, 615면; 오영근, 각론, 675면. 이에 대하여 다수설(배종대, 각론, 756면; 정성근/박광민, 각론, 723면)은 본죄를 음용수사용방해죄의 가중적 구성요건으로 본다.
3) 대법원 1977. 11. 22. 선고 77도103 판결.

[판례 1] 주민들이 시당국의 허가를 받는 등의 소정의 절차를 이행하지 않고 임의로 하천수를 막아서 이를 음료수에 사용하는 경우 수도 기타 시설물이 수도불통죄의 객체가 되는가? 판례는 "수도불통의 법익이 공중의 위생을 보호하는데 있다는 점에 입각하면 동 수도가 시당국의 허가유무는 하등 본죄구성 여하에 관계가 없을 것"이며, "비록 절차를 밟지 아니한 수도라 할지라도 그것이 현실로 공중생활에 필요한 음용수를 공급하고있는 시설로 되어있는 이상 당해시설을 불법하게 손괴하여서 수도를 불통케 하였을 때에는 수도불통으로 봄이 타당"하다고 판시하였다.[4]

② 행위: 본죄의 행위는 '손괴 기타 방법으로 불통'하게 하는 것이다. 여기서 불통이란 먹는 물의 공급이 불가능하게 하는 것을 말한다. 그 정도에 이르지 않은 때에는 본죄의 미수범이 성립한다.

③ 위법성: 사설수도를 설치한 시장 번영회가 수도요금을 체납한 회원에 대하여 사전 경고까지 하고 한 단수행위에는 위법성이 있다고 볼 수 없다.[5]

제196조(미수범): 제192조 제2항, 제193조 제2항과 전조의 미수범은 처벌한다.

제197조(예비, 음모): 제192조 제2항, 제193조 제2항 또는 제195조의 죄를 범할 목적으로 예비 또는 음모한 자는 2년 이하의 징역에 처한다.

제2절 아편에 관한 죄

I. 서론

① **의의 및 보호법익**: 아편에 관한 죄는 아편을 흡식하거나, 아편 또는 아편흡식기구를 제조·수입·판매·소지하는 것을 내용으로 하는 범죄이다. 아편은 강한 습관성과 중독성으로 인하여 사람의 건강을 해할 위험이 크다. 따라서 형법은 국민의 건강을 보호하기 위하여 아편에 관한 죄를 처벌하는 것이다. 본죄의 보호법익은 국민건강이며 보호의 정도는 추상적 위험범이다.

② **구성요건의 체계**: 다수설은 아편흡식죄(제201조 제1항)를 기본적 구성요건으로 보고, 동장소제공제(동조 제2항)를 아편흡식죄의 방조를 특별히 규정한 것이라고 한다. 그리고 아편제조죄(제198조)와 아편흡식기제조죄(19조)는 불법가중적 구성요건으로, 세관공무원의 아편등 수입죄(제200조)와 상습범(제203조)은 책임가중적 구성요건

---

4) 대법원 1957. 2. 1. 선고 4289형상317 판결.
5) 대법원 1977. 11. 22. 선고 77도103 판결.

이라고 한다. 아편등 소지죄는 아편흡식죄의 예비행위를 독립하여 규정한 것으로서 감경적 구성요건이라고 한다.6)

가중적 구성요건은 기본적 구성요건에 형벌가중요소가 추가된 것을 말하므로 기본적 구성요건의 불법내용을 포함하는 것이어야 한다. 그런데 아편제조죄의 행위양태를 보면 아편흡식죄의 불법보다 중하다는 점은 인정되지만 이를 모두 포함하지 있지는 않기 때문에 아편흡식죄의 가중적 구성요건으로 보기는 어렵다. 따라서 양죄는 서로 독립된 구성요건이라고 보는 견해7)가 타당하다.

③ **특별법**: 아편에 관한 죄의 특별법으로서 마약류관리에 관한 법률이 있다. 이 법률은 마약류, 즉 마약, 향정신성의약품, 대마 등을 대상으로 하고 있으며, 법정형이 형법보다 중하다. 따라서 실무에서는 본법이 주로 적용되며, 형법에 규정되어 있는 마약에 관한 죄가 적용되는 경우는 거의 없다. 그리고 마약류관리에 관한 법률 제58조 내지 제60조에 규정된 마약류범죄를 업으로 행한 경우, 즉 영리목적 마약류범죄에 대하여는 마약류 불법거래 방지에 관한 특례법 제6조가 적용되어 가중처벌된다.

II. 아편·몰핀의 제조·수입·판매·판매목적소지죄

> **제198조(아편등의 제조등)**: 아편, 몰핀 또는 그 화합물을 제조, 수입 또는 판매하거나 판매할 목적으로 소지한 자는 10년 이하의 징역에 처한다.

① **객체**: 아편이란 양귀비의 액즙이 응결된 것을 말하며, 몰핀은 아편을 가공한 것을 말한다.8)

② **주관적 구성요건**: 판매목적소지죄는 주관적 구성요건으로서 고의 외에 판매목적을 요한다는 점에서 목적범이다. 소지한 판매목적이 없는 경우, 예컨대 흡식목적으로 아편을 소지한 경우에는 아편등소지죄(제205조)가 성립한다.

III. 아편흡식기의 제조·수입·판매·판매목적소지죄

> **제199조(아편흡식기의 제조등)**: 아편을 흡식하는 기구를 제조, 수입 또는 판매하거나 판매할 목적으로 소지한 자는 5년 이하의 징역에 처한다.

---

6) 김일수/서보학, 각론, 617면; 배종대, 각론, 758면; 임웅, 각론, 760면; 정성근/박광민, 각론, 725면.
7) 김일수/서보학, 각론, 617면.
8) 마약류관리에 관한 법률 제2조 제3호 나목은 아편을 '양귀비의 액즙이 응결된 것과 이를 가공한 것'이라고 정의하고 있으므로 아편은 몰핀을 포함하는 개념이다.

아편흡식기는 아편흡식을 위하여 특별히 제조된 기구를 말한다. 주사기는 아편흡식을 목적으로 특별히 제조된 것은 아니므로 아편흡식기에 해당하지 않는다.

IV. 세관공무원의 아편등의 수입·수입허용죄

> **제200조(세관공무원의 아편등의 수입)**: 세관의 공무원이 아편, 몰핀이나 그 화합물을 또는 아편흡식기구를 수입하거나 그 수입을 허용한 때에는 1년 이상의 유기징역에 처한다.

① 주체: 세관공무원의 아편등의 수입죄는 아편등의 수입죄(제198조)와 아편흡식기수입죄(제199조)의 가중적 구성요건으로서 신분관계로 인하여 형이 가중되는 부진정신분범이다(통설). 세관공무원의 아편등의 수입허용죄에 대하여는 진정신분범이라는 견해9)와 부진정신분범이라는 견해10)가 있다. 수입허용죄는 세관공무원의 수입방조행위를 가중처벌하는 것이므로 부진정신분범으로 보는 견해가 타당하다.

② 공범규정의 적용여부: 본죄는 필요적 공범(집합범)으로서 내부참가자의 처벌은 각칙본조에 의하므로 형법총칙의 공범에 관한 규정(제30조 이하)은 적용되지 않는다.11) 따라서 세관공무원의 허용을 받아 수입한 자에 대하여는 각칙본조(제198조 또는 제199조)가 적용되며, 수입허용죄의 공범이 성립하는 것은 아니다.

V. 아편흡식·몰핀주사죄 및 동장소제공죄

> **제201조 제1항(아편흡식등, 동장소제공)**: 아편을 흡식하거나 몰핀을 주사한 자는 5년 이하의 징역에 처한다.
> **동조 제2항(동장소제공)**: 아편흡식 또는 몰핀 주사의 장소를 제공하여 이익을 취한 자도 전항의 형과 같다.

동장소제공죄는 아편흡식·몰핀주사죄의 방조행위이지만 아편흡식·몰핀주사죄만큼 위험하다는 점을 고려하면 불법내용면에서 차이가 없으므로 독립된 구성요건으로 규정한 것이다. 본죄는 현실적인 이익을 취한 경우에 기수가 된다. 이익취득의 고의 없이 장소만 제공한 경우에는 아편흡식죄의 방조범만 성립한다.12)

---

9) 오영근, 각론, 685면.
10) 다수설: 김일수/서보학, 각론, 622면; 박상기, 각론, 567면; 배종대, 각론, 760면.
11) 원형식, 총론, 393면.
12) 김일수/서보학, 각론, 625면.

> **제202조(미수범)**: 전4조의 미수범은 처벌한다.
>
> **제203조(상습범)**: 상습으로 전5조의 죄를 범한 때에는 각조에 정한 형의 2분의 1까지 가중한다.

VI. 아편등소지죄

> **제205조(아편등의 소지)**: 아편, 몰핀이나 그 화합물 또는 아편흡식기구를 소지한 자는 1년 이하의 징역 또는 500만원 이하의 벌금에 처한다.

본죄는 판매목적 없이 단순소지한 경우에 성립한다. 판매목적이 있는 경우에는 판매목적소지죄(제198조, 제199조)가 성립한다. 아편흡식을 위하여 일시 소지한 행위는 아편흡식에 통상 수반되는 불가벌적 수반행위로서 아편흡식죄에 흡수된다. 그러나 판매목적으로 아편을 소지하다가 이를 흡식하였다면 판매목적 소지죄와 아편흡식죄의 실체적 경합이 성립한다.[13]

---

13) 김일수/서보학, 각론, 604면.

제4장 사회의 도덕에 대한 죄

제1절 성풍속에 관한 죄

I. 서론

1. 의의 및 종류

성풍속에 관한 죄는 성도덕, 즉 건전한 성풍속을 보호하기 위한 범죄로서 간음매개죄(제242조), 음란물죄(제243조, 제244조), 공연음란죄(제245조) 등의 범죄를 말한다. 본죄는 사회의 도덕에 대한 죄라는 점에서 개인의 성적 자유를 침해하는 강간죄나 강제추행죄와 성격상 차이가 있다.

2. 보호법익

본죄의 보호법익은 건전한 성풍속이다. 음란물죄의 보호법익은 건전한 성풍속이며, 음행매개죄의 주된 보호법익은 건전한 성풍속이고 부수적인 보호법익은 피음행매개자의 성적 자유이다.

II. 음행매개죄

제242조(음행매개): 영리의 목적으로 미성년 또는 음행의 상습 없는 부녀를 매개하여 간음하게 한 자는 3년 이하의 징역 또는 1천500만원 이하의 벌금에 처한다.
성매매알선 등 행위의 처벌에 관한 법률 제19조 제1항: 다음 각호의 어느 하나에 해당하는 자는 3년 이하의 징역 또는 3천만원 이하의 벌금에 처한다.
1. 성매매알선등 행위를 한 자

동조 제2항: 다음 각호의 어느 하나에 해당하는 자는 7년 이하의 징역 또는 7천만원 이하의 벌금에 처한다.
1. 영업으로 성매매알선등 행위를 한 자
아동복지법 제17조(금지행위): 누구든지 다음 각 호의 어느 하나에 해당하는 행위를 하여서는 아니 된다.
2. 아동에게 음란한 행위를 시키거나 이를 매개하는 행위 또는 아동에게 성적 수치심을 주는 성희롱 등의 성적 학대행위
아동복지법 제71조(벌칙): ① 제17조를 위반한 자는 다음 각 호의 구분에 따라 처벌한다.

1의 2. 제2호에 해당하는 행위를 한 자는 10년 이하의 징역 또는 5천만원 이하의 벌금에 처한다.
아동·청소년의 성보호에 관한 법률 제15조(알선영업행위 등) ① 다음 각 호의 어느 하나에 해당하는 자는 7년 이상의 유기징역에 처한다.
2. 아동·청소년의 성을 사는 행위를 알선하거나 정보통신망에서 알선정보를 제공하는 행위를 업으로 하는 자

1. 의의

음행매개죄는 영리의 목적으로 미성년 또는 음행의 상습 없는 부녀를 매개하여 간음하게 하는 것을 내용으로 하는 범죄이다. 성매매알선행위에 대하여는 성매매알선 등 행위의 처벌에 관한 법률 제19조가 적용되며, 청소년(19세 미만의 자)의 성을 사는 행위를 알선한 행위에 대하여는 아동·청소년의 성보호에 관한 법률 제15조 제1항 제2호가 적용되며, 아동(18세 미만)에게 음행을 시키거나 음행을 매개하는 행위에 대하여는 아동복지법 제71조 제1항 1의2 및 제17조 제2호가 적용된다. 따라서 사실상 음행매개죄가 적용될 여지는 거의 없다.

2. 성립요건

① **객체**: 본죄의 객체는 미성년 또는 음행의 상습 없는 부녀이다. 13세 미만의 미성년자에게 음행을 시키거나 음행을 매개한 자에 대하여는 아동복지법 제71조 제1항 1의2 및 제17조 제2호 외에도 의제강간죄의 공범이 성립하며 양죄는 상상적 경합관계에 있다.[1] 음행매개행위에 대하여는 '음행의 상습 없는 부녀'인가의 여하를 불문하고 성매매알선 등 행위의 처벌에 관한 법률 제19조가 우선적으로 적용되므로 음행의 상습성에 대한 논의는 실익이 거의 없는 것으로 보인다.

② **행위**: 본죄의 행위는 부녀를 매개하여 간음케 하는 것이다. 여기서 매개는 부녀를 간음에 이르도록 알선하는 행위를 말한다.

③ **주관적 구성요건**: 본죄는 목적범으로서 주관적 구성요건이 성립하기 위해서는 고의 이외에도 '영리의 목적'이 있을 것을 요한다.

---

[1] 임웅, 각론, 779면. 이에 대하여 의제강간죄의 공범만 성립하며, 음행매개죄는 성립하지 않는다는 반대견해(김일수/서보학, 각론, 636면; 배종대, 각론, 771면; 오영근, 각론, 801면)가 있다.

III. 음란물죄

음화등 반포·판매·임대·공연전시·상영죄와 음화 등 제조·소지·수입·수출죄를 총괄하여 음란물죄라고 한다. 음란물죄와 공연음란죄의 보호법익은 '건전한 성도덕'이다.

1. 음화등 반포·판매·임대·공연전시·상영죄

> 제243조(음화반포등): 음란한 문서, 도화, 필름 기타 물건을 반포, 판매 또는 임대하거나 공연히 전시 또는 상영한 자는 1년 이하의 징역 또는 500만원 이하의 벌금에 처한다.

(1) 객체

본죄의 객체는 음란한 문서, 도화, 필름 기타 물건이다.[2] 컴퓨터 프로그램파일은 본죄의 객체에 해당하지 않는다. 따라서 음란한 영상화면을 수록한 컴퓨터 프로그램파일을 컴퓨터 통신망을 통하여 전송하는 방법으로 판매한 행위는 음화판매죄에는 해당하지 않으며,[3] 다만 정보통신망 이용촉진 및 정보보호 등에 관한 법률 제74조 제1항 제2호[4] 위반죄에 해당한다.

음란성이란 "보통인의 성욕을 자극하여 성적 흥분을 유발하고 정상적인 성적 수치심을 해하여 성적 도의관념에 반하는 것"[5]을 말한다. '음란성'은 규범적 구성요건요소로서 사실인식만으로는 그 의미를 이해할 수 없으며, 가치판단을 통한 해석이 있어야 비로소 그 의미를 이해할 수 있는 규범적인 개념이다. 따라서 음란성에 대한 판단은 사실판단이 아니라 규범적 판단(법적 판단)이라고 할 수 있다.[6] 음란성은 ① 객관적으로 ② 사회통념에 따라 ③ 전체적 고찰방법에 의하여 판단한다.

---

[2] 아동·청소년의 성보호에 관한 법률 제11조(아동·청소년성착취물의 제작·배포 등)는 19세 미만의 아동·청소년성착취물을 제작, 배포, 전시하는 행위는 물론이고 이를 소지·시청한 자도 처벌한다.
[3] 대법원 1999. 2. 24. 선고 98도3140 판결.
[4] 정보통신망 이용촉진 및 정보보호 등에 관한 법률 제74조 (벌칙) ① 다음 각 호의 어느 하나에 해당하는 자는 1년 이하의 징역 또는 1천만원 이하의 벌금에 처한다.
   1. 생략
   2. 제44조의7 제1항 제1호를 위반하여 음란한 부호·문언·음향·화상 또는 영상을 배포·판매·임대하거나 공공연하게 전시한 자
[5] 대법원 1995. 6. 16. 선고 94도1758 판결; 대법원 1997. 8. 22. 선고 97도937 판결; 대법원 2000. 10. 27. 선고 98도679 판결; 대법원 2002. 8. 23. 선고 2002도2889 판결; 대법원 2005. 7. 22. 선고, 2003도2911 판결; 대법원 2006. 1. 13. 선고, 2005도1264 판결. 다수설(박상기, 각론, 579면; 배종대, 각론, 777면; 오영근, 각론, 804면)의 입장도 같다.
[6] 대법원 2008. 3. 13. 선고 2006도3558 판결; 2008. 6. 12. 선고 2007도3815 판결.

(가) 음란성의 판단기준

① 객관적으로 판단한다. 여기서 '객관적'이란 법관의 개인적 정서나 표현물 제작자의 주관적 의도와 관계없이 '그 사회의 평균인의 입장'에서 판단한다는 의미이다.[7]

② 사회통념에 따라 판단한다. 음란성의 개념은 사회와 시대적 변화에 따라 변동하는 상대적·유동적인 것이고, 그 사회의 풍속·윤리·종교 등과도 밀접한 관계를 가지는 추상적인 것이므로 구체적인 판단에 있어서는 사회통념에 따라 판단하여야 한다.[8]

③ '전체적 고찰방법'에 의한다. 즉 표현물의 문제된 부분만을 따로 분리하여 판단하지 말고 전체적 내용의 흐름을 종합적으로 고찰하여 판단하여야 한다. 대법원도 "당해 표현물의 성에 관한 노골적이고 상세한 묘사·서술의 정도와 그 수법, 묘사·서술이 그 표현물 전체에서 차지하는 비중, 거기에 표현된 사상 등과 묘사·서술의 관련성, 표현물의 구성이나 전개 또는 예술성·사상성 등에 의한 성적 자극의 완화 정도" 등의 관점에서 당해 표현물을 전체적으로 고찰하여 음란성의 여부를 판단한다.

> [판례 4-1] 음란성을 부정한 판례
> 일본 성인영화의 판권을 소유하는 A주식회사의 대표 甲은 인터넷 포털사이트의 VOD관에 성인영화의 동영상을 제공하여 VOD관 이용자로 하여금 회원가입절차 또는 성인인증절차를 거쳐 이를 볼 수 있도록 하였는데, 이 사건 동영상은 각기 다른 시간적, 장소적 배경 및 다양한 직업을 가진 주인공을 등장시켜 남녀 간의 성교장면 등을 옴니버스 형식으로 편집한 것으로서, 남녀 성기나 음모의 직접적인 노출은 없지만 여자의 가슴을 애무하거나 팬티 위로 성기를 자극하는 장면을 클로즈업하여 보여주는 것이 대부분이다. 그런데 동영상은 DVD용 또는 VHS 비디오용으로 이미 영상물등급위원회에서 18세관람가로 등급분류를 받은 것이다. 甲의 행위가 (구) 정보통신망 이용촉진 및 정보보호 등에 관한 법률 제65조 제1항 제2호[9]의 음란물유포에 해당하는가?

이 사례에서 문제되는 것은 ① '음란'의 개념과 ② 판단주체이다. 이 점에 대한 대법원의 견해를 보면 다음과 같다.

① '음란'의 개념

대법원[10]은 '음란성'에 대하여 다음과 같이 정의한다. "음란이라 함은 사회통념상 일반 보통인의 성욕을 자극하여 성적 흥분을 유발하고 정상적인 성적 수치심을 해하여 성적 도의관념에 반하는 것으로서, 표현물을 전체적으로 관찰·평가해 볼 때 단순히 저속하다거나 문란한 느낌을 준다는 정도를 넘어서 존중·보호되어야 할 인격을 갖춘 존재인 사람의 존

---

7) 김일수/서보학, 각론, 641면은 음란성을 판단함에 있어서는 보통인의 정서뿐만이 아니라 "예술적 감수성과 이해력을 지닌 전문가의 판단·감정을 존중"하여야 한다고 한다.
8) 대법원 1995. 2. 10. 선고 94도2266 판결; 대법원 2008. 3. 13. 선고 2006도3558 판결.
9) 현행 정보통신망 이용촉진 및 정보보호 등에 관한 법률 제74조(벌칙) 제1항 제2호.
10) 대법원 2008. 3. 13. 선고 2006도3558 판결.

엄성과 가치를 심각하게 훼손·왜곡하였다고 평가할 수 있을 정도로, 노골적인 방법에 의하여 성적 부위나 행위를 적나라하게 표현 또는 묘사한 것으로서, 사회통념에 비추어 전적으로 또는 지배적으로 성적 흥가치를 지니지 아니하는 것을 뜻한다."
② '음란'의 판단주체
이 동영상이 영미에만 호소하고 하등의 문학적·예술적·사상적·과학적·의학적·교육적 상물등급위원회에서 18세 관람가로 등급분류를 받았는데, 이 판단이 법원의 판단에 어떠한 영향을 미치는 있지가 문제된다. 이 점에 대하여 대법원은 음란개념은 "일정한 가치판단에 기초하여 정립할 수 있는 규범적인 개념이므로, '음란'이라는 개념을 정립하는 것은 물론 구체적인 표현물의 음란성 여부도 종국적으로는 법원이 이를 판단하여야 한다"고 함으로써 음란성에 대한 종국적 판단은 법원이 한다는 점을 분명히 하였다.
이어서 "영상물등급위원회의 등급분류는 관람자의 연령을 고려하여 영화나 비디오물 등의 시청등급을 분류하는 것일 뿐 그 음란성 여부에 대하여 심사하여 판단하는 것이 아니므로, 법원이 영화나 비디오물 등의 음란성 여부를 판단하는 과정에서 영상물등급위원회의 등급분류를 참작사유로 삼을 수는 있겠지만, 영상물등급위원회에서 18세 관람가로 등급분류 하였다는 사정만으로 그 영화나 비디오물 등의 음란성이 당연히 부정된다거나 영상물등급위원회의 판단에 법원이 기속된다고 볼 수는 없다"고 판단하였다.
④ 결론
대법원은 이 사례에서 동영상의 음란성에 대하여 "동영상들은 전체적으로 관찰·평가해 볼 때 그 내용이 상당히 저속하고 문란한 느낌을 주는 것은 사실이라고 할지라도, 이를 넘어서서 형사법상 규제의 대상으로 삼을 만큼 사람의 존엄성과 가치를 심각하게 훼손·왜곡하였다고 평가할 수 있을 정도로 노골적인 방법에 의하여 성적 부위나 행위를 적나라하게 표현 또는 묘사한 것이라고 단정할 수는 없다"는 이유로 이를 부정하였다. 대법원은 표현물이 저속하다는 점 이외에 사람의 존엄성과 가치를 심각하게 훼손하였는가를 고려하여 음란성을 판단하고 있다.

[판례 4-2] 음란성을 긍정한 판례
대법원이 (판례 4-1)에서 제시한 것과 같은 기준에 따라 소위 '야설'(야한 소설)의 음란성에 대하여 판단하면서 이를 긍정한 판례의 취지를 보면 다음과 같다: "이 사건 이른바 야설의 내용은 비정상적인 남녀관계를 설정하여 그들 사이의 성행위를 저속하고 천박한 느낌을 주는 의성어·의태어 등을 동원하여 지나치게 노골적·사실적·집중적으로 묘사하거나 등장하는 남녀의 나신을 선정적·자극적으로 묘사하고 있고, 이를 앞서 본 법리에 비추어 전체적으로 관찰할 때, 오로지 독자의 성적 흥미에만 호소하여 남녀의 신체와 성 정체성, 성행위 등을 성적 쾌락의 대상과 수단에 불과한 것처럼 비하적으로 표현함으로써 인격체로서의 인간의 존엄과 가치를 훼손·왜곡하고 성적 도의관념에 반하여 사회평균인의 입장에서 불쾌감을 느낄 정도에 이르렀고, 거기에 어떤 문학적·예술적·사상적·과학적·의학적·교육적 가치가 있는 등으로 성적 자극을 감소·완화시키는 요소를 전혀 발견할 수 없으므로, 이

는 (구) 정보통신망 이용촉진 및 정보보호 등에 관한 법률 제65조 제1항 제2호[11])에서 규정하는 '음란한 문언'에 해당한다고 봄이 상당하다고 할 것이다."[12])

위의 두 개의 판례를 비교하여 보면 대법원은 저속하고 문란한 내용의 동영상이 음란한가의 여부를 '인간을 성적 쾌락의 수단으로 비하하여 표현함으로써 인간의 존엄과 가치를 훼손하였는가'에 따라 판단하였다.[13])

[판례 4-3] '음란한 물건'으로 평가되기 위한 표현의 정도

남성용 자위기구인 모조여성성기가 음란한 물건에 해당하는가에 관하여 대법원의 판례 가운데 일부[14])는 "여성 성기를 지나치게 노골적으로 표현함으로써 사회통념상 그것을 보는 것 자체만으로도 성욕을 자극하거나 흥분시킬 수 있고 일반인의 정상적인 성적 수치심을 해치고 선량한 성적 도의관념에 반한다"는 이유로 이를 긍정하였다. 이에 대하여 대다수의 판례[15])는 "이 사건 물건을 전체적으로 관찰하여 볼 때 그 모습이 상당히 저속한 느낌을 주는 것은 사실이지만 이를 넘어 사람의 존엄성과 가치를 심각하게 훼손·왜곡하였다고 평가할 수 있을 정도로 노골적으로 사람의 특정 성적 부위를 적나라하게 표현 또는 묘사한 것으로 보기는 어렵다"는 이유로 이를 부정한다.

이 판례에서도 표현의 정도가 "사람의 존엄성과 가치를 심각하게 훼손·왜곡"하였는가가 '음란한 물건'에 해당하는가를 판단하는 중요한 기준이 된다.

(나) 학문성·예술성과 음란성의 관계

학술서나 예술작품이 음란성과 양립할 수 있는가에 대하여 양립설(적극설)과 배제설(소극설)이 대립하고 있다.

양립설[16])은 음란물도 동시에 예술작품이 될 수 있다고 한다. 이 견해는 '형식적 예술개념'을 근거로 한다. 형식적 예술개념이란 일정한 작품유형(예컨대 시, 소설, 회화 등)에서 공통적으로 요구되는 필요조건(Gattungsanforderung)을 충족한 것이 예술작품이라는 견해[17]) 또는 작가의 경력·작품업적 등을 기초로 하여 예술가가 창작한 것이 예술작품이라는 견해[18])를 말한다. 이에 대하여 배제설[19])은 예술과 음란성

---

11) 현행 정보통신망 이용촉진 및 정보보호 등에 관한 법률 제74조(벌칙) 제1항 제2호.
12) 대법원 2008. 6. 12. 선고 2007도3815 판결.
13) 같은 취지; 대법원 2014. 5. 29. 선고 2013도15643 판결; 대법원 2014. 7. 24. 선고 2013도9228 판결.
14) 대법원 2003. 5. 16. 선고 2003도988 판결.
15) 예컨대 대법원 2014. 5. 29. 선고 2013도15643 판결; 대법원 2014. 6. 12. 선고 2013도6345 판결; 대법원 2014. 7. 24. 선고 2013도9228 판결.
16) 김일수/서보학, 각론, 643면. 우리나라 대법원(대법원 2000. 10. 27. 선고 98도679 판결; 대법원 2005. 7. 22. 선고 2003도2911 판결)과 독일의 헌법재판소(BVerGE 67, 213; 75, 369; 81, 278) 및 연방대법원(BGH 37, 55)도 같은 견해이다.
17) 독일 헌법재판소(BVerfGE 67, 226 f.)의 견해이다.

은 서로 배척하는 개념이라고 한다. 즉 예술작품은 '외설(obszön)'일 수는 있어도 음란(pornographisch)할 수는 없으며,20) 역으로 음란물도 예술작품이 될 수 없다고 한다. 그 이유로는 예술작품에서는 성적인 것이 예술적인 창작활동을 통하여 '정신적 가치로 승화'21)되어 예술적 표현의 구성요소가 되기 때문에 예술작품은 음란물이 될 수는 없다는 점을 든다. 이 견해는 예술개념과 음란개념을 구분할 수 있다는 '실질적 예술개념'을 근거로 한다. 실질적 예술개념이란 예술의 본질이 "정신적인 내용의 전달" 또는 "외부세계와의 정신적 갈등"에 있다고 보는 견해이다. 이 견해에 의하면 음란물은 인간적·정신적인 연관성을 배제한 채 성적인 과정을 묘사한 것이라고 한다.22)

예술작품과 음란성은 일반적으로 서로 배제하는 개념이지만, 하나의 작품 내에 예술성과 음란성이 동시에 존재하는 '한계영역'도 존재할 수 있다는 점을 부정할 수는 없으므로23) 적극설의 입장이 타당하다. 적극설은 음란성이 있는 예술작품도 존재할 수 있다는 것을 인정한다는 점에서 배제설보다 예술개념을 넓은 의미로 파악(광의의 예술개념24))한다. 이 견해에 의하면 예술작품에 음란한 내용이 포함되어 있는 경우 제243조가 적용되는가는 예술의 자유(헌법 제22조)와 건전한 성도덕 사이의 이익교량을 통하여 판단한다.25) 즉 후자가 전자보다 우위에 있다고 판단되는 경우에는 예술작품도 음란물죄로 처벌될 가능성이 있다. 그러나 예술의 자유가 음란물죄의 보호법익, 즉 '건전한 성도덕'보다 우위에 있는 때에는 위법성이 조각된다고 보아야 한다.26) 양자 가운데 어느 것이 우위에 있는가를 판단하는 것이 어려운 경

---

18) 김일수/서보학, 각론, 643면.
19) 배종대, 각론, 779면; 임웅, 각론, 789면. '배제설'이라는 용어는 Badura가 독일의 형법개정특별위원회의 보고서(BTProt. VI, S. 1097; BTDrs. IV/3521, S. 60)에 처음 사용한 것이다.
20) '외설'은 미적·도덕적 감정을 해하는 정도에 그치지만, '음란'은 그 정도를 넘어서 정상적인 성적 수치심을 해하여 성적 도의관념에 반한다는 점에서 음란이 외설보다 좁은 개념이라고 할 수 있다. 자세한 내용은 김일수/서보학, 각론, 639면.
21) 임웅, 각론, 789면.
22) 이전의 독일 연방대법원(BGHSt 23, 40, 44)의 입장이다.
23) Sch/Sch/Lenckner/Perron, § 184 Rn. 5a.
24) 현재 독일 헌법재판소(BVerfGE 67, 228)가 취하고 있는 실질적 예술개념은 광의의 예술개념(양립설)과 일치한다. 이 견해에 의하면 "예술활동에서 본질적인 것은 자유로운 창작적 표현"(BVerfGE 67, 223, 226)이라고 한다. 이러한 실질적 예술개념은 형식적 예술개념과 거의 근접한 것((BGHSt 37, 59)으로서 모두 양립설(광의의 예술개념)의 입장에 있다.
25) 현재 독일 헌법재판소(BVerfGE 67, 228)와 연방대법원(BGHSt 37, 60 ff.)의 견해이다. 이 견해는 이익교량의 결과 예술의 자유가 음란물죄의 보호법익보다 우위에 있는 경우에는 위법성이 조각된다고 본다.
26) Hörnle, MünchKomm-StGB, Bd. 2/2, 2005, § 184, Rn. 24; Laufhütte, LK, 11. Aufl., § 184, Rn. 9; Sch/Sch/Lenckner/Perron, § 184 Rn. 5a.

우가 많다. 이러한 경우 일차적으로 예술분야의 자정작용에 의한 해결에 맡기고 법의 개입을 최소화함으로써 작가의 '예술적 상상력'을 훼손하는 일이 없도록 하여야 한다는 견해[27]가 타당하다.

> [판례 5] 소설 '반노' 사건: 소설 '반노'의 13장 내지 14장에 성교장면이 묘사되어 있는데, 그 표현에 있어 과도하게 성욕을 자극시키거나 또는 정상적인 성적 정서를 크게 해칠 정도로 노골적이고 구체적인 묘사는 아니며, 그 전체적인 내용의 흐름이 인간에 내재하는 향락적인 성욕에 반항함으로서 결국 그로부터 벗어나 새로운 자아를 발견하는 과정으로 진행되고 있다. 이 소설을 음란한문서제조죄(제243조)에 규정한 '음란한 문서'라고 할 수 있는가?

이 점에 대하여 대법원은 "그 표현에 있어 과도하게 성욕을 자극시키거나 또는 정상적인 성적정서를 크게 해칠 정도로 노골적이고 구체적인 묘사라고도 볼 수 없다"는 점과 "그 전체적인 내용의 흐름이 인간에 내재하는 향락적인 성욕에 반항함으로서 결국 그로부터 벗어나 새로운 자아를 발견하는 과정으로 이끌어 매듭된 사실을 인정할 수 있다"[28]는 점을 들어 이 소설이 음란한 작품이라고 단정할 수 없다고 판시하였다. 여기서 대법원은 소설 '반노'가 '음란한 문서'인가에 대하여 성교장면 묘사부분만을 보고 판단한 것이 아니라, 전체적 고찰방법에 따라 판단하였다.

> [판례 6-1] 소설 '내게 거짓말을 해봐'가 음란한 문서에 해당한다고 한 사례: 대법원[29]은 이 소설의 음란성을 다음과 같은 이유에서 긍정하였다: 이 소설은 "38세의 유부남인 작가 'D'가 서울과 여러 도시들을 다니며 18세의 여고생 'E'와 벌이는 괴벽스럽고 변태적인 섹스 행각의 묘사가 대부분을 차지하고 있는 점(이 사건 소설책의 맨 뒤에 있는 작품해설에 의하더라도 이러한 부분이 3/4이라고 한다), (중간 생략) 그러한 묘사부분이 양적으로나 질적으로 이 사건 소설의 중추를 차지하고 있는 점을 알 수 있는바, 그렇다면 이 사건 소설은 피고인이 주장하는 바와 같은 주제를 고려하더라도, 그리고 오늘날 우리 사회의 보다 개방된 성관념에 비추어 보더라도 음란하다고 보지 않을 수 없다."

이 판례에서 대법원은 양립설(적극설)의 입장에서 문학작품도 음란한 문서가 될 수 있다는 점을 인정하였다: "문학성 내지 예술성과 음란성은 차원을 달리하는 관념이므로 어느 문학작품이나 예술작품에 문학성 내지 예술성이 있다고 하여 그 작품의 음란성이 당연히 부정되는 것은 아니라 할 것이고, 다만 그 작품의 문학적·예술적 가치, 주제와 성적 표현의 관련성 정도 등에 따라서는 그 음란성이 완화되어 결국은 형법이 처벌대상으로 삼을 수 없게 되는 경우가 있을 수 있을 뿐이다."

---

27) 배종대, 형법각론, 2015, 779면.
28) 대법원 1975. 12. 9. 선고 74도976 판결.
29) 대법원 2000. 10. 27. 선고 98도679 판결.

[판례 6-2] 소설 '즐거운 사라'가 음란한 문서에 해당한다고 한 사례: 이 소설은 미대생인 여주인공 '사라'가 성에 대한 학습요구의 실천이라는 이름 아래 벌이는 자유분방하고 괴벽스러운 섹스행각 묘사가 대부분을 차지하고 있는데, 그 성희의 대상도 미술학원 선생, 처음 만난 유흥가 손님, 여중 동창생 및 그의 기둥서방, 친구의 약혼자, 동료 대학생 및 대학교수 등으로 여러 유형의 남녀를 포괄하고 있고, 그 성애의 장면도 자학적인 자위행위에서부터 동성연애, 그룹섹스, 구강성교, 항문성교, 카섹스, 비디오섹스 등 아주 다양하며, 그 묘사방법도 매우 적나라하고 장황하게 구체적이고 사실적으로, 또한 자극적이고 선정적으로 묘사하고 있다. 이 소설의 작가는 이 작품의 주제는 "성 논의의 해방과 인간의 자아확립"이라고 주장한다. 이 소설 작가의 죄책은?

소설 '즐거운 사라'가 음란한문서제조죄(제243조) 및 음란한문서판매죄(제244조)에 규정한 '음란한 문서'에 해당하는지와 관련하여 음란성의 판단기준과 예술성과 음란성이 양립할 수 있는지의 여부가 문제된다. 대법원은 "묘사 부분이 양적, 질적으로 문서의 중추를 차지하고 있을 뿐만 아니라 그 구성이나 전개에 있어서도 문예성, 예술성, 사상성 등에 의한 성적 자극 완화의 정도가 별로 크지 아니하여 주로 독자의 호색적 흥미를 돋우는 것으로 밖에 인정되지 아니하는바, 위와 같은 여러 점을 종합하여 고찰하여 볼 때 이 사건 소설은 작가가 주장하는 '성 논의의 해방과 인간의 자아확립'이라는 전체적인 주제를 고려한다고 하더라도 음란한 문서에 해당되는 것으로 보지 않을 수 없다"[30]고 판단함으로써 작가에 대하여 음란문서제조죄(제243조) 및 음란문서판매죄(제244조)의 성립을 인정하였다. 이 판례도 음란성을 '전체적 고찰방법'에 따라서 판단하였으며, 양립설에 따라서 문학작품도 음란한 문서에 해당할 수 있다는 점을 인정하였다.

(다) 상대적 음란개념

'상대적 음란개념'이란 음란성은 작품 자체뿐만이 아니라 그 작품의 사용목적·방법 또는 그 작품의 독자층 등과 같은 부수적 상황 등을 고려하여 상대적으로 판단하여야 한다는 이론이다. 판례는 아래의 (판례 7)에서 보는 바와 같이 상대적 음란개념을 채택하고 있다. 그러나 음란성에 대한 판단을 작품 자체만을 대상으로 판단하지 않고 그 이외의 부수적 상황까지 고려하여 상대적으로 판단하는 경우 '음란성'의 개념이 지나치게 불명확해진다는 비판을 피하기 어렵다. 따라서 '상대적 음란개념'을 부정하는 다수설[31])의 견해가 타당하다.

[판례 7] 고야의 '옷을 벗은 마야' 사건: 甲은 성냥갑 속에 넣어서 판매할 목적으로 고야의 나체화 카드 사진을 복사 제조하거나 시중에 판매하였다. 甲의 죄책은?

---

30) 대법원 1995. 6. 16. 선고 94도2413 판결.
31) 김일수/서보학, 각론, 642면; 박상기, 각론, 584면; 배종대, 각론, 779면 이하; 임웅, 각론, 787면.

고야의 나체화인 '옷을 벗은 마야'라는 명화가 음화제조죄(제243조)와 음화판매죄(제244조)에 규정되어 있는 '음화'에 해당하는지가 문제된다. 대법원은 "침대위에 비스듬이 위를 보고 누워있는 여자 나체화 카드 사진이 비록 명화집에 실려 있는 그림이라 하여도 이것을 예술, 문학, 교육 등 공공의 이익을 위해서 이용하는 것이 아니고, 성냥갑 속에 넣어서 판매할 목적으로 그 카드 사진을 복사 제조하거나 시중에 판매하였다고 하면 이는 그 명화를 모독하여 음화화시켰다"32)는 이유로 甲에 대하여 음화제조죄와 음화판매죄가 성립한다고 보았다. 이 판례에서 대법원은 '상대적 음란개념'에 따라 음란성을 예술작품 자체뿐만이 아니라 그 작품의 이용목적과 같은 부수적 상황을 고려하여 판단함으로써 고야의 나체화를 '음화'라고 결론지었다. 그러나 고야의 '옷을 벗은 마야'라는 작품 자체가 예술작품이라고 인정되는 이상은 사용목적과 관계없이 음화에는 해당하지 않는다고 보아야 한다.

(2) 행위

본죄의 행위는 음화 등을 '반포, 판매, 임대, 공연전시, 공연상영'하는 것이다. 반포란 불특정 또는 다수인에게 '무상'으로 교부하는 것이다. 이에 대하여 판매는 불특정 또는 다수인에게 '유상'으로 교부하는 것이다. 임대는 유상으로 대여하는 것이다. 따라서 무상으로 대여하는 행위는 본죄에 해당하지 않는다. 공연전시는 불특정 또는 다수인이 관람할 수 있는 상태에 두는 것을 말하며, 공연상영은 불특정 또는 다수인에게 필름을 영사하는 것을 말한다. 특정·소수인에게 전시 또는 상영하는 행위는 공연전시나 공연상영에 해당하지 않는다.

[판례 8] 甲은 인터넷 서비스업체인 아이뉴스(Inews)상에 개설한 인터넷 신문인 '팬티신문'에 乙이 개설하여 음란사진과 음란소설을 게재한 홈페이지에 바로 연결될 수 있는 링크 사이트를 만들고, 이를 통해 이 음란사진과 음란소설을 게재하고 있는 사이트에 바로 접속되도록 하여 위 '팬티신문'에 접속한 불특정 다수의 인터넷 이용자들이 이를 컴퓨터 화면을 통해 볼 수 있도록 하였다. 甲의 죄책은?

甲이 링크사이트를 만든 행위가 정보통신망을 통하여 음란한 영상 및 문언을 공연히 전시한 행위(정보통신망 이용촉진 및 정보보호 등에 관한 법률 제74조 제1항 제2호)에 해당하는지가 문제된다. 이 점에 대하여 원심법원은 "웹사이트의 주소를 전시하거나 알려준 것에 불과하여, … 음란한 부호 등을 공연히 전시한 것에 해당한다고 볼 수 없"다고 판단하였다. 이에 대하여 대법원은 "음란한 부호 등이 공연히 전시되어 있는 다른 웹사이트를 링크의 수법으로 사실상 지배·이용함으로써 그 실질에 있어서 음란한 부호 등을 직접 전시하는 것과 다를 바 없다고 평가되고, 이에 따라 불특정·다수인이 이러한 링크를 이용하여 별다른 제한 없이 음란한 부호 등에 바로 접할 수 있는 상태가 실제로 야기되었다고 할 것이므로, 甲의 위와 같은 행위는 전체로 보아 음란한 부호 등을 공연히 전시한다는 구성요건을

---

32) 대법원 1970. 10. 30. 선고 70도1879 판결.

충족한다"고 판단하였다.33)

(3) 공범

본죄에서 음화 등을 반포, 판매, 임대, 공연전시 또는 공연상영하는 행위에는 반드시 상대방이 있을 것을 요하므로 본죄는 필요적 공범 가운데 대향범이다. 그리고 그 상대방, 예컨대 음화의 매수인에 대하여는 처벌규정이 없으므로 대향자의 일방만을 처벌하는 편면적 대향범에 해당한다. 음화를 매수하는 행위 자체는 처벌할 수 없지만 매수인이 매도인의 범행에 적극 가담한 경우에는 매도인의 범행에 대한 교사범으로 처벌하는 것은 가능하다.34)

2. 음화등 제조·소지·수입·수출죄

> **제244조(음화제조등)**: 제243조의 행위에 공할 목적으로 음란한 물건을 제조, 소지, 수입 또는 수출한 자는 1년 이하의 징역 또는 500만원 이하의 벌금에 처한다.

본죄는 음화반포등의 죄(제243조)를 범할 목적으로 음란한 물건을 제조, 소지, 수입 또는 수출함으로써 성립하는 범죄이다. 본죄는 음화반포등의 죄의 예비행위를 처벌하기 위해 규정된 독립한 구성요건이다. 본죄의 객체인 '음란한 물건'은 제243조의 객체인 음란한 문서나 도화를 포함하는 개념이며, '음란성'의 개념도 제243조에서 말하는 '음란성'과 같은 의미이다. 대법원은 해면체비대기(성기확대기)가 '음란한 물건'인가에 관하여 그 기구가 "일부에 음경을 넣게는 되어있으나 원통으로 되어 있어 음경을 연상케 함도 없고, 그 전체에서 성에 관련된 어떤 뜻이 나온다고도 인정될 수 없으니, 그 기구자체가 성욕을 자극, 흥분 혹은 만족시키게 하는 음란물건이라고 할 수 없다"고 보았다.35)

IV. 공연음란죄

> **제245조(공연음란)**: 공연히 음란한 행위를 한 자는 1년 이하의 징역, 500만원 이하의 벌금, 구류 또는 과료에 처한다.

---

33) 대법원 2003. 7. 8. 선고 2001도1335 판결.
34) 소수설: 예컨대 원형식, 총론, 394면 이하. 이에 대하여 다수설은 매수인을 방조범으로는 물론 교사범으로도 처벌할 수 없다고 한다(예컨대 김일수/서보학, 각론, 647면; 오영근, 각론, 809면; 임웅, 각론, 791면 이하; 정성근/박광민, 각론, 748면).
35) 대법원 1978. 11. 14. 선고 78도2327 판결.

본죄는 공연히 음란한 행위를 함으로써 성립하는 범죄이다. '공연히'란 불특정 또는 다수인이 인식할 수 있는 상태를 말한다. '음란한 행위'란 "일반 보통인의 성욕을 자극하여 성적 흥분을 유발하고 정상적인 성적 수치심을 해하여 성적 도의관념에 반하는 것"36)을 말한다. 그 행위가 반드시 성행위를 묘사하거나 성적인 의도를 표출할 것을 요하는 것은 아니다.37)

그러나 어떤 행위가 성적 수치심을 해하는 정도에는 이르지 못하고, 단순히 다른 사람에게 부끄러운 느낌이나 불쾌감을 주는 정도에 불과하다면 본죄는 성립하지 않는다.38) 따라서 불특정 또는 다수인이 알 수 있는 상태에서 옷을 모두 벗고 알몸이 되어 성기를 노출한 행위는 본죄에 해당하지만,39) 단순히 항의의 표시로 엉덩이를 노출시킨 행위는 본죄에 해당하지 않는다.40)

본죄에서 음란성의 판단은 음화등 반포죄(제243조)의 경우와 같다. 따라서 연극공연행위의 음란성의 유무는 그 행위 자체를 대상으로 객관적으로 판단해야 하며, 그 행위자의 주관적인 의사에 따라 결정되는 것은 아니다.41)

[판례 9] 甲은 A 협동조합이 새로 개발하여 시판하는 요구르트 제품의 홍보를 위하여 전라의 여성 누드모델들을 출연시켜 공연을 하기로 순차 공모한 후, 화랑인 인사아트플라자 갤러리에서 일반 관람객 70여 명 및 기자 10여 명 등을 입장시켜 관람하게 하면서, 여성 누드모델인 乙, 丙, 丁이 알몸에 밀가루를 바르고 무대에 나와 분무기로 요구르트를 몸에 뿌려 밀가루를 벗겨내는 방법으로 알몸을 완전히 드러내어 음부 및 유방 등이 노출된 상태에서 무대를 돌며 관람객들을 향하여 요구르트를 던져 주었다. 甲, 乙, 丙, 丁의 죄책은?

乙, 丙, 丁의 행위가 제245조 소정의 '음란한 행위에 해당하는지가 문제된다. 이점에 대하여 대법원은 乙 등이 "비록 성행위를 묘사하거나 성적인 의도를 표출하는 행위는 아니라고 하더라도 일반 보통인의 성욕을 자극하여 성적 흥분을 유발하고 정상적인 성적 수치심을 해하여 성적 도의관념에 반하는 음란한 행위에 해당하는 것으로 봄이 상당하고, 한편 위 행위가 요구르트로 노폐물을 상징하는 밀가루를 씻어내어 깨끗한 피부를 탄생시킨다는 취지의 메시지를 전달하는 행위예술로서의 성격을 전혀 가지고 있지 않다고 단정할 수는 없으나, 위 행위의 주된 목적은 요구르트 제품을 홍보하려는 상업적인 데에 있었고, 이 사건에서 이루어진 신체노출의 방법 및 정도가 위와 같은 제품홍보를 위한 행위에 있어 필

---

36) 대법원 2000. 12. 22. 선고 2000도4372 판결.
37) 대법원 2020. 1. 16. 선고 2019도14056 판결.
38) 다만 이러한 행위가 경범죄 처벌법 제3조 제1항 제33호(과다노출), 즉 "여러 사람의 눈에 뜨이는 곳에서 함부로 알몸을 지나치게 내놓거나 속까지 들여다보이는 옷을 입거나 또는 가려야 할 곳을 내어 놓아 다른 사람에게 부끄러운 느낌이나 불쾌감을 준 사람"에 해당하는 경우에는 경범죄로 처벌될 수 있을 뿐이다.
39) 대법원 2000. 12. 22. 선고 2000도4372 판결.
40) 대법원 2004. 3. 12. 선고 2003도6514 판결.
41) 대법원 1996. 6. 11. 선고 96도980 판결(연극 '미란다' 사건).

요한 정도를 넘어섰으므로, 그 음란성을 부정할 수는 없다"고 판단하였다. 따라서 甲, 乙, 丙, 丁에 대하여는 공연음란죄의 공동정범이 성립한다.[42]

제2절 도박과 복표에 관한 죄

I. 도박죄

> 제246조(도박, 상습도박): ① 도박을 한 사람은 1천만원 이하의 벌금에 처한다. 다만, 일시오락 정도에 불과한 경우에는 예외로 한다.
> ② 상습으로 제1항의 죄를 범한 사람은 3년 이하의 징역 또는 2천만원 이하의 벌금에 처한다.

1. 단순도박죄

(1) 의의

본죄는 도박하는 것을 내용으로 하는 범죄이다. 본죄는 2인 이상의 가담에 의해서만 실현될 수 있는 범죄이므로 필요적 공범이다. 본죄는 정당한 근로에 의하지 않은 재물의 취득을 처벌함으로써 사행심을 억제하고 건전한 근로의식을 유지하려는 데에 그 취지가 있으므로 본죄의 보호법익은 '사회의 경제도덕'[43] 내지는 '경제에 관한 건전한 도덕법칙'[44]이라고 할 수 있다.

(2) 구성요건

본죄의 행위는 '도박'하는 것이다. 여기서 도박은 재산범죄에서 말하는 '재물', 즉 유체물은 물론, '재산상의 이익'을 걸고 하는 행위도 포함하는 개념이다.

'도박'이란 우연에 의하여 재물의 득실을 결정하는 것을 말한다. 따라서 화투의 조작에 숙달된 자가 원하는 대로 끝수를 조작하는 소위 '사기도박'은 당사자의 일방에 의하여 승패여부가 자유로이 지배되는 것이지 우연에 의하여 승패가 결정되는 것이 아니므로 도박에 해당하지 않는다.[45] 그러나 당사자의 능력에 의하여 승패가 결

---

42) 대법원 2006. 1. 13. 선고 2005도1264 판결.
43) 김일수/서보학, 각론, 653면; 임웅, 각론, 796면; 정성근/박광민, 각론, 752면.
44) 대법원 1983.3.22. 선고 82도2151 판결.
45) 판례(대법원 1985. 4. 23. 선고 85도583 판결) 및 다수설(예컨대 박상기, 각론, 588면; 배종대, 각론, 786면; 오영근, 각론, 816면; 임웅, 각론, 799면).

정되는 운동경기나 장기, 바둑과 같은 시합에서는 그 승패가 어느 정도는 우연성에 의하여 영향을 받으므로 '경기에 의한 도박'도 본죄에 해당한다고 보아야 한다.46) 경기의 승패가 개인의 기량에 의하여 결정되는 이상은 도박에 해당하지 않는다는 견해47)가 있으나 경기에 의한 도박도 사행심을 조장하고 건전한 근로의식을 해한다는 점에서 '화투에 의한 도박'과 다르지 않으므로 본죄의 성립을 인정하는 판례 및 다수설이 타당하다.

[판례 1] 골프도박 사건
甲은 93타, 乙은 91타, 丙은 85타, 丁은 85타로 각 핸디캡을 정하고, 전반 9홀 게임 중 1타당 50만 원, 동점인 경우 배판으로 1타당 100만 원, 후반 9홀 게임 중 1타당 100만 원, 동점인 경우 배판으로 1타당 200만 원을 승금(勝金)으로 승자에게 주는 속칭 스트로크 방식과, 전반 9홀 게임 최소타 우승자에게 상금으로 500만원, 후반 9홀 게임 최소타 우승자에게 상금으로 1,000만 원을 주는 속칭 계 방식에 의한 내기골프를 하여 丁이 1억 1,000만원을 패하였다. 甲 등 4인의 죄책은?

내기골프에서 승패의 결정은 주로 경기자의 기량이라는 요인에 의하여 결정되지만 우연이라는 요인이 영향을 미친다는 점도 부정할 수 없다. 이러한 경우에 도박죄가 성립하는가에 대하여는 경기에서 승패의 결정이 당사자의 기량에 의하여 결정되므로 도박죄가 성립하지 않는다는 견해와 승패가 조금이라도 우연의 지배를 받으면 도박죄가 성립한다는 견해가 있다. 대법원은 "우연이라 함은 주관적으로 '당사자에 있어서 확실히 예견 또는 자유로이 지배할 수 없는 사실에 관하여 승패를 결정하는 것'을 말하고, 객관적으로 불확실할 것을 요구하지 아니하며, 당사자의 능력이 승패의 결과에 영향을 미친다고 하더라도 다소라도 우연성의 사정에 의하여 영향을 받게 되는 때에는 도박죄가 성립할 수 있다"고 한다. 그리고 내기골프는 "선수들의 기량 등을 모두 고려하더라도 경기의 결과를 확실히 예견할 수 없고 어느 일방이 그 결과를 자유로이 지배할 수 없을 때에도 이를 도박죄에서 말하는 우연의 성질이 있는 것"이므로 도박죄에 해당한다고 판단하였다.48)

(3) 위법성

도박이 "일시 오락정도에 불과한 때"에는 본죄는 성립하지 않는다(제246조 제1항 단서). 도박이 도박죄의 구성요건에 해당하더라도 '일시 오락정도에 불과한 때'에는 "정상적인 생활형태의 하나로서 역사적으로 생성된 사회생활 질서의 범위 안에 있는 것"으로서 사회상규에 위배되지 아니하는 행위49)에 해당하므로 '일시 오락정도'는

---

46) 판례(대법원 2008. 10. 23. 선고 2006도736 판결) 및 다수설(김일수/서보학, 각론, 655면; 박상기, 각론, 589면; 정성근/박광민, 각론, 756면).
47) 소수설: 배종대, 각론, 786면; 임웅, 각론, 801면.
48) 대법원 2008. 10. 23. 선고 2006도736 판결.

위법성조각사유라고 할 수 있다.50) 도박이 일시 오락정도인가에 대하여는 '도박에 가담한 자들의 사회적 지위와 재산정도, 그들 사이의 친분관계, 도박을 하게 된 경위, 내기에 건 금액의 액수 등 여러 사정'을 고려하여 판단하여야 한다.51)

> [판례 2] 甲은 평소에 친하게 사귀어오던 친구 3인과 함께 무허가 주점에서 만나 술을 마시게 된 자리에서 매판 1인당 금 100원씩을 걸고 속칭 민화투를 쳐서 매회 도금 합계 300원중 100원은 술값으로 적립하고 나머지 200원은 승자가 취득하는 방법으로 2시간에 걸쳐 20여회 도박하였다. 甲등 4인의 죄책은?

원심법원은 甲등 4인의 행위가 도박죄에 해당하는가에 대하여 "위 자들의 사회적 지위와 재산정도, 그들 사이의 친분관계, 민화투를 하게 된 경위, 내기에 건 금액의 액수등 여러 사정에 비추어 피고인의 위 내기화투는 일시오락의 정도에 불과하여 범죄로 되지 않는 것"이라고 판단하였으며, 대법도 이러한 판단이 정당하다고 보았다.

대법원은 도박죄를 처벌하는 근거와 일시 오락정도에 불과한 때에는 처벌하지 않는 이유에 대하여 "도박죄를 처벌하는 이유는 정당한 근로에 의하지 아니한 재물의 취득을 처벌함으로써 경제에 관한 건전한 도덕법칙을 보호하기 위한 것인바, 그 처벌은 헌법이 보장하는 국민의 행복추구권이나 사생활의 자유를 침해할 수 없고, 동조의 입법취지가 건전한 근로의식을 배양보호함에 있다면 일반 서민대중이 여가를 이용하여 평소의 심신의 긴장을 해소하는 오락은 이를 인정함이 국가정책적 입장에서 보더라도 허용된다 할 것인바, 형법 제246조 단서가 일시오락의 정도에 불과한 도박행위를 처벌하지 아니하는 소이도 여기에 있다고 해석하여야 할 것"이라고 판시하였다.

그리고 甲등 4인의 죄책에 대하여 "속칭 민화투놀이에 도한 재물이 바로 그 즉시 예정된 방법에 따라 소비되지 아니하고 어느 일방이 승패에 따라 그 재물을 차지하였다 하더라도 그 재물의 득실이 승패결정의 흥미를 북돋우기 위한 것이고 그 재물의 경제적 가치가 근소하여 건전한 근로의식을 침해하지 않을 정도라면 일시오락의 정도에 불과"하다고 보아 도박죄의 성립을 부정하였다.52)

2. 도박장소개설죄

> **제247조(도박장소 등 개설)**: 영리의 목적으로 도박을 하는 장소나 공간을 개설한 사람은 5년 이하의 징역 또는 3천만원 이하의 벌금에 처한다.

---

49) 대법원 2004. 4. 9. 선고 2003도6351 판결.
50) 통설: 박상기, 각론, 589면; 배종대, 각론, 787면; 오영근, 각론, 817면.
51) 대법원 1959. 6. 12. 선고 4291형상335 판결; 대법원 1983. 3. 22. 선고 82도2151 판결; 대법원 1985. 11. 12. 선고 85도2096 판결.
52) 대법원 1983. 3. 22. 선고 82도2151 판결.

본죄는 영리를 목적으로 도박을 하는 장소나 공간(이하 도박장소 등)을 개설함으로써 성립하는 범죄이다. 여기서 '공간'이란 사이버 공간을 말한다. 예컨대 인터넷상에 도박사이트를 개설하여 전자화폐나 온라인으로 결제하도록 하는 경우가 여기에 해당한다.53)

'개설'이란 스스로 주재자가 되어 그 지배하에 도박장소 등을 개설하는 것을 말한다.54) 도박의 주재자로서 개설을 지배한 것이 아니라 단순히 도박의 장소만 제공한 경우에는 개설을 용이하게 한 것에 불과하므로 본죄의 방조범이 성립한다.

[판례 3] 甲은 실내낚시터를 운영하면서, 물고기 1,700여 마리를 구입하여 그 중 600마리의 등지느러미에 1번부터 600번까지의 번호표를 달고 나머지는 번호표를 달지 않은 채 대형 수조에 넣고, 손님들로부터 시간당 3만 원 내지 5만 원의 요금을 받고 낚시를 하게 한 후, 손님들이 낚은 물고기에 부착된 번호가 시간별로 우연적으로 변동되는 프로그램상의 시상번호와 일치하는 경우 손님들에게 5천 원 내지 3백만 원 상당의 문화상품권이나 주유상품권을 지급하는 방식으로 영업을 하였다. 甲의 죄책은?

甲이 경품을 제공하기로 하고 실내낚시터를 운영한 것이 도박장소개설죄(도박개장죄)에 해당하는지가 문제된다. 본죄가 성립하기 위해서는 손님들이 내고 낚시를 하여 경품을 타는 것이 도박에 해당하여야 한다. 이 점에 대하여 대법원은 "입장료의 액수, 경품의 종류 및 가액, 경품이 제공되는 방법 등의 여러 사정에 비추어 볼 때, 손님들이 내는 입장료는 이 사건 낚시터에 입장하기 위한 대가로서의 성격과 경품을 타기 위해 미리 거는 금품으로서의 성격을 아울러 지니고 있다고 볼 수 있고, 피고인이 손님들에게 경품을 제공하기로 한 것은 '재물을 거는 행위'로 볼 수 있으므로, 피고인은 영리의 목적으로 도박장소인 이 사건 낚시터를 개설하였다"55)고 함으로써 甲에 대하여 도박장소개설죄가 성립한다고 판단하였다.

'영리의 목적'이란 개설의 대가로 불법한 재산상의 이익을 얻으려는 의사를 말한다. 반드시 도박개장의 직접적 대가가 아니라 도박장소 개설을 통하여 간접적으로 얻게 될 이익을 위한 경우에도 영리의 목적이 인정된다.56) 예컨대 성인피시방 운영자가 손님들로 하여금 컴퓨터에 접속하여 인터넷 도박게임을 하고 게임머니의 충전

---

53) '공간'을 개설하는 행위는 형법개정(법률 제11731호, 시행 2013.04.05) 시에 새로 추가되었는데, 그 이전에도 판례(예컨대 대법원 2008.10.23. 선고 2008도3970 판결)는 성인피시방 운영자가 손님들로 하여금 컴퓨터에 접속하여 인터넷 도박게임을 하고 게임머니의 충전과 환전을 하도록 하면서 게임머니의 일정 금액을 수수료 명목으로 받은 행위가 도박개장죄(구형법 제247조)에 해당한다고 해석하였다.
54) 대법원 2009. 2. 26. 선고 2008도10582 판결.
55) 대법원 2009.2.26. 선고 2008도10582 판결.
56) 대법원 2002. 4. 12. 선고 2001도5802 판결.

과 환전을 하도록 하면서 게임머니의 일정 금액을 수수료 명목으로 받은 경우에도 '영리의 목적'이 인정되므로 본죄가 성립한다.57) 그리고 영리의 목적이 있으면 족하면 현실적으로 그 이익을 얻었을 것을 요하지는 않는다.

> [판례 4] A 주식회사의 설립자 겸 대표이사 甲과 인터넷 사업팀장 乙은 위 회사가 운영하는 인터넷 고스톱게임 사이트를 유료로 전환하는 과정에서 사이트를 홍보하기 위하여 '1차 고스톱 고별대회'를 개최하게 되었는데, 그 대회에는 129명이 참가하였고, 참가자 1인당 3만원씩 합계 387만원의 참가비가 회사에 송금되었다. 甲, 乙은 참가자들로 하여금 인터넷을 통해 사이트에서 제공하는 고스톱게임을 하게 하여 1등부터 9등까지를 선발하였으며, A 주식회사는 대회 참가자들로부터 참가비 합계 387만원의 수입을 얻는 데 비하여 대회 입상자에 대한 상금으로 1등 200만원, 2등 80만원, 3등 50만원, 4 내지 6등 각 20만원, 7 내지 9등 각 10만원 합계 420만원을 지출하였다. 甲, 乙이 고스톱대회를 개최한 결과 이득을 보지 못하고 오히려 손해를 보았지만, 그 대회를 개최하게 된 직접적인 목적은 그들이 운영하는 인터넷 사이트를 유료로 전환하는 과정에서 홍보를 위한 것이었다. 甲, 乙의 죄책은?

甲, 乙에 대하여 도박장소개설죄가 성립하는가와 관련하여 문제되는 것은 (1) 참가자들이 인터넷을 통해 사이트에서 제공하는 고스톱게임을 한 것이 도박에 해당하는가의 여부와 (2) 甲, 乙이 고스톱대회를 개최한 결과 손해를 본 경우에도 '영리의 목적'을 인정할 수 있는가 이다.

(1) 도박의 성립여부

인터넷상의 고스톱게임이 도박에 해당하는가에 대하여 대법원은 "고스톱대회의 입상자들이 지급받기로 한 상금은 참가자들의 참가비 총액에 상관없이 일정액으로 정하여져 있기는 하나, 상금의 주요한 원천이 참가자들의 참가비에 있는 이상 궁극적으로 상금의 득실이 우연한 승부에 의하여 좌우되는 고스톱의 결과에 의하게 되는 점, 도박에 있어서 재물의 득실이 반드시 우연한 승부의 승패 결과에 정확하게 일치할 필요는 없고, 또한 1 대 1 또는 1 대 2 등의 방식으로 재물의 득실이 이루어질 필요도 없는 점 등에 비추어, 참가자들의 고스톱대회 참여는 재물을 걸고 우연한 승부에 의하여 재물의 득실을 다투는 '도박에 해당한다"고 판단하였다.

(2) 영리의 목적

대법원은 도박장소개설죄에서 '영리의 목적'은 "반드시 도박개장의 직접적 대가가 아니라 도박개장을 통하여 간접적으로 얻게 될 이익을 위한 경우에도 영리의 목적이 인정"된다고 본다. 따라서 甲, 乙이 "고스톱대회를 개최하게 된 직접적인 목적이 그들이 운영하는 인터넷 사이트를 유료로 전환하는 과정에서 홍보를 위한 것이었고, 고스톱대회를 개최한 결과 이득을 보지 못하고 오히려 손해를 보았다고 하더라도, 피고인들로서는 고스톱대회를 통하여 장차 유료로 전환하게 될 그들 운영의 인터넷 사이트를 홍보함으로써 궁극적으로는

---

57) 대법원 2008.10.23. 선고 2008도3970 판결.

사이트의 유료 수입을 극대화하려는 목적으로 고스톱대회를 개최한 것이고, 또한 피고인들이 고스톱대회를 개최한 결과 손해를 보았다는 사정은 대회 참가자의 수가 적었다는 우연한 사정으로 발생한 것에 불과하므로 ···" '영리의 목적'은 인정된다고 판단하였다.58)

II. 복표에 관한 죄

> **제248조 제1항(복표의 발매)**: ① 법령에 의하지 아니한 복표를 발매한 자는 3년 이하의 징역 또는 2천만원 이하의 벌금에 처한다.
>
> **동조 제2항(발매중개)**: 전항의 복표발매를 중개한 자는 1년 이하의 징역 또는 500만원 이하의 벌금에 처한다.
>
> **동조 제3항(복표취득)**: 제1항의 복표를 취득한 자는 500만원 이하의 벌금 또는 과료에 처한다.

본죄는 법령에 의하지 아니한 복표를 발매, 발매중개 또는 취득함으로써 성립하는 범죄이다. 본죄의 객체는 '복표'(福票)이다. '복표발행'이란 "특정한 표찰(컴퓨터 프로그램 등 정보처리능력을 가진 장치에 의한 전자적 형태를 포함한다)을 이용하여 다수인으로부터 재물 등을 모아 추첨 등의 방법에 의하여 당첨자에게 재산상의 이익을 주고 다른 참가자에게 손실을 주는 행위"(사행행위 등 규제 및 처벌특례법 제2조 제1항)를 말하는데, 여기서 '특정한 표찰'을 복표라고 한다. 본죄의 객체는 '법령에 의하지 아니한 복표'이므로 예컨대 복권 및 복권기금법 제4조와 같은 법령에 근거하여 발행된 복표는 본죄의 객체에 해당하지 않는다.

제3절 신앙에 관한 죄

I. 서론

'신앙에 관한 죄'란 종교적 평온과 종교감정을 침해하는 것을 내용으로 하는 범죄를 말한다. 형법은 신앙에 관한 죄로 장례식등 방해죄(158), 사체등 오욕죄(제159조), 분묘발굴죄(제160조), 사체등 영득죄(제161조), 사체검시방해죄(제163조) 등을 규정하고 있다. 다만 사체검시방해죄는 성격상 신앙에 관한 죄가 아니라, 국가기관의 검시를 방해한다는 점에서 공부방해의 죄의 성격을 지닌다.

---

58) 대법원 2002. 4. 12. 선고 2001도5802 판결.

본죄의 보호법익은 종교적 평온 또는 종교감정이다. 장례식등 방해죄의 보호법익은 자유로운 종교활동, 즉 종교적 평온이며, 그 이외에 사체등 오욕죄, 분묘발굴죄, 사체등 영득죄의 보호법익은 사자에 대한 존경의 감정, 즉 종교적 감정이다.

II. 장례식등 방해죄

> **제158조(장례식등의 방해)**: 장례식, 제사, 예배 또는 설교를 방해한 자는 3년 이하의 징역 또는 500만원 이하의 벌금에 처한다.

본죄의 행위는 '방해'이다. 방해란 장례식 등의 정상적인 진행을 곤란하게 하는 것을 말한다. 본죄의 보호법익은 장례식 등의 평온이므로 장례식 등이 집행 중이거나 장례식 등의 집행과 시간적으로 밀접 불가분의 관계에 있는 준비단계에서 이를 방해하는 경우에만 성립한다.59) 따라서 제사상에 사용할 음식을 마련하여 임시로 작은 상 위에 올려놓은 것을 발로 차는 행위60)는 본죄에 해당하지 않는다.

[판례 1] 甲은 A 교회를 떠난 후 乙이 그 예배당 건물을 점유·관리하고 있음에도, 乙의 의사에 반하여 A 교회 교인들의 총유인 교회 현판, 나무십자가 등을 떼어 내고 위 예배당 건물에 들어가서 예배의자를 밀쳐 내고 甲의 장롱을 들여 놓은 후 교인들의 출입을 막았다. 甲의 죄책은?

(1) 손괴죄와 건조물침입죄
甲은 교회 현판, 나무십자가 등을 떼어 내고 예배의자를 밀쳐 내고 자신의 장롱을 들여 놓음으로써 그 물건들을 사실상 본래의 용도에 사용할 수 없게 하였으므로 재물손괴죄가 성립한다. 甲은 A 교회의 교인으로서 예배당 건물에 출입한 것이 아니므로 그가 乙의 의사에 반하여 예배당에 들어온 행위는 건조물침입죄에 해당한다.
(2) 예배방해죄
대법원은 "예배방해죄는 공중의 종교생활의 평온과 종교감정을 그 보호법익으로 하는 것이므로, 예배중이거나 예배와 시간적으로 밀접불가분의 관계에 있는 준비단계에서 이를 방해하는 경우에만 성립한다"고 본다. 따라서 甲이 장기간 예배당 건물의 출입을 통제한 사실만으로는 '예배와 밀접불가분의 관계에 있는 준비단계를 방해'한 것이라고 볼 수 없으므로 예배방해죄는 성립하지 않는다.61)

---

59) 대법원 1982. 2. 23. 선고 81도2691 판결.
60) 대법원 1982. 2. 23. 선고 81도2691 판결.
61) 대법원 2008. 2. 1. 선고 2007도5296 판결.

III. 사체등 오욕죄

제159조(시체 등의 오욕) 시체, 유골 또는 유발을 오욕한 자는 2년 이하의 징역 또는 500만원 이하의 벌금에 처한다.

본죄는 시체, 유골 또는 유발을 오욕하는 것을 내용으로 하는 범죄이다. 여기서 '오욕'이란 폭행 기타 유형력의 행사에 의하여 모욕적인 의사를 표현하는 행위를 말한다. 따라서 욕설과 같은 무형력에 의한 모욕의 의사표현은 본죄에 해당하지 않는다.

IV. 분묘발굴죄

제160(분묘의 발굴): 분묘를 발굴한 자는 5년 이하의 징역에 처한다.

1. 구성요건

(1) 객체

본죄의 객체는 '분묘'이다. 분묘란 분묘는 사람의 사체, 유골, 유발 등을 매장하여 제사나 예배 또는 기념의 대상으로 하는 장소를 말한다. 사체나 유골이 토괴화(土塊化)하였거나, 그 사자가 누구인지 불명한 경우[62] 또는 분묘가 오래도록 사토를 하지 않아 묘의 봉분이 없어지고 평토화(平土化) 가까이 되어 있고 묘비등 표식이 없더라도[63] 현재 제사나 종교적 예의의 대상으로 되어 있으면 본죄의 객체가 된다.

(2) 행위

본죄의 행위는 '발굴'이다. 발굴이란 "분묘의 복토의 전부 또는 일부를 제거하거나 이를 파괴, 해체하여 분묘를 손괴하는 행위"[64]를 말한다. 봉분을 이전하는 행위도 발굴에 해당한다. 복토의 일부만 제거해도 본죄가 성립하며 사체나 유골이 외부에서 인식할 수 있는 상태까지 현출될 것을 요하지는 않는다(복토제거설).[65] 본죄의 미수는 손괴행위에 직접적으로 개시한 때에 성립하며, 복토의 일부가 이미 손괴된 때에는 기수에 이르게 된다. 이에 대하여 본죄가 성립하기 위해서는 유골이 외부에서 인

---

62) 대법원 1990. 2. 13. 선고 89도2061 판결.
63) 대법원 1976. 10. 29. 선고 76도2828 판결.
64) 대법원 1990. 2. 13. 선고 89도2061 판결.
65) 대법원 1962. 3. 29. 선고 4294형상539.

식할 수 있는 상태까지 현출되어야 한다는 견해(외부인식설)66)가 있다. 이 견해에 의하면 복토의 일부만을 제거한 경우에는 미수범(제162조)만이 성립한다고 한다.

2. 위법성

법률상 분묘를 관리·처분할 권한이 있는 자 또는 그로부터 정당하게 승낙을 얻은 자가 사체에 대한 종교적·관습적 양속에 따른 존숭의 예를 갖추어 이를 발굴하는 경우에는 그 행위의 위법성은 조각된다.67) 그러나 그 분묘에 대하여 권한이 있는 자라도 사체에 대한 종교적 양속에 반하여 함부로 이를 발굴하는 경우에는 본죄가 성립한다.

V. 사체등 영득죄

> **제161조(시체 등의 유기 등)** ① 시체, 유골, 유발 또는 관 속에 넣어 둔 물건을 손괴, 유기, 은닉 또는 영득한 자는 7년 이하의 징역에 처한다.
> ② 분묘를 발굴하여 제1항의 죄를 지은 자는 10년 이하의 징역에 처한다.
> **제162조(미수범)** 전2조의 미수범은 처벌한다.

1. 의의

본죄는 사체, 유골, 유발 또는 관내에 장치한 물건을 손괴, 유기, 은닉 또는 영득하는 것을 내용으로 하는 범죄이다. 본죄는 사회적 법익에 대한 죄로서 개인적 법익에 대한 죄인 재산죄와는 성격이 다르다. 본죄의 객체가 재산죄의 객체가 될 수 있는가에 대하여는 견해가 일치하지 않는다. 사체는 소유권의 객체가 될 수 없는 것이 원칙이므로 재산죄의 객체가 되지 않는다. 다만 해부용사체와 같이 학문연구의 대상이 된 사체는 소유권의 객체가 되므로 이미 본죄의 객체가 아니며, 재산죄의 객체가 된다.68) '관내에 장치한 물건'은 소유권의 객체로서 재물성을 가지므로 본죄의 객체인 동시에 재산죄의 객체가 된다.69) 따라서 분묘의 처분권자가 함부로 '관내에 장치한 물건'에 대하여 손괴 등의 행위를 하였다면 본죄는 성립하지만 재산죄는 성립하

---

66) 김일수/서보학, 각론, 668면 이하; 박상기, 각론, 596면; 배종대, 각론, 794면.
67) 대법원 1995. 2. 10. 선고 94도1190 판결; 대법원 2007. 12. 13. 선고 2007도8131 판결.
68) 김일수/서보학, 각론, 670면.
69) 김일수/서보학, 각론, 670면; 배종대, 각론, 795면; 임웅, 각론, 816면. 이에 대하여 관내에 장치한 물건이 재산죄의 객체가 되지 않는다는 반대견해는 박상기, 각론, 597면 참조.

지 않는다. 그러나 그러한 권한이 없는 자가 이를 손괴하거나 절취하는 등의 재산죄를 범하였다면 본죄와 재산죄의 상상적 경합이 성립한다.

2. 구성요건

(1) 객체

본죄의 객체는 사체, 유골, 유발 또는 관내에 장치(藏置)한 물건 등이다. '관내에 장치한 물건'이란 관의 내부에 넣어 보관하여 둔 부장물을 말한다.

(2) 행위

본죄의 행위는 손괴, 유기, 은닉, 영득이다.

① 손괴: 여기서 손죄는 손괴죄에서 말하는 손괴와는 다르다. 본죄에서 '손괴'란 사자에 대한 종교적 감정을 해하는 정도의 물질적 손괴를 말한다.[70] 사체는 비록 부패하였더라도 그 생전의 위치와 순서를 그대로 보존하여야하며, 이는 이장(移葬)하는 경우에도 마찬가지다. 따라서 그 전체유골에서 일부를 분리하는 행위도 손괴에 해당한다.[71]

② 유기: '유기'란 종교적·사회적 풍습에 따른 의례에 의하지 아니하고 사체 등을 방기하는 행위를 말한다. 유기는 사체의 장소적 이전과 같은 작위에 의하여도 가능하지만, 이를 그대로 방치하는 부작위에 의하여도 가능하다. 다만 부작위에 의한 유기는 보증인, 즉 '법률, 계약 또는 조리상 사체를 장제 또는 감호할 의무가 있는 자'[72]에 대하여만 성립한다. 따라서 사람을 살해한 자가 사체를 다른 장소로 옮겨 유기한 때에는 살인죄와 사체유기죄의 실체적 경합이 성립하지만,[73] 이를 현장에 그대로 방치한 때에는 사체유기죄가 성립하지 않는다.[74]

③ 은닉: '은닉'은 사체의 발견을 불가능하게 하거나 현저하게 곤란하게 하는 행위를 말한다. 단순히 사체를 방치한 것만으로는 은닉이라고 할 수 없다. 인적이 드문 장소로 피해자를 유인하여 살해하고 사체를 그대로 방치한 채 도주한 경우에는 결과적으로 사체의 발견이 현저하게 곤란을 받게 되더라도 은닉행위가 없는 이상은 사체은닉죄는 성립하지 않는다.[75]

④ 영득: '영득'이란 사체의 점유를 불법하게 취득하는 것을 말한다. 여기서 점유

---

70) 대법원 1957. 7. 5. 선고 4290형상148 판결.
71) 대법원 1957. 7. 5. 선고 4290형상148 판결.
72) 대법원 1986. 6. 24. 선고 86도891 판결.
73) 대법원 1984. 11. 27. 선고 84도2263 판결; 대법원 1997. 7. 25. 선고 97도1142 판결.
74) 대법원 1986. 6. 24. 선고 86도891 판결.
75) 대법원 1986. 6. 24. 선고 86도891 판결.

는 재산죄에서 말하는 점유, 즉 재물에 대한 사실상의 지배를 의미하는 것이 아니라, '보호'를 의미한다.[76]

VI. 변사체검시방해죄

> 제163조(변사체 검시 방해) 변사자의 시체 또는 변사로 의심되는 시체를 은닉하거나 변경하거나 그 밖의 방법으로 검시를 방해한 자는 700만원 이하의 벌금에 처한다.

1. 의의

본죄는 변사자의 시체 또는 변사의 의심 있는 사체를 은닉 또는 변경하거나 기타 방법으로 검시를 방해하는 것을 내용으로 하는 범죄이다. 본죄는 변사자를 객체로 한다는 점에서 앞에서 설명한 신앙에 대한 죄와 공통되지만 성격상 신앙에 대한 죄라기보다는 공무방해죄에 속한다고 할 수 있다.

2. 구성요건

(1) 객체

본죄의 객체는 '변사자의 시체 또는 변사의 의심 있는 시체'이다. 변사자란 부자연한 사망으로서 그 사인이 분명하지 않은 자,[77] 즉 범죄로 인한 사망이라는 의심이 있는 사체를 의미한다. 따라서 자연사나 병사가 분명한 경우[78]는 물론 범죄로 인한 사망이 명백한 경우[79]도 변사자에 해당하지 않는다. 이에 대하여 범죄로 인한 사망이 명백한 경우는 변사자에 해당한다는 반대견해가 있다.[80] 그러나 검시는 사람의 사망이 범죄로 인한 것인지를 판단하기 위한 수사기관의 처분이므로 범죄로 인한 사망이 명백한 경우는 검시의 대상이 아니며 따라서 본죄의 객체가 될 수 없다고 보아야 한다.

(2) 행위

본죄의 행위는 '은닉 또는 변경하거나 기타 방법으로 검시를 방해'하는 것이다.

---

76) 김일수/서보학, 각론, 672면; 오영근, 각론, 834면.
77) 대법원 2003. 6. 27. 선고 2003도1331 판결.
78) 대법원 1970. 2. 24. 선고 69도2272 판결.
79) 대법원 2003. 6. 27. 선고 2003도1331 판결; 김일수/서보학, 각론, 673면.
80) 박상기, 각론, 598면.

여기서 '그 밖의 방법'은 검시를 방해하는 행위 일체를 말하는 것이 아니라 은닉이나 변경과 같이 변사자의 사체에 대한 행위에 국한한다고 해석하여야 한다. 따라서 검시관을 폭행 또는 협박한 경우 본죄는 성립하지 않으며, 다만 공무집행방해죄가 성립할 수 있다.[81]

---

[81] 오영근, 각론, 836면; 임웅, 각론, 761면. 이에 대하여 본죄도 성립한다는 견해는 김일수/서보학, 각론, 675면; 배종대, 각론, 774면.

제3편
국가적 법익에 대한 죄

제1장 국가의 존립과 권위에 대한 죄
제2장 국가의 기능에 관한 죄

제3편 국가적 법익에 대한 죄

* 국가적 법익에 대한 죄
- ① 국가의 존립과 권위에 대한 죄: 내란죄, 외환죄, 국기에 관한 죄, 국교에 관한 죄
- ② 국가의 기능에 대한 죄: 공무원의 직무에 관한 죄, 공무방해에 관한 죄, 도주와 범인은닉의 죄, 위증과 증거인멸의 죄, 무고의 죄

제1장 국가의 존립과 권위에 대한 죄

- ① 국가의 대내적 존립을 위태롭게 하는 죄: 내란의 죄 - 내란죄, 내란목적살인죄, 내란예비·음모·선동·선전죄
- ② 국가의 대외적 존립을 위태롭게 하는 죄: 외환의 죄 - 외환유치죄, 여적죄, 이적죄, 간첩죄, 전시군수계약불이행죄

제1절 내란의 죄

I. 내란죄

> **제87조(내란)** 대한민국 영토의 전부 또는 일부에서 국가권력을 배제하거나 국헌을 문란하게 할 목적으로 폭동을 일으킨 자는 다음 각 호의 구분에 따라 처벌한다.
> 1. 우두머리는 사형, 무기징역 또는 무기금고에 처한다.
> 2. 모의에 참여하거나 지휘하거나 그 밖의 중요한 임무에 종사한 자는 사형, 무기 또는 5년 이상의 징역이나 금고에 처한다. 살상, 파괴 또는 약탈 행위를 실행한 자도 같다.
> 3. 부화수행(부화수행)하거나 단순히 폭동에만 관여한 자는 5년 이하의 징역이나 금고에 처한다.
>
> **제91조(국헌문란의 정의)** 본장에서 국헌을 문란할 목적이라 함은 다음 각 호의 1에 해당함을 말한다.
> 1. 헌법 또는 법률에 정한 절차에 의하지 아니하고 헌법 또는 법률의 기능을 소멸시키는 것.
> 2. 헌법에 의하여 설치된 국가기관을 강압에 의하여 전복 또는 그 권능행사를 불가능하게 하는 것.

1. 의의 및 보호법익

본죄는 '대한민국 영토의 전부 또는 일부에서 국가권력을 배제하거나 국헌을 문란하게 할 목적으로 폭동을 일으키는' 것을 내용으로 하는 범죄이다. 본죄의 보호법익은 국가의 대내적 존립이다. 국가권력을 배제(국토참절)하는 것을 목적으로 본죄를 범한 경우를 '국토내란', 국헌을 문란하게 할 목적(국헌문란의 목적)으로 본죄를 범한 경우를 '헌법내란'이라고 한다.

2. 성립요건

(1) 주체

본죄는 일반범으로서 주체에는 제한이 없다. 그러나 본죄는 필요적 공범 가운데 집합범으로서 다수인에 의한 공동의 범죄실행(폭동)이 예정되어 있다. 형법은 내란죄가 집단적 조직범죄라는 특성을 고려하여 조직 내의 지위와 가담의 정도에 따라 ① 우두머리(제87조 제1호), ② 모의참여·지휘자, 기타 중요임무종사자(동조 제2호), ③ 부화수행자, 단순폭동관여자(동조 제3호) 등으로 분류하여 처벌을 달리하고 있다. 여기서 '우두머리'(수괴, 首魁)란 내란의 주모·통솔자를 말한다. 그리고 '부화수행자'나 '단순폭동관여자'는 자기의 주관 없이 범행에 가담한 자를 말한다.

(2) 행위

본죄의 행위는 '폭동'이다. '폭동'이란 다수인이 결합하여 폭행, 협박 등의 행위를 하는 것을 말하는데, 한 지방의 안전과 평온을 해할 정도일 것을 요한다. 한 지방의 안전이나 평온이 실제로 침해될 것을 요하지는 않지만 안전과 평온을 해할 정도에 이르지 못한 경우에는 기수는 성립하지 않으며, 다만 미수(제89조)의 성립만이 가능하다.

'폭동'에서 말하는 폭행은 최광의의 폭행, 즉 사람 또는 물건에 대한 유형력의 행사를 말하며, 협박은 광의의 협박, 즉 상대방으로 하여금 공포심을 일으키게 할 정도의 해악의 고지를 말한다.

(3) 주관적 구성요건

본죄는 진정목적범으로서 주관적 구성요건이 성립하기 위해서는 고의 이외에도 국가권력의 배제 또는 국헌문란의 목적이 있어야 한다. '국가권력의 배제'란 대한민국 영토의 전부 또는 일부를 점거하여 영토에 대한 주권(영토고권)의 행사를 사실상 불가능하게 하는 것을 말한다. '국헌문란'은 대한민국의 기본적 헌법질서, 즉 대통령제도, 의회제도, 사법제도 등을 파괴하는 것을 말한다. 제91조는 국헌문란을 ① '헌법 또는 법률에 정한 절차에 의하지 아니하고 헌법 또는 법률의 기능을 소멸시키는 것' 또는 ② '헌법에 의하여 설치된 국가기관을 강압에 의하여 전복 또는 그 권능행사를 불가능하게 하는 것'이라고 정의하고 있다.

본죄는 국가권력의 배제나 국헌문란의 목적이 있으면 족하면 그 목적의 달성여부는 본죄의 성립에 영향을 미치지 않는다.

(4) 위법성

본죄의 위법성조각사유로서 '저항권'이 인정되는지에 대하여 견해가 일치하지 않는다. 실정법에는 저항권에 관한 규정이 없으므로1) 저항권이 초법규적 위법성조각사유로서 인정될 수 있는지가 문제된다. 이 점에 대하여 판례는 위법성조각사유는 실정법질서 내에서만 허용되는 것이므로, 초법규적인 권리개념인 저항권은 현행실정법에 위배된 행위의 위법성을 조각하지 못한다고 한다.2) 이에 대하여 반대의견은 저항권은 자연법상의 권리로서 재판규범으로서의 기능을 부정할 수 없다고 한다. 이 견해에 의하면 저항권이 본죄의 위법성을 조각할 수도 있다.

> [판례 1] ① 대법원의 견해: "현대 입헌 자유민주주의 국가의 헌법이론상 자연법에서 우러나온 자연권으로서의 소위 저항권이 헌법 기타 실정법에 규정되어 있는 없든 간에 엄존하는 권리로 인정되어야 한다는 논지가 시인된다 하더라도 그 저항권이 실정법에 근거를 두지 못하고 오직 자연법에만 근거하고 있는 한 법관은 이를 재판규범으로 원용할 수 없다고 할 것인바, 헌법 및 법률에 저항권에 관하여 아무런 규정이 없는 우리나라의 현 단계에서는 저항권이론을 재판의 근거규범으로 채용, 적용할 수 없다."3)
>
> ② 대법원의 소수의견: "형식적으로 보면 합법적으로 성립된 실정법이지만 실질적으로는 국민의 인권을 유린하고 민주적 기본질서를 문란케 하는 내용의, 실정법상의 의무이행이나 이에 대한 복종을 거부하는 등을 내용으로 하는 저항권은 헌법에 명문화되어 있지 않았더라도 일종의 자연법상의 권리로서 이를 인정하는 것이 타당하다 할 것이고 이러한 저항권이 인정된다면 재판규범으로서의 기능을 배제할 근거가 없다고 할 것이다."4)

---

1) 독일 기본법 제20조 제4항은 "헌법적 질서를 파괴하려고 시도하는 모든 자에 대하여 모든 독일 국민은 다른 구제수단이 불가능한 때에는 저항권을 갖는다"라고 규정함으로써 기존에 초과법규적 권리로 인정되던 저항권을 실정법상의 권리로 명문화하였다. 다만 저항권이 성급하고 무분별하게 행사되는 것을 방지하기 위하여 '다른 구제수단이 불가능한 때'에만 저항권을 행사할 수 있도록 제한하였다. 위법성조각사유로서의 저항권에 관한 자세한 내용은 Roxin, Strafrecht, Allg. Teil I, § 16 F Rn. 115 ff. 참조.
2) 대법원 1975. 1. 28. 선고 74도3498 판결; 대법원 1975.4.8. 선고 74도3323 판결; 대법원 1980.5.20. 선고 80도306 판결; 대법원 1980.8.26. 선고 80도1278 판결.
3) 대법원 1980.5.20. 선고 80도306 판결.

3. 공범규정의 적용범위

본죄는 필요적 공범으로서 내란조직의 내부참가자는 제87조에 따라 조직내부의 지위와 가담의 정도에 따라 처벌되므로 형법총칙의 공범규정이 적용되지 않는다. 그러나 내란조직의 외부에서 관여한 자에 대하여는 공범규정(제31조 이하)이 적용된다.[5] 따라서 내란조직의 구성원이 아닌 자가 다른 사람에게 내란에 가담하도록 권유한 경우에는 내란교사죄가 성립하며, 조직구성원에게 자금이나 정보를 제공하였다면 내란방조죄가 성립할 수 있다. 다만 공동정범은 조직의 구성원에 대하여만 성립하므로 외부관여자에 대하여 공동정범(제30조)이 성립하지는 않는다.

4. 소추조건

내란에 성공하여 내란의 주도세력이 정권을 장악한 경우에 그 주도세력을 처벌하는 것이 가능한가에 대하여는 이를 긍정하는 견해와 재판권이 없다는 견해가 있다. 후자의 견해에 의하면 검사는 성공한 내란의 주모자에 대하여 '공소권 없음'의 판단을 하여야 하며, 만일 검사가 공소를 제기한 경우 법원은 '피고인에 대하여 재판권이 없는 때'에 해당하므로 공소기각의 판결(제327조 제1호)을 선고하여야 한다. 이 문제에 관하여 대법원은 "군사반란과 내란을 통하여 폭력으로 헌법에 의하여 설치된 국가기관의 권능행사를 사실상 불가능하게 하고 정권을 장악한 후 국민투표를 거쳐 헌법을 개정하고 개정된 헌법에 따라 국가를 통치하여 왔다고 하더라도 그 군사반란과 내란을 통하여 새로운 법질서를 수립한 것이라고 할 수는 없으며, 우리나라의 헌법질서 아래에서는 헌법에 정한 민주적 절차에 의하지 아니하고 폭력에 의하여 헌법기관의 권능행사를 불가능하게 하거나 정권을 장악하는 행위는 어떠한 경우에도 용인될 수 없다. 따라서 그 군사반란과 내란행위는 처벌의 대상이 된다"[6]고 판단하였다.

이에 대하여 대법원의 소수의견은 '내란행위는 국가의 헌정질서의 변혁을 가져온 고도의 정치적 행위'로서 '법원이 사법적으로 심사하기에는 부적합'하므로 '법원으로서는 이에 대한 재판권을 행사할 수 없다'고 한다.

---

4) 대법원 1980.5.20. 선고 80도306 판결.
5) 다수설: 김성돈, 각론, 701면; 김성천/김형준, 각론, 768면; 박상기, 각론, 605면; 배종대, 각론, 809면 이하; 오영근, 각론, 848면; 임웅, 각론, 828면; 정성근/박광민, 각론, 937면. 이에 대하여 내란죄와 같은 필요적 공범에 대하여는 공범규정이 성립하지 않는다는 반대견해는 김일수/서보학, 각론, 951면.
6) 대법원 1997. 4. 17. 선고 96도3376 전원합의체 판결.

II. 내란목적살인죄

> **제88조(내란목적의 살인)**: 대한민국 영토의 전부 또는 일부에서 국가권력을 배제하거나 국헌을 문란하게 할 목적으로 사람을 살해한 자는 사형, 무기징역 또는 무기금고에 처한다.
>
> **제89조(미수범)**: 전2조의 미수범은 처벌한다.

본죄는 내란목적을 달성하기 위하여 의도적으로, 즉 목적을 달성하기 위한 수단으로 사람을 살해함으로써 성립하는 범죄이다. 통상은 살인의 객체가 요인이지만 반드시 요인암살에 국한되는 것은 아니며, 일반인도 본죄의 객체가 될 수 있다.[7] 그리고 본죄의 살인행위는 폭동의 전후를 불문한다. 폭동이 있기 전이라도 내란목적으로 의도적으로 사람을 살해한 경우에는 본죄가 성립한다. 그러나 그러한 의도없이 내란의 와중에 폭동에 수반하여, 즉 군중심리에 의하여 사람을 살해한 경우에는 본죄는 성립하지 않으며, 다만 내란죄만 성립하고 살인행위는 불가벌적 수반행위로서 내란죄에 흡수된다.[8] 요컨대 내란목적살인죄와 내란죄의 구분은 살인이 '내란목적을 위한 수단으로서 의도적으로' 행하여졌는가의 여부에 의한다.[9] 즉 내란목적을 달성하기 하여 의도적으로 사람을 살해한 경우에는 내란목적살인죄가 성립하고, 그러한 의도없이 폭동의 과정에서 군중심리에 의하여 사람을 살해한 경우에는 내란죄와 살인죄의 경합범이 성립한다.

III. 내란예비·음모·선동·선전죄

> **제90조 제1항(내란예비·음모)**: 제87조 또는 제88조의 죄를 범할 목적으로 예비 또는 음모한 자는 3년 이상의 유기징역이나 유기금고에 처한다. 단, 그 목적한 죄의 실행에 이르기 전에 자수한 때에는 그 형을 감경 또는 면제한다.
>
> **동조 제2항(내란선동·선전)**: 제87조 또는 제88조의 죄를 범할 것을 선동 또는 선전한 자도 전항의 형과 같다.

---

[7] 김성돈, 각론, 703면; 배종대, 각론, 812면; 정성근/박광민, 각론, 940면. 이에 대하여 본죄가 요인암살에 국한된다는 견해는 김일수/서보학, 각론, 953면; 박상기, 각론, 609면 이하. 이 견해는 내란목적살인죄가 요인암살을 내용으로 한다는 점에서 내란죄와는 독립된 범죄유형이라고 한다(독립범죄설).
[8] 대법원 1997. 4. 17. 선고 96도3376 전원합의체 판결.
[9] 임웅, 각론, 831면은 이러한 견해를 '폭동관련구별설'이라고 한다.

1. 내란예비·음모죄

내란예비·음모에 대한 공범이 성립하는가에 대하여는 견해가 일치하지 않는다. 예비·음모를 독립된 구성요건으로 보는 견해(독립범죄설)는 공범의 성립을 인정한다.10) 그러나 예비는 미수와 마찬가지로 기본범죄, 즉 기수범의 발현형태로서 수정적 구성요건이라고 보는 견해(발현형태설)에 의하면 예비죄의 공범에 관한 별도의 처벌규정이 있는 경우에만 처벌이 가능하다고 보아야 한다.11) 형법에는 정범이 예비에 그친 경우에 교사자를 처벌하는 규정은 있지만(제31조 제2항), 예비의 방조를 처벌하는 규정은 없으므로 내란예비의 교사만 처벌이 가능하며, 방조는 불가벌이라고 보아야 한다.12)

내란을 예비·음모자가 실행에 착수하기 전에 자수한 때에는 그 형을 감경 또는 면제한다. 일반적으로 자수는 임의적 감면사유(제52조)이지만 본죄에서 자수는 필요적 감면사유(제90조 제1항 단서)이다.

2. 내란선동·선전죄

본죄에서 '선동'이란 내란에 대하여 고무적인 자극을 주는 일체의 언행13)을 말한다. '선전'이란 불특정 또는 다수인에게 내란에 동조하도록 내란에 관한 사항을 전달하는 일체의 행위를 말한다.

제2절 외환의 죄

I. 의의 및 보호법익

외환의 죄는 외부로부터 국가의 존립을 위태롭게 하는 것을 내용으로 하는 범죄이다. 국가의 존립을 위태롭게 한다는 점에서는 내란의 죄와 일치하지만, 외환의 죄는 국가의 대외적 존립을 위태롭게 한다는 점에서 국가의 대내적 존립을 위태롭게 하는 내란의 죄와는 차이가 있다. 외환의 죄의 보호법익은 국가의 외적 안전이다.

---

10) 김일수/서보학, 각론, 957면.
11) 원형식, 총론, 388면 이하.
12) 이에 대하여 내란예비·음모의 교사방조 모두 불가벌이라는 견해는 박상기, 각론, 611면; 오영근, 각론, 690면; 임웅, 각론, 832면.
13) 대법원 1975. 4. 8. 선고 74도3323 판결; 대법원 1977. 3. 22. 선고 74도3510 전원합의체 판결.

II. 외환유치죄

> **제92조(외환유치)**: 외국과 통모하여 대한민국에 대하여 전단을 열게 하거나 외국인과 통모하여 대한민국에 항적한 자는 사형 또는 무기징역에 처한다.
>
> **제104조(동맹국)**: 본장의 규정은 동맹국에 대한 행위에 적용한다.

외환의 죄는 ① 외국과 통모하여 대한민국에 대하여 전단을 열게 하거나 ② 외국인과 통모하여 대한민국에 항적하는 것을 내용으로 하는 범죄이다. 대한민국의 동맹국에 대하여 전단을 열게 하거나 항적한 때에도 본죄가 성립한다(제104조).

본죄는 외국인에 대하여도 적용되므로(제5조) 외환유치죄의 주체는 내국인에 국한되지 않으며 외국인도 포함된다.

본죄에서 '외국'이란 외교사절이나 군대와 같이 외국을 대표하는 정부기관을 말한다. 외국과 '통모'한다는 말은 외국과 의사연락을 한다는 의미이다. '전단(戰端)을 열게 한다'는 말은 전투행위를 개시하게 한다는 뜻이다.

본죄에서 외국인이란 외국의 정부기관 이외의 외국인 개인 또는 사적 단체를 말한다. '항적'은 외국의 군사적 업무에 종사하면서 대한민국에 대하여 적대행위를 하는 것이다. 전투원이건 비전투원이건 불문한다.

III. 여적죄

> **제93조(여적)**: 적국과 합세하여 대한민국에 항적한 자는 사형에 처한다.
>
> **제102조(준적국)**: 제93조 내지 전조의 죄에 있어서는 대한민국에 적대하는 외국 또는 외국인의 단체는 적국으로 간주한다.

본죄는 적국과 합세하여 대한민국에 항적함으로써 성립하는 범죄이다.

본죄에서 '적국'이란 대한민국과 전쟁상태에 있는 교전적국을 말한다. 대한민국에 적대하는 외국 또는 외국인의 단체(준적국)도 적국으로 간주한다(제102조). '적국과 합세하여'란 교전적국이나 준적국에 가담·협력하는 것을 말한다. '항적'이란 외환유치죄에서 설명한 것과 마찬가지로 외국의 군사적 업무에 종사하면서 대한민국에 대하여 적대행위를 하는 것을 말한다.

본죄의 법정형은 사형이다. 사형을 절대적 법정형으로 하고 있는 유일한 규정이다. 물론 이 경우에도 작량감경은 가능하다(제53조).

IV. 이적죄

이적죄는 적국을 위한다는 의사(이적의사)로 적국을 이롭게 하는 것(이적행위)을 내용으로 하는 범죄이다. 형법은 이적행위의 구체적 유형으로서 모병이적, 시설제공이적, 시설파괴이적, 물건제공이적 등 4가지를 규정하고 있으며, 4가지 유형가운데 어느 것도 적용되지 않는 경우에 적용되는 보충적 구성요건으로서 일반이적죄를 규정하고 있다.

1. 모병이적죄

> 제94조(모병이적) 제1항: 적국을 위하여 모병한 자는 사형 또는 무기징역에 처한다.
> 동조 제2항: 전조의 모병에 응한 자는 무기 또는 5년 이상의 징역에 처한다.

본죄는 적국을 위하여 모병하거나 모병에 응하는 것을 내용으로 하는 범죄이다. '모병'이란 전투원을 모집하는 것을 말한다.

2. 시설제공이적죄

> 제95조(시설제공이적) 제1항: 군대, 요새, 진영 또는 군용에 공하는 선박이나 항공기 기타 장소, 설비 또는 건조물을 적국에 제공한 자는 사형 또는 무기징역에 처한다.
> 동조 제2항: 병기 또는 탄약 기타 군용에 공하는 물건을 적국에 제공한 자도 전항의 형과 같다.

'군용에 공하는' 설비나 물건이라는 말은 군사목적에 직접 사용하기 위한 설비나 물건을 말한다.

3. 시설파괴이적죄

> 제96조(시설파괴이적): 적국을 위하여 전조에 기재한 군용시설 기타 물건을 파괴하거나 사용할 수 없게 한 자는 사형 또는 무기징역에 처한다.

4. 물건제공이적죄

> 제97조(물건제공이적): 군용에 공하지 아니하는 병기, 탄약 또는 전투용에 공할 수 있는 물건을 적국에 제공한 자는 무기 또는 5년 이상의 징역에 처한다.

본죄의 객체는 군용에 공하지 아니하는 물건, 즉 '비군용 물건'이다. 군용물건을 적국에 제공한 때에는 시설제공이적죄(제95조 제2항)가 성립한다.

5. 일반이적죄

> **제99조(일반이적)**: 전7조에 기재한 이외에 대한민국의 군사상 이익을 해하거나 적국에 군사상 이익을 공여하는 자는 무기 또는 3년 이상의 징역에 처한다.

본죄는 전7조, 즉 이적죄나 간첩죄에 대하여 보충관계에 있으므로 전7조의 범죄가 성립하는 경우에 본죄는 성립하지 않는다. 예컨대 적국을 위하여 자금을 조달한 경우, 간첩도 아니고 또 직무와도 관계없이 지득한 군사비밀을 적국에 누설한 경우[1]가 본죄에 해당한다.

V. 간첩죄

> **제98조(간첩) 제1항**: 적국을 위하여 간첩하거나 적국의 간첩을 방조한 자는 사형, 무기 또는 7년 이상의 징역에 처한다.
> **동조 제2항**: 군사상의 기밀을 적국에 누설한 자도 전항의 형과 같다.
> **제100조(미수범)**: 전8조의 미수범은 처벌한다.
> **국가보안법 제4조 제1항**: 반국가단체의 구성원 또는 그 지령을 받은 자가 그 목적수행을 위한 행위를 한 때에는 다음의 구별에 따라 처벌한다.
> **제2호**: 형법 제98조에 규정된 행위를 하거나 국가기밀을 탐지·수집·누설·전달하거나 중개한 때에는 다음의 구별에 따라 처벌한다.
> 가. 군사상 기밀 또는 국가기밀이 국가안전에 대한 중대한 불이익을 회피하기 위하여 한정된 사람에게만 지득이 허용되고 적국 또는 반국가단체에 비밀로 하여야 할 사실, 물건 또는 지식인 경우에는 사형 또는 무기징역에 처한다.
> 나. 가목 외의 군사상 기밀 또는 국가기밀의 경우에는 사형·무기 또는 7년 이상의 징역에 처한다.
> **군사기밀 보호법 제11조(탐지·수집)**: 군사기밀을 적법한 절차에 의하지 아니한 방법으로 탐지하거나 수집한 사람은 10년 이하의 징역에 처한다.
> **제12조(누설)**: ① 군사기밀을 탐지하거나 수집한 사람이 이를 타인에게 누설한 경우에는 1

---

1) 대법원 1982. 11. 23. 선고 82도2201 판결. 직무상 지득한 군사비밀을 누설한 때에는 간첩죄(제98조 제2항)가 성립하므로 일반이적죄는 성립하지 않는다.

> 년 이상의 유기징역에 처한다.
> ② 우연히 군사기밀을 알게 되거나 점유한 사람이 군사기밀임을 알면서도 이를 타인에게 누설한 경우에는 5년 이하의 징역 또는 5천만원 이하의 벌금에 처한다.
>
> **제13조(업무상 군사기밀 누설)**: ① 업무상 군사기밀을 취급하는 사람 또는 취급하였던 사람이 그 업무상 알게 되거나 점유한 군사기밀을 타인에게 누설한 경우에는 3년 이상의 유기징역에 처한다.
> ② 제1항에 따른 사람 외의 사람이 업무상 알게 되거나 점유한 군사기밀을 타인에게 누설한 경우에는 7년 이하의 징역에 처한다.

1. 의의

본죄는 ① 적국을 위하여 간첩하거나 ② 적국의 간첩을 방조하거나 ③ 군사상의 기밀을 적국에 누설하는 것을 내용으로 하는 범죄이다.

국가보안법은 "군사상 기밀 또는 국가기밀이 국가안전에 대한 중대한 불이익을 회피하기 위하여 한정된 사람에게만 지득이 허용되고 적국 또는 반국가단체에 비밀로 하여야 할 사실, 물건 또는 지식인 경우" 형법 제98조의 간첩죄를 가중처벌하고 있다(국가보안법 제4조 제1항 제2호 가목).

2. 성립요건

(1) 간첩

'간첩'이란 적국을 위하여 국가기밀을 탐지·수집하는 행위를 말한다.[2]

① '적국을 위하여'

'적국을 위하여'라는 말은 적국과의 의사연락이 있을 것을 요하므로 적국과의 의사연락 없이 일방적으로 국가기밀을 탐지·수집하는 '편면적 간첩'은 본죄에 해당하지 않는다. 다만 군사기밀 보호법 제11조에 해당할 가능성이 있다.

판례[3]와 다수설[4]은 '적국'이 국제법상의 국가는 물론 사실상 국가에 준하는 단체도 포함한다고 본다. 따라서 북한도 적국에 준하는 단체로서 간첩죄에서 말하는 적국에 해당한다.

---

2) 김일수/서보학, 각론, 964면; 박상기, 각론, 615면. 이에 대하여 탐지·수집 외에도 '누설'도 간첩에 해당한다는 견해는 임웅, 각론, 842면.
3) 대법원 1983. 3. 22. 선고 82도3036 판결.
4) 김성돈, 각론, 710면; 김일수/서보학, 각론, 964면; 박상기, 각론, 616면.

[판례 1] "북한괴뢰집단은 우리 헌법상 반국가적인 불법단체로서 국가로 볼 수 없음은 소론과 같으나, 간첩죄의 적용에 있어서는 이를 국가에 준하여 취급하여야 한다는 것이 당원의 판례이며(1959.7.18 선고 4292형상180 판결 및 1971.9.28 선고 71도1498 판결 각 참조), 현재 이 견해를 변경할 필요는 느끼지 않는다. 위와 같은 견해가 헌법에 저촉되는 법률해석이라는 논지는 독단적 견해에 불과하여 받아들일 수 없다."[5]

② 국가기밀

'국가기밀'이란 국가의 외적 안전에 대한 중대한 불이익을 초래할 위험을 방지하기 위하여 외국에 대하여 비밀로 하여야 할 사실·물건·지식으로서 제한된 범위의 사람에게만 알려져 있는 것을 말한다.[6] 본죄에서 말하는 '국가기밀'은 '실질적 기밀개념'으로서 '그 내용이 누설되는 경우 국가의 안전에 위험을 초래할 우려가 있어 기밀로 보호할 실질가치를 갖춘 것'[7]을 말하며, 국가기관이 기밀로 표시를 하였는가의 여부나 비밀로 보호할 의사가 있는가의 여부는 중요하지 않다.

'기밀'이란 제한된 범위의 사람에게만 알려져 있는 사실을 말하므로 신문에 보도된 사실과 같이 국내에서의 적법한 절차 등을 거쳐 이미 일반인에게 널리 알려진 공지의 사실은 여기에 해당하지 않는다.[8]

③ 탐지·수집

본죄에서 행위는 탐지·수집이다. 본죄의 기수시기는 국가기밀을 탐지·수집한 때이며 이를 누설할 것을 요하지 않는다. 누설은 본죄의 행위가 아니므로 탐지·수집한 국가기밀을 적국에 누설한 때에는 누설행위가 별도로 범죄를 구성하는 것이 아니라 포괄일죄가 된다.[9]

본죄에서 실행의 착수시기는 기밀의 탐지·수집에 착수한 때이다.[10] 이에 대하여 판례는 간첩행위를 위하여 국내에 잠입한 때에 실행의 착수가 있다고 본다.[11] 기밀을 탐지·수집할 목적으로 국내에 잠입한 행위는 간첩의 예비에 불과하므로 간첩미수죄는 성립하지 않는다고 보는 견해가 타당하다. 다만 국가보안법의 잠입죄(제6조 제1항)가 성립하므로 처벌의 공백은 발생하지 않는다.

---

5) 대법원 1983. 3. 22. 선고 82도3036 판결.
6) 판례(대법원 1997. 7. 16. 선고 97도985 전원합의체 판결); 김일수/서보학, 각론, 964면; 박상기, 각론, 617면; 임웅, 각론, 843면.
7) 대법원 1997. 7. 16. 선고 97도985 전원합의체 판결.
8) 대법원 1997. 7. 16. 선고 97도985 전원합의체 판결. 다수설(김일수/서보학, 각론, 964면; 배종대, 각론, 819면; 임웅, 각론, 844면)도 같은 견해이다.
9) 대법원 1982. 11. 23. 선고 82도2201 판결.
10) 다수설: 김일수/서보학, 각론, 965면; 박상기, 각론, 619면.
11) 대법원 1984. 9. 11. 선고 84도1381 판결; 배종대, 각론, 800면.

(2) 간첩방조

'간첩방조'란 간첩행위를 용이하게 하는 것을 발한다. 본죄에서 간첩방조는 간첩죄의 종범이 아니라 독립된 범죄이므로 종범에 관한 총칙의 규정(제32조)이나 이론은 적용되지 않는다. 따라서 간첩방조 행위가 미수에 그친 경우에 '기도된 방조'로서 불가벌이 되는 것이 아니라, 본죄의 미수(제98조 제1항, 제100조)가 성립한다.[12]

(3) 군사상 기밀누설

본죄의 구성요건을 보면 일반범인 것처럼 규정되어 있으나, 판례[13]와 다수설[14]은 본죄가 '직무상' 지득한 군사기밀을 누설한 때에 성립한다고 해석하므로 진정신분범이다. 직무와 관계없이 지득한 군사상 기밀을 적국에 누설한 경우에는 제98조 제2항의 기밀누설에 해당하는 것이 아니라 일반이적죄(제99조)가 성립한다.[15] 그리고 적국 이외의 타인에게 군사기밀을 누설한 때에는 군사기밀보호법 제12조의 기밀누설에 해당한다.

VI. 예비·음모·선동·선전죄

> **제101조 제1항(예비·음모)**: 제92조 내지 제99조의 죄를 범할 목적으로 예비 또는 음모한 자는 2년 이상의 유기징역에 처한다. 단 그 목적한 죄의 실행에 이르기 전에 자수한 때에는 그 형을 감경 또는 면제한다.
>
> **동조 제2항(선동·선전)**: 제92조 내지 제99조의 죄를 선동 또는 선전한 자도 전항의 형과 같다.

본죄는 외환의 죄 가운데 전시군수계약불이행죄를 제외한 범죄를 예비·음모·선동·선전한 자에 대하여 성립한다.

---

12) 임웅, 각론, 846면.
13) 대법원 1975. 5. 13. 선고 75도862 판결; 대법원 1981. 9. 22. 선고 81도1944 판결; 대법원 1982. 2. 23. 선고 81도2958 판결; 대법원 1982. 7. 13. 선고 82도968 판결; 대법원 1982. 11. 9. 선고 82도2239 판결.
14) 김일수/서보학, 각론, 966면; 오영근, 각론, 863면 이하.
15) 대법원 1982. 11. 9. 선고 82도2239 판결.

VII. 전시군수계약불이행죄

> **제103조(전시군수계약불이행) 제1항**: 전쟁 또는 사변에 있어서 정당한 이유없이 정부에 대한 군수품 또는 군용공작물에 관한 계약을 이행하지 아니한 자는 10년 이하의 징역에 처한다.
>
> **동조 제2항**: 전항의 계약이행을 방해한 자도 전항의 형과 같다.

제103조 제1항의 전시군수계약불이행죄는 진정부작위범이다.

제3절 국기에 관한 죄

I. 의의

국기에 관한 죄는 대한민국을 모욕할 목적으로 국기 또는 국장을 모독하거나 비방하는 것을 내용으로 하는 범죄이다. 본죄는 '대한민국을 모욕할 목적'을 요한다는 점에서 목적범이다.

본죄의 보호법익은 국가의 권위이다.

II. 국기·국장모독죄

> **제105조(국기·국장모독)**: 대한민국을 모욕할 목적으로 국기 또는 국장을 손상, 제거 또는 오욕한 자는 5년 이하의 징역이나 금고, 10년 이하의 자격정지 또는 700만원 이하의 벌금에 처한다.

국기는 대한민국의 태극기를 말하며, 국장은 국가를 상징하는 태극기 이외의 휘장을 말한다.

'모독'이란 '손상, 제거 또는 오욕' 등의 행위를 통하여 경멸의 의사표시를 하는 것이다. 손상은 물질적 훼손을 말한다. 제거는 손상함이 없이 철거하거나 보이지 않게 가로막는 것을 말한다. 그리고 오욕은 불결하게 만드는 일체의 행위를 말한다. 예컨대 오물로 더럽히거나 침을 뱉는 행위가 여기에 해당한다.

III. 국기·국장비방죄

> **제106조(국기·국장비방)**: 전조의 목적으로 국기 또는 국장을 비방한 자는 1년 이하의 징역이나 금고, 5년 이하의 자격정지 또는 200만원 이하의 벌금에 처한다.

비방이란 언어, 거동, 그림 등을 통하여 모욕의 의사표시를 하는 것이다. 비방은 공연성, 즉 불특정 또는 다수인이 인식할 수 있는 상태에서 행해질 것을 요한다.16) 비방은 경멸의 의사표시라는 점에서 모독과 같지만, 물질적 작용 이외의 방법에 의한다는 점과 공연성을 요한다는 점에서 모독과 다르다.

본죄도 국기·국장모독죄와 마찬가지로 대한민국을 모욕할 목적이 있을 것을 요하는 목적범이다.

> [판례 1] "특정종파의 성경의 교리상 국기에 대하여 절을 하여서는 아니되나 국기를 존중하는 의미에서 가슴에 손을 얹고 주목하는 방법으로 경의를 표할 수 있다고 말한 것은 국기의 비방에 해당하지 아니한다".17)

제4절 국교에 관한 죄

I. 서론

1. 의의 및 체계

국교에 관한 죄는 외국과의 평화로운 국제관계를 위태롭게 하는 범죄이다. 이 죄는 ① 외국원수, 외국사절, 외국국기·국장에 대한 죄, ② 외국에 대한 국제적 의무나 평화로운 국제관계에 대한 죄, ③ 외교상 기밀누설죄 등 세 가지 유형으로 분류할 수 있다. ①의 유형에 속하는 범죄로는 외국원수에 대한 폭행·협박·모욕·명예훼손죄(제107조), 외국사절에 대한 폭행·협박·모욕·명예훼손죄(제108조), 외국국기·국장모독죄(제109조)가 있다. 이 유형의 범죄는 외국정부의 명시한 의사에 반하여 처벌할 수 없으므로(제110조) 반의사불벌죄이다. ②의 유형에 속하는 범죄로는 외국에 대한 사전죄(제111조)와 중립명령위반죄(제112조)가 있다. ③ 외교상 기밀누설죄는 국가의 대외적 존립을 위태롭게 한다는 점에서 외환죄로서의 성격을 지니고 있다.

---

16) 김일수/서보학, 각론, 972면; 임웅, 각론, 852면.
17) 대법원 1975. 5. 13 선고 74도2183 판결.

2. 보호법익

본죄의 보호법익은 국제법상 보호되는 외국의 이익과 우리나라의 대외적 지위이다.[18]

국교에 관한 죄의 입법주의에는 상호주의와 단독주의가 있다. 상호주의는 외국법에 우리와 동일한 규정이 있는 경우에만 내국법을 적용하는 것을 말하며, 단독주의는 외국법에 동일한 규정이 있는가와 관계없이 내국법을 적용하는 것을 말한다. 우리 형법은 상호주의를 규정하고 있지 않으므로 단독주의를 채택하고 있다고 할 수 있다.[19]

II. 외국원수에 대한 폭행·협박·모욕·명예훼손죄

> 제107조(외국원수에 대한 폭행·협박) 제1항: 대한민국에 체재하는 외국의 원수에 대하여 폭행 또는 협박을 가한 자는 7년 이하의 징역이나 금고에 처한다.
>
> 동조 제2항(외국원수에 대한 에 대한 모욕·명예훼손): 전항의 외국원수에 대하여 모욕을 가하거나 명예를 훼손한 자는 5년 이하의 징역이나 금고에 처한다.

'원수'란 헌법상 국가를 대표하는 권한이 있는 자를 말한다. 대통령이나 군주가 여기에 해당한다. 내각책임제에서 수상은 헌법상 국가를 대표하는 권한이 있는 자는 아니므로 원수에 해당하지 않는다.

본죄의 행위 가운데 모욕이나 명예훼손은 공연성을 요하지 않는다는 점과 제310조의 위법성조각사유가 적용되지 않는다는 점에서 모욕죄나 명예훼손죄와 차이가 있다. 그리고 본죄가 반의사불벌죄라는 점에서 명예훼손죄와 같지만 친고죄인 모욕죄와는 다르다.

III. 외국사절에 대한 폭행·협박·모욕·명예훼손죄

> 제108조 제1항(외국사절에 대한 폭행·협박): 대한민국에 파견된 외국사절에 대하여 폭행 또는 협박을 가한 자는 5년 이하의 징역이나 금고에 처한다.
>
> 동조 제2항(외국사절에 대한 모욕·명예훼손): 전항의 외국사절에 대하여 모욕을 가하거나 명예를 훼손한 자는 3년 이하의 징역이나 금고에 처한다.

---

18) 다수설: 김일수/서보학, 각론, 974면; 오영근, 각론, 871면; 임웅, 각론, 853면. 이에 대하여 우리나라의 대외적 지위가 본죄의 보호법익이라고 보는 견해는 배종대, 각론, 826면.
19) 독일형법 제104 a조는 '상호성', 즉 외국법에도 자국법에 상응하는 규정이 있는 때에만 소추할 수 있다고 규정함으로써 상호주의를 채택하고 있다.

'외국사절'이란 본국을 대표하여 대한민국에 파견된 사절, 예컨대 대사공사 등을 말한다. 외교상의 사절이건 의식상의 사절이건 불문한다. 그러나 제3국에 파견된 사절로서 대한민국에 체재 중인 자는 본죄의 객체에 해당하지 않는다.

IV. 외국국기·국장모독죄

> 제109조(외국의 국기, 국장의 모독): 외국을 모욕할 목적으로 그 나라의 공용에 공하는 국기 또는 국장을 손상, 제거 또는 오욕한 자는 2년 이하의 징역이나 금고 또는 300만원 이하의 벌금에 처한다.
>
> 제110조(피해자의 의사): 제107조 내지 제109조의 죄는 그 외국정부의 명시한 의사에 반하여 공소를 제기할 수 없다.

본죄의 객체는 '그 나라의 공용에 공하는' 국기·국장이다. 따라서 개인이 소장하거나 사용하는 외국의 국기·국장은 본죄의 객체가 아니다. 국기·국장모독죄(제150조)의 객체가 공용에 공하는 것임을 요하지 않고, 개인이 사용하는 국기·국장도 포함한다는 점에서 외국의 국기·국장모독죄와 차이가 있다.

V. 외국에 대한 사전죄

> 제111조 제1항(외국에 대한 사전): 외국에 대하여 사전한 자는 1년 이상의 유기금고에 처한다.
>
> 동조 제2항(미수): 전항의 미수범은 처벌한다.
>
> 동조 제3항(예비·음모): 제1항의 죄를 범할 목적으로 예비 또는 음모한 자는 3년 이하의 금고 또는 500만원 이하의 벌금에 처한다. 단 그 목적한 죄의 실행에 이르기 전에 자수한 때에는 감경 또는 면제한다.

'사전'(私戰)이란 국가의 전투명령을 받지 않고 함부로 외국에 대하여 전투행위를 하는 것, 즉 사적인 전투행위를 말한다. 본죄를 처벌하는 이유는 우리 국민이 외국과 사적인 전투행위를 하는 경우 우리나라와의 외교관계를 위태롭게 할 우려가 있기 때문이다.

VI. 중립명령위반죄

> 제112조(중립명령위반): 외국간의 교전에 있어서 중립에 관한 명령에 위반한 자는 3년 이하의 금고 또는 500만원 이하의 벌금에 처한다.

'외국간의 교전'은 우리나라가 참가하지 않은 외국 사이의 전쟁을 말한다. 외국간의 교전에서 우리나라가 교전국의 어디에도 가담하지 않는다는 입장을 선언하는 것을 '국외중립의 선언'이라고 한다. 국가가 이 선언을 하는 경우 중립의 내용을 정하는 명령을 발하는 경우가 있는데, 이를 '중립명령'이라고 한다.

어떤 행위가 중립명령에 위배되어 본죄가 성립하는가는 중립명령의 내용에 의하여 결정되므로 본죄는 백지형법이라고 할 수 있다. 그리고 본죄는 한시적으로 발한 중립명령이 폐지될 때까지만 적용되므로 한시법이다.

VII. 외교상 기밀누설죄

> 제113조 제1항(외교상기밀의 누설): 외교상의 기밀을 누설한 자는 5년 이하의 징역 또는 1천만원 이하의 벌금에 처한다.
> 동조 제2항(외교상기밀의 탐지·수집): 누설할 목적으로 외교상의 기밀을 탐지 또는 수집한 자도 전항의 형과 같다.

'외교상의 기밀'은 '외교정책상 외국에 대하여 비밀로 하거나 확인되지 아니함이 대한민국의 이익이 되는 모든 정보자료'를 말한다. 예컨대 외국과 비밀조약을 체결한 사실이 여기에 해당한다. 그러나 국내 또는 국외에 이미 공지된 사실[20]은 '기밀'에 해당하지 않는다.

외교상의 기밀을 적국에 누설한 때에는 간첩죄가 성립하며, 외교상 기밀누설죄는 성립하지 않는다. 결국 외교상 기밀누설죄는 적국 이외의 외국에 누설한 때에만 성립한다.

누설할 목적으로 외교상의 기밀을 탐지수집한 때에도 외교상 기밀누설죄와 같은 형으로 처벌한다. 본죄는 외교상 기밀누설에 대한 예비행위를 독립하여 규정한 독립된 구성요건으로서 외교상 기밀누설죄와 같은 형으로 처벌되므로 예비죄에 관한 규정은 아니다. 본죄는 누설목적이 있을 것을 요하는 목적범이다.

---

20) 대법원 1995. 12. 5. 선고 94도2379 판결.

제2장 국가의 기능에 관한 죄

제1절 공무원의 직무에 관한 죄

I. 서론

1. 의의 및 유형

공무원의 직무에 관한 죄를 '직무범죄'라고 한다. 형법에 규정되어 있는 직무범죄는 직무위배죄, 직권남용죄, 뇌물죄 등 세 가지 유형으로 분류할 수 있다. 직무위배죄는 공무원이 직무상의 의무에 위배할 것을 내용으로 하는 범죄로서 직무유기죄, 피의사실공표죄(제126조), 공무상 비밀누설죄(제127조) 등이 있다. 직권남용죄는 공무원이 직접 국민의 권리를 침해하는 범죄로서 직권남용죄(제123조), 불법체포·감금죄(제124조), 폭행·가혹행위죄(제125조), 선거방해죄(제128조) 등이 있다.

   * 직무범죄의 유형
   ┌ ① 직무위배죄: 직무유기죄, 피의사실공표죄, 공무상 비밀누설죄
   ├ ② 직권남용죄: 직권남용죄, 불법체포·감금죄, 폭행·가혹행위죄, 선거방해죄
   └ ③ 뇌물죄

직권남용죄는 공무원이 국민에 대하여 행하는 범죄라는 점에서, 공무원이 국가에 대하여 행하는 범죄인 직무위배죄와 차이가 있다. 마지막으로 뇌물죄는 공무원이 직무행위에 대한 대가로서 부당한 이익을 취득하는 범죄이다.

2. 진정직무범죄와 부진정직무범죄

직무유기죄나 직권남용죄와 같이 공무원의 신분이 구성적 신분인 경우를 진정신분범(진정직무범죄)라고 한다. 그러나 불법체포·감금죄(제124조)나 폭행·가혹행위죄(제125조)와 같이 공무원의 신분을 이유로 형이 가중되는 범죄를 부진정신분범(부진정직무범죄)이라고 한다.[1] 공무원 아닌 자가 진정신분범에 가담한 때에는 직무범죄의 공범이 성립하지만(제33조 본문) 부진정직무범죄에 가담한 때에는 기본범죄만 성립한다(제33조 단서).[2]

---

[1] 공무원 아닌 자에 대하여는 체포·감금죄(제276조)나 폭행죄(제260조)가 성립한다.
[2] 김일수/서보학, 788면.

3. 특별가중규정

제135조(공무원의 직무상 범죄에 대한 형의 가중): 공무원이 직권을 이용하여 본장 이외의 죄를 범한 때에는 그 죄에 정한 형의 2분의 1까지 가중한다. 단 공무원의 신분에 의하여 특별히 형이 규정된 때에는 예외로 한다.

II. 직무위배죄

1. 직무유기죄

제122조(직무유기): 공무원이 정당한 이유 없이 그 직무수행을 거부하거나 그 직무를 유기한 때에 는 1년 이하의 징역이나 금고 또는 3년 이하의 자격정지에 처한다.

(1) 의의 및 보호법익

본죄는 공무원이 정당한 이유 없이 그 직무수행을 거부하거나 그 직무를 유기하는 것을 내용으로 하는 범죄이다.

본죄의 보호법익은 국가의 기능이며, 보호의 정도는 구체적 위험범이다. 공무원은 국가공무원법에 의하여 성실의무 내지는 충근의무(동법 제56조)를 부담한다. 그러나 본죄의 보호법익은 공무원의 성실의무가 아니라 국가의 기능이므로 공무원이 성실의무를 태만히 하는 직무태만은 직무유기죄에 해당하지 않는다. 다만 국가공무원법상 징계사유에 해당할 수 있을 뿐이다(동법 제78조). 본죄가 성립하기 위해서는 '직무의 의식적인 포기 등과 같이 국가의 기능을 해하며 국민에게 피해를 야기시킬 가능성'이 있을 것을 요한다.3) 이러한 의미에서 본죄는 구체적 위험범이라고 할 수 있다.4)

(2) 성립요건

(가) 주체

본죄의 주체는 공무원이다. 형법상 공무원의 개념은 통상 공법(국가공무원법 및 지방공무원법)에서 말하는 공무원과 같은 의미이다. 즉 공무원이란 법령에 의하여 공무에 종사하는 직원을 말한다. 국가공무원법이나 지방공무원법 이외의 법률에 의하여 공무원으로 의제(擬制)되는 자도 본죄의 주체가 된다.5) 공법인의 임직원도 법

---

3) 대법원 1983. 1. 18, 선고 82도2624 판결.
4) 김일수/서보학, 각론, 800면 이하; 배종대, 각론, 834면; 정성근/박광민, 각론, 781면. 반면에 추상적 위험범이라는 견해는 박상기, 각론, 629면; 오영근, 각론, 884면; 임웅, 각론, 864면.
5) 예컨대 한국은행법 제106조는 "금융통화위원회 위원과 한국은행의 부총재보·감사 및 직원" 등

령에 의하여 공무원으로 의제되는 경우6)에는 본죄의 주체가 된다. 그러나 그러한 의제규정이 없는 경우에는 공법인의 임직원을 공무원이라고 할 수 없다.7) 판례8)가 공무원연금관리공단 임·직원은 특정범죄 가중처벌 등에 관한 법률 제4조에서 규정하는 공무원9)이라고 할 수 없다고 한 것도 같은 취지이다.

> [판례 1] 대법원은 중앙약사심의위원회 소분과위원이 형법상 뇌물죄의 주체로서 공무원에 해당하는지에 대하여 "소분과위원회의 그 후보자군에 포함 편성되는 것만으로는 그 때부터 공무에 종사하는 것이라고 할 수는 없다. 그러나 그 후보자들 중 중앙약사심의위원회 소분과위원회의 개최를 앞두고 소분과위원회 위원으로 위촉된 사람은 그 때부터 보건사회부장관이 자문을 구한 당해 안건의 심의가 끝날 때까지의 기간 동안은 위의 근거 법령에 의하여 공무에 종사하는 자로서 형법 제129조에 규정된 수뢰죄의 주체인 공무원이라고 할 것이다"라고 함으로써 이를 긍정하고 있다. 그리고 그 근거로서 "수뢰죄가 공무집행의 공정성과 이에 대한 사회의 신뢰에 기초한 매수되어서는 아니되는 속성을 보호법익으로 삼는 것임을 감안할 때, 그 죄의 주체인 공무원에 해당하는지의 여부는 담당자의 주된 신분에 의하여만 결정될 것이 아니라 담당하는 업무의 공정성 등이 보호될 필요가 있는가에 따라 결정되어야 하기 때문"이라는 점을 든다.10)

(나) 행위

본죄의 행위는 직무수행을 거부하거나 직무를 유기하는 것이다. 여기서 직무란 공무원법상의 본래의 직무 또는 고유한 직무를 말한다. 공무원인 신분관계로 인하여 부수적·파생적으로 발생하는 직무, 예컨대 공무원의 충실의무와 같은 추상적 의무는 여기에 해당하지 않는다.

> [판례 2] 시청 총무과장 甲은 경리담당직원 乙이 공금을 횡령한다는 사실을 알면서도 이를 고발하지 않고 방치하였다. 형사소송법 제234조 제2항은 "공무원은 그 직무를 행함에 있어서 범죄가 있다고 사료하는 때에는 고발하여야 한다"고 규정하고 있다. 甲의 죄책은?

직무유기죄에서 말하는 직무란 공무원법상의 본래의 직무를 말하는 것이고, 공무원이라는 신분관계로 인하여 부수적·파생적으로 발생하는 직무는 여기에 해당하지 않는다. 형사소송

을 '공무원으로 본다'고 규정하고 있다.
6) 예컨대 공무원연금법 제15조는 "공단의 임직원은 「형법」 제129조부터 제132조까지를 적용할 때에는 공무원으로 본다"고 규정함으로써 벌칙 적용시에는 공무원연금관리공단의 임직원을 공무원으로 의제하고 있다.
7) 박상기, 각론, 628면; 정성근/박광민, 각론, 779면.
8) 대법원 2006. 1. 13. 선고 2005도9224 판결.
9) 특정범죄 가중처벌 등에 관한 법률 시행령 제2조 참조.
10) 대법원 2002. 11. 22. 선고 2000도4593 판결.

법 제234조 제2항의 고발의무는 공무원법상의 본래의 직무는 아니므로 공무원이 그 직무를 수행함에 있어 범죄가 있다고 사료함에도 불구하고 고발하지 않았다 하더라도 직무유기죄가 성립하는 것은 아니다.[11] 따라서 甲에 대하여 직무유기죄는 성립하지 않는다. 다만 甲에 대하여는 업무상 횡령의 방조범이 성립한다.

'직무수행을 거부'하는 것은 직무를 능동적으로 수행할 의무 있는 자가 이를 행하지 않는 것을 말하고, '직무유기'란 직무를 의식적으로 방임 또는 포기하는 경우와 같이 정당한 이유 없이 직무를 수행하지 않는 것을 말한다. 본죄의 행위태양에 대하여는 견해가 일치하지 않는다.[12] 직무수행의 거부나 직무유기는 모두 작위나 부작위에 의하여 가능하므로 본죄를 일률적으로 부작위범으로 볼 수는 없다. 예컨대 공무원이 적극적인 작위에 의하여 금지규범에 위배한 경우에도 직무유기죄의 성립이 가능하다. 따라서 직무유기죄는 작위와 부작위의 행위형태를 모두 포함하는 것으로 보는 다수설이 타당하다.

판례는 본죄가 "그 직무를 수행하여야 할 작위의무가 있는데도 불구하고 이러한 직무를 버린다는 인식하에 그 작위의무를 수행하지 아니한 사실"이 있어야 성립하는 범죄이므로 부진정부작위범이라고 한다.[13] 부진정부작위범은 작위범의 구성요건, 즉 금지규범을 부작위에 의하여 위반하는 것을 말하므로 판례는 직무유기죄가 작위범이라는 것을 전제로 하고 있다고 이해할 수도 있다. 판례가 행정처분을 받은 차량에 관하여는 특별한 사정이 없는 한 그 번호판을 재교부하여서는 안되는 직부상의 의무((구) 자동차운수사업법 제32조 제1항[14])가 있음에도 불구하고 차량번호판의 교부담당공무원이 번호판을 재교부한 행위가 직무유기죄에 해당한다고 보았는데,[15] 이는 작위에 의한 직무유기죄의 성립을 인정한 것이다. 결국 판례도 본죄가 작위나 부작위에 의하여 가능하다고 보는 것이므로 다수설의 견해와 다르지 않다.

직무유기가 성립하려면 직무집행의사를 버리고 직무를 집행하지 않을 것을 요하므로 직무태만과 같이 직무집행의 내용이 부실한 경우는 직무집행의 의사로서 직무를 수행한 점에는 변함이 없으므로 직무유기에 해당하지 않는다.

---

11) 대법원 1962. 5. 2, 선고 4294형상127 판결.
12) 본죄는 ① 작위는 물론 부작위에 의하여 의해서도 가능하다는 견해(다수설: 오영근, 각론, 885면; 임웅, 각론, 867면; 정성근/박광민, 각론, 783면), ② 부진정부작위범으로 보는 견해(판례: 대법원 1983. 3. 22. 선고 82도3065 판결), ③ 진정부작위범으로 보는 견해(김성천/김형준, 각론, 940면), ④ 직무수행의 거부는 진정부작위범이지만, '직무유기'는 작위와 부작위를 포함하는 넓은 개념이라는 견해(김일수/서보학, 각론, 803면) 등이 있다.
13) 대법원 1983. 3. 22. 선고 82도3065 판결.
14) 현행 여객자동차 운수사업법 제89조.
15) 대법원 1972. 6. 27. 선고 72도969 판결.

[판례 3-1] 甲은 안성군청 식산과 축산계 수의사로서 도축검사 의뢰를 받으면 도축검사 신청서에 기재된 축종, 성별, 연령, 품종, 생체량 등이 도축하려는 현물인 축우와 동일한가의 여부 및 질병보유 여부 등을 철저히 검사하여 도축할 수 있는 소인가를 확인하여야 할 직무상 의무가 있다. 甲은 병든 소를 사무실내에서 유리창 밖으로 대충 확인하고 해체검사시에 도축우의 머리등 성별을 확인할 수 있는 부위는 제대로 검사하지 않음으로써 병든 축우가 도축되어 유통되게 하였다. 甲의 죄책은?

甲이 도축검사업무를 소홀히 한 사실은 인정되나, 도축검사업무를 버린다는 인식을 가지고 도축검사 업무자체를 수행하지 아니한 것은 아니다. 따라서 A가 도축검사업무를 소홀히 하여 형식적으로 수행하고 이로 인하여 도축할 수 없는 소를 도축한 결과가 발생하였다하더라도 직무집행의의사로서 직무를 수행한 점에는 변함이 없고 다만 태만으로 그 내용이 불실하다 하여 직무유기죄를 구성한다고는 할 수 없으므로 직무유기죄는 성립하지 않는다.16)

[판례 3-2] 가축검사원으로 재직하는 공무원 甲은 1988.12.12.부터 12.19.까지 사이에, 도축장에서 소에 대한 강제급수의 방지와 신선한 육질의 유지를 위해 구축산물위생처리법시행규칙 제27조 제2항(현행 축산물위생처리법시행규칙 제8조 제3항)에 의해 7시간 이상 소를 계류사에 계류시키도록 되어 있으며, 퇴근 후 도축 의뢰되는 소를 계류장에 입사시킬 경우에는 검사원이 나가 계류장 문을 열고 입사시킨 후 다시 시정, 봉인하여 소에 대한 강제급수를 미리 방지하는 등 검사원으로서의 직무를 해야 함에도 불구하고, 퇴근시 소 계류장의 시정, 봉인조치를 취하지 않은 채 그 관리를 도축장 직원 乙에게 방치하였다. 甲의 죄책은?

대법원은 甲이 "검사원으로서의 직무를 정당한 이유없이 유기"하였다는 이유로 직무유기죄의 성립을 인정하였다.17) 대법원은 위의 (판례 3-1)에서는 행위자가 태만으로 직무수행을 부실하게 하였더라도 직무집행의의사로서 직무를 수행한 이상은 직무유기죄가 성립하지 않는다고 보았다. 그러나 (판례 3-2)에서는 행위자가 직무태만의 정도를 넘어서 직무를 의식적으로 방임한 것이므로 본죄가 성립한다고 본 것이다.

(다) 죄수

공무원의 부작위에 의한 직무유기가 다른 작위범에 해당하는 경우 작위우선의 원칙에 의하여 작위범만 성립하며 부작위범은 작위범에 대하여 보충관계(법조경합)에 있으므로 별도로 성립하지 않는다.18) 예컨대 판례는 공무원이 어떤 위법사실을

---

16) 대법원 1983. 12. 13. 선고83도1157 판결.
17) 대법원 1990. 5. 25. 선고 90도191 판결.
18) 원형식, 총론, 322면. 이에 대하여 공무원의 직무유기가 다른 범죄의 불법에 포함되어 있는 경우 직무유기죄는 그 범죄에 흡수되어 따로 성립하지 않는다(흡수관계)는 견해는 임웅, 각론,

알면서도 직무상 의무에 따른 적절한 조치를 취하지 않고 '위법사실을 적극적으로 은폐할 목적으로 허위공문서를 작성·행사한 경우에는 직무위배의 위법상태는 허위공문서작성 당시부터 그 속에 포함되는 것으로 작위범인 허위공문서작성, 동행사죄만이 성립하고 부작위범인 직무유기죄는 따로 성립하지 아니'한다고 한다.[19] 그러나 공무원이 위법사실을 직접적으로 은폐할 목적으로 허위공문서를 작성·행사한 것이 아니라 다른 목적(예컨대 위법하게 허가를 발부할 목적)에서 이를 행한 경우에는 본죄와 별도로 직무유기죄가 성립하며 양죄는 실체적 경합관계에 있다고 본다.[20] 왜냐하면 이러한 경우 직무유기는 작위에 의하여 행하여졌으므로 허위공문서작성 및 동행사죄에 대하여 보충관계에 있지 않기 때문이다.

[판례 4-1] 예비군 중대장 甲은 그 소속 예비군대원 乙의 훈련불참사실을 알았으면 이를 소속 대대장에게 보고하는 등의 조치를 취할 직무상의 의무가 있음에도 불구하고 乙의 훈련불참사실을 고의로 은폐할 목적으로 乙이 훈련에 참석한 양 허위내용의 학급편성명부를 작성, 행사하였다.
(1) 甲의 죄책은?
(2) 만일 甲이 훈련불참자 乙로부터 금원을 교부받고 참석한 내용의 허위공문서를 작성, 비치하였다면 甲의 죄책은?

(1) 대법원은 "직무위배의 위법상태는 허위공문서작성 당시부터 그 속에 포함되어 있는 것이고 그 후 소속 대대장에게 제대로 보고하지 아니하였다 하더라도 당초에 있었던 직무위배의 위법상태가 그대로 계속된 것에 불과"하므로 허위공문서작성 및 동행사죄만 성립하며, 다시 별도로 새로운 직무유기죄가 성립되지는 않는다고 판단하였다.[21] 판례는 부작위에 의한 직무유기가 작위범인 허위공문서작성 및 동행사죄에 대하여 보충관계(법조경합)에 있으므로 허위공문서작성 및 동행사죄만 성립한다고 본 것이다. 그리고 허위공문서작성죄와 동행사죄는 실체적 경합관계에 있다.
(2) 앞에서 본 바와 같이 직무유기는 허위공문서작성 및 동행사죄에 대하여 보충관계에 있으므로 허위공문서작성 및 동행사죄만 성립한다.
그리고 甲이 훈련불참자 乙로부터 금원을 교부받고 참석한 내용의 허위공문서를 작성, 비치한 행위는 수뢰후 부정처사죄에 해당한다. 문제는 허위공문서작성죄와 동행사죄 상호간은 실체적 경합범관계에 있지만 허위공문서작성죄와 동행사죄가 수뢰후 부정처사죄와 각각 상상적 경합관계에 있는데 이러한 경우에 죄수가 어떻게 되는가이다. 다수

867면.
19) 대법원 1993. 12. 24. 선고 92도3334 판결; 대법원 2004. 3. 26. 선고 2002도5004 판결.
20) 대법원 1993. 12. 24. 선고 92도3334 판결.
21) 대법원 1982. 12. 28. 선고 82도2210 판결.

설은 2개의 독자적인 범행이 각 범행과 상상적 경합관계에 있는 제3의 범행에 의하여 연결되는 경우 '연결효과에 의한 상상적 경합'을 인정하여 2개의 범행사이에도 상상적 경합이 성립한다고 본다.22) 이 견해에 의하면 甲에 대하여는 허위공문서작성죄, 동행사죄 그리고 수뢰후 부정처사죄의 상상적 경합관계가 성립하므로 경합가중 없이 "가장 중한 죄에 정한 형"(제40조), 즉 수뢰후 부정처사죄에 정한 형으로만 처벌된다.

판례는 '연결효과에 의한 상상적 경합'은 인정하지 않지만 "허위공문서작성죄와 동행사죄가 수뢰후 부정처사죄와 각각 상상적 경합관계에 있을 때에는 허위공문서작성죄와 동행사죄 상호간은 실체적 경합범관계에 있다고 할지라도 상상적 경합범관계에 있는 수뢰후 부정처사죄와 대비하여 가장 중한 죄에 정한 형으로 처단하면 족한 것이고 따로이 경합가중을 할 필요가 없다."23)고 한다. 따라서 결론에서는 다수설과 일치한다.

[판례 4-2] A 군청에서 농지전용허가 및 불법 농지전용고발 등 전반적인 농지사무를 담당하고 있는 공무원 甲은 1991. 10. 16. B 개발주식회사 대표이사인 乙이 토석을 채취하면서 절대농지 4필지를 그 채석장의 진입로 및 골재야적장으로 사용하는 등 농지를 불법전용하고 있다는 사실을 통보받고 현장을 확인하고도 아무런 조치를 취하지 않았다.
그리고 甲은 1991. 10. 21. 乙로부터 위 농지에 관한 일시전용허가 신청서를 접수하고 불법 전용된 농지를 원상복구하고 적법절차를 거쳐 다시 신청을 하기 전에는 위 농지의 전용을 허가하여 주어서는 아니 됨을 직무상 잘 알고 있음에도 불구하고 위 농지의 일시전용허가를 하여 주기 위하여, 같은 달 24. 현장출장복명서를 작성하면서 복명자 의견란에 위 농지에 출장하여 확인 조사한 결과 경지지역 내에 석산개발을 위한 진입로를 시설코자 하는바, '허가하여 줌이 타당하다고 사료되어 허가코자 한다'라는 취지로 기재하여 산업과장과 군수에게 제출하였다. 甲의 죄책은?

농지사무를 담당하고 있는 공무원 甲이 "그 관내에서 발생한 농지불법전용 사실을 알게 되었으면 군수에게 그 사실을 보고하여 군수로 하여금 원상회복을 명하거나 나아가 고발을 하는 등 적절한 조치를 취할 수 있도록 하여야 할 직무상 의무"가 있음에도 불구하고 아무런 조치를 취하지 않은 부작위는 직무유기죄에 해당한다.
그리고 甲이 "농지전용허가를 하여 주어서는 안 됨을 알면서도 허가하여 줌이 타당하다는 취지의 현장출장복명서 및 심사의견서를 작성한 행위는 허위공문서작성죄에 해당하며, 이를 결재권자에게 제출한 행위는 동행사죄에 해당한다.
문제는 직무유기죄와 허위공문서작성 및 동행사죄의 관계이다. 이 점에 대하여 대법원은 "공무원이 어떠한 위법사실을 발견하고도 직무상 의무에 따른 적절한 조치를 취하지 아니하고 위법사실을 적극적으로 은폐할 목적으로 허위공문서를 작성·행사한 경우에는 직무위배의 위법상태는 허위공문서작성 당시부터 그 속에 포함되는 것으로 작위범인 허위공문서작성, 동행

---

22) '연결효과에 의한 상상적 경합'에 대하여는 원형식, 총론, 512면 참조.
23) 대법원 1983.7.26. 선고 83도1378 판결.

사죄만이 성립하고 부작위범인 직무유기죄는 따로 성립하지 아니하나, 위 복명서 및 심사의 견서를 허위작성한 것이 농지일시전용허가를 신청하자 이를 허가하여 주기 위하여 한 것이라면 직접적으로 농지불법전용 사실을 은폐하기 위하여 한 것은 아니므로 위 허위공문서작성, 동행사죄와 직무유기죄는 실체적 경합범의 관계에 있다"고 판단하였다. 따라서 甲에 대하여는 허위공문서작성 및 동행사죄와 직무유기죄의 실체적 경합범이 성립한다.[24]

> [판례 5] 경찰서 방범과장 甲은 부하직원 乙로부터 오락실을 음반·비디오물 및 게임물에 관한 법률 위반 혐의로 단속하여 범죄행위에 제공된 증거물로 오락기의 변조 기판을 압수하여 위 방범과 사무실에 보관중임을 보고받아 알고 있었음에도 그 직무상의 의무에 따라 위 압수물을 같은 경찰서 수사계에 인계하고 검찰에 송치하여 범죄 혐의의 입증에 사용하도록 하는 등의 적절한 조치를 취하지 않고, 오히려 부하직원에게 위와 같이 압수한 변조 기판을 돌려주라고 지시하여 오락실 업주 丙에게 이를 돌려주었다. 甲의 죄책은?

甲이 증거물인 오락기의 변조 기판을 경찰서 수사계에 인계하고 검찰에 송치하여 범죄 혐의의 입증에 사용하도록 하는 등의 적절한 조치를 취하지 않은 행위는 부작위에 의한 직무유기죄에 해당한다. 그리고 그 증거물을 오락실 업주 丙에게 돌려준 행위는 증거인멸죄에 해당한다. 부작위범인 직무유기죄는 작위범인 증거인멸죄에 대하여 보충관계에 있으므로 증거인멸죄만 성립한다.[25]

2. 피의사실공표죄

> **제126조(피의사실공표)** 검찰, 경찰 그 밖에 범죄수사에 관한 직무를 수행하는 자 또는 이를 감독하거나 보조하는 자가 그 직무를 수행하면서 알게 된 피의사실을 공소제기 전에 공표(公表)한 경우에는 3년 이하의 징역 또는 5년 이하의 자격정지에 처한다.

(1) 보호법익

수사기관이 피의사실을 공판청구전에 공표하는 경우 증거인멸 등으로 인하여 범죄수사에 지장을 줄 우려가 있으며, 유죄판결이 확정되기 전까지는 무죄추정을 받는 피의자의 권리를 훼손할 우려가 있기 때문에 본죄는 이를 방지하기 위한 취지에서 규정된 것이다. 따라서 본죄의 보호법익은 국가의 범죄수사기능과 피의자의 인권이다.

---

24) 대법원 1993.12.24. 선고 92도3334 판결.
25) 대법원 2006. 10. 19. 선고 2005도3909 전원합의체 판결. 대법원 1967. 7. 4. 선고 66도840 판결은 사법경찰관이 관련자를 은폐하기 위하여 타인에게 허위진술을 하도록 교사한 경우 증거인멸죄의 교사범과 직무유기죄의 실체적 경합범이 성립한다고 보았으나, 이 판례는 대법원 2006. 10. 19. 선고 2005도3909 전원합의체 판결에 의하여 변경되었다.

(2) 성립요건

(가) 주체

본죄의 주체는 '검찰, 경찰 기타 범죄수사에 관한 직무를 수행하는 자 또는 이를 감독하거나 보조하는 자'이다. '범죄수사에 관한 직무를 수행하는 자'는 수사기관에 국한되지 않으며, 법관이 영장발부를 하면서 알게 된 피의사실을 공표하는 경우에도 본죄가 성립할 수 있다.26)

(나) 객체

본죄의 객체는 '그 직무를 수행하면서 알게 된(지득하게 된) 피의사실'이다. 따라서 범죄수사에 관한 직무집행과 관계없이 알게 된 피의사실을 공표하는 것은 본죄에 해당하지 않는다.

(다) 행위

본죄의 행위는 피의사실을 '공판청구전에 공표'하는 것이다. 여기서 '공판청구전'이란 검사가 공소를 제기하기 전을 말한다. 그리고 '공표'는 불특정 또는 다수인에게 알리는 것을 말한다. 특정소수인에게 알린 경우에도 그로 인하여 불특정 또는 다수인에게 전파될 가능성이 있는 때에도 본죄가 성립한다. 이러한 점에서 명예훼손죄에서 말하는 '공연히 사실을 적시'하는 것과 구분된다.

(라) 위법성

수사기관의 피의사실 공표행위가 국민의 알권리를 충족하기 위한 것으로서 위법성이 조각되는가에 대하여 대법원은 "공표 목적의 공익성과 공표 내용의 공공성, 공표의 필요성, 공표된 피의사실의 객관성 및 정확성, 공표의 절차와 형식, 그 표현 방법, 피의사실의 공표로 인하여 생기는 피침해이익의 성질, 내용 등을 종합적으로 참작하여"27) 판단하여야 한다고 한다.

대법원은 ① 수사기관의 발표가 일반 국민들의 정당한 관심의 대상이 되는 사항이고 ② 객관적이고도 충분한 증거나 자료를 바탕으로 한 사실 발표이며, ③ 이를 발표함에 있어서도 정당한 목적 하에 수사결과를 발표할 수 있는 권한을 가진 자에 의하여 공식의 절차에 따라 행하여지고, ④ 무죄추정의 원칙에 반하여 유죄를 속단하게 할 우려가 있는 표현이나 추측 또는 예단을 불러일으킬 우려가 있는 표현을 피

---

26) 김일수/서보학, 각론, 808면; 박상기, 각론, 633면; 임웅, 각론, 873면; 정성근/박광민, 각론, 786면.
27) 대법원 1999. 1. 26. 선고 97다10215, 10222 판결; 대법원 2002. 9. 24. 선고 2001다49692 판결. 이 판례는 손해배상에 관한 민사판례이지만 피의사실공표죄의 위법성에 대하여도 그대로 적용된다.

하는 등 그 내용이나 표현 방법이 적절한 때에는 피의사실 공표행위의 위법성이 조각될 수 있는 여지를 두고 있다.

3. 공무상 비밀누설죄

> **제127조(공무상 비밀의 누설)**: 공무원 또는 공무원이었던 자가 법령에 의한 직무상 비밀을 누설 한 때에는 2년 이하의 징역이나 금고 또는 5년 이하의 자격정지에 처한다.

(1) 의의 및 보호법익

공무원은 재직 중에는 물론 퇴직 후에도 직무상 알게 된 비밀을 준수할 의무가 있다(국가공무원법 제60조 및 지방공무원법 제52조). 공무상 비밀누설죄는 이러한 비밀엄수의무를 침해한 행위를 처벌함으로써 국가의 기능을 보호하기 위한 취지에서 규정된 것이다. 따라서 본죄의 보호법익은 기밀 그 자체가 아니라 비밀의 누설에 의하여 위협받는 '국가의 기능'이다.28) 판례는 어떤 사실이 공개되더라도 '국가의 기능이 위협'을 받지 않는다면 그 사실은 본죄의 객체인 공무상 비밀에 해당하지 않는다고 본다.

> [판례 6] 자신에 대한 인사에 관하여 불만이 있던 감사원 감사관 甲은 감사원이 실시한 감사과정에서 작성된 기업의 비업무용 부동산 보유실태에 관한 보고서의 내용을 감사가 완결되지도 않은 시점에서 언론사의 기자들에게 공개하였다. 이 감사는 부동산투기가 심각한 사회문제로 대두되어 정부에서 토지공개념 도입 등의 대책을 강구하고 있고, 기업의 비업무용 부동산 보유실태에 관하여 국민의 관심이 집중된 상황하에서 이에 부응하기 위하여 기획입안한 것으로 부동산관련 세제의 실제 운용실태, 기업의 비업무용 부동산 보유현황, 과세실태, 법령상 개선사항 등을 파악하고자 한 것이었다. 甲의 죄책은?

이 사례에서는 공무상비밀누설죄의 보호법익과 공무상 비밀의 개념이 문제된다. 판례는 본죄의 보호법익이 '기밀 그 자체'가 아니라 '비밀의 누설에 의하여 위협받는 국가의 기능'이므로 어떤 내용이 공개되더라도 이로 인하여 국가의 기능이 위협을 받지 않는다면 그 내용은 공무상 비밀에 해당하지 않는다고 해석하고 있다. 이는 보호법익 내지는 입법취지를 근거로 '공무상 비밀'의 개념을 축소해석하는 소위 '목적론적 축소해석'의 방법을 통하여 처벌범위를 적절하게 제한하고 있다.

원심법원은 "기업의 비업무용 부동산 보유실태에 관하여 국민의 관심이 집중된 상황하에서 기업의 비업무용 부동산 보유실태가 공개되는 것이 국민 전체의 이익에 이바지한다 할 수 있을 뿐 그러한 사항이 공개됨으로써 국가의 기능이 위협을 받는다고 할 수도 없으므

---

28) 대법원 1996. 5. 10. 선고 95도780 판결.

로 이 사건 보고서의 내용은 공무상 비밀에 해당한다고 할 수 없다"고 보았다.29)
대법원은 공무상비밀누설죄의 보호법익에 관하여 "본죄는 기밀 그 자체를 보호하는 것이 아니라 공무원의 비밀엄수의무의 침해에 의하여 위험하게 되는 이익, 즉 비밀의 누설에 의하여 위협받는 국가의 기능을 보호하기 위한 것"이라고 보았다. 그리고 이러한 입장을 근거로 甲이 "이 사건 보고서를 공개함으로써 은행감독원이나 감사원의 공신력에 손상을 초래할 수 있다고 하더라도 그러한 사유로 국가의 기능이 위협을 받는다고 할 수는 없는 일"이므로 기업의 비업무용 부동산 보유실태에 관한 보고서의 내용이 공무상 비밀에 해당한다고 볼 수도 없"다고 판단하였다.30) 따라서 甲에 대하여 공무상 비밀누설죄는 성립하지 않는다.

(2) 성립요건

(가) 주체

본죄의 주체는 '공무원 또는 공무원이었던 자'이다.

(나) 객체

본죄의 객체는 '법령에 의한 직무상 비밀'이다. 여기서 '직무상' 비밀이란 직무상 알게 된 비밀을 말한다. 따라서 직무와 관계없이 알게 된 비밀은 직무상 비밀에 해당하지 않는다. 그리고 '법령'에 의한 비밀이란 반드시 법령에 의하여 비밀로 분류된 것에 국한 하는 것이 아니라, 객관적·일반적으로 외부에 알려지지 않은 것에 상당한 이익이 있는 사항을 포함한다.31)

> [판례] 공무원 甲은 서울시 도시계획국 도시계획 1과에 근무하는 토목기사로서 서울시에서 서울시 청사를 이전할 계획을 극비리에 수립하고 이전예정지역을 제1공용청사 부지로 한 도시계획시설 결정안을 도시계획위원회에 상정하여 동 위원회에서 가결하게 되자, 시청이 이전될 도시계획시설이 결정된 사실과 동 이전부지 위치를 지득하게 되었음을 기화로 친구인 乙에게 시청이전 결정지를 지적하여 주어 부동산 투기에 나아가게 하여 전매차익을 얻게 하였다. 甲의 죄책은?

공무원 甲이 직무상 알게 된 시청이전 결정지를 친구에게 알려준 행위가 공무상 비밀누설죄에 해당하는지가 문제된다. 다수설은 본죄의 객체인 '법령에 의한 직무상 비밀'이 '법령

---

29) 서울형사지법 1995. 2. 21. 선고 93노6329 판결.
30) 대법원 1996. 5. 10. 선고 95도780 판결.
31) 대법원 1981. 7. 28. 81도1172 판결; 1982. 6. 22. 80도2822 판결; 대법원 1996. 5. 10. 선고 95도780 판결; 대법원 2005. 9. 15. 2005도4843 판결.
이에 대하여 다수설(김일수/서보학, 각론, 811면; 박상기, 각론, 634면 이하; 오영근, 각론, 892면; 임웅, 각론, 876면; 정성근/박광민, 각론, 789면)은 '법령에 의하여 비밀로 분류된 것'만을 의미한다고 한다.

에 의하여 비밀로 분류된 것'에 국한된다고 해석하므로 시청이전 결정지에 관한 사실은 공무상 비밀에 해당하지 않는다. 그러나 판례는 '객관적·일반적으로 외부에 알려지지 않은 것에 상당한 이익이 있는 사항'도 본죄의 객체에 포함된다고 본다. 이러한 해석을 근거로 대법원은 "도시계획시설 결정은 그것이 법 소정의 절차를 거쳐 일반에게 공고 또는 고시 등에 의하여 공개되기 전에 관계공무원이 이를 미리 특정인에게 누설하는 경우, 부동산 투기를 조장하여 특정인에게 부당한 이익을 줄 염려가 있는 한편, 선량한 시민에게 부당한 피해를 주어 도시계획의 건전한 발전을 저해하는 요소로 작용될 수 있는 사항이라 할 것이므로, 비록 도시계획사업을 규율하는 도시계획법 등에 도시계획시설결정 사실을 비밀사항으로 규정한 바 없다 하더라도 판시와 같은 도시계획시설결정 사실은 실질적으로 비밀성을 지녔다 할 것이므로 이를 특정인의 이익을 도모하여 정당한 이유없이 누설함은 형법 제127조 소정의 공무상 비밀누설죄에 해당한다"고 판단하였다.

그리고 도시계획시설 결정안이 도시계획위원회에 상정되어 가결되었는데, 이러한 경우에도 그 결정안의 내용이 비밀에 해당하는가에 대하여 판례는 "도시계획 시설 결정안은 소정의 절차를 거쳐 도시계획위원회에서 가결되고 건설부장관이 그 결정을 고시하고, 도면을 공람케 함으로써 일반에게 공개되는 것이므로(도시계획법 제12조 참조) 그 입안과정에 있어서 지방의회의 의견을 듣는다거나 공청회를 개최한다고 하여 그 최종결정 과정까지 공개된 것이라고는 할 수 없다"32)고 판단하였다. 따라서 甲에 대하여는 공무상 비밀누설죄가 성립한다.

[판례 7] 甲은 성남도시개발사업 현안문제에 대한 조치라는 제목의 경기도지사의 회시공문이 성남시 총무과 문서 수발담당계에 접수되어 자신의 손에 넘어 오자 상사의 결재도 받기 전에 이를 복사하여 부동산업을 하는 乙에게 넘겨주었다. 乙의 죄책은?

이 사례에서는 공무상 비밀누설죄의 객체인 '법령에 의한 직무상 비밀'의 범위가 문제된다. 원심법원은 형법 제127조에서 말하는 법령에 의한 직무상 비밀을 일정한 정치적, 군사적, 외교적 기타의 행정상의 필요 등에 의하여 인위적 법규적으로 비밀로 분류된 사항 예컨대 법령에 따라 1, 2, 3급 비밀 혹은 대외비라고 분류되어 있는 사항 따위에 한한다고 전제하고 甲이 건네준 공문내용이 성남시의 발전을 위한 민원사항으로서 성남시가 중앙관서에 수차 건의하였던 사항의 조치내용이고 성남시가 주관한 각종 회의에서 위 해제에 대한 건의를 시민에게 홍보하여 왔던 것으로서 위 건의와 회시공문을 모두 비밀문서 혹은 대외비 문서로 분류하지 아니하고 일반문서로 관리하였으므로 회시공문의 내용은 형법 제127조에서 말하는 법령에 의한 직무상 비밀이 아니라고 판시하였다.

그러나 대법원은 위 경기도지사의 공문은 ① 성남시의 인구증가 억제조치로서 취해진 내무부장관소관의 시유지 매각중지조치와 건설부장관 소관의 인구과밀지역내와 1976.5.4 이후 전입자에 의한 건물의 신축증축의 불허등 도시계획 구역내의 건축규제조치를 해제하는 것

---

32) 대법원 1982. 6. 22. 선고 80도2822 판결.

등을 그 내용으로 담고 있어 중앙정부에 의한 성남시에 대한 각종 규제와 그 해제를 그 주요내용으로 하는 정책변경에 관한 사항으로 사전 누설이 될 경우 특정인에게 부당한 이익을 주거나 또는 부동산투기 등을 일으키게 하는 등의 우려가 있어 실질적으로 비밀성을 지닌 것이고, ② 시민에게 홍보하여 왔다는 것도 위 해제에 대한 건의이지 위 회시공문내용을 홍보한 것이 아니므로 위 공문내용의 비밀성을 부정할 수는 없다고 판시하였다.[33]

'법령에 의한 직무상 비밀'의 범위에 관하여 원심법원과 대법원의 견해가 일치하지 않고 있다. 원심법원은 다수설의 견해와 같이 '법령에 의한 직무상 비밀'의 범위를 '법령에 의하여 비밀로 분류된 것에 국한'하여 좁게 해석하고 있다. 이 견해에 의하면 甲이 乙에게 넘겨준 공문은 '법령에 의한 직무상 비밀'에 해당하지 않으므로 공무상 비밀누설죄는 성립하지 않는다. 그러나 대법원은 '법령에 의한 직무상 비밀'이 '객관적·일반적으로 외부에 알려지지 않은 것에 상당한 이익이 있는 사항'을 포함하는 것으로 넓게 해석하고 있다. 이러한 해석에 의하면 甲에 대하여는 공무상 비밀누설죄가 성립한다.

(다) 행위

본죄의 행위는 누설이다. '누설'이란 비밀사항을 제3자에게 알리는 것이다. 비밀을 이미 알고 있는 사람에게 알리는 것은 누설에 해당하지 않는다.[34] 방법에는 제한이 없으며 한사람에게 알리는 경우도 이에 해당한다.

III. 직권남용의 죄

1. 직권남용죄

> **제123조(직권남용)**: 공무원이 직권을 남용하여 사람으로 하여금 의무 없는 일을 하게 하거나 사람의 권리행사를 방해한 때에는 5년 이하의 징역, 10년 이하의 자격정지 또는 1천만원 이하의 벌금에 처한다.

(1) 서론

직권남용죄란 공무원이 직권을 남용하여 사람으로 하여금 의무 없는 일을 하게 하거나 권리행사를 방해함으로써 성립하는 범죄이다. 일반인이 폭행이나 협박을 수단으로 권리행사를 방해하면 강요죄(제324조)가 성립하는데 대하여, 공무원은 폭행이나 협박을 수단으로 하지 않더라도 직권을 남용하여 타인으로 하여금 의무 없는 일을 하도록 강요하거나 권리행사를 방해하면 직권남용죄가 성립한다.

---

33) 대법원 1981. 7. 28. 선고 81도1172 판결.
34) 다수설: 김일수/서보학, 각론, 811면 이하; 박상기, 각론, 635면. 반대견해: 권문택, 주석, 104면.

(2) 성립요건

(가) 주체

본죄의 주체는 공무원이다.

(나) 행위

본죄의 행위는 '직권을 남용하여 의무 없는 일을 하게 하거나 권리행사를 방해' 하는 것이다. 직권남용죄에서 말하는 '직권남용'이란 공무원이 그의 일반적 권한에 속하는 사항에 관하여 권한을 불법하게 행사하는 것, 즉 형식적·외형적으로는 직무집행으로 보이나 그 실질은 정당한 권한 이외의 행위를 하는 경우를 의미한다. 따라서 공무원이 그의 일반적 권한에 속하지 않는 행위를 하는 경우와 같이 단순히 공무원의 지위를 이용한 불법행위는 직권남용에 해당하지 않는다.

> [판례 8] 대통령 비서실 민정수석비서관 甲은 대통령을 보좌하여 정보, 민정, 민원, 대통령특명사항 등의 업무를 관장하면서 국정전반에 걸친 각종 정보의 수집, 분석과 대책수립, 민원업무의 직접처리 또는 대통령을 대리하여 정부 각 부처에 대한 관련 민원의 이첩과 그에 따른 보고를 받아 취합하는 등의 직무를 수행함과 아울러 대통령 친·인척들의 비리가 대통령의 통치권행사에 지장을 초래하는 것을 방지하기 위하여 대통령의 지시에 따라 근친관리업무를 전담하게 되었다. 그런데 甲은 농수산물도매시장 관리공사 대표이사 乙에게 요구하여 농수산물도매시장 내의 주유소와 서비스동을 당초 예정된 공개입찰방식이 아닌 수의계약으로 대통령의 근친 丙이 설립한 회사에 임대하도록 하였다. 甲의 죄책은?

공무원 甲이 대표이사 乙에게 요구하여 주유소와 서비스동(棟)을 당초 예정된 공개입찰방식이 아닌 수의계약으로, 즉 위법하게 대통령의 근친 丙에게 임대하도록 한 행위가 타인의 권리행사를 방해한 행위로서 직권남용죄(직권남용권리행사방해)에 해당하는지가 문제된다. 본죄가 성립하기 위해서는 甲의 행위가 민정수석비서관의 일반적 권한에 속하는 사항일 것을 요한다. 이 점에 관하여 대법원은 "대통령비서실 민정수석비서관이 대통령의 근친관리업무와 관련하여 정부 각 부처에 대한 지시와 협조 요청을 할 수 있는 일반적 권한을 갖고 있었음에 비추어 그가 농수산물 도매시장 관리공사 대표이사에게 요구하여 위 시장 내의 주유소와 서비스동을 당초 예정된 공개입찰방식이 아닌 수의계약으로 대통령의 근친이 설립한 회사에 임대케 한 행위는 공무원이 그 일반적 직무권한에 속하는 사항에 관하여 직권의 행사에 가탁하여 실질적, 구체적으로 위법, 부당한 행위를 한 경우에 해당"한다고 판단하였다.[35] 즉 공무원 甲은 직권을 남용하여 타인의 권리행사, 즉 공개입찰에 의한 임대업무를 방해하였으므로 그에 대하여는 직권남용죄가 성립한다.

---

35) 대법원 1992. 3. 10. 선고 92도116 판결.

[판례 9] 서울특별시 교육감 甲은 인사담당장학관 乙에게 지시하여 승진후보자명부상 승진 또는 자격연수 대상이 될 수 없는 특정 교원들을 적격 후보자인 것처럼 추천하거나 임의로 평정점을 조정하는 방법으로 승진임용하거나 그 대상자가 되도록 하였다. 甲의 죄책은?

공무원이 실무 담당자로 하여금 법령에 구체적으로 명시되어있는 직무집행의 기준과 절차에 위반하여 직무집행을 보조하게 한 경우에는 직권남용죄에 규정되어 있는 '의무 없는 일을 하게 한 때'에 해당한다. 교육감 甲은 인사담당장학관 乙에게 법령에 반하는 직무집행을 보조하게 한 행위가 직권남용죄에 해당하는지가 문제된다. 이 점에 대하여 대법원은 "서울특별시교육청 소속 교육공무원에 대한 인사권은 교육감인 피고인의 일반적인 직무권한에 속하는 사항이지만, 피고인이 승진대상자를 특정한 후 그들을 승진시킬 목적으로 법령에 위반하여 위와 같은 행위를 한 것이라면 그 실질은 정당한 권한 행사를 넘어 직무의 행사에 가탁한 부당한 행위라고 할 것이므로 직권남용에 해당하고, 인사 실무를 담당하는 장학관이나 장학사로 하여금 법령에 위배되는 일을 하게 하여 그들이 이와 같은 역할을 수행한 것은 그들에게 법령상 의무 없는 일을 하게 한 것"이므로 그에 대하여는 직권남용권리행사방해죄가 성립한다고 보았다.36)

(다) 기수

본죄는 결과범이므로 기수가 되기 위해서는 행위의 결과, 즉 현실적으로 의무없는 일이 이루어졌거나 권리행사방해의 결과가 발생하여야 한다.37) 이러한 결과가 발생하지 않은 경우는 미수에 불과하므로 처벌되지 않는다. 다만 본죄는 위험범이므로 법익(국가의 기능)에 대한 침해의 위험만 있으면 족하며 법익이 현실적으로 침해되는 결과가 발생할 것까지 요하지는 않는다.38)

[판례 10] 甲은 정보관계를 담당한 순경으로서 증거수집을 위하여 A 정당의 지구당집행위원회에서 쓸 회의장소(음식점)에 몰래 도청기를 마련해 놓았다가 회의전에 회의측에 알려져 뜯겼다. 도청은 하지 못했지만 이로 인하여 회의 열릴시간이 10분가량 늦어지게 되었다. 甲의 죄책은?

(1) 직권남용죄
원심법원은 도청장치 때문에 회의가 예정보다 10분 늦어 시작되었으니 권리행사가 방해되었으므로 직권남용죄가 성립한다고 보았다.
이에 대하여 대법원은 甲이 도청기를 설치함으로 인하여 회의가 10분 늦어진 사실만으로는 "회의진행을 도청당하지 아니할 권리(기타 권리)가 침해된 현실적인 사실은 없다 하리

---

36) 대법원 2011. 2. 10. 선고 2010도13766 판결.
37) 판례(대법원 1978. 10. 10. 선고 75도2665 판결; 대법원 2006. 2. 9. 선고 2003도4599 판결; 대법원 2008. 12. 24. 선고 2007도9287 판결) 및 다수설(오영근, 각론, 897면; 임웅, 각론, 879면).
38) 대법원 1978. 10. 10. 선고 75도2665 판결.

니 직권남용죄의 기수로 논할 수 없음이 뚜렷하고, 미수의 처벌을 정한 바 없으니 도청을 걸었으나 뜻을 못 이룬 피고인의 행위는 다른 죄로는 몰라도 형법 제123조를 적용하여 죄책을 지울 수는 없다"고 판단하였다.39)

(2) 주거침입죄

甲이 영장도 없이 도청을 목적으로 음식점에 들어간 행위는 주거침입에 해당하며 불법목적으로 식당에 출입한 것이므로 피해자인 음식점 주인의 승낙이나 추정적 승낙에 의하여 위법성이 조각된다고 할 수 없다. 따라서 甲에 대하여는 주거침입죄가 성립한다.

(3) 불법감청미수

甲이 영장도 없이 타인간의 대화를 녹음 또는 청취하려고 도청기를 설치한 행위는 통신비밀보호법 제3조 제1항 위반죄의 미수(동법 제18조)에 해당한다.

2. 불법체포·감금죄

> 제124조(불법체포, 불법감금) ① 재판, 검찰, 경찰 기타 인신구속에 관한 직무를 행하는 자 또는 이를 보조하는 자가 그 직권을 남용하여 사람을 체포 또는 감금한 때에는 7년 이하의 징역과 10년 이하의 자격정지에 처한다.
> ② 전항의 미수범은 처벌한다.

불법체포·감금죄(직권남용감금죄)는 재판, 검찰, 경찰 기타 인신구속에 관한 직무를 행하는 자 또는 이를 보조하는 자가 그 직권을 남용하여 사람을 체포 또는 감금하는 것을 내용으로 하는 범죄이다. 예컨대 수사기관이 피의자를 수사하는 과정에서 구속영장 없이 피의자를 구금하거나, 수사의 필요상 피의자를 임의동행하였으나 조사 후 그의 의사에 반하여 경찰서 조사실 또는 보호실 등에 계속 유치한 경우40)가 여기에 해당한다. 그리고 수사기관이 피해자를 구속하기 위하여 진술조서 등을 허위로 작성한 후 이러한 사실을 모르는 검사와 영장전담판사를 기망하여 구속영장을 발부받은 후 그 영장에 의하여 피해자를 구금한 경우에도 간접정범에 의한 불법감금죄가 성립한다.41)

불법체포·감금죄는 단순체포·감금죄(제276조)에 대하여 특수공무원이라는 신분으로 인하여 형이 가중되는 가중적 구성요건으로서 부진정신분범에 해당한다.42) 이에 대하

---

39) 대법원 1978. 10. 10. 선고 75도2665 판결.
40) 대법원 1985. 7. 29. 선고 85모16 결정.
41) 대법원 2006. 5. 25. 선고 2003도3945 판결.
42) 다수설. 다만 다수설 내에서도 가중사유에 대하여는 신분으로 인하여 불법이 가중된다는 견해(김일수/서보학, 각론, 818면)와 책임이 가중된다는 견해(배종대, 각론, 842면; 오영근, 각론, 898면)가 있다. 신분은 행위불법을 구성하는 객관적 행위자요소이므로(원형식, 총론, 6면의 주

여 본죄는 불법체포·감금죄와는 독립된 범죄로서 진정신분범이라는 견해[43]가 있다. 특수공무원의 불법체포·감금행위에 비신분자가 가담한 경우에 본죄를 부진정신분범으로 보는 견해에 의하면 제33조 단서가 적용되므로 비신분자는 단순체포·감금죄로 처벌된다. 이에 대하여 본죄를 진정신분범으로 보는 견해에 의하면 제33조 본문이 적용되므로 비신분자도 신분자와 마찬가지로 불법체포·감금죄로 처벌된다.

3. 특수공무원의 폭행·가혹행위죄

> **제125조(폭행, 가혹행위)** 재판, 검찰, 경찰 그 밖에 인신구속에 관한 직무를 수행하는 자 또는 이를 보조하는 자가 그 직무를 수행하면서 형사피의자나 그 밖의 사람에 대하여 폭행 또는 가혹행위를 한 경우에는 5년 이하의 징역과 10년 이하의 자격정지에 처한다.
>
> **특정범죄 가중처벌 등에 관한 법률 제4조의2(체포·감금 등의 가중처벌):**
>
> **제1항:** 「형법」 제124조·제125조에 규정된 죄를 범하여 사람을 상해에 이르게 한 경우에는 1년 이상의 유기징역에 처한다.
>
> **제2항:** 「형법」 제124조·제125조에 규정된 죄를 범하여 사람을 사망에 이르게 한 경우에는 무기 또는 3년 이상의 징역에 처한다.

특수공무원의 폭행·가혹행위죄(소위 독직폭행)의 주체도 불법체포·감금죄와 마찬가지로 인신구속에 관한 직무를 수행하는 특수공무원이다. 객체는 '형사피의자 또는 그 밖의 사람'이다. '그 밖의 사람'이란 피고인, 증인, 참고인 등과 같이 재판이나 수사에서 조사의 대상이 된 사람을 말한다.[44]

본죄의 행위는 '직무를 행함에 당하여' 피해자를 폭행 또는 가혹한 행위'를 하는 것이다. '직무를 행함에 당하여'란 '직무를 행하는 기회에'란 의미이다. 행위는 직무와 시간적 관련성이 있는 것만으로는 족하지 않으며, '사항적·내적 관련성'(sachlich-innerer Zusammenhang)이 있을 것까지 요한다.[45] 왜냐하면 본죄의 주된 보호법익은 '형사사법의 공정성과 적법성'[46]인데, 폭행이 직무와 그러한 관련성이 없이 이루어진 경우에는 보호법익이 침해될 우려가 없기 때문이다. 예컨대 특수공무원이 직무를 집행하는 시간에 직무와 관계없이 참고인을 사적인 감정 때문에 폭행하였다

4, 470면) 불법이 가중된다고 보는 견해가 타당하다.
43) 정성근/박광민, 각론, 794면.
44) 박상기, 각론, 640면; 오영근, 각론, 900면; 임웅, 각론, 884면
45) 김일수/서보학, 각론, 822면; 오영근, 각론, 900면; 임웅, 각론, 885면. 이에 대하여 폭행이 직무와 시간적·장소적 관련성만 있으면 족하다는 견해는 박상기, 각론, 640면.
46) 김일수/서보학, 각론, 821면; 임웅, 각론, 884면; 정성근/박광민, 각론, 796면.

면 그 폭행은 직무와 아무런 실질적 관련성이 없으므로 단순폭행죄만 성립하며, 본죄는 성립하지 않는다.

'폭행'은 폭행죄에서 말하는 협의의 폭행, 즉 신체에 대한 유형력의 행사를 의미한다. '가혹행위'란 폭행 이외의 방법으로 정신적·육체적 고통을 주는 행위를 말한다. '가혹행위'는 학대죄에서 말하는 '학대'와는 약간의 차이가 있다. 첫째로 전자는 폭행을 포함하지 않는 데 대하여 후자는 폭행을 포함한다는 점과 둘째로 전자는 정신적 고통을 주는 일체의 행위를 포함하는데 대하여, 후자는 유기에 준할 정도,[47] 즉 정신적 고통으로 인하여 육제적·정신적 건강을 위태롭게 할 정도[48])에 이를 것을 요한다는 점에서 차이가 있다.

4. 선거방해죄

> 제128조(선거방해): 검찰, 경찰 또는 군의 직에 있는 공무원이 법령에 의한 선거에 관하여 선거인, 입후보자 또는 입후보자되려는 자에게 협박을 가하거나 기타 방법으로 선거의 자유를 방해한 때에는 10년 이하의 징역과 5년 이상의 자격정지에 처한다.

본죄의 주체는 검찰, 경찰 또는 군의 직에 있는 공무원 등과 같은 특수공무원이다. 그 이외의 공무원은 본죄의 주체가 아니다.

본죄의 객체는 '법령에 의한 선거에 관하여 선거인, 입후보자 또는 입후보자되려는 자'이다. 법령에 근거를 둔 선거가 아닌 이상은 선거인 등은 본죄의 객체에 해당하지 않는다.

IV. 뇌물죄

1. 서론

(1) 뇌물죄의 의의 및 체계

(가) 의의

뇌물죄는 수뢰죄와 증뢰죄를 포함하는 개념이다. 수뢰죄(제129조 이하)는 공무원 또는 중재인이 직무에 관하여 뇌물을 수수·요구·약속함으로써 성립하는 범죄이며, 증뢰죄(제133조)는 공무원 또는 중재인에게 뇌물을 약속, 공여, 공여의 의사를 표시함으로써 성립하는 범죄이다. 전자는 공무원 또는 중재인의 신분을 가진 자만이 주체

---

47) 대법원 2000. 4. 25. 선고 2000도223 판결.
48) 본서 제3장 제2절 II 2. 학대죄 참조.

가 될 수 있는 진정신분범이며, 후자는 그러한 신분을 요하지 않는 일반범이다.

(나) 체계

뇌물죄는 수뢰죄와 증뢰죄로 분류된다. 각 범죄의 체계는 도표와 같다.

* 뇌물죄의 체계

기본적 구성요건	감경적 구성요건	수정적 구성요건	가중적 구성요건
단순수뢰죄 (제129조 제1항)	사전수뢰죄 (제129조 제2항)	제3자뇌물제공죄 (제130조)	수뢰후 부정처사죄 (제131조 제1항) 사후수뢰죄 (제131조 제2항, 제3항) 특가법 제2조[49]
알선수뢰죄 (제132조)			특가법 제2조
단순증뢰죄 (제133조 제1항)		제3자증뢰물교부죄 (제133조 제2항)	

(2) 보호법익

뇌물죄의 보호법익에 대하여는 이를 직무행위의 불가매수성이라고 보는 로마법주의(불가매수성설)와 직무의 순수성(직무의무의 불가침성)이라고 보는 게르만법주의(순수성설 또는 불가침설)가 있다. 전자에 의하면 뇌물죄를 처벌하는 이유는 공무원이 뇌물을 받은 대가로 직무상의 의무에 위배하였는가와 관계없이, 직무행위의 대가로 뇌물을 수수·요구·약속함으로써 직무행위는 매수할 수 없다는 원칙을 침해하였기 때문이라고 본다. 이에 대하여 후자에 의하면 뇌물죄를 처벌하는 이유는 공무원이 뇌물을 받은 대가로 직무상의 의무에 위배하는 행위를 함으로써 직무행위의 순수성과 공정성을 침해하였기 때문이라고 본다.

우리형법은 뇌물죄의 체계에서 단순수뢰죄를 기본적 구성요건으로 하고 있다. 단순수뢰죄는 공무원이 직무의무에 위배하였는가와 관계없이 직무행위의 대가로 뇌물을 수수·요구·약속함으로써 성립하는 범죄이므로 우리형법은 직무행위의 불가매수성을 일차적인 보호법익으로 보고 있다고 할 수 있다. 다만 공무원이 직무의무에 위

---

49) 특정범죄 가중처벌 등에 관한 법률 제2조(뇌물죄의 가중처벌) 제1항: 「형법」제129조·제130조 또는 제132조에 규정된 죄를 범한 사람은 그 수수·요구 또는 약속한 뇌물의 가액(이하 이 조에서 "수뢰액"이라 한다)에 따라 다음 각 호와 같이 가중처벌한다.
   1. 수뢰액이 1억원 이상인 경우에는 무기 또는 10년 이상의 징역에 처한다.
   2. 수뢰액이 5천만원 이상 1억원 미만인 경우에는 7년 이상의 유기징역에 처한다.
   3. 수뢰액이 3천만원 이상 5천만원 미만인 경우에는 5년 이상의 유기징역에 처한다.

배한 경우, 즉 '부정한 행위를 한 때'에는 가중적 구성요건인 수뢰후부정처사죄가 성립하여 형이 가중되므로 직무의 순수성도 이차적인 보호법익으로 볼 수 있다. 결국 우리형법은 로마법주의를 원칙으로 하되 게르만법주의를 가미한 혼합형의 형식을 취하고 있다.

판례는 종래에는 뇌물죄의 보호법익이 직무행위의 불가매수성에 있다고 보았으나,[50] 그 후에는 "직무집행의 공정과 이에 대한 사회의 신뢰를 기하여 직무행위의 불가매수성을 그 직접적 보호법익"[51]으로 본다. 이는 판례가 뇌물죄의 직접적인 보호법익은 직무행위의 불가매수성이라는 기존의 입장을 유지하되, '직무집행의 공정과 이에 대한 사회의 신뢰'도 이차적인 보호법익으로 파악함으로써 기존의 입장을 수정하였다고 볼 수 있다.[52]

'직무집행의 공정성에 대한 사회의 신뢰'도 뇌물죄의 보호법익에 포함되는가에 대하여는 논란의 여지가 있다. 판례[53]와 다수설[54]은 이를 긍정한다. 뇌물죄를 처벌함으로써 '직무집행의 공정성에 대한 사회의 신뢰'가 보호되는 면은 인정하지만 이는 직무행위의 불가침성을 보호함으로써 수반되는 부수적인 이익에 불과하며, 그 내용이 추상적이고 불명확하여 이를 보호법익으로 추가하는 것은 타당하지 않다.[55]

(3) 수뢰죄와 증뢰죄의 관계

뇌물수수죄가 성립하기 위해서는 반드시 뇌물공여자의 뇌물공여행위가 있을 것을 요한다. 뇌물공여죄도 마찬가지로 공무원의 뇌물수수행위가 있어야만 성립한다. 즉 뇌물수수죄나 뇌물공여죄는 대향자의 행위가 있어야만 성립하는 대향범[56]으로서 필요적 공범관계에 있다. 그러나 모든 유형의 뇌물죄가 필요적 공범은 아니며 그 여부는 뇌물죄의 행위양태에 따라 다르다.[57] 즉 뇌물의 수수, 약속, 공여, 공여의 약속

---

50) 대법원 1965. 5. 31. 선고 64도723 판결.
51) 대법원 1984. 8. 14. 선고 84도1139 판결; 대법원 1984. 9. 25. 선고 84도1568 판결; 대법원 1996. 1. 23. 선고 94도3022 판결; 대법원 2000. 1. 28. 선고 99도4022 판결; 대법원 2003. 6. 13. 선고 2003도1060 판결.
52) 대법원의 판례 가운데는 뇌물죄의 보호법익이 '직무집행의 공정과 이에 대한 사회의 신뢰 및 직무행위의 불가매수성'(대법원 2000. 1. 21. 선고 99도4940 판결; 대법원 2009. 9. 24. 선고 2007도4785 판결)이라고 하거나 '직무집행의 공정과 이에 대한 사회의 신뢰'(대법원 1998. 3. 10. 선고 97도3113 판결, 2001. 9. 18. 선고 2000도5438 판결; 대법원 2006. 12. 22. 선고 2004도7356 판결)라고 한 경우도 있다.
53) 위의 주 52) 참조.
54) 김일수/서보학, 각론, 827면; 임웅, 각론, 888면; 정성근/박광민, 각론, 800면
55) 배종대, 각론, 846면.
56) 대향범에 대하여는 원형식, 총론, 393면 이하 참조.
57) 통설(이원설 또는 구분설): 예컨대 김일수/서보학, 각론, 829면; 박상기, 각론, 626면.

등은 필요적 공범이지만 뇌물의 요구, 공여의 요구 등은 독립된 범죄이다.

뇌물수수죄가 필요적 공범이라는 말은 본죄가 성립하기 위하여 대향자의 뇌물공여행위가 있을 것을 요한다는 의미이지 반드시 대향자에 대하여 뇌물공여죄가 성립할 것을 요한다는 뜻은 아니다.[58] 이러한 설명은 뇌물공여죄의 경우에도 그대로 타당하다. 즉 뇌물공여죄가 성립하기 위해서는 뇌물을 공여하는 행위와 이를 수수하는 공무원의 행위가 있으면 족하며 반드시 그 공무원에 대하여 뇌물수수죄가 성립해야 하는 것은 아니다.[59]

[판례 11] 뇌물공여죄와 뇌물수수죄는 필요적 공범관계에 있다고 할 것이나, 필요적 공범이라는 것은 법률상 범죄의 실행이 다수인의 협력을 필요로 하는 것을 가리키는 것으로서 이러한 범죄의 성립에는 행위의 공동을 필요로 하는 것에 불과하고 반드시 협력자 전부가 책임이 있음을 필요로 하는 것은 아니므로(대법원 1987. 12. 22. 선고 87도1699 판결, 대법원 2006. 1. 12. 선고 2005도2458 판결 등 참조), 오로지 공무원을 함정에 빠뜨릴 의사로 직무와 관련되었다는 형식을 빌려 그 공무원에게 금품을 공여한 경우에도 공무원이 그 금품을 직무와 관련하여 수수한다는 의사를 가지고 받아들이면 뇌물수수죄가 성립한다고 할 것이다.[60]

[판례 12] 건설업자 甲은 인천광역시장 乙을 저녁에 만나 술을 마시고 헤어지면서 '돈은 받지 않는다'라고 말하는 시장 乙에 대하여 광주에서 여기까지 가져온 조그만 선물로서 별것도 아니니 성의로 받아달라는 취지의 말을 하면서 외관상 돈이 든 사실을 알 수 없도록 꼼꼼히 포장된 굴비상자 2개를 乙의 여동생 丙의 아파트에 갖다 주었다. 시장 乙은 굴비상자 2개에 현금 2억원이 든 사실을 발견하고 즉시 인천시청 감사관실에 설치된 클린신고센터에 현금 2억원의 전달 사실을 신고하였다. 甲, 乙의 죄책은?

(1) 乙의 죄책

시장 乙은 굴비상자를 받을 당시에 그 안에 현금 2억원이 들었다는 사실을 인식하지 못하였으므로 뇌물수수에 대한 고의가 없었다. 따라서 그에 대하여 뇌물수수죄는 성립하지 않는다. 판례도 乙에게 "2억 원의 현금이 든 굴비상자의 수수사실에 대한 인식이나 불법영득의사"가 없다고 보아 본죄의 성립을 부정하였다.[61]

(2) 甲의 죄책

뇌물공여죄는 필요적 공범인데 대향자인 乙에 대하여 뇌물수수죄가 성립하지 않는 경우에도 이와 관계없이 성립이 가능한지가 문제된다. 이 점에 대하여 대법원은 "뇌물공여죄가

---

58) 대법원 1987. 12. 22. 선고 87도1699 판결; 대법원 2006. 1. 12. 선고 2005도2458 판결; 대법원 2008. 3. 13. 선고 2007도10804 판결.
59) 대법원 1987. 12. 22. 선고 87도1699; 대법원 2006. 2. 24. 선고 2005도4737 판결.
60) 대법원 2008. 3. 13. 선고 2007도10804 판결.
61) 대법원 2006. 2. 24. 선고 2005도4737 판결.

성립하기 위하여는 뇌물을 공여하는 행위와 상대방 측에서 금전적으로 가치가 있는 그 물품 등을 받아들이는 행위가 필요할 뿐 반드시 상대방 측에서 뇌물수수죄가 성립하여야 함을 뜻하는 것은 아니라 할 것(대법원 1987. 12. 22. 선고 87도1699 판결 참조)"이라고 판단하였다.

(4) 뇌물죄와 공범규정의 적용범위

뇌물죄의 행위양태 가운데 뇌물의 요구, 공여의 요구 등과 같이 독립된 범죄의 경우에는 공범규정이 그대로 적용되므로 특별히 문제될 것이 없다. 그러나 뇌물의 수수, 약속, 공여, 공여의 약속 등과 같이 뇌물죄가 필요적 공범인 경우에 공범규정은 ① 외부에서 필요적 공범에 관여한 경우, 즉 제3자가 수뢰자나 증뢰자의 범행에 가공한 경우에만 적용된다. 예컨대 제3자가 공무원으로 하여금 뇌물을 수수하도록 교사하였다면 진정신분범인 수뢰죄에 가공한 비신분자에 대하여는 제33조 본문이 적용되므로 비신분자인 제3자에 대하여는 뇌물수수교사죄가 성립한다. 그러나 ② 필요적 공범의 내부참가자, 즉 수뢰자나 증뢰자에 대하여는 각자 처벌규정이 있으므로 그에 따라 처벌될 뿐이며 공범규정이 적용될 여지가 없다.62) 예컨대 뇌물공여자가 공무원에게 먼저 뇌물을 공여하겠다고 제의하고 뇌물을 공여한 경우에 그에 대하여는 뇌물공여죄만 성립하지, 공범규정을 적용하여 뇌물수수교사죄까지 성립하는 것은 아니다.

2. 단순수뢰죄

> **제129조(단순수뢰)**: 제1항: 공무원 또는 중재인이 그 직무에 관하여 뇌물을 수수, 요구 또는 약속한 때에는 5년 이하의 징역 또는 10년 이하의 자격정지에 처한다.

(1) 성립요건

(가) 주체

본죄의 주체는 공무원 또는 중재인이다. 공무원에 대하여는 직무유기죄에서 설명한 것과 같다.63) 다만 특정범죄 가중처벌 등에 관한 법률 제4조는 정부관리기업체의 간부직원64)도 뇌물죄를 적용할 때에는 '공무원으로 본다'고 규정함으로써 뇌물죄의

---

62) 대법원 1971. 3. 9. 선고 70도2536 판결이 "뇌물수수죄는 필요적 공범으로서 형법총칙의 공범이 아니므로, 이에 소론과 같이 형법 제30조를 따로 적용하여야 하는 것이 아니다"라고 한 것도 같은 취지이다.
63) 제2장 제2절 II 1 참조.
64) 정부관리기업체 및 간부직원의 범위에 대하여는 특정범죄 가중처벌 등에 관한 법률 시행령 제2조 및 제3조 참조.

적용대상을 확대하고 있다. '중재인'이란 법령에 의하여 중재65)의 직무를 담당하는 자를 말한다. 예컨대 중재법에 의한 중재인이나 노동조합 및 노동관계조정법에 의한 중재위원(동법 제64조) 등이 여기에 해당한다.

(나) 객체

본죄의 객체는 뇌물이다. '뇌물'이란 직무에 관한 부당한 이익을 말한다. 뇌물은 ① 직무관련성(직무연관성), ② 대가성, ③ 이익의 부당성 등을 개념요소로 한다.

① 직무관련성

직무관련성이 없는 이익은 뇌물에 해당하지 않는다.66) 여기서 직무는 공무원이 그 직위에 따라 공무로 담당할 일체의 직무를 말한다. 따라서 ㉠ 공무원이 법령상 관장하는 직무행위 자체뿐만 아니라, 그 직무에 밀접한 관계가 있는 행위,67) 즉 ㉡ 그 직무에 관련하여 사실상 처리하고 있는 행위, ㉢ 결정권자를 보좌하거나 영향을 줄 수 있는 직무행위,68) ㉣ 과거에 담당하였거나 장래에 담당할 직무, ㉤ 사무분장에 따라 현실적으로 담당하지 않는 직무라도 법령상 일반적인 직무권한에 속하는 직무 등도 직무연관성이 있다.

> [판례 13] 공판주사 甲은 A 판사의 참여주사로 근무하던 자인 바, 상습특수절도사건의 피고인 乙의 이모부인 丙으로부터 乙외 1의 선고형량을 감경토록 하여 달라는 청탁을 받고 금 30만원을 교부 받았다. 甲의 죄책은?

---

65) 여기서 '중재'란 당사자 간의 합의로 사법상의 분쟁을 법원의 재판에 의하지 아니하고 중재인 '의 판정에 의하여 해결하는 절차를 말한다(중재법 제3조 제1호 참조).
66) 2016.9.28. 시행 예정인 부정청탁 및 금품등 수수의 금지에 관한 법률(약칭: 청탁금지법)에 의하면 ① 직무관련성 및 대가성이 없이 '1회에 100만원을 초과'하는 금품등을 받거나 요구 또는 약속하는 행위도 처벌 대상이 되며, ② 100만원 이하의 금품등도 '직무와 관련'하여 받은 경우에는 '대가성 여부를 불문하고' 과태료의 부과 대상이 된다.부정청탁 및 금품등 수수의 금지에 관한 법률 제8조(금품등의 수수 금지) ① 공직자등은 직무관련 여부 및 기부·후원·증여 등 그 명목에 관계없이 동일인으로부터 1회에 100만원 또는 매회계연도에 300만원을 초과하는 금품등을 받거나 요구 또는 약속해서는 아니 된다. ② 공직자등은 직무와 관련하여 대가성 여부를 불문하고 제1항에서 정한 금액 이하의 금품등을 받거나 요구 또는 약속해서는 아니 된다.
제22조(벌칙) ① 다음 각 호의 어느 하나에 해당하는 자는 3년 이하의 징역 또는 3천만원 이하의 벌금에 처한다.
1. 제8조제1항을 위반한 공직자등(제11조에 따라 준용되는 공무수행사인을 포함한다).
제23조(과태료 부과) ⑤ 다음 각 호의 어느 하나에 해당하는 자에게는 그 위반행위와 관련된 금품등 가액의 2배 이상 5배 이하에 상당하는 금액의 과태료를 부과한다.
1. 제8조제2항을 위반한 공직자등(제11조에 따라 준용되는 공무수행사인을 포함한다).
67) 대법원 1980. 10. 14. 선고 80도1373 판결; 대법원 1997. 12. 26. 선고 97도2609 판결.
68) 대법원 1987. 9. 22. 선고 87도1472 판결.

甲이 교부받은 금 30만원이 뇌물에 해당하기 위해서는 직무연관성이 있어야 한다. 여기서 직무'는 '공무원이 법령상 관장하는 그 직무자체' 또는 '그 직무에 밀접한 관계가 있는 직무행위'를 말하는데 양형은 법원의 권한이므로 참여주사의 직무가 아님은 명백하다. 다만 양형이 참여주사의 직무와 밀접한 관계가 있는 직무행위인지가 문제된다. 대하여 대법원은 "형사피고사건의 공판참여주사는 형사소송법 제51조에 규정된 바에 따라 공판조서를 작성하는 것이 그 주된 직무임이 명백하고 양형을 포함한 형사재판은 법관 또는 법관으로 구성된 법원의 권한에 속함은 형사소송법의 규정에 뚜렷한 바이므로 참여주사가 공판에 참여하여 양형에 관한 사항의 심리과정의 내용을 공판조서에 기재한다 하여 그것을 가리켜 법관 또는 법원이 할 양형에 관하여 보좌한다거나 영향을 미친다고 할 수 없는 이치이니 형사사건의 양형은 참여주사의 직무가 아닐 뿐 아니라 그 직무와 밀접한 관계있는 사무라고도 할 수 없다"고 판단하였다.69) 따라서 甲에 대하여 뇌물수수죄는 성립하지 않는다.

[판례 14] 甲은 강원도 태백시청 광산과장으로 재직하면서(태백시에서는 광산과장이 광산, 상공, 운수 등 업무를 관장함) 86년도 개인택시면허사무를 관장하면서 운전경력 연수가 부족하거나 무사고운전자가 아니기 때문에 개인택시면허를 받을 수 없는 운전기사들에게 개인택시면허를 받도록 해달라는 청탁을 받고 회사대표인 乙로부터 점심식사 대접을 받는 자리에서 제공하는 금 350만원을 교부받았다. 甲은 그 직무상 개인택시면허를 받을 자를 결정하는데 중간결재를 거칠 뿐 최종결정권자는 상급자인 부시장, 시장이다. 甲의 죄책은?

甲이 택시면허를 받을 자를 결정하는데 중간결재자로서 이를 독립적으로 결정할 권한이 없음에도 불구하고 그가 乙로부터 받은 금350만원이 직무연관성이 있는지가 문제된다. 이 점에 대하여 판례는 "직무는 결정권자를 보좌하거나 그 직무에 영향을 줄 수 있는 직무행위도 포함"70)된다고 본다. 따라서 甲에 대하여는 수뢰죄가 성립한다.

[판례 15] 甲은 서울특별시 경찰국 관내 슬롯머신 허가 및 단속업무를 관장하던 서울특별시 경찰국 부장인 乙에게 1988.10. 중순 금 2,000,000원을 이태원호텔 슬롯머신 영업허가를 해 달라는 취지로 교부하고, 1990.3. 금 1,000,000원, 같은 해 11. 현금 2,000,000원을 각 자신이 경영하는 슬롯머신 업소들의 위법행위시 잘 보살펴 달라는 취지로 각 교부하였다. 그런데 乙은 1990.3.경 및 1990.11.경에는 치안본부 보좌관으로 근무하고 있어 슬롯머신 업소에 관한 업무를 직접 담당하고 있지는 않았다. 乙의 죄책은?

乙이 1990.3.경 및 1990.11.경 뇌물을 받을 당시에는 치안본부 보좌관으로 근무하고 있었고 슬롯머신 업소에 관한 업무를 직접 담당하고 있지는 않았는데 이러한 경우에도 직무연관성이 인정되는지가 문제된다. 이 점에 대하여 대법원은 "뇌물죄에 있어서 직무라 함은 법

---

69) 대법원 1980. 10. 14. 선고 80도1373 판결,
70) 대법원 1987. 9. 22. 선고 87도1472 판결.

령에 의하여 정하여진 직무뿐만 아니라 그와 관련 있는 직무, 과거에 담당하였거나 또는 장래 담당할 직무 및 사무분장에 따라 현실적으로 담당하지 않는 직무라고 하더라도 법령상 일반적인 직무권한에 속하는 직무 등 공무원이 그 직위에 따라 공무로 담당할 일체의 직무를 말하는 것"이라고 본다. 따라서 슬롯머신 업소의 단속이 경찰의 업무에 속하는 이상 과거에도 슬롯머신 업소에 관한 업무를 담당한 바 있던 乙이 뇌물을 받을 당시 현실적으로 그와 같은 업무를 담당하고 있지 않았다 하더라도 甲이 乙에게 슬롯머신 업소의 위법행위시 잘 보살펴 달라는 취지로 위 돈을 교부하였다면 이는 乙의 직무에 관하여 뇌물을 교부한 것이라고 할 수 있다. 따라서 乙에 대하여는 뇌물수수죄가 성립한다.[71]

[판례] 대통령경제수석비서관 甲은 A 은행장 乙로부터 A 은행이 추진 중이던 업무전반에 관하여 선처해 달라는 취지의 부탁을 받고 금원을 교부받았다. 대통령경제수석비서관은 금융기관의 감독업무를 포함하여 모든 국가경제정책의 수립에 관한 조정, 통제 및 경제전반에 걸친 대통령의 지시사항의 이행을 점검, 감독하는 업무를 수행하고 이를 위하여 관계행정기관의 장과 협의하고 그 자신의 견해를 대통령에게 보고하는 등 금융기관의 업무에 관하여 사실상의 영향력을 행사하는 지위이다. 甲의 죄책은?

'업무전반에 관하여 선처해 달라는 취지의 부탁'을 받고 금원을 교부받은 경우에도 뇌물의 직무연관성이 인정되는지가 문제된다. 이 점에 대하여 대법원은 "수뢰죄에 있어 직무라는 것은 공무원의 법령상 관장하는 직무행위 뿐만 아니라 그 직무에 관련하여 사실상 처리하고 있는 행위 및 결정권자를 보좌하거나 영향을 줄 수 있는 직무행위도 포함된다"는 기존의 입장에 따라 甲이 금원을 수수한 것은 '적어도 직무행위와 밀접한 관계가 있다'는 이유로 뇌물수수죄의 성립을 인정하였다.[72]

② 대가성

뇌물은 '직무에 관한 부당한 이익'을 말하므로 직무와 이익 사이에 대가관계가 있어야 한다. 이익이 구체적으로 어느 직무행위와 대가관계에 있는지가 특정될 것을 요하지는 않으며, 다만 직무와 '전체적·포괄적으로 대가관계'(소위 포괄적 뇌물개념)에 있으면 족하다.[73]

---

71) 대법원 1995. 6. 30. 선고 94도993 판결.
72) 대법원 1994. 9. 9. 선고 94도619 판결.
73) 판례(대법원 1997. 4. 17. 선고 96도3377 전원합의체 판결; 대법원 1997. 12. 26. 선고 97도2609 판결; 대법원 2002. 7. 26. 선고 2001도6721 판결; 대법원 2010. 4. 29. 선고 2010도1082 판결) 및 다수설(김일수/서보학, 각론, 833면; 배종대, 각론, 849면). 이에 대하여 포괄적 뇌물개념을 인정하는 것보다는 처음부터 뇌물죄의 성립에 대가관계를 요하지 않는다고 해석하는 것이 타당하다고 보는 견해에 대하여는 오영근, 각론, 910면 참조.

[판례 16] 기업인 甲은 대통령 乙에게 기업경영과 관련된 경제정책 등을 결정·집행하고 금융, 세제 등을 운용함에 있어서 우대를 받을 수 있도록 해 달라거나 국책사업에 우선적으로 참여할 수 있도록 영향력을 행사해 달라는 취지로 정치자금, 선거자금, 추석이나 연말성금 등의 명목으로 다액의 금원을 제공하였다. 그러나 개개의 금원 수수가 대통령의 여러 가지 직무중 구체적으로 어느 직무와 관련성이 있는지 그리고 구체적으로 어떤 직무행위와 대가관계에 있는지는 명백히 하지 않다. 甲의 죄책은?

甲에 대하여 뇌물공여죄가 성립하기 위해서는 그가 대통령에게 제공한 금원이 모두 대통령의 직무행위에 대한 대가로서 뇌물에 해당하여야 한다. 이를 위해서는 직무관련성과 대가관계가 있을 것을 요한다.

  (1) 직무관련성

직무관련성에 대하여 대법원은 "대통령은 정부의 수반으로서 중앙행정기관의 장을 지휘·감독하여 정부의 중요정책을 수립·추진하는 등 모든 행정업무를 총괄하는 직무를 수행하고, 대형건설 사업 및 국토개발에 관한 정책, 통화, 금융, 조세에 관한 정책 및 기업활동에 관한 정책 등 각종 재정·경제 정책의 수립 및 시행을 최종 결정하며, 소관 행정 각 부의 장들에게 위임된 사업자 선정, 신규사업의 인·허가, 금융지원, 세무조사 등 구체적 사항에 대하여 직접 또는 간접적인 권한을 행사함으로써 기업체들의 활동에 있어 직무상 또는 사실상의 영향력을 행사할 수 있는 지위"에 있으므로 기업인 甲이 경영하는 기업체와 관련된 국책사업의 사업자 선정도 역시 대통령의 직무범위에 속하거나 그 직무와 밀접한 관계가 있는 행위라고 판단하였다.

  (2) 직무와의 대가관계

대법원은 직무와의 대가관계에 대하여 "뇌물은 대통령의 직무에 관하여 공여되거나 수수된 것으로 족하고 개개의 직무행위와 대가적 관계에 있을 필요가 없으며, 그 직무행위가 특정된 것일 필요도 없다"라고 함으로써 포괄적 뇌물개념을 인정하고 있다. 즉 기업인 甲이 제공한 금원이 대통령의 직무와 '전체적·포괄적으로 대가관계'에 있으면 대가관계를 긍정하고 있다. 그리고 대법원은 "정치자금, 선거자금, 성금 등의 명목으로 이루어진 금품의 수수라 하더라도, 그것이 정치인인 공무원의 직무행위에 대한 대가로서의 실체를 가지는 한 뇌물로서의 성격을 잃지 아니한다"고 함으로써 갑에 대하여 뇌물공여죄가 성립한다고 판단하였다.[74]

단순한 사교적 의례의 범위에 속하는 향응이나 선물은 직무와 대가관계가 없으므로 뇌물이 아니다.[75] 그러나 직무와 대가관계가 인정되는 향응이나 선물은 사교적 의례의 형식을 사용하였더라도 뇌물에 해당한다.[76] 접대의 규모가 그리 크지 않더라

---

74) 대법원 1997. 4. 17. 선고 96도3377 전원합의체 판결.
75) 대법원 1982. 9. 14. 선고 81도2774 판결.
76) 판례(예컨대 대법원 1999. 1. 29. 선고 98도3584 판결; 대법원 2001. 10. 12. 선고 2001도3579

도 대가성이 있는 경우에는 사교적 의례의 범위에 속하는 향응에 불과하다고 할 수 없으므로 뇌물에 해당한다.77)

[판례 17] 공무원 甲은 차남 결혼식이 있었던 예식장에서 乙이 축의금으로 낸 돈 100,000원을 전달받았다. 乙은 甲의 직무와 관련이 있는 사업을 경영하는 자로서 개인적으로도 친분관계를 맺어온 사이였다. 甲의 죄책은?

사교적 의례로 받은 결혼 축의금이 직무와 대가관계가 있는지가 문제된다. 이 점에 대하여 대법원은 "개인적으로도 친분관계를 맺어온 사이였다면, 비록 위 공소외인(乙)이 피고인(甲)의 직무와 관련이 있는 사업을 경영하는 사람들이었다 하더라도 그 사정만으로 위의 각 금원이 축의금을 빙자하여 뇌물로 수수된 것이었다고 단정할 수는 없다"78)고 함으로써 대가관계를 부정하였다. 따라서 甲에 대하여 뇌물수수죄는 성립하지 않는다.

[판례 18] 군수 甲은 2000년 2월 초순경 집무실에서 새마을담당계장 乙로부터 사무관승진인사 청탁과 함께 현금을 교부받았다. 甲이 乙로부터 돈을 교부받은 시기가 인사발령을 앞둔 시기였으며, 乙은 후에 승진서열을 무시하고 그가 원하는 대로 승진이 되었다. 그런데 乙로부터 받은 현금은 인사청탁과 함께 설날 세배돈의 형식을 빌어 교부받은 것으로서 50만원에 불과하다. 甲의 죄책은?

군수 甲이 정초에 세배돈의 형식을 빌어서 받은 금 50만원이 승진인사와 직무연관성이 있는지가 문제된다. 대법원은 "공무원이 그 직무의 대상이 되는 사람으로부터 금품 기타 이익을 받은 때에는 사회상규에 비추어 볼 때에 의례상의 대가에 불과한 것이라고 여겨지거나, 개인적인 친분관계가 있어서 교분상의 필요에 의한 것이라고 명백하게 인정할 수 있는 경우 등 특별한 사정이 없는 한 직무와의 관련성이 없는 것으로 볼 수 없으며, 공무원이 직무와 관련하여 금품을 수수하였다면 비록 사교적 의례의 형식을 빌어 금품을 주고받았다 하더라도 그 수수한 금품은 뇌물이 되는 것이다"라고 판단하였다. 따라서 甲이 받은 돈이 50만 원에 불과하고 설날 세배돈의 형식을 빌어서 교부받았다 하더라도 뇌물성이 인정되므로 그에 대하여는 뇌물수수죄가 성립한다.79)

③ 부당한 이익

뇌물죄에서 뇌물의 내용인 이익이란 '금전, 물품 기타의 재산적 이익뿐만 아니라 사람의 수요·욕망을 충족시키기에 족한 일체의 유형·무형의 이익'을 포함한다.80) 예컨

판결); 박상기, 각론, 644면; 배종대, 각론, 852면 이에 대하여 대가관계가 인정되더라도 사교적 의례의 범위를 넘지 않는 때에는 뇌물성이 부정되거나(김일수/서보학, 각론, 834면;), 뇌물죄의 구성요건에는 해당하지만 사회상규에 해당하지 않는 행위(제20조)로서 위법성이 조각된다는 견해(김성천/김형준, 각론, 964면; 오영근, 각론, 912면; 임웅, 각론, 900면)가 있다.

77) 대법원 1984. 4. 10. 선고 83도1499 판결.
78) 대법원 1982. 9. 14. 선고 81도2774 판결.
79) 대법원 2001. 10. 12. 선고 2001도3579 판결.

대 이성간의 성행위, 취직알선, 승진 또는 장래 시가의 앙등이 예상되는 주식을 액면가에 매수하는 경우와 같이[81] 투기적 사업에 참여할 기회를 얻는 것도 뇌물에 해당한다. 다만 비재산적 이익은 객관적으로 측정가능한 것에 국한한다. 따라서 단순히 명예욕이나 허영심을 충족시켜 주는 행위는 뇌물에 해당하지 않는다.[82]

[판례 19] 공무원 甲은 안양시 총무국 회계과장으로 재직하면서 관내 관급공사 입찰 및 수의계약 체결업무 등을 총괄 또는 담당하던 자로서 안양시에서 발주하는 하수도 관급공사를 건설업자인 乙에게 수주하게 하는 등의 편의를 제공하면서 상호 유착관계를 유지하였다. 甲은 乙이 안양시로부터 불하받은 체비지(替費地) 847평이 시장부지로서 장래 당연히 시가가 앙등될 것을 예견하고, 그 중 150평을 낙찰원가대로 매도하여 줄 것을 요구하였다. 乙은 甲으로부터 관급 하수도 공사 계약체결, 공사감독, 대금지급 등에 있어 계속적인 편의를 제공해 준다는 약속을 받고 위 체비지 150평을 甲에게 매도하였다.
(1) 甲의 죄책은?
(2) 만일 매입 당시의 예상과는 달리 체비지의 가격이 오르지 않아 甲에게 아무런 이익이 생기지 않았다면 그의 죄책은?

(1) 甲이 乙로부터 장래에 시가의 앙등이 예상되는 체비지 150평을 낙찰원가대로 매수한 것이 뇌물에 해당하는지가 문제된다. 이 점에 대하여 대법원은 "뇌물죄에 있어서 뇌물의 내용인 이익이라 함은 금전, 물품 기타의 재산적 이익뿐만 아니라 사람의 수요, 욕망을 충족시키기에 족한 일체의 유형, 무형의 이익을 포함한다고 해석되고 투기적 사업에 참여할 기회를 얻는 것도 위 이익에 해당"하므로 "설사 그 매수 당시의 위 체비지의 시세가 위 낙찰원가에 불과하다고 하더라도 직무와 관련하여 이른바 투기적 사업에 참여할 기회를 제공받았음에 다름아니라 할 것"이라는 이유로 甲에 대하여 뇌물수수죄가 성립한다고 보았다.[83]
(2) 대법원은 "뇌물수수죄의 기수 시기는 투기적 사업에 참여하는 행위가 종료된 때"로 본다. 따라서 뇌물수수 행위가 종료된 후 경제사정의 변동 등으로 인하여 당초의 예상과는 달리 부동산 가격이 오르지 않아 아무런 이득을 얻지 못한 경우라도 뇌물수수죄의 성립에는 아무런 영향이 없다.[84]

(다) 행위

단순수뢰죄의 행위는 뇌물을 수수·요구·약속하는 것이다. '수수'란 뇌물을 취득하

---

80) 대법원 1994. 11. 4. 선고 94도129 판결.
81) 대법원 1979. 10. 10. 선고 78도1793 판결.
82) 김일수/서보학, 각론, 836면. 이에 대한 반대견해는 오영근, 각론, 911면.
83) 대법원 1994. 11. 4. 선고 94도129 판결.
84) 대법원 2002. 5. 10. 선고 2000도2251 판결.

는 것을 말한다. 여기서 수수는 뇌물에 대한 영득의사가 있을 것을 요한다. 따라서 후에 반환할 의사로서 일시 받아두거나[85] 불우이웃돕기를 위한 성금으로서 공익단체에 전달할 의사로 받은 것에 불과한 한 때에는[86] 수수에 해당하지 않는다. 그러나 일단 영득의 의사로 뇌물을 수수한 때에는 후에 반환하였더라도 뇌물수수죄의 성립에는 영향이 없다.[87] 예컨대 공무원이 영득의사로 뇌물을 수령하였는데 그 액수가 예상한 것보다 너무 많은 액수여서 후에 이를 반환하였다고 하더라도 뇌물죄의 성립에는 영향이 없다.[88] 뇌물의 소비처도 불문한다. 따라서 부하직원들을 위하여 소비하였거나[89] 불우이웃돕기성금으로 사용하였더라도 본죄는 성립한다.

'요구'는 뇌물을 취득할 의사로 상대방에게 뇌물의 교부를 청구하는 것을 말한다. 상대방이 실제로 뇌물을 교부하였는가는 본죄의 성립에 영향이 없다.

'약속'이란 양당사자 사이에 뇌물의 수수를 합의하는 것이다. 실제로 상대방이 약속을 이행하였는가는 묻지 않는다.

(라) 주관적 구성요건

본죄의 주관적 구성요건은 직무에 관하여 뇌물을 수수, 요구, 약속한다는 사실에 대한 고의이다. 따라서 자기가 모르는 사이에 돈뭉치를 놓고 간 것을 발견하고 연락하여 반환하거나,[90] 택시를 타고 떠나려는 데 돈뭉치를 던져놓고 가버린 경우[91]에는 뇌물수수에 대한 고의는 인정되지 않는다.

(2) 뇌물의 몰수와 추징

제134조(몰수, 추징) 범인 또는 사정을 아는 제3자가 받은 뇌물 또는 뇌물로 제공하려고 한 금품은 몰수한다. 이를 몰수할 수 없을 경우에는 그 가액을 추징한다.

공무원범죄에 관한 몰수 특례법 제2조(정의) 이 법에서 사용하는 용어의 뜻은 다음과 같다.

제2호 "불법수익"이란 특정공무원범죄의 범죄행위로 얻은 재산을 말한다.

제3호: "불법수익에서 유래한 재산"이란 불법수익의 과실로서 얻은 재산, 불법수익의 대가로서 얻은 재산, 이들 재산의 대가로서 얻은 재산 등 불법수익이 변형되거나 증식되어 형

---

85) 대법원 1989.7.25. 선고 89도126 판결.
86) 대법원 2010.4.15. 선고 2009도11146 판결.
87) 대법원 1984. 4. 10. 선고 83도1499 판결.
88) 대법원 2007. 3. 29. 선고 2006도9182 판결.
89) 대법원 1996. 6. 14. 선고 96도865 판결.
90) 대법원 1978. 1. 31. 선고 77도3755 판결.
91) 대법원 1979. 7. 10. 선고 79도1124 판결.

> 성된 재산(불법수익이 불법수익과 관련 없는 재산과 합하여져 변형되거나 증식된 경우에는 불법수익에서 비롯된 부분으로 한정한다)을 말한다.
> 4. "불법재산"이란 불법수익과 불법수익에서 유래한 재산을 말한다.
>
> **제3조(불법재산의 몰수)**: ① 불법재산은 몰수한다.

(가) 의의

제48조는 "범죄에 제공하였거나 범죄행위로 인하여 취득한 물건 또는 그 물건의 대가로 취득한 물건은 몰수할 수 있다"고 규정하고 있으므로 몰수는 임의적 몰수가 원칙이다. 그러나 제134조는 '몰수한다'라고 규정하고 있으므로 뇌물의 몰수추징은 필요적 몰수이다. 이러한 점에서 제134조는 제48조에 대한 특칙이라고 할 수 있다. 그리고 공무원범죄에 관한 몰수특례법에 의하면 수뢰를 통하여 얻은 불법수익뿐만이 아니라 불법수익에서 유래한 재산도 몰수한다(동법 제3조).

(나) 몰수추징의 대상자

몰수추징은 뇌물을 보유하고 있는 자로부터 한다. 즉 수뢰자가 뇌물을 보관하였다가 증뢰자에게 다시 반환하였다면 증뢰자로부터 뇌물을 몰수추징한다.[92] 그러나 공무원이 수뢰한 돈을 소비한 경우에는 뇌물 자체를 반환한 것은 아니므로 수뢰자로부터 추징한다. 예컨대 수뢰자가 뇌물을 소비하고 같은 액수의 금원을 수뢰자에게 반환한 경우,[93] 자기앞수표를 은행에 입금하였다가 같은 액수의 돈을 반환한 경우,[94] 수뢰자가 뇌물을 다른 자에게 다시 뇌물로 공여한 경우[95]에는 그 가액을 수뢰자로부터 추징한다.

> [판례 20] 형법 제134조의 규정에 의한 필요적 몰수 또는 추징은, 범인이 취득한 당해 재산을 범인으로부터 박탈하여 범인으로 하여금 부정한 이익을 보유하지 못하게 함에 그 목적이 있는 것으로서, 공무원의 직무에 속한 사항의 알선에 관하여 금품을 받고 그 금품 중의 일부를 받은 취지에 따라 청탁과 관련하여 관계 공무원에게 뇌물로 공여하거나 다른 알선행위자에게 청탁의 명목으로 교부한 경우에는 그 부분의 이익은 실질적으로 범인에게 귀속된 것이 아니어서 이를 제외한 나머지 금품만을 몰수하거나 그 가액을 추징하여야 한다.[96]

---

92) 대법원 1984. 2. 28. 선고 83도2783 판결.
93) 대법원 1986. 10. 14. 선고 86도1189 판결.
94) 대법원 1983. 4. 12. 선고 82도2462 판결; 대법원 1984. 2. 14. 선고 83도2871 판결; 대법원 1999. 1. 29. 선고 98도3584 판결.
95) 대법원 1986. 11. 25. 선고 86도1951 판결.
96) 대법원 2002. 6. 14. 선고 2002도1283 판결

(다) 몰수추징의 방법

수인이 공동하여 수수한 뇌물을 분배한 경우에는 각자로부터 실제로 분배받은 금품만을 개별적으로 몰수하며, 이를 소비하여 몰수할 수 없는 경우에는 그 가액을 추징하여야 하며, 수수금품을 개별적으로 알 수 없을 때에는 평등하게 몰수 또는 추징하여야 한다.[97]

추징가액산정의 기준시기에 관하여 다수설[98]은 몰수할 수 없게 된 사유가 발생한 때를 기준으로 한다. 다수설은 그 근거로서 추징은 몰수를 대신하는 제도로서 부정한 이익을 보유하지 못하게 하는데 그 취지가 있다는 점을 든다. 그러나 그러한 취지를 고려하면 추징하여야 할 가액은 수뢰자가 그 물건을 보유하고 있다가 몰수의 선고를 받았더라면 잃었을 이득상당액으로 보아야 하므로, 가액산정은 재판선고시의 가격을 기준으로 하는 견해[99]가 타당하다.

3. 사전수뢰죄

> 제129조 제2항(사전수뢰): 공무원 또는 중재인이 될 자가 그 담당할 직무에 관하여 청탁을 받고 뇌물을 수수, 요구 또는 약속한 후 공무원 또는 중재인이 된 때에는 3년 이하의 징역 또는 7년 이하의 자격정지에 처한다.

(1) 의의

본죄는 공무원 또는 중재인이 될 자가 그 담당할 직무에 관하여 청탁을 받고 뇌물을 수수, 요구 또는 약속한 후 공무원 또는 중재인이 됨으로써 처벌되는 범죄이다. 본죄의 주체가 공무원 또는 중재인이 아니라 '공무원 또는 중재인이 될 자'라는 점에서 뇌물수수죄와는 차이가 있다.

(2) 성립요건

(가) 주체

본죄의 주체가 공무원 또는 중재인이 아니라 '공무원 또는 중재인이 될 자'이다. 본죄의 주체가 되기 위해서는 단순히 공직취임의 가능성이 있는 것만으로는 부족하며, 최소한 공직취임이 예정되어 있을 것을 요한다. 예컨대 공무원채용시험에 합격하

---

[97] 대법원 1970. 1. 27. 선고 69도2225 판결; 대법원 1975. 4. 22. 선고 73도1963 판결; 대법원 1993. 10. 12. 선고 93도2056 판결.
[98] 박상기, 각론, 647면; 임웅, 각론, 911면.
[99] 김성돈, 각론, 753면; 김일수/서보학, 각론, 839면.

여 발령을 대기하고 있는 자나 공직선거에서 당선이 확정된 자가 여기에 해당한다. 공직선거에 입후보한 것만으로도 본죄의 주체가 되는지에 대하여는 견해가 일치하지 않는다. 대통령, 국회의원, 지방자치단체장 선거의 입후보자는 이익단체의 로비의 대상이 될 가능성이 높으므로 본죄의 주체가 된다고 보는 견해가 타당하다.[100]

(나) 객체 및 행위

본죄의 객체는 뇌물이다. 여기에 대하여는 뇌물수수죄에서 설명한 것과 같다.

본죄의 행위는 '담당할 직무에 관하여 청탁을 받고 뇌물을 수수, 요구 또는 약속'하는 것이다. '담당할 직무'란 앞으로 공무원이 된 후에 담당할 가능성이 있는 직무를 말한다. '청탁'이란 일정한 직무행위를 해 줄 것을 의뢰하는 것을 말하며, '청탁을 받고'란 그러한 의뢰에 응하겠다는 명시적·묵시적 의사표시를 말한다. 여기서 청탁은 제3자뇌물제공죄와는 달리 부정한 청탁일 것을 요하지는 않는다.

(다) 객관적 처벌조건

본죄의 구성요건이 성립하더라도 행위자가 '공무원'으로 임용되지 않는다면 본죄로 처벌되지 않는다. 여기서 '공무원 또는 중재인이 됨으로써'의 요건은 객관적 처벌조건이다.[101]

4. 제3자뇌물제공죄

> **제130조(제3자뇌물제공)**: 공무원 또는 중재인이 그 직무에 관하여 부정한 청탁을 받고 제3자에게 뇌물을 공여하게 하거나 공여를 요구 또는 약속한 때에는 5년 이하의 징역 또는 10년 이하의 자격정지에 처한다.

(1) 의의

본죄는 공무원 또는 중재인이 그 직무에 관하여 부정한 청탁을 받고 제3자에게 뇌물을 공여하게 하거나 공여를 요구 또는 약속하는 것을 내용으로 하는 범죄이다. 본죄는 공무원이 부정한 청탁을 받고 여기에 응할 것을 요한다는 점과 공무원 자신이 아닌 제3자에게 뇌물을 제공하게 한다는 점에서 뇌물수수죄와 차이가 있다.

---

100) 김일수/서보학, 각론, 847면; 임웅, 각론, 912면; 정성근/박광민, 각론, 816면. 이에 대하여 본죄의 주체를 당선가능성이 높은 입후보자만으로 국한하는 견해는 진계호, 각론, 743면.
101) 통설: 김일수/서보학, 각론, 848면; 박상기, 각론, 651면; 임웅, 각론, 912면; 정성근/박광민, 각론, 816면.

(2) 성립요건

제3자뇌물제공죄가 성립하기 위해서는 공무원이 '부정한 청탁'을 받고 여기에 응할 것을 요하므로, 공무원이 증뢰자로 하여금 제3자에게 뇌물을 공여하도록 하였더라도 부정한 청탁을 받지 않았다면 본죄는 성립하지 않는다.[102]

본죄에서 '제3자'는 교사범이나 방조범도 가능하며, 반드시 공무원과 이해관계가 있을 것도 요하지 않는다. 자연인은 물론 법인이나 법인격 없는 단체도 제3자에 해당한다. 그러나 '제3자'에 공동정범은 포함되지 않는다. 공무원이 공동정범에게 뇌물을 제공하게 한 경우에는 제3자뇌물제공죄가 성립하는 것이 아니라 뇌물수수죄의 공동정범이 성립한다. 그리고 공무원이 다른 사람에게 뇌물을 공여하게 하였더라도 '사회통념상 그 다른 사람이 뇌물을 받은 것을 공무원이 직접 받은 것과 같이 평가할 수 있는 관계가 있는 경우'[103]에는 단순수뢰죄가 성립한다고 보아야 한다.[104] 예컨대 공무원이 처자(妻子) 기타 생활이익을 같이 하는 가족이나 심부름꾼에게 뇌물을 공여하게 한 경우[105] 또는 '평소 공무원이 그 다른 사람의 생활비 등을 부담하고 있었다거나 혹은 그 다른 사람에 대하여 채무를 부담하고 있었다는 등의 사정이 있어서 그 다른 사람이 뇌물을 받음으로써 공무원은 그만큼 지출을 면하게 되는 경우'[106] 등이 여기에 해당한다.

> [판례 21] A 주식회사는 법인등기부상 그 대표이사 명의만을 공무원 甲의 동생인 B로 하여 두었을 뿐, 甲이 A 주식회사 소유의 부동산을 처분하거나, A 주식회사의 운영자금을 마련하는 등 실질적으로 甲이 경영하는 회사이다. 甲은 실질적으로 경영하는 A 주식회사의 어음결제일에 그 결제대금이 부족하여 부도위기에 몰리자, 그 결제대금을 마련할 목적으로 乙로 하여금 직접 A 주식회사의 예금계좌에 금원을 송금하도록 하였으며, 이 금원이 A 주식회사의 어음결제대금으로 사용되어 A 주식회사는 부도를 면할 수 있었고, 이로 말미암아 A 주식회사의 실질적 경영자인 甲으로서는 이 금원 상당액의 어음결제대금 지출의무를 면하게 되었다. 甲, 乙의 죄책은?

---

102) 대법원 1998. 9. 22. 선고 98도1234 판결.
103) 대법원 1998. 9. 22. 선고 98도1234 판결; 대법원 2008. 9. 25. 선고 2008도2590 판결; 대법원 2010. 5. 13. 선고 2008도5506 판결.
104) 이 경우 다른 사람에 대한 뇌물의 공여가 간접적으로 행위자에 대한 수뢰가 된다는 의미에서 이러한 경우를 '간접수뢰'라고 한다(배종대, 각론, 852면; 오영근, 각론, 926면;). 이에 대하여 제3자뇌물제공죄를 간접수뢰로 보는 견해도 있다(김일수/서보학, 각론, 849면; 임웅, 각론, 913면).
105) 김일수/서보학, 각론, 849면; 임웅, 각론, 913면.
106) 대법원 1998. 9. 22. 선고 98도1234 판결.

(1) 甲의 죄책

공무원 甲이 증뢰자 乙로부터 직접 뇌물을 받지 않고 그로 하여금 A 주식회사에 뇌물을 공여하도록 하였는데, 경우에 대하여 수뢰죄(제129조 제1항)가 성립하는가 아니면 제3자뇌물제공죄(제130조)가 성립하는지가 문제된다. 제3자뇌물제공죄가 성립하기 위하여는 공무원이 '부정한 청탁'을 받을 것을 요건으로 하지만 수뢰죄는 부정한 청탁을 받을 것을 요하지 않는다. 따라서 공무원 甲이 부정한 청탁을 받지 않았다면 수뢰죄는 성립이 가능하지만 제3자뇌물제공죄는 성립할 여지가 없다.

공무원이 뇌물을 수수한 것인가 아니면 제3자에게 뇌물을 공여하게 한 것인가를 판단하는 기준에 관하여 대법원은 '사회통념상 그 다른 사람이 뇌물을 받은 것을 공무원이 직접 받은 것과 같이 평가할 수 있는 관계가 있는 경우'에는 뇌물수수죄가 성립한다고 한다. 그리고 甲의 죄책에 관하여 'A 주식회사와 甲과의 관계, 乙이 A 주식회사에 금원을 송금하게 된 경위, 그리고 위 금원의 용도 및 그로 인하여 甲이 얻게 된 이익 등을 종합하면, A 주식회사가 이 금원을 송금받은 것은 사회통념상 공무원인 甲이 직접 받은 것과 같이 평가할 수 있다'고 보아 뇌물수수죄의 성립을 인정하였다.[107]

(2) 乙의 죄책

乙은 공무원 甲에게 뇌물을 공여하였으므로 그에 대하여는 증뢰죄가 성립한다.

본죄는 공무원이 수뢰자로 하여금 제3자에게 뇌물을 공여하게 하거나 공여를 요구 또는 약속함으로써 기수에 이르며, 제3자가 뇌물을 수수하였을 것까지 요하지는 않는다. 제3자가 뇌물이라는 정을 알았는가의 여부는 본죄의 성립에 영향이 없다.

5. 수뢰후부정처사죄

> **제131조(수뢰후 부정처사)**: 제1항: 공무원 또는 중재인이 전2조의 죄를 범하여 부정한 행위를 한 때에는 1년 이상의 유기징역에 처한다.

(1) 의의

본죄는 공무원 또는 중재인이 '전2조의 죄', 즉 단순수뢰죄, 사전수뢰죄, 제3자뇌물제공죄를 범하고 부정한 행위를 함으로써 성립하는 범죄이다. 공무원이 수뢰행위를 하였을 뿐만 아니라 그와 관련하여 부정한 행위를 함으로써 직무행위의 공정성을 침해하였기 때문에 불법이 가중되는 가중적 구성요건이다.

---

107) 대법원 2004. 3. 26. 선고 2003도8077 판결.

(2) 성립요건

'부정한 행위'란 공무원 또는 중재인의 직무위배행위 일체를 말한다. 작위·부작위를 불문한다. 예컨대 공무원이 문서에 관한 죄를 범한 경우[108]가 전자에 해당하며, 경찰관이 도박범행사실을 알면서도 이를 단속하지 않은 경우[109]가 후자에 해당한다.

(3) 죄수

수뢰후부정처사죄에서 공무원이 수뢰 후 행한 부정행위가 공도화변조(제225조) 및 동행사죄(제229조)에 해당하는 경우 공도화변조 및 동행사죄와 수뢰후부정처사죄는 각각 상상적 경합 관계에 있다.[110]

6. 사후수뢰죄

> **제131조 제2항(사후수뢰)**: 공무원 또는 중재인이 그 직무상 부정한 행위를 한 후 뇌물을 수수, 요구 또는 약속하거나 제3자에게 이를 공여하게 하거나 공여를 요구 또는 약속한 때에도 전 항의 형과 같다.
>
> **제131조 제3항(사후수뢰)**: 공무원 또는 중재인이었던 자가 그 재직 중에 청탁을 받고 직무상 부정한 행위를 한 후 뇌물을 수수, 요구 또는 약속한 때에는 5년 이하의 징역 또는 10년 이하의 자격정지에 처한다.

사후수뢰죄는 공무원 또는 중재인이 직무상 부정한 행위를 한 후에 재직 중 또는 퇴직 후에 뇌물을 수수, 요구 또는 약속하는 것을 내용으로 하는 범죄이다. 재직 중에 뇌물을 받는 경우에 대하여는 제131조 제2항에 규정되어 있으며, 퇴직하여 공무원의 신분을 상실한 후에 뇌물을 받는 경우에 대하여는 동조 제3항에 규정되어 있다. 동조 제2항에 규정된 사후수뢰죄가 수뢰후부정처사죄와 대립된다는 의미에서 이를 특히 '부정처사후수뢰죄'라고도 한다.

사후수뢰죄는 재직 중 '부정한 행위'를 할 것을 요하므로 정당한 행위를 하고 뇌물을 받은 때에는 본죄는 성립하지 않는다. 이 경우 재직 중인 공무원이 뇌물을 받았다면 단순수뢰죄가 성립하며, 공무원이 퇴직 후에 뇌물을 받았다면 불가벌이 된다.

---

108) 대법원 2001. 2. 9. 선고 2000도1216 판결.
109) 대법원 2003. 6. 13. 선고 2003도1060 판결.
110) 대법원 2001. 2. 9. 선고 2000도1216 판결. 대법원 1983.7.26. 선고 83도1378 판결도 같은 취지이다.

7. 알선수뢰죄

> **제132조(알선수뢰)**: 공무원이 그 지위를 이용하여 다른 공무원의 직무에 속한 사항의 알선에 관하여 뇌물을 수수, 요구 또는 약속한 때에는 3년 이하의 징역 또는 7년 이하의 자격정지에 처한다.

(1) 의의

본죄는 공무원이 그 지위를 이용하여 다른 공무원의 직무에 속한 사항의 알선에 관하여 뇌물을 수수, 요구 또는 약속하는 것을 내용으로 하는 범죄이다.

(2) 성립요건

(가) 주체

제132조는 본죄의 주체를 공무원에 국한하고 있으므로 중재인은 본죄의 주체에 해당하지 않는다. 다만 특가법상의 알선수재죄(동법 제3조)나 변호사법 제111조 위반죄는 일반범으로서 행위주체에 제한이 없다.[111]

(나) 행위

본죄가 성립하기 위해서는 공무원이 알선에 관하여 자신의 '지위를 이용'할 것을 요한다. 여기서 '지위'란 '직무를 처리하는 공무원과 직무상 직접·간접의 연관관계를 가지고 법률상 또는 사실상으로 어떠한 영향력을 행사할 수 있는 지위'[112]를 말한다. 행위자가 다른 공무원과 상하관계, 협동관계 또는 감독권한 등의 특수한 관계가 있을 것을 요하지는 않는다. 그러나 단순히 친구, 친족관계 등 사적인 관계를 이용하는 경우는 여기에 해당하지 않는다.[113]

> [판례 22-1] 甲은 A 시의회 의원으로 재직하면서 A 시의 조례 제정 및 개정, 예산 편성 및 결산, A 시에 대한 행정 감사 등과 관련한 업무를 담당하여 왔고 그 과정에서 A시의회 의장, 도시계획위원 등을 역임한 자이다. 甲은 주택사업자 乙로부터 공동주택사업 승인과 관련하여 A시 공무원에게 말을 잘 해주고, A시의회 의원들이 위 공동주택사업에 대해 오폐수 발생 등 환경문제를 이유로 반대하지 않도록 힘써 달라는 청탁 알선 대가로 BMW 승용차 1대 시가 1억 2,600만 원 상당을 제공받았다. 만일 甲이 승용차를 제공받으면서 이를 자동차등록원부에 자신이 실질적으로 경영하고 있는 B 주식회사 명의로 등록하였다면 甲의 죄책은?

---

111) 아래의 (3) 참조.
112) 대법원 1983. 6. 14. 선고 83도894 판결.
113) 대법원 1994. 10. 21. 선고 94도852 판결; 대법원 2001. 10. 12. 선고 99도5294 판결.

甲에 대하여 알선수뢰죄가 성립하는지가 문제된다. 본죄가 성립하기 위해서는 甲이 시의회 의원으로서의 지위를 이용하여 공동주택사업 승인업무의 알선에 관하여 수뢰하였을 것을 요한다. '공무원이 그 지위를 이용하여'라는 말은 "다른 공무원이 취급하는 사무의 처리에 법률상이거나 사실상으로 영향을 줄 수 있는 관계에 있는 공무원이 그 지위를 이용하는 경우"를 말한다. 甲이 공무원의 지위를 이용하였는가에 관하여 대법원은 甲이 A 시의회 의원으로서 "공동주택사업 승인과 관련된 직접적인 권한을 행사하는 위치에 있지는 않았다고 하더라도 A 시나 A 시의회 소속 관계 공무원이 취급하는 사무의 처리에 법률상이거나 사실상으로 영향을 줄 수 있는 지위에 있었던 것"114)이라는 이유로 이를 긍정하였다.

그리고 甲이 승용차를 제공받으면서 이를 자동차등록원부에 자신이 실질적으로 경영하고 있는 B 주식회사 명의로 등록한 것이 뇌물을 수수한 것에 해당하는지가 문제된다. 이 점에 대하여 대법원은 "자동차를 뇌물로 제공한 경우 자동차등록원부에 뇌물수수자가 그 소유자로 등록되지 않았다고 하더라도 자동차의 사실상 소유자로서 자동차에 대한 실질적인 사용 및 처분권한이 있다면 자동차 자체를 뇌물로 취득한 것으로 보아야 할 것"115)이라고 판시하였다. 甲은 승용차를 자신이 실질적으로 경영하는 B 주식회사 명의로 등록함으로써 이를 실질적으로 사용·처분할 수 있으므로 승용차를 뇌물로 수수하였다고 할 수 있다.116) 따라서 甲에 대하여는 알선수뢰죄가 성립한다.

> [판례 22-2] 甲은 A 지방검찰청 검찰계장(검찰주사)으로 근무할 당시인 1976.9.15경 乙로부터 丙 등 5인의 관세법위반 피의사건을 잘 처리되도록 주선하여 달라는 청탁을 乙로부터 금 250만원을 받았다. 이 피의사건은 丙 등 5인이 1976.8.27부터 그달 29 사이에 각 구속되어 A 지방검찰청 수사담당 검사 B, 입회 검찰주사 C의 조사를 받다가 9.18에 구속 기소된 것이다. 甲, 乙의 죄책은?

甲에 대하여 알선수뢰죄(제132조)가 성립하는지가 문제되며, 乙에 대하여는 알선뇌물공여죄(제133조 제1항, 제132조)가 성립하는지가 문제된다. 본죄가 성립하기 위해서는 甲이 '그 지위를 이용'하여 피의사건의 처리업무를 알선하여야 한다. '그 지위를 이용'하였다고 하기 위해서는 甲이 "적어도 당해 직무를 처리하는 공무원과 직무상 직접·간접의 연관관계를 가지고 법률상 이거나 사실상이거나를 막론하고 어떠한 영향력을 미칠 수 있는 지위에 있는 공무원"일 것을 요한다. 따라서 공무원의 신분이 있더라도 당해 직무를 처리하는 다른 공무원과 직무상 연관관계가 없다면 본죄의 주체가 된다고 할 수 없다. 이러한 이유에서 대법원은 甲이 "검찰사무주무(검찰주사)로서 丙 등 5인의 관세법위반 피의사건의 수사사

---

114) 대법원 2006. 4. 27. 선고 2006도735 판결.
115) 대법원 2006. 4. 27. 선고 2006도735 판결.
116) 다만 실제 사건에서는 승용차가 甲 또는 B 주식회사의 명의로 등록되지 않았기 때문에 법원은 승용차를 알선수뢰죄의 객체로 인정하지 않았으며, 다른 이유로 본죄의 성립을 인정하였다.

무를 담당하였던 검사 B에게 직무상 어떠한 연관관계를 가지고 법률상 또는 사실상 어떤 영향력을 미칠 수 있는 지위에 있었다고도 보기 어렵다"117)는 이유로 알선수뢰죄의 성립을 부정하였다.

甲에 대하여 알선수뢰죄(알선뇌물수수죄)가 성립하지 않으므로 乙에 대하여도 증뢰죄(알선뇌물공여죄)는 성립하지 않는다.

(3) 특가법상의 알선수재죄와 변호사법 제111조 위반죄

특가법상의 알선수재죄118)는 일반범으로서 '공무원의 직무에 속한 사항의 알선에 관하여 금품이나 이익을 수수·요구 또는 약속'함으로써 성립하며, 행위주체에는 제한이 없다. 변호사법 제111조 위반죄119)도 일반범으로서 "공무원이 취급하는 사건 또는 사무에 관하여 청탁 또는 알선을 한다는 명목으로 금품·향응, 그 밖의 이익을 받거나 받을 것을 약속한 자 또는 제3자에게 이를 공여하게 하거나 공여하게 할 것을 약속"함으로써 성립하며 그 주체에는 제한이 없다.

특가법상의 알선수재죄와 변호사법 제111조 위반죄는 형법상 알선수재죄보다 법정형이 더 중하게 규정되어 있지만 일반범이므로 신분범인 알선수재죄에 대하여 특별관계에 있다고 볼 수 없다.120) 따라서 공무원의 알선수뢰행위가 특가법상의 알선수재죄에 해당하는 경우에 양죄는 상상적 경합관계에 있다고 보아야 한다. 공무원의 알선수뢰행위가 변호사법 제111조에 해당하는 경우에도 마찬가지로 양죄의 상상적 경합이 성립한다. 판례 가운데 변호사법 제111조 위반죄가 성립하면 "알선수뢰죄나 증뢰물전달죄는 성립할 여지가 없다'는 문구가 있는데, 본죄가 일반범인 증뢰물전달죄에 대하여 특별관계에 있다는 견해에는 찬성하지만121) 신분범인 알선수뢰죄에 대

---

117) 대법원 1982. 6. 8. 선고 82도403 판결.
118) 특정범죄 가중처벌 등에 관한 법률 제3조(알선수재): 공무원의 직무에 속한 사항의 알선에 관하여 금품이나 이익을 수수·요구 또는 약속한 사람은 5년 이하의 징역 또는 1천만원 이하의 벌금에 처한다.
119) 변호사법 제111조 제1항: 공무원이 취급하는 사건 또는 사무에 관하여 청탁 또는 알선을 한다는 명목으로 금품·향응, 그 밖의 이익을 받거나 받을 것을 약속한 자 또는 제3자에게 이를 공여하게 하거나 공여하게 할 것을 약속한 자는 5년 이하의 징역 또는 1천만원 이하의 벌금에 처한다. 이 경우 벌금과 징역은 병과할 수 있다.
120) 임웅, 각론, 919면.
121) 공무원이 취급하는 사건 또는 사무에 관한 청탁을 받고 청탁 상대방인 공무원에게 제공할 금품을 받아 그 공무원에게 단순히 전달하는 증뢰물전달죄(제133조 제2항)와는 달리, 변호사법 제111조 위반죄는 행위자가 '자기 자신의 이득을 취하기 위하여' 공무원이 취급하는 사건 또는 사무에 관하여 청탁한다는 등의 명목으로 금품 등을 교부받음으로써 성립하는 범죄이다. 따라서 대법원은 본죄가 성립하면 '형법 제133조 제2항 증뢰물전달죄는 성립할 여지가 없다'고 본다(대법원 1986.3.25. 선고 86도436 판결; 대법원 2006.11.24. 선고 2005도5567 판결). 이 판례로 미루어 보면 대법원은 본죄가 증뢰물전달죄에 대하여 특별관계에 있다고 파

하여 특별관계에 있다는 취지라면 수긍하기 어렵다.

8. 증뢰죄

> **제133조(뇌물공여 등)** ① 제129조부터 제132조까지에 기재한 뇌물을 약속, 공여 또는 공여의 의사를 표시한 자는 5년 이하의 징역 또는 2천만원 이하의 벌금에 처한다.
> ② 제1항의 행위에 제공할 목적으로 제3자에게 금품을 교부한 자 또는 그 사정을 알면서 금품을 교부받은 제3자도 제1항의 형에 처한다.
> **제134조(몰수, 추징)** 범인 또는 사정을 아는 제3자가 받은 뇌물 또는 뇌물로 제공하려고 한 금품은 몰수한다. 이를 몰수할 수 없을 경우에는 그 가액을 추징한다.

(1) 의의

증뢰죄는 제129조 내지 제132조에 기재한 뇌물을 약속, 공여 또는 공여의 의사를 표시함으로써 성립하는 범죄이다. 본죄는 공무원의 수뢰죄에 대응하는 범죄로서 직무관련범죄이지만 신분범은 아니다.

(2) 성립요건

본죄는 일반범으로서 주체에는 제한이 없으며, 객체는 뇌물로서 수뢰죄에서 설명한 것과 같다. 따라서 행위자가 제공하는 뇌물도 직무연관성이나 대가성이 있어야 한다.122)

본죄의 행위는 뇌물을 '약속, 공여 또는 공여의 의사를 표시'하는 것이다. 여기서 공여는 수뢰죄의 '수수'에 대응하는 행위로서 상대방에게 뇌물을 제공하여 그로 하여금 이를 수수하게 하는 것이다. '공여의 의사표시'는 상대방에게 뇌물을 제공하겠다는 의사를 표시하는 것이다. 일방적 의사표시로 족하므로 상대방이 이를 수락할 것을 요하지는 않는다.

9. 증뢰물전달죄

> **제133조** ② 제1항의 행위에 제공할 목적으로 제3자에게 금품을 교부한 자 또는 그 사정을 알면서 금품을 교부받은 제3자도 제1항의 형에 처한다.

악한 것으로 보인다.
122) 김일수/서보학, 각론, 858면; 임웅. 각론, 921면; 판례(예컨대 대법원 1982. 9. 28. 선고 80도2309 판결; 대법원 1987. 11. 24. 선고 87도1463 판결)도 같은 견해이다.

(1) 의의

본죄는 증뢰행위에 공(供)할 목적으로 제3자에게 금품을 교부하거나 그 정을 알면서 교부를 받음으로써 성립하는 범죄이다.

(2) 성립요건

(가) 주체 및 객체

본죄도 제133조 제1항의 증뢰죄와 마찬가지로 일반범이다. 본죄의 객체는 뇌물이 아니라 '금품'이다. 뇌물은 직무를 담당하는 공무원에게 제공되는 것이므로 직무관련성이 있을 것을 요하지만, 금품은 공무원이 아닌 제3자에게 교부되는 것이므로 뇌물행위에 제공할 목적으로 교부된 것이면 족하며, 반드시 객관적 직무관련성이 있을 것이 요구되지는 않는다. 제133조 제2항의 객체가 뇌물의 성격이 미약하기 때문에 '뇌물'이라는 용어 대신에 '금품'이라는 용어를 사용한 것이다.[123]

(나) 행위

본죄의 행위는 금품을 '제3자에게 교부'하거나 '교부를 받는 것'이다. 본죄는 금품을 교부하거나 교부받음으로써 기수에 이르며, 실제로 이를 공무원에게 전달하였는가는 문제되지 않는다.

(다) 주관적 구성요건

본죄에서 교부행위는 목적범이므로 고의 이외에도 금품을 '증뢰행위에 제공할 목적'이 있어야 한다. 행위자가 금품을 전달할 의사가 없이 상대방을 기망하여 금품을 교부받았다면 증뢰물전달죄는 성립하지 않으며, 다만 사기죄나 변호사법 제111조 위반죄가 성립할 여지가 있다.[124]

---

123) 김일수/서보학, 각론, 858면
124) 앞에서 설명한 바와 같이 변호사법 제111조 위반죄는 행위자가 '자기 자신의 이득을 취하기 위하여' 공무원이 취급하는 사건 또는 사무에 관하여 청탁한다는 등의 '명목'으로 금품 등을 교부받는 경우에 성립하는 범죄이므로 금품을 증뢰행위에 제공할 목적이 있을 것이 요구되지는 않는다.

제2절 공무방해에 관한 죄

I. 서론

1. 의의

공무방해에 관한 죄란 국가 또는 공공기관이 행사하는 기능을 방해함으로써 성립하는 범죄를 말한다. 앞에서 설명한 '공무원의 직무에 관한 죄'가 공무원이 주체가 되어 행하는 범죄로서 신분범이라면, '공무방해에 관한 죄'는 공무원이 객체가 되어 그에 대하여 행하여지는 범죄로서 일반범이다.

2. 보호법익

공무방해에 관한 죄의 보호법익은 국가의 기능이다.

3. 체계

공무방해에 관한 죄는 강학상 객체가 일반 공무를 모두 포함하는가 아니면 특수한 공무에 국한되는가에 따라 ① 일반공무집행방해죄(제136조 - 제137조)와 ② 특별공무집행방해죄(제138조 - 제143조)로 구분되며, ③ 특수공무방해죄(제144조 제1항)는 일반공무집행방해죄 및 특별공무집행방해죄의 가중적 구성요건이다.[125] 그리고 특수공무방해치사상죄(제144조 제1항)는 특수공무방해죄의 결과적 가중범이다.

II. 공무집행방해죄

> 제136조 제1항(공무집행방해, 직무강요): 직무를 집행하는 공무원에 대하여 폭행 또는 협박한 자는 5년 이하의 징역 또는 1천만원 이하의 벌금에 처한다.

1. 성립요건

(1) 주체

본죄는 일반범으로서 주체에는 제한이 없다.

---

[125] 김일수/서보학, 각론, 863면; 배종대, 각론, 869면; 임웅, 각론, 924면.

(2) 객체

본죄의 객체는 '직무를 집행하는 공무원'이다.

(가) 직무의 범위

직무란 공무원이 직책상 취급하는 사무를 말한다. 여기서 직무는 반드시 국가의 사를 강제력에 의하여 실현하는 권력적 작용에 국한되지 않는다.[126] 이에 대하여 국가 또는 공공기관이 사기업과 동일한 지위에서 행하는 사업(철도, 국공립학교, 국공립병원)은 사경제주체(私經濟主體)로서 행하는 사무에 불과하므로 본죄에서 말하는 직무에 해당하지 않는다는 견해[127]가 있다.

(나) 직무집행의 시간적 범위

'직무를 집행하는'이란 말은 공무원이 현재 구체적인 직무를 집행하고 있는 경우뿐만이 아니라 직무집행과 불가분의 관계에 있는 때 내지는 공무원이 직무수행을 위하여 근무 중인 상태에 있는 때[128]를 포함한다. 예컨대 직무집행에 착수하기 직전의 준비행위, 직무집행을 대기하고 있는 경우, 일시 휴식하고 있는 경우 등도 여기에 해당한다. 그러나 직무집행을 위하여 출근하는 것은 아직 직무집행에 근접한 행위가 없으므로 직무집행에 해당한다고 볼 수 없다. 직무집행을 종료한 공무원에 대하여도 본죄는 성립하지 않는다.

> [판례 1] 甲은 부산 서구청 야간 당직실을 찾아가 당직 근무자에게 자신의 주거지 앞 노상의 불법주차 차량이 많다고 하면서 단속을 요구하였다. 이에 당직근무 중이던 청원경찰 乙은 불법주차 현장을 확인한 다음, 甲에게 야간이라서 당장 단속은 힘들고 주간 근무자에게 단속을 하도록 하겠다고 말을 하자, 甲이 이에 화가 나 손바닥으로 乙의 오른쪽 뺨을 1회 때렸다. 확인된 사실에 의하면 야간 당직 근무자들은 불법주차를 단속할 권한은 없지만, 민원이 들어오면 접수를 받고 다음날 그와 관련된 부서에 민원사항을 전달하여 처리하도록 하고 있다. 甲의 죄책은?

공무집행방해죄가 성립하기 위해서는 공무원 甲이 '직무를 집행하는' 상태에 있어야 한다. '직무를 집행하는'의 의미에 대하여 대법원은 "공무원이 직무수행에 직접 필요한 행위를 현실적으로 행하고 있는 때만을 가리키는 것이 아니라 공무원이 직무수행을 위하여 근무 중인 상태에 있는 때를 포괄한다 할 것이고, 직무의 성질에 따라서는 그 직무수행의 과정

---

126) 다수설: 박상기, 각론, 660면; 오영근, 각론, 783면; 임웅, 각론, 925면; 정성근/박광민, 각론, 835면.
127) 김일수/서보학, 각론, 865면.
128) 대법원 1999. 9. 21. 선고 99도383 판결; 대법원 2002. 4. 12. 선고 2000도3485 판결; 대법원 2009. 1. 15. 선고 2008도9919 판결.

을 개별적으로 분리하여 부분적으로 각각의 개시와 종료를 논하는 것이 부적절하거나 여러 종류의 행위를 포괄하여 일련의 직무수행으로 파악함이 상당한 경우가 있다고 할 것이다"129)라고 보았다. 甲은 불법주차 현장을 확인하고 민원인 乙에게 '주간 근무자에게 단속을 하도록 하겠다'고 말을 함으로써 乙이 요구한 단속업무를 처리하였다. 그러나 이로써 직무집행이 종료된 것은 아니며, 乙은 계속하여 '직무수행을 위하여 근무 중인 상태'에 있었으므로 그의 뺨을 가격한 행위는 공무집행방해죄에 해당한다.

(다) 직무집행의 적법성

① 적법성의 요부

본죄가 성립하기 위해서 직무의 적법성을 요하는가에 대하여 제135조에는 명문으로 규정되어 있지는 않다. 그러나 형법은 위법한 직무집행까지 보호하지는 않는다고 보아야 하므로 본죄가 성립하기 위해서는 직무가 적법할 것을 요한다고 해석하여야 한다. 따라서 위법한 직무집행을 하는 공무원에 대하여 폭행, 협박을 가한 행위는 공무집행방해죄의 구성요건에 해당하지 않는다. 이러한 의미에서 직무의 적법성은 '미기술적 구성요건요소'(未記述的 構成要件要素)라고 이해할 수 있다.

② 적법성의 의의

다수설은 직무집행의 적법성을 '형법적 적법개념'으로 이해한다.130) 이는 행정법적·소송법적 적법개념에 대응하는 개념으로서, 직무행위의 적법성을 행정법적·소송법적 규정과 독립하여 형법 고유의 관점에서 판단하는 것을 말한다. 이 견해에 의하면 직무행위의 적법성은 '실질적인 정당성'보다는 형식적 적법성에 의하여 결정된다. 이러한 의미에서 형법적 적법개념은 '형식적 적법개념'을 취하고 있다고 할 수 있다.131) 이 이론에 의하면 직무행위가 행정법 또는 소송법에 규정되어 있는 실질적인 요건을 구비하지 못하여 행정법상 또는 소송법상으로는 위법하다 하더라도 아래에서 설명하는 3가지의 형식적인 요건을 구비한 이상은 형법상으로는 적법한 직무행위라고 한다.

③ 적법성의 요건

형법적 적법개념에 의하면 직무행위의 적법성은 직무행위를 ㉮ 공무원이 법률을 직접 실행하는 경우, ㉯ 공무원이 법원의 판결·결정이나 행정관청의 행정처분과 같은 '국가행위'(Staatsakt)를 집행하는 경우, ㉰ 공무원이 상관의 명령을 수행한 경우 등 3가지 유형으로 나누어 판단하여야 한다.132)

---

129) 대법원 2009. 1. 15. 선고 2008도9919 판결.
130) 김일수/서보학, 각론, 866면; 배종대, 각론, 872면.
131) 김일수/서보학, 각론, 866면; 박상기, 각론, 661면; 배종대, 각론, 872면.
132) Otto, Strafrecht BT, 7. Aufl., 2005, § 91 Rn. 11 참조.

㉮ 공무원이 법률을 직접 실행하는 경우, 예컨대 사법경찰관이 피의자를 영장 없이 긴급체포하는 경우와 같이 직무행위의 적법성이 인정되기 위해서는 직무행위가 ㉠ 당해 공무원의 추상적·일반적 직무권한과 ㉡ 구체적 권한에 속해야 하며, ㉢ 법령이 정한 방식과 절차에 따른 것이어야 한다.133) 이상의 3가지 형식적 요건만 갖추면 적법성은 인정되며, 직무집행이 행정법 또는 소송법에 규정된 실질적 적법요건까지 갖출 것을 요하지는 않는다.

첫째로 '추상적 직무권한'이란 직무행위가 그 공무원의 사물적·장소적 관할에 속하는 것을 말한다. 예컨대 면사무소공무원이 설계도면의 제출을 요구하거나134) 경찰관이 사법상의 분쟁해결에 관여하였다면 그 행위는 공무원의 추상적 직무권한에 해당하지 않으므로 적법한 직무집행이 아니다. 그러나 공무원의 내부적 직무분담은 추상적 직무권한에 영향이 없다.135) 예컨대 불심검문은 경찰관의 일반적 직무권한에 속하므로 교통경찰관이 이를 행하더라도 적법성이 부정되지는 않는다.

둘째로 '구체적 권한'은 법률에 규정된 구체적인 직무행위의 요건을 구비한 경우에 인정된다. 예컨대 경찰관이 임의동행의 요구를 거절하는 자를 강제로 인치하는 행위,136) 행위자의 행위가 법정형이 5만원 이하의 벌금에 해당하는 경미한 범죄에 불과하여 현행범으로 체포할 수 없음에도 불구하고 경찰관이 상대방의 의사에 반하여 강제로 연행하려고 한 행위,137) 경찰관이 음주측정을 거절하는 운전자를 음주측정을 위하여 강제로 파출소까지 끌고 가려고 한 행위138) 등은 직무행위의 요건을 구비하지 못하였으므로 적법한 직무집행이라고 할 수 없다.

> [판례 2] 경찰관 A는 甲이 피해자 乙을 구타하고 있다는 신고를 받고 현장에 갔었는데 싸움은 이미 끝나고 피해자는 없었다. A는 甲에게 불심검문을 하고 경찰관서까지 임의동행을 요구하였으나 甲이 거절하므로 그를 잡아끄는 등 강제로 인치하려고 하였다. 그 과정에서 서로 밀치다가 甲이 A를 폭행하였다. 甲의 죄책은?

甲이 경찰관 A를 폭행한 행위가 공무집행방해죄에 해당하는지가 문제된다. 이를 위해서는 경찰관 A가 임의동행을 거절하는 甲을 강제로 인치하려 한 행위가 적법한 직무집행일 것을 요한다. 甲은 현행범이 아니므로 A가 그를 현행범으로 체포할 요건은 갖추어있지는 않다. 그리고 甲은 임의동행의 요구를 거절할 권리가 있으므로(경직법 제3조 제2항 제2문)139) 경찰관 A가 甲을 강제로 인치하려고 한 행위는 위법한 직무집행행위에 해당한

---

133) 대법원 1992. 2. 11. 선고 91도2797 판결; 대법원 2008. 10. 9. 선고 2008도3640 판결.
134) 대법원 1981. 11. 23. 선고 81도1872 판결.
135) 김일수/서보학, 각론, 867면; 정성근/박광민, 각론, 836면.
136) 대법원 1972. 10. 31. 선고 72도2005 판결.
137) 대법원 1992. 5. 22. 선고 92도506 판결.
138) 대법원 1994. 10. 25. 선고 94도2283 판결.

다.140) 따라서 甲이 A를 폭행한 행위는 공무집행방해죄의 구성요건해당성이 없다.

[판례 3] 경찰관 A 등은 B 주식회사 앞길에서 자신에 대한 해고의 부당함을 주장하며 농성을 벌이고 있던 위 회사의 해고 근로자인 甲에게 경찰서까지 동행할 것을 요구하였다가 거절당하자 그를 연행하기 위하여 경찰순찰차량에 강제로 승차시키려고 하였다. 甲이 이를 제지하는 과정에서 경찰관 A 등을 폭행하였다. 甲의 죄책은?

甲이 경찰관 A 등을 폭행한 행위가 공무집행방해죄에 해당하기 위해서는 경찰관들이 甲을 연행한 행위가 적법한 공무집행일 것을 요한다. 여기서 '적법한 공무집행'이란 "그 행위가 공무원의 추상적 권한에 속할 뿐 아니라 구체적 직무집행에 관한 법률상 요건과 방식을 갖춘 경우"를 말한다. 경찰관 A 등의 공무집행이 적법한가에 관하여 대법원은 "甲의 행위는 (구) 도로교통법 제63조 제3항 제2호141) 내지 (구) 경범죄처벌법 제1조 제24호, 제26호142) 등을 위반한 것으로 그 법정형이 5만원 이하의 벌금, 구류 또는 과료에 해당하는 경미한 범죄에 불과하여 비록 甲이 현행 범인이라고 하더라도 영장없이 위 甲을 체포할 수는 없고, 또한 범죄의 사전 진압이나 교통단속의 목적만을 이유로 위 甲에 대하여 임의동행을 강요할 수도 없다 할 것이므로, 위 경찰관들이 위 甲을 그 의사에 반하여 강제로 연행하려고 한 행위는 적법한 공무집행이라고 볼 수 없다'고 판단하였다. 따라서 甲이 경찰관들의 행위를 제지하기 위하여 그들에게 폭행을 가한 행위는 공무집행방해죄를 구성하지 않는다.143)

[판례 4] 의경 甲은 운전자 乙이 차선을 위반하여 진행하는 것을 적발하고 검문하던 중에 음주운전한 사실까지 추가로 발견하고, 음주측정을 위하여 파출소까지 가자고 요구하였으나 乙이 음주운전한 사실이 없다고 하면서 이를 거절하자 피고인의 혁대를 잡고 파출소까지 끌고 가려고 하는데, 乙이 이에 대항하면서 의경 甲의 목을 잡고 미는 등 폭행하여 1주간의 치료를 요하는 외측경부타박상을 입혔다. 乙의 죄책은?

---

139) **경찰관 직무집행법 제3조(불심검문)** ① 경찰관은 다음 각 호의 어느 하나에 해당하는 사람을 정지시켜 질문할 수 있다.
   1. 수상한 행동이나 그 밖의 주위 사정을 합리적으로 판단하여 볼 때 어떠한 죄를 범하였거나 범하려 하고 있다고 의심할 만한 상당한 이유가 있는 사람
   2. 이미 행하여진 범죄나 행하여지려고 하는 범죄행위에 관한 사실을 안다고 인정되는 사람
   ② 경찰관은 제1항에 따라 같은 항 각 호의 사람을 정지시킨 장소에서 질문을 하는 것이 그 사람에게 불리하거나 교통에 방해가 된다고 인정될 때에는 질문을 하기 위하여 가까운 경찰서·지구대·파출소 또는 출장소(지방해양경비안전관서를 포함하며, 이하 "경찰관서"라 한다)로 동행할 것을 요구할 수 있다. 이 경우 동행을 요구받은 사람은 그 요구를 거절할 수 있다. <개정 2014.11.19>
140) 대법원 1972. 10. 31. 선고 72도2005 판결.
141) 현행 도로교통법(도로에서의 금지행위 등) 제68조 제3항 제2호
142) 현행 경범죄 처벌법 제1조 제1항 제19호, 제21호
143) 대법원 1992.5.22. 선고 92도506 판결.

乙에 대하여 공무집행방해죄가 성립하기 위해서는 의경 甲의 직무집행이 적법할 것을 요한다. 의경 甲의 임의동행의 요구에 대하여 乙이 거절하는 경우 甲은 乙을 음주측정을 위하여 강제로 파출소까지 연행할 수 없다. 甲이 乙을 적법하게 파출소로 연행하기 위해서는 운전자 乙을 도로교통법 제148조의2 제2호 소정의 음주측정거부죄[144)]의 현행범으로 체포하든지 긴급체포하는 수밖에 없다. 피의자를 현행범체포 또는 긴급체포하기 위해서는 체포 당시에 피의자에 대하여 범죄사실의 요지, 체포 또는 구속의 이유와 변호인을 선임할 수 있음을 말하고 변명할 기회를 준 후가 아니면 체포 또는 긴급체포할 수 없다(제213조의2, 200조의5). 의경 甲은 乙을 연행할 당시 음주측정을 하기 위하여 파출소까지 가자고만 하였을 뿐 이러한 절차를 준수하지 않았으므로 의경 甲의 강제연행은 적법한 공무집행이라고 할 수 없다. 따라서 乙에 대하여 공무집행방해죄는 성립하지 않는다.[145)]

셋째로 직무집행의 적법성이 인정되기 위해서는 직무행위가 '법령이 정한 방식과 절차'를 준수할 것을 요한다. 여기서 '법령이 정한 방식과 절차'는 '본질적인 형식규정'(wesentliche Formvorschriften), 즉 관련자의 권리를 보호하기 위하여 법령이 정한 중요한 방식과 절차를 말한다. 따라서 권리를 침해할 우려가 없는 사소한 절차의 위반이나 훈시규정의 위반은 직무행위의 적법성에 영향이 없다.[146)]

[판례 5] A 등 경찰관 3명은 성인피시방 영업행위 등의 범죄사실로 지명수배 중인 甲이 처와 함께 모텔에 투숙한 것을 확인하고 甲을 검거하기 위하여 새벽 1시에 마스터키로 모텔방문을 열고 방안으로 들어갔다. 경찰관 3명은 甲이 도주하거나 자해할 우려가 있다고 판단하여 미란다고지를 하지 않고 마스터키로 모텔방문을 연 것이다. 경찰관 A는 문을 연 후에도 甲에게 지명수배사실 및 범죄사실만을 말하고 미란다원칙을 고지하지 않은 채 신분증 제시를 요구하였으며, 甲은 자신이 동생인 乙이라고 주장하면서 乙 명의의 운전면허증을 제시하였다. 경찰관 A는 체포하려는 상대방이 甲 본인이 맞는지를 확인하기 위하여 그 운전면허증으로 지문조회를 하고 甲의 지문을 확인하려 하자 甲이 태도를 돌변하여 욕설을 하면서 주먹으로 유리창을 깨뜨리고 유리조각을 쥐고 경찰관들이 다가오지 못하도록

---

144) 도로교통법 제148조의2(벌칙) 다음 각 호의 어느 하나에 해당하는 사람은 3년 이하의 징역이나 1천만원 이하의 벌금에 처한다.
  1. 생략
  2. 술에 취한 상태에 있다고 인정할 만한 상당한 이유가 있는 사람으로서 제44조제2항에 따른 경찰공무원의 측정에 응하지 아니한 사람
  도로교통법 제44조 제2항(술에 취한 상태에서의 운전금지) 경찰공무원은 교통의 안전과 위험방지를 위하여 필요하다고 인정하거나 제1항의 규정을 위반하여 술에 취한 상태에서 자동차등을 운전하였다고 인정할 만한 상당한 이유가 있는 때에는 운전자가 술에 취하였는지의 여부를 호흡조사에 의하여 측정할 수 있다. 이 경우 운전자는 경찰공무원의 측정에 응하여야 한다.
145) 대법원 1994. 10. 25. 선고 94도2283 판결.
146) 김일수/서보학, 각론, 868면; 임웅, 각론, 929면; 정성근/박광민, 각론, 837면.

앞으로 휘둘렀으며, 이에 경찰관들은 甲을 제압하기 위하여 피고인과 엉켜서 20분간의 몸싸움을 하여 폭력으로 대항하는 甲을 실력으로 제압하였다. 경찰관 A는 甲을 실력으로 제압한 후에 지체 없이 미란다 원칙을 고지하였다. 甲의 죄책은?

甲이 자신을 긴급체포하려는 경찰관에게 유리조각을 휘둘러 상해를 가한 행위는 특수공무방해치상죄(제144조 제2항)에 해당할 가능성이 있다. 본죄는 부진정결과적 가중범이므로 甲이 고의로 상해를 한 경우에도 성립할 수 있다. 본죄가 성립하기 위해서는 A 등 경찰관의 공무집행이 적법일 것을 요한다. 그런데 경찰관들은 甲을 긴급체포하기 위한 실력행사를 개시하기 전은 물론 개시한 후 상당한 시간이 경과하는 동안에도 미란다원칙을 고지(헌법 제12조 제5항 전문, 형사소송법 제72조)하지 않았는데, 이로 인하여 경찰관들의 공무집행이 위법한지가 문제된다. 미란다 원칙의 고지는 체포를 위한 실력행사에 들어가기 이전에 미리 하여야 하는 것이 원칙이지만, 이 사례에서는 피의자 甲이 도주나 자해의 우려가 있었으므로 실력행사 전에 고지하지 않았다는 사실만으로 경찰관의 공무집행이 위법하다고 할 수 없다. 다만 경찰관이 운전면허증으로 지문조회를 하는 동안에도 甲에게 구속의 이유와 변호인을 선임할 수 있음을 말하거나 변명할 기회를 주지 않은 것이 위법한 공무집행에 해당하는가이다. 이 점에 대하여 원심법원과 대법원의 견해가 일치하지 않았다. 원심법원은 "운전면허증으로 지문조회를 하는 동안에도 피고인에게 구속의 이유와 변호인을 선임할 수 있음을 말하거나 변명할 기회를 준 바는 없으며 …"라는 이유로 甲을 긴급체포하려고 한 일련의 행위는 적법한 공무집행이라고 보기 어려우므로 甲의 행위는 공무집행방해에 해당하지 않는다고 보았다.
이에 대하여 대법원은 미란다원칙의 고지는 '체포를 위한 실력행사에 들어가기 전에 미리 하여야 하는 것이 원칙이나, 달아나는 피의자를 쫓아가 붙들거나 폭력으로 대항하는 피의자를 실력으로 제압하는 경우에는, 붙들거나 제압하는 과정에서 하거나, 그것이 여의치 않은 경우에는 일단 붙들거나 제압한 후에 지체 없이 하여야 한다'[147]는 기존의 입장을 근거로 경찰관 3명의 직무집행이 적법하다고 판단하였다: "甲 자신이 동생인 乙이라고 주장하면서 乙 명의의 운전면허증을 제시하는 경우라면, 경찰관으로서는 체포하려는 상대방이 甲 본인이 맞는지를 먼저 확인한 후에 이른바 미란다 원칙을 고지하여야 하는 것이지, 그 상대방이 甲인지 乙인지를 확인하지 아니한 채로 일단 체포하면서 미란다 원칙을 고지할 것은 아니라고 보아야 한다. 만약 상대방을 확인하지도 않은 채로 먼저 체포하고 미란다 원칙을 고지한다면, 때로는 실제 피의자가 아닌 사람을 체포하는 경우도 생길 수 있고, 이런 경우에는 일반적으로 미란다 원칙의 고지가 앞당겨짐에서 얻어지는 인권보호보다도 훨씬 더 큰 인권침해가 생길 수도 있다. 따라서 이 사건 경찰관들이 미란다 원칙의 고지사항을 전부 고지하지 않은 채로 신원확인절차에 나아갔다고 해서, 그 행위가 부적법하다고 볼 수는 없다."[148] 따라서 甲의 행위는 특수공무방해치상죄에 해당한다.

---

147) 대법원 2000. 7. 4. 선고 99도4341 판결. 대법원 2008.7.24. 선고 2008도2794 판결; 대법원 2010. 6. 24. 선고 2008도11226 판결도 같은 취지이다.

㈏ 공무원이 법원의 판결·결정이나 행정관청의 행정처분과 같은 국가행위[149]를 집행하는 경우, 예컨대 사법경찰관이 판사가 발부한 체포영장을 집행하거나 집달관이 법원의 가처분명령을 집행하는 경우 공무원의 직무행위가 적법하기 위해서는 ㉠ 그 기초가 되는 국가행위가 '유효'이어야 하며, ㉡ 공무원의 집행행위 자체도 '적법'하여야 한다. 국가행위는 실질적 정당성이 없더라도 위법성이 명백·중대하여 무효가 아닌 이상은 유효하며, 이를 집행하는 공무원은 국가행위의 정당성을 검토하여야 할 의무가 없으므로 그 집행행위도 적법하다. 그리고 집행행위 자체가 적법하기 위해서는 '본질적인 형식규정', 즉 관련자의 권리를 보호하기 위하여 법령이 정한 중요한 방식과 절차에 위반하지 않아야 한다. 본질적인 절차규정에 반하는 집행행위는 위법이다.[150] 그러나 권리를 침해할 우려가 없는 사소한 절차의 위반이나 훈시규정의 위반은 직무행위의 적법성에 영향이 없음은 ㉮에서 설명한 것과 같다.

㈐ 공무원이 상관의 위법명령을 수행한 행위가 적법한 직무집행에 해당하는지가 문제된다. 상관의 명령의 위법성이 경미한 경우 상관의 명령은 여전히 '구속력'(Verbindlichkeit)을 가지므로 이를 수행한 하관의 행위가 경범죄의 구성요건에 해당하더라도 위법성이 조각되어 적법한 직무집행이 된다고 할 수 있다. 그러나 명령의 수행행위가 형법에 위반하거나 인간의 존엄성을 침해하는 경우와 같이 그 위법성이 명백·중대한 경우에는 구속력이 없으므로 이를 수행한 하관의 직무집행은 위법하다.[151]

④ 적법성의 체계적 지위

'적법성'의 체계적 지위에 대해서는 ㉠ 구성요건요소라는 견해(구성요건요소설),[152] ㉡ 위법성조각사유라는 견해(위법성조각사유설),[153] ㉢ 처벌조건이라는 견해(처벌조건설)[154] 등이 있다. 본죄의 보호법익은 국가기능으로서의 공무인데 여기서 공무는 적법한 공무에 국한된다. 따라서 위법한 공무를 방해한 행위는 위법성이 조각되기 이전에 처음부터 구성요건해당성 자체가 부정된다고 보아야 한다. 제136조에는 직무집행의 적법성이 구성요건요소로 규정되어 있지는 않지만 구성요건요소설은 본죄의 보호법익을 고려하여 공무원의 직무집행을 적법한 직무집행에 국한하여 축소해석(목적론적 축소해석)한 것이라고 이해할 수 있다.

---

148) 대법원 2007.11.29. 선고 2007도7961 판결.
149) '국가행위'에 대한 설명은 아래의 IV.3.(1)(나)① 참조.
150) Eckhart von Bubnoff, LK, StGB, 11. Aufl., § 113, Rn. 31.
151) 자세한 내용은 원형식, 총론, 280면 이하 참조.
152) 김일수/서보학, 각론, 865면; 배종대, 각론, 876면.
153) 오영근, 각론, 948면; 임웅, 각론, 931면; 정성근/박광민, 각론, 840면.
154) 진계호, 각론, 711면

직무집행의 적법성의 체계적 지위에 관한 논의의 실익은 행위자가 공무원의 직무집행이 적법함에도 불구하여 이를 위법하다고 오인한 경우에 행위자의 죄책을 판단하는데 있다. 이 점에 대하여는 고의에서 설명하기로 한다.

⑤ 적법성의 판단기준

본죄에서 직무집행의 적법성에 대한 판단은 법원이 법령해석을 통하여 객관적으로 판단하며,155) 당해 공무원이나 일반인이 적법한 것으로 믿었는가는 적법성의 판단에 영향을 미치지 못한다.

이와 관련하여 문제되는 것은 공무원의 직무행위 가운데 첫 번째 유형, 즉 ㉮ 공무원이 법률을 직접 실행하는 경우에 공무원의 직무집행이 행정법상 또는 소송법상 요구되는 실질적 요건, 즉 실질적 정당성을 갖추지 못하여 위법함에도 불구하고 착오로 인하여 자신의 직무집행이 행정법상 또는 소송법상 적법하다고 오인한 경우이다.156) 다수설이 인정하고 있는 형법적 적법개념 내지는 형식적 적법개념에 의하면 앞에서 설명한 3가지의 형식적 요건만 갖추면 본죄에서 말하는 직무집행의 적법성은 인정된다. 그러나 형법적 적법개념을 주장하는 이상은 실질적 요건과 관련하여 공무원이 '의무에 합당한 심사'(pflichtgemäßer Würdigung)를 다할 것을 요한다고 보아야한다.157) 공무원이 '의무에 합당한 심사'를 다 하였음에도 불구하고 착오로 인하여 자신의 행위가 행정법상 또는 소송법상 적법하다고 오인한 경우에는 그 직무행위는 형법상 적법하지만,158) 공무원이 심사의무를 다하지 않았거나 권한을 남용한 경우와 같이 부당한 재량을 한 경우 그 직무행위는 위법하다고 보아야 한다.159)

(3) 행위

본죄의 행위는 폭행 또는 협박이다. 폭행이란 사람에 대한 유형력의 행사, 즉 광의의 폭행을 말하며, 협박이란 일반인에게 공포심을 일으키게 할 정도의 해악을 고

---

155) 객관설 또는 법관표준설: 판례(대법원 1992. 5. 22. 선고 92도506 판결; 대법원 2007. 10. 12. 선고 2007도6088 판결) 및 다수설(김일수/서보학, 각론, 869면; 배종대, 각론, 851면).
156) 그 이외의 유형, 즉 ㉯ 공무원이 '국가행위'를 집행하는 경우나 ㉰ 공무원이 상관의 명령을 수행하는 경우에서 공무원은 국가행위나 상관 명령의 실질적 정당성을 심사해야 할 권리나 의무가 없으므로 실질적 정당성은 집행행위의 적법성에 영향이 없다. 따라서 공무원이 직무행위의 실질적 정당성에 대하여 오인한 경우가 문제되지 않는다.
157) 독일의 판례(BGHSt21, 363) 및 다수설(Eckhart von Bubnoff, LK, StGB, 11. Aufl., § 113, Rn. 32; Otto, Strafrecht, BT, § 91 Rn. 12; Sch/Sch/Eser, StGB, § 113, Rn. 27).
158) 직무를 집행한 공무원이 '의무에 합당한 심사'를 다하였는가에 대한 판단은 '그 공무원과 같은 위치에 있는 합리적인 공무원'을 기준으로 판단하므로 결국 적법성에 대한 판단은 이 경우에도 객관적 기준에 의한다고 할 수 있다(Sch/Sch/Eser, StGB, § 113, Rn. 27 참조).
159) 정성근/박광민, 각론, 838면 이하.

지하는 것, 즉 광의의 협박을 말한다. 따라서 공무원에 대하여 해악을 고지하면 협박이 성립하며, 해악을 고지 받은 공무원이 실제로 공포심을 느꼈을 것을 요하지 않는다. 본죄는 공무원에 대하여 폭행·협박을 하면 기수에 이르며, 실제로 공무집행이 방해되는 결과가 발생할 것을 요하지는 않는다. 이러한 의미에서 본죄는 추상적 위험범이라고 할 수 있다.160)

(4) 고의

본죄의 고의는 직무를 집행하는 공무원에 대하여 폭행 또는 협박한다는 사실에 대한 인식이다. 본죄의 고의가 성립하기 위해서 '직무집행의 적법성'에 대한 인식을 요하는가는 적법성의 체계적 지위를 어떻게 파악하는가에 따라 차이가 있다. 처벌조건설에 의하면 적법성에 대한 착오는 범죄의 성립에 영향을 미치지 않는다. 왜냐하면 처벌조건은 객관적으로 존재하면 족하며, 이를 인식할 것을 요하지는 않기 때문이다. 이에 대하여 구성요건요소설은 적법성에 대한 착오는 구성요건적 착오이므로 고의를 조각한다고 보며, 위법요소설은 법률의 착오로 보거나 위법성조각사유의 전제사실에 관한 착오로 본다. 그러나 적법성의 착오에 관하여 처벌조건설에 의하지 않는 이상은 구성요건요소설이나 위법성요소설은 결론에서 큰 차이가 없다. 적법성의 상황에 대하여 착오한 경우에 구성요건요소설에 의하면 구성요건적 착오로서 고의가 조각되며 위법성요소설에 의하면 위법성조각사유의 전제사실에 관한 착오로서 마찬가지로 고의가 조각된다. 그리고 적법성의 요건에 대하여 법적 판단을 잘못하여 착오를 한 경우에는 구성요건요소설에 의하면 적법성은 규범적 구성요건요소이므로 규범적 구성요건의 착오에 관한 이론이 적용된다. 즉 '일반인과 동일한 수준의 평가에 근거한 인식'161)이 있는 이상은 적법성에 대한 착오는 포섭의 착오로서 금지착오와 같이 취급하면 된다. 위법성요소설에 의하여도 적법성에 대한 착오는 금지착오에 해당한다. 따라서 착오에 정당한 이유가 없으면 행위자에 대하여는 공무집행방해죄가 성립한다.

[사례 1] 만일 위의 (판례 4)162)에서 의경 甲이 현행범 체포를 위한 요건을 갖추었으나 乙이 음주측정거부를 이유로 체포하는 것은 위법이라고 오인하여 甲을 폭행한 것이라면 乙의 죄책은?

만일 의경 甲의 공무집행이 적법하다면 乙이 甲을 폭행한 행위는 공무집행방해죄의 구성요건에 해당한다. 다만 乙이 공무집행의 적법성에 대하여 착오를 한 것이 본죄의 성립에

---

160) 김일수/서보학, 각론, 863면; 박상기, 각론, 659면; 임웅, 각론, 932면; 정성근/박광민, 각론, 842면.
161) 원형식, 총론, 123면 참조.
162) 대법원 1994. 10. 25. 선고 94도2283 판결.

어떠한 영향을 미치는가에 대하여는 견해가 일치하지 않는다. 처벌조건설에 의하면 운전자 乙이 의경 甲의 직무집행이 위법이라고 오인한 것은 오인에 정당한 이유가 있는가를 불문하고 공무집행방해죄의 성립에 영향을 미치지 못한다. 그리고 구성요건요소설에 의하면 乙이 적법성에 대하여 착오한 것은 포섭의 착오로서 금지착오에 해당한다. 위법성요소설에 의하여도 적법성은 위법성의 요소이므로 이에 대한 착오는 금지착오에 해당한다. 따라서 乙은 자신의 행위가 위법하다는 것을 인식하지 못한 것에 정당한 이유가 없는 이상은 책임이 조각되지 않는다.

(5) 위법성

앞에서 설명한 바와 같이 구성요건요소설에 의하면 직무집행의 적법성은 구성요건요소이므로 직무를 집행 중인 공무원을 폭행, 협박하였는데, 그 직무집행이 위법인 경우 공무집행방해죄의 위법성이 조각되는 것이 아니라 그 이전에 본죄의 구성요건해당성 자체가 부정된다. 이 경우 폭행으로 인하여 공무원에게 상해를 가하였다면 상해죄의 구성요건해당성은 인정되지만 정당방위로서 위법성이 조각될 수 있다.

> [판례 6] 위증교사죄로 기소된 변호사 甲에 대하여 무죄가 선고되자 검사 A는 이에 불복하여 항소한 후 위 무죄가 선고된 공소사실에 대한 보완수사를 한다며 甲의 변호사사무실 사무장 乙에게 검사실로 출석하라고 요구하였다. 乙이 참고인으로 자진출석하자 검사 A는 참고인 조사를 하지 않고 곧바로 위증교사 혐의로 피의자신문조서를 받기 시작하였다. 이에 乙은 인적사항만을 진술한 후 변호사 甲에게 전화를 하여 자신을 데리고 나가달라고 요청하였다. 甲은 검사실에 찾아와 "참고인 조사만을 한다고 하여 임의수사에 응한 것인데 乙을 피의자로 조사하는 데 대해서는 협조를 하지 않겠다"고 말하고 乙에게 여기서 나가라고 지시하고 이에 乙이 검사실을 나가려 하자 검사는 乙에게 "지금부터 긴급체포하겠다"고 말하면서 乙의 퇴거를 제지하려 하였고, 甲은 乙에게 계속 나가라고 지시하면서 乙을 붙잡으려는 검사를 제지하는 과정에서 검사에게 상해를 가하였다. 甲의 죄책은?

甲에 대하여 공무집행방해죄와 상해죄가 성립하는지가 문제된다.
   (1) 공무집행방해죄
본죄가 성립하기 위해서는 검사 A의 긴급체포가 적법하여야 한다. 이를 위해서는 ① 피의자가 사형·무기 또는 장기 3년 이상의 징역이나 금고에 해당하는 죄를 범하였다고 의심할 만한 상당한 이유가 있고(객관적 혐의), ② 피의자가 증거인멸 또는 도주의 우려가 있고, ③ 긴급을 요하여 지방법원판사의 체포영장을 받을 수 없을 것(긴급성) 등을 요한다(제200조의3 제1항).
혐의의 상당성에 대하여 대법원은 '乙은 참고인 조사를 받는 줄 알고 검찰청에 자진출석하였는데 예상과는 달리 갑자기 피의자로 조사한다고 하므로 임의수사에 의한 협조를 거부하면서 그에 대한 위증 및 위증교사 혐의에 대하여 조사를 시작하기도 전에 귀가를 요구한 것이므로, 검사가 乙을 긴급체포하려고 할 당시 乙이 위증 및 위증교사의 범행을 범하였다고 의심할 만한 상당한 이유가 있었다고 볼 수 없다'고 보았다. 그리고 증거인멸이나 도주의 우려에 대하여는 "乙의 소환 경위, 乙의 직업 및 혐의사실의 정도, 甲의 위증교사죄에 대한 무죄선고, … 등에 비추어 보면 乙이 임의수사에 대한 협조를 거부하고 자신의 혐의사실에 대한 조사가 이루어지기 전에 퇴거를 요구하면서 검사의 제지에도 불구하고, 퇴거하였다고 하여 도망할 우려가 있다거나 증거를 인멸할 우려가 있다고 보기도 어렵다"[163]고 보았다. 따라서 검사가 검찰청에 자진출석한 乙을 체포하려고 한 행위를 적법한 공무집행이라고 할 수 없다. 甲이 乙을 긴급체포하려는 검사를 폭행으로 제지한 행위는 공무집행방해죄의 구성요건해당성이 없다.

(2) 상해죄

甲이 검사의 위법한 체포를 제지하는 과정에서 검사에게 상해를 가한 행위는 일단 상해죄의 수성요건에는 해당하지만, 이는 '불법 체포로 인한 신체에 대한 현재의 부당한 침해에서 벗어나기 위한 행위로서 정당방위에 해당하여 위법성이 조각된다.'[164]

2. 업무방해죄와의 관계

본죄의 공무가 업무방해죄의 '업무'에 포함되는가에 대하여는 견해가 일치하지 않는다. 공무도 공무원이라는 사회생활상의 지위에서 계속적·반복적으로 행하는 사무이므로 업무방해죄에서 말하는 '업무'의 개념에 포함된다. 따라서 공무집행방해죄는 업무방해죄에 대하여 특별관계에 있으므로 공무집행방해죄가 성립하는 경우에는 업무방해죄가 성립하지 않지만, 공무집행방해죄가 성립하지 않는 경우에는 업무방해죄가 성립할 수 있다. 예컨대 ① 폭행·협박에 이르지 않는 정도의 위력에 의하여 공무집행을 방해하거나, ② 정보처리에 장애를 야기하여 공무집행을 방해한 경우 공무집행방해죄는 성립하지 않지만 업무방해죄는 성립한다. 판례는 이전에는 위력을 행사하여 공무원의 정상적인 업무수행을 방해한 경우에는 업무방해죄가 성립한다고 보았으나,[165] 지금은 '공무원이 직무상 수행하는 공무를 방해하는 행위에 대해서는 업무방해죄로 의율할 수는 없다'[166]고 본다. 다만 판례는 공무원으로부터 업무를 위탁받아 수행하는 사인의 업무는 업무방해죄에서 말하는 업무에 해당한다고 한다.[167] 공무원이 공무를 직접 수행하는 것을 위력에 의해 방해하면 업무방해죄가 성립하지 않

---

163) 대법원 2006.9.8. 선고 2006도148 판결.
164) 대법원 2006.9.8. 선고 2006도148 판결.
165) 대법원 1996. 1. 26. 선고 95도1959 판결; 대법원 2003. 3. 14. 선고 2002도5883 판결.
166) 대법원 2009. 11. 19. 선고 2009도4166 전원합의체 판결; 대법원 2010.2.25. 선고 2008도9049 판결
167) 대법원 2010.6.10. 선고 2010도935 판결.

고, 사인이 공무원으로부터 그 업무를 위탁받아 수행하는 것을 위력에 의해 방해하는 경우에는 업무방해죄가 성립한다고 본다면 '형벌의 불균형'을 초래하게 된다.168) 공무원이 집행하는 사무가 공무라는 이유만으로 업무방해죄의 업무에서 배제되어 법의 보호를 받지 못한다고 보는 것은 타당하다고 할 수 없다.

[판례 7] 甲, 乙은 자신들이 제출한 진정서 및 탄원서에 기재한 내용을 수사이의사건 담당자인 경찰관 A가 제대로 조사하지 않았다는 이유로 지방경찰청장 면담 등을 요구하였고, 이를 제지하는 위 A와 수사 1계장 경찰관 B에게 "눈깔을 후벼판다", "너 쥐약 먹었냐"는 등의 욕설을 하고 큰 소리를 지르며 민원실 밖 복도에 주저앉는 등의 소란을 피웠다. 甲, 乙의 죄책은?

甲, 乙이 경찰관에게 욕설을 한 것은 해악의 고지가 아니므로 협박에 해당하지 않으며 따라서 공무집행방해죄는 성립하지 않는다. 문제는 甲, 乙이 욕설을 하고 큰 소리를 지르며 민원실 밖 복도에 주저앉는 등의 소란을 피운 행위가 위력에 의한 업무방해죄에 해당하는가이다. 이 점에 대하여 원심법원은 甲, 乙의 행위는 경찰관들의 자유의사를 제압·혼란케 할 만한 유형력의 행사로서 업무방해죄의 위력에 해당한다고 보았다. 그리고 기존의 대법원의 입장에 따라 경찰관의 공무도 업무방해죄에 의하여 보호되는 업무에 해당한다고 보아 위력에 의한 업무방해죄의 성립을 인정하였다.169)
이에 대하여 대법원170)은 기존의 입장171)을 변경하여 " 형법이 업무방해죄와는 별도로 공무집행방해죄를 규정하고 있는 것은 사적 업무와 공무를 구별하여 공무에 관해서는 공무원에 대한 폭행, 협박 또는 위계의 방법으로 그 집행을 방해하는 경우에 한하여 처벌하겠다는 취지라고 보아야 할 것이고, 따라서 공무원이 직무상 수행하는 공무를 방해하는 행위에 대해서는 업무방해죄로 의율할 수는 없다 " 고 판단하였다. 그 근거로서 ① "업무방해죄와 공무집행방해죄는 그 보호법익과 보호대상이 상이할 뿐만 아니라 업무방해죄의 행위유형에 비하여 공무집행방해죄의 행위유형은 보다 제한되어 있다. 즉 공무집행방해죄는 폭행, 협박에 이른 경우를 구성요건으로 삼고 있을 뿐 이에 이르지 아니하는 위력 등에 의한 경우는 그 구성요건의 대상으로 삼고 있지 않다. ② 또한 형법은 공무집행방해죄 외에도 직무강요죄(제136조 제2항), 법정 또는 국회회의장모욕죄(제138조), 인권옹호직무방해죄(제139조), 공무상 비밀표시무효죄(제140조), 부동산강제집행효용침해죄(제140조의2), 공용서류등 무효죄(제141조 제1항), 공용물파괴죄(제141조 제2항), 공무상 보관물무효죄(제142조) 및 특수공무방해죄(제144조) 등과 같이 여러 가지 유형의 공무방해행위를 처벌하는 규정을 개별적·구체적으로 마련하여 두고 있으므로, 이러한 처벌조항 이외에 공무의 집행을 업무방해죄에

---

168) 대법원 2009. 11. 19. 선고 2009도4166 전원합의체 판결의 반대의견.
169) 대전지방법원 2009.4.30. 선고 2009노222 판결.
170) 대법원 2009. 11. 19. 선고 2009도4166 전원합의체 판결.
171) 대법원 1996. 1. 26. 선고 95도1959 판결; 대법원 2003. 3. 14. 선고 2002도5883 판결.

의하여 보호받도록 하여야 할 현실적 필요가 적다"는 점을 들고 있다. 이 견해에 의하면 甲, 乙에 대하여는 공무집행방해죄나 위력에 의한 업무방해죄는 성립하지 않는다.

공무원이 집행하는 사무가 공무라는 이유만으로 업무방해죄의 업무에서 배제되어 법의 보호를 받지 못한다고 한다면 공무원의 사무를 방해하는 행위와 개인의 사무를 방해하는 행위 사이에 형벌의 불균형이 발생하게 되므로 타당하지 못하다. 따라서 공무도 위력에 의한 업무방해죄에서 말하는 업무에 포함하다고 해석하는 견해가 타당하다.

III. 수정적 구성요건

1. 직무·사직강요죄

> 제136조 제2항(직무·사직강요): 공무원에 대하여 그 직무상의 행위를 강요 또는 저지하거나 그 직을 사퇴하게 할 목적으로 폭행 또는 협박한 자도 전항의 형과 같다.

(1) 의의 및 보호법익

본죄는 공무원에 대하여 그 직무상의 행위를 강요 또는 저지하거나 그 직을 사퇴하게 할 목적으로 폭행 또는 협박하는 것을 내용으로 하는 범죄이다. 본죄는 장래의 공무집행을 보호하는 범죄라는 점에서 현재 행하고 있는 공무집행을 보호하는 공무집행방해죄와 차이가 있다. 또한 본죄는 공무원에 대하여 직무나 사직을 강요할 목적으로 폭행 또는 협박을 할 것을 요한다는 점에서 목적범이라고 할 수 있다. 이에 대하여 공무집행방해죄는 공무집행중인 공무원에 대하여 폭행 또는 협박하면 성립하면 반드시 공무집행방해의 목적이 있을 것을 요하지 않는다는 점에서 본죄와 차이가 있다.

본죄의 보호법익은 공무원의 직무집행 및 직무상의 지위의 안전이다. 보호의 정도는 추상적 위험범이다.

(2) 성립요건

(가) 객체

본죄의 객체는 '장래에 직무를 집행할 공무원'이다. 이 점에서 현재 직무를 집행 중인 공무원을 것을 요하는 공무집행방해죄와는 차이가 있다.

(나) 행위

본죄의 행위는 폭행 또는 협박이다. 그 의미는 공무집행방해죄에서 말하는 폭행 또는 협박, 즉 광의의 폭행 또는 광의의 협박이다. 본죄는 추상적 위험범이므로 폭행 또는 협박이 있으면 기수에 이르며, 공무원이 폭행 또는 협박으로 인하여 강요받은 직무상의 행위를 수행하거나 사직할 것을 요하지 않는다.

(다) 주관적 구성요건

본죄의 주관적 구성요건은 고의 및 '직무상의 행위를 강요 또는 저지하거나 그 직을 사퇴하게 할 목적'이다.

① 직무상 행위

'직무상 행위'가 적법할 것을 요하는가는 행위태양에 따라 다르다.172) 직무상 행위를 '강요'하는 경우 그 직무행위는 당해 공무원의 추상적 권한에 속하면 족하며, 직무행위의 적법성을 요하지는 않는다. 따라서 적법한 직무행위는 물론, 위법한 직무행위를 강요하더라도 본죄가 성립한다. 그러나 공무원의 추상적 권한에도 속하지 않는 행위를 강요한 경우, 예컨대 경찰관을 협박하여 자신의 사법상의 분쟁을 해결하라고 강요한 경우 본죄는 성립하지 않으며, 다만 강요죄(제324조)가 성립할 수 있다.

직무상 행위를 '저지'하는 경우에는 그 직무행위가 적법할 것을 요한다. 위법한 직무행위에 대하여는 정당방위의 성립도 가능하므로 이를 저지하는 행위가 직무강요죄를 구성한다고 할 수는 없기 때문이다.

② 강요·저지·사직

'강요'는 직무행위를 이행, 작위처분을 하게 하는 것을 말하며, 저지는 직무행위를 불이행, 즉 부작위처분을 하게 하는 것을 말한다. 그리고 '직을 사퇴'(사직)하게 한다는 말은 공무집행을 방해하기 위하여 사직케 하는 것은 물론, 공무집행과 관계없이 다른 이유에서 사직케 하는 경우도 포함한다.

(3) 죄수

직무사직강요죄는 결합범으로서 폭행·협박을 내용으로 하므로 본죄는 폭행죄나 협박죄와 법조경합의 관계(특별관계)에 있다. 그러나 강요죄는 결과범으로서 강요의 결과가 발생할 것을 요하므로, 추상적 위험범으로서 결과의 발생을 요하지 않는 직무사직강요죄와 법조경합의 관계에 있다고 할 수 없다. 만일 공무원이 상대방의 협박으로 인하여 강요된 직무행위를 이행하였다면 직무사직강요죄와 강요죄의 상상적 경합이 성립한다.173)

---

172) 김일수/서보학, 각론, 874면.
173) 김성돈, 각론, 776면; 배종대, 각론, 881면; 임웅, 각론, 935면; 정성근/박광민, 각론, 847면.

2. 위계에 의한 공무집행방해죄

> **제137조(위계에 의한 공무집행방해)**: 위계로써 공무원의 직무집행을 방해한 자는 5년 이하의 징역 또는 1천만원 이하의 벌금에 처한다.

(1) 의의

본죄는 위계로써 공무집행을 방해하는 것을 내용으로 하는 범죄이다. 폭행이나 협박이 아닌 위계를 수단으로 한다는 점에서 제136조 제1항의 공무집행방해죄와 차이가 있다.

(2) 성립요건

(가) 객체

본죄의 객체는 공무원의 직무집행이다. 제136조 제1항의 공무집행방해죄에서 객체는 '직무를 집행하는 공무원'이므로 현재의 직무집행을 방해하는 것을 내용으로 하지만, 본죄에서 객체는 '공무원의 직무집행'이므로 현재의 직무집행은 물론 장래의 직무집행도 포함한다.[174] 또한 위계의 상대방이 반드시 공무원일 것을 요하지 않으며, 제3자에 대한 위계로써 공무원의 공무집행을 방해하였다면 본죄가 성립한다.[175]

본죄에서 공무원은 우리나라의 공무원을 말하므로 외국 공무원의 직무집행은 본죄의 객체가 아니며, 다만 업무방해죄의 객체가 될 수 있다. 예컨대 위계에 의하여 외국 주재 한국영사관의 비자발급 업무를 방해한 때에는 위계에 의한 공무집행방해죄가 성립[176]하지만, 위계에 의하여 주한외국영사관의 비자발급업무를 방해한 때에는 위계에 의한 업무방해죄가 성립한다.[177]

(나) 행위

본죄의 행위는 '위계로써 공무집행을 방해'하는 것이다. 여기서 '위계'란 상대방의 착오나 부지를 이용하는 일체의 행위로써 신용훼손죄(제313조)나 업무방해죄(제314조)에서 말하는 위계와 같다. 본죄는 거동범이므로 '공무집행의 방해'는 반드시 공무집행이 방해된 결과가 현실로 발생할 것을 요하지 않으며, 공무집행에 지장을 주는 행위만 있으면 성립한다. 즉 위계에 의한 공무방해는 위계에 의하여 상대방이

---

174) 김일수/서보학, 각론, 875면; 배종대, 각론, 881면; 임웅, 각론, 936면.
175) 김일수/서보학, 각론, 875면; 배종대, 각론, 882면; 정성근/박광민, 각론, 848면.
176) 대법원 2011.4.28. 선고 2010도14696 판결.
177) 대법원 2004.3.26. 선고 2003도7927 판결.

그릇된 행위나 처분을 한 경우에 성립한다. 예컨대 ① 공립중학교에 응시하는 자를 부정입학시키기 위하여 입학고사문제를 입수해 수험생으로 하여금 미리 시험문제를 알고 공립중학교의 입학고사에 응시케 한 경우,[178] ②고등학교 입학원서 추천서란을 사실과 다르게 조작, 허위기재하여 그 추천서 성적이 고등학교입학전형의 자료가 된 경우,[179] ③ 시험감독자를 속이고 원동기장치 자전거운전면허시험에 대리로 응시한 경우[180]에 본죄가 성립한다.

그러나 관청의 인·허가처분과 같이 공무원이 사실을 심사해야 할 사항에 대하여 허위의 출원사유나 소명자료를 제출한 것만으로는 위계에 해당하지 않는다.[181] 판례는 행정관청의 그릇된 공무집행이 '행정관청의 불충분한 심사'로 인한 때에는 본죄가 성립하지 않지만,[182] 담당공무원이 나름대로 충분히 심사를 하였음에도 불구하고 적극적인 위계로 인하여 '적정한 심사업무를 기대할 수 없게 된 때'에는 행정관청의 불충분한 심사로 인한 것이 아니므로 본죄가 성립한다고 본다. 예컨대 ① 출원에 대한 심사업무를 담당하는 공무원이 출원인의 출원사유가 허위라는 사실을 알면서도 결재권자로 하여금 오인, 착각, 부지를 일으키게 하고 이를 이용하여 인·허가처분에 대한 결재를 받아낸 경우와 같이 더 이상 출원에 대한 '적정한 심사업무를 기대할 수 없게 된 때'[183] 또는 ② 행정관청의 그릇된 인·허가처분이 행정관청의 불충분한 심사 때문이 아니라 '출원인의 적극적인 위계행위가 원인이 된 때',[184] ③ 담당자가 아닌 공무원이 출원인의 청탁을 들어줄 목적으로 위계를 써서 담당공무원으로 하여금 인·허가 처분을 하게 한 경우와 같이 허가관청의 불충분한 심사 때문이 아니라 '담당자가 아닌 공무원의 위계행위가 원인이 된 때'[185]에는 위계에 의한 공무집행방해죄가 성립한다.

[판례 8-1] 甲은 乙 등 3인과 공모하여 그들이 개인택시운송사업면허를 받는데 필요한 운전경력증명서를 허위로 발급받게 해주고 이를 면허관청에 소명자료로 제출하게 하여 대전시장으로부터 개인택시운송사업면허를 받게 하였다. 甲의 죄책은?

---

178) 대법원 1966.4.26. 선고 66도30 판결.
179) 대법원 1983.9.27. 선고 83도1864 판결.
180) 대법원 1986.9.9. 선고 86도1245 판결.
181) 판례(대법원 1989. 1. 17. 선고 88도709 판결); 김일수/서보학, 각론, 877면; 배종대, 각론, 883면; 임웅, 각론, 937면 이하; 정성근/박광민, 각론, 848면.
182) 대법원 1975. 7. 8. 선고 75도324 판결, 1989. 1. 17. 선고 88도709 판결; 대법원 1997. 2. 28. 선고 96도2825 판결.
183) 대법원 1997. 2. 28. 선고 96도2825 판결.
184) 대법원 2002. 9. 10. 선고 2002도2131 판결; 대법원 2011.4.28. 선고 2010도14696 판결.
185) 대법원 2008.3.13. 선고 2007도7724 판결.

대법원은 "피고인(甲)이 허위의 소명자료 등을 공범들에게 작성 교부하고 그들이 이를 첨부하여 대전시장에게 출원하였다 하여도 그 출원을 받아 심사하는 담당공무원이 출원사유의 사실여부를 정당하게 조사하였더라면 바로 출원사유가 허위임을 알 수 있었을 것인데 출원사유의 사실여부를 조사하지 아니한 채 출원사유 및 첨부서류가 진실한 것으로 경신한 나머지 개인택시운송사업면허를 한 것이라면 이는 위 담당공무원이 출원사유를 충분히 심사하지 못한 결과에 다름없는 것이고 피고인의 행위로 인하여 위 담당공무원의 심사결정 업무집행이 방해되었다고 할 수 없는 것이다"186)라고 함으로써 본죄의 성립을 부정하였다.

[판례 8-2] 甲은 개인택시 운송사업면허를 받은 지 5년이 경과되지 아니하여 원칙적으로 개인택시 운송사업을 양도할 수 없는 乙이 1년 이상의 치료를 요하는 질병으로 인하여 직접 운전할 수 없는 것처럼 가장하여 개인택시 운송사업의 양도·양수인가를 받기로 공모하였다.187) 그리고 甲은 질병이 있는 노숙자 A로 하여금 그가 개인택시 운송사업을 양도하려고 하는 사람인 것처럼 위장하여 의사 B의 진료를 받게 한 다음, 그 정을 모르는 의사 B로부터 환자가 개인택시 운송사업의 양도인으로 된 허위의 진단서를 발급받았다. 甲은 행정관청에 개인택시 운송사업의 양도·양수 인가신청을 하면서 허위의 진단서를 소명자료로 제출하여 진단서의 기재 내용을 신뢰한 행정관청으로부터 인가처분을 받았다. 甲의 죄책은?

甲이 개인택시 운송사업 양도·양수를 위하여 허위의 출원사유를 주장하면서 의사로부터 허위 진단서를 발급받아 이를 소명자료로 제출하여 행정관청으로부터 양도·양수 인가처분을 받은 행위가 위계에 의한 공무집행방해죄에 해당하는지가 문제된다. 본죄가 성립하기 위해서는 출원사유가 허위임을 발견하지 못하여 인·허가처분을 하게 된 것이 '허가관청의 불충분한 심사가 그의 원인이 된 것이 아니라 출원인의 위계행위가 원인이 된 것'이어야 한다. 이 점에 대하여 원심법원은 "행정관청이 사실을 충분히 확인하지 아니한 채 출원자가 제출한 허위의 출원사유나 허위의 소명자료를 가볍게 믿고 인가 또는 허가를 하였다면 이는 행정관청의 불충분한 심사에 기인한 것으로서 출원자의 위계에 의한 것이었다고 할 수 없어 위계에 의한 공무집행방해죄를 구성하지 않는다"188)고 판단하였다. 이에 대하여 대법원은 "출원자가 행정관청에 허위의 출원사유를 주장하면서 이에 부합하는 허위의 소명자료를 첨부하여 제출한 경우 허가관청이 관계 법령이 정한 바에 따라 인·허가요건의

---

186) 대법원 1988. 5. 10. 선고 87도2079 판결.
187) 구여객자동차운수사업법시행규칙 제17조 제6항(현행시행규칙 제19조 제5항)은 개인택시운송사업의 면허를 받은 자가 여객자동차운수사업법 제15조 제2항(현행법 제14조 제2항)의 규정에 의하여 사업을 양도하고자 하는 때에는 면허를 받은 날부터 5년이 경과되어야 하되, 다만 면허를 받은 자가 1년 이상의 치료를 요하는 질병으로 인하여 본인이 직접 운전할 수 없는 경우 등 일정한 예외사유가 있는 경우에만 양도·양수가 가능하도록 규정하고 있다.
188) 서울지법 2002. 4. 16. 선고 2002노1655 판결.

존부 여부에 관하여 나름대로 충분히 심사를 하였으나 출원사유 및 소명자료가 허위임을 발견하지 못하여 인·허가처분을 하게 되었다면 이는 <u>허가관청의 불충분한 심사가 그의 원인이 된 것</u>이 아니라 출원인의 위계행위가 원인이 된 것이어서 위계에 의한 공무집행방해죄가 성립된다"[189]고 판단하였다.

대법원은 이 사례에서 출원인이 허위의 출원사유를 주장하면서 허위의 소명자료까지 첨부하여 제출한 경우와 같이 인·허가처분이 '출원인의 적극적인 위계행위가 원인이 된 때'에는 본죄의 성립을 인정한다.

> [판례 9] 전라북도청 수산과 시설지도계장으로서 어업허가 신청업무를 담당하고 있던 甲은 어선이 없고 선박증서만 있는 乙의 제11봉천호에 대한 어업허가장이 발부되도록 처리하여 달라는 청탁을 받고 이를 승낙한 다음 어업허가담당자인 丙에게 어업허가시에 필요한 선박실체확인 등 어업허가 실태조사를 하지 말고 어업허가 처리기안문을 작성하도록 지시하여 동인으로 하여금 어업허가 처리기안문을 작성하게 한 다음 甲 스스로 중간결재를 하고 그 정을 모르는 농수산국장으로부터 최종결재를 받아 전라북도지사 명의의 허가장을 발급하게 하였다. 甲의 죄책은?

甲에 대하여는 위계에 의한 공무집행방해죄와 직무유기죄의 성립여부가 문제된다. 이 판례도 위의 (판례 8-2)와 같은 취지이다.

(1) 위계에 의한 공무집행방해죄

위계에 의한 공무집행방해죄에 관하여 대법원은 "출원에 대한 심사업무를 담당하는 공무원이 출원인의 출원사유가 허위라는 사실을 알면서도 결재권자로 하여금 오인, 착각, 부지를 일으키게 하고 그 오인, 착각, 부지를 이용하여 인·허가처분에 대한 결재를 받아낸 경우라면, 출원자가 허위의 출원사유나 허위의 소명자료를 제출한 경우와는 달리 더 이상 출원에 대한 적정한 심사업무를 기대할 수 없게 되었다고 할 것이어서 위와 같은 행위는 위계로써 결재권자의 직무집행을 방해한 것이라고 하지 않을 수 없다"[190]고 함으로써 위계에 의한 공무집행방해죄의 성립을 인정하였다.

(2) 직무유기죄

직무유기죄에 관하여 대법원은 출원인 乙이 어업허가를 받을 수 없는 자라는 사실을 알면서도 그 직무상의 의무에 따른 적절한 조치를 취하지 않은 甲의 '직무위배의 위법상태가 위계에 의한 공무집행방해행위 속에 포함되어 있는 것'이므로 '작위범인 위계에 의한 공무집행방해죄만이 성립하고 부작위범인 직무유기죄는 따로 성립하지 아니한다'고 판단하였다. 이 경우 직무유기는 불가벌적 수반행위로서 위계에 의한 공무집행방해죄에 흡수(법조경합 가운데 흡수관계)된다.

---

189) 대법원 2002. 9. 4. 선고 2002도2064 판결.
190) 대법원 1997. 2. 28. 선고 96도2825 판결.

공무원의 감시·단속을 피하여 금지규정에 위반하는 행위를 한 경우 또는 수사기관에 대하여 허위사실을 진술한 경우에 본죄가 성립하는가의 여부도 허위의 출원사유를 제출하여 허가관청의 인·허가처분을 받은 경우와 같은 기준에 의하여 판단한다.

[판례 10-1] 예컨대 판례에 의하면 ① 구치소의 수용자가 교도관으로부터 담배를 교부받아 이를 흡연한 경우와 같이 교도관의 감시, 단속을 피하여 규율위반행위를 하는 것만으로는 단순히 금지규정에 위반되는 행위를 한 것에 지나지 않으므로 본죄가 성립하지 않으며, ② 수용자의 규율위반행위를 알면서도 이를 방치하거나 도와준 교도관의 행위도 본죄에 해당하지 않는다.[191] 그리고 ③ 수용자가 아닌 자가 교도관의 검사 또는 감시를 피하여 금지물품을 교도소 내로 반입되도록 한 경우에도 교도관에게 교도소 등의 출입자와 반출·입 물품을 단속, 검사하여 금지물품 등을 회수하여야 할 권한과 의무가 있는 이상, 본죄에 해당하지 않는다.[192] 그러나 ④ 변호사가 접견을 핑계로 수용자를 위하여 휴대전화를 구치소 내로 몰래 반입하여 이용하게 한 경우와 같이 교도관에 대하여 그가 충실히 직무를 수행한다고 하더라도 통상적인 업무처리과정하에서는 사실상 적발이 어려운 위계를 적극적으로 사용하여 그 업무집행을 방해한 때에는 위계에 의한 공무집행방해죄가 성립한다.[193]

[판례 10-2] 운전자 甲은 과속으로 인하여 과속단속카메라에 촬영되더라도 불빛을 반사시켜 차량 번호판이 식별되지 않도록 하는 기능이 있는 '파워매직세이퍼'를 차량 번호판에 뿌린 상태로 차량을 운행하였으며, 乙은 이 제품을 제조·판매하였다. 甲, 乙의 죄책은?

운전자 甲에 대하여는 위계에 의한 공무집행방해죄의 성립여부가 문제되며, 제조업자 乙에 대하여는 위계에 의한 공무집행방해 방조죄의 성립여부가 문제된다. 甲이 정범이므로 甲의 죄책을 먼저 논한다.

(1) 甲의 죄책
대법원은 그 제품을 사용하고 운전한 행위만으로는 '경찰청의 교통단속업무를 구체적이고 현실적으로 수행하는 경찰공무원에 대하여 그가 충실히 직무를 수행한다고 하더라도 통상적인 업무처리과정 하에서는 사실상 적발이 어려운 위계를 사용하여 그 업무집행을 방해하였다고 보기 어렵다는 이유로 본죄의 성립을 부정하였다.[194]

(2) 乙의 죄책
정범인 甲에 대하여 공무집행방해죄가 성립하지 않으므로 乙의 행위 역시 위계에 의한 공무집행방해 방조죄에 해당하지 않는다.

---

191) 대법원 2003. 11. 13. 선고 2001도7045 판결.
192) 대법원 2003. 11. 13. 선고 2001도7045 판결; 대법원 2004. 4. 9. 선고 2004도272 판결.
193) 대법원 2005. 8. 25. 선고 2005도1731 판결.
194) 대법원 2010.4.15. 선고 2007도8024 판결.

[판례 11] 甲은 음주운전을 하다가 교통사고를 야기한 후 그 형사처벌을 면하기 위하여 교통사고 조사를 담당하는 경찰관 A에게 타인의 혈액을 마치 자신의 혈액인 것처럼 건네주어 A로 하여금 그것으로 국립과학수사연구소에 의뢰하여 혈중알콜농도를 감정하게 하고 그 결과에 따라 甲의 음주운전 혐의에 대하여 공소권 없음의 의견으로 송치하게 하였다. 甲의 죄책은?

甲에 대하여 위계에 의한 공무집행방해죄가 성립하는지가 문제된다. 판례는 수사기관에 대하여 허위사실을 진술한 경우에 본죄의 성립여부는 다음의 기준에 따라 판단한다. "① 피의자나 참고인이 피의자의 무고함을 입증하는 등의 목적으로 수사기관에 대하여 허위사실을 진술하거나 허위의 증거를 제출하였다 하더라도, 수사기관이 충분한 수사를 하지 아니한 채 이와 같은 허위의 진술과 증거만으로 잘못된 결론을 내렸다면, 이는 수사기관의 불충분한 수사에 의한 것으로서 피의자 등의 위계에 의하여 수사가 방해되었다고 볼 수 없어 위계에 의한 공무집행방해죄가 성립된다고 할 수 없을 것이나, ② 피의자나 참고인이 피의자의 무고함을 입증하는 등의 목적으로 적극적으로 허위의 증거를 조작하여 제출하였고 그 증거 조작의 결과 수사기관이 그 진위에 관하여 나름대로 충실한 수사를 하더라도 제출된 증거가 허위임을 발견하지 못하여 잘못된 결론을 내리게 될 정도에 이르렀다면, 이는 위계에 의하여 수사기관의 수사행위를 적극적으로 방해한 것으로서 위계에 의한 공무집행방해죄가 성립된다 할 것이다."195) 이 기준에 의하면 甲은 타인의 혈액을 마치 자신의 혈액인 것처럼 건네줌으로써 '적극적으로 허위의 증거를 조작'하여 제출하였고, 그 증거 조작의 결과 수사기관이 그 진위에 관하여 나름대로 충실한 수사를 하더라도 제출된 증거가 허위임을 발견하지 못하여 잘못된 결론을 내리게 될 정도에 이르렀다고 볼 수 있으므로 甲에 대해서는 위계에 의한 공무집행방해죄가 성립된다.

(다) 주관적 구성요건

본죄의 주관적 구성요건은 공무집행을 방해한다는 사실에 대한 고의이다. 여기서 고의가 공무집행방해에 대한 인식으로 족한가 아니면 그 외에도 의사까지도 있어야 하는가에 대하여는 견해가 일치하지 않는다.196) 본죄는 목적범이 아니므로 다른 구성요건과 마찬가지로 고의의 성립을 위하여 인식만 있으면 충분하며, 의사까지는 요하지 않는다고 보아야 한다.

---

195) 대법원 2003. 7. 25. 선고 2003도1609 판결. 대법원 2007.10.11. 선고 2007도6101 판결; 대법원 2011.2.10. 선고 2010도15986 판결 등도 같은 취지이다.
196) 인식과 의사가 모두 있어야 한다는 견해는 판례(대법원 1970.1.27. 선고 69도2260 판결); 김성돈, 각론, 780면; 김일수/서보학, 각론, 877면 이하; 배종대, 각론, 884면; 오영근, 각론, 959면; 임웅, 각론, 938면; 정성근/박광민, 각론, 851면. 이에 대하여 의사가 있을 것을 요하지 않는다는 반대견해가 있다.

[판례 12] 甲은 생활에 궁하여 오로지 직장을 구하여 볼 의사로서 경찰관서에 허위로 간첩이라고 자수를 하였다. 甲의 죄책은?

판례는 본죄의 주관적 구성요건이 성립하기 위해서는 공무집행을 방해할 의사가 있을 것을 요한다고 한다. 이 견해에 의하면 甲에게는 직장을 구하여 볼 의사가 있을 뿐이며, 공무원의 직무집행을 방해하려는 의사까지 있었다고 할 수는 없으므로 본죄는 성립하지 않는다.[197]

IV. 특별공무집행방해죄

특별공무집행방해죄(제138조-제143조)는 일반공무집행방해죄(제136조-제137조)에 대응하는 범죄로서 객체가 특수한 공무에 국한되는 죄를 말한다.

1. 법정·국회회의장모욕죄

> 제138조(법정 또는 국회회의장모욕): 법원의 재판 또는 국회의 심의를 방해 또는 위협할 목적으로 법정이나 국회회의장 또는 그 부근에서 모욕 또는 소동한 자는 3년 이하의 징역 또는 700만원 이하의 벌금에 처한다.

(1) 의의

본죄는 법원의 재판 또는 국회의 심의를 방해 또는 위협할 목적으로 법정이나 국회회의장 또는 그 부근에서 모욕 또는 소동하는 것을 내용으로 하는 범죄이다.

(2) 성립요건

(가) 행위

본죄의 행위는 '법정이나 국회회의장 또는 그 부근에서 모욕 또는 소동'하는 것이다. '모욕'이란 경멸의 의사표시를 말한다. 그 의미는 모욕죄에서 설명한 것과 같다. 모욕의 상대방은 반드시 판사나 국회의원에 국한하지 않으며, 법원의 재판이나 국회의 심의에 참여한 검사·변호인·피고인·증인·방청인 등도 포함된다.[198] '소동'이란 재판이나 심의를 방해할 정도의 소음을 내는 문란행위를 말한다. 문란행위가 재판이나 심의를 방해할 정도에 이르지 않는 경우에는 본죄가 성립하지 않는다.

모욕이나 소동은 '법정이나 국회회의장 또는 그 부근'에서 행하여져야 한다. 여기

---

197) 대법원 1970.1.27. 선고 69도2260 판결.
198) 김일수/서보학, 각론, 879면; 박상기, 각론, 666면; 배종대, 각론, 885면.

서 '부근'은 법원의 재판이나 국회의 심의에 영향을 미칠 수 있는 정도의 장소이어야 한다.

(나) 주관적 구성요건

본죄의 주관적 구성요건은 고의 및 '법원의 재판 또는 국회의 심의를 방해 또는 위협할 목적'이다. 법원의 재판을 방해할 목적 없이 소란행위로 인하여 법원의 심리를 방해한 때에는 본죄는 성립하지 않으며, 다만 법원조직법 제61조 제1항[199])에 해당한다.

2. 인권옹호직무방해죄

> 제139조(인권옹호직무방해): 경찰의 직무를 행하는 자 또는 이를 보조하는 자가 인권옹호에 관한 검사의 직무집행을 방해하거나 그 명령을 준수하지 아니한 때에는 5년 이하의 징역 또는 10년 이하의 자격정지에 처한다.

(1) 의의

본죄는 경찰의 직무를 행하는 자 또는 이를 보조하는 자가 인권옹호에 관한 검사의 직무집행을 방해하거나 그 명령을 준수하지 않음으로써 성립하는 범죄이다.

(2) 성립요건

(가) 주체

본죄의 주체는 '경찰의 직무를 행하는 자 또는 이를 보조하는 자'이다. '경찰의 직무를 행하는 자'는 검사의 지휘를 받아 수사의 직무를 행하는 사법경찰관(형소법 제196조 제1항)을 말하며, '이를 보조하는 자'란 사법경찰리(형소법 제196조 제2항)를 말한다.

(나) 행위

본죄의 행위는 '인권옹호에 관한 검사의 직무집행을 방해하거나 그 명령을 준수하지 않는 것'이다. '인권옹호에 관한 검사의 직무'로는 구속영장이나 압수·수색영장의 집행지휘(형소법 제81조, 제115조 및 제209조), 수사지휘(형소법 제196조), 체포·구

---

199) 법원조직법 제61조 제1항(감치등): 법원은 직권으로 법정내외에서 제58조제2항의 명령 또는 제59조에 위배하는 행위를 하거나 폭언·소란등의 행위로 법원의 심리를 방해하거나 재판의 위신을 현저하게 훼손한 자에 대하여 결정으로 20일이내의 감치 또는 100만원이하의 과태료에 처하거나 이를 병과할 수 있다.

속장소감찰(형소법 제198조의2) 등이 있다.

검사의 직무집행이나 명령은 '구속력'이 있을 것을 요한다.200) 구속력은 명령이 국민의 기본권을 침해하는 것을 내용으로 하는 경우와 같이 그 위법성이 명백·중대하여 무효가 아닌 이상은 경미한 위법을 이유로 부정되지는 않는다.

본죄는 거동범이므로 직무집행방해나 명령불준수가 있으면 성립하며, 그 결과가 현실로 발생할 것을 요하지는 않는다.

3. 공무상 비밀표시무효죄

공무상 비밀표시무효죄(제140조)에는 공무상 봉인등표시무효죄(동조 제1항)와 공무상 비밀침해죄(동조 제2항, 제3항)가 있다.

(1) 공무상 봉인등표시무효죄

> **제140조 제1항(공무상 봉인등표시무효)**: 공무원이 그 직무에 관하여 실시한 봉인 또는 압류 기타 강제처분의 표시를 손상 또는 은닉하거나 기타 방법으로 그 효용을 해한 자는 5년 이하의 징역 또는 700만원 이하의 벌금에 처한다.

(가) 의의

본죄는 공무원이 그 직무에 관하여 실시한 봉인 또는 압류 기타 강제처분의 표시를 손상 또는 은닉하거나 기타 방법으로 그 효용을 해하는 것을 내용으로 하는 범죄이다.

(나) 성립요건

① 주체

본죄는 일반범으로서 주체에는 제한이 없다. 다만 가처분상의 부작위 명령을 위반하는 경우와 같이 기타 방법으로 강제집행의 효용을 해하는 행위의 주체는 강제처분이 된 채무자에 국한하며, 제3자는 행위의 주체가 되지 않는다.201) 왜냐하면 가처분은 가처분 채무자에 대한 부작위 명령을 집행하는 것이므로 가처분의 채무자가 아닌 제3자가 에 대하여는 그 부작위 명령이 미치지 않기 때문이다.202) 예컨대 남편을

---

200) 김일수/서보학, 각론, 882면. 이에 대하여 검사의 직무와 명령이 적법일 것을 요한다는 견해(다수설)는 박상기, 각론, 668면; 배종대, 각론, 860면; 임웅, 각론, 941면.
201) 김일수/서보학, 각론, 885면.
202) 대법원 1976.7.27. 선고 74도1896 판결; 대법원 1979. 2. 13. 선고 77도1455 판결; 대법원 2007. 11. 16. 선고 2007도5539 판결.

채무자로 한 출입금지가처분을 무시하고 그 처가 출입이 금지된 밭에 들어간 경우 공무상 비밀표시무효죄는 성립하지 않는다.203)

> [판례 12] 甲은 주식회사 C 관광호텔로부터 온천이용허가권을 양수받았으나 그 명의변경이 여의치 않자 임대차계약의 형식을 빌려 2002. 7. 1.부터 온천수를 이용하여 왔다. 그러던 중 A가 2004. 12. 30. C 관광호텔로부터 매수한 온천수 이용권 등을 양수받은 다음, C 관광호텔을 상대로 가처분을 신청하여 2006. 4. 6. 'C 관광호텔은 이 사건 온천수 양수시설을 사용하여 온천수를 인양하거나 사용하여서는 안 된다'는 취지의 가처분결정이 있었고, 같은 달 17. 그 현장에 온천수 사용금지에 관한 고시판이 설치되었다. 甲은 위와 같이 가처분결정이 집행되었음에도 2006. 7. 24.까지 계속하여 온천수 양수시설을 사용하여 온천수를 인양하여 사용하였다. 甲의 죄책은?

甲이 온천수 사용금지에 관한 가처분상의 부작위 명령에 위반한 행위가 공무상비밀표시무효죄에 해당하는지가 문제된다. 대법원은 "가처분은 가처분 채무자에 대한 부작위 명령을 집행하는 것으로 그 가처분의 채무자로 되지 아니한 피고인의 그 부작위를 위반한 행위는 그 가처분집행 표시의 효용을 해한 것으로 볼 수 없다 할 것이다"라고 함으로써 가처분상의 부작위 명령을 위반하는 경우와 같이 기타 방법으로 강제집행의 효용을 해하는 행위의 주체는 강제처분이 된 채무자에 국한하며, 제3자는 행위의 주체가 되지 않는다고 보았다. 따라서 甲이 가처분 채무자인 C 관광호텔과 공모하여 이 사건 범행을 하였다거나 또는 甲이 C 관광호텔의 기관으로서 이 사건 범행을 한 것이 아닌 이상은 그에 대하여는 공무상비밀표시무효죄가 성립하지 않는다.204)

② 객체

본죄의 객체는 '공무원이 그 직무에 관하여 실시한 봉인 또는 압류 기타 강제처분의 표시'이다. '봉인'이란 물건에 대한 처분을 금지하기 위하여 그 물건에 대하여 시행한 설비를 말한다. 봉인은 통상 봉함한 자리에 공무원이 '봉인'이라는 도장을 찍는 방법으로 실시하지만, 이와 유사한 설비를 이용하여 처분금지의 의사표시를 나타내더라도 '봉인'에 해당한다. '압류'란 공무원이 직무상 보관할 물건을 자기의 점유로 옮기는 강제처분을 말한다. 예컨대 민사소송법상 유체동산에 대한 압류·가압류·가처분 등이 여기에 해당한다. '기타 강제처분'은 압류 이외의 강제처분, 즉 물건을 공무원의 점유로 옮기지 않고 행하는 처분을 말한다. 예컨대 민사소송법상 부동산의 압류나 금전채권의 압류 등이 여기에 해당한다.

본죄가 성립하기 위해서는 ㉠ 강제처분의 표시의 기초가 되는 '국가행위'가 '유효'이어야 하며, ㉡ '강제처분의 표시'가 '적법'이어야 한다. 여기서 '국가행위'205)

---
203) 대법원 1979.2.13. 선고 77도1455 판결.
204) 대법원 2007. 11. 16. 선고 2007도5539 판결.

(Staatsakt)란 법원의 판결·결정과 같이 공무원이 공무를 집행하는데 근거가 되는 기본행위(Grundakt)를 말한다. 그리고 '강제처분의 표시'란 공무원이 법원의 판결·결정을 집행을 하고 그 표시를 하는 집행행위(Vollzugsakt)를 말한다. 예컨대 법원이 무허가 시설물에 대한 사용금지가처분 결정을 하고 집행관이 법원의 결정에 따라 시설물을 사용하지 말도록 가처분의 집행을 하고 그 표시를 한 경우에 법원의 가처분 결정이 '국가행위'이며, 집행관이 가처분의 집행을 하고 그 표시를 한 것이 '강제처분의 표시'이다.

기본행위, 즉 법원의 강제처분은 유효이면 족하므로 법원의 처분이 실질적으로 부당하더라도 그 처분이 적법한 절차에 의하여 취소되지 않는 이상은 '유효한 강제처분'으로서 본죄의 객체가 된다.[206] 그러나 강제처분의 위법성이 명백·중대하여 무효인 때에는 본죄가 성립하지 않는다.

[판례 13] 대법원은 "이 사건 가처분집행은 피고인이 이 사건 특허권을 침해하였다는 소명이 있다는 이유로 행하여졌으나 후일 그 본안소송에서 위 특허가 무효라는 취지의 대법원 판결이 선고되어 그 피보전권리의 부존재가 확정되었다 하더라도 피고인에 대한 이 사건 판시 공무상표시무효죄가 성립함에는 아무런 영향이 없다"고 판시하였다. 그리고 그 논거는 "공무원이 실시한 봉인 등의 표시에 절차상 또는 실체상의 하자가 있다고 하더라도 객관적·일반적으로 그것이 공무원이 그 직무에 관하여 실시한 봉인 등으로 인정할 수 있는 상태에 있다면 적법한 절차에 의하여 취소되지 아니하는 한 공무상표시무효죄의 객체로 된다"라는 기존의 입장에 따른 것이다.[207]

가처분집행의 기초가 되는 기본행위, 즉 법원의 가처분명령이 실질적으로 부당하더라도 적법한 절차에 의하여 취소되지 않는 이상은 유효하므로 강제집행의 표시의 적법성에는 영향이 없다. 대법원이 "… 실체상의 하자가 있다고 하더라도 … 공무상표시무효죄의 객체로 된다"고 한 것은 이러한 의미에서 이해할 수 있다.

공무집행방해죄에서 공무원의 직무집행이 적법이어야 하는 것과 마찬가지로 본죄에서 강제집행의 표시도 적법하여야 한다.[208] '적법성'의 의미도 공무집행방해죄에서 설명한 것과 같다. 따라서 공무집행절차에 하자가 있더라도 집행행위가 항상 위법이 되는 것은 아니다.[209] 강제집행의 표시가 절차나 방식에서 '본질적인 형식규정'

---

205) '국가의 의사표시'(김일수/서보학, 각론, 884면)도 같은 의미이다.
206) 판례(대법원 2001. 1. 16. 선고 2000도1757 판결; 대법원 2007. 3. 15. 선고 2007도312 판결); 김일수/서보학, 각론, 884면; 박상기, 각론, 669면; 배종대, 각론, 887면.
207) 대법원 2007. 3. 15. 선고 2007도312 판결.
208) 김일수/서보학, 각론, 884면; 배종대, 각론, 887면; 임웅, 각론, 943면; 정성근/박광민, 각론, 857면. 이에 대한 반대견해는 유기천, 각론(하), 337면; 황산덕, 각론, 72면
209) 김일수/서보학, 각론, 884면; 배종대, 각론, 887면; 임웅, 각론, 943면.

에 위반한 때에는 위법이므로 본죄의 객체에서 제외되지만, 사소한 절차의 위반이나 훈시규정의 위반은 적법성에 영향이 없다. 판례도 "공무원이 실시한 봉인 등의 표시에 절차상 또는 실체상의 하자가 있다고 하더라도 객관적·일반적으로 그것이 공무원이 그 직무에 관하여 실시한 봉인 등으로 인정할 수 있는 상태에 있다면 적법한 절차에 의하여 취소되지 아니하는 한 공무상표시무효죄의 객체로 된다"[210]고 한다.

[판례 14] 가압류집행 당시 농장의 축사 10개 안에는 채무자인 A 영농조합이 점유하는 비육돈 3,100여 마리가 사육되고 있었는데, 집행관은 가압류 집행을 하면서 비육돈의 정확한 숫자를 세어보거나 중량을 측정하여 보지 않은 채 집행에 참여한 채권자와 채무자측 직원인 B의 진술을 토대로 전체 비육돈 중 100여 마리는 곧 폐사할 것으로 판단하고 가압류할 전체 비육돈의 수를 3,000마리로 보아, 농장의 축사 안에 있는 비육돈을 무게에 따라 세 분류로 나누어 각 1,000마리씩을 가압류목적물로 한다는 취지로 기재한 공시서를 축사에 붙여 놓았다. 가압류집행 당시 甲도 현장에 참여하여 채권자 및 채무자와 마찬가지로 위와 같은 가압류집행의 과정을 모두 알고 있었음에도 가압류된 비육돈을 수회에 걸쳐 농장 밖으로 반출하고는 그 대신 중량 30kg 이하의 새로운 자돈(새끼돼지)을 축사에 입사시키면서 농장 직원들에게 전체적으로 3,000마리는 항상 유지하라고 지시하였다. 甲의 죄책은?

원심법원[211]은 '가압류는 이 사건 농장에서 사육되고 있던 비육돈 전부를 가압류한다는 것인지 아니면 그 일부만을 가압류한다는 것인지조차 불분명할 정도로 그 목적물이 특정되지 않아 무효'이므로 甲이 비육돈의 일부를 처분한 행위는 공무상표시무효죄에 해당하지 않는다고 판단하였다.

이에 대하여 대법원은 甲에 대하여 공무상표시무효죄가 성립한다고 보았다. 대법원은 "가압류공시서에 위와 같이 폐사될 100여 마리를 고려하여 3,000마리를 가압류목적물로 표시하였다는 취지의 기재를 하지 아니하고, 3,000마리의 중량을 일일이 측정하지 아니한 채 중량 별로 세 분류로 나누어 1,000마리씩 기재한 흠"이 있다는 점은 인정하였다. 그러나 "공무원이 실시한 봉인 등의 표시에 절차상 또는 실체상의 하자가 있다고 하더라도 객관적·일반적으로 그것이 공무원이 그 직무에 관하여 실시한 봉인 등으로 인정할 수 있는 상태에 있다면 적법한 절차에 의하여 취소되지 아니하는 한 공무상표시무효죄의 객체로 된다"고 하는 것이 대법원의 일관된 견해이다. 대법원은 이 견해에 따라 "압류공시서에 위와 같은 다소의 흠이 있다고 하더라도 가압류공시서의 기재 내용을 전체적으로 보면 이 사건 농장 안에 있던 비육돈 전체가 가압류목적물이 되었음을 알 수 있으므로, 이 사건 가압류공시서는 여전히 공무상표시무효죄의 객체로 된다"고 보았다.[212] 따라서 甲에 대하여는 공무상표시무효죄가 성립한다.

---

210) 대법원 2000. 4. 21. 선고 99도5563 판결; 대법원 2001. 1. 16. 선고 2000도1757 판결.
211) 서울지법 2000. 4. 12. 선고 99노10145 판결.
212) 대법원 2001. 1. 16. 선고 2000도1757 판결.

강제집행의 표시의 위법성이 명백·중대하여 무효인 때에는 본죄가 성립하지 않는다. '강제처분이 완결된 후'에 집달리가 인도집행의 뜻을 기재한 표목을 설치하거나 채무자의 출입을 봉쇄하기 위하여 출입문을 판자로 막는 것은 법률상 무효이므로 이를 손괴하더라도 본죄는 성립하지 않는다.213) 행위 당시에 강제처분의 표시가 현존하지 않는 경우에도 무효인 강제처분과 같으므로 본죄는 성립하지 않는다. 따라서 행위 당시에 집달관이 가처분집행 당시 게시한 가처분결정문이 현존하고 있지 않았다면 본죄는 성립하지 않는다.214)

[판례 15] 부동산 인도의 강제집행에 있어 집달리 A는 채무자 甲의 점유를 해제하고 이를 채권자 乙에게 인도하고, 그 인도집행의 뜻을 기재한 표목을 세웠다. 그런데 채무자 甲은 그 표목을 빼어 버리고 그 부동산에 들어갔다. 甲의 죄책은?

甲이 집달리가 인도집행의 뜻을 기재한 표목을 빼어 버린 행위가 공무상 봉인등표시무효죄에 해당하는지가 문제된다. 본죄가 성립하기 위해서는 강제집행이 유효할 것을 요한다. 집달리 A가 부동산에 대하여 채무자의 점유를 해제하고 이를 채권자에게 인도함으로써 강제집행이 완결되었으므로 집달리가 그 인도집행의 뜻을 기재한 표목을 세웠다 하여도 그 표시는 법률상 당연무효이다. 따라서 甲이 그 표목을 빼어 버리고 그 부동산에 들어간 행위는 공무상 봉인등표시무효죄에 해당하지 않는다.215) 다만 채무자 甲은 강제집행으로 인도된 부동산에 설치된 표목을 빼어 버리고 그 부동산에 침입함으로써 강제집행의 효용을 해하였으므로 부동산강제집행효용침해죄(제140조의2)216)가 성립할 수 있다. 이 죄에 대하여는 후술한다.

③ 행위

본죄의 행위는 '손상 또는 은닉하거나 기타 방법으로 그 효용을 해하는 것'이다. 여기서 '손상'은 물질적 훼손을 말한다. 예컨대 봉인을 훼손하거나 이를 제거하는 것이 여기에 해당한다. '은닉'이란 봉인의 소재를 불명하게 하여 발견을 곤란하게 하는 것이다. '기타 방법으로 그 효용을 해하는 것'은 손상이나 은닉 이외의 방법으로 표시의 효력을 사실상 감소 또는 소멸 행위를 말한다.

[판례 16] 기타 방법으로 그 효용을 해하는 행위로는 예컨대 ㉠ 법원 소속 집달리가 영업행위금지 및 영업방해 금지의 가처분 결정에 기한 집행으로 수산물 판매장 내에 그 결정의 취지를 명시한 고시판을 세워두었는데도 그 수산물 판매장 내에서 그 고시의 취지에

---

213) 다만 후술하는 부동산강제집행효용침해죄(제140조의2)가 성립할 수는 있다.
214) 대법원 1997. 3. 11. 선고 96도2801 판결.
215) 대법원 1965. 9. 25. 선고 65도495 판결. 대법원 1985.7.23. 선고 85도1092 판결도 같다.
216) 본죄는 이 판례가 선고된 이후인 1995. 12. 29. 형법개정에 의하여 신설된 조항이다.

반하는 수산물 판매업무를 계속하여 영위함으로써 그 고시의 효력을 해한 경우[217] 또는 ⓛ 법원 소속 집행관이 기계에 대하여 유체동산 가압류집행을 실시하고 그 뜻을 기재한 표시를 하였음에도 불구하고 그 기계들을 가져가도록 함으로써 가압류표시의 효용을 해한 경우,[218] ⓒ 집행관이 건물에 관하여 가처분을 집행하면서 '채무자는 점유를 타에 이전하거나 또는 점유명의를 변경하여서는 아니된다'는 등의 집행 취지가 기재되어 있는 고시문을 건물에 부착한 이후에 점유이전금지가처분 채무자가 제3자로 하여금 건물 중 3층에서 카페 영업을 할 수 있도록 한 경우[219] 등이 있다.

그러나 단순히 가처분의 부작위명령을 위반하였다는 것만으로는 공무상 표시의 효용을 해하는 행위에 해당하지 않는다. 따라서 집행관이 법원으로부터 부작위를 명하는 가처분이 발령되었음을 고시하는 데 그치고 나아가 봉인 또는 물건을 자기의 점유로 옮기는 등의 구체적인 집행행위를 하지 않은 경우에는 부작위명령에 위반하는 행위를 하더라도 본죄는 성립하지 않는다.[220] 예컨대 집행관이 법원으로부터 실용신안권 침해금지가처분이 발령되었음을 고시하였는데, 이러한 부작위명령을 위반한 경우[221] 또는 집행관이 영업방해금지 가처분결정의 취지를 고시한 공시서를 게시하였는데 부작위의무에 위배하여 영업을 방해하는 행위를 한 경우[222]에 본죄는 성립하지 않는다.

[판례 17] 지방법원 집행관 A는 2009. 3. 26. 11:30경 문학컨벤션센터를 점거하거나 그 건물에서의 채권자들의 영업을 방해하는 일체의 행위를 하여서는 아니 된다는 취지를 고시한 공시서를 위 컨벤션센터 3층에 게시하였음에도 불구하고, 甲은 2009. 6. 22. 09:00경 위 문학컨벤션센터에 북파공작원 출신자 및 용역직원 등 약 35명과 함께 침입하여 점유를 개시한 후 위 컨벤션센터를 직접 운영하였다. 甲의 죄책은?

甲이 컨벤션센터를 점거하고 그 센터를 운영한 행위가 공무상 표시무효죄에 해당하는지가 문제된다. 대법원은 법원의 가처분의 부작위명령을 위반하였다는 것만으로는 공무상 표시의 효용을 해하는 행위에 해당하지 않으며, 본죄가 성립하기 위해서는 집행관이 봉인, 동산의 압류, 부동산의 점유 등과 같은 '구체적인 강제처분'을 실시하였을 것을 요한다고 한다. 이 사례에서는 집행관 A가 '가처분결정의 취지를 고시한 공시서를 게시하였을 뿐 어떠한 구체적 집행행위를 하지 아니하였으므로 집행관이 고시한 이 사건 가처분에 의하여 부과된 부작위명령을 피고인이 위반하였다는 이유만으로 공무상 표시의 효용을 해하는 행위를 하

---

217) 대법원 1971. 3. 23. 선고 70도2688 판결.
218) 대법원 2004. 10. 28. 선고 2003도8238 판결.
219) 대법원 2000. 4. 21. 선고 99도5563 판결.
220) 대법원 2008. 12. 24. 선고 2006도1819 판결; 대법원 2010. 9. 30. 선고 2010도3364 판결.
221) 대법원 2008. 12. 24. 선고 2006도1819 판결.
222) 대법원 2010. 9. 30. 선고 2010도3364 판결.

였다고 볼 수 없다'고 판단하였다.223) 이 판례는 법원의 부작위명령을 위반하였다는 이유만으로는 처벌되지 않으며, '봉인, 동산의 압류, 부동산의 점유 등과 같은 구체적인 강제처분을 실시하였다는 표시'를 손상 또는 은닉하거나 기타 방법으로 그 효용을 해한 때에만 본죄가 성립한다고 함으로써 처벌범위를 적절히 제한하였다는 점에서 의의가 크다.

압류는 채무자로 하여금 그 압류된 물건의 처분행위를 금지할 뿐이므로 그 압류의 효용을 손상시키지 않는 범위 내에서 압류 그대로의 상태에서 그 용법에 따라 종전과 같은 방법으로 사용하는 행위는 압류의 효용을 침해했다고 할 수 없으므로 본죄에 해당하지 않는다.224)

본죄는 작위범이지만 부작위에 의하여도 가능하다. 예컨대 압류된 골프장시설을 보관하는 회사의 대표이사는 압류시설을 선량한 관리자로서 보관할 주의의무가 있으므로, 압류시설의 사용 및 봉인의 훼손을 방지할 수 있는 적절한 조치 없이 골프장을 개장하게 하여 봉인이 훼손되게 한 경우 부작위에 의한 공무상표시무효죄가 성립할 수 있다.225)

④ 주관적 구성요건

본죄의 주관적 구성요건이 성립하기 위해서는 객관적 구성요건, 즉 '공무원이 그 직무에 관하여 실시한 봉인 또는 압류 기타 강제처분의 표시를 손상 또는 은닉하거나 기타 방법으로 그 효용을 해하는 것'에 대한 고의가 있어야 한다. 이와 관련하여 강제집행의 유효성에 대한 착오가 있는 경우 구성요건적 착오로서 고의가 조각되는가 아니면 금지착오로서 고의의 성립에는 영향이 없고 다만 책임의 조각여부만이 문제되는가에 견해가 일치하지 않는다.226) 판례 가운데는 강제집행의 유효성에 대한 착오가 있는 경우 고의가 조각된다고 본 경우227)와 법률의 착오로서 오인에 정당한

---

223) 대법원 2010. 9. 30. 선고 2010도3364 판결.
224) 대법원 1984. 3. 13. 선고 83도3291 판결.
225) 대법원 2005. 7. 22. 선고 2005도3034 판결.
226) 구성요건적 착오로 보는 견해는 김일수/서보학, 각론, 886면; 박상기, 각론, 670면. 이에 대하여 금지착오로 보는 견해는 오영근, 각론, 968면; 정성근/박광민, 각론, 859면.
227) 대법원 1970. 9. 22. 선고 70도1206 판결: "민사소송법 기타의 공법의 해석을 잘못하여 피고인이 가압류의 효력이 없는 것이라 하여 가압류가 없는 것으로 착오하였거나 또는 봉인 등을 손상 또는 효력을 해할 권리가 있다고 오신한 경우에는 민사법령 기타 공법의 부지에 인한 것으로서 이러한 법령의 부지는 형벌법규의 부지와 구별되어 범의를 조각한다."
판례가 강제집행의 유효성에 대한 착오를 이유로 '범의를 조각한다'고 한 것만으로 강제집행의 유효성을 구성요건요소로 파악하였다거나 이에 대한 착오를 사실의 착오로 보았다고 단정할 수 없다. 왜냐하면 판례는 법률의 착오에 관하여 고의설을 취하고 있기 때문에 착오에 정당한 이유가 있는 때에는 고의(범의)를 조각한다고 보기 때문이다. 이 판례도 강제집행의 유효성에 대한 착오를 법률의 착오로 본 것으로 생각된다.

이유가 없는 이상 본죄가 성립한다고 한 경우228)가 있다.

이 문제는 공무집행방해죄에서 공무집행의 적법성에 대한 착오에서 설명한 것이 그대로 타당하다. 즉 강제집행의 유효성은 규범적 구성요건요소이므로 유효성의 상황에 대하여 착오하였다면 구성요건적 착오로서 고의가 조각되지만, 유효성의 요건에 대하여 법적 판단을 잘못하여 착오를 하였다면 규범적 구성요건의 착오에 관한 이론이 적용된다. 즉행위자에게 '일반인과 동일한 수준의 평가에 근거한 의미인식'이 있다면 고의는 성립하며 적법성에 대한 착오는 포섭의 착오로서 금지착오가 된다. 위법성요소설에 의하면 적법성에 대한 착오는 항상 금지착오가 된다. 금지착오의 경우에는 착오에 정당한 이유가 없으면 행위자에 대하여는 공무집행방해죄가 성립한다.

[판례 18-1] 甲은 채권자인 실형 乙의 심부름으로 가압류된 공작기 37대 등 유체동산을 丙 등에게 내어주도록 하였다. 그런데 甲이 가압류물건을 丙 등에게 내어준 것은 채권자 乙과 채무자 간에 합의가 성립되고 본안소송도 취하되었을 뿐 아니라 채권자 乙의 지시에 의하여 합의내용대로 인도한 것이다. 甲의 죄책은?

원심법원은 '본건 공작기 37대 등 유체동산에 가압류집행을 하여 그 표시를 해놓았는데 비록 이해당사자 사이에 합의가 이루어졌다하더라도 가압류집행을 적법하게 해제함이 없이 이를 반출한 이상, 공무상 비밀표시무효죄가 성립한다'고 판단하였다. 이에 대하여 대법원은 "민사소송법 기타의 공법의 해석을 잘못하여 피고인이 가압류의 효력이 없는 것이라 하여 가압류가 없는 것으로 착오하였거나 또는 봉인 등을 손상 또는 효력을 해할 권리가 있다고 오신한 경우에는 민사법령 기타 공법의 부지에 인한 것으로서 이러한 법령의 부지는 형벌법규의 부지와 구별되어 범의를 조각한다"229)고 판단하였다.

이 판례는 민사법령 기타 공법의 부지(법령의 부지)230)와 형벌법규의 부지를 구분하고 전자의 경우에는 고의가 조각되고, 후자의 경우에는 범죄의 성립을 인정하는 견해231)를 근

---

228) 대법원 2000. 4. 21. 선고 99도5563 판결: "공무원이 그 직무에 관하여 실시한 봉인 등의 표시를 손상 또는 은닉 기타의 방법으로 그 효용을 해함에 있어서 그 봉인 등의 표시가 법률상 효력이 없다고 믿은 것은 법규의 해석을 잘못하여 행위의 위법성을 인식하지 못한 것이라고 할 것이므로 그와 같이 믿은 데에 정당한 이유가 없는 이상, 그와 같이 믿었다는 사정만으로는 공무상표시무효죄의 죄책을 면할 수 없다." 그 외에 대법원 1992. 5. 26. 선고 91도894 판결도 같다.
229) 대법원 1970. 9. 22. 선고 70도1206 판결.
230) 판례는 '법령의 부지'와 '법률의 부지'(예컨대 대법원 1992. 4. 24. 선고 92도245 판결 참조)를 구분하여 사용한다. 전자는 법령에 의하여 허용된 행위로서 죄가 되지 않는다고 적극적으로 그릇 인식한 경우를 말하며, 후자는 단순히 규범의 존재 자체를 알지 못한 경우를 의미한다.
231) 대법원 1972. 11. 14. 선고 72도1248 판결도 같은 취지이다. 이러한 견해는 법률의 착오를 형법외적 법률의 착오와 형법적 법률의 착오로 구분하고 전자의 경우에만 고의가 조각되고, 후자의 경우에는 고의가 조각되지 않는다고 보는 독일 제국재판소의 판례(예컨대 RGSt 50, 183)와 일치한다.

거로 하여 甲에 대하여 '민사법령 기타 공법의 부지'를 이유로 고의의 성립을 부정하였다. 그 이후의 **대법원** 판례 가운데는 압류물을 보관하고 있는 채무자가 불가피한 사정으로 채권자의 승낙을 얻어 압류물을 이동시킨 경우에는 '압류물 이동이 객관적으로 강제집행을 곤란하게 하여 압류의 효용을 해하는 정도에 이르렀다고 보기 어렵고, 피고인에게 강제집행을 곤란하게 하여 압류의 효용을 해할 범의가 있었다고 할 수도 없다'고 함으로써 객관적 구성요건해당성과 동시에 고의를 부정한 경우도 있다.232)

[판례 18-2] 甲은 지방법원 소속 집행관이 1995. 4. 4. 이 사건 기계에 대하여 유체동산 가압류집행을 실시하고 그 뜻을 기재한 표시를 하였음을 알고 있으면서도, 乙로 하여금 이 기계들을 가져가도록 하였다. 한편 이 사건 가압류집행 이전에 甲이 乙에게 이 사건 기계를 양도하기로 하는 합의가 있었으므로 乙이 이 사건 기계의 소유자가 되었으며, 이 사건 기계에 대한 가압류가 무효라고 오인하였다. 甲의 죄책은?

(1) 가압류집행의 유효성

甲이 乙로 하여금 가압류된 기계를 가져가도록 한 행위가 공무상 표시무효죄에 해당하기 위해서는 먼저 집행관이 실시한 가압류가 유효일 것을 요한다. 이 점에 관하여 대법원은 "기계를 양도하기로 하는 합의가 있었음은 알 수 있으나 그와 같은 사정만으로 乙이 이 사건 기계의 소유자가 되었다고 할 수 없을 뿐만 아니라 집행관이 甲의 소유에 속한 것이라고 판단하여 가압류집행을 실시한 이상 이를 당연무효라고 할 수 없으며 …"라고 함으로써 가압류집행은 유효하다고 판단하였다. 이러한 판단은 "공무원이 실시한 봉인 등의 표시에 절차상 또는 실체상의 하자가 있다고 하더라도 객관적·일반적으로 그것이 공무원이 그 직무에 관하여 실시한 봉인 등으로 인정할 수 있는 상태에 있다면 적법한 절차에 의하여 취소되지 아니하는 한 공무상표시무효죄의 객체로 된다"는 기존의 입장을 근거로 한 것이다.

(2) 유효성에 대한 착오

甲은 이 기계의 소유자가 乙이므로 집행관이 실시한 가압류집행이 무효라고 오인하였다. '강제집행의 유효성'에 대한 착오가 사실의 착오로서 고의를 조각하는가 아니면 법률의 착오로서 고의의 성립에는 영향이 없고 다만 착오에 정당한 이유가 있는 경우에만 책임이 조각되는가에 대하여는 견해가 일치하지 않는다. 판례는 甲이 '기계에 대한 가압류가 무효라고 … 믿은 데에 정당한 이유가 있었다고 할 수 있는 자료가 전혀 없으므로 … 공무상표시무효죄의 죄책을 면할 수 없다'고 함으로써 강제집행의 유효성에 대한 착오를 법률의 착오로 본다. 甲의 착오에는 정당한 이유가 없으므로 책임은 조각되지 않는다. 따라서 甲에 대하여는 공무상표시무효죄가 성립한다.233)

---

232) 대법원 2004. 7. 9. 선고 2004도3029 판결.
233) 대법원 2000. 4. 21. 선고 99도5563 판결.

(2) 공무상 비밀침해죄

> **제140조 제2항(공무상 비밀침해)**: 공무원이 그 직무에 관하여 봉함 기타 비밀장치한 문서 또는 도화를 개봉한 자도 제1항의 형과 같다.
>
> **제140조 제3항(기술적 수단이용 공무상 비밀침해)**: 공무원이 그 직무에 관하여 봉함 기타 비밀장치한 문서, 도화 또는 전자기록 등 특수매체기록을 기술적 수단을 이용하여 그 내용을 알아낸 자도 제1항의 형과 같다.

본죄는 공무상 비밀을 침해하는 것을 내용으로 하는 죄로서 두 가지 유형, 즉 ① '공무원이 그 직무에 관하여 봉함 기타 비밀장치한 문서 또는 도화를 개봉'(제140조 제2항)하는 것과 ② '공무원이 그 직무에 관하여 봉함 기타 비밀장치한 문서, 도화 또는 전자기록 등 특수매체기록을 기술적 수단을 이용하여 그 내용을 알아내는 것' (동조 제3항) 등이 있다.

본죄는 사생활의 비밀을 침해하는 것을 내용으로 하는 비밀침해죄(제316조)에 대하여 불법이 가중된 가중적 구성요건이다. 전자는 미수범도 처벌되며(제143조) 비친고죄인데 대하여 후자는 미수범 처벌규정이 없으며 친고죄(제318조)라는 점에서 차이가 있다.

4. 부동산강제집행효용침해죄

> **제140조의2(부동산강제집행효용침해)**: 강제집행으로 명도 또는 인도된 부동산에 침입하거나 기타 방법으로 강제집행의 효용을 해한 자는 5년 이하의 징역 또는 700만원 이하의 벌금에 처한다.

(1) 의의 및 입법취지

본죄는 강제집행으로 명도 또는 인도된 부동산에 침입하거나 기타 방법으로 강제집행의 효용을 해하는 것을 내용으로 하는 범죄이다. 본죄는 강제집행으로 명도 또는 인도된 부동산에 침입하여 이를 불법점유함으로써 권리자의 권리행사를 방해하고 강제집행의 효용을 침해하는 행위를 규제하기 위하여 마련된 규정이다.

(2) 성립요건

(가) 주체

본죄는 일반범으로서 주체에는 제한이 없다. 따라서 강제집행을 받은 채무자는 물론이고 채무자의 친족 등 제3자도 본죄의 주체가 될 수 있다.[234]

(나) 객체

본죄의 객체는 '강제집행으로 명도 또는 인도된 부동산'이다. 여기서 강제집행은 예컨대 부동산의 강제경매(민사집행법 제136조)나 담보권실행을 위한 부동산의 경매(동법 제267조) 등 부동산에 대한 강제집행을 말한다. '인도'는 부동산에 대한 점유의 이전을 말한다. '명도'란 채무자 기타의 사람이 거주하거나 점유하는 부동산을 채무자 등의 거주나 점유를 배제하고 권리자에게 완전한 점유를 이전하는 것을 말한다.[235]

제140조의2는 본죄의 객체를 '강제집행으로 명도 또는 인도된 부동산'으로 규정하고 있으며 퇴거된 부동산은 규정하고 있지 않다. 강제집행으로 '퇴거'된 부동산도 본죄의 객체가 되는가에 대하여는 논란의 여지가 있다.[236] 판례는 강제집행으로 퇴거집행된 부동산도 본죄의 객체인 '강제집행으로 명도 또는 인도된 부동산'에 포함된다고 한다.[237] 본죄의 입법취지가 강제집행의 효용을 확보하려는 것이라는 면에서 보면 '퇴거'된 부동산도 본죄의 객체에 포함된다고 하는 것이 그 취지에 부합한다. 그러나 '명도 또는 인도'의 개념을 유추해석금지의 원칙에 따라 엄격히 해석한다면 점유의 이전이 없이 퇴거집행된 부동산을 '강제집행으로 명도 또는 인도된 부동산'에 포함한다고 해석하기는 어려울 것으로 보인다.

(3) 행위

본죄의 행위는 부동산에 '침입하거나 기타 방법으로 강제집행의 효용을 해하는 것'이다. 여기서 침입은 권리자의 의사에 반하여 부동산의 경계 안으로 들어오는 것을 말한다. '기타 방법'이란 예컨대 부동산을 훼손하거나 출입구에 장애물을 설치하는 행위 등을 말한다. '강제집행의 효용을 해한다'는 말은 강제집행에 의하여 인도받

---

234) 배종대, 각론, 889면; 임웅, 각론, 946면. 다만 '제3자'는 전 소유자 또는 그 가족이나 동거인, 고용인 등과 같이 그 부동산에 관하여 일정한 관련이 있는 자로 제한하여야 한다는 견해(김일수/서보학, 각론, 890면; 정성근/박광민, 각론, 861면)가 있다.
235) 명도(明渡)는 인도(引渡)보다 좁은 개념으로서 부동산에 대한 점유를 '비워서' 이전한다는 의미의 일본식 표현이다. 2002년 개정전 민사소송법에서는 명도와 인도라는 용어가 모두 사용되었으나(구민사소송법 제690조), 민사소송법의 일부가 민사집행법으로 분리되어 나오면서 '인도'라는 용어로 통일되었으며, 명도라는 용어는 더 이상 사용하지 않게 되었다(민사집행법 제258조 제1항).
236) '퇴거'란 점유자의 점유를 배제하고 그 부동산으로부터 점유자를 쫓아내는 강제집행을 말한다. 퇴거는 부동산소유권을 침해하는 점유자의 점유를 배제하는 강제처분이라는 점에서는 명도나 인도와 같다. 다만 퇴거는 점유의 해제만으로 집행이 종료되고 점유의 이전은 없다는 점에서 명도나 인도와 차이가 있다. 이러한 점에서 명도는 퇴거를 포함하는 개념이라고 할 수 있다(신용석, 대법원판례해설 45호, 2004.01, 628면 참조).
237) 대법원 2003. 5. 13. 선고 2001도3212 판결. 이 판례는 퇴거집행이 지상주차장에 침입한 행위가 부동산강제집행효용침해죄에 해당한다고 보았다.

은 부동산의 권리자에 대하여 권리행사를 방해한다는 의미이다.

본죄는 침해범이므로 침입 또는 기타 방법으로 강제집행의 효용이 침해되어야 기수에 이른다. 침입 등의 행위가 있었더라도 이로 인하여 강제집행의 효용이 침해되는 결과가 발생하지 않은 경우에는 본죄의 미수범(제143조)이 성립한다.[238]

(4) 주관적 구성요건

본죄의 주관적 구성요건이 성립하기 위해서는 객관적 구성요건, 즉 '강제집행으로 명도 또는 인도된 부동산에 침입하거나 기타 방법으로 강제집행의 효용을 해한다는 사실'에 대한 고의가 있어야 한다.

5. 공용서류등무효죄

> **제141조 제1항(공용서류등의 무효)**: 공무소에서 사용하는 서류 기타 물건 또는 전자기록 등 특수매체기록을 손상 또는 은닉하거나 기타 방법으로 그 효용을 해한 자는 7년 이하의 징역 또는 1천만원 이하의 벌금에 처한다.

(1) 의의

본죄는 공무소에서 사용하는 서류 기타 물건 또는 전자기록등 특수매체기록을 손상 또는 은닉하거나 기타 방법으로 그 효용을 해하는 것을 내용으로 하는 범죄이다. 본죄는 물건의 효용을 해한다는 점에서 손괴죄와 유사하지만, 반드시 '타인 소유'의 물건일 것을 요하지 않으며 소유권과 관계없이 공무를 보호하기 위한 범죄라는 점에서 특별공무집행방해죄의 일종으로 볼 수 있다.[239]

(2) 성립요건

(가) 객체

본죄의 객체는 '공무소에서 사용하는 서류 기타 물건 또는 전자기록 등 특수매체기록'이다. 공무소란 공무원이 직무를 집행하는 장소를 말한다. 반드시 건조물과 같은 물적 시설일 것을 요하지는 않는다. '서류'는 문서에 관한 죄에서 말하는 문서보다 넓은 개념이다. 공문서, 사문서를 불문하며,[240] 위조문서, 허위문서, 보존기간이 경과된 문서, 아직 미완성이고 작성자와 진술자가 서명·날인 또는 무인한 것이 아니

---

238) 김성돈, 각론, 788면; 오영근, 각론, 971면; 정성근/박광민, 각론, 863면.
239) 김일수/서보학, 각론, 891면; 정성근/박광민, 각론, 864면.
240) 대법원 1982. 12. 14. 선고 81도81 판결.

어서 공문서로서의 효력이 없는 피의자신문조서241)도 공무소에서 사용 또는 보관 중에 있는 이상은 본죄의 객체가 된다. 그러나 공무원이 공무소에서 사용하지 않고 폐기할 의도 하에 타인에게 넘겨 준 서류는 공용서류로서의 성질을 상실한 것이므로 본죄의 객체가 아니다.242) '기타 물건'은 서류 이외의 일체의 물건으로서 동산, 부동산을 포함한다. 다만 공용물파괴죄의 객체는 본죄의 객체에서 제외된다.

(나) 행위

본죄의 행위는 '손상 또는 은닉하거나 기타 방법으로 그 효용을 해하는 것'이다. '손상 또는 은닉'의 의미는 공무상 봉인등표시무효죄(제140조 제1항)에서 설명한 것과 같다. '기타 방법으로 그 효용을 해하는 것'이란 손상이나 은닉 이외의 방법으로 객체의 가치를 감소 또는 소멸시키는 일체의 행위를 말한다. 본죄는 정당한 권한 없이 공무소에서 사용하는 서류의 효용을 해함으로써 성립하는 죄이므로 권한 있는 자의 정당한 처분에 의한 공용서류의 파기는 본죄를 구성하지 않는다.243)

[판례 19] 형법 제141조 제1항이 규정한 공용서류무효죄는 정당한 권한 없이 공무소에서 사용하는 서류의 효용을 해함으로써 성립하는 죄이므로 권한 있는 자의 정당한 처분에 의한 공용서류의 파기에는 적용의 여지가 없고, 또 공무원이 작성하는 공문서는 그것이 작성자의 지배를 떠나 작성자로서도 그 변경 삭제가 불가능한 단계에 이르렀다면 모르되 그렇지 않고 상사가 결재하는 단계에 있어서는 작성자는 결재자인 상사와 상의하여 언제든지 그 내용을 변경 또는 일부 삭제할 수 있는 것이며 그 내용을 정당하게 변경하는 경우는 물론 내용을 허위로 변경하였다 하여도 그 행위가 허위공문서작성죄에 해당할지언정 따로 형법 제141조 소정의 공용서류의 효용을 해하는 행위에 해당한다고는 할 수 없다.244)

(다) 주관적 구성요건

본죄의 주관적 구성요건은 객관적 구성요건, 즉 '공무소에서 사용하는 서류 기타 물건 또는 전자기록등 특수매체기록을 손상 또는 은닉하거나 기타 방법으로 그 효용을 해하는 것'에 대한 고의이다. 본죄에서 고의는 서류 등이 공무소에서 사용하는 것이라는 사실과 손상 등의 방법으로 그 효용을 해한다는 사실에 대한 인식으로 족

---

241) 대법원 1980. 10. 27. 선고 80도1127 판결, 1987. 4. 14. 선고 86도2799 판결; 대법원 2006. 5. 25. 선고 2003도3945 판결.
242) 대법원 1999. 2. 24. 선고 98도4350 판결. 그러나 폐기의도 없이 상대방의 간청에 의하여 건네 준 서류는 본죄의 객체가 될 수 있다(대법원 1987.4.14. 선고 86도2799 판결).
243) 대법원 1965. 12. 10. 선고 65도826 판결; 대법원 1966. 10. 18. 선고 66도567 판결; 대법원 1995. 11. 10. 선고 95도1395 판결.
244) 대법원 1995. 11. 10. 선고 95도1395 판결.

하다. 따라서 행위자가 미완성의 서류를 손상, 은닉하는 것은 서류의 효용을 해하는 것이 아니라고 오인하였더라도 고의의 성립에 지장이 없다.245)

6. 공용물파괴죄

> 제141조 제2항(공용물의 파괴): 공무소에서 사용하는 건조물, 선박, 기차 또는 항공기를 파괴한 자는 1년 이상 10년 이하의 징역에 처한다.

본죄는 공무소에서 사용하는 건조물, 선박, 기차 또는 항공기를 파괴하는 것을 내용으로 하는 범죄이다. 본죄의 객체는 '건조물, 선박, 기차 또는 항공기'에 국한되며, 자동차는 여기에 포함되지 않는다.246) 공용자동차를 파괴 또는 손상한 때에는 본죄가 성립하는 것이 아니라 공용서류등무효죄(제141조 제1항)가 성립한다.

행위는 '파괴'이다. 파괴는 건조물, 선박, 기차 또는 항공기를 본래의 용법에 따라 사용할 수 없게 하는 것을 말한다. 공용물의 가치를 감소시키더라도 그 공용물이 용법에 따라 사용이 가능한 이상은 파괴에 해당하지 않는다. 공용서류등무효죄(제141조 제1항)에서 말하는 '손상'이나 손괴죄에서 말하는 '손괴'는 물건의 가치를 감소시키는 행위도 포함한다는 점에서 훼손의 정도와 규모가 큰 '파괴'보다 넓은 개념이다.247)

7. 공무상 보관물무효죄

> 제142조(공무상 보관물의 무효): 공무소로부터 보관명령을 받거나 공무소의 명령으로 타인이 관리하는 자기의 물건을 손상 또는 은닉하거나 기타 방법으로 그 효용을 해한 자는 5년 이하의 징역 또는 700만원 이하의 벌금에 처한다.
>
> 제143조 (미수범): 제140조 내지 전조의 미수범은 처벌한다.

(1) 의의

본죄는 공무소로부터 보관명령을 받거나 공무소의 명령으로 타인이 관리하는 자기의 물건을 손상 또는 은닉하거나 기타 방법으로 그 효용을 해하는 것을 내용으로 하는 범죄이다. 본죄는 공무소의 보관명령이나 관리명령에 위배하는 공무집행방해죄

---

245) 대법원 1987. 4. 14. 선고 86도2799 판결. 이러한 착오는 '효용을 해하는 행위'의 법적 의미를 오인한 것으로서 포섭의 착오에 불과하다.
246) 통설: 김성돈, 각론, 791면; 김일수/서보학, 각론, 893면; 박상기, 각론, 674면; 배종대, 각론, 892면; 임웅, 각론, 949면.
247) 김일수/서보학, 각론, 894면.

의 일종이다. 다만 본죄는 '자기의 물건'을 객체로 한다는 점에서 재산범죄인 권리행사방해죄(제323조)와 공통된다. 이러한 점에서 본죄는 권리행사방해죄의 특별규정(불법가중적 구성요건)으로 볼 수도 있다.248)

(2) 성립요건

(가) 주체

본죄의 주체는 공무소로부터 보관명령을 받거나 공무소의 명령으로 타인이 관리하는 물건의 소유자이다. 따라서 본죄는 진정신분범이다.249)

(나) 객체

본죄의 객체는 '공무소로부터 보관명령을 받거나 공무소의 명령으로 타인이 관리하는 물건'이다. '공무소로부터 보관명령을 받았다'는 말은 예컨대 민사집행법에 의하여 동산을 압류한 집행관이 채무자에게 보관을 명한 경우를 말한다. 압류하여 봉인을 한 물건을 소각해 버린 경우에는 본죄와 공무상 봉인등표시무효죄의 상상적 경합범이 성립한다. 보관명령을 받지 않고 단순히 집달리로부터 법원의 채권가압류결정정본의 송달을 받은 것만으로는 공무상 보관명령을 받은 것이라고 할 수 없다.250)

(다) 행위

본죄의 행위는 '손상 또는 은닉하거나 기타 방법으로 그 효용을 해하는 것'이다. 그 의미는 공무상 봉인등표시무효죄(제140조 제1항)에서 설명한 것과 같다.

V. 가중적 구성요건

1. 특수공무방해죄

> **제144조 제1항(특수공무방해)**: 단체 또는 다중의 위력을 보이거나 위험한 물건을 휴대하여 제136조, 제138조와 제140조 내지 전조의 죄를 범한 때에는 각조에 정한 형의 2분의 1까지 가중한다.

본죄는 단체 또는 다중의 위력을 보이거나 위험한 물건을 휴대하여 공무집행방해죄·직무강요죄(제136조), 법정·국회회의장모욕죄(제138조), 공무상비밀표시무효죄(제

---

248) 김일수/서보학, 각론, 894면.
249) 김일수/서보학, 각론, 894면; 배종대, 각론, 892면; 오영근, 각론, 975면; 임웅, 각론, 950면; 정성근/박광민, 각론, 868면.
250) 대법원 1975. 5. 13. 선고 73도2555 판결; 대법원 1983. 7. 12. 선고 83도1405 판결.

140조), 공용서류등 무효죄·공용물파괴죄(제141조), 공무상 보관물무효죄(제142조), 제140조 내지 제143조의 미수범을 범하는 것을 내용으로 하는 범죄이다. '단체 또는 다중의 위력을 보이거나 위험한 물건을 휴대'하는 등 행위방법의 위험성을 이유로 불법이 가중되는 가중적 구성요건이다. '단체 또는 다중의 위력을 보이거나 위험한 물건을 휴대'한다는 말의 의미는 특수상해죄에서 설명한 것과 같다.

> [판례 20] 자동차 운전자 甲은 신호위반에 따른 정지 지시를 무시하고 도주한 자신을 추격해 온 경찰관 A 등 2명이 甲의 차 앞뒤로 오토바이를 세워놓고 甲에게 하차하라고 요구하였음에도 이에 불응한 채 핸들을 좌측으로 꺾으면서 급발진함으로써 운전석 쪽의 펜더 옆에 서 있던 경찰관 A의 다리를 차 앞 범퍼로 들이받고 그대로 차를 몰아 A를 사망에 이르게 하였다. 甲의 죄책은?

甲이 직무를 집행하는 공무원 A를 자동차로 들이받아 사망케 한 행위가 특수공무집행방해치사죄가 성립하는지가 문제된다. 본죄가 성립하기 위해서는 자동차로 들이받은 행위가 '위험한 물건을 휴대'한 경우에 해당하여야 한다. 이 점에 대하여 대법원은 "위험한 물건이라 함은 흉기는 아니라고 하더라도 널리 사람의 생명, 신체에 해를 가하는 데 사용할 수 있는 일체의 물건을 포함하는 것으로서, 어떤 물건이 '위험한 물건'에 해당하는지 여부는 구체적인 사안에서 사회통념에 비추어 그 물건을 사용하면 상대방이나 제3자가 생명 또는 신체에 위험을 느낄 수 있는지 여부에 따라 판단하여야 하고, 자동차는 원래 살상용이나 파괴용으로 만들어진 것이 아니지만 그것이 사람의 생명 또는 신체에 위해를 가하거나 다른 사람의 재물을 손괴하는 데 사용되었다면 (구) 폭력행위 등 처벌에 관한 법률 제3조 제1항의 '위험한 물건'에 해당한다"고 함으로써 자동차가 위험한 물건에 해당한다고 보았다. 그리고 "이러한 물건을 '휴대하여'라는 말은 소지뿐만 아니라 널리 이용한다는 뜻도 포함하고 있다"라고 함으로써 자동차로 경찰관을 들이받은 행위도 '휴대'에 해당한다고 보았다.[251]

본죄는 진정결과적 가중범이므로 경찰관의 사망에 대하여 과실이 있을 것을 요한다. 만일 甲에게 사망에 대한 미필적 고의가 있었다면 살인죄만 성립하며, 본죄는 성립하지 않는다. 판례가 甲에 대하여 본죄의 성립을 인정한 것으로 미루어 보면 甲에게는 미필적 고의가 없었고 다만 사망에 대한 예견가능성만이 있었던 것을 알 수 있다.

2. 특수공무방해치사상죄

> **제144조 제1항(특수공무방해치사상)**: 제1항의 죄를 범하여 공무원을 상해에 이르게 한 때에는 3년 이상의 유기징역에 처한다. 사망에 이르게 한 때에는 무기 또는 5년 이상의 징역에 처한다.

---

251) 대법원 2008. 2. 28. 선고 2008도3 판결.

본죄는 특수공무방해죄의 결과적 가중범이다. 본죄에서 특수공무방해치상죄만 부진정결과적 가중범이며, 특수공무방해치사죄는 진정결과적 가중범이다.252) 따라서 특수공무방해치상죄는 상해의 결과에 대하여 과실이 있는 경우는 물론 고의가 있는 경우에도 성립한다.253) 고의가 있는 경우에는 본죄와 상해죄의 상상적 경합이 성립한다.254) 판례도 본죄를 부진정결과적 가중범으로 본다. 다만 중한 결과가 결과적 가중범보다 법정형이 중한 경우에만 양죄의 상상적 경합을 인정하며, 그 이외의 경우에는 결과적 가중범의 성립만을 인정한다는 점에서 학설과 차이가 있다.

[판례 21-1] 운전면허가 없는 甲은 야간에 자동차를 운전하고 가던 중 음주단속 업무를 수행하던 경찰관 A로부터 음주단속을 당하게 되었다. 경찰관 A가 甲에게 승용차에서 하차할 것을 요구하자, 甲은 이에 불응하고 승용차를 운전하여 경찰관 A를 들이 받아 그에게 상해를 입게 하였다. 甲의 죄책은?

특수공무방해치상죄는 부진정결과적 가중범이므로 고의로 상해한 때에도 성립한다. 따라서 甲이 승용차를 운전하여 경찰관 A를 들이 받아 상해를 입힌 행위는 특수공무방해치상죄에 해당한다. 그리고 甲이 야간에 승용차를 운전하여 경찰관 A를 들이 받아 그에게 상해를 입힌 행위는 위험한 물건을 휴대하여 상해죄를 범한 경우에 해당하므로 (구) 폭력행위 등 처벌에 관한 법률 제3조 제1항 위반죄255)에 해당한다. 여기서 특수공무방해치상죄와 상해죄의 관계가 문제된다. 학설은 양죄의 상상적 경합을 인정한다. 이에 대하여 판례는 중한 결과(폭처법 제3조 제1항 위반죄)가 결과적 가중범(특수공무방해치상죄)보다 법정형이 중한 경우에만 양죄의 상상적 경합을 인정하며, 그 이외의 경우에는 결과적 가중범의 성립만을 인정한다.256) 특수공무집행방해치상죄의 법정형은 3년 이상의 유기징역이며, 구 폭처법 제3조 제1항 위반죄의 법정형도 3년 이상의 유기징역이므로 판례의 견해에 의하면 특수공무집행방해치상죄가 폭처법 제3조 제1항 위반죄에 대하여 특별관계에 있으므로 특수공무집행방해치상죄만 성립한다.257)

---

252) 원형식, 총론, 309면의 주) 27 참조.
253) 대법원 1990. 6. 26. 선고 90도765 판결 대법원 1995. 1. 20. 선고 94도2842 판결.
254) 김성돈, 각론, 793면.
255) 현행 형법 제258조의2(특수상해)에 해당한다.
256) 현행법에 의하더라도 특수상해죄(제258조의2 제1항)는 1년이상 10년이하의 징역에 해당하여 결과적 가중범인 특수공무방해치상죄보다 법정형이 중하지 않으므로 특수공무방해치상죄만 성립한다.
257) 대법원 2008. 11. 27. 선고 2008도7311 판결: "기본범죄를 통하여 고의로 중한 결과를 발생하게 한 경우에 가중 처벌하는 부진정결과적가중범에서, 고의로 중한 결과를 발생하게 한 행위가 별도의 구성요건에 해당하고 그 고의범에 대하여 결과적가중범에 정한 형보다 더 무겁게 처벌하는 규정이 있는 경우에는 그 고의범과 결과적가중범이 상상적 경합관계에 있지만, 위와 같이 고의범에 대하여 더 무겁게 처벌하는 규정이 없는 경우에는 결과적가중범이 고의범에 대하여 특별관계에 있으므로 결과적가중범만 성립하고 이와 법조경합의 관계에 있는 고의범에 대하여는 별도로 죄를 구성하지 않는다."

[판례 21-2] 만일 (판례 21-1)의 사건이 2006년 개정된 폭처법이 시행되기 이전인 1994년에 발생하였다면 甲의 죄책은?

2006년 개정된 폭처법이 시행되기 이전의 구폭처법에 의하면 甲이 '야간에 위험한 물건을 휴대하여' 상해죄를 범한 행위는 (구) 폭처법 제3조 제2항 위반죄[258])에 해당하며 그 죄의 법정형은 5년 이상의 유기징역이다.[259]) 이 경우 중한 결과(구폭처법 제3조 제2항 위반죄)가 결과적 가중범(특수공무방해치상죄)보다 법정형이 중하므로 양죄의 상상적 경합이 성립한다.[260])

제3절 도주와 범인은닉의 죄

I. 서론

1. 의의 및 체계

도주와 범인은닉의 죄는 형사사법기능을 침해하는 것을 내용으로 하는 범죄이다. 도주의 죄에는 피구금자 스스로 도주하는 도주죄와 피구금자를 도주하게 하는 도주원조죄가 있다.

* 도주와 범인은닉의 죄의 체계

기본적 구성요건			가중적 구성요건
도주의 죄	도주죄	단순도주죄	특수도주죄
		집합명령위반죄	
	단순도주원조죄		간수자의 도주원조죄
범인은닉죄			

2. 보호법익

도주의 죄의 보호법익은 국가의 형사사법기능 가운데 구금권이다. 범인은닉죄의 보호법익은 수사권·재판권·형집행권 등 국가의 형사사법기능이다.[261]) 보호의 정도는

---

258) (구) 폭처법 제3조(집단적 폭행등) ① 단체나 다중의 위력으로써 또는 단체나 집단을 가장하여 위력을 보임으로써 제2조제1항에 열거된 죄를 범한 자 또는 흉기 기타 위험한 물건을 휴대하여 그 죄를 범한 자는 3년 이상의 유기징역에 처한다.
② 야간에 제1항의 죄를 범한 자는 5년 이상의 유기징역에 처한다.
259) 야간에 행한 행위에 대한 가중처벌규정((구) 폭처법 제3조 제2항)은 2006년 개정된 법률에서 삭제되었다.
260) 대법원 1995. 1. 20. 선고 94도2842 판결.

도주의 죄는 침해범이고, 범인은닉죄는 위험범이다.262)

II. 도주죄

1. 단순도주죄

> **제145조(도주, 집합명령위반)** ① 법률에 따라 체포되거나 구금된 자가 도주한 경우에는 1년 이하의 징역에 처한다.

(1) 의의

본죄는 법률에 따라 체포 또는 구금된 자가 도주함으로써 성립하는 범죄이다.

(2) 성립요건

(가) 주체

본죄의 주체는 '법률에 따라 체포 또는 구금된 자'이다. '법률에 따라'란 법률에 근거하여 적법하게 신체의 자유를 구속받는 것을 말한다. 따라서 불법으로 체포된 자는 본죄의 주체가 되지 않는다.263)

법률에 의한 '체포'에는 영장에 의한 체포(형소법 200조의2), 긴급체포(형소법 200조의3), 현행범 체포(형소법 제212조) 등이 있다. 다만 본죄는 국가의 구금권을 침해하는 범죄이므로 사인(私人)에 의하여 현행범으로 체포된 것만으로는 아직 본죄의 주체가 되지 않으며, 국가기관에 인도되어야(형소법 제213조) 비로소 본죄의 주체가 된다.

'구인'된 자도 본죄의 주체가 되는가에 대하여는 견해가 일치하지 않는다. 다수설은 구인된 피고인·피의자(제73조, 제201조의2)의 경우 구인은 실질적으로 체포와 다르지 않으므로 본죄의 주체가 되지만, 구인된 증인(제152조)의 경우 구인은 구금권과 무관하므로 본죄의 주체가 되지 않는다고 한다.264) '구인'이란 피고인·피의자를 법원 기타 일정한 장소에 인치하는 강제처분을 말한다. 구인이 신체의 자유를 박탈하는 강제처분이라는 점에서는 체포와 일치하지만 그 사유, 요건, 기간이 서로 다르다는

---

261) 다수설: 김일수/서보학, 각론, 897면 이하; 박상기, 각론, 677면; 배종대, 각론, 895면; 오영근, 각론, 979면; 임웅, 각론, 953면 이하; 정성근/박광민, 각론, 871면.
262) 대법원 2003. 12. 12. 선고 2003도4533 판결.
263) 대법원 2006. 7. 6. 선고 2005도6810 판결.
264) 다수설: 김일수/서보학, 각론, 900면; 배종대, 각론, 896면; 임웅, 각론, 956면; 오영근, 각론, 982면.

점에서 양자는 구분되는 개념이다. 예컨대 체포기간은 48시간(형소법 제200조의2 제4항)인데 대하여 구인기간은 24시간(형소법 제71조)이다. 그리고 형사소송법상 구속은 구인과 구금을 포함하는 개념으로서(형소법 제69조) 그 개념 안에서 구인과 구금은 서로 구분되므로 구인을 구금에 포함되는 개념으로 이해할 수도 없다. 따라서 구인된 자를 본죄의 주체에 포함하는 것은 입법론으로는 타당하지만 해석론에서는 유추해석금지의 원칙에 반하여 허용되지 않는다.265) 요컨대 구인된 자는 피고인·피의자(제73조, 제201조의2), 증인(제152조), 검사가 형집행장을 발부하여 구인한 자(제473조 제2항)를 불문하고 본죄의 주체가 되지 않는다.

'구금'이란 피고인·피의자를 교도소 또는 구치소에 감금하는 강제처분을 말한다. 자유형의 확정판결을 받고 형을 집행하기 위해 교도소에 구금되어 있는 자는 물론 재판확정 전에 피고인·피의자으로 구속되어 있는 자, 환형처분으로 노역장에 유치된 자(형법 제69조)도 본죄의 주체가 된다. '구금'은 현실적으로 감금되어 신체의 자유를 구속받는 자를 말하므로 가석방 중인 자(형법 제72조), 보석 중인 자(형소법 제95조), 형집행이 정지된 자(형소법 제470조 이하) 등은 본죄의 주체가 아니다.266)

감정유치267)된 자(형소법 제172조 제3항, 제221조의3)도 본죄의 주체가 된다. 감정유치는 신체의 자유에 대한 구속의 일종으로서 감정이라는 특수한 목적을 구속이므로 감정유치된 자도 본죄의 주체인 '구금된 자'에 해당한다.

치료감호영장에 의하여 보호구금된 치료감호대상자(치료감호법 제6조)도 '구금된 자'에 해당하므로 본죄의 주체가 된다. 치료감호의 집행을 받은 자(피치료감호자)도 '구금된 자'에 해당하지만 그 자가 도주한 때에는 도주죄(제145조)에 대하여 특별관계에 있는 치료감호법 제52조 제1항이 우선적으로 적용되므로 도주죄의 주체에서 제외된다.268)

소년원에 수용된 자(소년법 제32조)나 아동복지시설에 수용된 자(아동복지법 제15조 제1항 제4호)가 본죄의 주체가 되는지는 본죄의 보호법익, 즉 형사사법기능으로서의 국가 구금권과 관계가 있는가에 의하여 결정된다. 따라서 소년법에 의한 소년부판사의 보호처분으로서 소년원에 수용된 자는 '구금된 자'에 해당한다.269) 그러나 아동복지시설에 수용된 자(아동복지법 제10조 제1항 제4호)는 행정처분(시·도지사나 자

---

265) 배종대, 각론, 896면.
266) 통설: 예컨대 김일수/서보학, 각론, 901면; 박상기, 각론, 676면; 배종대, 각론, 897면.
267) '감정유치'란 피고인·피의자의 정신 또는 신체를 감정하기 위하여 일정한 기간 동안 병원 기타 적당한 장소에 피고인·피의자를 유치하는 강제처분을 말한다.
268) 김일수/서보학, 각론, 901면; 배종대, 각론, 897면; 정성근/박광민, 각론, 875면.
269) 다수설: 김일수/서보학. 각론, 901면; 박상기, 각론, 678면; 배종대, 각론, 897면; 정성근/박광민, 각론, 875면.

치구의 구청장의 보호조치)에 의하여 시설에 입소된 아동으로서 형사사법기능으로서의 구금권과는 무관하므로 본죄의 주체가 아니다.270) 경찰관 직무집행법에 의하여 경찰관서 등에 보호 중에 있는 자(경찰관 직무집행법 제4조), 감염병을 예방하기 위하여 적당한 장소에 입원 또는 격리된 자(감염병의 예방 및 관리에 관한 법률 제49조)271) 등도 형사사법기능으로서의 구금권과는 무관하므로 본죄의 주체에서 제외된다.272)

(나) 행위

본죄의 행위는 '도주', 즉 체포·구금상태로부터 벗어나는 것이다. 본죄는 침해범으로서 국가의 구금권이 침해된 때, 즉 간수자의 실력적 지배로부터 벗어난 때에 기수가 된다.273) 수용시설에서 벗어났더라도 아직 간수자의 추적을 받고 있는 경우에는 기수가 아니라 미수범(제149조, 제154조 제1항)이 성립한다.

본죄의 종료시점에 대하여는 견해가 일치하지 않는다. 본죄는 즉시범으로서 기수와 동시에 도주행위가 종료된다.274) 따라서 도주에 성공한 자를 도와주는 행위는 도주원조죄에는 해당하지 않으며 다만 범인도피죄가 성립할 수 있다. 그리고 공소시효의 기산점도 도주에 성공한 시점이다. 이에 대하여 본죄를 계속범으로 보는 견해는 본죄가 기수에 이르렀더라도 도주가 계속되고 있는 이상은 종료되지 않는다고 한다.275) 이 견해에 의하면 도주가 기수에 이른 후에 도주 중인 범인을 방조한 자는 도주죄의 방조범과 범인은닉죄의 상상적 경합이 성립하며, 공소시효는 도주행위가 종료된 시점, 즉 도주자가 다시 체포된 시점부터 진행된다고 한다.

> [판례 1] 甲은 Y 병원에 수감되어 있던 중 간수자를 폭행하고 병원에서 탈주하였다. 甲의 형 乙은 일단 구금시설로부터의 탈주에 성공한 甲이 보다 멀리 서울로 도피할 수 있도록 乙 소유의 승용차를 인도하여 주었다. 甲, 乙의 죄책은?

甲이 수감되어 있던 병원에서 탈주한 행위는 도주죄에 해당한다. 乙이 도주에 성공한 동생 甲이 서울로 도피할 수 있도록 자신의 승용차를 내어 준 행위가 도주원조죄에 해당하는지가 문제된다. 본죄가 성립하기 위해서는 乙이 승용차를 내어 줄 당시에 甲의 도주행위가

---

270) 통설: 김일수/서보학, 각론, 901면; 배종대, 각론, 897면; 임웅, 각론, 956면; 정성근/박광민, 각론, 875면.
271) 격리시설에서 도주하는 자와 같이 감염병의 예방 및 관리에 관한 법률 제49조의 조치에 위반한 자는 동법 제80조에 의하여 처벌된다.
272) 김일수/서보학, 각론, 901면; 배종대, 각론, 897면; 임웅, 각론, 956면.
273) 대법원 1991. 10. 11. 선고 91도1656 판결.
274) 판례(대법원 1979. 8. 31. 선고 79도622 판결; 대법원 1991. 10. 11. 선고 91도1656 판결) 및 다수설(김일수/서보학, 각론, 902면; 배종대, 각론, 871면; 박상기, 각론, 678면).
275) 임웅, 각론, 957면.

아직 종료되지 않았을 것을 요한다. 도주죄는 즉시범으로서 기수에 이른 때, 즉 도주에 성공한 때에 종료되므로 그 이후에 甲을 도와준 행위는 도주원조죄에 해당하지 않는다.276) 乙이 甲을 서울로 도피하게 함으로써 체포를 곤란하게 한 행위는 범인도피죄(제151조 제1항)에 해당한다. 그러나 범인의 형인 乙에 대하여는 친족간의 특례(제151조 제2항)가 적용되므로 乙은 처벌되지 않는다.

2. 집합명령위반죄

> **제145조(집합명령위반)** ② 제1항의 구금된 자가 천재지변이나 사변 그 밖에 법령에 따라 잠시 석방된 상황에서 정당한 이유없이 집합명령에 위반한 경우에도 제1항의 형에 처한다.

(1) 의의

본죄는 법령에 따라 구금된 자가 천재, 사변 기타 법령에 의하여 잠시 석방된 상황에서 정당한 이유 없이 그 집합명령에 위반하는 것을 내용으로 하는 범죄이다. 본죄는 집합명령에 응해야 할 의무, 즉 명령규범을 부작위에 의하여 위반하는 것이므로 진정부작위범이다.

(2) 성립요건

(가) 주체

본죄의 주체는 '전항의 구금된 자', 즉 '법령에 따라 구금된 자'이다. 따라서 법령에 따라 '체포된 자'는 본죄의 주체가 아니다.

(나) 행위

본죄의 행위는 '천재, 사변 기타 법령에 따라 잠시 석방'된 행위상황에서 '정당한 이유 없이 그 집합명령에 위반'하는 부작위이다.

'천재, 사변 기타 법령에 따라 잠시 석방된 상황'이란 '천재, 사변 또는 이에 준할 상태'에서 법령에 따라 석방된 경우를 말한다. '천재, 사변'의 경우에도 법령에 따라 석방된 경우일 것을 요하므로277) 천재, 사변의 상태에서 불법으로 석방된 경우에는 본죄가 성립하지 않는다. 다만 불법으로 석방된 상태에서 도주한 자에 대하여는 도주죄가 성립한다.278) 이에 대하여 '천재, 사변 기타 법령에 따라 잠시 석방된 상

---

276) 대법원 1991.10.11. 선고 91도1656 판결.
277) 다수설: 예컨대배종대, 각론, 898면.
278) 배종대, 각론, 898면; 임웅, 각론, 958면.

황'을 천재, 사변에 의하여 석방되거나 또는 기타 법령에 의하여 석방된 경우로 해석하는 견해가 있다. 이 견해는 천재, 사변시 법령에 의한 석방여부를 가릴 것 없이 본죄의 독립적인 행위사항으로 파악한다.[279] 이 견해에 의하면 천재, 사변의 상태에서 불법출소한 자에 대하여도 본죄가 성립한다고 한다.

'정당한 이유 없이' 집합명령에 위반한다는 말은 '집합명령에 불응할 만한 실질적 적법성(위법성조각사유) 또는 집합명령에 응할 것에 대한 기대가능성(책임조각사유)'이 없이 집합명령에 위반한다는 의미이다.[280]

본죄의 기수시기에 관하여 다수설은 집합명령에 불응한 때라고 한다. 따라서 미수범 처벌규정(제149조)은 적용될 여지가 없다고 한다. 이에 대하여 반대견해는 본죄가 집합명령의 이행에 필요한 시간적 간격을 경과한 때에만 기수가 되며, 그 시간적 간격 안에서 집합명령에 불응하는 행위를 한때에는 미수가 된다고 한다.[281] 반대견해가 미수범 처벌규정을 사문화시키지 않고, 중지미수가 성립할 여지를 인정한다는 점에서 타당하다.

(3) 형의 집행 및 수용자의 처우에 관한 법률상 출석의무 위반[282]

천재지변이나 그 밖의 사변에 대한 피난의 방법이 없고 수용자를 다른 장소로 이송하는 것이 불가능하여 일시 석방된 수용자는 24시간 이내에 교정시설 또는 경찰관서에 출석하여야 할 의무가 있으며(형의 집행 및 수용자의 처우에 관한 법률 제102조 제4항), 이 출석의무에 위반한 자는 동법 제133조 제1호에 의하여 처벌된다. 본죄는 집합명령이 없는 경우에도 성립한다는 점에서 집합명령불이행죄와 구분된다. 형집행법 제133조는 석방 후 24시간 이내에 출석이 가능한 경우에 적용되므로 집합

---

279) 김일수/서보학, 각론, 903면; 오영근, 각론, 984면.
280) 김일수/서보학, 각론, 903면; 오영근, 각론, 985면; 임웅, 각론, 958면.
281) 김일수/서보학, 각론, 903면 이하; 오영근, 각론, 985면.
282) 형의 집행 및 수용자의 처우에 관한 법률 제102조(재난 시의 조치) (1) 생 략
 (2) 소장은 교정시설의 안에서 천재지변이나 그 밖의 사변에 대한 피난의 방법이 없는 경우에는 수용자를 다른 장소로 이송할 수 있다.
 (3) 소장은 제2항에 따른 이송이 불가능하면 수용자를 일시 석방할 수 있다.
 (4) 제3항에 따라 석방된 사람은 석방 후 24시간 이내에 교정시설 또는 경찰관서에 출석하여야 한다.
  동법 제133조(출석의무 위반 등) 다음 각 호의 어느 하나에 해당하는 행위를 한 수용자는 1년 이하의 징역에 처한다.
  1. 정당한 사유 없이 제102조 제4항을 위반하여 일시석방 후 24시간 이내에 교정시설 또는 경찰관서에 출석하지 아니하는 행위
  2. 귀휴·외부통근, 그 밖의 사유로 소장의 허가를 받아 교도관의 계호 없이 교정시설 밖으로 나간 후에 정당한 사유 없이 기한 내에 돌아오지 아니하는 행위

명령불이행죄는 그 이외의 경우, 즉 석방 후 24시간 이내에 출석이 불가능한 경우에 집합명령에 불응한 행위에 대하여 적용된다고 보아야 한다.283)

3. 특수도주죄

> **제146조(특수도주)**: 수용설비 또는 기구를 손괴하거나 사람에게 폭행 또는 협박을 가하거나 2인 이상이 합동하여 전조 제1항의 죄를 범한 자는 7년 이하의 징역에 처한다.

(1) 의의

본죄는 법률에 의하여 체포·구금된 자가 수용설비 또는 기구를 손괴하거나, 사람에게 폭행 또는 협박을 가하거나, 2인 이상이 합동하여 도주하는 것을 내용으로 하는 범죄이다. 본죄는 단순도주죄의 가중적 구성요건이다.

(2) 성립요건

(가) 주체

본죄의 주체는 '법률에 의하여 체포·구금된 자'이다. 이는 단순도주죄에서 설명한 것과 같다.

(나) 행위

본죄의 행위는 도주인데, 행위방법으로는 ① 수용설비 또는 기구를 손괴하거나(손괴도주) ② 사람에게 폭행 또는 협박을 가하거나(강요도주) ③ 2인 이상이 합동하는 것(합동도주) 등이다.

① '수용설비'란 교도소, 구치소, 미결수용소, 경찰서의 유치장 등과 같은 구금장소를 말한다.284) '기구'는 신체의 자유를 직접 구속하는 장비로서, 예컨대 포승수갑 등의 보호장비(형집행법 제98조)가 여기에 해당한다. 본죄에서 '손괴'는 물리적 손괴만을 의미하므로, 손괴죄에서 말하는 손괴보다 좁은 의미이다. 따라서 수갑을 물리적으로 훼손하지 않고 푸는 행위는 '손괴'에 해당하지 않는다.

② 본죄에서 폭행·협박은 광의의 의미이다.285) 그 의미는 공무집행방해죄에서 설

---

283) 김일수/서보학, 각론, 904면은 24시간이 경과하기 이전에 내려진 집합명령에 불응한 행위의 경우에 집합명령위반죄가 성립한다고 한다.
284) 교도소는 수형자(징역 등의 자유형을 선고받아 그 형이 확정된 자)를 위한 수용설비를 말한다. 구치소(형집행법 제11조)와 미결수용실(동법 제12조)은 미결수용자(체포·구속된 피의자·피고인)를 위한 수용설비이다. 다만 미결수용실은 독립된 구치소가 아니라 교도소 내에 둔다는 점에서 차이가 있다. 그리고 유치장(동법 제87조)은 경찰서에 설치한 수용시설이다.

명한 것과 같다. 폭행·협박의 상대방이 간수자에 국한하는가 아니면 간수자와 그 협력자도 포함하는가에 대하여는 견해가 일치하지 않는다. 제146조에는 '사람에게'라고 규정되어 있으므로, 폭행·협박이 도주를 위한 수단으로 행하여진 이상 간수자는 물론 그 협력자에 대한 경우에도 본죄가 성립한다고 보아야 한다.286)

③ '2인 이상이 합동하여'란 합동절도에서 설명한 것과 마찬가지로 시간적·장소적 합동을 의미한다. '2인 이상'은 모두 '법률에 의하여 체포·구금된 자'일 것을 요한다.287) 따라서 제3자는 본죄의 주체가 되지 못한다. 다만 구금된 자를 도주하게 한 때에는 도주원조죄(제147조)가 성립한다.288)

III. 도주원조죄

1. 단순도주원조죄

> **제147조(도주원조)**: 법률에 의하여 구금된 자를 탈취하거나 도주하게 한 자는 10년 이하의 징역에 처한다.

(1) 의의

본죄는 법률에 의하여 구금된 자를 탈취하거나 도주하게 함으로써 성립하는 범죄이다. 본죄는 도주죄에 대한 교사방조를 독립된 구성요건으로 규정한 것이다. 형법은 도주원조죄에 비하여 도주죄를 경한 범죄로 취급하고 있다. 그 이유는 구금된 자가 자신의 자유를 찾아 도주하는 소위 자기도주는 인간의 본성에 의한 것으로서 도주원조행위에 비하여 기대가능성, 즉 책임비난의 정도가 약하기 때문이다.289)

(2) 성립요건

(가) 주체

본죄의 주체는 본죄의 객체, 즉 법률에 의하여 구금된 자 이외의 자이다. 법률에 의하여 구금된 자가 타인을 교사하여 자기를 도주하게 한 때에는 도주원조죄의 교사

---

285) 통설: 김일수/서보학, 각론, 906면; 박상기, 각론, 680면; 배종대, 각론, 899면; 임웅, 각론, 960면; 정성근/박광민, 각론, 879면.
286) 김성돈, 각론, 799면; 김일수/서보학, 각론, 905면.
287) 김일수/서보학, 각론, 906면; 배종대, 각론, 899면.
288) 김일수/서보학, 각론, 906면; 박상기, 각론, 680면.
289) 자기도주(Selbstbefreiung)를 원칙적으로 처벌하지 않는 외국의 입법례도 있다. 예컨대 독일형법은 도주원조죄(동법 제120조)와 특수도주죄(동법 제121조)만 처벌하며 단순도주에 대하여는 처벌규정이 없다.

범이 성립하는 것이 아니라 도주죄가 성립한다.

(나) 객체

본죄의 객체는 '법률에 의하여 구금된 자', 즉 피구금자이다. '법률에 의하여 체포된 자', 즉 피체포자는 도주죄의 주체는 되지만 본죄의 객체는 될 수 없다.[290] 따라서 피체포자의 도주행위를 교사방조한 자에 대하여는 도주원조죄가 성립하는 것이 아니라 범인도피죄가 성립한다. 그리고 본죄의 객체는 '구금된 자, 즉 현재 구금상태에 있는 자이므로 도주죄의 범인이 도주행위를 하여 기수에 이르렀다면 본죄의 객체에서 제외된다. 따라서 도주죄가 기수에 이른 이후에 도주죄의 범인을 도와주는 행위는 도주원조죄에 해당하지 않으며, 다만 범인도피죄가 성립한다.[291]

(다) 행위

본죄의 행위는 '탈취하거나 도주하게 하는 것'이다. '탈취'는 피구금자를 간수자의 실력적 지배로부터 이탈시켜 자기 또는 제3자의 실력적 지배로 옮기는 행위를 말한다. 단순히 피구금자를 간수자의 실력적 지배로부터 이탈시켜 도망가게 하는 것만으로는 탈취에 해당하지 않는다.[292] 탈취는 피구금자의 동의유무와 관계없이 성립하므로 피구금자의 의사에 반하여도 이루어질 수 있다. '도주하게 하는 것'이란 도주의사가 없는 피구금자로 하여금 도주의사를 생기게 하거나 도주의사가 있는 자의 도주를 용이하게 하는 행위를 말한다.

탈취는 피구금자를 자기 또는 제3자의 실력적 지배로 옮긴 때에 기수에 이르며, '도주하게 한 행위'는 피구금자가 간수자의 실력적 지배에서 성공적으로 이탈한 때에 기수에 이른다.

2. 간수자의 도주원조죄

제148조(간수자의 도주원조): 법률에 의하여 구금된 자를 간수 또는 호송하는 자가 이를 도주하게 한 때에는 1년 이상 10년 이하의 징역에 처한다.

제149조(미수범): 전4조의 미수범은 처벌한다.

제150조(예비, 음모): 제147조와 제148조의 죄를 범할 목적으로 예비 또는 음모한 자는 3년 이하의 징역에 처한다.

---

290) 통설: 김일수/서보학, 각론, 908면; 배종대, 각론, 899면; 임웅, 각론, 961면.
291) 대법원 1991. 10. 11. 선고 91도1656 판결.
292) 오영근, 각론, 989면; 임웅, 각론, 961면. 이에 대하여 단순히 피구금자를 해방하여 도망가게 하는 행위도 탈취에 해당한다고 보는 견해는 김일수/서보학, 각론, 909면.

(1) 의의

본죄는 법률에 의하여 구금된 자를 간수 또는 호송하는 자가 이를 도주하게 함으로써 성립하는 범죄이다. 본죄는 간수자·호송자의 직무상 신분으로 인하여 불법이 가중되어 무겁게 처벌되는 범죄로서 단순도주원조죄의 가중적 구성요건이며, 부진정 신분범이다.

(2) 성립요건

(가) 주체

본죄의 주체는 '간수 또는 호송하는 자'이다. 간수·호송의 임무는 반드시 법령에 근거한 것에 국한 하지 않으며, 현실로 그 임무에 종사하면 된다.293) 반드시 공무원이어야 하는 것도 아니다.

(나) 객체

본죄의 객체는 단순도주원조죄의 객체와 마찬가지로 '법률에 의하여 구금된 자'이다.

(다) 행위

본죄의 행위는 '도주하게 하는 것'이다. 단순도주원조죄와는 달리 '탈취'는 구성요건에 기술되어 있지 않다. 따라서 간수자·호송자가 피구금자를 탈취한 때에는 본죄가 성립하는 것이 아니라 단순도주원조죄가 성립한다고 보아야 한다.294)

IV. 범인은닉죄

> 제151조 제1항(범인은닉): 벌금 이상의 형에 해당하는 죄를 범한 자를 은닉 또는 도피하게 한 자는 3년 이하의 징역 또는 500만원 이하의 벌금에 처한다.

(1) 의의

본죄는 벌금 이상의 형에 해당하는 죄를 범한 자를 은닉 또는 도피하게 하는 것을 내용으로 하는 범죄로서, 도주원조죄와 마찬가지로 범인비호죄의 성격을 갖는다.295) 본죄는 '벌금 이상의 형에 해당하는 죄', 즉 본범(本犯)이 성립한 후에 그 범

---

293) 김일수/서보학, 각론, 910면; 임웅, 각론, 963면; 정성근/박광민, 각론, 882면.
294) 이에 대하여 탈취행위도 도주하게 하는 행위보다 죄질에서 덜하지 않으므로 탈취의 경우에도 간수자도주원조죄가 성립한다는 견해가 있다(김일수/서보학, 각론, 910면).

인을 비호하는 것이므로 본범의 종범이 아니라 독립된 구성요건이다.296)

(2) 성립요건

(가) 주체

본죄의 주체는 '벌금 이상의 형에 해당하는 죄를 범한 자', 이외의 자이다. 본범의 범인이 스스로 도피하는 자기도피는 자기도주와는 달리 구성요건해당성이 없으므로 처벌되지 않는다. 본범의 공동정범 가운데 한 사람이 다른 공동정범을 은닉 또는 도피하게 하는 것은 자기도피가 아니므로 본죄가 성립한다.297)

범인이 제3자를 교사하여 자신을 은닉·도피하게 한 경우에 그 범인에 대하여 범인은닉죄의 교사범이 성립하는지에 대하여 견해가 일치하지 않는다.298) 판례는 제3자로 하여금 범인자신을 은닉·도피하도록 교사방조한 경우에 본죄의 교사범299)은 물론, 방조범300)도 성립한다고 한다. 그리고 제3자가 친족간의 특례(제151조 제2항)에 의하여 처벌되지 않는 친족 등에 해당하더라도 범인에 대하여는 본죄의 공범이 그대로 성립한다고 본다.301) 그러나 본죄의 정범으로도 처벌되지 않는 범인에 대하여 정범보다 경한 범죄인 공범이 성립한다고 하는 것은 법의 일반원칙에 맞지 않는다.302)

> [판례 2] 무면허 상태로 프라이드 승용차를 운전하고 가다가 화물차를 들이받는 사고를 일으켜 경찰에서 조사를 받게 된 甲은 무면허로 운전한 사실 등이 발각되지 않기 위해, 동생인 乙에게 "내가 무면허상태에서 술을 마시고 차를 운전하다가 교통사고를 내었는데 운전면허가 있는 네가 대신 교통사고를 내었다고 조사를 받아 달라"고 부탁하여, 이를 승낙한 동생 乙로 하여금 경찰서 교통사고조사계 사무실에서 자신이 위 프라이드 승용차를 운전하고 가다가 교통사고를 낸 사람이라고 허위 진술로 甲으로서 조사를 받도록 하였다. 甲, 乙의 죄책은?

---

295) 그 외에도 범인비호의 성격을 갖는 범죄로는 증거인멸죄나 장물죄가 있다.
296) 종범(방조범)은 본범이 종료되기 이전의 단계에서만 성립이 가능하므로 범인은닉죄는 종범은 아니지만, 본범을 사후에 도와준다는 의미에서 '사후종범'이라고도 한다(김일수/서보학, 각론, 911면).
297) 대법원 1958. 1. 14. 선고 4290형상393 판결; 배종대, 각론, 901면; 임웅, 각론, 964면; 정성근/박광민, 각론, 885면.
298) 긍정설: 판례(대법원 2000. 3. 24. 선고 2000도20 판결; 대법원 2006. 12. 7. 선고 2005도3707 판결; 대법원 2008. 11. 13. 선고 2008도7647 판결); 백형구, 각론, 613면.
    부정설: 김일수/서보학, 각론, 911면; 배종대, 각론, 901면; 임웅, 각론, 964면.
299) 대법원 2000. 3. 24. 선고 2000도20 판결.
300) 대법원 2008. 11. 13. 선고 2008도7647 판결.
301) 대법원 2000. 3. 24. 선고 2000도20 판결; 대법원 2006. 12. 7. 선고 2005도3707 판결; 대법원 2008.11.13. 선고 2008도7647 판결.
302) 임웅, 각론, 965면.

(1) 乙의 죄책

乙은 범인임을 자처하고 허위사실을 진술함으로써 범인 甲의 발견을 곤란하게 한 행위는 범인도피죄의 구성요건에 해당한다. 그러나 동생 乙은 범인 甲의 친족으로서 그에 대하여는 친족간의 특례(제151조 제2항)가 적용되므로 책임이 조각되어 처벌되지 않는다.

(2) 甲의 죄책

범인 甲이 동생 乙을 교사하여 자신을 은닉·도피하게 한 경우에 甲에 대하여 범인은닉죄의 교사범이 성립하는지에 대하여는 긍정설과 부정설이 있다. 판례는 제3자로 하여금 범인자신을 은닉·도피하도록 교사방조한 경우에 본죄의 교사·방조범이 성립하며, 제3자가 친족간의 특례(제151조 제2항)에 의하여 처벌되지 않는 친족 등에 해당하더라도 범인의 행위는 방어권의 남용으로서 범인도피교사죄가 성립한다고 본다.303) 그러나 본죄의 정범으로도 처벌되지 않는 범인에 대하여 정범보다 경한 범죄인 공범이 성립한다고 하는 것은 법의 일반원칙에 맞지 않으므로 범인도피교사죄가 성립하지 않는다고 보는 부정설이 타당하다.

(나) 객체

본죄의 객체는 '벌금 이상의 형에 해당하는 죄를 범한 자', 즉 본범의 범인이다. 본범의 법정형이 '벌금 이상의 형에 해당하는 죄'일 것을 요하므로 벌금형보다 경한 구류나 과료에 해당하는 죄를 범한 자는 본죄의 객체에 해당하지 않는다.

'죄를 범한 자'는 정범은 물론 교사범과 방조범을 포함하며, 미수범, 예비·음모죄를 범한 자도 포함한다. '죄를 범한 자'에 해당하기 위해서는 구성요건해당성·위법성·책임 등의 범죄 성립요건은 물론 처벌조건과 소송조건(형소법 제326조 이하)도 구비될 것을 요한다.

친고죄에서 고소는 소송조건이므로 고소기간(형소법 제230조)이 경과하였거나 고소권자가 고소를 취소한 경우와 같이 고소권이 소멸하여 고소의 가능성이 없는 경우에는 본범의 범인은 더 이상 본죄의 객체에 해당하지 않는다. 그러나 단순히 고소만 없는 경우에는 수사진행 중에도 고소권자가 고소를 할 가능성이 있으므로 본범의 범인은 본죄의 객체가 된다.304)

본죄에서 '죄를 범한 자'는 수사권·재판권·형집행권 등 국가의 형사사법기능의 대상이 되는 자를 모두 포함한다. 따라서 검사의 공소가 제기되었거나 유죄판결이 확정된 자는 물론이고 범죄의 혐의를 받고 수사가 진행 중인 자305) 그리고 아직 수사

---

303) 대법원 2006. 12. 7. 선고 2005도3707 판결.
304) 다수설: 김일수/서보학, 각론, 913면; 임웅, 각론, 966면; 정성근/박광민, 각론, 884면. 반대견해: 배종대, 각론, 903면.
305) 판례(대법원 1982. 1. 26. 선고 81도1931 판결, 1995. 3. 3. 선고 93도3080 판결, 2000. 11. 24. 선고 2000도4078 판결); 김일수/서보학, 각론, 914면; 임웅, 각론, 966면; 정성근/박광민, 각론, 884면.

대상이 되어 있지 않았다고 하더라도 장차 수사대상이 될 수 있는 자306)도 '죄를 범한 자'에 해당한다. 구속수사의 대상이 된 자가 그 후 무혐의로 석방되었더라도 수사가 아직 종결된 것은 아니므로 본죄의 객체가 된다.307) 검사에 의하여 불기소처분을 받은 자가 본죄의 객체가 되는가에 대하여는 견해가 일치하지 않는다. 긍정설은 불기소처분은 재판과는 달리 확정력이 없어 다시 공소를 제기하는 것이 가능하므로 소추·처벌의 가능성은 남아 있기 때문에 본죄의 객체가 된다고 한다.308) 그러나 검사의 불기소처분이 있으면 형사절차는 사실상 종결되었다고 할 수 있으며, 불기소처분을 받은 자를 은닉하더라도 더 이상 형사사법기능을 해할 우려는 거의 없으므로 본죄의 객체에 해당하지 않는다고 보는 견해309)가 타당하다.

'죄를 범한 자'가 진범일 것을 요하는가에 대하여는 ① 진범이 아닌 자를 은닉하는 행위는 국가의 정당한 형벌권이 방해된다고 할 수 없으므로 본죄의 객체는 진범일 것을 요한다는 견해(긍정설),310) ② 진범이 확정되기 이전인 수사단계에서도 국가의 형사사법기능을 보호할 필요가 있으므로 진범일 것을 요하지 않는다는 견해(부정설),311) ③ 수사개시전 단계에서는 진범일 것을 요하고, 수사단계에서는 진범이거나 적어도 진범이라고 강하게 의심되는 자이어야 하며, 소추·재판단계에서는 이미 객관적 혐의가 인정된 단계이므로 진범일 것을 요하지 않는다고 한다.312) 본죄는 수사권을 포함한 국가의 형사사법기능을 보호하기 위한 범죄이므로 본죄가 그 목적을 달성하기 위해서는 수사대상이 된 자가 후에 진범이 아니라고 판명되더라도 본죄에서 말하는 '죄를 범한 자'에 해당한다고 해석하여야 할 것이다. 따라서 부정설이 타당하다.

(다) 행위

본죄의 행위는 '은닉 또는 도피하게 하는 것'이다. '은닉'이란 범인에게 장소를 제공하여 그를 숨겨주는 행위를 말한다. '도피하게 하는 것'은 은닉 이외의 방법으로 관헌의 발견·체포를 곤란 또는 불가능하게 하는 일체의 행위를 말한다. 참고인이 수사기관에서 범인에 관하여 조사를 받으면서 그가 알고 있는 사실을 묵비하거나 허위로 진술하였다고 하더라도, 그것이 '적극적으로 수사기관을 기만'하여 착오에 빠지게

---

306) 대법원 1982. 4. 27. 선고 82도274 판결; 대법원 2003. 12. 12. 선고 2003도4533 판결. 다만 김일수/서보학, 각론, 914면은 이 경우 '죄를 범한 자'는 진범일 것을 요한다고 한다.
307) 대법원 1960. 2. 24. 선고 4292형상555 판결; 대법원 1982. 1. 26. 선고 81도1931 판결.
308) 김일수/서보학, 각론, 912면 이하; 정성근/박광민, 각론, 885면.면
309) 배종대, 각론, 903면; 임웅, 각론, 966면.
310) 오영근, 각론, 994면;정성근/박광민, 각론, 886면
311) 판례(대법원 1960. 2. 24. 선고 4292형상555 판결; 대법원 1982. 1. 26. 선고 81도1931 판결); 박상기, 각론, 683면; 배종대, 각론, 903면; 임웅, 각론, 967면.
312) 김일수/서보학, 각론, 914면.

함으로써 범인의 발견 또는 체포를 곤란 내지 불가능하게 할 정도에 이르러야 본죄가 성립한다. 왜냐하면 수사기관은 피의자를 확정하고 그 피의사실을 인정할 만한 객관적인 증거를 수집·조사하여야 할 권리와 의무가 있기 때문에 단순히 허위진술을 한 것만으로는 범인의 체포를 곤란하게 하였다고 할 수 없기 때문이다.[313]

[판례 3] 예컨대 판례에 의하면 ① 범인 아닌 다른 자로 하여금 범인으로 가장케 하여 수사를 받도록 함으로서 범인체포에 지장을 초래케 하는 행위,[314] ② 조사를 받고 있는 범인에게 다른 범인이 더 있음을 실토하지 아니하도록 설득한 행위,[315] ③ 범인이 아닌 자가 수사기관에 범인임을 자처하고 허위사실을 진술한 행위,[316] ④ 범인이 기소중지자임을 알고도 범인의 부탁으로 다른 사람의 명의로 대신 임대차계약을 체결해 줌으로써 수사기관이 탐문수사나 신고를 받아 범인을 발견하고 체포하는 것을 곤란하게 한 행위[317] 등이 '도피하게 하는 것'에 해당한다.

이에 대하여 ① 주점 개업식 날 찾아 범인을 보고 '도망다니면서도 이렇게 와주니 고맙다. 항상 몸조심하고 주의하여 다녀라. 열심히 살면서 건강에 조심하라'고 말한 것과 같이 단순히 안부인사에 불과하여 수사기관의 발견, 체포를 곤란 내지 불가능하게 하였다고 할 수 없는 경우,[318] ② 신원보증서를 작성하여 수사기관에 제출하는 보증인이 피의자의 인적 사항을 허위로 기재하였다고 하더라도, 그로써 적극적으로 수사기관을 기망한 결과 피의자를 석방하게 하였다는 등 특별한 사정이 없는 경우[319], ③ 오락실의 공동운영자가 수사기관에서 자기가 오락실의 실제 업주로서 이를 단독으로 운영하였다는 취지로 허위진술하여 공범의 존재를 숨긴 경우 그러한 허위진술이 '적극적으로 수사기관을 기망하여 착오에 빠지게 함으로써 범인의 발견 또는 체포를 곤란 내지 불가능하게 한 것이 아닌 경우[320]에는 범인도피죄가 성립하지 않는다.

[판례 4-1] 甲은 乙의 명의를 빌려 오락실을 乙과 공동으로 운영하다가, 사행행위 등 규제 및 처벌 특례법 위반과 게임산업 진흥에 관한 법률 위반 등의 혐의로 경찰에 단속되자 乙에게 업주로서 조사를 받도록 하였으며, 乙은 이를 승낙하였다. 乙은 甲과 합의한 대로 담당경찰관에게 자신이 오락실의 등록명의자일뿐 아니라 실제 업주로서 오락실을 단독으

---

313) 대법원 2003. 2. 14. 선고 2002도5374 판결; 대법원 2008. 12. 24. 선고 2007도11137 판결.
314) 대법원 1967. 5. 23. 선고 67도366 판결.
315) 대법원 1995. 12. 26. 선고 93도904 판결.
316) 대법원 2000. 11. 24. 선고 2000도4078 판결.
317) 대법원 2004. 3. 26. 선고 2003도8226 판결.
318) 대법원 1992. 6. 12. 선고 92도736 판결.
319) 대법원 2003. 2. 14. 선고 2002도5374 판결 .
320) 대법원 2008. 12. 24. 선고 2007도11137 판결. 그러나 '단순히 실제 업주라고 진술하는 것에서 나아가 적극적으로 허위로 진술하거나 허위 자료를 제시하여 그 결과 수사기관이 실제 업주를 발견 또는 체포하는 것이 곤란 내지 불가능하게 될 정도에까지 이른 것으로 평가되는 경우'에는 범인도피죄가 성립할 수 있다(대법원 2010. 2. 11. 선고 2009도12164 판결).

로 운영하였으며, 범행을 저질렀다는 취지로 진술하였다. 甲, 乙의 죄책은?(사행행위 등 규제 및 처벌 특례법 위반과 게임산업 진흥에 관한 법률 위반 등은 논외로 한다).

(1) 乙의 죄책
(가) 위계에 의한 공무집행방해죄
피의자나 참고인이 수사기관에 대하여 허위사실을 진술한 행위가 위계에 의한 공무집행방해죄를 구성하기 위해서는 '적극적으로 허위의 증거를 조작하여 제출하였고 그 증거 조작의 결과 수사기관이 그 진위에 관하여 나름대로 충실한 수사를 하더라도 제출된 증거가 허위임을 발견하지 못하여 잘못된 결론을 내리게 될 정도'에 이를 것을 요한다.321) 乙은 허위사실을 진술한 것에 불과하므로 그에 대하여 본죄는 성립하지 않는다.

(나) 범인도피죄
대법원은 참고인이 수사기관에서 범인에 관하여 조사를 받으면서 허위로 진술한 행위가 범인도피죄를 구성하기 위해서는 허위진술이 '적극적으로 수사기관을 기만'하여 착오에 빠지게 함으로써 범인의 발견 또는 체포를 곤란 내지 불가능하게 할 정도에 이를 것을 요한다고 한한다.322) 그리고 이러한 법리는 피의자가 수사기관에서 공범에 관하여 묵비하거나 허위로 진술한 경우에도 그대로 적용된다고 본다.323) 이 이론을 근거로 대법원은 乙이 수사기관에서 자신이 오락실의 실제 업주로서 이를 단독으로 운영하였다는 취지로 허위진술하여 공범인 甲의 존재를 숨겼더라도, 그러한 허위진술이 '적극적으로 수사기관을 기만하여 착오에 빠지게 함으로써 범인의 발견 또는 체포를 곤란 내지 불가능하게 한 경우에 해당한다고 볼 수 없다'고 함으로써 범인도피죄의 성립을 부정하였다.

(2) 甲의 죄책
甲에 대하여 범인도피교사의 성부가 문제되는데, 정범인 乙에 대하여 범인도피죄가 성립하지 않으므로, 공범의 종속성에 따라 이를 교사한 甲에 대하여 범인도피교사죄는 성립하지 않는다.324)

[판례 4-2] "게임산업진흥에 관한 법률 위반 혐의로 수사기관에서 조사받는 피의자가 사실은 게임장·오락실·피씨방 등의 실제 업주가 아님에도 불구하고 자신이 실제 업주라고 허위로 진술하였다고 하더라도 그 자체만으로 범인도피죄를 구성하는 것은 아니다. 다만, 그 피의자가 실제 업주로부터 금전적 이익 등을 제공받기로 하고 단속이 되면 실제 업주를 숨기고 자신이 대신하여 처벌받기로 하는 역할(이른바 바지사장)을 맡기로 하는 등 수사기관을 착오에 빠뜨리기로 하고, 단순히 실제 업주라고 진술하는 것에서 나아가 게임장 등의 운영 경위, 자금 출처, 게임기 등의 구입 경위, 점포의 임대차계약 체결 경위 등에

---

321) 대법원 2003. 7. 25. 선고 2003도1609 판결; 대법원 2007. 10. 11. 선고 2007도6101 판결; 대법원 2011. 2. 10. 선고 2010도15986 판결.
322) 대법원 2003. 2. 14. 선고 2002도5374 판결.
323) 대법원 2008. 12. 24. 선고 2007도11137 판결.
324) 대법원 2008. 12. 24. 선고 2007도11137 판결.

관해서까지 적극적으로 허위로 진술하거나 허위 자료를 제시하여 그 결과 수사기관이 실제 업주를 발견 또는 체포하는 것이 곤란 내지 불가능하게 될 정도에까지 이른 것으로 평가되는 경우 등에는 범인도피죄를 구성할 수 있다."[325]

'도피하게 하는 행위'는 체포·구금상태를 전제하지 않고, 관헌이 범인을 발견·체포하는 것을 곤란 또는 불가능하게 하는 일체의 행위를 말한다. 이러한 면에서 '도피하게 하는 행위'는 체포·구금상태를 전제로 하는 도주나 도주원조보다 넓은 개념이다.[326] 구금된 자를 도피하게 하는 경우에는 도주원조죄가 우선적으로 성립하므로 범인도피죄는 도주가 기수에 이른 이후의 시점에서만 가능하다.[327]

소송법상 인정된 권리를 행사하는 것은 '도피하게 하는 것'에 해당하지 않는다.[328] 따라서 변호인이 피의자나 피고인에게 진술거부권(형소법 제244조의3, 제283조의2)을 행사하게 하는 행위, 증언거부권자(형소법 제148조, 제149조)에게 증언을 거부하게 하는 행위, 피고인이 공범의 이름을 묵비하는 행위[329] 등은 본죄에 해당하지 않는다.

본죄는 작위는 물론 부작위에 의하여도 가능하다. 다만 부작위에 의한 범인은닉죄가 성립하기 위해서는 행위자가 범인을 신고 또는 체포해야할 보증인지위에 있을 것을 요한다. 예컨대 경찰관이 범인을 체포하는 것이 가능하였음에도 불구하고 체포하지 않는 경우에 부작위에 의한 범인도피죄가 성립한다. 그러나 범인을 신고하여야 할 의무가 없는 일반인이 피의자와의 합의에 따라 피의자를 수사당국에 인계하는 것을 포기한 경우에는 본죄는 성립하지 않는다.[330]

본죄는 위험범이므로 형사사법의 작용을 곤란 또는 불가능하게 하는 행위가 있으면 기수에 이르며, 현실적으로 형사사법의 작용을 방해하는 결과가 발생할 것을 요하지 않는다. 따라서 자신의 처를 통하여 기소중지[331]된 자가 거주할 수 있도록 오피스텔의 임대차계약의 임차인 명의를 빌려준 행위는 수사기관이 탐문수사나 신고를 받아 범인을 발견하고 체포하는 것을 곤란하게 할 위험이 있으므로 본죄가 성립한다.[332]

---

325) 대법원 2010. 2. 11. 선고 2009도12164 판결.
326) 김일수/서보학, 각론, 916면.
327) 대법원 1991. 10. 11. 선고 91도1656 판결.
328) 임웅, 각론, 968면.
329) 대법원 1984. 4. 10. 선고 83도3288 판결.
330) 대법원 1984. 2. 14. 선고 83도2209 판결.
331) '기소중지'란 피의자의 소재불명 등의 사유로 수사를 종결할 수 없는 경우, 검사가 그 사유가 없어질 때까지 수사중지를 결정하는 것을 말한다(검찰사건사무규칙 제73조). 피의자의 소재가 파악되면 수사는 다시 진행된다.
332) 대법원 2004. 3. 26. 선고 2003도8226 판결.

(라) 주관적 구성요건

본죄의 주관적 구성요건이 성립하기 위해서는 범인이 벌금 이상의 형에 해당하는 죄를 범한 자라는 사실에 대한 인식과 범인을 은닉 또는 도피하게 하는 것에 대한 고의가 있을 것을 요한다. '벌금 이상의 형에 해당하는 죄'는 규범적 구성요건요소이다. 따라서 여기에 대한 착오는 규범적 구성요건요소에 대한 착오에 대한 설명이 그대로 타당하다. 즉 이 요소에 대하여 일반인과 동일한 수준의 평가에 근거한 의미인식이 있으면 고의가 성립하며, 착오로 인하여 인식이 결여되었다면 고의는 조각된다.333) 만일 일반인과 동일한 수준의 평가에 근거한 의미인식은 있었으나 가치평가(법적 판단)를 잘못하여 범인의 행위가 '벌금 이상의 형에 해당하는 죄'가 아니라고 착오를 하였다면 이는 포섭의 착오로서 고의의 성립에는 지장이 없으며, 다만 법률의 착오(제16조)만이 문제된다.

(3) 죄수

본죄의 보호법익은 형사사법기능이며, 이는 범인에 대하여 별도로 작용하는 것이므로 본죄의 죄수는 형사사건의 수가 아니라 범인의 수에 의하여 결정된다. 따라서 하나의 행위로 동일사건에 관한 3명의 범인을 은닉 또는 도피하게 하였다면 3개의 범인은닉죄의 상상적 경합이 성립한다.

수사기관의 공무원이 자신의 직무상의 의무에 위배하여 범인을 도피하게 한 경우 직무위배의 위법상태는 범인도피행위 속에 포함되므로 작위범인 범인도피죄만이 성립하고 부작위범인 직무유기죄는 따로 성립하지 않는다.334) 이 경우 직무유기죄는 범인도피죄와 법조경합의 관계(흡수관계)에 있다.

(4) 친족간의 특례

> 제151조 제2항(친족간의 특례): 친족 또는 동거의 가족이 본인을 위하여 전항의 죄를 범한 때에는 처벌하지 아니한다.

(가) 의의

형법은 친족 또는 동거의 가족이 본인을 위하여 범인은닉죄를 범한 때에는 처벌하지 않는다고 규정하고 있다(제151조 제2항). 이를 '친족간의 특례'라고 한다. 그 이유는 친족간의 범인은닉은 증거인멸의 경우(제155조 제4항)와 마찬가지로 친족간의 정의(情誼)에 비추어 볼 때 적법행위, 즉 범인을 은닉하지 않을 것에 대한 기대가능

---
333) 박상기, 각론, 684면; 배종대, 각론, 905면; 임웅, 각론, 969면; 정성근/박광민, 각론, 889면.
334) 대법원 1996. 5. 10. 선고 96도51 판결.

성이 없기 때문이다.

(나) 법적 성격

친족간의 특례의 법적 성격에 대해서는 책임조각사유라는 견해와 인적 처벌조각사유라는 견해가 있다. 처벌조각사유는 고의의 대상이 아니다. 따라서 그 사유가 객관적으로 존재하면 행위자가 이를 인식하였는가와 관계없이 형벌이 조각된다. 그런데 제151조 제2항의 친족간의 특례는 본범의 범인과 친족 등의 관계가 있다는 이유만으로 적용되는 것이 아니라 '본인을 위하여' 은닉 또는 도피하게 하는 행위를 한 때에만 적용된다. 여기서 '본인을 위하여'라는 말은 행위자가 친족관계를 인식하고 있을 것을 전제로 하고 있다. 이러한 점에서 보면 친족간의 특례는 책임조각사유라고 하는 견해가 타당하다.

(다) 적용요건

친족간의 특례는 친족 또는 동거의 가족이 본인을 위하여 범인은닉죄를 범한 경우에 적용된다. 여기서 '친족'은 민법상의 개념과 같다.[335] 내연관계에 있는 자에 대하여도 특례가 적용되는지에 대하여는 견해의 대립이 있다.[336] 판례는 '사실혼관계에 있는 자는 민법 소정의 친족이라 할 수 없어' 특례규정에서 말하는 친족에 해당하지 않는다고 한다.[337] 내연관계에 있는 자는 민법상 부부가 아니므로 특례가 직접 적용되지는 않는다. 그러나 특례의 취지, 즉 친족간의 정의에 비추어 볼 때 적법행위에 대한 기대가능성이 없어서 책임의 조각을 인정하는 것이라는 점에 비추어 보면 내연관계에 있는 자에 대하여도 특례를 유추적용하는 것이 타당하다. 행위자의 이익을 위한 유추적용은 유추해석금지의 원칙에 반하지 않는다.

'본인을 위하여'에서 '본인'은 본범의 범인, 즉 '벌금 이상의 형에 해당하는 죄를 범한 자'이다. '본인을 위하여'란 '본인의 형사책임상의 이익을 위하여'라는 의미이다. 본인의 이익을 위한 것이 아니라 다른 이유에서 본죄를 범한 경우에는 특례는 적용되지 않는다. 본인과 함께 공범자의 이익을 위한 경우에도 적법행위에 대한 기대가능성이 없다는 점에서는 본인의 이익을 위한 경우와 다르지 않으므로 특례가 적용된다.[338]

---

335) 김일수/서보학, 각론, 917면; 박상기, 각론, 686면; 배종대, 각론, 905면임웅, 각론, 970면.
336) 긍정설(다수설)에 대하여는 김일수/서보학, 각론, 917면; 박상기, 각론, 686면; 배종대, 각론, 905면; 임웅, 각론, 970면 참조. 부정설에 대하여는 김석휘, 주석 Ⅲ, 359면.208면; 진계호, 각론, 745면 참조.
337) 대법원 2003. 12. 12. 선고 2003도4533 판결.
338) 김일수/서보학, 각론, 917면; 오영근, 각론, 999면; 임웅, 각론, 970면. 반대견해는 박상기, 각론, 686면.

(라) 친족과 공범

'친족'의 신분은 책임조각적 신분으로서 소극적 신분에 해당하므로 제33조 단서가 적용된다.339) 따라서 특례는 친족에 대하여만 적용되며, 그러한 신분이 없는 자에 대하여는 적용되지 않는다. 친족 아닌 자가 친족을 교사방조하여 친족이 범인을 은닉한 경우에 친족은 특례에 따라 처벌되지 않지만 친족 아닌 자에 대하여는 특례가 적용되지 않으므로 범인은닉죄의 공범으로 처벌된다.

친족이 비신분자를 교사하여 범인을 은닉하게 한 경우에도 친족에 대하여 특례가 적용되는지에 대하여는 견해가 일치하지 않는다.340) 부정설에 의하면 친족이 타인을 범인은닉죄로 유인하는 것은 비호권의 남용이 되므로 친족에 대하여는 특례가 적용되지 않으며 친족에 대하여는 범인은닉죄의 교사범이 성립한다고 한다. 그러나 친족이 직접 범인을 은닉하건, 타인을 교사하여 타인으로 하여금 은닉하게 하건 적법행위에 대한 기대가능성이 없다는 점에서는 차이가 없으며, 정범이 공범보다 무거운 범죄인데 정범으로 처벌되지 않는 자를 공범으로는 처벌할 수 있다고 하는 것은 법의 일반원칙에 반한다. 따라서 긍정설이 타당하다.

제4절 위증과 증거인멸의 죄

I. 서론

1. 의의

'위증의 죄'는 ① 법률에 의해 선서한 증인이 허위의 진술을 하거나(제152조), ② 법률에 의하여 선서한 감정인, 통역인 또는 번역인이 허위의 감정, 통역 또는 번역을 하는 것(제154조)을 내용으로 하는 범죄이다. 전자를 위증죄, 후자를 허위감정·통역·번역죄라고 한다.

'증거인멸의 죄'는 ① 타인의 형사사건 또는 징계사건에 관한 증거를 인멸, 은닉, 위조 또는 변조하거나 위조 또는 변조한 증거를 사용하거나(제155조 제1항), ② 타인의 형사사건 또는 징계사건에 관한 증인을 은닉 또는 도피하게 하는 것(동조 제2항)을 내용으로 하는 범죄이다. 전자를 증거인멸죄, 후자를 증인은닉·도피죄라고 한다.

---

339) 원형식, 총론, 480면.
340) 부정설: 오영근, 각론, 998면; 임웅, 각론, 971면.
  긍정설: 김일수/서보학, 각론, 917면; 박상기, 각론, 687면; 배종대, 각론, 906면.

2. 보호법익

위증의 죄와 증거인멸의 죄는 모두 증거의 증명력을 해하는 범죄로서 그 보호법익은 국가의 사법기능이다. 여기서 '사법기능'은 법원의 사법기능만을 의미하는 좁은 의미가 아니라 징계처분과 같은 사법에 유사한 기능도 포함하는 넓은 의미이다.[341] 다만 위증의 죄의 보호법익은 민사·형사·행정재판 등 일반적인 사법기능과 징계심판기능을 보호법익으로 하는데 대하여, 증거인멸의 죄는 형사재판기능과 징계심판기능만을 보호법익으로 한다는 점에서 차이가 있다. 법익보호의 정도는 추상적 위험범이다.

위증의 죄가 허위의 진술·감정·통역·번역 등의 무형적인 방법으로 증거의 증명력을 해하는 범죄라면, 증거인멸의 죄는 유형적인 증거의 증명력을 해하는 범죄라는 점에서 차이가 있다.

3. 체계

* 위증의 죄의 체계

기본적 구성요건	가중적 구성요건
단순위증죄(제152조 제1항)	모해위증죄(제152조 제2항)
허위감정·통역·번역죄(제154조)	

* 증거인멸의 죄의 체계

기본적 구성요건	가중적 구성요건
단순증거인멸죄 (제155조 제1항)	모해증거인멸죄 (제155조 제3항, 동조 제1항)
단순증인은닉·도피죄 (제155조 제2항)	모해증인은닉·도피죄 (제155조 제3항, 동조 제2항)

II. 위증의 죄

1. 단순 위증죄

> 제152조 제1항(위증): 법률에 의하여 선서한 증인이 허위의 진술을 한 때에는 5년 이하의 징역 또는 1천만원 이하의 벌금에 처한다.

---

341) 박상기, 각론, 687면; 배종대, 각론, 906면; 정성근/박광민, 각론, 892면.

(1) 의의

본죄는 법률에 의하여 선서한 증인이 허위의 진술을 함으로서 성립하는 범죄이다. 본죄는 '법률에 의하여 선서한 증인'만이 주체가 될 수 있는 진정신분범이며, 증인 자신이 직접 실행행위, 즉 허위의 진술을 해야 정범이 성립할 수 있는 자수범이다. 따라서 증인이 증인 아닌 자를 도구로 이용하거나, 증인 아닌 자가 증인을 도구로 이용하여 간접정범의 형태로 위증죄를 범하거나 증인이 증인 아닌 자와 공동정범의 형태로 위증죄를 범하는 것은 불가능하다.342)

(2) 성립요건

(가) 주체

① 법률에 의한 선서: 본죄의 주체는 '법률에 의하여 선서한 증인'이다. '법률에 의하여 선서'하였다는 말은 법률상 유효한 선서라는 의미이다. 증인의 선서에 관하여 규정하고 있는 법률로는 예컨대 형사소송법(제156조), 민사소송법(제319조), 비송사건절차법(제10조), 법관징계법(제22조), 검사징계법(제26조) 등이 있다.343) 공무원 징계령에는 증인의 심문에 대한 규정(제11조 제3항)만 있고 증인의 선서에 대한 규정은 없으므로 공무원징계절차에서 허위의 진술을 한 증인은 본죄의 주체가 되지 않는다. 참고인이나 증인이 검사나 사법경찰관에 대하여 한 선서도 법률에 의한 선서에는 해당하지 않는다.

> [판례 1] 甲女는 서울방송(SBS)의 '그것이 알고 싶다'라는 프로에서 A단체의 총재인 B가 그 여신도들을 성폭행했다는 내용을 보도하자 위 단체나 B를 위하여 동인이 여신도들과 성관계를 맺은 사실이 없다는 취지로 위증할 것을 결의하고, 서울지방법원 남부지원에서 99카합451호 방영등금지가처분사건의 제3차 심문기일에 증인으로 출석하여 선서를 하고 증언함에 있어, 사실은 B의 사택에서 C 등과 그룹섹스를 하였음에도 불구하고, "B는 절대로 그럴 사람이 아니다.", "B 총재의 강요나 교리 때문에 B 총재와 성관계를 맺은 적은 없다.", "B 총재가 나에게 성관계를 요구한 적은 없었다."라고 증언하여 기억에 반하는 허위의 공술을 하였다. 甲女의 죄책은?

위증죄는 법률에 의하여 선서한 증인이 허위의 진술을 함으로써 성립하는 범죄이다. 본죄가 성립하기 위해서는 선서가 법률상 유효일 것을 요한다. 문제는 甲女가 변론절차에서 선서를 한 것이 아니라 심문절차에서 선서를 하였는데, 이 경우에도 선서가 법률상 유효한지가 문제

---

342) 자수범에 대하여 자세한 내용은 원형식, 총론, 400면 참조.
343) 국회에서의 증언·감정 등에 관한 법률 제14조(위증등의 죄), 특허법 제227조(위증죄) 등에 규정되어 있는 위증죄가 적용되는 경우에는 형법 제152조 제1항의 단순위증죄는 적용되지 않는다.

된다.344) 이 점에 대하여 대법원은 "가처분사건이 변론절차에 의하여 진행될 때에는 제3자를 증인으로 선서하게 하고 증언을 하게 할 수 있으나 심문절차에 의할 경우에는 법률상 명문의 규정도 없고, … 따라서 제3자가 심문절차로 진행되는 가처분 신청사건에서 증인으로 출석하여 선서를 하고 진술함에 있어서 허위의 공술을 하였다고 하더라도 그 선서는 법률상 근거가 없어 무효"라고 판단하였다. 따라서 甲女에 대하여 위증죄는 성립하지 않는다.345)

　　선서는 법률상 유효일 것을 요하므로 선서무능력자(형소법 제158조, 민소법 제320조), 즉 16세 미만의 자나 선서의 취지를 이해하지 못하는 자는 설령 선서를 하였더라도 그 선서는 무효이므로 본죄의 주체가 될 수 없다. 그러나 선서나 증언절차에 사소한 하자가 있더라도 선서는 유효하다.346) 예컨대 재판장이 선서할 증인에 대하여 선서전에 위증의 벌을 경고하지 않고 선서하게 한 경우(형소법 제158조, 민소법 제320조) 이를 이유로 그 선서가 무효가 되지는 않는다.

　　증인의 선서는 반드시 검사가 공소를 제기한 이후의 피고사건에서만 있는 것은 아니며, 피의사건에서도 있을 수 있다. 예컨대 검사가 공소를 제기하기 전의 수사단계에서도 증거보전의 청구(형소법 제184조)나 증인신문의 청구(제221조의2)가 있으면 청구를 받은 판사는 공판기일의 증인신문과 마찬가지로 증인에게 선서하게 하여야 한다.

　　② 증인: 본죄의 주체는 법률에 의하여 선서한 '증인'이다. 증인은 당사자 이외의 제3자를 말하므로 형사피고인이나 민사소송의 당사자는 본죄의 주체가 아니다. 법원이 민사소송의 당사자를 신문하는 경우 당사자에게 선서를 하게 해야 하는데(민소법 제367조 2문) 이 경우에 당사자는 법률에 의하여 선서를 하였지만 '증인'은 아니므로 허위로 진술을 하더라도 본죄는 성립하지 않는다.347)

　　공동피고인이 본죄의 주체가 될 수 있는가에 대하여는 논란의 여지가 있다. 이는 공동피고인에게 증인이 될 수 있는 자격, 즉 증인적격이 있는가의 문제다. 공범자가 아닌 공동피고인은 증인적격이 있으므로 본죄의 주체가 되지만, 공범자인 공동피고인은 증인적격이 없으므로348) 설령 선서를 하였더라도 본죄의 주체가 되지 않는다.349)

---

344) 민사소송법상 '변론'이란 기일에 수소법원의 공개법정에서 당사자 쌍방이 구술에 의해 판결의 기초가 될 소송자료를 제출하는 방법으로 소송을 심리하는 절차를 말한다. 이에 대하여 '심문'이란 변론을 열지 않는 경우에 당사자이해관계인 기타 참고인에게 개별적으로 진술할 기회를 부여하는 것을 말한다(민사소송법 제134조 제2항). 변론절차에서는 제3자를 증인으로 선서하게 하고 증언을 하게 할 수 있지만, 심문절차에서는 제3자에게 선서하게 하고 증언을 하게 하는 것은 법률상 근거가 없는 것으로서 위법·무효이다.
345) 대법원 2003. 7. 25. 선고 2003도180 판결.
346) 김일수/서보학, 각론, 928면; 배종대, 각론, 908면.
347) 민사소송법 제370조 제1항(거짓 진술에 대한 제재): 선서한 당사자가 거짓 진술을 한 때에는 법원은 결정으로 500만원 이하의 과태료에 처한다.
348) 판례(대법원 1982. 6. 22. 선고 82도898 판결, 1982. 9. 14. 선고 82도1000 판결; 대법원 2006.

증언거부권자(형소법 제148조, 민소법 제314조 이하)가 증언거부권을 행사하지 않고 선서하고 증언하는 경우에는 본죄의 주체가 된다.350) 증언으로 인하여 자기 자신이나 친족이 범죄혐의를 받고 형사소추를 당할 위험이 있으면 증언거부권을 행사할 수 있음에도 불구하고, 거부권을 행사하지 않고 선서를 하고 허위의 진술을 하였다면 본죄가 성립한다. 증언을 거부하는 것이 자기 또는 친족의 범죄를 암시하는 것이 될 수 있는데, 이를 이유로 적법행위에 대한 기대가능성이 없어 책임이 조각되는가에 관하여 대법원은 이를 부정하고 위증죄의 성립을 인정한다.351)

증언거부권352)이 있는 증인이 증언거부권을 고지받지 않은 상태에서 허위의 진술을 한 경우에 본죄가 성립하는지가 문제된다. 본죄의 주체인 '법률에 의하여 선서한 증인'이란 '법률에 근거하여 법률이 정한 절차에 따라 유효한 선서를 한 증인'을 말한다.353) 따라서 증인신문절차가 소송법규정에 위반하여 '증인의 진술의 자유를 침해하거나 본질적인 법치국가 원칙에 반하는 경우'에는 증인의 선서는 무효이므로 증인이 허위의 증언을 하더라도 본죄는 성립하지 않는다. 판례는 '증인신문절차에서 법률에 규정된 증인 보호를 위한 규정이 지켜진 것으로 인정되지 않은 경우'에는 증인이 허위의 진술을 하였더라도 위증죄가 성립하지 않는 것이 원칙이지만 '증인 보호에 사실상 장애가 초래되었다고 볼 수 없는 경우'에는 본죄가 성립하지 않는다고 한다. 따라서 "재판장이 신문 전에 증인에게 증언거부권을 고지하지 않은 경우에도 당해 사건에서 증언 당시 증인이 처한 구체적인 상황, 증언거부사유의 내용, 증인이 증언거부사유 또는 증언거부권의 존재를 이미 알고 있었는지 여부, 증언거부권을 고지 받았더라도 허위진술을 하였을 것이라고 볼 만한 정황이 있는지 등을 전체적·종합적으로 고려하여 증인이 침묵하지 아니하고 진술한 것이 자신의 진정한 의사에 의한 것인지 여부를 기준으로 위증죄의 성립 여부를 판단하여야 한다"354)고 한다.

---

1. 12. 선고 2005도7601 판결; 대법원 2006. 1. 12. 선고 2005도7601 판결).
349) 김일수/서보학, 각론, 929면; 박상기, 각론, 690면; 배종대, 각론, 909면; 임웅, 각론, 977면; 정성근/박광민, 각론, 896면.
350) 판례(대법원 1987. 7. 7. 선고 86도1724 전원합의체 판결) 및 다수설(김일수/서보학, 각론, 929면; 임웅, 각론, 977면; 정성근/박광민, 각론, 896면).
351) 대법원 1987. 7. 7. 선고 86도1724 전원합의체 판결.
352) 형사소송법 제148조(근친자의 형사책임과 증언거부) 누구든지 자기나 다음 각호의 1에 해당한 관계있는 자가 형사소추 또는 공소제기를 당하거나 유죄판결을 받을 사실이 발로될 염려 있는 증언을 거부할 수 있다.
   1. 친족 또는 친족관계가 있었던 자
   2. 법정대리인, 후견감독인
353) 대법원 2010. 1. 21. 선고 2008도942 전원합의체 판결.
354) 대법원 2010. 1. 21. 선고 2008도942 전원합의체 판결. 대법원 2010. 2. 25. 선고 2009도13257 판결; 대법원 2010. 2. 25. 선고 2007도6273 판결 등도 같은 위지이다.

[판례 2-1] 검사는 甲의 도박행위를 입증하기 위하여 甲와 그 사촌형제인 乙을 증인으로 신청하였는데, 甲은 법정에 출석하지 않았고 乙만이 증인으로 출석하였다. 乙은 위증의 벌을 경고받고 선서를 한 뒤 검사의 신문에 답하게 되었는데, 乙은 자신이 甲과는 사촌관계라는 사실을 법정에서 밝혔으나 증언거부권이 있음을 고지받지 못하였다. 乙은 검사로부터 甲이 내국인 출입이 제한된 L 호텔 카지노에 들어갔는지, 甲이 위 카지노에서 바카라 게임을 한 것을 본 적이 있는지 등에 관하여 질문을 받고도 거짓임을 알면서도 질문들에 대하여 허위로 답변하였다. 乙은 甲이 전에 도박으로 처벌받은 전력이 있어서 이번에도 도박을 하였다고 하면 크게 처벌될 것 같아 甲이 도박으로 처벌받지 않게 하기 위하여 허위 진술을 한 것이다. 乙의 죄책은?

대법원은 乙이 한 증언의 대부분은 甲이 위 카지노에서 도박을 한 사실이 있었는지 여부에 관한 것으로서 향후 사촌형제인 甲이 도박죄로 형사소추 또는 공소제기를 당할 염려가 있는 내용인 점, 甲이 증인으로 출석하지 아니하여 검사의 증인신청 및 신문에 따라 乙이 부득이 먼저 이 사건 증언을 하게 된 것인 점, 증언 첫머리에서 乙이 甲과 사촌관계에 있다고 진술함으로써 甲의 도박 사실에 관하여 증언거부사유가 발생하게 되었는데도 재판장으로부터 증언거부권을 고지받지 못한 상태에서 이 사건 허위 진술을 하게 된 점 등을 종합하여 보면, 이 사건 증언 당시 증언거부권을 고지받지 못함으로 인하여 피고인이 그 증언거부권을 행사하는 데 사실상 장애가 초래되었다고 볼 수 있으므로 乙에게 위증죄의 죄책을 물을 수 없다고 판단하였다.[355]

[판례 2-2] 甲女는 전남편 乙男에 대한 도로교통법 위반(음주운전) 사건에서 자신은 음주운전한 사실이 없고 그의 처였던 甲女가 운전하던 차에 타고 있었을 뿐이라고 공소사실을 적극적으로 부인하던 乙男의 증인으로 법정에 출석하여 증언을 하게 되었다. 그런데 甲女가 증언을 할 당시에 甲女가 乙男의 전처였음을 알면서도 재판장이 甲女에게 증언거부권을 고지하지 않았다. 甲女는 乙男의 변호인의 신문에 대하여 술에 만취한 乙男을 집으로 돌려보내기 위해 甲女 자신이 乙男을 차에 태우고 운전하였다고 乙男의 변명에 부합하는 내용을 적극적으로 진술하였다. 만일 甲女가 증언을 하지 않을 수 있다는 사실을 알았더라도 증언을 하였을 것이라고 인정된다면 甲女의 죄책은?

甲女는 乙男의 전처로서 '친족관계가 있었던 자'(형소법 제148조 제1호)에 해당하므로 증언거부권이 있음에도 불구하고 이를 재판장으로부터 고지받지 못하였다. 甲女가 허위의 진술을 하였음에도 불구하고 이를 이유로 위증죄의 성립이 부정되는가에 대하여 원심법원과 대법원의 견해가 일치하지 않았다. 원심법원[356]은 '증언거부권의 고지는 증언거부권에 대한 절차적 보장을 의미하므로 이를 고지하지 아니한 채 선서를 하게하고 증인신문을 한 경우에는 위 선서는 적정절차에 위배되므로 법률에 의한 유효한 선서가 있다고 볼 수 없

---

355) 대법원 2010. 2. 25. 선고 2009도13257 판결.
356) 서울북부지법 2007. 7. 5. 선고 2007노416 판결.

다'는 이유로 **甲女**에 대하여 위증죄의 성립을 부정하였다. 이에 대하여 대법원은 "피고인은 이 사건 제1심 제8회 공판기일에 재판장이 증언을 하지 않을 수 있다는 사실을 알았다면 증언을 거부했을 것이냐는 신문에 대하여 그렇다 하더라도 증언을 하였을 것이라는 취지로 답변을 하였던 사실 등을 알 수 있는바, 피고인이 위 형사사건의 증인으로 출석하여 증언을 한 경위와 그 증언 내용, 피고인의 이 사건 제1심 제8회 공판기일에서의 진술 내용 등을 전체적·종합적으로 고려하여 보면 피고인이 선서 전에 재판장으로부터 증언거부권을 고지받지 아니하였다 하더라도 이로 인하여 피고인의 증언거부권이 사실상 침해당한 것으로 평가할 수는 없다"[357]는 이유로 본죄의 성립을 인정하였다.

(나) 행위

본죄의 행위는 '허위의 진술'을 하는 것이다.

① 허위의 의미: '허위'의 의미에 대하여 주관설[358]은 증인이 기억에 반하는 진술을 하는 것, 즉 '진술과 기억의 불일치'라고 한다. 진술의 허위여부는 주관적으로 증인이 인식한 경험사실을 기준으로 판단한다. 주관설의 주된 논거로는 ㉠ 증인이 기억에 반하는 진술을 한 이상은 그 진술이 결과적으로는 객관적 진실과 부합하더라도 이미 국가의 사법기능의 적정한 행사에 대한 추상적 위험은 있는 것이라는 점과 ㉡ 증인은 무엇이 객관적 진실인지를 알 수가 없으므로 객관적 사실에 일치하는 진술을 할 의무가 있는 것은 아니며 자신이 경험·인식한 사실을 그대로 진술해야 할 의무만 부담할 뿐이라는 점[359] 등을 든다.

이에 대하여 객관설은 증인이 객관적 진실에 반하여 진술하는 것, 즉 '진술과 진실'의 불일치'라고 한다. 진술의 허위여부는 객관적 진실을 기준으로 판단한다. 객관설은 그 주된 논거로서 위증죄의 불법은 증인의 불성실성 내지는 비양심적인 진술에 있는 것이 아니라 국가의 사법기능의 적정한 행사에 대한 위험에 있다는 점을 든다. 즉 증인이 기억에 반하는 진술을 하였더라도 그 진술이 객관적 진실과 일치하는 이상은 사법기능의 적정한 행사, 즉 진실발견에 대한 위험이 초래될 우려가 없다는 것이다.[360]

주관설과 객관설이 실제 사건에서 어떤 차이가 있는지 살펴보기로 한다. ㉠ 증인이 자신이 기억한 대로 진술하였는데 객관적 진실과 일치하지 않는 경우 주관설에 의하면 허위의 진술을 한 것이 아니므로 객관적 구성요건해당성이 없다. 이 경우 객관설에 의하면 진술이 객관적 진실과 일치하지 않으므로 객관적 구성요건해당성은

---

357) 대법원 2010. 2. 25. 선고 2007도6273 판결.
358) 판례(대법원 1984. 2. 28. 선고 84도114 판결; 대법원 1984. 3. 27. 선고 84도48 판결; 대법원 1996. 8. 23. 선고 95도192 판결) 및 다수설(배종대, 각론, 910면; 오영근, 각론, 1006면; 임웅, 각론, 979면; 정성근/박광민, 각론, 899면).
359) 배종대, 각론, 911면; 오영근, 각론, 1006면; 임웅, 각론, 979면; 정성근/박광민, 각론, 899면.
360) 김일수/서보학, 각론, 931면.

인정되지만 고의가 없다. 위증죄에 대하여는 과실범 처벌규정이 없으므로 어느 견해에 의하더라도 증인은 처벌되지 않는다. ⓒ 증인이 자신의 기억에 반하여 진술을 하였는데, 그 진술이 객관적 진실과 일치하는 경우에는 주관설과 객관설의 결론이 서로 다르다. 주관설에 의하면 증인이 자신의 기억에 반하여 진술을 한 이상은 그 진술이 객관적 진실과 일치하는가와 관계없이 위증죄가 성립한다. 그러나 객관설에 의하면 진술이 객관적 진술과 일치하는 이상은 허위의 진술이 아니므로 객관적 구성요건해당성이 부정된다. 증인의 비양심적인 진술이 있더라도 사법기능의 적정한 행사에 위험이 없는 이상은 비양심적 진술이나 불성실성만으로는 형벌을 통하여 규제하여야 할 정도의 가벌적 불법이 된다고 보기는 어렵다. 따라서 위증죄의 성립을 부정하는 객관설이 타당하다.

[판례 3-1] 甲은 수원시 권선동 443 소재 이사건 임야 1,173평이 원래 공소외 정 청여(鄭靑汝)의 소유로서 동인은 자를 천여(天汝)라고 하던 망 A(甲의 증조부)와는 전혀 별개의 인물인데도 불구하고, 수원지방법원 법정에서 위 법원 81나93호 소유권보존등기말소등 청구소송의 증인으로 출석하여 선서한 다음 위 임야는 망 A가 일정 때 사정받은 동인의 개인재산이며, 동인은 일명 정 청여라고 불리웠다고 증언하였다. 甲의 죄책은?

甲의 증언인 위증죄에 해당하는지가 문제된다. 대법원은 주관설에 근거하여 "위증죄는 법률에 의하여 선서한 증인이 자기의 기억에 반하는 사실을 진술함으로써 성립하는 것이므로 그 진술이 객관적 사실과 부합하지 않는다고 하여 그 증언이 곧바로 위증이라고 단정할 수는 없다"361)는 입장을 취하고 있다. 이 견해에 의하면 甲의 증언내용이 기억에 반한 것이라면 허위의 진술에 해당하므로 위증죄가 성립하지만, 기억에 따라 진술한 것이라면 그 내용이 객관적 진실에 어긋나지만 허위의 진술에 해당하지 않으므로 위증죄의 객관적 구성요건해당성이 없다. 이에 대하여 객관설에 의하면 甲은 객관적 진실에 반하는 진술을 하였으므로 위증죄의 객관적 구성요건해당성은 인정되지만 고의가 없으므로 본죄는 성립하지 않는다. 결국 이 사례에서는 어느 견해에 의하더라도 결론은 같다.

[판례 3-2] 甲은 민사법정에서 증언을 함에 있어서 甲이 이 사건 임야를 관리하기 전에 A가 위 임야 의 소유자로서 이를 관리한 여부는 甲으로서는 모르는 일이었음에도 불구하고 피고측 변호사의 신문에 대하여 "증인이 관리하기 전에도 A는 위 임야에 대하여 사실상 소유자로서 관리하여 온 것이 틀림없다"는 취지로 자기의 기억에 반하는 답변을 하였다. 만일 A가 실제로 위 임야를 사실상 소유자로서 관리한 것이 객관적 진실과 일치한다면 甲의 죄책은?

대법원은 주관설에 따라 '위증죄에 있어서의 허위의 공술이란 증인이 자기의 기억에 반하

---

361) 대법원 1988. 12. 13. 선고 88도80 판결.

는 사실을 진술하는 것을 말하는 것으로서 그 내용이 객관적 사실과 부합한다고 하여도 위증죄의 성립에 장애가 되지 않는다'고 본다. 이 견해에 의하면 甲에 대하여는 위증죄가 성립한다.362) 그러나 객관설에 의하면 甲의 진술은 객관적 진실과 일치하므로 허위의 진술이 아니면 따라서 위증죄의 객관적 구성요건해당성은 부정된다.

② **진술**: 여기서 진술은 '사실상의 진술', 즉 증인이 경험한 사실을 구두서면·거동 등의 방법으로 말하는 것이다.363) 증인이 경험한 사실에 대한 법률적 평가나 증인 개인의 의견과 같은 가치판단은 본죄에서 말하는 진술에 해당하지 않는다.364)

방법에는 제한이 없다. 구두는 물론 서면이나 거동의 방법에 의하여도 가능하다. 진술의 내용은 신문대상이 된 사항이면 된다. 위증죄에서 말하는 '진술'에는 ㉠ 판결에 영향을 미칠 수 있는 요증사실에 대한 진술은 물론, 지엽적인 사실365)이나 인정신문에 대한 사실366)에 대한 진술, ㉡ 직접신문에 대한 진술과 반대신문에 대한 진술,367) ㉢ 외적 사실에 대한 진술과 내적 사실368)에 대한 진술 등을 모두 포함한다. 내적 사실에 대한 허위진술로는 예컨대 잘 모르는 사실을 확실히 아는 것처럼 단정 증언한 경우,369) 전문한 사실을 직접 목격한 것처럼 진술한 경우370) 등이 있다.

> [판례 4] 甲은 법정에서 원고 A, 피고 B 간의 소유권이전등기말소 청구사건에 관하여 증인으로 선서한 후 "원고의 과수원 매매계약시 참여했다. 계약장소는 경북 하양읍 소재 낙원다실에서 계약을 했고 나(증인 甲)는 계약내용을 안다, 매매계약서에 기재된 부동산(3필지)이외는 판 사실이 없고 3필지 계약했다, 본건 부동산은 약 10년 전에 C에게 이미 처분했다"라고 진술을 하였다. 그러나 법원에 의하여 밝혀진 사실에 의하면 甲이 위 민사사건의 원고 A와 피고 B 사이의 매매계약을 주선한 일이 있으나 그 체결에 직접 참여한 일이 없고 계약의 내용은 한쪽 당사자인 위 A로부터 듣거나 계약 후 계약서를 보고 알게 된 것임에도 불구하고 마치 위 계약체결에 직접 참여하여 목격함으로써 알게 된 내용인 것처럼 진술한 것이다. 甲의 죄책은?

---

362) 대법원 1989. 1. 17. 선고 88도580 판결.
363) 임웅, 각론, 980면; 정성근/박광민, 각론, 901면.
364) 대법원 1987. 10. 13. 선고 87도1501 판결, 1988. 9. 27. 선고 88도236 판결; 대법원 1996. 2. 9. 선고 95도1797 판결; 대법원 2009. 3. 12. 선고 2008도11007 판결.
365) 대법원 1982. 6. 8. 선고 81도3069 판결.
366) 배종대, 각론, 911면; 임웅, 각론, 980면; 정성근/박광민, 각론, 901면.
367) 대법원 1967. 4. 18. 선고 67도254 판결.
368) 외적 사실은 객관적 사실을 말하며, 내적 사실은 동기·목적·인식·기억·감정 등과 같은 심리적 사실을 말한다.
369) 대법원 1985. 8. 20. 선고 85도868 판결; 대법원 1986.9.9. 선고 86도57 판결. 객관설에 의하더라도 객관적 진실에는 외적 사실은 물론 내적 사실도 포함하므로 잘 모르는 사실을 단정 증언한 경우 주관설(판례)과 마찬가지로 위증죄가 성립한다,
370) 대법원 1984. 3. 27. 선고 84도48 판결; 대법원 1985. 10. 8. 선고 85도783 판결.

대법원은 "위증죄에 있어서의 허위의 공술은 증인의 기억에 반하는 진술을 말하는 것으로서 그 허위여부는 주관적으로 증인이 인식한 경험사실을 기준으로 판단하는 것"이라는 주관설의 입장에 따라서 '증인이 전문한 사실을 마치 목격하여 알게 된 사실인 것처럼 진술한 경우에는 경험의 경위에 관하여 기억에 반하는 허위의 공술을 한 것에 해당하는 것'이라고 한다. 甲은 계약의 내용을 A로부터 듣거나 계약 후 계약서를 보고 알게 된 것임에도 불구하고 마치 계약체결에 직접 참여하여 목격함으로써 알게 된 내용인 것처럼 진술함으로써 기억에 반한 허위의 진술을 하였으므로 그에 대하여는 위증죄가 성립한다.371) 객관설에 의하면 객관적 진실에는 외적 사실은 물로 내적 사실도 포함하므로 전문한 사실을 직접 목격한 것처럼 진술하는 것도 허위의 진술에 해당한다. 따라서 甲에 대하여는 판례와 마찬가지로 위증죄가 성립한다.

③ 기수시기: 본죄의 기수시기는 증언 전에 하는 사전선서(형소법 제156조 본문, 민소법 제319조 본문)의 경우에는 1개의 증인신문절차가 종료한 때이며, 증언 후에 하는 사후선서(형소법 제156조 단서, 민소법 제319조 단서)의 경우에는 증인이 선서를 종료한 때에 기수가 된다.372) 1개의 증인신문절차에서 증언은 포괄하여 1개의 행위이므로 그 전부를 일체로서 판단한다.373) 따라서 선서한 증인이 허위의 진술을 하면(사전선서) 신문이 종료하기도 전에 기수에 이르는 것이 아니라 증인에 대한 신문절차가 종료한 때에 비로소 기수가 된다. 따라서 선서한 증인이 허위의 진술을 하였더라도 그 신문이 끝나기 전에 그 진술을 철회·시정한 경우 위증죄는 미수에 그치며, 본죄의 미수는 처벌규정이 없으므로 무죄가 된다.374) 그러나 증인이 1개의 증인신문절차에서 허위의 진술을 하고 증인신문절차가 종료된 경우 그로써 위증죄는 기수에 달하고, 그 후 '별도의 증인 신청 및 채택 절차를 거쳐' 그 증인이 다시 신문을 받는 과정에서 종전 신문절차에서의 진술을 철회·시정한다 하더라도 이미 종결된 종전 증인신문절차에서 행한 위증죄의 성립에는 영향이 없다. 이러한 법리는 증인이 별도의 증인신문절차에서 새로이 선서를 한 경우뿐만 아니라 종전 증인신문절차에서 한 선서의 효력이 유지됨을 고지 받고 진술한 경우에도 마찬가지로 적용된다.375)

---

371) 대법원 1984. 3. 27. 선고 84도48 판결.
372) 김일수/서보학, 각론, 933면; 박상기, 각론, 694면; 배종대, 각론, 913면; 임웅, 각론, 980면; 정성근/박광민, 각론, 902면.
373) 판례(대법원 1993. 12. 7. 선고 93도2510 판결; 대법원 2010. 9. 30. 선고 2010도7525 판결) 및 통설: 김일수/서보학, 각론, 933면; 임웅, 각론, 980면 이하; 정성근/박광민, 각론, 902면.
374) 대법원 1993. 12. 7. 선고 93도2510 판결; 대법원 2008. 4. 24. 선고 2008도1053 판결.
375) 대법원 2010. 9. 30. 선고 2010도7525 판결. 그러나 '행정소송사건의 같은 심급에서 변론기일을 달리하여 수차 증인으로 나가 수 개의 허위진술을 하더라도 최초 한 선서의 효력을 유지시킨 후 증언한 이상 1개의 위증죄를 구성함에 그친다'(대법원 2007.3.15. 선고 2006도9463 판결).

[판례 5] 甲으로부터 위증의 교사를 받은 乙은 A 지방법원 형사사건의 제9회 공판기일에 증인으로 출석하여 허위의 진술을 하고 그와 같은 허위 진술이 철회·시정된 바 없이 乙에 대한 증인신문절차가 같은 날 그대로 종료되었다. 그 후 증인으로 다시 신청·채택된 乙은 위의 형사사건의 제21회 공판기일에 다시 출석하여 재판장으로부터 종전 선서의 효력이 유지됨을 고지받고 증언을 하면서 종전의 제9회 공판기일에 한 진술이 허위 진술임을 시인하고 이를 철회하는 취지의 진술을 하였다. 甲의 죄책은?

위증죄의 기수시기에 관한 문제이다. 본죄의 기수시기는 1개의 증인신문절차가 종료한 때이다. 따라서 증인신문절차가 종료되기 전에 진술을 철회·시정하면 위증죄는 미수에 그치므로 무죄가 된다. 그러나 증인신문절차가 종료된 후 별도의 증인 신청 및 채택 절차를 거쳐, 즉 새로이 선서를 하고 그 증인이 다시 신문을 받는 과정에서 종전 신문절차에서 하였던 진술을 철회·시정하더라도 위증죄는 이미 기수에 이르렀으므로 범죄의 성립에 영향을 미치지 못한다. 이 사례에서는 甲이 별도의 증인신문절차에서 새로이 선서를 한 것이 아니라 종전 증인신문절차에서 한 선서의 효력이 유지됨을 고지받고 진술한 것이다. 대법원은 이 경우에도 새로이 선서를 한 경우와 마찬가지로 같은 법리가 적용된다고 본다. 따라서 제9회 공판기일에 한 진술이 허위 진술은 이미 기수에 이르렀으므로 제21회 공판기일에 다시 출석하여 종전의 제9회 공판기일에 한 진술이 허위 진술임을 시인하고 이를 철회하더라도 본죄의 성립에 영향이 없다.376) 다만 甲이 위증한 사건의 재판이 확정되기 전에 자백한 것은 형의 필요적 감면사유에 해당한다(형법 제153조).

(3) 죄수

증인의 증언은 그 전부를 일체로 관찰·판단하므로, 하나의 사건에 관하여 선서한 증인이 같은 기일에 여러 가지 사실에 관하여 허위의 진술을 한 경우 이는 하나의 범죄의사에 의하여 계속하여 허위의 진술을 한 것으로서 포괄하여 1개의 위증죄를 구성한다.377)

(다) 주관적 구성요건

본죄의 주관적 구성요건은 객관적 구성요건요소에 대한 고의, 즉 법률에 의하여 선서한 증인이 허위의 진술을 한다는 것에 대한 고의이다. 판사의 심문취지를 오해하여 진술한 경우와 같이 착오로 인하여 진술하거나378) 타인의 계약체결일을 정확히 기억하지 못하여 실제 계약일과 불과 2일이 차이 나게 증언한 경우와 같이 기억이

---

376) 대법원 2010. 9. 30. 선고 2010도7525 판결.
377) 대법원 1992. 11. 27. 선고 92도498 판결; 대법원 1998. 4. 14. 선고 97도3340 판결; 대법원 2007. 3. 15. 선고 2006도9463 판결
378) 대법원 1986. 7. 8. 선고 86도1050 판결.

정확하지 못하여 실수로 잘못 진술한 경우379)에는 위증의 고의가 없으므로 위증죄는 성립하지 않는다.

(3) 공범

앞에서 설명한 바와 같이 본죄는 자수범이므로 선서한 증인 이외의 비신분자는 간접정범이나 공동정범이 될 수 없다. 그러나 비신분자도 본죄의 교사범이나 방조범은 될 수 있다(제33조 본문). 이 점에 대하여는 견해가 일치하나 피고인이 자기의 형사사건에 관하여 타인을 교사하여 위증죄를 범하게 한 경우에 피고인에게 본죄의 교사범이 성립하는가에 대하여는 이를 긍정하는 적극설380)과 부정하는 소극설381)의 대립이 있다. 피고인이 자기의 형사사건에 관하여 타인을 교사하여 위증하게 하는 것도 자신이 직접 허위의 진술을 하는 것과 마찬가지로 방어권행사에 해당한다. 피고인이 허위의 진술을 하는 경우 그에게는 증인적격이 없으므로 위증죄의 정범이 될 수 없는데, 정범으로도 처벌되지 않는 자를 교사범으로 처벌하는 것은 타당하지 않다. 따라서 소극설이 타당하다.

이에 대하여 적극설은 자기의 형사사건에 관하여 타인을 교사하여 위증죄를 범하게 하는 것은 새로운 범죄 창조라는 점에서 반사회성이 있으며 방어권을 남용하는 것이라는 점을 들어 형사피고인에 대하여 위증교사죄의 성립이 가능하다고 한다.

형사피고인이 타인을 교사하여 위증죄를 범하게 하는 행위가 반사회적이고 방어권을 남용하는 것이라는 점은 인정되지만 이 점이 위증교사죄의 성립을 인정하는 근거가 되기는 어렵다. 형사피고인이 직접 허위의 진술을 하는 단독정범이나 타인을 폭행·협박하여 위증을 하도록 강요하는 간접정범이 타인을 교사하여 위증죄를 범하게 하는 교사범보다 무거운 범죄라는 것이 정범과 공범에 관한 일반이론이고 우리 형법의 기본입장인데, 적극설은 여기에 반한다는 점에서 찬성하기 어렵다.

(4) 자백·자수의 특례

> **제153조(자백, 자수)**: 전조의 죄를 범한 자가 그 공술한 사건의 재판 또는 징계처분이 확정되기 전에 자백 또는 자수한 때에는 그 형을 감경 또는 면제한다.

위증의 죄를 범한 자가 그 공술한 사건의 재판 또는 징계처분이 확정되기 전에 자백 또는 자수한 때에는 그 형을 감경 또는 면제한다.382) 위증을 한 재판이나 징계

---

379) 대법원 1983. 11. 22. 선고 83도2492 판결.
380) 판례(대법원 2004. 1. 27. 선고 2003도5114 판결); 백형구, 각론, 620면; 진계호, 각론, 752면.
381) 김일수/서보학, 각론, 934면; 배종대, 각론, 915면; 박상기, 각론, 696면; 오영근, 각론, 1011면; 임웅, 각론, 982면; 정성근/박광민, 각론, 904면.

처분이 확정되기 전에 자수·자백을 하면 형의 필요적 감면을 인정함으로써 위증에 의한 오판을 방지하기 위한 정책적 규정이다. '자백'이란 허위의 진술을 한 사실을 고백하는 것이다. 자발적으로 하건 법원이나 수사기관의 신문을 받아 자백을 하건 불문한다. '자수'는 범인이 자발적으로 수사기관에 대하여 자기의 범죄사실을 신고하여 소추를 구하는 의사표시이다. 자발적으로 신고하여야 한다는 점과 수사기관에 신고하여야 한다는 점에서 자백과 차이가 있다. 자수·자백은 위증죄가 기수에 이른 이후의 시점부터 재판이나 징계처분이 확정되기 전까지 하여야 한다. 위증죄가 기수에 이르기 전에 자수·자백을 통하여 허위의 진술을 시정한 경우에는 미수로서 불가벌이 된다.

자수·자백은 일신전속적 형의 감면사유이므로 감면은 자수·자백한 자에 대하여만 인정된다.[383] 예컨대 교사범이 자백하였다면 교사범에 대하여만 형의 감면이 인정되고, 정범에 대하여는 인정되지 않는다. 정범이 자백한 경우도 마찬가지로 교사범에 대하여는 형의 감면이 적용되지 않는다.

2. 모해위증죄

> **제152조 제2항(모해위증)**: 형사사건 또는 징계사건에 관하여 피고인, 피의자 또는 징계혐의자를 모해할 목적으로 전항의 죄를 범한 때에는 10년 이하의 징역에 처한다.

(1) 의의

본죄는 법률에 의하여 선서한 증인이 형사사건 또는 징계사건에 관하여 피고인, 피의자 또는 징계혐의자를 모해할 목적으로 허위의 진술을 함으로써 성립하는 범죄이다. 다수설은 본죄가 '모해목적'으로 인하여 불법이 가중되는 가중적 구성요건으로 본다.[384]

(2) 성립요건

본죄의 주체와 행위는 단순위증죄와 마찬가지로 '법률에 의하여 선서한 증인'이 허위의 진술을 하는 것이다. 다만 본죄의 주관적 구성요건은 고의 이외에 '형사사건

---

382) 자수는 원칙적으로 형의 임의적 감면사유이지만(제52조) 위증죄에서는 형의 필요적 감면사유로 규정되어 있다.
383) 김일수/서보학, 각론, 936면; 배종대, 각론, 917면; 임웅, 각론, 983면.
384) 김일수/서보학, 각론, 936면; 배종대, 각론, 918면; 오영근, 각론, 1012면; 임웅, 각론, 983면; 정성근/박광민, 각론, 906면. 이에 대하여 모해목적을 형을 가중하는 책임요소로 보는 견해가 있다.

또는 징계사건에 관하여 피고인, 피의자 또는 징계혐의자를 모해할 목적'이 있어야 한다는 점에서 단순위증죄와 차이가 있다. '모해할 목적'이란 '피고인, 피의자 또는 징계혐의자'를 불이익하게 할 일체의 목적을 말한다. 여기서 '형사사건'은 단순위증죄에서와 마찬가지로 피고사건과 피의사건을 모두 포함한다. 모해의 대상에 피의자를 포함시킨 것은 증거보전의 청구(형소법 제184조)나 증인신문의 청구(형소법 제221조의2)가 있으면 판사는 증인에게 선서하게 하고 증인신문을 할 수 있으므로 증인이 피의자를 모해할 목적으로 위증을 하는 경우도 있을 수 있기 때문이다.

(3) 공범

모해목적이 있는 자가 그러한 목적이 없는 자를 교사하여 위증하도록 한 경우에 교사자에게 단순위증죄의 교사범이 성립하는가 아니면 모해위증죄의 교사범이 성립하는가에 대하여 논란이 있다. 다수설은 모해목적이 행위요소로서 불법가중요소이므로 공범의 제한적 종속성에 따라 정범의 불법, 즉 단순위증죄의 교사범으로 처벌된다고 한다.[385] 이에 대하여 모해목적을 행위자요소로서 제33조 단서의 신분에 해당한다는 견해에 의하면 모해목적이 없는 정범에 대하여는 단순위증죄가 성립하고 모해목적이 있는 교사자에 대하여는 모해위증죄의 교사범이 성립한다. 판례도 모해목적이 '범인의 특수한 상태'로서 제33조 단서에 규정된 가중적 신분에 해당한다고 본다.

> [판례 6] 甲은 형사사건의 피고인 A를 모해할 목적으로 乙에게 위증을 하도록 교사하여 乙이 허위의 증언을 하였다. 그런데 乙에게는 A를 모해할 목적은 없었다. 甲, 乙의 죄책은?

乙은 A를 모해할 목적이 없이 위증한 것이므로 그에 대하여는 단순위증죄가 성립한다. 문제는 모해목적이 있는 甲이 모해목적이 없는 乙을 교사하여 그로 하여금 위증하게 한 경우에 단순위증교사와 모해위증교사 가운데 어느 것이 성립하는가이다. 만일 모해목적위증죄에서 말하는 '모해목적'을 행위요소로 본다면 공범의 종속성에 따라 甲은 정범 乙의 범행, 즉 단순위증죄의 교사범만이 성립할 것이다. 이에 대하여 '모해목적'이 행위자요소로서 제33조 단서가 적용되는 가중적 신분에 해당한다면 정범 乙에게 모해목적이 있는가의 여부와 관계없이 甲에 대하여는 모해위증교사죄가 성립할 것이다.

이 점에 대하여 대법원은 모해목적이 "형법 제33조 단서 소정의 '신분관계로 인하여 형의 경중이 있는 경우'에 해당한다"[386]고 함으로써 이를 가중적 신분으로 이해하였다. 따라서 甲에 대하여는 모해위증교사죄가 성립한다. 그리고 정범인 乙에 대하여는 단순위증죄가

---

385) 김일수/서보학, 각론, 937면; 박상기, 각론, 698; 배종대, 각론, 920면; 오영근, 각론, 1013면; 임웅, 각론, 984면; 정성근/박광민, 각론, 906면.
386) 대법원 1994.12.23. 선고 93도1002 판결.

성립하고, 공범이 甲에 대하여는 모해위증교사죄가 성립한다고 하는 것이 제31조 제1항이 규정하고 있는 공범의 종속성 원칙, 즉 교사범은 정범과 '동일한 형으로 처벌한다'는 원칙에 반하는 것이 아닌가라는 의문에 대하여 대법원은 "이 사건과 같이 신분관계로 인하여 형의 경중이 있는 경우에 신분이 있는 자(甲)가 신분이 없는 자(乙)를 교사하여 죄를 범하게 한 때에는 형법 제33조 단서가 위 제31조 제1항에 우선하여 적용됨으로써 신분이 있는 교사범이 신분이 없는 정범보다 중하게 처벌된다"고 함으로써 모해목적은 가중적 신분으로서 공범의 종속성 원칙이 적용되지 않는다는 점을 확인하였다.

3. 허위감정·통역·번역죄

> **제154조(허위의 감정, 통역, 번역)**: 법률에 의하여 선서한 감정인, 통역인 또는 번역인이 허위의 감정, 통역 또는 번역을 한 때에는 전2조의 예에 의한다.

본죄는 법률에 의하여 선서한 감정인, 통역인 또는 번역인이 허위의 감정, 통역 또는 번역을 함으로써 성립하는 범죄이다. '법률에 의하여 선서'하였다는 말의 의미는 위증죄에서 설명한 것과 같다. '감정인'이란 특수한 지식경험을 가진 자로서 이를 기초로 내린 판단을 법원 또는 법관에게 보고하는 자를 말한다. 감정인은 법원 또는 법관으로부터 감정의 명을 받은 자이므로 수사기관으로부터 감정을 위촉받은 자, 즉 감정수탁자(형소법 제221조)는 본죄의 주체가 아니다. 감정증인은 감정인이 아니라 증인이므로 본죄의 주체가 아니다. 감정증인이란 특별한 지식에 의하여 과거에 실험한 사실을 진술하는 자이다. 예컨대 의사가 "나는 甲女를 검진했는데, 그 녀는 당시 임신 6개월이었다"라고 진술한 경우에 그 의사는 감정인이 아니라 감정증인이다. 그에 대하여는 증인신문의 규정이 적용되므로(형소법 제179조) 감정증인이 허위의 진술을 한 때에는 허위감정죄가 성립하는 것이 아니라 위증죄가 성립한다.

'허위'의 의미도 위증죄에서 설명한 것과 같다. 즉 허위의 감정이란 주관설에 의하면 자기의 의견에 반하여 보고하는 것을 말하며, 객관설에 의하면 객관적 진실에 반하여 보고하는 것을 말한다.

본죄는 '전2조의 예', 즉 위증의 죄와 자수, 자백의 예에 의하므로 모해목적으로 허위의 감정, 통역 또는 번역을 한 때에는 모해위증죄의 예에 의하여 무겁게 처벌되며, 행위자가 재판 또는 징계처분이 확정되기 전에 자백 또는 자수한 때에는 그 형을 감경 또는 면제한다.

III. 증거인멸의 죄

1. 단순증거인멸죄

> **제155조 제1항(증거인멸등)**: 타인의 형사사건 또는 징계사건에 관한 증거를 인멸, 은닉, 위조 또는 변조하거나 위조 또는 변조한 증거를 사용한 자는 5년 이하의 징역 또는 700만원 이하의 벌금에 처한다.

(1) 의의

본죄는 타인의 형사사건 또는 징계사건에 관한 증거를 인멸, 은닉, 위조 또는 변조하거나 위조 또는 변조한 증거를 사용하는 것을 내용으로 하는 범죄이다. 본죄는 유형적인 증거의 증명력을 해한다는 점에서 무형적인 방법으로 증거의 증명력을 해하는 위증죄와 구별된다.

(2) 성립요건

(가) 주체

본죄의 주체에는 제한이 없다. 다만 본죄의 객체가 '타인의 형사사건 또는 징계사건에 관한 증거'이므로 자기의 형사사건에 관하여는 주체가 되지 않는다. 친족이나 동거가족도 본죄의 주체가 된다. 다만 친족간의 특례규정이 적용되어 처벌되지 않는다.

(나) 객체

본죄의 객체는 '타인의 형사사건 또는 징계사건에 관한 증거'이다.

① 타인: '타인'은 자기, 즉 형사사건의 피고인·피의자 또는 징계사건의 징계혐의자 이외의 자를 말한다. 자기사건에 관한 증거의 인멸(자기증거인멸)은 방어권행사 내지는 자기비호의 일종이므로 처벌의 대상에서 제외된다.[387] 자기사건에 관한 증거는 본죄의 객체에서 제외되므로 자기증거인멸은 구성요건해당성이 없다.[388]

피고인이 타인을 교사하여 자기의 형사사건에 대한 증거를 인멸하게 한 경우에 본죄의 교사범이 성립하는가에 대하여 적극설[389]과 소극설[390]의 대립이 있다. 그 논

---

387) 대법원 1965. 12. 10. 선고 65도826 전원합의체 판결.
388) 김일수/서보학, 각론, 919면 이하; 박상기, 각론, 699면; 배종대, 각론, 923면; 임웅, 각론, 986면; 정성근/박광민, 각론, 909면.
389) 판례(대법원 1965. 12. 10. 선고 65도826 전원합의체 판결; 대법원 2000. 3. 24. 선고 99도5275 판결; 대법원 2011. 2. 10. 선고 2010도15986 판결); 백형구, 각론, 625면.

거는 피고인이 자기의 형사사건에 관하여 타인을 교사하여 위증하게 하는 경우에 위증죄의 교사범이 성립하는가의 여부에 대한 논거와 같다. 판례는 적극설의 입장에서 그 논거로서 "타인이 타인의 형사사건에 관한 증거를 그 이익을 위하여 인멸하는 행위를 하면 본법 제155조 제1항의 증거인멸죄가 성립되므로 자기의 형사사건에 관한 증거를 인멸하기 위하여 타인을 교사하여 죄를 범하게 한 자에 대하여도 교사범의 죄책을 부담케 함이 상당"391)하다는 점을 든다. 그러나 본죄의 정범으로도 처벌되지 않는 자에 대하여 교사범의 성립을 인정할 수는 없으므로 소극설이 타당하다.

> [판례 7] A 수산업협동조합 조합장 甲은 2009. 1. 30.경 풍어제 관련 기부금 횡령 의혹을 제기하는 뉴스가 방송된 이후 A 수산업협동조합직원 乙 등에게 1,300만 원 상당의 기부금을 풍어제 관련 식비로 사용하였다는 것을 입증할 수 있는 증거를 만들라고 지시하고, 乙 등이 그 무렵 2005. 4. 21.자 '05년 풍어제 행사 지원비 집행(안)', 2005. 6. 27.자 '05년 풍어제 행사 지원비 사용 내역' 등 공문 2장을 그 일자를 소급해서 허위로 작성하였다. 甲은 2009. 2. 25.경 위 기부금 횡령 사건에 관하여 조사받은 이후 乙 등으로 하여금 위와 같이 허위 작성된 공문 2장을 검찰청에 제출하게 하였다. 그런데 甲은 나중에 기부금 횡령 사건에 관하여 검찰로부터 불기소처분을 받았다. 甲, 乙의 죄책은?

(1) 乙의 죄책

乙이 甲의 기부금 횡령 사건에 관하여 공문 2장을 그 일자를 소급해서 허위로 작성한 행위가 증거위조죄에 해당하는지 검토하기로 한다.

① '형사사건'의 의의

乙의 행위가 '타인의 형사사건에 관한 증거를 위조'한 행위에 해당하는지가 문제된다. 아직 수사가 개시되기 전 단계에 있는 사건이나 불기소처분이 된 사건도 증거위조죄에서 말하는 형사사건에 해당하는가에 대하여 대법원은 "증거위조죄에서 타인의 형사사건이란 증거위조 행위시에 아직 수사절차가 개시되기 전이라도 장차 형사사건이 될 수 있는 것까지 포함하고, 그 형사사건이 기소되지 아니하거나 무죄가 선고되더라도 증거위조죄의 성립에 영향이 없다"고 한다.

② '위조'

문서위조죄에서는 작성권자가 문서를 작성한 행위는 위조에 해당하지 않는데, 문서작성권자인 직원 乙이 작성일자를 소급해서 허위로 문서를 작성한 것이 증거위조죄에서 발하는 '위조'에 해당하는가에 관하여 대법원은 '증거가 문서의 형식을 갖는 경우 증거위조죄에 있어서의 증거에 해당하는지 여부가 그 작성권한의 유무나 내용의 진실성에 좌우되는 것은 아니다'라고 한다. 따라서 乙에 대하여는 증거위조죄가 성립한다.

---

390) 김일수/서보학, 각론, 920면; 박상기, 각론, 700면; 배종대, 각론, 923면; 임웅, 각론, 987면; 정성근/박광민, 각론, 910면.
391) 대법원 1965. 12. 10. 선고 65도826 전원합의체 판결.

(2) 甲의 죄책

피고인이 타인을 교사하여 자기의 형사사건에 대한 증거를 위조하게 한 경우에 본죄의 교사범이 성립하는가에 대하여 적극설과 소극설의 대립이 있다. 대법원은 '형사사건에 관한 증거를 위조하기 위하여 타인을 교사하여 죄를 범하게 한 자에 대하여는 증거위조교사죄가 성립한다'라고 함으로써 적극설을 취하고 있다.[392] 이 견해에 의하면 갑에 대하여는 증거위조교사죄가 성립한다.

공범자의 형사사건에 대한 증거를 인멸한 때에도 증거인멸죄가 성립하는가에 대하여 견해가 일치하지 않는다. 부정설은 공범자의 사건은 타인의 사건이 아니라 자기의 사건이므로 공범자의 형사사건에 대한 증거를 인멸한 때에는 증거인멸죄는 성립하지 않는다고 한다.[393] 이에 대하여 절충설은 공범자의 이익을 위하여 증거를 인멸한 때에는 본죄가 성립하지만, 자기 또는 자기와 공범의 이익을 위하여 증거를 인멸한 때에는 본죄가 성립하지 않는다고 한다.[394] 자기증거인멸을 처벌하지 않는 이유는 피고인에게 방어권을 인정하기 위한 것이므로, 자기의 이익을 위하여 또는 자기와 공범자 모두의 이익을 위하여 공범자의 형사사건에 대한 증거를 인멸하는 행위는 방어권행사에 해당하므로 본죄가 성립하지 않지만, 공범자의 이익만을 위하여 증거를 인멸한 때에는 본죄가 성립한다고 보아야 한다. 판례는 자기의 이익을 위하여 다른 공범자의 형사사건이나 징계사건에 관한 증거를 인멸한 한 때뿐만이 아니라 공범자가 아닌 자의 형사사건이나 징계사건에 관한 증거를 인멸한 때에도 마찬가지로 본죄가 성립하지 않는다고 본다.[395]

② 형사사건 또는 징계사건: 본죄의 객체는 타인의 '형사사건 또는 징계사건'에 관한 증거이다. 그 이외의 민사·행정사건 등에 관한 증거는 본죄의 객체가 아니다. 여기서 '형사사건'은 판결확정후의 사건, 즉 재심이나 비상상고사건도 포함한다.[396] 그리고 범인은닉죄에서와 마찬가지로 피고사건은 물론 피의사건[397]도 형사사건에 포함된다. 수사개시전의 사건까지도 형사사건에 포함되는가에 대하여는 논란이 있다. 수

---

392) 대법원 2011. 2. 10. 선고 2010도15986 판결.
393) 김성천/김형준, 각론, 877면; 배종대, 각론, 923.
394) 김일수/서보학, 각론, 919면; 박상기, 각론, 700면; 오영근, 각론, 854면; 임웅, 각론, 987면; 정성근/박광민, 각론, 911면 이하.
395) 대법원 1995. 9. 29. 선고 94도2608 판결. 판례(대법원 1976. 6. 22. 선고 75도1446 판결; 대법원 1995. 9. 29. 선고 94도2608 판결)가 부정설과 절충설 가운데 어느 입장에 있는지는 명확하지 않지만, '자기의 이익'을 위하여 증거를 인멸한 경우에 본죄의 성립을 부정한 점으로 미루어 보면 절충설의 입장에 있는 것으로 보인다. 판례가 부정설의 입장에 있다고 보는 견해는 김일수/서보학, 각론, 919면 참조.
396) 통설: 김일수/서보학, 각론, 920면; 배종대, 각론, 923면; 정성근/박광민, 각론, 911면.
397) 통설: 김일수/서보학, 각론, 920면; 임웅, 각론, 987면; 정성근/박광민, 각론, 911면.

사개시전의 단계에서도 증거인멸행위는 보호법익인 사법기능을 해할 우려가 있으므로 이를 긍정하는 견해가 타당하다.398) 그리고 형사사건이 기소되지 아니하거나 무죄가 선고되더라도 증거위조죄의 성립에 영향이 없다.399)

③ **증거**: 여기서 '증거'란 "타인의 형사사건 또는 징계사건에 관하여 수사기관이나 법원 또는 징계기관이 국가의 형벌권 또는 징계권의 유무를 확인하는 데 관계있다고 인정되는 일체의 자료"를 의미한다.400) 타인에게 유리한 것이건 불리한 것이건 불문하며, 증거가치의 유무 및 정도도 불문한다.

증인이나 인적 증거도 본죄에서 말하는 증거에 포함되는가에 대하여는 견해가 일치하지 않는다. 이 점에 대해서는 ① 물적 증거에 국한된다는 견해,401) ② '증인 이외의 증거'를 말하지만 물적 증거에 국한되지 않는다는 견해,402) ③ 증인도 포함한다는 견해403) 등이 있다. '증거'에 증인도 포함한다는 견해는 그 예로서 증인을 살해하거나 감금한 경우를 든다. 여기서 증인이 검증의 대상인 경우에는 물적 증거에 해당하므로404) 증거인멸죄가 성립하지만, 증인이 경험한 사실을 진술한 내용이 증거가 되는 경우, 즉 인적 증거인 경우에는 증인인멸죄의 객체가 된다. 인적 증거가 사람의 진술내용이 증거가 되는 경우로 국한하여 이해하고, 증인은 인적 증거의 하나로서 검증의 대상이 되는 경우는 물적 증거에 해당한다고 이해하는 이상은 본죄의 객체인 증거는 물적 증거에 국한된다는 견해가 타당하다. 여기서 물적 증거는 물건은 물론 검증의 대상인 사람도 포함한다.

(다) 행위

본죄의 행위는 인멸·은닉·위조·변조하거나 위조·변조한 증거를 사용하는 것이다. '인멸'이란 증거를 물질적으로 손괴하는 행위는 물론 그 효력을 멸실·감소시키는 일체의 행위를 말한다.405) '은닉'은 증거의 발견 내지는 현출(겉으로 드러나는 것)을

---

398) 판례(대법원 2011. 2. 10. 선고 2010도15986 판결) 및 다수설(김일수/서보학, 각론, 920면; 임웅, 각론, 988면; 정성근/박광민, 각론, 911면). 이에 대하여 수사개시전의 사건은 본죄에서 말하는 '형사사건'에서 제외된다는 견해는 배종대, 각론, 924면; 오영근, 각론, 1017면.
399) 대법원 2011. 2. 10. 선고 2010도15986 판결.
400) 대법원 2007. 6. 28. 선고 2002도3600 판결.
401) 정영석, 각론, 89면.
402) 다수설: 배종대, 각론, 924면; 임웅, 각론, 988면.
403) 김일수/서보학, 각론, 921면.
404) 물증은 통상 물건의 존재나 상태가 증거로 되는 경우를 말하지만, 사람도 검증의 대상인 경우에는 물증에 해당한다(Roxin, Strafverfahrensrecht, 21. Aufl., 1989, § 28 A.(최신판으로 수정) 참조)
405) 김일수/서보학, 각론, 921면; 배종대, 각론, 925면; 오영근, 각론, 1018면. 이에 대하여 판례(대법원 1961. 10. 19. 선고 4294형상347 판결)는 인멸의 개념을 "증거의 현출방해는 물론 그 효

곤란하게 하는 행위를 말한다. 본죄에서 '위조'는 새로운 증거를 작출(창조)하는 행위를 말한다. 예컨대 범행시 현장에 없었던 지문을 새로이 각인해 두거나 제3자의 범행을 암시하기 위하여 타인의 소지품을 현장에 가져다 놓은 경우 등이 위조에 해당한다. 문서에 관한 죄에서 위조는 권한 없이 타인명의를 모용하여 문서를 작성하는 행위를 말하므로 본죄에서 의미하는 위조와는 개념상 차이가 있다. 증거위조죄에서 위조는 사법기관이나 징계기관의 판단을 오도할 정도면 족하며,[406] 서류의 작성권한의 유무나 내용의 진실성에 좌우되지 않는다.[407] 작성권한 자가 문서를 작성한 행위가 문서위조에는 해당하지 않지만 타인의 형사사건이나 징계사건에 관하여 새로운 증거를 작출한 이상은 증거위조죄가 성립한다. '증거를 위조'한다는 말은 증거 '자체'를 위조하는 것을 말하므로 참고인이 수사기관에서 허위의 진술을 하거나,[408] 선서무능력자로서 범죄 현장을 목격하지도 못한 사람으로 하여금 형사법정에서 범죄 현장을 목격한 양 허위의 증언을 하도록 하는 행위[409]는 증거위조에 해당하지 않는다. '변조'는 기존의 증거에 가공하여 증거의 가치나 효과를 변경시키는 행위를 말한다. 예컨대 절취한 자동차를 다른 색으로 착색하거나, 번호판을 교체한 행위가 변조에 해당한다. 그러나 변경의 정도가 새로운 증거를 작출하는 정도에 이른 때에는 변조가 아니다.[410] 예컨대 사고차량의 바퀴에 있는 범죄흔적을 없애기 위하여 바퀴를 교체한 행위는 변조가 아니라 증거를 인멸하고 새로운 증거를 작출한 행위로서 포괄하여 하나의 위조행위에 해당한다. 본죄에서 '사용'은 위조·변조한 증거를 진정한 증거로 사용하는 행위를 말한다. 예컨대 위조·변조한 증거를 법원이나 수사기관에 제출하는 행위가 여기에 해당한다.

(라) 주관적 구성요건

본죄의 주관적 구성요건은 '타인의 형사사건 또는 징계사건에 관한 증거를 인멸, 은닉, 위조 또는 변조하거나 위조 또는 변조한 증거를 사용하는 것'에 대한 고의이다. 여기서 고의는 미필적 고의로도 족하다.

  력을 멸실·감소시키는 일체의 행위를 지칭하는 것"이라고 정의한다. 현출방해는 현출을 곤란하게 하는 행위인 '은닉'과 구분이 불명확하다. 은닉과 인멸을 개념상 명확히 구분짓기 위해서는 인멸이 '증거의 물질적 손괴에 의한 현출방해와 그 효력을 멸실·감소시키는 일체의 행위'를 의미한다고 보아야 한다. 은닉도 증거의 현출을 곤란하게 함으로써 '그 효력을 멸실·감소'시킨다는 점을 보면 넓은 의미에서는 멸실에 포함된다고 이해할 수 있다(정영석, 각론, 90면).
406) 김일수/서보학, 각론, 922면.
407) 대법원 2007. 6. 28. 선고 2002도3600 판결.
408) 대법원 1995. 4. 7. 선고 94도3412 판결.
409) 대법원 1998. 2. 10. 선고 97도2961 판결.
410) 김일수/서보학, 각론, 922면; 정성근/박광민, 각론, 913면.

(3) 죄수

본죄의 행위태양 가운데 인멸·은닉·위조·변조는 포괄일죄를 구성한다. 예컨대 증거물을 은닉하였다가 이를 소각한 행위는 포괄하여 하나의 인멸행위에 해당한다. 그러나 증거를 위조·변조한 자가 그 증거를 사용한 경우에 위조·변조는 불가벌적 사전행위로서 사용행위에 대하여 보충관계에 있으므로 사용행위만 성립한다.[411] 본죄가 동시에 다른 죄에 해당하는 경우에는 양죄의 상상적 경합이 성립한다.[412] 예컨대 타인의 형사사건에 관한 증거가 장물인 경우 이를 은닉하고 있다면 증거은닉죄와 장물보관죄의 상상적 경합이 성립하며, 이를 손괴하였다면 증거인멸죄와 손괴죄의 상상적 경합이 성립한다. 문서의 작성권한이 없는 자가 타인의 형사사건이나 징계사건에 관하여 문서를 위조하였다면 증거위조죄와 문서위조죄의 상상적 경합이 성립한다.

(4) 친족간의 특례

> 제155조 제4항(친족간의 특례): 친족 또는 동거의 가족이 본인을 위하여 본조의 죄를 범한 때에는 처벌하지 아니한다.

친족 또는 동거의 가족이 본인을 위하여 본조의 죄(증거인멸죄 또는 증인은닉·도피죄)를 범한 때에는 처벌하지 아니한다(제155조 제4항). 이를 친족간의 특례라고 한다. 그 내용은 범인은닉죄에서 설명한 친족간의 특례(제151조 제2항)와 같다.

2. 단순증인은닉·도피죄

> 제155조 제2항(증인은닉·도피): 타인의 형사사건 또는 징계사건에 관한 증인을 은닉 또는 도피하게 한 자도 제1항의 형과 같다.

(1) 의의

본죄는 타인의 형사사건 또는 징계사건에 관한 증인을 은닉 또는 도피하게 하는 것을 내용으로 하는 범죄이다.

(2) 성립요건

(가) 주체

본죄의 주체에는 제한이 없다. 다만 증거인멸죄에서 설명한 바와 같이 본죄의 객

---

411) 김일수/서보학, 각론, 923면; 오영근, 각론, 1019면; 임웅, 각론, 989면.
412) 김일수/서보학, 각론, 923면 이하; 정성근/박광민, 각론, 913면 이하.

체는 '타인의 형사사건 또는 징계사건에 관한' 증인이므로 자기의 형사사건이나 징계사건에 관한 증인을 은닉하거나 도피하게 한 때에는 본죄가 성립하지 않는다.

공범자의 형사사건에 대한 증인을 은닉·도피하게 한 때에도 인멸한 때에도 증인은닉·도피죄가 성립하는가에 대하여는 증거인멸죄에서 설명한 것과 같다. 즉 공범자의 이익을 위하여 증인을 은닉·도피하게 한 때에는 본죄가 성립하지만, 자기 또는 자기와 공범의 이익을 위하여 증인을 은닉·도피하게 한 때에는 본죄가 성립하지 않는다(절충설). 판례도 피고인이 자기의 이익을 위하여 증인을 도피하게 한 경우에 그 행위가 동시에 다른 공범자의 형사사건에 관한 증인을 도피하게 한 결과가 되더라도 증인도피죄로 처벌할 수 없다고 본다.[413]

(나) 객체

본죄의 객체는 '타인의 형사사건 또는 징계사건에 관한 증인'이다. 여기서 형사사건도 증거인멸죄에서 설명한 것과 마찬가지로 피고사건이나 피의사건은 물론, 수사개시전의 단계도 포함된다. 따라서 본죄에서 말하는 증인은 형사소송법에서 의미하는 증인, 즉 피고사건의 증인은 물론 수사단계의 참고인도 포함한다.[414]

(다) 행위

본죄의 행위는 '은닉 또는 도피하게 하는 것'이다. 여기서 '은닉'이란 증인의 발견 내지는 현출을 곤란하게 하는 행위 일체를 말한다. 예컨대 증인을 숨기거나 감금 또는 살해하는 행위[415]도 은닉에 해당한다.[416] '도피하게 하는 것'은 은닉 이외의 방법으로 증인의 출석을 지연, 곤란 또는 불가능하게 하는 일체의 행위를 말한다. 증인의 도피를 교사방조하는 행위도 '도피하게 하는 행위'에 해당한다.[417] 그러나 참고인이 타인의 형사피의사건에 관하여 수사기관에서 허위의 진술을 하거나 허위의 진술을 하도록 교사하는 정도의 행위로서는 타인의 형사사건에 관한 증인을 은닉 또는 도피하게 한 것에 해당되지 않는다.[418]

---

413) 대법원 2003. 3. 14. 선고 2002도6134 판결.
414) 판례(대법원 1982. 4. 27. 선고 82도274 판결); 김일수/서보학, 각론, 924면; 박상기, 각론, 700면; 배종대, 각론, 925면 이하; 임웅, 각론, 990면; 정성근/박광민, 각론, 915면.
415) 김일수/서보학, 각론, 925면; 정성근/박광민, 각론, 915면.
416) 증인은닉죄에서는 증인을 살해, 감금하는 행위도 은닉에 해당한다는 점에서 범인은닉죄에서 말하는 은닉보다 범위가 넓다.
417) 김일수/서보학, 각론, 925면; 오영근, 각론, 1021면.
418) 대법원 1977. 9. 13. 선고 77도997 판결.

3. 가중적 구성요건

> 제155조 제3항(모해증거인멸등): 피고인, 피의자 또는 징계혐의자를 모해할 목적으로 전2항의 죄를 범한 자는 10년 이하의 징역에 처한다.

본죄는 피고인, 피의자 또는 징계혐의자를 모해할 목적으로 단순증거인멸죄나 단순증인은닉·도피죄를 범하는 것을 내용으로 하는 범죄이다. 모해목적으로 증거인멸죄를 범한 경우를 모해증거인멸죄, 증인은닉·도피죄를 범한 경우를 모해증인은닉·도피죄라고 한다. 모해목적의 의미는 모해위증죄에서 설명한 것과 같다. 본죄에 대해서도 단순증거인멸죄나 단순증인은닉·도피죄와 마찬가지로 친족간의 특례(제155조 제4항)가 적용된다.

제5절 무고죄

> 제156조(무고): 타인으로 하여금 형사처분 또는 징계처분을 받게 할 목적으로 공무소 또는 공무원에 대하여 허위의 사실을 신고한 자는 10년 이하의 징역 또는 1천500만원 이하의 벌금에 처한다.

I. 서론

1. 의의

본죄는 타인으로 하여금 형사처분 또는 징계처분을 받게 할 목적으로 공무소 또는 공무원에 대하여 허위의 사실을 신고함으로써 성립하는 범죄이다.

2. 본질 및 보호법익

본죄의 본질은 사법기능의 적정성이라고 하는 국가적 법익과 개인의 법적 안정성이라고 하는 개인적 법익을 보호하기 위한 범죄라는 이중의 성격에 있다고 할 수 있다.[419] 다만 본죄의 주된 보호법익은 국가의 사법기능의 적정성이며, 개인의 법적

---

[419] 판례(대법원 2005. 9. 30. 선고 2005도2712 판결) 및 다수설(김일수/서보학, 각론, 938면; 박상기, 각론, 703면; 배종대, 각론, 927면; 임웅, 각론, 992면 이하; 정성근/박광민, 각론, 918면). 이에 대하여 본죄의 본질이 개인적 법익을 침해하는 범죄라고 하는 개인적 법익침해설과 국가적 법익을 침해하는 범죄라고 하는 국가적 법익침해설이 있으나 우리나라에서는 거의 주

안정성, 즉 피무고자가 부당하게 형사처분이나 징계처분을 받지 않을 것에 대한 신뢰는 부차적인 보호법익이라고 할 수 있다. 본죄의 주된 보호법익인 사법기능의 적정성은 형사처분을 위한 수사권이나 징계를 위한 조사권의 적정뿐만이 아니라 심판기능의 적정도 포함한다.420) 이에 대하여 본죄의 보호법익은 수사권이나 조사권의 적정으로 보는 견해가 있다. 그 근거로서 허위의 신고는 수사권이나 조사권의 발동의 적정성을 해하는 것이며, 형사처분이나 징계처분에 관한 심판 자체의 적정성을 해하기에는 불충분하다는 점을 든다. 그러나 부적정한 수사의 개시가 부적정한 심판으로 이어질 위험성을 배제할 수는 없으므로 심판기능의 정적성도 본죄의 보호법익에 포함된다고 보아야 한다. 보호의 정도는 추상적 위험범이다.

II. 무고죄

1. 성립요건

(1) 행위

본죄의 행위는 (가) 공무소 또는 공무원에 대하여 (나) 허위의 사실을 (다) 신고하는 것이다.

(가) 행위의 상대방

신고의 상대방은 '공무소 또는 공무원'이다. 여기서 공무소는 형사처분이나 징계처분을 다룰 수 있는 해당 관서를 말하며, 공무원은 그 해당 관서의 소속 공무원을 말한다. 형사처분에서 신고의 상대방은 주로 수사기관인 검사나 사법경찰관 및 그 보조자(사법경찰리)를 말하지만, 법무부장관에 대한 지휘·감독을 통해서 수사기관의 직권발동을 촉구시킬 수 있는 대통령421) 또는 산하의 수사기관인 경찰국의 직원과 관내경찰서장을 지휘·감독하는 도지사422)도 해당관서에 해당한다. 국세청장은 조세범칙행위에 대하여 벌금 상당액의 통고처분을 하거나 검찰에 이를 고발할 수 있는 권한이 있으므로, 국세청장에 대하여 탈세혐의사실에 관한 허위의 진정서를 제출하였다면 무고죄가 성립한다.423) 징계처분에서 신고의 상대방은 징계처분을 할 수 있는 해당 관서나 그 소속 공무원은 물론, 징계처분을 요구할 수 있는 기관(예컨대 감사

장되고 있지 않다.
420) 김일수/서보학, 각론, 938면; 박상기, 각론, 703면; 정성근/박광민, 각론, 918면.
421) 대법원 1977. 6. 28. 선고 77도1445 판결.
422) 대법원 1982. 11. 23. 선고 81도2380 판결.
423) 대법원 1991. 12. 13. 선고 91도2127 판결

원)도 포함한다.424)

(나) 허위의 사실

'허위의 사실'이란 객관적 진실에 반하는 사실을 말한다.425) 위증죄에서 '허위'의 의미에 대하여 판례나 다수설은 주관설에 따라 기억에 반하는 진술을 하는 것, 즉 '진술과 기억의 불일치'라고 한다. 이 견해에 의하면 위증죄에서 말하는 허위와 무고죄에서 말하는 허위의 의미는 차이가 있다. 객관설은 위증죄에서 '허위'도 객관적 진실에 반하는 것이라고 하므로 위증죄에서 말하는 허위와 무고죄에서 말하는 허위의 의미는 같다.

행위자가 객관적 진실과 일치하는 사실을 허위라고 오인하고 신고한 경우에 그 행위는 객관적 구성요건해당성이 없으므로 본죄는 성립하지 않는다. 반대로 행위자가 허위의 사실을 진실이라고 오인하고 신고한 경우에는 객관적 구성요건해당성은 있지만 고의가 부정되므로 본죄는 성립하지 않는다.

신고한 사실의 허위 여부는 그 범죄의 구성요건과 관련하여 신고사실의 핵심 또는 중요내용이 허위인가에 따라 판단한다.426) 따라서 신고사실의 일부에 허위의 사실이 포함되어 있더라도 그 허위 부분이 범죄의 성립여부에 영향을 미치는 중요한 부분이 아니고, 단지 신고한 사실을 과장한 것에 불과한 경우에는 무고죄에 해당하지 않는다. 그러나 그 허위 부분이 범죄의 구성요건에 관련된 중요부분인 때, 즉 "국가의 심판작용을 그르치거나 부당하게 처벌을 받지 아니할 개인의 법적 안정성을 침해할 우려가 있을 정도로 고소사실 전체의 성질을 변경시키는 때"427)에는 무고죄가 성립될 수 있다.

> [판례 1] 甲은 먼저 A, B에게 자신을 때려 주면 돈을 주겠다고 하여 A 등이 甲을 때리고 甲으로부터 지갑을 교부받아 그 안에 있던 현금을 가지고 간 것이었음에도 불구하고, 甲은 A등이 甲을 성추행범으로 신고하자 이에 대항하기 위하여 'A 등이 甲을 폭행한 다음 현금을 빼앗아갔다'는 취지로 허위사실을 수사기관에 신고하였다. 甲의 죄책은?

신고사실의 일부에 허위의 사실이 포함되어 있는 경우에도 무고죄가 성립하는지의 여부에 관한 문제다. 대법원은 "그 허위 부분이 범죄의 성부에 영향을 미치는 중요한 부분이 아니

---

424) 김일수/서보학, 각론, 939면; 배종대, 각론, 929면 이하.
425) 판례(대법원 1991. 10. 11. 선고 91도1950 판결; 대법원 2003. 1. 24. 선고 2002도5939 판결; 대법원 2008. 5. 29. 선고 2006도6347 판결; 대법원 2010. 4. 29. 선고 2010도2745 판결) 및 통설(김일수/서보학, 각론, 939면; 박상기, 각론, 704면; 배종대, 각론, 930면).
426) 대법원 1991. 10. 11. 선고 91도1950 판결; 대법원 2004. 1. 16. 선고 2003도7178 판결; 대법원 2010. 4. 29. 선고 2010도2745.
427) 대법원 2004. 1. 16. 선고 2003도7178 판결.

고, 단지 신고한 사실을 과장한 것에 불과한 경우에는 무고죄에 해당하지 아니하지만, 그 일부 허위인 사실이 국가의 심판작용을 그르치거나 부당하게 처벌을 받지 아니할 개인의 법적 안정성을 침해할 우려가 있을 정도로 고소사실 전체의 성질을 변경시키는 때에는 무고죄가 성립될 수 있다"고 한다. 甲의 신고내용 가운데 A 등이 폭행한 사실과 지갑의 현금을 가져갔다는 사실은 진실이지만 이 행위들이 모두 甲의 동의에 의한 행위라는 사실을 감추었다는 부분은 허위에 해당한다. 甲이 A 등에게 자신을 때려 달라는 요청이 있었더라도 그러한 요청은 윤리적·도덕적으로 사회상규에 어긋나는 것이어서 위법성 조각사유로서의 피해자의 승낙에 해당한다고 할 수는 없다. A 등의 폭행행위는 결과적으로 위법하여 폭행죄에 해당하므로 허위부분, 즉 甲의 승낙에 의한 행위라는 사실을 감추고 폭행사실만 신고한 것은 중요한 부분에 해당한다고 할 수 없다.

그러나 지갑의 현금을 가져간 행위가 甲의 동의에 의한 것이라는 사실을 숨긴 허위부분은 '갈취 내지 강취 범죄의 성부에 영향을 미치는 중요한 부분'으로서 '국가의 심판작용을 그르치거나 부당하게 처벌을 받지 아니할 개인의 법적 안정성을 침해할 우려가 있을 정도로 고소사실 전체의 성질을 변경시킨 것'이다. 따라서 甲에 대하여는 무고죄가 성립한다.[428]

[판례 2] 서울 강동구 소재아파트의 관리대행업체인 A 주식회사의 관리소장 甲은 같은 회사의 보일러 기계실장이던 乙 등 3인이 보일러 세관 후 발생하는 폐수를 하수구에 무단 방류하였다고 경찰에 고발하자, 乙이 이에 대응하여 '자신은 폐수를 버리라고 지시한 적도 없고, 폐수를 버린 적도 없으며, 폐수를 버린 사실을 알지도 못하고 있는데 관리소장 甲이 허위사실을 고발하여 乙을 무고하였다'는 취지로 甲을 경찰에 고소하였다. 한편 검사는 甲의 고발사건에 대하여 '乙 등이 보일러 세관수를 하수구에 방류한 사실은 인정되나, 위 세관수는 수소이온농도(PH)가 4.1로서 그 농도가 2.0 이하 또는 12.5 이상인 산업폐기물에 해당하지 아니하고, 또 이에는 (구) 환경보전법시행규칙 별표3 소정의 특정유해물질이 포함되어 있지 않다는 이유로 乙 등의 (구) 환경보전법위반의 피의사실은 범죄혐의 없다'는 취지의 결정을 내렸다. 甲, 乙의 죄책은?

甲이 乙을 폐수의 무단방류를 이유로 고소하였고, 乙은 甲이 자신을 무고하였다는 이유로 甲을 고소하였다. 甲, 乙에 대하여 무고죄가 성립하는지를 甲, 乙의 순서로 검토하기로 한다.

원심법원[429]은 "乙이 방류한 세관수는 (구) 환경보전법상의 산업폐기물에 해당하지 아니하고, 또 동법시행규칙 소정의 특정유해물질도 함유하고 있지 않아서 甲가 고발한 乙의 행위는 결과적으로는 (구) 환경보전법 위반죄를 구성할 수 없는 것이므로, 비록 乙이 위 방류폐수의 성분에 관한 법률적 문제점에 관하여는 언급함이 없이 乙이 폐수를 방류한 사실이 없는데도 있는 것처럼 무고하였다는 취지로 甲를 고소하였다 하더라도 이는 甲의 고발

---

428) 대법원 2010. 4. 29. 선고 2010도2745 판결.
429) 서울형사지방법원 1991. 6. 12. 선고 90노7647 판결.

내용이 결국 범죄를 구성하지 아니한다는 객관적 사실에 부합하여 무고죄가 성립되지 않는다"고 판시하였다.

대법원[430])은 "甲의 乙에 대한 고발내용 중 범죄구성요건에 관련된 중요부분은 乙이 환경보전법 제37조에서 규정하고 있는 '특정유해물질 또는 산업폐기물'을 함유하고 있는 보일러 세관수를 정당한 사유 없이 방류함으로써 결국 위 법조를 위반하였다는 것이고, 한편 乙의 甲에 대한 고소내용의 중요부분은 乙이 그와 같이 '특정유해물질 또는 산업폐기물'을 함유하고 있는 보일러 세관수를 방류한 사실이 없어 결국 甲의 위 고발내용이 허위라는 것이므로, 앞서, 본 검사의 불기소 결정에서와 같이 乙이 보일러 세관수를 방류한 사실이 인정된다 하더라도 그 세관수가 위 법조에 규정된 특정유해물질이나 산업폐기물을 함유하고 있지 않다면, 甲의 위 고발내용은 결과적으로 그 범죄 구성요건에 관련된 중요부분이 허위인 것이고, 반면 乙의 고소내용은 그 중요부분에 있어 객관적으로 진실한 사실에 부합하는 것이어서, 乙이 허위사실을 신고한 것이라고는 할 수 없다"고 판시하였다.

이 사건에서 피고인은 乙인데, 원심법원과 대법원 모두 乙에 대하여 무고죄가 성립하지 않는다고 보았다.

허위사실은 국가기관의 직무를 그르치게 할 위험,[431]) 즉 피신고자가 형사처분 또는 징계처분을 받게 할 위험[432])이 있을 것을 요한다. 따라서 ① 허위의 사실을 신고하였더라도 그 사실 자체가 형사범죄에 해당하지 않는 경우,[433]) ② 신고된 범죄사실에 대한 공소시효가 완성되었음이 신고 내용 자체에 의하여 분명한 경우,[434]) ③ 신고된 사실이 친고죄로서 그에 대한 고소기간이 경과하여 공소를 제기할 수 없음이 그 신고 내용 자체에 의하여 분명한 경우[435])에는 법익침해의 위험이 전혀 없으므로 본죄는 성립하지 않는다. 그러나 ① 위법성조각사유가 있음을 알면서도 피고소인을 고소함으로써 결국 적극적으로 위법성조각사유가 적용되지 않는 범죄로 처벌되어야 한다고 주장한 것과 같은 것으로 볼 수 있는 경우,[436]) ② 객관적으로 고소사실에 대한 공소시효가 완성되었더라도 고소를 제기하면서 마치 공소시효가 완성되지 아니한 것처럼 고소한 경우[437])에는 국가기관의 직무를 그르칠 염려가 있으므로 무고죄가 성립한다.

---

430) 대법원 1991. 10. 11. 선고 91도1950 판결.
431) 대법원 1998. 4. 14. 선고 98도150 판결.
432) 대법원 1996. 5. 31. 선고 96도771 판결.
433) 대법원 1992. 10. 13. 선고 92도1799 판결; 대법원 2002. 11. 8. 선고 2002도3738 판결; 대법원 2008. 1. 24. 선고 2007도9057 판결.
434) 대법원 1970. 3. 24. 선고 69도2330 판결; 대법원 1982. 3. 23. 선고 81도2617 판결; 대법원 1985. 5. 28. 선고 84도2919 판결; 대법원 1994. 2. 8. 선고 93도3445 판결.
435) 대법원 1998. 4. 14. 선고 98도150 판결.
436) 대법원 1998. 3. 24. 선고 97도2956 판결.
437) 대법원 1995. 12. 5. 선고 95도1908 판결.

객관적 사실관계를 사실 그대로 신고한 경우에는 그 객관적 사실을 토대로 한 주관적 법률평가를 잘못하고 이를 신고하였거나438) 또는 그 신고된 사실에 대한 형사책임을 부담할 자를 잘못 택한 경우439)에도 허위사실을 신고한 것이 아니므로 무고죄는 성립하지 않는다.

무고죄에 있어서 허위사실의 적시정도에 대하여는 '수사관서 또는 감독관서에 대하여 수사권 또는 징계권의 발동을 촉구하는 정도'440)면 족하다. 수사권 또는 징계권의 발동(직권발동)을 위하여 적시된 사실이 구체성을 가져야 하는가에 대하여는 추상적 사실로 족하다는 견해441)와 추상적 사실로는 족하지 않으며 구체성을 가져야 한다는 견해442)가 있다. 판례는 '허위사실 적시의 정도는 수사관서 또는 감독관서에 대하여 수사권 또는 징계권의 발동을 촉구하는 정도의 것이면 충분하고 반드시 범죄구성요건 사실이나 징계요건 사실을 구체적으로 명시하여야 하는 것은 아니다'443)라고 함으로써 허위사실의 적시정도는 추상적 사실로 족하다는 입장을 취하고 있다. 막연히 '甲이 좌익분자다'라고 추상적 사실만을 적시하였다면 직권발동을 촉구하기에 충분하다고 할 수 없다. 그러나 구체적인 범죄구성요건을 충족할 만한 사실을 적시하지 않았더라도 적시된 추상적 사실을 전체적으로 종합하여 볼 때 피신고자가 범죄를 행한 자임을 암시하는 내용임이 뚜렷한 경우에는 직권발동을 촉구하기에 충분하므로 본조가 성립한다고 보아야 한다. 그리고 사실의 적시는 직권발동을 촉구하는 정도면 족하므로 반드시 해당될 죄명 등 법률적 평가까지 명시하여야 하는 것도 아니다.444)

무고죄에서 신고사실의 허위성은 객관적 구성요건요소로서 적극적인 증명이 있어야 하며, 신고사실의 진실성을 인정할 수 없다는 소극적 증명만으로는 본죄의 성립을 인정할 수 없다.445) 따라서 신고사실의 허위성에 관하여 합리적인 의심을 할 여지가 없을 정도로 증명되지 못한 때에는 '의심스러운 때에는 피고인의 이익으로'의 원칙에 따라 판단하여야 하므로 신고자에게 유죄의 의심이 있더라도 무고죄의 성립을 인정할 수는 없다.

---

438) 대법원 1985. 6. 25. 선고 83도3245 판결; 대법원 1985. 9. 24. 선고 84도1737 판결.
439) 대법원 1982. 4. 27. 선고 81도2341 판결.
440) 판례(대법원 1985. 2. 26. 선고 84도2774 판결) 및 통설(예컨대 배종대, 각론, 931면).
441) 판례(대법원 1960. 8. 3. 선고 4292형상549 판결; 대법원 1985. 2. 26. 선고 84도2774 판결; 대법원 2006. 5. 25. 선고 2005도4642 판결).
442) 오영근, 각론, 1025면; 임웅, 각론, 996면.
443) 대법원 1985. 2. 26. 선고 84도2774 판결; 대법원 2006. 5. 25. 선고 2005도4642 판결.
444) 대법원 1987. 3. 24. 선고 87도231 판결; 대법원 2009. 3. 26. 선고 2008도6895 판결.
445) 대법원 1977. 2. 22. 선고 76도1455 판결; 대법원 1984. 1. 24. 선고 83도1401 판결; 대법원 1998. 2. 24. 선고 96도599 판결; 대법원 2006. 5. 25. 선고 2005도4642 판결; 대법원 2007. 10. 11. 선고 2007도6406 판결.

(다) 신고

'신고'란 자진하여 범죄나 비위사실을 수사기관이나 징계기관에 고지하는 것을 말한다. 신고는 '자발성'을 요건으로 한다. 따라서 피의자가 수사기관의 조사를 받는 과정에서 사법경찰관이나 검사의 심문에 따라서 타인의 범죄사실을 허위로 진술한 경우446) 또는 수사기관에 진정을 한 자가 진정과 관련된 부분을 수사하기 위한 검사의 추문에 대한 대답으로서 진정내용 이외의 사실에 관하여 허위로 진술한 경우447) 등은 신문에 대하여 진술한 것이지 자발적 신고에는 해당되지 않으므로 무고죄에 해당하지 않는다. 그러나 고소장에 기재하지 않은 사실을 수사기관에서 고소보충조서를 받을 때 자진하여 허위로 진술하였다면 이 허위진술부분에 대하여도 자발성이 인정되므로 무고죄가 성립한다.448)

부작위에 의한 신고가 가능한가에 대하여는 견해가 일치하지 않는다. 부정설449)은 무고죄의 불법내용은 허위 사실을 자진하여 적극적으로 신고함으로써 형사처분이나 징계처분의 원인을 제공하는데 있는데, 부작위에 의한 무고는 적극성이 결여되므로 무고죄에 해당하지 않는다고 한다. 그러나 허위인 사실을 모르고 신고한 자가 나중에 이를 알고도 고의로 방치하였다면 선행행위로 인한 보증인의무를 불이행한 것이므로 부작위에 의한 무고죄가 성립한다고 보아야 하므로 긍정설450)이 타당하다.

(라) 기수시기

본죄는 공무소 등에 허위의 사실을 신고함으로써 성립하는 범죄이므로 그 기수시기는 신고가 공무소 또는 공무원에게 도달한 때이다.451) 신고가 도달하여 공무원이 열람할 수 있는 상태가 되면 족하며, 문서가 접수가 되거나 공무원이 현실적으로 열람할 것을 요하지 않으며,452) 신고를 받은 공무원이 수사에 착수하였는지의 여부도 본죄의 성립에 영향을 주지 않는다.453) 이미 허위사실의 신고가 수사기관에 도달되어 무고죄가 기수에 이른 이상은 그 후에 그 고소장을 되돌려 받았더라도454) 이는 무고죄의 성립에 영향이 없다.

---

446) 대법원 1985. 7. 26. 자 85모14 결정.
447) 대법원 1990. 8. 14. 선고 90도595 판결.
448) 대법원 1984. 12. 11. 선고 84도1953 판결; 대법원 1996. 2. 9. 선고 95도2652 판결.
449) 다수설: 예컨대 임웅, 각론, 997면; 정성근/박광민, 각론, 922면.
450) 소수설: 김일수/서보학, 각론, 941면; 오영근, 각론, 1028면.
451) 대법원 1963. 9. 5. 선고 63도161 판결; 대법원 1985. 2. 8. 선고 84도2215 판결.
452) 김일수/서보학, 각론, 942면; 배종대, 각론, 931면; 임웅, 각론, 997면.
453) 대법원 1983. 9. 27. 선고 83도1975 판결.
454) 대법원 1985. 2. 8. 선고 84도2215 판결.

[판례 3] 甲은 乙의 폭행일시를 특정하지 아니한 고소장을 2005. 6. 28.경 경찰서 민원실에 제출, 접수한 후, 고소인 보충진술시에 그 폭행일시를 2003. 3.경으로 특정하였다. 甲은 그 이후 검찰이나 제1심 법정에서 위 피해자의 폭행일시를 2002. 3.로 정정하여 진술하였다. 甲이 경찰서에 신고한 사실가운데 폭행일시가 허위인 경우 甲의 죄책은?

폭행죄의 공소시효기간은 3년[455])이므로 甲이 신고한 범죄사실은 아직 공소시효가 완성되지 않은 것이다. 무고죄는 甲이 경찰서에 허위의 사실을 신고한 때에 기수에 이르렀으므로, 후에 검찰이나 제1심 법정에서 乙의 폭행일시를 정정하여 진술하더라도 범죄의 성립에는 영향이 없다.[456])

(2) 주관적 구성요건

본죄는 목적범이므로 주관적 구성요건은 고의 이외에 목적이 있어야 한다.

(가) 고의

본죄의 고의는 객관적 구성요건, 즉 '공무소 또는 공무원에 대하여 허위의 사실을 신고'한다는 것에 대한 인식이다. 신고자가 허위의 사실을 진실이라고 오인한 때에는 고의가 부정되므로 본죄는 성립하지 않는다.

① 학설

'허위의 사실'에 대한 고의가 성립하기 위하여 미필적 고의로 족한가 아니면 확정적 고의가 있을 것을 요하는가에 대하여는 견해가 일치하지 않는다. 다수설[457])은 '허위의 사실'에 대하여도 미필적 고의로 족하다고 본다. 다수설은 그 논거로서 고의에는 미필적 고의도 포함되는데 무고죄에서만 확정적 고의가 요구된다고 할 수는 없으며,[458]) 부당한 고소·고발로부터 피무고자의 이익을 보호하는 것도 중요하다는 점[459]) 등을 든다. 이에 대하여 반대견해는 허위에 대한 인식은 확정적 고의임을 요한다고 한다.[460]) 그 근거로는 미필적 인식만으로 본죄의 성립을 인정하게 되면 진실이라는 확신 없이 고소·고발하는 자에 대하여도 본죄의 성립을 인정하게 되므로 처벌범위가 지나치게 확대되고,[461]) 일반인은 진실성에 대한 확신이 없는 경우 마음 놓고 고소·고발을 할 수가 없으므로 고소·고발권이 부당하게 제한된다는 점[462]) 등을 든다.

---

455) 폭행죄의 법정형은 '2년 이하의 징역'이므로 (구) 형소법 제249조 제5호에 의하면 공소시효는 3년이다. 그러나 현행 형소법 제249조 제5호에 의하면 폭행죄의 공소시효는 5년이다.
456) 대법원 2008. 3. 27. 선고 2007도11153 판결.
457) 박상기, 각론, 707면; 오영근, 각론, 1029면.
458) 오영근, 각론, 1029면.
459) 오영근, 각론, 1029면.
460) 김일수/서보학, 각론, 942면; 배종대, 각론, 932면; 임웅, 각론, 999면.
461) 정성근/박광민, 각론, 924면.

무고죄에서도 특별한 사정이 없는 이상은 다른 범죄와 마찬가지로 미필적 고의로 족하다고 보아야 하므로 판례와 다수설의 견해가 타당하다. 이 견해에 의하더라도 본죄의 성립을 위하여 고의 이외에 '타인으로 하여금 형사처분 또는 징계처분을 받게 할 목적'이 있을 것을 요하므로 무고죄의 성립범위가 지나치게 확대될 우려는 없을 것으로 보인다. 신고자에게 신고사실의 허위가능성에 대하여 미필적 인식이 있더라도 피신고자로 하여금 형사처분이나 징계처분을 받게 할 목적이 없는 경우, 예컨대 신고자가 신고사실의 진실성에 대하여 확신이 없음에도 불구하고 사실의 진위를 밝히기 위해 공무소에 신고하였다면 무고죄는 성립하지 않는다.[463] 신고자가 신고사실의 허위가능성을 배제할 수 없음에도 불구하고 이를 감수하고 타인으로 하여금 형사처벌을 받게 할 목적으로 신고하였다면 신고자의 고소·고발권보다는 피무고자의 이익보호가 우선되어야 할 것이다.

② 판례

판례[464]도 다수설과 마찬가지로 무고죄에서 고의는 '반드시 확정적 고의임을 요하지 아니하고 미필적 고의로 족하다'고 한다.[465] 그리고 무고죄에 있어서 신고사실이 객관적 사실과 일치하지 않는 것이라도 '신고자가 진실이라고 확신하고 신고하였을 때'에는 무고죄가 성립하지 않으며,[466] 신고자가 '진실하다는 확신 없는 사실을 신고'한 때에는 무고죄가 성립한다고 한다.[467] 판례는 '진실이라고 확신'하였다는 의미에 대하여 '신고자가 알고 있는 객관적인 사실관계에 의하더라도 신고사실이 허위라거나 또는 허위일 가능성이 있다는 인식을 하지 못하는 경우를 말하는 것'[468]이라고 한다. 결국 판례는 신고사실이 진실이라는 확신이 없거나 허위일 가능성이 있다는 인식을 한 때에는 미필적 고의를 인정하는 것으로 보인다. 그러나 판례가 취하고 있는 인용설에 의하면 미필적 고의가 성립하기 위해서는 구성요건의 실현 가능성에

---

462) 김일수/서보학, 각론, 942면; 배종대, 각론, 932면.
463) 대법원 1978. 8. 22. 선고 78도1357 판결; 오영근, 각론, 1029면; 정성근/박광민, 각론, 925면 이하. 이에 대하여 판례는 '고소를 한 목적이 상대방을 처벌받도록 하는 데 있지 않고 시비를 가려 달라는 데에 있거나((대법원 1995. 12. 12. 선고 94도3271 판결; 대법원 2007. 4. 26. 선고 2007도1423 판결) 또는 진정서상에 그 진정사실이 진실하다는 확신이 없음을 미리 밝힌 경우(대법원 1991. 12. 13. 선고 91도2127 판결)에도 무고죄의 성립을 인정한다.
464) 대법원 1985. 2. 26. 선고 84도2774 판결; 대법원 1987. 3. 24. 선고 85도2650 판결; 대법원 2006. 5. 25. 선고 2005도4642 판결.
465) 대법원 2006. 5. 25. 선고 2005도4642 판결.
466) 대법원 2000. 7. 4. 선고 2000도1908, 2000감도62 판결; 대법원 2008. 5. 29. 선고 2006도6347 판결.
467) 대법원 2006. 5. 25. 선고 2005도4642 판결.
468) 대법원 2000. 7. 4. 선고 2000도1908, 2000감도62 판결; 대법원 2008. 5. 29. 선고 2006도6347 판결.

대한 인식 이외에도 구성요건의 실현에 대한 인용이 있을 것을 요한다. 따라서 무고죄에서도 미필적 고의를 인정하기 위해서는 신고사실의 허위의 가능성에 대한 인식만으로는 충분하지 않으며, 신고사실이 허위이더라도 하는 수 없이 받아들이겠다는 내심의 태도가 있어야 한다. 만일 판례가 신고자에게 신고사실의 허위성에 대한 인용이 있었는가를 불문하고 '허위일 가능성이 있다는 인식'만으로 미필적 고의를 인정하는 것이라면 고의를 부당하게 확대한다는 비판469)을 피하기 어렵다.

(나) 목적

본죄는 목적범으로서 주관적 구성요건이 성립하기 위해서는 고의 이외에 '① 타인으로 하여금 ② 형사처분 또는 징계처분을 받게 할 ③ 목적'이 있을 것을 요한다.

① 타인

'타인'이란 자기 이외의 자를 말하므로 자기 자신을 무고하는 소위 자기무고는 구성요건해당성이 없으므로 무고죄에 해당하지 않는다.470) 그리고 자기 자신을 무고하기로 제3자와 공모하고 자기 자신을 무고한 경우에도 무고죄의 공동정범은 성립하지 않는다.471) 다만 범인이 아닌 자가 수사기관에 범인임을 자처하고 허위사실을 진술한 경우 범인도피죄472)나 경범죄처벌법상의 거짓신고473)에 해당할 수는 있다.

신고자가 자신과 타인이 공범이라고 허위사실을 신고하는 소위 공동무고의 경우 자신의 범행부분은 자기무고이므로 무고죄의 구성요건해당성이 없지만, 타인의 범행부분에 대하여는 무고죄가 성립할 수 있다.474)

타인으로 하여금 자기를 무고하도록 교사하는 자기무고의 교사의 경우에 무고죄의 교사범이 성립하는가에 관해서는 견해가 일치하지 않는다. 이 점에 관하여 판례는 "피무고자의 교사·방조 하에 제3자가 피무고자에 대한 허위의 사실을 신고한 경우 제3자의 행위는 무고죄의 구성요건에 해당하여 무고죄를 구성하므로, 제3자를 교사·방조한 피무고자에 대하여도 교사·방조범으로서의 죄책을 부담케 함이 상당하다"475)고 함으로써 자기무고를 교사한 자에 대하여 무고죄의 교사범이 성립한다고 본다. 그러나 자기무고가 무고죄의 구성요건해당성이 없어 정범으로도 처벌되지 않

---

469) 오영근, 각론, 1029면.
470) 대법원 2008. 10. 23. 선고 2008도4852 판결.
471) 대법원 2017. 4. 26. 선고 2013도12592 판결.
472) 대법원 2000. 11. 24. 선고 2000도4078 판결.
473) 경범죄 처벌법 제3조(경범죄의 종류) ③ 다음 각 호의 어느 하나에 해당하는 사람은 60만원 이하의 벌금, 구류 또는 과료의 형으로 처벌한다.
  5. (거짓신고) 있지도 아니한 범죄 또는 재해의 사실을 공무원에게 거짓으로 신고한 사람
474) 김일수/서보학, 각론, 943면; 배종대, 각론, 933면; 임웅, 각론, 999면; .
475) 대법원 2008. 10. 23. 선고 2008도4852 판결; 박상기, 각론, 704면.

는 자를 무고죄의 교사범으로 처벌할 수 있다고 보는 것은 타당하지 않다.476)

'타인'은 자기 이외의 자로서 실재인을 의미한다. 사자나 허무인에 대한 무고, 즉 허무인무고는 국가의 심판기능의 적정성이나 개인의 법적 안정성을 해할 우려가 없으므로 본죄의 구성요건해당성이 없다.477) '타인'은 자기 이외의 실재인이면 족하므로 자연인이건 법인이건 불문하며, 형사처분이나 징계처분을 받을 자격이 있을 것을 요하지도 않는다. 따라서 책임무능력자에 대한 무고도 가능하다.478)

② 형사처분 또는 징계처분

'형사처분'은 형벌에 국한되지 않으며, 치료감호법상의 치료감호처분(동법 제12조)479)과 같은 보안처분이나 소년법상의 보호처분(동법 제32조)을 포함한다. '징계처분'이 공법상의 특별권력관계에 근거한 징계처분만을 의미480)하는가 아니면, 그 이외에 모든 종류의 징계·징벌, 즉 실질상의 형벌을 의미481)하는가에 대하여는 견해가 일치하지 않는다. 후자의 견해에 의하면 교도소의 수용자에 대한 징벌(형의 집행 및 수용자의 처우에 관한 법률 제107조)이나, 변호사·공증인·법무사·공인회계사 등에 대한 징계도 본죄에서 말하는 징계처분에 포함된다고 한다. 본죄의 보호법익은 국가의 적정한 심판기능이므로 징계처분은 공법상의 특별권력관계에 근거한 징계처분만을 의미한다고 보아야 한다.

③ 목적

본죄에서 말하는 '목적'이 있다고 하기 위해서는 형사처분 또는 징계처분을 받게 하려는 의욕이 있어야 한다는 견해482)와 이에 대한 미필적 고의로 족하다는 견해483)가 있다. 판례는 "무고죄에 있어서 '형사처분 또는 징계처분을 받게 할 목적'은 허위신고를 함에 있어서 다른 사람이 그로 인하여 형사 또는 징계처분을 받게 될 것이라는 인식이 있으면 족한 것이고 그 결과발생을 희망하는 것을 요하는 것은 아닌바…"484)라고 함으로써 후자의 입장을 취하고 있다. 목적은 고의보다 의적 요소가 강한

---

476) 다수설: 김일수/서보학, 각론, 943면; 임웅, 각론, 999면.
477) 다수설: 김일수/서보학, 각론, 943면 이하; 배종대, 각론, 933면; 임웅, 각론, 999면.
478) 임웅, 각론, 999면.
479) 다만 "타인으로 하여금 치료감호처분을 받게 할 목적으로 공공기관이나 공무원에게 거짓의 사실을 신고한 자"에 대하여는 치료감호법 제52조 제5항에 별도로 처벌규정이 있다.
480) 다수설: 오영근, 각론, 1031면; 임웅, 각론, 1000면.
481) 김일수/서보학, 각론, 944면; 진계호, 각론, 767면
482) 김일수/서보학, 각론, 944면; 배종대, 각론, 934면.
483) 정영석, 각론, 95면; 진계호, 각론, 770면
484) 대법원 1983. 9. 27. 선고 83도1975 판결; 대법원 1991. 5. 10. 선고 90도2601 판결; 대법원 2006. 5. 25. 선고 2005도4642 판결; 대법원 1991. 5. 10. 선고 90도2601 판결, 1995. 12. 12. 선고 94도3271 판결, 2005. 9. 30. 선고 2005도2712 판결; 대법원 2006. 5. 25. 선고 2005도4642 판결.

개념이므로 이를 고의와 같은 의미로 해석하여 미필적 고의로도 족하다고 한다면, 법조문의 문구에 반하여 목적의 인정범위를 확대해석하는 결과가 되므로 타당하다고 할 수 없다. 고의는 일반적으로 미필적 고의로 족하지만 법문에 '목적'이라고 명시되어 있다면, 이는 미필적 고의로는 족하지 않으며 결과를 의욕하였거나 아니면 최소한 확정적 고의가 있을 것을 요한다고 해석하여야 한다.[485]

(3) 위법성

피무고자의 승낙을 받아 무고하는 소위 승낙무고의 경우 피무고자의 승낙은 무고의 위법성을 조각하지 못한다.[486] 왜냐하면 본죄의 보호법익은 국가적 법익으로서 개인에 의하여 처분가능한 법익이 아니기 때문이다. 판례도 '무고죄는 국가의 형사사법권 또는 징계권의 적정한 행사를 주된 보호법익으로 하고 다만, 개인의 부당하게 처벌 또는 징계받지 아니할 이익을 부수적으로 보호하는 죄이므로, 설사 무고에 있어서 피무고자의 승낙이 있었다고 하더라도 무고죄의 성립에는 영향을 미치지 못한다'[487]고 한다.

2. 죄수

무고죄의 죄수는 피무고자의 수를 기준으로 한다. 왜냐하면 본죄의 주된 보호법익인 국가의 사법기능의 적정성은 피무고자 각자에 대하여 개별적으로 위태롭게 되기 때문이다. 따라서 1회의 무고행위로 세 사람을 무고하였다면 세 개의 무고죄의 상상적 경합이 성립한다. 1회의 무고행위로 한 사람에 관한 3개의 허위사실을 신고하였다면 단순일죄인 무고죄가 성립한다. 동일인에 대하여 동일사실을 수회에 걸쳐 계속하여 신고한 때에는 포괄일죄가 성립한다. 그러나 무고를 한 자가 피무고자에 대한 재판에서 위증을 한 때에는 수사권의 발동의 적정성과 법원의 심판기능의 적정성이 각자 무고행위와 위증행위에 의하여 위태롭게 된 것이므로 무고죄와 위증죄의 실체적 경합이 성립한다.[488]

---

485) 임웅, 각론, 1001면.
486) 박상기, 각론, 707면.
487) 대법원 2005. 9. 30. 선고 2005도2712 판결
488) 김일수/서보학, 각론, 945면; 임웅, 각론, 1001면; 정성근/박광민, 각론, 926면.

3. 자수자백에 대한 특칙

제157조 (자백·자수): 제153조는 전조에 준용한다.

제153조는 위증죄에 대하여 적용되는 자수자백에 대한 특칙으로서, 무고죄에 대하여도 준용된다. 그 취지와 내용은 위증죄에서 설명한 것과 같다. 자백은 자신의 범죄사실을 자인하는 것이므로 범죄성립요건 가운데 일부만 인정하는 것은 자백에 해당하지 않는다. 예컨대 자신의 행위가 무고죄의 객관적 구성요건에 해당한다는 사실, 즉 신고사실이 객관적 진실과 일치하지 않는다는 점은 인정하지만, 착오로 인하여 신고사실이 허위라는 것을 몰랐다고 주장하는 것은 무고의 고의를 부정하는 것으로서 자백에 해당하지 않는다.[489]

---

[489] 대법원 1995. 9. 5. 선고 94도755 판결.

사항색인

ㄱ

가등기담보	304, 671
가스·전기등 공급방해죄	382
가스·전기등 공급방해치사상죄	382
가스·전기등 방류죄	382
가스·전기등 방류치사상죄	382
가장매매	466
가중교통방해죄	389
간수자의 도주원조죄	627
간첩방조	533
간첩죄	530
간통죄	81
감금	554
강간죄	80
강간죄·강제추행죄	80
강간치사상죄	91
강도강간죄	220
강도살인·치사죄	218
강도상해죄	216, 218, 221
강도예비·음모죄	221
강도죄	214
강도치사죄	216
강요의 죄	55
강요행위	63
강제집행	118
강제집행면탈죄	341
강제추행죄	85
강제통용력	396
강취	203
개봉	611
객관적 증명능력	433
객관적 처벌조건	570
게르만법주의	557
결과적 가중범	618
결합설	315
경계침범죄	328
경매	612
경제적 재산설	198
계속범	349
계속적 기능	430
공갈	264
공갈죄	260
공공위험죄	384
공동무고	668
공무상 보관물무효죄	615
공무상 봉인등표시무효죄	602
공무상 비밀누설죄	548
공무상 비밀침해죄	611
공무상 비밀표시무효죄	602
공무원자격사칭죄	358
공무집행방해죄	579
공문서	444
공문서변개	442
공문서부정행사죄	475
공문서위조·변조죄	444
공연성	535
공연음란죄	507
공용건조물등 방화죄	374
공용건조물등 일수죄	386
공용물파괴죄	615

공용서류등무효죄	613
공용서류무효	442
공익건조물	332
공익건조물손괴죄	332
공인등 위조·부정사용·행사죄	486
공전자기록위작·변작·행사죄	481
공정증서	464
공정증서원본부실기재죄	463
과실일수죄	386
과실치사상의 죄	14, 43
과실치사죄	43
과실치상죄	216
과장광고	227
관명사칭	358
광의의 예술개념	503
교통방해의 죄	388
구성요건요소설	586
구속력	602
국가기밀	532
국가행위	581
국교에 관한 죄	535
국토내란	523
국토참절	523
국헌문란	523
군사상 기밀누설	533
권리행사를 방해하는 죄	336
권리행사방해죄	336
금융실명거래및비밀보장에관한법률	274
금제품	405
기망행위	162
기명	484
기밀	532
기본적 증권행위	419
기재의 위조·변조죄	419
기차등 전복죄	392

■ ㄴ ■

낙태	12
낙태의 죄	12
낙태치사죄	19
내국유통외국통화위조·변조죄	398
내란목적살인죄	526
내란예비·음모·선동·선전죄	526
내용의 진실	429
뇌물죄	556
뇌사설	4
누설	137

■ ㄷ ■

다중불해산죄	356
단순 위증죄	638
단순강간죄	80
단순강도죄	197
단순강요죄	61
단순강제추행죄	85
단순도주원조죄	626
단순도주죄	620
단순명예훼손죄(사실적시 명예훼손죄)	97
단순사기죄	224
단순상해죄	6, 20
단순수뢰죄	560
단순절도죄	157
단순주거침입죄	141
단순증거인멸죄	652
단순증인은닉·도피죄	657
단순체포·감금죄	68

단순체포·감금죄	554	모해위증죄	649
단순폭행죄	37, 556	목적문서	433
단순협박죄	56	몰수	568
담합행위	129	무고죄	659
대가성	563	무형위조	441
대체물	275	문서의 개념	430
대향범	558	물건제공이적죄	529
도박	509	미성년자 약취·유인죄	72
도박개장죄	511		
도박죄	509	**ㅂ**	
도주	619	반의사불벌죄	113
도주원조죄	626	발행행위	419
도주죄	620	발현형태설	527
독립범죄설	527	방수방해죄	387
독직폭행	555	방화	363
동산의 이중양도담보	298	배신설	268
동시범	27	배임수재죄	314
동시범의 특례	27	배임수증죄	309
동의낙태죄	12	배임증재죄	314
		배임행위	313
ㄹ		백지위조	439
로마법 주의	557	백지형법	538
		범인은닉죄	628
ㅁ		범죄단체조직죄	349
마약류관리에 관한 법률	494	법률에 의한 선서	639
면책증권	412	법률적 재산설	198
명예	96	변개	456
명예훼손(정보통신망)	104	변작	479
명의모용	422	변조	398
명의신탁	276	보관	270
모독	534	보장적 기능	434
모욕	536	보통살인죄	3
모욕죄	536	복사문서	430

복수목적살인죄	7	비밀침해죄	131, 139
복표에 관한 죄	509	비방	535
복합문서	444	비전형담보	303
본범	628		
봉인	603	**【 ㅅ 】**	
부녀매매죄	76	사기도박	509
부당이득죄	258	사기의 죄	222
부동산 실권리자명의 등기에 관한 법률		사람의 시기	3
	279	사람의 종기	4
부동산강제집행효용침해죄	611	사문서위조·변조죄	437
부동산실명법	279	사서증서인증서	464
부동산양도담보	304	사실상 평온설	140
부동산의 이중매매	276	사실의 적시	664
부동산의 이중저당	297	사인등 위조·부정사용·행사죄	483
부동의 낙태죄	14	사자명예훼손죄	99
부수적 증권행위	419	사전선서	646
부작위에 의한 기망행위	230	사전수뢰죄	569
부정명령의 입력	252	사전자기록위작·변작·행사죄	479
부정처사후수뢰죄	573	사체검시방해죄	519
부정한 청탁	309, 312	사체등 영득죄	517
부정행사	475	사체등 오욕죄	516
부진정결과적 가중범	34	사항적·내적 관련성	555
부진정문서	429	사후선서	646
부진정직무범죄	539	사후수뢰죄	573
분묘발굴죄	516	산림법	318
불가매수성설	557	살해	361
불가침설	557	상관의 위법명령	586
불법영득의사	326	상대적 음란개념	505
불법원인급여	405	상습	496
불법이득의 의사	204	상습강도죄	197
불법체포·감금죄	554	상습상해죄	32
비밀	132	상습절도죄	157
비밀장치	133	상습체포·감금죄	70

상습폭행죄	41
상해의 죄	20
상해치사	34
생리적 기능훼손설	21
선거방해죄	556
선서무능력자	640
설명가치	228
설명의무	231
성립의 진정	429
성매매알선 등 행위의 처벌에 관한 법률	497
성폭력범죄의 처벌 등에 관한 특례법	79
소송사기	242
소요죄	354
소훼	367
손괴	328
손괴의 죄	328
수도불통죄	492
수도음용수 사용방해죄	491
수도음용수 유해물혼입해죄	491
수뢰후부정처사죄	572
수리방해죄	387
수색	153
순수한 무지	235
승낙	370
시설제공이적죄	529
시설파괴이적죄	529
신고	665
신앙에 관한 죄	514
신용카드	182
신용카드부정사용죄	254
신용훼손죄	114
신체의 완전성설	21
실질주의	430
실현설	280
실화죄	378
심신상실	87
심장사설	4
심장사설(맥박종지설)	4

ㅇ

아동·청소년의 성보호에 관한 법률	52
아동복지법	497
아편	493
아편등소지죄	496
아편흡식·몰핀주사죄	495
알선	325
알선수뢰죄	574
알선수재죄	576
압류	603
야간주거침입절도죄	185
양도	324
업무	590
업무방해죄	116
업무방해죄와의 관계	590
업무상 과실·중과실 장물죄	326
업무상 과실·중과실치사상죄	43
업무상 군사기밀 누설	531
업무상 동의낙태죄	16
업무상 비밀누설죄	136
업무상 실화·중실화죄	380
업무상 위력 등에 의한 간음죄	94
여신전문금융업법	182
여적죄	528
연소(延燒)	376
연소죄	376

연쇄장물	318	위험한 물건	617
영득	518	유가증권	409
영득죄	517	유가증권위조·변조죄	409
영득행위설	267	유기	46, 518
영아	7	유기 등 치사상죄	54
영아살해죄	7	유기와 학대의 죄	46
영아유기죄	54	유기죄	46, 47
외교상 기밀누설죄	538	유인	71
외국국기·국장모독죄	537	유지설	315
외국사절	537	유지설(위법상태유지설)	315
외국에 대한 사전죄	537	유체성설	160
외국통용외국통화위조·변조죄	400	유형위조	441
외환유치죄	528	윤리적 적응사유	17
요부조자	49	은닉	336, 518
용도사기	234	은행권	396
우생학적 적응사유	16	음란물죄	499
우연문서	433	음란성	499
운반	317	음용수 사용방해죄	490
위계	11, 462	음용수 유해물혼입해죄	491
위계에 의한 공무집행방해죄	459, 462	음용수 혼독치사상죄	492
위법요소설	588	음행매개죄	497
위조	486, 653	음화등 반포·판매·임대·공연전시·상영죄	
위조·부정사용 사인등 행사죄	485		499
위조·변조된 인지·우표의 취득죄	428	음화등 제조·소지·수입·수출죄	507
위조·변조된 인지·우표의 행사수입·수출죄		의사의 설명의무	25
	428	의사의 신체침해행위	24
위조·변조통화 취득죄	404	의제강간·강제추행죄	90
위조·변조통화행사등죄	401	의학적 적응사유	17
위조등 공문서행사죄	471	이득사기죄(사기이득죄)	222
위조등 문서행사죄	469	이익사기죄	237
위조사문서등 행사죄	469	이적죄	529
위조유가증권등의 행사등의 죄	426	이중매매	297, 299
위조통화취득후 지정행사죄	405	이중저당	251

인권옹호직무방해죄	601	장물의 죄	315
인영	483	장애인에 대한 간음·추행죄	93
인장	483	재물	158
인지·우표등 소인말소죄	428	재물사기죄(사기취재죄)	222
인지·우표등 유사물제조죄	428	재산상의 이익	224
인지·우표의 위조·변조죄	427	쟁의행위	122
인질강도죄	211	적법성	581
인질상해·살해죄	66	적응사유	16
인질상해·치상	66	전부노출설	3
인질치사상죄	66	전시공수계약불이행죄	357
일반건조물등 방화죄	374	전시군수계약불이행죄	534
일반건조물등 일수죄	386	전시폭발물사용죄	362
일반이적죄	530	전시폭발물제조·수입·수출·수수소지	363
일부노출설	3	전자기록	479
임무	311	절도죄	156
입찰	127	절충설	181
		점유강취죄	340
ㅈ		점유개념	164
자격모용	421	점유이탈물	167
자격모용에 의한 문서작성죄	450	점유이탈물횡령죄	164
자격모용에 의한 유가증권작성죄	421	정보통신망 이용촉진 및 정보보호 등에	
자격증권	412	관한 법률	112
자기낙태죄	13	정보통신망을 통한 명예훼손죄	112
자동차 등 불법사용죄	189	정산의무	305
자백	671	제3자뇌물제공죄	570
자살교사	9	존속살해죄	5
자살교사·방조죄(자살관여죄)	9	존속상해죄	31
자살방조	10	존속유기 등 치사상죄	54
자수	671	존속중유기죄	54
자수자백에 대한 특칙	671	존속체포·감금죄]	70
작성명의인	434	존속폭행죄	40
장례식등 방해죄	515	주거	139, 141
장물	315	주거권설	140

주거침입	150	진정직무범죄	539
주관적 증명의사	433	진통설	3
준강간죄·준강제추행죄	87	진화방해죄	376
준강도죄	205	집합명령위반죄	623
준방화죄	363	집합명칭에 의한 명예훼손	98
준사기죄	257		
준점유강취죄	340	■ ㅊ ■	
중과실	44	책략절도	172
중과실치사상죄	44	처벌조건설	586
중권리행사방해	66	처분행위	236
중권리행사방해죄	340	체포	620
중대한 과실	380	체포와 감금의 죄	67
중립명령	538	촉탁	9
중립명령위반죄	538	촉탁·승낙에 의한 살인죄(동의살인죄)	9
중상해죄	35	추구권설	315
중손괴죄	333	추징	567
중유기죄	54	추행	78
중체포·감금죄	70	출판물 등에 의한 명예훼손죄	111
증거인멸의 죄	652	취거	339
증뇌물전달죄	577	취득	404
증뢰죄	577	치료유사행위	25
증명적 기능	433	친고죄	113
증언거부권자	641	친족간의 특례	635
지려천박	257	친족관계	79
지폐	396	친족상도례	191
직계존속	5		
직권남용감금죄	554	■ ㅋ ■	
직권남용죄	551	컴퓨터 사용사기죄	252
직무사직강요죄	592	컴퓨터 업무방해죄	125
직무사직강요죄	592	컴퓨터 해킹	134
직무관련성	564		
직무위배죄	540	■ ㅌ ■	
직무유기죄	462, 597	탈취죄	156

태아	14	폭행의 죄	20
통상적 치료행위	25	폭행치사상죄	41
통신·대화비밀침해죄	138	표현설	280
통신비밀보호법	138	피구금자	627
통화	397	피구금자간음죄	79, 95
통화유사물제조등죄	406	피보호·감독자간음	94
퇴거불응죄	152	피보호·감독자간음죄	94
특별공무집행방해죄	600	피의사실공표죄	546
특수강도죄	212	필요적 공범	559
특수공무방해죄	616	필요적 몰수	568
특수공무방해치사상죄	617		
특수공무원의 폭행·가혹행위죄	555	■ ㅎ ■	
특수도주죄	625	학대죄	52
특수매체기록	125	할부판매	280
특수손괴죄	333	합동범	333
특수절도죄	186	합동절도	187
특수주거침입죄	153	합의동사	11
특수체포·감금죄	70	항거불능	94
특수폭행죄	40	해상강도죄	213
특정범죄가중처벌등에관한법률	396	행사의 목적	398
특정범죄가중처벌등에관한법률	390	허무인무고	669
		허위감정·통역·번역죄	651
■ ㅍ ■		허위공문서작성죄	455
파괴	516	허위문서작성죄	453
편의시설부정이용죄	257	허위사실적시 명예훼손죄	103
편취죄	260	허위유가증권작성등의 죄	424
폭발물사용예비·음모·선동	362	허위의 사실	661
폭발물사용죄	360	허위의 진술	643
폭발물에 대한 죄	359	허위작성	454
폭발성물건파열죄	381	허위정보의 입력	252
폭발성물건파열치사상죄	381, 382	허위진단서등 작성죄	453
폭행	262, 587	헌법내란	523
폭행 또는 협박	587	현장설	187

현주건조물등 방화죄	365	형식적 예술개념	502
현주건조물등 방화치사상죄	370	화폐	397
현주건조물등 일수죄	385	횡령	267
현주건조물등 일수치사상죄	385	횡령과 배임의 죄	267
협박	200	횡령죄	267
협박의 죄	56	흉기	187

원형식

❖ **학력**

건국대학교 법학과 졸업, 동대학원 법학과 수료(법학석사)

독일 Würzburg대학교 법학과 수료(법학박사)

❖ **경력**

사법시험, 행정고시, 변호사 시험, 경찰시험, 공무원시험 출제위원

현재 공주대학교 법학과 교수

형법각론[개정판]

지은이 / 원 형 식	초 판 2016. 8. 25.
펴낸이 / 조 형 근	개정판 2022. 7. 20
펴낸곳 / 도서출판 동방문화사	

서울시 서초구 방배로 16길 13
전화 : 02)3473-7294　　　팩스 : (02)587-7294
메일 : 34737294@hanmail.net　　등록 : 서울 제22-1433호

저자와의 합의에 의해 인지 생략

파본은 바꿔 드립니다.　　　　　본서의 무단복제행위를 금합니다.
값　45,000원　　　　　　ISBN 979-11-89979-52-2　　93360